KB252241

비교의 눈으로 본 세계 종교 개론서

# 우리 인간의 종교들

HINDUISM 아르빈드 샤르마 지음
이명권 옮김

BUDDHISM 아베 마사오 지음
류제동 옮김

CONFUCIANISM 뚜웨이밍 지음
이윤미 옮김

TAOISM 리우샤오간 지음
최수빈 옮김

JUDAISM 제이콥 뉴스너 지음
주원준 옮김

CHRISTIANITY 하비 콕스 지음
박대식 옮김

ISLAM 세예드 호세인 나스르 지음
박현도 옮김

소나무

OUR RELIGIONS
Copyright © 1993 by HarperCollins Publishers
Published by arrangement with HarperCollins Publishers. All rights reserved
Korean translation copyright © 2013 by Sonamoo Publishing Co.
Korean translation rights arranged with HarperCollins Publishers,
through EYA (Eric Yang Agency)


이 책의 한국어판 저작권은 EYA (Eric Yang Agency)를 통한 HarperCollins Pub-
lishers사와의 독점계약으로 한국어 판권을 '소나무'가 소유합니다.
저작권법에 의하여 한국 내에서 보호를 받는 저작물이므로 학술·연구 외의 상업
적인 목적으로 책의 전부나 일부에 대한 무단 전재와 복제를 금합니다.

# 우리 인간의 종교들

힌두교

•

불교

•

유교

•

도교

•

유다교

•

그리스도교

•

이슬람

# 우리 인간의 종교들
-힌두교, 불교, 유교, 도교, 유다교, 그리스도교, 이슬람

**초판 발행일** | 2013년 3월 20일

**지은이** | 아르빈드 샤르마 외
**옮긴이** | 박태식 외
**펴낸이** | 유재현
**출판감독** | 박수희
**편집** | 이윤미, 강주한
**마케팅** | 장만
**디자인** | 박정미
**인쇄/제본** | 영신사
**종이** | 한서지업사

**펴낸곳** | 소나무
**등록** | 1987년 12월 12일 제2403호
**주소** | 121-830 서울시 마포구 상암동 11-9, 201호
**전화** | 02-375-5784
**팩스** | 02-375-5789
**전자우편** | sonamoopub@empas.com
**전자집** | cafe.naver.com/sonamoopub

ISBN 978-89-7139-579-0 93200
책값 33,000원

윌프레드 캔트웰 스미스를 기억하며……

믿는 이들의 신앙 외에 다른 종교적 현실이 존재할 수 없다는 사실을 잊지 맙시다. 진정 우리가 종교를 이해하고자 한다면, 믿는 이들의 증언만을 살펴보아야 합니다. 우리들의 입장에서 우리가 자연이나 다른 종교의 가치에 대해 생각하는 것은 우리 자신의 신앙에 대한 믿음직스러운 증언이 될 수 있습니다. 그러나 만일 다른 종교에 대한 우리의 견해가 그 종교를 믿는 자들의 의견 및 평가와 다르다면, 우리는 그들의 종교에 대해 이야기하는 것이 아닙니다. 역사적 현실에서 벗어나 우리 자신에게만 관심을 쏟고 있는 것입니다.

— 크리스텐센(W. B. Kristensen)<br>
『종교사 연구(*Religionshistorisk studium*)』 중에서.

우리는 산처럼 높은 서로의 종교적 신념에 대한 절대적 존경을 지니고 만납니다.

— 찰스 캐롤 보니 상원의원(Hon. Charles Carroll Bonney)<br>
1893년 9월 11일 시카고에서 열린 세계종교의회<br>
(World's Parliament of Religions) 개회사 중에서.

# | 감사의 말 |

이 책의 제안서를 빌 뉴웰(Bill Newell)에게 전해 준 메리 게르하르트(Mary Gerhart), 이를 다시 존 라우든(John Loudon)에게 추천해 준 빌, 이 책의 출판 프로젝트를 처음부터 열정적으로 지원하고 감독한 존, 그리고 1893년에 처음 개최된 세계종교의회의 100주년 기념에 맞춰 신속하고도 성공적으로 출판하는 데 도움을 준 존의 스테프들, 특히 카렌 러빈(Karen Levine)과 테리 고프(Terry Goff)에게 감사드립니다. 100주년 기념과 일치한 것에 대해서는 별들에게 고마워해야만 할 것 같습니다.

이 책에 기고해 주신 고명하신 학자 분들께 특별히 감사의 인사라는 빚을 지고 있습니다만, 이 빚은 결코 갚을 수 없을 것입니다. 말로 갚기에는 고마움이 너무 깊기 때문입니다.

엮은이 아르빈드 샤르마(Arvind Sharma)

종교의 세계는 여러 종교로 구성되어 있습니다. 그중에서도 이 책은 힌두교, 불교, 유교, 도교, 유다교, 그리스도교, 이슬람 이렇게 일곱 종교를 소개합니다. 세계 종교에 관한 그 어떠한 책도 최종적이거나 궁극적일 수 없지만 독특할 수는 있습니다. 이 책이 바로 그러합니다.

여러모로 이 책은 독특합니다. 각각의 저자가 자신이 기술하는 종교 전통에 속해 있기 때문입니다. 각 저자들이 자신의 종교에 대하여 이야기할 뿐만 아니라 그 종교의 학문 분야에서 권위자이라는 점은 책을 더욱 독특하게 만듭니다. 더구나 종교가 현대 사회(modernity)와 소통하는 시점에서 저자들이 각자 속한 종교의 최전선에 있기에 그동안 성취는커녕 좀처럼 시도된 바 없는 방식으로 각 종교 전통이 직면한 현대적 문제에 대해 언급한다는 점이 특출합니다. 끝으로 저자들이 서구에서 발전해 온 종교학 전통 내에서 자신들의 종교에 대해 기술한다는 사실이 책을 더욱 돋보이게 합니다.

종교 연구에서 하나의 종교만 아는 사람은 아무것도 모른다는 견해와 너무 많은 종교를 아는 사람은 아무것도 모른다는 생각이 종종 극단적인 대립의 각을 세웁니다. 이 책은 이러한 양극단이 아니라 둘 사이에 존재하는 다양한 영역에 초점을 맞추고 있습니다. 세계의 종교들이 구성하는 이러한 영역을 탐구하면서, 독자들은 다양한 종교들이 연결을 의미하는 하이픈(hyphen)인지, 아니면 분리를 뜻하는 대시(dash)인지 알아보고, 이를 통해 향후 종교적 담론의 문법을 결정해야 할 것입니다.

힌두교의 아르빈드 샤르마, 불교의 아베 마사오, 유교의 뚜웨이밍, 도교의 리우샤오간, 유다교의 제이콥 뉴스너, 그리스도교의 하비 콕스 그리고 이슬람의 세예드 호세인 나스르. 이들 모두는 각 종교 전통의 세계적인 학자이자 성실한 종교인이다. 이런 대가들이 책을 공동 집필했다는 사실은 비단 종교학 전공자뿐 아니라 종교에 관심 있는 일반 독자들에게도 의미가 큰 일이다. 나와 다른 종교 전통에서는 어떤 가르침이 핵심을 이루고 있으며, 다른 종교의 신앙인들은 어떤 신앙생활을 할까?

『우리 인간의 종교들』은 제목만큼이나 정곡을 찌르는 책이다. 가치를 높이기 위한 미사여구나, 아쉬운 점을 보완하려는 부제(副題)가 불필요할 정도다. 이 책은 북미권 대학들에서 종교학 교재로 널리 사용되고 있으며, 종교 관련 서적들에 널리 인용되고 있다. 책을 읽다 보면 이런 작업이 우리나라에서도 일어나면 좋겠다는 생각이 절로 들 정도다.

오늘날 우리나라처럼 다양한 종교들이 각축을 벌이는 나라가 또 있을까? 불교, 유교, 무교 등 한민족의 전통을 대변하는 종교들, 이백여 년 전부터 서구에서 전래된 가톨릭과 개신교, 그리고 최근 외국인 노동자들이 대거 한국에 들어오면서 활발해진 이슬람, 거기에 자생 종교들까지 포함하면 우리나라는 가히 종교 백화점이라 불러도 손색이 없을 것이다.

이렇게 강한 개성을 가진 종교들끼리 평화롭게 살아갈 수 있는 방법, 상대를 해코지하지 않는 평화와 공존의 길은 없을까? 유일한 길은 종교 간의 대화뿐이다. 그 길에 틀림없이 이 책이 기여하는 바가 있을 것이다.

귀한 책을 번역하느라 수고한 분들과 함께 자축하며 소중한 기회를 제공해준 소나무 출판사의 유재현 사장님께 감사를 드린다.

박태식 합장

# 차 례

# 세부 차례

# 그리스도교 /627

# HINDUISM

BUDDHISM
CONFUCIANISM
TAOISM
JUDAISM
CHRISTIANITY
ISLAM

# 힌두교의 정의

마하트마 간디는 그를 비판하는 사람들에게도 가장 위대한 현대 힌두교인으로 인정받고 있다. 그러나 1948년 1월 30일 저녁 그는 인도와 파키스탄의 분할을 묵인했다는 이유로 동료 힌두교인, 나투람 고드세(Nathuram Godse, 1910~1949)에게 총격을 받고 사망했다. 고드세는 총격을 가하기 전에 정중히 간디에게 절했고, 간디는 쓰러지면서 용서의 제스처로 손을 들어 올렸다. 그들은 마치 중세 서양의 기사와도 같은 초현실적인 행동을 했다. 그들의 이러한 행위는 힌두교의 이름으로 힌두 정신을 구현한다는 명분 아래 이루어진 것이었다. 우리는 희생자와 암살자 모두를 포용하는 이 종교를 어떻게 정의해야 할까?

## 간디, 고드세, 그리고 신

세월은 지나가도 역설은 지속된다. 간디가 고드세의 탄환에 살해되었을 때, 그의 입에서 나온 최후의 말은 라마(Rāma, 힌두교 최고신 가운데 하나)였다. 거의 반세기가 지난 1992년 12월 6일 투쟁적인 힌두교 행동주의자들은 거의 맨손으로 464년이나 된 이슬람 사원을 파괴하고, 간디가 힌두교와 무슬림의 연합을 위해 평생을 바치며 기도했던 그 라마를 모시는 사원으로 바꾸어 놓았다. 많은 힌두교 여성들이 1948년 간디가 죽은 다음날 금식했다. 그러나 1992년 많은 힌두교 여성들은 이슬람 사원의 원형 지붕이 계속적인 타격으로 무너지기 시작할 때, '자이 스리 라마(라마 신을 찬양하라)'라는 찬가를 점점 크게 부르면서 기뻐하며 우는 듯 했다.

힌두교를 정의하기 위한 최상의 시점이란 존재하지 않는다. 더구나 동일한 신의 기치 아래 있지만, 경건한 힌두교로부터 호전적 힌두교에 이르기까지 넓은 과정에서 진행되는 힌두교를 정의한다는 것은 더욱 어려운 일이다.

힌두교 신들의 진리에 대한 문제는 힌두교인들의 진리 문제와도 같은 것이다. 힌두교인들 또한 그들의 다양한 신들만큼이나 정의하기 어렵다. 힌두교의 이러한 측면은 11세기 무슬림 석학 알비루니(Alberuni)의 경험에 의해 아주 잘 알려져 있는데, 그는 『알비루니의 인도(*Alberuni's India*)』라고 영역(英譯)된 대작을 저술한 바 있다. 여러 가지 점에서 그는 "힌두교인들은 그들끼리도 서로 다르다…"라든가, 또는 "어떤 힌두교인들은 …라고 믿는다"라는 말을 어쩔 수 없이 하게 된다. 마침내 그는 "어떤 힌두교인이 하는 말치고 다른 힌두교인에 의해 부인당하지 않는 말은 하나도 없다"고 거리낌 없이 말한다.

이러한 종교가 과연 한마디로 정의될 수 있겠는가? 문제에 답하기 위해 먼저 이 결점을 장점으로 돌려서, 힌두교 자체를 정의하는 문제가 힌두교에 관하여 무엇을 말해 주는지 생각해 보자.


## 힌두교를 정의하기 어려운 이유

힌두교를 정의하는 문제는 여러 관점에서 힌두교의 독특한 성격을 보여 준다는 점에서 다음과 같은 몇 가지 긍정적인 측면이 있다. 첫째, 힌두교가 인도와 특별한 관계에 있음을 말해 준다. 대부분의 힌두교인들은 라마 신이 자신들처럼 인도에서 태어났다고 믿기 때문이다.

둘째, 힌두교인과 모든 인도인은 특별한 관계에 있다. 힌두교는 인도라는 상황에서 대단히 포괄적인 특성을 지닌다. 오늘날 힌두교인들은 불교도나 자이나교도, 그리고 시크교도와 같이 인도에서 발생했지만 신앙이 다른 사람들을 기꺼이 힌두교인으로 받아들이려고 한다. 비록 그들이 이를 못마땅하게 여길지라도 말이다. 힌두교는 심지어 인도 외부에서 성장한 종교를 신봉하는 이들까지도 수용하려는 자세를 보인다. 외래 종교를 믿는 사람들이 강하게 힌두교를 반박하지만 말이다. 그러한 논리를 극단적으로 끌고 가면, 어떤 인도인이라도 힌두교의 거대한 수용성 속에서 용해되어 버리고 만다고 주장할 수 있게 된다. 힌두교의 이러한 극단적 신앙 형태는 역설적으로 힌두교 자체의 정체성을 부정해 버리는 결과를 가져온다. 이점은 힌두교에 매우 뚜렷하며, 일부 힌두교인들은 이러한 경향을 더욱 확대하려고 한다. 그러나 힌두교의 세력이 점차 약해지는 가운데, 대부분의 힌두교인은 인도의 성스러운 전통 내부에 머물고자 한다.

셋째, 힌두교를 정의하기 어려운 것은 힌두교가 민족적 뿌리를 가지면서 동시에 포괄적 수용의 경향을 지닌다는 것 외에도, 타자를 수용하려는 열정과 그 내부의 다양성을 인정하려는 포용성 속에서 다양한 모순을 간과해버리거나 혹은 심지어 스스로 모순을 불러일으키기 때문이다.

이러한 다양성과 관련해 볼 때, 힌두교를 둘러싸고 표류하는 갖가지 신앙과 신앙 행위에 대하여 힌두교는 어떤 중심이 되는 정박지를 꾸준히 찾고 있다. 그것은 마치 주변부를 형성하는 폭풍 그 자체가 중심부를 만드는 것과 같다. 힌두교에서도 이와 같은 몇몇 중심부들이 제안되고, 또 그 역할을 해 온 것이 사실이다. 예컨대 고대 인도에서 전승된 기록인

'『베다(*Vedas*)』'가 그러한 역할을 해왔다. 알비루니는 환생에 대한 신앙이 중세 힌두교에서 비슷한 역할을 해왔다고 주장한다. 그리고 카스트 제도를 고수하려 한다거나, 바라문의 사제 계급을 성스럽게 여긴다거나 혹은 소의 신성시 등이 그러한 중심부 역할을 해 왔던 것이다. 이러한 방식으로 힌두교는 자신을 표현해 왔지만 그 어느 것도 힌두교를 결정적으로 정의해 주는 것이란 없다.[1] 이 점에서 힌두교는 하나의 도넛에 비교될 수도 있다. 왜냐면 도넛을 도넛이게끔 결정하는 것은 주변의 둘레가 아니라 도넛의 구멍이기 때문이다.

브로킹톤(J. L. Brockington)이 지적했듯이, 다양성이야말로 "힌두교의 본질 가운데 일부"에 속하는 것이며, "오직 힌두교를 역사적 관점에서 볼 때만 그 독특성이 이해될 수 있다."[2] 또한 그것은 "힌두교에 대해 어떠한 단순한 정의도 허용하지 않는 그러한 다양성을 암묵적으로 인정하는 것이다. 그러나 힌두교인들로 하여금 『베다』의 권위에 호소하도록 하는 것은 그들의 공통된 역사 속의 다양성을 하나로 통일시키려는 통일적 요소가 놓여 있다는 것을 인식하게 한다. 『베다』의 권위에 대한 호소는 전통의 우월성을 긍정하는 것이기도 하면서 동시에, 현실적 적응을 암묵적으로 인정하는 것이기도 하다."[3] 힌두교인들이 그들의 전통을 '사나타나 다르마(sanātana dharma)' 즉, '태곳적부터의 전승'이라고 부르는 것이 그러한 견해를 뒷받침해 준다.[4]

---


1) J. L. Brockington, *The Sacred Thread: Hinduism in Its Continuity and Diversity* (Edinburgh: Edinburgh University Press, 1981), pp. 1~7.
2) Brockington, *The Sacred Thread*, p. 2.
3) Brockington, *The Sacred Thread*, p. 7.
4) M. Hiriyanna, *Essentials of Indian Philosophy* (London: Allen & Unwin, 1949), p. 45.

## 어떻게 힌두교를 정의할 것인가?

그러므로 힌두교는 『베다』와 아주 밀접한 관계를 지니며, 어쩌면 『베다』의 권위 속에 내포되어 있는 '관념'을 수용하는 것과 관련된다. 왜냐하면 『베다』에 관한 실제적 지식은 긴긴 역사 속에서 남성 사제 계급 구성원에게 제한되었기 때문이다. 대부분의 힌두교인들은 실제로 혹은 공공연히 『베다』를 아는 지식에서 배제되어왔다. 『베다』의 권위를 수용한다는 것은 아마도 힌두교 정통성을 시험하는 유일한 근거가 될 것이다.

그러나 『베다』의 권위를 수용한다는 것마저도 힌두교에서는 너무도 명목적일 뿐이어서 프랑스의 인도학자 루이 르노(Louis Renou)는 그것을 하나의 겉치레 인사에 불과한 것으로 비유한다. 궁지에 몰릴 때마다 명목적으로 『베다』의 권위에 따르라고 요구하는 것이 너무도 빈번하기에 이는 힌두교가 얼마나 취약하고 복잡한지를 말해 주는 대목이 되기도 하다. 물론 힌두교의 엄청난 다양성을 고려하면, 『베다』의 권위를 '명목적'으로 수용하는 것은 정체성의 위기를 맞을 때 매우 '실제적인' 역할을 한다. 왜냐하면 『베다』 이외에는 이렇다 할 권위를 부여할 만한 것이 없기 때문이다.

하지만 『베다』의 권위 그 자체도 힌두교 역사에서는 종종 의문시되어왔다. 예컨대 오늘날 힌두교 전통으로 받아들여지고 있는 의례와 신앙 풍습 가운데 일부는 『베다』 이전 시대의 것으로 여겨진다. 또 힌두교의 어떤 풍습과 구원 양식은 『베다』의 범주를 한참이나 넘어서는 것이어서, 소위 아드바이타 베단타(Advaita Vedānta, 不二論적 베단타)학파 같은 기본적 힌두 철학파도 때로는 비정통적이라고 분류되기도 한다. 심지어 『베다』에 대한 비평이나 무관심, 또는 철저한 배격까지도, 공동체 내부에서 의식적으로 거부하지 않는다면, 묵과되기도 한다. 만일 전체 전통 자체를 포기하는 어떤 배교(背敎)가 일어난다는 것을 힌두교가 알아차리더라도 그것은 이단에 의해 힌두교가 철저히 붕괴되는 것이 아니라, 전통의 일부를 상실하는 것임을 말해 줄 뿐이다. 힌두교인이 되는 것과 정통 힌두교인이 되는 것에는 상당한 차이가 있다. 그리스도교나 이슬람과는 달리, 비정통 힌두교인이라고 해서 힌두교에서 모순적인 존재로 남는 것은 아니다.

이와 같이 힌두교에 대해 엄격하고 본질적인 정의가 가능한 것은 아니지만, 기술(記述)적인 정의는 가능하다. 기본적으로 힌두교인은 하나 되는 것을 거부하지 않는다. 이러한 지적을 수긍하는 사람들의 신앙과 행동 양식이 모여서 힌두교를 구성한다. 이것이야말로 힌두교가 힌두교인의 종교라고 정의될 수 있는 이유이다. 그러나 동시에 이러한 정의는 주의 깊게 동어 반복을 피할 것을 요구하는 독특한 힌두적 현상이다.

# 오늘날 세계 속의 힌두교

## 현대 세계에서 힌두교인은 과연 누구인가?

1989년 2월 15일 방글라데시 다카에서 출발한 승객 한 명이 캐나다 몬트리올에 도착했다. 그는 무슬림인 쿠드라트 바리(Kudrat Bari)라는 신분을 입증하는 여권을 소지하고 있었다. 캐나다 이민국을 통과하면서 이 승객은 자신의 여권이 가짜이며 사실 자신은 디렌 비스와스(Dhiren Biswas)라는 이름을 지닌 힌두교인이라고 자백했다. 그는 방글라데시의 힌두교 소수 단체의 일원으로서 종교적 박해를 피하기 위해 난민으로 캐나다에 입국했다고 말했다. 방글라데시는 1988년 세속주의를 부정하고 이슬람을 국교로 정했다. 이민국 직원은 그가 여권대로 무슬림이라고 주장하며 힌두교인이라는 사실을 인정하지 않았다. 난민 자격을 거절한 것이다. 결국 그는 1989년 7월 29일 방글라데시로 추방되었다.

이 사건은 비록 사소한 것이었지만 문제를 부각시켰다. 힌두교인을 우리는 어떻게 확정하는가? 누가 힌두교인인가? 그리고 또 힌두교란 도대체 무엇인가?

디렌 비스와스가 자신의 힌두 정체성을 밝히려고 한 시도는 비록 실패했지만, 우리에게 시사하는 바가 있다. 그는 자신의 신분을 밝히기 위해 다음과 같은 네 단계를 거쳤다.

　　1. 무슬림이라면 의무적으로 해야 하는 할례를 받지 않았음을 입증하는 의사의 확인서를 확보했다.

　　2. 방글라데시에서 알고 지내던 또 다른 힌두교인으로 하여금 그가 힌두교인이라는 사실을 보증케 하고 그의 카스트 계급을 증언하게 했다.

　　3. 이를테면 "나는 그를 직접 면담했으며, 내가 아는 한 그는 힌두교인임을 증명한다"는 보증서.

　　4. 그리고 그는 몬트리올 힌두 사원의 승려에게 자신이 예배에 참석하여 프라사다(prasāda, 예배에 봉헌한 뒤 신자들이 나누어 가지는 음식)를 받았다는 사실을 증명하는 확인서를 받았다.

일명 쿠드라트 바리라고 하는 가명을 지닌 디렌 비스와스가 자신이 힌두교인이라는 사실을 입증하기 위해 취한 모든 조치를 알아보았다. 이와 같은 일련의 조치는 모두 힌두교인을 정의하는 것보다, 누가 힌두교인인지 '식별하고', '확인하며', '증명하고', '인식하는' 것이 더 쉽다는 사실을 보여 준다.

중요한 점은 이제부터다. 만약 디렌 비스와스가 방글라데시가 아니라 인도에서 왔더라면 그는 더 쉽게 힌두교인으로 인정받았을지 모른다. 왜냐하면 세계 힌두교인의 95퍼센트가 인도에 살고 있으며, 인도 인구의 80퍼센트 이상이 힌두교인이기 때문이다. 마치 이스라엘에서 오는 사람이 유다인으로 여겨지듯이 인도에서 오는 사람은 힌두교인으로 여겨진다. 다시 말해서 힌두교는 적어도 우선적으로는 하나의 민족 종교인 셈이다.

## 인도 안의 힌두교: 민족 종교

오늘날 인도의 힌두교는 우선 인도에 현존하는 다른 종교와 관련하여 고려되어야 한다. 이와 관련된 한 가지 두드러진 통계적 특징은 여타의 종교 인구에 비해 힌두교인의 숫자가 비교적 줄어들고 있다는 점이다. 영국은 1880년 인도에서 10년에 한 번씩 하는 인구 조사 제도를 도입했다. 그 이후 조사에 의하면 영국령 인도에서 여타 종교 인구에 대한 힌두교인의 비율은 꾸준히 줄어들었다. 영국령 인도에서 전체 인구 구성원 중 힌두교인이 차지하는 백분율은 다음과 같다. 1881년 75.09퍼센트, 1891년 74.24퍼센트, 1901년 72.87퍼센트, 1911년 71.68퍼센트, 1921년 70.73퍼센트, 1931년 70.67퍼센트, 그리고 1941년 69.46퍼센트.[5]

이 추세는 인도가 독립하고서도 계속되었다. 힌두교가 지배적인 인도와 역시 무슬림이 지배적인 파키스탄으로 인도가 분할된 후, 힌두교인의 비율이 독립국 인도에서 더 높아지기는 했다. 그러나 전체 인구에 대한 힌두교인의 비율은 다음과 같이 계속 줄어들었다. 1951년 84.98퍼센트, 1961년 83.50퍼센트, 1971년 82.72퍼센트,[6] 1981년 82.64퍼센트.[7]

이것은 힌두교의 자기 정체성이라는 관점에서 볼 때 매우 혼란스러운 추세다. 최근 인도의 정치 발전은 이미 이러한 혼란스런 추세를 어느 정도 드러내고 있다. 오늘날 남인도 케랄라(Kerala) 주의 일부가 된 옛 트라반코르(Travancore) 주의 힌두교인 인구는 1816년 83.0퍼센트에서 1931년

---

5) Kingsley Davis, *The Population of India and Pakistan* (New York: Russel & Russel, 1951), p. 178.

6) P. J. Bhattacharjee and G. N. Shastri, *Population in India* (New Delhi: Vikas Publishing, 1974), p. 64.

7) *Census of India 1981*, Series 1, India, Paper 3 of 1984 (New Delhi: Office of the Registrar General, 1984), p. x.

61.6퍼센트까지 줄어들었다.[8] 나중에 힌두교 역사를 개괄하면서 명백해 지겠지만 힌두교는 고정된 실체가 아니기 때문이다.

힌두교를 역사적 관점에서 볼 때, 힌두교인들 자신은 원래 기원전 3000년경 인더스 문명 시절의 종교를 오늘날 자신들의 종교와 동일시하지는 않았으나, 시대가 흐르면서 하나의 힌두교의 체계 속으로 점차 병합되어 갔던 것이다.

그와 비슷하게 힌두교의 전통(적어도 정통 철학)과 관계없던 철학적 운동, 가령 원자론자(原子論者, Vaiśesikas), 또는 형이상학적 이원론자(二元論者, Sāṅkhya)의 추종자들도 당연히 비슷한 과정을 겪어 나갔다. 이와 같이 힌두 전통의 정체성은 어느 정도 변화의 가능성이 있다. 예컨대, 힌두교 공동체들은 전통에 충실할 수도 있지만 벗어날 수도 있다. 현재 힌두교와는 아주 거리가 먼 전통이 된 시크교(Sikhism)가 흥미로운 예이다.

힌두교 정체성을 특징짓는 이러한 유연성은 오늘날 인도 힌두교에서 주요한 문젯거리가 되었다. 힌두교 공동체의 구성원이야말로 자기 정체성을 결정하는 주요한 문제이기 때문이다. 아마 이는 모든 종교의 정체성 문제이지만 힌두교에서는 특히 그렇다.

이러한 자기 정체성은 여러 가지 측면에서 인도 헌법상의 문제로 제기된 바 있다.

1. 헌법에서는 인도를 세속 국가로 선언한다. 이것은 보통 종교 문제에 대하여 정부는 간섭할 수 없다는 것을 의미한다. 그러나 정부는 이 권리를 매우 선택적으로 행사해 왔다. 정부는 힌두교인의 인구가 압도적인 다수를 차지하고 있기 때문에, 인도 의회가 힌

8) *Economic and Political Weekly*, February 13, 1993, p. 289.

두교를 포함한 힌두 정당으로서의 효과적인 역할을 할 수 있다는 전제 속에서, 중요한 국가적 중재를 위해 힌두교를 선택했던 것이다.

2. 동시에 이와 같이 힌두교 기관을 간섭함으로써, 헌법은 힌두교 이외의 종교에 대하여 소수자의 권리를 보호했고, 합법적 조치를 통해 그러한 권리를 더욱 확대시키기도 했다.

3. 첫째 항에서 서술한 상황은 힌두교 자체 내에 중앙 통제 기구가 없기에, 정부가 힌두교를 개혁하고자 하는 열망을 부분적으로 보여 주는 것이기도 하다. 예컨대, 이러한 신념에는 불가촉천민을 위한 역차별의 모습이 헌법에 담겨져 있다는 것이다. 그러나 비록 불가촉천민 신분이 힌두 사회에서는 특별한 집단이지만 정부는 선거에서 승리하기 위해 때로는 불가촉천민 집단을 형성할 수 있는 비(非)힌두교인에게까지도 보호법을 확대 적용한다. 불가촉천민은 접촉만으로도 카스트 힌두교인을 오염시키는 것으로 여겨지는 계급의 사람들이다. 그들은 일종의 종교적 인종 차별의 희생자였고, 흑인이 미국에서 겪은 것과 같은 종류의 인종 차별 피해자였다. 하위 카스트의 보호법과 관련하여 최근 그와 유사한 진전이 있었다. 이것은 힌두교의 자기 정체성 문제가 그만큼 복잡하게 얽혀 있다는 것을 말해 주는 것이다.

4. 인도에서 케랄라나 서부 벵골 같은 몇몇 주에서는 마르크스주의 신봉자가 당당히 공직에 선출 되었다. 다수 힌두교인들이 힌두교의 주류파로 생각하는 라마크리쉬나 선교회(Rāmakrishna Mission)와 같은 힌두교 단체는 '소수자 종교'로서의 입장을 추구하면서 정부의 간섭을 막기 위해 그들 스스로 비힌두교인이라고 선언하는 실정이다.

그러므로 현재 인도 민족 종교로서의 힌두교는 위기에 처해 있다. 지난 200년에 걸쳐 힌두교는 점진적으로 카스트 계급과 분파의 분할을 뛰어넘어 '개혁'과 '범인도적' 정체성을 이룩하고, 인도 내의 다른 종교와 상호 작용을 인정하는 '포괄적' 정체성을 이룩해 왔다. 인도 헌법을 만든 사람들은 이러한 노력을 계속하고자 했지만 그들이 만들어 낸 법적 문서의 실질적 결과는 그 반대였던 것 같다. 이러한 상황이 지니는 함축적 의미를 이 글의 후반부 '정치적 해방의 종교적 결과'에서 더 자세히 살펴보기로 하겠다.

## 인도 밖의 힌두교: 세계 종교

힌두교는 민족정신의 지주 역할을 하면서도, 내부에 세계적 보편성을 지니고 있다. 힌두교의 보편성은 힌두교가 인도 국경을 넘어 지리적인 확장을 하는 가운데 이따금씩 표출되고 있었지만, 그리스도교 시대가 시작되기 전부터 이미 진행되고 있었다. 힌두교가 일찍이 인도 국경을 넘어 주로 동남아시아로 확장되었던 것은 힌두교가 인도 북서부 지역에 먼저 퍼진 후 인도 전역에 전파된 과정과 맥락을 같이 한다. 이러한 첫 번째 확장의 예가 지금은 인도네시아 발리(Bali) 섬에 유일하게 남아 있지만, 힌두교는 한때 동남아 일대에서 영향력을 행사했다. 그러나 무슬림 정복 후 인도에서 힌두교가 쇠퇴함으로써 인도 본토처럼 해외에서도 그 영향력이 쇠약해지고 힌두교는 이슬람에 많은 기반을 내주었다.

힌두교의 두 번째 지리적 확장은 대영 제국의 정치력과 관련이 있다. 힌두교인은 말레이, 모리셔스, 트리니다드, 그리고 피지 섬으로 도제 계약 노동자가 되어 이민했다. 트리니다드에서는 힌두교 전통이 살아나 고국을 떠난 V. S. 나이폴(Naipaul)과 같은 인도계 영국인 작가의 문학적 소양에 자양분을 제공해 주고 있다. 한편 피지 섬에서는 정치가 퇴보하는 중에도 힌두교 전통이 활발하게 살아나고 있다.

힌두교의 세 번째 지리적 확장은 영국이 인도에 주재함으로써 가능해졌다. 그러나 이 확장은 힌두교의 주도로 발생했기에 독특하다. 이와 관련한 가장 중요한 사건은 1893년 세계종교의회(World's Parliament of Religions)에서 인도의 청년 수도승 스와미 비베카난다가 행한 연설과 그에 이은 강연이다. 사람들은 그 강연으로 그가 현대 힌두교를 창시했다고 말한다. 다시 말해 그는 영어 교육을 받은 대부분의 힌두교인이 규범으로 여기게 된 힌두교의 틀을 제공했다. 이 힌두교는 철학적이고, 영적이며, 경험적이다. 그것은 『우파니샤드(Upaniṣads)』라고 불리는 교본, 즉 『베다』의 마지막 부분에 근거하고 있다. 그것은 또한 관용적이며 다른 모든 종교를 참된 것으로 받아들인다. 이것은 비록 도발적이고 과장되게 묘사되어 있지만 『힌두교가 미국을 침략하다(Hinduism Invades America!)』라는 제목의 시사적인 책에서 잘 설명되어 있다.

이 침략은 단지 우호적인 침략일 뿐이다. 그리하여 힌두교의 여러 관습이 서양 세계 전역에 잔잔한 물결처럼 퍼져 나갔다. 광범위한 요가(Yoga) 수행은 이색적인 자세를 한 남녀의 모습을 연상시킨다. 하타 요가(Hatha Yoga)라고 불리는 요가는 신체를 중요시한다. 그러나 비틀즈의 후원을 받던 초월 명상법이 대중을 매혹시키던 시기가 지난 후부터는 라자 요가(Rāja Yoga)라고 하는 정신 요가 역시 똑같은 인기를 누리고 있다. 5세기 파탄잘리(Patanjali)의 작품으로 알려져 있는 『요가수트라(Yogasūtra)』라는 유명한 요가 경전은 정신적 산란함의 지멸(止滅)이라는 목표를 분명히 제시한다.(『요가수트라』, I.2)

환생이나 업(業, karma)과 같은 힌두교 신앙도 서양 세계에서 수용되고 있다. 최근 조사에 의하면, 오늘날 서양인 중 4분의 1에 가까운 숫자의 사람들이 환생을 믿는다고 나타났다. 그 숫자는 대체로 미국과 유럽 전역의 흑인에게서 훨씬 더 높다. 종교적 삶을 여러 경로를 통해 얻어지는 여정이라고 생각하는 힌두교의 사상은 현대 서양 세계의 종교 다원론과도 잘 들어맞아 서양 사람들에게 정신적인 지주 역할을 하고 있다. 이러한 정신적 신앙과 관습들은 서양 종교 풍속의 큰 부분을 이루고 있는데, 거리에서 춤을 추는 하레 크리쉬나(Hare Kṛṣṇas)의 눈에 띄는 모습과는 대조적으로 서양에서 눈에 띄지 않는 힌두교의 존재를 이루고 있다.

## 민족적인 것과 보편적인 것

힌두교의 민족적인 요소와 보편적인 요소의 관계는 1955년에 제정된 '힌두교인의 결혼과 이혼 법령'에 잘 예시되어 있다. 아마도 이러한 예는 인도가 1947년 독립한 이래 처음 있는 일이었을 것이다. 그때 인도 정부는 적어도 법리적인 목적을 위해서, 누구에게 그 법령을 적용할지 식별해야만 했기 때문에 힌두교인을 명확히 규정할 필요가 있었다. 법령은 결혼과 관련한 힌두교인 법을 합병 정리하여 개혁하도록 되어 있었다. 그 법은 힌두교인을 다음의 두 범주, 즉 A와 B 중 어느 쪽에나 속하는 사람으로 정의하고 있다. 법에 의하면 인도 시민이지만 '무슬림, 그리스도인, 파르시교인, 또는 유다인'이 아닌 모든 사람은 A범주에 속하고, 인도 시민은 아니지만 '종교적으로 힌두교인'이라고 주장하는 모든 사람은 B범주에 속한다. 그리하여 힌두교인은 A+B였다.

1955년에 제정된 힌두교인의 결혼과 이혼 법령은 이처럼 힌두교의 이중적 정의를 보여 주고 있다. 즉, 민족적 정의와 보편적 정의이다. 법령은 인도 시민에게는 민족적 정의를 내리고, 인도 시민은 아니지만 '종교적' 힌두교인에게는 보편적 정의를—이러한 구별은 힌두교가 과거 수 세기에 걸쳐 교리를 형성해 왔기 때문에 생겨난 것이다. 따라서 자신이 힌두교의 여러 가지 신앙 형식을 받아들인다면 세계 어느 곳의 누구든지 힌두교인임을 주장할 수 있다—내리고 있다. 비록 카리스마적인 큰 스승(Guru)을 중심으로 형성된 경건한 운동과 단체 또한 인기를 얻고 있지만 가장 유명한 형태는 베단타(Vedānta) 양식이다. 이는 힌두교 내부에 민족적 요소와 보편적 요소 사이의 긴장을 가져왔다.

우리는 여기에서 이념적 보편주의와 공동체적 보편주의를 구별해야 한다. 힌두교는 그 자체의 모습과 다를 수도 있는, 어떤 궁극성을 추구하려는 수용적 개방성이 있다는 점에서 언제나 이념적으로 보편주의적인 경향을 띠어 왔다. 비록 힌두교가 법률적 혹은 종교적 의제에 의한 외부 요소에 상당 부분 동화되어 왔음이 역사를 통해 입증하지만, 힌두교 내에서 '외부' 그룹을 수용하는 점은 다소 더딘 경향이 있다. 예를 들어, 어떤 힌두 성지에서는 수많은 신흥 힌두교인, 심지어는 비힌두교인 방문객까지도 출입을 허용하고 있지만 반면에 어떤 힌두 성지에서는 인도 수상인 간디 여사(Mrs. Gandhi)까지도 남편이 힌두교인이 아니라 조로아스터교인라는 이유로 푸리(Puri) 사원에 들어갈 수 없었던 것이다. 그래서 힌두교의 민족적인 면과 보편적인 면은 모두 일종의 역사라는 그림판에 힌두교라는 지도를 영원히 그리면서 힌두 다원성의 역설적인 축을 형성하고 있다.

힌두교는 보편 종교인 불교와 자이나교의 도전에 직면했을 때, 힌두교 특유의 보편적 신앙심과 피나는 싸움을 했다. 힌두교가 이슬람의 호전성과 확장주의적 보편주의와 조화를 이루지 못할 때, 힌두교는 보편적 잠재력을 저버리지는 않았지만 민족성이라는 범위 내로 움츠리곤 했다. 그 결과 제국주의적이면서도 보편적인 기독교의 도전에 직면했을 때, 힌두교는 민족주의를 발전시키는 한편, 다른 한편으로는 힌두교의 보편적인 면을 선전하면서 기독교에 대항해 나갔다. 힌두교는 비록 꺼림칙하지만 자신을 스스로 정의하거나 혹은 타자로 하여금 자신을 정의하도록 하는 도전에 직면했던 것이다. 이 두 방향의 정의가 항상 일치하는 것은 아니었다.

## 힌두교가 현대 종교 생활에 준 도움

힌두교는 이론적인 용어로 정의 내리기 어려울 뿐만 아니라 인도와 끈끈한 관계를 지니고 있음에도 지리적 관점에서 그것을 세계 일부의 종교로 한정시키기 어렵다. 인류의 종교적 유산에 기여한 힌두교의 공헌에는 의심의 여지가 없다. 여러 관점에서 힌두교는 다른 종교들과 유사하다. 힌두교인은 다른 종교를 믿는 사람처럼 일하고, 예배하고, 기도하며 그들 자신과 가족, 그리고 친구들을 위하여 이 세상과 다음 세상의 안녕을 추구한다. 목 주위에 다리를 꼰 채 배꼽을 바라보는 그런 모습을 힌두교라고 생각하는 고정관념은 이제 구시대적이다. 어떤 전화번호가 전화 그 자체나 전화번호 주인과 닮지 않은 것처럼, 힌두교에 대한 그러한 고정관념은 결코 평범한 힌두교인의 생활과는 거리가 멀다.

힌두교가 상상했던 것보다 이색적이지 않다는 사실은 그것이 우리의 상상력을 자극하지 않는다는 뜻이 아니다. 힌두교에서 정신이나 영혼에만 몰두하는 것을 반대하면서 구원의 수단으로 육체를 사용하는 것을 인정하고, 종교적 다원성에 대한 하나의 철학적 토대로서 실재에 이르는 다양한 접근 방식을 수용하는 것 자체가 이미 신선한 종교적 전망을 기대할 수 있는 것이다. 이러한 힌두교의 대담한 통찰은 두 가지 두드러진 주장을 내포하고 있다. 하나는 형이상학적인 측면으로 구도자와 구도의 대상이 다르지 않다는 점이며, 다른 하나는 실제적인 것으로 대가를 비리지 않고 행동해야 한다는 것이다. 두 가지의 통찰은 우리의 상식적인 인식 수준을 뛰어넘는 것으로 당혹스럽기까지 하다. 우리가 서로 다르고 신과도 다르다는 사실보다 더 명백한 것이 무엇이겠는가? 그러나 일상생활에서 우리는 서로 다른 경험을 하지만 힌두교의 일원론적 양식은 다음과 같은 사실을 대담하게 선언한다. 웃달라카 아루니(Uddālaka Āruni)가 그의 아들 스베타 케투(Śvetaketu)에게 가르친 대로 "그가 너다(That thou art)"라고 주장하는 것이다.(『찬도기야 우파니샤드(*Chandogya Upaniṣads*)』, VI.13.1~3)

1. "물속에 이 소금을 넣고 아침에 나에게 오너라."

그래서 스베타 케투는 그렇게 했다.

그때 그는 아들에게 말했다.

"어제 저녁 네가 물 속에 넣은 소금, 그것을 이리로 가져오너라."

그래서 그는 소금을 움켜쥐려 했지만 보이질 않았다. 소금이 완전히 녹아버렸기 때문이다.

2. "이쪽 끝에서 그 맛을 보아라, 어떠하냐?"

"짜군요."

"가운데에서 맛을 보아라. 그게 어떠냐?"

"짜군요."

"이쪽 끝에서 맛을 보거라. 그 맛이 어떠하냐?"

"짜군요."

"치우고 이리 오너라."

그가 그렇게 하자 아버지는 말했다.

"계속 똑같지 않느냐."

그리고 나서 그는 아들에게 말했다.

"틀림없지. 아무렴. 얘야. 넌 여기서 어떤 '존재'를 느끼지 못하는구나. 틀림없이 정말로 그 존재는 여기에 있어.

3. 그 가장 훌륭한 본질, 온 세상은 그것을 영혼 속에 지니고 있지. 그것이 바로 실재라는 것이야. 그것은 아트만(Atman)이야.

그게 바로 너 자신이야. 스베타 케투."[9]


이와 비슷하게 동기 없는 행위는 연료 없는 불처럼 생각할 수도 없는 것처럼 여겨진다. 그러나 유명한 힌두교 경전인 『바가바드기타(*Bhagavadgītā*)』에서, 신의 화신(化身)인 크리쉬나(Kṛṣṇa)는 그의 친한 친구이자 헌신자인 아르주나(Arjuna)에게 행위를 통해 얻은 결과에 집착하지 말라고 가르친다. 그의 말은 간결하다.


오직 행위만이 그대에게 달려 있다. 행위는 결과에 있는 것이 아니다.

행위의 결과에 집착하지도 말고, 행동하지 않음에도 집착하지 마라.(II.47)


---

9) Robert Ernest Hume, trans., *The Thirteen Principal Upanishads* (London: Oxford University Press, 1968), p. 248.

역설적으로 이것은 마음을 불안으로부터 자유롭게 하여 이분법적으로 분산되지 않고 집중하게 만들어 준다. 그럼으로써 도달하려는 목표에 이를 수 있는 가능성이 높아진다는 것이다. 그러나 이러한 실용적 사고와는 달리, 넬슨(Lord Nelson) 경은 힌두교에서 신은 모든 인간이 수행해야 할 마땅한 임무를 정확히 수행하도록 기대한다고 말한다. 힌두교의 신은 "행위보다는 행위의 방법을 더 중시한다."

# 현대의 힌두교

 힌두교의 다양한 현대적 형태를 이해하는 데 중요한 것은 현대 사회와 관련한 여러 가지 변화에도 "늘 그래왔던 것처럼 성현(聖賢)으로 추앙받는 사람들이 여전히 힌두교의 발전에서 중심적인 역할을 해 오고 있음"[10]을 의식하는 것이다. 다시 말해서 힌두교인을 상세히 규정짓는 일에서나, 또는 당대에서 가장 적절하게 힌두교의 형태를 '만드는' 사람들은 바로 현대의 성현들이다. 마하트마 간디는 뒤에서 다룰 다른 인물들과 마찬가지로 아주 훌륭한 본보기를 보여 준다.

 힌두교에서는 심지어 철학 체계마저도 어느 한 명, 또는 여러 명의 성인이나 현자들의 경험에 근거하고 있다. 힌두교의 다원주의는 모든 인간에게 힌두교가 모든 것이 될 수 있다는 의미를 지닌다. 그러나 개개인은 '그것이 나에게 무슨 존재인데요?'라고 묻지 않을 수 없다. 그래서 모든 유형의 힌두교는 개인의 인격성에 대한 분석에 기초를 두고 있다. 이것은 보편성이라는 개념을 염두에 두고 있는 것으로 힌두교가 획일성이나 동일한 구조의 평등성보다는 다원성의 의미를 지니고 있다는 뜻이다.

 힌두교 사상에서 인간은 두 가지 중요한 방식, 즉 수직적 방식과 수평적 방식으로 분석된다. 수직적인 면에서 우리는 인간을 신체와 영혼, 또

---

10) Thomas J. Hopkins, *The Hindu Religious Tradition* (Belmont, CA: Dickenson Publishing Company, 1971), p. 139.

는 물질과 정신의 이분법으로 분리할 수 있다. 수평적으로는 인격을 세 가지 요소, 지식·감정·의지로 나눈다. 만일 앞의 이분법이 이 삼분법과 결합되면, 우리는 현대 힌두교, 즉 뒤에 가서 언급하겠지만 실제 모든 힌두교의 다섯 가지 주요 형테를 취할 수 있다. 이러한 형테들은 요기(yogas)로 잘 알려져 있다.

요가라는 말은 영어의 yoke와 어원이 같은 것으로 '결합한다'라는 뜻이다. 이 말은 힌두교에서 특별한 의미와 일반적 의미의 두 가지 용법으로 사용된다. 라자 요가(Raja Yoga), 간단히 줄여서 요가라고도 하는 이 말은 어떤 때에는 특별히 철학 학파와 관련하여 사용되기도 하고, 인간을 신과 연결시키는 철학 체계나 기법과 관련하여 사용되기도 한다.

또한 이 용어는 인간을 신에 이르게 하는 체계 혹은 접근 방법을 가리키는 뜻으로 사용되기도 한다. 달리 세분화하지 않고 글의 후반부에서 더 포괄적인 의미로 사용될 것이다. 요가는 인간을 신과 결합하게 만드는 기법이다. 대안적인 의미에서 요가는 마르가(mārgas), 즉 길이라는 뜻으로, 깨달음이라는 동일한 목표에 이르게 하는 길이라는 의미가 있다. 요가는 여러 가지 인간적 조건에 상응하면서 다음과 같이 분류한다.

| | |
|---|---|
| 신체 | 하타 요가(Haṭha Yoga) |
| 마음 | 라자 요가(Rāja Yoga) |
| 지식 | 즈나나 요가(Jnāna Yoga) |
| 감정 | 박티 요가(Bhakti Yoga) |
| 의지 | 카르마 요가(Karma Yoga) |

이러한 요가들에는 연관 관계가 있고 또한 서로 겹치는 부분이 있다.

왜냐하면 그것들은 동일한 영적 영역을 포함하고 있기 때문이다. 그러나 그것들은 따로따로 분리해서 말할 수 있도록 분명히 구별된다. 비록 현대 힌두교에서 이 다섯 가지 요가 외에 더 많은 요가들이 나와 있지만 주요한 형태는 즈나나 요가, 박티 요가, 그리고 카르마 요가 정도로 구체화된다. 쉽게 표현하자면 절대적 힌두교, 유신론적 힌두교, 그리고 실천적 힌두교라고 표현할 수 있다. 이 요가들은 각각 현대 힌두교에서 주목받는 주요 인물들, 즉 라마나 마하르시(Ramaṇa Maharshi), 라마크리쉬나 파라마함사(Rāmakrishna Paramahaṃsa), 그리고 마하트마 간디(Mahatma Gandhi)가 대표하고 있다.

## 라마나 마하르시와 절대적 힌두교

절대적 힌두교는 절대적 존재로서의 궁극적 실재를 믿는다. 그리고 아드바이타 베단타라고 하는 힌두교 사상과 밀접한 연관이 있다. 그것은 우리 시대 지성적 힌두교의 탁월한 양식이다. 힌두교 지식인의 4분의 3 정도가 이런저런 방식으로 이 형태의 힌두교와 관련을 맺고 있다.

근대의 인물 가운데 절대적 힌두교의 주요 대표자는 라마나 마하르시(1879~1950년)였다. 힌두교 성인들에 대해서는 전기(傳記)를 통해 그들과 관련된 힌두교 형태를 어느 정도 읽을 수 있다. 라마나는 10대 시절에 이미 무의식의 신비로운 경험을 겪었다. 그는 집을 떠나 '거룩한 봉화의 언덕'이라고 알려진 곳에서 여생을 보내면서, 그곳을 한 번도 떠나지 않았다. 그가 제시한 영성의 특징은 매우 엄격한 형태의 내적·외적 금욕으로서 이는 절대자나 신성(神性, Godhead)과의 동일성을 실현하게 한다. 이와 같은 형태의 힌두교에서는 누구나 자신의 자아를 깊이 성찰하면 우리가 궁극적 실재 그 자체라는 것을 알게 된다고 한다. 또한 실제로 '공안(公案)'과 같은 구절을 사용하여 '나는 누구인가?'라고 끊임없이 질문함으로써 우리의 참된 정체성을 가장 잘 발견할 수 있게 해 준다. 이러한 질문을 통해, 우리는 자신이 실제로 스크린의 영화처럼 창조의 드라마가 상영되고 있는 우주의 궁극적 기반이라는 점을 마침내 깨닫게 된다. 우리는 화면상의 존재와 유사하지만 동일하지는 않다. 우리는 그릇된 동일시 때문에 스스로가 동일시해 온 등장인물들의 경험을 자아의 경험으로 생각하는 것 같다.

절대주의는 힌두교의 고대 전통이다. 그러나 라마나를 힌두교 전통의 현대적 대표자로 생각하는 것은 자아를 탐구하는 접근 방식의 구체적 직접성 때문이다. 그것은 생각을 초월하는 의식 상태가 존재한다는 놀라운 주장에 근거하고 있다. 이것은 깊은 수면 상태가 아니라 충분히 각성된 상태라는 특징을 가진다. 그러나 이러한 상태는 어떠한 사고 작용의 속성이 없는 상태다. 그렇다고 아무런 속성이 없는 상태도 아니다. 그것은 마치 사람이 설탕에서 단맛을 부분적으로 한 번 느낄 수 있다는 의미가 아니라, 설탕이 달콤함으로 꽉 차 있다는 느낌을 얻는 그런 의미에서 하나의 순수한 기쁨이다. 이러한 의식 상태의 경험은 아주 독특한 자유의 경험이다.

전통적 힌두교에서 그러한 상태에 도달하는 것은 경전 연구나, 엄격한 수행, 세속과의 절연, 금욕, 그리고 수없이 많은 다른 금기 사항을 지키는 것과 관련이 있었다. 라마나는 이러한 모든 것을 전혀 중요하지 않은 것으로 치부했고, 그의 가르침도 전통적인 유산으로부터 매우 철저하게 거리를 둠으로써 나아가 서양의 추종자들도 많이 얻게 되었다. 그는 종종 세상을 위해 한 일이 없다는 비난을 받았다. 그에 대해 그는 신비스럽게 "당신이 곧 세상이요"라고 응답했다. 계속 많은 비난을 받자 그는 겉으로 볼 때 비활동적인 자신의 모습을 고속으로 돌아가는 물레의 중심점이 마치 움직이지 않는 것처럼 보이는 것에 비유했다.

이러한 절대적 힌두교의 형태는 인도의 힌두교 역사에서 다른 교파에 비해 제대로 인기를 끌어 본 적이 없었다. 그럼에도 불구하고 늘 대단한 영향력을 행사해 왔고, 현대 힌두교에서도 계속 그러하다. 현대에 절대적 힌두교가 독특하게 보이는 것은 보편적이고 단도직입적 설명 때문이다.

## 라마크리쉬나 파라마함사와 유신론적 힌두교

다양한 형태의 유신론적 힌두교는 더 대중적이다. 훌륭한 재능을 지니고 있었으며 다양한 형태의 힌두교 유신론뿐만 아니라 이슬람과 기독교에 대한 신앙 경험을 지니고 있었던 힌두교의 주요 인물은 라마크리쉬나(1836~1886년)였다. 그는 "실 한 가닥에 꿰어진 진주처럼 모든 만물이 주님에게 달려 있다"(『바가바드기타』, VII.7)는 말처럼 신을 사랑했다. 그리고 자식이 자신에게 헌신하지 않더라도 항상 아이를 사랑하는 어머니 같은 여신을 사랑했다. 그의 헌신은 아주 대단하여 신을 향한 여성 예배자의 모습을 취했을 때 그는 마치 생리통을 겪는 것처럼 보이기도 했다.

그의 제자 비베카난다(Vivekānanda)가 라마크리쉬나의 이름을 붙여 설립한 선교회는 현대 힌두교를 잘 보여 주는 주요 표징이다. 라마크리쉬나는 일면 보편적 관점에서 전통적 힌두교의 모든 형태[11]를 옹호하고 결합시켰다는 점에서 탁월한 사람이었다. 그리고 그의 이른바 절충적 입장은

---

11) Claude Alan Stark, *God of All* (Cape Cod, MA: Claude Stark, 1974)를 참조하라.

극도로 관용적이었음에도[12] 그의 추종자들은 그가 실제보다 덜 관용적이었다고 주장한다. 이 차이를 학자들이 비판적으로 지적하지만 그것은 라마크리쉬나가 탁월했음을 말해 준다. 극단적인 관용성은 마치 라마크리쉬나 이전, 즉 18세기의 다소 혼돈스러운 힌두교저 정황에서 모든 가능한 형태들이 무차별적으로 수용되어졌지만, 결국 그 어느 것도 힌두교의 형태로 확정되지 않았음을 의미하는 것이다. 그러나 라마크리쉬나에게는 모든 가능성이 분명히 입증되었고 새로운 것들이 허용되었을 뿐만 아니라 인정을 받게 되었다. 휴스턴 스미스(Huston Smith)에 따르면, 위대한 종교들의 본질적 통일성에 대한 라마크리쉬나의 가르침은 "이 주제에 관한 힌두교의 가장 훌륭한 목소리를 대변한다."[13]

## 마하트마 간디와 실천적 힌두교

라마나가 현대 힌두교의 한 형태로서 지혜의 길(즈나나 요가)의 모범이고, 라마크리쉬나가 헌신적 믿음과 사랑의 길(박티 요가)에 대한 모범이라면, 마하트마 간디는 실천적 행동의 길(카르마 요가)을 보여 주는 모범이 된다. 이 사실을 잘 드러내는 극적인 증거를 간디가 1948년 한 힌두 집단과 대면했던 사례에서 찾을 수 있다. 그것은 그해 힌두-무슬림 간의 폭동에서 습격 당하여 집단적 학살을 면하고 간신히 살아남은 사람들과 간디가 나눈 아래의 대화에 담겨 있다.

---

12) Walter G. Neevel, Jr., "The Transformation of Śrī Rāmakrishna," in Bardwell L. Smith, ed., *Hinduism: New Essays in the History of Religions* (Leiden: E. J. Brill, 1976), p. 76.
13) Huston Smith, *The World's Religions* (San Francisco: HarperSanFrancisco, 1991), p. 73.

대학살의 보고서가 인도 전역에 전달되어 오싹한 공포감을 자아냈다. 그들은 극도의 흥분과 분노로 간디에게 무슨 일이 일어나고 있는지에 대해 말했다. 그리고 마침내 그들 가운데 한 노인이 분노하여 다음과 같이 말했다. "좀 쉬지 그러세요? 충분히 해를 입히셨거든요! 당신이 우리를 완전히 파멸시켰어요! 이제 우리를 당장 떠나 히말라야에 거처를 잡으셔야겠어요!" 라고 말했다.

"나의 히말라야는 바로 여기요." 간디는 쉰 목소리로 대답했다. "여러분의 고통을 없애고 여러분의 도움으로 죽는 것이 나에게는 히말라야에 가는 것이나 다름없습니다."

이 같이 격렬한 공격을 좀처럼 당해 보지 않았던 간디로서는 당황할 수밖에 없었다.

"당신은 위대한 마하트마입니다. 하지만 그게 우리와 무슨 상관입니까?" 하고 노인은 계속 말을 이었다. "혼자 우리를 떠나세요! 우리를 잊으세요! 꺼져 버려요!"

그는 체격이 좋은 건장한 사람이었다. 그리고 명령조로 말했다. 그의 활력과 분노는 주의를 끌기에 충분했다. 생존자는 남녀 약 40여명이었다. 그중에는 부상자도 있었으며 모두에게는 커다란 고통의 흔적이 담겨 있었다. 잠시 간디의 마음속에 난폭하게 말하던 그 노인은 피난민이 아니라 자신의 목적을 위해 피난민을 이용하는 사람이라는 생각이 떠올랐다. 그렇지만 그것은 아무 쓸모없는 생각이었다. 그는 그 생각을 빨리 지워버렸다. 그리고 그들에게 조용히 그리고 간단하게 말했다.

"당신의 명령대로 제가 갈까요? 난 누구의 말에 귀를 기울여야 하나요? 어떤 이는 나에게 그냥 있으라 하고, 또 어떤 이는 나에게 가라고 합니다. 어떤 이는 나를 비난하고 헐뜯고 또 어떤 이는 나를 칭찬하니 난 어떻게 해야 하나요? 난 신께서 시키는 대로 했는데"라고 말했다.

그러자 그 노인이 말했다. "우리를 통해서 당신에게 말하는 자가 바로 신입니다. 우리는 슬퍼 제정신이 아닙니다."

"저의 슬픔도 여러분 못지않습니다"라고 간디는 대답했다. 그리고 간디는 점점 그들을 진정시킬 수 있었다.

그 사건으로 간디는 혼란스러워졌다. 그리고 그는 마침내 히말라야에 가는 것보다 더 나은 일이 없을 것이라고 말하면서 그것에 대해 기도 모임에서 길게 술회했다. 그러나 히말라야는 그가 평화를 얻을 만한 곳이 아니었다.

그는 예전에 "나는 폭풍우 속에서도 평화를 추구합니다"[14]라고 말했던 것처럼 "나는 혼돈 속에서도 평화를 추구합니다"라고 말했다.


간디가 제시한 힌두교는 금세기 최고의 지배적 힌두교의 형태로 남아 있다. 간디의 이러한 힌두교 형태는 '신에 이르는' 길로 봉사의 길을 보여 준다. 그것은 비폭력, 용기, 신에 대한 신앙, 진리, 교파적 초월, 자기희생, 사회봉사, 그리고 간디의 표현을 이용하면 만인의 유익, 즉 사르보다야(sarvodaya)를 추구하는 그러한 모든 덕망의 총합을 의미한다. 대부분의 힌두교인을 위해 간디는 금세기에 규범적인 힌두교를 마련하였다. 그는 앞에서 언급된 바 있는 (신에게 이르는) 여러 요가의 측면에서 논리적으

---

14) Robert Payne, *The Life and Death of Mahatma Gandhi* (New York: E. P. Dutton & Co., 1969), p. 578.

로 사회적 차원을 이끌어냈다. 불가촉천민(不可觸賤民)에 대해 생각해 보자. 라마나는 결코 불가촉천민을 언급한 적이 없었다. 라마크리쉬나는 여기서 한 걸음 더 나아갔다. 그는 이 문제에 대한 어떤 편견을 극복하기 위해 자신의 턱수염으로 변기를 청소한 적이 있었다. 간디는 이미 12살이 되었을 때 조숙하게도 매우 존경하던 부모님에 맞서 불가촉천민에 대한 풍속을 의심했을 뿐만 아니라 이 제도에 대한 반대 운동으로 일생을 보냈다.

세 인물의 활동에 대해서 생각해 보자. 라마나는 자신이 현존하는 것만으로도 사회 변화를 위해 충분히 감화를 줄 수 있다고 주장하며 신성한 봉화산 언덕을 떠나지 않았다. 라마크리쉬나는 자주 무아경에 빠지곤 했는데, 몇 차례를 제외하고는 콜카타 지역을 거의 떠나지 않았다. 간디는 계속해서 전국을, 심지어는 세계를 돌아다녔다. 라마나는 사회사업에 거의 관심을 보이지 않았다. 라마크리쉬나는 누군가 신을 만나면 신의 마음을 끌기 위해 "나는 운하를 건설했소"라고 말할 것이라고 농담 삼아 말했다. 그러나 간디는 적극적인 사회봉사로 일생을 살았다. 라마나는 독신으로서 금욕주의자였고, 라마크리쉬나는 결혼한 금욕주의자였으며, 간디는 결혼했지만 일부일처주의에서 독신주의자가 되었다. 그러나 여성 해방을 위한 그의 역할은 라마나나 라마크리쉬나의 경우를 훨씬 능가했다.


## 힌두교의 새로운 종교 운동

간디는 흥미로운 전환점을 보여 주고 있다. 아마도 오직 인도만이 간디를 낳을 수 있었겠지만 인도 그 자체만으로는 그를 설명할 수 없기 때문이다. 다양한 서양의 사상과 이상이 간디를 통해 힌두교 속에 스며들었다. 그러나 인도만으로 간디를 설명할 수 없을지라도 힌두교로서 간디를 설명할 수는 있다. 왜냐하면 힌두교는 새로운 유형의 사상과 관습을 동화시킬 수 있는 능력을 가지고 있기 때문이다. 용량이 큰 그릇에는 더 많이 채울 수 있는 법이다. 그러나 힌두교는 마치 다이어트를 위해 음식을 제한하면서 동시에 메뉴를 더하는 식의 요령이 있다. 힌두교의 새로운 종교 운동들은 이러한 경향이 지속되고 있음을 반영한다.

그 가운데는 소비자 보호 운동을 포함해서 서양의 새로운 생활 요소들이 점차적으로 혼합되고 있다. 그러나 그들의 생생하고 실제적인 운동 속에는 매우 분명한 생활 양식이 규정되어 있다. 그것이 샤이 바바(Sai Baba) 운동이든, 하레 크리쉬나 운동이든, 초월 명상법이든 혹은 힌두교 요소를 가진 어떤 다른 운동이든지 우리는 다시 한번 힌두 다원주의와 힌두 실용주의의 상호 작용을 본다. 그러나 이것들은 모두 몇 가지 요가 가운데 하나 혹은 그 이상의 결합을 보여 준다. 그들이 추구하는 완전성은 아마도 몸의 수련(하타 요가)과는 달리, 마음의 통제(라자 요가)나 철학적 지혜(즈나나 요가) 혹은 신앙과 예배(박티 요가)나 실천적 봉사 행위(카르마 요가) 아니면 이들 여러 요소를 결합한 것일지도 모른다.[15] 몇몇 현대 힌두교인은 아마도 아주 진지하게, 좀 지나친 표현을 쓴다면, "실로 이 힌두교야말로 종교의 모든 것이다"[16]라고 주장할 것이다. 그리스도교와 이슬람도 신앙과 헌신의 길 아래에서 하나로 통섭될 수 있기 때문이다.[17]

이 주제에서 넘어가기 전에 다양한 형태의 요가는 결코 상호 배타적이 아니라 상호 보완적이라는 점이 인식되고 강조되어야 한다. 우리가 지

---

15) Swami Nirvedananda, *Hinduism at a Glance* (Calcutta: Ramakrishna Mission, 1969), p. 225.
16) Swami Nirvedananda, *Hinduism at a Glance*, p. 225.
17) Swami Nirvedananda, *Hinduism at a Glance*, p. 89 n. 1.

식의 길, 헌신의 길, 실천의 길을 하나씩 확인해 볼 수 있었던 것은 다른 형태의 요가가 없어서라기보다는 라마나 마하르시, 라마크리쉬나, 그리고 간디가 각각의 종교 생활 형태에서 탁월한 모습을 보여 주었기 때문이다. 요가는 상호 배타적이지 않기 때문에 그 어떤 포괄적 형태에도 적용될 수 있다. 전통적 유형의 힌두교는 이러한 결과를 수직적, 즉 위계적 통합을 통해 이룩했다. 때때로 사다리 접근법이라 불리는 이 방식에 따르면 요가는 한 가지 방식이 다른 방식을 이끌어 가면서 점차 자신이 선호하는 요가에서 절정에 달하는 식으로 연속적으로 열거되었다.

현대 힌두교는 고대 유형으로 빠지지 않고, 수직적 차원보다는 수평적 차원에서 요가를 체득하는 것을 더 선호한다. 수레바퀴 접근법이라고도 하는 이 방식에 따르면 모든 요가는 수레바퀴의 살과 같이 동일한 가치로 여겨져야 한다. 그러나 우리는 여전히 어느 한 가지 요가를 다른 요가보다 더 선호할지도 모른다. 분명한 점은 '똑같은 것 가운데에서 우선적인 것'이라는 의미로 생각해야 한다는 것이다. 우리는 또한 여전히 모든 요가가 같은 특색을 가진다고 해도, 어느 하나의 요가를 다른 특색을 지닌 요가보다 더 선호할 수 있다.

그러나 요가의 기술만이 힌두교에서 구원을 얻는 유일한 방법은 아니다. 익명의 고전적 시구(詩句) 가운데 다음과 같은 구절이 있다.

요가에 몰입하여 자기를 부정하는 사람과
전쟁터에서 자신의 목숨을 바치는 사람.
이들 두 종류의 사람은 이 세계에서 태양계를 넘어선다(자유를
얻는다).

날카로운 검(劍)이 예리한 마음만큼 구원을 보장해 줄 수 있을까? 아마 논쟁의 여지가 있을지 모르지만, 힌두교의 호전적 전통은 이러한 점에서 의심의 여지가 전혀 없다.


## 호전적인 힌두교

평화주의자인 마하트마 간디는 위대한 실천적 힌두 지도자였고, 아마 금세기가 낳은 가장 위대한 지도자였을 것이다. 그러나 이제 우리는 그가 동료 힌두교인에게 암살당했다는 사실을 고려해야 한다. 그 동료 힌두교인은 더 새로운 유형의 행동적 힌두교, 즉 호전적 힌두교를 대표하는 인물이 되었다. 간디가 주장한 힌두교의 강력한 개혁을 반대했던 자로서, 그리고 힌두교 열광주의자로서 간디를 암살했던 나투람 고드세를 염두에 두지 않고 살았던 것이 최근까지의 관행이었다.[18] 최근 인도의 발전을 통해 볼 때, 이러한 평가는 빈약하다는 것을 알 수 있다. 이러한 맥락에서 이슬람/힌두 분리의 역할을 깨닫지 못하는 것은 치명적이다. 최근의 논의는 1992년 아요디아의 모스크 파괴 사건이, 시간은 한참 지났지만 1947년의 이슬람/힌두 분리의 직접적인 결과라는 점을 충분히 강조하지 못했다.[19]

1947년 인도가 분할된 데 대해 거의 모든 힌두교인들이 느낀 원한과 분노 때문에 고드세는 간디를 살해했다. 고드세의 분노는 표적을 잘못

---

18) A. L. Basham, "Hinduism," in R. C. Zaehner. ed., *The Concise Encyclopedia of Living Faiths* (Boston: Beacon Press, 1959), p. 259.

19) 아요디아에서 일어난 분쟁의 구조적 문제가 이슬람 사원의 문제 하나로 적절히 설명될 수 있는지, 정부 차원의 결정은 정부 지정 보류지로서 유보권 조항으로 나타났다. *News India*, January 22, 1993, p. 4.

선택한 것이었지만, 그의 의도는 옳았다. 인도의 분할은 거의 모든 힌두교인들에게 비극이었다. 고드세는 간디를 희생자로 만듦으로써 비극을 더욱 강화했을 뿐이다. 분할되지 않은 인도에 대한 고드세의 발언은 아주 극적이다. 이를테면, 간디의 유골은 인도의 성스러운 강물에 뿌려졌지만, 고드세의 유골은 그의 뜻에 따라 보존되었다가, 현재의 파키스탄이 분열되기 이전 상태로 인도의 일부가 되면 이후에 인더스 강에 뿌려지도록 했다는 사실 말이다. 더욱이 고드세의 간디 암살은 힌두교인들에게 간디의 비폭력은 분할을 막지 못했음을 알리는 신호였다. 그러나 언론은 그러한 메시지를 차단했다. 오히려 최근까지 인도인들의 머릿속에는 간디의 순교가 그의 실패보다 더 중요하게 여겨졌다.

간디와 고드세로 대표되는 정반대 유형의 힌두교는 화해할 가능성이 있을까? 아마 그럴 수도 있을 것이다. "영혼이 큰 잘못에 직면하여 고뇌와 분개로 괴로워하는 끔찍한 고통의 시기에 크샤트리아(戰士, Kṣatriya)는 이렇게 말한다. '이제 당신은 그래서는 안돼요. 내가 당신을 죽일 거요'라고. 그러자 진실한 바라문(성자)은 '그러지 마시오. 내가 차라리 죽겠소'라고 말한다."[20] 비록 간디는 평민(Vaiśya, 바이샤)이고 힌두교의 카스트 제도에서 상인 계급에 속하지만 위기를 해결하기 위해 타인을 죽이기보다는 차라리 죽음을 택함으로써 실제로 바라문처럼 행동했다. 고드세는 바라문 계급으로 태어났지만 간디를 죽임으로써 크샤트리아(전사)처럼 행동했다.

힌두교의 호전적 전통은 힌두교 내부에서 정착된 전사 계급을 대표한다. 간디가 런던에 있을 때 그곳에 사바르카르(V. D. Savarkar, 1883~1966년)라고 하는 동포 한 사람이 있었는데, 그는 뒤에 간디 살인 음모 사건으

---

20) S. Radhakrishnan, *The Hindu View of Life* (New York: Macmillan, 1927), p. 84.

로 재판을 받았으나 석방되었다. 사바르카르와 간디는 영국인들을 몰아
내는 적절한 수단을 강구하는 방안에서도 서로 의견 차이를 보였을 뿐만
아니라, 틸락을 나누는 방법에 대해서도 의견이 일치하지 않았다. 틸락은
영국인들이 '인도 사회 불인의 아버지'로 간주하고 있었던 자였다. 그리고
간디는 틸락이 그렇게 대중화시켰던 현대 힌두교의 인기 있는 경전인『바
가바드기타』의 해석에 대해서도 나중에는 의견을 달리했다. 틸락과 간디
는『바가바드기타』가 실천 주의를 옹호한다는 점에 대해서는 의견이 일치
했다. 그러나 틸락에게『바가바드기타』가 전투적 실천주의를 내포하고 있
었다면, 간디에게『바가바드기타』의 전투적 배경은 본래부터 우화적인 성
격을 지닌 것이었다.

1930년대 간디는 영국인들을 무력으로 정복해야 한다고 주장했던 수
브하스 찬드라 보세(Subhas Chandra Bose)에게 국민 의회의 통치권을 거의
넘겨주게 되었다. 그러나 간디가 우세할 수 있었던 것은 오로지 힌두교의
호전적 노선을 모른 체함으로써 가능한 것이었다. 영국이 인도를 완전히
무장 해제시키자 간디의 방식만이 실용적이 되었다. 그러나 힌두교의 호
전적 전통은 1925년에 창설된 인도어 머리글자 RSS로 알려진 '국가 자위
대'와 같은 단체로 인해 존속되었다. 힌두교 전통은 폭력을 피하지만 그
것을 배제하지는 않는다. 간디마저도 비굴함보다는 폭력을 선호했다. 강
도를 만나는 경우를 생각해 보자. "간디가 지적하기를, 사람들은 강도를
만났을 때 이상적으로는 폭력으로 저항하기보다 인내해야 한다고 생각할
지도 모른다. 하지만 '그러한 인내심은 약함에서 나오는 것이 아니라 오
직 강함으로부터 가능해지는 것이다. 그러한 강인함을 체득하기까지 사
람들은 잘못을 범하는 이들에게 폭력으로서 저항해야 한다.' 왜냐하면
폭력은 악이 될 수도 있지만, '비겁한 것은 폭력보다 더 나쁜 것'이기 때

문이다."[21]

　결론적으로 우리는 힌두교가 현대화의 세속적 과정을 거치면서 점차 세계적인 보편성을 띠고 있다는 사실에 주목해야 한다. 비폭력과 폭력을 각각 옹호하는 사람들은 이러한 관점에서 놀라운 의견의 일치를 보여 준다. "간디는 언젠가, '힌두교는 비폭력 수단을 통해 진리를 추구하는 것'이라고 정의한 바 있다. 이것은 힌두교에 대한 정의가 아닐지도 모른다. 이 말은 모든 종교에 적용되기 때문이다. 그러나 이것이야말로 힌두교가 '모든 종교의 진리는 똑같다'라고 주장하는 바와 정확히 일치하는 것이다."[22] 이제 사바르카르의 말을 들어보자. "마찬가지로, 힌두교가 전 세계를 향하여 외칠 수 있는 이러한 입장을 견지할 때마다, 『바가바드기타』가 말하는 것이 붓다가 강조하는 것과 큰 차이가 없다는 것이 확실해진다. 그것은 특히 어떤 힌두교인이 힌두교인으로 멈추지 않게 될 경우에 한해서 그렇다."[23]

21) Arvind Sharma, "Fearlessness(Abhaya) as a Fundamental Category in Gandhian Thought and Practice," *South Asia 8*, no. 1, June 1978, p. 39.
22) T. M. P. Mahadevan, *Outlines of Hinduism* (Bombay: Chetana, 1971), p. 227.
23) Wm. Theodore de Bary, ed., *Sources of Indian Tradition* (New York and London: Columbia University Press, 1958), vol. 2, p. 335.

# 힌두교의 구조

## 영적 상부 구조

앞서 말한 세 명의 유명한 인물, 즉 라마나, 라마크리쉬나, 그리고 간디는 현대 힌두교의 주요 형태를 대표하는 상징적 인물로 거론되었다. 라마나는 '지식(지혜)의 길', 라마크리쉬나는 '신앙의 길', 간디는 '실천의 길'을 보여 준다고 생각한다면, 현대 힌두교를 형성한 인물들인 세 사람은 각각 즈나나(jnāna, 지혜), 박티(bhakti, 신앙), 그리고 카르마(karma, 실천)라는 힌두교 형태로 특징 지워질 수 있을 것이다. 이들 세 가지 용어와 그것이 '형상화'하는 개념들은 실질적으로 전체 힌두 세계를 둘러싸고 있는 중심축과 같다. 구체적인 예는 앞서 언급한 모든 것이 어떻게 세 가지 길(요가)의 방향과 관련되는지, 그리고 앞으로 언급될 모든 것이 이러한 것들과 어떻게 관련될 수 있는지를 살펴보면 알 수 있을 것이다.

예를 들어, 역사적 의미보다 심오한 심리적 의미에서 힌두교를 정의하기 어렵다는 것은 요가, 곧 마르가(mārga, 길)의 교리에서 비롯된다. 마르가라는 말은 길을 의미하며, 특히 베다어인 아드바르유(adhvarvu)와 의미가 상통하는 것으로, 이는 제사 드리는 '방법과 수단'을 맡은 사제라는 뜻을 지니고 있으며, 중세 신비주의자가 떠났던 영적 여정을 뜻하는 판타(pantha)를 의미하는 것이기도 하다. 그들은 힌두교가 기본적으로 인간 세계와 초월적 세계 사이의 연결 고리를 설정할 수 있는 일련의 기술이라는 점을 제시한다. 그러한 연결 고리는 힌두교를 이해하는 데 핵심 원리가 된다. 인간 존재와 관계된 부분은 다원적이고 구제(救濟)적이어서, 여러 가지 '다른' 차원에서 논의와 탐구가 진행될 수 있다.

하나의 유추가 도움을 줄 수 있을 것이다. 우리가 뉴욕에서 샌프란시스코까지 여행을 하고 싶다고 가정해 보자. 지금 우리는 뉴욕에 와 있으며 어디에 위치해 있는지 정확히 안다. 그러나 만일 샌프란시스코에 가본 적이 없다면 우리는 아마도 뉴욕만큼은 샌프란시스코에 대해서 확실히 알 수 없을 것이다. 그 목적지는 모호하고 정의하기 어렵다. 그렇다고 해서 비현실적이지는 않다. 마치 샌프란시스코는 언덕투성이에 해변이 있다고 두 가지를 동시에 말할 수 있는 것처럼, 샌프란시스코에 대한 어떤 모순적 진술도 비현실적이라고 증명할 수는 없다. 두 가지 진술 모두가 사실일 수도 있다. 우리는 샌프란시스코에서 휴가를 보내기 위해 어떤 길을 따라 그곳까지 여행하게 될 것이다. 분명 각각의 여행자는 그 위치를 상세히 조사해서 자신에게만 해당하는 고유한 길을 택하게 될 것이다. 비록 두 여행자가 똑같은 빌딩에서 샌프란시스코를 향하여 떠난다 해도, 같은 발자국 위로 꼭 같이 갈 수는 없으므로 엄밀히 따져보면 그들이 갔던 길도 같지 않을 것이다.

마찬가지로 힌두교라는 대단히 폭넓고 독특한 여행지를 지형도로 그리려 할 때, 아무리 꼼꼼히 그린다 해도 지도가 실제와 딱 들어맞지 않는 것이 과연 이상한 일일까? 그리고 만일 힌두교에 생명을 불어넣는 영적인 지도를 제작하기 위한 이러한 열정을 충분히 고려할 경우 힌두교인 수만큼 힌두교 수도 많아야 하고, 비힌두교인 수만큼이나 힌두교 수도 많아야 하는 이유를 쉽게 알 수 있을 것이다. 힌두교인의 관점에서 본다면,

비힌두교인도 실제로 같은 영역으로 여행하는 도반이기 때문이다.

물론 여러분 각자가 실제로 단일한 길을 가야 한다면, 비록 어떤 의미에서 각각 자신의 길을 선택해서 간다고 해도 샌프란시스코까지 가는 길은 오직 세 가지 기본적인 방법, 즉 사동차, 비행기, 기차로 가는 방법뿐임을 인정하게 될 것이다. 이 같은 진술은 이제 기본적 심리 유형, 즉 지식·감정·의지를 가지고 있는 개인의 상태로 환원될 수 있다. 비록 모든 개인이 독특하다고 해도—그들이 따라가는 개인의 길이 독특하며 힌두교를 정의하는 문제가 어째서 독특한지 그 이유를 설명하는 데 도움이 된다—이들 세 가지 심리 유형은 모든 인간에게 공통적으로 적용 가능하다. 모든 인간의 심리 유형이 이같이 언급될 수 있다는 사실은 힌두교의 보편적 기초가 된다. 마치 카스트가 개별적 단위의 독특성을 형성하며 각각의 독특성이 민족성의 철학적 기초가 되는 것과 같다. 우리는 이제 힌두교의 보편성과 민족성이라는 창조적 상호 작용이 어떻게 힌두교라는 한 축의 양 끝을 이루며, 힌두교라는 수레바퀴가 세월의 중심을 뚫고 우리에게 굴러 들어오게 되는지 알 수 있다.

즈나나는 지식을, 박티는 감정을, 카르마는 의지(행동)에 해당한다는 것을 이해하기란 어렵지 않다. 이들 각각은 지·정·의의 특별한 형태를 표방하고 있음을 동시에 알 수 있다. 인간과 신을 연계하는 이 세 가지 주요 양식은 라마나, 라마크리쉬나, 그리고 간디의 생애로 예시될 수 있다.

요가의 개념, 즉 마르가의 개념은 구조적으로 힌두교의 중심이며, 여행이라는 은유를 써서 다시 강조할 때, 힌두교의 여러 가지 다른 차원에 더 쉽게 접근할 수 있게 해 준다. 예를 들어 힌두교에서 여행이라는 말은 한 번의 삶이 아니라 여러 번의 삶을 내포하는 것으로 그려진다. 이런 인식은 피타고라스 학설에서 주창되기도 했지만, 힌두교에서는 일상화된 지식으로서 죽음과 재생을 거듭하는 우주적 과정인 윤회(saṁsāra)의 개념이 이로부터 나온다. 물론 이러한 개념에는 개인이 윤회의 과정에서 우주 공간을 목적지 없이 떠다니거나, 혹은 어떤 새로운 영역에 도달한다는 의미가 있다. 이러한 우주적 윤회의 과정에서 인간이 봉착하게 될 경험을 설명해 줄 수 있는 원리는 카르마 이론이다. 카르마 이론은 행위의 도덕적 특질에 상응하는 결과가 나온다는 것으로, 행위의 결과에 따라 여러 생을 거듭할 수도 있다고 말한다. 이러한 우주적 과정에 연루된 개인은 우주적 윤회의 바다에 있는 잔물결 같은 생명체로서, 이른바 지바(jīva)라고 불리는 것이다.

어떤 점에서 생명체로서의 지바는 더 이상의 여행을 원하지 않고 자신의 방황을 멈추고 해방을 얻고자 할 것이다. 그런데 이 지바는 별도의 길로 여행하기를 원하는데, 그 길은 하나의 영속적인 길이 아니라, 신성(神性)에 도달하는 특유한 길을 의미한다. 이러한 점에서 모호한 기대를 가지고 뉴욕에서 샌프란시스코로 걸어가려는 무모한 노력 대신에, 지바는 적당한 노선을 선택하여 여행을 떠나게 될 것이다. 또 지바가 택하는 명확한 길은 자신의 독특한 개성에 따르겠지만 지식·감정·의지의 보편적인 특성 때문에 지바는 이 세 가지 길 중 어느 하나의 길을 택하게 될 것이다. 사실 지바는 운명적으로 숭고한 목표에 이르게 되어 있으나 일시적으로 마음을 딴 곳에 빼앗기게 된다.

우리로 하여금 신을 멀리하도록 유혹하는 우리 주변의 이러한 우주의 능력을 마야(māyā)라고 부르는데, 이는 철학적으로 온갖 종류의 함축적 의미를 담고 있는 용어다. 뉴욕에서 샌프란시스코로 가는 도중에 디즈니랜드로 우회하는 것과, 우리가 샌프란시스코로 향하고 있다는 사실을 깜빡 잊는 것은 마야의 역할 때문이다. 이러한 심취에서 빠져나와 샌프란시스코에 도착하는 것은 목샤(mokṣa), 즉 해탈(해방)을 얻는 것과 비슷하다. 목샤의 성취는 유한성으로부터의 해방과 같은 넓은 의미에서, 그리고 윤회로부터의 해방이라는 조금 더 좁은 의미에서 모두 힌두교의 지고선(至高善, summum bonum)이다. 이와 같이 해방된 사람은 우리에서 나온 시지처럼 세속의 올가미에서 벗어나 자유롭게 살아간다.

우리가 샌프란시스코에서 방문하고자 하는 여러 친구나 초청인이 있는 것처럼, 힌두교에도 다양한 여러 신이 있다. 마치 부유한 친구들이 소유하는 거대한 저택처럼 힌두의 신들은 저마다 각각 그 자체의 세계 속에 마련된 자신의 궁궐이 있다. 예를 들어 우리가 도시를 주재하는 시장을 방문하듯이, 세계의 보존자인 힌두의 신 비슈누(Viṣṇu)를 찾아 갈 수도 있다. 또는 맨 처음 샌프란시스코 시를 설계한 아직 생존해 있는 건축가를 만나 듯이, 우주를 설계한 창조신 브라흐마(Brahmā)를 만날 수도 있을 것이다. 또한 자신을 삭티(Śakti, 여성의 신성한 생식력, 신성한 여성성의 원리)라고 칭하면서 스스로 여성의 신성성을 옹호하는 그런 친구를 만날 수도 있다. 또는 파괴의 신 시바(Śiva)처럼, 때가 오면 오염된 도시를 파괴하기로 약속한 생태계의 예언자 역할을 하는 친구와 함께 지낼 수도 있다. 이와 같이 우리는 유일신 남신의 도시가 아니라 유일신 여신의 도시에서도 머물 수 있고, 여러 남신의 다양한 도시뿐 아니라 여러 여신의 도시에서 머물 수도 있다. 우리가 샌프란시스코에서 친구나 부모님 등과 누릴 수 있는 관계는 여러 남신이나 여러 여신과 함께 누릴 수 있는 관계와 비슷하다. 그러한 관계의 영역은 친구, 헌신적인 하인, 애인, 어머니, 아버지, 아들, 사랑하는 모든 사람들에 대한 사랑과 헌신의 길(bhakti)에 의해 다가갈 수 있다.

아니면 아마도 우리는 더욱 수준 높은 학문을 위해, 즉 더 많은 것을 알기 위해 샌프란시스코에 갈 수도 있다. 이때 우리가 도시를 체험하는 방식은 달라진다. 우리는 학생들처럼, 말하자면 지식(jñāna)의 길을 따라 여행하게 될 것이다. 이러한 상황을 놓고 볼 때, 힌두교 사상에서 브라만(Brahman)이라고 하는 하나의 실재를 깨닫게 되는 영역의 차원에서, 그 실재는 다른 어떤 특질이 배제된 아주 순수하고 단순한 지식일 것이다. 사람들을 통해 샌프란시스코의 실재를 만나게 되는 사교적인 친구들의 경우와 달리, 우리 자신이 직접 경험하게 되는 그 실재는 원리에 대한 지식으로서 독특하게 설명될 수 있다.

우리의 친구들은 같은 실재, 곧 샌프란시스코에 대해 각자 자신이 부여한 속성에 따라 이해할 것이다. 마찬가지로 힌두 개념으로 인격적 브라만의 실재에 관해서도 여러 특징을 부여하여, 이른바 특징(속성)을 지닌 브라만인 사구나 브라만(saguṇa brahman), 또는 이쉬바라(Īśvara, 自在神)로서 이해할 것이다. 반면에 우리는 샌프란시스코라는 실재에 대해 아무 특징을 부여하지 않고 이해할 수도 있다. 이것 또한 순수하고 단순한 지식, 힌두 사상으로 말하자면 속성이 없는 브라만인 니르구나 브라만(nirguṇa brahman, 절대의 신)으로 이해하는 것에 비유할 수 있다.

그러나 우리가 그런 헌신의 길이나 지식에 만족하지 않는다고 가정해 보자. 우리는 친구와 친하게 지내기 위해서 샌프란시스코에 온 것이 아니고, 또한 진보적인 사상을 배우러 온 것도 아니라 컴퓨터 회사를 세우러 온 것이라고 생각해 볼 수 있다. 그렇다면 우리는 매우 독특한 면에서 즉, 활동적인 사업가로서 샌프란시스코를 체험하게 될 것이다. 그리하여 우리는 세상과의 활동적인 관계에 있는 속성을 지닌 존재로서 '브라만으로서의 샌프란시스코'라는 역동적 실재를 체험하게 될 것이다.

이러한 은유적인 탐구를 통해 우리는 힌두교의 본질적 구조를 밝혀낼 수 있을 것이다. 왜냐하면 요가나 마르가가 암시하는 것이 이 은유의 중심에 있기 때문이다. 아니면 더 대담하게 '그대(you)'야말로 힌두교의 중심에 있고 지식·감정·의지라는 세 가지 특질 속에 힌두교의 세계가 숨겨져 있다고 말할 수 있다. 요가, 즉 마르가는 실재를 체험하는 데 영향을 주지만, 체험되어지는 것은 똑같은 실재, 똑같은 샌프란시스코라는 점을 절대 잊어서는 안 된다.

요가, 곧 마르가는 실재에 대한 경험이라는 특징 그 이상의 차원으로 실재의 도달에 이르는 길이다. 지식·감정·의지가 서로 다르듯이 비행기나 승용차나 기차로 여행하는 방식 또한 서로 다르다. 그러나 비행기, 자동차, 기차가 우리를 샌프란시스코까지 데려다 주듯이 이 세 가지 길은 우리를 참 실재 속으로 인도한다. 그러나 이러한 은유가 오해되거나 무시되지 않도록 하기 위해 더 정교한 설명이 필요하다.

즈나나(지식)를 통해 실재가 알려지는 길은 단순한 지적 지식이라기보다는 경험적이고 직관적인 지식과 관련이 있다. 마찬가지로 박티(信愛)로 표명되는 사랑과 헌신의 길은 심오하고 친숙한 사랑과 연관이 있는데, 이러한 사랑은 연인 사이의 결속력만큼 가까울 수는 있으나 현세적 욕망으로 인해 더럽혀지지는 않는다. 실천적 행위, 즉 카르마의 길은 일반적 행위를 말하는 것도 아니고, 세속적인 욕망으로 점철된 행위를 말하는 것도 아니다. 그런 행위는 삼사라(saṁsāra), 즉 윤회 속으로 더 많은 여행을 하게 이끌 뿐이다. 카르마의 길은 실천적 '근거(뿌리)를 중시하지 결과(열매)에 집착하지 않는' 행위를 말하기 때문이다. 그것은 무욕(無欲, egolessness)에 뿌리를 박고 있다.

## 기본 사회 구조

개인이 영적 목표를 추구하듯이 개인이 소속된 사회 또한 그 나름대로 주장하는 목표가 있다. 힌두교는 영적 생활이 끊임없이 충족될 수 있도록 하기 위해 조금 덜 개인적이면서 좀 더 공동체적인 구조를 보여 준다고 할 수 있다. 힌두교의 포괄적인 상부 구조가 세 가지 요가에 의해서 영적으로 특징지어진다면 사회 구조도 마찬가지로 포괄적인 세 가지 가르침(교리)으로 특징질 수 있다. 즉, 바르나(varṇas, 四姓制), 아쉬라마(āśramas, 삶의 단계), 뿌루샤아르타(puruṣārthas, 삶의 네 가지 목표)의 교리다. 이것들은 흔히 말하기를 높이 올라가면 갈수록 하늘에 더 가까워진다는 피라미드의 토대를 이룬다.

종교 체계로서 힌두교는 사회적 존재로서의 힌두교인에게 의미를 부여해 주기 위해 때로는 아주 표준적이고 때로는 아주 창의적인 방식으로 기본 원칙을 세운다. "제가 무엇을 해야 하나요?"라는 기본적 질문에 대해 힌두교는 다원성을 유지하면서 네 가지 대답을 제시한다. 이것은 '삶의 네 가지 목표'에 대한 교리로 알려져 있다. 힌두교는 인간의 노력이 지향하는 네 가지 유효한 목표를 인정한다.

그것은 도덕적 삶의 영위, 부의 획득, 감각적 쾌락의 향유, 자유의 추구다. 이는 각각 다르마(dharma, 법), 아르타(artha, 부유), 까마(kāma, 욕망), 그리고 목샤(mokṣa, 해탈)라고 알려져 있다. 이와 같이 힌두교는 모든 차원의 수단뿐만 아니라 다원적 목표를 수용한다. 그리하여 그 내부에는 또 다른 차원의 보편적 비밀이 있다. "언제 내가 무엇을 해야 하나요?"라는 질문에 대해 힌두교는 다음과 같이 대답한다. 인생의 최초 25년 동안 도덕과 직업의 원리를 터득하라. 다음 25년 동안 재산을 획득하고 감각적 기쁨을 누려라. 그 뒤 25년 동안 은둔처에서 덕망 있고 경건한 삶을 영위하라. 그런 다음 자유(해탈)를 추구하라. 100년이라는 우리 생애를 구성하는 이 네 기간은 학습기(學習期)인 브라흐마짜리(brahmacaārī), 가주기(家住期)인 그리하스타(gṛhastha), 은둔기(隱遁期)인 바나프라스타(vānaprastha), 욕망을 버린 산야신(sanyāsīn)으로서의 유행기(遊行期)인 산야시(sanyāsi)로 구성된 삶의 네 단계(아쉬라마, āśramas)로서 알려져 있다.

"기능이 다른 사회에서는 누가 무엇을 해야 하나요?"라는 질문에 대해 힌두교는 다음과 같이 답한다. 출신 가족의 직업을 따라야 한다. 이러한 직업은 넓게 말해서 네 가지 그룹으로 나눌 수 있다. 예컨대, 사제(司祭), 또는 더 일반적으로 말해서 지식인(brāhmaṇa), 전사와 행정가(kṣatriya), 농부와 상인(vaiśya), 그리고 노동자(śūdra) 그룹이다. 직업에 대한 이러한 출생은 업(業)과 환생(還生)의 교리로 정당화될 수 있다. 힌두교인에게 인간은 태어나는 것이 아니라 환생하는 것이기 때문이다. 다시 말해 인간은 직업적으로 구별되는 가계(家系)의 가문에서 단지 우연적으로 태어나는 것이 아니라 카르마라고 일컬어지는 우주적 설명 체계의 결과로 환생하는 것이다.

하지만 발리 섬의 힌두교는 바르나(카스트 계급)의 원래적 개념을 보여준다. 힌두교 역사에서 바르나(varṇas)라는 개념은 카르마(karma)의 교리보다 앞서 나타났다. 이것이 카르마 교리가 널리 퍼지게 되었을 때 이미 자리 잡고 있던 출생 중심의 사회 분할 제도를 뒤늦게 합리화했을지도 모른다. 반면에 "발리 섬에서 바르나는 단순히 직업을 의미한다. 사업가는 바이샤이고 교사는 브라만이며 피고용인은 수드라이다. 더 낮은 신분이나 더 높은 신분은 없다. 그리고 직업을 바꾸면, 예컨대 교사에서 상점 주인으로 직업을 바꾼다면 그는 브라만에서 바이샤로 계급을 바꾼 것이다."[24] 또 마치 조금 작은 수많은 사회적, 종족적 집단인 자티스(jatis)라고 하는 종족 단위가 사성제(四姓制, 카스트)의 더 보편적인 범주 내에 이념적으로 포함된 경우와 마찬가지로, 바르나를 해석하면서 우리는 힌두교에 종족적 요소와 보편적 요소가 공존함을 다시 한 번 느낄 수 있다. 이때 한 사람의 카르마는 그 사람의 다르마(dharma), 즉 행동 방식을 결정한다.

다르마라는 말, 즉 자신의 독특한 사회적·정신적 임무를 뜻하는 스바다르마(sva-dharma)의 정확한 의미론적 특징을 전달하는 내가 아는 최선의 방법은 랍비식의 설명을 통하는 것이다. 다음의 대화를 생각해 보자. 사이드 랍비 주스야(Said Rabbi Zusya)는 말했다. "내세에서, '당신은 왜 모세가 아니었습니까?'라는 질문을 나는 받지 않을 것이다. 그 대신에 '당신은 왜 주스야(Zusya)가 아니었습니까?'라는 질문을 받을 것이다." 만일 카르마가 힌두교의 위대한 형이상학적 체계 원리라면 다르마는 힌두교의 도덕적·사회학적 원리다. 다르마를 사회적 원리라기보다는 사회학적 원리라고 하는 편이 더 나을 것이다. 왜냐하면 우리는 여기서 종교 체계의 일부인 하나의 이데올로기로서 이념화된 구조를 다루고 있기 때문이다. 이데올로기는 역사적·사회적 사실과 충분히 상응하지 않는 것에 대하여 최선을 다해 설명하거나 해석하려는 데 이용된다. 결국 이데올로기는 실재의 거울이 아니라 오히려 의도적 왜곡이다. "그러나 그것은 거울보다 실재를 더 잘 드러낼지도 모른다. 왜냐하면 본질적인 요소들이 두드러지기 때문이다." 만일 『베다』의 신화가 우주를 규제한다면 스므리티라고 하는 힌두 법전의 이데올로기는 힌두 사회를 규제한다.

다르마는 힌두 법전(smṛtis)의 본질적 개념이다. 다르마는 우리가 특정한 카스트(varna)의 계층에서 각자의 고유한 직무를 수행 할 수 있도록 방향

---

24) *Hinduism Today*, 14, no. 12, December 1992, p. 26.

을 지시해 주는 나침반과 같은 것이다. 예컨대, 자비와 순수성 등과 같은 보편적 가치로 나타나는 각자의 인간성(sādhāraṇa dharma)을 가지고 꾸준히 인생의 특별한 단계(āśrama)에서, 특별한 목표를 추구하며(puruṣartha) 살아 가도록 방향을 제시해 준다는 것이다. 특별한 인간은 덕을 행하고 가장 숭고한 의미에서 다르마를 수행하도록 요청받는다. 마치 '죽음의 손'이 이미 그 머리에 놓여 있듯이! 인간의 내면세계와 우주의 독특한 조화는 힌두교가 추구하는 완벽한 전형이다. 우주와 인간 내면의 독특함을 조화시키고자 하는—힌두교 내의 민족적인 차원과 보편적 차원을 조화시키려는—시도는 이미 이전에 확인된 바 있는 유사하고 조금 더 큰 주제의 변형에 불과하다. 이러한 주제의 추구는 아주 다양한 생활 양식을 탄생시켰고 힌두교를 둘러싼 방대한 양의 문헌을 계속해서 탄생시키고 있다. 이제 이 부분에 대한 조사로 넘어가 보자.

# 힌두교의 신성한 삶과 문헌

힌두교의 신성한 문헌집은 어느 주요 종교의 전통 문헌 못지않게 방대하다. 그러나 이 힌두 문헌의 총집이 신의 계시로 기록되었다는 점을 감안해 본다면 아마도 세계 모든 종교 문헌 가운데 가장 방대한 양이 될 것이다. 물론 힌두교 내에서 다른 전승 성문집(聖文集)과의 관계로 본다면 더욱 유동적이다.

## 슈르티: 신의 계시로 기록된 성전, 『베다』

슈르티(śruti), 즉 '들려온 바(我聞)'라고 표현되는 첫 번째 범주의 힌두교 문헌은 신성한 '청각'이나 '시각'과 관련되어 있다. 그리고 이 기록들이 모두 현대적 기록으로 바뀌었지만, 과거에도 그랬고 지금도 구두로 전해지고 있다. 다른 말로 그것은 『베다』라고 하는데, 이는 『리그베다(*ṚgVeda*)』, 『야주르베다(*YajurVeda*)』, 『사마베다(*SāmaVeda*)』, 그리고 『아타르바베다(*AtharvaVeda*)』의 네 가지 다원적 형태를 띠고 있다. 그리고 이를 총체적으로 일러 『베다(*Veda*)』라고 한다.

『베다』는 한 권의 책이 아닌 장서로서 엄청난 양의 자료가 들어 있다. 그리고 그 모든 것은 이론상으로 계시(啓示)적 지위를 갖는다. 다시 그들 각각은 네 부분으로 나누어진다. 『상히타(*Saṃhitā*, 本集)』 혹은 『만트라

(*Mantra*, 경건한 찬송 집)』, 『브라흐마나(*Brāhmaṇas*, 사제의 교본, 또는 한역으로 범서[梵書], 한편 브라흐마나는 사제를 의미하기도 한다)』, 『아라냐카(*Āraṇyakas*, 삼림[森林]교본)』, 그리고 『우파니샤드(*Upaniṣads*, 비밀스럽게 전해지는 철학적 오의서[奧義書])』가 그것이다. 마지막 부분을 이루는 『우파니샤드』는 베단타(Vedānta, Veda+anta[end])라고도 하는데, 이 부분은 전승 속에서 아주 뛰어난 계시로 일반적으로 여겨지게 되었다. 그러나 『우파니샤드』에 대한 이러한 판단은 힌두교에서 볼 수 있는 전형적인 것으로 공식적인 합의의 과정이라기보다는 비공식적인 합의의 과정에서 결정된 것이며, 이는 최종적인 결정판은 아니지만 최종적인 경향을 다분히 지니는 것이다.

『베다』는 역사적으로 오래되고 정경(正經, 사람이 마땅히 행해야 할 바른 길)적으로도 우선성을 지니고 있기 때문에 힌두교에서 아주 중요한 역할을 하고 있다. 베다적 관점에서 평가해 볼 때, 대부분의 후기 힌두교는 실제로 현실화된 『우파니샤드』의 영향으로 초기 베다 시대의 특징이 아닌 후기의 베단타적 특징을 보여 주고 있다. 앞에서 명시한 바와 같이 『베다』는 힌두교인에게 계시적 기록으로 여겨졌지만, 그 실제 내용을 아는 힌두교인은 거의 없다. 그럼에도 『베다』의 권위를 인정하는 것이 힌두교 정통 신앙의 규범이다. 마치 헌법을 읽어본 적은 없지만 미국인이 국가에 충성을 표하기 위해 헌법에 맹세를 하는 것과 아주 흡사하다. 그런데 『베다』는 대체로 전통적 신앙과 실천의 적당한 기준이라기보다는 전통의 상징이자 궁극적인 것으로서 기능해 왔다. 왜냐하면 『베다』에 어긋나지 않는 것은 무엇이든지 힌두 사상으로 받아들여졌기 때문이다. 정통성에 대한 이 소극적 규범은 힌두교가 그 자체를 제한하지 않는다는 점을 다시 증명해 보이고 있다. 실로 『베다』의 현자들은 이렇게 선언한다.

지구는 어머니이고 나는 지구의 아들이다.

(『아타르바베다』, XII.I.12)

## 스므리티: 전승 법전

베다가 계시를 의미한다면 스므리티(smṛti)는 전승(傳承)을 의미한다. 역설적으로 베다는 머릿속에 기억된 것이지만, 스므리티라는 단어의 뜻은 글자 그대로 '기억된 것'을 의미한다. 주된 정통적 견해에 의하면 『베다』의 저자는 따로 없다. 대조적으로 전승된 작품, 즉 스므리티는 지은이를 기억할 수 있는 작품이다. 이 작품들은 '실'을 뜻하는 수트라(sūtras, 경전), 즉 기억에 도움을 주는 경구적인 장치에서 나온 것이다. 수트라는 그것을 진심으로 배우려 하는 사람들이 잘 기억하도록 만들어졌다. 그리고 이러한 경구를 기록한 '실'들이 전승 속으로 편입되어 갔다. 스므리티라는 말은 제한적이면서도 확대된 의미를 갖고 있다. 이 말은 힌두교인들의 사회적·정치적·경제적·개인적 행동을 규제하는 법률 서적에만 적용되도록 제한되어 있지만, 사실상 인간이 쓴 모든 형태의 거룩한 책들을 모두 포용하도록 그 의미가 확대되어 있다. 여기서는 제한적인 의미에서 스므리티가 사용되고 있지만, 이어지는 글에서는 넓은 의미로도 사용될 것이다.

여러 권으로 된 『법전(法典)의 역사(*A History of Dharmaśāstra*)』라는 작품에서 케인(P. V. Kane) 교수는 법전의 관점에 입각하여 스므리티를 완벽하게 조사하였고, 우리는 이를 유용하게 참조할 수 있다. 그 책을 통해 스므리티의 역할을 확인하기에 충분할 것이다. 비록 법률적으로 편향적이거나 암시적일지라도 힌두교의 풍토 안에서 자유롭게 이해한다면, 비록 계급 차별에 대한 집착이 현대 독자들을 당혹케 할지라도, 그러한 책들은 교훈적일 수 있다. 그러나 이러한 법률적 장치로서의 분류 '방법'에는 '광기'가 도사릴 수도 있다. 예를 들면, 결혼은 여덟 가지로 분류된다. 이러한 기스트상의 분류법은 너무도 철지히여, 혼인이 자유롭지 못함으로써 생기는 깊은 연민을 느끼게 한다.

슈르티는 다르마와 목샤, 즉 도덕과 구원에 관한 영원한 진리를 다룬다. 베단타가 특별히 '구원'을 설명한다면 스므리티는 특별히 사회 정치학적 배경에서 '도덕'을 상세히 설명한다. 비록 도덕적 진리가 영원하다고 하더라도 실제 적용에는 일시적인 수정이 가해질 수 있다. 따라서 다양한 다르마, 즉 행동 규범이 여러 시대(yugas)에도 적합하다는 견해가 적어도 20여 개의 스므리티에 구현되어 있다. 그들 가운데 최고의 권위를 지닌 것은 『마누 법전』이라고 널리 알려진 『마누스므리티(*Manusmṛti*)』, 또는 『마나바다르마사스트라(*Mānavadharmaśāstra*)』이다.

문명의 영향을 받지 않은 자연의 모습을 문화적 상태로 전환시키기 위해 스므리티는 16가지 성사(聖事, saṁskāras)를 규정한다. 오늘날에는 이것들 가운데 결혼과 장례식에 대한 규범이 보편적으로 지켜진다. 이 둘은 서로 연관이 있다. 힌두교에서는 아들을 갖는 것을 전통적으로 대단히 중요하게 생각한다. 마지막 장례 절차가 아들에 의해 효과적으로 잘 수행되어 왔기 때문이다. 이는 프로이트가 말한 바대로 에로스(eros, 사랑)와 타나토스(thanatos, 죽음)가 결합된 독특한 힌두교적 방식이다. 또한 유다인의 성인 의식인 바 미츠바(Bar Mitzvah)에 필적할 만한 특별한 성례로서 성직 수여식이 있었다. 브라만, 크샤트리아, 바이샤의 세 계급에 속한 한 남성이 거룩한 가운을 입고 성직을 수여받게 된다는 점에서, 그는 신분상 거듭나게 되고 『베다』의 학습을 시작하게 된다. 뒤에 이러한 『베다』 공부는 실제로 성직자 계급에 제한되었다. 그 결과 인도 몇몇 지역에서 브라만의 지배에 대한 분노가 극치에 이르렀다.

『베다』에 대한 브라만의 독점적 지배와 의례가 크게 유행하는 것은 아니지만 점차 빈축을 사게 되면서 더욱 평등주의적인 우리 시대에는 뒤떨어진 것처럼 보인다. 간디는 타인을 무시하는 이러한 저급한 행위에 저항하는 뜻에서 자신의 계급적 지위를 버렸다.[25] 특히 상층 계급에 의해서 카스트 제도 자체가 의무의 규정이라기보다는 특권을 주는 것으로 해석되어져 왔던 만큼, 심지어 카스트 제도 자체도 자유의 투쟁이라는 모진 시련 속에서 다소 변형을 거듭해 왔다. 틸락(B, G, Tilak, 1856~1920년)은 인도의 주권 투쟁 중 영국군에 의해 투옥된 모든 사람에게 브라만의 특권이 주어져야 한다고 제의했다. 틸락이 사망하여 비브라만 계급인 간디가 틸락의 운구를 돕고자 했을 때, 이를 반대했던 틸락의 친척에게 간디는 "공공 노동자에게는 카스트가 없습니다"라고 항변했다.

비록 도덕률이 영원하다 해도 실제적 적용은 변덕스럽다는 것을 아는 것이 힌두교를 이해하는 데 중요하다. 변덕스런 원칙은 융통성과 합리화의 여지를 허용한다. 역연혼(逆緣婚), 즉 죽은 자의 아우나 형이 미망인과 결혼하는 관습이 한때 유다교에서처럼 힌두교 내에서도 허용되었으나 나중에 중지되었다. 스므리티의 규정 중에 어떤 것은 세대가 계속 흘러도 생태학적 각성을 준다. 다섯 가지 일상의 희생 제의(Five Daily Sacrifices)에는 신, 현자, 조상, 손님, 그리고 '권리는 있어도 의무는 없는' 동물에 대한 봉헌이 있다. 그러나 아침에 침대에서 일어나서 자신이 딛고 서 있는 대지를 향해 용서를 구한다는 식의 제의에 관한 법전의 기록은 아마도

---

25) 그러나 다음을 참조하라. David M. Knipe, "Hinduism: Experiments in the Sacred," in *Religious Traditions of the World*, ed. H. Byron Earhart (San Francisco: HarperSanFrancisco, 1993), p. 829.

지나치다고 볼 수 있을 것이다.

　일부 힌두교인 가운데에는 고대의 스므리티(법전)가 시대에 뒤처지고, 거의 쓸모없는 것으로 생각하는 정시가 널리 퍼져 있다. 유명한 힌두 설교가인 스와미 비베카난다(Swami Vivekānanda, 1863-1902년)는, 우리 시대에 새로운 법전이 더 절실히 필요하다고 생각하였다. 오늘날 독립 인도의 입법자들이 그 역할을 떠맡았다. 유명한 경전 가운데 하나인 『아파스탐바 다르마 수트라(Āpastamba Dharma Sūtra)』는 다음과 같이 선언한다. "의와 불의는 구체적인 형태를 띠고 다가와서, '여기에 우리가 있습니다'라고 말하면서 우리에게 보여 주는 것이 아니다."(1.7.20.6) 행위 규범은 하늘에서 비가 내리는 것처럼 떨어지는 것이 아니다. 그것은 모범적인 덕행으로 이루어지는 것이다. 그러한 덕행의 소유자가 입법부에 선출되어야 한다.

## 『이티하사』: 신들의 서사시, 『라마야나』와 『마하바라타』

　슈르티는 영원한 법을 윤곽이 뚜렷한 글씨로 강하게 규정하고 있다. 반면에 『라마야나』와 『마하바라타』 같은 스므리티는 정교한 글자로 기록되었는데, 때때로 위대한 현인들과 왕들이 그들의 모범으로 삼았던 다르마, 즉 규범적 행위는 좋은 예가 되어 붉은 글씨로 표기되고 있다. 그들 가운데 어떤 이는 신의 화신(化身)이었으며, 적어도 그렇게 여겨졌다. 그들의 신격적인 이야기들을 일컬어 『이티하사(Itihāsas)』라고 부른다. 이 용어는 오늘날 특히 두 가지 텍스트에 적용되고 있다.

　하나는 라마(Rāma) 신의 삶과 행위를 다루는 것으로 『라마야나(Rāmāyaṇa, 라마의 활동)』라고 알려져 있다. 이 서사시는 인도 북부에서 특히 인기가 있다. 라마라는 말은—마하트마 간디가 총탄에 저격당할 때 내뱉은 최후의 말이기도 하다—실제로 신(하느님)이라는 말과 동의어다. 나머지 하나는 『마하바라타(Mahābhārata, 바라타 족의 위대한 전쟁)』로서 크리쉬나(Kṛṣṇa)와 밀접한 관계가 있다. 이 서사시는 바라타 왕가의 왕위 쟁탈을 위한 친족(형제)간의 투쟁을 다루고 있다. 이 이야기는 피터 브룩(Peter Brook)이 연극으로 각색하여 서양에 더욱 잘 알려 지게 되었다. 그 유명한 힌두교 교본 『바가바드기타』는 이 『마하바라타』에 들어 있다.

『라마야나』는 약 2만 4,000여 개의 시 구절로 되어 있으며 라마의 출생과 어린 시절의 망명 생활, 그리고 망명 중 겪었던 엄청난 노력, 악마에 의한 아내의 유괴와 그녀의 복귀, 그리고 황금 시대를 알리는 수도 아요디아(Ayodhyā)로의 의기양양한 귀환 등을 다루고 있다. 라마의 통치를 말하는 라마라자(Rāmarājya)는 힌두교에서 물질적으로나 도덕적으로 지상의 '신의 왕국'과 동등한 가치를 지닌다. 이 서사시에 나오는 사건들은 대단한 선전적 과시(팡파르[fanfare])와 함께 정기적으로 상연된다.

『마하바라타』는 카우라바(Kauravas) 형제들과 그들의 사촌 판다바(Pāṇḍavas) 형제들의 왕위 투쟁을 약 10만 개의 시 구절로 열거한다. 이 투쟁에서 판다바 형제들이 크리쉬나의 도움으로 성공을 거둔다. 크리쉬나는 다른 서사시의 라마처럼 비슈누(Viṣnu)의 화신이다. 여기서는 비록 아주 간결하게 요약되었지만, 주요 설명부에는 많은 우여곡절이 들어 있다. 이 서사시는 대체로 힌두 세계에 관한 수많은 정보의 창고 역할을 한다. 게다가 백과사전적인 자랑거리를 내포하고 있어 과연 "이 서사시에서 찾아 볼 수 있는 것을 다른 곳에서 발견할 수 있을지는 모르지만, 여기에 없는 것을 다른 곳에서 찾아 볼 수는 없다"(18.5.38)고 말할 수 있을 정도이다. 두 서사시는 장엄한 이야기로서 다른 모든 위대한 서사시처럼 우리를 또 다른 세계로 안내해 준다.

최근 이러한 서사시를 바탕으로 한 TV 시리즈가 인도에서 선풍을 일으키며 인기를 끌고 있어 방송이 있을 때에는 말 그대로 인도 전체가 숨을 죽이는 것만 같았다. 그러나 그것들은 단지 훌륭하다거나 시선을 끄는 이야기 이상이다. 두 서사시는 적절한 도덕적 행위의 문제를 다룬다. 『라마야나』가 근본적으로 공식적인 윤리(결코 거짓말 하지 말라)를 뒷받침하는 반면, 『마하바라타』는 목적론적 윤리에 편향되어 있다(그러한 편향은 좀 더 넓은 관점에서 허용될 수 있다).

두 서사시의 차이점을 살인범으로 보이는 자객의 추적을 받던 희생자가 거리에서 흔적 없이 사라지는 것을 누군가 목격한 경우를 예로 들어 설명할 수 있을 것이다. 목격자는 심문을 받을 때 자객의 생명을 구하기 위해 진실을 말해야 할까, 아니면 거짓말을 해야만 할까? 공식적인 윤리는 정확한 대답을 요할 것이다. 반면에, 목적론적 윤리는 한 생명을 구하기 위해 정확하지 않은 답을 허용할 수도 있을 것이다.

이 서사시들은 옳고 그름의 문제와 실제적으로 많은 관계가 있다. 그리고 전체적으로는 도덕을 강조하고 있다. 『마하바라타』의 작가로 추정되는 브야사(Vyasa)의 조언이 비록 주목받지 못했을 수도 있지만, 그의 애가(哀歌)는 여전히 시사하는 바가 있다.

> 내가 손을 들어 주장하지만 허사로다.
> 정의로부터 부와 행복이 나오거늘.
> 그대는 왜 정의롭지 못한가?(18.5.49)

## 『푸라나』: 신들의 이야기

『우파니샤드』는 신들은 신비적인 것을 사랑하고 노골적인 것을 싫어한다고 말하지만(『브리하드아란야까 우파니샤드(*Bṛhadāraṇyaka Upaniṣad*)』, IV.2.2), 『푸라나』는 아무런 상상의 여지를 남기지 않는다. 『푸라나』는 있는 그대로의 사실처럼 말해 주기도 하지만, 영국 왕실 뒤에 있는 기자단들과 같이 신들에 관한 이야기를 들려준다. 『푸라나』는 사람들의 행위보다는 신적인 인간이나 신의 행위에 더 관심이 있고, 악마와의 만남도 거듭 나타나는데 경우에 따라서는 악마가 재생하여 등장한다. 힌두교에는 서양 종교의 사탄이나 불교의 마라(Māra)와 같이 악에 대한 단순하고도 공식적인 원칙이 없는 것처럼 보인다. 그리하여 '오염된 세상에서의 더러움' 정도로 악을 가볍게 여기는 경향이 있어 악에 대해 관대하다는 비판을 받는다. 더구나 악하지 않으면서도 악을 행할 경우가 있다. 이와 대조적으로 힌두교의 주요 신은 세 가지 형태로 나타나며 창조(방출), 보존, 소멸(파괴)이라는 세 가지 우주적 기능에 각각 해당하는 브라흐마(Brahmā), 비슈누(Viṣṇu), 시바(Śiva)의 삼위일체(trimūrti)를 형성한다. 브라흐마에 대한 숭배는 다소 찾아보기 힘들 정도로 시들었지만, 비슈누와 시바에 대한 숭배는 인기를 더해갔다.

18권으로 된 『푸라나』는 대중적 혹은 대중화 된 형태의 힌두교를 보여준다. 여기에는 실제 생활 속에서도 볼 수 있는 것으로 금욕적 요소와 성적인 요소, 신성과 세속이 놀랍게 결합되어 있다. 그 가운데 가장 잘 알려진 것은 『마하바라타』에서 성인(成人)으로 등장하는 크리쉬나의 초기 삶을 다룬 『바가바타 푸라나(*Bhāgavata Purāṇa*)』이다.

『푸라나』는 대중 종교를 제시하고 표방한다는 점에서 중요하다. 『마르칸

데야 푸라나(*Mārkaṇḍeya Purāṇa*)』의 한 단락인 '여신의 영광(Devī Māhātmya)'
은 힌두교 여성 신학의 최고 사례가 된다. 만일 스므리티가 인간을 다룬
다면 『푸라나』는 신과 우주와 관련하여 신격적인 존재, 즉 최고신이나 여
러 신을 다룬다. 이 전설과 신화의 보고(寶庫)에는 마치 그리스도교의 성
례전(성찬식과 세례식)이 개인의 삶을 정화하듯이, 우주적 삶을 신성하게
해 주는 내용도 포함되어 있다. 그것은 규모에 따라 종류도 다르다. 비슈
누와 같은 신은 이 우주를 구제하기 위해 잠시 세상에 나타나는 가현(假
現, 잠시 세상에 나타나는)적인 방식으로 화신(化身, 여러 모습으로 변화)하는
데, 심지어 동물의 모습으로 자신을 드러내기까지 한다. 그리스도교는 오
직 하나의 성육신만을 인정하며 유다교와 이슬람은 어느 성육신도 인정
하지 않지만, 힌두교는 여러 화신을 인정한다. 비록 화신의 수는 많지만
대체로 열 가지의 화신이 특별히 언급된다. 물고기, 거북이, 멧돼지, 수사
자, 난쟁이, 도끼를 휘두르는 라마, 활을 겨누는 라마, 붓다, 크리쉬나, 그
리고 아직 도래하지 않은 묵시적 존재로서 이른바 장차 힌두교의 열망을
실현해 줄 칼키(Kalki)가 있다.


## 탄트라: 힌두교의 제의 교본 『아가마』

이 경전은 『아가마(*Āgamas*, 전통, 교본, 교훈 등을 의미)』라고도 하는데 힌
두교의 제의적 측면을 다루고 있다. 이 제의는 태양, 비슈누(Viṣṇu), 시바
(Śiva), 삭티(Śakti), 가네사(Gaṇeśa)와 쿠마라(Kumāra)에 대한 숭배를 중시한
다. 태양신은 비슈누 신앙의 초기 표현으로 여겨진다. 그리고 가네사와
쿠마라는 시바의 두 아들이다. 가네사는 서양에 침투되어 있는 힌두교
제의의 오락적 증거로서 미국의 인기 TV 프로인 '심슨 가족'에서 묘사되

기도 했다.

대체로 힌두교의 세 가지 주요 제의 전통은 바이쉬나바(Vaiṣṇava, 비슈누에 대한 헌신적 사랑), 사이바(Śaiva, 시바에 대한 헌신적 사랑) 그리고 삭타(Śākta, Śakti에 대한 헌신적 사랑)이다. 사이바는 『아가마』 28가지와, 삭타(시바의 성적 능력에 관한 것) 77가지를 인정한다. 『판짜라트라(Pāñcarātra)』라고 하는 여러 가지의 『바이쉬나바 탄트라(Vaisnava Tantras, 비슈누 교인들의 교본)』가 있는데, 그중에는 215가지의 별개의 경전이 언급되어 있다.

때때로 탄트라라는 말은 특별히 『삭타 아가마(Śākta Āgamas, 시바신의 성적 능력에 관한 교본)』에 적용된다. 이러한 제의적 관행의 일부는 문자 그대로 실시되는 것('좌파적' 추종자로 불림)이거나, 은유적 관행('우파적' 추종자)이거나, 모두 성격상 도덕률을 폐기시키는 입장이다. 탄트리카(Tāntrika)라는 말은 대중적인 상상력 속에서 성적 신비주의라는 의미를 지니게 되었다. 탄트라의 힌두적 맥락은 나름대로의 이론적 기초가 없는 것은 아니지만, 늘 제의적 의례나 명상과 결부되고 있다.

이 탄트라의 기본 교의는 절제에 의해서가 아니라, 삶의 질환을 치료하는 정신적 동종 요법의 한 형태로서 탐닉을 통해서 욕망을 극복하는 것이다. 탄트라는 신비로운 원형으로 이루어진 만달라(maṇḍalas)와 그 중심축인 차크라(cakras)로 구성되어 있는 도형을 사용한다. 별 모양을 하고 척추를 따라 일곱 부분으로 나누어진 도형의 맨 꼭대기 부분을, 쿤달리니(kuṇḍalini)라고 불리는 척추의 맨 아래에 잠복되어 있는 영적인 에너지로 성공적으로 관통할 때 해방을 얻게 된다.

『아가마』 문헌은 사원 건설의 규칙과 성상(聖像) 건립, 예배 규정을 다루는데 이미지의 확립과 숭상이라는 점에서 특히 중요하다. 베다는 본래 형상 없이 찬미를 위주로 하는 예배 형식이었다. 5세기경부터 시작된 탄트라 시대 즈음부터 힌두교는 형상 숭배와 완전히 결합하였고 시청각적으로 변화했다. 동일한 과정이 탄트라에서 재현되었는데, 만트라(mantra, 음향적 자극이나 언어적 단서)와 얀트라(yantra, 신비스런 도식)의 사용법이 그것이다. 자세(āsana)와 몸짓(mudrā)도 역시 신비스런 능력을 지니고 있다고 여겨졌다. 일반적으로 힌두교의 체계는 종종 현시(顯示)적이지만 가끔 비밀스러운 경우도 있다. 탄트라에서는 현시적이기보다는 은밀하다. 숨겨진 은밀한 연관성이 지배적이어서 밀교(密敎)적이라는 평판이 높다. 탄트라에 의하면, 실재에 대한 탐구가 진정으로 이해될 수 있기 위해서는 신체를 둘러싼 모든 부분과 열망이 배제되어서는 안 된다. 탄트라는 구제(해방)를 위해 열정과 상상력을 이용한다. 그들은 다음과 같은 격언을 선포한다. "인간은 쓰러짐(타락)으로써, 일어설(소생) 수 있다." 이 말은 마치 성차별주의자인 우디 알렌(Woody Allen)이 "쓰러진(타락한) 여자가 사귀기 쉽다"고 내뱉은 말을 신성화시킨 격언이라고 볼 수 있을 것이다.


## 다르사나 문헌

이 문헌은 힌두교 여섯 철학파의 내용을 담고 있다. 즉, 니야야(Nyāya, 논리적 실재주의), 바이세시카(Vaiśeṣika, 원자론적 다원주의), 상키야(Sāṅkhya, 존재론적 이원론), 요가(Yoga, 명상적 자아실현), 미망사(Mīmāṁsā, 『베다』의 의례주의), 그리고 베단타(Vedānta, 『우파니샤드』에 근거한 철학 체계)가 여기에 속한다. 상키야를 제외한 모든 학파는 일련의 학자들이 언급한 격언적인 말로 이루어진 그들 자체의 기본 교본이 있다. 그들 학자들 가운데는 오만할 정도로 대범한 자들도 있다. 그들 가운데 무신론 불교학자들이 다시 찾아와 신전의 문이 닫힌 것을 보고 신을 떠올리면서, "당신의 운명은 내 손에 달렸소"라고 대범하게 말하기도 한다.

이 학파들 가운데 가장 중요한 베단타 학파는 『우파니샤드』뿐만 아니라, 그 경구적 요약서인 『브라흐마수트라(*Brahmasūtra*, 梵書)』를 또 다른 주요 교본으로 활용한다. 『바가바드기타』와 더불어 이들 두 문헌은 힌두교의 세 출발점으로 더 잘 설명될 수 있으며, 세 가지 경전이라고 해석되는 『프라스타나 트라야(*Prasthāna traya*)』로서 알려져 있다. "알 수 없는 것도 알게 된다"(『찬도기야 우파니샤드』, VI.1.3.)는 것을 알고자 하는 거대한 인식의 열망이 베단타 철학의 방대한 지적 편력을 구축하고 있다.


## 종교적 언어에서의 박티 문헌

지금까지 서술된 문헌의 언어는 산스크리트어이다. 이슬람이 인도를 지배한 이래 힌두교가 쇠락하면서 인도 전역에 다양한 종교 언어가 생겨났다. 그것은 마치 종교개혁 기간 중에 라틴어 경전이 현대 유럽 언어로 번역된 경우와 유사하다. 이러한 관점에서 타밀(Tamil)어 사용은 심지어 무슬림 통치 시기보다 훨씬 앞서 있다. 인도의 지방 언어들은 종교적·도덕적 감정을 표현하는 수단이 되었다.

다만 몇 가지 예를 들자면 『테바람(Tēvāram)』과 『티루바차캄(Tiruvācakam)』은 남인도의 사이바(Śaiva, 시바교 신도들)의 찬가로서 잘 알려져 있다. 한편 바이스나바(Vaiṣṇavas, 비슈누 신도들)의 찬가 중에는 『디비야프라반담(Divyaprabandham)』과 그 외에 다른 신앙 노래가 있으며, 짜이탄야(Caitanya) 운동과 타고르(Tagor)의 노래는 벵갈의 신앙적 문헌의 가치를 높여준다. 카비르(Kabīr)의 노래, 마하

라스트라(Mahārāṣṭra) 성인들의 『아브항가(Abhaṅgas)』, 툴라시 다스
(Tulasi Dās, Tulsīdas)의 『라마야나』 등은 모두 신을 향한 영혼의 외
침이다. 만일 힌두교의 본질적인 것들이 이 방대한 나라의 천민
가정에서조차 떠날 수 없다면, 그것은 사람들의 언어 가운데 적
잖이 자리 잡고 있는 이러한 신앙적 문구들 때문이다. 이들 모
두에게 '베다'라는 이름이 주어질 수 있다. "베다는 많고 끝없다
(anantāvai vedaāḥ)"라고 『베다』 자체가 단언하지 않았던가?[26]


## 현대 힌두교와 『바가바드기타』

현대 힌두교의 주요 작품이 몇 가지를 제외하고 모두 영어로 씌어졌
다는 사실은 매우 놀랄 만한 사실이다. 영어로 쓰이지 않은 몇 가지 예
외적인 작품으로는 대표적으로 마라티(Marathi)어로 씌어진 『바가바드기
타』에 대한 틸락의 해설서, 스와미 사라스와티(Swami Dayānanda Sarasvatī,
1824~1883년)가 힌두어로 쓴 『진리의 빛(Satyārtha Prakāśa)』 등이 있다. 람
모훈 로이(Rammohun Roy, 1772/74~1833년)나 라다크리쉬난(Radhakrishnan,
1888~1975년), 심지어 간디의 작품도 영어로 기록되어 대중적인 인기를 끌
고 있다고 하더라도 힌두교의 거룩한 경전의 일부로 수용될 수 있다는
것은 아니다. 하지만 오로빈도(Srī Aurobindo, 1872~1950년)의 작품이 언젠가
그러한 힌두교의 신성한 문헌적 지위를 실제로 얻지 못한다면 그것은 놀
라운 일일 것이다. 힌두교의 신성한 문헌적 맥락에서 신(新) 힌두교에 관
해 더욱 더 중요한 것은 다음과 같은 사실이다. 그것은 『바가바드기타(간

---

26) Mahadevan, *Outlines of Hinduism*, p. 39. 본문에서 인용된 자료는 *Taittirīya Brāhmana
Kāthaka*, I, xi, 4.

단히『기타』라고도 함)』를 힌두교의 최우선적 경전으로 인정할 것인가 하는 문제이다. 『기타』는 힌두교에서 언제나 중요한 경전이었다. 그러나 틸락이 1920년대『기타』에 대한 주석을 쓴 이래 그것은 현대 힌두교의 가장 중요한 교본으로서의 지위를 획득할 정도로 위상이 높아졌다. 그 결과 힌두교에서 제 몫을 하는 지도자나 학자라면 이런 저런 면에서『기타』에 대한 논평을 하지 않을 수 없었다.

## 연관 관계

힌두교의 종교적 문헌들은 비록 방대하다 해도 그 상호 연관성과 상응 관계, 그리고 유사성이라는 측면에서 긴밀한 생명력을 지니게 된다.『바가바드기타』는 종교적 경험의 세 가지 차원—즈나나, 박티, 카르마(요가)—을 미묘하게 동시적으로 탐색하고 있다. 각각의 힌두교 전통은 수 세기 동안 이들 세 가지 요가 가운데 어느 것을 자신의 전통적 모범으로 채택해 왔는지 논의한다. 경우에 따라서는 네 개의『베다』가 네 개의 카스트(varṇa)와 관련된다. 예컨대,『베다』의 네 가지 구분이 삶의 네 단계(āśrama)와 연결되고 있다. 신성한 문헌집 그 내부에 서로 연관이 있다는 점에서『마하바라타』는『리그베다』,『사마베다』,『야주르베다』,『아타르바베다』에 이어 제5의 베다로 여겨지고 있고,『디비야프라반담(Divyaprabandham)』은 타밀족의 언어로 쓰였다는 점에서,『타밀 베다』로 알려져 있다.『이티하사』와『푸라나』의 영광스런 선조들과 신들의 행동에 대한 다양한 설명은『아가마』에서 기술된 정전(正典, 법규집)을 통해 예술적으로 묘사되어 있다. 신과 여신이 때로는 신상(神像) 숭배를 통해, 때로는 신상적 상징물을 통해, 가정에서는 각 가정의 사당에서, 공개적으로는 사원에서 각각 모셔지고 있다. 소규모 신상 중에서는 링가(liṅga)와 살라그라마(śālagrāma)가 유명하다. 전자는 시바를 신성화한 석상이다. 남근(男根) 상징을 시바신과 전적으로 동일시하는 것이 근대에서는 '오류'로 보일지라도, 그 형상은 남근 숭배와 관련이 있다. 살라그라마는 비슈누를 신성화한 특별한 석상이다. 이러한 소규모 상징물들은 간편하게 힌두적 영성(靈性)을 말해 주는 것이다.

성소와 사원이 공간적으로 성화되듯이, 시간적으로도 규칙적으로 성화되는 축제를 통해 신들과 문화적 영웅들의 행동이 칭송된다. 이는 전통의 신화적 적절성을 더해 준다. 성소 가운데에서 베나레스(Benares), 또는 바라나시(Vārāṇasī)라고 알려진 카시(Kāśī, 빛의 도시)는 그 장소에 대한 자부심을 지닌 곳이며 힌두교의 바티칸이라고도 할 만하다. 그곳에는 여러 신을 모시는 수많은 사원이 있는데 시바 신을 모시는 사원이 특히 유명하다. 다음으로 유명한 사원을 꼽는다면 델리에 있는 현대적인 락시미나라야나(Lakṣmīnārāyaṇa) 사원을 들 수 있다. 그 사원은 노자나 공자를 모시는 사당을 함께 건축함으로써, 지구상에서 현대인들이 다양한 종교적 실재를 한 공간 안에서 경험할 수 있는 유기적 통일성을 우리 시대에 너무나 특징적으로 잘 보여 주기 때문이다. 관광 업계에서 달콤하게 유혹하듯이 에로틱한 장식물로 건축된 카주라호(Khajuraho) 주변의 사원 단지도 언급할 수 있을 것이다. 아마 그곳은 인류 역사상 상업적으로 가장 성공한 종교적 장소일 것이다.

힌두교는 희한하고 때로는 극적인 방식으로 사람들을 끌어들인다. 예를 들어 디파발리(Dīpāvali)라고 하는 화려한 '빛의 축제'가 두르가 푸자(Durgā Pūjā, 두르가 여신 숭배)라는 거대한 축제에 앞서 벌어진다. 이 축제는 9일 밤 동안 지속되는데, 축제가 끝날 무렵, 야트라(yātrā)라고 불리는 거대한 축제의 행렬 속에서 전차 모양의 차 위에 태워진 여신의 신상이 주위를 돌 때, 그 몰입은 절정에 달하게 된다. 그 행렬의 광경은 인도의 신을 영예로운 자리에 모시는 여러 사원에서 종종 되풀이되는 장면이다. 가장 유명한 행사로 일명 '차 축제(Car Festival)'라고도 불리는 전차 모양을 장식한 축제 행렬은 푸리에 있는 자간나트(Jagannātha) 사원에서 거행된다. 이는 가끔 목격할 수 있는 것으로 종교적 열정을 엿보게 하는데, 비슈누의 화신으로 여겨지는 자간나트 신의 무시무시한 파괴의 특징을 따라 '가차 없는 파괴'라는 의미를 갖는 영어 단어 'juggernaut(크리쉬나 신상, 또는 초대형 전차 등을 의미)'가 만들어지기도 했다. 『라마야나』에서 서술되고 있듯이, 악마를 정복하고 본국으로 돌아오는 라마의 귀환에 맞추어서 등불을 밝히는 축제라든가, 악마를 살해하고 영광스럽게 사자의 등에 올라탄 여신의 모습이라든가, 지옥으로 추방되었던 악마가 매년 실시되는 축제의 날 하룻밤 동안만이라도 지상에서 자신의 왕국으로 돌아올 수 있도록 동정을 베풀어 귀환을 허락해 주는 모습들이 힌두교의 특징을 이루고 있다. 이 축제를 조명해 주는 무수한 불빛은 하나의 거대한 규모가 되어 "나를 암흑에서 광명으로 이끄소서"(『브리하드아란야까 우파니샤드』, I.3.28)라는 기도와 같은 빛나는 탄원이 되고 있다.

비록 축제 행사가 경우에 따라서는 제한적이지만, 설령 무수히 많다는 것을 고려한다 해도, 힌두교의 축제 달력과 힌두교 성소의 지도를 보면 이 장의 결론을 알 수 있을 것이다. 성소는 궁극적으로 지도에 없는 영역이다. 그러기에 한층 더 모험적이라고 힌두교인들은 단언한다. 예술 또한 종교의 부속물이다. 한 예로서 마치 영원히 움직이는 동작의 구원 행위나 어느 한순간의 정적인 구원 행위를 표방하는 우주적 무용가, 즉 나타라자(Natarāja)로서의 시바 신에 대한 인상적이고 상세한 초상을 생각해 보자. 춤추는 시바의 출렁거리는 장식물을 자세히 들여다보면 그 안에서 쉬고 있는 자그마한 처녀를 발견할 수 있다. 이것은 오로지 신성한 강(Gaṅgā)을 의미하는 것으로, 이 강은 육지뿐만 아니라 천상의 길을 따라 흐른다. 지상의 길을 따라 흐르는 경로로서, 그 강은 하리드바(harid-war, 신에게 이르는 문) 북쪽 평원에 있는 히말라야에서 발원하여 프라야가(Prayāga, 오늘날의 Allahabad)에 있는 합류 지점(saṅgama, 상감)에서, 눈에 보이는 야무나(Yamunā)와 보이지 않는 사라스와티(Sarasvati)와 뒤섞인다. 프라야가의 합류 지점인 상감에서는 또 다른 성소로서 점성학적으로 결정된 정기적인 간격을 두고 유명한 종교 모임들이 열리는데, 그 기원은 『푸라나』이다.

갠지스 강과 같이 힌두교인에게 거룩한 많은 강은 히말라야를 그 원천으로 하고 있으며, 여러 순례의 중심지들이 톱니 모양처럼 뾰족한 산 정상에 자리하고 있다. 히말라야는 힌두교의 많은 신과 여신이 머무는 천상의 거주지 역할을 하며, 신들의 드라마를 연출하는 극장 역할을 하기도 한다. 히말라야의 산봉우리들은 유명한 시인이 그것들을 시바의 냉엄한 웃음으로 묘사할 정도로 인도의 물질적·정신적 풍광을 지배하고 있다. 그러나 이 우렁찬 웃음소리는 카시미르부터 카모린(Camorin) 봉우리에 이르기까지 전국에서 들을 수 있다. 인도의 모든 고원지대는 어느 정도 신성을 지니고 있기 때문이다. 마치 모든 강이 거룩한 갠지스 강을 공유하듯이, 일련의 상관관계와 상응 관계를 통해서 전개되는 문학 속의 이야기와 우화들처럼, 모든 성지도 카시의 거룩함을 공유한다.

# 힌두교의 역사

신도(神道, 일본의 민속 신앙)처럼 힌두교 역시 역사적 창시자가 없다. 이런 점에서 볼 때, 힌두교는 그리스도교나 이슬람보다는 유다교와 더욱 흡사하다. 유다교가 한 사람이 아닌 수많은 예언자와 그들 가운데 뛰어난 인물이라 할 수 있는 아브라함, 모세 등과 같은 여러 인물들에 의하여 시작되었다는 점에서 더욱 그렇다. 그러나 유다교와는 달리, 힌두교는 모세와 같은 단일 인물의 예언에 높은 위상을 부여하지 않는다. 이러한 모습은 힌두교의 그 본질적 성격과 밀접한 관계가 있다. 흔히 역사적 창시자가 없다는 것은 역사에 대한 감각이 부재함을 의미한다고 여겨져 왔다. 이러한 관점에서 힌두교는 유다교와 신도가 그러하듯이 민족 종교들 중에 아주 독특한 성격을 지니게 된다. 그러나 역사적 감각의 결여라는 지적은 부분적으로만 맞는 말이다.

힌두교는 서양의 종교들처럼 역사적 사건에 늘 동일한 신학적 가치를 부여하지 않는다. 힌두교는 역사를 신화로 전환시키는 데서 그 신학적 가치를 찾는다. 역사적 분쟁을 신화적 투쟁으로 전환할 때, 과거는 현재의 적이 되지 않는다. 비록 그러한 탈역사화가 가끔 어떤 역사적 목적을 위해 사용될 수 있다 해도, 그것은 전통 속에서 주로 구원론적 의도와 형이상학적 의도로 사용될 수 있을 것이다. 실험실에서 연구하는 과학자가 과학의 역사에 대해 망각하고 있듯이, 사원에서 예배하고 가르침을 실천하는 힌두교인은 아마도 힌두교의 역사를 염두에 두지 않을 것이다. 영적 진리는 우주 역사의 어느 한 정점에서 얼마간 드러날 수 있지만, 그것 자체는 탈우주적이고 초역사적이다.

힌두교에서 공식적으로 말하는 계시의 성격도 그러하다. 더욱이 그러한 계시는 한 인물이 아니라 여러 명의 현자(賢者), 즉 르시(ṛṣis)의 공동체가 받는다. 그들은 실례가 되는 본보기로서 계시를 받는 사람이 그리 많진 않다. 그럼에도 종교적 전통의 한 구성원으로서 힌두교인은 비록 신화적이기는 하나, 다른 이들처럼 그것을 시대적으로 구분하여 역사를 이해하고자 했다. 그 가운데 하나는 기원전 3102년 2월 18일에 힌두교가 시작되었다고 놀라울 정도로 정밀하게 주장하는 것이다. 그러나 한층 냉정한 역사의 관점에서 볼 때, 힌두교의 시작을 명확하게 정하기란 어렵다.

힌두교의 시작은 다음과 같은 세 가지 차원에서 말할 수 있다. 힌두교의 시작이 오늘날 자신을 힌두교인이라고 생각하는 모든 사람들의 신념과 실천을 의미하는 것이라면, 그것은 현대 힌두교에서도 그 요소를 찾아 볼 수 있는 니그리토(Negrito) 흑인과 원시적 오스트랄로계 원주민의 문명보다 더 오래되었다고 판명될 것이다. 힌두교가 때때로 문명화되지 않은 것처럼 보인다면 이처럼 힌두교가 문명 시대보다 더 오래되었기 때문일 것이다. 만일 힌두교가 베다 시대와 동일시된다면 그 시작은 기원전 1500년경이다. 그러나 몇몇 학자들은 힌두교가 불교와 자이나교에 의해 베다교에 가해진 도전에 대한 반응으로 발생했다고 보고 베다교와 힌두교 사상을 구별하려 한다.[27] 그렇다면 이 경우 힌두교는 기원전 6세기와 4세기 사이 발생했다고 말할 수 있을 것이다. 어쨌든 힌두교의 역사는 너무나 장구하기에 적절하게 시기를 구분하여 본다면 분명 더욱 잘 이해될

---

27) Louis Renou, ed., *Hinduism* (New York: George Braziller, 1962), pp. 18~19.

것이다.

## 베다 이전

비록 역사가들이 힌두교와 베다교를 구분하지만, 힌두교의 특징은 베다교 이전부터 나타나고 있다고 본다. 최초로 인도에 거주한 이들은 니그리토인(몸집이 작은 흑인)이었으며 남부 인도와 안다만 제도 일부 지역에 아직 남아 있다. 죽은 자가 복수심에 불타는 귀신이 보초를 서는 낙원으로 들어간다는 생각은 그들에게서 나온 것이다. 그들 다음으로 원시 오스트랄로계 원주민이 있었다. 그들은 티티스(tithis)라고 하는 힌두교 달력에 여러 가지 달의 상(象)을 사용하는 방법을 처음 도입한 이들이다. 드라비다(Dravidian) 말을 하는 근동 지역 사람들은 그 다음 이민의 물결을 이룬다. 그리고 만일 그들이 인더스 강 계곡의 사람들이 분명하다면 힌두교의 여러 가지 요소, 즉 신상(神像) 숭배라고 하는 푸자(pūjā) 의식, 원형 시바(proto-Śiva)신과 모신(母神) 숭배, 그리고 동물 형태의 신(獸形神)에 대한 숭배, 피팔(pīpal) 나무에 대한 신성화, 또한 힌두교 내에서 중요시하는 세정식(洗淨式)과 같은 대중적 의례가 이 시기에 생겨났다고 볼 수 있다.

## 베다 시대(기원전 1500~기원전 300년)

다음으로 인도에 들어온 민족의 물결은 아리안 족이다. 이들은 펀자브(Punjab) 지방을 정복하고 인도 전역에 영향력을 행사한 유목민들이었다. 그들의 종교적 활동에는 인도—유럽식 및 인도—이란식 요소들이 포함되어 있다.

『리그베다』에서 주로 찬미하는 두 신은 인드라(Indra)와 아그니(Agni)다. 이는 그들 종교의 단서를 제공하는 데 도움을 준다. 우주적인 관점에서 보면 인드라는 물의 해방자이다. 지상적 관점에서 보면 그는 피부가 고운 아리안 족(ārayavarṇa)이 피부가 검은 비(非)아리안 족(dāsavarṇa)에 대해 승리를 이룰 수 있게 해 준 군사적 영웅이다. 아그니, 즉 불은 가정에서 경건하게 보존되었다. 세 번째 주요 신은 흥분성 음료이자 신성한 술(즙)인 소마(Soma)이다. 『리그베다』에는 천체, 대기 및 지상의 영역에 부여되는 수없이 많은 신격화가 있다. 그 가운데 인상적인 신격화로서 바루나(Varuṇa)는 천체(天體)에 부여된 것이고, 인드라는 대기에, 아그니는 지상의 영역에 부여된 것이다. 태양, 새벽 등이 남신 혹은 여신으로 신격화되었다.

『리그베다』의 종교는 여러 신들에게 봉헌하는 내용들로 이루어지는데, 천상에 거주하는 신들에게 올라가도록 종종 불 속에 제물을 바치기도 한다. 베다교(베다 시대의 종교)에서 의례의 역할은 과소평가될 수 없다. 오늘날에도 남아 있는 『베다』 경전이 주로 의례에서 사용된 것들이기 때문이다. 또한 우리는 신화적 차원을 이해하지 않으면 안 된다. 신들이 우주의 활동과 현상을 상징하든, 아니면 이러한 현상과 활동이 신을 상징하든, 아니면 둘 다이든 간에 그 밖에 다른 근본적 실재의 문제는 미래 학자들이 결정해야 할 문제이다.

의례의 발달과 함께 다양한 분파(śākhās)가 생겨나 그 이후의 역사 과정 속에서 의례 전통이 여러 학파, 종파, 분파로 세분되는 징조가 나타나기 시작했다. 제사가 의례의 중심이 되면서 의례는 점점 더 복잡해졌다. 의례 중심적 행위는 이 우주의 존재가 희생 의례의 수행 여부에 달려 있다는 신념을 부여했다. 이러한 태도는 사제(司祭) 교본인 『브라흐마나』에서 지배적이다. 그러나 기원전 800년경 숲 속의 은둔 수행자들은 의례에 대한 이러한 사고에 의문을 제기하기 시작했다. 『아라냐카』에 포함되어 있는 이러한 반성적 사고는, 삶의 의미와 궁극적 실재의 본질에 대한 더 깊은 의문을 일으켰다. 이 정신은 『우파니샤드(기원전 800년경)』에서 발견되며 오늘날까지 힌두교에 적극적인 생명력을 부여하는 종교 철학을 발생시켰다. 그리고 심원한 사상적 성격은 구루(guru, 힌두교의 스승)들에 대한 존경심을 자아내었는데, 이러한 존경심은 훗날 힌두교 역사에 중요한 특성을 부여하고 있다.

## 고전 시대(기원전 300~1000년)

『베다』의 희생 제의에 대한 반동은 내·외적 측면에서 모두 나타났다. 『우파니샤드』는 이전의 전통을 비판하지만 그래도 여전히 그 전통 속에 머물렀다. 그러나 기원전 6세기에 이르자 인도에서는 정통 『베다』의 경계 밖에서 두 가지의 주요 운동(불교와 자이나교)이 일어났다. 힌두교는 이렇게 전통에 대한 도전적 환경 아래 존재했다. 이러한 움직임은 『베다』의 전통, 세속적 목표와 삶에 대한 헌신, 그리고 전부는 아니더라도 부분적으로는 카스트 제도와 삶의 단계를 거부했다. 힌두교는 도전에 직면하여 『베다』의 유효성과 바르나(varṇa, 사성제)와 아쉬라마(āśrama, 삶의 단계)의 제도를 주장함으로써 형성되었다. 초기에는 자이나교와 불교 운동이 득세했다. 기원전 2세기경부터 기원후 2세기에 이르기까지의 금석학적·고고학적 증거에 의하면, 그 흐름은 불교에게 유리하게 돌아가고 있었다. 당시 인도에 침입했던 많은 외국인들이 불교로 개종하고 있었던 것이다.

이 단계를 지나자 이유를 분명히 확인하기 어렵지만 점차 흐름이 변했다. 기원전 300년경 북쪽의 굽타 왕조 건설은 힌두교의 성공적 부활을 알리는 신호 같이 보였다. 7세기 하르샤(Harṣa) 시대에 와서 힌두교는 더 큰 세력을 얻었다. 그리고 10세기경에는 인도 아대륙(亞大陸)에서 지배적인 종교로서의 입지를 다시 확립하는 성공을 거두었다.

인도에 들어온 외국인 여행자들의 증거가 이를 잘 입증해 준다. 법현(法賢)이 4세기에 인도를 방문했을 때 불교는 번성하고 있었다. 그러나 힌두교 부활의 징조 역시 분명했다. 현장(玄奘)이 7세기 인도를 방문했을 때에는 불교가 점점 쇠퇴하고 있었고, 그의 뒤를 이은 의정(義淨)의 이야기에서도 이는 분명하게 확인된다. 현장은 중국으로 귀환한 후에도『리그베다』의 인용문을 보내 달라고 요청했으며,『도덕경』의 산스크리트어 번역 또한 당시 어느 힌두교 왕의 요청에 의해 수행되었다. 이는 그 시대의 힌두교와 불교 그리고 인도와 중국 간의 활발한 상호 작용을 입증해 준다. 그러나 11세기 알비루니(Alberuni)가 인도에 관한 논문을 작성하기로 했을 때, 인도는 다시 힌두의 인도가 되었다. 고전 시대 힌두교의 부활은 베다적 의식의 부활과 관련되어 있으며, 이는『베다』와 함께 심연의 나락으로 떨어진 지구를 구원하는 것으로 설명되는, 거대한 수퇘지(boar) 형상의 화신인 비슈누의 생생한 모습 속에 잘 그려지고 있다.


## 중세 시대(1000~1800년)

이 시대의 주요 특징은 이슬람이 하나의 '교본'으로서 힌두교 발달의 기본 배경을 제공했다는 사실이다. 알비루니의 후원자인 가즈니의 마흐무드(Mahmūd of Ghazni)는 인도를 17회나 침략하는 데 성공했으며, 놀라울 정도로 쉽게 힌두교의 저항을 진압했다. 그는 제국의 건설보다 도시를 약탈하는 일에 더 많은 관심을 가졌으며, 그 점에서 그의 후계자들은 더 큰 성공을 거두었다. 1192년 북부 라지푸트(Rajput)의 통치자는 무함마드 구리(Muhammad Ghūrī)에게 패하여 죽음을 당했고, 1200년에 와서는 이른바 슬라브(Slave) 왕조가 인도 북부에 무슬림 통치를 이룩하여 1858년까지 그 지배가 지속되었다.

힌두교는 외세의 공격과 내부 알력 등 모든 도전을 다 흡수하진 못했지만 이슬람이 들어오기 전까지 그러한 도전을 성공적으로 수용하고 있었다. 그러나 이슬람에 대해서는 이러한 능력을 발휘하지 못했고, 갈등이나 알력에 의해 심대한 영향을 받았다. 이 기간 중 정치적인 저항의 노선은 붕괴되었고, 카스트 제도를 더욱 엄격히 하고 무슬림을 사회적으로 매장시키는 사회적 방어 노선이 세워졌다. 이러한 현상은 아마도 다른 어떤 전략을 구상할 만한 상상력이 결여된 사제들의 손에 공동체의 지도권이 넘어간 것과 맞물리는 것이었다. 동일한 시점에서 이슬람은 이중적 영향력을 행사했다. 한편으로는 선조들의 종교와 실질적으로 완전히 단교하는 개종을 독려했다. 다른 한편으로는 이슬람의 사례를 따르려고는 하지만 끝까지 추종하려고 하지 않는 힌두교인들 사이에 유일신적이면서 평등주의적인 경향을 조장했다. 그리고 둘 사이의 간극을 연결하려는 수많은 움직임이 일어났다. 이러한 움직임 가운데는 카비르(Kabīr, 15세기?), 나낙(Nānak, 15세기), 다두(Dādū, 16세기) 등의 이름이 자연히 떠오른다. 신비적 이슬람과 힌두교 사이에 상호 작용이 있었으나, 힌두교의 주력은 보호막 속으로 퇴각했고 정치적 난국 속에서 힌두교인들은 신을 향한 신앙적 위로를 찾게 되었다. 사회적 공황 상태는 산야신(Sannyāsīs, 방랑수행자)의 급증으로 나타났다. 나낙에게서 잘 볼 수 있듯이, 산야사(Sannyāsa)는 도피주의의 한 형태가 되었다.

힌두교의 극심한 난국이 신에게는 기회였다. 특히 16세기경 북부에서 아주 선풍을 일으킨 신앙을 노래한 시(詩)의 개화가 눈에 띈다. 수르다스(Sūrdās), 툴시다스(Tulsīdas), 미라바이(Mīrābāī)와 그 외의 많은 현자와 시인의 작품 활동이 그러한 움직임을 대표하고 있었다. 찌이탄야(Caitanya, 15세기) 운동은 대중적인 찬미를 강조함으로써 이슬람이 대중적으로 자리 잡는 상황에서 힌두교가 단순히 가정이나 마음속의 종교로만 한정되지 않게 하려는 시도였던 것 같다. 이 신앙 운동은 신의 이름이 가진 구원 가능성에 역점을 두었다. 크리쉬나(그의 아내 라다와 함께)의 이름이 먼저이고 그 다음이 라마로서, 신의 이름이 신 자체보다 더 위대하다는 역설적인 선언을 함으로써 신앙심은 정점에 달하게 된다. 이와 같은 힌두교 신앙 운동은 자파(japa), 즉 신의 이름을 중얼거리는 행위를 통한 구원 가능성을 강조한다. 힌두교의 박티(Bhakti, 信愛)는 인도 이슬람 수피(Sūfī)의 발달에 점차적으로 다가갔다. 이 박티, 즉 신앙 운동은 하나의 완화책일 뿐, 치유책은 아니었다. 그리고 이 박티 운동은 비슈누(Ālvārs)와 시바(Nāyanārs)의 신앙인들이 이미 9세기경 남부 지역에서 그 신앙을 최고조로 승화시켰던 것에서 유래되었다고 말할 수 있다. 이제 남부 지역으로 관심을 돌려보자.

이슬람의 남부 지역 침투는 1307년 데오기리 카푸르(Deogiri Malik Kafur)의 노략질로부터 시작되었다. 그러나 남부가 이것에 반응한 방법은 흥미롭고 이색적이다. 상카라(Śaṅkara, 9세기), 라마누자(Rāmānuja, 12세기), 마드흐바(Madhva, 13세기)로 대표되는 베단타의 세 가지 주요 운동이 남부 지역에서 일어났다. 상카라를 제외한 두 인물의 사상은 유신론적이지만 그것도 베단타 철학을 바탕으로 하고 있었다. 남부는 종교적으로뿐만 아니라 정치적으로도 대단한 활력을 보여 주었다. 비자야나가르(Vijayanagar)

제국(14~17세기)은 결국 무슬림에 의해 전복되었지만, 수 세기 동안 이슬람에 대한 보루 역할을 했다.

마하라스트라에서의 신앙 운동마저도 바라카리(Vārakarī)와 드하라카리(Dhārakarī)의 두 가지 형태를 취했다. 신앙적일 뿐만 아니라 행동주의적인 후자는 쉬바지(Śivājī, 1627~1680년)에게 교훈을 주었던 람다스(Rāmdās)에 속했고, 쉬바지의 지도력 아래 마라타(Marathas)족은 정치 강국이 되었는데, 영국인들만 아니었다면 무슬림의 통치를 대신했을지도 모른다. 전자에 속한 즈나네쉬바라(Jñāneśvara, 13세기), 나마데브(Nāmadev, 14세기), 그리고 투카람(Tukārām, 17세기) 등은 귀에 익숙한 서부 인도 시성(詩聖)들의 이름을 연상시킨다. 박티 운동은 전국에 전파되어 아삼(Assam) 지역의 상카라데바(Śankaradeva), 카르나타카(Karnātaka) 지역의 푸란다라다사(Purandaradāsa, 16세기)와 같은 시성을 배출했다.

10세기 초기와, 특히 12세기에서 18세기에 이르기까지 이 모든 기간의 특징은 옷맵시, 이마의 표시 등으로 시각적으로 구분되는 종파가 늘어났다는 점이다. 힌두교 신학은 마치 힌두 사회와 정치 형태처럼 이슬람과 조우함으로써 분열 과정을 거치지 않을 수 없었다. 종파와 카스트 신분이 헤아릴 수 없이 많아서 다 열거할 수 없지만, 힌두 조직은 비록 해이해지기는 했어도 소멸되진 않았다. 바르나(카스트)와 박티(신앙)의 주요한 개념은 힌두교 속에 성공적으로 자리 잡았다. 흥미롭게도 비종파적 아드바이타 베단타(Advaita Vedānta, 不二一元論的 베단타)가 10세기 전과 18세기 뒤에도 종파를 확산시키는 데 제한적이나마 영향력을 미친 것 같다.

『베다』의 전통은 이 기간 내내 종종 정치적으로나 종교적으로 합법적인 도구로 영향력을 발휘했다. 이 기간 중에 적절한 성공을 이룬 힌두교의 주요한 두 가지 정치적 운동은 남부의 비자야나가르 제국과 펀자브의 시크(Sikhs)를 제외한 서부의 마라타(Marathas)에서였다. 비자야나가르 제국 시대에 『베다』 학습이 부활하여 『리그베다』에 대한 사야나(Sāyaṇa)의 가장 유명한 힌두교 논평이 이 시대에 나왔다. 그와 마찬가지로 쉬바지는 『베다』 의례로 왕위를 계승하고 자신을 『베다』의 수호자라고 주장했다. 이 시대의 신앙시들은 비슈누의 화신들인 라마와 크리쉬나를 중심으로 한다. 이런 신들의 대중적 인기는 신앙적인 문제와 관련 있는 것이었고 『베다』와는 거의 관계가 없었지만, 그들의 신학 이론은 화신들이 『베다』의 법(dharma)을 보호하기 위해 생겨난 것이라는 의미에서 『베다』의 사상을 따르는 것이었다.

소의 '신성함'이 힌두교의 상징으로 널리 인정된 것도 바로 이 시대였다. 이는 매우 흥미를 유발시킨다. 베다 시대에 쇠고기를 먹는 것은 금기가 아니었다. 어느 성자가 쇠고기를 먹어도 되는가라는 질문을 받았을 때 '오직 부드러울 때만'이라고 대답을 했다는 말이 전해진다. 이슬람이 들어오기 전에는 금기가 널리 퍼지지 않았다는 사실이 남부에서 나온 문헌적 증거로 증명된다. 분명 『베다』의 내용은 오늘날 힌두교의 상징으로서 보조적 역할을 한다. 그리고 『베다』를 따르는 힌두교인들이 쇠고기를 먹는 사람들이었다는 점보다 훨씬 더 중요한 것은 소를 힌두교의 상징적 표현으로 삼았다는 것이다. 시크교의 최대 문헌집인 『아디 그랜트(Ādi Granth)』가 『리그베다』를 모범으로 삼았다는 것과, 그리하여 시크 운동이 비록 힌두교의 변방에 있었지만 힌두교의 영향권을 넘어서지는 못했다는 것 또한 놀라운 사실이다.

소의 신성함은 더 논의해 볼 가치가 있다. 서양에서 쇠고기를 먹는 사람들에게는 비합리적인 일로 보이지만, 소의 신성함은 힌두교인들과 심지어 시크교인들도 공통으로 받드는 신앙의 문제였다. 불교도, 자이나

교도, 그리고 유물론자들에 의해 철학적 공격이 가해 오는 상황에서 소에 대한 다소 모호한 숭배는 『베다』의 무오류성을 지지하는 구체적 교리로 자리 잡았다. 소에 대한 모호한 숭배는—그 흔적이 베다 시대에는 명백했거니와, 그것은 아마도 목가적·농업적 유용성으로 인해 강화되었을 것이다—힌두교와 이슬람이 만나는 가운데 대중적인 차원에서 힌두교의 살아 있는 상징물로 자리매김하게 되었다. 이것이 힌두교인의 마음속에 얼마나 깊이 뿌리내렸는가 하는 것은 알비루니의 지적에서 그 정도를 알 수 있다. 그는 카불 왕이 '자신을 동성애와 쇠고기 식용에 연루시키지만 않겠다면, 이슬람을 기꺼이 수용하겠다'는 마음을 나타냈다고 기록했다. 인도에서는 무슬림들이 의례용으로 소를 도살했지만, 다른 지역의 이슬람 세계에서는 '이드 알 아드하('Id al-Adhā)'를 맞이해서 그렇지 않았다. 그렇기 때문에 이는 실제로 인도에서 '바카르 이드(Baqar 'Id, 소 축제)'라고 부른다.[28]

비힌두교인들이 소 숭배의 신드롬을 이해하기란 어렵기 때문에, 이런 유추를 해보면 도움이 될 것이다. 모든 국가의 시민들처럼 캐나다 사람들도 자신의 국기를 존중한다. 그러나 미국인들이 캐나다 국경을 침범해서 캐나다 사람을 경멸하고, 캐나다인들이 그에 대해 보복할 수 없을 정도로 자신들의 군사적 우위를 주장하며 캐나다 국기를 불태우기 시작한다면, 캐나다 사람들의 국기에 대한 감정은 실제보다 훨씬 더 강해질 것이다. 캐나다 사람들이 그러한 신성한 존경심으로 한 조각의 천을 소유하고 다닌다는 것은 외국인이 보기엔 비이성적으로 보일지 모른다. 힌두교에서 소를 신성시하는 것은 동물숭배라는 관점으로는 설명될 수 없

---

28) Annemarie Schimmel, "Islamic Religious Year," in Mircea Eliade. ed., *The Encylopedia of Religion* (New York: Macmillan, 1987), vol. 7, p. 456.

다. 수소(bull)와는 달리, 암소(cow)를 숭배하여 모신 사원은 찾아보기 힘
들다. 소 숭배를 역사적으로 설명할 수 있다는 것은 다소 의심스럽다.
1947~1948년 펀자브 지방에서의 폭동 기간 중에는 힌두교인이 이슬람으
로 개종한 때 쇠고기를 강제로 먹인 일도 있었다.

힌두교 중세 시대는 힌두 신들에 대한 신앙과 소에 대한 존경으로 특
징지을 수 있다. 하지만 『베다』와는 직접적으로 관계가 없어 보인다. 다
만 그 전통이 잠재적으로 『베다』에 남아 있었던 것 같다. 다라 수크(Dārā
Shukūh)가 17세기 힌두교와 이슬람 사이에 상호 교류를 확립하고자 했을
때, 그가 『우파니샤드』를 페르시아어로 번역하려 했다는 사실은 다소 놀
라운 일이다. 유럽은 현대에 와서 『우파니샤드』의 라틴어 번역을 통해 고
대 힌두 사상을 처음으로 알게 되었다.


## 현대(1800~1947년)

영국이 인도 전역에서 토착 통치자들을 강탈하고 통치 권력을 확립하
기 시작했을 당시 힌두교는 질적으로 전혀 다른 상황에 직면해야 했다.
힌두교인들에게 이슬람의 위협은 영국의 통치로 인해 다소 누그러지긴
했다. 하지만 이슬람보다 온화하긴 했어도 기독교가 힌두교에 새로운 종
교적 위협이 되었다. 동시에 힌두교 사상은 이제 본질적으로는 그렇지 않
지만, 결과적으로 기독교의 옷을 입은 과학, 세속주의, 인본주의 등의 새
로운 형태의 종교적 위협에 직면하게 되었다. 서구의 주도 아래 의미심장
한 발전이 일어나 고대 힌두교의 학문이 재발견되었고 더불어 『베다』도
재발견되었다. 이것이 힌두교인의 마음에 끼친 영향은 스와미 비베카난
다와 같은 민족주의자마저도 현대에 『리그베다』를 편집한 막스 뮐러(Max

Müller)야말로 비자야나가르 제국의 사야나의 화신일 것이라고 생각했다
는 사실에서 짐작할 수 있을 것이다.

체계를 갖춘 종교로서의 힌두교라는 관점에서, 1880년대 이후 힌두교
의 부활을 설명하기 위해서는 여러 가지 요소를 고려해야겠지만, 그 과정
에서 우리는 『베다』의 역할을 인정해야만 한다. 『베다』와 『베다』의 권위
의 문제가 전면에 등장한 것이다. 최초의 주요 힌두교 개혁가 가운데 한
사람인 라자 람모훈 로이(Raja Rammohun Roy)는 베단타 사상을 근간으로
비우상적인 유일신 사상을 정당화하려 했다. 1830년경 그는 자신의 명분
을 공고히 하기 위해 벵갈에 브라모 사마즈(Brāhmo Samaj)라고 하는 단체
를 만들었다. 19세기 중반 『베다』의 무오류설 문제로 이 단체에 중요한
균열이 생겼다. 19세기 후반 스와미 사라스와티(Swami Dayānanda Saravatī)
는 인도 서부 뭄바이에서 『베다』의 무오류설을 채택한 아리야 사마즈
(Ārya Samāj) 라는 힌두교 단체를 설립했다.

19세기 말엽과 20세기에 들어서면 이전에 있었던 과정이 역전되기 시
작한다. 과거 불교, 자이나교 및 유물론자들의 압력으로, 힌두 전통은 신
성한 유산으로 여겨지는 『베다』에 대한 다소 막연한 숭배 사상으로부터
한걸음 나아가, 『베다』가 유일한 권위를 지닌 것이라고 의도적으로 인정
하면서 자신의 입장을 더욱 강화해 갔다. 그러나 현대에 이르러 다시 한
번 현대적이고 이성적인 개혁주의자들과 그리스도교의 압력에 직면하게
되었을 때, 힌두교는 과거와 같은 방식으로 반응하지 않았다. 종교적 경
험을 종교적 권위 이상으로 바라보게 된 힌두교는 『베다』의 권위에 더 이
상 의존하지 않으면서도, 갓난아기를 목욕물과 함께 버리지 않듯이, 여전
히 『베다』를 소중히 여긴다.

라마크리쉬나(Rāmakrishna)는 때때로 『베다』를 하나의 상징으로 이용

하면서도 『베다』를 과소 평가하는 듯했다.[29] 비베카난다 역시 가끔 "만일 내가 『베다』의 한 구절을 택하여, 그 교본을 조작하여 가장 있을 수 없는 의미를 부여한다 해도, 모든 백치들이 무리를 지어 나를 따를 것이다"라고 힌두교의 입장에서 『베다』에 심취하는 것에 대해 맹렬한 비난을 퍼부었지만, 그 역시 주저하지 않고 강론에서 『베다』 구절을 인용했다. 틸락(B, G, Tilak, 1856~1920년), 타고르(R. Tagore, 1861~1941년), 오로빈도 고세(Aurobindo Ghose, 1872~1950년), 그리고 마하트마 간디(M. Gandhi, 1869~1948년)와 같은 거의 모든 현대 힌두교의 주요 인물은 『베다』로부터 권위는 아니더라도 영감을 이끌어냈다. 심지어 은거하고 있던 라마나 마하르시(Ramana Maharshi)도 『베다』를 정기적으로 인용했다. 이러한 맥락에서 마하트마 간디가 한 말은 매우 인상적인데, 1937년 1월 30일(우연의 일치인지는 모르지만 11년 뒤 그가 암살당하게 되었던 바로 그날)에 간디는 그의 잡지 「하리잔(Harijan)」에서 다음과 같이 선언하고 있다.

나는 이제 최종적으로 다음과 같은 결론에 이르게 되었습니다. 만일 모든 『우파니샤드』와 그 외의 다른 경전들이 갑자기 한줌의 재로 변한다 해도, 『이샤 우파니샤드(*Īśopaniṣad*)』의 첫 구절만이라도 힌두교인의 기억에서 흐트러지지 않은 채 남겨진다면 힌두교는 영원히 살아남을 것입니다.

이 유명한 말은 우선 다음과 같이 부연 설명될 수 있다. "하나, 신은 전부이다. 전 우주는 신을 표현한 것이다. 둘, 기쁨은 소유하는 것이 아

---

29) Louis Renou, *The Destiny of the Veda in India*, ed. and trans. Dev Raj Chanana (Delhi: Motilal Banarasidass, 1965), p. 61.

니라 주는 데에 있다. 사소하고 멸망할 일에 집착하는 것은 악이며, 이는 모든 슬픔의 원인이다. 집착을 벗어나는 일이야말로 지고의 선이다."[30] 이제 우리는 이것을 다른 말로 해석해 보자.

신은 무엇이건 변화하는 이 세상에서 머문다. 집착을 버림으로써 즐겨라. 탐내지 말라, 그것이 누구의 것이란 말인가?

## 옛것과 새로운 것

이제 우리는 『베다』와 함께한 힌두교의 운명을 추적해 볼 수 있는데, 첫째는 『베다』의 통합적 기능이었고, 둘째는 『베다』의 조직적 기능이었으며, 셋째는 합법적 원리로서의 기능이었다. 동시에 비록 『베다』가 어떤 의미에서는 힌두교의 중심 사상을 형성하고 있다고 말할 수는 있지만, 『베다』가 힌두교의 핵심을 이루지는 못한다는 사실을 간과해서는 안 된다. 힌두교의 핵심은 '실현성(Realization)'이다. 힌두교인은 『베다』를 비난하지는 않을지 모르나, 『베다』를 거부할 수는 있다. 힌두교에서 공시성과 통시성이 교차하는 중심과 핵심 사이에는 면도날과 같은 아주 엷은 미묘한 차이가 있다. 여러 시대에 걸쳐 내려온 이 전통은 마치 '면도날처럼 날카로운'(『카타 우파니샤드(Kaṭha Upaniṣad)』, I.3.14) 길이었다. 만일 누군가 '어떻게 힌두교의 구조가 역사와 상관관계를 맺어 왔는지'에 대한 명백한 질문을 던진다면, 이 점은 분명해질 것이다.

아리아드네(Ariadne)와 같이, 『베다』의 신성한 경로가 미로 같은 역사적 과정을 통해 흐르고 있는, 힌두교의 역사도 힌두교의 구조를 설명해 주

---

30) Mahadevan, *Outlines of Hinduism*, p. 27.

고 있다. 왜냐하면 힌두교의 역사 그 자체가 앞에서 소개한 다양한 주제를 통해 구조적 관점에서 해석될 수 있기 때문이다. 『베다』의 『상히타』는 많은 신들 중에서 한 신을 선택하는 택일신론적인(henotheistic) 박티를 대표하고, 『브라흐마나』는 의례적 행위로서의 카르마를 대표하며, 『아라냐카』와 『우파니샤드』도 각각 박티와 즈나나를 대표하는 것으로 여겨질 수 있다. 그리하여 세 가지 요가(박티, 카르마, 즈나나) 역시 힌두교뿐만 아니라, 베다교를 설명하는 방식에도 잘 적용될 수 있다.

기원전 6세기부터 기원후 10세기에 이르기까지의 시대는 아주 넓은 의미에서 보면 즈나나가 지배적이었고, 11세기에서 17세기까지는 박티가, 18세기에서부터 현재에 이르기까지는 카르마가 지배적이었던 셈이다. 그래서 역사상의 모든 시대는 어느 한 시대의 사람들과 마찬가지로 세 가지로 구분되어지는 요가의 틀에 따라 특징을 이루며 조직될 수 있을 것이다. 힌두 문헌의 모든 범주 속에 놓여 있는, 그리고 힌두교의 모든 역사적 시기 저변에 깔려있는 한 가지 대단한 저력으로,—즉 승화 작용을 통해서, 혹은 개념 정의를 새롭게 함으로써, 아니면 흡수, 또는 대입의 방식으로, 그 밖에 서로 상응하는 기관이나 수단 등을 통해서, 총체적인 기술력으로—하나의 집단(sarvam)을 전체(viśvam)로, 혼돈을 질서로, 그리고 전체 우주는 아니더라도 적어도 힌두교라고 불리는 공유된 담론의 우주 속으로 변화시키려는 노력이 있어 왔기 때문이다.

# 힌두교는 어떤 기능을 하는가

힌두교가 어떤 기능을 하는지 논하기 전에 먼저 알아 두어야 할 점은, 힌두교가 외부인들에게는 물론 힌두교인 자신에게도 놀라울 정도의 기능을 하고 있다는 사실이다. 결국 유다교와 같이 실제로 3,000년 이상 생존해 온 종교라는 점에서 무언가 올바른 기능을 하는 것은 틀림없다.

## 힌두교의 기능

그렇다면 힌두교는 어떤 기능을 하는가? 힌두교가 기능하는 방식은 우선 유추를 통해서, 그리고 다음의 사례를 통해서 가장 잘 설명될 수 있을 것이다. 미국 정치 제도의 기능은 좋은 비교거리가 된다. 힌두교의 생활 방식은 민주주의의 종교적 대응물이다. 민주주의에서 사람들은 지도자, 생활 방식 등을 마음대로 선택한다. 마찬가지로 정해진 사원이 없는 힌두교에서는 자신의 영적 삶의 영역에서 스스로 선택한 바를 마음대로 할 수 있다. 그러나 정치적 자유가 교통 신호를 무시할 수 있다는 의미가 아니듯이, 영적 자유는 사회생활의 기초가 되는 규범을 분별없이 무시해도 된다는 의미가 아니다. 이러한 규범은 변할 수 있지만, 정치적·종교적 자유의 기본자세는 변하지 않는다. 전해 오는 말로 민주주의에서는 남의 코를 다치게 하지 않는 한 팔을 마음대로 흔들어도 된다는 말이 있다. 마찬가지로 힌두교에서는 다른 사람을 거스르지 않는 한 자신의 신성을 마음대로 누릴 수 있다. 민주주의에서는 자신의 대표를 선택한다. 힌두교에서도 자신에게 맞는 대표적인 신을 선택한다. 민주주의에서는 투표권을 행사해도 좋고 안 해도 된다. 마찬가지로 힌두교에서도 어느 한 신을 믿어도 좋고, 신을 전혀 믿지 않아도 된다.

민주주의가 하나의 제도로서 우리에게 부여하는 바, 자유에 대한 한계는 무엇인가? 공공의 질서나 예절 같은 것과는 달리, 권리를 행사하면서 민주 제도 안에서 누릴 수 있는 유일한 한계는 그 어떤 정당에게도 제도 자체를 전복시킬 수 없는 기능이 허용되지 않는다는 점이다. 민주 제도가 아무리 관대하다고 할지라도 말이다. 민주주의는 무장 폭동을 일으키거나 혹은 국가의 전복을 주창하지 않는 한, 최근까지도 민주주의를 공공연히 적대시하는 공산당에게도 그 기능을 하도록 허용한다. 공산주의를 다루는 데 있어 민주주의가 직면한 문제점은 힌두교가 특히 이슬람과 그리스도교에서 나타난 바와 같은 셈족의 종교 전통을 다루는 데 생기는 어려움과 잘 비교될 수 있다. 민주주의는 정치적 자유를 준다. 그리고 그런 책무에 의해 민주주의는 공산당에게 실제로 어느 정도까지는 자유롭게 기능하도록 허용한다. 그러나 민주주의가 소중히 여기는 바로 그 자유에 반대하는 한, 공산당은 민주주의에 대해 커다란 딜레마를 일으킨다.

만일 민주주의가 공산당으로 하여금 그 기능을 행사하지 못하게 한다면 민주주의는 자유에 대한 책임과 어느 정도 타협을 하는 것이다. 그러나 만일 공산당을 허용하여 공산당이 성공을 거둔다면 민주주의는 바로 자유의 기초는 물론 전체 민주적 구조와 과정을 훼손하게 될 것이다. 대부분의 민주주의는 다음과 같은 타협을 한다. 민주주의는 공산당에게 활동을 허용하지만 어느 정도는 공산주의가 민주주의 제도 자체를 전복시키지 못하도록 하고 있다. 이슬람과 그리스도교의 배타성은 힌두교의 기본 명제에 유사한 위협이 되고 있다. 예컨대, 힌두교의 신학적 자유를 이슬람과 그리스도교 혹은 심지어 공산주의(하나의 종교로 본다면)의 신학적 교리로 대치하는 것은 힌두교 자체의 종말을 의미하는 것이다. 이러한 종교들과 마주한 힌두교는 민주주의가 공산주의를 다룰 때 직면하는 것과 같은 딜레마에 봉착하게 되었다. 그리고 힌두교는 오늘날 인도에서 유사한 타협을 경험하고 있다.

힌두교가 하나의 종교 체계로서 어떻게 기능하는가를 이해하기 위해서는 민주주의의 체계와 기능을 이해할 필요가 있다. 민주주의는 하나의 과정이다. 서로 다른 사람들이 공직에 선출되고 이전의 정책이 개선되거나 전복되는 경우도 있다. 힌두교 역시 하나의 과정이다. 예배 형태가 변하고 그 결과 그들과 연관되는 사회 제도와 정책도 변한다. 한때는 역연혼(逆緣婚)이 허용되기도 했지만, 지금은 그렇지 않다. 한때는 사띠(Sati, 남편의 장례식 화장에 미망인도 따라서 희생을 당하는 관습)가 허용되었지만, 이제는 금지되었다. 미국에서 노예 제도가 민주주의 하에서 용인되었다가 이후 상황이 바뀌었던 것처럼, 불가촉천민도 힌두교의 일부로서 유지되었다가 '마하트마 간디의 승리'라는 합창이 한창이던 1950년에 법적으로 폐지되었다.

민주주의가 하나의 제도로서 기능을 하는 것이 사실이고, 중요한 것은 결과가 아니라 제도 그 자체라고 하지만, 그래도 이 제도는 여전히 미국의 헌법에 기초하고 있다. 그렇다면 힌두교는 무엇에 기초하는가? 이 질문에 답하기 전, 민주주의 제도는 헌법에 매달려 있다기보다는 헌법적 권위라는 개념에 매달려 있다는 점을 명확히 해 두어야 한다. 왜냐하면 헌법이란 수정될 수 있을 뿐만 아니라, 대법원에 그 해석의 권한이 있으며 그러한 해석은 시간이 감에 따라 변할 수 있는 것이기 때문이다. 헌법적 권위에 대한 힌두교의 대응점은 『베다』의 권위이다. 다시 말해 헌법에 상응하는 힌두교의 대응 지점은 『베다』라는 뜻이다. 그러니 미국 민주주의와 힌두교의 진정한 근원을 발견하려면 더 깊은 조사가 필요하다. 미국 헌법은 만나(이스라엘 사람들이 광야에서 하늘로부터 받은 음식─「출애굽기」, 16.14)처럼 하늘에서 떨어진 것이 아니다. 그리고 캐나다처럼 영국에서 가져온 것도 아니다. 헌법은 미국인들이 그들 자신에게 부여한 문서다. 헌법이 미국인들을 아무리 밀접하게 결합시킨다 해도 그 헌법이 미국인들과 동일한 것은 아니다. 따라서 비록 민주주의의 초점이 헌법에 있다 해도, 미국 민주주의의 진정한 활동의 중심은 미국인들이다. 마찬가지로 힌두교의 사상적 초점이 『베다』에 있지만, 실제 활동의 중심은 힌두교인들이다.

미국 헌법 하에서는 미국 시민이면 원칙적으로 누구든지 미국 대통령에 선출될 수 있다. 오직 당원만이 국가의 수장이 될 수 있는 레닌주의 공산 국가와는 차이가 있다. 미국에서 누구든지 공직에 출마할 수 있듯이, 힌두교인도 누구든지 영적 지도자가 될 수 있다. 물론 최근까지 힌두교 전통에서 누구나 성례를 집행하는 성직자가 될 수 있었던 것은 아니다. 오로지 브라만 계급만이 성직자가 될 수 있었다. 그러나 힌두교인은 누구든지 사두(Sādhu)나 스와미(Swami), 즉 영적인 인물이 될 수 있다. 성직자와 예언자에 대한 베버의 구별을 연상시키는 이러한 구별은, 미국에서 누구든지 공직에 출마할 수 있듯이, 힌두교에서도 누구든지 성자, 또는 영적 지도자가 될 수 있다는 것을 의미한다.

이제 우리는 미국의 정치 제도와 힌두교 제도의 납득하기 어려운 기능들을 동시에 이해할 수 있는 두 가지 요소를 확인하게 되었다. 즉, 자유의 실행과 주도권의 행사가 그것이다. 이론상 자유와 주도권의 원칙은 실제로 융화와 관용이라고 하는 두 가지 현상을 수반한다. 미국은 다양한 민족적 정체성이 용해되어 있는 거대한 용광로와 같다. 이것은 어디까지나 일정 정도의 사실이다. 정치가들은 여전히 유다인들의 투표권, 히스패닉계의 투표권, 이태리인들의 투표권, 흑인 투표권 등등에 관심을 갖고 있다. 이러한 정치적 선거구민에 대한 힌두교에서의 대응점은 바로 종파와 카스트이다. 힌두교인의 유형은 미국식 용광로보다는 오히려 하나의 모자이크에 더 비유될 수 있을 것이다.

## 힌두교의 세 가지 기능

미국의 정치 제도는 세 분야로 구성되어 있다. 행정·입법·사법, 이들의 상호 작용 속에서 통치의 드라마가 펼쳐진다. 마찬가지로 힌두교의 즈나나(智慧)·박티(信愛)·카르마(봉사 행위) 같은 세 가지 요가 체제는 힌두교의 세 축을 형성한다. 미국 정치 체제는 견제와 균형으로 운영된다고 한다. 힌두교의 세 가지 요가도 이와 비슷한 방식으로 작용한다. 박티는 즈나나의 냉정함이 차가운 무관심으로 변질되지 않도록 해 준다. 즈나나는 비이성적인 감성주의의 고역으로부터 박티를 구해 준다. 카르마는 사회를 무시하고 자기만 생각하는 이기주의로부터 모두 구해 준다. 그리고 즈나나와 박티는 카르마가 자기중심주의를 고집하지 않도록 도와준다. 또한 미국 정치 체제 속 어느 한 부서 내에서도 견제와 균형은 제자리를 잡고 있다. 입법 부서를 생각해 보자. 그것은 하원과 상원으로 구성된 양원제이다. 마찬가지로 힌두교에서도 하나의 요가 내에 견제와 균형이 존재한다. 행동주의적인 힌두교에서 자신의 다르마(의무)에 대한 일방적인 헌신이 다른 사람들에게 착취의 형태로 나타나게 될 때, 행동주의적 힌두교의 호전적 형태는 고쳐야 할 교정거리가 된다.

두 체세의 유사성을 좀 더 고찰해 보자. 미국 정부가 하나의 사건을 다룰 때, 입법·사법·행정이라는 세 분야가 각자의 입장에 따라 일을 치리하듯이, 힌두교도 어떤 상황이나 도전에 직면할 때 유사한 방식으로 행동한다. 힌두교는 즈나나(지혜)를 전면에 내세운 지식적 차원의 불교와 자이나교라는 종교의 도전을 받게 되었고, 군사적 패배의 결과로 박티(신앙)를 내건(행정부가 사법부의 도움을 요청할 때처럼) 이슬람의 도전을 받게 되었으며, 카르마(실천, 봉사)를 내세운 활동적인 기독교의 도전을 받게 되었다. 힌두교가 다른 문제와 도전에 어떻게 직면하게 되는지를 계속 살펴보도록 하자.

# 힌두교의 정치적 경험

## 승리의 종교적 결과

인더스 유역 문화(기원전 3000년경)가 낳은 해독 불가능한 문장(紋章)들과는 별개로 힌두교에 관해 다루고 있는 최초의 텍스트는 『베다』이다. 이 텍스트에는 스스로를 아리안 족이라 불렀던 한 부족이 다스유스(Dasyus)와 벌인 군사적 갈등이 묘사되어 있다. 다스유스는 데몬(악마), 드라비다인, 토착 부족, 또는 인더스 유역의 도시 문명 거주민 등으로 다양하게 불렸던 사람들이었다. 『베다』는 아리안 족이 전쟁의 신, 인드라의 도움을 받아 적을 무찔러 쟁취한 승리를 기록하고 있다. 간혹 인드라의 동맹자로 무수히 많은 다른 신들도 함께 거론되지만, 아리안 족이 신에게 바친 가장 오랜 텍스트인 『리그베다』 찬가 중 4분의 1 이상이 인드라에게 바쳐진 것이다. 전쟁에서 승리한 뒤 아리안 족은 히브리인들이 가나안에서 승리를 거둔 후 직면했던 것과 비슷한 상황에 부딪혔는데, 그것은 다름 아닌 정복당한 부족의 신앙과 관습에 대해 어떤 태도를 취해야 하는가라는 문제였다.

정치적으로 승리한 아리안 족은 종교적으로는 관대한 입장을 취했던 것 같다. 그 결과 정복자와 피정복자의 신앙과 관습이 점진적으로 동화되어, 마침내 누가 누구를 정복한 것인지 학자들조차 의아해 할 정도로,

정복자와 피정복자를 분간할 수 없게 되었다는 것이다. 이것은 로마인들이 그리스의 판테온을 귀속시킨 것과 흡사했다. 어쨌든 아리안 족과 다스유스 사이에 일어난 싸움뿐만 아니라 때로는 아리안 족 자신들끼리 벌인 무지비한 싸움을 묘사한 『베다』의 찬가가 있는가 하면, 아주 유화적인 음조로 씌어진 찬가들도 있다. 그래서 『리그베다』 찬가 중에는, 아리안 족의 신들을 섬기지 않고 계율에 동참하지 않는 족속이라는 이유로, 다스유스를 경멸하는 찬가가 있는 반면, 또 다른 찬가에는 "실재는 하나이지만, 현자들은 그것을 다양하게 노래하네"(I.164.46)라는 유명한 격언이 포함되어 있다.

이는 힌두교 역사에 계속 반영되어 표출되었다. 신앙과 관습의 종합은 실질적으로 힌두교 내에 깊이 뿌리내린 경향이다. 이것은 다원주의와 자연스런 관계가 있는 것으로, 관용적이면서 권장되기까지 했다.

힌두교 내에서 시바에 대한 경배가 이런 경향을 보여 준다. 많은 학자들은 시바가 아리안 족에 의해 정복당한 자들이 숭배했던, 아리안 족 이전의 신이었다고 생각하고 있다. 그러나 정복이 끝난 뒤 시바는 아리안 족 이전의 신에서 비아리안 족의 신이 되는 과정을 겪었던 것 같고, 베다 종교의 희생 제의적 특징도 배제되고 있다. 자기 딸을 시바와 혼인시켰던 다크사(Daksa)와 제물을 받지 못한 시바를 위해 스스로 희생양이 된 그의 딸 이야기, 그리고 곧이어 시바의 무리에 의해 벌어진 희생 제물의 모독 등은 시바가 결국 힌두교의 판테온에 융화되는 과정에서 휘말렸던 투쟁과 대립을 보여 주고 있으며, 그 결과 시바는 현재 힌두교의 주요 두 신 가운데 하나가 되었다.

그러나 힌두교의 신학적 융합은 기능적 차별화를 초래했다. 일찍이 힌두교 역사에서 성직자와 왕의 역할은 확연히 구별되었다. 이미 사라진 종교 가운데, 고대 이집트와 메소포타미아 종교의 역사에서 그리고 현존하는 전통 종교인 유다교와 이슬람에서도 그 역할 구분이 주목할 만한 특징이 아니라는 사실을 고려할 때, 이러한 구분은 매우 의미 있는 발전이라 평가받아야 할 것이다. 성직자와 왕의 역할 구분은 비록 원시적 형태지만 사원과 국가의 원시적 분리 형태인 셈이다. 광범위하게 인정되는 견해에 따르면 아리안 족은 세 계층으로 분화된 사회적 사고방식을 가진 인도-유럽인으로서, 이러한 사고방식을 인도에 유입시킨 것도 바로 이들이었다. 네 번째 계층을 구성하는 피정복자 부류와 더불어 이것이 지금까지의 카스트 제도의 역사적 기반을 쌓은 것이라 할 수 있다.

그후 힌두교 역사에서 이러한 형태는 1000년 무렵까지 여러 차례 되풀이되었다. 외부에서 온 유목민들이 인도에 왕국을 세웠지만, 이 과정에서 이들은 인도의 종교적 모자이크에 동화되었다. 결국 이방인의 신들은 힌두교의 신에 흡수되었고, 그들 역시 카스트로서 힌두교 사회 제도에 흡수되고 말았다. 힌두교인들이 정치권력을 장악하는 데 성공하자, 모든 과정은 결국 전통의 승인을 얻었다. 심지어 종교 내부의 급격한 변동 역시 이 제도에 의해 처리되곤 했다. 기원전 4세기 아소카(Aśoka) 왕이 불교를 국교로 확정한 뒤, 그가 속했던 힌두 왕조(Śuṅga, 숭가)를 바꾸었고, 후에 하르사(Harṣa, 7세기)같은 힌두 왕은 수리아(Sūrya, 태양신)와 시바처럼 붓다도 섬겼다. 붓다가 비슈누의 성육신으로 인정받은 것은 이 무렵이었다. 한때 일어났던 외부 세력의 침략은 토착 힌두교 왕조에 의해 성공적으로 진압되어 비슷한 동화 과정이 뒤따랐던 것 같다. 이를 보여 주는 확실한 예가 바로 기원전 2세기 중부 인도 지방 베스나가르(Besnagar) 근교에 위치한 바가브하드라(Bhagabhadra) 왕의 궁정에서, 그리스의 안티알키다스(Antialkidas) 왕을 대신하여 인도의 왕을 알현한 그리스 외교 사절 헬리오

도루스(Heliodorus)가 비슈누를 기리는 기둥을 세웠다는 사실이다.

달리 말해, 인도 안팎에서 밀려온 수많은 도전을 무력으로 극복하며 최종적인 승리를 쟁취하기까지, 힌두교의 정치적 경험은 넓은 의미에서 보면 종교적 융합 가운데 하나였다. 여러 신들이 힌두교의 신들로 융합되었고, 사람들도 힌두교 사회로 융합되었다. 이 과정에서 힌두교의 다원주의는 인과 관계의 형태로 나타났다. 이러한 과정이 유혈 참극을 겪지 않고 점진적으로 진행되었다는 사실은, 어쩌면 근본적으로 브라만과 크샤트리아, 사제와 전사 계급 사이에서 성(聖)과 속(俗)이 철저히 분리되어 사원과 국가로 나뉘어져 있었기 때문일 것이다. 이는 세속적 영역에서 브라만이 크샤트리아의 통치권을 인정해 주고, 다시 크샤트리아가 브라만의 종교 의례적 우월권을 수긍함으로써 가능했던 것 같다. 크샤트리아가 자신만이 아닌 전체 사회의 안전을 지켰듯이, 브라만 역시 자신만이 아닌 전체 사회의 신성한 거룩함을 유지하려 한 관리자였음을 유념해야 할 것이다.

## 패배의 종교적 결과

무슬림의 인도 정복과 이슬람 국가 건설은 이미 언급한 바 있다. 그것은 힌두교인의 입장에서는 유례없는 경험이었다. 어느 종교든지 국가 조직을 종교 전파의 도구로 사용했다는 사실은 오늘날까지도 힌두교가 겪고 있는 어려운 경험 중의 하나다. 더욱이 기나긴 무슬림 통치 기간 (1000~1858년) 동안 힌두교인들은 자신들의 정치적 운명에 대한 통제력을 회복할 수 있던 기회를 여러 차례 놓치고, 항상 승리의 문턱에서 패배당하곤 했는데, 그 결과 이들은 단순한 패배가 아닌 종교적 윤리의 타락에 직면해야 했다. 여기에는 유다인들이 겪은 경험과 유사한 점이 몇 가지 있다. 즉, 그들의 종교를 대표하는 중심 사원만이 아니라 수많은 사원들이 파괴되었다는 것, 그리고 힌두교인들도 디아스포라(흩어짐)를 겪었다는 사실이다. 그래서 알비루니는 "힌두교의 학문은 우리가 정복했던 나라에서 멀리 사라져 버렸고 우리 손이 전혀 닿을 수 없는 곳, 즉 카시미르, 베나레스 등지로 달아나 버렸다"고 말한다.[31]

그러나 힌두도교들과 유다인들이 겪은 경험 사이에는 두드러진 차이가 하나 있다. 그것은 유다인들이 고향에서 쫓겨나 뿔뿔이 흩어진 반면, 힌두교인들은 그들의 고향에서 정복당하는 운명에 처했다는 점이다. 그들의 경험은 '지형적' 관점에서 볼 때는 달랐지만 경험의 '지형', 즉 '폐허의 고통'이라는 유사점을 갖고 있었다. 유다인의 운명을 좌우할 정치적 통제력을 상실함에 따라 유다 공동체의 리더십이 왕족과 성직자에게서 랍비의 손에 넘어갔듯이, 힌두 사회의 실질적인 리더십이 왕에게서 성직자의 손에 넘어갔던 것이다. 랍비가 유다교의 율법을 수호함으로써 유다교를 보호한 것과 비슷한 방법으로, 아마도 중세 힌두교의 아주 높은 성직 존중 사상이, 정치적 실패를 대신하여 힌두교를 보호하는 메커니즘(방어기제)으로서 역할을 했던 것 같다. 그러나 그들은 힌두교를 경직된 종교로 만듦으로써 그들의 종교를 보호했다. 힌두교인과 대조적으로 유다인들은 정치적 운명 의식이 매우 강했다.

우리는 특히 인도 북부 지역에서 크리쉬나보다 더 호전적인 대중의 상상 속 인물인 라마 숭배가 증가했다는 사실에서 유사한 움직임을 찾을 수 있는데, 그것은 힌두교인들의 잠재적인 욕구와 연관된 것일 수도 있다. 그러나 북부 지역에서의 지배적 풍조는 무슬림의 힌두 지배를 통하

31) E. C. Sachau, ed. and trans., *Alberuni's India* (London: Truebner, 1888), vol. 1, p. 22.

여 생긴 도덕적 타락이었다. 산스크리트어 중심의 힌두 교육은 퇴행적으로 받아들여졌으며, 그 공백이 페르시아인에 의해 정치적으로 메워졌으나, 수많은 지방 언어의 등장으로 대중적 수준은 높아졌다. 이 시대 이들 지방 언어로 기록된 문헌의 성격은 대단히 신앙적이다. 그 두드러진 장점은 오늘날까지 아주 고결한 미적·신앙적 감흥을 불러일으킨다. 그러나 동시에 이것이 아무리 매혹적이라 해도 사로잡힌 나이팅게일의 애처로운 울음소리가 아닌지 의심해보아야 할 것이다. "폐허가 된 곳에는 어디서나, 보물을 찾으리라는 희망도 있다"는 말은 이러한 경우에 해당되는 말로서 문학적이며 시사적이다.

인도 남부는 북부가 무슬림의 침략을 받은 뒤 힌두교의 요새로 부상했다. 결국에는 무슬림의 압력에 굴복하고 말았지만, 남부 비자야나가르 제국(14세기~17세기)은, 오늘날 북부의 파키스탄과 방글라데시의 분열 같은, 남부의 정치적 위기 발생을 효과적으로 막을 수 있었다.[32]

19세기 초 영국은 자국의 통치 지역 내에서 선교 활동을 허용하기 위해 효과적이고 강력하게 인도에서의 지위를 확립했다. 그리스도교를 대리자로 내세운 영국의 승리는 이후 이와 맞물려 생긴 여러 결과를 초래했다. 벵갈과 인도 내 다른 지역에서 영국이 무슬림 통치를 대신함에 따라 힌두교인들은 새로운 통치를 환영하며 서양에 대해 배우느라 혈안이 되었다. 이후 그리스도교를 받아들이면서 좀 더 선별적인 태도로 돌아섰지만 군사적·정치적 패배로 인해 생긴 종교적 결과는 극단으로 치달아 갔다. 그리스도교 선교를 목적으로 인도에 인쇄술이 도입되었고, 이는 혁명적인 결과를 가져와 수 세기 동안 브라만이 독점하고 있던 책이 길거

---

32) K. A. Nilakanta Sastri, *A History of South India from Prehistoric Times to the Fall of the Vijayanagar* (Oxford University Press, 1955), p. 297.

리에서 판매되고 종종 번역되어 읽혀지는 일이 생겨났다. 이러한 소리 없는 혁명은 힌두교를 변화시켰고, 영국식 교육을 인도 전역에 확산시키는 결과를 가져왔으며, 전혀 예상치 못한 방식으로 힌두교인들의 정체성을 하나로 만들었다. 산스크리트어로 지속되는 성직자들의 담론이 아니더라도, 다른 인도 지역 출신 힌두교인들이 전반적으로 영어를 종교적 언어로 사용하고 있다는 것은 영국인에게 군사적으로 패함으로써 초래된 가장 중요하면서도 어쩌면 전혀 예상치 못했던 결과였다.

영국이 힌두교와 무슬림을 물리치고 이 두 세력을 통치하게 됨으로써 흥미로운 결과가 초래되었다. 그것은 바로 영국-그리스도교라는 적에 맞서야 한다는 공동의 명분을 가지고 힌두교와 이슬람 두 공동체가 통합을 이끌어냈다는 점이다. 영국에 맞서는 1857~1858년의 봉기와 초기 간디주의 운동이 그러한 희망을 불러일으켰으나 실현되지는 못했다. 1947년 인도는 종교적 노선에 따라 분할되었다. 힌두교인들에게 있어 이 분할은 그리스도교도와 무슬림에게 당한 두 번의 패배로 인한 종교적 결과였다.

전체적으로 힌두교인들은 이슬람과의 충돌보다는 그리스도교와의 접촉에 더 잘 적응했던 것 같다. 이슬람의 힌두 통치는 기간도 길었고(대략 700년간), 힌두교 인구 25퍼센트 정도가 이슬람으로 개종했다는 의미에서 볼 때 성공적이었다. 반면 그리스도교 통치는 어느 정도는 세속주의의 발흥과 타협하면서 그 존속 기간(200년)이 훨씬 짧았으며, 힌두교인의 3퍼센트만이 그리스도교로 개종했다는 점에서 덜 성공적이었다. 그러나 그리스도교 통치에 따른 이념적 결과는 힌두교에 헤아릴 수 없을 만큼 의미가 깊은 것이다. 이슬람에 대한 힌두교인들의 반응은 놀랄 만큼 수많은 발전을 이끌었지만 그것들은 여전히 중세적 틀에 한정된 것이었다. 비유적으로 표현하면, 힌두교를 중세 종교에서 현대 종교로 바꾸었다는 의미에서 영국인들은 그 중재자요, 그리스도교는 산파였던 셈이다.

뭄바이를 둘러싼 마라타에 대한 영국의 승리로 나타난 힌두교의 군사적 패배의 결과로, 그리스도교도들이 인도에 머물게 됨으로써 생긴 중요한 종교적 결과 가운데 하나는 『바가바드기타』가 불과 1세기 내에 현대 힌두교의 핵심 경전으로 부각되었다는 점이다. 중세 시대에 툴시다스의 『라마야나』가 북부 인도에서 유사한 역할을 했다는 주장을 빼놓고 볼 때, 어떤 이는 무슬림이 가지고 온 책과 대면하게 되면서 힌두교 내에서 그 같은 발전을 기대했을지 모른다. 그러나 정작 다른 사람들, 즉 그리스도교도들이 가져온 책과 접촉할 때까지 그러한 발전은 이상하게도 정체되고 있었다. 학자들은 20세기 초 『바가바드기타』가 힌두교의 경전으로 갑자기 성공적으로 등장한 것에 놀라움을 표했다. 비록 『바가바드기타』가 항상 중요한 경전이었음을 간과해서는 안 되겠지만, 그것이 현대에 이르러 힌두교 경전으로 널리 인정된 것은 그리스도교와의 관련 속에서 성서를 통해 받은 영향인 것 같다. 영국이 씌운 멍에를 던져 버리려는 속박당한 민중에게 책에 담긴 호전적 내용은 별로 문제되지 않았다.

## 정치적 해방의 종교적 결과

『바가바드기타』의 내용은 호전적이지만 인도의 정치적 독립을 얻게 한 실질적인 투쟁은 본질적으로 마하트마 간디의 지도하에 이루어진 비폭력 투쟁이었다. 비폭력 투쟁은 1857~1858년 영국인들을 몰아내기 위해 일어난 무장봉기가 실패한 뒤, 1905년경에 본격적으로 시작되어 마하트마 간디가 걸출한 지도자로 등장하기 시작한 1920년 이후부터 힘을 얻었다. 비폭력 운동의 종교적 결과를 평가하기 위해선 이 운동의 배경을 살펴보는 것이 중요하다. 비폭력 운동은 영국에 대항하기 위해 종교적 배경에 상관없이 모든 인도인을 하나로 통합하는 것을 목표로 삼았다. 영국인들은 어떻게든 그 통합을 저지함으로써 인도에 대한 통제를 유지하길 원했다. 이를 위해 그들은 겉으로는 세속적 입장을 유지하면서, 두 개의 주요 종교 그룹을 형성하고 있던 힌두교인과 무슬림이 서로 단합하지 못하게 하는 정책에 착수했다. 아울러 영국인들은 불가촉천민을 별개의 그룹으로 분리시키는 시도를 통해 힌두교인들이 반(反)영국 통합 전선에 참여하는 것을 저지하려 애썼다. 그들은 힌두교인과 무슬림을 분리하는 데는 성공했으나 힌두교인 사이를 분리하는 데에는 실패했다.

해방의 종교적 결과는 다음과 같은 이 모든 세력들의 작용 속에서 나타난다.


1. 1947년 8월 15일에 얻은 해방의 종교적 결과 가운데 하나는 이 나라가 종교적 토대 위에서 인도와 파키스탄으로 분할되었다는 것이다. 다시 말해, 명백한 사실은 힌두교인과 무슬림이 그들 공동의 적 앞에서조차 삶의 방식을 발전시키는 데 실패했다는 사실이다.

2. 파키스탄이라는 나라가 인도 무슬림의 고향으로 인식된 반면, 인도는 힌두교인의 고향으로 생각되지 않는다. 적어도 인도 지도자들이 파악한 것처럼, 서로의 반목은 파키스탄의 무슬림과 인도의 힌두교인 사이에 있는 것이 아니라 '신정(神政)주의적 성향'의 파키스탄인과 세속주의적인 인도인 사이의 반목이었다. 그리하여 인도는 네팔과는 달리 힌두교 국가가 아니다.

3. 인도의 세속주의 입장은 간디와 네루로 각각 대표되는 두 개의 상이한 견해를 절충한 결과였다. 간디는 모든 종교가 동등하다

는 입장을 개진했기에 종교적 토대에 입각한 세속주의 국가를 원했다. 반면 네루는 종교는 현대의 민족 국가 그 자체를 분열시키는 반동 세력이라 믿었다. 달리 말해 네루는 세속적 토대 위에서 세속적 입장을 취한 것이다. 그 최종적 결과는 둘 다 다른 방식으로 국민 생활에 세속적 요소를 강화시켰다는 점이다. 더 나아가 힌두교의 다원주의 성격으로 인해 이 흐름은 더욱 가속화되었다.

4. 그러나 인도의 세속주의는 미국처럼 교회와 국가 사이의 견고한 분리 장벽을 갖지 않았는데, 그것은 역설적으로 힌두교가 하나의 교권을 수장하지 않기 때문이다. 국가는 기본적으로 국가 차원에서 힌두 문제를 통제하려고 간섭했으며, 앞서 언급한 것처럼 힌두교인의 결혼과 이혼 법령과 같은 여러 개혁에 앞장섰다. 힌두교인의 기부금 관리 역시 정부가 감독했다. 인도 내 영국인들은 완전히 세속적이지는 않았는데, 일부 영국 국교회는 공적 재원을 통해 기금을 마련했다는 사실을 기억할 필요가 있다. 그러나 영국인이 취한 세속주의가 체제 순응적이었다면, 인도인의 그것은 개혁적이었다.[33]

---

33) 다음에 제시하는 인도 헌법(1950년) 조문이 이런 맥락의 적절한 예가 될 것이다.
〈헌법 제25조 1항〉: 공공의 질서와 도덕 그리고 건강을 해쳐서는 안 되며, 이 밖에 명시되는 다른 조항들을 위반해서도 안 된다. 모든 인간은 양심의 자유에 따를 수 있는 동등한 권리를 가지며 또한 자유롭게 신앙을 고백하고 실천하며 종교를 선전할 권리를 가진다.
〈헌법 제25조 2항〉: 이 헌법의 조항 가운데 어느 것도 현행법의 작용에 그 어떤 부분도 영향을 미칠 수 없으며, 다음과 같은 어떤 법을 만들 때 그 어느 것도 국가를 방해할 수 없다. 1) 경제적·재정적·정치적 그리고 그 밖의 종교 행위와 관련될 수도 있는 세속적 활동을 규제하거나 제한하는 활동. 2) 사회 복지를 실현하고 모든 계급과 인도의 전 영역에 미치는 공공적 성격의 힌두 종교 제도의 개혁과 공개적 활동.

그러므로 해방의 종교적 결과는 매우 복합적인 것으로서 지금까지도 힌두교인들은 그 파장을 안고 살아간다. 분열로 인한 무슬림과 힌두교인 간의 반감은 여전히 줄어들지 않고 있으며, 인도를 파키스탄과의 세 번에 걸친 전쟁에 끌어들였다. 1971년의 마지막 전쟁은 구파키스탄이 파키스탄과 방글라데시로 갈라짐으로써 끝맺었다. 그러나 인도의 정신적 풍토 아래에서 방글라데시가 몇 년 동안 세속주의의 실험을 거친 뒤, 1988년에 이슬람 국가를 선언했다는 사실은 세속주의와 신정주의 정치 간의 간극이 파키스탄과 방글라데시 사이에 존재함을 의미한다. 심지어 인도 내부에서도 그 간극이 더 넓어지고 있으며, 인도 아대륙이 세속주의 국가가 아님에도 인도가 세속주의 국가로 남을 수 있을까 하는 의문점을 불러일으키기도 한다. 이제까지 인도의 정체성이라는 깊은 바다에 숨어 있던 힌두의 정치적 정체성이 이제 결과를 예측할 수 없을 정도로 거대한 고래처럼 부상하기 시작한다. 힌두의 정치적 특성이 본래 반동적인 성격이 강하기 때문에, 힌두 정치의 새로운 부상은 인도 내에서 무슬림과 시크교의 정체성 강화에 따른 반작용을 보여 준다. 이것은 예기치 못했던 정치적 해방의 종교적 결과라고 볼 수 있는데, 인도의 비종교적인 주체성이 종교나 언어 등등에 근거한 각종 국가 하부구조의 정체성들을 점차 바꾸어 가리라는 점을 예고하는 것이다.

또한 정치적 해방의 종교적 결과는 그것이 비힌두교인들에게 어떤 의미를 지니는가 하는 관점에서 볼 때 힌두교에도 중요한 의미를 가지게 된다. 그러므로 정치적 해방의 종교적 결과는 힌두교인들만큼이나 힌두교의 숫자가 많을 뿐 아니라, 비힌두교인들의 숫자만큼이나 힌두교가 많다는, 이미 언급한 우리 입장을 더욱 뒷받침해 준다. 그 종교적 결과는 비힌두교인에게 갖는 의미에 비추어 힌두교인에게도 역시 중요한 의미를 갖는다. 정부가 법률 제정을 통해 힌두의 풍습을 거리낌 없이 수정했지만, 그것은 소수파들을 지극히 배려한 것일 뿐이었다. 이러한 것이 독립 운동의 정치적 유산이 되었고, 그러한 운동 속에서 힌두의 정치적 정체성은 소수자들을 인심시킴으로써 힌두 민족주의의 성장을 암묵적으로 고취시켜 왔다. 그러나 그러한 정부 차원의 가교적 역할은 이제 하나의 장애가 되고 있다.

인도 헌법 제30조에는 다음과 같은 내용이 실려 있다. "1항, 종교나 언어 그 어떤 것에 기초한 것이든 모든 소수파는 그들이 선택한 교육 기관을 설립, 또는 운영할 권리를 가진다. 2항, 정부는 교육 기관을 지원하면서, 종교적 소수든 언어적 소수이든, 소수파가 운영한다는 구실로, 그 이떤 교육 기관에 대해 차별해서는 안 된다." 이 조항은 실제 다수 힌두교인들에 비해 소수 비힌두교인들에게 더 많은 권리를 주고 있다. 이것은 역사의 특이한 현상을 보여 주는 것인데, 필경 다수파 종교인 힌두교의 교파들이 앞서 언급한 이러한 법률적 조항 때문에, 자신들의 교육 기관을 운영하면서 국가의 간섭을 배제하고자 노력해 왔던 것이다. 반면에 비-힌두교 혹은 반-힌두교 소수파들은 자신들의 정치력을 확보한 인도에서 때로는 그들 자신이 힌두교인이 아니라고까지 주장하기도 했다. 아리아 사마즈 운동은 처음에 비하르(Bihar)에서, 그 후 1971년에는 시크파가 정치권력을 쟁취하는 데 기반이 되었던 펀자브 지방에서, 소수파 종교의 지위를 얻었다. 라마크리쉬나 선교회는 집권한 마르크스주의 정권과 더불어 서부 벵갈에서 1987년 그와 비슷한 인정을 받았다.

## 관용과 근본주의

이미 1963년에 도날드 유진 스미스(D. E. Smith)는 인도 헌법이 소수파를 다룰 때–힌두교를 대할 때와 달리 정치적으로 감시하는—공평하지 못하다고 지적했다.[34] 헌법의 역할은 공포를 가중시켰다. 인도 정부는 한편으로는 소수파의 권리를 보호한다는 이유로 무슬림 공동체에게 법 적용을 면제함으로써, 헌법 제44조에서 요구하는 모든 인도인에게 균등한 민법 초안을 채택하려는 입장을 철회하였다. 그러나 다른 한편으로 때로는 좋은 의도지만, 1987~1988년 통과한 사티 풍습 반대 법령에서 상징적으로 드러난 것과 같이, 정부의 힌두교 관습에 대한 간섭은 줄지 않고 지속되었으며 인도의 세속주의는 점차 힌두교와 대립되는 방향으로 가고 있다는 느낌이 가중되었다. 이것은 독립국가 인도에서 처음으로 힌두교인들의 투쟁적 호전성에 불을 질렀다.

'힌두 다수파는 박해받는 다수파'이며 인도의 소수파는 '분에 넘치는 특권을 누리고 있다'는 믿음이야말로 힌두 근본주의(또는 힌두 민족주의라는 말이 더 적절하다)의 본질적인 요소이다.[35] 오래전 구타당해 안경이 짓밟힌 경험이 있다고 말한 어느 언론인의 진술은, 비록 그 확실성이 의심되지만 많은 힌두교인이 공유하는 인식을 잘 보여 준다. 이 같은 인식은 정치적 영역에서 현실로 나타난다. 힌두교인들의 분노는 라마 신이 태어난 바로 그곳에, 1528년 무굴 황제 바바르(Bābar)가 인도 침략에 성공하여 힌두 사원을 파괴하고 이슬람 모스크를 세웠다는 것에 초점이 맞춰졌다.

---

34) Donald Eugene Smith, *India as a Secular State* (Princeton: Princeton University Press, 1963), pp. 496~497.
35) Edward A. Gargan, "Peril to the Indian State: A Defiant Hindu Fervor," *The New York Times*, December 8, 1992, A16.

1990년 그곳에 힌두 사원을 건립하려는 시도는 독립 이후 인도에서 가장 큰 규모의 집단적 운동을 불러일으켰다. 이 운동의 절정기에, 마하트마 간디가 영국인들과 맞서기 위해 시작한 두 주요 저항 운동인 '소금 행진(Salt March)'과 '퀫 인디아 운동(The Quit India Movements, 1942에 일어난 비폭력−비협력 저항 운동으로서의 진리파지[眞理把持], 즉 사티야그라하 운동의 하나다−옮긴이)'에 참여한 사람들을 합친 숫자보다 더 많은 사람들이 경찰에 투옥되었다. 한때 아요디아(Ayodhyā)의 경찰관 수는 그 도시의 전체 인구 숫자보다 더 많았다. 2년 뒤인 1992년에 30만 명에 이르는 거대한 군중이 모스크로 돌진하여 사원을 철저히 파괴했던 일은 모두에게 시사하는 바가 크다. 모스크 파괴는 끔찍하고 무서운 사건이었다. 어느 누구도 힌두교인들이 그런 일을 실제로 저지르리라고 생각하지 못했다는 점에서 그 사건은 끔찍한 일이었으며, 과연 힌두교인들이 그렇게까지 했어야 했는지 의구심을 불러일으킨다는 점에서 더욱 끔찍한 일이었다.

호전적 힌두교인들은 1992년 12월 6일 아요디야에 있는 무슬림 모스크를 파괴했다. 이른바 '루비콘 강'을 건넜다는 것도 스스로 인식하지 못한 채 힌두교인들은 그 일을 저질렀던 것 같다. 현재 추세가 바뀌지 않는 한, 인도에서 세속주의와 민주주의는 하나의 융합 과정에 있다. 지금까지 힌두교인들 스스로 관용적 종교라고 여겼던 힌두교가 결국 호전적 경향을 지니고 있었음이 확인되었다. 힌두교는 관용의 평판을 누리고 장려해 왔으며 동시에 관용이 단순히 힌두교의 특징만이 아니라 힌두교의 속성 자체라고 주장하기까지 했다. 두 명의 힌두교인이 서로 공통되는 면이 거의 없을지라도 같은 공동체에 속하도록 허용하는 것은 이러한 다양성에 대한 상호 관용이다. 지금까지 힌두교인들은 힌두교에 내재된 그리고 힌두교 내부의 종교 다원주의에 대해, 그리고 예컨대 이슬람과 그리스도교에 의해 제기된 힌두교 외부의 종교 다원주의에 대해 관용적 태도를 취해 왔다. 그러나 비관용성에 대한 관용적 태도가 달라져, 이제는 다른 종교의 비관용성에 대해 비관용적인 태도로 변해 가는 것 같다.

이 장에서는 큰 오해를 피하기 위해 마무리를 명료하게 해야 할 것 같다. 힌두교에서 호전적 전사(戰士) 윤리의 수용 문제는 비록 그 구분이 어렵더라도 현대 근본주의의 등장과는 분명히 구별되어야 할 것이다. 호전적 요소는 힌두교 구조 내의 한 요소지만, 오늘날 우리가 직면하는 힌두교 근본주의의 발생은 새로운 역사적 산물이다. 인도와 파키스탄의 분리는 의심의 여지없이 공동의 화마(火魔)를 불러왔지만 '마하트마의 시신을 잿더미로 만든 그 화마' 또한 '마지막으로 가물거리는 화마임이 증명'되었다. 간디가 죽은 뒤 10여 년 동안 인도나 파키스탄에서 심각한 종교적 혼란은 없었다. 새로운 힌두교 근본주의는 간디가 아니라 암살자 고드세를 존경의 대상으로 만들었지만, 그러한 변화는 마하트마 간디의 순교 후에 인도 국가의 영향력으로 인도 세속주의가 초래한 반힌두적 특성의 결과로서 생겨난 것으로 보인다. 만일 최근의 이러한 국가적 압력이 지속된다면, 힌두교인들은 종교적 관용(자기로서는 찬성하기 어려우나 남의 권리로서 인정하는)을 힌두교 내부에서 또 다른 하나의 힌두에게 자동적으로 확대되는 하나의 정당한 권리로 점차 인정하게 되겠지만, 그러한 종교적 관용은 힌두교 외부인이(비-힌두교 혹은 반-힌두교) 획득해낸 하나의 특혜라고 생각하게 될 것이다.

# 힌두교 연구가 종교에 대해 가르쳐 주는 것

## 힌두교를 과학적 방법으로 연구할 수 있는가?

힌두교가 하나의 고정된 실체가 아니라 과정이라는 사실을 이제 분명히 알았을 것이다. 혹, 그 과정 역시 하나의 실체라고 말하는 이도 있을 것이다. 힌두교를 하나의 방법으로 긴주해도 무방할 것이다. 그러니 하나의 방법을 결과와 혼동해서는 안 된다. 관찰, 실험, 가설적 시험으로 특징 지워진 과학적 방법을 생각해 보라. 똑같은 방법이 뉴턴과 아인슈타인의 물리학이라는 상이한 결과를 낳았다. 그러나 이렇게 다른 결과를 낳게 한 것은 동일한 과학적 방법이었으며, 과학은 방법과 결과, 양자 모두를 포함하고 있다. 힌두교도 이와 같이 생각해 볼 수 있다.

힌두교는 영적인 진리를 찾기 위한 방법이며, 질적으로는 동일하지 않지만 그 장구한 역사는 진리에 대한 발견의 기록이다. 과학적 방식으로 하나의 종교, 예컨대 힌두교를 종교 자체로 연구하는 방법을 확충시켜 나아가는 것이 바람직하다. 종교 자체는 궁극적인 것에 관계하는 방법으로서, 다양한 종교는 그러한 관심을 갖게 하는 다양한 방법이기도 하다. 그러므로 종교의 역사는 이러한 노력의 결과에 대한 기록이라 할 수 있다. 그러한 접근 방식은 우리에게 정적인 방법이나 본질적 접근 방식이 아니라, 역동적이고 실존적인 관점에서 종교를 바라보도록 한다.

## 힌두교인만큼 많은 힌두교

다양성을 의식적으로 수용함으로써, 힌두교는 종교 그 자체의 현상 속에서 무의식적으로 드러나는 다양성을 인식하게 해 준다. 예컨대 비록 처음에는 당혹스럽게 보일지 모르지만, 그리스도교인의 수만큼 많은 그리스도교가 있다는 말은 틀린 말일까? 다시 말해서, 모든 그리스도교인은 자신들의 방식으로 그리스도교를 받아들이며, 또한 다른 사람들의 방식과는 약간 다른 방식으로도 받아들이고 있다. 심지어 똑같은 종교적 전통을 추종하는 사람들에게도 그 정확한 의미는 추종자 개개인마다 다를 수 있다. 비록 당사자의 연령, 소득, 교육 등에 폭넓게 적용될 수 있을지라도 말이다. 개인이 갖고 있는 특별한 영적 뉘앙스는 그 차이가 너무나 미묘하여 분명히 분간할 수는 없을지라도 독특한 것이며, 다른 동료들이 경험하는 뉘앙스와는 같지 않다. 초콜릿, 꿀, 사탕 모두 단맛이 나지만 향기는 다른 법이다. 종교 연구에서 똑같은 통찰력을 얻을 수 있는 다른 방법에 대해서 우리 스스로 자문해 보아야 할 것이다. 예컨대, 종교사 속에서 믿고 실천해 왔던 것, 아니면 지금도 실행되는 모든 것을 우리가 개인적으로 믿고 있는가 하는 물음이다. 우리는 하나의 전통에 속하는 것을 선택할 수는 있겠지만, 어쩔 수 없이 우리는 어떤 범위나 강조점, 혹은 우리의 역량이 미치는 한계 내에서 결정하게 된다.

모든 종교와 마찬가지로 힌두교는 진리의 우선성을 인정하고 있지만, 그 진리를 추구함에 있어 기질적 역할을 더 분명하게 인정하고 있다. 이 차이점은 두 가지 방식에서 고려될 수 있다. 하나는 사람들은 예배하려는 신을 선택하는 데 놀라우리만치 자유롭다는 점이고, 다른 하나는 어떤 신이 특정한 예배 방식(adhikārin)으로 숭배받을 만한 것인가 하는 부분에 대해 논란의 여지는 있지만 사람들에게 분명하게 생각의 자유를 허용하고 있다는 것이다. 종교적 연구 방식에서 힌두교 내에 신상(이미지) 숭배가 존재한다는 것은 상호 간의 차이점을 더욱 분명하게 해 준다. 그것은 바로 우리가 정신적 이미지를 생각할 때(혹은 가끔 어떤 특별한 정신적 이미지를 생각할 때), 어떤 이들은 가시적인 이미지나(혹은 어떤 특별한 가시적인 이미지를) 생각하기를 더 좋아할 수 있다는 것을 상기시켜 준다.

따라서 힌두교의 유연한 방식에서 '선택받은 사람들'이라는 개념은 '선택하는 사람들'로—힌두교인들은 그들이 예배할 신을 선택한다는 점에서—바뀐다. 예컨대, 힌두교인들은 그들이 숭배하는 신을 선택할 때, 남성적 신을 선택하는 사람이 있는가 하면 여성적 신을 선택하는 사람도 있다. 힌두교 다신주의(Polytheism)는 힌두교 다원주의(Pluralism)의 표현이다. 그러나 힌두교인의 수만큼이나 많은 힌두교가 있다고는 하지만 실재(Reality, 實在)는 오로지 하나뿐이다. 그 실재가 여러 이름과 얼굴을 갖고 있을 뿐, 그것은 하나이다. 힌두교 현자 야즈나발키야(Yājnavalkya, 기원전 8세기)가 비다그다 사칼리야(Vidagdha Śākalya)와 나눈 대화는 이 점을 분명하게 보여 준다.


그때 사칼라야가 그에게 이렇게 물었다. "야즈나발키야여, 이 세계에는 얼마나 많은 신이 있습니까?"

야즈나발키야는 니비드(Nivid, 기도 형식의 문구)에 맞춰 이렇게 대답했다. "모든 신들에게 바치는 찬가의 니비드에 언급된 수만큼이나 많다. 즉, 삼 백에 셋을 더하고, 삼 천에 셋을 더한 것(합쳐서 3,306)만큼 될 것이다."

그는 또 이렇게 말했다. "알겠습니다. 하지만 거기에는 얼마나 많은 신들이 있습니까, 야즈나발키야여?”

“서른 셋이 있다.”

그는 또 이렇게 말했다. “알겠습니다, 하지만 거기에는 얼마나
많은 신들이 있습니까, 야즈나발키야여?”

“여섯이다.”

그는 또 이렇게 말했다. “알겠습니다, 하지만 거기에는 얼마나
많은 신들이 있습니까, 야즈나발키야여?”

“셋이다.”

그는 또 이렇게 말했다. “알겠습니다, 하지만 거기에는 얼마나
많은 신들이 있습니까, 야즈나발키야여?”

“둘이다.”

그는 또 이렇게 말했다. “알겠습니다, 하지만 거기에는 얼마나
많은 신들이 있습니까, 야즈나발키야여?”

“하나 반이다.”

그는 또 이렇게 말했다. “알겠습니다, 하지만 거기에는 얼마나
많은 신들이 있습니까, 야즈나발키야여?”

“하나다.”[36]

종교에 관한 연구에서 중용의 방법은 독특한 형태로 나타날 수 있다.
예컨대 다소 정도의 차이는 있지만, 이 세계의 수많은 종교에는 모두 자
유주의자와 보수주의자가 있다. 마찬가지로 여러 가지 유형의 신비주의
적 경험, 즉 내성적인 경험과 외향적인 경험, 그리고 무아경의 경험과 정
적인 경험, 또는 인격적인 경험과 비인격적인 경험 등이 전통을 넘나들고

---

36) Hume, *The Thirteen Principal Upanishads*, pp. 119~120.

있다. 신에 관한 행위와 은총의 관계 또한 이 범주에 속한다. 이 구별은 특이하게도 고양이와 원숭이의 행동 이치로 분류할 수 있다. 고양이는 전적으로 혼자 자기 새끼를 데리고 가는데, 이것은 오로지 신앙을 통하여 신에 의존하는 것을 보여 준다. 그러나 원숭이는 이 나무에서 저 나무로 옮겨 다니기 때문에 새끼가 어미에게 매달리는데 이는 은총과 인간의 노력이 서로 협력하고 있음을 보여 주는 것이다.

## 비힌두교인만큼 많은 힌두교

힌두교의 역사는 곧 점진적인 융합의 역사다. 힌두교는 적어도 이러한 방향으로 꾸준히 노력해 온 특성을 보여 준다. 힌두교는 처음부터 그 경계를 넘어 여러 전통이 융합된 결과이다. 대략 히브리인들이 가나안에 들어왔을 때와 비슷한 시기에 초기 아리안 족은 인도에 들어갔다. 그때 그들은 비아리안 족의 여러 종교적 관습에 대해 불쾌함을 드러냈다. 그 뒤 불과 몇 세기 안에 그들은 힌두교의 일부가 되었다. 기원전 6세기경 인도, 특히 북부에서 엄청난 종교적 동요가 일어나 불교와 자이나교가 생겨났다. 그리고 수 세기에 걸쳐 인도에서 불교(그리고 자이나교의 대부분)가 힌두교에 흡수되어 붓다는 힌두교의 신, 비슈누의 화신이 되었다. 마하트마 간디가 18세에 영국으로 떠났을 때, 그는 쇠고기와 포도주 그리고 성행위를 금하는 세 가지 서약을 해야 했다. 이 서약은 자이나교의 수도승이 힌두교인인 간디에게 행한 것이다.

이슬람이나 그리스도교의 경우를 생각해 볼 때, 힌두교는 극적인 융합의 위업을 달성할 수 없었거나, 혹은 적어도 아직까지는 그 일을 이루지 못했다. 그렇다 해도 힌두교는 이 두 종교로부터 매우 큰 영향을 받았다.

이처럼 비힌두교인들은 간접적인 방식으로 힌두교인들만큼이나 힌두교에 큰 기여를 해왔다. 종교 연구에서 보편적인 현상을 힌두교만 유독 더욱 두드러지게 보여 준다. 예컨대, 전통은 내적인 영향력의 산물이기도 하지만 동시에 그 전통과 부딪히는 외부적인 영향력의 산물임을 나타내고 있다는 점이다. 그리스도교는 다른 전통, 즉 유다교의 모든 경전을 자신의 것으로 삼았으며, 이슬람은 무함마드를 유다-그리스도교 예언자적 유산의 마지막 대리자로 인정함으로써, 유다-그리스도교 전통을 실질적으로 자신의 것으로 삼았다. 이와 같은 과정이 힌두교에서는 그렇게 두드러지지 않고 있다. 두드러진 점이 있다면 그것은 이 같은 융합의 과정에서 최종적인 것에 대한 어떤 절대적 주장이 없다는 것이다.

## 종교의 두 가지 유형

특정 종교의 독특성이나 아니면 적어도 어떤 뚜렷한 특징을 탐구함으로써 우리는, 마치 한 부분에서 전체를 파악하듯, 종교 자체에 대한 통찰력을 얻게 된다. 또한 우리는 유사성을 인식하는 것과 마찬가지로 서로 다른 점을 인식함으로써 통찰력을 얻기도 한다. 우리는 『베다』와 힌두교 간의 다소 모호한 관계를 연구했는데, 『베다』와의 관계 속에서 나타난 것이 사람들 사이의 일체감이라고 추정하였다. 이와는 대조적으로 그리스도교와 이슬람은 하나의 핵심을 둘러싸고 성장한 것이다. 힌두교가 중심을 찾아가는 원주(圓周)라면, 그리스도교와 이슬람은 중심에서 빛을 발하는 원주와 같다. 이와 같이 예수 그리스도의 추종자들은 그리스도인이 되었고, 붓다의 추종자들은 불교인이 되었다. 이슬람의 경우 무함마드는 『꾸르안』과 함께 처음부터 창시자가 되었다. 수 세기에 걸쳐 계시된 『베다』

와는 대조적으로 『꾸르안』은 22년에 걸쳐 계시되었다.

이것은 종교의 두 가지 유형 사이의 독특성을 짐작하게 한다. 하나는 공동체의 일체감에서 그 공통 핵심이 출현한 유형이고(예를 들어 힌두교, 유다교, 원시 종교) 다른 하나는 공통의 핵심 주변에서 공동체가 형성된 유형이다(예를 들어 그리스도교, 불교, 이슬람). 힌두교는 자신의 종교적 모형을 공동체의 일체감을 가지고 중심을 찾아가는 첫 번째 유형의 (완전한?) 모델로 제시하고자 했다는 점에서, 그리스도교나 불교와 같이 중심에서 외부로 확대해가는 두 번째 유형과는 구별되는 것이었다.

각각 연관이 있는 이들 두 가지 형태의 보편주의적 유형 역시 다르다. 힌두교 같은 첫 번째 유형의 종교는 종교 자체가 본질적으로 어떤 보편적 성격을 지닌 것으로 여기는 반면에, 그리스도교와 같은 두 번째 유형의 종교는 그 자신의 종교적 브랜드를 보편적인 것으로 만들려고 노력한다. 언어는 여기서 유용한 추론을 제공한다. 보편적 언어라는 용어는 두 가지의 의미를 내포할 수 있는데, 하나는 언어가 보편적인 현상이라는 뜻이며, 또 하나는 영어와 같이 하나의 언어가 전 세계 모든 사람들에게 보편적으로 사용되고 있다는 뜻이다. 첫 번째 유형의 종교는 전자의 의미에서 보편성을 해석하며, 잠재적으로 관용적인 성격을 갖고 있다. 두 번째 유형의 종교는 후자의 의미에서 보편성을 해석하며 잠재적으로 헤게모니적인 경향을 갖고 있다.

힌두교 내부에는 이 두 가지 형태의 보편주의가 모두 잠재적으로 존재하고 있기 때문에, 힌두교는 포용성(관용성)이라는 마력을 통해 매력적인 원을 그린다. 그래서 비록 힌두교라는 원 안에 모든 것이 다 수용될 수 없다고 하더라도, 동시에 힌두교 외부에는 아무것도 남아 있지 않을 것이라는 주장을 할 수 있는 신념에 이르게 된다. 설령 힌두교가 자신이 그리고 있는 희미한 원주 위를 영원히 맴돈다고 할지라도 또 일시적으로 포함되지 않을 수도 있겠지만, 힌두교는 어느 것 하나 배제하지는 않는다. 힌두교는 종교의 이러한 하나 혹은 다른 유형, 또는 두 유형 모두를 포함하려는 보편주의에 대한 열망 때문에, 심지어 양극단이 만날 수 있을지라도, 때로는 유사한 것끼리도 분리 될 수 있다는 것을 알아야 함을 까마득하게 잊고 있는 것 같다.

# 종교 연구에서의 힌두교

## 텍스트와 상징의 차이

이 장에서는 힌두교 연구에서 『베다』의 역할 혹은 『베다』의 권위(Vedic authority) 문제가 자주 언급될 것이다. 이 부분을 좀 더 자세히 연구해 보면 힌두교 연구는 종교 연구의 서론 격이라는 뉘앙스를 확인할 수 있다. 사실 필자는 '『베다』'와 '『베다』의 권위'라는 두 가지 표현을, 실제로는 그렇지 않지만, 암암리에 거의 동의어로 간주했었다. 우리는 『베다』를 종교적 유산으로 인정할 수 있으나, 그 권위를 무비판적으로 받아들이는 것은 거부한다. 다시 말해 『베다』를 인정하는 것이 『베다』의 권위를 인정한다는 사실을 내포할 필요는 없다는 것이다. 서구의 종교(유다교, 그리스도교, 그리고 이슬람)를 다룰 때, 텍스트를 인정하는 것과 그 권위를 인정하는 것의 차이는 일반적으로 분명치 않았으며, 현대에 이르러서야 비로소 그 의미를 갖게 된 듯하다.

힌두교 연구는 전통과 그 전통이 계시된 텍스트 간의 관계가 어떻게 다른 방식으로 조정될 수 있는지를 보여 준다. 베다 시대 자체는 거의 1,000년에 걸친 것이었지만, 이 기간 동안에 형성된 텍스트들이 공식적인 권위를 얻기까지 일종의 토론들을 거친 뒤였다. 그러나 결말이라는 것은 결코 공식적으로 서구 종교의 『성서』와 비교하여 적용할 수는 없는 것이다. 16세기, 또는 17세기 후반 『아타르바베다(*AtharvaVeda*)』의 부록으로 알려진 『알로파니샤드(*Allopanisad*)』라는 제목을 지닌 『우파니샤드』는 힌두교와 이슬람을 종합하려는 시도를 보여 준다. 이와 같이 힌두교는 계시된 텍스트의 사상이, 모순점을 보완해 가면서 계속 진행되는 계시라는 개념과 조화를 이룰 수 있다는 가능성을 열어 둔다.

이와 같이 다소 느슨하지만 경전과의 분명한 관계는 좀 더 이른 시기에 찾아 볼 수 있다. 그리스도인이 『신약 성서』보다 먼저 존재했듯이, 힌두인도 『베다』보다 먼저 존재했다. 결국 그리스도교의 경전은 예수 시대 이후 약 3세기 동안 형성된 것이다. 이 경우에 이슬람과의 차이는 명확하다. 이슬람은 최초의 계시 경전인 『꾸르안』으로부터 시작된다. 힌두교의 기원을 기원전 3000년경의 인더스 유역 문화나 혹은 그 이전으로 삼는다면, 힌두교의 신앙과 관습에 대한 정통성도 소급하여 고찰해야 할 것이다. 물론 또 다른 측면도 함께 고려해야 할 필요가 있다. 즉, 힌두교에서 『베다』의 권위를 강조하는 것은 힌두교 내부의 자생적 발전이라기보다는 불교인, 자이나교인, 그리고 유물론자의 공격에 대해 굳건한 태도로 맞서기 위한 대응인 것 같다. 불교 문헌에서 '베다'라는 말은 힌두교인은 물론이고 다른 금욕적 수도자들의 계시 경전으로도 소개되고 있음을 보게 된다. 그 정도로 『베다』의 권위적 특성에 대한 주장은, 적어도 그 한정된 시점에 어떤 계시와 맞물려 발생한다.

마침내 힌두 철학에 대한 일반적인 성격의 힌두 텍스트들이 구성되었을 때, 그 텍스트들은 종종 다소 놀랄 만한 주장들로 보일 수 있는 사실들을 입증하기 위해 『베다』의 본문들을 구구절절 인용하고 있다. 예컨대, 유물론자나 불교학자 혹은 자이나학파의 사상가들이 가능한 한 단일한 텍스트의 공동체를 구성하고 그 안에서 해탈을 얻을 때, 각각의 종교 집단들이 자신들의 차이점들을 조정할 수 있는 단일 텍스트 공동체를 구성하고자 하는 열망을 보여 주는, 힌두교의 게걸스러우리만치 포식적인 포괄성을 입증할 때도 (그 권위를) 『베다』에 근거하고 있다는 것이다.

이러한 사실들은 그 자체로는 고립적이고 이질적으로 보이지만, 힌두교를 포괄적이고 백과사전적인 종교 제도로 바라보면 충분히 이해될 수 있다. 힌두교 내부에는 가능한 많은 신앙과 관습을 포괄하기 위한 여러 방법이 고안되어 있다. 그러나 궁극적인 묘책은 베다의 개념을 영적인 권위의 상징으로 발전시키는 것이었다. 그래서 누구든지 자신의 주장을 펼때 '『베다』 경전이 이르기를……'이라는 말로 시작하거나 결론을 맺으면서 자유롭게 성자들이나 종교적 혁신자들을 끌어들여 나름대로의 주장을 펼친다.

물론 『베다』라는 용어는 계속 형성될 수 있다. 예컨대 '다섯 번째 『베다』' 혹은 '『타밀 베다(*Tamil Veda*, 『리그베다』, 『사마베다』, 『야주르베다』, 『아타르바베다』 이후에 추가된다고 볼 수 있는 『베다』―옮긴이)』'로 불릴 수 있다. 그리하여 신성을 초대하는 그 어떤 문헌집에도 적용될 수 있는 문화권 속에서, 결코 공식적으로 폐쇄되지 않고 수 세기에 걸쳐 점차 늘어난 『베다』의 문헌을 누군가 다루면서, 이와 같은 일을 별 탈 없이 성공적으로 수행해 낼수도 있을 것이다. 이러한 텍스트의 유연성이, 텍스트의 권위에 대한 호소와 결부될 수 있다는 것은 인류학자들이 호칭하는 바, '작업 정의(working definitions)'라는 개념이 경전들과의 관계 속에서 종교적으로 작동하는 방식에 적용될 수 있음을 보여 주는 것이기도 하다. 다소 소극적인 방법이기는 하지만, 『베다』가 수 세기 동안 구전으로 전승되었다는 사실은 종교 연구에서 '경전'의 범주에 대한 문자적 이해를 새롭게 해 준다. 또한 아프리카에서 발견되는 것 같은 거룩한 구전 전승에 대하여 새롭게 평가해야 한다는 말이기도 하다.


## 이론과 실천의 차이

『베다』의 권위에 대한 개념은 계속해서 시사적인 암시를 준다. 『베다』
가 힌두교의 권위 있는 경전이라고 말할 때, 이 경전은 확고하게 정립된
교리들을 공식적으로 선언하고 있다는 인상을 준다. 그러나 실제로는 상
황이 다르다. 『베다』의 권위 문제를 힌두교 전통 내부에서 심사숙고하게
된다는 입장 때문이다. "계시에 근거한 교리라도 그것들은 최종적으로 이
성에 호소할 수 없는 것들이다. 그러나 그렇다고 해도 입증되지도 않고
지지를 받지 못하는 권위에 대해서 맹목적인 지지를 표명한다는 것도 아
니다. 따라서 그러한 권위는 이론적으로는 그렇지 않더라도 실천적으로
는 합리적으로 받아들여질 수 있을 것이다."[37] 힌두 철학 연구에서 우리
는 이따금 이러한 현상을 접하게 된다.

예를 들면 아드바이타 학파는 이론적으로는 교리로 볼 수 있으나, "만
일 아드바이타(不二) 이론이 교리라면, 그 교리는 여기서 이해의 범위를
넘어서는 초월적인 교리일 뿐이다."[38] 그리하여 그 초월적 교리는 또다시
실천적 차원에 이르지 못하게 된다. 마치 『베다』에서 알려진 바와 같은
이론적인 중재적 지식이 실천적인 직접적인 깨달음과 같을 수 없는 것과
마찬가지다. 여기서는 힌두교의 실용주의적인 측면이 전면에 부각되고 있
는데, 그것은 마치 앞에서 백과사전적인 이론적 측면이 부각되었던 바와
같다.

---

37) Hiriyanna, *Essentials of Indian Philosophy*, p. 129.
38) Hiriyanna, *Essentials of Indian Philosophy*, p. 173.

사실 모든 종교적 전통이 이론과 실천 사이의 간극을 안고 있다. 모든 종교 제도 내에서 모범적 이론이 반드시 실용주의적 현실과 일치하지 않는다는 것 또한 사실이다. 이 모든 것은, 이른바 제도로 표방되는 모든 다른 종교 전통에서와 같이, 힌두교에도 적용된다. 그러나 힌두교의 두드러진 특징은 실천적 우선성이 패러다임(이론적 틀) 그 자체의 일부를 이룬다는 점이다. 트로이 윌슨 오르간(Troy Wilson Organ)은 이렇게 말한다.

> 오늘날 인도에서, 자신은 힌두교인임을 부정하면서도, 힌두교인으로 행동하는 다른 이들처럼 자신도 그렇게 행동하는 사람을 발견하는 일은 아주 흔하다. 나는 인도에서 저녁 만찬을 함께 했던 어느 친구를 떠올려 본다. 그는 자신이 힌두교와 완전히 결별했다고 내게 말한 후, 자기 물컵에서 조심스레 파리를 옮겨 죽이지 않고 바닥에 내려놓으며 이렇게 말했다. "지금 참 잘했던 것 같아." 나는 그 친구에게서 그의 말보다 그의 행동이 그가 믿었던 종교의 가르침을 더 많이 드러내고 있다는 생각을 지울 수 없었다.[39]

마찬가지로, 그리스도교로 막 개종한 어느 힌두교인은 그리스도교로 개종했으니 더 이상 칼리(Kāli) 사원을 방문하지 말라는 말을 듣고 난처해하며, 이제 그리스도인이 되었으니 자신의 힌두교적 의무(dharma)를 포기해야 하는 것일까 생각했다. 달리 말해서 그는 자기가 이론적으로 힌두교를 포기했다는 이유로 실천적인 면에서도 그렇게 해야 한다는 것에 대해 너무도 이상하게 생각했으며 그러한 입장을 분명히 이해할 수 없었다.

---

39) Troy Wilson Organ, *Hinduism: Its Historical Development* (Woodbury, NY: Barron's Educational Series, 1974), p. 2.

## 권위와 권력의 차이

실천에 대한 힌두교의 이 같은 강조는 권위를 권력으로부터 분리시키는 경향으로 나타난다. 예를 들어 카스트 제도의 위계질서에 따라 종교적 권위는, 베버(Max Weber, 1864~1920년)의 용어로 말하면, 카리스마적 공직을 갖고 있는 성직자 계급인 브라만에게 있다. 그러나 힌두교에서 카리스마적인 권위는 미덕의 실천과 더 결부되어 있다. 따라서 힌두교의 중추적인 두 인물인 비베카난다와 간디는 각각 수드라와 바이샤 출신으로서 브라만에 속하지 않았지만, 공동체 내에서 훨씬 더 큰 힘(권력)을 행사했다. 이것은 또한 초기 힌두교의 국면에서도 마찬가지였다. 세습적인 권위를 갖고 있는 사람들도 고결한 삶을 통해서 그것을 권력(힘)으로 바꿀 수 있었다.


## 무정부주의적 혼란은 어떻게 기능하는가?

그러나 실용주의 중심의 힌두교가, 한때 인도 외부에 있던 힌두교인들마저도 서양의 관찰자들이 느꼈던 것처럼 충격적이었던, 얼핏 보기에도 무질서한 백과전서주의의 (힌두교) 한가운데서 어떻게 정확하게 작용하도록 허용될 수 있다는 말인가? 어느 인도인은 오직 자신의 민족적 배경만이 자신이 힌두교에 대해 지닌 타고난 적대감으로부터 자신을 구해 주고 있다고 아주 강한 어조로 불만을 표출하고 있다. 그는 다음과 같이 말했다.

이른바 힌두교란 모든 사람이 서로 얼굴을 마주하고, 모든 사람이 서로를 필요로 하는 개념적 공간이 순환되는 회합이다. 각자가 모두 경전(Śrutis)에 대한 충성을 선언하고, 그 선언이 어떻게 진실한지를 분명하게 보여 주면서, 상대 교파에게 다르마크세트라(dharmakṣetra, 종교의 영역) 안에서 언어적 혼란을 영속화시킨다. …… 평범한 힌두교인 한 명은…… 종합적이지도 못하고 논리적으로도 아주 불완전한 살아 있는 모순체이다. 개념적 공간에서나 삶의 순간에서도 '종합적 통일성'이 힌두교 안에 있었던 적은 없다. 힌두교는 그 자신의 논리에 충실하지 못하고 궁색한 어떤 움직이는 생명체다. 예컨대, 힌두교는 커다란 모순 덩어리의 역사이지만, 다행히 그 모순들의 해결책이 계속해서 연기되도록 요청받고 있다.[40]

니프(David M. Knipe)는 이 점에 대해 긍정적으로 말하고 있다. "…… 힌두교 전통의 끝없는 실험의 기이한 결과는 바로 진정한 혁신이 실제로 불가능하다는 사실을 보여 주고 있다."[41] 라다크리쉬난은은 몇 년 전 이 문제에 대해 훨씬 더 긍정적으로 말한 바 있다. "늘 세워지는 것은 영원히 세워지는 것이다."[42] 그렇다면 힌두교가 인도에서 존재하는 방식이 여러 종교들이 세상에 존재하는 방식과 다를 바가 없다는 점은 놀랄 만한 일이 아니다.

물론 이와 같이 모든 사람에게 모든 것이 다 될 수 있다는 것은 아주 위험하다. 예컨대, 힌두교는 모두에게 원하는 것이 될 수도 있다. 정확히 말해서 힌두교는 모두에게 모든 것이 되고자 하기 때문이다. 힌두교는 자


40) Bibhuti S. Yadav, as cited in Klaus Klostermaier, *A Survey of Hinduism* (Albany: State University of New York Press, 1989), p. 4.

41) Knipe, "Hinduism," *Religious Traditions of the World*, p. 832.

42) Radhakrishnan, *The Hindu View of Life*, p. 17.

신의 실용주의를 통해서 모순을 역설로 바꿀 수 있다. 즉, 모든 사람들에게 비록 먼 지평선에서 거대한 혼돈의 소용돌이가 몰아치고 있을지라도 바로 다음 단계에는 분명해진다고 말함으로써, 모순을 역설로 변화시킬 수 있다는 것이다. 이와 같은 갈등 해결법이 힌두교에서는 보편적이다. 세상 속에서 살아야 하는가? 아니면 세상과 관계를 끊어야 하는가? 그런데, 힌두교는 세상에 사는 것과 세상을 거부하는 것, 모두를 허용한다. 우리는 삶의 네 단계 교리에 따라 먼저 세상에 살고, 그 뒤에 세상을 버릴 수 있다. 즉, 행동의 갈등 과정을 줄여서 조화의 단계로 옮기는 '단계적 삶'과 같은 '동시 공존의 삶' 역시 힌두교의 전형적인 전략이다. 그래서 우리는 육체적으로는 세상과 공존하며 살지만, 『바가바드기타』의 가르침에 따라 정신적으로는 세상을 여의고 산다. 우리는 비슈누를 섬겨야 하는가, 아니면 시바를 섬겨야 하는가? 비슈누나 시바 둘 중 하나를 숭배할 수도 있고, 또는 전자를 먼저 숭배하고 나중에 후자를 숭배하거나, 아니면 반은 비슈누를 반은 시바의 모습을 한 하리하라(Harihara)의 신상(神像)처럼 동시에 숭배할 수도 있다.

내면화하는 것 역시 힌두교에서 선호하는 기법이다. 그래서 거대한 희생제의 같은 어떤 의례를 외적으로 수행할 수 없다고 해도, 그 의례와 똑같은 효과를 얻는 정신적인 수행을 할 수 있다. 그 밖에 다음과 같은 다른 기법들이 있다. 억압이 없는 대체, 예를 들어 동물 대신 채소로 희생 제물을 대체하는 기법이다. 제거함이 없는 연결, 예를 들어 두 가지의 철학 체계를 니야야-바이세시카(Nyāya-Vaiśeṣika)처럼 하나로 연결하는 기법이다. 동등, 『베다』와 다른 경전을 (모순 없이) 동등하게 대하는 것이다. 모호성, 거짓 없는 이른바 속성을 지닌(saguṇa) 혹은 속성을 지니지 않은(nirguṇa) 궁극적 실재(브라만)이다. 상응, 소우주와 대우주 사이의 우월함이 없는 일치(상응)의 기법이 그것이다. 이러한 기법을 열거하자면 책 한 권은 따로 써야 할 것이며 여기서 열거한 것은 하나의 장에 불과할 것이다.

그러나 중요한 것은 실제적인 전략 자체라기보다 이러한 전략을 불러일으키고 그 근간에 잠재되어 있는 접근 방식이다. 즉, 각 개인은 수많은 힌두교 신앙과 관습이 얽힌 실타래에서 자신만의 금쪽같은 실(경로)을 발견할 수 있다. 비록 아주 가늘게 보일지는 몰라도 그 실은 강철만큼이나 강하게 영적인 운명으로 우리를 인도한다. 예를 들어 힌두교는 '자신의 행복을 따르라'고 용기를 줌으로써 조셉 캠벨(Joseph Campbell)에게 도움을 주었다. 그는 다음과 같이 말하고 있다.

이 세상의 위대한 영적 언어인 산스크리트어에는 초월의 바다로 뛰어드는 출발점을 나타내는 세 가지 용어, 즉 사트(Sat), 지트(Chit), 아난다(Ananda)가 있기에 나는 이러한 축복의 이상(理想)에 도달하였다. '사트'라는 말은 존재를 의미하며, '지트'는 의식(意識)을 의미하고 '아난다'는 축복과 환희를 의미한다. "나는 나의 의식이 나의 본연의 의식인지 아닌지 모르겠다. 나는 내가 알고 있는 나의 존재가 본질적인 나의 존재인지 아닌지 모르겠다. 그러나 나의 환희가 어디에 있는지는 분명히 알고 있다. 그리하여 나는 그 환희에 의지하겠다. 그것은 내 의식과 존재를 이끌어 줄 것이다. 나는 환희에 이끌린 것 같다."[43]

---

43) Joseph Campbell, *The Power of Myth* (with Bill Moyers), ed. Betty Sue Flowers (New York: Doubleday, 1988), p. 120.

# 추천 도서

A. L. Basham, *The Wonder That Was India* (New York: Grove Press, 1954). 인도 문화와 문명의 폭넓은 배경을 근거로 한 힌두교에 대한 가장 일반적이고도 광범위한 입문서다.

Abbe Dubois, *Hindu Manners, Customs and Ceremonies*, Trans. Henry K. Beauchamp (Oxford: Oxford University Press, 1906). 현대 힌두교와 결정적인 관계를 맺었던 18세기 남인도의 한 프랑스인 예수회원이 바라본 힌두교에 관한 증언적 기록물이다.

Ainslie T. Embree, ed., *Alberuni's India* (New York: W. W. Norton & Co., 1971). 인도와 힌두교에 관한 알비루니의 책을 E. C. Sachau가 번역한 것을 간략하게 볼 수 있게 한 책으로, 힌두교 역사에서 전환점이 되었던 17세기의 한 무슬림 현자가 바라본 힌두교에 관한 책이다.

Thomas J. Hopkins, *The Hindu Religious Tradition* (Encino, CA: Dickenson Publishing Company, 1971). 힌두교 전통의 역사적 전개 과정에 대하여 아주 잘 짜인 통합적 설명서다.

Klaus K. Klostermaier, *A Survey of Hinduism* (Albany: State University of New York Press, 1989). 힌두 전통에 대해 아주 뛰어난 포괄적 시야를 제공하면서 오늘날의 발전 과정도 상세히 설명해 주고 있다.

David M. Knipe, *Hinduism: Experiments in the Sacred* (San Francisco: HarperSanFrancisco, 1991). 힌두 전통에 대한 명쾌하고 간결하며 압축적인 입문서로서 현대적 차원의 문제들까지 잘 다루고 있다.

T. M. P. Mahadevan, *Outlines of Hinduism* (Bombay: Chetana, 1971). 힌두교를 통시적으로 다룬 Hopkins의 책에 대한 뛰어난 개괄서로서 저자는 그것을 공시적 관점에서 다루고 있다.

S. Radhakrishnan, *The Hindu View of Life* (New York: Macmillan, 1927). 이 책이 다루고 있는 자료는 원래 1926년 맨체스터 대학에서 행해진 일련의 강좌에서 비롯된 것이다. 놀랍게도 그것이 오늘날까지 남아서

서양의 독자들에게는 힌두교에 대한 가장 유익한 입문서가 될 것이다.

Louis Renou. *The Nature of Hinduism*, trans. Patrick Evans (New York: Walker and Company, 1951). 전반적으로 힌두 전통에 대한 포괄적 설명으로 뛰어난 해설서이다.

__________. *The Religions of India* (University of London: Athlone Press, 1953). 처음 110쪽 분량이 힌두교에 대하여 뛰어난 흡인력 있는 입문서 역할을 하고 있다.

__________. ed., *Hinduism* (New York: George Braziller, 1962). 대체로 힌두 전통에 대한 명쾌한 소개와 발췌된 자료에 대한 간단한 소개의 글과 함께 텍스트 자료에 대하여 풍부한 예문을 수록하고 있다.

HINDUISM

# BUDDHISM

CONFUCIANISM
TAOISM
JUDAISM
CHRISTIANITY
ISLAM

# 불교란 무엇인가

1988년 11월 미국 대통령 선거에서 공화당 후보 조지 부시는 민주당 후보 마이클 두카키스를 이기고 대통령에 당선되었다. 당시 민주당의 최종 후보로 지명된 이는 두카키스였지만, 후보 지명 과정에서 뉴욕 주지사 마리오 쿠오모가 유력한 경쟁자로 떠오른 적이 있었다. 이 시기 내내 쿠오모는 출마 의사를 부인했다. 그러나 그가 출마 의사를 부인하면 할수록 그의 입후보 가능성은 더 큰 화제가 되었고, 한 유명한 정치 평론가는 이에 대해 다음과 같이 평가했다. "쿠오모는 정말 선사(禪師) 같다. 그는 후보로 나서지 않음으로써 후보로 나서고 있다!" 반세기 전만 하더라도, 동양의 불교 용어가 미국의 정치 담론에 등장하리라고 상상할 수 있는 사람이 있었을까?

## 불교의 다양성[1]

선(禪, Zen)이라는 단어 그 자체를 면밀히 검토해 볼 때, 우리는 곧 놀라운 사실을 발견한다. 물론 'Zen'이라는 영어는 일본어에서 유래했다. 하지만 이 일본어 역시 중국어(ch'an)에서 변형된 것이다. 중국어는 또한

---

1) 공(空)에 대한 부분과는 별도로 이 부분을 준비하는 데 협력해 준 편집자에게 감사의 뜻을 전한다.

고전 산스크리트어(dhyāna)에서 변형되었다. 산스크리트어는 팔리어(jhāna)에서 들여온 것이고, 그 팔리어는 다시 고전 산스크리트어와 형태는 같지만 베다 시대에 속하는 산스크리트어(dhyāna)에서 연원한 것이다. 이 단어는 명상 혹은 명상적 몰아경을 뜻한다.

그 이름 안에 들어 있는 것들은 무엇일까? 이 안에는 매우 많은 것이 들어 있다. 이 단어는 3,000년 이상이 되는 긴 시간의 여정을 통과해 왔고, 공간적으로는 히말라야의 산록으로부터 중앙아시아의 사막, 중국의 논밭, 일본의 사찰들을 거쳐서 맨해튼의 고층 빌딩들 속으로 여행해 왔다. 불교의 유명한 비유들 중 하나를 적용하자면, 신들의 왕 인드라의 그물처럼, 불교의 그물은 시간과 공간에 걸쳐 멀고도 널리 펼쳐져 있으며, 그 각각의 그물코에서는 반짝이는 보석들이 빛을 발해 오고 있다. 그물코 각각은 세계의 다양한 지역에 펼쳐져 있는 불교적 가르침의 한 국면을 나타낸다고 하겠다.

이제 잠시 눈을 돌려 불교를 이루고 있는 그 그물의 구성을 살펴보자. 그물은 그물코들로 짜여져 있는바, 그물의 각 부분은 전체와 연결되어 있고, 전체는 또한 각 부분에 연결되어 있다. 그물코에서 반짝이고 있는 각각의 보석은 다른 모든 보석에 반사되고 있고, 그리하여 이 보석들은 또한 서로서로 무한히 반사되고 있다. 이것은 불교의 핵심적 가르침을 예시해 준다. 즉 원인과 조건이 서로 연결되어 상호 침투하고 있으며, 그 무엇도 이 진리를 벗어나지 못한다는 것이다.

이제 다시 그물의 구성으로부터 눈길을 돌려서, 그물이 드리워져 있는 보통의 바다를 살펴보자. 엄청난 양의 물로 이루어진 바다는 수많은 해안을 씻기고 있으며, 그 안에 무수한 흐름을 담고 있으면서도, 어느 부분에서나 맛을 보면 똑같이 짠맛을 머금고 있다. 불교의 역사적 창시자 붓다는 다음과 같이 선언했다. "저 큰 바다가 오로지 하나의 맛인 짠맛을 머금고 있듯이, 붓다의 가르침과 계율 또한 오로지 자유로워짐, 그 하나의 맛을 머금고 있다."(『증일아함경(앙굿타라 니카야)』, VIII.II.ix) 바다는 이처럼 하나의 짠맛을 머금고 있다고 할 수 있지만, 또한 동시에 수많은 나라의 다양한 토양과 만나고 있다. 현대적인 예시를 한다면, 코카콜라의 맛은 하나지만, 다른 언어로 된 상표를 붙인 많은 종류의 병에 담겨 출시된다.

불자가 아닌 사람들은 물론이고 불자들에게도 놀랍게 느껴지는 것은, 그리스도교나 이슬람과 같은 세계의 다른 주요한 선교적 종교들에 비하여 불교가 보여 주는 다양성이 훨씬 두드러진다는 점이다. 그리스도교의 핵심에는 예수 그리스도라는 사람이 있다. 이슬람의 핵심에는 『꾸르안』이라는 책이 있다. 그리고 불교의 핵심에는 붓다의 깨달음에 관한 이야기가 있다고 하겠다. 그리스도인들은 예수라는 인물을 지구의 오지까지 전했고, 무슬림들도 예언자 무함마드가 받은 신의 말씀을 가지고 그렇게 했다.

그런데 그리스도인들이 그렇게 하기 전에 이미 거의 500여 년 동안, 그리고 무슬림들이 그렇게 하기 전에 이미 2,000여 년 동안, 불자들은 불법(佛法) 곧 붓다의 가르침을 기꺼이 받아들이려는 사람이라면 누구에게나, 그 사람들의 고유한 언어와 문화를 통해 그 선물을 부여하고 있었다. 그리스도인들과는 달리 불자들은 예수의 수난이나 부활과 같은 뚜렷하고 구체적인 사건을 이야기하지 않았다. 대신에 불자들은 열반이라고 일컫는 매혹적이면서도 미묘한 체험에 관하여 이야기했다. 무슬림과도 달리 불자들은 단일한 언어로 고정된 하나의 경전을 갖고 있지 않았다. 붓다는 처음부터 바로 그의 제자들이 자신의 가르침을 그들 자신의 언어로 기록하는 것을 허용했다. 따라서 불교는 애초부터 그리스도교나 이슬람에 비해 교리와 경전 양면에서 더욱 확대되고 더욱 풍요로워질 수 있는

여지를 훨씬 많이 허용하고 있었다. 이처럼 큰 관용성을 지녔고, 그리스
도교와 이슬람에 비하여 더 오랜 역사적 이력을 지녔기에, 불교는 자연스
럽게 이들 두 종교보다 더 다양한 형태들을 가질 수 있었다.


## 방편

불교가 드러내는 다양성은 우연한 사건이 아니다. 그 다양성은 불교의
역사에서 하나의 의도적인 요인이 작용하고 있음을 보여 준다. 이 요인은
불교 교리에서 '방편(方便)'이라는 교리로 대변된다. 이 교리에 따르면, 불
교의 가르침은 청중의 영적·도덕적·지적 수준에 알맞게 설해져야 한다.
다시 말해서, 불교는 그 상황에 맞게 이야기되어야 하는 것이다. 처음에
이 교리는 우선 개인들에게 적용되었다. 예컨대 키사 고타미(KisāGotamī,
Kisā는 '여윈 이'라는 뜻이어서, 그녀의 여윈 모습을 시사한 별명이었을 수도 있다)
라는 젊은 여성에 관한 감동적인 이야기를 보자.

키사는 혼인을 한 뒤, 이윽고 아들을 낳았다. 가부장제이기는 하지만
모친 중심이기도 한 당시의 사회에서 그녀의 가족 내 위상은 곧바로 상승
하였다. 그러나 불행하게도 그녀의 아들은 막 뛰어다닐 수 있을 나이 때
죽었고, 그녀는 비탄에 빠졌다. 키사는 죽은 아이를 등에 업고 집집마다
다니며 아이를 소생시킬 수 있는 약을 찾아 헤맸다. 그러자 사람들은 '저
여자가 미쳤다'라고 수군거리기 시작했다. 그녀를 동정한 어떤 이가 아마
도 그녀를 도와줄 수 있는 유일한 사람이 붓다라고 생각하여 그녀를 붓
다에게로 보냈다. 붓다는 어떤 의례를 통해서 그녀의 아들을 소생시키겠
다고 약속했는데, 의례를 수행하려면 한 줌의 겨자씨가 필요하다고 말했
다. 또한 그 겨자씨는 아무도 죽은 적이 없는 집에서 가져온 것이라야 했

다. 키사는 마을로 달려갔지만, 오래지 않아 아무도 죽은 적이 없는 집을 발견할 수 없다는 사실을 알았다.

이러한 방식으로 붓다는 그녀로 하여금 죽음이란 인간이 처해 있는 상황에서 불가피한 특성이라는 것을 깨닫도록 하였다. 성서에서도 죽은 자들 가운데서 한 번 부활했던 라자로는 또다시 죽을 수밖에 없었다. 그녀는 죽은 아이를 화장한 뒤, 붓다에게 돌아와서 출가하였다. 그녀가 깨달음을 성취한 뒤에 읊은 게송은 불교 경전의 한 부분을 이루고 있다.

불교는 이러한 방편의 원칙을 단지 개인들뿐만 아니라 문화 전체로 적용하였다. 힌두 문화의 엘리트들에게는 그 가르침을 산스크리트어로 제시했고, 중국인들에게는 중국어로 제시했다. 불교가 도입되기 이전, 주술적 특색을 지닌 본(Bön)이라는 종교가 있었던 티베트에서는 주술적 외관과 함께 가르침이 소개되었다. 남아시아에서 불교는 지역의 대중적인 정령 숭배를 수용하면서 제시되었다.

여기에서 우리는 다음과 같은 질문을 할 수도 있다. 적응과 기회주의를 어떻게 구별할 수 있는가? 인간의 행위는 그 의도에 따라서 판단되어야 하기에 판단을 내리는 것은 어렵다. 그렇지만 이처럼 지역적 조건에 놀라울 정도로 적응해 가는 모든 모습들 배후에는 오직 하나의 열망이 있었다고 할 수 있다. 다시 말해서 가장 훌륭한 선물인 불법, 곧 붓다의 가르침을 누구하고든 나누고 싶다는 열망이 있었던 것이다.


## 불교의 정의

의도적으로 다양성을 지지하는 불교를 대할 때 우리는 자연스럽게 다음과 같은 질문을 하게 된다. 이 엄청나게 다양한 믿음과 실천의 체계를 함께 묶어 주는 것은 무엇인가? 불교라는 직물을 하나로 엮어 준다고 할 수 있는 실들을 몇 가닥 점검해 보도록 하자.

## 삼귀의

불교의 신앙 고백은 삼귀의(三歸依, triśaraṇa)라고 알려져 있는데, 그 귀의의 대상들은 뒤에 세 개의 보석이라고 하여 삼보(三寶, triratna)로 불리기도 한다. 삼귀의는 불교의 기본적인 신앙 고백이다. 불자라면 출가자든 재가자든 남자든 여자든 누구나 오늘날까지도 이 고백을 되풀이한다. 내용은 다음과 같다. "거룩한 부처님께 귀의합니다. 거룩한 가르침에 귀의합니다. 거룩한 스님들께 귀의합니다." 누구든 이 삼귀의를 세 번 반복해서 암송함으로써 공식적으로 불자가 되는 것이다.

이것을 불교의 통일적인 핵심이라고 간주하여 불교를 '붓다를 추종하는 사람들의 종교'라고 정의하고 싶은 유혹을 느끼는 사람들이 더러 있을 것이다. 그러나 티베트에서는 라마(Lama, 스승)에 대한 귀의가 네 번째 고백으로 덧붙는다. 심지어 첫 번째 고백도, 붓다가 입멸한 뒤의 상태는 언표될 수 없다는 관점에서 볼 때, 다소 애매한 표현이다. 후대의 불교에서는 다수의 붓다를 수용하게 되면서, 역사상의 한 인물인 고타마 붓다에게 귀의한다는 애초의 명료성은 이 고백에서 사라지게 된 것 같다.

게다가 엄밀히 말하자면 불교는 삼귀의 이전에 있었는데, 이것은 마치 이슬람이 샤하다(shahādah, "하느님 외에 신은 없으며, 무함마드는 하느님의 사도이다"라고 하는 이슬람의 이 신앙 고백은 실제로는 『꾸르안』에 별도로 나타나는 두 문구의 결합이다) 이전에 있었고, 그리스도교가 사도신경("전능하시며 하늘과 땅의 창조주이신 하느님 아버지를 내가 믿사 오며, 그분의 유일한 아들이자 우리의 주이신 예수 그리스도를 믿사옵니다…….") 이전에 있었던 것과 같다. 원래 불교 공동체에 들어가고자 하는 승려는 다만 붓다로부터 "어서 오시오, 비구여!"라는 말을 건네받는 것만으로 공동체의 구성원이 되었다.

## 붓다라는 인물

또한 우리는 붓다 이전에는 불교가 없었고 불교라고 하는 것은 모두 궁극적으로 붓다의 권위에 호소하므로, 이로부터 불교라는 종교가 날실과 씨실을 이루는 원래의 가닥을 얻었다고 주장하고픈 유혹을 느끼게 된다. 그러나 엄격하게 말하자면, 붓다는 하나의 인물이기도 하지만 동시에 하나의 유형으로서 일련의 존재들 가운데 한 명일 뿐이다. 고타마 붓다 이전에도 붓다들이 있어 왔고, 그 이후에도 붓다들은 있을 것이다. 사실상 우리는 이미 그 다음 붓다의 고유한 이름, 곧 미륵(Maitreya)이라는 이름을 알고 있다. 이것이 중앙아시아의 메시아주의를 모방하거나 혹은 자이나교(인도에서 불교와 경쟁해 온 종교인데, 티르탕카라[tirthankara]—'나루를 만드는 이'라는 뜻의 산스크리트어—라고 하여 붓다에 필적하는 24명의 성스러운 인물들을 상정하고 있다)의 영향을 받아 후대에 발전된 것이라고 하여 무시될 수 있다 하더라도, 우리는 '붓다'라는 단어가 이름이 아니라 칭호이며 그 칭호는 '깨달은 이'를 의미한다는 사실과 마주칠 수밖에 없다.

다시 말해, 고타마 붓다에 관해서 말할 때 우리는 그가 깨닫지 않았다면 그저 보통 사람에 불과하며 불교를 창시할 수도 없었으리라는 것을 인식해야만 한다. 붓다의 권위에 대한 호소는 붓다의 깨달음에 대한 호소인 것이다. 불교에서의 통찰은 처음부터 붓다라는 인물과는 별도로 존재하는 것으로 여겨졌다. 경전에서는 이 사실을 대담하게 심지어는 자랑스럽게 선포하는 바, 예컨대 초기 불교 경전 가운데 하나로 앞에서 인용한 적도 있는 『증일아함경』의 한 부분에는 다음과 같은 선언이 있다. "붓다가 나타나든 나타나지 않든 이러한 인과의 자연법칙 아래에서 사물들의 질서 정연한 운행은 변함이 없다. 즉 모든 현상은 자아(혹은 실체)가 없다."(III.14.134)

## 사성제

그 밖에 불교를 하나로 묶어 주는 다른 요소가 있는가? 붓다가 베나레스 근처 사르나트에서 행한 첫 설법에서 밝힌 사성제(四聖諦)가 그러하다는 주장이 있을 수 있다. 불교 전통을 따르는 사람들은 이때에 무엇인가 큰일이 있었다는 것을 뚜렷하게 강조하고 있다. 불교 전통에서는 이 사건의 중대함을 기념하여 그 설법을 전법륜(轉法輪)이라고 일컫는데, 어떤 대단한 일이 이때에 시작되었음을 기리는 것이다. 깨달음을 성취한 뒤 붓다는 설법을 하지 않기로 결심할 수도 있었다. 불교 용어로 말하자면, 그는 사적인 붓다(獨覺佛)로 남기로 결심할 수도 있었고, 만약 그렇게 되었더라면 오늘날 불교라고 불리는 종교 전통은 이 세상에 존재하지 않았을 것이다. 따라서 설법을 하겠다는 붓다의 결심은 중대했고, 그의 첫 설법은 매우 중요한 것이었다. 이 첫 설법은 불교의 정수를 매우 잘 알려 줄 수 있는 것이기에, 여기에서 정리해 둘 필요가 있다. 여기에서 밝히는 사성제는 모든 불자들이 받아들이고 있는 것이다.

붓다가 가르친 첫 번째 성제(聖諦), 곧 첫 번째 성스러운 진리는 고통의 존재에 관한 진리로서, 태어남과 죽음·병듦과 늙어감·불유쾌한 것과의 만남·즐거운 것과의 헤어짐, 간단히 말하자면 우리가 좌절을 느끼고 낙담할 때 고통스럽게 뚜렷이 알게 되는 사실이다. 두 번째 성제는 쾌락이나 삶이나 심지어 죽음에 대해서도 욕망하는 것을 괴로움의 원인이라고 식별한다. 세 번째 성제에서는 고통에 원인이 있다면 그 원인을 제거힘으로써 고통도 제거할 수 있다는 사실에 주의를 기울이는 것이다. 네 번째 위대한 진리는 원인을 제거하기 위해서 따라야 할 생활 태도에 대한 상세한 청사진이다.

이것이 전문 용어로 팔정도(八正道)라고 알려져 있는 것인데, 바른 견해·바른 열망·바른 언어·바른 행위·바른 생활·바른 노력·바른 마음 챙김·바른 명상으로 이루어져 있다. 불교 전통에서는 각각의 경우에 바르다는 것이 무엇인지를 설명하고 있다. 예컨대, 바른 언어는 가혹하거나 위협적이거나 경박하거나 악의적인 이야기를 삼가는 것을 의미한다. 팔정도는 불교의 지고선인 열반으로 인도하는 바, 열반이란 모든 괴로움의 종식이다.

사성제를 불교와 일치시키는 것은 불교의 이름으로 불교를 파괴시키는 일에 해당하는 것이다. 왜냐하면 이 사성제마저도 잠정적인 가르침으로서 기능하는 것뿐이며, 일단 강을 건너가면 버려야 할 뗏목처럼 간주해야 하기 때문이다.


## 법과 법들

우리는 다시 일반적인 불교의 방식대로 경험으로 되돌아온다. 이 경험을 파악하는 만큼 불교를 안다고 할 수 있을 것이다. 경험이야말로 계속해서 팽창하는 불교 세계가 생성되는 원초적 지점이다. 첫 설법에서 이미 암시된 것처럼 이것의 핵심은 자아가 없다고 하는 무아(無我) 혹은 공(空)

의 가르침에 놓여 있는 것으로 보인다. 깨달음을 성취한다는 것은 무아를 깨닫는 것이다.

테라바다('테라바다'는 객관적인 남방 불교 전통이고, '소승'은 대승에서 그 이전 불교를 폄칭하는 맥락에서 사용된다—옮긴이) 전통의 저명한 지지자 왈폴라 라훌라(Walpola Sri Rahula)는, "인류 사상사에서 불교의 독특한 입장은 영혼이나 자아와 같은 것의 존재를 부정하는 데 있다. 붓다의 가르침에 따르면, 자아라는 관념은 상상에 불과하고, 그 관념에 대응하는 실재가 없는 잘못된 믿음일 뿐이며, '나'와 '내 것'에 관한 해로운 생각들·이기적 욕망·탐욕·집착·증오·악의·자만·오만·자기중심주의, 그 밖의 더러운 것들과 많은 문제를 산출할 뿐이다"[2]라고 말한다.

또한 에드워드 콘츠(Edward Conze)는, "종교 사상에서 불교의 구체적인 기여는 무아의 가르침을 지지하는 데 있다. 자아에 대한 믿음은 모든 불자들에게 필연적으로 괴로움을 만드는 조건이라고 여겨진다. 우리는 '나'와 '내 것'이라는 생각을 만들어 내고, 그렇게 하여 대부분의 바람직하지 못한 상황들이 초래되는 것이다"[3]라고 설명한다.

콘츠는 치통이라는 매우 일반적인 경험을 빌려 자신의 초점을 설명한다. "치아가 있고 그 치아에 부패가 있게 되면, 이것은 치아에서의 과정이고 그 치아에 붙어 있는 신경에서의 과정이다. 이제 나의 '내'가 치아에 도달하여 자기 자신에게 이것이 '나의' 치아라고 확신을 하게 되고—이것이 때로는 그다지 확신을 필요로 하지 않는 것으로 여겨지게 되기도 하고—치아에 일어나는 일들이 나에게 영향을 줄 수밖에 없다고 믿게 되면,

---

2) 다음을 참조하라. Walpola Sri Rahula, *What the Buddha Taught* (New York: Grove Press, 1974), p. 51.
3) Edward Conze, *Buddhism: Its Essence and Development* (New York: Harper & Brothers, 1959), p. 18.

상당한 생각의 혼란이 초래되기 쉽다. 불자들은 이를 다음과 같이 본다. 여기에 '나'라고 하는 아이디어가 단지 상상의 산물로 존재하는데, 그에 상응하는 실재는 어디에도 없다."[4]

　이러한 무아 사상은 불자들이 영어권에서 불교라고 지칭하는 것에 대해서 기술할 때 사용하는 단어들을 검토하면 명확해진다. 불자들은 붓다의 입멸 직후 율(律, Vinaya)과 법(法, Dharma)이라는 제목 아래 그의 가르침들을 모았다. 붓다의 가르침을 통칭해서 무엇이라고 하는지 묻는다면, 불자들은 간단히 법이라고 대답할 것이다. '법'이라는 단어에는 적어도 네 가지 함축적인 뜻이 있다. 불교를 제대로 정의하여 알고자 한다면, 이 네 가지 뜻을 명확히 구분해야 할 것이다. 법은 무엇보다도 절대적 진리, 바른 품행, 그리고 가르침을 의미한다. 이러한 세 가지 의미에서 불교는 인도에서 기원한 여타의 종교들과 대동소이하다. 하지만 법의 네 번째 의미는 전적으로 독특하다. 불교에서는 경험의 궁극적 요소를 가리키는 데 이 단어를 사용한다. 이는 현대 물리학에서 원자나 원자 이하의 입자들을 물질의 궁극적 구성 요소로 간주하는 것과 유사하다. '법'은 비인격적인 사건으로서 어떤 인격체나 개인에게 속한 것이 아니라, 그 자체의 객관적인 길을 따라 진행하는 것이다. 불교의 어떤 비구가 저 모호하고 해로운 단어인 '나'를 끌어들이지 않고도, 이 비인격적인 법들의 일정한 목록의 도움을 받아 마음의 내용을 스스로 설명하는 데 성공한다면 이는 가장 찬탄할 만한 성취로 여겨졌다. 어떠한 다른 종교도 그 추종자들의 정신적 훈련에 이와 같은 방식을 도입한 적이 없었던 바, 불교의 독창성은 대략 이 심오한 법에 대한 가르침에서 발견할 수 있다.[5]

---

4) Conze, *Buddhism*.
5) Rahula, *What the Buddha Taught*, p. 26.

법은 난해한 개념이지만, 아무리 난해하다 할지라도 궁극적 실재라고 이야기할 수 있다. "불교 용어에서 법보다 광범위한 용어는 없다. 법은 조건화된 사물과 상태뿐만 아니라, 조건화되어 있지 않은 절대, 곧 열반도 포함한다. 우주의 안이나 밖이나, 선하거나 악하거나, 조건화되어 있거나 안 되어 있거나, 상대적이거나 절대적이거나, 이 용어에 포함되지 않는 것은 없다."[6] 법의 첫 번째와 네 번째 의미를 결합함으로써, 우리는 불교를 법의 맥락에서 법을 규명하는 종교 체계라고 기술할 수 있을 것이다.

---

6) Rahula, *What the Buddha Taught*, p. 58.

# 불교 공부는 종교에 대해 무엇을 알려 주는가

## 정통 교리

불교는 서양에서 종교라는 단어와 관련 있는 개념들과는 현저한 대조를 보이기 때문에, 불교를 공부할 때는 종교에 관한 선입견들을 털어 버리는 것이 매우 중요하다. 예컨대 서양에서 자라난 사람은 아주 당연하다는 듯이 종교는 신, 예언자, 그리고 계시 개념을 포함하는 것이라고 생각한다. 서양의 위대한 종교들 곧 유다교, 그리스도교, 그리고 이슬람은 모두 한 분 하느님을 믿고 있으면서 다만 이 '한 분 하느님'에 대한 견해만 달리한다. 또한 예언자들을 믿고 있으면서 다만 누가 예언자로 받아들여질 수 있는지만 논의하며, 계시를 믿으면서 어떤 것이 '참된' 계시인지만 논쟁한다. 그 종교들은 이 개념들의 내용에 관해서는 다양할 수 있지만, 이 개념들의 맥락에서 종교의 구조란 어떠한 것인가에 대해서는 서로 다를 것이 없다.

서양의 종교들에서 이러한 구조에 대한 믿음을 '정통 교리'라는 말로 지칭한다면, 불교는 한마디로 그러한 구조를 해체시킨다고 말할 수 있다. 불교는 유일신을 믿지 않으며, 다양한 신들의 존재를 인정한다. 이 신들은 우주적 관료 체계라고 할 만한 체계에서 특수한 지위를 성취한 존재들로서 전생에 특별히 공덕을 쌓아 특별한 선업을 쌓았다는 점을 제외하고는 아무것도 다를 것이 없는 존재들이다.

만약 불교에 유일신이나 예언, 계시와 같은 관념을 적용시키고자 한다면 유일신이란 개념은 사라져야 하며 동시에 예언과 계시라는 관념 또한 포기하거나 철저하게 다르게 개념화해야 한다. 붓다는 예언자라기보다는 스승이며, 그가 말하는 것은 계시라기보다는 가르침이다. 붓다의 말씀은 가르침이라는 점에서 『토라(*Torah*, 유다교의 기본 경전으로 그리스도교의 『구약성서』에서 첫 다섯 권에 해당한다—옮긴이)』에 비견될 수도 있지만, 불교의 가르침은 신을 대변하는 이의 말이 아니라 한 인간의 경험에서 우러나온 가르침이라는 점에서 여전히 서로 다르다고 할 수밖에 없다.

묘하게도 불교는 철학적으로는 유일신론과 대립되지만, 실천적으로는 어느 쪽이나 훌륭한 도덕적 삶으로 인도한다는 점에서 서로 대립되지 않는다. 불교에서는 심지어 도덕적 탁월성을 위해서라면, 창조나 전지전능과 같은 속성을 제외하고는 스승들이 신이나 계시에 관하여 이야기하는 것을 용인한다. 다시 말해서 불교는 유일신의 형이상학적 속성들은 배격하지만 그 도덕적 속성들은 받아들인다. 계시에 관해서는, 독단적으로 비판적 검토를 거부하지 않는 한 가치 있는 것으로 간주될 수도 있다.

곧 불교는 '바른 믿음', 즉 정통 교리라는 관념을 단지 진리성에만 연관시키지 않고 유용성이나 가치와 연결한다. 불교는 그 자체로 고유한 형태의 '바른 믿음'을 간직하고 있으며, 그것이 바로 팔정도의 첫 걸음이다. 다만 이러한 믿음은 잠정적인 것이며, 궁극적으로는 강을 건넌 뒤의 뗏목처럼 버려져야 할 것이다. 불교는 가르침을 제시하기는 하지만, 독단적인 교리를 선포하지는 않는다.

## 정통 실천

불교는 일반적 의미에서 정통 교리를 정통 실천으로 대체한다고 이야기할 수 있다. 불교는 바른 말을 바른 행위로 대체하기에, 태초에 말씀이 아니라 행위가 있었다고 말할 수 있다.

불교에서는 믿음보다는 품행을 더 중시하기에 이러한 판단에는 일정 부분 진실이 깃들어 있고, 이 점에서 불교는 서양의 종교나 철학과는 대조된다. 보통 유다교나 그리스도교와 같은 종교를 받아들인다는 것은 우선적으로 그 교리를 받아들이는 형식을 취한다. 물론 종교적 정체성에서 교리보다 공동체를 더 중시하는 유다교의 경우에는 이러한 주장이 덜 진실되다고 하겠다. 하지만 불교는 유다교에 비한다면 품행이 더 개인적 차원을 지니고 있으며, 불교 공동체라고 하너라도 그러한 맥락에서 이해할 필요가 있다. 서양의 종교들에서 교리와 실천 사이의 간극은 탄식할 만한 것이고, 서양 철학의 경우에는 단순히 간과될 뿐이다. 반면 이러한 태도는 불교에서는 어떤 경우에도 용납되지 않는다.

불교는 정통 교리보다는 정통 실천 쪽으로 치우쳐 있다고 볼 수 있다. 하지만 불교도 역사의 전개 과정에 따라 점점 덜 그렇게 되기는 했다. 예컨대, 출가 수도 공동체라는 승가의 이상은 테라바다 불교 시기에 이르러 지배적으로 자리 잡았고, 서력 기원 전후에는 승려가 되는 것이 깨달음을 위한 필수 조건이라는 믿음이 널리 확산되었다. 우연히 재가자가 열반에 도달한다면 그는 즉각 출가해야 하며, 그렇게 하지 않으면 죽게 된다는 식이었다. 하지만 대승 불교에서는 정통 실천을 대변하는 존재로서의 승려가 재가자에 대해서 더 이상 본질적인 우월성을 점하지 못하게 되었다.

이는 『유마경』이라는 경전에서 잘 드러나고 있다. 이 경전에서 재가자유마힐은 철학적 논쟁에서 저명한 승려들을 굴복시킨다. 그래서 그가 아파 누웠을 때 승려들 가운데 어느 누구도 다시 굴욕당하기 싫어서 문병 가기를 꺼릴 정도였다. 오늘날 중국어본과 티베트어본으로만 현존하는 이 경전은 중국에서는 매우 널리 유행하였고, 그 내용을 담은 장면들이 종종 불교 예술과 건축을 통하여 묘사되곤 했다. 탄트라 불교에서는 도덕률을 초월하고자 하는 경향이 발전하면서, 팔정도를 고수한다거나 하는 예전 형태의 정통 실천의 개념들이 의문시되기에 이르렀다. 마침내 선 불교에 이르러서는 경건하기는커녕 당혹스러운 품행의 사례들도 나타났다.

## 구원론적 체계: 두 가지 유형의 종교

우리가 불교를 연구하는 가운데 종교에 대해 알게 되는 것을 다음과 같이 요약할 수 있다. 기본적으로 개체화된 실존으로부터 자유로워지는 것을 추구하는 구원 체계인 종교는, 종교 연구에서 더 일반적인 범주들로는 이해하는 것이 어려울 수 있다. 물론 모든 종교 체계들은 신화나 의례 등과 더불어 구원론적 요소를 간직하고 있다. 그러나 대부분 구원은 사후의 상태로 간주되며, 그 외의 모든 요소들은 각 종교 체계를 전반적으로 떠받치는 기둥 역할을 한다. 하지만 불교는 지금 여기에서의 구원을 강조하는, "와서 그대 스스로 보라!"고 하는 종교이며, 불교의 다른 요소들은 이 포괄적인 목표를 지향하고 있다. 불교에 관하여 지금까지 말해 온 것의 대부분은 불교의 이러한 독특한 측면에 비추어서 이해되어야 한다.

구원론적 체계로서의 불교가 구원을 그 일부로만 여기는 종교 체계들과는 달리 죽기 이전의 구원을 우선한다는 사실을 일단 인정한다면, 우리는 언뜻 이상한 것으로 보이는 요소들을 새로운 시각으로 바라볼 수 있게 된다. 예컨대, 인도의 유명한 불교 황제 아소카(기원전 273-236년)는 그의 칙령 가운데 하나에서 선포하기를, "붓다께서 말씀하신 것은 어느 깃이니 더 좋은 말씀이다"라고 하였다. 불교가 중국에 도착하였을 때 이 말은 다음과 같이 확 바뀌어 이해되었다. "무엇이든 좋은 말씀은 붓다의 말씀이다." 간단히 말해서, 불교는 어떤 진술의 구원론적 가치가 그 원천에서 파생된다는 발생론적인 오류를 생생하게 반박하고 있다. 오히려 어떤 진술의 가치는 그 원천과는 상관없이, 그 진술이 깨달음을 달성하는 데 도움을 주느냐의 여부에 달려 있다.

마찬가지로 불교의 다양한 변모도 같은 맥락에서 바라볼 수 있다. 불교가 말하는 괴로움의 원인은 욕망이라는 것을 상기할 필요가 있겠다. 욕망이 존재하려면 다음과 같은 것들이 존재해야 한다. 곧 욕망하는 사람, 욕망의 대상이 되는 것, 그리고 이 양자 사이의 관계로서 집착이 존재해야 한다. 불교는 어느 경우에나 영원한 실체가 존재한다는 것을 부정함으로써 이러한 틀을 무너뜨리려고 한다. 욕망하는 사람은 실제로는 없다. 이 점을 한 단계 더 진전시켜서 이야기하면, 그 자체로 욕망의 대상이 될 가치가 있는 것은 실제로는 아무것도 없다. 탄트라 불교에서는 주체와 대상 간의 관계가 마술적이거나 환상적인 성격의 관계라는 점에 초점을 맞추어 그 관계를 해소시키고자 하는 반면에, 선 불교에서는 환상의 과정을 만들어 내는 함정 자체에 빠지기를 거부하고 그 싹부터 잘라 내고자 하는 것이다.

불교를 일단 구원론적 체계로 바라보면, 그와 연관된 다른 요소들의 종교성은 뚜렷해진다. 불교와 같은 구원론적 가르침은 그 지성적 내용을 외부자에게 설명할 때에는 '철학'이 되고, 하나의 국가나 사회에서 채택하게 될 때에는 '종교'가 되고, 그 구원론적 체계 자체에 궁극적으로 도움이 되는 여타의 역할들을 떠맡기도 하는 것이다.

여전히 당혹감이 남아 있을 수 있다. 사람이나 사물의 존재를 궁극적으로 부정하는 체계가 어떻게 존속할 수 있는가? 그러한 체계에서 구성해 내는 것은 자기 파괴적인 처방에 불과한 것이 아닌가? 그렇다고 할 수도 있지만 우리는 부정이 수단의 차원에서가 아니라 목적의 차원에서 그렇다는 것을 이해해야 한다.

간단한 사례 하나로 문제를 명료하게 할 수 있다. 한 대학의 야간 수업 교수가 강의실에 들어와서 자신에게 온 '친전(親展)'이라는 표시가 되어 있는 쪽지를 발견했는데, 쪽지에는 '오늘은 수업을 하지 마시오'라는 내용이 있다고 가정해 보자. 우선 이 메시지의 형식을 검토해 보고, 다음에는 내용을 검토해 보자. 교수는 한 장의 쪽지를 통해서 메시지를 받았다. 메시지가 쪽지와 동일한 것인가? 동일하다고는 할 수 없을 것이다. 왜냐하면 그 메시지는 구두로 전달될 수도 있었기 때문이다. 하지만 다시 한 번 의문을 제기해 보자. 교수가 그 순간 자신의 상황에서 한 장의 종이 이외의 수단을 통하여 그러한 메시지를 받을 수 있겠는가? 답은 '아니오'이다. 왜냐하면 근무 시간이 끝나서 사무실 사람들이 퇴근해 건물이 비어 있기 때문이다. 그 한 장의 종이는 그 메시지와 동일한 것은 아니지만 필수적인 것이고, 사실상 내용을 전달하는 데 유일한 수단이었다. 이러한 의미에서 불교는 종교 체계로서의 형식을 갖추었다고 할 수 있지만 그 형식이 유일한 형식이라고는 할 수 없고, 궁극적으로는 포기되어야 할 불가결한 형식이라고 하겠다.

이제 그 메시지의 내용에 주목해 보자. 그것 때문에 교수는 수업을 마친다. 이제 메시지의 내용은 이러한 실제적인 전개에 부합되었다고 말할 수 있는가? 그렇다. 수업은 파해졌다. 그러나 우리가 이미 언급했듯이,

그 형식은 내용과 동일하지 않았으며 단지 내용을 전달했을 뿐이다. '오늘은 수업을 하지 마시오'라고 쓰인 종이쪽지는 여전히, 그 교수가 학생들과 함께 강의실을 나서면서 교탁에 둔 채로 남아 있다. 왜냐하면 다음 시간에 수업을 하기로 되어 있는 교수도 그 쪽지를 읽고 수업을 마치도록 하기 위해서이다.

불교는 스스로를 제거하는(자기 소멸적인) 구원론을 계속해서 교대로 전달하는(지속하는) 종교 체계이다. 다시 말하자면, 시간의 복도를 따라 불·법·승 삼보의 공명실에서 계속해서 그 메시지는 메아리로 전달된다. 그리고 그 각각의 메아리 자체는 사라져 가지만 새로운 메아리가 울리는 구원론적 체계가 바로 불교인 것이다.

불교를 구원론적 체계로 기술한다고 해서 불교가 역사적 체계라는 사실을 부정하는 것은 아니다. 구원론적이라거나 역사적이라거나 하는 진술들이 다 실제로는 동일한 사실에 대한 선택적 진술이라는 점을 인식해야 한다. 불자들은 역동적 유기체로서 활동하면서 동시에 자아의 부재를 사실로 받아들이고 자아의 소멸을 추구한다. 불자들에게 적용되는 진리는 불교 자체에도 적용된다. 다음 글에서 아래와 같은 사실이 분명해질 수 있다.


역사의 시간 내내 불교는 유기체로서의 통일성을 가지고 있었고 각각의 새로운 발전은 이전 발전과의 연속선상에서 이루어졌다. 올챙이와 개구리만큼 서로 달라 보이는 것도 없지만, 그 둘은 동일한 동물의 단계일 뿐이고, 서로 연속적으로 전개된다. 불교의 변화 역량은 매우 대단한 것이어서, 긴 시간의 간격을 두고 결과적 산출물들만을 보는 이들은 번데기와 나비처럼 서로 다른 점에 놀

랄 것이다. 사실상 그것들은 많은 점진적 단계들로 연결되어 서로
서로 이어지는데, 오직 면밀한 연구만이 이를 감지해 낼 수 있을
것이다. 사실 불교에 혁신이란 없으며, 혁신처럼 보이는 것은 실상
기존의 생각을 미묘하게 변용한 것이다. 지속적인 교리상의 발전
과 그 가르침의 적절한 전달은 언제나 커다란 주의를 기울여 이루
어져 왔다.[7]

하지만 이 통일성은 바위와 같은 것이 아니라 강과 같다. 다시 말해 그
것은 단일체이기보다 연속체인 것이다. 불교가 전개된다고 하기보다는 전
개되는 것이 불교다. 강이 흐르는 것이 아니라 흐름 자체가 강인 것이다.
그리고 그 흐름은 강바닥이 없기 때문에 '비어 있는' 흐름이다. 따라서 체
계로서 불교의 연속성은 체계로서 불교의 목적, 곧 비어 있음과 범위가
같으니, 모든 불자들은 하나의 동일한 목적으로서 '자아의 소멸' 곧 개별
적 개체성의 스러짐을 추구해 왔다. 또한 그들의 가르침과 실천은 일반적
으로 평정, 초연, 타인에 대한 배려와 부드러움과 같이 쉽게 알 수 있는
영성적 덕목들을 촉진하는 경향을 지녀 왔다. 불경에서 법은 맛으로 비
유되곤 했다. 붓다의 말씀은 평화의 맛, 해방의 맛, 열반의 맛을 지닌 것
으로 정의된다. 물론 그 맛은 쉽게 묘사될 수 없으며, 실제로 스스로 맛
보기를 거부하는 사람들에게는 파악하기 어려운 특별한 맛이다.[8]

<hr>


7) Conze, *A Short History of Buddhism*, pp. xi~xii.
8) Conze, *A Short History of Buddhism*, p. xi.

# 현대 세계의 불교

## 불교의 지리적 분포와 인구 통계

1988년 자료에 따르면 세계 인구의 약 6퍼센트가 불자들이다. 불자들은 남아시아와 동아시아에 가장 밀집되어 있으며, 남미와 유럽과 북미와 러시아에도 좀 더 적은 수이기는 하지만 불자들이 있다. 그 수가 적긴 하지만 아프리카와 오세아니아에도 있다.

20세기 초의 상황은 아주 달랐다. 1900년에 대승 불교는 중국·티베트·한국·몽골, 그리고 어느 정도는 일본에서 주요 종교라고 이야기할 수 있었고, 동남아시아 대부분은 오늘날과 같이 테라바다 불교권에 속하였다. 즉, 주로 인도와 인도네시아를 제외하고는 거의 아시아 전역이 불교권이고, 불자들은 세계 인구의 30퍼센트 이상이었다.

20세기의 정치적 혼란은 불교에 우호적이지 않았다. 중국과 티베트와 몽골의 공산화는 불자들의 수를 현격하게 감소시켰다. 일본에서는 불교가 여전히 생명력 있는 세력으로 남아 있기는 하지만 신도(神道)의 부흥에 직면하고 있다. 한편 남한에서는 그리스도교에게 입지를 많이 내주어서 이제는 그리스도교가 주요 종교로 자리 잡았으며, 북한에서는 공산주의에 입지를 내주고 말았다.

다른 한편으로, 서양에서는 선 불교와 티베트 불교가 예상했던 것보다 훨씬 더 강력한 영향을 미치고 있다. 일부에서는 티베트 불교가 서양으로 전파된 것에 대하여, 8세기에 티베트 불교를 확립하는 데 큰 업적을 남긴 승려 파드마삼브하바(Padmasambhava)의 예언이 성취된 것으로 보기도 한다.

## 불교와 공산주의

중국에서 비교적 쉽게 공산주의가 불교를 대체한 것은 불교학자와 비교종교학자들에게 상당한 반성의 계기가 되었다. 불교와 공산주의 사이에는 상호 작용이 계속 있었는데, 티베트에서는 상당히 폭력적으로, 몽골에서는 비교적 부드럽게, 스리랑카에서는 간헐적으로 다음 두 가지 질문이 제기되었다. 불교는 전반적으로 공산주의와 어떠한 관계를 맺어야 하는가? 그리고 테라바다 불교와 대승 불교는 각각 공산주의와 어떠한 관계를 맺어야 하는가?

불교와 공산주의는 서로 모이는 지점과 차이 나는 지점들이 있는데, 일반적으로 차이가 더 큰 의미를 갖는다고 여겨진다. 서로 모이는 지점들은, 불교와 공산주의 모두 무신론적이며 물질과 마음의 관계의 본질에 대하여 동일하진 않아도 유사한 견해를 지닌다고 보기 때문이다. 공산주의는 과학적 유물론이라고도 하는데, 의식을 물질의 부수 현상으로 간주하기 때문이다. 불교는 특히 초기 불교에서, 마음과 물질의 상호 의존을 강조한다. 실제로 붓다는 사람의 정체성을 확인하는 데 마음과 물질 중에 선택해야 한다면 물질이 더 나은 선택이라고 말했다. 육체적 몸은 비교적 안정된 실체인 데 반해서 정신적 의식은 시시각각으로 변화하는 것이다.

　　재산, 특히 승가 소유의 재산에 대한 불자들의 생각 또한 공동체적이
고 공산주의적이라고까지 말할 수 있다. 차이는 태도와 범위에 있다. 마
오쩌둥(毛澤東)의 코민과 선 불교의 승가 공동체는 겉보기처럼 그렇게 다
른 것이 아니었다. 더 나아가 공산주의는 공동 소유 개념을 전 국가적 규
모로 확대 적용하고자 한다. 구소련의 공산주의 붕괴는 공동 소유에 대
한 대규모의 변화가 불교의 가치 체계를 넘어서는 가치관의 변화도 필연
적으로 수반하는지 여부의 문제를 제기하고 있는데, 이러한 변화는 불교
의 가치 체계를 넘어서는 것이다.

　　하지만 형이상학적이고 조직적인 유사성과 경제적 요소를 그 자체로
중시하는 태도에도 불구하고 두 체계는 인간의 본질과 운명에 관하여 견
해를 달리한다. 무조건적인 평등, 사후 존재에 대한 부정, 그리고 유물론
본위의 공산주의 사상은 사람들 사이의 기질적 차이, 업과 윤회 사상,
욕망을 제거하겠다는 목표를 강조하는 불교 사상과 충돌한다. 계급 간의
충돌에 대한 공산주의자들의 생각은 화해와 조화를 선호하는 보통의 불
자들과 잘 어울리지 않았다.

　　대승 불교가 있었음에도 공산주의가 중국 본토에서 성공했다는 사실
은 대승 불교가 공산주의에 특히 취약한 것이 아닌가 하는 의문을 불러
일으켰다. 재너(R. C. Zaehner)는 대승 불교에서 열반과 생사(生死)를 동일
시하는 인식이―이 주제에 대해서는 뒷부분, 공(空)을 다루는 글에서 '생
사와 열반의 일치'라는 제목으로 상세히 설명할 것이다―중국에서 열반
에 대하여 생사가 승리하도록, 다시 말해서 불교에 대해서 공산주의가 승
리하도록 길을 터주었다는 견해를 밝힌다.[9]

---

9) R. C. Zaehner, ed., *The Concise Encyclopedia of Living Faiths* (Boston: Beacon Press,
　1959), p. 416.

## 불교와 과학

유신론의 족쇄로부터 자유로워지던, 과학 지향적이고 세속 지향적인 서구인들은 불교를 무신론적인 종교로 발견하고, 불교를 현대 과학에 부합하는 합리적이고 과학적인 종교로 생각했다. 이 문제에 대해 불자들과 현대 과학 찬양자들이 다소 지나친 열정에 휩싸였다고 할 수도 있겠지만, 불교의 세계관이 세계의 주요 종교들 가운데에서 다른 어느 종교보다도 과학과 더 어울린다는 주장은 여전히 설득력 있어 보인다. 이러한 관점을 지지할 만한 근거는 다음과 같다.


　1. 실재에 대한 불자들의 태도는 도그마(dogma)적이지 않고 개방적이다.

　2. 불교는 우주에 대해서 초자연적 관점보다 자연적인 관점을 선호하는 경향이 있다.

　3. 붓다는 현대 과학과 유사하게 실험의 과정을 통하여 열반에 도달하였다.

　4. 시간, 공간, 그리고 물질 등에 관한 불교의 고유한 입장들이 상당수 현대 과학의 관점에서 확인되었거나, 적어도 과학적 입장과 부합하는 것으로 간주된다.


이것이 사실이 아닐지라도, 불교의 방편설은 불교의 비도그마적 성격과 함께 서구의 과학 문화를 수용할 충분한 여지가 있다. 이는 불교가 과거 중국이나 일본의 문화를 수용했었던 사례를 보더라도 충분히 가능하다.

하지만 불교를 구원론적 체계로 보면 과학과 관련하여 몇 가지 흥미로운 쟁점들이 제기된다. 여기에서는 역사적인 것과 철학적인 것을 하나씩 고찰해 보자. 현대 원자물리학에서 불교적 세계관의 '비어 있음(空)'으로 특징 지울 수 있는 세계를 발견했다고 전제해 보자. 그러나 두 세기 이상 과학적 진보기 있었음에도, 아마도 흄을 제외한다면, 이러한 사실이 불교의 주장과 같이 인간 본성 역시 '비어 있다'는 심리학적 발전을 가져오지는 않았다. 더욱이 불교의 경우, 사람의 본성이 비어 있다는 가르침이 철학적인 성숙을 이루고 나서 우주가 비어 있다는 가르침으로 이어진다. 서구의 과학은 바로 우주가 비어 있다는 데에서 시작한다. 왜 우주의 비어 있음을 발견하는 과정이 현대 과학에서는 인간의 비어 있음을 전제하는 데까지—불교와 비교하면 역으로—나아가지 못했는지 설명하려는 시도는 하나의 흥미로운 단서가 된다. 불교는 전체가 부분의 합보다 크지 않다고 하는 주장을 일관되게 개진해 왔다. 그러기에 인간을 구성하는 다양한 요소들의 합 너머에 어떤 영혼은 존재하지 않는다. 그러나 전체가 부분의 합보다 클 수 있다는 것은 현대 과학의 일관된 경험이다. 예컨대 수소와 산소라는 기체가 합쳐서 물을 만들어 내는 것과 같다. 물은 유동성(流動性)을 지니는데, 이러한 속성은 산소나 수소에는 없다.

불교의 관점이 현대 과학과 다른 점은, 역동적 '과정들'을 마치 정태적 '사물들'인 것처럼 이야기하는 언어의 경향성을 폭로시키는 데 초점을 두는 것으로도 나타난다. 예컨대, 우리는 '강이 흘러간다'고 말한다. 그러나 실제로는 '강'이 흘러가는 것이 아니라, 흘러가는 것이 강이다. '강이 흘러간다'고 말함으로써 우리는 물의 흐름을 강이라고 하는 고정된 '실체'로 탈바꿈시키는데, 고정된 실체로서 강은 존재하지 않는다. 따라서 흘러가는 것을 실제로는 존재하지도 않는 실체의 속성으로 만드는 오류가 가중된다.

# 불교의 다양한 형태들

## 불교의 교리적 형태들

### 테라바다 불교

불교는 기원전 6세기경 베다의 제사적 종교가 붕괴한 여파로 일어난 다양한 '신종교 운동' 가운데 하나였다. 독자들이 오늘날 이 글을 읽고 있는 것은, 기원전 3세기에 아소카 왕이 불교를 실질적인 국교로 채택했기 때문이다. 같은 시기의 무수한 다른 운동들은 역사 속에서 무시되었고 시간의 흐름에 따라 사라졌지만, 불교는 아소카 왕의 후원 아래 인도 종교사의 선두에 서게 된 것이다. 불교가 이 시기 이전에 정확히 어떠한 교리적 형태를 갖고 있었는가에 대해서는 학자들 간에도 일치된 견해가 없다. 하지만 아소카 왕의 아들 마힌다는 승려가 되어 당시 불교의 한 교파를 스리랑카로 전했다.

전승에 따르면 그는 누이와 함께 스리랑카에 갔는데, 누이는 붓다가 깨달음을 이룬 장소에서 나무 묘목 한 그루를 가지고 갔다. 그렇게 해서 초기 불교의 여러 산물 가운데 하나가 스리랑카에 이식되어 살아남았다. 오늘날 우리에게 가장 이른 시기의 교리적 형태를 지닌 불교가 친숙하게 살아남은 것은 이 같은 역사의 우연 덕택이다. 전승에 의하면 이 교파는 18개, 혹은 오늘날 역사가들에 따르면 30개에 가까운 초기 불교의 많은 교파들 가운데 유일하게 생존한 교파이다.

붓다는 자신이 태어난 지역, 곧 당시에는 마가다라고 불렸으며 오늘날에는 비하르(Bihar)라고 알려진 아르다마가디(Ardhamāgadhī)라는 지역 언어로 설법했을 가능성이 가장 높다. 하지만 바로 초기부터 붓다의 추종자들은 붓다의 가르침을 자기들의 언어로 기록하기 시작하였고, 그래서 다양한 교파가 자신들의 언어로 경전을 간직하게 되었다. 비교적 잘 알려지지 않은 교파인 법장부(法藏部, Dharmaguptaka)는, 오늘날 칸다하르(Kandahar)로 알려진 지역 주변에서 사용하던 언어인 간다리어(Gāndhārī)로 쓰인 경전을 간직하고 있었다. 법장부보다 인기가 있던 설일체유부(說一切有部, Sarvāstivādin)는 산스크리트어로 된 경전을 간직하고 있었다. 가장 널리 알려진 부파로 우리가 논의하게 될 테라바다 부파는 서인도의 웃자인(Ujjain) 주변에서 사용한 언어로 추정되는 팔리어 경전을 간직하고 있었다.

붓다의 가르침은 어떤 식으로든 열반과 연관되어 있었다. 붓다에게 성스러운 삶이란 '열반에 들어가기 위한, 열반으로 건너가기 위한, 열반을 성취하기 위한' 삶이었다. 곧 초기 불교의 가르침을 한마디로 요약한다면, 열반에 관한 가르침이다.

그런데 열반의 상태를 묘사해 달라는 요청을 받았을 때 붓다는 침묵으로 답했다. 왜냐하면 그것은 언어로 묘사할 수 없는 것이었기 때문이다. 하지만 열반이 언어의 범위를 넘어선다고 해도 경험의 범위를 넘어서는 것은 아니었다. 즉 경험은 묘사할 수 없는 것이었지만, 열반을 경험한 결과는 아주 뚜렷했다. 그것은 괴로움으로부터 자유로워지는 것이었다. 실로 우리는 붓다의 가르침을 두 마디, 괴로움과 그 괴로움의 종식에 대한 가르침이라고 요약할 수 있다. 이를 네 마디로 좀 더 상세하게 이야기할 수 있는데, 그것이 불교의 기본적 가르침인 사성제를 이루게 된다. 간략히 이야기하면 다음과 같다.

1. 괴로움이 있음(苦蹄, dukkha)
2. 괴로움이 일어남(集蹄, samudaya)
3. 괴로움이 그침(滅蹄, nirodha)
4. 그러한 그침으로 나아가는 길(道蹄, mārga)

말룬키야풋타(Māluṅkyaputta)라는 제자와의 유명한 문답을 보면 붓다가 우주의 크기나 기원 등에 관한 형이상학적 질문들을 집요하게 받았음을 알 수 있다. 붓다는 그러한 질문에 대답하기를 거절하였다. 그러한 의문들이 열반으로 인도하지 못한다고 보았기 때문이다. 한번은 붓다가 나무에서 한 줌의 나뭇잎을 집어내고서 자신이 제자들에게 가르친 것은 나뭇잎 한 줌에 비유되고, 입 밖에 내지 않은 것은 나뭇잎 전체에 비유된다고 말하였다. 그러고 나서 그는 다음과 같이 설명한다. "나는 내가 알게 된 것 가운데 일부만을 이야기해 왔다. 왜냐하면 유익하지 않거나 열반으로 인도하지 않는 것은 이야기할 필요가 없었기 때문이다."

다시 사성제로 돌아가 보자. 테라바다 불교가 궁극적으로 취하게 된 교리적 형태는 다음과 같은 모습을 띠게 되었다. 붓다의 재가 제자가 되는 사람은 삼귀의를 하고 도덕적 품행에 관한 다섯 가지 계율, 곧 살생, 거짓말, 도둑질, 부정한 성행위, 그리고 취하는 음료를 금하는 계율을 받는다. 재가 제자는 이러한 계율을 지키고 승가 공동체가 필요로 하는 것을 보장해 줌으로써 종교적인 공덕을 쌓는다. 그렇게 하면 좀 더 나은 내세가 보장된다. 하지만 윤회의 사슬을 영구히 끊어 버리고 열반의 자유를 누리고 싶다면, 승려가 되는 것이 최선의 길이다.

승려 생활은 직업인으로 가정을 꾸려 나가는 데서 만나는 여러 가지 장애로부터 자유롭기에 일편단심으로 열반을 추구할 수 있기 때문이다. 현대적인 용어로 말하자면, 파트타임으로 공부하는 것과 풀타임으로 공부하는 것의 차이에 해당한다. 출가하여 사미가 되면 앞에 언급한 것들에 더해 다섯 가지 계율을 받게 되는데, 여기에는 정오를 넘어서 식사하는 행위, 세속적인 오락, 향수 사용, 사치스러운 침대에서 자는 행위, 그리고 돈을 받는 행위 등을 금하는 것이 포함된다. 정식 승려, 곧 비구가 되면 바라제목차(波羅提木叉)라고 하는 수도 공동체 규율 227조를 받아들여야 하고, 보름마다 열리는 모임에서 규율을 암송하면서 자신이 범한 조목이 있다면 그것을 고백해야 한다. 승려의 소유물은 최소한의 물건─세 벌의 옷·허리띠 하나·발우·면도날·바늘·물 여과기─으로 한정되고, 승가의 소유물은 공동체의 소유다.

영성적 측면에서는, 비구든 비구니든 시간과 에너지를 각자 재량껏 사용하면서, 정념(正念)과 정정(正定)에 이르기까지 팔정도를 따라 속히 나아갈 수 있다. 불교 경전은 그 내용을 상세히 설명하는데, 정정(正定)은 바른 선정 곧 명상으로서 몇 가지 단계로 이루어지며 여기에는 넷 혹은 다섯 혹은 아홉 단계의 세 가지 구도가 있다. 아홉 단계의 구도에서, 붓다의 독특한 기여는 그 아홉 번째 단계에 있다. 당시 다른 사람들도 여덟 번째 단계까지는 경험하고 있었다. 의식이 '완전히 비어 있는' 것은 상수멸정(想受滅定)이라고 불리는 마지막 단계에서다. 이러한 명상의 경지는 매우 심오하다. 한번은 폭풍이 몰아쳐 붓다의 주변이 상당히 손상됐다. 그런데도 붓다는 전혀 의식하지 않고 태연하게 걸어갔다고 한다.

열반에 대한 접근은 예류(預流, 흐름에 들어감), 일래(一來, 한 번 돌아옴), 불환(不還, 돌아오지 않음), 아라한(阿羅漢, 열반을 성취함)이라고 하는 점진적인 네 단계의 성화(聖化)로 이루어진다. 예류는 궁극적으로 열반에 들어가는 흐름에 들어서는 단계로 일곱 번의 생애를 넘지 않고 열반에 든다. 일래에 이르면 열반에 들기 전에 한 번 더 인간으로 태어난다. 불환에 이르면 인간으로는 더 이상 태어나지 않고 천상의 영역에서 태어나 열반을 이룬다. 아라한은 '성취해야 할 것은 다 성취한 자'이다. 아라한은 결코 다시 태어나지 않으며 그가 죽은 뒤에 어떻게 될지에 대해서는 전혀 설명할 수 없다. 아라한은 이제 '바다와 같이 무한하고 측량할 수 없기' 때문이다.

하지만 붓다 입멸 후 100년 뒤에 바이샬리에서 거행된 제2차 결집에서는 이러한 교리 형태의 불교가 모범적인가 하는 의문이 제기되었다. 제1차 결집은 붓다의 입멸 뒤 라자그리하에서 거행되었다. 거기에서 우팔리는 붓다가 제정한 계율들을 기억한 대로 암송하였고, 아난다는 설법을 암송하였다. 이러한 암송들이 근본 경전을 이루어, 계속해서 구두로 전승되었다. 제2차 결집에서는 분열이 일어났는데 여기에는 몇 가지 가설이 존재한다. 이 가설들을 종합해 보면, 교리적이고 계율적인 논란이 있었던 것 같다. 분리해 나간 부파는 대중부(大衆部)라고 알려져 있다. 명칭으로 볼 때 이 부파는 더 폭넓은 공감을 받았던 무리로 재가자들과 더욱 친밀한 접촉을 했다고 보이며, 다소 구속력이 강한 수도 공동체를 지향하는 테라바다 부파와는 대조되었던 것으로 추정한다. 또한 대중부는 붓다를 초인적 존재로 묘사하는 경향이 있었고 기원전 1세기에 대승 불교가 등장하는 배경이 되었을 것이다.

### 대승 불교

대승 불교는 그 이름이 보여 주듯 자의식적인 운동이었다. 무슬림들이

초기 그리스도인들보다 훨씬 독특한 공동체로서의 자의식과 함께 발전했
듯이, 대승 불교는 초기 불교 운동보다 더 강한 자의식을 바탕으로 이전
의 교파들과 뚜렷이 구분되는 운동으로서 발전했다. 그들은 의식적으로
스스로를 대승(大乘) 곧 큰 수레라고 했으며, 이전의 불교 형태를 소승(小
乘) 곧 작은 수레 혹은 열등한 수레라고 대조적으로 폄하했다. 그렇다면
이들이 스스로 크다고 주장하는 근거는 무엇인가? 4세기의 불교철학자
아상가(Asaṅga)는 대승의 우월성을 확립하는 데, 다음과 같은 점들을 언
급했다.

1. 한 붓다가 아니라 모든 붓다의 가르침을 받아들인다.
2. 모든 중생의 구제를 지향한다.
3. 개인의 공(空)함만이 아니라 제법(諸法)의 공함을 가르친다.
4. 붓다만이 아니라 온갖 보살들의 활동에 구제의 힘이 있는 것
으로 간주한다.
5. 아라한이 아니라 붓다의 이상을 지지한다.

하지만 붓다가 되기 위해서는 우선 붓다가 되기로 서원을 세운 중생,
곧 보살이 되어야 했다. 테라바다 불교에서 성화의 최종 단계는 아라한이
었는데, 대승 불교에서는 보살의 이상으로 대체된 것이다. 그렇다면 보살
이란 어떤 존재인가?

불교에서는 언제나 원칙상 붓다가 될 가능성이 모든 중생에게 있지만
그러한 성취는 매우 어려운 것이기에 한 번의 생애를 통해서는 이루어질
수 없다고 생각해 왔다. 불교의 창시자 고타마 붓다는 까마득한 전생에
'붓다가 되겠다'는 서원을 세우고, 그 서원을 성취하기에 필요한 도덕적·

정신적 방편들을 완성하고자 여러 생을 보냈다. 그가 붓다가 된 것은 광대한 우주의 여러 은하에 머무는 것을 포함하는, 실로 무한한 시간에 가까운 여러 겁 동안의 노력으로 이루어진 일이었다. 붓다가 되고자 서원을 세운 때와 붓다를 성취한 때 사이에, 그 시간이 아무리 광대하다고 하더라도, 그는 보살 곧 붓다가 되기로 약정한 자라고 지칭된다. 보살이란 '깨달음을 성취하는 것에 마음의 초점이 놓인 자'라는 뜻이다.

여기에 함축된 교리적 의미를 온전히 이해하려면 다음과 같은 두 가지 질문을 할 필요가 있다. 아라한과 붓다의 차이는 무엇인가? 아라한과 보살의 차이는 무엇인가?

붓다는 남의 도움을 받지 않고 자기 자신의 노력으로 깨달음을 성취한 반면, 아라한은 붓다의 지도를 받아 깨달음을 얻었다. 이 점은 주의 깊게 이해할 필요가 있다. 초기 불교는 다음과 같은 문장들로 가득 차 있다. "각자는 스스로가 자기 자신의 피난처다. 다른 누가 피난처가 될 수 있겠는가?" 붓다가 임종 시 제자들에게 한 이 권고는 두 가지로 해석되어 전해진다. '그대들 스스로의 섬이 되시오.' 혹은 '그대들 스스로의 등불이 되시오.' 말의 뜻대로라면 아라한도 붓다와 마찬가지로 자신의 노력으로 성취되는 존재가 아닌가? 그렇다고 할 수도 있겠지만 아라한에게는 붓다의 혜택, 다시 말해서 붓다의 가르침이라는 안내가 필요하다. 붓다는 아무런 도움 없이 전적으로 스스로의 노력으로 깨달음을 성취했다. 붓다는 깨달음을 성취한 뒤 처음으로 만난 방랑자 우파카(Upaka)에게 "나는 스승이 없습니다"라고 선언하였다. (묘하게도 붓다가 이어서 자신이 깨달았다고 주장했을 때 우파카는 단지 "그럴지도 모르지요"라고 말하고 제 갈 길을 가버렸다!) 팔리어 경전에서 아라한들은 자력으로 깨달은 붓다와 구별하여, 붓다의 깨달음을 따라 깨달은 자라고 일컫는다.

하지만, 보살이 깨닫기 위하여 노력하는 중이라면, 아라한은 깨달음을 성취한 자라는 면에서 보살보다 한 등급 위가 아닌가? 대승 불교에서는 어떻게 보살의 이상이 아라한의 이상보다 더 낮다고 주장할 수 있는가?

해답의 열쇠는 아라한이 단지 자기 자신의 깨달음만을 염두에 두는 반면에 보살은 자기 자신만을 위해서가 아니라 모든 중생을 위해서 깨달음을 성취하고자 한다는 데 있다. 보살의 열망이 지닌 보편성은 아라한의 다소 개인적인 열망과 대조된다. 이 점은 거듭 주의 깊게 이해할 필요가 있다. 아라한 역시 자신의 열반 후 교화 활동을 통하여 보살처럼 다른 많은 중생들을 열반으로 인도할 수 있다. 이 둘 사이의 결정적 차이는 깨달음을 얻겠다는 애초의 결심 배후에 깔려 있는 의도에 있다. 의도를 업 개념과 밀접하게 연결시키고 있는 불교에서 이 점은 특히 의미심장하다. 이와 관련하여 붓다의 다음과 같은 말씀이 종종 인용된다. "비구들이여, 내가 업이라고 부르는 것은 의도(cetanā)이다. 사람들은 의도한 뒤에 몸과 말과 마음으로 행위를 한다."

전형적인 묘사에 따르면 보살은 열반의 문턱에서 열반에 들기를 미루는 존재다. 마침내 열반에 들면 다른 중생들에게 아무런 소용이 없게 되는 이유는, 열반의 세계에서는 개체성이 사라지기 때문이라고 한다. 하지만 보살은 자비심이 지극하여 다른 사람들을 열반에 들게 하려고 자신의 열반을 미루기까지 하는 존재이다. 이는 마치 한 학생 그룹의 리더가 잃어버린 건물을 찾고서, 자기가 보호하는 모든 학생들이 거기에서 안전한 피난처를 마련하는 것을 확인할 때까지 들어가지 않고서, 다른 학생들이 먼저 들어가도록 하는 것과 같다. 하지만 이 시점에서 다음과 같은 복잡한 문제가 제기된다. 아직 완전히 깨닫지 못한 이가 어떻게 다른 사람들을 깨달음으로 인도할 수 있는가?

이 문제는 몇 가지 방식으로 접근할 수 있다. 우선 보살은 이미 도달한 것과 마찬가지라는 주장이다. 여기에서 또한 보살의 세 가지 이상, 곧 왕으로서의 보살, 조타수(操舵手)로서의 보살, 목자로서의 보살이라는 생각이 발전한다. 왕은 우선 즉위를 하면 백성들의 복지를 돌본다. 이 이상에 따르면 보살은 먼저 자신의 깨달음을 성취하고 나서 다른 사람들을 깨달음으로 인도한다. 조타수는 승객들과 함께 배에서 내린다. 이러한 유형의 보살은 추종자들과 동시에 깨달음을 성취한다. 목자는 먼저 양떼를 우리 안으로 몰고 나서 문을 잠그고 우리 안으로 들어간다. 이러한 보살은 자기가 보살피는 사람들이 성불하는 것을 확인한 다음에 스스로도 성불한다.

하지만 궁극적으로 이러한 문제들은 붓다라는 개념 자체를 바꾸었고, 곧 붓다는 절대자와 동일시되었다. 영원한 붓다는 언제 어디서나 우주의 모든 존재 안에서 불성(佛性)으로 편재한다. 이러한 의미에서 붓다는 공(空)과 동일시되는데, 이제 이 교설을 분석해 보자.

공을 파악하기 위해서는 괴로움이 일어나는 것에 대한 불자들의 관점을 바르게 이해하는 것이 필요하다. 불교에 따르면, 욕망은 요소들의 상관관계의 한 부분이다. 그 관계는 연기(緣起), 곧 상호 의존적인 일어남이라고 기술된다. 연기는 다음과 같이 정형화된 표현과 더불어 설명한다. "이것이 있을 때에 저것이 있고, 이것이 일어날 때 저것이 일어나고, 이것이 없을 때 저것이 없으며, 이것이 스러질 때 저것이 스러진다."

이러한 개념을 한 인간에 적용하면, 그의 모든 구성 요소들—몸·감각·생각·의지·의식의 작용—은 흐름의 상태에 있다. 그 사람이나 다른 어떤 사람에 대해서나, "원인과 결과의 연쇄 속에서 하나의 사태는 사라져 가면서 다른 사태의 등장을 조건 지운다. 그 안에 불변하는 실체란 없다. 그 배후에도 영원한 자아(Ātman)라고 일컬을 수 있는 어떤 것, 개체적 실재, 혹은 실제로 '나'라고 불릴 수 있는 어느 것도 존재하지 않는다. 누구든 물질이나 감각이나 생각이나 심리적 활동의 어느 것, 혹은 의식 이나 그 어느 것도 실제로 '나'라고 불릴 수는 없다는 데 동의할 것이다. 물론 이 다섯 가지 신체 심리적 요소들이 상호 의존하면서 일종의 신체 심리학적 기계로서 함께 결합하여 동작할 때에, 우리는 '나'라는 생각을 하게 된다. 그러나 이것은 거짓된 생각일 뿐이다……."[10]

이처럼 개체로서의 인간을 연기라는 현미경 아래 놓을 때, 우리는 인간이라는 존재를 비어 있는 것으로 볼 수 있다. 초기 불교 또한 객관적 우주를 무상(無常)하여 불변하는 실체가 없는, 괴로움을 특징으로 하는 것으로 보았고, 붓다가 나타나건 나타나지 않건 이것이 진리라고 선포하였다. 초기 불교는 또한 개별적 인격체만이 아니라 객관적 우주의 작동 역시 연기로 특징지을 수 있다고 보았다. 하지만 초기 불교에서는 개별적 인간의 비어 있음은 이야기하였지만, 우주에 대해서는 그렇게 이야기하지 않았다. 여기에서 의문이 일어난다. 우주와 마찬가지인 개별적 인간이 무상하고 실체가 없으며 괴로움뿐이고 연기에 의하여 특징지어지고 또한 비어 있는 것이라면, 객관적 우주도 마찬가지로 이러한 특징들을 갖고 있는데, 왜 우주 역시 '비어 있는' 것이 아닌가?

이러한 질문에 대한 초기 불자들의 답변은 비어 있지 않다는 것이었다. 왜냐하면 법(法)에 대한 개념이 달랐기 때문이다. 이 맥락에서 법은 도덕성이나 가르침을 뜻하지 않는다. 여기에서 법은 특수하고 전문적인 의미로 사용되고 있다. 초기 불자들의 생각에, 존재하는 세계는 물질적인 것이든 영적인 것이든 일차적인 실체로 이루어져 있는 것이 아니라 '일련의 요소'들, 곧 제법(諸法)으로 구성되어 있는 것이었다. 실제로 존재

---

10) Rahula, *What the Buddha Taught*, p. 26.

하는 것은 '사물들이 아니라 사물들의 요소들'이었다. 존재하는 것의 정확한 본질은 논란거리였지만, 그 제법은 '실재의 섬광들'이라고 묘사될 수 있을지 모르겠다.

대승 불교에서는 이 문제를 면밀히 검토하면 제법도, 연기에 의하여 특징지어지고 언제나 앞의 것이 뒤의 것을 무한히 조건 지우는 흐름 속에 있는 한, 개별적 인간과 마찬가지로 비어 있다는 입장을 취하였다. 곧 개별적 인간과 세계 양자가 모두 비어 있는 것이었다. 2세기에 용수(龍樹, Nāgārjuna, 나가르주나)는 이 문제를 명료하게 체계화하였다. 그의 공 사상은 이후 불교 발전에 중심적인 역할을 하였다. 이 글에서는 뒤에 '공'이라는 제목 아래 상세히 설명하겠다.

이와 같은 문제들은 대승 불교 내에서 철학적인 논쟁들을 불러일으켰으며, 공 사상은 또한 불교사에서 세 번째의 주요한 교리적 발전을 위한 분위기를 조성하였다.

## 탄트라

이러한 발전을 제대로 이해하려면 공이라는 개념이 실재의 본질에 관하여 던지는 함의가 무엇인지를 숙고할 필요가 있다. 공 사상은 우리의 상식적인 실재관을 철저하게 전복시킨다. 그런데 이러한 전복은 새로운 대안을 창출할 여지를 제공한다. 그리고 그러한 역할을 하는 것이 탄트라이다. 면밀히 관찰하여서 이른바 객관적인 세계가 비어 있고, 꿈이나 공상과 같은 나의 주관적인 세계도 아무런 실재성 없이 비어 있다는 것이 드러난다면, 새로운 차원에서 삶의 가능성이 열리게 된다.

이제 나는 동등한 타당성을 가지고 객관적인 세계와 주관적인 세계 사이에서 선택해서 살 수 있다. 왜냐하면 둘 다 궁극적으로는 비어 있고 환상과 같기 때문이다. 그리고 나는 나의 주관적인 세계 속에서 살기를 선호할 수 있다. 왜냐하면 그 세계가 나의 세속적인 바람에 따라서 더 쉽게 통제할 수 있기 때문이고, 또는 나의 영적인 목표를 성취하는 데 그 세계를 더 효과적으로 통제할 수 있기 때문이다. 이러한 형태의 불교에서 이상적인 유형은 더 이상 아라한이나 보살이 아닌 싯다(Siddha, 성취자), 즉 이러한 통제의 기술에 대한 전문가이다.

궁극적으로 탄트라의 핵심은 주관적인 세계를 구원론적으로 통제하는 것이다. 많은 탄트라 수행이 비의(秘儀)적이며, 수도 생활의 영위가 '객관적인' 세계로부터의 물러남을 포함한다는 사실에 유념한다면, 탄트라 현상도 덜 당혹스럽게 보이기 시작할 것이다. 이러한 수행들 가운데 어떤 것들, 특히 상징적이든 의례적이든 성적 요소를 포함하는 수행들은 타락한 것으로 비판받기도 했다. 하지만 탄트라를 테라바다 불교 및 대승 불교와 교리상 논리적인 연장선에서 발전해 나온 결과로 생각한다면 우리는 그것을 새로운 시각에서 바라볼 수 있게 될 것이다.


무상한 것을 영원한 것으로 상정하는 것은 명백한 오류이기에, 무상한 것은 무상한 것으로 간주하는 것이 옳다고 믿는 것이 마땅할 수 있다. 테라바다 불교에서는 실제로 이러한 추론을 유도했다. 하지만 대승 불교는 공이나 자성(自性)이 비어 있는 제법에 대하여 또는 자성이 생성된 적이 없는 제법에 대하여 무상함이나 괴로움이나 기타의 속성을 부여하는 것은 명백한 오류라고 주장한다. 영원하다거나 무상하다거나 하는 것은 곡해만을 낳는 잘못된 개념일 뿐이다. '곡해된 견해가 아닌 것이 없는데, 무엇에 대하여 곡해가 있을 수 있는 것인가?' 여기에서 함의하는 것은, 상관적인 술어는 서로 관련된 한에서만 의미를 지니며, 어느 한쪽이든 그 자체만으로는 존립할 수도 없으며 상정될 수도 없다는 것이다. 다시 말해서, 오직 곡해만이 있는 우주에서는 적어도 증언되는 사실에서는 곡해라는 것이 전혀 있을 수 없다.[11]

우리에게 전해지고 있는 대승 불교 이전 시기 가장 초기의 불교는 테라바다 불교이다. 테라바다 불교는 세 단계의 변화를 겪었던 것으로 추정된다. 첫 단계에 테라바다 불교는 여러 부파 중에 하나였다. 두 번째 단계에서 테라바다 불교는 남아시아로 이식되어 뿌리를 내렸다. 세 번째 단계에는 중세 시대를 거치면서 공고화되었다.

이와 유사하게 대승 불교에 대해서도 세 단계가 확인된다. 첫 단계에는 인도에서 원시 대승 불교의 발전이 있었다. 두 번째 단계는 인도에서의 발전이 성숙기에 이른 시기로서 이때 바수반두(Vasubandhu)의 개종은 극적이었다. 바수반두는 대승 이전 단계에서 지금까지도 존중을 받는 저서인 『아비달마구사론(阿毘達磨俱舍論, Abhidharma Kośa)』을 저술하고 나서 4세기에 형 아상가를 따라 대승으로 개종하였다. 세 번째 단계에는 대승 불교 사상이 인도 밖으로 확산되었다.

탄트라의 교리적 발전도 이와 유사하게 세 단계로 기술하는 것이 가능하다. 첫 단계는 진언승(眞言乘, Mantrayāna)에 의하여 대변되는데, 이는 기본적으로 주술적 요소가 불교 전통에 수용되는 것을 대변한다. 두 번째는 금강승(金剛乘, Vajrayāna)인데, 이때 주술적 자료들이 불교적 범주의 맥락에서 체계화되었으며 주술적 절차들은 '몸과 언어와 마음의 각각의 활

---

11) Edward Conze, *Buddhist Thought in India; Three Phases of Buddhist Philosophy* (Ann Arbor: University of Michigan Press, 1967), p. 206.

동을 해탈의 길에 도움을 주는 것으로 활용하는 생활의 기술'로 정교화되었다. 세 번째 단계는 구생승(俱生乘, Sahajayāna)인데, 이 시기 앞에서의 온갖 장치들은 딜긱되있고 영직인 초자연주의는 소박하면서도 구원직인 지연주의에 길을 내주게 되었다. 여기에서 선(禪) 불교까지는 한걸음에 불과하다.

## 선 불교

네 번째의 주요한 교리적 구성은 선 불교인데, 선 불교 또한 세 단계를 거친 것으로 여겨진다. 그 첫 단계는 인도에서의 발전이고, 두 번째 단계는 중국에서의 발전이며, 세 번째 단계는 일본에서의 발전이다. 앞서 봤듯이, 인간의 공성(空性)에 대한 원칙이 일단 도입되자 그러한 불교의 내적 논리는 우주로, 우주의 통제로, 그리고 나서는 그러한 통제 자체를 공(空)하다고 하며 포기하는 데까지 나아갔다. 실제로 아무것도 없다면, 필요한 것은 이러한 순전한 단순성 그 자체를 경험적으로 인정하는 일뿐이다. 상황의 이러한 순전한 단순성은 그 직접성을 시사함과 동시에 깨달음이 한순간에 올 수 있다는 추론을 수반하게 된다.

깨달음이 이처럼 즉각적일 수 있다는 사상은 불교 전통에서 바로 형성된 것은 아니지만, 그러한 깨달음의 사례들은 일찍이 팔리어 경전인『장로게(長老偈)』등에도 여기저기 보인다. 그러한 사상이 정당한 인정을 받게 된 것은 선 불교 사람들에 의해서였다. 마음이 깨달음의 주요 장애물이고 그 마음의 핵심이 합리성이라는 것을 파악하게 된 그들은 예컨대 마음을 마비시키는 수수께끼와 같은 화두라는 형태로 그 마음에 지속적인 곤란을 주어 당혹스럽게 하고자 했다. 그들은 이러한 방식으로 합리성을 붕괴시킴으로써 깨달음이라는 난제를 차근차근 풀어 나가는 것이 아니라 일도양단의 방식으로 해결할 수 있게 되었다. 선 불교가 다음과 같은 말로 정리되는 것은 그다지 놀라운 일이 아니다.

교외별전(敎外別傳) - 교설 밖에서 별도로 깨달음을 전한다.
불립문자(不立文字) - 문자로 된 글을 권위로 내세우지 않는다.
직지인심(直指人心) - 사람의 마음을 바로 가리킨다.
견성성불(見性成佛) - 자신의 본성을 보아 붓다가 된다.


## 불교의 경전적 형태들

앞에서 논의된 교설들은 그것을 담고 있는 문헌들에서 파생된 것이다. 그 문헌들은 방대하다. "착각하지 마라, 그 분량은 엄청나다. 『반야경』 계통 경전들의 중국어 번역 모음집만 하더라도 가장 최근의 일본 다이쇼(大正)판 불교 대장경은 네 권의 분량인데, 각각의 책이 대략 『브리태니커 백과사전』 한 권 크기이며 분량은 대개 1,000쪽에 달한다. 『법화경』의 영어 번역은 인쇄본으로 250쪽에 달한다. 『화엄경』의 원본인 산스크리트 판본은 네 행으로 쓰여진 절 10만 개로 이루어졌다고 한다. 그 원본의 축약형인 중국어 판본 하나는 80개의 장으로 이루어져 있으며, 다이쇼 판본은 450쪽 정도이다."[12]

불교의 종교 문헌은 힌두교와 마찬가지로 방대하다. 하지만 힌두교가 이슬람과 마찬가지로 성스러운 언어라는 개념을 중시하는ㅡ힌두교는 종교적 담론에서 다양한 언어가 사용되기도 하지만 산스크리트가 성스러운

---

12) Kenneth K. S. Ch'en, *Buddhism: The Light of Asia* (Woodbury, NY: Barron's Educational Series, 1968), p. 234.

언어이다—데 반해, 불교는 애초부터 한 언어와의 독점적이거나 우선적인 관련성을 피하였다. 그 정확한 의미는 아직도 논란 중이기는 하지만, 한 유명한 대화에서 붓다는 승려들이 그의 가르침을 승려들 자신의 언어로 보존하는 것을 허락했다고 한다. 따라서 힌두교가 다언어적(multilingual)이라면, 불교는 다국어적(polyglot)이다.

언어에 대해서는 그리스도교와의 비교가 더 낫다. 그리스도교와 불교 모두 그 중심부에는 하나의 이야기가 있고 그 이야기는 어느 언어로나 전해질 수 있기 때문이다. 그리스도교의 경우 이야기는 한 사람의 거룩한 수난이며, 불교의 경우는 한 사람의 깨달음이다. 둘 다 언어 그 자체는, 예컨대 힌두교나 이슬람에서처럼 중요한 것이 아니다. 무엇보다 중요한 것은 어느 언어로 전해지든 구원에 관한 이야기인 것이다. 하지만 여기에서도 차이는 있다. "비록 극히 다의적이지만 작아서 가지고 다닐 수 있으며 모든 신자들에 의하여 공인되고 확정된 복음서가 있는 그리스도인들과 달리 불자들은 그런 것이 없다. 결과적으로 불자들은 경전의 진위를 판단하는 기준을 찾는 데 상당한 어려움과 당혹스러움을 겪게 되었다."[13]

## 삼장(三藏)

초기 불교는 역사의 우호적인 전개 덕택에 위와 같은 당혹스러움에서 벗어나게 된다. 앞에서 언급한 대로 대승 이전의 불교에는 여러 개의 서로 구별되는 부파가 있었다. 이 부파들은 각자 고유한 경전을 자기들의 언어로 간직하고 있었다고 알려진다. 하지만 유일하게 온전히 현존하는 것은 팔리어로 된 테라바다 부파의 경전이다. 이 경전은 삼장(三藏, Tripiṭaka, 세 바구니)이라고 불린다. '삼장'이라는 명칭은 스리랑카의 밧타가

---

13) Conze, *Buddhist Thought in India*, p. 30.

마니(Vaṭṭagāmaṇī, 기원전 89~77년 재위) 왕 시대에 경전이 문자화되면서 내용을 야자수 잎에 적어서 바구니에 저장했던 데서 비롯되었다는 주장도 있다. 하지만 팔리어 경전에 바라문교의 전승과 관련하여 '경전의 권위(piṭakasampadā)'라는 말이 나타나고 있다. 리스 데이비스(T. W. Rhys Davids)는 일찍이 원래 바구니라는 뜻의 '피타카(piṭaka)'는 저장의 의미보다 건축 자재가 인부들의 작업 순서에 따라 전달되는 것을 지칭하는 말이었다고 주장하였고, 이 주장이 오늘날 지지를 얻고 있다.

경전의 핵심은 제1차 결집에서 우팔리와 아난다가 각각 계율(Vinaya)과 설법(Sutta)을 암송한 것으로 거슬러 올라간다고 한다. 그 결집에서 500명의 아라한이 그것을 승인하였는데, 다만 푸라나(Purāṇa)만이 붓다의 말씀을 자기가 회상하는 대로 기억하기를 고집하였다고 한다. 경전은 점차로 양이 증가하여 붓다의 입멸 후 수세기가 흘러 문자화되었을 때에는 이미 엄청난 양이 되었다. 곧 알게 되겠지만, 이 경전은 대승 불교의 경전과는 대조적으로 상당히 잘 조직되어 있다. 지금은 흩어지고 사라진 다른 사료들이 원래 운동이 지니고 있었던 당혹스러울 정도의 역동성을 더욱 충실하게 보존했을 가능성이 있다. 반면에 팔리어 경전은 무엇을 생략해야 하는지 식별하는 재주가 있었던 편집자들이 자료를 체계적으로 편집한 결과로 여겨진다.

이 삼장은 바구니(piṭaka)라고 불리는 세 부분으로 구성되는데, 각각 율장(律藏, Vinaya Piṭaka), 경장(經藏, Sutta Piṭaka), 논장(論藏, Abhidhamma Piṭaka)으로 지칭된다.

율장은 승가 공동체의 계율 227개 조목을 다루고 있으며, 비구니에게는 추가적인 조목들을 제시한다. 또한 계율들이 선포된 정확한 상황을 상세히 이야기하고 있어서, 그 과정이 구체적인 상황에 따른 것이었음을 알려 준다. 예컨대, 어떤 계율은 비구니가 비구의 요청을 받으면 자신의 발우에 담긴 내용물을 보여 주어야 한다고 규정하고 있다. 이 규정은 한 비구니가 유산된 태아를 발우에 숨겨서 집 밖으로 몰래 갖고 나가려던 행동에서 유래한다. 물론 몇몇 학자들에 따르면 적어도 이러한 설명 가운데 일부는 기존의 규정에 대한 사후의 합리화를 나타낸다고 할 수도 있다.

경장은 셋 중에서 가장 방대하며, 다섯 개의 부(部, Nikāya)로 세분된다. 장부(長部, Dīgha-Nikāya, 긴 설법들의 모음), 중부(中部, Majjhima-Nikāya, 중간 길이 설법들의 모음), 상응부(相應部, Saṃyutta-Nikāya, 연관된 말씀들의 모음), 증일부(增一部, Aṅguttara-Nikāya, 2개의 항목에서 11개의 항목에 이르기까지 분류된 가르침의 모음), 그리고 소부(小部, Khuddaka-Nikāya, 비교적 짧은 가르침의 모음)로 구성되어 있다.

묘하게도 이 가운데 비교적 더 중요한 부분을 담고 있는 것은 소부(小部)이다. 단지 다섯 개 정도만 언급해 보자면, 붓다의 전생 이야기 547개를 담은 『본생담(本生譚, Jātaka)』, 사실상 불자들의 복음서인 『법구경(法句經, Dhammapada)』, 장로 비구의 시를 담은 『장로게(長老偈, Theragāthā)』와 장로 비구니의 시를 담은 『장로니게(長老尼偈, Therīgāthā)』, 붓다의 대화를 모은 『숫타니파타(Sutta-Nipāta)』를 들 수 있다. 언어학적 견지에서 볼 때 『숫타니파타』는 가장 오래된 경전 층을 나타낸다. 여기에는 다음의 시에서 알 수 있듯이, 이미 불교적인 평등주의가 힌두교의 위계적 사고와 대조되어 나타나고 있다. "벌레, 뱀, 물고기, 새, 그리고 짐승들에게는 각각의 종을 나타내는 표식이 있다. 몸에 뚜렷한 차이가 있는 것이다. 그러나 사람들 사이에는 그러한 것이 없다. 사람의 차이는 명목적일 뿐이다."(『숫타니파타』, 602~611) 여기에는 열반에 대한 묘사도 포함되어 있는데, 그 묘

사는 후대의 열반 논의에서도 전형적으로 나타난다.(1074~1075) 그 묘사
는 다음과 같은 말로 맺고 있다.

> 모든 조건이 제거될 때,
> 말할 수 있는 모든 길도 제거된다.

삼장의 세 번째 부분인 논장은 후대에 나타났다. 불교는 실재를 경험
으로 환원시키는데 그 경험의 궁극적 구성 요소로서의 제법(諸法)을 구
분하고 범주화하려는 노력이 논장을 구성한다. 테라바다 불교에서는 그
제법을 174개로 정리하고 있다. 대승 불교 이전 시대에 불교의 교파적 차
이가 가장 첨예한 형태를 띠는 것이 이 부분이다. 일부는 경전적 범주로
서 논장의 권위를 논박하기도 하지만, 다른 사람들은 구체적인 내용에
대해서만 이견을 보일 뿐이다.

5세기에 붓다고샤(Buddhaghosa)는 이들 저작들에 대하여 권위 있는 주
석서를 저술하였다. 이 글의 제목과 같이, 셋을 위주로 하는 접근에 따
라 팔리어 경전의 주요 주석가 셋을 들자면, 붓다닷타(Buddhadatta), 붓다
고샤(Buddhaghosa), 담마팔라(Dhammapāla)를 이야기할 수 있다. 그들은 옛
싱할라어 주석을 팔리어로 번역하였으며, 셋 모두가 묘하게도 스리랑카
출신이 아니었다. 그 가운데에서도 붓다고샤는 말 그대로 전체 경전의 요
약집인 『청정도론(淸淨道論)』을 저술한 것으로 유명한데, 이 저서는 테라
바다 불교권에서 널리 존중받고 있다.

### 대승 경전

대승 경전들을 체계적으로 소개하는 것은 극히 어렵다. 불교의 확산

과정에서 율장의 계율들이 기본적으로 변화가 없었다는 사실은 처음부터 언급해 둘 가치가 있다. 팔리어 경전의 227개 계율이 중국어 판본에는 250개, 티베트어 판본에는 253개가 있다. 불교의 주요 변화는 교리 영역에서 일어났다. 그러한 변화가 승가 공동체의 역할에 대하여 영향을 미치지 않은 것은 아니지만, 승가 공동체의 구조는 일본 승려들이 아미타불의 구원에 대한 신앙을 나타내기 위해 결혼하기 시작했을 때에도 대략적으로는 동일한 것으로 남아 있었다.

그러나 교리적 다양성은 다수의 새로운 경전들로 나타났다. 이러한 대승 경전들은 테라바다 불교에서처럼 체계화되지는 않았다. 천태나 화엄과 같은 몇몇 중국의 대표적인 교파들이 노력을 기울이기는 했지만, 큰 성과를 거두진 못하였다. 달리 말하자면, 인도·중국·티베트·일본에서 체계화를 위한 시도가 몇 차례 있었으나 그러한 시도가 너무 많아서 오히려 통일된 체계가 없게 되었다고도 할 수 있다. 가장 간단한 접근은 9부법(九部法)이라는 것에 따라 구분하는 것인데, 여기에서 법은 교설이 아니라 교설이 담긴 경전을 가리킨다. 9부법은 방등경(方等經)이라고도 하는데 가르침을 상세하게 한 것으로서 전통적으로 정형화된 숫자를 표방하는 것으로 보인다. 그 숫자를 유지하면서 우리의 필요에 맞추어 바꾸어 열거해 보면, 이 방법은 아직도 유용하게 활용할 수 있는 것으로 여겨진다.

1. 『묘법연화경(妙法蓮華經, *Saddharma-Puṇḍarika*, 2세기경)』. 대승 불교 경전 가운데 가장 인기 있으며 중요하고, 특색을 잘 나타내는 경전에 속한다. 중국과 일본의 몇몇 대승 교파에서 이 경전은 붓다 가르침의 정점을 나타낸다. 경전이 250년 이래 번역되었기 때문에 200년경 만들어진 것으로 추정된다. 붓다를 영원한 실재로

표현하고 있으며, 지상의 역사적 붓다는 사람들을 구원으로 이끌기 위해 나타낸 장치에 불과하다고 본다. 예수 그리스도의 초기제자들에게 기적이 의미하는 바가 그들 사이에 머무른 이가 하느님의 아들이었다는 것이라면, 성 바울로에게 기적은 하느님의 아들이 사람들 사이에서 살기를 택하였다는 사실이라는 말이 있다. 테라바다 불자들에게 경이로운 것이 자신들과 같은 인간이 붓다가 되었다는 것이라면, 대승 불자들에게 경이로운 것은 붓다가 스스로를 낮추어 인간으로 나타났다는 것이었다. 이러한 정신은『묘법연화경』전체에 스며들어 있다. 이 경에서는 소승과 대승 그리고 그 밖의 것을 망라하는 불교의 모든 가르침이 일승(一乘) 안에 통합된다고 간주한다. 이는 마치 다양한 보살들과 붓다들이 한 분이신 영원한 붓다로 환원되는 것과 같다고 할 수 있다.

2. 『반야바라밀다경(般若波羅密多經, *PrajñāpāramitāSūtra*, 2세기경)』. 지혜의 완성이라고 불리는 일군의 경전들은 그 자체로 하나의 장르를 이룬다. 그 가운데『팔천송반야라밀다경(八千頌般若波羅密多經)』을 대표적인 것으로 꼽을 수 있다. 이 문헌은 대략 2세기 것으로 추정되는데, 이때 이 문헌에서 설하는 공 사상이 유행하기 시작하였기 때문이다. 십만 송, 이만오천 송, 만팔천 송으로 된 경전들도 알려져 있다. 유명한『금강경(金剛經)』과『반야심경(般若心經)』은 이러한 경전의 집약본이다.『금강경』은 우리의 모든 활동을 '꿈·환영·거품·그림자·이슬 한 방울·번개의 섬광'에 비유하며 마치고 있다.

3. 『능가경(楞伽經, *Laṅkāvatāra-Sūtra*, 3세기경)』. 이 경의 가르침은 라바나(Rāvaṇa)의 초청을 받아 스리랑카를 방문한 붓다에 의하여

설해진 것이라고 한다. 5세기에 중국어로 번역되었고 불교적 관념론에 대해 빼어난 설명을 하는 것으로 높이 평가받고 있다.

4. 『대승장엄보왕경(大乘莊嚴寶王經, *Kāraṇḍavyūha-Sūtra*, 3세기경)』. 아마도 사람들에게 가장 인기 있는 관세음보살에게 명시적으로 봉헌된 경전이다. 관세음보살은 중국과 일본에서는 여성으로 묘사되었는데, 이러한 성(性)의 변화는 여신과의 결합의 결과이거나 보살의 주된 특성인 자비가 여성적 원리로 인식되었기 때문인 것으로 설명되는 등 다양한 설이 있다. 어느 경우이든, 보살은 성 정체성을 초월할 수 있으며, 어떤 형상이든 원하는 대로 취할 수 있다. 유명하고 귀중한 진언인 옴마니반메훔(Om mani padme hum, 보석이 연꽃 속에 있다)은 관세음보살이 인류에게 준 선물이라고 한다.

5. 『무량수경(無量壽經, *Sukhāvatīvyūha-Sūtra*, 5세기)』. 아미타불의 영광을 찬탄하는 데 봉헌된 경전이다. 경전에 따르면 아미타불은 우리가 사는 깨끗하지 못한 예토(穢土)와 대조되는 정토(淨土)를 만들어서 믿음이 있는 이라면 누구나 그곳에 태어날 수 있게 하였다고 한다.

6. 『월등삼매경(月燈三昧經, *Samādhirāja-Sūtra*, 5세기경)』. 명상의 방법을 다루는 이 경전에서 붓다는 한 보살에게 모래와 같이 무수한 명상을 통하여 깨달음을 성취하는 방법을 가르치고 있다.

7. 『금광명경(金光明經, *Suvarṇaprabhāsa-Sūtra*, 5세기경)』. 대승 불교의 대중적인 측면을 반영하는 인기 있는 경전들 가운데 하나로 공 사상과 주술적 요소들을 결합하고 있다.

8. 『화엄경(華嚴經, *Avataṁsaka-Sūtra*, 2세기경)』. 모든 현상의 상호 관련성 그리고 모든 현상과 절대가 상호 관통하고 있음을 강조한

다. 천태종과 화엄종에 따르면 붓다는 깨달은 직후에 이 경전을 설했다. 그 최종 형태에서는 「십지품(十地品)」과 「입법계품(入法界品)」이 편입되었다. 「십지품(4세기)」은 보살의 10단계를 묘사하고 있다. 더 이른 시기의 불교에서는 붓다가 되려면 6가지 덕을 완성해야 했다. 그중에 반야, 곧 지혜가 그 절정이었고 따라서 반야바라밀다 경전들이 중요하였다. 하지만 대승 불교에서 4세기경이 되면 이미 보살의 길은 10단계를 거치게 되었는데, 이미 그 문헌은 중국어로 번역되어 있었다. 여섯 번째 단계 이후에 보살은 '천상의' 보살이 되어 다른 사람들을 구원으로 인도하는 업무에 종사할 수 있었다. 「입법계품(2세기)」은 문수보살에 초점을 맞추면서 선재동자(善財童子)의 성불 과정을 이야기하고 있다. "이 경전은 또한 각각의 개별적 존재와 전체 우주의 상호 연관성을 강조하고, 자선이나 자비와 같은 이타적 정신이 대승의 토대가 되는 원리임을 역설한다."[14]

9. 『대보적경(大寶積經, *Mahāratnakūṭa*, 5세기)』. 49개의 경전 모음집인데, 각각이 독자적인 경전인 동시에 함께 합쳐져서 법(法)에 대한 포괄적인 표현을 구성한다.[15]

---

14) Nakamura Hajime, "Mahāyāna Buddhism," in Mircea Eliade. ed., *The Encyclopedia of Religion* (New York: Macmillan, 1987), vol. 2, p. 464.
15) 완벽을 기하기 위해서는, 다음의 문헌들도 언급할 수 있다.
  1. 『유마힐소설경(維摩詰所說經, *Vimalakīrtinirdeśa*, 1세기)』에서는 재가자를 보살로 찬탄하고 있다.
  2. 『대반열반경(大般涅槃經, *Mahāparinirvāṇa-Sūtra*—팔리어로 된 *Mahāparinibbānasutta*와는 구분되어야 한다—, 4세기)』에서는 양보해서 말하는 것이라지만, 자아의 맥락에서 불성(佛性)을 적극적으로 언급하고 있어 주목된다.
  3. 『여래장경(如來藏經, *Tathāgatagarbha-Sūtra*, 3세기)』에서도 불성의 문제를 다루고 있다.
  4. 『승만부인사자후경(勝鬘夫人獅子吼經, *Śrīmālādevīsiṁhanāda-Sūtra*, 3세기)』에서는

190

대승 문헌에는 경전들에 더하여 많은 논서가 포함된다. 대승에서의 경과 논에 대한 구분은 힌두교에서의 계시서(śruti)와 전승서(smṛti)에 대한 구분과 다소 일맥상통한다. 전자는 진리가 '드러난' 문헌이고, 후자는 사람들이 저술한 문헌인 것이다.[16]


## 탄트라

팔리어 경전은 역사적 붓다의 말씀을 기록하고자 한다. 대승 불교 경

---

법신(法身)을 여래장과 일치시켜서 다루고 있다. '붓다의 자궁'이라는 의미의 여래장은 대승 불교에서 궁극적 실재를 가리키는 또 하나의 명칭이다.

5. 『해심밀경(解深密經, *Sandhinirmocana-Sūtra*, 4세기)』은 윤회의 사슬로부터의 해탈에 관한 경전이다. 붓다의 마지막 가르침을 대변한다고 하는데, 일종의 잠재의식인 아뢰야식(阿賴耶識, *ālayavijñāna*, 창고와 같은 식이라고 하여 종종 storchouse consciousness라고 영역되기도 한다)을 다루고 있으며, 불교적 관념론의 맥락에서 주체의 연속성과 대상의 다수성(多數性)을 모두 설명하는 경전이다.

6. 『수능엄삼매경(首楞嚴三昧經, *Śūraṅgamasamādhi-Sūtra*, 2세기)』은 문수보살을 다루고 있다. *Aṅgulimālīya-Sūtra*와 *Mañjuśrīparinirvāṇa-Sūtra*도 그러하다.

7. 『수능엄경(首楞嚴經, *Śūraṅgama-Sūtra*, 4세기)』은 중국어본으로만 발견되고 있는데, 명상의 다양한 기교와 그 비교적인 공덕들을 다루고 있다.

16) 이들 가운데 비교적 잘 알려진 문헌들은 다음과 같다.

1. 『대승기신론(大乘起信論, *Mahāyānaśraddhotpāda*, 1세기?)』은 때때로 마명(馬鳴, Aśvaghoṣa)이 지었다고도 하지만 중국어본으로만 발견되고 있으며, 몇몇 학자들은 후대에 번역어체를 흉내내어 저술된 것이라고 보고 있다.

2. 『중론(中論, *Madhyamakakārikā*, 2세기)』은 중관 체계에 대한 경구 형태의 논서로서 용수가 지었다고 하며, 대승 불교의 근본적인 사상인 공 사상을 철학적으로 전개하고 있다.

3. 『섭대승론(攝大乘論, *Mahāyānasaṅgraha*, 4세기)』은 무착(無著, Asaṅga)이 저술하였다고 한다.

4. 『유식론(唯識論, *Vijñaptimātratā*, 4세기)』은 무착의 동생 세친(世親, Vasubandhu)의 저술로서 외부의 대상들이 심적 표상이라는 관점을 피력하고 있다.

5. 『현관장엄론(現觀莊嚴論, *Abhisamayālaṅkāra*, 4세기)』은 티베트에서 특별히 애호되는 경전이며, 팔천송반야의 요약을 담고 있다.

6. 『유가사지론(瑜伽師地論, *Yogācārabhūmiśāstra*, 4세기)』은 무착이 공 사상의 진리를 사람들에게 설득하는 것을 돕기 위하여 미륵(彌勒, Maitreya) 자신이 암송해 주었다고 하며, 보살 수행의 길을 묘사하고 있기도 하다.

전은 여러 붓다들과 보살들의 설법을 그 주장이 아무리 의심스러워 보여도, 적어도 붓다들이나 보살들의 권위를 드러내려는 시도를 보여 준다. 탄트라 문헌들은 몇몇 문헌들이 역사적 붓다의 말씀이라고 하기는 하지만, 이러한 불안을 드러내지 않는다. 대승과 달리 탄트라 문헌은 현의(顯意)적이라기보다 밀의(密意)적인 경향이 있으면서도, 대승 문헌들과 마찬가지로 여러 가지 방식으로 분류되어 왔다. 따라서 가장 안전하게 따를 수 있는 길은 관습적인 도덕에 대하여 문자 그대로 반발하는 좌도(左道) 탄트라와 비유적인 차원에서 반발하는 우도(右道) 탄트라의 구분을 염두에 두면서 몇몇 대표적인 문헌들을 열거하는 것이다.

가장 초기의 잘 알려진 좌도 탄트라 문헌으로는 『비밀집회(秘密集會) 탄트라(*Guhyasamāja-Tantra*)』와 『호금강(呼金剛) 탄트라(*Hevajra-Tantra*)』가 있다. 탄트라 문헌은 아직도 구분되고 체계화되는 중에 있다. 흥미로운 것은 그 범주화에서 때때로 사용되는 소작(所作) 탄트라, 행(行) 탄트라, 요가 탄트라, 그리고 무상(無上) 탄트라라는 범주가 행(行, 사원 등에 대한 외적인 돌봄), 소작(所作, 의례의 수행), 요가(명상), 그리고 지혜라고 하는 힌두교 탄트라의 진전 단계와 유사하다는 점이다. 앞에서 언급한 두 탄트라는 『시륜(時輪) 탄트라』와 마찬가지로 무상 탄트라(anuttara tantra)의 부류에 속한다. 『시륜 탄트라』는 시간의 바퀴에 관한 글인데, 거기에서 붓다는 창조주의 역할을 맡고 있다. 이 탄트라는 우도 탄트라 문헌의 예에 속한다.

탄트라 교파는 종교 생활에서 비의적인 것의 역할을 강조하여 의도적으로 애매모호한 언어를 사용하기에 이르렀는데, 그 진정한 의미는 스승과 제자 사이에서만 전해질 수 있다고 한다. 테라바다 전통에 따르면 붓다가 스승의 비밀을 감추고 있는 '악권(握拳)'이 없다고 선포한 것은 사실이지만, 심지어 그러한 테라바다 불교에서도 승려들이 '정식으로 계를 받지 않은 사람에게 경전을 '그대로' 가르쳐 주는 것은 금지되어 있었다. 이러한 경향은 탄트라 불교가 자신들이 예상치 못했던 범위까지 확대된 것이다.

## 선 불교 문헌

테라바다 불교에서 불교의 일반적인 평등주의가 시사하는 것처럼 누구에게나 개방된 형태로는 아니지만 적어도 경전이 확정되어 있었던 반면, 대승 불교에서는 문헌이 너무 많아서 대처하기가 어려웠다. 탄트라 불교에서 문헌들은 일반인의 손길이 닿지 않는 비의적인 세계 속으로 물러났다. 선 불교에서는 문헌들의 가치 자체가 의문시되어 갔다. 때때로 문헌들이 사원의 화장실 가까이에서 보관되었다는 사실은 우리에게 무엇인가를 말해 주고 있다. 조동종(曹洞宗)은 임제종(臨濟宗)보다는 문헌을 거부하는 데 덜 과격했다. 하지만 이 같은 문헌 배격에도, 중국 선의 제6대 조사 혜능(慧能 638~713년)의 『육조단경(六祖壇經)』과 같은 문헌은 존중되었다. 혜능 또한 『금강경』 독송을 듣고 깨달음을 얻었다고 한다.

흥미로운 것은, 선 불교에서 중시되는 또 하나의 경전인 『능엄경(楞嚴經)』이 산스크리트 원전에서 번역되었다고 하는데도, 중국어본으로만 현존하고 있다는 점이다. 어떤 면에서 선 불교는 반야 곧 지혜를 강조하는 불교 전통에 속하고, 선 불교의 특이점은 경전의 교학적 내용보다는 대승 경전들을 활용하는 방식이 특출한 데 있다고도 한다. D. T. 스즈키에 따르면 『반야심경』은 "선 불교 사찰에서도 매일 암송되었다." 선 불교에서는 또한 그 자체의 공안(公案) 모음집을 간직하는데, 『무문관(無門關)』은 그중에서도 유명하다. 선사들의 문헌 또한 중시되었는데, 예컨대 도겐(道元)의 『쇼보겐죠(正法眼藏)』나 하쿠인(白隱)의 『오라테가마(遠羅天釜)』가 유명하다.

## 불교의 맛

이 엄청난 양의 문헌을 모으고 체계화하여 전체적으로 정리하려는 시도들이 있어 왔다. 518년 중국의 목록에는 2,113개에 달하는 작품이 열거되어 있는데, 그 가운데 276개만이 현존한다. 티베트에서는 13세기와 14세기에 각각 유명한 불교 문헌 집대성이 이루어졌는데, 크게 칸규르(경장)과 텐규르(논장)로 구분하여 정리하였고, 1411년 북경에서 처음으로 인쇄되었다. 앞에서도 언급된 일본의 『다이쇼잇사이쿄(大正一切經)』는 약 1,000쪽에 달하는 책 55권에 2,184개의 작품을 담고 있다. 이 방대한 불교 문헌의 통일성은 아마도 비유의 도움을 받아야 식별할 수 있을 것이다. 간단히 말해서 그 맛을 느껴야 한다.

맛의 비유가 여기에 도움이 되는 까닭이 있다. 한 대표적인 불교학자에 따르면 방대하고 다양한 불교 문헌들을 실제로 묶어 주는 것은 만질 수 없는 이 맛이기 때문이다. "더욱이 모든 불교 저술들은 그 자체의 맛을 갖고 있으며, 30년 동안 그 각각에 존재하는 맛에 대하여 나는 계속해서 경탄해 왔다. 경전들 자체에서도 법을 맛에 비유하면서, 붓다의 말씀은 평화의 맛, 해탈의 맛, 열반의 맛을 지니고 있다고 말하고 있다. 맛은 유감스럽게도 묘사될 수가 없어서, 가장 위대한 시인마저도 복숭아 맛을 말할 수 없고 그 맛이 사과 맛과 어떻게 다른지 이야기할 수도 없다. 따라서 경전들을 직접 맛보기를 거부하는 사람들은 온갖 형태의 불교에 깔려 있는 통일성을 맛보는 데 심각한 불이익을 당하는 것이다."[17]

---

17) Edward Conze, "Buddhism: The Mahāyāna," in *The Concise Encyclopedia of Living Faiths*, ed. R. C. Zaehner (Boston: Beacon Press, 1959), p. 308.

# 불교의 구조: 법륜

불교에서 붓다와 법과 승가에 귀의한다고 하는 삼귀의라는 신앙 고백은 불교의 기본적인 삼각 구조를 드러낸다. 각각의 고백은 앞 절에서 논의되었듯이 다양한 형태의 불교가 발전하는 것과 일맥상통하는 방식으로 더 상세하게 설명될 수 있다.

## 붓다

불교는 우리가 알고 있듯이 역사적 창시자 고타마 붓다에게 거슬러 올라간다. 그의 이름은 싯다르타(Siddhārtha)이다. 고타마(Gotama)는 그의 성이었고, 붓다(Buddha)는 '깨달은 이' 곧 '삶의 본질과 의미를 깨달은 이'라는 뜻의 존칭이었다.

붓다의 연대는 논란거리인데, 왜냐하면 그가 생존한 세기에 관한 추정의 범위가 매우 다양하기 때문이다. 몇몇 중국 종파에 따르면 기원전 10세기까지 거슬러 올라가고, 몇몇 일본 학자들의 계산에 따르면 기원전 4세기로 내려온다. 하지만 현재까지 대부분의 학자들은 그를 기원전 6세기의 인물로 보며, 더 구체적으로는 기원전 563년에서 483년까지 생존하였던 인물로 간주한다. 본 장에서는 이러한 합의를 택하기로 한다.

붓다의 생애는 인간적 차원, 초인적 차원, 그리고 인간을 애초부터 넘어서는 차원의 세 가지 입장에서 소개할 수 있다. 붓다의 생애에 관한 가장 이른 사료는 팔리어 경전, 곧 율장과 경장에 포함된 자료로부터 수집할 수 있는데, 율장에는 승가 공동체의 계율이 정해지게 되는 상황에 관한 이야기들이 있고, 경장에는 전기적이거나 자서전적인 언급들이 포함되어 있다.

'역사적' 붓다의 전기는 쉽게 요약할 수 있다. 그는 왕자로 태어났다. 그의 아버지는 오늘날 인도와 네팔의 국경 지역에 있는 한 왕국을 다스렸다. 붓다의 이름은 싯다르타였다. 그는 16세에 고파(Gopā) 혹은 야쇼다라(Yaśodharā)라는 여인과 결혼하여 라훌라(Rāhula)라는 아들을 두었고, 29세에 출가하였다. 6년 동안 진리를 열렬히 추구하여 마침내 35세의 나이에 보드흐 가야(Bodh Gayā)의 나무 아래에서 깨달음에 이르렀다. 이후로 그는 여러 곳을 다니며 자신이 깨달은 진리를 전파하였다. 그의 설법은 45년간 계속되었고, 그 과정에서 그는 비구와 비구니로 이루어지는 승가 공동체를 만들었다. 그는 80세에 오늘날 인도의 웃타르 프라데시(Uttar Pradesh)에 있는 쿠시나라(Kusinārā)에서 입멸하였다.[18]

붓다의 생애에 관한 이러한 인간적 차원의 설명에는 가장 이른 시기의 자료에서부터, 여러 경이로운 특색들이 포함되어 있다. 시간의 경과와 함께 그 이야기는 더욱 교훈적으로 꾸며졌고, 붓다 입멸 뒤 몇 세기가 지나자 그는 초인적인 존재로서 불자들의 상상을 사로잡았다. 오늘날 우리가 접할 수 있는 세 개의 전기 혹은 좀 더 엄밀하게는 성인전(聖人傳)인 2세기의 『대사(大事, *Mahāvastu*)』, 『방광대장엄경(方廣大莊嚴經, *Lalitavistara*)』, 그리고 1세기에 마명(馬鳴, Aśvaghoṣa)이 지었다고 하는 고전적인 서사시 형식의 『불소행찬(佛所行讚, *Buddhacarita*)』에서 이러한 현상은 뚜렷하게 나타난

---

18) Rahula, *What the Buddha Taught*, pp. xv~xvi.

다. 문헌들에는 예컨대 사탄의 불교적 형태인 악마 마라(Māra)에 대한 붓다의 승리 같은 전형적인 이야기들도 담겨 있고, 그러한 이야기들의 확장이나, 나이에 걸맞지 않게 탁월하고 조숙한 천재적 지성을 보였다든가 하는 등의 새로운 내용이 편입되어 있다.

인간을 애초부터 넘어서는 차원에서 붓다의 생애를 묘사하는 문헌에서는 그를 인간이 아닌 존재로 바라보고 있다. 이러한 입장은 상주(常住)하는 영원한 붓다라는 교설의 영향을 받아 기원전 4세기 무렵에 나타났다. 이 설에서는 영원한 붓다가 법화경에서 묘사되는 바와 같이 사람들을 구원으로 인도하기 위한 방편으로서 인간 붓다의 형상을 취하여 활동했다고 한다.

붓다의 생애가 불교 내에서 어떻게 다루어져 왔는가를 검토해 보면, 여러 가지 방식의 접근이 있었음이 드러난다. 다음 여섯 가지 접근은 특히 주목할 만하다.


1. 한 접근에 따르면 붓다의 생애와 인격에 관한 세부적인 이야기들은 중요한 것이 아니다. 심지어는 그러한 사람이 있지 않아도 무방할 수 있다. 구원의 힘이 있는 진리를 우리가 간직하고 있다는 점이 중요하며 붓다의 이름은 거기에 꼬리표처럼 붙어 있는 것이어서 떼어 내도 무방하다. 정작 궁극적으로 중요한 것은 그 가르침인 것이다. 우리가 볼 때, 이러한 입장은 과격할 정도로 우상 파괴적인 선 불교의 다음과 같은 말이 진정으로 의도하는 바이기도 하다. "붓다를 만나면 붓다를 죽여라." 불교에서 이러한 태도는 일찍부터 나타났다. 붓다 스스로도 개인 숭배는 구원적 실천에서 벗어나게 한다며 폄하하였고, 바칼리(Vakkhali)라는 제자에게는

"내 이 더러운 몸뚱이에서 무엇을 보겠다는 것이냐?"고 묻기까지 하였다. 나중에 『밀린다팡하(*Milindapañha*)』에서 희랍인 왕 메난드로스(Menandros, 산스크리트어로는 Milinda)가 붓다의 역사적 실존에 대한 증거를 내놓으라고 하자, 그 비구는 명쾌하게 그런 것은 필요 없다고 대답하면서, 중요한 것은 붓다의 이름으로 전해지는 가르침이 존재하고 있으며 그 가르침에서 구원의 효력만이 우리의 관심이라고 말한다.

2. 또 하나는, 위의 접근과 달리 붓다의 인간성을 강조한다. 이 접근도 고대로부터 다소의 선례가 있다고 할 수 있으니, 몇몇 교파에서는 붓다의 신성화에 반발하여 그러한 방향으로의 발전을 내켜 하지 않았다. 그들은 다음과 같이 설득력 있는 질문을 던졌다. "그는 룸비니에서 태어나지 않았던가? 그는 보리수 아래에서 깨달음을 성취하지 않았는가? 그는 베나레스에서 법륜(法輪)을 처음으로 굴리지 않았는가? 그는 쿠시나라에서 입멸하지 않았는가?" 지난 세기 동안 붓다의 생애에 대한 이러한 소개는 크게 유행하였다. 이와 유사한 사례가 이슬람의 무함마드에 대해서도 언급될 수 있다. 그가 하느님의 계시의 통로가 되어 『꾸르안』을 전한 것이 '유일한 기적'일 뿐, 그 외에 무함마드는 이제 모든 면에서 인간으로 간주된다. 이와 유사하게 붓다는 이제 열반이라는 독특한 경험 외에는 모든 면에서 인간으로 간주된다. 하지만 붓다는 마지막 예언자라는 무함마드와 달리 이른바 처음으로 깨달은 존재라는 의미를 지닌다. 모든 인간은 원하고 노력하기만 한다면 붓다가 될 가능성을 스스로 간직하고 있다. 우리는 붓다를 진정한 인간이라고 부를 수 있다. "그는 그 '인간됨'에서 너무나 완벽하였기에 나중에 대

중적 종교 차원에서 거의 '초인적인' 존재로 간주되었던 것이다."[19]

3. 하지만 초기 불교에서는 붓다의 금생(今生)만이 아니라 전생(前生)에도 많은 중요성을 부여하였다. 붓다가 깨달음을 성취하여 붓다가 되기 이전에 보살이었다는 사실은 간과되지 않았다. 붓다의 '금생'에 대한 주목은 일반 대중의 요구에 따라 그의 전생과 후생(後生)에 대한 주목으로까지 확대되기 시작한 것으로 보인다. 붓다의 삶이 전생의 방향으로 확대되는 것은 붓다의 전생 이야기들을 다루는 547개의 『본생담』이 발전하는 데에서 뚜렷이 드러난다. 『본생담』의 분위기를 맛볼 겸 예를 하나 들고 간단히 설명을 덧붙여 보자.

어떤 사람이 붓다가 되겠다고 결심을 하면, 일련의 덕을 완성해야 그 목표를 성취할 수 있는데, 그러한 과정에는 여러 번의 생이 필요할 수 있다. 초기의 전통에서는 일반적으로 '완성'이라고 번역되기도 하는 바라밀(波羅蜜, pāramitā)이라는 이름 아래 보시(布施), 지계(持戒), 인욕(忍辱), 정진(精進), 선정(禪定), 그리고 지혜(智慧)의 6개 덕을 열거하고 있다. 이 목록은 나중에는 10개로 확대되어 방편(方便), 원(願), 력(力), 그리고 지(智)를 포함하게 되었다. 다음의 본생담은 보시의 덕을 완성하는 보살을 묘사하고 있다. 전생에 동료 왕자들과 숲 속을 돌아다니던 보살은 어미 호랑이 한 마리와 마주쳤는데, 호랑이는 방금 새끼들을 낳고서 출산하느라 너무 고생을 해서인지 힘이 없어 잘 움직이지도 못하였고 배고픔으로 죽어 가고 있었다. 보시의 덕을 완성하기 위해서, "그 자애로운 왕자는 호랑이 앞에 바로 자신의 몸을 던졌다. 하지만 호랑이는 그를

---

19) Rahula, *What the Buddha Taught*, p. 1.

전혀 건드리지 않았다. 보살은 호랑이가 너무 힘이 없어서 움직이지 못한다는 것을 알아차렸다. 그는 자비로운 사람이었기에 칼을 휴대하고 있지 않았다. 그래서 그는 날카로운 대나무 조각으로 목에 상처를 내고 호랑이 가까이에 쓰러졌다. 호랑이는 피범벅이 된 보살의 몸을 발견했고, 삽시간에 살과 피를 다 먹어 치우고 뼈만을 남겨 놓았다.”[20] 오늘날 현대인들의 감각으로는 그 이타주의 정신에도 불구하고 보살이 지나치게 이념적 태도를 보인다고 말할 것이다. 하지만 불자들은 자기희생을 통하여 사실상 희생할 자아란 아예 존재하지 않는다는, 존재론적 진리의 도덕적 차원을 강조하는 또 하나의 시도를 접하고 있을 뿐이다.

4. 후대의 불교에서도 붓다의 전생에 대한 이러한 관심이 유지되기는 했지만, 이제 형이상학적 관심은 초점을 붓다의 입멸 뒤에 맞추게 되었다. 초기 불교에서는 붓다의 입멸 후 존재 여부에 관한 질문에 답변을 거부했을 뿐만 아니라 심지어 그런 질문을 제기하는 것조차 적절하지 않다고 생각하였다. 마치 불이 꺼진 뒤에 그 불이 동서남북 가운데 어느 방향으로 갔느냐고 묻는 질문이 부적절한 질문과 같다는 것이다. 그러나 대승 불교에서는 4세기에 삼신설(三身說)을 발전시켰다. 이 주장에 따르면 붓다는 법신(法身)과 보신(報身)과 응신(應身)이라고 하는 세 개의 몸을 가지고 있다.

법신은 붓다의 참된 실재로서 존재하는 모든 것과 일치되는 영원하고 우주적인 실재이다. 다른 두 개의 몸은 이 몸으로부터 파생한다. 두 번째 몸은 대승 불교에서 발전한 막대한 양의 경전들

---

20) Edward Conze, trans., *Buddhist Scriptures* (Harmondsworth: Penguin Books, 1959), p. 26.

의 기원을 설명하는 데 도움을 주었는데, 그 경전들을 '역사적' 붓다의 말씀이라고 신뢰하기는 매우 어려웠던 것이다. 이러한 고안 덕택에 경전들은 익명이나 가명으로 남는 대신에 문자 그대로 '붓다의 저작'이 되었다. 이 경전들이 붓다를 친견하는 기쁨을 누릴 수 있는 천상의 특별한 이들의 모임에서 붓다 혹은 보살이 행한 설법이라고 믿게 된 것이다. 응신은 붓다가 만들어 낸 환영으로서 인간으로 태어나 출가하고 깨달음을 성취하여 다른 사람들을 인도하는 드라마를 연기한 존재라고 여겨졌고, 사실상 붓다는 이미 무한한 세월 전에 깨달음을 성취했다고 한다.

5. 후대의 불교에서는 우주에 여러 붓다가 있다고 믿게 되었다. 이러한 생각은 테라바다 불교에서 일시적으로나마 이미 나타난 바 있었다. 미륵보살과 과거불로서의 연등불(燃燈佛)이 초기 불교에서 뚜렷이 언급되고 있다. 현재의 붓다는 특히 오래전에 연등불의 모범을 따라 붓다가 되기로 서원했었다고 한다. 원래 역사적 붓다는 일련의 일곱 붓다 가운데 한 명이었는데, 그 숫자는 24명으로까지 확대되었고, 붓다는 연등불 다음 25번째의 붓다가 되었다. 그 이후의 이야기에서는 50명을 넘기도 하고, 100명을 넘기도 하였다. 대승 불교에서는 이 개념이 공간적으로도 확장되어 여러 붓다들이 동시에 공존하면서 모든 중생들을 구원으로 인도하는 숭고한 책무로 바쁘게 활동한다. 붓다들의 이러한 공간적 배치는 힌두교의 다양한 방위(方位)의 수호신(lokapāla) 배치와 다소 유사하여, 각각의 붓다가 10개의 방위에 자신의 '하늘'을 갖고 있게 되었다.

6. 탄트라 불교에서도 붓다 개념과 관련하여 다양한 생각이 추가되었다. 여기에서 더욱 흥미로운 것은 붓다와 보살 사이에 확립

된 관계이다. 티베트에서 탄트라 불교의 발전은 이 점을 잘 예시
해 준다. 보살의 수행이 6바라밀에서 10바라밀을 포괄하게 된 것
은 이미 언급하였다. 여섯 번째 바라밀인 반야바라밀을 완성한 뒤
에 보살은 깨달음을 마주하게 되지만 다른 이들을 위해서 계속해
서 이 우주 내에 머무르기로 하고, 그리하여 '천상의' 보살이라고
불리는 존재가 된다. 관세음보살은 그러한 보살 가운데 하나로서
티베트의 수호신이기도 하다. 새로운 일련의 붓다들의 출현은 이
미 언급하였는데, 아미타불은 그 가운데 한 명이었다. 이제 관세
음보살은 아미타불을 '자신의 영적 주존(主尊)'으로 하고 있으며,
자신의 왕관에 아미타불의 상을 지니고 있다. 하지만 더욱 흥미로
운 것은 관세음보살을 둘러싼 환생 개념의 발전이다. 그는 연이어
서 13번을 환생하여 라싸(Lhasa)를 통치하게 되고, 그 각각의 환생
은 특별한 징조에 의하여 확인된다는 것이다. 이러한 사상은 15세
기 티베트의 황모파(黃帽派)에서 나타났다.


붓다 개념의 변화와 발맞추어 붓다에 귀의한다는 개념도 변화되었다.
삼귀의에서 붓다에 대하여 취하는 올바른 태도는 신앙의 태도이다. 앞에
서 보았듯이 붓다에 대한 최초의 태도에서 신앙은 자체로서의 역할이 거
의 없고, 그 가르침에 전적인 중요성이 있다. 가르침에 대한 신앙이 가르
침을 베푸는 이에 대한 신앙의 자리를 차지하고 있었던 것이다. 두 번째
접근에서는 붓다가 인간으로 간주되면서 스승에 대한 신앙은 깨달음을
구하는 신앙에 다름 아니었다. 구원적 체계로서의 불교의 강조점은 언제
나 "알고 보는 것의 문제이지 믿는 것의 문제는 아니었다. 붓다의 가르침
은 '와서 보라(ehi-passika)'고 초대하는 것이었지, 와서 믿으라는 것은 아니

었다."[21]

하지만 붓다에 대한 순전히 인격적이거나 역사적인 관념을 넘어서서
전체 불교의 더 포괄적인 시각에서 그를 바라보면, 신앙의 개념은 급속하
게 헌신의 개념으로 변화되기 시작한다. 물론 이러한 변화는 단계적이었
다. 예컨대, 붓다의 입멸 뒤에 불교에서 제기된 문제 가운데 하나는 다음
과 같았다. 붓다나 아라한이 열반했다면, 그 유골을 담고 있는 탑이나 무
덤에서의 숭배는 도대체 어떠한 인과응보를 어떻게 이루어 내게 되는 것
인가? 제시된 답변은, 그 인과응보가 믿는 이들의 신앙의 소산이지 숭배
에 대한 불교 성인들의 인격적 응답은 아니라는 것이었다. 하지만 분명한
것은, 열반에 들지 않고 이 우주 안에 여전히 현존하고 있으면서 언제나
자비심으로 가득 차서 믿는 이들의 기도에 기꺼이 응답하는 보살들의 경
우에는 이러한 논증이 요구되지 않았다는 점이다. 붓다의 법신(法身)이나
실제로는 다만 법신의 표현으로만 나타나는 여러 붓다들에게도 이러한
논증은 적용되지 않았다.

신앙 개념의 변화는 또한 업 개념의 변화를 수반하였다. 테라바다 불
교에서는 몇몇 예외는 있지만 업은 이전될 수 있는 것으로 여겨지지 않았
다. 누구나 선업이든 악업이든 자기 자신의 업의 상속자였다. 하지만 업
개념이 의도나 의향과 밀접하게 연관되는 것도 테라바다 불교의 업에 대
한 관점에서 일부 발견된다. 그리하여 대승 불교에서는 서원의 행위를 통
하여 다른 누군가에게 업을 이전하거나 다른 누군가의 업을 떠맡는 것이
가능하다는 관점이 등장하게 되었다. 회향(回向)이라고 알려진 이러한 교
설은 특히 무한한 세월 동안 막대한 선업을 축적하고 자비심으로 가득
차서 탄원을 하는 사람들에게 기꺼이 그 업을 이전해 주고자 하는 보살

---

21) Rahula, *What the Buddha Taught*, p. 9.

과 붓다들에게 알맞은 교설이었다. 더욱이 그들은 자비심으로 다른 이들의 악업도 스스로 떠맡을 준비가 되어 있었다.

이처럼 테라바다 불교에서 신앙(信仰, 산스크리트어로는 śraddhā, 팔리어로는 saddhā)은 점진적인 자각의 문제로, 붓다의 가르침에 대한 확신을 의미했다. 반면, 대승 불교에서 신앙은 붓다나 보살의 업에 관한 은총의 수혜자가 되는 과정으로서 신애(信愛, bhakti) 혹은 헌신이라는 의미로 변화되었다. 정토(淨土) 계열 교파들의 등장은 이처럼 붓다 개념의 변천과 삼귀의 형태의 변화에서 그 발생학적 근거를 찾아볼 수 있다. 이러한 교파들에 따르면 구원을 성취하기 위해서는 자기 자신의 노력에 의존하는 것을 완전히 포기하고 붓다의 은총에 전적으로 의존해야 한다. 붓다에 대한 이러한 의존은 테라바다 전통과는 정면으로 대조되는데, 테라바다 전통에서 붓다의 임종 시 말씀은 "부지런히 스스로의 구원을 위하여 힘쓰라!"였던 것이다.

정토 계열의 대승 불교에서, 특히 아미타불에 대한 헌신과 연관된 계열에서는, 구원을 위하여 전혀 노력하지 않고 자신의 구원을 아미타불에게 맡긴다. 처음에는 적어도 계속해서 아미타불의 이름을 반복적으로 암송하는 것이 필요하다고 생각되기도 하였다. 그러다가 신란(親鸞, 1173~1262년, 신란에 대한 탁월한 연구서로 [길희성, 『일본의 정토사상』, 민음사, 1991]이 있다-옮긴이)과 그 추종자들에 이르러서는 마침내 이러한 반복 암송이 아미타불의 자비로운 은총에 대한 믿음의 결여를 시사하는 것으로 받아들여졌고, 아미타불의 이름은 단 한 번 말하는 것으로도 족하다고 간주되었다. 마지막으로 신앙에 대해서는 심지어 음향적 해석도 부여되기에 이르렀다. 중세 힌두교에서의 이름 신비주의와 마찬가지로 '아미타불'이라는 음향 그 자체가 구원의 효력이 있는 것으로 간주되었던 것이다.

# 법

어떤 차원에서는 붓다가 법의 원천이지만, 또 다른 차원에서는 법이 붓다의 원천이었다. 이 역설을 해결하기 위해서는 불교에서 법이라는 단어가 사용되는 다양한 의미의 차이를 다시 한 번 언급할 필요가 있다. 붓다가 법의 원천이라고 할 때는, 붓다의 가르침(법=가르침)이 붓다에게로 소급될 수 있다는 것이다. 법이 붓다의 원천이라고 주장할 때의 취지는, 붓다들이 일정한 우주적 법칙(법=법칙)에 따라 규칙적인 간격을 두고 우주에 나타난다는 것이다. 우리는 다행히 붓다가 나타나는 시기에 살고 있다.

어쨌든 붓다들은 법 곧 도덕의 실천(법=도덕적 품행)을 통하여 지고의 법 곧 깨달음(법=열반)에로의 길로 우리를 안내하며, 제법(諸法) 곧 우주의 구성 요소들의 의미를 올바로 파악하게 해 준다. 법이라는 단어의 이처럼 다양한 함의 때문에 우리는 다음과 같이 역설적인 문장도 제시할 수 있게 된다. 법에 의하여 드러난 법은 제법에 대한 올바른 이해를 통하여 법과 함께 우리를 법으로 인도한다. 이 말을 알기 쉽게 옮겨 보면 다음과 같다. 가르침은 우주적 법칙에 의하여 드러나고, 그 법칙에 따라 붓다들도 출현한다. 그 가르침은 사물의 참된 본성을 있는 그대로(yathābhūtam) 파악하도록 우리를 이끌고 그러한 삶을 우리가 영위할 수 있도록 해 주며 그렇게 함으로써 우리가 열반을 성취할 수 있도록 한다.

일관성을 위해 이글의 나머지 부분에서는 법이라는 단어를 가르침의 의미로 사용할 것이다. 이 가르침이 전개되는 과정에서 여타의 함의들도 등장하게 되고 설득력을 얻기 때문이다.

붓다의 기본적인 가르침은 사성제로 이루어진다고 한다. 마치 의사가 병의 징후를 확인하고 진단을 제시하고 치유를 제안하며 처방전을 써 주듯이, 붓다는 삶 그 자체의 병의 징후를 확인하고 진단을 제시하고 치유를 제안하며 구체적인 치료 과정을 처방해 주었다. 첫 번째 위대한 진리는 징후를 확인하는 것이다. 이것은 괴로움에 관한 진리라고 알려져 있다. "태어남이 괴로움이요, 나이를 먹는 것이 괴로움이요, 병듦이 괴로움이요, 불유쾌한 것과의 접촉이 괴로움이요, 즐거운 것으로부터 떠남이 괴로움이요, 바라는 것마다 이루어지지 않는 것이 괴로움이다. 단적으로 말해서 우리의 개체를 구성하는 다섯 가지 요소가 모두 괴로움이다." 이 다섯 가지 구성 요소는 색(色), 수(受), 상(想), 행(行), 식(識)으로서 각각 우리의 몸, 느낌, 생각, 감정과 의지, 그리고 의식 활동에 해당한다. 이 모든 것들이 다 괴로움을 드러낸다고 한다. 그것들은 계속해서 변화하고 변화하는 것은 괴로움을 수반하기 때문이다.

그렇다면 우리는 어찌하여 이러한 개체의 구성 요소들을 얻게 되는가? 두 번째 성스러운 진리가 그 답을 제시한다. 존재하고자 하는 욕망, 소멸하고자 하는 욕망, 감각적 쾌락을 향한 욕망으로 인하여 우리는 다시 태어나며 생명의 형태를 취하게 되고, 따라서 우리가 앞서 보았듯이 불가피하게 괴로움을 끌어안는다. 여기서 주목해야 할 것은, 불자들은 개별적 인격체 안에 영혼과 같은 어떤 영원한 요소가 담겨져 있다는 점을 인정하지 않는다는 사실이다. 따라서 한 개인이 다시 태어날 때 힌두교에서처럼 하나의 몸에서 다른 몸으로 영혼이 이동하는 것이 아니다.

오히려 이 과정은 일련의 메아리가 만들어지는 방식과 유사하다. 마치 하나의 메아리가 존재하기를 그치면서 다른 메아리를 일으키듯이, 개체의 다섯 가지 구성 요소로 이루어져 있는, 하나의 심리 육체적 유기체가 존재하기를 그치면서 다른 유기체를 일으킨다. 이러한 일어남의 배후에 있는 원인이 욕망이다. 따라시 두 번째 성스러운 진리는 괴로움의 일어남(samudaya)에 관한 진리라고 알려져 있다. 이처럼 괴로움은 원인이 있다. 그런데 원인이 그친다면 결과도 그치리라고 가정하는 것이 논리적이므로, 우리는 세 번째 성스러운 진리 곧 괴로움의 그침(nirodha)에 관한 진리로 나아갈 수 있다.

괴로움의 그침은 어떻게 이루어지는가? 이 질문에 대한 답변은 중도(中道) 곧 팔정도(八正道)라고 알려져 있는 네 번째 성스러운 진리로 우리를 인도한다. 도(道)를 가리키는 데 사용되는 이 두 용어는 붓다의 가르침의 구조를 드러내준다.

우선 네 번째 성스러운 진리를 중도로서 이해하는 데 초점을 맞춰 보자. 이러한 의미에서 중도는 붓다의 가르침에서 도덕적인 함의와 형이상학적 함의라는 두 가지 명료한 뜻을 지니고 있다. 도덕적인 함의는 녹야원에서 행해진 첫 번째 설법에서 뚜렷하게 제시되었다. 이때 붓다는 제자들에게 중도를 다음과 같이 설명했다. 곧 지나친 탐닉과 고행의 양극단을 피하기 때문에 중도이다. 우리는 여기에서 붓다 자신의 생애가 반영되어 있음을 볼 수 있다. 그는 왕자로서 쾌락적 삶을 살았고 고행자로서 자학적 삶도 살아 보았다. 하지만 그 어느 쪽을 통해서도 궁극적 목표를 성취하지 못하였으며, 오히려 양극단을 피하는 삶을 살면서 깨달음이라는 성취를 이루었다.

형이상학적으로 붓다는 두 가지 교설, 곧 자아와 우주가 영원하다는 교설(sassatavāda)과 그 양자가 모두 영원하지 않다는 교설(ucchedavāda)을 반박하였다. 붓다는 다시 말해 상주론(常住論)과 단멸론(斷滅論) 사이에서 중도를 취하는 것을 올바른 접근이라고 보았다. 붓다가 보기에 우주의 구성 요소들이 영원하다고 말하는 것은 정확하지 않다. 왜냐하면 우주는 명백히 항상 변화하고 있으며, 심지어 이는 피상적인 관찰로도 확인되는 사실이기 때문이다. 하지만 그 구성 요소들이 단멸한다고 이야기하는 것도 가능하지 않다. 그것들은 존재하기를 그치는 동시에 또 다른 원인들과 조건들의 집합을 불러일으키기 때문이다. 이것이 연기(緣起, pratītya-samutpāda)라고 알려져 있는 견해이다.

중도에 대한 도덕적 이해는 본질적으로 불교 역사 내내 변화가 없었다. 이는 승가 공동체의 규율인 율장을 통해 잘 볼 수 있으며, 더욱이 그 안에 포함되어 있는 바라제목차(波羅提木叉)에서 훨씬 더 뚜렷이 볼 수 있다. 바라제목차는 율장의 나머지 부분에 비해서도 현저하게 한결같은 모습을 보여준다. 율장은 불교에서의 온갖 다양한 교설들과 교파의 분화에도 경장에 비해서 전반적으로 훨씬 더 큰 안정성을 보여 주며, 경장 역시 삼장의 세 번째 부분인 논장에 비해서는 비교적 더 일관되고 안정된 형태를 지니고 있었다.

철학적이거나 형이상학적 의미에서 중도에 대한 이해는 불교의 복잡하고 연속적인 발전들을 이해하는 열쇠가 된다. 테라바다 불교 운동에서는 중도의 가르침을 연기로 이해하면서 기본적으로 개인에게 적용하여, 개인이 어떻게 윤회에 속박되어 가는지를 설명하는 것으로 이해하였다. 그 설명은 12개의 요소로 이루어지는 인과의 사슬이라는 형태(十二支緣起)를 취한다. 순서대로 설명하면 다음과 같다.

무명(無明)이 의지적 행동(行)을 일으키고, 그것이 의식 활동(識)을 깨우고, 그것이 마음과 몸(名色)을 나타나게 하며, 그것이 여섯 가지 감각 기관(六入)의 원인이 된다. 여기에서 감각 대상과의 접촉(觸)이 생기고, 여기에서 감수 작용(受)이 일어나고, 여기에서 욕망(愛)이 표출되고, 여기에서 집착(取)이 발생하고, 여기에서 다시 계속해서 존재하고자 하는 바람(有)이 형성되고, 그것이 태어남(生)의 원인이 된다. 태어남은 다시 늙음과 죽음(老死)을 일으킨다.

붓다의 생애에 대한 대중적인 설명에 따르면, 그는 출가하기에 앞서, 네 가지 모습 곧 병든 사람, 노인, 시체, 그리고 출가한 비구를 보았다. 그 각각은 병들어 건강하지 못함, 나이 들어 쇠약해진, 죽음에 대한 두려움, 그리고 비구는 그 모든 것을 초월할 수 있다는 희망을 상징한다. 붓다가 이러한 경험 후 충격을 받고 출가하여 삶과 죽음에의 괴로움에 대한 해답을 발견했다면, 여기에서 우리는 마침내 해답을 받았다고 할 수 있다.

십이지연기(十二支緣起)를 역순으로 해독하면 다음과 같다. '늙음과 죽음'은 '태어남' 때문에 생기고, 이것은 존재하고자 하는 '바람(有)'에 의하여 나타나고… 등등. 하지만 이러한 인과의 사슬을 보는 제3의 시각도 있다. 다시 태어나는 과정을 중심으로 하는 것이다. 이 해석에 따르면, 첫 두 개의 사슬은 과거의 생에 속하고, 다음 여덟 개는 현재의 생에, 마지막 두 개는 미래의 생에 속한다.

이처럼 윤회의 과정은 철학적 중도의 맥락에서 설명할 수 있고, 윤회에서 벗어나는 길 또한 도덕적으로 이해되는 중도를 통하여 제시된다. 윤회와 열반 사이에 대립이 있다는 것은 명백한바, 이에 따르면 우리는 윤회의 세계 안에 있으나 궁극적으로는 중도 곧 팔정도를 따라서 그 윤회에서 벗어나 열반을 성취한다.

대승 불교에서 중도의 교설은 윤회와 열반의 차이를 해소시키는 혁명적인 방식으로 해석된다. 이 점은 뒤에 '생사와 열반의 일치'라는 제목으로 자세히 설명하겠다.

# 승가

불교를 바르게 이해하는 데 중요한 사실은 불교의 참된 증언자는 승가 공동체라는 점이다. 마치 이는 가톨릭의 입장에서 볼 때 그리스도교에 대한 증언자는 가톨릭 교회인 것과 같다. 이러한 관점을 확인해 주는 가장 뚜렷한 사실은 다음과 같다. 불교가 인도에서 사라졌다고 말할 때, 우리가 실제로 의미하는 것은 불자들의 공동체가 인도에서 더 이상 발견되지 않는다는 것이지, 그곳의 사람들이 붓다를 존경하지 않거나 그의 많은 가르침을 받아들이지 않았다는 것은 아니다.

불교의 승가는 불교의 구조상 사회나 국가에 관련하여 중요한 역할을 맡고 있다. 승가 구성원의 숫자는 제한되어 있지만, 승가는 엘리트 집단을 이루고 있기 때문이다. 인구 대비 승려의 비율은 지역과 시대에 따라 다양하다.

7세기 현장(玄裝) 스님의 추정에 따르면, 인도에는 52만 명의 승려가 있었고, 그 가운데 8만 명이 대승 불교에 속하였다. 법현(法顯) 스님에 따르면, 5세기 스리랑카에는 6만 명의 승려가 있었다. 같은 세기, 중국에는 약 7만 7,000명의 비구와 비구니가 있었다고 하며, 그 숫자는 6세기에 이르면 200만 명으로 늘어난다. 스리랑카는 19세기 불교가 쇠잔하면서 약 8,000명 정도의 승려만이 남았는데, 그 이후 상황은 개선되고 있다. 티베트에서는 중국의 점령 이전 남성 인구의 3분의 1이 사찰에서 살았다고 하며, 몽골에서 불교의 전성기에 사찰이 인구의 거의 45퍼센트를 흡수하였다고 한다. 하지만 오늘날에는 태국이 승가의 규모에서 선두에 서 있다. 태국에는 1959년에 약 25만 명의 승려가 있었고, 한국은 1947년에 7,000명의 승려가 있었다.

대표적인 불교 국가들 몇몇에서 파악이 가능한 최근의 수치는 아래 표와 같은데, 이 중 스리랑카의 숫자는 근사치이다.

단위: 명

| 국가 | 연도 | 비구 | 비구니 |
| --- | --- | --- | --- |
| 일본 | 1989년 | 64,809 | 48,490 |
| 한국 | 1983년 | 14,206 | 6,549 |
| 태국 | 1985년 | 338,441 | 11,928 |
| 버마 | 1990년 | 143,072 | 23,017 |
| 스리랑카 | 1992년 | 30,000 | 3,000 |

또한 주목할 만한 것은, 북미의 불교 공동체에는 적어도 재가자의 경우 남성과 같은 숫자의 여성 불자가 있다는 점이다.[22]

불교의 구조적 요소로서 승가를 논의할 때는 세 부분으로 나누어 논의할 수 있다. 그 자체의 구조, 사회와의 구조적 관계, 그리고 국가와의 구조적 관계다.

불교 승가는 본질적으로 탈중앙집권적 집단이다. 단지 몇 명의 승려로도 그들 자체의 공동체를 시작할 수 있으며, 그들은 어떤 외부적 권위에도 충성할 책임이 없다. 붓다는 입멸할 때 후계자도 지명하지 않았고, 율장의 계율들을 제외하고는 다양한 불교 수도 공동체들을 규제하는 어떠한 기구도 만들지 않았다. 하지만 승가 공동체의 존재는 뚜렷하게 승려와 재가자들을 구분하게 한다. 그러면서도 재가자의 지원 없이 승가는 존속할 수 없다. 그러므로 승가는 재가자와 공생관계로 존재한다고 볼 수 있다.

---

22) 친절하게도 이 정보를 제공해 준 이들은 다음과 같다. Richard P. Hayes, Jérôme Ducor, H. L. Senaviratna, Rita M. Gross, 그리고 the Embassy of Myanmar In Washington, D.C..

　재가자는 아무리 최소한이라고 하더라도 승가에서 필요로 하는 것을 제공해 주며, 승가는 재가자들의 영적이고 물질적인 복지 모두를 보살펴 준다. 영적인 복지를 보살핀다는 것은 설법 등을 통하여 뚜렷이 볼 수 있고, 승려들이 신비한 힘을 지니고 있어 해당 지역의 물질적 복지에 영향을 미친다는 믿음 또한 아시아에서는 대중적으로 널리 확산되어 있다. 극단적인 사례 하나를 들자면, 스리랑카에서는 때때로 승려들이 군대의 행진에 동행하는데, 비구들의 동행이 '축복이자 보호'를 가져오기 때문이라고 한다. 재가자와 승가의 구분은 뚜렷한 것이었지만, 재가자가 불교의 구원적 환경에서 전적으로 배제되는 것은 아니었다. 재가자들은 승려들이 받는 10계 대신에 5계를 받을 수 있었고, 일정 기간 동안에는 8계까지도 지킬 수 있었다. 더욱이 출가자든 재가자든 모든 불자들에게 공통적인 삼귀의는 별도로 하더라도, 재가자들은 승가에 봉사함으로써 물질적이고 영적인 맥락 모두에서 공덕을 쌓아 더 나은 내세를 확보할 수 있었다.

　유골의 보존과 숭배는 대중적인 종교성을 표현하는 또 하나의 방식으로 아시아 전역에 남아 있는 건축물들이 그것을 증언한다. 이러한 맥락에서, 스투파(stupa), 다고바(dagoba), 그리고 파고다(pagoda)라는 말의 의미를 살펴볼 필요가 있다. 스투파는 유골을 봉안하는 봉분이고, 다고바는 특이한 뾰족탑 양식의 스투파를 가리키는 말이며, 파고다는 중국의 망루에서 유래한 여러 층으로 된 구조물이다. 이 모든 것이 공경의 대상이 된다.

　순례는 승려나 재가자나 왕족 모두에게 언제나 종교적 헌신의 중요한 방식이었다. 4세기 중국인 승려 법현(法顯)의 순례에 대한 다음과 같은 설명은 세계가 지구촌화되기 이전, 순례와 연관된 정감이 어떠했는지를 잘 보여 준다.

법현과 도정(道整)이 기원정사에 처음 도착하여, 예전 그곳에 세
존께서 25년간을 머무셨음을 생각하였을 때, 그들은 마음에 고통
스러운 생각을 떠올렸다. 변방의 나라에서 태어나 같은 마음을 품
은 친구들과 함께 그들은 여러 나라를 여행하였다. 그 가운데 몇
몇은 본국으로 돌아갔고, 몇몇은 죽어서 삶이 무상하고 불확실한
것임을 증명하였으며, 오늘 그들은 이제는 계시지 않지만 붓다가
살았던 장소를 보았던 것이다. 그들은 가슴이 아프고 우울하였는
데, 이때 한 무리의 승려들이 몰려와 어느 나라에서 왔느냐고 묻
기에 "우리는 한(漢) 나라로부터 왔소"라고 대답하였다. 그 승려들
은 탄식하면서 말하기를, "이상하도다, 변방 나라 사람들이 우리
의 법을 찾아 여기까지 오다니!" 그러고 나서 그 승려들은 서로 이
야기하기를, "우리는 내내 스승이자 승려로서 계속해서 법을 이어
왔는데, 우리의 가르침을 추종하는 자들이 한 나라로부터 여기에
오는 것은 결코 본 적이 없다."[23]

아소카 왕이 붓다의 이야기를 통해 성스럽게 된 4대 성지, 곧 붓다가
태어난 룸비니 동산, 깨달음을 성취한 보드흐 가야, 첫 설법을 한 사르나
트, 입멸한 쿠시나라 네 곳 모두에 기념비를 세우도록 했을 때, 신심 깊
은 불자들은 이미 무수하게 그 장소들을 순례하고 있었다. 아소카는 붓
다의 탄생지를 순례하고 다음과 같은 내용의 글을 기념비에 새겨 넣었다.

성스럽고 장엄한 왕께서 즉위한 지 20년이 되어 몸소 이곳에 와

---

23) James Legge, trans., *A Record of Buddhist Kingdoms* (New York: Dover Publications,
1965; 1886년에 초판 간행), pp. 57~58.

서 예배하였다. 이곳에서 석가모니 붓다께서 태어나셨다. 세존께서 이곳에서 태어나셨다는 것을 보이기 위해서 돌 조각상을 세우고 또한 석주(石柱)를 세우도록 하였다.[24]

불교 승가는 독자적인 교회 조직과는 다르기 때문에 호의적이든 악의적이든 일정 정도 국가의 영향을 받을 수밖에 없었다. 만약 승가가 자체의 조직을 갖고 있었다면 그 정도로까지는 영향을 받지 않았을 것이다. 국가는 때때로 승가의를 통제하기 위하여 간섭하였다. 몇 가지 관계 유형을 확인해 볼 수 있는데, 상호 불간섭, 국가에 대하여 자율성을 주장, 승가에 대한 통제나 박해를 통하여 국가의 권위를 주장, 그리고 양자의 일치를 들 수 있다. 불교사를 조망해 보면, 이 네 가지가 다 역사 속에서 발생하고 있음을 알 수 있다.

1. 상호 불간섭은 아소카에 의해서 불교가 사실상 국교로 채택되기 이전의 본보기였다.

2. 자율성 주장은 5세기 진(晉) 나라 때 승려가 왕에게 절하는 것에 반대하여 항의하는 데 성공했던 혜원(慧遠)이 대표적이다.

3. 지원, 통제, 혹은 박해를 통해 승가에 대한 국가의 권위를 주장한 것은 중국의 당나라 때 불교가 겪었던 일이 대표적이다.

4. 양자의 일치는 티베트 불교의 라마 제도, 한국에서 양자의 실질적 융합(550~664년), 그리고 중국의 북위(北魏) 때, 특히 460~464년간이 대표적이다.

---

24) Ch'en, *Buddhism: The Light of Asia*, p. 28.

마지막 경우에서 북위의 승려인 담요(曇耀)는 운강(雲崗)에 다섯 개의 거대한 불상을 조각하게 하였는데, 그 불상들은 당시 붓다의 현현으로 간주된 다섯 황제들과 일치하는 것이었다. 좀 더 현대적인 예로, 태국의 왕은 여진히 승가의 지도자를 임명한다.

불교의 승가는 여러 문화권에서 사회 및 국가의 핵심적인 요소로 존재하고 있었고, 종종 일종의 긴장 관계를 이루기 때문에, 그 긴장을 억제하거나 해소하는 것은 언제나 중요한 현안 가운데 하나였다. 이것은 앞에서 언급한 사례들 가운데 정치적 영역에서 아주 명백하게 드러나며, 사회적 영역에서도 마찬가지였다. 이 부분에서 승가와 재가자의 관계는, 정치적 권위와도 관련하여 항상 명확해야 할 문제였다. 그 방식은 다양했는데, 승가는 정치권력과 마찬가지로 재가자와의 관계에서도 너무 멀리 떨어지거나 지나치게 밀착하는 양 극단을 모두 피하는 길을 걸어야 했다. 승가는 중도의 지침을 따라왔는데, 그에 대한 해석은 역동적이었기에 종종 한 방향의 운동이 지나치면 다른 방향의 운동에 의하여 수정되곤 하였다.

이러한 관점에서 우리는 초기 불교에서의 '무소의 뿔처럼' 홀로 살아가는 수행자의 이상(理想)이, 아미타불의 은총은 비와 햇빛같이 누구에게나 똑같이 내린다고 하여 사제들도 결혼하고 재가자로서의 삶을 살면서 자신들을 의식적으로 구분 짓지 않으려는, 정토진종(淨土眞宗)의 이른바 승가의 세속화와는 대조적이라고 이해할 수도 있을 것이다. 하지만 극단적인 사례들을 별도로 한다면, 더 일반적으로는 세속화나 정치화에 의하여 타협이 지나치게 진행될 때마다 승가의 이상을 강화하려는 시도가 있었다. 예컨대 9세기 스리랑카의 팜수쿨리카(pamsukulika)파는 사찰이 정착되면서 부유해지는 것을 반대하여 '분소의(糞掃衣)'를 입는 전통을 부활시켰다. 이와 유사하게 일부의 승려들이 지나치게 정착하여 머물면서 '도시의 거주자(grāmāvasī)'라고까지 불리게 되었을 때에는, 다른 승려들은 숲 속에서 사는 것을 지향하는 운동을 전개하였다. 반면에 테라바다 불교에서 승가의 고립이 지나친 경향을 보이기 시작하자, 대승 불교는 재가자에 대한 더 큰 관심을 주창하면서 그러한 경향을 수정하는 운동을 펼쳤다.

심지어 붓다 생전에 승가가 시작되었을 때에도 정체성을 확립하는 문제가 불거졌다. 붓다는 여성의 출가를 주저하면서 허락했는데, 제도가 확립된 뒤에도 이 문제에 대해 아난다가 붓다의 판단에 영향을 미친 것을 비난하는 기록이 남아 있다는 사실이 시사하듯이, 어느 정도 유감의 뜻이 남아 있었다는 점은 잘 알려진 사실이다. 승가 내에서의 흐름은 세 단어로 요약될 수 있는바, 바로 수용과 확산과 정화이다. 여성이 승가 내로 받아들여진 것은 수용이라고 할 수 있는데, 이러한 측면은 또한 인도 외부의 다양한 문화에서 승가의 확산을 특징짓는 것이었다. 확산은 수용과 동시에 진행되었으며 이따금 승가의 정화를 필요로 하였다. 이러한 맥락에서 티베트에서 11세기 아티샤의 활약이나 15세기 총카파의 활약은 잘 알려져 있다. 그와 유사하게 6세기 중국의 율종(律宗)이나 8세기 일본의 율종은 승가 규율에 대한 지속적인 강조를 도모하였다.

불교에서 각각의 주요한 발전 단계는 승가의 일정한 변화를 포함한다. 예컨대, 테라바다 불교 운동에서는 승가적 이상이 희석화되는 것을 지속적으로 경계하였고 변화에 반발하였다. 그러한 타협이 일어났을 때에는 저항과 함께 좀 더 초기의 이상으로 재수정하려는 시도가 뒤이어서 전개되곤 하였다. 그러나 대승 불교에서는 재가자에 대한 태도의 변화를 시작했을 뿐만 아니라, 사실상 승가 자체의 변화를 도입하였는데, 그 가운데 가장 의미 있는 변화로는 아마도 약을 보관하지 말라는 계율의 완화를 꼽을 수 있다. 탄트라에서는 폐쇄적 그룹을 위한 예배 규정을 발전시키고 이전의 입장에서는 부도덕하다고까지 할 수 있는 새로운 도덕을 가르치는 등 승가 자체의 기본적 기풍을 변화시켰다고 할 수 있다. 미지막으로 선(禪)에서는 백장(百丈, 720~814년)이 일련의 새로운 규범들을 발전시켰는데, 그중에서 가장 의미 있는 특색은 다음과 같은 말에 잘 나타난다. "하루 일하지 않으면 하루 먹지를 말라." 이처럼 불교 내에서 교리적·경전적·승가적 발전은 병행되어 진행되었다.

## 법의 바퀴는 누구를 위하여 구르는가?

불·법·승이라는 삼귀의처는 불교의 구조뿐만 아니라 불교가 겪어온 변화를 설명하는 데에도 도움을 준다. 건축물로 비유를 들어 보자. 어떤 건물의 형상적 원인을 그 개념이라고 하고, 질료적 원인을 그것을 만드는 데 포함되는 재료, 동력적 원인을 건축가라고 한다면, 법은 형상적 원인, 승가는 질료적 원인, 붓다는 불교라는 건축물의 동력적 원인이라고 구분할 수 있다. 그렇다면 목적적 원인은 어떻게 말할 것인가? 건축물의 경우 그것이 무엇이든 간에, 불교에서 목적적 원인은 열반이다. 어떤 의미에서 집은 열반에 대한 매우 적절한 비유이다. 열반은 공의 실현으로 이루어지는데, 어떤 집이 거주할 수 있게 되는 것, 다시 말해서 어떤 것을 집이 되게 하는 것은, 정확히 말해 그 집이 빈 공간으로 이루어져 있어 그 벽 안이 비어 있기 때문이다.

# 공(空)

## 공의 의미

불교에서 궁극적 실재는 하느님이나 존재 자체 혹은 어떤 실체 같은 것이 아니라 공(空, Śūnyatā)으로서 이 말은 종종 '비어 있음(Emptiness)'이라고 해석된다. 왜 불교에서는 공을 궁극적 실재라고 하는가? 불교는 '공'이라는 용어로 무엇을 가리키는가? 공의 진정한 의미를 이해하기 위해서는 우선 이 단어가 일반적으로 지니고 있는 부정적 함의를 우리의 마음에서 비워 내야 한다. 이러한 측면에서 공이라는 말의 어원학적 설명이 도움이 될 것이다. 창(Garma C. C. Chang)은 자신의 저서 『전체에 대한 불교의 가르침: 화엄 불교의 철학(*The Buddhist Teaching of Totality: The Philosophy of Hwa Yen Buddhism*)』에서 다음과 같이 논의를 전개한다.

…… 공은 '비어 있는'이라는 뜻의 어근 'Śūnya'와 분사 어미 'tā'의 결합어이다. 따라서 공은 '비어 있음'이라고 번역된다. 'Śūnya'는 원래 '붓다'라는 뜻의 어근 'svi'에서 파생된 말로서 '부어 있는 것에 관련되는'이라는 의미를 갖고 있다고 한다. "부어 있는 머리는 비어 있는 머리(A swollen head is an empty head)"라는 속담처럼, 밖에서 볼 때 부어 있거나 팽창되어 있는 것은 대개 안이 비어 있는 것

이다. 따라서 'Śūnyatā'는 현상 세계의 사물들이 바깥에서는 참되고 실체가 있는 것으로 보이지만 실제로 안은 비어 있음을 가리키는 말이다. 그것들은 참되지 않으며 다만 참된 것으로 보일 뿐이다. 공은 어떠한 종류의 자아도 없다는 것을 가리킨다. 모든 사물들은 지속적인 실체나 자아(自性)를 결여하고 있다는 점에서 비어 있는 것이다.[25]

이것이 바로 공이라는 용어의 함의이다. '현상 세계의 사물들이 밖에서는 참되고 실질적인 것으로 보이지만 실제로 안에서는 비어 있다'는 깨달음은 반야바라밀다 문헌에 직관적으로 구현되어 있다. 용수는 특히 그의 중요한 저술인 『중론(中論, Mūlamadhyamakakārikā)』에서 이러한 깨달음을 논리적이고 철학적으로 정식화했다.[26] 『반야경』과 『중론』의 기본적 취지는, 어떤 현상적인 사물이 참된 자성(自性)을 가지고 있다면, 사실상 우

---

25) 다음을 참조하라. Garma C. C. Chang, *The Buddhist Teaching of Totality: The Philosophy of Hwa Yen Buddhism* (University Park and London: Pennsylvania State University Press, 1971), p. 60.

26) 『중론』 제15품에서 용수는 자성을 다음과 같이 검토한다.
조건적 원인에 의해서 자성이 있게 되는 것은 가능하지 않으니, 왜냐하면 원인에 의하여 산출된 것이므로, 자성은 '지어진 것'이 되기 때문이다.(15.1)
실로 어떻게 자성이 있는 것이 '지어진 것'이 되겠는가? 확실히 자성이 있는 것은 정의상 '지어지지 않은 것'이고 그 밖의 어떤 것으로부터도 독립적이다.(15.2)
그 자성에 의하여 존재하는 것이 있다고 한다면 그러한 것의 '비존재'는 있을 수 없다.(15.8)
반론자가 묻기를, 기본적인 자성이 없다면 '다른 것'은 어떻게 될 것인가? 용수가 답변하기를, 기본적인 자성이 있다면 '다른 것'은 어떻게 될 것인가?(15.9)
衆緣中有性, 是事則不然.　性從衆緣出, 即名爲作法.(15.1)
性若是作者, 云何有此義.　性名爲無作, 不待異法成.(15.2)
若法實有性, 後則不應異.　性若有異相, 是事終不然.(15.8)
若法實有性, 云何而可異.　若法實無性, 云何而可異.(15.9)
다음의 책도 참조하라. Frederick J. Streng, *Emptiness: A Study in Religious Meaning* (Nashville: Abingdon Press, 1967), pp. 199~200.

리가 계속해서 경험하는 세계로서 일어나고 스러지는 인과와 변화의 세계는 이해할 수 없게 된다는 사실이다. 따라서 현상적인 사물은 자성을 가지고 존재한다고 할 수 없다. 자성을 가진 존재라는 맥락에서, 현상적인 사물은 비어 있는 것이다.

불자들의 관점에 따르면, '참되거나 실체가 있다'고 일컬으려면 그 자체로 존재할 수 있어야 한다. 하지만 우리가 이 우주를 바라볼 때, 발견하는 것은 우주 안에 있는 모든 것은 다른 어떤 것과의 관련 속에서만 존재한다는 것이다. 아들은 아버지와의 관련 속에서만 아들이고, 아버지도 마찬가지로 아들과의 관련 속에서만 아버지이다. 아버지는 그 자체로 존재하는 것이 아니라 다른 어떤 것과의 관련 속에서만 존재하는 것이다. 불자들은 그 자체로 존재하는 것, 다시 말해서 비의존적인 존재로서, 참되거나 진정한 존재로서의 자격을 획득하는 것을 가리키는 데 자성(自性)이라는 단어를 사용한다. 하지만 세계 내의 모든 것이 다른 무언가에 의존함으로써만 그 무엇일 수 있다면, 이 우주 내의 어떤 것도 자성, 즉 진정한 자기 존재를 갖고 있다고 할 수 없으며, 따라서 모든 것은 비어 있다고 하는 것이다.

예컨대 우리는 불이라는 현상을 잘 알고 있다. 우리는 또한 불이 타는 데에는 연료가 필요하다는 것을 알고 있다. 그런데, 도대체 연료 없이 불이 존재할 수 있는가? 그럴 수는 없다. 그러면 불 없이 연료는 존재할 수 있는가? 우리는 그렇다고 말하고 싶어질 수도 있지만, 불교에서는 그렇게 말하기 전에 잠깐 멈추어 보라고 한다. 나무 한 토막은 불이라는 현상이 없다면 '연료'라는 자격을 획득할 수 없다. 이때 나무 한 토막은 그저 나무 한 토막으로 남을 뿐이니, 그것을 연료로 만드는 것은, 그것이 불에 사용될 수 있다는 가능성 때문인 것이다. 따라서 그것은 자성 곧 연료로서의 자체적인 본성은 간직하고 있지 않다.

우리는 이러한 사례를 통해서 용수가 말하는 자성의 정의를 알 수 있게 된다. 자성이란 다른 어떤 것에 의존하여 생산되는 것이 아니기에 스스로 존재하는 것이다. 그것은 변화나 생성이나 소멸이 없는 지속적이고 영구적인 존재이다. 자성은 분할되지 않는 단일한 존재이다. 간단히 말해서 용수가 의미하는 자성이란 스스로 존재하며 지속적이고 단일한 실체이다. 그러한 자성은 개념의 실체화 혹은 사물화에 다름 아니며, 사고와 언어의 세계 밖에서는 어디에도 존재하지 않는다.

우리 일상생활에서 언어의 역할은 매우 커서, 사람들은 마치 단어나 개념에 상응하는 지속적이고 불변하는 실체가 있는 것처럼 생각하면서 단어나 개념을 쉽사리 사물학하거나 실체화한다. 달리 말해서 사람들은 어떤 단어의 의미에 함축되어 있는 보편성과 항상성을 사물 그 자체에 종종 적용한다. 특히 개념들의 실체화를 통해 구축되는 형이상학의 세계에 들어가는 이들은, 사실의 영역은 단지 현상일 뿐이고, 스스로 존재하는 자성이 참이라고 생각한다. 용수의 시대에는 아비달마 철학과 같이 언어에 관한 다양한 형태의 형이상학이 유행이었다. 『반야경』과 『중론』은 형이상학에 대한 그러한 집착을 돌파하고자 저술되었다.


## 개념, 언어, 그리고 실재

일상에서 경험하는 사례를 들어 이 문제를 좀 더 설명해 보자. 미국 사람들은 캘리포니아를 '웨스트 코스트(West Coast, 서쪽 해안)'라고 부르곤 한다. 그래서 그들은 종종 캘리포니아가 '웨스트 코스트'라고 불리는 실체, 다시 말해서 '웨스트 코스트'라는 개념에 상응하는 실체라고 생각한다. 하지만 캘리포니아가 워싱턴이나 뉴욕이나 보스턴 쪽의 입장에서는 웨스트 코스트라고 불릴 수 있지만, 그것은 단지 상대적인 개념일 뿐 스스로 존재하는 실체는 아니다. 하와이나 일본 쪽에서 캘리포니아를 바라보면, 캘리포니아는 웨스트 코스트가 아니라 이스트 코스트(East Coast, 동쪽 해안)이다. 다시 브리티시 콜럼비아에서 캘리포니아를 바라보면, 캘리포니아는 사우쓰 코스트(South Coast, 남쪽 해안)이다.

동과 서, 남과 북, 이 모든 것은 지속적인 실체가 없는 상대적인 개념들일 뿐이다. 절대적인 동쪽이나 절대적인 서쪽, 절대적인 남쪽이나 절대적인 북쪽은 존재하지 않는다. 절대적인 동쪽이나 절대적인 서쪽이라는 개념은 단지 사람들이 만든 개념적 구성물일 뿐이며 참으로 실재하는 것이 아니다. 오히려 그것은 실체가 없는 것이고 비어 있는 것이다. 이것은 쉽게 이해될 수 있다. 오른쪽과 왼쪽, 높은 곳과 낮은 곳, 큰 것과 작은 것 등등의 개념에 정확히 똑같은 이해가 적용될 수 있다. 실제로는 절대적인 오른쪽이나 절대적으로 높은 곳, 혹은 절대적으로 큰 것은 존재할 수 없다.

그러나 선과 악, 참과 거짓, 미와 추 등의 개념에 다가가게 되면, 상황은 그렇게 간단하지 않다. 여러 철학과 종교에서는 절대 선(summum bonum, 지고의 선)과 절대 악(원죄와 영원한 벌)에 대하여 이야기한다. 동과 서, 높은 곳과 낮은 곳, 큰 것과 작은 것 등의 개념이 물질적이고 객관적이며 가치 중립적인 차원을 가리키는 것과 달리, 선과 악, 참과 거짓, 그리고 미와 추 등의 개념은 실존적이고 주관적이며 가치 지향적인 차원을 가리키기 때문이다. 이러한 개념들은 단지 존재적이거나 존재론적인 차원(어떤 것이 존재하는 양상에 관한 차원)에 위치해 있지 않고, 가치론적인 차원(어떤 것이 어떠해야 한다는 것에 관련되는 차원)에 위치해 있다. 이 가치론적인 성격 때문에, 선과 악, 참과 거짓, 그리고 미와 추 등의 개념은 불가피하게 절대 선, 절대 악, 절대 참, 절대 거짓 등등의 개념으로 나아가는 것이다.

그래서 사람들은 예컨대 지속적이고 불변하며 보편적인 실재로서 절대 선의 개념을 믿게 되며, 그것이 자신의 윤리적 삶의 궁극적 목표라고 여긴다. 그러나 불교에서는, 특히 용수와 그의 중관(中觀) 철학에서는 절대 선의 개념이나 그 밖의 유사한 개념들이 불변하거나 영구한 것이 아니라 실체가 없고 비어 있다고 주장한다. 이는 가치론적 차원에서 예컨대 절대 선의 개념은 선이라는 개념의 실체화 내지는 사물화에 불과하기 때문이다. 용수에 의하면 무엇보다도 우선 선과 악이라는 구분 자체가 사람들이 만들어 낸, 실체가 없는 개념의 사물화 내지 실체화에 불과하다. 단적으로 말해서, 모든 가치 판단은 궁극적으로 인간이 개념적으로 구성해 낸 것으로서 그 실체는 없는 것이다.

용수에게 모든 가치 판단은 분별(vikalpa)이라는 인간의 사고에서 일어나는데, 그것은 차별적이고 분열적이며 이분법적인 사고방식이다. 그가 보기에는 이러한 분별이야말로 괴로움의 원천이다. 왜냐하면 사람들이 거기에 집착하여 차별적이고 이분법적인 생각들을 참되고 실질적인 것이라며 매달리기 때문이다. 우리가 분별로부터 자유로워져서 이분법적인 차별의 공함을 깨닫게 된다면, 우리는 공에 대한 깨달음을 통하여 괴로움으로부터 해방되는 것이다. 『중론』 제18장에서 용수는 다음과 같이 이야기한다.[27]

행위의 고통(번뇌, kleśa)을 파괴함으로 써 해탈이 있다. 행위의

---

27) Streng, *Emptiness*, p. 204.

고통은 그 고통들을 짓는 이에게 존재하는 것이다. 이 고통들은 현상적인 부연(敷衍), 곧 희론(戱論, prapañca)에서 결과하는데, 이러한 희론은 공에 의하여 멈춘다.(18.5)

사고의 영역이 흩어졌을 때, '서술될 수 있는 것'은 흩어진다. 열반과 같이 기원이 없고 종료가 없는 것들이 진리(法性, dharmatā)이다.(18.7)

'어떤 것에 의하여 야기되지 않은 것', '평화로운 것', '추론적인 사고에 의하여 다듬어지지 않은 것', '한정되지 않은 것', '차별화되지 않은 것' 이런 것들이 참된 실재(如如, tattva)의 특징들이다.(18.9)


현상적 부연과 추론적 사고로 풀이한 희론은, 원래는 사고와 언어의 복잡한 전개를 포함하는 다양성 혹은 복수성을 가리켰다. 용수에게 희론은 언어적 다양성 혹은 언어에 의한 가공물을 의미한다. 분별은 희론으로부터 일어나는데, 인간의 사고는 실재와 무관한 가공물에 불과하기 때문이다. 언어에 기반한 인간 사고의 전개는 도착(倒着)이다. 우리는 사고와 판단에 대한 집착으로부터 비추론적인 직관의 영역으로 거슬러 올라갈 필요가 있다. 그 가운데 우리는 언어 이전의 실재와 대면하게 된다. 이것이 공의 영역이다. 공은 언어를 떠난 직관 속 세계의 실재를 가리키며, 이에 따라 분별에 대한 집착으로 생겨나는 괴로움에서 해방될 수 있다. 따라서 공은 철학적 개념일 뿐만 아니라, 종교적이고 구원적인 개념이기도 하다.

## 종교적 차원에서의 실체화

이 글의 앞부분에서 우리는 존재적 내지 존재론적 차원과 가치론적 차원에서 사람들이 만들어 낸 개념들이 사물화되고 실체화되는 문제를 살펴보았다. 또한 현상적 사물들은 실체가 없으며 공함을 깨달아 개념들의 실체화로부터 해방되어 참된 실재를 깨달을 필요가 있음을 언급하였다.

윤리의 영역에서 종교의 영역으로 나아갈 때에도 정확히 똑같은 문제가 결부되어 있다. 선과 악, 참과 거짓, 미와 추 등과 같은 가치론적이며 가치 지향적인 영역에서 판단의 기준은 중요하다. 그에 따라 가치 판단과 그 기준은 쉽게 사물화되거나 실체화된다. 그러나 종교의 영역은 가치 판단을 넘어서 있다. 그것은 하느님의 무조건적인 사랑이나 붓다의 무제한적인 자비에 기반하고 있으며, 또한 하느님의 신성한 의지나 시고의 지혜에 의하여 지지되고 있기 때문이다.

윤리의 영역(선과 악), 학문의 영역(참과 거짓), 그리고 미의 영역(미와 추)과는 달리, 종교의 영역은 가치 판단의 사물화 내지 실체화로부터 자유롭다. 예컨대 그리스도교에서 예수는 "나는 선한 사람을 부르러 온 것이 아니라 죄인을 부르러 왔다"라고 하였다.(「마태복음」, 9.13) 불교에서 신란은 아미타불의 무조건적인 자비를 강조하였다. 그는 "정토에서는 착한 사람마저도 구원이 된다. 악한 사람은 훨씬 더 그렇지 않겠는가?"라고 선언하였다.[28]

이처럼 그리스도교와 불교 모두에서 가치 판단은 초월될 뿐만 아니라 역전된다. 그러나 한 단계 더 나아가면, 우리는 가치 판단과 궁극적 실재에 대한 이해에 관련하여 그리스도교와 불교 사이에서 중요한 차이를 발

---

28) *The Tannisho* (Kyoto: Ryukoku Translation Center, 1966), p. 22.

견하게 된다. 그리스도교에서는 희랍적인 의미에서의 지혜를 포함하여, 인간이 만들어 내는 온갖 가치 판단들이 다 하느님에 의하여 초월된다고 하지만 그러면서도 하느님 자신은 '지혜로우신 오직 한 분 뿐이신 하느님'(「로마서」 16.27)이자 '만민의 심판자'(「히브리서」 12.23)라고 믿는다. 실로 그리스도교에서는 궁극적 실재로서의 하느님을 선과 악의 이분법을 넘어서는 지고의 선이자 모든 가치 판단의 원천이며, 하느님의 의지는 스스로 존재한다고 믿는다. 이와 대조적으로 불교에서 궁극적 실재인 열반은 지고의 선이나 모든 것의 심판자가 아니라, 선하지도 않고 악하지도 않은 것이다. 불교에서 궁극적 실재는 모든 이분법을 철저하게 초극하여 불이(不二)의 실재로서 깨닫게 되는 것이기 때문이다.

그리스도교의 신 개념이 단지 초월적이지만은 않다는 점은 명백하다. 동일본질(homoousia)의 맥락에서, 하느님은 예수 그리스도의 육화를 통하여 온전히 내재적이면서도 온전히 초월적이다. 하지만 내재와 초월, 인간이면서 동시에 하느님인 인격과 신격의 이러한 역설적 일치는 내재적이지도 않고 초월적이지도 않고 인간적이지도 않고 신적이지도 않음에 대한 명료한 깨달음이 없는 채로 구현된다. 역설적인 일치는 부정의 부정, 다시 말해서 절대적인 부정 없이 다소 객관적으로만 구현된다. 따라서 그리스도인은 예수 그리스도에 대한 신앙을 통하여 그리스도의 죽음과 부활에 참여하지만, 신비주의의 몇 가지 형태를 제외하고는 하느님과 일치되는 것은 아니다. 이러한 의미에서 그리스도교의 신 개념은 근본적으로 초월적이면서도 사물화 내지 실체화로부터 온전히 자유롭지 못하다.

여기에서 필자는 사물화 내지 실체화라는 말을 특수한 의미로 사용하고 있다. 특히 변증법적이고 상호적이며 필연적으로 성부와 성자와 성령의 맥락에서 이해되는 삼위일체적 하느님 개념에서, 그리스도교의 하느님 개념은 신성(神性)의 사물화 내지 실체화가 명백히 아니다. 하지만 삼위일체적 하느님과 인간의 자아가 온전히 상호적인가, 그리고 이러한 삼위일체적 하느님과 각각의 인간 이외의 피조물은 또한 온전히 상호적인가?[29]

반면 불교는 종교적 차원에서 사물화 내지 실체화의 가능성을 명료하게 깨닫고 있다. 우선 불교에서는 가치론적 차원을 초월하면서 모든 이분법을 완전히 초월하고 비이분법적인 입장에 도달한다. 이것이 의미하는 바는 이분법의 양극단, 예컨대 선과 악이 그 양극단의 이중 부정을 통해서 동등하게 초극된다는 것이다. 이중 부정은 지고의 선을 수반하는 것이 아니라, 선도 아니고 악도 아님을 수반한다. 이러한 연유로 불교에서 궁극적 실재는 지고의 선으로서의 하느님이 아니라 선도 아니고 악도 아닌 공이다.

위와 같은 점이 그리스도교와 불교의 첫 번째 중요한 차이다. 이러한 차이는 불교가 부정의 부정을 통하여 가치론적 차원에서 가치 판단의 이분법을 완전히 극복하고, 그리하여 심지어 절대 선이라는 개념으로부터도 전적으로 자유로운 종교적 차원에 도달한다는 사실에서 나온다. 그러나 그리스도교는 가치론적 차원에서 가치 판단을 초월하면서, 부정의 부정이 아니라 선의 극점을 향하여 나아간다.

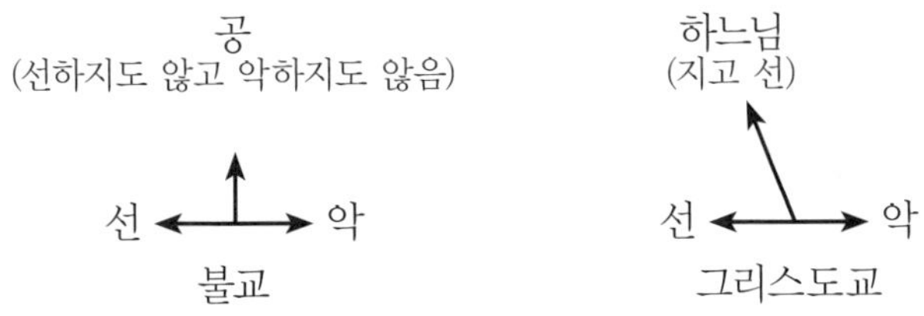


---

29) 다음을 참조하라. J. Cobb and C. Ives, eds., *The Emptying God: A Buddhist-Jewish-Christian Conversation* (New York: Orbis Press, 1990), pp. 162~169.

다시 말해 이러한 차이가 발생하는 까닭은, 불교에서는 선과 악이라는 개념이 실체가 없고 비어 있다는 것을 명료하게 깨달아 어떠한 실체화나 사물화도 주의 깊게 배격하는 반면에, 그리스도교에서는 신성한 정의에 대한 강조로 선이라는 개념이 실체가 없고 비어 있다는 점을 철저하게 인식하지 못하기 때문이다. 그리고 선이라는 개념이 절대화될 때는 어느 정도의 실체화 내지 사물화가 불가피하다. 여기에서 우리는 궁극적 실재에 도달하기 위해서는 선의 개념이 심지어 절대화되어 있더라도 그것이 비어 있다는 사실을 깨닫는 일이 얼마나 중요한지 주목할 필요가 있다.

## 공의 자기 비움

궁극적 실재와 관련하여 그리스도교와 불교 간에 두 번째로 중요한 차이는 다음과 같다.

불교에서는 궁극적 실재로서의 '공'조차 비워져야 한다. 공이 아무리 중요하다고 하더라도 그것이 표상화되고 우리가 그것을 공이라고 하면서 집착하게 되면, 그것은 참된 공이 아니다. 용수의 『중론』에 따르면, 불확실하게 파악된 공은 잘못 잡은 뱀이나 잘못 적용된 주술적 지식에 비견된다.[30] 대상화되고 개념화된 공은 비워져야 한다. 공의 자기 부정 내지 자기 비움은 공에 대한 진정한 깨달음에 있어 필수적이다. 이와 대조적으로 그리스도교에서는 그리스도의 자기 비움(kenosis)이 강조되기는 하지만(「필립비서」 2.5~8), 하느님의 자기 비움이 필연적으로 강조되지는 않는다.[31]

---

30) 『중론』 (24.11). 다음을 참조하라. Streng, *Emptiness*, p. 213.
31) Cobb and Ives, *The Emptying God*, p. 9.

일반적으로 그리스도교 신학은 하느님이 하느님 됨을 그만두지 않고서 하느님의 아들이 인간으로 되었다고 한다. 한스 큉(Hans Küng)은 자신의 저서 『신은 존재하는가?(*Does God Exist?*)』에서 이렇게 말한다.

성부 하느님과 하느님의 아들을 구별하는 것, 성부 하느님에 대한 그의 복종과 순종은 물론 『신약 성서』 어디에서나 지지되고 있다. 성부는 그 아들보다 '더 위대하시고' 아버지에게만 알려지고 아들에게는 알려지지 않은 일들도 있다. 그리고 『신약 성서』 어디에도 하느님 자신의 육화를 언급하는 곳은 없다.[32]

필자는 지금까지 논의된 바에 따라, 불교의 공 개념과 관련하여 다음 세 가지 점이 명료해지기를 희망한다.

1. 궁극적 실재에 도달하는 데 불교는 인간이 만든 개념의 실체화 내지 사물화를 배격하고 존재적이고 가치론적인 차원에서 모든 이분법적 개념들이 실체가 없으며 비어 있음을 깨닫는 것이 중요하다고 강조한다.

2. 따라서, 불교에서의 궁극적 실재는 하느님이나 존재나 실체가 아니다. 오히려 그것은 종교적 차원에서 어떠한 사물화나 실체화로부터도 자유로운 '공'이다.

3. 이러한 공은, 공에 대한 어떠한 집착도 배격된다는 점에서, 그 자체가 비워져야 하는 것이다. 참된 공은 모든 것이 실체가 없

---

32) Cobb and Ives, *The Emptying God*, p. 14. 또한 다음의 책도 참조하라. Hans Küng, *Does God Exist?* (Garden City, NY: Doubleday, 1980), pp. 684~685.

다고 하는 정태적인 상태를 말하는 것이 아니라, 오히려 그 자체
를 포함하여 모든 것을 비워 내는 역동적인 작용이다.

불교에서 모든 것이 예외 없이 비어 있다고 선포할 때는, 이 세 가지 점
이 함축되어 있다.


## 공과 연기[33]

공 개념은 허무주의적이지 않다. 그것은 적극적이고 긍정적인 측면을
갖는다. 공의 가르침에서 궁극적으로 부정되는 것은 자아(Ātman)와 실체
화된 자성(自性, svabhāva)이다. 그 부정을 통해 참된 실재는 스스로 드러난
다. 부정이 중관 철학의 필수적 요소이기는 하지만, 그것이 단순한 부정
에 불과하다면 중관 철학은 허무주의적이라고 말할 수 있을 것이다. 자
아와 자성의 부정을 통해서, 다시 말해 모든 것이 공함을 깨달음으로써
스스로 드러나는 것이 연기의 법칙이다. 용수에게 공과 연기는 동의어이
다. 이러한 연유로 그는 『중론』 제24장에서 다음과 같이 말한다.[34]

> '연기'를 우리는 '공'이라고 부른다. 다른 모든 것을 고려하는 이
> 러한 파악이 중도에 대한 이해이다.(24.18)


---

33) 마지막 두 소절(小節)에서 필자는 다음과 같은 이들에게 빚지고 있다. 長尾雅人, 『中
觀と唯識』(東京: 岩波, 1978), pp. 6~21 ; Nagao Gadjin, *The Fundamental Standpoint
of Mādhyamika Philosophy*, trans. John Keenan (New York: SUNY, 1989) ; 梶山雄一,
『空の論理』(東京: 角川, 1980).

34) Streng, *Emptiness*, p. 213.

독립적으로 일어나는 법은 없기에, 비어 있지 않은 법은 존재하
지 않는다.(24.19)

실로, 연기의 진리를 통찰하는 것은 중관 철학의 중심 책무였다. 연기
는 초기 불교의 근본적 입장을 제시하는 가장 기본적인 가르침이다. 역
사적으로 말하자면, 연기의 가르침은 초기 불교에서부터 중관에 이르기
까지 계속해서 주장되어 왔다. 이러한 발전 과정에서, 연기에 대한 소승
의 정형화된 해석과는 대조적으로, 중관 철학은 공에 대한 철저한 깨달
음에 기반하여 연기의 역동적인 본래 성격을 부활시켰다.

연기의 가르침은 인과적 관계를 가리키지만, 용수가 이해한 연기는 독
립적으로 존재하는 원인으로부터 독립적으로 존재하는 결과로의 과정을
의미하지는 않는다. 그가 『중론』 제24장 19절에서 이야기하듯이, "독립적
으로 일어나는 법은 없기에, 비어 있지 않은 법은 존재하지 않는다." 원인
이라고 불리는 법과 결과라고 불리는 법, 둘 모두 독립적 존재로서의 실
체성을 결여하고 있다.

우리는 연료가 불의 원인이며 불은 연료의 결과라는 사실을 알고 있
다. 이제 추가적인 질문, 불과 연료 중에 어느 것이 먼저인가를 물어보자.
불이 먼저라고 하면, 우리는 '연료' 없이 타는 불이라는 논리적 모순과 마
주하게 된다. 연료가 먼저라고 하더라도, 우리는 결과에 대해서 알지 못
하면서 원인을 구분해 낸다고 하는 논리적 모순과 마주하게 된다. 그 둘
이 동시에 나타났다고 하면, 모든 연료는 동시에 불에 타고 있어야 할 것
이다.

용수에게 연기란 각각의 모든 사물의 독립적인 실체성이 완전히 부정
되고 그것들이 비어 있다는 것 깨달을 때 참된 의미에서 깨닫게 되는 것

이었다. '조건적 원인의 분석'이라고 제목을 붙일 수 있는 『중론』 첫 장에서, 용수는 다음과 같이 말한다.[35]

존재하는 사물들 가운데 어떠한 것도 스스로에게서나, 다른 어떤 것에서나, 그 둘 모두에게서나, 혹은 원인이 없는 채로 발생하는 것은 발견된 적이 없다.(1.1)

하지만 이 문장은 '발생' 그 자체를 부정하지는 않는다. 불은 경험적으로 연료에서 '발생한다.' 다만 여기에서는 어떤 독립적인 자성을 가진 실체의 존재를 부정하고 있을 뿐이다. 다시 말해서 이 문장은 단지 어떤 독립적인 실체 없이 의존적으로 발생하는 작용을 시사하고 있을 뿐이다. 따라서 우리는 용수에게 공의 깨달음이 연기의 법칙과 불가분의 관계라는 점을 알게 된다.

## 이제설

중관 철학에서 말하는 공과 연기의 일치는 언제나 두 가지 진리의 이론과 연관되어 있었다.[36] 여러분은 위에서 말한 것에 대하여 당혹스러움

---

35) Streng, *Emptiness*, p. 183.
36) 중관 철학에서는 실재를 두 가지 차원, 곧 세간적 차원의 세속제(世俗諦)와 궁극적 차원의 승의제(勝義諦) 두 차원에서 바라보고 있다. 나가오 가진은 다음과 같이 설명한다.
   "세속제와 승의제라는 두 술어는 각각 세간적인 차원과 초세간적 차원이라는 개념에 상응한다. 보통 일상적인 의식의 세계는 여기에서 세간적인 차원으로 언급되는데, 여기에는 생물학적 세계만이 아니라 인간의 문화와 사회의 세계도 포함된다. 더 높은 초월적 세계는 종교적이고 누멘(numen)적인 세계로 여겨지고, 궁극적인 의미는 일상적인 세계를 부정하고 넘어서서 초월하는 데에서 확립된다."

232

을 느끼면서 이 모든 철학적 작업이 여러분의 일상적 경험에 배치된다고 불평할지도 모르겠다. 아무리 많은 이론이 있다고 하더라도 여러분이 실제로 불과 연료를 사용해서 바비큐 요리를 한다는 사실을 논박할 수는 없다. 굽는 것은 불의 속성이고(그런데, 불이 독자적으로 구울 수 있을까?), 연료와 불 양자가 모두 공하다는 온갖 이야기에도 여러분은 자신의 스테이크를 즐길 것이다.

불자들은 불과 연료처럼 사물들에 대한 우리의 일상적인 생각들이 실제적 효용성을 갖고 있음을 부정하지 않는다. 그들이 말하는 것은 다만 이러한 생각들이 철학적인 엄밀성을 견뎌 낼 수 없다는 점이다. 우리는 매일 아침 해가 뜨는 것을 본다. 천문학자들 또한 해가 뜨는 것을 보지만, 그들은 해가 고정되어 있는 항성(恒星)이라서 이러한 우리의 경험은 과학적 엄밀성을 견뎌 낼 수는 없다는 사실을 알고 있다. 해는 뜰 수 없는 것이다. 지구의 회전 때문에 해가 뜨는 것처럼 보일 뿐이다. 이처럼 우리는 두 가지 차원에서 살아가고 있다. 현실적 관점에서 우리는 해가 뜨는 것을 보고 또한 해가 뜬다고 말하기도 하지만 천문학적 관점에서는 이러한 현상이 부정된다.

불자들도 이와 유사하게 진리의 두 가지 차원, 곧 세속적 차원과 궁극적 차원에 대하여 이야기한다. 세속적으로 해는 뜨지만 실제로는 뜨지 않는 것이다. 세속적으로는 사물들이 존재하지만 실제로 그 사물들은 비어 있는 것이다.

공에 대한 깨달음이 없는 상태에서 연기는 생사유전(生死流轉)의 세간적이고 세속적인 진리, 곧 윤회의 영역을 가리킨다. 궁극적 진리의 입장

---

다음을 참조하라. Nagao Gadjin, *The Fundamental Standpoint of Mādhyamika Philosophy* (Albany: State University of New York Press, 1989), p. 23.

에서 말하면 이러한 윤회의 영역은 무명에 기반한 괴로움의 영역이다. 그러나 우리 일상생활에서 연기의 개념은, 인과와 윤회의 맥락에서 이해할 때, 세속적으로 유용하고 참되다. 관습적이거나 세속적인 입장에서 말하면 윤회는 단지 실체가 없는 것이 아니며, 세속적인 진리를 포함하고 있다. 하지만 윤회의 과정은 그것이 아무리 세속적으로 참되다고 해도, 근본적인 무명에 뿌리를 두고 있고 괴로움으로 가득 차 있다. 왜냐하면 거기에서의 인과 관계는 공에 대한 깨달음 없이 이해되고 있기 때문이다. 따라서 무명을 극복하여 지혜를 깨닫는 일이 중요하고, 윤회로부터 해탈하여 생사유전으로부터 벗어나 지극히 행복한 자유의 경지인 열반에 도달하는 것이 중요하다.

그래서 불교에서는 윤회에 머물지 않는 것, 다시 말해서 윤회의 세계에 집착하지 않는 것을 강조한다. 이러한 초연함 속에서, 윤회를 초월하는 경지가 열리며 궁극적인 진리가 온전히 구현된다. 하지만 이는 연기의 부정을 수반하지 않는다. 오히려 연기 개념은 더 높은 차원에서 복원된다. 만약 궁극적 진리를 단순하게 세속적 진리와 구분하고, 불교적 삶의 목표가 세간적 삶을 넘어서는 것이라고 간주한다면, 그것은 궁극적 진리에 대한 참된 깨달음이 아니다.

왜냐하면 궁극적 진리는 여전히 세속적 진리와 상대적 관계에 놓여 있으며, 세속적 진리로부터의 연장이기 때문이다. 궁극적 진리는 세속적 삶과 구별되어 초월적이기만 한 것이 아니기에 궁극적 진리와 세속적 진리 사이의 구별에 집착해서는 안 된다. 궁극적 진리는 세간적 삶을 포용하면서 세속적 의미를 정당화한다. 이제설은 단지 궁극적 진리를 선호하고 세간적 내지 세속적 진리를 논박하기 위하여 의도된 것이 아니라, 두 진

리의 역동적인 구조와 상호 관계를 가리키고 있는 것이다.[37]

## 생사와 열반의 일치

중관 철학에서 공과 연기의 일치 및 두 진리 사이의 역동적인 상호 관계는 '생사 그대로가 열반(生死卽涅槃)'이라는 대승 불교의 가르침에서 종교적으로 온전하게 구현된다.[38]

불자들의 삶의 목표는 열반인데 그 열반은 생사, 곧 윤회를 극복함으로써 도달된다. 괴로움으로부터 벗어나기 위해서는 윤회에 집착해서는 안 된다. "하지만 그 오랜 역사 내내 대승 불교는 언제나 '생사에 머물지 말라'와 함께 '열반에 머물지 말라'를 대등하게 강조해 왔다. 이른바 생사를 초월하여 열반에 머문다면 그 사람은 집착 곧 열반에 대한 집착으로부터 아직 자유롭지 못하며, 열반과 생사 사이의 차별에 묶여 있다고 할 수밖에 없다."[39] 그런 사람은 여전히 "이기적인데, 왜냐하면 생사에 속박되어 있는 다른 중생들의 괴로움으로부터 떠나 자기 자신만의 깨달음에 고상하게 머무르기 때문이다. 참된 무아와 자비는 열반마저 초월하여 언제나 변하는 무상한 세계의 괴로움 한복판으로 돌아가 그 안에서 활동할 때

---

37) 두 가지 진리의 이처럼 역동적인 상호 관계를 나가오 가진은 다음과 같이 설명한다. "이 두 진리는 각각이 다 유용하며, 그 자체로 참되다. 각각이 참되고 그 자체로 유용하다고 바꾸어 말할 수도 있다. 두 진리는 동시에 의존적으로 일어나며 비어 있다. 실로 두 진리에 대한 통찰로 인하여 용수는 공을 연기와 일치시켜서 볼 수 있었다. 역으로 말하자면 공은 단순히 궁극적 의미의 침묵이 아니라, 세속적 진리의 실제적 작용이기도 하다. 연기는 단순히 세속적인 것이 아니라, 궁극적 의미에 대한 깨달음의 연기이다." Gadjin, *The Fundamental Standpoint of Mādhyamika Philosophy*, p. 31. 원문을 필자가 다소 수정해서 인용했다.
38) Masao Abe, *Zen and Western Thought* (Honolulu: University of Hawaii Press, 1985), p. 178. 필자가 다소 수정해서 인용했다.
39) Abe, *Zen and Western Thought*.

에만 구현될 수 있다."⁴⁰⁾

　"따라서 대승적 의미에서 열반은 생사를 초월하면서도 윤회 그 자체로 완벽하게 돌아가는 것을 통해서 생사를 더도 말고 덜도 말고 생사 그 자체로 깨닫는 것에 다름 아니다. 이러한 연유에서 대승 불교는 참된 열반에 관하여 '생사 그대로 열반'이라고 종종 말하는 것이다." 열반은 참으로 "지혜의 근원인데, 왜냐하면 그것은 차별 짓는 마음으로부터 전적으로 자유롭고 따라서 아무런 집착의 감정 없이 모든 것의 독특하고 특징적인 모습들을 있는 그대로 볼 수 있기 때문이다. 그것은 또한 자비의 근원인데 왜냐하면 스스로 생사의 세계로 돌아감을 통해서 생사 속에 있는 다른 모든 이들의 구원에 사심 없이 관심을 쏟기 때문이다."⁴¹⁾ 이처럼 대승 불교에서는 '지혜를 구하여 생사에 머물지 않고 자비를 성취하고자 열반에 머물지 않는 것'을 강조한다. 이처럼 온전히 생사로부터 열반으로, 열반으로부터 생사로 머무는 바 없이 자유로이 움직이는 것이 대승적 의미에서의 참된 열반이다. 그리고 이것이 '공'의 구원적 의미이다.⁴²⁾

---

40) Abe, *Zen and Western Thought*, p. 49.
41) Abe, *Zen and Western Thought*, p. 178.
42) 또한 다음을 참조하라. Cobb and Ives, *The Emptying God*, pp. 29~33.

# 불교는 어떻게 활동하는가

## 승가의 중요성

불교를 공부하는 데 승가 제도를 분석하는 작업은, 붓다 생애의 카리스마 넘치는 광채나 시대를 따라 전개되는 가르침의 파노라마 같은 장엄함에 비하면 지루하고 맥 빠지는 일처럼 보인다. 하지만 한 건물의 토대가 거의 보이지 않으면서도 장엄한 상부 구조를 지탱하는 것과 꼭 마찬가지로 불교를 지탱하는 것은 승가이다. 승가가 기능하는 한 불교는 살아 움직이고 있으며, 승가가 무너지면 불교도 붕괴한다.

불교의 맥락에서 승가의 역할은 피상적 관찰자에게도 명확하게 드러난다. 사실상 오렌지색 옷을 입은 스리랑카 승려들에서건, 엷은 자주색 옷을 입은 티베트 승려들에서건, 짙은 갈색 옷을 입은 베트남 승려들에서건, 검은색 옷을 입은 일본 선사들에서건 아주 눈에 띈다. 하지만 간과되기 쉬운 것이 있으니 바로 종교적 체계로서의 불교를 유지하는 데 승가가 하는 결정적 역할이다. 여기에 내포된 의미를 온전히 이해하려면 다음과 같은 점들을 염두에 둘 필요가 있다.

1. 불교는 역사상 주요한 종교 전통들 가운데 수도원을 제도화
   시키기 시작한 최초의 전통이다(고대 인도의 한 종파인 자이나교를 아

마도 예외로 언급할 수 있다). 떠돌아다니는 종교적 걸식자들은 인도에서는 멀리 『리그베다』의 시기까지 거슬러 올라갈 수 있지만, 승려들의 정규적 공동체를 조직한 이는 붓다였다. 그것은 종교 사상사에서 주요한 발전이었고, 다른 모든 유용한 혁신과 마찬가지로 급속하게 유행하여 다른 종교들도 모방하기 시작했다. 불교가 흥기할 당시 수행자적 금욕주의는 힌두교의 일부분이 되어 있기는 하였으나, 붓다의 기여는 거기에 공동 생활적 차원을 부여한 데 있었다.[43]

2. 많은 학자들이 다음과 같은 취지의 진술을 해왔다. "승가 조직의 지속성은 불교사에 유일하게 항구적인 요소이다"라거나 "대승이든 대승이 아니든 불교에 존재하는 통합적 요소는 승려들과 그들의 승가 규율 준수에서 제시할 수 있다"라고 하는 진술이 그러하다. 이러한 진술은 그 성격상 너무나 근본적이고 명백하기 때문에 오히려 간과될 위험이 있다. 심지어 정토진종에서처럼 승려들 스스로가 재가자로서의 삶을 영위하기로 결심한다 하더라도, 불교는 승가 제도가 없이는 종교 체계로서 기능하도록 설계되어 있지 않다.

3. 붓다가 불교의 쇠락을 예언했을 때, 그 묘사에서 주요 강조점은 승가의 쇠락에 놓여 있었다. 그렇게 되면 우선 "승려들은 분석적 통찰을 실천할 수 없게 될 것이고,"[44] 결국 "마지막 승려의 도덕적 습관의 붕괴 혹은 그의 생명의 다함"과 함께 올바른 품행은

---

43) 다음을 참조하라. Sukumar Dutt, *Early Buddhist Monachism* (New York: Asia Publishing House, 1960), p. 12.

44) Edward Conze, ed., *Buddhist Texts Through the Ages* (New York: Asia Publishing Library, 1954), p. 47.

사라지게 될 것이며 여타의 일들이 이어서 일어난다.[45]

4. 붓다는 입멸할 때 후계자를 지명하지 않았다. 『대반열반경』
(VI.1)에는 다음과 같은 결정적 선포가 담겨 있다. "아난다여, 내가
그대들에게 가르치고 지시한 법과 율이 내가 떠난 뒤에는 그대들
의 스승이 될 것이다." 카샵(J. Kashyap)에 따르면, "붓다가 살아 있
는 동안에, 개인들만이 아니라 승가 공동체 전체에 승가를 관리하
는 규율들이 매우 잘 짜여지고 그 집행 절차도 매우 완벽하게 윤
곽이 잡혀 있었기 때문에 스승의 입멸 뒤에는 말하자면 불교의 교
황과 같은 최고의 지도자가 있을 필요조차 없었다." 카샵은 또한
불교 승가를 "오늘날까지 계속되는 완벽하게 민주적인 원칙들에
의하여 관리되는 가장 오래된 수도원 제도"라고 간주한다.[46] 어느
정도의 과장을 감안한다고 하더라도, 붓다가 자신의 죽음 뒤에 별
도의 지도자가 없이도 공동체로서의 승가가 유지될 것이라는 점에
대하여 충분한 확신을 갖고 있었음은 뚜렷하다. 역사는 대체적으
로 그러한 확신을 정당화해 주었다.

5. 불교 순례자들 특히 인도에 갔던 불교 순례자들의 설명에 따
르면, 종종 다른 교파나 체계에 속했던 승려들이 동일한 사원에서
함께 머물렀다는 사실도 명백하다. "이론상 한 사원에서 승려들
이 서로 아주 상이한 교설들을 지지한다고 하더라도 동일한 방식
으로 행위하는 한에서, 결정적으로 동일한 승가 규율을 준수하는
한에서, 승려들은 서로 조화롭게 머물 수 있었다."[47]

---


45) Conze, *Buddhist Texts Through the Ages*, p. 48.
46) Bhikkhu J. Kashyap, "Origin and Expansion of Buddhism," in Kenneth W. Morgan,
　　ed., *The Path of the Buddha* (New York: The Ronald Press Company, 1956), p. 35.
47) Paul Williams, *Mahāyāna Buddhism: The Doctrinal Foundations* (London and New York:

6. 승가에 분열을 일으키는 행위와 관련한 엄중한 규율 또한 불교의 구조적 토대로서 승가가 지니고 있었던 중요성을 시사한다. 분열을 가져오는 이유들 또한 흔히 교설에 관련된 차이보다도 규율에 관련된 차이가 더 많았다.[48]

7. 불자들 중 재가자가 언제나 상당한 규모를 이루었다고도 할 수 있다. 하지만 재가자들은 언제나 승려들로부터 도덕적 규율 자체는 아니더라도 도덕적 단서는 받아들였으며, 승가로부터 결코 분리된 적이 없다. 사실상 기술적인 맥락에서 재가자는 승가의 일부를 구성하고 있다. 따라서 다음과 같은 사실은 명백한 듯하다. "불교 내에는 상당한 다양성이 있음에도 도덕적 규율에서는, 특히 비구들의 승가와 대승 국가들에서는 비구니들의 승가는 비교적 통일성과 안정성이 있다."

8. 불교에서 방편의 활용에 대해서는 앞에서 언급한 적이 있다. 이와 관련하여 다음과 같은 의문이 정당하게 제기될 수 있다. 방편이 순전한 기회주의나 전적인 방종으로 타락하는 것을 방지하는 무언가가 있다고 한다면 그것은 무엇일까? 여기에서 핵심은 도덕적 이완과 교리에 대한 자의적인 추론에서 중도를 찾아 나가는 것이다. 교리에 대한 추론 문제는, "사람들의 '방편'을 제한하고 억제하는 한 요소가 있었으니, 그것은 이들이 자신들의 책을 저술하기까지 그들의 마음이 전통적인 맥을 따라 여러 해 동안의 명상을 거쳐서 재형성되고 단련되었다는 사실이다"[49]란 말을 통해 확인할

---

Routledge, 1989), p. 4.
48) Williams, *Mahāyāna Buddhism*, p. 6.
49) Conze, *A Short History of Buddhism*, p. 46.

수 있다. 도덕적 이완의 문제는, 인도에서 불교의 쇠락과 관련하여 탄트라 불교가 공정하게든 불공정하게든 왜 그렇게 자주 비난받아 왔는지를 통해 이해할 수 있을 것이다. 율 종의 완고함과 일정한 간격마다 전개되는 수도 공동체의 정화는 승가의 핵심적 이익에 대한 인식을 반영하고 있다고 할 수 있다.

불교의 승가가 일반적으로 사방승가(四方僧伽)로 기술되는 것을 항상 염두에 둘 필요가 있다. 승가는 많은 별도의 자족적이고 자치적인 비구와 비구니들의 공동체로 구성되면서도, 가입이나 파견의 맥락에서 보편성을 포기한 적이 없다. 매우 핵심적인 의미에서 승가는 그 역사 내내 붓다 현존의 연장이었다. 이는 그리스도교에서 교회가 예수 그리스도 현존의 연장이라고 할 수 있는 것과 마찬가지이다. 종교는 권위의 공통된 원천을 인정함으로써 교리적이고 역사적인 다양성에도 통일성의 외관을 유지하는데, 불자들에게 그러한 원천은 불·법·승이다. 붓다의 생존 시에는 이것이 실제의 순서를 대변하였으나, 붓다의 입멸 후에 승가가 여전히 유지되면서 순서는 다소 역전되었다.

## 방편의 중요성

불교는 단체로서의 승가와 개인으로서의 승가 구성원들이 방편을 행사하면서 움직이고 있음이 아주 명백하다.[50] "불교의 토대는 자비이고, 그 문은 방편이다."

승가에서 방편의 활용에는 테라바다, 대승, 탄트라, 그리고 선 불교의

---

50) Conze, "Buddhism: The Mahāyāna," pp. 307~308.

네 가지 유형이 있다. 이 네 가지 면모―측면, 혹은 단계―를 더 면밀히 살펴보자.

테라바다 불교에서는, 아라한의 이상이 전통의 전면에 부각되고 있는데, 아라한들도 방편을 활용하고 있다는 것을 발견하게 된다. 우리는 여기서 방편과 자비가 언제나 밀접하게 연관되어 있었다는 점을 염두에 두어야 한다. 예컨대, 푸르나(Pūrṇa)라고 하는 아라한이 슈로나파란타(Śroṇāparānta)라는 다소 거친 변경 지역으로 붓다의 가르침을 전파하러 가기를 원했을 때, 붓다는 그가 모욕을 당하고, 맞고, 매질당하고, 심지어는 살해될 수도 있다고 경고하였다. 그 아라한이 모욕을 당하면 맞지 않은 것을 감사해할 것이고, 맞으면 매질당하지 않은 것을 감사할 것이고 등등으로 대답하니, 그때에야 붓다는 그 지역으로 가서 설법할 것을 허락하였다.[51]

대승 불교에서는 보살의 이상을 전면에 내세운다. 보살은 방편을 실천한다고 묘사되고 있는데, 심지어 어떤 사례에서는 한 보살이 어떤 열렬한 숭배자를 실망시키지 않기 위하여 '42억 년' 동안이나 지켜 온 독신 생활을 포기한다. 그는 자비심에 의거하여 욕정에 따른 것이다.[52]

탄트라에서는 싯다에게 영예의 자리를 주었다. 싯다는 제자의 영적 성장에 직접적인 관심을 가지며 방편을 실천한다. 예컨대 티베트 불교에서 마르파(Marpa)는 밀라레파(Milarepa, 1040~1123년)가 흑주술을 행한 악업을 극복하도록 하기 위해서 12년간의 노동을 부과한다.[53]

---

51) Conze, *Buddhism*, p. 71.
52) Garma C. C. Chang, ed., *A Treasury of Mahāyāna Sūtras* (University Park and London: Pennsylvania State University Press, 1983), p. 433.
53) W. Y. Evans-Wentz, ed., *Tibet's Great Yogi Milarepa*, 2nd ed. (New York: Oxford University Press, 1951), pp. 130~131.

선 불교에서는 스승(전통적 표현으로는 '老師')이 돈오(頓悟)를 성취하고 제자들에게도 깨달음을 촉발시키기 위하여 방편을 활용하는 이상적 유형으로 등장한다. "선에서는 추상적 사고의 악순환으로부터 벗어나고 실재가 즉각적으로 우리에게 현전(現前)하도록 '직접적인 가리킴(直指)'이라는 방편을 만들어 냈다. 난해한 책을 읽을 때 '나는 집중해야 한다'라고 생각하는 것은 아무런 도움이 되지 않는데, 왜냐하면 그 사람이 책의 내용이 아니라 집중에 관하여 생각하기 때문이다. 마찬가지로 선을 공부하거나 수행할 때, 선을 생각하는 것은 아무런 도움이 되지 않는다."[54]

앨런 와츠(Alan Watts)는 다음과 같은 이야기를 전한다. "노스웨스턴 대학의 어빙 리(Irving Lee) 교수는 수업할 때 성냥갑 하나를 들고서 '이것이 무엇입니까?'라고 묻곤 하였다. 학생들은 대개 함정에 바로 빠져서 '성냥갑입니다'라고 대답했다. 그러면 교수는 '아니에요, 아니에요! 이것은 ……'이라며 성냥갑을 학생들에게 던지고서, 덧붙여 말하기를, '성냥갑은 소음일 뿐이에요. 그런데 방금 그것이 이것이 소음입니까?'"[55] 선은 이러한 방편의 적용 사례들로 가득 차 있다.

## 승가와 방편

앞 글에서는, 개인적 차원에서 방편이 활용되는 다양한 사례들을 살펴보았는데, 이는 실로 불교가 어떤 차원에서 어떻게 움직이는가를 볼 수 있는 한 가지 길이다. 하지만 종교적 체계로서의 불교는 공동체적 차원에서는 전체 사회나 문화에 대하여 승가 차원에서 방편을 적용하면서 움직

---

54) Alan Watts, *The Way of Zen* (New York: Vintage Books, 1957), p. 127.
55) Watts, *The Way of Zen*, p. 130.

이고 있다. 승가는 붓다의 메시지를 전하는 데 다양한 시대와 풍토에 따라 새로운 방편을 고안하고 엘리트 집단을 끊임없이 재조직화함으로써 대응하고 있다.

불교 운동은 언제나 열반을 지향하는데, 도덕적 차원에서는 이기심을 제거함으로써 성취를 이루고자 하고, 더욱 깊은 차원에서는 자아의 존재에 대한 믿음이라는 인식적 오류를 제거함으로써 성취를 이루고자 한다. 이기심은 그러한 잘못된 믿음의 심리학적 표현이다. 이 과정은 테라바다 전통에서 시작되어 대승 전통에서도 계속되었다. 대승에서는 자기들이 "대승(大乘)이라고 불리는 이유가 열반을 성취하는 데 매우 풍요로운 방편을 갖추고 있기 때문이라고 한다. 이러한 방편들은 온갖 고정된 관념들로부터 우리의 마음을 자유롭게 하려는 용수의 정교한 변증법적 논의에서부터, 고타마 붓다가 등장하기 수 겁(劫) 전에 이미 깨달음을 성취했다고 하는 무한한 광명의 붓다, 아미타불의 힘에 대한 믿음을 통하여 해탈한다고 하는 정토종의 가르침에 이르기까지 다양하다. 여기에는 심지어 중세 인도의 탄트라 불교나"[56] 선 불교의 방식도 포함된다.


## 승가와 '무아(無我)'의 가르침

불교는 방편을 활용하여 궁극적으로 우리를 무아의 가르침으로 안내하고 그를 통하여 해탈을 이루게 한다. 또한 승가를 통하여 움직일 뿐만 아니라 승가 그 자체가 이러한 가르침의 소산이다. 고대 인도에서는 여러 종교들이 우기(雨期) 동안 한곳에 머무르는 관습을 지켰지만, 불교를 제외하고는 그 가운데 어느 종교도 수도원 제도를 발전시키지는 못했다. 어떻

---

56) Watts, *The Way of Zen*, p. 59.

게 이렇게 되었는지 분명하지는 않지만, 다음과 같은 견해는 고려할 만한 가치가 있다. "무아라는 불교의 특징적인 가르침은 그 이면에 더 광범위한 생활 공동체를 강조하면서, 그 안에서 무아라는 생각이 강화되며 또한 공동체적 삶을 향유하면서 개인적 소지품의 필요성이 간소되고 따라서 개인적 정체성이 최소한도로 될 수 있게 해왔다고 할 수 있다."[57]

---

57) T. O. Ling, "Saṅgh," in S. G. F. Brandon, ed., *A Dictionary of Comparative Religion* (New York: Macmillan, 1970), p. 555.

# 종교 공부에서의 불교

## 선교적 종교인 불교

세계의 종교들은 선교적 종교와 비선교적 종교라는 두 범주로 나누어 볼 수 있다. 불교와 그리스도교와 이슬람은 분명히 선교적 종교의 범주에 넣을 수 있다. 이 종교들은 매우 다양한 지역적이고 민족적인 문화들과 접촉한다. 이 국제적인 종교들과 다양한 민족 문화들 사이에서 상호 작용은 불가피했다. 세 선교적 종교들 모두 자신들이 들어가는 지역의 민족 문화에 적응하였지만, 자신들의 선교적 역할은 다소 상이한 방식으로 정의하였다. 이러한 자기 정의는 민족 문화에 대한 적응 패턴에 영향을 주었다.

유명한 종교사회학자 막스 베버(Max Weber, 1864~1920년)가 제시하는 기준을 발전시킴으로써, 우리는 다른 전통의 사람들을 개종시켜야 한다는 의무감을, 느끼는 압력의 정도에 따라 파견적(emissary)·약속적(promissory)·대표적(commissary) 선교 활동으로 구분할 수 있다. 세 종교를 구분한다면 불교는 파견적 범주에 들어갈 것이고, 그리스도교는 약속적 범주에, 이슬람은 대표적 범주에 들어갈 것이 분명하다. 파견적 선교 활동은 자기 전통에 대한 헌신을 유지하면서도 자신의 종교와 현지에서 마주하는 종교 사이의 차이를 최소화하면서 그 존재를 확립해 가는 것을 포함하는 선교 활동이다. 약속적 선교 활동은 자신의 존재를 확립할 뿐만 아니라 개종자들에게 더 많은 것을 약속하는 것도 포함하며, 자신의 종교와 다른 이들의 종교 사이의 차이를 강조하는 것도 포함한다. 대표적 선교 활동은 한 종교의 추종자들을 개종 대표 위원회 아래에 두어 그 종교와 다른 종교 사이의 차이를 극대화하는 것이다.

이러한 유형적 범주론에서는, 불교가 종교적 전통으로서 어떤 문화적 전통과 상호 작용을 하든, 파견적 성격으로 인하여 약속적이거나 대표적인 유형의 선교적 종교들보다는 훨씬 더 큰 정도로 민족적 형태를 취하게 된다고 할 수 있다. 이러한 제안은 불교가 인도 밖의 다른 나라들, 특히 북쪽으로 확산되면서 다소 명확하게 구분되는 다섯 단계를 거친다는 관점에서 검토해 볼 수 있을 것이다.

그 첫 단계는 불교 문헌들이 해당 문화권의 언어들로 번역되는 것으로 특징지을 수 있다. 이는 불교 사상이 해당 문화권에서 이미 유행하는 사상 체계와 의미 있는 관계로 진입하게 되는 두 번째 단계의 토대가 된다. 세 번째 단계는 불교 사상이 지역적 상황에 동화되면서 인도적 맥락을 유지하려는 시도로 특징지을 수 있다. 그 다음에 오는 것이 "네 번째 단계인데, 이것이 아마도 무엇보다도 중요한 단계로서 통상적으로 여기에 도달하는 데는 600년이 걸린다. 더 이상 민족적 특색에 폭력을 가하지 않는, 진정으로 중국적이고 일본적이고 티베트적인 불교가 등장하게 되는데, 중국에서는 선종이, 일본에서는 가마쿠라 시대의 불교가, 티베트에서는 카규파와 겔룩파가 그러하였다."[58] 그 다음에는 대개 쇠락이나 정체의 시기가 이어지곤 하였다.

이러한 단계들을 겪으면서 불교는 일종의 순환 과정을 거치게 된다.

---

58) Conze, *A Short History of Buddhism*, p. 46.

사회학자 에른스트 트뢸치(Ernst Troeltsch, 1865~1923년)에 의해서 친숙해진 것이지만, 처음에는 분파(cult)로 시작하여, 종파(sect)가 되고, 교파(denomination)가 되며, 교단(church)이 되고 나면, 다시 주제가 변주되면서 종파(혹은 심지어 분파)가 되는 것이다. 그러나 이러한 과정은 겉보기와는 달리 나름대로의 색채가 있으며, 불교는 다양한 나라와 문화권에서 토착화되면서 그 자체의 독특한 색조를 만들어 갔다. 이 색조는 넓은 범위에서 확인할 수 있다.

불교는 세계의 다양한 지역에서 확고한 뿌리를 내리면서 독특하고 다양한 색조를 획득해 왔다. 예컨대 스리랑카에서는 싱할라 민족주의와 강하게 섞이면서, 심지어는 황제가 침략군을 격퇴하는 데 희생된 인명을 애도할 때, 승가에서는 전쟁 중에 부수적으로 승려들에게 상처를 입히지만 않는다면 인명의 살상은 일어난 것이 아니라고 이야기하는 경우도 있다. 미얀마에서는 보수적인 색조를 띠어서, 불교 결집 대회를 개최하는 고대로부터의 전통을 유지해 왔다. 1956년에는 양곤에서 제6차 대 결집 대회가 개최되었다. 실로 모든 테라바다 국가들 가운데 미얀마가 가장 순수한 형태로 그 전통을 유지하고 있다고 한다.

태국에서는 남자라면 누구나 일시적으로라도 출가를 하는 전통이 확고하게 자리 잡았는데, 미얀마에서도 이러한 전통은 허용되지만 스리랑카에서는 허용되지 않는다. 태국은 또한 테라바다 국가들 가운데에서 가장 많은 수의 비구와 사미들이 있으며, 왕은 반드시 불자여야 한다는 전통을 고수하는 것도 특징적이다. 캄보디아는 힌두교와 불교 사이를 왔다 갔다 하였고, 불교에서도 대승과 소승을 왔다 갔다 하였다. 베트남은 성향이 궁극적으로 대승 불교인 만큼 유교의 영향도 받아들였다.

아시아의 다른 지역에서도 유사한 패턴을 확인할 수 있다. 스리랑카에서 불교가 민족주의와 연합하였다면, 일본에서 불교는 니치렌(日蓮, 1222~1282년)에 의해 거의 팽창주의의 한 형태로 변화되었다. 그가 세운 종파는 진정한 불교를 일본으로부터 전 세계로 확산시키는 것을 목표로 삼았는데, 이로써 일본에는 '중국에서는 그 원형을 찾아볼 수 없는 독특한 일본적 형태의 불교'가 존재하게 되었다. 중국에서 불교는 매우 이채로운 토착화의 형태로서 삼교(三敎)의 하나가 되었다. 즉 도교는 자연의 영역을 다루고, 유교는 인간의 영역을, 그리고 불교는 초월적인 영역을 다루는 모델이라고 이해할 수 있게 된 것이다.

## 불교와 세계 종교의 대화

불교가 각 지역 문화에 다양한 방식으로 적응해 간 것은 '방편'의 가치를 입증해 준다고 할 수 있다. 더 현대적인 용어로 이야기한다면, 다른 종교나 문화들과 건설적인 대화에 참여할 수 있는 능력이 크다는 것을 보여 주었다고 하겠다. 종교 연구에서 대화라는 주제는 오늘날 전면으로 부각되고 있는 만큼, 이러한 면에서도 불교 연구는 각별한 의의를 지닌다. 무엇보다도 불교 사상은 모든 것의 상호 관련성을 강조하고, 그리하여 대화에 대한 철학적 토대를 제공하고 있기 때문이다. 불교의 방식으로 우리는 철학적으로 대화에 참여할 준비를 갖추게 될 뿐만 아니라, 실천적으로 대화의 결과를 마주할 준비도 갖추게 된다.

종교 간의 대화적 상호 작용은 눈에 띄지 않는다고 하더라도 언제나 변화를 내포하기 마련이다. 어떠한 만남이든 아무리 가벼운 만남이라고 하더라도 관계는 쌍방 모두를 변화시킨다. '어떤 실체가 있어서 변화하는 것이 아니라, 변화 그 자체를 우리가 실체시하고 있을 뿐이다'라는 사실을 강조하면서 불교는 우리로 하여금 그러한 변화를 심적으로 기꺼이 준비하도록 한다. 최근에 대화에 가장 효과적으로 참여하는 두 종교가 불교와 그리스도교인 것은 아마도 우연이 아니다. 두 전통은 종교 다원적 환경에서 살아온 오랜 경험을 지니고 있다. 더해서 불교는 다원성을 더 편안해 하는 경향이 있으며 불교적 태도 자체가 대화에 기여한다.

불교 전통의 살아 있는 선도적 주창자로서 태국의 저명한 불교 지도자인 붓다다사(Buddhadāsa)는 이러한 태도를 대변하는 인물인데, 그 태도는 물의 비유로 잘 설명될 수 있다. 그는 빗물, 시궁창 물, 우물물, 지하수 등 다양한 종류의 물을 구분할 수 있는 차원이 있다고 이야기한다. 하지만 물에서 오염된 요소를 제거하고 그 장소를 무시한다면, 차이는 사라지게 되고, 모든 물은 다 같이 동등하게 물이라고 불릴 수 있다. 이러한 방향으로 더 나아가면, 순수한 물 그 자체도 두 개의 수소와 한 개의 산소라는 두 부분으로 이루어져 있는 것이 드러난다. "수소와 산소는 물이 아니다. 우리가 물이라고 부르던 실체는 사라졌다. 그것은 비어 있는 것이다."[59]

채플(David C. Chappell)은 이러한 비유를 사용하여 붓다다사가 세 가지 차원의 맥락에서 종교 다원주의를 구분하여 이해하고 있음을 이야기한다. 세속적인 구별, 본질의 공유, 비어 있음이라는 세 차원이다. 그에 따르면, 두 번째 차원의 일치에서 붓다다사는, 종교들 사이에 아무런 차이가 없다고 보는 불이론자(不二論者)들과 구분된다.

우리는 대승 불교에서 진리의 두 가지 차원을 구분하는 것에 대하여 언급한 적이 있다. "다른 종교에 대한 불자들의 태도가 어떠해야 하는지

---

59) Donald K. Swearer, ed., *Me and Mine: Selected Essays of Bhikkhu Buddhadāsa* (Albany: State University of New York Press, 1989), p. 147.

를 추구함에 붓다다사의 기여는, 세속적 진리와 지고의 진리 사이에 이러한 매개적 단계를 설정했다는 데 있다. 이 단계에서 종교들 사이의 차이는 임시적이고 부분적이며, 다양한 종교인들 사이의 친연성을 이해하는 것의 중요성에 비하면 부차적인 것이라고 간주된다. 이러한 태도는 다른 종교들에 대하여 지금까지 불자들이 구체적으로 제시한 접근들 가운데 가장 완벽한 접근이며, 구별과 평형과 협동, 그리고 초월에 대한 기반을 제공해 주는 접근이다. 따라서 종교 간 비교 연구와 대화 분야에서 노력하는 우리들은 종교 다원주의라는 새로운 영역에서 명료한 지침을 제시해 준 데 대하여 붓다다사 장로 비구에게 깊이 빚지고 있다."[60]

종교 다원주의로 특징되는 세계에서 대화의 과정에 불교는 두 가지 중요한 품목을 선사한다. 즉 깨달음에 대한 열정과 모든 살아 있는 존재들에 대한 자비인데, 둘은 예견하기 어려운 숭고한 방식으로 조화될 수 있다. 이는 에드워드 콘즈가 이야기하는 다음의 사례에서도 뚜렷이 드러난다.

언젠가 나는 어느 몽골 라마와 점심 식사를 하면서, 그에게 채식 식사를 제공하고자 애를 쓴 적이 있었다. 그런데 그는 그러한 노력이 전혀 필요치 않다고 하면서, "우리 몽골 승려들은 언제나 고기를 먹는데, 왜냐하면 다른 먹을 것이 전혀 없기 때문입니다"라고 하였다. 그래서 나는 승가의 규율을 상기하면서 말하기를, "그래요, 저는 율장만 생각하고 있었네요"라고 하였다. 그러자 그는

---

60) David C. Chappell, "Six Buddhist Attitudes Towards Other Religions," Sulak Sivaraksa et al. ed., *Radical Conservatism: Buddhism in the Contemporary World* (Bangkok: Thai Inter-Religious Commission for Development, 1990), pp. 551~552.

즉각 응대하기를, "예, 우리도 일상적으로 고기를 먹음으로써 붓다의 계율을 어기고 있다는 것을 알고 있습니다. 그 죄의 결과로 우리는 내세에는 지옥에서 태어나 마땅할 것입니다. 하지만 몽골 사람들에게 법을 전하는 것은 우리의 임무이고, 그래서 우리는 그저 업보가 오면 오는 대로 감수해야 하는 것입니다."[61]

어떤 사람이 지옥에 간다고 해서 몽골 사람들이 하늘(열반)로 갈 기회를 박탈해야 하는 것이겠는가?

---

61) Conze, "Buddhism: The Mahāyāna," pp. 307~308.

# 추천 도서


Masao Abe, *Zen and Western Thought* (Honolulu: University of Hawaii Press, 1985). 선 불교에 대한 현대적인 소개서.

Kenneth K. S. Ch'en, *Buddhism: The Light of Asia* (Woodbury, NY: Barron's Educational Series, 1968). 종교와 문화로서의 불교 일반에 대한 탁월하고 간명한 소개서. [길희성 옮김, 『불교의 이해』(분도출판사, 1994)]

Edward Conze, *Buddhism: Its Essence and Development* (New York: Harper & Brothers, 1959). [한형조 옮김, 『한글 세대를 위한 불교』(세계사, 1990)] 특히 교리적 맥락에서 불교에 대한 가치 있는 조망을 제공하는 책.

__________, *A Short History of Buddhism* (Bombay: Chetana. 1960). 불교를 역사적 현상으로서 포괄적이고 예리하게 조망한 책.

__________, "Buddhism: The Mahāyāna" In *The Concise Encyclopedia of Living Faiths*, edited by R. C. Zaehner (Boston: Beacon Press, 1959). 철학적으로 난해한 부분은 다루지 않으면서 대승 불교를 간단하게 잘 소개하는 최고의 글.

Roger J. Corless, *The Vision of Buddhism: The Space Under the Tree* (New York: Paragon House, 1989). 불교라는 광대한 전통에 대한 매력적인 소개서로서, 불교를 '정보 전달 이면의 변화(transformation disguised as information)'의 과정으로 소개.

Keiji Nishitani, *Religion and Nothingness,* trans. Jan van Bragt (Berkeley: University of California Press, 1982). 공(空) 사상의 광범위한 함의에 대한 유명한 철학자의 선구적인 저서.

Walpola Sri Rahula, *What the Buddha Taught* 개정판 (New York: Grove Press, 1974). 테라바다 불교의 핵심 개념들에 대한 가장 뛰어난 소개서. [전재성 옮김, 『붓다의 가르침과 팔정도』(한국빠알리성전협회, 2005)]

Edward J. Thomas, *The Life of Buddha as Legend and History* (London: Routledge & Kegan Paul, 1949). 붓다의 생애에 대한 이해가 불교 내에서 어떻게

변천해 왔는가를 비판적 학문의 관점에서 제시하는 책.

________, *The History of Buddhist Thought* (New York: Barnes & Noble, 1971). 불교 사상사에 대한 표준적이고 유용한 설명서.

Paul Williams, *Mahāyāna Buddhism: The Doctrinal Foundations* (London and New York: Routledge, 1989). 대승 불교의 지성사적 흐름을 추적하는 엄청난 과제를 정교하게 수행하고자 하는 시도를 하는 책. [조환기 옮김, 『서양 학자가 본 대승불교』(시공사, 2000)]

HINDUISM
BUDDHISM

# CONFUCIANISM

TAOISM
JUDAISM
CHRISTIANITY
ISLAM

# 유교의 도(道)란 무엇인가

한쪽 뺨을 맞았을 때 다른 쪽 뺨을 내밀라는 예수의 가르침에는 윤리적으로 고상한 무엇인가가 있다. 그것은 우리 내부에 존재하는 자기를 내세우지 않으려는 이상적 경향에 호소한다. 우리는 이러한 일방적인 이타주의가 '눈에는 눈, 이에는 이'식의 단순한 복수보다 더 높은 덕을 상징한다고 믿고 있다. 그처럼 숭고한 이상주의까지는 아니라도 마찬가지로 숭고하고 고결하면서도 실용주의적인 반응이 가능하다면 사람들은 놀라움을 느낄지도 모른다.

공자는 "원한을 덕으로 갚으면 어떠합니까?"라는 물음에 "네가 원한을 덕으로 갚았다면, 덕은 무엇으로 갚을 것인가? 원한은 정의로 갚고, 덕은 덕으로 갚아야 한다"[1]고 대답했다. 맹자는 더 흥미로운 윤리적 원칙을 제시했는데, "대인은 말이 믿어지기를 기대하지 않으며, 행동에 결과가 있기를 기대하지도 않는다. 오로지 의가 있는 바를 따를 뿐이다"[2]는 것이었다. 이제부터 우리는 유교라는 윤리 종교적 전통에 대해 연구를 시작해 보려 한다. 이 전통은 조심스럽게 도덕적 초점을 추상적 원리에서 살아있는 현실로 옮김으로써 윤리와 종교의 비교연구에 있어서 우리에게 익숙한 많은 범주들에 도전하고 있다.

---

1) 『논어』, 「헌문」.
2) 『맹자』, 「이루하」.

# 유교 정신의 정의

우리는 고립된 개인인가? 아니면 상호적인 인간관계에서 중심으로 살고 있는가? 도덕적 자각은 인격 성장에 필수적인가? 구성원 간의 기본적인 의무나 책임 의식의 발전없이 그 어떤 사회든지 번영하거나 버티어낼 수 있는가? 우리가 사는 다원주의적 사회는 인간의 이해에 공유된 가치들과 공통의 기반을 의도적으로 구축해야만 하는가? 우리가 지구의 취약성을 예리하게 인식하고 '위험한 종'인 우리의 운명을 점차 경계할 수 있다면, 질문해야 할 중요한 정신적 질문들은 무엇인가?

유교 전통에서 가장 근본적인 관심은 인간이 되기 위한 배움이다. 초점은 자연이나 천과 대립하는 인간이 아니라 자연과 조화를 이루며 천과 감응하는 인간에 맞춰져 있다. 진실로 유교적 관점에서 볼 때, 인간이 되기 위한 배움은 인간의 상황을 규정하는 모든 존재 양식들이 상호 연결되어 있다는 사실을 인식하는 넓고 깊은 과정을 수반한다. 가족, 공동체, 국가, 세계, 그리고 이들을 넘어서 있는 확장된 관계의 망을 통하여, 유교는 모든 것을 포괄하는 풍부함 속에서 인간다움의 실현을 추구한다. 이러한 포괄의 과정은 우리의 자기 인식을 깊게 하며 동시에 쉼 없는 노력을 통해 몸을 건강하게 하고, 지성과 감성을 예민하게 해 주며 영혼을 순수하게 정신을 총명하게 한다. 자아 수양은 그 자체로서 하나의 목표이며 그 주된 목적은 자아실현이다.

유교적 휴머니즘의 분명한 특징은 공동체적인 실천과 천(天)에 대한 감응을 통해 인간 상황을 창조적으로 변형시킬 수 있다는 믿음에 있다. 이것은 인간성의 네 가지 차원, 곧 자아, 공동체, 자연, 천의 통합을 포함한다. 유교의 정신을 살펴볼 때에는 창조적 변화로서의 자아(自我), 인간을 풍요롭게 하기 위한 필수적 수단으로서의 공동체, 우리 삶의 터전으로서의 자연, 궁극적 자아실현의 원천으로서의 천을 고려 대상에 포함시켜야만 한다.

## 창조적 변화를 일으키는 자아

공자는 배움이란 다른 이를 위한 것이 아니라 자신을 위한 것이라고 분명하게 표명했다.[3] 표면적으로 볼 때 이는 공동체를 최고로 보는 전통적인 유교 윤리의 관점과는 근본적으로 다른 개인이라는 의미를 포함하는 것처럼 보인다. 어떻든 자신을 위한 배움이라는 유교의 주장은 자아 수양이 목적을 향한 수단이라기보다 그 자체로 목적이라는 확신에 근거한다. 인격적 삶의 수양에 헌신하는 사람들은, 자아 수양을 단지 사회 발전과 정치적 성공 같은 외부적 목적의 도구로 보는 사람들이 상상하기 힘든, 자아실현을 위한 내적 자원을 만들어 낸다. 인간은 사회적 책임을 맡고 정치에 참여할 수밖에 없는데 자아 수양은 우리를 권력관계라는 게임 속의 인질이 아니라 독립적 도덕 주체로서 사회와 정치에 참여할 수 있도록 만든다. 그럼으로써 자아수양은 이 세계에서 우리를 확고하게 세워주는 뿌리가 된다. 만약 자아실현을 진지하게 받아들이지 않는다면, 우리는 우리의 내적 자질이나 가치에 대한 인격적 감각과는 전적으로 무

---

3) 『논어』, 「헌문」.

관하게 부와 권력에 의해 쉽게 지배당할지도 모른다.

유교인에게 가치에 대한 인격적 감각은 근본적으로 중요하다. 그것은 내부로부터 시작하여 세계를 발전시키는 일에 전념하려는 사람에게 현재의 상황을 자신의 정신적 여행의 출발점으로 받아들이게 하기 때문이다. 만약 '배움이란 먼저 자신을 발전시키는 것'이라는 명제를 내면화하지 않은 상태라면, 사회적 기여에 대한 요구는 그 자체로서 고귀한 목적인 자아 수양의 진실성을 훼손시킬 것이다. 따라서 인격 형성으로서 배움은 자아실현을 위한 것이다. 여기서의 자아는 지속적인 변화를 수반하는 열린 체계이지 결코 정적인 구조가 아니다. 세계와 고립된 별개의 존재라는 자아 개념은 열려 있고 역동적이며 변화하는 과정으로서의 유교적 자아와는 정반대의 개념이다.

인격적 가치에 뿌리를 두고 있는 유교적 자아는 자아 변화를 위한 내적 자원을 만들기 위해 애쓴다. 자아 수양의 결과인 자아 변화는 곧 자아실현의 과정을 의미한다. 그렇지만 외부 세계와 소통이 결여된 자아 개념은 유교 전통과는 동떨어져 있다. 유교의 자아 변화는 자신의 내적 영성만을 추구하는 형태가 아니다. 오히려 유교의 관점에서 진정한 자아 변화는 축적적 상징 전통(문화), 사회의 소통적 공명, 자연의 생기, 천의 창조적 힘으로부터 나오는 영성적 원천들을 이용하는 것을 포함한다.


## 인간적 풍요로움을 위해 꼭 필요한 공동체

유교 정신의 지향성이 가리키는 뚜렷한 특징 하나는 공동체를 자아실현 추구의 필수적인 부분으로 보는 관점이다. 구원을 위해서 인종, 성별, 언어, 지역, 그리고 그밖에도 인간 삶에서 바꾸기 어려운 원초적 유대의

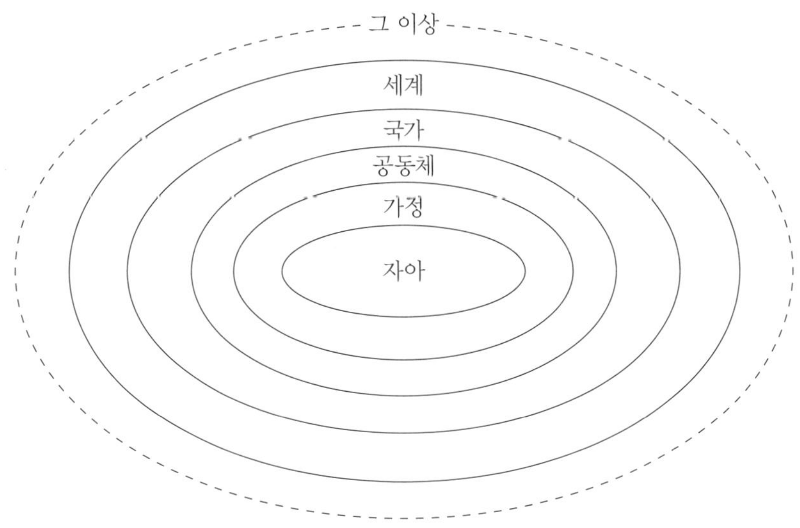



관계를 끊어야 한다는 관념은 유교 전통에서는 상상조차 할 수 없는 관념이다. 유교인들은 우리가 이 세계에 깊이 뿌리 내리고 있으며 우리 영적 여행은 지금 여기에서부터 시작해야 한다는 것을 깊이 이해하고 있었다. 비록 이 세계에 뿌리내리고 있다는 인식이 우리의 정신적 자아 변환에 있어서 우리가 현실적으로 그릴 수 있는 가능성의 범위에 구조적인 한계를 부여할 수도 있겠지만, 그것은 우리가 삶의 형태를 우리의 인간적인 조건에 가장 적합하게 형성하는 것을 방해하지 않는다.

가정에서부터 영적 여행을 시작하라는 유교의 제안은 우리 자아가 고립된 개별자가 아니라 경험적, 실제적 관계의 중심이라는 강한 믿음에 근거한다. 우리 자아는 관계의 중심으로서 여러 사람들과 계속 소통한다. 자아 수양에 있어 타인은 매우 중요한데, 우리가 고립된 상태로 자기 자신을 수양할 수는 없기 때문이다. 계속적인 상호 작용을 통해서 우리는 점차 변화의 과정으로서 자아를 올바로 이해하는 것을 배운다. 진실로 감정, 생각, 관념이 반드시 우리의 사적(私的) 소유물이어야 하는 것은 아니다. 이것들은 매우 개인적이지만 사적일 필요는 없다. 그것들은 종종 공유될 수 있는 공공의 재산으로 여겨진다. 흔쾌한 공유는 우선 우리의 가족과 이웃 공동체, 그리고 그 너머에 존재하는 구성원들과의 상호 교환이라는 역동적 과정을 생성하도록 만든다.[4]

이러한 확장의 과정은 자아 수양이라는 유교의 이상에서 중심적인 위치를 차지한다. 유교 경전인 『대학(大學)』의 서문은 다음과 같이 말하고 있다

> 옛날 천하에 명덕(明德)을 밝히고자 하는 자는 우선 그 나라를 다스리고, 그 나라를 다스리고자 하는 자는 우선 그 집안을 가지런히 하고, 그 집안을 가지런히 하고자 하는 자는 우선 자기 자신을 수양하고, 자기 자신을 수양하고자 하는 자는 우선 그 마음을 바로잡아야 하고 그 마음을 바로잡고자 하는 자는 우선 그 뜻을 성실하게 하고 그 뜻을 성실하게 하고자 하는 자는 우선 그 지식을 지극히 하였으니, 그 지식을 지극히 하는 것은 사물의 이치를 궁구하는 데 있다.
>
> 지식을 지극하게 했다면 뜻은 가히 성실하게 될 수 있고, 뜻이 이미 성실하다면 가히 마음을 바로잡을 수 있고, 마음을 바로잡았다면 자신을 수양할 수 있고, 이미 자신을 수양하였다면 가정을 가지런히 할 수 있고, 이미 가정을 가지런히 했다면 나라를 다스

---

4) Tu Wei-ming, "Embodying the Universe: A Note on Confucian Self-Realization," in *Confucian Thought: Selfhood as Creative Transformation* (Albany: State University of New York Press, 1985), p. 175.

릴 수 있으며, 이미 나라를 다스렸다면 천하에 온 나라가 평화롭게 다스려질 것이다. 천자로부터 일반 서민에 이르기까지 일체 모두 수신(修身)을 근본으로 삼아야 한다.[5]

이 구절은 확장뿐만 아니라 심화의 과정을 보여 준다. 공동체가 우리의 자아 변화 속에 깊이 구현되는 길에는 포괄적인 과정과 통찰력 있는 인식 사이에서 이루어지는 지속적인 상호 작용이 함의되어 있다. 타인과의 관계 맺음을 통하여 우리가 자신을 더 확장시키면 시킬수록 우리의 자기 인식은 더 심화된다고 가정할 수 있다. 또한 자기 인식의 지속적 심화는 확장하는 인간관계망과의 결실 있는 상호 작용을 위한 토대가 된다.

## 삶의 터전인 자연

인간의 번영이라는 유교의 이상은 엄격하게 말해서 인간학적(anthropological)이긴 하지만 인간중심주의적(anthropocentric)인 것은 아니다. 인간은 만물의 척도가 아니다. 그러한 관념은 유교인들에게 편협하다는 인상을 준다. 인간다움에 대한 적합한 척도는 인간학적일 뿐만 아니라 우주론적이다. 진정 그것은 '인간우주적(anthropocosmic)'이다. 사물의 질서 안에서, 자연은 생명 유지뿐만 아니라 지속가능한 삶을 위한 감화 또한 제공한다. 우리는 낮과 밤의 교체, 사계절의 변화 같은 자연의 과정을 통해 지속적인 변화의 유형이 지니고 있는 규칙성, 균형, 조화 등의 의미를 배운다.

오랫동안 인류 문명은 홍수와 폭풍우 같은 자연재해를 견뎌 왔다. 그러한 어려움 속에서 생존해 왔음에도, 유교인들이 발견한 것은 자연이

---

5) 『대학』, 1장.

인간 존재에게 적합하다는 것이다. 그들은 본질적으로 건강에 유익한 '하늘의 때와 땅의 재화, 바람과 물'로써 복을 받은 자신들이 행운아라고 느꼈다. 자연은 그 관대함과 장엄함으로 공경의 대상이다. 외경심을 불러일으키는 자연의 현존은 우리로 하여금 '삶의 터전'이 지니고 있는 생산력과 신성함을 인식하게 만든다.

지금 저 하늘은 작은 빛이 많이 모인 것이지만, 무궁하기로 말하면 해와 달과 별들이 매달려 있으며 모든 만물을 덮고 있다. 지금 저 땅은 한 줌의 흙이 많이 모인 것이지만, 넓고 깊기로 말하면 화산(華山)을 싣고도 무겁지 않고 하해(河海)를 담고 있으면서도 새지 않으며, 만물이 모두 거기에 실려 있다. 지금 저 산(山)은 자잘한 돌이 많이 모인 것이지만, 그 넓고 크기로 말하면 초목이 거기에서 생장하고 짐승들이 거기에서 살며, 온갖 보물이 거기에서 나온다. 지금 저 물은 한 잔의 물이 많이 모인 것이지만, 오묘하여 헤아리기 어려운 것으로 말하면 큰 자라와 악어와 교룡과 물고기들이 생장하고 온갖 재화가 번식하는 것이다.[6]

자연이 삶의 터전이라는 의미는 유교인으로 하여금 평범한 일상의 인간적 삶 속에서 궁극적 의미를 발견하게 해 주며, 질서와 균형을 갖춘 조화로운 삶의 양식을 연마하고 다른 여러 종교에서 '속(俗)'되다고 여기는 것을 '성(聖)'스럽게 여길 수 있는 힘을 부여한다.[7]

---

6) 『중용』, 26장.
7) Herbert Fingarette에게서 차용한 표현, *Confucius-The Secular as Sacred* (New York: Harper & Row, 1972).

## 궁극적 자아 변화의 근본 천(天)

비록 '완전한 타자'로서 신을 개념화하는 철저한 초월이 유교의 상징에는 부재함에도 윤리적 창조성, 삶의 의미, 궁극적 자아 변화의 원천으로서의 천은 유교 전통을 통틀어 가장 뚜렷한 특징이 된다. 이런 의미에서 모든 뛰어난 유교 사상가들은 매우 종교적이다. 종교적인 존재가 되는 유교적 방식은 그리스도교, 불교, 이슬람과 같이 체계화된 종교의 방식과는 매우 다르지만, 삶에 대한 경외심, 직업에 대한 충실성, 궁극적 자아 변화에 대한 헌신은 강렬한 감정과 목표의 진지함이란 면에서 어떤 위대한 세계 종교들과도 견줄 만한 소명 의식에 기반하고 있다.

유교적 소명 의식은 천이 전능하진 못하더라도, 전지하며 편재(遍在)하다는 것을 전제로 한다. 지금 여기에서 인간으로서 하는 우리의 행동에는 우리 자신과 인간 공동체, 자연, 천에 대한 의미가 내포되어 있다. 지금 여기 존재하는 곳을 떠나지 않고서도 우리는 천도(天道)를 체득할 수 있다. 천도는 지금 여기, 바로 우리 앞에 현존하며 일상적 존재와 떨어질 수 없기 때문에 우리가 각자의 안식처 안에서 하는 일은 인간학적일 뿐만 아니라 우주론적으로도 의미 있는 것이다. 우리가 적절하게 인도(人道)를 양성할 수 있다면 우리는 결코 천도에서 멀어지지 않을 것이다. 진정 우리는 평범한 일상적 존재의 풍요로움을 인식하는 법을 배움으로써, 천도의 암호가 인도에 깊이 박힌 것처럼 삶의 위대한 신비가 우리 삶의 공통된 경험 안에 내재한다는 것을 이해할 수 있다.

그렇지만 스스로 경험하는 내재적 초월과의 유기적 연관성은 우리로 하여금 우리의 능력뿐만 아니라 부족함을 알아차리게 만들기도 한다. 우리는 자신의 초라한 인간적 노력을 통하여 천도를 실현하는 엄청난 책임

을 지고 있기 때문이다. 인간성은 자연을 보살피는 자, 우주의 공동 창조
자로서 진정하게 드러날 때 비로소 가장 깊은 의미를 지닌다.

　　오직 천하에 지극히 진실한 자만이 그 본성을 모두 체현(體現)할
수 있다. 자신의 본성을 체현할 수 있으면 남의 본성을 체현하게
할 수 있고, 남의 본성을 체현하게 할 수 있으면 만물의 본성을 체
현하게 할 수 있고, 만물의 본성을 체현하게 할 수 있으면 천지 만
물의 화육(化育)을 도울 수 있고, 천지 만물의 화육을 도울 수 있
으면 천지(天地)와 함께 삼재(三才)의 하나로 참여할 수 있다.[8]

　　천지의 과정을 변화시키고 기르는 것은 인간적으로 가능하다. 그리고
천지와 함께 삼재(三才)를 구성하는 것도 진정 인간이다. 자연을 보살피는
자, 우주의 공동 창조자로서 일하라는 천의 소명에 응답하는 것 역시 우
리의 절대적인 의무이다.

---

8) 『중용』, 22장.

# 유교 전통의 형성[9]

## 동아시아인의 삶의 방식인 유교

유교는 세계관이며 사회 윤리이고, 정치사상이며 학문 전통이고 삶의 방식이다. 종종 불교, 그리스도교, 힌두교, 이슬람, 유다교, 도교와 함께 주요 역사적 종교로 묶임에도 유교는 제도화된 종교도 아니고 숭배 중심의 종교도 아니다. 그렇지만 유교는 동아시아인의 정신생활뿐만 아니라 동아시아의 정치 문화에도 깊은 영향을 끼쳐왔다. 유교가 동아시아의 통치 체제, 사회, 교육, 가정에 지울 수 없는 특징을 만들어왔던 이래로 중화 문명권(Sinic World, 산업화를 이룬 동아시아 국가와 사회주의화된 동아시아를 포함하여 일본, 남한, 타이완, 홍콩, 싱가포르, 중국 본토, 북한, 베트남)은 '유교적'이라고 특징지어져 왔다. 좋든 싫든 간에 2,500년이 넘는 기간 동안 유교 윤리와 그 정신적 가치가 개인, 공동체, 국가 사이의 모든 입장에서

---

9) 이 글에서 "유교 전통의 형성"과 "유교의 제1기" 부분의 사료는 (1) *Encyclopaedia Britannica*의 *Macropaedia* (15th ed., 1988), vol. 16, pp. 653~662에 실린 나의 글, "Confucius and Confucianism," (2) *IEAP Occasional Paper and Monograph Series* 15 (Singapore: Institute of East Asian Philosophy, 1989)에 실린 나의 논문, "Confucianism in an Historical Perspective," (3) *Heritage of China: Contemporary Perspectives on Chinese Civilization*, ed. Paul S. Ropp (Berkely: University of California Press, 1990), pp. 112~137에 실린 나의 논문 "Confucian Tradition in Chinese History"에서 가져다 쓴 것이다. 유교적 휴머니즘의 종교적 차원을 강조하기 위해 내가 이전에 쓴 글들을 확장시키고 그 내용에 새로운 전망을 부여하였다.

상호 관계의 가장 중요한 고려 대상이었을 뿐만 아니라 영감의 원천으로서 작용해 왔다는 점은 논쟁의 여지가 없다.

유교는 체계화된 선교의 전통이 없었지만, 기원전 1세기 무렵 한자 문화의 영향 아래에 있던 동아시아 국가들로 전파되었다. 송(宋, 960~1279년)대에 이루어진 유교 부흥 이후부터 수 세기에 이르는 유교의 시대는, 15세기 이래 한국의 조선 왕조와 베트남의 후기 레(黎, Le) 왕조까지 그리고 17세기 이래 일본 도쿠가와 시대까지를 아우르고 있다. 19세기 중반 동아시아에 서양 세력이 등장하기 이전까지, 뚜렷한 '유교' 국가였던 중국, 한국, 일본에서는 통치 기술, 엘리트 교육의 형식과 내용, 민중들의 도덕적 담론에서 유교가 높은 설득력을 가졌다. 덧붙여 말하자면 동남아시아와 전 세계적으로 퍼져 있던 동아시아 공동체들 또한 유교의 영향력 안에 있었다고 할 수 있다.

유교라는 이야기는 공자(라틴어 음역으로 표기하여 K'ung Fu-tzu, Master K'ung, 기원전 551~479년)로부터 시작하지 않는다. 중국어 Juchia가 Confucianism이라고 부정확하게 표현되었는데, 유가(儒家)는 문자적으로는 '학자들의 가문'을 의미하며 계보, 학파, 배움의 전통을 나타낸다. 붓다가 불교의 창시자이고, 그리스도가 그리스도교의 창시자라는 의미에서 볼 때, 공자는 유교의 창시자가 아니다. 그러나 비록 공자가 유교의 최고 이상인 '내성외왕(內聖外王)'의 이상에 합치되지 못했다고 하더라도, 그는 뛰어난 스승이었고 때에 맞는 성인이었으며 유교의 도를 진실로 체화한 사람으로 숭앙되어 왔다.

유교는 역사적 현상이다. 유교 전통은 삶의 방식으로 부상한 뒤에 국가 종교의 지위로 격상되었으며 결국에는 윤리적 이념으로 쇠퇴하였다. 그렇지만 유교가 보여 주는 사회 안에서의 지속적인 영향력, 살아 있는 신앙으로서의 부흥, 정치적 이데올로기로의 변신, 서구의 영향에 대한 반응, 그리고 현대적 변화는 모두 동아시아 역사에서 중요한 부분들로서 분석될 수 있을 것이다. 유교는 객관적 역사 서술과 근본적으로 다른 과거에 대한 별도의 비진(秘傳, esoteric)적 해석을 갖고 있지 않다. 진정 유교의 뚜렷한 특성은 일상적 인간 세계를 깊은 영성의 차원으로 보려는 의도에 있다.

'세속을 신성하게' 여김으로써 유교인들은 천인합일(天人合一)이라는 문화적 이상을 따라 내면으로부터 시작하여 세상을 변화시키고자 노력한다. 하나의 주요한 윤리적·정신적 전통으로서의 유교는 본래 고대 중국의 여러 사상 조류 가운데 하나의 작은 물줄기로 출현하였다. 점차 세력을 넓힌 유교는 우세한 지적 영향력을 갖게 되었다. 역사적으로 '제자백가' 시대로 알려진 기원전 550년부터 기원전 200년까지의 시기는 고전적 중국 사상의 황금기다. 이 시기 네 가지 주요 학파였던 유가·도가·묵가·법가는 제자백가 이전 수 세기 동안 중국이 경제적 풍요와 정치 질서, 사회 안정과 고아한 문화로 번성할 수 있게 해 주었던 영광스러운 주(周) 문명, 즉 뛰어난 '봉건적' 의례 체계가 쇠망하게 된 이유에 대해 상당히 다른 대답을 내놓았다. 이들 학파들은 당시의 여러 문제를 놓고, 각기 다른 해결 방안을 제시하며 격렬하게 논쟁하였다. 이 학파들은 모두 참혹한 전쟁의 계속적인 위협 속에서 혼란을 바로잡고 삶에 의미를 부여하기 위하여 노력하였다.

자연과 자유에 대한 철학을 발전시킨 도가는 인간 문명을 정신적인 타락의 근원이라고 보고 이에 대한 전적인 거부를 주창했다. 묵가는 지배 권력의 공격성, 귀족적 생활 방식에서 오는 낭비와 만연해 있는 불의에 대해 우려했다. 그들은 자기희생을 통한 사랑과 평화를 가져오기 위하여 스스로 군대를 조직하였다. 법가는 '봉건적' 의례 체계의 피할 수 없는 붕괴를 받아들이고 권력의 중심부와 동맹을 맺었다. 유가는 주 왕실의 붕괴에 대한 반응으로 인격을 형성하는 교육에 전념하는 장기적인 해결책을 선택하였다. 그들은 사람이 자아 수양과 내적인 깨우침을 통해 진정한 고귀함을 획득할 수 있다고 믿었다. 그들의 이상적 인간성(성인)과 그들의 현실적 모델(현자)은 예언자나 철학자뿐만 아니라 스승과 정치가로도 표현되었다. 이론과 실천의 조화는 유가에게 정신적인 이상과 정치적인 임무를 부여하였고 그들로 하여금 공통의 신념과 신조를 공유하는 사람들과 공동체를 형성할 수 있도록 만들어 주었다.

수 세기 동안 공자는 주요한 중국 철학자 가운데 한 사람이었으며 유교는 중국 사상계의 학파 가운데 하나로 여겨졌다. 공자에 의해 주창된 '학문적 전통'을 중국의 지배적인 지적 세력으로 확립하기 위하여 그 제자들은 몇 세대에 걸쳐 지속적으로 노력하였다. 그렇지만 유교가 중국 제국의 통치 이념이 되기까지는 수 세기 넘는 시간이 걸렸다. 심지어 수 세기 이후에도 유교는 국가에서 독점적인 지위를 누리지 못했다. 물론 기원전 2세기 다른 학파들을 희생시켜 유교를 국가 통치 이념으로 세우려는 시도가 잠시 성공한 적도 있었다. 하지만 오히려 그보다는 유교의 문화 운동이 여러 층을 지닌 이질적 전제 정치 체제와 유교 전통에 의해 권한을 부여받은 다양한 사회 계층으로 점차 확장하여 영향력을 가지게 되었다. 유교 전통의 계승자들은 자신들을 이상을 품은 존재만이 아니라 실천하는 존재로 정의하고 있었다. 이들의 노력을 통하여 유교의 가르침은 고대 중국과 동아시아 문화권 전역으로 퍼져나갔다.

오랜 기간 수없이 많은 이들의 삶의 방식이었던 유교는 철학이자 종교로 인식되고 있다. 유교는 포괄적인 휴머니즘으로서 천을 부인하거나 경시하지 않는다. 그것은 유학자들의 신앙이자 신조일 뿐만 아니라 동아시아인들의 삶의 방식이다. 실제로 유교는 그 윤리가 자명하게 받아들여지는 동아시아 사회와 정치에 매우 깊숙하게 배어 있다. 동아시아인들이 스스로를 신도(神道) 신자, 도교인, 불교인, 무슬림, 그리스도인이라고 말한다고 하더라도, 그들은 자신이 유교인임을 좀처럼 부정할 수 없을 것이다.

## 역사적 맥락

공자는 자신을 '창조자'보다 '전승자'라고 생각하였으며 옛것을 되살려 새로운 것을 얻고자 의식적으로 노력했다. 그는 외견상 구시대적인 것으로 보이는 의례에 생명력을 불어넣어 과거의 의미를 되살릴 것을 제안했다. 고대 문물에 대한 그의 애정은 조상에 대한 의례, 천에 대한 경외를 표현하는 의례, 상례와 같은 의례들이 어째서 수백 년 동안 존속해왔는지를 이해하려는 강한 열망에서 비롯된 것이었다. 과거에 대한 그의 여정은 친밀함과 소통을 향한 인간성의 가장 깊은 요구의 근원이 무엇인가에 대한 탐색 과정이었다. 그는 축적적(蓄積的, cumulative) 문화에 대한 신념을 가지고 있었다. 전통적 방식이 쇠락하고 있다는 사실이 전통이 가진 미래의 혁신을 위한 위대한 잠재력을 감소시키는 것은 아니었다. 공자의 역사의식은 너무도 강력해서 그는 자신을 주 문명 속에서 매우 훌륭한 역할을 했던 문화적 가치와 사회적 규범을 책임지고 계승있게 보존할 의무를 지닌 보수주의자로 자처했다.

공자가 상정했던 학문 전통은 고대의 성왕들로까지 거슬러 올라갈 수 있다. 비록 고고학은 상(商) 왕조(기원전 1600~1100년) 시대까지만 확증해 주고 있지만, 공자가 의미 있다고 주장한 역사는 훨씬 더 이른 시기까지 올라간다. 공자가 서양에서 'Confucianism'이라고 알려진 문화적 과정을 시작했는지 몰라도 그와 그의 추종자들은 자신들을 전통의 일부로 여겼고, 이후 역사가들은 그 전통을 학자들의 전통이라는 의미에서 유가(儒家)라고 명명했다. 유가는 전설적인 요와 순 같은 성왕이 모범적인 가르침으로 윤리적 공동체를 이루었다고 하는 당시로부터 약 2,000년 전의 시대를 기원으로 삼는다.

공자는 요순이 다스리던 황금기를 일러 '태평성대'라고 일컬었다. 그러나 그가 이상적으로 평가한 인물은 '봉건' 의례 체계를 강화하고 개선하여 주나라가 500년 이상 평화와 번영을 누릴 수 있도록 만든 주공(周公, 기원전 1094년 사망)이었다. 주공의 통치력에 감화된 공자는 고대의 성왕들로부터 배운 인정(仁政)이라는 정치적 관념을 실천할 수 있는 지위에 올라 주공을 모방할 수 있기를 꿈꿨다. 비록 공자 자신은 스스로의 정치적 이상을 실현할 수 있는 기회를 얻지 못했지만 그의 도덕적·정치적 신념은 동아시아 정치 문화를 규정하는 하나의 특징이 되었다.

주나라의 우주론 중 독특한 개념인 천(天) 관념은 상 왕조의 상제(上帝) 개념과 비교해 볼 만하다. 상제는 상 왕실의 조상이라고 일컬어졌는데 따라서 일본 천황들이 나중에 그랬던 것처럼, 상의 왕들은 자신을 그의 신성한 자손이라고 주장할 수 있었다. 그렇지만 주나라 왕에게 천은 훨씬 더 보편화되고 인격화된 최고신이었다. 그들은 상 왕조를 정복하고 난 뒤 (상제의 의지와 기능적으로 대응하는) 천명(天命)은 일정하지 않으며 주 왕가의 후손에게 왕권이 맡겨졌다는 보증이란 없다고 믿었다. 천명이 고정된 것이라면 그들이 상 왕조로부터 왕권을 빼앗을 수 있는 근거는 없을 것이다. 상 왕조가 그 명을 잃었다는 바로 그 사실이 천이 명을 부여하는 다른 판단 기준을 찾을 수 있다는 점을 명백하게 보여 준다. 이로 인해 "천은 백성의 눈으로 보고 백성의 귀로 듣는다"[10]는 명제가 정당화되었는지도 모른다. 다시 말해서 왕이 덕은 자신의 권력과 권위를 유지하는 데 필수적이다. 공자와 그의 제자들은 도덕적 자아 수양의 결과로서 분출되는 덕이야말로 정치적 지도력과 분리될 수 없는 차원임을 분명하게 강조하였다.

많은 청동 비석에 쓰인 글들이 입증하듯이, 덕을 갖춘 지도자에 대한 강조는 상 왕조의 붕괴에 대한 반응이면서 또한 뿌리 깊은 세계관에 대한 확인이다. 비록 기원전 1046년 무렵[11] 주나라 군대가 상을 정복한 것이 상 왕조 몰락의 직접적인 원인이 되었지만 정복자로서의 주 세력은 상의 마지막 왕이 방탕하였기에 천명을 상실한 것이라고 굳게 믿었다. 천명은 특정한 혈통을 고집하지 않으며 천명을 유지할 수 있는 유일한 보증은 군주의 탁월한 통치에 달려있다고 봤기 때문에 주나라의 왕들은 백성의 신뢰를 유지하고자 노력하였다.

덕을 지닌 통치라는 표현은 또한 우리가 공동체를 위하여 행동해야 한다는 믿음에 기초를 두고 있는데, 그 믿음의 근거는 군주가 조상들과 긴밀하게 연결되어 있기 때문이라는 것이었다. 천인 간의 상호 관계는 천자인 왕이 자신의 조상뿐만 아니라 천에게도 효의 정신으로 행동할 것을 요구한다. 확장된 가족으로서의 국가라는 유교적 관념은 주의 봉건 제도 속에서의 이러한 역사적 경험으로부터 유전적으로 기인했을 것이다. 그러나 통치자가 부모와도 같이 백성의 안위에 대하여 온전하게 책임져야

---

10) 『맹자』, 「만장상」.

11) David Nivision 교수는 그 전쟁이 기원전 1045년에 일어났다고 주장했다. "The Dates of Western Chou," *Harvard Journal of Asiatic Studies* 43, no. 2 (December, 1983) p. 564. 이후 그는 새로운 증거에 근거하여 그 연도를 기원전 1046년으로 수정하였다.

한다는 윤리적 정당화의 근거는 정치는 무엇보다도 도덕적 설득이어야 한다는 유교적 신념에 근거해 있다.

부분적으로는 '봉건' 의례 체계의 지속력에 의거해, 그리고 부분적으로는 왕가의 권력에 의거해 수 세기 동안 왕국을 통치하던 주 왕조는 기원전 771년 중앙아시아로부터 침입해 온 이민족을 피해 수도를 동쪽, 즉 현재의 낙양으로 옮겨야만 했다. 그 후 주나라의 실질적 권력은 봉건 제후의 손에 넘어간다. 그러나 주 왕실은 명목상 계속 인정되고 있었으며 그 상징적인 통치력도 어느 정도 행사되고 있었다. '봉건' 의례 체계는 혈연, 혼인 동맹, 그리고 오래된 계약과 새로 맺어지는 계약에 기초하고 있었는데 그것은 상호 의존적인 정교한 제도였다.

국가와 가족의 질서 유지를 위한 문화적 가치와 사회적 규범의 사용은, 정치적 비전을 공유한다. 그것은 권위가 천명에 의해 윤리적이고 종교적인 힘을 부여받은 우주적인 왕권에 있다는 것이다. 유기적인 사회 연대는 법의 강제가 아니라 의례의 준수를 통해 성취된다. 유교가 가족 중심적 사회 윤리를 지향하고 있다는 점을 인식하는 것은 중요하다. 그것은 의례 행위를 통해 잘 드러난다. 유교가 법을 통한 비인격적 사회 통제를 강하게 거부하는 것은 동아시아 사회에 오늘날까지 계속 영향을 미치고 있다.

역설적으로 공자의 시대 즈음해서 '봉건' 의례 체계는 근본적으로 훼손되었기 때문에 정치적 위기는 나아가 윤리적 쇠퇴에 대한 심각한 위기의식을 촉발시켰다. 상징적 통치의 중심이었던 주 왕실은 의례 체계가 전반적으로 붕괴되는 것을 더 이상 막을 수 없었다. 고고학적·문헌적 증거들이, 이 시기의 전례 없던 경제 성장(철제 농기구 사용, 금속 동전 사용, 상업화, 도시화)과 더불어 엄격하게 계층화되어 있던 사회의 친족 조직이 느슨해지고 있음을 보여 준다. 두 가지 사실 모두 정치 제도의 재구성에서 중요 요인으로 작용하였다.

안정에 대한 공자의 관심은 질서의 붕괴에 대한 반응이다. 그러나 사회적 혼란에 대응하여 공자가 제시한 것은 질서를 회복하기 위한 편의주의적인 수단이 아니라 훨씬 더 근본적인 것이었다. 그는 어떻게 인간답게 될 것인가라는 궁극적인 질문을 제기하는 것을 택했다. 그럼으로써 공자는 수 세기 동안의 정치적 안정과 사회 질서에 있어 결정적인 역할을 담당했던 제도를 재구성하여 다시금 그것에 활력을 불어 넣고자 했다. 공자는 부와 권력을 지닌 자가 큰소리치는 것이 당연시되는 시대 상황을 거부했다. 그는 인격이자 지도력으로서의 덕이야말로 한 인간의 위엄, 공동의 연대, 정치적 질서에 필수적이라고 보았다.

## 공자의 삶

영어를 사용하는 사람들이 과거 2,000년 동안의 중국인들의 삶의 방식을 표현하기 위해 하나의 단어를 선택해야 한다면, 그것은 아마도 Confucian, 즉 유교적이라는 말이 될 것이다. 중국 역사상 어떤 사람도 공자만큼 사람들의 생각과 행동에 그렇게 깊은 영향을 미치지 못했을 것이다. 공자는 인류의 스승이자 문화의 전승자였으며, 역사의 해석자였고 중국의 정신을 형성한 사람이었다. 공자의 중요성을 고려해볼 때, 그의 삶은 그리 인상적이지 않아 보인다. 즉 중국적으로 표현한다면 그의 인생은 '소박하고 현실적'이었다. 그러나 공자의 삶이 보여 주는 소박함과 현실성은 그의 인격이 단순히 계시된 진리가 아니라 한 사람이 자신의 운명을 만들어 가는 가운데 끊임없이 노력한 결과 나타난 자아 수양의 표현이라는 사실을 증명한다.

공자가 지식인들에게 보여 주고 있는 것은 평범한 인간이 외경심을 일으키는 성인이나 훌륭한 인물이 될 수 있는 가능성에 대한 신념이다. 평범한 사람이라 할지라도 자신의 노력을 통해 성공할 수 있으며 심지어는 탁월해질 수 있다는 믿음은 단순히 상상된 가능성이 아니라, 실현 가능한 관념이다. 인간이 스스로의 노력과 공동체의 노력을 통하여 교육받을 수 있고, 진보할 수 있으며 진실로 완전해질 수 있다는 주장은 중국인의 사고방식에 깊이 뿌리박혀 있다.

공자의 삶에 관한 사실들이 비록 얼마 남아 있지는 않지만 몇 안 되는 사실들은 우리에게 흔치 않게 정확한 기간과 역사적 정황을 보여 준다. 공자는 노(魯)나라 양공(襄公) 22년(기원전 551년)에 태어났다. 그가 음력 8월 27일에 태어났다는 전통적인 설이 역사가들에게 일반적으로 받아들여졌고 따라서 동아시아에서는 9월 28일이 공자의 생일로 널리 지켜지고 있다. 그날은 타이완에서는 공휴일로서 '스승의 날'이고, 중국 본토와 홍콩, 싱가포르에서는 문화적인 기념일이며 최근 캘리포니아에서도 그렇게 지정되었다.

공자는 노나라의 작은 고을인 곡부(曲阜, 현재의 산둥 지방)에서 태어났는데, 그 지역은 주나라의 의례와 음악을 보존하는 곳으로 알려져 있었다. 그는 성이 공(孔)이며 이름은 구(丘)였는데, 중국 역사 속에서 내내 '공자(孔子, K'ung Tzu)'나 '공부자(孔夫子, K'ung Fu-Tzu, 공 선생님이라는 의미)'라고 불렸다. 그 형용사형인 'Confucian'은 관습적으로 공자의 라틴어 표기인 'Confucius'에서 나온 것으로 중국어로는 의미 있는 말이 아니며 'Confucianism'이라는 단어 또한 18세기 유럽에서 만들어진 말이다.

공자의 조상은 아마도 귀족 계층이었던 것 같은데 공자가 태어났을 때

즈음해서 그 집안은 아주 가난한 평민이 되어 있었다. 그의 아버지는 공자가 세 살밖에 되지 않았을 때, 세상을 떠났다. 처음에는 어머니에게 교육을 받다가 이후 다른 여러 스승들로부터 지도 받게 된 공자는 청소년기에 이르자 스스로 학문을 즐기는 사람(好學者)이라고 생각했다. 공자는 어머니의 구두 교육이라는 전형적인 동아시아 교육의 위대한 전통을 의도하지 않은 채 시작하였다. 모범적인 가르침은 종종 어머니를 통해서 구전으로 전수되었다.

유교적 학습 과정 중에서 어머니가 차지한 중심적 역할은 널리 알려져 있지만 좀처럼 분석되지는 않았다. 공자는 인생의 말년에 이르러 자신은 15세에 배움에 뜻을 두었다고 술회한 바 있다. 박학다식한 젊은 학자로서 이미 명성을 떨치고 있었을 때조차도 공자가 태묘에 들어갈 시에는 매번 그 일에 대해 물었다는 역사적인 기록이 있다. 학문을 탐구하는 공자의 자세는 그 추종자들에게 유교 윤리에서 가장 중요한 덕 중의 하나는 배움을 즐기는 것이라는 점을 잘 보여 주고 있다.

공자는 낮은 직책의 관리가 되어 일했는데 그가 한 일은 곡식 창고를 지키고 장부를 정리하는 일이었다. 그는 19세에 비슷한 가문의 여성과 결혼을 했다. 그 무렵 공자는 이미 다재다능한 학자라는 평판을 들었던 것으로 보인다. 그는 20세에 아들을 얻었는데, 노나라 왕으로부터 '잉어'를 하사받은 것을 기념하여 아들 이름을 이(鯉)라고 지었다. 공자는 예(禮)·악(樂)·사(射)·어(御)·서(書)·수(數), 즉 육예(六藝)에 능통하였고, 고대의 전적들 특히 시와 역사에 정통해 30대가 되자 훌륭한 스승이 될 수 있었다. 배움과 가르침의 조화를 통해 공자는 문화적 전통을 수용하여 전달하는 학자로서의 삶을 형성해 나갔다.

우리는 공자의 스승들이 누구였는지 알지 못한다. 그가 도교의 큰 스승인 노자에게 예를 물었다는 출처가 불분명한 기록이 있긴 하지만, 그가 무엇보다도 의례와 음악을 가르쳐줄 좋은 스승을 찾기 위하여 부단히 노력했다는 것은 잘 알려져 있는 이야기이다. 공자는 중국 최초의 개인 교사로 알려져 있는데, 이것은 그가 직업으로서 더 나아가서는 삶의 방식으로서의 가르침의 기술을 확립하는 데 결정적인 역할을 했기 때문이다. 공자 이전에도 귀족 가문에서 자식들을 교육할 교사를 고용하거나 정부 관리들이 하부 관리에게 행정적이거나 관료적인 사항을 지도하는 일이 있기는 했지만, 사회를 변화시키고 개선시키기 위해서 자신의 전 생애를 배우고 가르치는 일에 바친 최초의 인물은 공자였다.

공자는 모든 인간에게 자아 수양은 유익하다고 믿었다. 그는 잠재력을 지닌 지도자들을 위한 인문 교육 과정을 시작했고, 모든 이에게 교육의 문을 열어 놓았으며 배움이란 단지 지식을 획득하는 것에 그치지 않고 인격을 형성하는 것이라고 규정했다. 이 외견상 세속적으로 보이는 인문적 시도의 정신적인 가치는, 평범한 인간의 실존 안에서 궁극적인 자아 변화가 가능할 뿐만 아니라 실현될 수 있다는 절대적인 신념에 근거한다.

역사적 공자에게 교육의 근본적인 기능은 군자(君子)를 양성하기 위한 적합한 훈련을 제공하는 것이었다. 그러한 훈련은 본질적으로 쉼 없는 자기 개선과 지속적인 사회적 상호 작용을 포함하는 과정이다. 그는 배움의 목적이 자기 인식과 자아실현이라는 것을 강조했지만, 한편으로는 진정한 교육의 자연스러운 결과로 공공에 대한 기여가 이루어진다는 점을 발견하였다. 공자는 학식 있는 은자(隱者)들과 대면한 적이 있는데, 그들의 삶의 태도와 정신적인 지향은 공자가 가진, 세상을 위해 기여하려는, 욕망의 정당성에 도전하고 있었다. 그는 인간 공동체로부터 유리되어 살아가는 '새와 짐승의 무리'의 유혹에 저항하였고 대신 세계 안에서 세상을 변화시키는 것을 택하였다.

공자는 수십 년 동안 적극적으로 정치적 영역과 관련을 맺으면서 정부로 나이가 그의 인문주의적 사상을 구현하고자 시도하였다. 그는 실천을 통해 이 세상을 의미 있게 만들기 위해 헌신하였으며 결국에는 도(道)가 당대의 사회적·정치적 현실 속으로 퍼져 나가게 될 것이라는 자신의 신념을 뚜렷이 하였다. 공자는 사회의 살아 있는 경험 외부에 영적인 성역을 만드는 대신, 비슷한 뜻을 지닌 사람들과의 친교를 통해 인간 공동체를 '성화(聖化)'시키고자 노력하였다. 이미 형성되어 있는 인간 공동체에 충실하고자 하는 이러한 실존적 선택은 이후 동아시아의 종교적 전망에 깊은 영향을 미쳤다.

40대 후반에서 50대 초반 사이에 공자는 처음으로 노나라 중도(中都)의 재(宰)가 되었고, 곧이어 사공(司空), 그 후에는 대사구(大司寇)가 되었다. 이때 그는 외교적 임무의 하나로 노나라 임금을 수행했던 것으로 보인다. 그러나 공자의 관직 생활은 짧았다. 왕에 대한 공자의 충성심은 당시 권력을 잡고 있던 삼환씨(三桓氏)에 의해 이간(離間)당했고, 그의 도덕적 엄정성은 감각적 즐거움으로 왕을 사로잡아 버린 왕의 측근들과 공존할 수 없었다. 공자는 56세에 노나라 왕이 자신의 정책에는 관심이 없다는 것을 깨닫고, 그의 뜻을 받아들여 줄 다른 제후를 찾기 위해 노나라를 떠난다.

공자의 정치적 좌절에도 그를 수행하는 제자들은 차츰 늘어갔다. 그는 거의 13년 동안 나라 밖을 떠돌며 정치적인 유랑을 하였고, 그의 통찰력과 사명감에 대한 평판은 널리 퍼져 나갔다. 한 국경 관리인은 공자를 일컬어 그 시대의 "'목탁(木鐸)'으로서 사람들을 깨우치기 위해 천(天)의 말을 전하는 사람"이라고 칭송했다.[12] 즉 공자는 자신이 성공하지 못하리라

---

12) 『논어』, 「팔일」.

는 것을 알고 있지만, 그럼에도 올바른 열정에 의해 자신이 할 수 있는 한 최선을 다해 행동하기를 멈추지 않은 양심적 인물로 인식되었던 것이다.

그는 67세가 되어서야 후학을 양성하고 간직해 온 고전 전통을 저술하고 편집하기 위해 고향으로 돌아왔다. 공자는 기원전 479년에 죽었는데 그때 그의 나이는 73세였다. 『사기(史記)』에 따르면 그의 학생들 중 72명이 '육예'에 통달하였으며 당시 그의 제자가 되고자 했던 사람들은 3,000명에 이른다. 공자는 70세에 이르러 자신의 마음이 하고자 하는 대로 행동하여도 법도를 어기지 않게 되었다고 말한 적이 있다.[13] 자신의 현재 모습과 되고자 했던 이상 사이에서 완벽한 조화를 이루었다는 말이다. 이 경지는 수 세기 동안 공자를 닮으려고 했던 그의 추종자들에게 정제되지 않은 자아의 충동을 우아하게 수양된 미적 표현으로 변화시키는 고상한 방법이 되어 왔다.

---

13) 『논어』, 「위정」.

# 유교의 제1기

한비자(기원전 233년 사망)에 따르면 공자가 죽은 뒤 얼마 지나지 않아 그의 제자들은 8개의 다른 학파로 나뉘어졌으며 각자 자신들이 공자 사상의 정통 계승자라고 주장했다. 아마도 각각의 학파는 공자 제자들 중 한 사람 혹은 그 이상의 사람들에 의해 영감을 받았거나 관련을 가지고 있었을 것이다. 공자가 전한 교훈의 의미를 해석하는 충돌이 유가의 분화를 촉진했다 하더라도, 그것은 새로운 지적 역동성을 생성한 것으로 보인다.

기원전 5세기 이전 중국에서, 유교인들은 도(道)를 두고 논쟁하는 사람들 사이에서 사상계의 주도적 지위를 차지하지 못하고 있었다. 그러나 그들은 지적인 담론의 의제를 설정하기 위한 매우 풍부한 문화적이고도 정신적인 자원을 발전시킨 것으로 보인다. 이미 공자의 가까운 제자들이었던 현명한 안회, 신실했던 증자, 유능했던 자공, 박학했던 자하와 그 밖의 다른 제자들은 다음 세대 제자들 사이에서 열정적 분위기를 만들어 내고 있었다. 유교 전통이 중국 역사상 가장 강력한 정치적 신념으로 출현한 시기가 언제인지에 대해서 명확히 알 수는 없지만, 이미 이 시기 유교 전통은 뚜렷한 목소리를 내기 시작하고 있었다. 그럼에도 유교가 지배적인 가르침이 되기까지는 몇 세대의 지속적인 노력이 필요했다.

맹자(孟子, 기원전 390~305년)는 전국 시대(戰國時代, 기원전 403~221년) 초

반 중국 사상계가 묵자(墨子, 기원전 479~381년)의 공동체주의와 양주(楊朱, 기원전 약 440~360년)의 개인주의에 지배되고 있음을 한탄하였다. 공자 사후 1세기 동안의 역사적 상황을 살펴볼 때, 주나라의 봉건 의례 제도의 붕괴와 패도 국가의 등장이 보여 주는 바는 정치적인 도덕화를 꾀했던 유교적 시도가 부와 권력의 득세 속에 냉대를 당하는 상황에 처했다는 것이다. 그러한 시대에 더욱 이목을 끌었던 사람들은 속세를 피해 자연 속으로 정신적인 은둔처를 찾아 떠나 관조적 삶을 살아가는 초기 도가의 은둔자이거나, 부와 권력을 얻을 수 있는 야심 있는 왕을 보좌함으로써 현실 정치에 영향력을 미치려고 노력하는 현실주의자(원시적 법가)였다.

유교인들은 그러한 혼란 속에서도 자신만의 내적 평온을 구하기 위해 정치적 현장을 떠나는 것을 거부했다. 유교인들은 공동체를 포기한다는 생각을 견딜 수 없었기 때문이었다. 또한 유교인들은 소수 지배층의 이익에 종사할 수 없었는데, 그들의 사회적 의식은 그들을 백성의 양심으로서 복무하도록 만들었기 때문이었다. 유교인들은 이렇듯 딜레마에 빠져 있었다. 그들은 적극적으로 정치에 관여하길 원했지만 당시의 현실을 권위와 권력이 행사되는 정당한 영역으로 받아들일 수는 없었다. 또한 그들은 힘의 정치를 혐오했지만 자신을 국사(國事)로부터 이탈시킬 수도 없었다. 간단히 말해서 유교인들은 세계 안에 있었지만 세계에 속하지는 못했다. 그들은 세상을 떠날 수도 없었고 또한 효과적으로 세상을 바꾸어 낼 수도 없었던 것이다.

## 유교 지식인의 모범, 맹자

맹자는 스스로 공자의 도를 계승했다고 자칭했던 이로 알려져 있다.

그는 처음 어머니에게 교육을 받았고 (이후 유교 전통에서 교육자로서의 어머니의 중요성이 부각된다) 뒤이어 자사(공자의 손자)의 제자에게 배웠다고 전해진다. 맹자는 사회 비판자로서, 도덕 철학자로서, 그리고 정치적 활동가로서 자신의 역할을 훌륭히 수행하였다. 그는 농업, 상업, 공업과 직접적으로는 연관되지 않았으면서도 국가가 원활히 기능하는 데 절대적으로 필요하고, 더욱 중요하게는 백성의 안녕에 결정적인 역할을 하는 학자–관료 계급을 수양시키는 임무에 자신을 헌신하였다.

맹자는 중농주의자들에 대항하는 그의 철학적인 주장 속에서 마음으로 힘쓰는 사람(勞心者)을 지지하기 위해서 '노동의 분화'라는 관념을 사용하였다. 그는 생산만큼이나 공공에 대한 지적인 업무를 중요하게 생각했던 것이다.[14] 맹자에게 유교인이란, 학자로서 나라의 중대한 일에 지적인 능력을 제공하는 사람이어야 했다. 유교인은 관료적인 기능인이 되는 것이 아니라 지배 계급에게 인정(仁政)과 왕도(王道)를 가르치는 책임을 다함으로써 백성의 이익을 위해 일해야 한다고 보았다. 그는 왕들과 만나면서 정치적인 조언자로서뿐만 아니라 그들의 스승으로서 처신했다. 그는 진정한 '대장부(大丈夫)'라면 부에 의해서 매수될 수 없으며 권력에 지조를 굽히지 않아야 하고 가난함에도 영향 받지 않아야 한다고 천명했다.[15]

맹자가 주장한 것은 유교적 도의 보급과 확산에 전념하는 유기적인 지식인(유기적으로 세계와 연결되어 있으면서 지적으로 도덕의 근본적 재구성을 위해서 헌신하는 사람)의 역할과 기능에 관한 것이었다. 인간의 노력에 의해 도가 넓혀질 수 있다는 공자의 신념에 대하여 확신을 지녔던 맹자는 유기적 지식인을 위한 정치적인 영역과 문화적인 공간을 만들었다. 그는 '대

---

14) 『맹자』, 「등문공상」.
15) 『맹자』, 「등문공하」.

장부'라는 관념을 통치자에게 복무하는 사람이라기보다는 도를 수호하는 사람으로 재해석해냈다.

맹자는 정치적인 술수를 통해서 막강한 권력과 영향력을 휘둘렀던 사람들에 대한 경멸을 드러냈으며, 천명에 따르지 못한 채 사는 그들의 무능에 대해 비난했다. 그들은 결국 순종적인 후궁처럼 야심을 가진 왕들에게 봉사했기 때문이었다. 대조적으로 그는 "진정한 대장부는 도를 위하여 의로운 길을 걸으며 인(仁)에 거한다"고 말했다.[16] 따라서 맹자는 유학자를 도를 수호하는 자라고 재정의했다. 그는 도를 전달해 주었던 공자가 도덕적인 모범으로서 정치에 직접적으로 참여한 것을 들어, 공자야말로 의미 있는 사회 구조를 유지하는 신성한 임무를 수행했던 유기적인 지식인이었다고 보았다.

공자의 도덕 이상주의와 자기 시대의 특수한 사회적·정치적 현실 사이의 관계를 분명히 구분하기 위해서 맹자는 당시 유행하던 묵자의 "겸애(兼愛)"와 양주의 "위아(爲我)"를 비현실적이라고 비판했다. 묵자는 겸애를 제창했다. 하지만 맹자는 낯선 이도 자기 아버지처럼 친밀하게 대하라는 묵자의 가르침은 자기 아버지를 낯선 이 대하듯이 무관심하게 대하는 결과를 가져올 것이라고 보았다. 다른 한편으로 양주는 개인의 우선성을 제창했지만 맹자는 자신의 이익에만 과도하게 집중하는 것은 정치적인 혼란을 초래할 것이라고 논박했다. 실제로 맹자는 묵가의 겸애는 아버지를 없게 만들며 양주의 위아는 군주를 없게 만든다고 주장했다.[17] 가족 제도는 사회 안정의 기초가 되며 국가의 바른 통치는 우주적 평화의 근간이 되기 때문에 묵가의 겸애론이나 양주학파의 위아론는 정치적으로

---

16) 『맹자』, 「등문공하」.
17) 『맹자』, 「등문공하」.

백성에게 진정한 이익을 가져오기에 적합하지 않다는 것이다.

사회 개혁을 위한 맹자의 전략은 재물, 자기 이익, 부와 권력에 대한 담론을 정의에 대한 강조, 공공의 정신, 사회 복지와 모범적인 권위에 대한 도덕적인 담론으로 바꾸는 것이었다. 맹자는 단순히 이익에 대한 반대를 원하지 않았다. 단지 그는 제후들이 긴 안목을 가지고 자신의 이익, 부, 관심사, 그리고 권력을 유지시켜 주는 더 큰 이익을 선택할 것을 호소했다. 그는 제후들에게 그들만의 성에서 나와 세상을 보라고 요청하였으며 그들이 재상, 대신, 관원, 그리고 겉으로 보기에는 특별할 것 없는 백성과의 공동의 유대를 강화하기를 원했다. 오직 그런 후에야 제후들이 스스로의 통치권을 지탱할 수 있을 것이라고 맹자는 주장했다. 맹자는 그들이 인의(仁義)를 확장시키도록 요구했는데 그것은 심지어 그들 자신의 가족을 지키는 데 결정적인 요소가 되기 때문이기도 했다.

통치의 체제가 모든 백성에게 공통적으로 적용되어야 한다는 맹자의 호소는 백성이 국가보다 중요하며 국가는 왕보다 중요하다고 본 그의 강한 민본(民本) 사상에 근거하고 있다.[18] 왕도에 부합하지 않게 행동하는 통치자는 통치자로서의 자격이 없다. 공자의 정명론(正名論)을 적용하면서 그는 자격 없는 통치자는 비난받아야 마땅하며 그 통치자의 태도가 바뀌지 않는다면 마지막 수단으로는 퇴위시켜야 한다고 주장했다.[19] 백성의 안녕이 지속되고 통치자가 그에 대한 책임을 다하기 바라는 천의(天意)가 있기에, 천명(天命)이 바뀌고 있다면 혁명은 정의로울 뿐만 아니라 바람직하다.

정치적인 면에서 맹자의 민본 사상은 인간이 자아 수양을 통해서 완전

---

18) 『맹자』, 「진심하」.
19) 『맹자』, 「양혜왕하」.

해질 수 있으며 인간 본성은 기본적으로 선하다는 그의 철학적 이상에 근거해 있다. 맹자는 인간의 존재 조건을 구성하는 생물학적이고 환경적인 요인에 대해서 인식하고 있었다. 그럼에도 그는 우리가 우선적으로 도덕적으로 되고자 하는 의지에 의해서 도덕적으로 된다고 주장했다. 맹자에 따르면 의지는 변화된 도덕적 행동을 수반한다. 선하고자 하는 우리의 본성적인 경향은 우리가 그것을 의식적으로 주목하여 키우려고 노력하기만 한다면 언제든지 자동적으로 발휘될 것이기 때문이다. 맹자는 모든 인간은 동정심을 가질 수 있는 존재라는 단언 아래 인정(仁政)에 대한 그의 생각을 다음과 같은 예시를 통해 제시했다.

사람들은 모두 차마 사람을 해치지 못하는 마음을 가지고 있다. 선왕이 차마 사람을 해치지 못하는 마음을 가지고 차마 사람을 해치치 못하는 정사를 행하셨으니, 차마 사람을 해치지 않는 마음으로 차마 사람을 해치지 못하는 정사를 행하다면 천하의 다스림은 손바닥 위에 움직일 수 있게 될 것이다.[20]

맹자는 모든 인간은 측은지심(惻隱之心), 수오지심(羞惡之心), 사양지심(辭讓之心), 시비지심(是非之心)이라는 사단(四端)을 가지고 있다고 보았다. 마치 타기 시작하는 불꽃이나 솟아오르는 샘물과도 같은 이 감정들은 인의예지(仁義禮智)라는 네 가지 기본적인 덕으로서 나타난다. 이 이야기의 의도는 우리가 반드시 도덕적이어야 한다고 배우기 때문에 도덕적이 되는 것이 아니라 우리의 본성, 인간성의 깊은 차원이 선함으로 자발적으로 드러나기 때문에 선하다는 것이다.

---

20) 『맹자』, 「공손추상」.

286

맹자는 우리는 모두 스스로의 인식을 깊게 하고 공동체적 참여의 관계 망을 넓힐 수 있는 내부의 정신적 자원을 가지고 있다고 주장했다. 생물학적이고 환경적인 제약에도 우리는 항상 천이 부여한 대체(大體)를 넓히고 정련한 능력과 자유를 지니고 있다. 맹자는 현실적으로 시색(食色)이라는 본능적인 욕구에 관해서 인간이 다른 동물과 크게 다르지 않다는 가정을 받아들였음에도, 우리가 인간의 독특함인 작은 차이를 넓힐 수 있으며 '사단(四端)'에 집중함으로써 우리 스스로 진정한 인간성이 실현된 모범적인 인간으로 변화할 수 있다고 보았다.[21]

인격 형성의 탁월성에 대한 맹자의 단계적 생각은 지속적인 자아 수양과 확장의 과정을 생동적으로 보여 주고 있다.

하고자 하는 바를 하고자 하는 사람을 선(善)하다고 이르며

진실함을 간직하는 자를 신실하다(信) 이르고

충실한 자를 일러 아름답다(美) 하고

충실하여 그 빛을 발휘하는 자를 일러 위대하다(大) 하며

위대하여 변화시키는 자를 성스럽다(聖) 이르며

성스러워 알 수 없는 자를 일러 신이라(神) 한다.[22]

게다가 맹자는 만약 우리가 우리 마음속에 내재한 가능성을 완전하게 실현할 수만 있다면 우리는 스스로의 본성을 이해하게 될 것이며 그러한 이해를 통해 우리는 궁극적으로 천을 알게 될 것이라고 주장했다.[23] 맹자

---

21) 『맹자』, 「이루하」.
22) 『맹자』, 「진심하」.
23) 『맹자』, 「진심상」.

는 인간이 자신에 대한 인식에 이를 수 있으며 또한 천에 대한 이해에 이를 수 있다는 데 깊은 믿음을 가졌다. 그것은 맹자가 내면으로부터의 영성적 자원에 접근함으로써 깨달은 정신적인 자산이었다. 이로써 유교적 이상에 인간우주적(anthropocosmic) 차원을 추가할 수 있었다. 맹자의 관점에 따르면 완전한 인간이 되기 위해 배우는 것은 우주 전체를 체화하기 위하여 인간적 감수성을 수양하는 것을 의미한다.

만물이 모두 나에게 갖추어져 있으니 자신을 돌이켜보아 성실하면 즐거움이 이보다 더 클 수 없고 서(恕)를 힘써 행하면 인(仁)을 구함이 이보다 가까울 수 없다.[24]

맹자에 의해서 확장된 이상에 근거해 볼 때, 유교인이란 모범적인 스승이자 정치적인 지도자, 의미를 생산하는 사상가, 그리고 유기적인 지식인이다.

## 유학의 전승자, 순자

맹자가 유교의 도덕적 이상주의라는 결과를 가져왔다면 순자(荀子, 기원전 약 298~238년)는 특별히 예와 법에 대한 강조를 통하여, 의식적으로 유교의 이상을 변화시켰다. 그는 현실적이고 체계적으로 인간 존재를 탐구했다. 기원전 3세기 중반, 가장 부강했던 제(齊)나라의 수도인 직하(稷下)에 모여든 명망 있는 학자들 중 가장 걸출했던 인물로 널리 알려져 있는 순자는 학식, 지적인 정교함, 논리학, 경험론, 실용적인 태도, 그리고 변

---

24) 『맹자』, 「진심상」.

론에 뛰어났다. 소위 열두 학파에 대한 순자의 비판이 담겨 있는 「비십이자(非十二子)」는 그 시대 사상계의 대체적인 정황을 보여 준다. 동료 사상가들에 의해 제시된 당대의 거의 모든 주요 사상들의 약점에 대한 그의 예리한 통찰은 유학이 강력한 정치적, 사회적 신념으로 자리 잡도록 도와주었다.

자아와 사회에 대한 종합적인 전망을 형성하기 위해 당대의 통찰들을 융합해 내는 그의 능력으로 인해 유교적 담론은 상당히 넓어졌다. 이러한 순자에게 주요 적수는 맹자였다. 순자는 인간의 본성이 선하다고 하는 맹자의 관점을 순진한 도덕적 낙관주의라며 맹렬하게 공격했다.

공자의 정신도 그렇겠지만(맹자도 마찬가지이고), 순자에게도 자아 수양의 문제가 중심적인 주제임이 확실하다. 그는 유학의 교육 과정이 크게 보면 군자가 되기 위한 배움으로부터 시작하여 성인을 모방하는 데로 나아가는 것이며, 시를 공부하는 것에서부터 시작하여 예를 실천하는 것으로 나아가는 것이라고 말했다. 그것은 지식과 기술, 통찰, 지혜를 축적해 가는 쉼 없는 노력이다. 그는 만약 사회적인 통제가 제대로 이루어지지 않는다면 인간은 욕망을 만족시키기 위해서 과도한 요구를 하기 마련이며 그것은 필연적으로 인류 번영의 전제 조건인 사회적 결속을 약화시키게 될 것이라고 믿었다. 순자가 보기에 인간 본성의 선함에 대한 맹자적 확신이 지닌 가장 심각한 결점은 유기적인 사회 결속을 지속시키기 위한 예와 법의 필요성을 배제한다는 것이다. 인간 본성이 악하다는 것을 강조하면서도 순자는 심(心)의 인지적 기능을 도덕성의 기반으로 선택했다. 우리는 사회적 규범에 준하여 행동함으로써 우리의 욕망과 열정을 의지적으로 통제해서 도덕적인 존재가 된다.

맹자와 마찬가지로 순자는 모든 인간이 자아 수양을 통해서 완전해질 수 있다고 믿었으며 가장 기본적인 덕으로서의 인(仁)과 의(義), 왕도(王道)로서의 인정(仁政), 사회적 조화와 교육에 대한 신념을 지니고 있었다. 그러나 어떻게 이 모든 것이 실제로 가능할 것인가에 대한 그의 관점은 전적으로 맹자와 달랐다. 순자가 형성한 유교적 기획은 학습을 사회화 과정으로 정의한다. 고대의 성인과 중요한 인물, 경전 전통, 전통적 규범, 스승과 정부의 법규, 그리고 정치 관료가 지닌 권위는 모두 인간 본성을 변화시키기 위한 중요한 원천이 된다. 지성적인 교양인은 완전하게 사회화된 인간 공동체의 구성원으로서 그의 본능적인 욕망을 공공의 이익을 위해 성공적으로 승화시킨 사람이다.

순자의 법, 질서, 권위, 그리고 예에 대한 강고한 입장은, 지배자의 이익을 위해 배타적으로 고안된, 사회적 순응을 중시하는 법가적 정책과 위태로울 만큼 근접했던 것으로 보인다. 행위의 객관적 기준에 대한 순자의 강조는 아마도 권위주의의 발흥에 이념적인 기반을 제공했을 것이고 결과적으로 이는 진나라(秦, 기원전 221~206년)의 독재 정치로 이어졌다. 사실상 가장 영향력이 있었던 법가의 두 인물이었던 한(韓)나라의 이론가, 한비자(韓非子, 기원전 233년 사망)와 진(秦)나라의 재상, 이사(李斯, 기원전 208년 사망)는 순자의 제자였다.

그러나 순자는 그보다 배움의 보편화라는 유교적 기획의 연속선상에서 중요한 인물이었다. 그는 또한 사회의 문화적 다양성을 훼손시켜가며 국가의 권력을 증강시키는 방식에 대해서 찬성하지도 않았다. 천에 대한 그의 자연주의적 해석, 문화에 대한 심오한 이해, 인식론적 측면에서의 심(心)에 대한 관찰과 언어의 사회적 기능에 대한 통찰력 있는 식견, 도덕적 이성 작용과 변론 기술에 대한 강조, 진보에 대한 믿음, 정치 제도에 대한 그의 관심은 유교적 유산을 매우 풍요롭게 만들어 주었고 이로써 그는 이후 300년 이상 유교의 모범적 인물로서 추앙받았다.

맹자와 순자는 공자의 직계 제자들에 의해서는 거의 제대로 이해된 적이 없었던 인간 본성과 천도에 대한 공자의 관점을 발전시킴으로써 유교의 전망을 확장, 심화시켰을 뿐만 아니라 일관된 '인간우주적' 이상을 쌓아 올렸다. 맹자와 순자의 해석적 조명 아래에서 본다면, 인간이 되기 위한 배움은 생물학적인 실재로서의 우리가 자아의 심미적 발현으로 나아가는 완전한 과정을 포함하고 있다. 몸의 의례화, 지성과 감성의 양성, 영혼의 정화, 정신의 고양과 같은 다채로운 의미를 지닌 자아 수양, 즉 극기(修己)라는 개념은 마찬가지로 복잡한 의미를 지닌 경세(經世)의 기술이라는 개념과 통합된다. 그리고 이는 내성외왕이라는 유교적 지향에서 서로 분리될 수 없는 양(兩) 차원을 제공해 주었다.


## 정치의 유교화

진(秦)나라에 의한 짧은 독재 정치로 법가(法家)는 잠시 승리를 맛보긴 했지만, 서한(西漢, 기원전 206~기원후 8년) 초기에 이르러 법가적 실행인 절대적 황제 권력, 중앙 정부에 대한 완전한 복종, 사상 통일, 그리고 엄격한 법 집행 등은 도가(道家)적인 조화(調和)와 무위(無爲)의 정치술에 의해 대체되었다. 이러한 정책은 역사적으로 황로지술(黃老之術)이라고 일반적으로 알려져 왔는데, 이는 황제(黃帝)와 도교의 신비로운 창시자인 노자(老子)의 정치술을 지칭한다. 육가(陸賈)나 가의(賈誼)와 같은 일부의 유가 사상가들은 중요한 정치적 건의를 조정에 제출하였다. 동중서(董仲舒, 기원전 약 179~104년)가 등장하기 이전에도 조정에서는 유교적 신조를 지닌 사람들의 목소리를 들을 수 있었으며 유학(儒學)의 원칙으로써 왕조의 기반을 세우려는 경향은 점점 뚜렷해져만 갔다.

사실상 한(漢)나라가 건국된 뒤 얼마 지나지 않았을 때부터 한의 정치는 점차 유교화하고 있었다. 나라를 세운 사람들은 봉건 제도를 재정비하고자 결심했고, 첫 번째 황제는 정교한 조정 의례에 대한 시행 의지를 가졌다. 이에 유학자들이 정부의 기반을 확립하는 데 기여하도록 만들었다. 진시황제의 분서갱유(焚書坑儒)에 의해 파괴된 문화를 다시 일으키고자 했던 제국의 결정으로 인해 잃어버린 경전을 되찾기 위한 집중적인 수색이 이루어졌고 구전되던 경전이 기록되었다. 이러한 노력으로 유학 전통은 새롭게 부상하여 정치적 이념의 주요 부분으로 통합되었다.

법가의 전제 군주 기질을 지녔던 한무제(漢武帝, 기원전 140~87년 재위)의 집권 시기에 이르러 유교적 신조는 중앙 관료 제도 속에 깊고 단단히 자리 잡았다. 유교적 영향력은 뚜렷해졌다. 왕실과 정부(종종 어떤 학자적인 대신의 주재 아래 있었다)는 명확하게 구분되었고 추천과 과거라는 이중적 제도를 통해서 관료가 선출되었다. 또한 가족 제도 중심의 사회 구조, 농업을 기반으로 한 경제 제도, 그리고 교육에서의 관계망이 정비되었다.

예(禮)를 근간으로 삼는 법적 체계 안에서 확고하게 성립된 유교적 관념은 관료들의 통치 행위, 사회적 관계의 규정, 백성의 송사 판결에서 점점 중요해져갔다. 마침내 재상이었던 공손홍(公孫弘, 기원전 121년 사망)은 한무제를 설득해 유학자만이 정식으로 국가의 지원을 받을 수 있도록 만들었고 결국 유교는 공식적으로 제국의 이념과 국가 종교(state cult)로 인정받았다.

결과적으로 유교 경전들은 모든 교육 과정에서 핵심적인 교과 과정이 되었다. 기원전 136년, 한무제는 조정에 오경박사(五經博士) 제도를 설립했고 기원전 124년에는 다시 그들과 함께 공부할 50명의 공식적인 제자들을 임명하여 태학(太學)이라고 불리는 제국의 대학을 만들었다. 기원전 8년에는 태학에 입학한 학생수가 3,000명에 이를 정도로 성장했고, 기원후 1년에 이르러서는 일 년에 백 명씩 국가에 의해 거행되는 시험을 통과해 정부 관직에 진출하였다. 간단히 말해서 유교적 교육을 받은 학생들이 관료가 되기 시작했던 것이다. 58년이 되자 국가가 운영하는 모든 학교는 공자에게 제사를 지냈고, 175년에 이르러 조정은 유가 경전들의 정식 판본을 확정하였는데 이는 수십 년 동안 제국의 후원 아래 학자들이 모여 토론하고 연구한 끝에 결정된 것으로 커다란 돌기둥에 새겨졌다. 당시 이러한 돌기둥은 수도 안에 세워졌고 오늘날에는 시안(西安) 국립 박물관에 잘 보존되어 있다. 성스러운 경전들의 정확한 내용을 영속화하고 공개적으로 공표하는 이러한 행위는 경전(經典)적 유교 전통의 형성이 완성되었음을 상징한다.

중국의 지성사에서 유교가 한(漢) 왕조의 공식적인 이념으로 확립되었다는 사실은 종종 공자, 맹자, 그리고 순자가 행한 가르침의 승리로 묘사되곤 한다. 그러나 유교 정신의 관점으로 보자면 그 승리는 순수한 의미의 승리가 아니었다. 한 왕조 이전에 유교 전통 내에는 결코 서구적인 의미의 정치와 종교 간의 관계가 존재하지 않았지만, 언제나 진정한 유자들은 현상에 대해서 비판적인 입장을 고수해 왔다. 막스 베버가 『중국의 종교』에서 지적하는 것처럼 유교적 인생의 지향성을 '세계에 대한 적응'이라고 특징짓는다면, 이는 매우 큰 실수이다.[25] 내부로부터 시작해서 세계를 변화시키고자 하는 유교적인 참여는 양면의 칼이었다. 한편에서 그들은 국가의 정사(政事)를 개선할 수 있다고 받아들이며 현상을 출발점으로 수

---

25) Max Weber, *The Religion of China: Confucianism and Taoism*, trans. Hans H. Gerth (New York: Free Press, 1968), p. 235.

용했다. 그러나 그들은 백성의 안녕이 더 이상 유지되지 않을 때면 종종 타협하지 않고 기존 권력 구조에 대해서 근본적인 개혁을 요구했다.

하지만 소수 지배자의 기득권을 반영하는 공식적인 이념으로 기능하게 된 한(漢) 제국의 유교는 분명 이익과 봉록의 수단이 되어갔다. 이는 물론 인의(仁義)라는 유교적 도(道)가 완전히 배경으로 밀려났음을 시사하지는 않는다. 사실상 한 왕조의 정치 문화 속에서 유교의 도를 논하는 사람들은 두 가지 상충하는 길과 마주치게 되었다. 자아 수양과 사회적인 책임에 대한 진정한 추구와 자아 수양을 훼손시키면서 사회적인 지위를 좇는 정치적 목표가 바로 그것이다. 실로 유교의 배움에 숙련된 사람이 또한 정치적으로도 저명해진다면 그에게는 정치적인 교묘함과 도덕적인 성실함 사이의 가능성이 매우 광범위하게 존재할 수 있다. 다양한 방식으로 그것들이 혼재한 애매한 상태가 점차 어쩔 수 없는 현실이 되어갔다.


## 동중서의 천인감응론

위대한 역사가였던 사마천과 마찬가지로 동중서 역시 유교 경전인 『춘추(春秋)』를 절대적으로 중시했다. 그러나 그의 저작인 『춘추번로(春秋繁露)』는 역사적인 판단과는 거리가 멀 뿐만 아니라 『주역(周易)』의 정신에 입각한 형이상학적인 저술이기도 하다. 동중서는 비범하게 학문에 열중했으며 도덕적 이상주의에 철저하게 전념했던 이였다고 한다(그는 3년 동안 눈앞의 정원조차 쳐다보지 않고 공부에 몰두했다고 전해진다. 또한 그와 관련하여 자주 회자되는 이야기 중 하나는 의로움이 바로 세워지지 않으면 이익을 도모하지 않고 도리가 밝지 않으면 공을 계산하지 않았다는 것이다[26]). 동중서는 한나

---

26) 이 이야기는 『한서』 「동중서전」에 실려 있다.

294

라 유학 발전의 특징을 드러내는 중요한 인물이다.

한무제가 유교만이 제국의 후원을 받을 것이라고 선포하기는 했지만 도가(道家), 음양가(陰陽家), 묵가(墨家), 법가(法家), 주술사(呪術師), 영매(靈媒), 의사(醫師), 점복술(占卜術)을 행하는 이들 및 기타 무리들도 한나라의 문화적 번영을 이루었던 우주론적인 사고에 기여하고 있었다. 동중서 또한 이러한 사상적 융합의 수혜자였다. 그는 당시의 각종 정신적인 자산들을 자유롭게 수용하여 자신의 세계관을 형성해냈기 때문이다. 인간과 자연 사이의 감응에 관한 그의 이론에 따르면 사계절, 열두 달, 1년의 366일과 인간 육체의 사지(四肢), 사지의 십이절(十二節), 366개의 뼈는 서로 상응한다. 그의 이론은 모든 존재 양태는 하나의 복잡한 관계 그물망 안에서 서로 연결되어 있다는 유기론적인 인식에 입각해 있다. 이러한 상호 감응적 형이상학으로부터 도출된 도덕적 원리는 인간 행위가 우주적 결과를 낳을 수 있다는 것이다.

오행(五行, 金木水火土)의 의미, 천(天)의 숫자적인 범주와 인간 사이의 연관성, 동류 사물들의 동질적 행위, 인(仁)·의(義)·예(禮)·지(智)·신(信)과 같은 가장 기본적인 유교 가치에 대해 연구했던 동중서는 유교 윤리와 자연주의적인 우주론을 통합시킨 정교한 세계관을 발전시켰다. 동중서가 이뤄낸 것은 단순히 황제를 천자(天子)라고 정당화시키는 신학적인 작업이 아니었다. 그보다 천인 간의 상호 감응에 관한 그의 이론은 유학자들에게 지도자의 행위를 판단할 수 있게 하는 고차원적 법칙을 제공했다. 사실상 '재이설(災異說)'이라고 표현되는 그의 이론은 홍수, 가뭄, 지진, 혜성, 일식, 월식, 그리고 심지어는 '암컷에게서 수염이 나는 일'과 같이 무해하지만 비정상적인 자연 현상들까지도 지도자의 악행을 경고하는 천의 징조라고 설명하는데 이는 후에 군주들의 변덕이나 전횡을 제지하는 데 효과적인 수단으로서 기능했다. 동중서는 유학자들에게 광범위한 정치적 함의를 지닌 해석적 권력을 제공했던 것이다.

동중서의 사유 방식은 그가 살았던 당시 성행했으며 당대 학자들이 매우 심취했던 예언, 점복, 숫자를 이용한 명리학(命理學) 등의 학문적 조류를 반영하고 있다. 동중서는 금문학파의 지지자로 알려져 있는데 금문학파의 학자들은 한대의 '금문(今文)'으로 쓰인, 새로 형성된 경전에 근거하여 자신의 이론을 전개하였으며 정치에 영향을 끼칠 수 있는 수단으로서 그 경전들의 '미언대의(微言大義)'를 찾아내는 데 열중하였다. 왕망(王莽, 9~23년 재위)의 왕위 찬탈은 부분적으로는 천명의 변화가 필연적이라는 유교 지식인들의 요구가 성행함으로 야기된 것이었다.

동중서의 명성이 아무리 대단하다고 할지라도, 그의 세계관은 한대 유학자들에 의해서 보편적으로 수용되지는 못했다. 고문학파라고 알려진, 유교 경전의 더 합리적이고 도덕적인 접근을 지지하는 일종의 반발이 서한의 몰락 이전부터 이미 자리 잡았다. 양웅(揚雄, 기원전 약 53~18년)은 『논어(論語)』와 비슷한 형식의 도덕적 격언 모음집인 『법언(法言)』과 『주역』류의 우주관을 정교화시킨 『태현(太玄)』이라는 책을 통해 대안적인 세계관을 제시했다. '고문학파'는 진정한 경전 문헌들의 판본이 새로 발견되었으며 그것들은 진나라 이전의 고문자로 쓰여 있었다고 주장하였는데 동한(東漢, 25~220년) 시대에 널리 받아들여졌다. 동한 시대에 이르자 경전 연구는 박사 제도와 태학에 의해 더욱 정교화되고 세밀해졌다. 유학은 마치 '탈무드'나 '성서'에 대한 연구와 마찬가지로 고도로 전문화되었고 이는 도덕적 담론으로서 유교가 지닌 생명력을 약화시키는 데 이를 정도였다.

그럼에도 유교 윤리는 정부, 교육 기관, 사회에서 광범위하게 거대한 영향력을 지속적으로 행사하고 있었다. 한나라 말기에는 교육을 받은 거의 모든 성인 남성이 유교 경전에 능숙해져 있었다. 교육 분야에서는 성인으로서 공자의 역할이 확고하게 확립되었다. 전국적으로 모든 공공 교육 기관은 공자에게 정기적인 제사를 올렸고 공자를 모신 사당이 세워졌다. 조정은 공자 숭배를 대를 이어 지속하여 결과적으로 공자의 사당이 전국 2,000개 군마다 하나씩 세워졌다. 또한 유교의 교사는 천(天), 지(地), 군주(君主), 부모(父母)와 함께 전통적 중국에서 가장 존경할 만한 권위를 지닌 이가 되었다.

신성화(神聖化)에도 쉼 없는 배움이라는 인격적인 모범을 보여 준 선생님이었던 공자는 천하에서 가장 존경 받는 인간으로서의 이미지도 계속 가지고 있었다. 공자는 인간성을 상실하지 않고서도 인격자로서 그리고 하나의 신화(神話)로서 중국 사회에서 가장 위대한 상징적 힘을 행사했다. 공자의 신화화(神話化)조차 그 효과는 도덕적인 교화 속에 있었던 것이다.

## 불교와 도교 성행기의 유교 윤리

한 말에 이르자 무능한 왕권, 파벌 싸움이 들끓는 조정, 조세 제도의 붕괴, 환관 권력의 횡행 등의 문제가 심각해졌고 이러한 상황 아래에서 태학 학생들의 저항이 확산되었다. 이에 한나라의 조정은 169년, 수천 명의 학생과 이에 동조하는 관원들을 감금하고 투옥하는 위압적인 정책을 폈고, 일시적으로는 지식인들의 반란을 막을 수 있었다. 그러나 경제적인 어려움까지 겹치자 더욱 큰 규모의 반란이 일어났고 백성의 삶은 점점 피폐해져만 갔다. 농민들의 반란은 유교 지식인들과 치병 행위를 위주로 하던 도교 지도자들에 의해 주도되었는데 이는 군대의 반란과 결합되어 있었다. 결국 한 왕조는 멸망하였으며 이렇게 중국의 첫 번째 제국은 종말을 맞이하였다. 제국의 구조를 갖추었던 한나라의 멸망과 함께 북쪽으로부터 이민족들이 침입해 왔다. 북부의 중원은 경쟁 부족들에게 강탈되어 지배당하게 되었다. 그리고 곧이어 남쪽에 여러 국가들이 연속적으로 세워졌다. 이렇듯 분열의 시기였던 3세기 초에서 6세기 말까지의 특징은 유교가 쇠락한 반면 새로운 도교 운동이 성장하였고 불교가 널리 전파되었다는 점이다.

그렇다고 문화적 엘리트와 대중 사이에서 도교와 불교 신앙이 일반적으로 우세했다는 사실이 유교 전통의 활력이 아예 사라졌다는 것을 의미하지는 않는다. 사실상 유교 윤리는 중국 사회의 도덕 근간으로부터 거의 분리될 수 없었으며 공자는 언제나 성인의 전형으로서 보편적으로 숭앙받았다. 걸출한 도교 사상가였던 왕필(王弼, 226~249년)은 공자에 대하여 평하며, 그가 도의 본성에 대해서 사변(思辨)하지 않았다는 점에서 노자보다 더 도를 체현한 성인이었다고 말한 바 있다. 유교 경전들은 모든 인문적 교양의 근간으로서 남아 있었으며 그에 대한 정교한 주석들이 시대마다 지속적으로 산출되었다. 유교적 가치는 중앙의 관료 조직, 과거 제도, 지방 정부 등과 같은 정치 제도 안에서 그 지배적인 지위를 빼앗긴 적이 없었다. 정치적 양식 또한 확실하게 유교적이었다. 북위(北魏, 386~535년)의 경우에서와 같이 이민족이 세운 나라가 한화(漢化)정책을 펼칠 때, 그 특징은 총체적인 유교화이다. 남방에서는 유교 윤리에 바탕을 둔 씨족 규범, 족보, 조상에 대한 의례 제도를 확립함으로써 가족 유대를 강화하려는 조직적인 시도들이 행해졌다.

더 이상 공식적인 이데올로기가 아니었음에도 유교는 저명한 가문들,

지역의 엘리트, 그리고 종종 정복 왕조들의 행위 규범으로서 수용되었다. 중국의 재통일은 수 왕조(隋, 581~618년)에 의해 달성되었고 뒤이은 당 왕조(唐, 618~907년)는 지속적인 평화와 번영을 이룬 왕조로서 유학의 흥기에 강력한 자극을 주었다. 정교한 주(注)와 소(疏)를 갖춘 오경(五經)의 공식적인 정본 출판이 이루어졌다는 것과 행정적인 업무(저명한『당율(唐律)』의 편찬을 포함하여)의 모든 단계마다 유교적인 예의(禮儀)가 갖추어졌다는 것은 실제로 유교가 이룬 두 가지 탁월한 사례였다. 유교 경전을 토대로 한 글짓기 실력을 위주로 보는 과거 제도가 확립되기도 하였는데 이로써 유교 경전에 대한 숙달이 정치적인 성공을 위한 전제 조건이 되었다. 아마도 이는 유교적 맥락에서 엘리트 문화를 규정하는 데 유일하고 가장 중요한 제도적 개혁이었을 것이다.

그럼에도 당조(唐朝)의 지성적·정신적 분위기는 불교, 그리고 그보다는 좀 덜하지만 도교에 의해서 지배되고 있었다. 왕조의 철학적인 독창성은 대부분 길장(吉藏, 549~623년), 현장(玄奘, 596~664년), 그리고 지의(智顗, 538~597년)와 같은 학승(學僧)들에 의해서 대표되었다. 이러한 배경 아래에서, 유교 사상 발전의 의외의 결과는 유교 경전들 중 가장 형이상학적으로 의미가 풍부한『중용(中庸)』과『주역』이 두드러지게 흥기하기 시작했다는 것이다. 이는 불교와 도교 학자들의 주의를 끌었다. 유교로의 전향이 나타나기 시작했다는 징후는 이고(李翶, 772~841년)의 책『복성서(復性書)』에서 나타났는데 그것은 송(宋, 960~1279년)대 유학 사상이 지닌 현저한 특징의 전조를 보여 주고 있다. 그러나 유교 부흥에 가장 영향력 있는 선도자는 한유(韓愈, 768~824년)였다. 훌륭한 문장가였던 그는 사회 윤리와 문화적 정체성이라는 관점에서 효과적으로 불교를 공격했다. 그는 실제로 유교의 도는 무엇인가란 문제로 토론했고 관심을 유발시켰다. 도의 전수 혹은 도를 다시 획득하는 진정한 방법, 즉 도통(道統)의 문제가 11세기 이래 유교 전통에서 활발하게 토론되었다.

정치적인 영역에서는 중국 역사상 가장 세계 시민적이었고 지성적이었으며 넓은 아량을 지니고 있었던 황제, 당태종(唐太宗)이 예시하는 정부 운용 방식이 특유의 유교적 성격을 지니고 있었다. 『정관정요(貞觀政要, 626~647년까지 정관 연간에 있었던 통치의 요지)』는 아마도 그의 지도자로서의 능력에 대하여 실증적으로 기록한 것으로서 지금까지도 리더십을 일깨우는 데 종종 거론되는 문서이다. 그러나 그 시대에는 독재적인 통치 체제가 중국의 정치 문화에 너무 깊게 뿌리박혀 있었기 때문에 황제의 통치권만이 오직 합법성을 갖춘 정부 형태일 뿐이라고 당연히 여겨졌다.

결과적으로 경쟁적인 과거 제도를 통해서 선출되고 임관된 학자 출신의 관료들은, 도를 수호하는 유기적인 지성인이라는 맹자의 이상과는 거리가 멀어진 채, 형식적으로만 유교의 도를 운반하는 사람이 되었다. 다만 저명한 대부(大夫)였던 위징(魏徵)과 같은 몇몇 대신들은 군왕(君王)의 앞에서도 존경받는 존재로서 위상을 지니고 있었다. 그들은 지속적으로 인격적인 위엄과 정치적인 책임이라는 맹자의 정신을 불러일으켰다. 그들에게는 제왕보다도 도를 우선 따라야 한다는 유교의 이상이 단순히 상상에 그치지 않고 실천가능한 도덕성이었던 것이다.

공자와 그의 두 주요한 추종자였던 맹자와 순자는 유교적 휴머니즘의 첫 번째 시대를 시작했다. 서한(西漢)의 융성기였던 기원전 1세기, 유교 전통은 중국의 도덕 교육과 정치 이념, 그리고 사회 윤리에서 지배적인 힘을 지니게 되었다. 그러나 유교가 문화적 엘리트들의 삶을 규정하는 정통 사상이 되었을 때, 동시에 많은 다양한 당대의 사상, 즉 도가, 법가, 음양가, 오행 이론, 그리고 각종 민간 신앙이 중국의 철학적이고 종교적인 전망들로서 공존하고 있었다는 점을 주지하는 것이 중요하다.

진실로 유교적 휴머니즘의 결정적인 특징은, 동중서의 인간우주론적인 통합주의가 보여 주는 바와 같이, 상호 감응적인 세계관 안에서 현저하게 양립 불가능한 구조를 지닌 관념들에게도 공존할 수 있는 어지를 제공하는 신중한 노력을 상징하는 포괄성에 있다. 그렇지만 정치 제도, 사회 조직, 문화 형성 면에서 유교적 영향력이 지속되고 있었다고 하더라도 유교적 휴머니즘의 첫 번째 시기는 3세기경 점점 축소되었다. 확실히 유교적 휴머니즘은 불교와 도교의 시대에 들어와 더욱 발전하기는 했지만 진정 결정적인 유교의 부활은 11세기가 되어서야 가능했다. 영어로 종종 네오 컨퓨셔니즘(Neo-Confucianism, 신유교)이라고 지칭되는 사조의 시작이 유교적 휴머니즘의 두 번째 시대를 알리고 있었다.

# 유교의 제2기

불교의 중국 정복 그리고 불교의 중국화 과정은, 현저하게 인도적 형태를 지닌 정신이 중국에 소개되어 적응해 나가고 이후 성장과 재해석을 거치는 과정으로서 적어도 6세기까지 지속되었다. 불교의 관념들은 도교적 개념을 빌려서 중국에 소개되었고 또한 도교는 불교의 제도와 실천을 모방하는 과정 속에서 발전했다. 그렇기 때문에 중세 중국의 정신적 역동성은 불교와 도교의 가치들에 의해서 특징지어질 수 있다.

이러한 배경 아래에서 유교가 다시 주도적인 지적 세력으로서 흥기한 것은 불교와 도교의 도전에 대한 응답이라는 측면이 있다. 또한 고전적(古典的)인 유교 전통의 통찰에 대한 창조적인 재해석과 재구성이라는 측면을 동시에 가진다. 게다가 당 왕조의 몰락 이후, 거란과 여진, 그리고 곧이어 몽골로부터 가해져 온 중국 문화의 존속에 대한 심각한 위협은 지식인들로 하여금 그들의 공동체적인 비판적 자기 인식(communal critical self-awareness)을 강화함으로써 자신들 공동체의 유산을 보호하도록 만들었다. 그들은 자신의 지식을 풍부하게 하고 중국의 문화국으로 유지하기 위해서 유교를 살아있는 전통으로 만들어 줄 상징적이고 정신적인 자원들을 찾아냈다.

## 인간우주적 이상

송나라는 군사적 힘이 약했고 지리적으로도 당나라에 비해 크기가 작았다. 그러나 그 문화적 찬란함이나 경제적 번영은 중국 역사상 유례를 찾아보기 힘들 정도였다. 송의 '상업 혁명'이 만들어 낸 사회 양식으로 시장의 융성, 인구가 밀집된 도심, 정교해진 의사소통 구조, 연극 공연들, 문학인 모임들, 민간 종교들을 꼽아 볼 수 있다. 이러한 양식들은 많은 면에서 19세기까지 지속적으로 변하지 않고 남아 있었다. 나이토 토라지로(內藤虎次郎)를 비롯한 저명한 중국학자들은 이 시대를 '근대' 중국이 시작되는 시기라고 규정한 바 있다. 송대에 이루어진 농업, 방직, 칠기, 자기, 미술, 해양 무역, 무기 제조의 발전은 당시 세계의 어디에도 경쟁자가 없을 정도였고, 중국이 예술 방면뿐만 아니라 자연 과학에서도 매우 뛰어났음을 증명하고 있다.

귀족주의의 쇠퇴, 인쇄된 도서의 광범위한 유통, 교육에서의 민주화, 과거 제도의 완전한 실행은 인문적 소양과 사회적 의식, 정치적 참여로 잘 알려져 있는 새로운 사회 계층인 사대부를 만들어냈다. 이 계층에 속한 빼어난 인물로는 고전학자 호원(胡瑗, 993~1059년)과 손복(孫復, 992~1057년), 개혁가 범중엄(范仲淹, 989~1052년), 왕안석(王安石, 1021~1086년), 문장가이면서 관료이기도 했던 구양수(歐陽修, 1007~1072년), 소식(蘇軾, 1036~1101년), 정치가이자 역사학자였던 사마광(司馬光, 1019~1086년), 형이상학자 소옹(邵雍, 1011~1077년) 등이 있다. 이들은 각각 교육, 정치, 문학, 역사, 그리고 우주론에서 유교적 관념을 부활시키는 데 기여했다. 그들은 모두 독서인 계층의 생활 양식이 유교 윤리에 기반한 삶의 방식으로 발전하는 데 영향을 주었다.

그럼에도 전통적인 역사학에서는 '도학(道學)'의 계통 확립이라는 차원
에서 유교의 부활은 주돈이(周敦頤, 1017~1073년), 장재(張載, 1020~1077년),
정호(程顥, 1032~1085년), 정이(程頤, 1033~1107년), 그리고 위대한 집대성자
인 주희(朱熹, 1130~1200년) 등 사상가들의 계보에서 찾을 수 있다고 인식
했다. 이 사상가들은 전체론적인 삶의 철학을 갖춘 도덕 형이상학과 사
회 윤리적 차원을 지닌 인격적 자아 수양론이 통합되어 있는 포괄적 휴
머니즘을 발전시켰다. 송대 지식인의 눈으로 볼 때 이는 진정으로 경전적
인 유교의 통찰을 되살리면서도 성공적으로 자신들 세대의 통찰을 적용
시킨 새로운 철학이었다.

## 주돈이

주돈이(周敦頤, 1017~1073년)는 '우주의 위대한 변화'와 개인의 도덕적 발
전 사이의 관계성을 독창적으로 표현해냈다. 그의 우주론 안에서, 인간
은 천으로부터 가장 최고의 자질을 부여받은 존재로서 '인간우주적인' 창
조성의 한 중심이다. 그는 『주역』 안에서 상징적으로 드러나고 있는 유교
의 형이상학적 관점을 가지고 「태극도(太極圖)」를 풍부하게 해석해냄으로
써 이러한 포괄적인 휴머니즘을 발전시켰다.

무극(無極)의 참됨과 음양오행(陰陽五行)의 정수(精髓)가 오묘하
게 합하여 응축된다. 건(乾, 天)남성적인 것을 이루고 곤(坤, 地)여성
적인 것을 이룬다. 이 두 기운이 교감하여 만물(萬物)을 낳는다. 만
물이 끊임없이 생겨나니 그 변화가 무궁하다.
오직 사람만이 그 빼어남을 얻어 영특하므로 형체가 생겨 지각
(知覺)을 하고 오성(五性)이 느끼고 움직여서 선악(善惡)이 나뉘며

304

만사(萬事)가 나온다.[27]

우주생성론적 비전은 천(天), 지(地), 인(人)이라는 중국 고유의 삼재(三才) 사상을 확립하고자 애쓰고 있다. 이 관점에서 본다면 인간은 두(道)의 수호자인데 왜냐하면 천지의 변화 과정을 보조하고 양육한다는 가치가 본질적으로 인간 본성 안에 있기 때문이다.

이러한 정의에 의거하여 인간은 신령한(spiritual) 존재라고 말할 수 있다. 인간의 신비한 자질은 성인(聖人)이라는 관념 속에서 생생하게 그려지고 있다. 주돈이는 성인은 세 가지 '인간우주적인' 특징인 성(誠)·신(神)·기(幾)를 생동적으로 체현한 존재라고 묘사했다. 성(誠)은 진실성과 실질성라고 이해할 수 있는데 참됨의 의미를 함유하고 있다. 천지와 마찬가지로, 성인은 완전하게 인간 본성에 충실하다. 이는 최고로 뛰어난 우주적인 생명력을 부여받은 것으로서 성인은 언제나 자기를 드러낼 필요 없이 고요한 상태에 머무른다. 성(誠)이 적연부동(寂然不動)의 상태라고 정의되듯이[28] 성을 체화한 성인은 진실하고 실질적이며, 참된 인간성을 동요나 작위 없이 드러낸다. 그러나 성인은 또한 오상(五常)의 덕과 모든 행위의 근간이기도 하다. 이는 비록 성인이 언제나 고요한 상태에 머물고 있다 하더라도, 성인이 "일단 움직이면 신묘하게도 즉시 만물에 관통할 수 있는"[29] 존재라는 믿음에 기반하고 있다.

이러한 감통할 수 있는 성인됨의 특징은 신(神)이라는 맥락에서 다시 정의될 수 있다. 그것은 진실함이기도 하지만 또한 동시에 성인의 특징

---

27) Wing-tsit Chan, trans. and comp., *A Source Book in Chinese Philosophy* (Princeton: Princeton University Press, 1963), p. 463.
28) *A Source Book*, p. 467.
29) *A Source Book*, p. 467.

인 만물과 감통할 수 있는 절묘한 능력이기도 한 것이다. 인의예지신(仁義禮智信)의 덕을 갖추고 있는 유교의 성인은 도교의 신인(神人)과는 구별된다. 도교의 신인은 미묘하지만 생명력이 넘치는 영역에서 영원히 무위(無爲)의 상태로 머무는 존재이다. 그러한 신인이 선과 악의 차이를 포함한 그 어떠한 차이도 초월하는 반면 유교의 성인은 반드시 복잡한 인간사 안에서 기민하게 행동해야만 한다.

긴밀한 인간관계 속에서 자기실현의 길을 찾고자 하는 이러한 요구는 유교의 성인에게 기(幾)에 대한 통찰을 습득하게 한다. 기는 "창조적인 힘으로 내부에서 솟아오르는 활기이다. 그것은 아직 드러나지 않은 생성, 선이나 악을 향하는 방향이 설정되는 중대한 시점이다."[30] 확실히 성·신·기를 갖추고 있는 성인은 천지의 화육에 비견될 수 있을 만한 도덕적 창조력의 자질을 드러낸다.

진실로 천이 부여한 덕을 지니고 있는 인간 세계는 신비한 자질로 가득 찬 도덕적 공동체이다.

> 덕(德)은 사랑함(愛)을 일러 인(仁)이라 하고 마땅함(宜)을 일러 의(義)라고 하고 질서에 맞는 것(理)을 일러 예(禮)라고 하고 통하는 것(通)을 일러 지(智)라고 하고 지킴(守)을 일러 신(信)이라 한다.
> 본성에 따라 편안함을 일러 성(聖)이라 한다.
> (본성을) 회복하고 지키는 것을 일러 현(賢)이라 한다.
> 발함이 은미하여 볼 수가 없고 채움이 두루 차 다할 수 없음을 일러 신(神)이라 이른다.[31]

---

30) *A Source Book*, p. 467.
31) *A Source Book*, p. 467.

『주역』에 대한 주돈이의 깊은 사색은 인간 사회에 대한 실현 불가능한 유토피아적 이상이 결코 아니라 우리의 행동에 지침을 제공하기 위한 의도를 지니고 있었다는 점을 주지하는 것이 중요하다. 그것이 단순히 합당한 행동을 위한 안내서만이 아니었음은 확실하다. 그것은 관료가 될 사람을 포함한 모든 유교인을 위한 실현 가능하며 실제적인 권고를 담은 생각이었다. 거의 모든 주요 유교 사상가가 광범위한 영역에서 실제적 경험을 하는 학자이자 관리였다는 사실을 확실히 인식해야만 할 것이다. 주돈이는 매일매일 공무를 처리하며 살아가야 했던 학자이자 관리를 자신의 대화 상대자로서 상정했던 것이다. 천에 의해 부여받은 인간 본성이라는 이 숭고한 관념은 평범한 일상 속에서 그것이 실제로 구현되어야만 한다는 실용적인 관심과 결합되어 유교적 비전에 하나의 구체적 틀을 제공했다. 바로 자아와 사회, 성과 속, 인간 세계와 천도, 정치적 사항과 종교적인 관심 사이의 경계를 교차하는 것이었다.

## 장재

장재(張載, 1020~1077년)의 사상에는 사물의 질서 안에 인간이 근원해 있다는 심오한 의식이 내포되어 있다. 우리는 여기에 이치에 따라 존재하며 그 사실을 알고 있다. 만약 온전하게 우리의 인간성을 깨닫는다면, 우리는 우리 삶을 풍요롭게 만들어야만 하는 '인간적' 책임을 완수할 수 있을 뿐만 아니라 또한 천명을 지키는 '우주론적' 임무를 다할 수 있을 것이다. 이것이 바로 도(道)가 우리를 넓히지 않는 반면, 우리가 스스로의 인간적 노력을 통해서 도를 넓힐 수 있는 정확한 이유이다. 장재가 자신의 신념을 표명한 「서명(西銘)」의 글은 인간됨의 의미에 대한 심오한 종교적 통찰을 담은 유교적 선언이었다.

천은 나의 아버지이며 땅은 나의 어머니이다. 나는 여기 이렇게
미미하게 혼연히 천지 안에 놓여 있다.

그리하여 천과 땅에 가득한 것이 내 몸을 이루고 천과 땅의 빼
어난 것이 내 본성을 이룬다.

사람은 모두 나의 동포요, 만물은 모두 나의 짝이다… 천하의
노약자와 장애자, 의지할 데 없는 사람, 과부와 홀아비는 모두 내
형제 가운데 고통스러우면서도 호소할 데 없는 사람들이다.

길이 보존할지어다. 이것은 자손이 돌봐줌을 말한 것이다. 즐겁
고 근심 없음이 순전한 효이기 때문이다.

…

부귀와 복록은 나의 삶을 윤택하게 하고 빈천과 근심은 그대를
온전히 이루게 한다.

살아 있는 동안 나는 일에 따르고 죽으면 나는 편안할 것이다.[32]

인간을 천지의 효성스러운 자녀로 정의하는 이러한 감동적인 서술은
인간 공동체를 우주적 차원에서 바라보고 있다. 이렇게 그려진 공동체
의 이 광활함은, 역설적으로 들릴지는 모르겠지만 근대 실존주의에서 말
하는 소외감이 존재하지 않는, 친밀함의 경험을 생성한다. 인간이 천지와
혈연적인 관계라는 주장은 확실히 순진하고 낭만적이다. 그러나 이 주장
은 우리 존재의 태곳적 원천을 가능하게 만든 '위대한 변화[大化]'를 일으
키는 우주와 인간이 건강한 관계를 맺을 수 있다는 진실한 가능성에 대
한 경험적인 이해에 기반하고 있다.

장재의 우주론적 사고 안에서 기(氣)는 편재(遍在)하는 것이다. 기는 우

---

32) *A Source Book*, pp. 497~498. 「서명」.

리가 천지 만물과 유기적으로 하나가 될 수 있도록 '물질적'이면서도 '정신적'인 연결을 가능하게 만들어 준다. 우리는 우주 안에서 친밀하고 편안하게 자리하고 있음을 발견하는데 그 이유는 우리가 본질적으로 동물이나 식물, 바위나 먼지와 같은 기로 이루어져 있기 때문이다. 낯선 감정이 아닌 편안한 감정을 느끼는 것은 결국, 실제로 자연스럽게 여기에 속해 있다는 참된 우리 감정이 반영된 것이다.

기가 태허(太虛)에서 모이고 흩어지는 것은 마치 얼음이 물에서 얼고 녹는 것과 같으니 태허가 곧 기라면 무란 존재하지 않는다는 것을 알아야 한다. 그러므로 성인이 성과 천도의 지극함을 말한 것은 섞임의 신묘한 변역에 다했을 따름이다. 여러 사람들이 천박하고 망령되게 유무의 구분을 두는 것은 이치를 궁구하는 학문이 아니다.[33]

진정 천지 만물과 인간은 모두 위대한 변화의 소산이기에, 존재하기 시작한 이래 같은 기를 공유하는 동료적 존재 속에서 편안함을 느끼는 것은 우리 인간성이 자연스럽게 드러난 것이다.

태허로 말미암아 천이라는 이름이 있으며 기의 변화로 말미암아 도라는 이름이 있다. 허와 기가 합해지면 성이라는 이름이 있게 되고 성과 지각이 합해지면 심이라는 이름이 있게 된다.[34]

---

33) 『정몽』, 「太和」.
34) 『정몽』, 「太和」.

그러나 장재는 '유물론자'가 아니라 깨달음, 진실함, 그리고 궁극적인 자아 변화를 촉구하는 스승이었다. 그는 주돈이의 정신에 충실했다. 그의 지배적인 관심은 우주 안에서 가장 뛰어난 기를 선천적으로 타고난 인간이 어떻게 성인의 모범과 가치를 좇아 자신을 실현시킬 수 있는 가였다. 그가 남긴 유명한 명제, "리일분수(理一分殊, 하나의 리가 만물에 각각 담겨 있다)"[35]는 우주론적인 통찰인 동시에 분명한 도덕적 처방이었다. 그 목적은 우리가 될 수 있는 것에 대한 그림을 제공하기 위한 것일 뿐만 아니라 우리가 해야 할 일에 대한 지침을 제공하기 위한 것이기도 했다.

그 마음을 크게 하면 천하의 사물들을 체득할 수 있다. 사물이 체득되지 못했다면 마음은 여전히 밖을 가지게 된다. 세상 사람들의 마음은 듣고 보는 편협한 데 머무르지만 성인은 본성을 다하여 보고 듣는 것에 마음을 잡아두지 않기에 그가 천하를 볼 때는 어느 물건 하나 자신과 같지 않은 것이 없다. 맹자가 마음을 극진히 하면 본성을 알고 천도 안다고 한 것이 바로 이것이다. 천은 너무도 커서 경계가 없다. 그러므로 밖에 있는 마음은 천의 마음과 합하기에 부족하다. 보고 들어서 아는 것은 바깥 사물과 교류하여 알게 되는 것이지 덕성으로 아는 것이 아니다. 덕성으로 아는 것은 보고 듣는 데 기원을 두지 않는다.[36]

## 정호와 정이

우주를 체화할 수 있는 능력이 인심(人心)의 지각 안에 내재해 있다는

---

35) 주희와 다른 이들에 의해 그의 업적으로 추앙되었다. *A Source Book*, pp. 498~500.
36) 『정몽』, 「大心」.

관념은 정호(程顥, 1032~1085년)의 전체론적인 휴머니즘의 이상 안에서 생생하게 그려진다.

의서(醫書)기 말히기를 팔다리기 마비되는 것을 불인(不仁)히다고 한다. 이 말이야말로 가장 훌륭한 표현이다. 인(仁)이란 천지 만물을 한 몸으로 여기는 것이니, 나 아닌 것이 없다. 자신과 한 몸을 이룸을 알게 되었다면 무엇이 이르지 못할 바이겠는가? 만약 천지 만물이 나에게 있지 않다면 자연히 나와는 아무런 상관이 없을 것이다. 불인한 것처럼 기는 이미 통하지 못하고 모든 것이 자신에게 속하지 못할 것이다.[37]

천과 인 사이의 상응, 사람들 사이의 동질성(consanguinity), 인간 공동체와 자연 사이의 조화라는 주제는 인(仁)이란 '모든 존재와 혼연히 한 몸을 이루는 것'이라는 인에 대한 정호의 정의에서 도출된다.[38] 그는 만물과 인간에게 내재된 천리(天理)의 현존이 경(敬)의 정신 안에서 인간의 심(心)을 정화하게 만든다고 생각했다. 종교적인 관점에서 볼 때, 유교 사상의 연속적인 발전선상에서 정신적인 자아 변화의 중요성은 점점 고양되었고 연민과 우주적 관계성으로서 정의된 인이라는 관념은 더욱 생생하고 구조적으로 표현되어 왔다.

정이(程頤, 1033~1107년)는 그의 형, 정호에 뒤이어 유명한 말을 남겼다. "함양은 모름지기 경으로써 해야 하며. 배움에 나아가는 것은 지식의 확

---

37) 『二程遺書』, 2권상.
38) 『二程遺書』, 2권상.

충에 있다."[39] 그러나 정이는 격물(格物)에 대한 특별한 언급을 통해서 정
호가 자아 수양에서 심을 내적으로 조명하는 것을 전적으로 중시한 것이
과연 적절한가라는 의문을 제기했다. 정호에 의해 제시된 심학(心學)과 정
이에 의해 제창된 리학(理學)은 송대 유학에 있어 두 가지 뚜렷한 조류가
되었다.

### 주희

주희(朱熹, 1130~1200년)는 명백하게 정이의 리학(理學)을 따르는 한편
은연중 정호의 심학을 거부하면서 유교의 도를 해석하고 전수하는 하나
의 유형을 발전시켰다. 그것은 수 세기 동안 중국뿐만 아니라 한국과 일
본에서도 유교적 이상을 규정했다. 만약 꽤 많은 학자들이 지지하는 바
와 같이 유교가 동아시아 정신의 어떤 독특한 면을 상징하고 있다고 한
다면, 그 독특한 면이란 바로 주희에 의해서 형성된 유형을 말하는 것이
다. 주자는 사실상 유교 전통을 재구성하면서 그것에 새로운 의미, 새로
운 구조, 새로운 맥락을 부여했다. 세심한 재구성과 유기적인 해석을 통
해서 그는 유교의 새로운 유형을 발전시켰다. 이 학파는 흔히 신유교라고
알려져 있지만 현대 중국에서는 종종 리학(理學)이라고 일컫는다.

이 시점에서 주희가 선택한 경전에 대해 언급해 둘 필요가 있다. 오
경(五經)은 한대 이래 줄곧 유교 교육을 위한 신성한 문헌이었다. 그 중
『예기(禮記)』의 두 개 편이었던 『중용』과 『대학』은 종종 독립적인 논서로 다
루어졌다. 『논어』, 『맹자』와 함께 『중용』과 『대학』은 주희가 태어나기 이전
부터 몇 세기 동안 유교 교육에 있어 핵심적인 교과 과정을 형성하고 있
었다. 그러나 거기에 특별한 연속성(『大學』-『論語』-『孟子』-『中庸』)을 부여하

---

39) 『二程遺書』, 18권.

여 그에 관한 주석들을 집대성하고, 일관적인 휴머니즘 이상으로 경전들을 해석하여 사서(四書)라고 명명함으로써, 주자는 오경보다 높은 사서라는 지위를 만들어 유교 경전의 전통적인 구조를 바꾸어 놓았다.[40] 사서는 14세기부터 전통 중국의 기본적인 교육과 과거 시험을 위한 중심 교재가 되었다. 따라서 최근 6세기 동안 사서는 다른 어떤 경전보다 중국인의 삶과 사고에 지대한 영향력을 발휘해 왔다고 할 수 있다.

주희는 도에 대한 해석자와 전승자로서 송나라 초 몇몇 선생들이 공자와 맹자를 잇는 진정한 도통(道統) 관계에 있다고 생각했다. 그래서 그들을 자신의 정신적인 스승이며 성인의 가르침을 진정 지니고 있었던 이들이라고 여겼다. 이후 동아시아의 여러 나라에 의해서 널리 수용되었던 그의 판단은 원칙적으로 이러한 철학적 통찰에 근거하고 있었다. 그가 도통을 계승한 이로 선택한 네 명의 사상가는 바로 주돈이, 장재, 그리고 정호와 정이로서 그들은 주희에게 문화적인 영웅이었다. 처음에는 소옹과 사마광도 이 권위 있는 명단에 포함해 두었지만 뒤에 그는 자신의 관점을 바꾼 것으로 보인다. 아마도 소옹의 과도한 형이상학적 사변과 사마광의 역사적 사실에 대한 집착 때문이었을 것이다.

주희의 시대에 이를 때까지, 송대의 여러 사상적 대가들은 유교 사상을 형성해 나감에 자아 수양이라는 관념을 조금은 모호하지만 풍요로운 개념들인, 태극(太極), 리(理), 기(氣), 성(性), 심(心), 인(仁) 등을 통해 정의했다. 주자는 '격물(格物)'의 과정을 물(物) 안에 내재한 리(理)를 찾기 위한 심(心)의 엄격한 훈련이라고 여겼다. 따라서 그는 이 과정을 따라간다면 기(氣)는 변화될 수 있고 성(性)과 태극(太極)의 현현으로서 밝혀진 인(仁)이 실현될 수 있으리라고 생각했다. 따라서 그는 두 가지 차원의 공부 방

---

40) Gardner, *Chu Hsi and the Ta-hsueh*, pp. 5~16.

법을 추천했다. 그것은 경(敬)을 함양하는 것과 지식의 확충을 추구하는 것이다. 그의 교육 체계는 도덕성과 지식의 결합이었고 이로써 인문주의적 교육을 위한 포괄적인 접근이 가능해졌다. 독서(讀書), 정좌(靜坐), 의례의 실천, 신체적인 훈련, 서예, 산술(算術)과 경험 관찰 등등은 모두 그가 세운 교육 과정의 내용을 이루고 있다. 주희는 현재의 중국 강서 지역에 백록동 서원(白鹿洞 書院)을 중건(重建)했다. 서원은 그 시대 지성의 중심지가 되었고 여러 세대 동안 동아시아에서 모든 학교 교육의 모범이 되었다.

주희의 '인간우주적 비전'은 그의 유명한 논문, 「인설(仁說)」안에 세련되게 표현되어 있다.

대개 천과 땅의 마음은 네 가지 덕을 지니고 있는데 원(元), 형(亨), 이(利), 정(貞)이라고 하며 원이 통괄하지 않음이 없다. 그 운행은 봄, 여름, 가을, 겨울의 순서로 나타나며, 봄의 낳는 기운이 관통하지 않음이 없다. 그러므로 사람의 마음가짐 또한 네 가지 덕을 지니고 있는데 인, 의, 예, 지라고 하며 인이 포괄하지 않음이 없다. 이 네 가지 덕이 발하여 작용하면 사랑(愛), 공경(恭), 의로움(宜), 분별(別)이 되는데 불쌍히 여기는 마음(측은지심[惻隱之心])이 모든 것을 관통하지 않음이 없다.

......

대개 인의 도는 곧 천과 땅이 만물을 낳는 마음으로서 만물에 나아가 존재한다. 감정이 아직 발하지 않았을 때에는 이러한 인의 본체가 이미 갖추어져 있고 감정이 이미 발하였을 때에는 그 작용이 끝이 없다. 진실로 능히 인을 체득하고 보존한다면 모든 선함의 근원과 모든 행동의 근본이 모두 이 안에 있지 않음이 없다. 이 것이 바로 공자의 문하에서 가르칠 적에 배우는 사람들로 하여금 반드시 시급하게 인을 구하게 한 까닭이다.[41]

주희와 그가 자신의 정신적인 스승으로 여겼던 사상가들은 모두 인간이 되기 위한 배움은 인간적인 헌신일 뿐만 아니라 우주적인 추구라고 믿었다. 진실로 인간의 자기중심성이라는 곤경을 초월하지 못한다면 우리는 인(仁)의 진실한 함의를 이해하지 못할 것이다.

## 육상산

주희는 송대 중국에서 매우 출중한 유학자로 여겨졌다. 하지만 유교의 도를 이해하는 데 필수적인 개념인 자아 수양에 대한 그의 해석은 동시대인이었던 육상산(陸象山, 1139~1192년)에 의해 심각하게 도전받았다. 육상산은 『맹자』를 읽음으로써 유교의 진정한 지혜를 이해했다고 주장하면서 주희의 격물론이 지리멸렬하며 비효율적인 경험주의라고 비판했다. 대신에 그는 맹자의 도덕적 이상주의로 돌아갈 것을 천명했다. 그는 '대체(大體)'의 확립이야말로 자기실현을 위한 기본적인 전제라고 주장했다. 육상산은 자신에 대한 지식을 추구하는 심학(心學)이야말로 격물이 그 합당한 의의를 갖도록 기반을 제공한다고 보았다. 그는 1175년 아호사(鵝湖寺)에서 주희와 직접 대면하여 유명한 논쟁을 벌인 적이 있었는데 여기에서 그는 주희가 형성한 유교적 이상이 맹자의 뜻에는 부합하지 않는다고 강하게 주장했다. 육상산의 도전은 얼마 동안은 비주류적인 위치에 머물렀지만, 중국의 명 왕조(明, 1368~1644년)와 일본의 도쿠가와 막부(1600~1867

---

41) 『朱子文集』, 六十七卷, 二十篇, 「仁說」.

년) 시기, 그의 심학은 주류로 성장하였다.

육상산의 통합적인 '인간우주적' 통찰이 지닌 뚜렷한 특징은 자기를 이해하는 과정 속에서 시간과 공간의 경계를 뛰어넘어 우주와 유기적인 일체를 이루는 직관적인 의식이다.

동서남북상하를 일러 우(宇)라고 하고 옛날이 가고 오늘이 오늘 것을 일러 주(宙)라고 한다. 우주는 곧 나의 마음이고 나의 마음은 곧 우주이다. 천만세(千萬世) 전에 성인이 나오셨을 때에도 이 마음과 같았고 이 이치와 같았으며 천만세 후에 성인이 나신다고 해도 이 마음과 같고 이 이치와 같을 것이다. 동서남북의 바다에서 성인이 나오신다고 해도 이 마음과 같고 이 이치와 같을 것이다.[42]

육상산의 "우주의 일이 나의 일이고 나의 일이 곧 우주의 일이다"[43]라는 단언은 아마도 우주와 한 몸을 이루는 것에 대한 감정의 자유로운 발로인 듯하다. 그러나 이 분명한 이상주의적 신념 속에 함의된 것은 바로 도덕적 명령이다.

이 리(理)는 우주 안에 있는 것으로 일찍이 숨어 있은 적이 없다. 천지가 천지인 까닭은 이 리에 순응하면서 사사로움이 없기 때문일 따름이다. 사람은 천지와 함께 세워져 삼극(三極)이 되니 어떻게 스스로 사사롭게 하면서 리에 순응하지 않을 수가 있겠는가. 맹자께서는 말씀하시길 먼저 큰 것에 서면 작은 것이 빼앗지 못할

---

42) 『象山選集』, 二十二卷. 五篇.
43) 『象山選集』, 二十二卷. 五篇.

316

것이라고 하셨다. 사람이 단지 큰 것에 서지 않기 때문에 작은 것
이 빼앗게 된다. 이 리에서 어긋나게 된다면 천지와 더불어 어울리
지 못하게 된다.[44]

따라서 "우주는 인간과 절대 분리된 적이 없으며 인간도 우주와 결코
분리된 적이 없다"[45]고 주장함으로써 육상산은 우리가 천지의 은혜로 우
주의 '아늑한 장소'에 거하고 있으며 우리가 스스로에게 부여하는 편애를
극복하고 우리를 이 우주적 가정의 가치 있는 구성원으로 만들어야 한다
는 장재의 신념을 다시금 확인시켜 주고 있다.


## 만물과의 일체

1127년 송 왕조가 수도를 남쪽으로 옮기고 남송(南宋)을 건립했던 시기
부터 거의 150년 동안 중국 북부는 세 정복 왕조, 즉 요(遼, 916~1125년),
서하(西夏, 990~1227년), 금(金, 1115~1234년)에 의해 지배되었다. 비록 요
와 서하의 관료주의와 정치 문화가 유교의 영향 아래에 있었음에도 뚜렷
한 사상적 발전을 일으켜 유교 전통을 진일보시키지는 못했다. 반면 여
진족 금 왕조의 상황은 완전히 달랐다. 남송에서의 유교 부흥에 관해 알
려진 바가 적었음에도 금 왕조의 문인 관료층은 북쪽에서 고전, 예술, 문
학, 그리고 역사 편찬의 전통을 이어가며 자신들의 문화 체계를 계속해
서 발전시켰다. 조병문(趙秉文, 1159~1232년)이 보여 주는 문학적 재능과
도덕적 관심의 결합 그리고 왕약허(王若虛, 1172~1248년)의 경전과 역사에

---

44) 『象山選集』, 十一卷, 一篇.
45) 『象山選集』, 三十四卷, 五篇.

대한 풍부한 학식은 원호문(元好問, 1190~1257년)의 전기 문학에서 묘사된 바 있으며 그들 자신의 전집에 보존되어 있는 것처럼, 남방의 높은 수준에 비견될 만하다.

1279년 몽고가 중국을 다시 통일했을 때, 남방의 사상적 활력은 북쪽의 학문 방식에 지대한 영향을 미쳤다. 정복 왕조인 원(元, 1271~1368년)의 학자들에 대한 처우는 가혹했고 이는 학자 관료층의 복리와 학자 관료층의 권위에 심한 타격을 주었다. 그럼에도 그 시기 동안 걸출한 유교 사상가들이 출현했다. 어떤 이들은 스스로를 정화함으로써 미래를 위한 도를 다시금 되찾고자 했다. 반면 어떤 이들은 정치에 참여하여 자신의 학설을 펼쳐 나가기로 결정했다.

## 허형

허형(許衡, 1209~1281년)은 실용적인 접근을 취했다. 마르코 폴로의 『동방견문록』에서 위대한 칸(khan)으로 묘사되는 쿠빌라이에 의해 정부 교육 기관의 책임자로 임명되었고 조정에서 지도적인 학자로서 존경받았다. 허형은 주희의 학설을 성실하고도 세심하게 원 왕조에 소개하였다. 그는 몽고 귀족의 자제들에게 그들이 유교 경전을 가르칠 수 있는 자격을 갖춘 교사가 될 수 있도록 교육시켜야 할 책임을 부여받았다. 의학, 법학, 군사학, 수학, 천문학, 관개 등에 관한 허형의 박식함과 재능은 그에게 정복 왕조의 유능한 고문으로서 역할을 수행할 수 있도록 했다. 그는 원 왕조의 관료 체계가 종국에는 유교화를 이루는 데 성공할 수 있도록 그 기반을 조성했다. 사실상 1905년까지 엄격하게 수행되었던 관행인 과거 시험의 기초 과목에 공식적으로 처음 사서(四書)를 채택했던 것은 원 왕조였다. 허형에 의해 주희의 가르침은 몽고 왕조에 널리 퍼졌지만 주자에 의해 그려진 유교적 이상의 형태는 매우 단순해졌다.

## 유인과 오징

반면 은둔 생활을 택했던 하자, 유인(劉因, 1249~1293년)은 유교적 도의 존엄함을 고수하기 위해 쿠빌라이의 부름을 거부했다고 한다. 그에게 있어 교육은 자기실현을 위한 것이었다. 자신이 성장한 금나라의 문화에 충실했고 송나라의 스승들로부터 배웠던 유교적인 도에 대한 신념을 가졌던 유인은 경전 연구에 문헌학적 방법론을 엄격하게 적용하였으며 역사의 중요성을 강력하게 옹호하였다. 하지만 주희의 정신을 진정으로 견지하고 있었던 그는 격물의 관념을 중시하였으며 또한 한편으로는 심학을 강조하기도 했다.[46] 유인과 동시대 사람이었던 오징(吳澄, 1249~1333년)은 심학을 더욱 발전시켰다. 그는 허형을 존경하고 스스로를 주희의 후계자로 여겼음에도 유교 전통에 대한 육상산의 공헌을 충분히 인정했다. 오징은 주희와 육상산 사이의 차이점들을 조화시키는 도전적인 작업을 맡았다. 결과적으로 그는 주희의 도덕성과 지식에 대한 균형 잡힌 접근에 자기 인식에 관한 육상산의 실존적인 관심을 더하여 새로운 방향을 제시했다. 이로써 명대 육상산의 심학이 부흥할 수 있는 길이 마련되었다.

## 왕양명

명대 최초의 걸출한 유학자였던 설선(薛瑄, 1392~1464년)의 사상은 이미 도덕적 주체성으로의 방향 전환을 드러내고 있다. 설선은 주희의 충실

---

46) Tu Wei-ming, "Towards an Understanding of Liu Yin's Confucian Eremitism," in Tu wei-ming, *Way, Learning, and Politics: Essays on the Confucian Intellectual* (Singapore: Institute of East Asian Philosophies, 1989), pp. 57~92.

한 추종자였지만 그의 『독서록(讀書錄)』은 그가 심성의 수양을 특별히 중시했다는 것을 뚜렷하게 보여 주고 있다. 명초의 두 학자, 오여필(吳與弼, 1391~1469년)과 진헌장(陳獻章, 1428~1500년)은 경전을 공부하는 유교 교육이 단지 과거를 준비하기 위한 공부가 아니라 심신을 수양하기 위한 공부라는 점을 확실히 했다. 이들은 주희 이후 가장 영향력 있는 유학자였던 왕양명(王陽明, 1472~1529년)으로 나아가는 길을 닦았다.

왕양명은 육상산의 심학의 편에 서서, 주자의 후학들이 과도하게 언어적인 세밀함에 치중하고 있다고 비판하였다. 그는 '지행합일(知行合一)'의 원칙을 제창하였다. 그는 의지가 지닌 변화 역량을 강조함으로써 유교를 공부하는 모든 이가 맹자의 도덕적 이상주의로 돌아갈 것을 고무하였다. 관료적 일상, 행정적 책임, 군사적 활동 속에서의 지도력과 유교적 가르침을 결합시켰던 왕양명 자신이 보여 준 모범적 사례들은 그가 실천가였다는 사실을 증명하고 있다. 하지만 실천에서 유능함을 보여 주었음에도 그의 주된 관심사는 도덕 교육이었다.

왕양명은 도덕 교육은 반드시 심(心)의 본체에 근거해야 한다고 보았다. 이후 그는 이를 모든 인간이 소유하는 선에 대한 의식이자 양심인 '양지(良知)'라고 정의하였다. 더 나아가 그는 천리(天理)로서의 양지는 정신과 같이 가장 높은 형태를 지닌 존재 양식에서부터 풀, 나무, 벽돌, 암석에 이르는 모든 존재의 기저에 있다고 주장했다. 우주는 양지에 의해 일깨워진 기로 구성되어 있기 때문에 정적인 구조라기보다는 역동적인 과정이다. 인간은 반드시 선을 향한 의식과 양심을 계속 확대되는 관계의 그물망까지 연장시킴으로써 천지 만물을 일체로 여기는 법을 배워야만 한다. 『대학』에 대한 자신의 견해를 밝히면서 왕양명은 천지 만물을 품고 있는 인간의 마음이 측은해 하는 진실한 감정을 잃어버리지 않은 채, 존재의 다양한 양상 안에서 실제로 그 자신을 어떻게 드러내는지에 대해 다음과 같은 정미한 해석을 내리고 있다.

대인(大人)은 천지 만물을 한 몸으로 여기는 자이다. 천하를 마치 한 집안처럼 보고 국가를 마치 한 사람처럼 본다. 형체를 사이에 두고 너와 나를 나누는 자는 소인일 따름이다. 대인이 천지 만물을 한 몸으로 여길 수 있는 것은 그것을 의도해서가 아니라 그 마음의 어짊이 본래 이와 같기 때문이다. 천지 만물과 더불어 하나가 되는 것이 어찌 오직 대인뿐이겠는가. 비록 소인의 마음이라고 하더라도 또한 그렇지 않음이 없지만 자기 스스로 작게 만들었을 뿐이다.

그러한 까닭에 어린 아이가 우물에 빠지려는 것을 보면 반드시 걱정되고 측은해 하는 마음이 일어나는데 이것은 그의 어짊이 어린 아이와 더불어 한 몸이 된 것이다. 어린 아이는 오히려 자신과 동류이기 때문이라고 할 수도 있다. 그렇지만 새가 슬피 울고 짐승이 사지에 끌려가면서 벌벌 떠는 것을 보면 반드시 참아내지 못하는 마음이 일어나니 이것은 그의 어짊이 새나 짐승과 더불어 한 몸이 된 것이다. 새나 짐승은 오히려 지각이 있기 때문이라고 할 수도 있다. 그렇지만 초목이 잘려져 나간 것을 보면 반드시 가여워서 구제하고 싶은 마음이 일어나는데 이것은 그의 어짊이 초목과 더불어 한 몸이 된 것이다. 초목은 오히려 생의가 있기 때문이라고 할 수도 있다. 그렇지만 심지어는 기왓장이 무너진 것을 볼 때에도 반드시 안타까워 돌아보는 마음이 일어나는데 이것은 그의 어짊이 기왓장과 더불어 한 몸이 된 것이니, 이렇게 한 몸으로 여기는

어짊은 비록 소인의 마음이라고 하더라도 또한 반드시 그것을 지
니고 있다. 이것은 바로 천이 명한 본성에 뿌리를 두고 있으며 자
연히 영명하고 밝아서 어둡지 않은 것이다. 그런 까닭에 그것을 일
러 명덕(明德)이라고 한다.[47]

자아실현을 위한 존재론적인 토대로서 인간 본성에 내재해 있는 명덕
은 대인이든 소인이든 막론하고 모든 인간이 천지 만물과 한 몸을 이룰
수 있는 상태, 즉 모든 존재가 본래적으로 그러했던 상태로 회복시켜준
다. 참으로 그것은 본체의 바깥에서 더해질 수 있는 것이 아니다.[48] 이는
우리가 자신의 어진 본성에 의해 포괄적이면서도 적절하게 다양한 방법
으로 사실상 모든 양태를 지닌 존재와 어떤 정신적인 연대를 형성할 수
있는 능력을 갖추고 있기 때문이다.

왕양명의 '역동적 이상주의'는 윙칫챈(陳榮捷)이 표현한 바와 같이,[49] 중
국에서 여러 세대에 걸쳐 유교의 중심적 관심사가 되었다. 성실한 공동체
주의자였던 왕기(王畿, 1498~1583년)는 같은 뜻을 지닌 사람들과 공동체를
건설하기 위해 그의 온 생애를 바쳤고 철저한 개인주의자였던 이지(李贄,
1527~1602년)는 모든 인간관계를 우정으로 단순화시키고 다양한 생활 방
식을 수용할 수 있도록 유교적 이상을 확장시켰는데 이 둘은 모두 왕양
명의 후계자였다.

왕양명을 비판하는 사람들 중 유종주(劉宗周, 1578~1645년)는 가장 사
려 깊은 인물 가운데 하나였다. 그의 『인보(人譜)』는 왕양명의 도덕적 낙

---

47) 「大學問」.
48) 「大學問」.
49) *A Source Book,* p. 654.

관주의에 대한 수정으로서, 인간적인 오류에 대하여 엄밀하게 현상학적인 묘사를 제공해 준다. 유종주의 제자인 황종희(黃宗羲, 1610~1695년)는 스승이 이루어 놓은 기반 위에서 명나라 유학자들에 대한 포괄적인 전기인 『명유학안(明儒學案)』을 편집했다. 황종희의 사상적 경쟁자들 가운데 한 명인 고염무(顧炎武, 1613~1682년) 또한 왕양명에 대해 비판적인 태도를 견지하고 있었다. 그는 정치 제도 연구, 음운학과 고전 문헌학에 뛰어났다. 고염무는 당시 명망 있는 학자였으며 18세기에 들어서는 고증학(考證學)의 대가로서 존경받았다. 하지만 그의 동시대인이었던 왕부지(王夫之, 1619~1692년)는 당대의 학자, 관료 계층에 거의 알려져 있지 않았으며 이백 년이 지나서야 유학자 중 가장 정교하고 독창적인 사상가로서 발견되었다. 형이상학, 역사, 그리고 경전에 대한 왕부지의 광범위한 저술은 그를 중국 지성사에서 가장 존경받는 창의적인 사상가들 중 한 명으로 자리매김하게 만들었다.

## 동아시아의 성학

중국을 비롯하여 다른 나라를 포함한 모든 왕조들 중에서 의심의 여지없이 가장 철저하게 유교화를 이룬 나라는 오랫동안 지속되었던 한국의 조선(朝鮮, 1392~1910년) 왕조였다. 조선의 통치 계급이었던 양반(兩班)은 15세기 이래 스스로를 유교 가치의 전달자라고 규정했다. 조선에서 국가 통치와 지배층 문화에 유교적 신조는 그 유례를 찾아볼 수 없게 성공적으로 침투했다. 정치적 행위, 법적인 실행, 조상숭배, 가족 계보, 학교와 학생 운동 등에서 명백하게 나타나듯이 유교 전통의 생명력은 지금까지 남한 사회에서 다양하게 드러나고 있다. 조선의 가장 훌륭한 유학자였던 이퇴계(李退溪, 1501~1570년)는 주희의 교설에 대하여 창조적인 해석을 함으로써 조선 유학의 특징을 형성하였다. 왕양명에 의해 나타난 철학적 변화를 비판적으로 인식했던 퇴계는 심학의 지지자들에 대한 대응으로서 주자학의 유산을 전파했다. 결과적으로 그는 명대의 유교에 뒤지지 않을 정도로 조선의 유교를 송학의 진정한 상속자가 되게 만들었다.

진실로 왕을 교육시키고자 하는 목적을 가지고 쓴 퇴계의 『성학십도(聖學十圖)』는 리학(理學)의 모든 주요 개념에 관한 간명한 묘사를 내놓고 있다. 유명한 사단칠정(四端七情) 논쟁 속에서 기대승(奇大升, 1527~1572년)과 나눴던 서신 교환은 맹자의 사단—측은지심(惻隱之心)·수오지심(羞惡之心)·사양지심(辭讓之心)·시비지심(是非之心)—과 칠정—기쁨(喜)·노여움(怒)·슬픔(哀)·두려움(懼)·사랑(愛)·미움(惡)·욕망(欲)—사이의 관계를 토론한 것으로서 유교의 대화 수준을 지적으로 정교화시켜 새로운 단계로 끌어올렸다. 이율곡(李栗谷, 1536~1584년)은 주희를 추종하면서도 주자학을 대표하던 퇴계의 사상에 도전했는데 이는 리학의 내용을 매우 풍부하게 만들어 주었다. 중앙 정부의 통치력은 여러 양반 가문에서 설립한 수많은 서원이나 향촌 사회 조직, 서당과 같은 제도와 결합하여 한국 사회에서 리학을 정치적인 이념일 뿐만 아니라 생활 속의 상식적 신조가 되게 만들었다.

퇴계의 『성학십도』는 원래 왕에게 하는 도덕 교육을 위한 지도 지침서로 만들어진 것으로서 이후 유교의 중요한 가르침을 제공하는 가장 통찰력 있고 교육적인 주요 내용을 담고 있다.[50] 퇴계가 이해하였듯이 유교의 종교적 사명은 자아, 인류 공동체, 자연, 천 등에 대한 깊은 경(敬)의 의

---

50) Michael C. Kalton, ed. and trans., *To Become a Sage: The Ten Diagrams on Sage Learning, by Yi T'oegye* (New York: Columbia University Press, 1988).

식을 핵심으로 한다. 우리는 기초적인 학습을 통해서, 우리가 어떻게 행동해야 하는지 알려 주는, 예의에 대한 상세한 지식을 얻게 된다. 우리가 적합한 방식으로 서고 앉고 말하고 걷는 것은 주변에 대한 우리의 정의 태도를 보여줄 뿐만 아니라 평범한 일상적 삶에서 정의 감각을 길러 주기도 한다.

성장하면서 우리는 기본적인 인간관계 속에 뿌리 박혀 있는 가치들을 인식하는 법을 배우게 된다. 그것들은 부모와 자식 사이의 사랑, 형제 사이의 적절한 질서, 부부 사이의 상호적인 책임감, 친구 사이의 신의, 정치에서의 정의 등이다. 진정 우리 사회는 호혜 정신에 입각한 신뢰 공동체가 되어야 한다. 타인을 배려하는 이 보편적 원칙은 또한 자연 세계로 확장되어야 한다. 우리 인류의 번영은 사상과 실천에 있어 우주에 인간중심적 관점을 부과하는 것이 아니기 때문에, 유교의 가치에 담긴 보편적 원칙들은 인간이 거만하게 만물의 척도라고 주장하지 못하게 해 준다. 참으로 지구의 신성(神性)함에 대한 숭배는 우리로 하여금 계속적으로 자연과 조화를 이루도록 만든다. 맹자는 우리가 마음의 잠재력을 온전히 깨닫고 인간 본성을 이해한다면 천을 알 수 있게 될 것이라고 확신했지만, 궁극적인 의미에서 우리는 여전히 천명에 대해 경외하는 마음가짐을 지닐 수밖에 없다. 천에 대하여 경의 태도를 지니는 것은 자아 수양의 필수적 요소이다.

퇴계에 의해 해석된 주희의 가르침은 야마자키 안사이(山崎闇齋, 1618~1682년)에 의해 일본 학자층에 소개되었다. 야마자키의 사상이 지닌 뚜렷한 특징은 그가 유교적인 용어를 사용하여 토착적인 신도 사상을 새롭게 제시했다는 점이다. 일본 유교의 다양성과 생명력은 사무라이 계층의 학자들이 왕양명의 역동적 이상주의를 재해석한 데에서 더욱 여실히 드러난다. 사무라이 학자들 중 가장 저명한 이는 구마자와 반잔(熊澤蕃山, 1619~1691년)이었다. 하지만 우리는 오규 소라이(荻生徂徠, 1666~1728년)를 통해 일본 유교의 독립성을 보여 주는 진정한 모범을 발견할 수 있다. 그는 유학 본래의 기반을 재발견하기 위하여 초기 유교로 돌아가기로 결정했다. 확실히 오규 소라이의 '고학(古學)'은 문헌학적 정확성을 특별히 강조했는데 이는 중국의 유사한 학문적 움직임과는 적어도 한 세대 정도 앞서서 그 전조가 되었다. 도쿠가와 시대에 일본은 조선처럼 유교화되지는 않았지만 실제적으로 17세기 말에 일본 사회에서 교육받은 지식인은 모두 사서(四書)와 접하고 있었다.

중국 사회의 유교화는 중국이 다시 정복 왕조인 만주족에 의해 지배받았을 때인 청(淸, 1644~1911년) 왕조 시기에 이르러 정점에 달했다. 청의 황제들은 스스로를 유교적 왕권의 모범으로 자처하는 데 있어서 명 왕조의 황제들보다 더 뛰어났다. 그들은 의식적으로 그리고 독창적으로 유교의 가르침을 정치 이념으로 변형시켰다. 실제로 그것은 하나의 상징적 통제 체계였다. 유교 진리의 최종 해석자로서 자신의 특권을 빈틈없이 지키면서, 청의 황제들은 문자옥(文字獄, 학자들이 쓴 문장을 억지로 트집 잡아 죄를 뒤집어씌우는 것)과 같은 가혹한 수단을 행사함으로써 유교의 도를 널리 전하려는 학자들의 능력을 실질적으로 약화시켰다. 정치적 개혁에 대한 고염무의 통찰보다는 고전에 대한 그의 학문적 업적이, 원전(原典) 분석, 어원학적, 문헌학적 연구를 강조하는 '고증학'에 열중했던 18세기 학자들에게 더 영향을 미친 것은 당연한 결과였다.

그들 가운데 가장 철학적이었던 고증학자, 대진(戴震, 1723~1777년)은 『맹자자의소증(孟子字義疏證)』이라는 저술을 통해 송학에 대한 뛰어난 비판을 드러냈다. 대진은 1773년 황실 도서관에 보관할 책들을 수집, 편찬하라는 건륭 황제의 명령을 받은 저명한 학자들 중 한 명이기도 했다. 이 거대한 학문적 시도, 『사고전서(四庫全書)』의 편찬은 유교 문화의 경(經), 사(史), 자(子), 집(集) 네 분야의 모든 중요 저작들을 정리하고자 했던 만주 황실의 웅대한 기획을 상징히고 있다. 『사고전서』는 10,230개의 조목에 대한 주석을 갖춘 36,000권의 책으로 이루어져 있으며, 편찬에 15,000명의 필사가가 고용되었고 20년 동안이나 지속되었다. 건륭 황제와 학자들이 고정적인 형태로 중국의 문화적 유산을 가두었는지도 모른다. 그렇다고는 해도 유교 전통이 아직까지 가장 심각한 위협에 봉착한 것은 아니었다. 가장 심각한 위협은 유럽의 팽창주의라는 형태로 다가오고 있었다.

# 유교 경전의 핵심 가치

## 유교 관념의 체현, 『논어』

『논어(論語)』는 유교 전통에서 가장 존숭 받는 경전으로서 아마도 공자 문하생의 두 번째 세대에 의해 편집되었을 것이다. 구두와 기록으로 보존된 스승의 언설에 주로 기초한 『논어』는 플라톤의 대화편이 소크라테스의 교육관을 분명히 나타내는 것과 마찬가지로 형태와 내용 면에서 공자의 정신을 담아내고 있다. 공자는 일상적인 상황 속에서 학생들에게 적절한 조언을 제공하는 상식적인 도덕가일 뿐이라고 널리 인식되었기 때문에, 비판적인 현대의 독자들은 종종 『논어』를 서로 관련 없는 대화들을 되는 대로 묶어 놓은 모음집으로 간주하곤 했다. 그렇지만 만약 우리가 『논어』에 접근할 때, 그것을 성인다운 인격을 중심으로 형성되었으며 하나의 역사적인 순간을 신성한 시간으로 부활시키고 다시 소생시키기를 원하는 사람을 위해 의도된 신성한 경전으로서 여긴다면, 우리는 그것이 왜 존숭되어져 왔는지를 이해하는 데 다가서게 될 것이다.

『논어』는 공동의 기억, 즉 스스로를 유교적 도의 수혜자로 생각하는 사람들의 문헌적 고안물이다. 이것은 그 기억을 계속 이어 나가고 그들의 삶의 양식을 하나의 살아 있는 전통으로서 전승하기 위해 사용된다. 공자를 중심으로 하는 『논어』의 길지 않은 진술들은 어떤 논증을 제시하거나 사건을 기록하기 위해 편찬된 것이 아니라 계속되는 대화에 독자들의 참여를 유도하는 것으로 보인다. 『논어』에서 대화는 공자가 사고와 행위 상에서 고립된 개인이 아니라 관계의 중심에 있음을 보여 준다. 『논어』의 어록들은 공자라는 인물의 내적 인격, 그의 포부, 두려움, 기쁨, 헌신, 그리고 무엇보다도 그의 심상을 드러낸다. 오랜 세기 동안 유교인들은 학습 과정에서 『논어』를 통한 공자와의 대화에 의례적으로 참여해 왔다.

공자의 인격에 대한 가장 의미심장한 묘사 중의 하나는 『논어』에서 보이는, 자신의 정신적 성숙을 회고하는 다음과 같은 짧은 전기적 서술이다.

> 나는 열다섯에 학문에 뜻을 두었고, 서른 살에 스스로 섰으며, 마흔 살에 미혹되지 않았고, 쉰 살에 천명을 알았으며, 예순 살에 귀로 들으면 그 뜻을 알았고, 일흔 살이 되어서는 마음이 하고자 하는 바를 따라도 법도에서 벗어나지 않았다.[51]

학생이며 스승이었던 공자의 삶이 모범적으로 보여 주는 것은 교육이 자기실현을 위한 쉼 없는 과정이라는 유교 관념이다. 전하는 바에 의하면 공자의 제자 중 한 명인 자로가 섭공에게 공자의 위인됨을 묻는 질문을 받고 답하는 데 어려워하자 공자는 다음과 같이 말하며 그에게 도움을 주었다고 한다. "그대는 어째서 이렇게 말하지 않았는가. 그는 사람됨이 분발하면 먹는 것을 잊으며 그러한 즐거움으로 가득하여 근심을 잊고 늙음이 닥쳐오리라는 것조차 모르는 그런 사람이다."[52]

공자는 자신이 소중하게 생각하는 문화가 전수되지 못하고 있다는 점

---

51) 『논어』, 「위정」.
52) 『논어』, 「술이」.

과 자신이 제시하는 배움(學)이 사람들에게 전해지지 못하는 것에 대해 깊이 우려했다. 하지만 공자의 강한 사명감은 전해진 것을 묵묵히 기억하고 배우면서 싫증내지 않으며 지치지 않고 남을 가르치는 그의 능력에 결코 지장을 주지 않았다.[53] 그는 스스로를 끊임없이 채찍질하듯 격려했다. "나에게 걱정거리는 덕을 닦지 못하는 것, 배운 것을 심화시키지 못하는 것, 올바른 것을 듣고도 그곳으로 나아가지 못하는 것, 잘못(不善)을 고치지 못하는 것이다."[54] 공자가 그의 제자들에게 요구했던 것은 배우고자 하는 의지였다. "나는 배우려고 노력하지 않으면 알려 주지 않고, 표현하지 못해 괴로워하지 않는 자에게 일깨워 주지 않는다."[55]

공자가 자신의 감동적인 인격을 통해 만든 공동체는 출신이나 나이, 배경이 다양하면서도 뜻을 함께하는 사람들의 학문 공동체였다. 그들은 공자의 이상을 공유하고 있었으며, 파편화된 정치적 상황 속에서 도덕적 질서를 되찾고자 했던 공자의 사명감에, 각자의 방식을 통해 참여하고자 공자의 주위로 모여들었다. 이러한 사명감은 어려운 것이었으며 심지어는 위험하기조차 하였다. 스승 자신은 직책과 집도 없이 굶주리며 때때로 생명을 위협하는 폭력에 고통 받기도 하였다. 하지만 자신이 소중하게 여겼던 문화가 존속되리라는 데 대한 믿음과 가르침에 대한 공자의 의지는 너무나 확고해서 그는 자신뿐만 아니라 제자들에게도 천이 자신들의 편이라는 사실을 확신시켰다. 공자는 광(匡)이라는 곳에서 위험에 처한 적이 있었는데 그때 다음과 같이 말했다.

---

53) 『논어』, 「술이」.
54) 『논어』, 「술이」.
55) 『논어』, 「술이」.

문왕(文王)은 이미 돌아가셨지만, 그 문화(文化)는 이 몸에 전해
져 있지 않은가! 천이 장차 이 문화를 없애려 했다면, 나와 같은
후대의 사람들이 이러한 문화의 조금도 얻을 수 없었을 것이다. 그
러나 천이 이 문화를 없애버리려 하지 않으신다면 광(匡) 땅의 사
람들이 나를 어떻게야 하겠는가.[56]

이러한 자신감의 표현은 공자의 자아상(自我像)에 비추어 볼 때 전적으
로 당연한 것이었다. 진정 그는 성인됨을 이루기에는 부족하지만 자신에
게 있는 최고의 장점은 배우기를 좋아하는 점임을 명확히 했다.[57] 그에게
있어 배움이란 지식을 넓히며 자기에 대한 인식을 깊이 해 줄 뿐만 아니
라 자신이 누구인가를 정의하는 것이었다. 그는 솔직하게 자신은 태어나
면서부터 아는 사람이 아니며,[58] 알지 못하면서 함부로 만들어 내는 부
류의 사람이 아니라고 인정했다.[59] 오히려 자신은 많이 듣고서 그 가운데
좋은 것을 취하고 많이 보고서 기억해 둔다고 말했다. 그는 자신의 배움
이 낮은 차원의 앎에 머무른다고 보았다.[60] 여기에서 말하는 앎의 차원이
란 신비적인 영감보다는 오히려 자기 노력을 통해 얻을 수 있는 앎의 차
원을 말하는 것으로서 아마도, 대부분의 사람이 접근할 수 있는 앎이다.
이러한 의미에서 공자는 신에게 접근할 수 있는 특권을 지닌 예언자도 아
니며 진리를 이미 이해한 철학자도 아닌, 자아실현의 길을 먼저 걸어 나
간 동료 여행자이자 인류의 스승이다.

---

56) 『논어』, 「자한」.
57) 『논어』, 「공야장」.
58) 『논어』, 「술이」.
59) 『논어』, 「술이」.
60) 『논어』, 「술이」.

인류의 스승으로서 공자는 사람들을 보살피고자 하는 그의 포부를 다음과 같이 표현했다. "노인을 편안하게 해 주고 친구에게 신뢰하게 만들어 주고 젊은이를 감싸주고자 한다."[61] 도덕적 공동체를 발전시키는 방법에 대한 공자의 비전은 인간이 처한 상황에 대한 전반적인 반성으로 시작했다. 그는 본성과 같은 추상적 관념들에 대해 천착하기보다 주어진 시대의 실제적인 상황을 이해하려고 했고 그것을 출발점으로 삼았다. 그의 목표는 정치, 사회적인 면에서 사람들을 배려하는 감각을 양성함으로써 정치권력에 대한 신뢰를 회복시키고 사회를 도덕적인 공동체로 변화시키는 것이었다. 이 목표를 실현하기 위해 군자를 지향하는 학문 공동체는 핵심적이다.

공자의 제자였던 증자는 진정한 군자에 대하여 다음과 같이 말했다. "선비는 도량이 넓고 뜻이 굳세지 않으면 안 된다. 책임이 무겁고 길이 멀기 때문이다. 군자는 인(仁)으로 자기의 책임을 삼으니 막중하지 않은가? 죽은 뒤에야 끝나는 것이니 멀지 아니한가?"[62] 그렇다고 해서 사회에서 도덕적 선구자의 역할을 짊어진 군자가 급격하게 다른 질서의 확립을 추구해야 하는 것은 아니었다. 군자의 사명은 사회적 유대를 유지시키고, 오랜 세월 동안 사람들을 조화와 번영 속에 살 수 있도록 만들었다고 생각하는 제도들을 다시 정비하고 그것에 생기를 불어넣는 일이었다. 그 가운데 한 가지 뚜렷한 예는 가족의 역할과 기능이었다.

『논어』는 공자가 왜 정치를 하지 않느냐는 질문을 받았을 때 『서경(書經)』의 한 구절을 인용하며 다음과 같이 대답하는 것을 기록하고 있다. "『서경』에서 효에 대해 말하길, 효도하며 형제들과 우애함으로 정사에 베

---

61) 『논어』, 「공야장」.
62) 『논어』, 「태백」.

푼다고 하였다. 이 또한 정치를 하는 것이다."63) 그는 이를 통해 사람들 각자의 행동이 정치적으로 의미 있는 일이라는 점을 보여 주었다. 이는 긱자의 자아 수양이 사회 질시의 뿌리이고 사회 질시는 정치 인정과 우주적 평화를 위한 토대라는 유교적 신념에 기반하고 있다. 가족 윤리가 정치적 효과를 가지고 있다는 단언은 유교의 '정(正)'이라는 정치적 개념의 맥락 안에서 이해되어야만 한다. 통치자는 강제적인 힘보다는 모범적 가르침과 도덕적 지도력으로 윤리적 모범을 보여 주어야 한다. 정치의 역할은 음식과 안전을 제공하는 것일 뿐만 아니라 사람들을 교화시키는 것이기도 하다. 법률과 형벌은 질서를 위한 최소한의 필요조건이며 사회적 조화는 오직 예에 맞는 행동을 통한 덕의 획득에 의해 성취될 수 있다. 예에 맞는 행위를 하는 것은 공동체적 행위에 참여하면서 상호 이해를 촉진하는 것이다.

예에 맞는 행위의 진정성을 보장해 주는 근본적인 유교 가치 중의 하나는 바로 효이다. 공자는 효야말로 도덕적 탁월함으로 나아가는 첫 번째 단계라고 보았다. 자신의 존엄성과 정체성을 고양시키는 길은 자신을 가족으로부터 유리시키는 것이 아니라 부모와 형제에 대한 우리의 진실한 감정을 키워나가는 것이다. 우리가 마음으로 가족과 밀착되는 것을 배운다면 우리는 자기중심성으로부터 벗어날 수 있을 것이다. 현대 심리학 용어를 빌려 말하자면 닫힌 자아를 열린 자아로 변화시키는 것이 가능해진다. 진실로 기본적인 유교의 덕(仁)은 자아 수양의 결과이다. 자기실현을 위한 첫 번째 시금석은 가족 구성원들과 의미 있는 관계를 기르는 우리의 능력이다. 효는 부모의 권위에 무조건적인 복종을 요구하는 것이 아니라 우리 생명의 원천을 인정하고 존중하는 것이다.

63) 『논어』, 「위정」.

　그리스인이 말한 것처럼 효의 목적은 부모와 자식 모두를 위한 '인간적 풍요로움'에 있다. 유교인은 효를 인간됨을 배우는 본질적인 방법으로 여긴다. 유교인은 가족이라는 은유를 공동체, 국가, 그리고 우주에 적용시키기를 좋아한다. 그들은 가족 중심적인 명칭 속에 정치적 이상이 함축되어 있다고 여기기 때문에 황제를 천자(天子)로, 왕을 군부(君父)로, 행정 관리들을 부모관(父母官)이라고 부르는 것을 선호한다. 공자가 가족의 일을 잘 건사하는 일이 그 자체로 정치에 대한 적극적인 참여라고 대답했을 때, 그는 이미 가족 윤리는 단지 개인적인 관심 대상이 아니라는 점을 명확히 한 것이다. 왜냐하면 공공의 선은 가족 윤리를 통해서 그리고 가족 윤리에 의해서 실현되기 때문이다.

　가장 훌륭한 제자로 여겼던 안회의 질문에 답하면서 공자는 인을 '극기복례(克己復禮)'라고 정의하였다.[64] 내부의 정신적 자아 변화(공자는 선입견을 갖지 않는 무의[毋意], 독단적이지 않은 무필[毋必], 완고함을 벗은 무고[毋固], 이기심을 끊어 버린 무아[毋我]를 행했다고 한다[65])와 사회적 참여 사이의 이러한 상호 작용은 공자로 하여금 자신에게 충실(忠)하고 타인을 배려할(恕) 수 있도록 해 주었다.[66] 공자가 남긴 심오한 윤리적 함의들로 가득 찬 유산은 그가 공동체적인 전망으로 인간이 되기 위한 배움을 '순수하고 실제적인' 방식으로 이해했었다는 점을 인식할 때 포착할 수 있다.

---

64) 『논어』, 「안연」.
65) 『논어』, 「자한」.
66) 『논어』, 「이인」.

## 오륜에 대한 맹자의 관념

『맹자』에 나오는 오륜에 대한 언급은 "현자는 백성들과 더불어 밭 갈고, 먹고, 밥을 지으며 정치를 해야 한다"[67]고 주장했던 과격한 중농주의자와의 치열한 논쟁이라는 역사적 배경 속에서 발생했다. 국가의 통치는 반드시 땅을 경작하는 일과 결합되어야 한다는 이러한 주장에 반대해 맹자는 노동력 분화의 원칙을 호소한다. 도자기공, 대장장이, 갓 만드는 사람, 직조공에 의해 생산된 많은 다양한 용품들이 사회에 필요하다는 점을 확고히 주장하며 맹자는 다음과 같은 자신의 유명한 주장을 펴나간다. "마음으로 일하는 사람이 있고 몸으로 일하는 사람이 있다. 마음으로 일하는 사람은 남을 다스리고 몸으로 일하는 사람은 다스림을 받는다. 남에게 다스려지는 자는 남을 먹이고 남을 다스리는 자는 남에게 얻어먹는 것이 천하의 공통된 의리이다."[68]

이것은 호혜성의 원칙에 의거하는데 두 그룹의 사람들 즉 서비스를 담당하는 사람과 생산자 사이의 상호 작용이라는 형태를 명시한다. 중농주의의 도전에 대한 맹자의 첫 번째 반응은 도자기공, 대장장이, 갓 만드는 사람, 그리고 직조공들은 농부와 같은 생산자라는 대답이다. 그는 여기에서 더 나아가 생산에 직접적으로 관여하지는 않지만 마음으로 일하는 사람, 곧 소수의 통치자들이 공동체의 복지에 있어 필수적이라고 말한다.

예를 들어 성왕(聖王)이었던 요(堯) 임금은 나라의 안전과 백성의 생계를 자신의 최우선적인 걱정거리로 삼아야 했기 때문에 당연히 밭을 갈 겨를이 없었다. 요 임금이 대홍수 이후 인간 공동체의 회복을 성공시킬 수 있었던 이유는 나라에 질서를 가져오고 사람들에게는 먹을 것을 줄

---

67) 『맹자』, 「등문공상」.
68) 『맹자』, 「등문공상」.

수 있어야 한다는 책임감을 공유하고 있던 의로운 관리들을 등용시킨 그 능력 때문이었다. 질서와 음식이 인간 생존을 위해 최소한의 조건을 제공한다고 하더라도 그것들이 인간적 풍요로움의 충분 요소는 아니었다.

후직(后稷, 농업을 관장하던 관리)이 백성들에게 농사짓는 법과 오곡을 재배할 수 있도록 가르쳤다. 이 곡식들이 익자 사람들이 길러졌으니 인간에게는 도리가 있어 배불리 먹고 따뜻하게 옷 입어 편안히 거처하기만 하고 교화함이 없다면 금수와 가까워진다.[69]

인간의 번영은 육체적 편안함에 대한 기본적인 필요 이상의 더 높은 무엇인가를 요구하고 있기 때문에 맹자는 오륜의 덕을 이야기한다. 맹자는 계속해서 이야기한다.

성인은 이를 근심하여 설(契)을 사람들을 교육시키는 관리로 임명하여 인륜을 가르치게 하셨다. 부자(父子) 간에는 친함이 있으며 군신(君臣) 간에는 의리가 있으며 부부(夫婦) 사이에는 분별이 있고 장유(長幼) 간에는 차례가 있으며 붕우(朋友) 간에는 믿음이 있어야 하는 것이 그것이다.[70]

이러한 역사적 맥락 안에서 맹자는 오륜을 이야기하며 교화의 목적은 경제적 안정이 확보된 뒤 태만해지는 것을 막기 위해서라고 주장한다. 이를 통해 우리는 관계를 좌우하는 덕들은 모범을 보여 주기 위한 것일 뿐

---

69) 『맹자』, 「등문공상」.
70) 『맹자』, 「등문공상」.

만 아니라 구체적인 상황에 대한 처방이라는 점을 이해할 수 있다.

### 부자유친(父子有親)

부자유친은 아버지와 아들 사이의 적절한 관계가 일방적인 복종이라기보다는 상호적인 애정이라는 점을 보여 준다. 이는 또한 그러한 관계를 위해 지정된 규범을 따르지 못하는 사람들에 대한 지침도 제공한다. 어머니와 아들 사이의 애정이 아버지와 아들 사이의 애정보다 '보완적인 기능을 수행할 수 있다. 집에서 아버지가 정규 교육을 행한다면 부모의 사랑이 손상될 수 있다고 염려했기 때문에 전통적인 유교 가정은 의례적으로 자제를 다른 집으로 보내서 교육시키곤 했다. 다음과 같은 맹자의 가르침은 이와 관련된 것이다.

공손추가 말했다. "군자가 아들을 직접 가르치지 않는 것은 어째서입니까?" 맹자께서 말씀하셨다. "세(勢)가 행해지지 않기 때문이다. 가르치는 자는 반드시 올바름으로써 행해야 하니 올바름이 행해지지 않는다면 노함이 뒤따르고 노함이 뒤따르면 도리어 상하게 된다. '부자(夫子)께서 나를 올바름으로 가르치시지만 부자도 올바름에서 나오지 못하신다'고 한다면 이는 부자 사이를 사로 상하게 하는 것이니 부자 사이에 서로 상하는 것은 나쁜 일이다. 옛날에는 아들을 서로 바꾸어 가르쳤다. 부자간에는 선으로 따지지 않는 것이니 선을 따지면 멀어지게 된다. 부자간에 멀어지면 그보다 나쁜 것이 없을 것이다."[71]

---

71) 『맹자』, 「이루상」.

## 군신유의(君臣有義)

유사하게 군신유의는 가장 중요한 정치적 관계를 형성하는 데 사적 이익이 개제되면 위험할 수도 있다는 점을 알려준다. 의무의 원칙 혹은 더 적절히 표현하자면 정의라고 말할 수 있는 이 덕목은 도덕적·실용적인 이유 모두에서 이익과 날카롭게 대립된다. 맹자는 정치적 영역에서 발생하는 갈등의 주요한 원인이 의(義)를 외면하는 데 있다고 보았다. 의는 통치자들의 존재 이유임에도, 그들은 생산으로부터 벗어나 있는 자신의 특권과 지위를 향유하려고만 하고 의를 외면함으로써 갈등이 발생하는 것이다. 그들이 이러한 방식으로 부당하게 이익을 획득하거나 권력을 남용하려는 어떠한 시도를 행한다면 그것은 사실상 그들의 합법적 권력을 의심하게 만들 뿐이다. 이럴 경우, 통치력은 기반이 약화되고 그들의 지배 아래 있는 공적 영역은 사유화된다.

맹자는 결정적으로 중요한 군주와 신하 사이의 관계를 재확립하기 위한 선결 조건으로 신뢰 회복을 주장한다. 확실하게 부자유친과 군신유의는 불변하는 것이지만 두 관계의 기저에 자리 잡고 있는 것은 호혜성의 정신이다. 맹자는 군신 관계의 경우에 군주가 반드시 신하의 지지를 얻어야 한다고 명백하게 말한다. 진정 군주에 대한 신하의 태도는 군주가 신하를 어떻게 대하는가에 달려있다.

군주가 신하 보기를 수족과 같이 하면 신하가 군주 보기를 배와 심장같이 할 것이다. 군주가 신하 보기를 개와 말처럼 하면 신하는 군주 보기를 길가에 다니는 사람같이 할 것이다. 군주가 신하 보기를 흙과 풀처럼 하면 신하는 군주 보기를 원수처럼 할 것이다.[72]

부자유친이 군신유의를 고무시키는 규범으로서 기능할 수는 있다 하더라도 '살과 피'에 뿌리를 둔 애정은 사회의 노동력 분화에 의해 발생한 소명과는 전적으로 다른 것이다. 그러한 분화는 생산을 맡고 있는 사람들이 기여를 인정함과 동시에 지도자, 통치자, 공적 영역에서 종사하는 사람들과 같이 마음으로 일하는 사람들의 역할도 신성하게 여긴다. 그럼에도 소우주로서 가족의 덕을 전체 국가에 적용시키고자 하는 의도에 대해 맹자는 다음과 같은 주장을 편다.

> 사람들이 항상 말하기를 천하(天下), 국(國), 가(家)라 한다. 천하의 근본은 나라에 있고 나라의 근본은 집에 있고 집의 근본은 자신에게 있다.[73]

맹자가 여기에서 주장하는 것은 자아가 가족, 국가, 천하, 그리고 그 이상으로 확대되는 근본적인 원리이다. 함축적으로 볼 때, 부자유친은 정치적인 의미를 지니고 있고 군신유의는 정신에 있어 가족 윤리가 확장된 것이다. 이는 맹자가 본래 간파했던 것처럼 그 차이가 현저함에도, 이러한 맥락에서 유교의 정치 문화 속에서 부자유친이 군신유의에 대한 유비로서 기능했던 것이다.

### 부부유별(夫婦有別)

부자 관계에서는 나이가, 군신 관계에서는 지위가 두드러진 특징이 된다면 부부 관계는 남녀의 차이가 중요하다. 나이와 지위가 부부 관계와

---

72) 『맹자』, 「이루하」.
73) 『맹자』, 「이루상」.

관련이 없는 것은 아니라 하더라도, 그러한 차이는 남녀의 차이만큼 결정적이지 않다. 부부 관계에서 구별의 중요성을 강조함으로써 유교인들이 의도적으로 부부 관계 내의 낭만적인 사랑을 훼손시켜 왔다는 추정이 종종 있어 왔다. 꽤 많은 학자들은 가족 윤리 내에서 의무라는 가치가 너무 크게 확대되었기 때문에 부인으로서의 역할은 며느리의 역할보다 덜 우선시 되어 왔음이 분명하다는 점을 주목해 왔다. 만약 자녀들까지 포함된다면 어머니의 역할은 부인의 역할보다 우선권을 갖게 된다.

그럼에도 부부 관계를 좌우하는 구별의 가치는 또한 호혜성의 원칙에 기반하고 있다. 그 기저에 흐르고 있는 정신은 지배가 아니라 일의 분담이다. 주석가들은 종종 아내와 남편이 동등하다는 관점을 지지하기 위하여 처(妻)라는 단어의 어원학적 기원에 제(齊)라는 의미가 들어있음을 이야기한다. 확실히 우리가 익히 알고 있는 것처럼, 남성지배적인 사회에서 남편과 아내 사이의 평등은 불가능하지만, 구별에 관한 맹자의 관념은 '남자는 일을 하고 여자는 가정을 지키는 대동 사회'를 이상으로 하는 유교적 이상을 따른다. 주부로서의 아내라는 관념은 남편이라는 관념에 비해 오늘날 훨씬 더 많은 도전을 받고 있음에도, 가족을 부양하기 위한 협동적인 노력 속에서 남편과 아내가 일을 분담하는 것은 비록 그것이 덕은 아닐지라도 여전히 어쩔 수 없는 요소라고 널리 인정되고 있다.

규범적인 의미에서 남편과 아내 사이의 사랑과 친밀함은 당연한 것으로 여겨진다. 주목해야 할 점은 인간적 풍요로움이라는 목적을 위해 그러한 관계에 적절한 제어책을 간구하는 것이다. 부자 사이의 소원함이나 군신 간의 분열과 같은 위험성이 관계를 상호 충실한 것으로 만들기 위해서 극복되어야 하는 것과 마찬가지로, 남편과 아내 사이에는 과도한 방종의 위험이 우려할 만한 일이다. 또한 부부간의 친밀함은 가족 이기주의를 낳을지도 모르고 그러한 핵가족의 이익 관계가 다른 가족 구성원들과 더 큰 공동체를 위한 관심사들을 대체하게 된다면 그것은 결과적으로 점차 사회적인 무책임으로 이어지게 될 것이다.

### 장유유서(長幼有序)

'장유유서'는 형제 관계보다 많은 것을 다루고 있다. 장유유서는 인간 관계를 구성하는 한 가지 요소로서 나이를 강조한다. 서(序)라는 단어는 질서와 순서를 의미한다. 즉 나이는 질서를 세우고 순서를 결정하는 원칙이 된다. 유교 윤리의 두드러진 특징은 나이의 많고 적음을 사회의 위계질서를 세우는 하나의 가치로서 받아들인다는 점이다. 하지만 나이만 가지고서 자동적으로 지위를 부여하는 것은 아니다. 유교인은 노인을 존경한다는 검토되지 않은 단언은 공자가 알고 지내던 원양(原壤)이라는 노인의 무례한 행동을 보고 했던 다음과 같은 말을 상기해 볼 때 그 설득력을 상당 부분 잃어버린다. "어려서 공손하게 행동하지 못하고 장성해서는 칭찬할 만한 일이 없고 늙어서도 죽지 않으니 이는 해로울 뿐이다."[74]

유교인이 스스로의 노력을 통해 자신의 도덕적 성장에 매진하는 것은 자기가 지닌 잠재력을 실현하는 데 실패한 사람들에 대한 꾸짖음을 정당하게 만든다. 앞서 언급한 원양이라는 나이 든 사람은 공자에게 책망을 당했을 뿐만 아니라 정강이를 걷어차였다.[75] 이는 그가 자신의 시간과 힘을 항상 낭비해왔기 때문인 것으로 보인다. 하지만 일반적으로 유교인에게 나이는 경험과 지혜를 상징하며 따라서 존경을 요한다. 맹자는 공자의 제자 가운데 가장 존경받는 한 사람이었던 증자에 의하여 후세에 전

---

74) 『논어』, 「헌문」.
75) 『논어』, 「헌문」.

해진 유산에 대해 다음과 같이 자랑스럽게 이야기한다.

천하에 의해 존경 받는 세 가지가 있으니 관직(爵)이 하나요, 나이(齒)가 하나요, 덕(德)이 또 하나이다. 조정에서는 관직과 작위만한 것이 없고 향촌에서는 나이만한 것이 없으며 세상을 돕고 백성들을 자라게 하는 데 덕만한 것이 없다.[76]

유교적 질서 속에서 덕이 관직과 나이보다 우선한다는 것은 의심할 수 없는 사실이다. 하지만 실용주의자이자 현실주의자로서 유교인들은 사회의 안정과 조화를 이루는 데 있어 위계질서의 필요성을 예리하게 인식하고 있다. 계급과 대립적인 면에서 나이와 덕을 이용한 증자의 전략은 정치권력에 대한 유교적 접근의 특징이다.

어찌 그 한 가지를 가지고서 둘을 가진 사람들을 소홀히 할 수 있겠는가? 그러므로 장차 크게 일을 할 군주는 반드시 부르지 못하는 신하가 있어서 도모하고자 하는 일이 있으면 그를 찾아갔다. 덕을 높이고 도를 즐거워함이 이와 같지 않다면 더불어 일을 하기에 부족하다 할 것이다… 지금 천하는 토지가 비슷하고 덕도 비슷해서 서로 뛰어나지도 못하고 남과 다를 것도 없다. 이는 자기가 가르칠 수 있는 사람을 신하 삼기 좋아하고 자기가 가르침을 받을 수 있는 사람을 신하로 삼기를 좋아하지 않기 때문이다.[77]

---

76) 『맹자』, 「공손추하」.
77) 『맹자』, 「공손추하」.

따라서 '장유유서'는 생물학적 현실 위에 윤리를 세우려는 의도적인 시도다. 효(孝)와 제(弟)는 온전한 인(仁)을 실현할 수 있게 해 주는 근본으로 여겨진다. 이는 어느 정도는 생물학적인 유내가 사신의 인격 실현의 기회를 제공한다는 점을 인정함으로써 도덕적 자아 수양이 시작된다는 유교적 신념에 근거한다. 부모와 형제들로부터 혜택을 받고 있으며 우리의 안녕은 그들의 안녕과 떨어져서 생각할 수 없다는 사실에 대한 인정으로부터 생성된 의무감은 일방통행적인 복종과는 다르다. 그러한 의무감은 아무리 애써도 갚을 수 없는 은혜에 대한 응답이며 자발적으로 은혜에 응답하려는 책임을 맡는 것은 도덕적으로 즐거운 일이다.

물론 이러한 윤리는 매우 복잡한 차원을 지니고 있다. 무정한 아버지와 배다른 교활한 형이 있었던 성왕(聖王), 순 임금의 전설은 바람직한 호혜성의 정신이 부재할 때 발생하는 어려움을 충분히 보여 주고 있다.[78] 우리가 여기에서 그 전설 전부를 풀어놓을 필요는 없을 것이다. 가족 구성원들 사이의 관계를 조화시키려는 시도 안에서 세대와 나이에 큰 가치를 부여하는 데 따르는 애매함과 모순을 유교인들이 충분히 인식하고 있었다는 점을 말하는 것으로 충분하다.

### 붕우유신(朋友有信)

직위나 나이 어떤 것에도 토대를 두지 않은 우정은 상호성의 정신이 모범적으로 표현된 것이다. 위계질서가 유교 윤리 내에서 지배적인 주제였을지는 모르지만 그것은 확실히 '붕우유신'에 적용시키기에 적당하지 않다. 도덕적 격려가 중심을 이루는 우정은 스승과 제자 사이의 관계를 위한 기반이며 결과적으로 군주와 관련하여 유교적으로 자기를 어떻게 이

---

78) 『맹자』, 「만장상」.

해할 것인가 하는 본보기를 제안한다.

앞서 언급한 증자의 경우가 우리에게 도움을 준다. 증자는 자신이 덕성과 나이를 갖추고 있다고 주장함으로써 평범한 신하들처럼 조정에 불려 나가지 않을 것이라고 왕에게 분명히 밝혔다. 그렇다 해도 만약 왕이 배우고자 원했다면 그는 왕에게 솔직하게 조언했을 것이다. 이러한 위엄, 독립성, 자율성을 완전하게 이해하고 있었던 맹자 역시 그가 만났던 왕들을 대할 때, 나이 많은 친구로서 그리고 스승으로서 처신했다. 따라서 그는 군주와 대면하여 관료 집단 내의 도덕적 리더십 부족에 대해 솔직하게 비판했고 나라의 비참한 현실을 날카롭게 지적해 통치자를 당황스럽게 만들었으며 심지어는 혁명의 개연성을 언급해 통치자를 놀라게 했다. 이러한 의미에서 볼 때, 신뢰할 수 있는 친구는 비판자이자 스승 그리고 도를 향한 여행 동반자라고 할 수 있다. 친구 사이의 믿음(信)은 먹고 마실 것을 나누며 일시적인 위안이 되어줌으로써 유지된다기보다는 서로의 발전에 대한 지속적인 헌신에 의해 유지된다. 유교적 윤리에 충실한 유명한 중국 속담은 소인의 우정은 꿀처럼 달콤하지만 군자의 우정은 물처럼 담박하다고 말한다.

유교적 자아 수양의 관점에서 우리는 이 다섯 가지 기본적인 인간관계를 공동의 행위로서 검토해볼 수 있을 것이다. 그 함의는 다음과 같다.

1. 유교인들은 자아 수양의 중심성을 강조하지만 그렇다고 해서 인성(人性)을 실현하기 위한, 즉 온전한 인간이 되기 위한 가족, 공동체, 국가, 그리고 세계에 요구되는 공동의 노력을 약화시키지 않는다.

2. 진실로, 계속해서 확대되는 인간관계의 그물망을 체현하는

역동적 과정 속의 열린 체계인 자아와 신뢰 공동체인 사회의 상호 교류는 끊임없이 서로에 대한 격려에 능동적으로 참여하는 의례를 재연한다. 이러한 상호 교류는 개인적이고 공동체적인 사기 초월의 측면에서 지기실현이라는 유교적 과업을 규정한다.

3. 진실한 인간성을 완성하기 위해서 자아는 이기주의를 극복해야 하며 가족은 가족중심주의를 극복해야 한다. 이를 유추해보면 진실한 인간성을 완성하기 위해서 공동체는 파벌주의를 극복해야 하고 나라는 자민족중심주의를 극복해야 하고 세계는 인간중심주의를 극복해야한다. 유교의 포괄적 휴머니즘에 비추어볼 때 변화된 자아는 개인적으로 그리고 공동체적으로 이기주의, 족벌주의, 파벌주의, 자민족중심주의, 인간중심주의를 초월한다. 변화된 자아는 천지 만물과 일체를 이루기 때문이다.[79]

자아 수양의 철학이라는 관점에서 오륜을 탐구하는 우리의 목적은, 비록 오륜의 근간을 이루는 구조가 사회 윤리에 대한 강한 관심을 제시하고 있기는 하지만, 유교의 도덕 교육 속에서 이러한 관계들의 설득력을 유지하는 그 심리문화적 뿌리는 '인간우주적' 이상 안에 깊이 자리 잡고 있음을 보여 주기 위해서이다.


## 삼강에 대한 유교적 논평

현대의 평등주의적이고 자유주의적 관점에서 보자면 유교 윤리 중 가장 적은 호소력을 지닌 유산은 이른바 삼강(三綱), 즉 군위신강(君爲臣綱),

---

79) 『맹자』, 「진심상」.

부위자강(父爲子綱), 부위부강(夫爲婦綱)이다. 20세기 초반 10년 동안 중국의 지성인들은 유교 제도에 대해 우상 파괴적 공격을 진행했다. 이는 신하, 젊은이, 그리고 여성을 지배하려는 권위주의적 충동에 의해서 속박에 대한 합리화가 이루어지고 있다는 인상을 주었다. 이러한 인상에 기반하여 삼강은 세 가지 형태의 속박으로 묘사되어 왔고 유교 윤리는 독재적이고 가부장적이고 연장자 지배적이고 남성 중심적이라고 비난받아 왔다.

역사적으로 유교 문헌에서 삼강이라는 관념은 비교적 늦은 시기, 즉 맹자가 처음으로 오륜의 덕에 대해 주창한 후 거의 4세기가 지나서 출현했다.[80] 한(漢) 왕조(기원전 206~220년)의 학자 관료층은 황제의 보호 아래 유교 윤리를 정치 이념으로 변모시키고자 구조적으로 노력했고 이는 삼강을 도덕 교육을 위한 종합적인 핵심 교육 과정으로 만드는 데 중요한 역할을 했다. 역설적이게도 이 관념은 법가의 고전인 『한비자(韓非子)』 안에서 처음으로 출현한다. "신하는 군주를 섬기고 아들은 아버지를 섬기고 아내는 남편을 섬긴다. 삼자가 따르면 천하가 다스려지고. 삼자가 거스른다면 천하는 어지러워진다."[81]

명백한 것은 법가와 마찬가지로, 한나라의 이념가들 역시 주로 최우선적 목적인 사회 안정을 위한 상징적 통제의 체계로서 삼강의 기능적 유용성에 주로 관심을 가지고 있었다는 점이다. 기본적인 이 관계들에 대한 통제가 정치 질서를 유지하는 데 도움이 된다는 인식은, 공적이기도 하고

---

80) 75년, 한나라는 왕조의 공식적인 이념으로서 우주론과 윤리적 쟁점을 합의하기 위한 제국적인 차원의 회의를 개최하였다. 일반적으로 『白虎通』이라고 알려져 있는 회의에 대한 기록 속에 '삼강(三綱)'에 대한 언급이 있다. 『白虎通』, 29장 「三綱六紀」를 보시오.
81) 『韓非子』, 「忠孝」.

사적이기도 하면서 쌍방으로 이루어진 기본 관계가 신뢰 공동체의 근간이라는, 유교적 관념과 양립할 수 없는 것은 아니다. 하지만 삼강이라는 이념에 둘러싸여 있는 고정된 위계질서는 인간적인 풍요로움에 해가 된다. 진실로, 삼강은 철저하게 호혜성의 정신을 배경적인 것으로 격하시킴으로써 맹자의 의도를 왜곡시켰다.

확실히 지배-종속 구도에 기반한 삼강은 사회 질서를 유지하기 위한 침해할 수 없는 원칙으로서 위계적 관계를 강조한다. 그 최우선의 관심은 쌍방으로 이루어진 관계로 맺어져 있는 각각의 사람들이 누려야 하는 안녕이 아니라 엄격하게 규정된 행동 규칙으로부터 발생하는 특정한 유형의 사회 안정이다.

삼강의 정당성에 기본적인 토대를 제공하는 부자 관계의 중심성은 군주와 남편의 정치적인 권위에 설득력을 추가시키는 데 있어 유리한 점을 가지고 있다. 위계적이고 가부장적인 사회 안에서는 아버지와 마찬가지로 군주나 남편이 도덕적 규정의 해석자, 집행자, 그리고 판단자여야 했다. 왜냐하면 그들이 사회의 안정과 조화를 위해 전면적인 책임을 맡고 있었기 때문이다. 나이와 마찬가지로 지위와 성별은 사회 정황이 만들어 내는 자연스러운 것으로 여겨졌다. 만약 아랫사람이 윗사람에게 도전한다면 혹은 아내가 남편을 지배한다면 사회의 도덕적 구조는 손상을 입게 될 것이다. 이렇게 추론해 본다면 (혹은 우리의 현대적 관점으로 추론 해본다면) 신하는 자기 위치의 결정적 특성으로서 의심할 수 없는 충성을 증명하는 데 매진해야 한다. 마찬가지로 남성 중심적인 관점이 만연하게 된다면, 지위와 나이는 모두 성별의 범주 아래로 포함되어질 것이다. 여성은 어떠한 경우에도 지배하는 역할을 맡아서는 안 되기에 반드시 '순종'의 기술을 익혀야 한다. 그녀는 딸로서 아버지를 따라야 하고 부인으로서는

남편을 따라야 하며 어머니로서 아들을 따라야 한다.[82]

특별히 아들, 신하, 부인에 의해서 실천되는 복종의 가치는 삼강이라는 이데올로기 안에서 확실해 보인다. 이러한 유교 윤리의 정치화는 오륜을 근본적으로 재구성하여 신뢰 공동체라는 맹자의 관념을 실현시키기 위한 토대가 아니라 상징적 통제의 '법가적' 체제로 만들었다. 필자는 여기에서 삼강을 기술하기 위한 용어로 법가적이라는 단어를 사용함으로써 삼강의 분명한 기원을 밝히고 그 강제적인 본질을 강조하고자 한다. 그러나 삼강이 정치화된 유교에 의해 완성되자 그것은 법가적 기원과 본질이 제시했던 것 이상을 요구하였다. 한비자가 '신하가 왕을 섬긴다면 아들은 아버지를 섬기고 부인은 남편을 섬긴다. 그리하면 세상이 편안해 진다'라고 선언했을 때, 그는 단순히 행동적인 측면에서 질서 잡힌 사회에 관해 기술적인 언급을 했던 것으로 보인다.

그러나 정치화된 유교 관념이 되어 버린 삼강은 행동을 바로잡는 것뿐만 아니라 올바른 태도도 요구하게 되었다. 진정 정통적인 신념이 되어버린 것이다. 삼강의 논리는 분명 유교적인 것처럼 보인다. 물론 여기에서 유교적이라는 단어는 하나의 새로운 의미를 가지고 있다. 그것은 더 이상 정치적으로는 무력했지만 정신적으로는 성왕의 도를 충실히 따랐던 공자와 제자들의 가르침이 아니다. 삼강의 논리를 세운 유교인들은 한(漢)나라 조정의 뛰어난 학자로서 유교적 범주로 정치적 이념을 규정하는 형태를 만들었던 이들이었다. 그들은 국가가 직면한 매우 중요한 우주론적이고 윤리적인 문제에 국가적인 합의를 이끌어 내기 위해 황제에게 초빙되어 조정에 들어온 사람들이었다. 삼강이라는 윤리는 이 정치화된 유교의

---

82) 이는 『白虎通』, 「嫁娶」에 명확히 언급되어 있다. 『白虎通』, 抱經堂叢書 (Peking: Chih-li Book Co., 1923) 9권, 40장, pp. 1a~11b를 보시오.

상징적 통제 체제의 필수적인 면을 이루고 있었다. 이러한 삼강이 오륜에 관한 맹자의 관념과는 매우 동떨어져 있었음은 말할 필요도 없다.

## 다섯 가지 이상, 오경

문화의 전승자로서 공자는 자신의 문화가 간직하고 있었던 상징적인 원천에 대해 창조적으로 반응했다. 그는 주(周) 문화를 구성하고 있었던 의례 제도와 언어, 그리고 전체적 상징 구조에 새로운 의미와 역동성을 부여했다. 그렇게 함으로써 공자는, 경전적 전통을 갖춘 유교의 도를 이루는 다섯 가지 중요한 이상이 형성되는 데 기여했다. 첫 번째 이상은 시(詩)적 이상으로서 (예술적이고 음악적이라고도 말할 수 있는) 이것에 의하여 사람은 자신과 타인, 그리고 자신과 전승된 문화 사이에 끊임없이 내부적인 공명이 있음을 인식한다. 시는 사람의 감정과 정서를 인간성에 대한 예술적인 표현으로 정제해낸다. 시를 이해한다는 것은 이러한 집단적 감정에 다가간다는 것이다. 시적인 감성 안에서 세계에 대해 반응하는 능력은 인격의 발전을 이루는 데 필수적인 것으로 여겨진다. 『논어』에 표현된 것처럼 아이들이 시를 읽고 감동을 느끼게 될 때, 그들은 이미 그 자신을 이해하는 길 위에 서게 된 것이며 특별히 자신의 내적인 감정을 이해하기 시작한 것이다.

유교에서 두 번째로 중요한 것은 사회적 이상이다. 유교적 맥락에서 볼 때 예(禮)는 사람들 사이의 소통에 관한 사회적인 이상과 깊이 관련되어 있다. 예는 외적인 형식에 관한 것이 아니다. 오히려 예는 인간 공동체 내부의 언어적, 비언어적 의사소통에 관한 것이다. 아이들은 반드시 예에 맞는 행동을 배워야만 한다. 어른스러운 행동이란 결국 아이가 배워 익힌 습관에서 비롯되기 때문이다. 예에서 중요한 부분은 그 적시성(適時性), 다시 말해 때에 맞는가를 판단하는 것이다. 다양한 사회적 조건과 상황 속에서 각각 다른 행동이 요구되기 때문이다.

세 번는 역사적 이상이다. 사회는 단순히 이해 당사자들이 맺은 계약 관계에 의해서 형성되지 않는다. 사회, 혹은 문화는 집단적 노력의 매우 길고도 완강한 과정을 통해서 출현한 것이다. 모든 인간 사회는 집단적인 기억을 갖는다. 그러한 집단적 기억에 관련된 능력은 또한 자아의 정체성을 규정하는 능력이기도 하다.

유교는 또한 정치적 이상을 포함하고 있다. 우리는 자신이 소속되어 있는 정치 조직에 참여를 요구받는다. 우리는 전체 공동체가 지닌 집단적 계획에 반응해야 하며 그에 대해 책임감을 지녀야 한다는 의미에서 정치적인 존재이다. 이는 유교인들이 완전히 이 세계를 벗어나 정신적 안식처를 만들지 않았던 이유 중 한 부분이기도 하다. 유교 전통 속에는 일상적인 인간 삶의 정치적 혹은 사회적 영역으로부터 실제적으로나 상징적으로 유리되어 있는 교회나, 신전, 사당이 존재하지 않는다. 반면 유교인들은 이 세상 속에서 살았음에도, 결코 단순하게 자신을 현상에 내맡기지 않았다. 그들은 세상에 순응하지 않았다. 사실상 유교인들이 품었던 정치적 이상과 실제 정치 질서 사이에 존재했던 긴장과 갈등은 언제나 격렬했고, 그 간격을 매우기 위한 유교인들의 지속적인 투쟁은 종종 그들의 가정에 비극적인 결과와 함께 개인적 안위를 위태롭게 만들기도 했다.

다섯 번째 유교의 이상은 우주 안에 있는 모든 존재는 상호 연관되어 있다는 확신에 기반한 형이상학적 이상이다. 조셉 니덤(Joseph Needham)은 이를 중국의 우주론적 사고에서의 유기체적 통일성이라고 설명했다.[83] 유

---

83) Joseph Needham, "History of Scientific Thought," in *Science and Civilisation in China*

교인들은 모든 양태의 존재, 즉 인간, 자연, 그리고 정신적인 세계가 내적으로 상호 연관되어 있다고 믿었다. 이러한 형이상학적 (어떤 이들은 생태학적이라고 부를지도 모르는) 이상은 유교인들로 하여금 인간 공동체 안에서 인격을 완성시키는 것과 함께 천인합일(天人合一)의 중요성을 지지하도록 만들었다.

만약 이 다섯 가지 이상을 통합적으로 수용한다면 우리는 인간을 단순한 도구 사용자, 언어 담지자, 혹은 정치적 동물로 여기는 환원주의적 관념에 의해 지배되지 않을 수 있을 것이다. 그보다 인간은 이 다섯 가지 차원을 모두 통합하고 있다. 인간은 시적이며, 사회적이면서 동시에 정치적이며, 역사적이고 형이상학적 존재이다.

오경(五經)은 이 다섯 가지 차원(형이상학적, 정치적, 시적, 사회적, 역사적 비전)에서 서술될 수 있다. 『주역(周易)』에 의해 상징되는 형이상학적 이상은 수학적 기술과 윤리적 통찰을 신적인 점술과 결합시킨다. 변화를 중시하는 이 철학에 따르면, 우주는 음(陰)과 양(陽)이라는 상보적일 뿐만 아니라 대립적인 생명의 기운이 끊임없는 상호 작용을 하여 형성된 거대한 변화(great transformation)이다. 이 위대한 변화로부터 나온 세계는 항상 유기적인 통일성과 역동성을 드러낸다. 이러한 세계의 조화와 창조성을 인식하는 군자(君子)는 쉬지 않고 스스로 분투하여 '천인합일'이라는 최고의 이상을 추구해야만 한다.

『서경』에 의해 상징되는 정치적 이상은 인간적인 통치를 위한 윤리적 토대를 그림으로써 왕도(王道)를 다루고 있다. 전설적인 세 명의 황제인 요(堯), 순(舜), 우(禹)는 모두 덕으로써 다스리는 정치를 펼쳤다. 지혜, 효성심, 성실성을 갖추고 있었던 세 명의 황제는 책임과 신뢰에 기반한 정

<hr>

(Cambridge: Cambridge University Press, 1956), vol. Ⅱ, p. 412.

치 문화를 창조했다. 그들은 모범적인 가르침을 통해서 백성을 따르게 만들었고 결과적으로 사회의 조화는 징벌이나 강압 없이 달성될 수 있었다. 그들의 세 왕조인 하(夏), 상(商), 주(周) 시대에는 예제화(禮制化)된 권력으로서의 도덕적 권위가 정치 질서를 유지하기 위한 충분한 힘을 가지고 있었다. 군자와 현인, 성왕에 의해 교화된 군중은 위대한 우주적 변화의 필수적인 부분으로서 유기적 통일체를 형성했다.

『시경(詩經)』에 의해 상징되는 시적 이상은 인간의 보편적 감정에서 비롯되는 유교적 가치를 강조한다. 대부분의 시구절은 모든 사회적 계층을 막론하여 개인과 공동체가 지니는 감정과 정서를 표현하고 있다. 『시경』에 의해 드러나는 시적 세계의 내적인 공명 혹은 기본적인 음률은 서로 간의 감응(感應)을 표현하고 있다. 전체적인 분위기는 격정적이라기보다는 담백하며 직설적이라기보다는 연상을 불러일으킨다.

『예기』에 의해 상징화되고 있는 사회적 이상은 사회를 계약 관계에 근거한 적대적인 체제가 아닌 상호 의사소통을 강조하는 신뢰 공동체로서 규정한다. 사농공상(士農工商)의 네 가지 기능의 직업으로 구성된 사회는 진정한 의미에서 협력적이다. 협력에 기여하는 구성원으로서 각각의 사람들은 다른 이의 존재를 인정하고 공공의 선을 위해 봉사할 의무를 지니고 있다. '정명(正名)'의 원칙에 의거해 본다면 왕의 의무는 왕답게 행동하는 것이고 아버지의 의무는 아버지답게 행동하는 것이다. 만약 왕이나 아버지가 적절하게 행동하는 데 실패한다면 그들은 신하나 자식이 예에 따라 행동하는 것을 기대해서는 안 된다. 이러한 의미에서 『예기』의 한 장인 『대학』은 다음과 같이 말한다. "천자로부터 서민에 이르기까지 모든 자가 수신을 근본으로 삼는다."[84] 널리 퍼져 있는 이 '책임 의식'은 의례에

---

84) 『대학』, 1장.

관한 모든 유교 문헌에서 뚜렷하게 드러난다.

『춘추』에 의해 상징되는 역사적 이상은 공동체적 자아 정체성 확립을 위하여 집단적인 기억의 중요성을 강조한다. 역사의식은 유교 사상의 특징이다. 전통을 사랑하고 계승하는 사람이라고 자신을 규정했던 공자는 역사에 대한 의식은 바람직할 뿐만 아니라 스스로를 알기 위해서 필수적이라는 점을 명백히 했다. 역사의 중요성에 대한 공자의 강조는 어떤 면에서는 옛 것을 되살리는 것이 새 것을 얻는 최고의 방법이라는 고대의 지혜에 대한 그의 재해석이었다. 공자는 『춘추』의 저자로 알려지기도 했지만 그보다는, 그가 기원전 8~5세기에 중국에서 일어난 정치적 사건들에 대해 적용한 도덕적 판단에 주목하는 것이 합당하다. 이러한 유례없는 정치적 비평 속에서, 공자는 그 시대의 가장 강력하고 영향력 있는 정치인들에 대하여 역사적으로 결정적인 '칭찬과 비판'을 부과함으로써 그들의 정치를 평가하는 신과 같은 역할을 맡았다. 이러한 관례는 위대한 역사가인 사마천(司馬遷, 대략 기원전 145~86년)의 혁신적인 역사 기술 형식에 영감을 주었을 뿐만 아니라 중국 왕조들의 역사를 기술하는 사람들에게 폭넓게 채택되었다.

다섯 가지 이상(형이상학적·정치적·시적·사회적·역사적)으로서 오경은 인문학 안에서 포괄적인 탐구의 하나로 유학의 발전을 위해 전체론적인 맥락을 제공해 준다.

유교적 휴머니즘의 분명한 특징은 인간의 상황에 대하여 다층적인 관점을 지니고 있다는 것이다. 이러한 비환원주의적 접근은 인간이 합리적 존재, 정치적 동물, 도구 사용자 혹은 언어 담지자 그 이상의 존재라는 강한 확신에 근거하고 있다. 인간은 자아 변화를 위한 풍부한 자원을 부여받은 존재이며, 길고도 힘든 과정을 통해 자아 변화를 성취한 존재가 될 수 있다. 진실로 유교의 신성한 경전에 체화되어 있는 핵심적인 가치는 인간됨의 의미에 대한 인식을 제공하고 있다. 우리가 인간적인 관계 속에서 살고 있는 동안 우리의 궁극적인 관심은 끊임없는 자기 심신(心身)의 변화이며, 사회성을 통하여 우리는 스스로 천명(天命)의 증인임을 깨닫게 된다.

# 유교의 정신적 지향이 지닌 뚜렷한 특징

주요한 두 시기의 유교 전통과 유교의 경전에 체화되어 있는 핵심 가치를 알게 된 우리는, 이 뚜렷한 유교의 정신적 지향이 비교종교학을 공부하는 학생들에게 진정 의미하는 바가 무엇인지 궁금증을 느낄 것이다. 분명한 사실은 종교학에서 널리 받아들여지고 있는 개념적인 도구 가운데 일부는 유교 전통을 다루는 데 있어 부적합하다는 점이다. 정신·물질, 몸·마음, 성·속, 창조자·피조물, 초월·내재 등 사실상 친숙하게 느껴지는 모든 배타적 이분법은 그 설득력을 잃어 가고 있다. 우리는 이러한 도전에 맞서 새로운 방법을 발전시키고 새로운 과정을 만들며, 새로운 상징적 자원을 탐색해야 한다.

어떤 사람들은 문제를 간단히 해결하기 위해 비교종교학에서 유교 전통을 배제시키려고 한다. 하지만 종교적 담론을 펼 때 이러한 이분법적 사고방식으로 정신, 마음, 성스러운 세계, 창조자의 힘과 초월적 차원 등으로만 우리의 논의를 국한시킨다면, 논의가 간편하게 정리될 수는 있겠지만, 극단으로 치우치는 경향이 발생하기 마련이다. 훨씬 흥미로운 지적 기획은 물질의 신성(spirituality of matter), 마음의 체현, 세속적인 것을 성스럽게 여길 수 있는 가능성, 인간성에 내재한 창조적이고 변화 가능한 잠재력, 내재적 초월성의 의미를 탐구하는 것이다. 그럼에도 유교의 정신적 지향이 불러일으키는 것은 인간적인 것, 현세적 정신, 그리고 내재성에 있기보다는 '종교성(religiosity)'에 자리하고 있다.

## 인간이 되기 위한 배움

인간적인 풍요로움을 위한 유교적 접근 방법이 지니고 있는 차별적인 특징은 교육에 대한 강조이다. 유교는 배움의 형태로서 교육, 특별히 '자신을 위한 배움'을 강조한다. 유학자들은 배움을 인격 형성을 위한 지속적이고 전체론적인 과정으로 여긴다. 이 과정은 '대체(大體)'의 자각적 양성(養成)을 통해 이루어지는 자기실현에 실존적으로 참여하는 것을 포함한다. 또한 자신에 대한 앎의 획득을 목표로 하는 지속적이고도 쉼 없는 자기 배움의 과정을 포함한다. 자기반성과 함께 내면에서 이루어지는 인격에 대한 성찰은 날마다 반복되는 일상의 한 부분으로서 언제나 실천된다. 이런 의미에서 볼 때, 유교는 그 자체로서 정적인 구조가 아니라 끊임없이 역동적으로 변화하는 과정이다.

17세기의 유학자, 손기봉(孫奇峰, 1584~1675년) 선생의 경우는 이 점을 분명히 보여 준다. 그는 지속적 자기반성을 통해 90번째 생일을 기념하는 자리에서 자신이 89세 때 저지른 언행상의 실수를 찾아낼 수 있었다고 말했다. 유머 감각이 풍부했던 그는 심지어 제자들 앞에서 자신이 80세가 지나고 나서야 70대 시절의 유치함을 깨달았다고 말하기까지 했다. 어른(성숙한 인간)에 대한 유교적 정의는 '과정을 이뤄나가야 한다는 점'을 심각하게 받아들여, 결과적으로 성숙함으로 나아가는 길 위에 제대로 서 있게 된 사람을 말한다. 그러나 인간이 되기 위한 배움의 과정은 끊임없기 때문에, 성숙해짐에 있어 끝이란 결코 있을 수 없다.

이러한 통찰을 공자의 인생에 적용시켜 본다면 우리는 끊임없는 자아 변화라는 유교적 과업의 단면을 분명하게 이해할 수 있을 것이다. 공자는 73세의 나이로 세상을 떠났는데, 70세가 되었을 때 "마음이 하고자 하는 바를 따라도 법도를 벗어나지 않았다"리고 술회했다.[85] 자신의 현 존재와 자신이 되어야만 하는 것 사이의 완벽한 일치는 후세 유학자에게 경외할 만한 위업으로서 인식되어 왔다. 즉 의무와 자발성의 융합이다. 여기에서 우리는 하나의 가설적인 질문을 던져 볼 수 있을 것이다. 만약 공자가 부처만큼 장수를 누려 80세까지 살 수 있었다면, 그는 더 큰 자아실현을 이뤄낼 수 있었을까? 공자가 이룬 인간성이 인격 성숙의 가장 높은 단계를 상징한다는 강한 믿음이 있지만, 유학자들은 만약 공자가 더 오래 살았다면 그는 배우고 자신을 발전시키기 위해 쉬지 않는 노력을 계속했을 것이며 결과적으로 그의 삶은 더욱 풍요로워지고 미묘해졌으리라는 데 동의한다. 이런 질문은 그리스도교적, 불교적 맥락에서는 어울리지 않는 질문일 것이다.

우리는 유교의 패러독스를 다음과 같이 요약해 볼 수 있을 것이다. 존재론적으로 모든 인간은 필연적으로 성인이지만 존재적 의미에서 진정한 성인은 없다. 나 자신과 관련지어 표현해 보자면 나는 지금 내가 되어야만 하는 존재는 아니다. 그렇지만 내가 되어야만 하는 것을 배울 수 있는 원천이 나라는 존재, 바로 그 구조 안에 내재해 있다. 이러한 모순, 즉 모든 사람이 잠재적인 성인이지만 실제로 성인이 되기 위한 배움의 과정은 결코 끝나지 않는다는 점이 유교의 도를 추구하는 맥락을 형성한다.

---

85) 『논어』, 「위정」.

## 현세적 정신

유교의 정신적 지향이 지닌 또 다른 현저한 특징은 지금 그리고 여기에 있는 이 세상의 본질적 합리성과 의미에 대한 헌신이다. 그럼에도 이러한 헌신은 세계에 대한 순응, 즉 현실의 상황을 수용하는 것과는 거리가 멀며, 세계의 안으로부터 세상을 변화시키려고 하는 확고한 결심에 의해서 생겨난다. 현존하는 이 세계가 그것이 되어야 하는 바에 미치지 못하고 있다는 인식은 유학자들로 하여금 그 시대에 확립된 경제상의 이득, 정치권력, 사회적 위계질서와 비판적인 거리를 유지하게끔 만든다. 세상에서 벗어나지 않고 시대의 경제적, 정치적, 사회적 문제에 전념하겠다는 실존적 결정을 내린 유학자들은 지속적으로 정권과 상호 작용하며 '세속적' 질서 속의 '일상적' 문제들과 씨름해 왔다.

강력한 도덕적 책임감과 함께 종종 인간적 비극에 대한 심오한 인식을 지니고 있는 진실한 유학자들은 공자와 마찬가지로 될 수 없는 일임을 현실적으로 알고 있으면서도 그 일을 하고자 한다. 결정적으로 중요함에도 종종 잘못 이해되어지곤 하는 유교 정신의 이러한 차원에 다가서는 효과적인 방법은, 공자가 실제로 이런 문제들 속에서 어떻게 자신을 정의했는지에 대해 자세히 살펴보는 것이다. 공자를 '따분하고 편협한 도덕주의자'이며 그의 언행에 대한 기록을 모아 엮은 『논어』도 파편적이고 상식적일 뿐이라고 볼 것인가, 아니면 공자를 "다른 중요한 철학적 혹은 종교적 전통과 동등하게 위대한 독창적 비전을 지닌 사상가"[86]로 볼 것인가, 그것은 유교의 유산이 지니고 있는 이러한 특별한 측면에 대한 우리의 평가에 달려 있다.

---

86) Fingarette, *Confucius,* p. vii.

공자의 자기 이해는 우리 연구의 시작점이 될 수 있을 것이다. 그는 천이 부여한 바, 도를 전하는 사명을 따르는 사람, 끊임없이 배우는 학생, 쉬질 줄 모르는 교사로서 자신을 규정했다. 이러한 모습은 공자라는 사람의 더 이상 축소시킬 수 없는 실상으로서, 공자의 인간성을 보여 준다. 『논어』안에 들어 있는 다음과 같은 대화는 인간 세상으로부터 벗어나겠다는 생각이 하나의 실질적인 가능성이었을 뿐만 아니라 끈질긴 유혹이었음에도 인간 공동체에 참여하고자 했던 공자의 실존적 선택을 보여 준다.

장저(長沮)와 걸익(桀溺)이 함께 밭을 갈고 있었다. 공자가 그곳을 지나가다가 자로에게 나루터가 어디인지 그들에게 물어보게 했다. 장저가 "저 수레의 말고삐를 잡고 있는 사람이 누구입니까?"라고 말했다. 자로가 대답했다. "공구이십니다." "그가 노(魯, 공자의 고향)나라의 공구입니까?" "그렇습니다." "그는 나루터 있는 곳을 이미 알고 있소!" 자로가 걸익에게 물어보니 걸익이 말했다. "당신은 누구시오?" 자로가 대답했다. "저는 중유(仲由, 자로의 이름)입니다." "당신이 바로 노나라 공구의 무리인가?" "그렇습니다." 걸익이 다음과 같이 말했다. "온 천하가 다 한 물결에 휩쓸려 흘러가는데 누구하고 그 방향을 바꾸겠소? 그대는 사람을 피하는 선비를 따르는 대신에 세상을 피하는 선비를 따름이 더 낫지 않겠소?" 이렇게 말하고 나서 그는 씨앗 덮는 일을 멈추지 않았다. 자로가 공자에게 가서 이들과 나눈 대화를 전했다. 공자가 잠시 동안 생각에 잠기고 나서 말하기를, "새나 짐승과는 무리지어 함께 살 수 없으니 만약 내가 이 사람의 무리와 어울리지 않는다면, 누구와 함께

하겠는가? 천하에 도가 널리 퍼진다면야 더불어 바꾸려 들지도 않
을 것이다."[87]


이 대화는 두 가지 유형의 삶에 대한 매우 다른 견해가 마주하는 당시
상황을 생생하게 묘사하고 있다. 은자(隱者)인 장저와 걸익이 선택한 것은
자신의 사회적 책무를 거부하는 것과 '이 세상으로부터 도피하는 것'이었
다. 그들을 도가라고 규정하는 것은 아마도 부정확할지 모르겠지만 공자
에 대한 그들의 도전은 틀림없이 도가적이다. 당시의 객관적 현실에 대하
여 '온 천하가 다 한 물결에 휩쓸려 흘러가고 있다'라고 판단한 그들의 의
견을 공자는 한편으로는 인정했던 것처럼 보인다. 공자 자신은 당시의 현
실을 다음과 같이 표현한 바 있다. "봉황새는 오지 않으며 황하에서는 하
도(河圖)가 나오지 않는다."[88] 그렇다 해도 당시의 혼란에 대처하는 공자
의 결정은 대부분의 사람과는 전적으로 달랐다. 도가는 자신만의 '선경
(仙境)'을 만들고자 애를 썼고 결과적으로 개인적인 평온함과 자연과의 일
치감을 즐길 수 있었다. 그들은, 잘못된 세상을 바로잡기 위해 필사적으
로 노력함에도 항상 실패하지만 역설적으로 그것에 초연한 공자 같은 사
람을, 인식하고 있었다. 그들은 정치가 돌이킬 수 없는 지점까지 타락했
다고 보았다. 공자는 여러 통치자에 대한 자신의 좌절을 분명하게 표현하
여 '이런 저런 사람으로부터 도망가는 것'이라고 언급한 바 있는데 그들
이 보기에 공자의 이러한 노력은 헛고생일 뿐이었다.
　　인간 사회와의 관계를 끊고자 한 장저와 걸익의 결의는 광범위한 윤리
적·정신적 함의를 지니고 있다. 그들의 관점에 의하면 혼란스러운 시대에

---

87) 『논어』, 「미자」.
88) 『논어』, 「자한」.

개인적인 성취를 얻기 위해 유일하게 기대할 수 있는 것은 현실 문제를 무시하고, '자신의 정원을 돌보는 것이다.' 공자는 이미 배를 타는 곳을 알고 있다는 냉소적으로 보이는 장저의 말은 더 심층적인 의미에서 온 천하를 흐르는 깅이 급류가 되어 버려 니무 위험하기 때문에 긴널 수 없음을 의미한다. 걸익이 자로에게 던진 반문, "이 세상을 피하는 사람을 따름이 더 낫지 않겠는가?"라는 질문은 경고 혹은 진정 하나의 요청으로서 이해하는 것이 최선일 것이다. 실제로 걸익의 질문은 전조가 되었다. 자로는 후에 정치적인 암투 가운데 목숨을 잃었던 것이다.

공자는 그들의 도가적 비판이 무엇을 선택했는지, 더 적절하게 표현하자면 그들이 하고자 선택한 것이 무엇이었는지를 알고 있었다. 그러한 도가적인 선택은 실제로 공자가 가장 원했던 삶의 방식이었는지도 모른다. 공자 자신은 한때 "동쪽에 있는 아홉 오랑캐가 있는 곳에 가서 그들 속에서 살고 싶다는"[89] 희망을 표현한 바 있었고, 만약 도가 행해지지 않는다면 자신은 "뗏목에 올라타고 바다를 정처 없이 떠돌겠다고"[90] 농담조로 말하기도 했다. 음악에 대한 그의 음미, 자연에 대한 그의 감수성, 작은 행복에 대해 그가 느낀 기쁨[91]은 모두 기질 상 그가 도가적 이상과 어울리지 않았던 것은 아님을 보여 준다. 그러나 공자에게 세상사에 대한 초연함보다는 정치적 참여를 요구했던 것은 바로 혼란과 무질서로 가득 찬 그 시대의 상황이었다. '만약 도가 천하에 널리 행해진다면, 나는 세상을 바꿀 필요가 없을 것이다'라는 그의 탄식에는 연민을 자아내는 힘이 있다. '도를 회복시켜서'[92] 세상을 바꾸겠다는, 도덕적 책임감에 대한

---

89) 『논어』, 「자한」.
90) 『논어』, 「공야장」.
91) 『논어』, 「술이」, 「옹야」.
92) William T. de Bary가 중국 전통 안의 道統 관념을 개념화하면서 사용한 표현이다.

그의 대담한 가정은 많은 사람들을 열광시키기도 하고 또한 의혹을 불러일으키기도 했다. 초나라 미치광이와의 짧은 만남은 그 전형적인 예이다.

초나라의 미치광이, 접여가 노래를 부르면서 공자 곁을 지나갔다.

봉(鳳)이여, 봉이여!

어찌 덕이 쇠하였는가!

지난 것이야 말려 볼 수 없지만,

앞으로 닥쳐 올 것이야 그래도 따라갈 수 있을 것이니.

그만두시오, 그만두시오!

오늘날 정치에 종사하는 사람들은 위태롭소이다.

공자는 수레에서 내려 그와 말하려 하였으나 미치광이는 빨리 걸어 피해버렸고 결국 공자는 그와 이야기하지 못했다.[93]

초나라의 미치광이는 분명 공자 자신이 스스로 부여한 사명이 지닌 위험한 성격을 인식했다. 다른 사람들도 그 사명의 뚜렷한 실행 불가능성에 대해 똑같이 인식하고 있었다.

자로가 석문(石門)에서 유숙하였는데 문지기가 그에게 "당신은 어디에서 왔는가?"라고 물었다. 자로가 대답했다. "공씨에게서 왔습니다." 그러자 그가 말했다. "불가능한 줄 알면서도 하는 자 말

---

그의 책, *The Liberal Tradition in China* (Hong Kong: The Chinese University Press and New York: Columbia University Press, 1983), p. 9를 보시오.

93) 『논어』, 「미자」.

인가?"[94]

　서툰 번역임에도 정확한 제임스 레게(James Legge)의 번역에 따라 다시 말하자면, 공자는 "실천할 수 없는 시대의 특성을 알고 있었지만 그럼에도 그 안에서 계속해 나갈 것이다."[95] 왜냐하면 그의 사명감이 그를 계속하도록 만들었기 때문이다.

　자신이 도를 펼치는 것은 불가능할 것이라는 공자의 절박한 인식과 충심을 다해 도를 수행하겠다는 단호한 공자의 결심은 외견상 모순적으로 보임에도 유교적 과업이 지닌 정신을 통찰력 있게 포착하고 있다. 천하가 급류에 휩쓸리는 것을 막기 위해 자신이 할 수 있는 일이 많지 않다는 것을 실제로 알았음에도, 공자는 세계와 떨어질 수 없는 사명에 이끌려 최선을 다해 도를 제시하고 당면한 재앙을 막기 위해 힘썼다. 특별히 우리가 실용주의적 기준에 의거해 정치적 영역에서 공자가 성공했는지를 평가한다면, 그의 노력은 아마도 소용없는 시도였다고 말할 수도 있을 것이다. 그러나 세상에 대하여 구제될 가망이 없다고 이야기하는 비관적인 언사에도 인간 본성의 변화 가능성과 완전성에 대한 공자의 신념은 의심할 바가 없다. 직면한 상황을 아무리 황폐하다 느꼈더라도, 그는 교육을 통해 사회에서 심지어는 정치에서도 도가 행해지게 할 수 있다고 믿었다. 어떤 경우에도 그는 '도를 회복하겠다'는 위대한 과제를 역경이라고 부정하지 않고, 천이 부여한 도덕적 당위와 정신적인 소명으로 보았다.

---

94) 『논어』, 「헌문」.

95) Legge, *The Chinese Classics*, p. 290. ; D. C. Lau는 같은 구절에 대해서 다음과 같이 더욱 분명하게 영역했다. "Is that the K'ung who keeps working towards a goal the realization of which he knows to be hopeless?" Lau, *Confucius*, p. 130.

## 내재적 초월

공자가 보여 준 현세적이고 정신적 지향에도 우리는 그가 전적으로 세속적인 질서의 개선에만 관심을 기울이진 않았다는 점을 또한 주목해야 한다. 공자를 사회 개혁가로만 설명하는 것은 터무니없을 정도로 단순하다. 그가 제시했던 이상은 초월적 차원을 지니고 있다. 인도(人道)가 천(天)으로부터 부여되었다는 관념은 유교에서 말하는 현세성이 매우 종교적임을 뜻한다. '사회 개혁가'로서 공자의 사명이 가지는 종교성은 『논어』에 나오는 위(衛)나라, 의(儀) 지역의 국경 관리인에 관한 이야기에서 잘 예시된다.

> 의(儀) 땅의 봉인(封人)이 만나 뵙기를 청하면서 말하길, "군자(君子)가 이곳에 이르면 내 일찍이 만나보지 않은 적이 없었다"고 하였다. 제자들이 뵙게 하자 그가 만나고 나오면서 말하길, "그대들은 어찌 벼슬을 잃음을 걱정하겠는가? 천하에 도가 없게 된 지 오래되었다. 천이 장차 선생님을 목탁(木鐸)으로 삼을 것이다."[96]

이 구절은 공자가 자신의 사명을 초월적인 용어로 해석했음을 암시하고 있다. 일찍이 송나라의 군사 책임자인 환퇴(桓魋)가 공자를 죽이려 했을 때 공자는 이 사건에 대해 놀랄 만큼 자기 확신으로 가득 찬 말을 했다. "천이 나에게 덕을 주었으니, 환퇴가 나에게 어찌 하겠는가?"[97] 너무도 당당해 보이는 확신에 찬 이러한 자기 진술은 천이 부여한 사명인 도에 대한 그의 깊은 헌신을 보여 준다.

96) 『논어』, 「팔일」.
97) 『논어』, 「술이」.

공자께서 광(匡) 땅에서 위험에 빠지셨을 때 말씀하시기를 "문왕
은 돌아가셨지만, 문(文)이 나에게 전해져 있지 않은가? 천이 장차
이 문을 없애 버리려고 했다면 뒤에 죽을 사람(자신)이 문과 함께
하지 못하였을 것이다. 만약 천이 문을 없애 버리려고 하지 않는다
면 광의 사람들이 나를 어쩌겠느냐."[98]

그렇지만 만약 공자의 사명이 지닌 초월적 차원을 문화의 경로(course),
혹은 도가 결국 저절로 파급될 것이라는 의미로 해석한다면, 그것은 잘
못된 해석이 될 것이다. 공자는 다음과 같은 점을 분명하게 밝혔다. "사
람이 도를 넓히는 것이요, 도가 사람을 넓히는 것이 아니다."[99] 동시에 단
지 한 사람의 유한한 인간으로서 그는 천도에 부응하여 살아가는 것이
얼마나 어려운지를 인식했고 이 점에 주저하지 않고 자신의 결점을 인정
했다.

군자의 도는 네 가지인데 나는 그 중 한 가지도 능하지 못하니,
자식에게 바라는 것으로써 부모를 섬기기를 능히 하지 못하며 신
하에게 바라는 것으로써 군주를 섬기기를 능히 하지 못하며 아우
에게 바라는 것으로써 형을 섬기기를 능히 하지 못하며 벗에게 바
라는 것으로써 내가 먼저 베풂을 능히 하지 못한다.[100]

천이 부여한 도를 전수해야 한다는 사명 의식과 "일상적인 덕의 실천

---

98) 『논어』, 「자한」.
99) 『논어』, 「위령공」.
100) 『중용』, 13장. 이에 관한 간략한 논의는 Tu Wei-ming, *Centrality and Commonality:
An Essay on Chung-yung* (Honolulu: University Press of Hawaii, 1976), pp. 37~45.

과 일상적인 언설 가운데서의 삼가함"[101]이라는 측면에서 자신의 부족을 인식하는 것 사이의 긴장과 갈등은, 인간이 되기 위한 배움에 매진했던 공자의 열성적이고 진실한 노력에 역동성을 불러 일으켰다. 이 역동성으로 인해 공자는 끊임없이 배우는 학생, 지칠 줄 모르는 교사가 될 수 있었다. "묵묵히 기억하고 배우면서 싫증내지 않으며 사람 가르치는 데 지치지 않는 점으로는 나에게 부족이 없다."[102] 사람들을 이 스승에게로 끌어당긴 힘은 제자들과의 일상적인 상호 작용 속에서 구현된 그의 온화한 카리스마였다. 거기에는 신적인 것에 접근할 수 있는 특별한 권위 같은 예언자적 권리가 없으며 또한 고귀한 탄생이나 우월하게 타고난 지성에 대한 어떠한 암시도 없었다. 그럼에도 공자는 자신의 충실성과 진실성으로부터 나오는 신비한 자질로 제자들의 헌신을 이끌어냈던 것이다.

숙손무숙(叔孫武叔)이 중니(仲尼)를 헐뜯자 자공(子貢)이 말했다. "그렇게 해 보았자 소용이 없다. 중니는 헐뜯을 수 없다. 다른 사람의 어진 점은 언덕과 같아 넘을 수 있지만 중니는 해와 달 같아서 넘을 수가 없다. 사람들이 비록 스스로 관계를 끊고자 하여도, 그렇게 하는 것이 해와 달에 무슨 해가 되겠는가? 다만 자기가 스스로 헤아릴 줄 모르는 것을 드러낼 뿐이다.[103]

제자들에게 이러한 헌신과 자긍심을 불러 일으켰던 것은 무엇인가? 확실히 그들은 평범한 하루하루의 실천하는 삶 속에 내재되어 있는 공자

---

101) 『중용』, 13장.
102) 『논어』, 「술이」.
103) 『논어』, 「자장」.

의 초월적 비전에 의해 감화되었던 것으로 보인다. 게다가 삶의 점진적인 진보는 가능하며 또한 필요하다는 열렬한 확신과 그의 삶을 통해 공자가 보여 준 평범함, 검소함, 성외감과 같은 태노는 그의 낮은 세사에게 감동을 주었던 것 같다. 공자는 힘 있는 정치가 혹은 현실적인 사회 개혁가로서는 실패했는지도 모른다. 그렇지만 인간의 삶이 지닌 가능성을 보여 준 증인으로서 그는 도를 전하라는 천명을 부여받은 자신의 소명에 따라 끊임없이 배우는 학생, 지치지 않는 스승의 삶을 살았다.

## 인간관계

공자의 인격은 인성의 본질적 가치에 대한 깊은 신념을 상징한다. 우리는 순진해 보이는 그러한 신념이 난해한 문제가 산적해 있는 현 세계에서도 여전히 의미를 지닐 수 있는지에 대해서 자문해 볼 수 있을 것이다. 확실히 우리는 인간의 사악함 내지 죄악의 결과로서 인류가 전멸할 수도 있는 계속적인 위협에 처해 있는 상황이다. 그러나 유교의 관점에서 보자면 인간의 본성은 끊임없이 고양될 수 있기 때문에, 인간의 상황은 개선될 수 있고 사회도 변할 수 있다. 이는 일종의 책임감으로서 우리의 삶이 땅 위에 단단히 뿌리박고 있다는 인식에서 비롯된다. 만약 여기 존재하는 우리 삶의 터전을 보살피지 않는다면, 우리가 피할 수 있는 또 다른 터전이란 존재하지 않는다. 만약 지금 여기 이 땅 위에서 도덕적으로 의미 있고 충실하게 우리 삶을 살아나가지 못한다면, 우리가 기대할 수 있는 내세란 없을 것이다. 지금 여기에서 자신과 자신의 삶을 절대적으로 심각하게 받아들이고 있는지 공자는 우리에게 묻고 있다. 인간이 되기 위한 배움은 세계를 기쁘게 해 주려고 혹은 부모님의 기대에 부응하기 위한 것이 아니라 더 나은 인간이 되기 위한 배움인 것이다.

　동시에 우리는 고립된 개인이 아니기 때문에, 우리는 혼자가 되는 것을 선택해서는 안 된다. 로빈슨 크루소가 홀로 지탱해 낸 그의 인생은 많은 독자에게 용기를 주었는데 이는 그의 고독과 자립 때문이 아니라, 그가 희망과 인내를 보여 주었기 때문이다. 유학자들은 아마도 이러한 존경스러운 인간적 자질에 대해서 높이 평가했겠지만 인간의 존엄성, 자율성과 자립심이 개인주의에 바탕을 둘 필요는 없다고 굳게 믿었다. 우리의 인간성 혹은 개성을 다른 이들과의 인간적인 연대를 통해 규정하는 것은, 우리 개체성에 대한 무시가 아니라 사람들이 다른 사람들과의 대화와 공동체적 참여를 통해 자신의 가장 높은 가능성에 도달할 수 있다는 자명한 진리를 인정하는 것이다. 유교적 휴머니즘은 우리의 노력을 통해서 세상이 회복될 수 있으며 우리는 자아 수양을 통해 자신을 온전히 실현할 수 있다(혹은 궁극적인 구원을 얻을 수 있다)고 주장한다.

　인격의 발전에 대한 유교적 관점은 동심원들이 연쇄적으로 퍼져가는 형상으로 그려질 수 있다. 왜냐하면 자아에 대한 유교적 관념은 (유다교, 그리스도교의 영혼관이나 힌두교의 아트만에 대한 인식과는 다르게) 자아가 인간의 핵심을 형성한다고 보는 개체성의 관점 위에 세워진 것이 아니기 때문이다. 그보다 유교에서는 언제나 인간관계의 중심으로서 자아를 이해했다. 이 연쇄적인 열린 동심원들은 끝없이 확장하는 지평을 가리키고 있다. 한 사람의 성장과 발전은 결코 외로운 투쟁이 아니다. 그것은 커다란 맥락을 지닌 인간관계 안의 참여와 관련되어 있기 때문이다. 더군다나 인간이 되기 위한 배움의 과정은 단순히 자신의 가족, 이웃, 공동체, 혹은 국가와 관계 맺고 있는 자아의 발전이 아니라 자기 인식과 자기 이해를 깊이 있게 만드는 과정이다.

유교 교육을 통하여 도덕적 삶을 형성해 나가기 위해 출발점으로 삼아야 하는 것은 가장 먼저 몸을 단련하는 것이다. 유교 교육을 구성하는 육예(六藝, 禮·樂·射·御·書·數)는 몸을 단련하는 형식으로 이해할 수 있다. 보통 아이들이 8세가 되면 교육을 시작하는데, 자신의 몸을 어떻게 잘 다스려야 하는지 배우는 것은 그리 간단한 일이 아니다. 예의 경우, 아이들에게 바르게 걷는 법, 손가짐을 바르게 하는 법, 바르게 앉는 법, 간단한 질문에 바르게 대답하는 법 등을 가르치는 일은 대단히 복잡하다(그리고 중요하다). 젊은이들이 종국적으로 자기 자신을 표현하기 위해 예에 맞는 언어를 배우는 과정 속에서 이루어지는 몸의 의례화(儀禮化, ritualization)는 그들로 하여금 더 큰 인간 공동체에 참여할 수 있도록 해 주며 말이나 생각과 더불어 몸의 움직임을 통해서 의미 있는 의사소통을 가능하게 해 준다.

종종 '본보기적 가르침'으로 번역되는 신교(身教)의 개념은 문자 그대로 '몸으로 하는 가르침' 즉, 말로 하는 단순한 가르침이라기보다는 몸으로 보여 주는 모범을 통한 가르침을 의미한다. 스승은 몸소 모범적인 행동을 보여줌으로써 학생들이 기계적인 법칙이 아닌 감화를 주는 모범을 따르도록 유도한다. 『논어』에는 이런 종류의 흥미로운 예시가 많이 포함되어 있다. 현대의 독자는 공자가 어떻게 선물을 주고받았고, 가르쳤고, 음식을 먹었고, 태묘(大廟)에 들어갔는지, 혹은 그가 단순한 일상적 일들을 어떻게 행했는지에 관한 묘사가 무엇을 의미하는지 이해하기 어려울지도 모른다. 많은 사람에게 이는 단순히 일상적인 행위를 전통적으로 묘사하는 것처럼 보일 것이다. 하지만 『논어』는 특별히 그것을 듣고자 원하는 사람들에게, 인간관계의 맥락 속에서 그리고 자신의 몸을 의례화하며 살아갔던 공자라는 인물을 보여 준다.

　예(禮), '인간이 되는 위한 배움,' '도의 회복과 전승'에 대한 공자의 관심은 비판적인 인식을 제시한다. 그것은 문화적 창조성은 필연적으로 현재의 관점으로 과거의 어떤 측면에 대한 모방과 수용을 포함한다는 것이다. 무(無)로부터 무엇인가를 창조하는 것은 유교적 인식 체계에서 제시하는 창조성이 아니다. 그보다 유교 문화의 영역에서 창조성은 해석적 탁월성을 수반한다. 이런 의미에서 공자는 자신을 전통의 창조자라기보다는 전승자로 규정했다. 비록 공자가 유교라는 전통의 창시자는 아니었다고 해도, 그는 자신의 해석학적 활동을 통해, 최소한 영어권 사회에서는 유교 전통과 공자의 도를 동일선상에 놓을 정도로까지, 유교 전통을 부활시키고 이 전통에 활기를 불어넣었다. 이런 의미에서 볼 때, 공자는 그리스도나 부처보다는 모세와 더욱 유사하다.

# 유교 전통의 현대적 변화: 가족의 역동성

우리가 이미 살펴본 바와 같이, 성(聖)과 속(俗)의 이분법은 유교 전통과는 잘 맞지 않는다. 유교적 휴머니즘을 '세속적'이라고 특징화하는 것은 오해를 불러일으킨다. 유교인들은 인간 존재의 의미가 평범한 매일의 '실천적 삶' 속에서 실현될 수 있다고 믿기 때문에, 세속적인 것을 신성하다고 여길 뿐만 아니라 자신의 마음, 즉 심(心)을 앎으로써 천(天)을 경험한다. 유교적 이상의 초월적 차원은 '완전한 타자(他者)'인 존재와는 거리가 멀며 인간의 본성과 직접 연결되어 있다. 엄격히 말하자면 인성(人性)은 천으로부터 부여받은 것이고 심은 인성의 분명한 특징이기 때문에, 심의 온전한 실현은 자연스럽게 인성에 대한 자각으로 이어진다. 결과적으로 이는 천에 대한 우리 인식을 심화시켜 준다.

유교적 이상 속 초월성과 내재성의 통합은 우리로 하여금 유교의 이상이 인간학적일 뿐만 아니라, 우주론적인 것이라고 특징짓게 만든다. 진정 유교의 이상을 인간우주적이라고 특징화하는 것은 천인 간의 상호 작용과 합일을 의미하는 것이다. 이러한 논리적 결과는 윤리와 종교의 불가분성이다. 도덕적 책임감이 천으로까지 확장되지 않는다면 우리의 도덕적 책임감은 완성되지 않을 것이다. 이 세상을 더 안전하고 살기 좋은 곳으로 만들며 삶의 질의 향상시키고, 사회를 도덕적 공동체를 바꾸겠다는 이러한 사명감은 단순한 휴머니즘만은 아니다. 여기에는 심오한 영성적 차원이 있다.

유교 질서 안에서 이 초월적 차원의 당연한 귀결은, 인간사에 내재해 있는 천도(天道)에 대한 인식으로 나아간다. 천도를 알고자 하는 열망과 천인합일에 대한 바람은 우리 이웃에 대한 의무가 그 바탕을 이룬다. 만약 개인의 구원이 가족, 사회, 국가, 그리고 전 세계와 연결되어 있지 않다면, 그러한 구원은 세상을 도피한 은둔자의 상황과 유사하게 편향적이고 제한적인 의미밖에 갖지 못할 것이다. 현실적으로 개인으로서 우리는 인간이 처해 있는 상황을 개선하는 데 우리가 처해 있는 직접적인 환경의 벽을 크게 뛰어 넘지 못할 것이다. 공자 자신도 인정한 바, 심지어 가장 위대한 유교의 문화적 영웅이며 모범이었던 성왕(聖王) 요순(堯舜)조차도 모든 백성에게 은혜를 베풀고 그들 모두를 구제할 수는 없었다. 그럼에도 공자는 계속해서 구원이란 반드시 공동체적인 것이라고 강조했다.

> 인자한 사람은 자기가 서고 싶으면 다른 사람을 세워주고, 자기가 도달하고자 하면 다른 사람이 도달하도록 해 준다. 능히 가까운 데서 취하여 미루어 아는 것이, 인(仁)을 실천하는 방법이다.[104]

스스로 인을 실현하는 데 타자의 중요성은 유교의 성인(聖人)이 열린 체계를 지닌 관계의 중심이라는 사실을 보여 준다. 유교의 '위기지학(爲己之學)'이라는 관념은 인간관계를 넓히기 위한 자기 인식의 심화 과정을 표현한다. '천이 내 안에 덕을 낳았다'라는 공자의 확언은 특수한 주장이 아니다. 유교 전통 안에서 천이 부여한 '밝은 덕(明德)'은 진정한 인간 본성으로 우리 각자에게 내재한다는 의미로 보편화 될 수 있다. 게다가 도

---

104) 『논어』, 「옹야」.

의 전승자라는 공자의 자기 정의 또한 보편적 의미를 갖는다. 어떤 의미에서 모든 성찰적 인간은 문화를 전승하는 사람이다. 도의 전승은 협력해야 할 사명이며 공동체적인 노력이다.

그러한 숭고한 임무 안에서 우리 자신을 가치 있는 협력자로 만들기 위하여 공자가 요청한 것은 우리의 보편적 인간성을 뒷받침하는 근본적인 감정을 함양하는 것, 국가의 일에 대한 정치적 책임감과 리더십을 가질 수 있게 자신을 단련하는 것, 문화적 사회를 규정하는 행동 법칙을 숙달하는 것, 깊은 역사의식을 기르는 것, 우리가 진정으로 천명을 알 수 있도록 가장 높은 수준의 배움에 스스로를 열어 놓는 것이다. 자아 수양과 경전 공부를 포함하는 유교 교육은 인도(人道)를 추구하는 법을 배우는 전인적인 방법이다. 유교 전통에서 보는 인간은 단순히 이성적 동물이 아니다. 인간은 심미적이고, 정치적이고, 사회적이고, 역사적이고, 형이상학적인 존재로서 이 모든 면이 전체 속에 통합되어 있는 존재이다. 도를 회복한다는 것은 이런 전체론적인 휴머니즘의 이상을 지속시켜 나감을 의미한다. 도를 전승하기 위해 계속적인 배움이 요구됨은 당연한 일이다. 진정한 유교인이라면 언제나 학생임과 동시에 스승이 되는 것이 당연한 귀결이다.

학생임과 동시에 스승인 유교인과 관련 있는 흥미로운 쟁점은 유교적인 가족의 현대적 변화라는 문제다. 이는 유교의 전체 전망에 대한 소우주적 재고찰로 이어진다. 우리는 가족에 대한 유교의 인식은 다원화된 현대 사회의 관점에 입각해 보더라도, 인간관계에 대한 낭만적이거나 감성적인 단언이 아니라 광범위한 윤리적·종교적 함의로 가득 차 있는, 지속적 인간 상황에 대한 매우 중요한 통찰이라고 주장한다. 사실 더 나아가 우리는 유학자들이 생각했던 가족이 오늘날 우리 세계에서도 중대한 유효성을 가진다고 주장한다. 그렇지만 우리는 가장 높은 문화적 열망 속에도 야만주의가 숨겨져 있을 수 있다는 상식을 상기해야만 한다. 다시 말하자면 어떠한 위대한 전통조차도 일단 특정한 사회적·정치적 제도 안에서 결정화되고 구체화되면 수많은 부정적 그림자가 나타나게 된다는 것이다. 이러한 경고를 유념하면서 유교적 가족의 심리문화적 역동성에 대하여 현대적 관점을 제안하고자 한다.

만약 고도로 정치화된 상징적 통제 방식에 관한 삼강(三綱)의 맥락에서 유교적 가족의 특징을 발견한다면, 우리는 왜 그리고 어떻게 약자, 젊은이, 그리고 여성을 전적으로 경시하는 이런 억압적 체제가 그렇게 오랫동안 존속되어 왔는지 의문을 가져야만 한다. 반면, 만약 중국이라는 제국의 역사 내내 사회적 단위로서 실제 존재했던 유교적 가족을 상호 호혜(mutuality)라는 맹자의 사상이 구체화된 것이라고 순진하게 믿는다면, 우리는 1919년 중국의 5·4운동 이래 유교적 가족에 초점을 맞추어 중국 전통문화에 대항한 우상 파괴적 공격의 연이은 물결에 대해 당혹감을 느끼게 될 것이다. 유교적 가족의 심리문화적 역동성은 권위주의적 삼강과 인(仁)을 실천하는 오륜 사이의 복잡한 상호 작용 안에 놓여 있다.

삼강을 권위주의적인 것으로, 오륜을 인의 실천으로 특징짓는 것이 너무 단순하게 보일지도 모른다. 이러한 이분법은 정치화된 유교의 통제 이념으로써 삼강이 인간적 풍요로움에 해가 되는 반면, 자아 수양이라는 맹자의 관념에 입각한 오륜은 인격 성장과 호환 가능할 뿐만 아니라 그 핵심임을 함의하는 것처럼 보인다. 순전히 이론적인 차원에서 이런 이분법적 사고의 진실성을 판단하는 기준이 있다. 결국 삼강이라는 제도는 특정한 사회 질서를 유지하기 위해 유교 가치들을 활용하려 했던 의도적 시도였다. 맹자는 분명 오륜의 도덕 교육을 삼강의 이념적 통제로 전환시키는 정치적 조치에 대해 찬성하지 않았을 것이다. 확실히 오륜에 대한 맹자의 의도를 삼강의 논리로 규정하는 것은 오해를 살 만하다, 그러나 삼강을 정교하게 이해하기 위해서는 오륜에 대한 맹사의 개념을 세내로 인식하는 것 또한 반드시 수반되어야 한다. 다시 밀하자면 심강이 가져온 사회적 결과 때문에 오륜을 잘못 해석해서는 안 되는 한편, 오륜이 삼강에 대해 그 이념적 배경을 제공했다는 점 또한 반드시 염두에 두어야 한다는 말이다.

우리의 현대적 관점에서 보자면 삼강은 냉정하리만큼 착취적이고, 우선적으로 힘과 권력에 근거해 있으며 가족 윤리로는 회복되기 힘들다. 그러나 역설적이게도 삼강에 내재해 있는 세 가지 원리(위계질서, 나이, 성별)는 유교인에게 인간이 처한 상황을 구성하는 요소로 전적으로 인정된다. 확실히 유교 문화에서 평등은 사회적 이상으로서 중대한 문제지만 도가의 상대주의나 묵자의 보편주의와는 대조적으로 유학자들은 더 이상 축소할 수 없는 현실로서 계급, 나이, 성별로 차별화되는 살아 있는 구체적 인간을 인정한다. 이미 주어진 인간관계에 속해 있는 사람을 윤리적 성찰의 출발점으로 여겨야 한다는 점에 대한 강조는 유교인들을 현 상황에 대해 민감하고 예민하며 취약하게 만든다. 비록 이것이 유교인들이 무비판적으로 현존하는 권력 관계를 받아들인다는 것을 의미하지는 않는다 하더라도, 막스 베버가 지적한 바대로 그들은 이 세상을 '변화시키기'보다는 이 세상에 쉽게 '적응한다.'[105] 결론적으로 유교 윤리는 예를 들면 개신교 윤리보다 더 정치화된 경향이 있다. 가족이 유교화된 국가에 의해 매우 중요한 정치적 단위로 인식되어 왔음은 당연한 이치일 것이다.

세계의 일상사를 다루는 유교 윤리의 세속성은 다른 중요한 윤리적·

---

105) Weber, *The Religion of China*, pp. 226~249.

종교적 전통들(예컨대 그리스도교, 이슬람, 불교)과는 확연히 구별되는 특정한 형태를 보여 준다. 현세성을 지니는 유교적 삶의 지향은 사회 질서를 유지하기 위한 본질적 요소로서 정치적 권위를 중요하게 받아들이는데 이는 유교인들이 강조하는 의무에 대한 자각에 기반하고 있다. 이러한 의무에 대한 자각은 일반 대중보다는 소수의 통치자와 문화적 엘리트에게 더욱 요구된다. 삶의 방식으로 스스로에게 부과한 훈련인 인격 수양이 도덕적·정치적 리더십의 전제 조건이 되기 때문이다. 이러한 삶의 방식을 분명히 보여 주는 것이 바로 검약의 실천이다. 상인의 과시적 소비보다는 농부의 불안정한 삶이 사회 윤리의 토대가 된다. 유교의 지성인들이 상인보다는 농부가 바람직한 삶의 철학을 구현하고 있다고 생각한 것은 우연이 아니었다.

전통적인 중국이 현실에서는 아니지만 상징적으로라도, 확장된 가족으로 나아갔는지 또는 그 확장된 가족이 국가를 위한 수단이 되었는지 역사적 문제는 여기에서 다루지 않겠다. 그러나 황제(皇帝)를 군부(君父)로 여기고, 치안과 송사를 맡은 지방 관리를 부모관(父母官)이라며 부모와 같이 여기는 데에서 드러나는 특징은 정치 담론에 가족 차원의 의미를 부여했던 유교의 시도가 결코 하찮지 않았음을 보여 주는 것 같다. 이러한 중국 정치의 유교화(어떤 이들은 예제화라는 표현을 선호할지 모른다)가 가져온 확실한 결과는 윤리의 영역과 정치의 영역이 분리되지 않게 되었다는 점이다. 매우 사적인 영역인 가정에서 일어나는 일이 곧 정치적인 의미를 지니게 되었다. 게다가 강직한 유교인들은 관직에 있든지 혹은 은퇴를 했든지 간에 국가의 일을 가족사와 연관된 일 혹은 가족의 일 그 자체로 여겼다. 가족 관계를 지배하는 윤리는 자동적으로 광범위한 사회적·정치적인 함의를 갖게 되었다. 비록 삼강(三綱)의 기저를 이루는 지배 양식이 상당 부분 그 설득력을 잃어버렸다고 하더라도, 가족 윤리 내에서 위계, 나이, 그리고 성별이 차지하는 의미는 여전히 중요하다.

만약 삼강에서 드러나는 권위를 좀 더 구별하여 바라본다면, 우리는 신하 위에 존재하는 군주의 권위가 자식 위에 존재하는 아버지의 권위와는 근본적으로 다르다는 사실을 인식할 수 있을 것이다. 군신 관계를 지배하는 원리는 정당성이기 때문에, 신하가 국가의 안녕을 위해 군주에게 항의하는 것은 허용될 뿐만 아니라 반드시 요구되는 일이기도 하다. 실제로 신하는 직책을 사임하거나, 군주를 축출하기 위한 공동의 행위를 조직하여 (종종 제국의 씨족 구성원 승인을 얻어서) 군주와의 관계에서 선택권을 지닐 수 있었다. 삼강이 최고의 가치였던 한(漢)나라에서 그러한 사건들이 일어났다는 바로 그 사실이 유교의 정의(正義)에 대한 이상이 정치적 행동을 이끄는 원칙으로서 실천을 불러일으킨다는 점을 보여 준다. 신하 위에 존재하는 군주의 권위는 정의에 의해서 지지되며 결코 절대적인 권력이 될 수 없다. 이러한 권위는 정치적 안정과 관료적 효율성을 목적으로 하는 위계에 대한 존중일 뿐이다.

반면 아들에 대한 아버지의 권위는 환원될 수 없는 생물학적 연계에 기반하고 있다. 나이(보통은 경험과 지혜의 상징)에 대한 존중은 유교의 특징을 잘 보여 준다. 그러나 앞에서도 밝힌 바 있듯이, 나이 자체가 필수적으로 존중을 요구하는 것은 아니다. 자아 수양이라는 쉼 없는 과정을 통해 인간성을 완성시키고자 하는 데 대한 유교의 관심은 아들뿐만 아니라 아버지에게도 인격 수양에 힘쓸 것을 요구한다. 이상적인 부자 관계는 애정에 의해서 성장하지만, 아들이 수양을 통해 양성한 공경 의식이야말로 늙어가는 아버지를 세심히 보살피기 위한 근간이 된다. 부자 사이의 훌륭한 상호 관계는 어린 자식을 훈육하기 위한 아버지의 권위 안에서보다는 자신에게 의존하는 아버지를 부양하는 어른이 된 아들의 힘 안에서 더욱 잘 드러난다.

아버지의 권위는 신하 위에 존재하는 군주의 권위와는 근본적으로 다르다. 아버지의 권위는 외재적이지 않으며 상호 계약적이지도 않다. 그것은 아버지의 은혜를 자식이 점점 깨달으면서 커져 간다. 중국 전통 사회에서 아버지의 권위를 법적으로 잘 보장해 주고 있었다고 할지라도, 그것은 반드시 아들에 의해서 지켜져야 할 가치로 인정될 때만이 유효하다. 순 임금의 경우는 이를 충분히 증명하고 있다. 순 임금의 무자비했던 아버지가 지닌 권위는 의심할 여지없이 순 임금의 효심에 의해 존립하고 있기 때문이다. 만약 아버지의 권위를 유지하는 데 아들의 자발적인 참여(나는 '아들의 힘'이라고 부르고 싶다)를 이해하지 못한다면, 우리는 부자 관계를 규정하는 행위의 원리에 대하여 충분히 이해할 수 없을 것이다.

아내 위에 존재하는 남편의 권위는 노골적으로 말해 사람들을 가부장 제도에 순응시키기 위해 만든 것으로서 더 이상 필요하지 않다. 그러나 여기서의 권위는 군신 관계의 지위에 기인한 권위나 부자 관계의 나이에 기인한 권위와는 다른 것을 의미한다. 부부 관계는 상호 계약적이고 따라서 철회될 수 있다. 유교인들은 이혼이 몇몇 결혼에서 발생 가능한 불행한 만일의 사태임을 인정한다. 이혼에 대한 초세속적 금지란 존재하지 않는다. 공자 자신도 이혼한 적(혹은 세 차례 이혼한 적)이 있다고 한다. 이혼에 대한 혹은 이혼을 반대하는 규율은 특수하며 가족의 조화를 유지하도록 고안된 사회적 관습에 근거하고 있다.

유교 전통에서 아내가 재산의 한 부분처럼 남편에 의해 소유된다는 것은 진실이 아니다. 아내의 지위는 남편의 위상에 의해서 결정되기도 하지만 그녀 자신의 가족의 명성에 의해서 결정되기도 한다. 함축적 의미에서 그녀의 긴 운명은 그녀가 낳은 자식들인 아들과 딸 모두의 경제적인 그리고 정치적 조건과도 필연적으로 얽혀있다. 가정의 영역 내에서 남편의 영향력은, 특별히 아들의 교육을 위한 교사 선택과 같은 결정적인 선택을 할 경우처럼 특별한 상황들이 발생할 때 우세하다. 반면 아내는 평상시 일상적인 일에 대해서 실질적인 힘을 행사한다. 남편이 언제나 공식적인 통제권을 행사함에도 아내는 자신이 적절하다고 여기는 것을 행하는 수 없이 많은 비공식적인 방법이나 혹은 최소한 그들이 원하는 것을 알리는 방법을 가지고 있다는 사실을 우리는 대중 문학을 통해 확인할 수 있을 것이다. 사회적 가치로서, 그리고 심지어는 정치적 자산으로서 가족의 화목함을 확고하게 강조함으로써 유교적인 가장은 가족에게 일어나는 일들을 절충하는 기술을 잘 행사한다.

유교적인 아내는 관용으로 잘 알려져 있다. 그러나 그녀들의 인내심 있는 자제는 약함을 표현하는 것과는 다르며 종종 내적 강인함에 대한 증명이 되곤 한다. 아내의 강한 목적의식이 은밀하고 미묘하게 누군가를 교묘히 조종하는 것처럼 보일지도 모르겠지만, 그녀는 가족의 안녕을 유지시킬 수 있는 적합한 방식에 관한 자신의 생각을 반드시 관철시키기 위한 힘과 합리성을 소유하고 있다. 아내는, 만약 실제로는 그렇지 않다고 해도 관념적으로라도, 남편에게 종속되지 않으며 남편과 동등하다. 남편의 권위는 군주나 아버지의 권위와 마찬가지로, 반드시 그것이 상대에 의해서 유효하다고 인정되어야만 한다. 상호 호혜의 정신은 여기에서 명백하게 드러난다. 아내가 그녀의 공적 지위를 높이기 위해 남편에게 의지하는 것만큼이나 남편도 가문의 일들을 처리하기 위해 아내에게 의존한다.

간단히 말해서 삼강은 그것이 전제적(專制的)이고, 연장자 지배적이고 가부장적인 경향에 의해 특징 지워진 특정한 사고방식을 반영하고 형성하는 한, 오륜과 혼동되지 않아야 한다. 그러나 삼강이 오륜이라는 이상을 실천으로 이끌기 위한 의도적인 시도였던 만큼 실천적인 면에서 유교 가치의 한 방식을 드러낸다. 맹자가 희망한 오륜에 의거한 통치는 실제로 중국 역사를 통해서 제대로 실현된 적이 없었을지도 모른다. 하지만 유교인들은 오륜을 실제로 실천하면서 유교 가족 윤리를 형성해 나갔다.

그러나 삼강은 유교적 가족의 활동 방식을 규정하는 데 정전(正典)적인 지위를 취하고 있었고 따라서 중국 전통 사회에서 기본적 인간관계를 바라보는 시각에 영향을 끼쳤다. 삼강의 우위가 주로 사회적 통제라는 정치적 목적이 그 원인이었던 한, 인간성 발양에 대한 삼강의 기여는 단적으로 부정적으로 볼 수는 없겠지만 긍정적이라고 하기에도 애매한 것이 사실이다. 하지만 유교 가족의 심리문화적 역동성은 삼강의 권위주의나 오륜의 인(仁) 위에 존재하는 것이 아니라 그 둘의 복잡한 상호 작용, 즉 위계와 나이 그리고 성별에 의해 결정된 권위의 특정한 유형 속에 자리하고 있다.

삼강의 권위주의를 특징으로 하는 유교 가족의 해악성은 현대 중국의 뛰어나고 영향력 있는 몇몇 지성인에 의해서 철저하게 폭로되어 왔다. 5·4운동 세대 지성인들의 사고방식을 반영하는 바진(巴金)의 소설 『가(家)』[106]는 유교에서 말하는 '가정'이란 관념은, 서양의 자유, 민주 관념에 영향을 받은 현대적 시각에서 바라볼 때, 실제로는 개인의 기본적인 권리를 묵살하고 젊은이의 창조적 에너지를 노예화시키는 '감옥과도 같은 집'이라는 점을 신랄하게 상기시킨다. 진정 유교의 가족 윤리는 분

---

106) Pa Chin(Li Fei-kan, 1905~2005년), *The Family*, trans. Sidney Shapiro (Peking: Foreign Languages Press, 1964).

노한 소설가였던 루쉰(魯迅)이 묘사한 "사람을 잡아먹는다(食人)"[107]라는 그의 생생한 표현 속에서 드러나듯이, 세계를 인문화(humanizing)하는 대신 식인주의 같은 미묘한 뜻을 함축하는 예교(禮敎)에 지나지 않는다. "공가(孔家)를 타도하자"리는 구호는 과거의 봉건 제도, 특별히 유교적 가족 제도를 반대하고 있다. 의심할 여지없이, 많은 사회과학자들은 이론상이나 실제상에서, 유교적 가족 제도의 쇠락은 필연적이라고 결론 내려왔다. 20세기 초반의 수십 년 동안, 유교적 가족의 생존 가능성은 희박해보였다. 1970년대 근대화 과정이 반드시 미국화는 아니더라도 서구화의 확대와 직선적인 진보라고 인식될 때, 유교적 가족 제도는 유교 문화권의 발전을 방해하는 가장 핵심적인 문화적 요소로 학계 내에서 폭넓은 비판을 받았다. 근대화와 더불어 보편적 유교적 휴머니즘과 특수한 유교적 가족 제도 사이의 공존 불가능성은 당연하게 여겨졌다.

하지만 호언장담하던 상황은 급속도로 변했다. 제2차 세계 대전 이후, 지속적인 경제 성장이 가장 역동적으로 이루어진 일본과 이른바 네 마리의 작은 용(대한민국, 타이완, 홍콩, 싱가포르)의 성장은 제도적인 설명과 함께 문화적인 설명을 필요로 했기 때문이다. 동아시아 근대화에서 유교의 역할을 재평가해야 한다는 요구가 주목받기 시작했다. 피터 버거는 이 문제를 다룬 한 논문에서 다음과 같은 자신의 관찰을 제시한 바 있다.

최근 몇 년 동안 소위 포스트(post) 유교 가설은 어느 정도 유행을 누리고 있다. 그것은 본질적으로 단순하다. 중국 문명의 영향권에 속한 일본과 새롭게 공업화된 동아시아의 국가에서 유교는 의심의 여지없이 매우 강력한 힘을 지녀 왔다. 가설은 이 국가들

---

107) 루쉰, 『광인일기』.

의 경제적 성취를 설명하는 핵심 변수가 유교 윤리—혹은 포스트 유교 윤리—에 있다는 것이다. 논란 속에 있는 이 도덕적 가치들은 현재 상대적으로 엄밀한 의미의 유교 전통과는 거리가 있으며 더욱 널리 퍼져 가고 있다. 유교 교육과 이념의 확산에 대한 역사적인 증거는 이 가설과 매우 깊이 관련되어 있다. 하지만 유교 경전을 한 번도 읽어 본 적이 없으며 유교 교육을 거의 받지 않은 평범한 사람들의 삶 속에 존재하는, 유교로부터 파생된 가치의 영향력을 실증적으로 조사하는 것은 중요하다. 로버트 벨라(Robert N. Bel-lah)는 이를 전통적인 중국 엘리트 관료 계층의 '고급' 유교와 구별하기 위해 '부르주아 유교(bourgeois Confucianism)'라는 적당한 표현을 만들어 냈다. 홍콩 대학의 S. G. 레딩과 그의 연구진에 의해 수행된 중국 기업가들의 규범에 관한 최근의 연구는 정확히 이러한 관점에 의해 영향을 받았다.[108]

'유교 가설'의 요지를 서술하며 피터 버거는 그 문제에 대한 자신의 견해를 제안한다.

나는 증거가 계속적으로 취합되는 한 가설이 지지될 것이라고 강하게 믿고 싶다. 최소한 이 가설이 대상으로 하는 유교에서 파생된 어떤 가치들, 즉 세계의 일들에 대한 긍정적인 태도, 지속적으로 자신을 수양하고 훈련시키는 삶의 방식, 권위에 대한 존중,

---

108) Peter Berger, "An East Asian Development Model?" in *In Search of an East Asian Development Model*, eds. Peter Berger and Hsin-huang Michael Hsiao (New Brunswick, NJ: Transaction Books, 1988), p. 7.

절약 정신, 그리고 무엇보다도 가정에서의 안정적인 생활을 중시
하는 태도가 그 지역의 전반적인 사회적 태도 그리고 노동 윤리와
관련되어 있지 않다는 것은 나에게는 생각할 수 없는 일이다. 동
시에 나는 결코 유교만이 여기에 작용하는 유일한 문화·종교적인
요소는 아니라고 자신 있게 예상하고 있다. 다른 요소들 또한 연
구될 것이다.[109]

결론적으로 태평양 연안의 역동적인 지역에서 경제적 발전과 사회적
안정에 긍정적인 기여를 만들어 내는 유교 가족의 역할은 점점 인정받고
있다. 삼강의 권위주의와 오륜의 인으로부터 생겨난 이러한 지속적인 쟁
점들은 여전히 동아시아에서 쉽게 찾아볼 수 있다. 산업화된 동아시아의
공동체적인 정신에도, 공산화된 동아시아의 봉건적 유령에도 강력한 유
교 가족주의가 스며들어 있다. 사회적 안정을 유지시키는 동아시아의 강
함과 민주주의를 발전시키는 동아시아의 약함은 모두 유교 윤리와 긴밀
하게 연관되어 있다. 연장자 존중에 대한 엄청난 예민함과 성차별 반대에
대한 노골적인 둔감함은 똑같이 깊은 유교적 뿌리를 지닌 동아시아의 정
신세계를 반영하고 있다. 유교 가치에 고취된 가족은 아마도 여전히 동아
시아 사회에서 인간이 되기 위한 배움의 길을 전하는 가장 중요한 사회
제도일 것이다. 유교 가족의 부흥을 목격하던 그렇지 않던, 과거와 현재
의 동아시아 문화에 대한 정교한 인식을 위해 우리는 그 심리문화적 역
동성을 이해해야만 한다.[110]

---

109) Berger, "An East Asian Development Model?," pp. 7~8.
110) 이 문제에 대한 초보적인 연구로 Tu Wei-ming, "A Confucian Perspective on the Rise
    of Industrial East Asia," *Bulletin of the American Academy of Arts and Sciences* 17, no. 1
    (October 1988), pp. 32~50가 있다.

# 유교의 제3기

공자와 맹자가 제시한 원시 유교의 이상은 간단히 말해 자신을 수양하고 다른 이들에게 편안함을 제공하는 것이다. 자아실현에 대한 이러한 상식적 접근은 관계의 중심인 자아, 신뢰 공동체인 사회, 내재적 초월의 천(天)이라는 관념을 전제하고 있으며 포괄적인 삶의 방식, 깊은 종교적 의미를 지닌 폭넓은 휴머니즘으로서 발전하였다. 그러나 다른 위대한 윤리적·종교적 체계와 마찬가지로, 유교는 많은 세기에 걸쳐 수없이 다양하게 이용되어 왔다. 유교는 초월적 휴머니즘이라는 이상적 윤리로 여겨지기도 했지만 또한 권위주의적 관계, 엄격하고 뛰어넘기 힘든 위계구조를 지닌 국가 권력과 동일시되기도 했다. 따라서 유교는 중국뿐만 아니라 동아시아의 다른 지역, 특별히 한국, 일본, 베트남에서 역시 정치적인 현상과 동일시되어 왔다.

19세기, 서양이 중국에 들어옴과 동시에 중국의 정치 체계는 위기를 맞았고 중국의 다른 많은 주요 제도들도 쇠퇴하였다. 19세기를 지나 20세기 초에 이르는 동안, 중국의 지성인들은 자신의 땅이 외국인의 손에 의해 굴욕 당하는 것을 지켜보았고 이에 따라 그들은 중국 문명 자체는 이미 붕괴되어 더 이상 중국인을 구할 수 없다고 믿었다. 중국 문명의 핵심 가치와 거의 동일시되어 왔던 유교는 결국 정치적 폭정, 사회적 갈등, 경제적 퇴보, 가난, 질병, 기아 심지어는 전족과 아편 중독에 이르는 중국인 삶의 모든 해악에 대한 책임을 지고 극단적인 공격을 당해야만 했다.

1920년대 이래로 중국은 반(反)유교 운동이 반복되는 것을 목격하고 경험해 왔다. 버클리 소재 캘리포니아 대학의 조셉 레븐슨(Joseph Levenson)은 그의 영향력 있고 시사적인 3부작, 『유교 중국과 그 근대적 운명(*Confucian China and Its Modern Fate*)』에서 1950년대 이래 유교 전통의 쇠락은 뒤집을 수 없는 대세였다고 직접적으로 언급했다.[111] 유교를 되살리기 위한 지성인들의 노력은 기껏해야 소극적인 전통주의일 뿐이었다. 그러한 노력은 종종 감정적인 보수주의 혹은 악질적인 반동주의라고 낙인찍히곤 했다. 레븐슨의 책은 중국이 서양으로부터 온 자유, 민주주의, 과학 등 다른 선택들을 마주하던 상황에서 유교의 생존력에 관한 몇몇 심각한 문제를 제기한다.

예일 대학의 메리 라이트(Mary Wright)는 더 집중적이고 학문적인 논서, 『중국 보수주의 최후의 입장(*The Last Stand of Chinese Conservatism*)』에서 19세기 서양의 침략에 반대하여 싸우기 위해 전통적 유교 가치를 동원하고 유교적 제도를 재건하려고 했던 주요한 개혁 이야기 가운데 하나를 서술하고 있다. 이는 당시 정부의 최고 지성인들에 의해 선도된 시도였다. 동치중흥(同治中興)을 이끈 성실한 사대부로 널리 알려진 그들의 노력에도 시대의 조류는 거스를 수 없었다. 라이트는 그들의 실패로부터 유교가 현대 세계와는 양립할 수 없다고 결론 내렸다.[112]

서양 교육의 영향을 받은 많은 우수한 중국인 사상가는 권위에 대한 유교의 강조가 현재에 비해 과거를, 개인에 비해 가족을, 주체에 비해 지

---

111) Joseph R. Levenson, *Confucian China and Its Modern Fate: A Trilogy* (Berkely: University of California, 1968).

112) Mary Wright, *The Last Stand of Chinese Conservatism: The T'ung-chih Restoration, 1862-1874* (Stanford: Stanford University Press, 1957).

배자를, 여성에 비해 남성을, 젊은이에 비해 노인을 중시하는 등 억압적이 되어갔다고 믿었다. 그들에게 유교는 중국을 현대화하려는 절박한 노력 앞에서 창조성을 저해하고 개인의 진취력과 자유를 말살시킨 주된 책임을 지니고 있었다. 그들은 유교에는 구원이나 해방을 위한 잠재 능력이 없다고 생각했다. 예의는 인간이 되기 위한 배움의 긍정적인 과정이 아니라, 그보다는 시대에 뒤떨어지고 위선적인, 외부에서 강제된 규율의 정교한 구성물로 비춰졌다.

서양적인 사고가 뚜렷한 소수의 지성인에 의해 중국 전통문화에 대한 종합적이고 인습 타파와 같은 공격이 이루어진 이래로, 유교에 대한 적대적인 묘사는 곧 강력한 지성적 흐름이 되어갔다. 더구나 반유교 운동은 1920년대와 1930년대에 출현한 중국 민족주의와 강력하게 얽히기 시작했다. 민족주의와 반유교 운동의 지도자이자 주요 수혜자는 1949년 공산주의 원칙 아래 중국을 통일한 중국 공산당이었다. 중국 공산당은 무엇보다도, 삼강이라는 유교 전통에 의해 특징 지워진 중국의 봉건적 과거를 청산하겠다고 결심했다. 그러나 역설적으로 제국주의와 부르주아 자본주의에 대항하여 중국화된 마르크스주의 형태 안에서 토착화된 이데올로기를 발전시키고자 했던 중국 공산당 지도자들의 결정은, 중국식 사회주의 내에서 유교적 가치들과 민간적인 관념들이 의미심장한 역할을 수행할 수 있도록 문화적인 여지를 열어놓았다.

중국 사회주의 이데올로기 안에서 유교적 요소가 좀처럼 인정되지 않았음에도, 시대에 뒤떨어진 유교의 예의와 관습이 종종 중국 공산당 지도자들에 의해 무비판적으로 일을 처리하는 방식으로 수용되었다는 점을 주목하는 것이 중요하다. 중국 공산당이 탁월한 중국적 마르크스-레닌주의라고 선언한 마오쩌둥의 사상은 격렬하게 유교를 반대했다. 마오와 그의 추종자들은 진정한 중국의 근대화를 선도해 줄 새로운 문화로써 유교적 유산을 대체하려고 결정했다. 그들의 노력은 1960년대 후반에서 1970년대 전반에 진행된 프롤레타리아 문화 대혁명에서 절정을 이루었다. 문화 혁명 기간 중 수많은 사람에게 비극적인 사건이 발생했다. 국가는 엄청난 정치적 투쟁의 광란에 젖었고 그것은 정치적 질서의 혼란과 와해, 사회 전체의 도덕적 근간 파괴로 이어졌다. 문화 혁명 기간 중 마오쩌둥과 마르크스의 이름으로 자행된 수많은 잔혹 행위는 마오쩌둥의 정책에 대한 극단적인 반감으로 이어졌으며 오늘날 중국에서 유교의 위상을 높이는 데 기여하고 있다는 점은 현대 세계의 아이러니 가운데 하나이다.

확실한 것은 중국 공산당이 권력 사용을 자제하는 이유가 결코 '유교 제도'의 회복에 있지 않다는 점이다. 이제 중국 공산당의 지도자들은 유교가 중국인의 삶에 가치 있는 기여를 해왔고, 구질서의 수많은 해악은 유교의 가르침과 분리될 수 있으며 심지어는 유교의 가르침과 정반대라고 말하고 있다. 또한 그들은 중국이 오늘날 자신의 문화적 유산으로부터 배우고 얻을 수 있는 많은 것을 소유하고 있다고 생각한다.

중국 현대사의 격동적인 혁명들을 거치며, 어떤 의미에서 유교는 5·4 운동의 지성인들이 불쾌하게 여겼던 권력, 전제적 정치 제도, 억압적인 권위주의의 덫으로부터 자유로워졌다. 결과적으로 볼 때 현 시기는 윤리적·종교적 이상을 지닌 유교 유산을 시험해볼 수 있는 적절한 시기이다. 유학은 중국에서 다시 활기를 띠고 있으며 공자의 탄생지는 현재 유명한 관광지가 되었고 매년 그의 생일을 기념하기 위한 제사가 바쳐지고 있다.

최근 20여 년 동안 많은 동아시아의 도시와 국가(일본, 대한민국, 타이완, 싱가포르와 홍콩을 포함한)는 서양식 현대화를 거치며 유교 전통과 현대화 사이에 양립 불가능성은 없다는 점을 극적으로 증명해 왔다. 산업화된 동아시아는 근래 들어 세계에서 가장 빠르고 지속적인 경제 성장을 향유하고 있다. 이러한 성장률은 유교 전통에 대한 부정을 통해서 얻어진 것이 아니라 유교 전통에 내재하는 정신적인 자산에 대한 창조적인 변형을 통해서 획득된 것이다. 결국 2,500년의 역사 속에 깊이 뿌리 내리고 있는 유교가 동아시아 도처에서 근대화를 이루는 데 있어 적극적인 역할을 해 왔던 것이다. 결과적으로 유교 전통은 그 자체로 활성화되고 있는 중이다. 인류 문명의 주요한 정신적 유산으로서 유교 전통이 현재에도 우리 마음을 움직이고 우리 지성을 자극하며 우리 삶을 풍요롭게 해 줄 수 있는 생명력을 지니고 있다는 사실을 부정하는 학자는 거의 없다. 유교의 '제3기 발전'이 지속될 것인지 그렇지 않은지는 더 탐구해 볼 주제다.[113]

## 현대와의 관련성

유교적 휴머니즘의 제3기에 관한 문제는 5·4운동 이래 3세대에 걸친 현대신유가(現代新儒家)에 의해 제기되어 왔다. 슝스리(熊十力, 1885~1968년), 량수밍(梁漱溟, 1893~1988년), 장쥔마이(張君勱, 1886~1969년), 탕쥔이(唐君毅, 1909~1978년), 쉬푸관(徐復觀, 1903~1982년), 머우쫑산(牟宗三, 1909~1998년) 같은 영향력 있는 지성인들이 일생에 걸쳐 이룬 연구는 다음과 같은 점을 명쾌하게 표명한다. 레븐슨은 아마도 세속주의, 과학주

---

113) Tu Wei-ming, "Towards a Third Epoch of Confucian Humanism", in *Confucianism: Dynamics of Tradition*, ed. Irene Eber (New York: Macmillan, 1986), pp. 3~21, 188~192.

의, 전문주의의 맥락에서 규정된 근대화가 전통이나 종교와 양립할 수 없다는 신빙성 없는 논지에 의해 오도되었으며, 라이트는 아마도 서구화가 근대화의 필연적인 결과라고 명시하는 유럽 중심적인 사고방식에 의해 오도되었을 것이다.

신유가에 대한 도전은, 새롭게 활력을 얻게된 유교적 휴머니즘이 계몽주의적 사고방식이 시장경제, 민주정치 그리고 권리 중심적인 사회에 제기하는 문제에 대해 어떻게 응답할 것인가이다. 평등과 자유 사이의 긴장, 과학과 기술의 부정적인 영향, 개인주의의 의도하지 않은 결과, 알고자 하고 탐구하고자 하고 억누르고 정복하고자 하는 파우스트적인 욕구, 개인주의적인 자본주의와 집단주의적인 사회주의 사이의 충돌, 경쟁 체제의 역동성과 착취성, 서구화된(함축적으로는 미국화된) 삶의 전파, 그리고 인권, 자기 이익, 프라이버시, 정당한 법적 절차 등 중시되는 '근대적' 가치들의 보편성과 같은 문제가 바로 그것이다.

이러한 이슈들이 제기되는 지정학적인 맥락은 종종 동아시아 문화권과 관련을 가지고 있다. 구체적으로 말하자면 그것은 산업화된 동아시아와 사회주의화된 동아시아 모두와 연관이 있다. 산업화된 동아시아란 일본과 네 마리의 작은 용인 대한민국, 타이완, 홍콩, 그리고 문화적이고 민족적인 이유에서 싱가포르이며, 사회주의화된 동아시아에는 중화인민공화국, 북한, 그리고 문화적이고 역사적인 이유에서 베트남이 해당된다. 동아시아 문화권은 또한 이 지역이 공유하는 쌀, 젓가락, 그리고 한자에 의해 특징 지워질 수 있다. 즉 이 지역은 유교적 유산을 이어 받았으며 주식과 먹는 방법이 같고 의사소통의 매개체를 공유하고 있다.

그러나 동아시아를 유교 문화권이라고 특징지음으로써 그 종교적·민족적·문화적 다양성을 약화시키려고 하는 것은 아니다. 동아시아 전역에는 대승 불교가 현존해 있으며 중국에는 도교와 민간 종교가, 한국에는 샤머니즘과 그리스도교가, 그리고 일본에는 신도와 신종교들이 존재하고 있다는 점은 복잡한 동아시아의 종교적 풍경을 충분하게 이해하기 위한 중요한 사실이다. 그러나 논란을 넘어서 동아시아에서 유교 문화는 엘리트와 일반 민중 모두의 교육을 담당했으며 이론적, 실천적 통치 체계를 형성해 왔고 서양의 영향이 미치기 전 수많은 세월 동안 쓰고 말하는 데 상징적 표현 체계를 제공해 왔다. 유교는 모든 면에서 결정적인 역할을 담당해왔기 때문에 윤리·종교적 의미에서 동아시아를 '유교적'이라고 표명하는 것은 유럽, 중동, 인도, 남아시아와 같은 지역을 '그리스도교적,' '이슬람적,' '힌두교적,' '불교적'이라고 표현하는 것과 정당하게 비교될 수 있다. 이러한 표현들은 개략적이고 불충분하게나마 그 삶의 방향성을 의식할 수 있도록 도움을 준다. 만약 이러한 표현들이 없다면 그 삶의 방향성은 쉽게 부차적 범주로 간주되어 도외시 될 수도 있는 것이다.

유교적 동아시아(포괄적인 의미에서 우리는 또한 남아시아, 북아메리카, 유럽, 그리고 세계의 다른 지역 안의 동아시아 공동체를 포함시켜야 한다)는 근대 서양(서구와 북아메리카)이 독점하고 있던 부와 권력을 향해 도전하는 중이다. 국제 무역의 맥락에서, 그것은 적어도 유럽 공동체와 북미자유무역협정(North American Free Trade Agreement, NAFTA) 체결 국가의 경제력에 비교될 수 있다. 게다가 전 세계 공동체에서 가장 생기 넘치는 경제 권역으로서 중화인민공화국은 더 이상 잠자는 사자가 아니라 인정받기 위해 포효하는 새로 깨어난 세력이다. 새로운 세계 질서가 동아시아 유교 문화권의 적극적 참여 없이 구축된다는 것은 상상할 수 없는 일이다. 단지 민족주의적 이유에서일지라도, 유교적 담론의 부흥은 필연적인 것처럼 보인다. 이미 영어권의 언론 매체들은 자유민주주의적 서양을 향한 유교의 도전

을 세계 정치 문화에서의 새로운 현상으로서 종종 언급하고 있다.[114]

## 유교의 생활 방식

독특한 유교적 발전 모델이 있든 그렇지 않든 간에, 산업화된 동아시아의 부상은 서구나 북미와는 상당히 다른 형태를 지닌 근대성의 출현을 보여 준다. 유교적 동아시아를 구성하는 국가들(일본과 네 마리의 작은 용, 중화인민공화국, 베트남, 그리고 아마도 북한 모두 그 '모델'에 들어맞는 것 같이 보인다)이 지닌 강점에는 두 가지 요소가 있다. 그들은 국제적인 경쟁에 있어 중요한 요소인 서양의 전문 지식을 철저하게 익혀왔다. 그들은 또한 정치적 리더십을 발전시키고 경제 성장을 이루기 위해 필요한 사회적 화합을 이루는 데 토착적인 자원들을 동원해 왔다. 전략적인 용어로 말한다면, 그들은 자신에 대한 지식과 타인에 대한 지식을 바탕으로 경쟁자들의 허를 찔러왔던 것이다. 스스로를 알기 위해 수양하고 타인에 대한 지식을 획득하는 이러한 능력은 많은 요소로부터 비롯된 결과이다. 역사적으로 동아시아의 지성인들은 한 세기 이상 서양에 대해 공부해 왔다. 그들은 헌신적으로 학생들을 네덜란드, 영국, 프랑스, 독일, 그리고 미국으로 유학시켜 배우도록 해왔다.

진정 동아시아 지성인을 규정하는 특징은 그들이 직접 체험을 통해 서양식 학습에 다가섰다는 것이다. 불안한 지정학적 상황에서 비롯한 불확실성, 주변성, 소외에 대해 자각적으로 의식하고 있었던 그들은 항시적

---

114) Tu Wei-ming, "The Search for Roots in Industrial East Asia: The Case of the Confucian Revival," in *Fundamentalisms Observed*, eds. Marty and R. Scott Appleby (Chicago: University of Chicago Press, 1991), pp. 740~781.

기민함과 창의적 유연성을 길러왔다. 제한된 경작지와 밀집한 인구의 압박을 지니고 있기 때문에, 그들의 전반적인 발전 전략에서 핵심은 인간적인 요소이다. 그들은 사람들이 소중하게 생각하고 무의식적으로 지지하는 가치가 그들의 행위에 지침을 제공한다는 것을 보여 주었다. 즉 문화적인 상황, 사람들에게 동기를 부여하는 구조는 그들의 경제 윤리와 관련이 있을 뿐만 아니라 결정적이다. 결국 한 사회가 가지고 있는 삶의 지향성은 사회 구성원의 경제적 행위에 차이점을 형성한다. 그러므로 소위 유교 가설이라는 것은, 문화의 역할이 유교적 동아시아의 경제적 역동성을 이해하기 위한 필수적인 배경이 된다는 확신에 입각해 있다.

저명한 구조-기능주의 사회학자인 탈콧 파슨스(Talcott Parsons)는 개인주의가 필연적으로 그리고 내재적으로 근대성과 연관되어 있다고 주장했다.[115] 하지만 유교 문화권인 동아시아의 실질적인 발전 경험은 연속적인 관계의 그물망에 기초한 공동체주의가, 더 많지 않다 해도 동등하게, 근대성과 공존 가능할 수 있다는 점을 제시하고 있다. 동아시아 발전 모델에 비춰 볼 때 현실로 구현된 사회는 아니라 할지라도 상상된 공동체로서의 유교적 삶의 방식은, 정치경제적으로 몇몇 중요한 부분에서 근대 서양이 보여 주는 삶의 방식과는 다르다.

1. 유교적 사회에 대한 근본적인 신념은, 공동체의 일원으로서 실천하는 자신의 인격 수양을 통해 인간의 상황이 나아질 수 있다는 믿음에 기반하고 있다. 자신의 이익을 추구하는 것은 항상 중시되는 가치이며 가족, 이웃, 학교, 그리고 직장 안에서의 상호

---

115) Talcott Parsons, *The System of Modern Societies* (Englewood Cliffs, NJ: Prentice-Hall, 1971), pp. 114 ff.

도움은 당연하게 여겨진다.

2. 유교적 인식으로 볼 때 인간은 고립된 개인이 아니라 관계의 중심이다. 따라서 자립에 대한 강조는 인간관계의 그물망 안에서 정당하세 자기 자리를 찾는 것의 필수성과 당연함을 분명히게 보여 준다.

3. 가족의 화합은 '유기체적인' 사회의 결속을 위한 접착제이다. 자발적인 연대는 경제 활성화를 위해 도구적 기반을 제공하지만, 화합된 가족 제도는 숙련되고 믿을 수 있는 노동력을 보장한다. 유교인은 잘 운영되고 번창하는 가족(핵가족과 대가족 모두)이 사회 안정과 정치 질서를 위한 토대를 제공한다고 본다.

4. 초등 교육과 중등 교육은 실용적 지식 획득을 목표로 할 뿐만 아니라 인격을 형성하기 위한 목적을 지니고 있다. 교육에 대한 헌신은 현대 경제 체제 안에서 그 유용성을 인식하는 것 이상을 의미한다. 그것은 동아시아의 '시민 종교(civil religion)'를 보여 준다. 유교인은 인간 발전에 대한 장기적 전망을 제공한다. 나무 한 그루를 키우기 위해서 십 년이 걸린다면 한 사람을 키우기 위해서는 한 세기가 필요하다.

5. 법률, 특별히 형법은 질서를 유지하기 위해서 필수적이다. 그렇지만 사회를 결속시키는 것은 예(禮, 예절, 예의, 교화의 행위 규범)이다. 권리에 대한 요구보다는 의무를 인식하는 것이 유교 사회 윤리의 뚜렷한 특징이다.

6. 정부 혹은 더 넓게는 정치적 지도층의 모범적인 리더십은 경제적 생산성을 향상시키는 데 시장의 '보이지 않는 손' 만큼이나 중요하다. 상업 영역에서의 불간섭을 지지함에도, 유교인은 정부가

사회 전체의 안녕을 위해 온전히 그 책임을 맡아야 한다고 강하게
주장한다.

7. 자아 수양, 가족의 화합, 사회 안정, 정치 질서, 그리고 세계
평화에 대한 유교의 헌신은 세속적인 세계를 성스럽게 여기는 인
간우주적(anthropocosmic) 이상에 근거하고 있다. 유교가 열중하는
것은 안으로부터 제도를 변화시키는 것이며 유교적 삶의 지향성은
살아 숨 쉬고 있는 구체적인 사람이 처해 있는 존재론적 인간 상
황을 그 출발점으로 삼는다. 궁극적 삶의 의미는 일상의 실천적인
삶을 통해서 실현된다. 이러한 실용적 이상주의는 유교 사회로 하
여금 어떤 극단적인 형태의 초월에 호소하지 않고서도 창조적으로
세계를 변화시킬 수 있도록 했다. 궁극적인 진리에 대해 배타적인
주장이 없는 것처럼 보이는 것은 도(道, the Way)는 다원적이라는
강하고 보편적인 신념이 반영된 것이다. 결국 종교적 관용은 부정
적으로 표현된 다음과 같은 황금률의 자연스러운 결과이다. "자기
가 하고 싶어 하지 않는 바를 남에게 하지 말라."


정치경제 내의 핵심적 가치에 대한 이 같은 유교적 관점들은 근대성에
대한 덜 개인주의적이고, 덜 이기적이고, 덜 대립적이고, 덜 법률지향적인
접근일 뿐만 아니라 현대 서양의 생활 방식과는 상당히 다른 현대적 생
활 방식의 진정한 가능성을 제안하고 있다. 그것은 개인주의적 자본주의
도 아니며 집단주의적 사회주의도 아니다. 그것은 리더십 특히 중앙 정부
의 도덕적 책임을 약화시키지 않으면서 시장 경제를 수용하고, 평등의 원
칙을 포기하지 않으면서 계급 투쟁을 거부하는 것이다. 동아시아의 산업
화된 국가들은 그들만의 독특한 스타일을 지닌 시민 사회를 발전시키며

전면적으로 민주화하기 시작했다. 이제 그들은 자본주의와 사회주의 사이의 중도에 도달하는 중이다.

## 미래의 전망

유교 전통의 발전을 그려보기 위해 물줄기의 흐름이라는 은유를 사용해 보자. 노(魯)나라에서 그 원천은 매우 가늘었다고 말할 수 있을 것이다. 유교 제1기 발전의 과정 안에서, 경전의 주소(注疏)라는 작은 개울은 점점 커져 수 세기 동안 중국인의 삶의 지향을 규정했던 거대한 강이 되었다. 한(漢) 제국의 분열, 이민족의 침입, 중국인의 마음을 사로잡았던 불교에 의해 유교는 분명 쇠락하는 것 같았지만, 유교 2기 발전에 이르자 그 강은 땅 속의 수원(水源)으로부터 다시 솟구치기 시작했다. 교토(京都) 대학의 시마다 겐지(島田虔次) 교수의 말에 의하면 이는 동아시아 정신의 현현(顯現)이다. 유교의 제2기 발전 이후 100여년이 지나자 유교는 창조적인 변화의 능력을 상실한 채, 전체적으로 그 방향성을 잃었다. 만약 유교 제3기 발전의 진정한 가능성이 있다고 해도 그것은 중국 혹은 동아시아에서 지속될 수 있는 여력을 갖추지 못했다. 그 가능성은 끊임없는 생명력의 자양분을 받아들이기 위해서 반드시 동아시아 세계를 넘어서 흘러야만 했다.

결론적으로 우리는 푸른 해양으로 흘러 들어가는 황하(黃河)의 생생한 이미지로부터 영감을 얻을 수 있을지 모른다. 1980년대 중화인민공화국의 급진적 서화론자들에게 이 이미지가 상징하는 것은 중국이 반드시 자신의 구시대적인 봉건 문화를 서구나 북미의 발전된 문명 속으로 영원히 잠기게 만드는 것이었다. 그러나 황하가 대서양(大西洋)으로 바로 흘러

들어갈 수는 없기에 그것은 반드시 우선 태평양의 강력한 조류와 만나야 한다. 역사의 기묘함은 동아시아 문화권의 주변부에서의 흥기한 유교의 지적 성장이, 특수하게도 해외로 널리 펴져나갔다가 결국에는 모국으로 다시 돌아오는 과정임을 보여 주고 있는지도 모른다. 유교 제3기 발전은 베이징에서 시작되었을지 모르지만 그것은 홍콩, 타이페이, 교토, 그리고 서울에서 지속되고 있다. 미래를 전망해보면서 유교의 정신적인 풍요로움과 지적 역량 강화를 위해, 집으로 돌아오는 여정의 목록에 뉴욕, 파리, 카이로, 마드라스와 같은 곳으로의 여행을 포함시켜야 한다고 제안하는 것은 바람직한 충고일 것이다.

공자, 맹자, 동중서, 주희, 왕양명, 그리고 신유가에 의해서 고무된 새로운 유교의 신앙 표현은 현대 서양을 그 출발점으로 삼고 있는지도 모른다. 유교가 제안하는 삶의 의미에 대한 이러한 관점은 다음과 같이 표현할 수 있다.

코페르니쿠스는 지구가 중심이라는 관념을 깨드렸고 다윈은 신의 모상(貌相)에서 인간을 상대화시켰다. 마르크스는 사회의 조화라는 이념을 타파했으며 프로이트는 우리 의식의 복잡성을 밝혔다. 그들은 현대를 위해 인간성을 재(再)정의했다. 그들은 공동체적이고 비판적인 자의식으로 고대 유교의 지혜에 대한 우리의 신앙을 쇄신할 수 있도록 권한을 부여했다. 쇄신된 신앙은 바로 지구는 우리 우주의 중심이며 우리를 위한 유일한 거주지이고, 우리는 이 선한 지구를 위한 책임자로서 우리의 몸을 건강하게, 우리의 감성을 예민하게, 우리의 지성을 기민하게, 우리의 영혼을 정화되게, 우리의 정신을 총명하게 만들어야 하는 천명(天命)의 수호자라는 것이다.

인간성 안에는 자아실현을 위한 천(天)의 암호가 부여되어 있기 때문에, 우리는 여기에 존재하고 있다. 천은 분명 무소부재하며 심지어는 모든 것을 알고 있는지도 모른다. 하지만 이미도 천은 전능한 존재는 아닌 것 같다. 천은 자신의 진리를 실현하기 위해 우리의 적극적인 참여를 필요로 한다. 우리는 천의 동반자이며 진정한 공동 창조자이다. 우리는 상식으로 천을 도와야 하지만 오늘날 상식의 부재는 우리를 자기 파괴의 직전까지 몰고 갔다. 하루하루 일상 안에서 이루어지는 자기 이해와 자기 발전을 통해 천의 자기실현을 돕는다면, 우리는 평범하고 인간적인 실존 속에서 삶의 궁극적 의미를 발견할 수 있을 것이다.[116]

---

116) Tu Wei-ming, *Life Magazine*, December 1988.

# 추천 도서

Wing-tsit Chan, trans. and comp., *A Source Book in Chinese Philosophy* (Princeton: Princeton University Press, 1963). 중국 사상의 몇몇 핵심적인 문헌에 영어권의 지식인들이 접근할 수 있도록 만든 포괄적인 시도.

Julia Ching, *Confucianism and Christianity: A Comparative Study* (New York: Kodansha Internaional, 1977). 유교와 그리스도교 사이의 대화를 향한 현대적인 시도. [변선환 옮김, 『유교와 기독교』(분도출판사, 1994)]

William. Theodore de Bary, *The Liberal Tradition in China* (New York: Columbia University Press, 1983). 자유주의적 교육의 관점으로부터 유교적 휴머니즘의 한 차원을 탐구한 책. [표정훈 옮김, 『중국의 자유 전통』(이산, 1998)]

Benjamin A, Elman, *From Philosophy to Philology* (Cambridge, MA: Council on East Asian Studies, Harvard University, 1984). 18세기 유학의 비평적 전환을 기술한 선구적인 노력.

Herbert Fingarette, *Confucius-The Secular as Sacred* (New York: Harper & Row, 1972). 역사적인 의미뿐만 아니라 그 현대적인 의미의 차원에서 예에 대한 시사적인 담론을 담고 있는 책. [송영배 옮김, 『공자의 철학』(서광사, 1993)]

Daniel K. Gardner, *Chu Hsi and the Ta-hsüeh: Neo-Confucian Reflection on the Confucian Canon* (Cambridge, MA: Council on East Asian Studies, Harvard University, 1986). 『대학』을 유교 교육에 중심 문헌으로 만든 주희의 해석적 전략을 다룬 세심한 분석.

A. C. Graham, *Disputers of the Tao* (La Salle, IL: Open Court, 1989). 일반적인 중국사상사의 맥락에서 중국 사상 형성 시기의 유교 비전을 다룬 책. [나성 옮김, 『도의 논쟁자들』(새물결, 2001)]

David Hall and Roger Ames, *Thinking Through Confucius* (Albany: State University of New York Press, 1987). 현대의 철학적 담론에 대하여 유교

윤리를 소개한 책.

Hsiao Kung-ch'üan, *A Modern China and a New World: K'ang Yu-wei, Reformer and Utopian, 1858~1927* (Seattle: University of Washington Press, 1975). 근대 서양의 도전에 대한 중국의 창조적인 대응이라는 맥락에서 주요 근대 중국 사상가 중 한 사람인 캉유웨이를 다룬 책.

Michael C. Kalton, ed. and trans., *To Become a Sage: The Ten Diagrams on Sage Learning by Yi T'oegye* (New York: Columbia Press, 1988).

Joseph R. Levenson, *Confucian China and Its Modern Fate: A Trilogy* (Berkeley: University of California Press, 1968). 유교적 휴머니즘의 근대적 변화에 관한 중요한 연구서.

Thomas Metzger, *Escape from Predicament: Neo-Confucianism and China's Evolving Political Culture* (New York: Columbia University Press, 1977). 중국의 근대적 변화에서 유교 윤리의 역할에 대한 베버의 해석을 진지하게 비판한 책.

Donald Munro, *The Concept of Man in Early China* (Stanford: Stanford University Press, 1969). 고전적인 중국 사상 안에서의 인간 본성에 대한 균형 잡힌 저술.

Benjamin I. Schwartz, *The World of thought in Ancient China* (Cambridge, MA: Harvard University Press, 1985). 유교의 가르침에 대한 비교적이고 문명적인 시각을 제공하는 연구서. [나성 옮김, 『중국 고대 사상의 세계』 (살림, 2004)]

Lee H. Yearley, *Mencius and Aquinas: Theories of Virtue and Conceptions of Courage* (Albany: State University of New York Press, 1990). 맹자를 인간 조건에 대한 창의적인 이상을 지닌 사상가로 효과적으로 묘사해 냄으로써 비교종교학에서 독창적인 기여를 한 연구.

HINDUISM
BUDDHISM
CONFUCIANISM

# TAOISM

JUDAISM
CHRISTIANITY
ISLAM

일러두기–옮긴이

1. 이 글에서 '도가'라는 표현은 철학적 도교(philosophical Daoism)를 말하며 '도교'는 종교적 도교(religious Daoism)를 지칭한다. 표기상의 편의를 위해 '도가'와 '도교'로 표현하지만, 이는 철학과 종교라는 이질적인 흐름을 나타내는 것이 아니라 도교라는 하나의 전통을 공유하고 구성하는 두 가지 주요 맥락을 나타낸다.

2. 그런데 도교 일반, 즉 'Daoism'을 나타내는 표현과 종교적 도교를 나타내는 표현이 동일하므로 이들 사이의 혼동을 막기 위해 필요에 따라 종교적 도교를 나타낼 경우에는 '도교(religious Daoism)', 도교 일반을 나타낼 경우에는 '도교(Daoism)'라는 표현을 사용할 것임을 밝혀둔다.

# 도교의 정의

몇 해 전, 〈뉴욕타임즈(The New York Times)〉의 기사 때문에 학계가 떠들썩했다. 하퍼 앤드 로우(Haper & Row) 출판사가 한 중국 고전의 영어판권을 획득했는데, 동일한 종류의 작품으로는 전례가 없는 역대 최고의 판권료를 지불했다는 것이다. 더욱이 이 책의 영어판 저자인 시인, 스티븐 미첼(Stephen Mitchell)은 중국어도 모르는 사람이었다.

오천 자(五千字)로 이루어진 이 고전은 다름 아닌 『도덕경(道德經)』(혹은 『노자(老子)』라고도 한다)이다. 『도덕경』은 이 글에서 다루게 될 도교 전통을 이해하는 데 가장 핵심적인 문헌이다. 스티븐 미첼이 『도덕경』을 출판하게 됨으로써 드러난 것은 이 고전이 크기와 형식면에서 절제(economy)와 보편성의 철학을 모범적으로 잘 보여 주고 있다는 사실이다. 그리고 이러한 철학은 나아가 번역에 사용되는 용어에도 영향을 미쳤다. 즉 도교적 원리에 따라 절제된 간결한 표현을 통해 더욱 풍부한 의미를 담아내고자 했으며, 절제된 번역 자체가 다시 한번 이러한 도교적 메시지를 드러나게 하였다. 그런데 여기에서 우리는 현대 세계에 꼭 필요한 또 하나의 메시지를 볼 수 있다.

문명과 기술의 급속한 발전은 인류에게 컴퓨터나 고속도로, 제트여객기, 우주선, 핵무기와 같은 기술 혁신을 가져다주었지만, 동시에 생태 위기나 정신적 혼란의 문제도 초래했다. 현대화에는 이점보다 문제점이 더 많다. 만약 이 문제들을 해결하기 위해 노자에게 가르침을 달라고 한다면, 그는 자신이 이미 2,000년 전에 현재 우리가 직면하고 있는 결과를 예견했음을 일깨울 것이다. 사실상, 우리가 노자의 가르침을 받아들였더라면 현대 사회의 위기는 훨씬 덜 심각했을지도 모른다.

점차 많은 사람들이 노자에 대해 알게 되었고, 심지어 그가 『도덕경』의 저자이며 도교 최초의 사상가임을 아는 사람들도 있다. 그러나 도교는 알면 알수록 분명하게 규정하기 힘든 종교이다.


## 도교란 무엇인가?

문자적으로 도교(Daoism)라는 말은 '도(道)' 곧, 길이 가진 의미의 중요성에 주목한 한 학파를 가리킨다. 그러나 도에 대해 언급했던 대부분의 학자들, 그리고 유가나 법가와 같은 다양한 중국의 학파들은 도라는 용어를 다양한 의미로 사용했다. 심지어 도교인들조차도 도에 대해 각각 다르게 설명하기도 한다. 이것은 흔한 현상이다. 교리가 널리 퍼지게 되면 될수록, 그 교리의 의미는 더 애매해지는 법이다. 비록 도라는 단어를 통해 도교의 독특한 의미를 완전히 설명할 수는 없지만 다음과 같은 두 가지 사실은 말할 수 있다. 우선 다른 어떤 철학 체계나 종교 체계보다 도교에서 도 개념이 더 높은 지위를 차지한다는 것, 그리고 도가 노자와 장자의 철학 체계에서 가장 중요한 개념이라는 것이다. 더욱이 도라는 용어가 도교 형이상학의 핵심에 위치한다는 점이 강조되면서 도교 체계에 고유한 의미를 부여하게 되었다.

어떤 개념들은 단순히 이론적 성격만 가지고 있으며 어떤 사실이나 사건과 관계없이 고안되는 반면, 어떤 개념들은 좀 더 직접적으로 복잡한 현상이나 사건들과 관계된다. 도교라는 개념은 바로 후자에 속한다. 현존하는 중국 고전 문헌 중, 도교라는 용어가 언급된 가장 초기 문헌은 『사기(史記)』이다. 『사기』는 중국 최초의 공식적인 역사서로서 노자의 시대보다 거의 400년 뒤에 사마친(司馬遷, 기원진 145~기원진 86년)에 의해 작성된 것이다. 사마천에 따르면 당시 도교는 황로학파(黃老學派)와 동일시되었던 것으로 보인다. 황로학파란, 전설상 중국 최초의 왕으로서 중국인들 모두의 조상인 황제(黃帝)와 노자에서 그 이름을 따온 것이다. 황로도(黃老道)는 전국 시대 중엽인 기원전 3~4세기에 출현해서 기원전 2세기, 즉 전한 시대(前漢時代)에 유행하였다. 그러나 이후부터 도교라는 용어의 의미가 복잡해졌다. 기원전 3세기에는 또 다른 도교 분파인 현학(玄學)이 번창하였는데 이때는 도교를 황제보다는 노자와 장자와 연관시켰다. 이는 도교 학파가 사회정치적 이론에서 개인적이고 정신적인 가르침으로 바뀌어 인식되었음을 나타낸다. 그리고 노자를 창시자라고 주창하며 불사(不死)를 추구하는 종교적 운동에 도교라는 용어가 사용되기도 하였다.

현대 중국학자들은 도교를 두 가지 형태로 이해한다. 도가(道家), 즉 철학적 도교와 도교(道敎), 즉 종교적 도교로 나누어 인식한다. 철학적 도교는 전국 시대와 전한 시대 초엽인 기원전 5세기부터 기원전 2세기까지 유가(儒家)와 법가(法家)와 어깨를 견주었다. 그리고 종교적 도교는 중국인들에 의해 형성된 토착적이며 중국 고유의 종교 운동으로서 기원전 3세기 이후부터는 불교, 유교와 더불어 삼교(三敎)에 포함되었다. 대부분의 중국 학자들은, 근대 이전의 중국에서 유교가 가장 중요한 역할을 담당했으나 도교처럼 종교적 사원이나 승려와 같은 제도화된 종교적 구성 요소를 갖추지 못했다고 지적한다.

## 도가

현대 중국의 학자들은 대부분 도가(道家), 즉 철학적 도교가 기원전 6세기에 노자에 의해 시작되었으며 기원전 2세기에 융성했던 것으로 보고 있다. 도가에는 장자학파와 황로도, 그리고 현학까지 포함된다. 초기 도가의 핵심 교의는 도(道)가 우주의 고유한 근원으로서 도에 의해 모든 만물이 존재한다는 것이다. 즉 세상의 모든 만물은 긍정적인 부분과 부정적인 부분으로 구성되며 이들 상반되는 양자는 항상 상대편과 자리를 서로 바꾸게 된다. 또한 인간은 의도적이고 비본성적인, 혹은 비자연적인(unnatural, 有爲的) 행위를 버리고 자연의 법칙을 따라야만 한다.


## 도교

도교(道教, religious Daoism)는 몇 가지 특징이 있는데 이는 기원전 2세기, 후한 시대에 시작되어 오늘까지 이어지고 있다. 불교의 영향을 받았음에도, 도교는 현대 중국의 여러 종교—불교, 유교, 이슬람, 천주교, 개신교—중에서 중국의 토착 종교를 대표한다. 도교의 다신교적 체계(polytheistic system) 안에는 신들에 대한 숭배와 조상 숭배 양자 모두가 포함된다. 도교의 대중적인 양태를 보면 여러 신이나 혼령 혹은 귀신들의 만신전(pantheon)이 대표적으로 눈에 띈다. 도교는 좋은 날씨를 기원하는 기도나 조상신에 대한 제사, 악귀를 축출하는 것 등, 중국인들에게 알려져 있는 거의 모든 고대 제의를 흡수하였다.[1] 다른 종교들과 달리 도교는 내세의 삶에 대해서는 관심이 없다. 중국의 종교 가운데에서 유일하게, 도교는 거의 전적으로 육체의 불사를 추구하는 것으로 보인다. 그러므로 도

---

1) Donald E. MacInnis, *Religion in China Today: Policy and Practice* (Maryknoll, NY: Orbis Books, 1989), p. 205.

교는 다소 세속적인 특성을 보인다. 중국의 많은 민간 설화에 보면 도교의 신들—특히 여성신들—은 이 세상에 내려와서 일반인들과 서로 관계를 맺곤 하는데, 경우에 따라서는 그들과 결혼하여 세속적인 삶을 살기도 한다.

현재 중국에는 기본적으로 두 개의 주요 도교 분파가 존재한다. 하나는 정일교(正一敎)인데 이 분파는 후한 시대(25~220년)에 장도릉(張道陵)이 창시한 오두미도(五斗米道)에서 유래한 것이다. 그리고 다른 하나는 금(金, 1115~1234년)나라 때 도교 개혁가인 왕철(혹은 왕중양[王重陽])과 그의 제자인 구처기(丘處機)에 의해 성립된 전진교(全眞敎)이다. 정일교는 타이완에서 더 두각을 나타내고 전진교는 중국 본토에서 두각을 나타낸다. 불교 승려와 마찬가지로 전진교 도사들은 도교의 사원인 도관(道觀)에서 생활하며 도복(道服)을 입고 제한된 섭생을 한다. 반면, 정일교의 도사들은 보통의 식사를 해도 되고 의무적으로 두발을 가리거나 집을 떠나지 않아도 되며 보통 재가 도사(在家道士)로 알려져 있다.


## 도교인

도교인이란 누구인가? 이론적으로 말해, 도교인(Daoists)이란 다양한 그룹, 즉 철학적 도교를 실천하는 사람들, 종교적 도교를 믿는 사람들, 그리고 도교의 승려인 도사(道士)를 말한다. 그러나 실제로 도교인이라는 용어는 각 개인이 가지는 도교에 대한 태도를 나타내는 것이기 때문에 도교인이 누구인지를 명확히 하기는 어렵다.

중국에서 유교 다음으로 가장 중요하고 영향력 있는 중국 고유의 철학이 바로 도교 학파의 철학이다. 유교를 제외하면 고대의 다른 어떤 교설도 도교만큼 오랜 기간 역동성을 유지하거나 중국인들의 심성에 호소력을 가지지 못했다.[2] 중국 지성인들에게 도교 철학은 정신적인 자유를 추구하고 사회적 압력과 불행에서 벗어나는 중요한 길이었다. 정치적인 것을 좋아하지 않는 몇몇 관리들은 도교 철학의 문헌들을 읽고 그것에 대해 이야기를 나눔으로써 압박감을 해소하고 마음의 평정을 되찾았다. 고대나 현대 할 것 없이, 중국의 문학가들이나 미술가들은 도교적 낭만주의로부터 영감을 얻었고 도교 안에 그들의 상상력의 원천을 자극할 만한 요소가 많음을 발견했다. 현재 중국의 신세대들 또한 도교 문헌 안에서 자유와 개인주의 관념을 발견하고 있다.

심지어 현대 중국에서 가장 중요한 마르크스주의 정치가였던 마오쩌둥조차 도교 철학의 몇몇 핵심 요소를 채택했다. 예를 들어, 중일전쟁(1937~1945년) 초기에 마오쩌둥은 「지구전을 논함(論持久戰)」이라는 유명한 글을 발표하였는데, 이 글에서 그는 일본보다 약세에 있는 중국 인민들이 장기전을 통해 전쟁 장비를 잘 갖춘 일본 제국주의자들을 물리칠 것이라고 역설하였다. 이러한 믿음은 부분적으로, 약한 것이 강한 것을 이기고 부드러운 것이 딱딱한 것을 이긴다는 노자의 사상에서 유래한 것이다. 중국의 재건 시기인 1950년대 중반 마오쩌둥은 「열 가지 관계를 논함(論十大關係)」라는 글을 발표했는데, 그는 군사적 역량을 증강시키기 위해서 국내 건설에 더욱 집중해야 함을 강조했다. 또한 중공업 발전을 위해서는 우선 경공업 개발에 힘을 써야 한다고 강조했다. 이 제안은 노자의 방법론을 적용시킨 대표적 예이다. 다시 말해 어떤 목적을 실현하기 위해서는 그와 상반되는 것, 대립적인 방법으로부터 출발해야 한다는 것이다.

---

2) Wm. Theodore de Bary, ed., *Sources of Chinese Tradition* (New York and London: Columbia University Press, 1960), p. 50.

불행하게도 마오쩌둥은 자신이 글에서 보여 주었던 정신을 망각하여, 2년 뒤에 대약진(大躍進)과 대련강철(大煉鋼鐵) 운동과 같은 범국가적 캠페인을 벌여 학생, 농부, 사무원, 공직자, 가정주부 등 모든 계층을 동원, 전국적인 제강 작업을 추진하였다. 그 목적은 영국이나 미국과 같은 양의 철을 생산하기 위한 것이었다. 그러나 그러한 대중적 전략은 오히려 중국을 재난의 벼랑 끝으로 몰고 갔다. 엄청난 양의 석탄과 나무를 모두 불 때서 없앴으며 수많은 철제품들이 무용지물(無用之物)이 되어 버렸다. 이 시기 동안 적어도 2,000만 명의 중국인들이 기아에 시달리다 죽었다.

도교 철학이 중국인들 특히 중국의 지성인들의 삶에 많은 영향을 미쳤음에도, 중국인들의 삶을 전반적으로 지배하는 제일의 체계로 선택되지는 않았다. 특히 권력을 가진 사람들의 경우에는 더욱 그러했다. 도교 철학은 기본적으로 반전통적이며 사회 경쟁에서 뒤진 약자들을 위한 안내자였다. 따라서 도교 철학은 자신이 누리는 부나 성공을 계속 유지하려고 애쓰는 사람들보다는 세상에서 운이 따르지 않는 사람들에게 더 흡인력이 있었다. 2,000년이 넘는 기간 동안 도교 철학 중 단지 한 지류만이 정치에서 주도적인 위치를 차지하였다. 즉, 기원전 2세기 전반, 전한 시대에 황로학파만이 당시 중국에서 정치적인 영향력을 행사할 수 있었다. 현대 중국에서는 도교 철학이나 도교 경전에 많은 관심을 가지고 있음에도, 스스로를 도가(道家), 즉 철학적 도교인이라고 생각하는 사람은 거의 없다.

그러나 도교(religious Daoism)의 경우는 상황이 다소 다르다. 도사들은 물론 자신을 도교인이라고 표명한다. 전진교의 남성 도사와 여성 도사는 고대의 도복과 행전을 착용하고 머리를 길러 상투 모양으로 위로 올려 묶는다. 또한 그들은 특별한 도교식 모자인 도관(道冠)과 신을 착용한다.

그러나 일반 신도들은 특별히 구분하기가 쉽지 않다. 그리고 실제로 도교 의례에 참여하고 도교 신앙을 가진 사람 수보다 통계적으로 조사한 도교인의 수가 훨씬 적은 데에는 많은 이유가 있다. 예를 들어 보자. 승가 생활을 하는 전문적인 종교인들을 제외하면, 중국에서 종교는 일반적으로 가족이나 사회적 삶과 폭넓게 얽혀있다. 중국 문화에서 종교 전통은 도덕적 실천이나 철학적 교의, 사회적 관습이나 민담과 명확히 구분되지 않는다. 사실, 근대 이전의 중국어에는 'religion'에 해당하는 용어조차 존재하지 않았다. 근대에 와서 서구 언어에 합치되는 중국어를 만들게 된 것이다. 중국의 일반인들은 대개 어떤 조직화된 분파에 소속되지 않으며 종교적 생활을 하는 것과 신조(信條)를 받아들이는 것은 서로 별개의 것이라고 생각한다.

중국에서 발생하여 성장한 토착 종교로서 도교는 형성되는 과정에서 중국의 민간 신앙이나 풍습을 많이 흡수하였다. 그리고 민간의 종교 활동과 지속적으로 상호 관계를 맺으면서 발전하였다. 도교는 매우 다양한 학파의 사상과 많은 문헌들을 수용하였으며 따라서 『도장(道藏, 불교의 대장경에 해당하는 도교의 경전 모음집—옮긴이)』은 중국 토착 문화의 거대한 백과사전이라 할 수 있다. 심지어 사람들은 때때로 자신이 참여하는 행사가 도교 행사라는 것조차 모르기도 한다.

반전통적인 특성을 가진 5·4운동(1919년)이래 도교는 다른 종교들과 더불어 과학과 민주주의라는 명분 아래 지성인들의 공격을 받았다. 예를 들어 20세기 초의 개혁자인 량치차오(梁啓超)는 도교가 매우 수치스러운 전통이며 도교 활동은 국가에 전혀 도움이 되지 않는다고 기술하였다.[3] 오늘날에도 몇몇 사람들은 세속적 목적이나 사후 세계를 내세운 목적을

---

3) MacInnis, *Religion in China Today*, p. 206.

성취하기 위해 도교인들이 연금술이나 주술적 방법을 사용한다는 점을 들어 도교와 미신을 동일시한다.

중화 인민 공화국이 건립된 1949년 이후, 많은 도교 사제늘이 생계를 연명하기 위해 농부가 되었으며 낳은 노관이 문을 닫거나 파괴되었다. 최근의 통계에 따르면 중국 본토에 약 3,000명의 남자 도사와 여자 도사가 있으며 그 숫자는 알려지지 않았지만 도교 신자들도 존재한다고 한다.[4] 그러나 축제 기간에는 도관이 매우 인기가 높다. 예를 들어 1985년 원소절(原宵節, 중국의 정월 대보름날을 지칭하며 '등불의 날'이라고 명명하기도 함—옮긴이)에 광저우(光州)시에 있는 도관은 무려 11만 명이나 되는 도교 신도와 축제 참가들로 북새통을 이루었다.[5] 그리고 우당산(武當山)에 있는 도관의 경우에는 1년에 대략 70만 명의 순례자들이 방문한다. 이렇듯 분명히 도교가 널리 영향을 미치고 있음에도, 아직 대부분의 사람들은 자신이 도교 신자로 분류되기를 원하지 않는다. 중국에서 도교는 제도화된 종교라기보다는 문화 전통의 한 부분으로서 더 중요하다.


## 현재 중국의 도교

현대 중국에서 도교에 대한 관심은 점차 감소해 왔다. 예를 들어, 문화대혁명(1966~1976년) 이전에 쓰촨성(四川省)의 중심 도시인 청도(成都)에만 백 개 이상의 도관이 있었는데 지금은 오직 한 개의 도관이 있으며 성(省) 전체에서 겨우 네 개의 큰 사원만이 대중에게 개방되어 있다. 예전에는 남녀 도사가 천 명 이상이었고, 1949년 무렵에도 오백 명은 되었는데,

---

4) 李養正, 『道敎』 (北京: 中國道敎協會, 1988), p. 189.
5) MacInnis, *Religion in China Today*, p. 204.

1992년에는 겨우 수십 명만이 남아있었다. 그나마 그들 중 대부분은 나이든 도사 밑에서 수학하는 젊은 신참 수련생들이다. 중국 정부의 종교 통계에 따르면 푸젠성(福建省)에는 도교 신도가 전혀 없으며 불교의 비구와 비구니의 수가 9,675명인 것에 비해 도교의 남녀 도사는 겨우 79명이라고 한다.[6]

토착 종교로서 도교가 대중적인 호소력을 대부분 상실하였음에도 도교의 영향은 사라지지 않았으며 어느 정도는 회복 중이다. 백 개의 도교 수도원과 도관이 1980년대에 개방되었고 그 가운데 약 스무 곳의 도관에서 젊은 사제들이 훈련을 받고 있으며, 각 도관마다 거의 20명 정도의 젊은 사제들이 있다. 1982년 이후 베이징(北京)에 있는 백운관(白雲觀)은 여러 수련 과정을 개설하여 매년 40명의 남성 수련생들이 그 과정에 참가하고 있다. 그리고 1988년에는 여성 수행자들을 위한 6개월 과정의 특별반이 개설되었다. 상하이(上海)에는 1986년부터 3년 과정의 도사반이 개설되어 31명의 수련생이 참가하였다. 전국 각지에서 젊은 남녀들이 도교의 수도 생활을 접하기 위해 도교의 성산(聖山)으로 모여든다. 그러나 정부에 의해 도사 할당 수가 제한되어 있기 때문에 도관에서는 그들을 강제로 돌려보내기도 한다. 도사 후보생이 되기 위해서는 다음과 같은 조건들을 충족해야 한다. 우선 자발적인 의지에 의해 도사가 되기를 원해야 하며, 가족의 승인이 있어야 하고, 미혼이어야 하며, 30세 이전이어야 한다. 그리고 고등학교 과정을 마친 사람이어야 한다.

도관의 숫자가 감소했음에도 사회주의 체제 아래의 지방 정부에서는 역사 유적(遺蹟)인 도관을 중건(重建)하는 것을 돕고 있다. 베이징의 백운

---

6) MacInnis, *Religion in China Today*, p. 204.

관의 경우 1984년 당시 백만 위엔(元)의 비용을 들여 복원하였다.[7] 그러나 대다수의 도관이 그렇게 대우받지는 못한다. 도관은 사유 재산도 아니고 국가 소유도 아니며 공장과 같이 기업 단체도 아니다. 도관은 정부의 자급 정책을 따른다. 일반저으로 도관은 수입 산출을 위해 두 가지 업무를 수행한다. 생산과 봉사 업무가 그것이다. 여러 큰 도관들은 술, 탄산수, 그리고 차를 생산하는가 하면 도관 방문객이나 여행자들을 위한 봉사를 한다. 그리고 때에 따라서 기부를 받기도 한다.

그동안 도교가 쇠퇴했기 때문에 그 교리도 크게 발전하지 못했다. 그러나 도교의 종교적 수행과 교의는 사회주의 사회 속에서 일종의 변화를 겪었다. 예를 들어 남녀 도사들은 자신이 인민들을 위해 봉사하고 사회주의 체제를 돕고 있으며 자신의 계급이나 급료 역시 정부 기관의 공무원들과 같다고 명시한다. 또한 도사들은 장생불사에 대한 이해를 새롭게 발전시켰다. 저명한 도관의 감원(監院)에 따르면, 오늘날 도사들은 '너 자신을 완전히 불살라 하늘로 올라가라(火化昇天)'는 말이 살아 있는 동안 자신을 진짜 불로 태워야 한다거나 죽은 뒤에 육체를 태워야만 한다는 것을 의미하지 않는다고 믿는다. 그것은 종교적 열망의 불꽃으로 육체가 타 없어지게 되면 영혼이 하늘로 올라가고 신선이 될 수 있음을 의미한다. 장생불사는 도교의 가장 중요한 원리이다.[8]

현대의 도사들은 도관이나 수련원(修鍊院) 안에서의 일상 업무를 포함하여 도교의 규율이나 수행법을 엄격하게 준수하기는 하지만, 몇 가지 계율이나 금기 항목, 규정 등을 철폐시키기도 했다. 젊은 도사 수련생 중 일부는 영어를 공부해야만 하는데, 그 가운데 소수의 수련생들은 큰 관

---

7) MacInnis, *Religion in China Today*, p. 213.
8) MacInnis, *Religion in China Today*, p. 208.

심을 가지고 영어책을 읽고 있으며 현대 서구의 철학과 양자역학에서 도
(道)에 대한 정보를 발견하기도 한다. 젊은 도사들은 또한 도사로서 하는
일들이 개인을 위한 것이 아니라 공공 사회를 위한 것임을 분명히 밝히
고 있다.[9] 이들 젊은 세대가 앞으로 중국에서 도교의 이미지를 새롭게 창
출할 수 있을 것으로 기대된다.

현재 중국에서 도교가 미치는 가장 큰 영향은 대중문화와 일상생활
안에서 찾아볼 수 있다. 최근 10년 사이에 매우 인기가 높아진 기공(氣
功)은 중국의 전통적인 수양(修養)과 치료 기술이다. 기공은 불교와 유교
의 영향도 받았지만 내용의 대부분은 도교 경전이나 도교 체험에서 유래
한 것이다. 도교가 끼친 또 다른 영향은 무술(武術, 또는 쿵푸)에서 찾아
볼 수 있다. 젊은 사람들 중에는 영화나 대중 소설에서 불사신으로 등장
하여 무술로 악당을 물리치는, 동양의 로빈 훗(Robin Hoods)이라 할 만한,
도사나 도를 닦는 영웅들의 낭만적 이미지 때문에 도교에 이끌린 이들도
있다.[10] 또한 나이 든 사람들의 경우, 도교 전통에서 개발한 다양한 장생
(長生)의 기술이나 비법(秘法)에 관심을 가지고 있으며 점차 많은 사람들
이 건강과 질병 치료를 위한 다양한 식이 요법 혹은 처방을 받아들이고
있다. 즉, 도교 전통은 점차 세속적 삶에 침투하고 있다.

일반적으로 말해, 도교의 영향이 가장 강한 곳은 중국 남부의 향촌 지
역이다. 그리고 중국의 전통문화가 잔재하는 곳이라면 어디에서나 도교
가 활약하고 있다. 타이완, 홍콩, 싱가포르, 인도네시아, 태국, 하와이, 그
리고 뉴욕이나 샌프란시스코, 밴쿠버, 토론토와 같은 서구의 도시에서도
도교가 활동 중이다. 왜냐하면 도교 전통은 이미 중국 문화 속에 깊숙이

---

9) MacInnis, *Religion in China Today*, p. 206.
10) MacInnis, *Religion in China Today*, p. 206.

스며들어 있기 때문이다. 도교 전통이 가장 성행하는 곳은 타이완이다. 17~18세기에 도교가 타이완으로 유입되었는데 당시 수많은 이민자들이 중국 본도의 푸젠(福建)지방에서 타이완으로 건너오면서, 동시에 도교도 타이완에 정착하게 된 것이다. 1938년 타이완 국민들이 다양한 방법으로 일본에 저항하려고 하자 일본 총독은 타이완에 있는 전통 종교의 사찰이나 사당을 모두 없애려는 작업에 착수하였다.[11] 그러나 제2차 세계 대전이 끝난 뒤에 일본의 계획은 실패로 돌아갔다.[12] 1949년 오두미도의 63대 천사(天師)인 장언푸(張恩溥)가 본토에서 타이완으로 이주하면서 도교에 새로운 자극과 추진력을 제공했다. 이로써 도교, 특별히 정일교는 주변의 다른 민간 종교와는 달리 전통적인 면모를 여전히 유지할 수 있게 되었다. 1960년대 이후 도교는 타이완에서 다시 부흥하였고 도관 건설과 복구 사업이 많이 진행되었다. 1992년 타이완에는 4,000개 이상의 도관이 있었으며 그 가운데 대부분은 정일교에 속하는 것으로 알려져 있다.


## 도가와 도교

20세기 초까지만 해도 영어 'religion'이나 'philosophy'에 상응하는 중국어가 존재하지 않았다. 따라서 근대 이전의 중국에는 도가(道家, philosophical Daoism)와 도교(道敎, religioous Daoism)의 차이가 그다지 인식되지 않았다. 19세기 초에 영어권에서 'Daoism(도교)'이라는 개념이 만들어졌는데, 이 개념은 도교(religious Daoism)와 도가(philosophical Daoism) 사이의 차

---

11) H. Welch and A. Seidel, *Facets of Taoism* (New Heaven: Yale University Press, 1979), p. 287.
12) 趙家焯, 『道敎通詮』 (臺灣: 華岡出版社, 1973), pp. 108~109.

이점을 반영하지 못했다. 1950년 이전에, 대다수의 중국학자들은 도가와 도교는 양립할 수 없다고 믿었다. 그러다가 1950년 이후, 주로 프랑스 학자인, 마르셀 그라네(Marcel Granet)나 앙리 마스페로(Henri Maspero), 그리고 그 후학들의 연구 덕분에, 많은 중국학 연구가들이 점차 도교와 도가를, 하나의 공통된 전통 안에 속하는 것으로 볼 수 있음을 깨닫게 되었다.[13] 그럼에도 다수의 중국학자들은 도교와 도가를 확실히 구분하며 따라서 이들 양자 사이의 관계에 대해 연구하는 학자는 거의 드물다.

도가와 도교 사이에는 분명 연관성이 있다. 예를 들어, 노자와 같은 도가의 인물은 도교의 창시자로 인식되고 있으며, 심지어 도교의 만신전(萬神展)에서는 신으로 숭배된다. 가장 초기의 도교 문헌인 『태평경(太平經)』을 비롯한 문헌들은 본래 노자가 전한 것이라고 주장되기도 한다. 그리고 심지어 후대 도교도(道敎徒, religious Daoists)들은 불교에 대항하기 위해 노자가 석가모니의 스승이었다고 주장하기도 하고, 노자에게 '성조대도현원제(聖祖大道玄元帝)' 등 고귀한 명칭들을 많이 부여하기도 했다. 장자나 열자(列子) 같은 다른 도가의 철학자들과 마찬가지로 노자는 분명 신으로 생각되었다.

또한 도가의 고전들은 도교의 성스러운 경전으로서 숭앙되기도 하였다. 『도덕경(老子)』에는 『태상현원황제도덕진경(太上玄元皇帝道德眞經)』이라는 칭호가 부여되었다. 그리고 『장자(莊子)』에는 『남화진경(南華眞經)』, 『열자(列子)』에는 『충허진경(沖虛眞經)』, 그리고 『문자(文子)』에는 『통현진경(通玄眞經)』이라는 칭호가 부여되었다. 도교는 또한 도가로부터 많은 개념과 사상을 빌려왔다. 예컨대 도(道), 기(氣), 천(天), 덕(德), 자연(自然), 무위(無

---

13) D. C. Yu, "Taoism," in *Dictionary of World Religions*, ed. Keith Crim (San Francisco: Harper & Row, 1989), p. 738.

爲), 좌망(坐忘)과 진인(眞人)과 같은 개념을 가져왔다. 『태평경』이나 『포박자(抱朴子)』, 그리고 그 이후에 등장한 도교의 문헌 속에서 우리는 노자나 상자가 사용한 용어나 사상을 종종 빌건할 수 있다.

그러나 도교에 대해 좀 더 포괄적으로 언구해보면, 도교와 도가 사이의 연관성을 지나치게 강조하는 것일 수도 있다는 사실을 알게 된다. 일부 도교도는 도가의 철학자들을 가장 중요한 사상가나 신으로 간주하지는 않는다. 도교의 다신(多神) 체계에는 많은 역사적 거물, 전설적인 영웅, 고대와 현대의 황제, 학자, 혹은 장군이 포함되어 있다. 사실 도교가 발전하면 할수록, 도교의 체계 안에서 신으로 받들던 도가 철학자들의 지위가 점점 낮아졌다. 도교가 공식적으로 성립되기 이전인 1세기에, 황제(黃帝)나 부처와 더불어, 노자에게 제사를 지냈으며 6세기에 작성된 도교 경전인 『진령위업도(眞靈位業道)』에서는 노자가 일곱 단계로 나뉜 신의 계위에서 네 번째에 속한다. 후대에, 노자는 종교적 도교의 최고신 격인 '삼청(三淸)' 중 세 번째 신으로 간주되었다. 도교에서는 경전을 그 중요성에 따라서 크게 세 단계로 분류하는데, 이때 도가의 모든 문헌들은 모두 세 번째 단계에 분류되었다.

도교도가 자신들의 체제 속에서 도가를 더 이상 중요하게 여기지 않게 된 데에는 근본적인 이유가 있다. 도가가 정신적인 초월을 강조한 반면에 도교는 육체적인 영생을 추구하기 때문이다. 사실, 도교는 도가와 반대 방향으로 움직여 나간다. 도가는 사람들이 장생을 추구하는 것이 필요하다고 생각하지 않는다. 노자의 『도덕경』 13장에서는 "내게 큰 곤경이 있는 이유는 내가 육신을 가지고 있기 때문이다. 내가 더 이상 육신을 가지고 있지 않다면, 내게 무슨 곤경이 있겠는가?"라고 했고 75장에서는 "오직 삶 이후를 추구하지 않는 사람만이 의미 있는 삶을 사는 현명한 사람

이다"라고 했다.[14]

또한 장자는 "옛 진인(眞人)은 삶을 기뻐하는 것을 몰랐고, 죽음을 증오하는 것을 몰랐다." "삶과 죽음은 운명이니 마치 어둠과 여명이 번갈아 계속되는 것과 같다……. 인간은 그것에 대해 아무것도 할 수 없다"(「대종사(大宗師)」)고 말했다.[15] 분명히 도가에서는 사람이 삶과 죽음을 선택할 수도 없고 선택해서도 안 된다고 주장했다. 그리고 어느 하나를 갈망하기보다는, 오히려 삶과 죽음의 차이를 초월해야 한다고 주장했다. 비록 『도덕경』과 『장자』 안에 장생에 대해 모호하게 언급한 것이 있기는 하지만, 도가 철학자들 가운데 누구도 장생불사 사상에 초점을 두지 않았다. 삶과 죽음에 대한 초월적인 태도야말로 도가의 중심적인 원리, 즉 자연을 따르고 자연법칙에 반하는 행위를 하지 않는 무위자연(無爲自然)의 원리를 반영하는 것이다. 이와 반대로, 도교에서는 장생불사의 가능성과 그 중요성을 핵심 교리로 여긴다.

또한 도가와 도교는 사회적 통치자에 대해서도 서로 다른 태도를 보인다. 우선 도가는 반전통적(antitraditional)이며 일반적으로 통용되는 가치들에 대해 초월적 태도를 보인다. 노자와 장자 모두 통치자들을 비판했고 유교의 정치, 도덕 이론을 비판했다. 이들 양자는 통치자나 법 또는 도덕이 없다면 사회가 더욱 살기 좋아질 것이라고 믿었다. 반면에 도교도들은 군왕과 유교를 존중했다. 예를 들어 도교인인 갈홍은, "신선이 되기 원하는 사람은 반드시 충효, 그리고 인애로움(仁)과 신의(信)를 따르는 것

---

14) 『老子』, 제13장, 영문역은 D. C. Lau의 *Chinese Classics: Tao Te Ching* (Hong Kong: Chinese University Press, 1982)를 수정 보완한 것이다.
15) Burton Watson, *The Complete Works of Chuang Tzu* (New York and London: Columbia University Press, 1968), pp. 78, 80.

418

을 근본으로 삼아야 한다"라고 말했다.[16] 또한 그는 유교를 위해서 『포박자』「외편(外篇)」을 썼다. 또 한 명의 핵심적인 도교인인 구겸지(寇謙之)는, 도교인은 반드시 유교를 배워서 황제가 세상을 통치하는 것을 도와야 된다고 말했다.

이와 달리 장자학파의 한 지류인 무군파(無君派, no-sovereignists)의 경우에는 인자하든 잔혹하든 상관없이 모든 통치자를 비난했다. 이에 갈홍은 무군파의 주장을 논박하기 위해서 『포박자』 안에 특별히 「힐포(詰鮑)」편을 썼다. 도교는 도가보다 현실과 실제적인 이익에 더 많은 관심을 기울인다. 일반적으로, 도가는 도교에 비해 더 개인주의적이고 비판적인 반면, 도교는 도가에 비해 더 사회적이고 실천적이다. 그러므로 도교도들은 도가의 용어들(도, 덕, 무위)을 사용할 때, 자신들만의 독특한 의미를 새롭게 부여했다.

---

16) 『抱朴子內篇校釋』(北京: 中華書局, 1985) 第3章, p. 53.

# 노자와 도교의 기원

비록 노자가 살았던 시대나 그의 정체성에 대해서는 서로 다른 견해를 가지고 있음에도, 대부분의 중국학자들은 노자를 도교 전체에서 가장 중요한 인물이라고 생각한다. 기원전 2세기 말에 지어진 사마천의 『사기』「노자열전(老子列傳)」에 따르면, 노자는 공자와 동시대인 기원전 6세기에 살았으며 공자보다 약간 앞서 태어난 것으로 보인다. 최근에 저자가 『도덕경』과 『시경(詩經)』의 문체 대조를 토대로 연구한 바에 따르면 사마천의 기록은 타당성이 있어 보인다. 앞으로 새로운 사실이 발견되어 지금까지의 결론이 바뀌지 않는 한 말이다.[17]

사마천에 따르면, 노자의 성은 이(李)요, 이름은 이(耳)이며, 담(聃)이라고도 알려져 있다. '노(老)'는 늙음을 의미하고 '자(子)'는 고대 중국에서 훌륭한 선비에 대한 존경을 표현하는 칭호이다. 따라서 노자(老子)는 글자 그대로 보면 늙은 스승(the old master)을 의미한다. 그는 지금의 허난성(河南省) 남부에 해당하는 초(楚)나라 출신으로서, 공자에게 예(禮)를 가르친 것으로 알려졌다. 또한 전해지는 이야기에 따르면, 노자는 오랜 기간 주(周)나라에 머물렀는데, 주나라가 곧 망할 것을 예견하고는 서쪽으로 떠날 것을 결심했다고 한다. 노자가 함곡관(函谷關)이라는 곳을 지나

---

17) Liu Xiaogan, "Afterword," in *Classifying the Chuang Tzu Chapters* (Center for Chinese Studies, University of Michigan, 1994).

는데, 그곳의 관령(關令, 관문지기)이었던 윤희(尹喜)라는 인물이 그를 붙잡고, 속세를 떠나 은둔하기 전에 자신을 위해 책을 한 권 써줄 것을 간청하였다. 이에 노자는 약 오천 자(五千字)를 가지고 두개의 장(chapters)으로 나누어 도(道)와 덕(德)의 의미를 기록하였다. 이 책은 그의 이름을 따서 『노자』라고 불리었으며 또한 후대에 가서는 『도덕경』이란 이름으로 알려지게 되었다. 비록 일부 단어와 문장이 후세의 편집자들이나 저술가들에 의해 추가되었을 가능성은 있지만, 『노자』 혹은 『도덕경』이야말로 노자철학을 분석하는 데 필수불가결한 저술이다.


## 도교의 형이상학

노자는 중국 지성사에서 최초로, 도 개념에 중심을 둔 간결한 형이상학 체계를 전개하였다. 도(道)는 문자 그대로 '길'을 의미하는데, 종종 정치적·도덕적 원리를 내포하는 것으로 그 의미가 확장되어, 다른 학파들이 이를 통해 다양한 사상을 표현하기도 하였다. 그렇지만, 도 혹은 길에 전적으로 새로운 의미를 부여한 것은 노자였다. 노자는 도를 우주의 보편적인 근원으로 보았으며 따라서 그가 말하는 도는 형이상학적인 개념이다. 현대의 언어, 심지어 현대 중국어에서도 노자의 도를 표현하거나 정의하는 정확한 단어를 찾는 것은 불가능하다.

그렇지만 우리는 도에 관해서 약간의 기술은 할 수 있다. 도는 세계의 유일한 근원이다. "도는 일(一)을 낳았고, 일은 이(二)를 낳았고, 이는 삼(三)을 낳았으며 삼은 만물을 낳았다."(『도덕경』 42장)[18] 도는 제일의 근원이

---

18) 모든 『노자』 인용문은 Wing-tsit Chan과 D. C. Lau의 영역본에 근거하여 수정한 것이다. Wing-tsit Chan, *A Source Book in Chinese Philosophy* (Princeton: Princeton Uni-

다, 그리고 일은 원초적 존재 혹은 원초적 혼돈(The Chaos)이다. 이는 음 (陰, 소극적인 것 혹은 여성적인 것)과 양(陽, 적극적인 것 혹은 남성적인 것)을 나타낸다. 그리고 삼은 음, 양, 그리고 양자의 통합이다. 일과 이와 삼에 대한 여러 가지 설명이 있음에도, 기본적으로 이것은 창조에 대한 중국 식 설명이다.

도는 일체의 모든 것을 결정하고 모든 것들은 도에 의지한다. "대도(大 道)는 넓어서 좌우 어디든 미치지 않는 데가 없다. 만물은 그것에 의지해 서 살아가는데 그것은 만물을 외면하는 법이 없다."(34장) "만물은 모두 도를 숭배한다."(51장) 노자는 도가 보편적인 것이며, 만물은 도를 따라 완전하게 발전하며 변화한다고 강력하게 믿었다. 따라서 도는 또한, 우주 의 모든 변화 과정이 진행되는 방식과 최고의 원리를 그 안에 포함하고 있다. 이것이 노자의 간결한 본체론(本體論)이다.

도는 신비하다. "우리는 그것(道)을 보아도 볼 수 없다……. 그것을 들 으려고 해도 들을 수 없다……. 그것을 잡아도 잡을 수 없다……. 이 세 가지는 그에 대해 더 이상 따지거나 물을 수 없으며 섞이어 하나가 된다. 높이 올라가도 그것은 밝지 않고, 내려가도 그것은 어둡지 않다. 그것은 무한하고 끝없기 때문에, 어떠한 이름도 주어질 수 있다."(14장) 우리의 감 각이나 이성으로는 도를 파악할 수 없지만, 그것은 실재 존재이다. 도는 일반적인 지식과 인간의 이해력을 넘어서지만, 사람들은 직관을 통해서 도에 이르거나 도를 얻을 수 있다. "배움을 추구하는 것은 매일매일 늘리 는 것이지만, 도를 추구하는 것은 매일매일 줄이는 것이다."(48장) "창문 으로 엿보지 않아도 하늘의 도(天道)를 볼 수 있을 것이다."(47장) 도를 깨 닫기 위해서는 보통 사람들이 일상적인 인식을 위해 사용하는 방법과는

---

versity Press, 1963)과 Lau, *Chinese Classics*를 보라.

전혀 다른 기술이 필요하다.

도는 어떤 의지나 목적 없이 자연스럽게 작용한다. "사람은 땅을 본받고 땅은 하늘을 본받으며, 하늘은 도를 본받는데, 도는 자연(스스로 그러함, spontaneity)을 본받는다."(25장) 도는 "공(功)을 이루고도 자기 이름을 드러내려 하지 않는다. 온갖 것을 다 입히고 먹이면서도 주인 노릇하려 하지 않는다. 언제나 욕심이 없으니 이름하여 '작음'이라 한다. 만물이 다 그에게로 돌아가지만 주인 노릇하려 하지 않으니 이름하여 '큼(위대함)'이라 한다."(34장) 도는 전적으로 자연적인 과정을 통해서 활동하고, 자연적인 과정들 가운데서 드러난다. 그러므로 도는 의지와 목적을 가지고 세상을 창조한 창조주와는 다르다. 유교에 의하면, 도는 정치와 도덕의 일반 원칙이고, 덕은 개인의 미덕 혹은 기질(본성)이다. 그러나 노자에게 도는 궁극적인 실재이고, 우주의 보편적인 원리이며, 덕은 도가 개별적, 혹은 부분적으로 드러난 것이다. 덕은 인간이나 사물이 생겨날 때 획득하는 것으로서, 그들이 도에 준거해 제구실을 하게 하는 바탕이 된다. 따라서 덕은 모든 사물과 인간의 개별적인 원리이다.


## 노자의 방법론

노자의 철학은 반전통적이며, 그의 방법론은 비범하고 의미심장하다. 노자는 모든 것의 반대편을 포함하고, 각각의 측면은 그 반대의 측면에 의존한다고 언명한다. "존재(있음)와 비존재(없음)는 서로를 낳는다. 어려움과 쉬움은 서로를 완전하게 해 준다. 길고 짧음은 서로 대조를 이룬다……. 앞과 뒤는 서로를 따른다. 따라서 성인은 무위(無爲)로써 일들을 행하고, 말없는 가르침을 펼친다."(2장) 서로 반대되는 한편이 항상 반대에 있는 다른 한편으로 변한다는 이론은 노자 방법론의 철학적 근거이며, 핵심 개념인 무위에 대한 철학적인 근거이기도 한다. 각기 대립되는 자리에 있는 사물이 서로 상대편으로 변한다는 인식은 다음의 중국 격언을 낳았다. '화(禍)에는 복(福)이 기대어 있고 복에는 화가 숨어있다.'

『노자』에는 선과 악, 길고 짧음, 밝음과 어둠, 가득 참과 빔, 앞섬과 뒤따름, 강함과 약함, 아름다움과 추함, 어려움과 쉬움, 총애와 치욕, 우등과 열등, 조급함과 차분함, 영광과 비천함, 남성과 여성, 축소와 확장, 증가와 감소, 공격적인 것과 방어적인 것, 전진과 퇴보, 길함과 흉함, 유와 무 등 서로 짝을 이루는 약 칠십여 개의 개념들이 있다. 대략, 능동성 대 수동성, 강함 대 부드러움, 경쟁 대 관용 등으로 요약될 수 있다. 노자는 이들 대립 쌍에서 전자보다는 후자가 더 이로운 것이라고 선호하였으며, 사람들이 후자로부터 더 큰 이로움을 얻을 것이라고 믿었다. 그는 "수컷(능동적인 힘)을 알면서도 암컷(수동적인 힘)을 지킬 수 있기를……. 흰 것을 알면서도 검은 것을 지킬 수 있기를……. 영예로움을 알면서도 치욕을 지킬 수 있기를"(28장) 주장한다. 또한 좋은 자리에서는 오히려 움직이거나 떨어지기 쉽기 때문에, 싫어하는 자리를 지키는 편이 더 낫다고 한다. 노자의 방법론을 더욱 명확하게 보여 주는 예시들이 있다. "움츠리게 하려면 반드시 쭉 펴 주어야만 하고, 약하게 만들려면 우선 강하게 만들어야 한다. 파괴시키려면 반드시 흥하게 해야 하고 빼앗으려면 우선 주어야 한다."(36장) 노자는 무언가를 추구한다면 우선 그것과 반대되는 것에서 출발하는 것이 필요하다고 말한다. 요약하자면, 노자 방법론의 핵심은 목표를 성취하고자 할 때 반드시 그 정반대로부터 시작하라는 것이다.

정반대의 위치란 무위(無爲)로 요약될 수 있다. 중국어로 무위는 문자 그대로 '행동하지 않음'또는 '아무것도 하지 않음'을 의미한다. 그러나 그

424

것이 절대적으로 아무것도 하지 않음을 주장하는 것은 아니다. 그보다, 무위는 인위적 행위를 부정하거나 제한하기 위해 사용하는 개념 혹은 관념이나. 바꾸어 말하면, 무위란 인위직 행동 특히 사회적 헹위에 대한 폐기 혹은 제힌을 의미힌디. 도교의 무위 이론 안에는 여러 충위가 있다. 즉, 행위 하지 않음 또는 아무것도 하지 않음으로서의 무위, 가능한 한 행위를 거의 하지 않음으로서의 무위, 자연스럽게(spontaneously) 행동함으로서의 무위, 사회에 대한 소극적 혹은 유연한 태도로서의 무위, 사물의 자연스러운 변화를 기다리는 것으로서의 무위, 객관적인 조건과 사물의 본성에 따르는 행위, 다시 말해 자연스러운 행위로서의 무위가 있다. 비록 한 단어로 이렇듯 복합적인 의미들을 다 표현할 수는 없지만, '무위(nonaction)'는 비교적 편리하게 사용될 수 있는 개념이다.

노자는 무위를 통해 평화롭고 조화로운 사회를 이룰 수 있다고 믿었다. 그는 말했다. "사람이 더 교활하고 기교가 많을수록, 나쁜 일이 더 많이 나타나게 될 것이다. 법이나 규범을 더 두드러지게 내세울수록, 도둑이나 강도가 더 많이 생겨날 것이다. 따라서 성인은 말한다. '나는 아무것도 하지 않으나, 백성들이 스스로 변화한다……. 나는 아무 일도 하지 않으나 백성들이 스스로 부유하게 된다.'"(57장) 무위의 반대는 '유위(有爲)' 또는 '행위를 함'이다. 교활함, 기교, 법, 규범은 모두 유위에 속하는 것으로서, 그것은 악한 행위, 도둑질, 강도질을 야기한다. 반대로 무위는 번영과 조화, 그리고 평화를 가져온다. 노자는 무위에 관한 유명한 구절을 만들어냈다. 무위이무불위(無爲而無不爲), 즉 아무것도 하지 않으나 되지 않은 것이 없다. "아무것도 하지 않으나 되지(이루어지지) 않은 것이 없다. 아무 일도 하지 않음으로써 천하를 다 얻는다. 만약 어떤 일을 한다면, 그는 천하를 얻기에 부족할 것이다."(48장) 노자가 무위를 강력히 주장한 것은, 오직 무위에 의해서만 어떤 일을 이상적인 상태로 성취할 수 있다는 확고한 믿음이 그에게 있었기 때문이다.

무위는 수동성이나 유순함, 고요함과 같은 특별한 가치를 가리키는데, 이러한 가치들은 특히 불행하고 약한 사람들에게 유익하고 적합한 것이다. 약자(弱者)가 상대를 이기고 강해지는 데에는 오직 무위만이 도움이 된다. 이점에서 무위가 유용한 것이다. 노자는 말한다. "세상에서 가장 부드러운 것이 세상에서 가장 단단한 것을 이길 수 있다……. 이것을 통해서, 나는 무위의 유익함을 안다."(43장) 그는 또한 주장한다. "세상에서 물보다 부드럽고 약한 것은 없다. 그러나 단단하고 강한 것을 공격하는 데 물보다 더 좋은 것은 없다……. 세상 모든 사람들은, 약한 것이 강한 것을 이긴다는 것과 부드러움이 강함을 이긴다는 것을 안다. 그렇지만 아무도 그것을 실천하지 못한다."(78장) 끊임없이 떨어지는 물방울은 돌에 구멍을 낸다. 바닷가의 물은 바위를 부수고 닳게 만들어 결국 모래나 티끌이 되게 한다. 인간 사회에서 강한 나라들이 쉽게 전쟁을 일으키지만, 약한 나라들이 결국에는 전쟁에서 왕왕 이기기도 한다. 이것은 부드러움이 강함을 이길 수 있다는, 명백한 진리이다. 그러나 이러한 진리는 망각하기 쉽고 지키기 어렵기 때문에, 노자는 이를 반복해서 주장한다.

무위와 연관된 또 하나의 중요한 개념은 자연(自然), 즉 자발성(spontaneity), 혹은 자연스러움이다. 도는 자연적인 것이고, 세상 만물은 자연스럽게(자발적으로) 발전해야 한다. 자연스럽지 못한 노력은 실패하기 마련이다. 우주와 사회생활이 저절로 자연스럽게 발전할 것이라는 믿음은 도교 철학은 물론 무위 이론의 토대가 된다. 현대적으로 자연을 해석하자면, 자연의 준거 안에는 사물의 내재적 발전 동기, 급격한 변화나 단절 없는 사물의 순조로운 발전, 그리고 다툼이나 충돌 없는 사물의 변화가 포함될 것이다.

## 사회와 정치에 대한 도교적 관점

노자는 도교의 사회적·정치적 전통의 토대를 확립했다. 도교적 이상 사회는 자연적이며 조화롭고, 소박한 삶을 사는 원시적인 공동체로서 그곳에는 전쟁과 경쟁이 없다. 노자는 말한다. "적은 인구의 작은 국가가 있게 하라……. 백성들이 자신의 생명을 중히 여겨(죽는 것을 가볍게 여기지 않도록 하여) (위험할 수 있으니) 멀리 이주하지 않게 하라……. 자신이 먹는 음식을 달게 먹게 하고, 자신이 입는 의복을 아름답게 여기며, 자신의 주거지에 만족하고, 자신의 풍속을 기쁘게 즐기도록 하라. 비록 이웃 국가 (공동체)가 서로 바라다 보이고 닭 울음소리와 개 짖는 소리가 서로 들려도, 백성들은 (자신의 삶에 만족하기에) 늙어 죽을 때까지 서로 왕래하지 않을 것이다."(80장) 이는 만족과 평화와 행복의 기운으로 가득 찬 원시 농경 사회 속에서 펼쳐지는 아름다운 도교적 삶을 그린 것이다.

이러한 그림은 현대 사회에 대한 비판을 담고 있다. 노자는 통치자들을 비난한다. "백성들이 굶주리는 것은 통치자가 너무 많은 (세금으로 걷은) 곡물을 먹기 때문이요……. 백성들을 지배하기 힘든 것은 통치자가 너무 많은 것들을 하기 때문이며……. 백성들이 죽음을 너무 가볍게 여기는 것은 통치자가 지나치게 살려고 애쓰기 때문이다."(75장) 도교 철학의 관점에서 볼 때, 통치자는 불운과 혼란의 근원이다. 도교 철학은 중국에서 비정통적 노선과 사회 비판의 중요한 지적 원천이다.

# 도가의 변화

장자(莊子)의 전기(傳記)를 가장 먼저 다루고 있는 것도 역시 사마천의 『사기』이다. 『사기』만이 장자가 어떤 인물이었으며 어떤 삶을 살았는지 보여 주는, 믿을 만한 자료인데, 그 내용은 겨우 245자 정도밖에 되지 않는다. 장자의 삶이나 그의 저술에 대해서도 노자보다는 상대적으로 적지만, 고대의 다른 인물들과 마찬가지로, 논란이 많다. 『사기』에 따르면, 그의 성은 장(張), 이름은 주(周)였다. 자(子)는 '스승'을 말하는 존칭어이다. 따라서 장자는 '장선생(張先生)'이란 뜻이다. 그는 오늘날의 허난성(河南省)과 산둥성(山東省)의 경계 근처에 해당하는, 송(宋)이라는 작은 제후국의 몽(蒙)지방 출신이다.

장자는 기원전 369년 이후에 태어나서 기원전 286년 이전, 즉 전국 시대 중엽에 죽었다.[19] 그는 한때 왕실 칠원(漆園)의 관리—이것이 아마 그가 차지했던 가장 높은 직위였을 것이다—로 근무하기도 했다. 전해지는 이야기에 따르면, 그의 명성을 들은 초(楚)나라 위왕(魏王)이 그를 자신의 나라로 초대하기 위해 사신들에게 선물을 들려 보내며, 꼭 초나라 재상으로 임명하겠다는 약속을 했다고 한다. 그러나 장자는 그저 껄껄 웃으

---

19) 이것은 마서륜(馬敍倫)의 견해이다. 다른 학자들도 대체로 이에 동의한다. 사마천의 『사기』에서 장자가 양(梁)나라 혜왕(惠王)이나 제(齊)나라 선왕(宣王)과 동시대에 살았다고 기술하고 있기 때문이다.

며 사신들에게 말했다. "돌아가시오, 나를 더럽히려 하지 마시오……. 나는 내 마음대로 자유롭게 즐기는 것이 더 좋다오."[20]

장자는 위대한 철학자인 동시에 위대한 작가였다. 그는 중국의 낭만주의와 해학의 가장 중요한 원천이다. 장자는 십만 자 이상의 많은 글자와 52편으로 이루어진 책을 저술했다고 한다. 그러나 오늘날 볼 수 있는 『장자』 판본은 약 칠만 자, 33편으로 구성된 것뿐인데, 이것은 분명 장자 본인만이 아니라 그의 제자들도 같이 쓴 것이다. 따라서 『장자』의 저자는 장자와 그의 이름을 딴 학파일 것으로 추정된다.

현행 『장자』 판본은 세 부분, 즉 「내편」, 「외편」, 그리고 「잡편」으로 나누어진다. 중국의 학자들은 이들 각 편의 저자, 그리고 저작 시기에 대해 다양한 견해를 보여 준다. 『장자』를 문헌학적으로 분석해본 바에 따르면, 「내편」은 기본적으로 장자 자신이 쓴 것이다. 그리고 「외편」과 「잡편」은 그의 제자들이 쓴 것으로 보이며, 이 두 편은 사상적 특질에 따라서, 세 학파로 분류될 수 있다. 『장자』 해석가들인 술장파(述莊派), 장자의 후학들 중에 통치자가 필요 없다고 주장하는 무군파(無君派), 그리고 황로학파(黃老學派)이다. 매우 적은 수의 학자들만이 지속적으로 장자에 관해서 전통적인 질문들을 제기하고, 『장자』 중 몇 편은 한나라 초기의 학자들에 의해 쓰인 것이라고 주장한다. 그러나 「내편」, 「외편」, 「잡편」 전체에 걸쳐, 40퍼센트 이상이 『한비자(韓非子)』와 『여씨춘추(呂氏春秋)』에 인용되는데, 두 문헌은 진(秦)나라(기원전 221~기원전 207년) 이전에 완성된 것이다. 따라서 『장자』가 한나라 이전에 완성되었다는 것은 충분히 믿을 만한

---

20) Fung Yu-lan, *A Short History of Chinese Philosophy* (New York: Macmilan, 1948), p. 104.

근거가 있는 것이다.[21)]


## 장자의 '삶의 철학'

장자는 노자로부터 도(道) 개념을 이어받아 그것을 더욱 명확하게 표현하였다. "도는 실재하며 그것이 존재한다는 증거(sign)도 있지만, 행동도 없고 형체도 없다……. 그것은 그것 자신의 근원이고 그것 자신의 뿌리이다. 하늘과 땅이 존재하기 이전의 옛날부터 그것은 이미 존재해 왔다."(「대종사(大宗師)」[22)] 이것이 도교의 궁극적 실재에 대한 가장 간결한 묘사이고 도에 대한 장자의 첫 번째 개념 정의이다.

그런데 장자는 「제물론(齊物論)」에서 도의 개념을 새롭게 발전시킨다. "무엇에 의해 도가 가리어져 우리가 참과 거짓이라는 것을 따지게 된 것일까? 무엇에 의해 언어가 가리어져 옳고 그름을 따지게 된 것일까? 어떻게 도가 사라져 존재하지 않을 수 있겠는가? 언어가 존재하는데 받아들여지지 않을 수 있겠는가? 도는 작은 공적에 의해서 가리어지고 언어는 허울 좋은 수식(修飾)에 의해 가리어진다. 그렇기 때문에 유가(儒家)와 묵가(墨家)가 옳고 그름을 따지는 것이다."(「제물론」) 여기에서 도는 언어와 마찬가지로, 인간 행위의 영향으로 가리어질 수도 있고 심지어 완전히 안 보일 수도 있다. 이 구절에 나타나는 도에 대한 견해는 앞에서 언급한 도, 즉 우주의 실재이며 스스로가 자신의 근원으로서 다른 사물의 영향

---

21) Liu Xiaogan, "Afterword," in *Classifying the Chuang Tzu Chapters*, 혹은 『莊子哲學及其演變』(北京: 中國社會科學出版社, 1988) 제1장과 제2장을 참고하라.

22) 『장자』의 영문 번역은 Burton Watson과 A. C. Graham의 번역문을 바탕으로 수정한 것이다. Watson, *The Complete Works of Chuang Tzu*와 A. C. Graham, *Chuang-Tzu: The Seven Inner Chapters and Other Writings from Book Chuang-Tzu* (London: George Allen & Unwin, 1981)을 보라.

을 받지 않고 존재하는 도와는 상당히 다르다. 그러므로 장자의 또 다른 도 개념은 가장 지고한 정신 상태이며 주관적인 경험이다.

정신적인 상태로서의 도는 삶에 대한 장자의 이상을 나타낸다. 그것은 세속 세계에 대한 생각이 완전히 사라진 이상적인 마음 상태이다. "옛날 사람은 그의 앎이 지극한 경지에 이르렀다. 지극한 경지란 어떤 것인가? 이는 사물들이 아직 존재하지 않았던 경지라고 생각했다……. 그 다음은 사물은 존재했지만 아직 그것들 사이에 경계가 생기기 이전의 경지라고 생각했다……. 또 그 다음은 경계는 있지만 옳고 그름을 구분하기 이전이라고 생각했다. 옳고 그름이 밝게 드러나게 된 것이 도가 훼손된 이유다. 도가 훼손된 이유는 사랑(편애)이 이루어지는 원인이 된다."(「제물론」) 장자의 관점에서, 가장 지고한 마음 상태는 세상에 대한 어떠한 인식도 없고 사물들에 대한 어떠한 구별도 없는, 완전히 초월적 상태이다. 모든 가치 판단, 구별, 감정적인 성향은 도 혹은 가장 지고한 마음 상태를 훼손시킬 것이다. 바꾸어 말하면, 장자가 말하는 이상적인 정신 상태는 무심(no-mind)과 무정(no-feeling)으로 특징지을 수 있다. 그리고 이러한 도는, 궁극적인 실재로서의 도에 도달한 사람이나 도 혹은 우주와의 합일을 이룬 사람의 마음 상태이다.

장자는 그러한 마음 상태에 도달하기 위한 몇 가지 방법을 묘사하였다. 하나는 '심재(心齋)', 즉 마음의 재계(혹은 마음의 단식, fasting of mind)이다. 다시 말해 마음을 비워 그 빈 곳에 도가 들어오게끔 하는 것을 의미한다. 또 하나는 '좌망(坐忘)', 즉 앉아서 잊기(sitting and forgetting)인데, 이것은 도와 합일하기 위해 정좌(靜坐)를 한 채 자신의 지체(肢體), 지각 작용, 사고를 포함한 모든 것을 망각하는 것을 의미한다. 또 다른 하나는 '외물(外物)', 즉 사물로부터 초연함(detaching from things)이다. 3일 동안 고요하게 수행을 지속하면 세속 세계를 잊어버리게 된다. 그리고 7일 뒤에는 모든 사물을 잊게 되며. 9일 후에는 자신의 삶마저 잊어버리게 된다. 그렇게 되면 돌연히 어둠의 세계를 뚫고 환한 빛으로 나아갈 수 있을 것이다. 그리고 그 다음에는 궁극적 실재, 즉 도를 볼 수 있고, 과거도 현재도 없이, 삶과 죽음을 초월하여 영원할 수 있다. 그는 세상 전체를 잊고, 모든 사물도 잊고, 자신의 생명도 잊으며, 점차 생각이나 감각, 감정, 소원, 목적 등도 사라지게 된다. 세속 세계에 대한 의식이 조금도 남아 있지 않고, 오직 원초적 우주(primordial Universe) 혹은 도에 대한 체험만이 남는다.

진정으로 도 혹은 우주와의 합일을 실현한 사람은 또 다른 단계에 도달할 수 있다. 그것은 소요유(逍遙遊)의 단계이다. 소요유는 장자의 철학과 그의 삶을 특징짓는 개념이다. 『장자』「소요유」에서, 장자는 신인(神人)이 어떻게 '운기(雲氣) 위로 올라 비룡(飛龍)을 타고 세상 너머에서 노니는지' 묘사한다. 또한 어떻게 '하늘과 땅의 바른 기(氣)를 타고 하늘의 여섯 가지 기운의 변화를 제어하며 무한의 세계를 여행하는지'를 묘사한다. 어떻게 사람이 그와 같이 돌아다니거나 여행할 수 있는가? 그것은 진짜로 창공에서 구름을 타는 것이 아니라, 마음속으로 정신적인 영역들을 돌아다니는 것이다. 장자가 말한 것처럼 "세상의 사물들과 더불어 살면서 마음이 자유롭게 노닐게 하는 것(乘物以遊心)"[23]이다.

장자의 '소요유'는 마음이 세속의 경험 세계에 대한 집착을 벗어버린 뒤 상상의 세계에서 자유롭게 여행하는 것을 의미한다. 따라서 소요유는 (후대 종교적 도교에서와 같이) 신선들이 천상 세계를 여행하는 것도 아니고 세속과 관련된 일반적인 상상의 산물도 아니다. 그것은 자신의 운명과 환

---

23) Watson, *The Complete Works of Chuang Tzu*, p. 61.

경에 대한 순응(obedience)을 바탕으로 하여 얻어지는 순전히 개인적이고 정신적인 자유이다. 한편, 장자는 현세적 삶에서 주위환경에 적응하고 그에 맞추어 사는 것에 대해서는 소극적이다. 그러나 또 다른 한편으로, 정신적인 영역에서 개인적 자유를 추구함에는 적극적이다.

삶과 죽음에 대한 장자의 태도는, 삶과 죽음 모두 우주에 있는 기의 운행의 한 측면이라는 그의 이론을 바탕으로 한다. 문자적으로 기는 공기, 수증기, 혹은 현대 중국어에서 그와 유사한 뜻을 가진 어떤 것을 의미하지만, 사실 매우 폭넓고 다양하게 사용되었다. 고대 중국에서 기는 여러 가지 의미를 지닌 중국 사상의 근본 개념이다. 공기, 수증기, 호흡이라는 의미 외에, 생명력, 그리고 자연과 살아 있는 존재들의 근원적인 본질을 가리킨다. 일반적으로, 기는 일종의 물질(질료)을 가리키는데 그것은 매우 연속적이고, 활기차고, 역동적이다. 때때로 기는 '물리적 힘' 혹은 '생명력'으로 번역된다.

『장자』「지락(至樂)」에 나오는 이야기에 따르면, 장자의 부인이 죽어 그의 친구가 조문을 왔는데, 이때 장자는 앉아서 노래를 부르고 있었다. 친구가 그를 비난하자 장자는 말했다. "처음에 아내가 죽었을 때, 나라고 어찌 다른 사람들처럼 슬퍼하지 않을 수 있었겠는가? 그러나 되돌아보니, 아내도 애초에는 생명이 없었다네. 생명이 없을 뿐만 아니라 형체도 없었지. 형체가 없었을 뿐만 아니라 기도 없었던 것이네. 그러다가 경이와 불가사의로 뒤섞여 원초적 혼돈 가운데에서 변화가 일어나 드디어 기가 존재하게 된 것이지. 그런 다음 그 기가 변하여 아내의 형체가 생기고, 형체가 변해서 생명이 있게 된 것이네. 만물은 모두 변화 속에 있는 것이지. 지금 역시 또 변화가 일어나 아내가 죽게 된 것이라네. 그것은 마치 봄이 가면 여름이 오고 여름이 가면 가을이 오며 가을이 가면 겨울이 오는 과정과 같은 것이지. 지금 아내는 우주라고 하는 거대한 방에서 평화롭게 누워 있는 것뿐일세. 그러니 만약 내가 곡을 한다면 그것은 내가 세상의 운명적 이치에 대해 전혀 알지 못함을 드러내는 꼴이 되는 셈이지. 그래서 나는 곡을 그쳤다네."[24]

기는 형체와 생명의 토대이며 형체와 생명은 기 순환 과정의 일부에 지나지 않는다. 도교인들의 관점에서 볼 때 모든 것은 기로 구성되어 있고 결국 기로 돌아가게 된다. 따라서 사람들은 죽음을 두려워하거나 삶에 집착해서는 안 된다. 과학적인 관점에서 보자면 다소 불가사의하기는 하지만, 기는 한의학이나 침술, 기공 수련을 비롯하여 중국 문화에서 핵심적이고 유용한 개념이며, 도교의 불사이론(不死理論)에서도 핵심 개념이다.


## 장자의 방법론

장자는 중국 지성사에서 가장 중요한 회의론자이다. 그는 삶의 유한성 때문에 사람들이 세상을 제대로 온전히 인식하지 못하는 것이라고 가르쳤다. 그는 말했다. "당신의 삶은 유한하지만, 지식은 한계가 없다. 만약 당신이 한계가 없는 것을 추구하는 데 한계가 있는 것을 사용한다면, 위험에 처하게 될 것이다. 만약 이것을 이해하면서, 여전히 지식을 추구한다면, 당신은 분명히 위험에 처하게 될 것이다."(「양생주(養生主)」) 장자는 또한 모든 사물은 다른 사물에 의지하고 있으며, 이들 역시 또 다른 사물에 의지하고 있음을 강조했다. 그러므로 사람들은 확실한 지식에 도달할 수 없다는 것이다.

장자는 우화를 통해 이를 예증하고 있다. "반그림자(罔兩, Penumbra, 그

---

24) Watson, *The Complete Works of Chuang Tzu*, p. 192. 본문을 약간 수정했다.


434

림자의 바깥쪽에 생기는 희미한 그림자—옮긴이)가 그림자(景, Shadow)에게 말했다. '조금 전에 당신은 걷더니 지금은 멈춰 서 있소. 조금 전에 당신은 앉아 있더니 지금은 서 있소. 어찌 이렇듯 지조 있게 행동하지 못하는 거요?' 그림자기 대답했다. '내가 무엇인가에 기대고(의존하고) 있기 때문에 그런 것인지 모르오. 그리고 내가 기대고 있는 것 또한 무엇인가에 기대고 있어서 그런 것인지 모르겠소. 내가 뱀의 비늘이나 매미의 날개에 기대고 있는것 아니겠소? 왜 그런지를 내 어찌 알겠소? (또한) 왜 그렇지 않은지 내 어찌 알겠소?'"(「제물론」)[25] 그림자의 답변은 답하기 어려운 질문들을 제시하는데 이러한 질문들을 통해 우리는 다음과 같은 장자의 사상을 알 수 있다. 사람들은 현상계가 서로 인과 관계를 형성하고 있다는 진실을 알지 못하며 따라서 일상적인 지식에 대한 추구를 포기해야만 한다는 것이다.

장자는 또한 사람들이 진리에 도달하지 못하는 이유는 무엇이 옳은 것인가에 대한 정확한 기준이 없기 때문이라고 주장했다. 예를 들어, 만약 어떤 사람이 축축한 장소에서 잠을 자면, 그의 등이 굽어 결국은 반신불수가 되기도 하지만, 미꾸라지의 경우에도 마찬가지인가? 그리고 만약 사람이 나무 위에서 산다면, 공포 때문에 두려워하고 몸을 떨겠지만, 원숭이의 경우도 그러하겠는가? 그렇다면, 사람, 미꾸라지, 원숭이 중에서 어떤 존재가 자신이 살기에 알맞은 장소를 아는 것일까? 또 사람은 고기를 먹고, 사슴은 풀을 뜯어먹고, 지네는 뱀 맛을 즐길 줄 알고, 매는 쥐를 맛있게 먹는다. 사람, 사슴, 지네, 매 중에서 누가 자신에게 알맞은 음식

---

25) Watson, *The Complete Works of Chuang Tzu*, p. 49.(본문의 『장자』 원문에 대한 해석을 그대로 번역하기에 무리가 있어 『장자』 원문을 바탕으로 하여 약간의 수정을 하였음을 밝혀둔다—옮긴이)

이 무엇인지 아는 것인가? 그러므로 사람들은 무엇이 옳거나 그른지 말할 수 없으며 선악에 대한 모든 논쟁은 의미가 없다. 장자는 가치 판단에는 흥미가 없었다. 그가 의도하는 바는 오히려 궁극적인 목적인 초월적 자유를 향해 나아가는 것이었다. 여기에서 초월적 자유란 도와 합일하는 것을 의미한다.

장자의 방법론이 지닌 독특성은 만물의 동일성, 곧 제동(齊同)을 주장하는 그의 고유한 이론에 있다. 그는 주장한다. "모든 것은 저것이고 모든 것은 또한 이것이다. 사람들은 그들 자신이 저것이라는 점을 모르고, 오직 그들 자신이 이것이라는 것만 안다. 그래서 나는 말한다. 저것은 이것으로부터 나오고, 이것은 저것에 의존한다. 즉 이것과 저것이 서로를 낳았다고 말할 수 있다. 그러나 탄생이 있는 곳에는 반드시 죽음이 있고 죽음이 있는 곳에는 반드시 탄생이 있다. 받아들일 수 있는 것이 있으면 거기에는 반드시 받아들일 수 없는 것이 있다. 그리고 받아들일 수 없는 것이 있는 곳에는 반드시 받아들일 수 있는 것도 있다. 당신이 옳음을 따라가고 있을 때, 당신은 자신이 그름을 따라가고 있다는 점을 발견할 것이다, 그리고 당신이 그른 것을 따라갈 때, 당신은 당신이 옳은 것을 따라가고 있다는 점을 발견할 것이다……. 이것은 저것이고 저것은 또한 이것이다. 저것은 옳음과 그름의 짝이며 이것 또한 옳음과 그름의 짝이다. 정말로 저것과 이것이 존재하는가? 정말로 그것과 이것은 존재하지 않는 것인가? 저것과 이것이 더 이상 서로 상대방을 발견하지 못하는 상태를 가리켜 도추(道樞), 즉 도의 지도리(중심점)라고 한다. 도추는 계속 원의 중심에 있으면서 끊임없이 모든 것에 응할 수 있다."(「제물론」)[26]

장자는 반대(opposite)라는 것이 상대적임을 지적한다. 저것과 이것, 옳

---

26) Watson, *The Complete Works of Chuang Tzu*, pp. 39~40.

음과 그름, 탄생과 죽음, 불수용과 수용 등 모든 대립자들은 항상 서로
에게 의존하며 상대편으로 바뀐다. 이것은 변증법을 매우 훌륭하게 표현
한 것이다. 그런데 장자의 이론은 여기에 그치지 않고 다음 단계로 나아
가서, 대립자들 사이에 차이점이 없다는 것, 그리고 저것과 이것, 옳음과
그름이 같다는 사실을 인식해야만 한다고 말하고 있다. 그렇게 되면 사
람들은 저것과 이것, 옳음과 그름의 투쟁을 넘어설 수 있다. 왜냐하면 그
들이 대립과 갈등의 중심에 서서 치우치거나 부당함이 없이 중립적으로
각각에 대응하기 때문이다. 이는 경험 세계를 초월하고, 도와 합일하려는
목적에 이르는 매우 중요한 과정이다.


## 장자의 후학

『장자』「추수(秋水)」편과 「우언(寓言)」편, 그리고 「어부(漁父)」편의 저자들
혹은 장자의 후학[27] 중에서 『장자』 해석가들인 술장파는 기본적으로 자신
의 의견을 기술하기보다는 스승의 가르침을 해석했다. 그러나 그들이 해
석만 한 것은 아니고 몇 가지 새로운 요소들을 발전시키기도 하였다. 예
를 들면 그들은 인간 본성에 대한 도교 이론의 토대를 마련했다. 당시에
는 인간의 본성이 본래 선한가, 혹은 악한가에 대해 많은 논의가 있었다.

유교의 아성(亞聖)인 맹자(孟子)는 인간의 본성이 근본적으로 선하며
동물과는 다르다고 주장했다. 반면 또 다른 위대한 유학자인 순자(荀子)
는 인간의 본성이 선천적으로 악하다고 주장했다. 왜냐하면 누구나 다
좋은 음식을 먹고 더 많이 쉬고 싶어 하기 때문이라는 것이다. 고자(告子)
라는 철학자는 출생 시 인간의 본성은 선하지도 악하지도 않은데, 그들

---

27) Liu Xiaogan, *Classifying the Chuang Tzu Chapters*, chap. 3.

이 무엇을 배우느냐에 따라 선해질 수도 악해질 수도 있다고 주장했다. 술장파는 다른 철학자들과 대조적으로 인간의 본성이 선악을 초월해 있다는 이론을 발전시켰다. 그들은 인간 타고난 본성은 본래 완전하며, 선하든 악하든 그 본성에 어떤 변화가 있다면 그것은 고유한 본성을 잃어버렸음을 드러내는 것이라고 주장했다.

장자의 후학들은 장자의 무심(無心), 무정(無情) 사상을 계승했으나, 초월적인 자유를 추구하는 대신 예술 창작 작업으로 방향을 전환하였다. 그들은 비범한 예술의 창조를 위해서는 특별한 마음의 상태가 요구된다고 확신했는데, 이는 예술가들이 오직 자신이 창조할 대상을 자연스럽게 구상하는 데에만 집중해야 함을 말한다.

그들은 경(慶)이라는 목공(조각가)에 관한 고사를 이야기한다. 경은 종(鐘)을 고정시키는 받침대를 만들었는데 그것에서 마력(魔力)과 신기(神氣)가 느껴져 그것을 본 사람들은 마치 귀신을 본 것처럼 놀랐다는 것이다. 사람들이 비법을 묻자, 그는 자신이 종의 받침대를 만들기 위해 무엇보다도 먼저 마음을 고요하게 해야 하는데 그렇게 하기 위해 반드시 심재(心齋), 즉 마음의 재계(齋戒)를 해야 한다고 대답했다. 3일간 심재를 하고 나니, 그는 자신이 받게 될 상(賞)이나 관직, 녹봉에 대해 더 이상 관심을 두지 않게 되었다고 한다. 그리고 5일이 지나자 그는 어떤 비난이나 칭찬, 정교함이나 서투름을 전혀 염두에 두지 않게 되었다. 7일이 지나자 그는 너무 집중을 한 나머지 자신이 몸뚱이와 사지(四肢)를 가지고 있다는 것조차 잊게 되었다. 이렇게 되고 나서야 비로소 그는 산속으로 들어가서 나무의 본성, 즉 나무는 하늘이 자라게 하는 대로 자란다는 것을 관찰할 수 있게 되었다. 드디어 그의 육체의 능력은 최절정에 이르렀고, 비로소 종 받침대에 대한 완벽한 구상이 세워졌다. 이렇게 되고 나서야 그는 드디어 종 받침대 만드는 작업에 손을 댈 수 있었다. 경은 말했다. "나는 하늘의 것을 하늘의 것에 합할(以天合天) 뿐이다." 따라서 장자의 후학들은 정신적인 자유를 말하는 장자의 가르침을 미학의 영역으로 확장시켰으며 그들의 이론은 문학과 예술 칭직에 커다란 영향을 끼쳤다.

장자의 후학[28] 중 무군파는 통치자들을 견책하고자 장자의 '만물제동(萬物齊同, 만물평등)' 이론을 채용하고 그 의미를 확장시켰다. 그들이 말한 바와 같이 고대 중국에서 요(堯)임금은 성군(聖君)의 표본이며 걸(桀) 임금은 폭군(暴君)의 표본이었다. 그러나 무군파는, 요임금은 백성들을 들뜨거나 열광하게 만들어 평안함이 없었고 반대로 걸 임금은 백성들을 고통에 빠지게 하여 어떠한 만족도 모르게 만들었다고 한다. 사람들을 열광하고 흥분하게 하는 것이나 고통스럽게 만드는 것, 모두 백성들의 순박한 본성을 변화시키는 것이다. 그러므로 요임금이나 걸 임금의 통치 모두 거부되어야만 한다는 것이다. 무군파는 가장 좋은 사회란 통치자가 없는 사회이며 세상을 다스리는 가장 좋은 길은 백성들을 그대로 내버려두는 것이라고 주장했다. 왜냐하면 백성들은 어떤 통제 없이도 온전히 자유롭고 평화롭게 살 수 있기 때문이다. 장자가 일상적인 세계로부터 탈피하고자 했던 것에 반해 무군파는 세속 사회 안에서 이상향을 추구했다.

대부분의 도교인들과 마찬가지로 무군파의 핵심 주제는 인간의 원초적 본성이었다. 하지만 무군파의 경우는 본성의 문제를 정치비평적 관점에서 파악하고 있다. 그들은 조련사가 말을 길들이는 방식은 말의 자연스러운 삶을 거스르고 말의 본성을 완전히 파괴시키는 것이라고 주장했다.

---

28) 무군파는 장자의 후학 가운데 일파(一派)로서 『장자』, 「변무(駢拇)」편부터 「거협(胠篋)」편까지와 「양왕(讓王)」편, 「도척(盜跖)」편, 그리고 「설검(說劍)」편이 그들의 작품이다. Liu Xiaogan, *Classifying the Chuang Tzu Chapters*.

따라서 조련사는 말에게 죄를 범하는 것이라는 것이다. 같은 이유로 옹기장이와 목수는 진흙과 나무의 본성을 파괴하는 것이며 따라서 비판받아 마땅하다고 한다. 통치자라면 누구나 자신이 백성들을 매우 이롭게 한다고 말하고 싶어 하겠지만 세상의 통치자들은 백성들의 참된 본성을 파괴시킬 뿐이다.


## 황로학파

황로학파는 기원전 4세기(전국 시대 중엽)에 생겨나서 기원전 2세기(전한 시기)에 번창했다. '황로(黃老)'에서 '황(黃)'이라는 글자는 전설적인 제왕인 '황제(黃帝)'에서 유래하고 '노(老)'라는 말은 노자에서 유래했으며, 이는 황로학파가 도교의 한 지류임을 말해 주는 것이다. 황로학파는 황제학파(黃帝學派)와 노자의 학설이 결합된 것이다. 그러나 황로학파는 중국 역사 안에서 그 자취를 찾아볼 수 없다. 『한서(漢書)』「예문지(藝文志)」에 따르면 황제라는 명칭을 포함한 문헌들이 12가지 범주(類)로 분류된다. 몇 가지만 명칭을 열거하자면, 도가(道家), 음양가(陰陽家), 소설가(小說家), 전략가(戰略家), 천문가(天文家), 역법가(曆法家), 오행가(五行家), 점복가(占卜家), 의약가(醫藥家), 신선가(神仙家), 그리고 방중술가(房中術家) 등이다. 많은 저술가들이 황제의 이름을 따라 자신의 작품에 명칭을 붙였음에도, 특별히 따로 황로학파라고 불리는 학파는 없었다. 기본적으로 '황로학파'는 한나라 때 도교의 명칭에 불과하다.

『관자(管子)』, 『장자(莊子)』, 신불해(申不害), 신도(愼到), 『황로백서(黃老帛書)』, 『학관자(鶡冠子)』, 『여씨춘추(呂氏春秋)』, 그리고 『회남자(淮南子)』와 같은 몇몇 저술이나 저자들은 황로학파와 관련이 있다. 다만 이들 중 어떤 것도 황로학파라고 단언할 만한 것은 없다. 어떤 학자들은『황로백서』, 즉 1973년에 발견되고 명명(命名)된 한 무더기의 기록들이 황로학파의 믿을만한 전적(典籍)들이라고 주장하지만, 그 문헌들은 지나치게 법가(法家)적인 것으로 생각된다. 황로학파에 대해 유일하게 믿을만한 진술은 사마천의『사기』에서 찾아볼 수 있다. 따라서 우리는『장자』에서 열두 번째 편인「천지(天地)」부터 열여섯 번째 편인「선성(繕性)」까지와 마지막 편인「천하(天下)」편, 그리고「재유(在宥)」편(맨 앞부분은 제외), 이렇게 모두 일곱 편이 황로 사상을 대표하는 작품이라고 결론내릴 수 있다.[29] 노자나 장자와는 달리, 황로학파의 가장 두드러진 특징은 수렴(convergence), 즉 다른 사상들을 폭넓게 수용하는 것이다. "음양가(陰陽家)가 말하는 우주 법칙의 커다란 순리를 따르고, 유가(儒家)와 묵가(墨家)의 장점을 취하며 명가(名家)와 법가(法家)의 요체를 적용하는 것 등이다."[30] 황로학파의 학자들은 도교의 기본 개념이나 사상을 보유하면서 동시에 다른 학파들의 요소를 수용했다. 그들은 도교를 필두로 하여 다음으로 유교, 법가의 순으로 이어지며 묵가로 마무리되는 새로운 체계를 구성하여 그 안에 각 학파의 근본 원리들을 배열하였다.

예를 들어, 황로학파는 "옛날에 대도(大道)를 밝힌 자는 먼저 하늘을 밝히고 그 다음으로 도덕(道德)을 밝혔으며…… 인의(仁義)을 밝히고…… 그 다음으로 인임(因任), 즉 재능에 따라 직책을 부과하는 것에 대해 밝혔으며…… 그 다음으로 살피고 생각하는 일을 밝혔고…… 옳고 그름을 밝히고 나서야 그 다음으로 상벌(賞罰)을 밝혔다"[31]라고 주장했다. 도는

---

29) Liu Xiaogan, *Clssifying the Chuang Tzu Chapters*, chaps. 3, 9.
30) 司馬遷,『史記』, 第10卷 (北京: 中華書局, 1973), p. 3289.
31) Liu Xiaogan, *Clssifying the Chuang Tzu Chapters*, chap. 13 ; Graham, *Chuang Tzu*, pp. 261~262.

도가의 기본 개념이며 도덕은 유가의 기본 개념이고 상벌은 법가의 핵심 요소이다. 황로학파는 차이에 따라 분별하기보다는 각 학파들의 사상을 수렴하는 것을 선호했고, 서로 다른 사상을 하나로 묶어 통합하는 것이 의미 있는 일이라고 주장했다.

황로학파는 유가와 법가의 영향을 받아 군주와 신하의 차이를 표명했다. 황로학파의 학자들은, 군주는 무위(無爲)해야 하지만 각료들은 세부적인 업무까지 잘 처리할 수 있어야만 한다고 주장했다. 노자와 장자는 군주가 무위의 방식으로 통치를 한다면 세상은 더 좋아질 것이라고 믿었다. 하지만 노자나 장자 모두 군주가 무위를 할 때 사회도 무위를 해야 하는지 혹은 그렇지 않은 지에 대해서는 다루지 않았다. 황로학파의 학자들은 군주의 '무위(無爲)' 위에 '유위(有爲)', 즉 신하들에 의한 통치를 첨가했다. 따라서 무위 이론은 현실적인 정치 운영을 뒷받침하는 잠재적인 원칙이 된다.

노자와 장자는 모두 사람들이 무위를 통해 자연에 순응해야 함을 표명했다. 이에 반해 황로학파의 학자들은 각 학파 간의 상호 영향을 통해 자연을 따르는 새로운 방법을 창안했다. "때에 맞추어 옮기고, 상황에 맞추어 변화한다면, 부적절함 없이 풍속을 만들고 사무를 행할 수 있게 된다."[32] 그들은 물 위에서는 배를 타고 가는 것보다 좋은 것이 없고, 육지에서는 수레를 타고 다니는 것보다 좋은 것이 없다고 말했다. 만약 배가 물 위에서 빨리 갈 수 있다고 해서 땅 위에서도 배를 밀고 나가려고 하면 멀리 갈 수 없고 심지어 너무 애를 쓴 나머지 힘들어 죽을 지도 모른다. 옛날과 지금의 차이는 육지와 물의 차이와 같다. 옛날에 다른 나라에서 시행되었던 정책을 지금 이 나라에서 시행하려고 하는 것은 마치 육지에

---

32) 司馬遷, 『史記』, 第10卷 (北京: 中華書局, 1973), p. 3289.

서 배를 띄우려는 것과 같다. 열심히 일을 한다고 해도 분명 아무것도 이루지 못하고 오히려 자기 자신을 해치게 될 것이다.[33] 물과 육지의 차이는 객관적인 상황의 차이이고 또한 배와 수레의 차이는 선택가능한 수단의 차이이다. 사람들이 선택을 할 때는 반드시 환경에 맞게 해야만 한다. 그러므로 노자와 장자에게는 자연에 순응하는 일이었던 것이 황로학파의 학자들에게는 때에 맞추어 알맞게 행동하는 특별한 원칙이 된다. 현대 사회가 아무리 발달하더라도 사람들은 여전히 성공적으로 일을 수행하기 위해서 때와 환경에 맞게 행동해야만 한다.

『회남자』는 한나라 시대 황로학파에게 가장 중요한 책이다. 전한 시대 초기(기원전 2세기)는 태평성대였다. 어떤 군주들은 세금을 감면하고 강제 노역을 줄임으로써 도교의 이론을 따르고자 하였다. 이전까지 도교가 주로 개인들을 위한 안내자로서 그들의 생각과 행동의 규준이 되어왔다면, 이제는 정치적 실행의 기본 원리가 되었다. 그리고 동시에 철학적 학파들 사이의 대립은 줄었고 각 학파들은 점차 서로의 이론을 더 많이 차용하게 되었다. 『회남자』는 이러한 새로운 경향들을 반영하는 한편 새로운 사상들을 기술하고 있다. 한 가지 예를 들어 보자. "군왕의 도는 무언가를 계속해서 실행하는 것이 아니라 너무 많이 행하지 않도록 삼가는 것이다. 이른바 무위란 무엇을 말하는 것인가? 지혜로운 군왕은 그의 지위를 가지고 문제를 일으키는 법이 없으며 용기 있는 군왕은 (그의 지위를 가지고) 백성들에게 결코 고통을 주지 않는다. 인애로운 군왕은 (그의 지위를 가지고) 백성들에게 안달복달 하지 않는다."[34]

인용문의 저자는 통치자가 군주로서의 지위를 이용하거나, 자신의 개

---

33) Liu Xiaogan, *Clssifying the Chuang Tzu Chapters*, chap. 14.
34) 『淮南子』, 14편.

인적 선호에 따라 행동을 해서는 안 된다고 주장한다. 이러한 기본적인 규칙들을 준수하기만 한다면 통치자는 그 어떠한 일도 해낼 수 있다. 그러나 이러한 이론에 따르면 군주는 인간의 삶의 자연스러운 상태를 변화시키거나 통제하는 특권을 가진 인물이라기보다는 오히려 권력과 사회의 상징이어야 한다. 사실 『회남자』를 지은 몇몇 저자들은 무위의 함의를 완전히 새롭게 전개하고 있다. 무위는 이제 백성들의 뜻과 국가의 법에 의거하게 된다. 『회남자』의 저자들이 고안한 정치 체계에서는 백성들의 원의(願意)가 법보다 우선되어야 하고 법은 군주보다 우선되어야 하며 군주는 관료보다 우선되어야 한다. 그리고 마지막으로 관료들은 백성을 다스린다. 『회남자』에서 고안한 정치 체제의 모습은 거의 현대적이다.

『회남자』에서 찾아 볼 수 있는 발전된 정치 이론의 또 다른 중요한 모습은 "아무것도 하지 않지만 어떤 것도 행해지지 않은 것이 없다(無爲而無不爲)"에 대한 설명에서 드러난다. 『회남자』에서는 "(성인은) 무심하게 어떤 행위도 하지 않지만 이루어지지 않음이 없다……. 이른바 무위(無爲)란 자연스럽게 저절로 이루어져 나가도록 해야 하며, 그에 앞서 어떤 행위를 취해서는 안 된다는 것을 의미한다. 이른바 무불위(無不爲)란 사물들이 자체적으로 이루어져 나가는 바에 따라 행위해야 함을 의미한다"[35]라고 설명한다. 노자의 철학에서 '무불위' 즉, '이루어지지 않은 채 남아있는 것이 없다'라는 관념은 무위의 결과이자 장점을 의미하는 것이었다. 하지만 『회남자』에서 '무위'와 '무불위'는 어떤 문제에 대한 접근법과 그에 따른 결과라는 두 가지 단계를 의미하는 것이 아니라 같은 것이다. 무위나 무불위는 동일하게 조건적인 행위이다. 여기에서 말하는 조건이란 '일이 일어나기 전에는 아무 행동도 취하지 않는 것', 혹은 '일 그 자체의 전개에

---

35) 『회남자』, 14편.

444

따라 행동을 취하는 것'이다. 여기에서 무위와 무불위는 특정한 인간 행위의 결과이다. 그러므로 무위는 무위에서 어떤 유형의 행위로 전환된다.

『회남자』에 보면 무위에 대한 또 다른, 상세하고 합리적 설명이 있다. "내가 말하는 바 무위는 사적인(이기적인) 동기로 인해 공적인 일을 방해하도록 놔두어서는 안 되며 왜곡된 욕구로 인해 정당한 원칙이 무너지게 해서는 안 됨을 의미한다. …… 즉, (무위는) 감정에 반응해서는 안 된다거나 외부 압력에 대응해서는 안 된다는 뜻이 아니다. 만약에 불을 때서 우물을 끓여 말려버리거나 회수(淮水)를 끌어다가 산에 물을 대고자 한다면 이는 모두 완강하게 자연에 반하는 것이며 따라서 이러한 행위들은 모두 '유위'라고 말한다. 그러나 물 위에서 배를 타고 사막을 걸을 때 특별한 수레를 타며 진흙에서 움직일 때는 특수한 썰매를 타고 산 위에서 삼태기를 사용하는 것, 또는 높은 장소를 이용하기 위해 언덕을 만들거나 저지대를 이용하기 위해 웅덩이를 만드는 것, 이것들은 소위 말하는 '위(爲)'가 아니다."[36]

이상의 내용은 무위와 유위에 대한 완전히 새로운 정의를 보여 준다. 여기에서 유위는 도덕적으로 잘못된 행동이, 자신만을 위하는 이기적인 동기나 자연의 순리에 어긋나는 지나친 노력들로부터 생겨남을 의미하는, 비난조의 용어가 된다. 이러한 정의가 만들어지기 이전에는 유위가 상식적인 행위를 의미했으며 그것이 나쁘다거나 바람직하지 않은 것으로는 간주되지 않았다. 그런데 이러한 변화에 따라 유위는 더 이상 긍정적이지 않게 되었다.

더욱이 무위의 개념은 이기적인 동기나 거친 욕망에 굴복하지 않고 객관적인 조건에 따라 모든 일을 행하는 것을 의미하게 되었다. 『회남자』의

---

36) 『회남자』, 19편. 이 글은 청대 왕념손(王念孫, 1744~1832년)의 판본 분석을 채용하였다.

이렇듯 합리적인 태도는『한비자』, 그리고 이전의 다른 학자들로부터 영감을 받은 것이며 또한 도교에는, 비판에 대응하는 확실한 방어 기제를 제공해 준다. 그런데 일반적으로『회남자』의 이론은 복잡하며 황로학파를 전면적으로 이해하기 위해서는 여전히 많은 노력이 요구된다. 일반적으로 말하자면 장자학파와 황로학파 모두 노자의 근본정신을 반영하고 있음에도 장자학파는 개인적이고 정신적인 도교를 대표하는 반면 황로학파는 사회적이고 정치적인 도교를 대표한다.

# 도교의 기원

## 도교 사상의 뿌리

종교적인 도교는 중국의 전통 사상과 종교적 관습으로부터 시작되었다. 은(殷)왕조의 갑골문(기원전 17~기원전 11세기)에 따르면 중국인들은 기원전 2000년 무렵부터 하늘 신앙과 제신(諸神) 신앙을 갖기 시작했다. 하늘은 마치 강력한 신과 같은 존재였으며 여러 신들은 하늘보다는 덜 강력한 존재였다. 그들은 또한 귀신과 조상(신)들을 숭배했으며, 종교적 의식을 통해서 조상신들이 자신들과 소통하고 자신들의 행복에 영향을 미칠 수 있다고 믿었다. 동시에 갑골문을 이용한 점술이 발달했다. 서주(西周) 시대(기원전 11~기원전 8세기)인 기원전 1000년 초반에는 여러 신들에게 드리는 희생 제의를 담당하는 사제들이 있었다. 이들이 희생 제의를 바치는 신들은 다음과 같은 세 가지 부류이다. 우선 태양, 달, 바람, 별, 번개, 비와 같은 천신(天神)이 있으며 그 다음에는 사직(社稷), 즉 토지와 곡식, 혹은 산천(山川) 같은 토지신이 있으며 마지막으로 조상이나 선조들 같은 인귀(人鬼)가 있다. 이런 여러 신들과 귀신들은 도교 다신관(多神觀)의 원천이었다.

종교적인 도교의 특징은 육체의 불사에 대한 믿음에 있는데, 이러한 믿음은 전국 시대 중기인 기원전 4세기 이후, 중국 동부 연안에서 발전했다. 당시에는 방사(方士)라고 불리는 인물들이 연금술이나 점성술 등 다양한 방술과 비책을 적극적으로 탐구하였으며 불사에 도달하고 그것을 실현하는 방법에 관한 이론들을 보급시켰다. 이들 방사 중 몇몇은 왕이나 황제, 예를 들면 기원전 246년부터 210년까지 통치했던 진시황과 전한(前漢) 시대, 기원전 140년부터 87년까지 통치했던 무제(武帝)의 핵심 측근에 소속되어 있었다. 왕이나 황제들은 바다에 있는 신선들이 사는 섬을 찾기 위해 방사를 파견하였다. 『사기』에 따르면 진시황은 방사와 3,000명의 소년, 소녀로 구성된 원정대를 파견해 신선을 찾도록 했다고 한다. 이 원정대는 불사의 섬을 찾을 수 없었고 그에 대한 처벌이 두려워 중국으로 돌아가지 않았다. 현대 중국과 일본의 학자들 중 몇몇은 지금도 일본인이 바로 그 당시 원정대의 일원이던 소년과 소녀들의 후손이라고 주장한다.

'참위(讖緯)' 역시 도교에 커다란 영향을 끼쳤다. 참(讖)은 예언으로 번역되며 예언적이며 불가사의한 말이나 경전들을 의미한다. 위(緯)는 날실과 교차하는 씨실이다. 중국에서 경(經)이라는 단어는 '고전'과 '날실' 두 가지의 뜻을 가지고 있다. 따라서 위라는 단어는 외경(apocrypha)이라고 번역되며, 유교 경전에 대한 일종의 난해하고 신비주의적 해석이나 주석을 의미하는 것으로 사용되었다. '참위'는 유교 경전을 설명하거나 유교 경전에 관한 저술을 재설명하는 데 사용하는 예언적이고 불가사의한 내용의 이야기들을 가리킨다. 『사기』에 따르면 몇몇 참위, 불가사의하고 예언적 단어들은 기원전 6세기에 출현했다고 한다.

또한 기원전 246년부터 210년까지 통치했던 진시황은 진나라가 '호(胡)'에 의해 멸망할 것이라는 참언(讖言)을 받았다고 전해진다. 그런데 어떤 누구도 이 글자가 무엇을 의미하는지 알지 못했다. '호(胡)'는 '오랑캐'를 의미하는 것일 수도 있기 때문에 진시황은 그것이 북방의 오랑캐인 흉노(匈

奴)를 언급하는 것일 지도 모른다고 생각했다. 그래서 진시황은 흉노의 공격을 막기 위해 30만 대군을 파견하여 만리장성을 쌓게 하였다. 그러나 진시황의 아들인 호해(胡亥)가 왕위에 오르고 진(秦) 왕조가 반란군에 의해 멸망되고 나시야 비로로 사람들은 호(胡)기 그의 아들을 뜻히는 것이었다는 사실을 알게 되었다. 전한(前漢) 왕조의 왕권을 찬탈했던 왕망(王莽)과 후한(後漢) 왕조를 건립한 유수(劉秀) 모두 왕권 찬탈을 조장하는 선전(propaganda)을 퍼뜨리기 위해 참언을 이용했다.

기원전 1세기에는 유교의 칠경(七經)에 대한 위서(緯書), 즉 신비주의적이고 난해한 주석서들이 산출되었고, 기원전 56년에는 그러한 위서들이 유교의 핵심 서적들로 선포되었다. 참위, 다시 말해 참언과 위서가 더욱 주목을 받은 것이다. 그러나 2세기 이후에는 참위가 다시 금지되었다. 그런데 참위가 금지되었음에도 참위 안에서 발견되는 제신 신앙은 도교의 형성에 영향력을 행사했다.

노자가 종교적 숭배의 대상이 된 것은 종교적 도교의 발전에 결정적 의의를 갖는다. 전한 시대(기원전 206~기원후 8년) 초기에 황로학파의 교설은 정치적이고 철학적이었지만 후한 시대(25~220년)에는 노자와 황제가 부처와 더불어 사원에서 사람들이 일반적으로 제물을 바치는 대상이 되었다. 따라서 황로학파가 황로도(黃老道)가 되었고, 이러한 황로도는 여러 지방에서 성행하게 되어 종교적 도교의 전신(前身)이 되었다. 후한 명제(明帝)의 형제인 초왕(楚王) 영(英)도 노자, 황제, 그리고 부처에게 제사를 지내었고, 이와 더불어 147년부터 167년까지 제위했던 후한의 환제(桓帝) 역시 165년에 노자의 출생지로 알려진 곳에서 제사를 바치라고 두 번이나 하명(下命)하였다. 그리고 그 이듬해에는 환제 자신이 몸소 왕궁에서 노자에게 제사를 바쳤다고 한다. 이러한 사실들은 노자가, 부처와 같은 종교적 창시자가 될 것임을 말해 주는 초기의 징후들이다.

## 태평도

『태평경』은 오랜 세월이 흐른 뒤에야 비로소 그 중요성이 인식되었다. 『한서』에 따르면 12권으로 구성된 『태평경』의 초기 판본은 감충가(甘忠可)에 의해 편찬되었는데, 감충가는 그 책을 신으로부터 받았다고 한다. 이 경전이 기원전 32년부터 7년간 제위했던 한나라 성제(成帝)에게 헌정되었다고 한다. 그런데 경전 안에 한(漢) 왕조의 운명이 바뀔 것이라는 간접적인 암시가 담겨 있다고 하여 감충가는 감옥에 갇혀 죽었다. 그리고 100년 뒤, 우길(于吉)이라는 인물이 170권으로 된 『태평경』의 또 다른 판본을 편찬하였다. 이것은 125년부터 144년까지 즉위했던 후한의 순제(順帝)에게 바쳐졌고 그 이후에는 다시 환제에게 헌정되었다. 거의 대부분의 통치자들은 『태평경』을 좋아하지 않았는데 이는 184년에 장각(張角, 184년 사망)이 주도한 황건적의 난과 다소 연관성이 있다. 그는 이 경전의 사본을 대량 유통시킨 것으로 알려져 있다.

『태평경』이라는 제목은 중국의 사회적 이상을 드러내 준다. '태평(太平)'이라는 말은 투쟁, 전쟁, 혼돈 등의 반대말로서, 문자 그대로 '최상의 평화'를 의미한다. '태평'은 고대로부터 통치자와 민중, 그리고 유교인, 법가, 불교인, 도교인 할 것 없이, 중국인들이 가지는 공통적 가치를 표현한 것이다. 『태평경』의 저자에 따르면 태(太)라는 글자는 큼, 거대함, 또는 위대함을 의미한다. 그리고 평(平)은 평화를 의미할 뿐만 아니라 평등, 공정, 그리고 공평을 의미한다.[37] 분명히 『태평경』의 저자들은 유교로부터 몇

---

37) 王明, 『太平經合校』, 제48장 (北京: 中華書局, 1973), p. 148.

가지 핵심 사상을 수용했다. 그들은 태평한 세상이 되려면 현명한 군주와 덕 있는 신하, 그리고 통치자를 잘 따르는 백성이 필요하다고 믿었다. 군주는 본래 하늘이 내리는 존재로서, 하늘이 내려 준 그의 본성에 따라 도덕적이고 인도적인 정부를 건립해야 한다. 신하들은 땅에서 나고 백성들은 사람에게서 난다. 그들은 정직하고 유순해야 하며 법을 준수해야 할 뿐 아니라, 통치자가 자신의 실수를 바로잡거나 실수를 하지 않게 도와주어야 한다고 한다.

삶과 죽음을 무차별적으로 받아들였던 장자와는 달리, 『태평경』은 장생(長生)이야말로 천지간(天地間)에, 즉 세상에서 가장 가치 있는 것이며, 누구나 불사(不死)에 도달할 수 있다고 단언했다. 『태평경』에서는, 노예나 시녀들 중에서 좀 더 현명하고 지혜로운 사람이 호인(好人)이 될 수 있고 호인들 가운데에서 공부하는 것을 좋아하는 사람이 덕인(德人)이 될 수 있고 덕인 중에서 멈추지 않고 끊임없이 공부하는 사람이 성인(聖人)이 될 수 있고, 성인 가운데 끊임없이 공부하는 사람이 천도(天道)에 입문(入門)할 수 있다고 주장했다. 그리고 입도(入道)한 후에도 공부하기를 멈추지 않으면 불사의 신선(神仙)되고, 신선이 계속 정진하면 진리에 이르게 되며, 거기에서 좀 더 정진하면 신(神)이 되고, 좀 더 정진하면 천제(天帝)와 동일한 모습을 갖게 될 것이라고 한다. 여기에서 육체와 정신이 완벽하게 결합된 존재인 신선은 신(神, gods)보다는 낮고 인간보다는 지위가 훨씬 더 높으며 천계에 산다.

인간의 육체를 떠난 영혼은 귀(鬼)라고 불리며 황천(黃泉), 즉 지옥으로 내려가게 된다고 한다. 귀신은 신선과는 다른 존재이다. 신선이 종종 사람들이 당하는 불운을 행운으로 바꾸게끔 도와주는 것에 비해 귀신은 신들에 의해 파견되어, 사람들이 자신의 죄에 대한 벌로 재앙을 받게끔

하는 존재이다. 장생과 불사를 실현하기 위해서『태평경』의 저자들은 생명의 존재 조건을 분석했다. 그들은 초기의 도가 철학으로부터 전수받은 생명 이론을 발전시켰으며 인간의 생명력이 신(神)과 기(氣), 그러니까 정신과 물질적(육체적) 힘의 결합에서 유래함을 강조했다. 인간의 삶에서 정신적인 움직임은 육체적 기운을 타고 움직이며 육체적 기운은 정신에 의지하여 존재한다. 사람들이 자신의 육체적 기운을 유지하면 정신을 소유할 수 있으며 반대로 정신을 유지하면 육체적 기운도 소유하게 된다. 만약 정신이나 육체적 기운 중에 어느 하나를 잃게 되면 그들은 죽게 될 것이다. 따라서 생명을 보전하는 방법은 '수일(守一)', 혹은 정신과 육체적 기운의 조화를 이루는 것이다.

여기에서 일(一)는 마음(heart), 정신(mind), 그리고 의지(will)를 의미하고 수일은 산만함을 피해 자신의 정신에 마음을 집중시키는 것을 의미한다. 수일은 도교에서 중요한 개념이지만 그 의미나 방법은 도교 문헌에 따라 다양하게 변화한다.

이밖에도 도교 경전 안에는 침술이나 그밖의 의학 지식뿐만 아니라 수기(守氣), 즉 기(氣)에 대한 명상, 식기(食氣), 즉 기를 먹는 것, 태식(胎息), 즉 태아처럼 숨쉬기와 같은 다양한 장생법이 등장한다. 도교가 가지고 있는 또 다른 중요한 이론으로는 응보(應報) 또는 심판의 이론을 들 수 있는데 이것이 바로 도교가 다른 철학 학파나 종교와 구분되는 점이다. 도가에서는 심판 혹은 상벌 이론에 동의하지 않는다. 왜냐하면 도가에서는, 모든 사물이 도의 영향 하에 자연스럽게 자신을 세상에 펼쳐나가며 불행이나 사고는 사람들에게 전혀 중요하지 않다고 주장하기 때문이다. 유교는 군주가 나쁜 일을 행하면 그에 대한 징벌이나 경고로 하늘이 재앙이나 기이한 현상을 내릴 것이라고 주장한다. 반면, 불교인들은 인간이 환생을 통해 결국에 그 응보를 받게 될 것이라고 믿는다.

하지만 도교에서는 응보가 사람의 수명에 영향을 미치거나 후손에까지 이어지게 된다고 주장한다. 『태평경』에서는 하늘이 신들을 보내 인간의 행위를 기록하고 보고하게 만들어서 사소한 것이든 중한 것이든, 각 개인의 모든 과실을 잘 알고 있다고 한다. 매일, 매달, 그리고 매년, 신들은 각 사람들의 죄과(罪過)나 공덕을 계산한다. 공덕을 행하면 그의 수명이 늘어나게 되지만 그렇지 않으면 줄어들 것이다.[38] 그렇지만 선한 일을 많이 행한 사람이 악행을 한 사람보다 일찍 죽는다면 그것은 그가 자신의 조상들이 행한 죄과를 물려받아 보유하고 있기 때문이다. 그리고 나쁜 일을 한 사람이 더 오래 산다면 그것은 그의 조상들이 그에게 많은 공덕을 남겼기 때문이다. 공덕과 죄과는 5대에 걸쳐 영향을 미친다.[39]

이것이 도교의 핵심적 이론인 이른바 '승부(承負)'이다. 승(承)은 문자 그대로 받는 것을 의미하고 부(負)는 빚을 의미한다. 따라서 승부는 부모나 조상이 한 행동의 결과를 자신이 물려받아 감당하고, 자신의 행위의 결과는 자손에게 물려주게 된다고 주장한다. 이론적으로 승부는, 단지 공덕이든 과실이든 그 부담을 조상에서 자손으로 전해 주는 것이다. 하지만 실제로 이 이론은 죄과가 전해짐을 강조함으로써 사람들에게 제대로 처신할 것을 경고하고자 하는 것이다. 그러므로 승부는 '짐(부담)의 전수'나 '유전된 죄과'로 번역되어야 할지도 모른다. 이 이론은 불교의 업과 환생 개념과 대조가 된다. 다시 말해, 승부 이론에서는, 개인이 저지른 공덕과 과실이 본인의 내세의 삶에서 발현되지 않고 그의 자손에게 전달

---

38) 王明, 『太平經合校』, pp. 525~526.
39) 王明, 『太平經合校』, p. 22.

된다고 말한다.[40]

『태평경』의 사상은 장각과 그의 형제들의 지휘 아래 중국 동부에서 일어난 대규모 종교 운동을 촉진시켰다. 장각은 스스로를 '대현량사(大賢良師)'라고 칭하며 많은 제자들을 가르쳤다. 그는 사람들로 하여금 자신의 죄를 참회하게 하고 부적과 주문을 써서, 많은 사람들의 병을 고쳐주었으며 그 결과 많은 추종자가 생겨났다. 장각은 여덟 명의 제자를 파견하여 자신의 교리를 전파하게 하였으며, 그 결과 10년 남짓의 기간 동안, 8개의 지방에서 수십 만 명의 신도를 모을 수 있게 되었다. 그는 신도들을 36개의 방(方)으로 나누고 각각의 방에 수령을 두어 통솔하도록 하였다.

184년에 이른바 황건적의 난이라고 하는 반란이 일어났는데, 전통적인 중국의 역법에 따르면, 184년은 60년 주기로 순환하는 60갑자(甲子)의 첫 번째 해인 갑자년이다. 이것에 근거해 반란군들은 '창천(蒼天)'이 '황천(黃天)'으로 대체되어야 한다는 그들의 선언의 표시로 노란 두건을 썼다. 이 반란을 황건적의 난이라고 하는 것도 이 때문이다. 여기에서 창천은 한나라 왕조의 권좌를 나타내는 것이고 황천은 미래에 획득할 반란군 자신의 권력을 상징하는 것이다. 장각과 그의 형제들은 스스로를 각각 '천장군(天將軍)', '지장군(地將軍)', 그리고 '인장군(人將軍)'이라고 칭했는데 그것은 천지인(天地人)의 조화를 말하는 『태평경』의 이론에서 취한 것이었다. 장각의 종교는 태평도(太平道)라고 불릴 뿐 아니라 황로도(黃老道)라고도 불렸으며 실제적인 군사-종교 조직이었다.

황건적 난의 중심 병력은 구 개월 만에 진압되었다. 그러나 황건적의 잔여 세력과 이와 연관된 다른 반란군들이 20년 이상 살아남았다. 황건

---

40) Kenneth Ch'en, *Buddhism in China: A Historical Survey* (Princeton: Princeton University Press, 1973), p. 476.

적은 한(漢) 왕조 말기에 봉기한 많은 반란군 중에 가장 규모가 컸는데, 당시 반란군들은 대부분 도교와 유사한 종교 분파와 연루되어 있었다. 그들은 결과적으로 한의 힘에 의해 무너졌지만 도교의 이념적 요소를 가진 그러한 혁명적 종교 운동들은 중세 중국 역사의 지속적인 특징으로 남았다. 3세기에서 5세기까지 이홍(李弘)이라는 이름 아래에 8개의 반란군이 있었다는 공식적인 기록들이 있다. 그런데 이홍은 노자의 화신(化身)이라는 말이 있었다. 이상과 같은 모든 운동들은 종교적 도교의 발전에 있어 중요한 측면임에도 그들과 관계된 문헌들이 금지되어, 오늘날에는 찾아 볼 수 없기 때문에 그들의 자취에 대한 상세한 추적이 불가능하다.

## 오두미도

한나라의 동부 해안에서 일어난 황건적의 난과 더불어 발생한 중요한 도교 운동으로는 191년 중국 남서부에서 시작된 오두미도(五斗米道)를 들 수 있다. 장릉(長陵, 34~156년) 혹은 장도릉이라 불리는 이 종파의 창시자는 종교적 도교의 아버지로 간주되었다. 오두미도라는 별칭을 얻게 된 것은 이 종교로 개종하는 사람은 누구나 다섯 말(斗)의 쌀을 바쳐야만 했기 때문이다. 이 종교의 공식적인 명칭은 천사도(天師道)인데, 『태평경』에 따르면, 도교의 전도자(傳道者)가 천사(天師)이기 때문이다. 이후 천사도는 정일도(正一道)라고 불리었는데 이는 장도릉이 '정일맹위지도(正一盟威之道)'를 전해 받았다고 하기 때문이다. 이와 같은 명칭은 장도릉의 지휘 아래 일어난 종교 운동이 공식적인 도교의 시작임을 의미한다.

장도릉은 본래 유학자였으며, 젊은 시절 유교의 오경(五經)을 읽었다고 한다. 그런데 오경이 장생에 유익하지 않음을 깨닫고 장생법을 공부하기 시작했다고 전해진다. 더 좋은 환경을 찾아, 그는 촉(蜀, 지금의 쓰촨성)으로 가서 산 속에 머물렀다. 그는 도교 이론들을 탐구했고 도교의 경서들을 지었다. 그러던 어느 날 태상노군(太上老君, 신격화된 노자)이 그에게 내려와 정일도를 가르쳤고, 그는 질병을 치유하는 능력을 갖게 되었다. 이에 사람들은 그를 스승, 곧 천사(天師)로 모셨고, 곧 수만 가구(家口) 이상의 신도가 그를 따랐다.

장도릉은 사람이 죽거나 병에 걸리는 이유는 죄가 있거나 그가 가고 있는 길에 무언가 문제가 있기 때문이라고 믿었다. 따라서 그는 사람들에게 참회하거나 길을 정상으로 복구함으로써 죄를 없애고 질병을 고치라고 했다. 그리고 만약 이것이 효과가 없을 경우에, 그는 주문과 부적을 사용하곤 했다. 예를 들어, 그는 '삼관수서(三官手書)'라고 해서 삼관, 즉 하늘의 신, 땅의 신, 물의 신에게 각각 글을 바쳐 병든 신체에 있는 악귀를 몰아내 달라고 빌었다. 그는 덕행(德行)이 장생하는 데 매우 중요하다고 믿었다. 즉 가장 높은 덕을 쌓게 되면 신선이 될 수 있고 그보다 낮은 중간 정도의 덕을 쌓게 되면 정해진 수명보다 두 배만큼 더 살 수 있으며, 가장 낮은 덕을 쌓은 사람은 수명이 약간 더 연장된다고 믿었다.

그가 죽은 뒤, 그의 아들과 손자가 뒤를 이어나갔다. 191년에 장도릉의 손자 장로(張魯)는 태수(太守)의 자격으로 한중(漢中) 지역을 공격해서 점령했다. 장로는 세속적 권력과 종교적 힘을 결합함으로써, 한중 지역 전체를 아우르는, 권위 있는 독자적 종교−정치 조직을 세웠다. 그리고 종교의례와 행정적 필요에 따라, 그 지역을 24개의 치(治)로 나누었다. 각각의 치는 사제이면서 동시에 지도자인 제주(祭酒)가 이끌었고 각 치 안에는 '정실(靜室)'이라는 명칭의, 명상을 위한 기도실을 두었다. 장로는 또한 필요한 사람들에게 무료로 음식을 제공하는 공공시설인 의사(義舍)를 세울 것을 주창했다. 여행자들은 자유롭게 음식을 먹을 수 있었지만, 너무 많은 음식을 먹는 사람은 귀신에 의해서 질병에 걸릴 것이라고 했다. 그는 사회 복지를 위해 온갖 종류의 공익사업을 수행했다. 사람들이 죄를 지으면 세 번은 용서를 받았으나 그 다음에도 고치지 않으면 처벌을 가했다. 그런데 그곳에 머물던 사람들은 그의 통치를 기꺼이 수용했다고 전해진다.

215년 한나라의 조조(曹操)가 10만 군대를 이끌고 장로를 공격했다. 장로는 그의 형제가 전사(戰死)하자, 얼마 지나지 않아서 바로 조조에게 투항했고 조조는 그를 진남대장군(鎭南大將軍)과 낭중후(閬中侯)라는 후작(侯爵)에 봉하였다. 이러한 사실은 결과적으로 당대는 물론 이후의 왕조에서도 이 종파를 공식적으로 승인하게 만들었다. 장로의 권력을 통제하기 위해서, 조조는 그를 중원(中原) 지역으로 이주시켰으며 이로 인해서 천사도가 널리 확산되었고 그 영향력이 더 커지게 되었다.

천사도가 『태평경』과 종교적인 관념들을 공유함에도, 천사들은 그들 고유의 경전을 가지고 있었다. 그 경전은 『노자상이주(老子想爾注)』로서 장도릉 혹은 장로가 그것을 지었다고 전해진다. 이 책은 종교적인 관점에서 『노자』에 대한 색다른 해석을 제공하였다. 노자가 일(一)이 생겨난 근원으로서의 도(道)를 추앙한 반면에, 천사도는 노자를 신격화 했다. 따라서 『노자상이주』에서는 노자가 바로 도라고 언명한다. 『노자상이주』에서는 도가 바로 일이고, 일이 흩어지면 그것이 바로 기가 되고, 기가 응취(凝聚)하게 되면 바로 태상노군이 된다고 한다.[41] 즉, 『노자상이주』에서 도는 초기 도가에서와 같이 비인격적이기도 하고, 때로는 인격적인 신으로서 종교적 숭배의 대상이 되기도 한다.

---

41) 饒宗頤, 『老子想爾注校箋』(香港: 香港大學出版社, 1956), p. 13.

『노자상이주』는 또한 ‘수일’에 대한 새로운 해석을 제시한다. 『태평경』과 달리, 『노자상이주』에서 수일은 개인적인 수양을 의미하는 것이 아니라, 도교 계율에 대한 복종을 의미한다. 『노자상이주』의 저자는 종교적 계율의 중요성을 강조한다. 신선이나 속인(俗人) 모두 죽음을 싫어하고 삶을 선호하지만, 그들이 가지는 삶의 태도는 각기 다르다. 속인들은 도를 따르지 않고 악을 따르는 반면, 신선은 도를 믿고 도교의 계율을 준수한다. 그러므로 도는 악을 행하는 사람을 벌하기 위해서 죽음을 사용하고, 도교의 계율을 준수하는 사람에게 보상하기 위해서 삶을 사용한다.

『노자상이주』의 저자는 일반 도교 신도뿐만 아니라, 통치자 역시 도를 행하고 실천해야 한다고 주장했다. 도는 삶을 기뻐하고 선(善)을 선호하며, 전쟁에 반대한다. 만약 통치자가 도를 신봉하고, 무력을 사용하지 않으면, 신하들이 자발적으로 충성을 바치고 백성들이 진심으로 효를 실천하게 될 것이며, 따라서 태평과 불로장생이 실현될 것이다. 『노자상이주』의 저자는 분명, 정치인 것과 종교적인 것, 성(聖)과 속(俗) 양 방면에 모두 참여하기를 원했던 것으로 보인다. 이 점은 대부분의 도교 경전 안에서 드러나는 도교의 핵심적인 특징이다.

태평도와 오두미도는 가장 이른 시기에 나타난 도교 운동이었으며 이를 통해 도교 조직이 기존의 촌락 사회 밖에서 출현하였음을 알 수 있다. 장로가 조조에게 투항한 이후에, 그의 종파는 지도 계층에서 받아들여지기 시작했다. 민간적인 도교 운동들이 도교의 역사에서 매우 중요하기는 하지만, 현존하는 도교 문헌에 근거해 살펴보게 되면 도교는 기본적으로 중산층과 상류층에 널리 퍼져 있었음을 알 수 있다.

# 갈홍과 도교의 이론

갈홍(葛洪, 283~363?년)[42]은 도교의 성직자로서 활동하기보다는 선도(仙道)이론을 연구하는 일에 더 많은 관심을 집중하였던 인물로서, 도교를 민간 종교에서 상류 계층이 선호하는 교파로 발전시키는 데 핵심적 역할을 담당했다. 갈홍은 자신을 '포박자(抱朴子)'라고 칭하였다. 그는 두 권의 책을 쓴 것으로 전해진다. 하나는 『포박자』 「외편」으로 유교에 관한 내용을 담고 있으며 또 다른 하나는 『포박자』 「내편」으로서 도교에 관한 갈홍 자신의 이론을 다루고 있다.

갈홍은 고급 관리 집안의 자제였으나 그가 13세 되던 해에 아버지가 세상을 떠나 어려운 청소년기를 보내야 했다. 그의 말에 따르면 그는 종이와 붓을 구하기 위해 땔감용 나무를 베어야만 했고 장작불 옆에서 글을 써야만 했다고 한다. 이렇듯 종이가 부족하여 종이 한 장마다 몇 번씩 글을 썼고 그 때문에 그의 글을 읽는 사람은 매우 어려움을 겪을 수밖에 없었다. 갈홍은 유교 경전을 비롯하여 많은 종류의 책을 읽었지만 오직 불사를 획득하는 법에 관한 책에만 관심을 갖게 되었다. 그는 도교 도사인 정은(鄭隱)으로부터 연단(鍊丹)의 비법을 전수받았다.

한때 갈홍은 반란을 진압하기 위해 전쟁에 참가하기도 했으며 그 공적을 인정받아 장군으로 임관할 것을 제안받기도 하였다. 그러나 그는 부귀나 명예, 권력은 마치 손님과 같아서 잠시 동안만 머물다가 떠나버리며 결코 영원히 지킬 수 없는 것임을 알았기에 제안을 거절하였다. 마치 봄에 꽃이 활짝 피었다가 곧 시들어 버리듯이, 화려한 공적에 빛나던 수많은 영웅도 죽고 고명한 가문도 사라지고 마는 것이라고 그는 생각했다.

---

42) 또 다른 역사적 기록에 따르면 갈홍의 사망연도는 343년이라고 한다. 이 두 가지 모두 확실하지 않고 의문점을 남긴다.

그는 사람들이 득과 실을 따지느라 고민하며 호불호(好不好) 때문에 고통 받는다고 믿었다. 갈홍은 사회에서 물러나 은둔하며 장생의 기술에만 전념하기를 원하였다. 따라서 "그가 탄 마차의 바퀴 자국은 권문세가의 땅을 지나가지 않았고, 그가 쓴 글은 한 쪽도 고관(高官)의 집에 보내어지지 않았다."[43] 이렇게 해서 그는 독립적이고 주목할 만한 도교 사상가가 되었다.

갈홍은 천지의 가장 위대한 본성은 생명을 낳는 것이며 따라서 천지는 창생(創生)에 대한 사랑을 그 안에 담고 있다고 주장하였다. 그러므로 도교인들이 존숭하는 모든 지고(至高)한 비법 가운데 가장 중요한 것은 장생을 획득하는 법이다.[44] 그러나 실제로 신선을 본 사람이 거의 없기 때문에 사람들은 그에게 신이나 신선이 정말로 존재한다고 믿는 것이 타당한(practical)인 것인지에 대해 따져 물었다. 이에 대해 갈홍은 아무리 좋은 눈을 가진 사람도 모든 사물을 다 볼 수는 없으며 가장 좋은 귀를 가진 사람도 모든 소리를 다 들을 수는 없다고 논박하였다. 아무리 큰 발을 가졌다고 해도, 밟을 수 있는 땅이 밟아보지 못한 땅만큼은 넓지 못할 것이다. 우리가 가장 지혜로운 사람으로부터 모든 학식을 배운다고 해도, 우리가 가진 지식이 우리가 알지 못하는 지식의 양에는 미치지 못할 것이다. 이토록 다양한 삼라만상 중에 존재하지 못할 것이 무엇인가. 그렇다면 어째서 신선들이 존재할 수 없단 말인가. 또 왜 불사에 이르는 신묘한 길(divine process)이 결코 존재할 수 없단 말인가?[45]

---

43) 『抱朴子外篇』, 第50篇, 「自敍」 Jay Sailey, *The Master Who Embrace Simplicity*: *A Study of the Philosopher Ko Hung, A.D. 283~343* (San Francisco: Chinese Material Center, 1978), p. 262.

44) 王明, 『抱朴子合校』 第14篇 (北京: 中華書局, 1960). 원 논문은 James R. Ware. *Alchemy, Medicine, Religion in the China of A.D. 320*: *The Nei Pien of Ko Hung*(*Pao-P'u Tzu*) (Cambridge, MA: M.I.T. Press, 1966), p. 226에 근거했음을 밝히고 있다.

45) ibid., chap. 2, p. 33.

갈홍은 기지(機智)를 발휘해 인간 지식의 한계를 지적하며, 보는 것만 진리라고 믿는 것은 잘못이라는 사실을 상기시켰다. 그러나 그러한 사실을 상기시키려한 갈홍의 노력도 역시 신선이 존재한다는 것을 증명하기에는 충분하지 못했다. 사람들은 갈홍에게 물었다. "시작이 있으면 반드시 끝이 있고, 존재하는 것은 반드시 사라진다. 그러므로 삼황오제(三皇五帝)나 공자, 주공(周公)과 같은 성인도 죽었던 것이다."[46] "가장 훌륭한 기술자도 기와나 돌을 날카롭게 갈아 바늘로 만들 수는 없으며, 가장 위대한 금속세공가도 납이나 주석으로 보검을 주조할 수는 없을 것이다. 신이나 귀신도 그렇게 하지는 못하며 천지도 이룰 수 없는 일을 이루지는 못한다. 늙은이를 젊게 하고 죽어 가는 이를 살릴 수 있는 기적의 비책이 세상 그 어디에 있겠는가?"[47]

갈홍이 대답했다. "분명 삶과 죽음, 시작과 끝이 큰 틀을 이루고 있다. 그러나 그 안에는 차별도 존재하고 변이도 존재한다. 어떤 사람이 긍정하는 것을 다른 사람은 부정할 수 있다. 삼라만상의 변화와 전환 속에서는 어떠한 경이로운 일도 일어날 수 있다. 어떤 개체든 그것이 겉으로 보이는 것과 그 움직임은 전혀 다를 수 있다. 뿌리는 균형이 잘 잡혀있어도 가지는 이상할 수 있다. 우리는 모든 사물을 똑같은 방식으로 취급해서는 안 된다. 대다수의 사람들은 시작이 있는 모든 것은 다 끝이 있게 마련이라고 주장한다. 그러나 모든 사실을 다 총괄하고 그들 하나하나에 동일한 비중을 둔다고 해서 보편적인 원리를 도출해 낼 수 있는 것은 아니다. 여름에는 곡식들이 반드시 자란다고 하지만 냉이와 밀은 말라 죽는다. 겨울에는 식물들이 시든다고 하지만 대나무와 삼나무는 무성해진

---

46) ibid.
47) ibid., p. 35.

다. 시작이 있으면 반드시 끝이 있다고 하지만 하늘과 땅은 사라지지 않는다. 살아있는 모든 것은 반드시 죽는다고 하지만 거북이와 학은 장생을 누린다."[48] 갈홍의 논변은 우주의 다양성과 복잡성에 기초하였다. 일반적인 현상에는 항상 그 반대되는 것이 있으므로 다양한 만물을 하나의 기준으로 판단할 수는 없다.

갈홍은 어떤 사물을 적절하게 취급하면 더욱 견고해지고 오래갈 수 있다고 믿었다. 예를 들어 진흙은 그 모양을 빨리 잃지만, 기와로 만들면 무엇보다 오래갈 수 있다. 상수리나무는 쉽게 썩지만 구워서 숯으로 만들면 수천 년을 간다.[49] 마찬가지로 흔한 약이나 하찮은 의술로 질병을 고칠 수도 있고 심지어 죽은 사람을 살릴 수도 있다. 그렇다면, 어째서 뛰어난 약을 가지고 살아 있는 신선을 만들지 못한다는 것인가?

갈홍은 사람들의 죽음은 욕망, 질병, 연로함, 그리고 독약이나 독기(毒氣), 지나친 냉기(冷氣)의 결과로 온다고 보았다. 그러므로 이와 같이 치명적이고 해로운 것들을 피할 수만 있다면 장생을 실현할 수 있을 것이다. 그리고 신묘한 길을 발견하기만 하면 신선이 될 수 있을 것이다. 그는 심지어 음식도 사람들이 삶을 유지하는 데 효험이 있다고 주장했다. 사람들이 음식을 섭취하는 한 그들은 살며 음식을 끊으면 죽는다. 그렇다면 가장 질 좋은 신약(神藥)의 경우에는 어떨지 생각해보라! 그것이 인간에게 주는 이익이 음식보다 수천 배는 더 크지 않겠는가? 단약(丹藥)은 바로 그와 같은 약으로서 오래 가열하면 할수록 그 변화가 더욱 더 놀랍다. 백 번 넘게 구워도 금(金)은 녹아 없어지지 않으며 아무리 오랫동안 묻어 두어도 썩지 않는다. 이들 두 가지 물질을 섭취함으로써 육체를 제

---

48) ibid., p. 36.
49) ibid., chap. 14, p. 101.

련시키면 늙거나 죽지 않게 된다. 갈홍은 사람들이 자신이 먹어 온 음식물의 본질을 파악하고, 그로부터 자신을 강하게 만들어 줄 외적인 물질들을 구해야만 한다고 믿었다.[50]

백과사전적인 지식을 자랑하는 도교학자인 갈홍은 장생과 불사에 이르는 많은 방법을 제안했다. 우선 그는 장생을 원하는 사람들은 다른 이들에게 '입공덕(入功德)', 즉 공덕을 실천하고 적선을 베풀며, 친절과 애정을 아끼지 않으며, 도계(道誡)를 실천하기 위해 애써야 한다고 단언하였다.[51] 이러한 도교 계율들은 유교와 중국의 전통적인 도덕관념으로부터 창안되었으나 장생의 실천 수단으로 사용되었다. 도교의 다른 사상가들과 마찬가지로 갈홍 역시 도덕과 수명(壽命)을 연결시켰다. 그는 말하길, 도교 경전에 따르면 공덕을 세우는 것이 최우선이고 죄과를 멀리하는 것이 그 다음이라고 했다. 불사에 이르는 신적(神的) 수행 과정 중에 수행자에게 있어 가장 최상의 행위는 어려움에 빠진 사람들을 구해 주어 그들이 재앙을 피하도록 하는 것과 다른 이들을 질병으로부터 보호하여 그들이 정해진 수명보다 빨리 죽지 않게 하는 것이다.

불사를 획득하기 원하는 사람들은 충효와 우애, 순종과 자비, 그리고 신의(信義)를 기본적인 행동 원리로 삼아야만 한다. 만약 그들이 덕 있는 행동을 하지 않고 단지 불사의 비방(秘方)만을 추구한다면 결코 장생을 획득할 수 없을 것이다. 크나큰 범죄를 저지를 사람은 사명신(司命神)이 300일의 수명을 감할 것이며 그보다 더 작은 잘못을 저지른 사람은 3일을 계산하여 수명을 감할 것이다. 수명을 빼앗는 것은 저지른 과실의 정

---

50) 손성연(孫星衍)의 판본 분석을 받아들여 '단(丹)' 앞에 있는 '금(金)' 자(字)를 생략했다. 王明, 『抱朴子合校』, p. 71 ; Ware, *Alchemy*, p. 71.
51) ibid., p. 116.

도에 따라 달라진다.[52] 분명히 갈홍은 선행을 쌓는 것이 장생 획득에 필수적이지만 그것 자체만으로는 불충분하다고 생각했다.

『태평경』과 마찬가지로 갈홍도 수일(守一), 즉 일(一)에 대한 명상을 강조했으나 그가 말하는 일의 의미는 다르다. 갈홍에게 일은 체내신(體內神)이다. 그는 신선들에 대한 내용을 담은 선경(仙經)들을 인용하여 다음과 같이 말한다. "불사를 누리기 원한다면 수일을 많이 해야만 한다. 굶주릴 때까지 수일하라, 그러면 일이 양식을 줄 것이다. 목이 마를 때까지 수일하라. 그러면 일이, 갈증을 해소할 마실 것을 줄 것이다."[53] 갈홍에 따르면 '일'은 명칭과 모양, 그리고 색깔을 가지고 있다. 남성신(男性神)인 경우는 길이가 약 2.3센티미터이고 여성신(女性神)인 경우는 약 1.5센티미터이다. 때로는 그것이 하단전(下丹田)인 배꼽에서부터 약 6센티미터 아래에 있기도 하고 또 다른 경우에는 중단전(中丹田)인 심장 밑에 있기도 한다. 상단전(上丹田)에는 양 미간에서 뒤로 약 6센티미터 물러난 곳에 있기도 한다. 이처럼 신비로운 일은 음(陰)을 이루고 양(陽)을 낳으며 추위와 더위를 가져온다. 일을 통해 봄에 싹이 트고 여름에 만물이 자라며 가을에 수확할 수 있고 겨울에 저장할 수 있다. 우주도 그것의 광대함에 비할 수 없고 털 오라기나 씨눈도 그것의 미세함에 비할 수 없다.[54]

사람들이 수일을 할 수만 있다면 일도 그들을 보호해 줄 것이다. 이렇게 되면 해로운 것들도 수일하는 사람들 안에서 흉악(凶惡)이 들어설 자리를 발견하지 못하며, 패배할 상황에 놓여도 승리할 수 있으며 위험한 처지에서도 안전함을 느낄 수 있다.[55] 갈홍은 행기(行氣), 즉 호흡을 통해

---

52) ibid., p. 66.
53) ibid., p. 302.
54) ibid.
55) ibid., pp. 304~305.

기를 순환시킴으로써, 질병이 치유되며 뱀과 호랑이를 부리고 상처에서 흐르는 피를 멈추게 할 수 있다고 믿었다. 또한 행기를 통해 물속에 머물거나 물 위를 걸을 수도 있고 정해진 수명을 연장할 수도 있다고 확신했다. 행기에서 가장 중요한 부분은 태식, 곧 태아처럼 숨을 쉬는 것이다. 태식에 성공한 사람은 코나 입을 통해 호흡을 하지 않고 태(胎) 안에서 태를 통해 호흡을 한다. 그리고 이렇게 함으로써 신묘한 수행 과정을 완수하게 된다.

갈홍은 행기나 태식과 같은 호흡법을 어떻게 실행하는지에 관한 몇 가지 가르침을 주고 있다. 예를 들어 처음으로 행기를 배우는 사람은 코를 통해 숨을 들여 마신 뒤 숨을 밖으로 내쉬지 않도록 참아야 한다. 이렇게 120을 셀 동안 조용히 숨을 멈추고 참은 뒤 입을 통해 아주 조금만 숨을 내쉰다. 날숨과 들숨을 쉬는 동안 수행자는 자신이 숨 쉬는 소리를 들어서는 안 된다. 그리고 항상 들여 마신 것보다 내쉬는 것이 훨씬 적어야 한다. 숨을 내쉴 때는 코와 입 앞에 거위 깃털을 대어보아 그것이 움직이지 않게 해야 한다. 이러한 방법으로 얼마 동안 수행을 한 후에는, 들여 마신 숨을 내쉬기 전에 마음속으로 세는 숫자를 조금씩 늘려 1,000을 셀 수 있을 때까지 한다. 이것을 성공하게 되면 노인들은 매일 하루씩 젊어지게 될 것이다.[56]

도교의 장생 이론에서는 적절한 성교의 중요성을 강조한다. 이것이 바로 방중술인데 문자적으로는 침실의 기술을 의미하며 성교의 기술로 번역할 수 있을 것이다. 방중술의 목적은 건강을 증진하고 장생을 추구하는 것이며, 이 점에서 방중술은 성관계에 대한 현대적 연구와 중요한 차이를 보여 준다. 갈홍은 수명을 연장하기 원하는 사람은 반드시 방중술

---

56) ibid., chap. 8, pp. 138~139.

을 알아야 하며 만약 그렇지 않으면 기(氣)를 자주 소실하게 되어 호흡 수행을 한다고 해도 최고의 효과를 볼 수 없다고 믿었다. 역사 기록에 따르면 고대 중국에는 방중술을 주제로 다루는 저술이 여러 권 있었다고 하는데 지금은 거의 남아 있지 않다. 그러나 갈홍을 통해 우리는 방중술에 관한 대략적인 내용을 알 수 있다.

갈홍에 따르면 적어도 10명의 저자가 올바른 방중술에 관한 저술을 남겼다고 한다. 그들 중 몇몇은 소모된 기를 다시 보충하고 질병을 치료하며 양기를 증가시키기 위해 음기를 더 많이 모으는 방법, 혹은 수명을 늘림으로써 좀 더 장생하는 법을 보여줄 수 있다고 주장했다. 방중술의 핵심 개념은 '정(精)'인데 이 단어는 진액(cream), 정수(essence), 또는 정액(semen)을 뜻한다. 고대 중국인들은, 정액은 생명의 정수의 일종이며 따라서 방중술의 원리는 성교 중에 생명의 정수인 정을 지키고 보존하는 데 있다고 믿었다. 이렇듯 '환정보뇌(還精補腦)', 다시 말해 정, 즉 생명의 정수를 잃지 않고 보유함으로써 두뇌를 보충하고 강화시킬 수 있으며 그것은 건강과 수명에 이롭다고 믿었다.

갈홍에 따르면, 방중술은 명백히 장생불사를 실현하는 데 없어서는 안 되는 것이다. 모든 명약을 섭취하더라도, 성교 시에 어떻게 하면 정을 지킬 수 있는지에 대한 지식이 없다면 장생을 획득하는 것은 불가능하다. 그러나 그렇다고 해서 성교를 완전히 포기해서는 안 된다. 만약 성교를 그만두게 되면 활력을 잃어 우울증에 걸리며 금욕과 스트레스로 인한 많은 질병으로 요절하게 된다. 또한 반대로 지나치게 성을 탐닉하면 명이 줄게 된다. 따라서 오직 양 극단을 잘 조절해야 그 해를 피할 수 있다.

그러나 방중술 수행에 대한 상세한 내용은 알기 어렵다. 왜냐하면 '진인(眞人)'은 이러한 방중술의 방법을 전혀 글로 남기지 않고 구두로만 전수하기 때문이다. 만약 구두 지침(口頭指針) 없이 방중술을 시도하게 되면 만 명 가운데 한 명도 그 해를 피할 수 없을 것이다.[57] 갈홍은 방중술에 대한 자세한 설명을 남기지 않았으나 다른 서적들을 통해 방중술이 어떤 것인지 대강 알 수 있다. 방중술은 신비적 내용을 포함하고 있다. 예를 들어 성교를 하는 시간이나 성교 시 바라보는 방향에 따라 건강에 미치는 효과가 달라진다. 즉 각기 서로 상이한 시간에 서로 상이한 방향을 바라보며 성교를 하게 되면 그 효과도 다르게 나타난다. 또한 좀 더 새롭고 건강한 정기(精氣)를 받기 위해서는 여러 명의 젊은 처녀와 성관계를 맺어야 한다. 표면상으로 보면 방중술은 성행위를 즐기기 위한 지침으로 오인되기 쉬우며 때에 따라서는 실제로 외설과 문란으로 이어지기도 했다. 그렇지만 그것은 본래 건강과 장수를 목적으로 한 것이며 또한 금욕주의나 욕망 포기를 위한 것도 아니다.

불사를 위해 가장 중요하면서도 실천하기 어려운 수행법은 연금술, 이른바 황금(黃金)과 단사(丹砂)를 이용하는 것이다. 갈홍에 의하면 불사약 중에 최상은 단사이다. 그 다음이 황금이며 세 번째가 은(銀), 네 번째가 영지(靈芝)이다. 다섯 번째는 옥(玉), 여섯 번째는 운모(雲母), 일곱 번째는 진주, 여덟 번째는 금속의 일종인 석웅황(石雄黃, 혹은 계관석이라고 함), 아홉 번째는 갈색의 적철광이다. 그리고 이와 더불어 전통적으로 내려오는 다양한 약초와 광물이 있다.[58]

갈홍은 단언하여 말하길, "내가 양생(養生)에 관한 저술들을 고찰하고, 끝없이 먼 것도 내다볼 수 있는 천리안을 획득하기 위한 비법을 모으면서 숙독한 책들이 수천 권에 이를 것이다. 그 가운데 환단금액(還丹金液)

---

57) ibid., p. 140.
58) ibid., chap. 11, p. 178.

이 가장 중요한 것이라고 주장하지 않은 책은 단 한권도 없었다. 환단과 금액은 신선도(神仙道)에서 최고 절정인 것으로 보인다. 환단과 금액을 섭취해도 신선이 되지 못한다면 신선이란 결코 존재하지 않을 것이다."[59] 호흡법과 도인(導引, 체조 수행법)을 실천하거나, 약초를 복용함으로써 수명을 연장할 수는 있으나 궁극적으로 죽음을 막을 수는 없을 것이다. 그러나 신단(神丹)을 복용하면 영원한 장생을 누리고 천지와 함께 영원할 것이다. 또한 구름을 타고 용을 몰아 천상 세계를 오르내릴 수 있을 것이다. 더욱이, 신단을 복용한 당사자뿐만 아니라 그의 가족 전체가 신선이 될 것이다.

물론 연금술은 배우기가 쉽지 않다. 금단을 획득하기 위한 준비 과정은 명산(名山)에 들어가 아무도 거주하지 않는 장소에서 실행해야만 한다고 전해진다. 그리고 이전에, 정결한 상태를 갖추기 위해 향(香)으로 목욕하고 100일간 재계(齋戒)를 해야만 한다. 자신을 더럽힐 만한 어떤 것도 가까이해서는 안 되고 세속 사람들과 왕래를 해서도 안 된다. 그리고 금단도를 믿지 않는 사람들이 그 계획을 알게 해서도 안 된다. 왜냐하면 그들이 신약(神藥)을 모독하게 되면 금단 제조의 성공이 방해받을 것이기 때문이다.[60] 금단을 제조하는 연금술의 실천은 매우 어렵고 비용도 많이 들기 때문에 그것을 실천하는 데 매우 세심한 주의가 필요하다고 갈홍은 충고하였다. 그리고 자신 역시 황금과 단사를 만드는 기술을 완전히 터득하는 데 성공하지 못했음을 인정했다. 그럼에도 갈홍은 중국 연금술 역사에 커다란 공헌을 했다.

---

59) ibid., chap. 4, p. 68.
60) ibid., chap. 4, p. 75.

# 도교의 변화

## 구겸지와 중국 북부의 도교 개혁

갈홍이 정통 도교(orthodox Taoist religion)를 형성하는 데 이론적으로 공헌을 했다면, 구겸지(寇謙之, 365~448년)는 도교의 제도화 과정에서 매우 중요한 역할을 하였다. 당시는 중국이 여러 왕조에 의해 남과 북으로 나뉘어 있던 시기이며 구겸지는 주로 북위(北魏, 386~534년) 왕조 초기에 살았다. 당시 북위 지역은 소수족인 탁발(拓跋) 가문에 의해 지배되고 있었다. 북위의 왕실은 다수인 한족(漢族)의 지지를 원하면서도 한편으로는 다수 세력이었던 한족의 영향력이 너무 커져서 자신들에게 위협적 세력이 될까봐 두려워하였다. 그리고 이러한 염려 때문에 왕들은 중국의 토착 종교 전통인 도교에 대해 매우 복합적이고 모순적인 태도를 갖지 않을 수 없었다.

구겸지는 오늘날의 베이징 부근에 위치한 상곡(上谷)이라는 곳에서 전통적으로 도교를 신봉하던 귀족 가문에서 태어났으며 나중에 오늘날의 샨시(陝西) 지역인 풍익(馮翊)으로 이주하였다. 『위서(魏書)』[61]에 따르면, 그

---

61) 『魏書』 「釋老志」, 제8권 (北京: 中華書局), pp. 3049~3051. 몇몇 영문 번역은 Richard B. Mather, "K'ou Ch'ien-chih," in *The Encyclopedia of Religion*, ed. Mircea Eliade (New York: Macmilan, 1987), vol. 8, pp. 337~339에 근거하여 수정했다.

는 어릴 때부터 불사(不死)의 도에 큰 관심을 가지고 있었으며, 세속의 삶에서 벗어나 은거하기를 열망했다고 한다. 그는 장로(張魯)의 교리를 연구하고 그것을 실천에 옮겼으며, 초자연적 힘을 지닌 약초를 구해 먹었으나 온갖 노력에도 실효를 거두지는 못하였다. 구겸지가 큰 어머니의 집을 찾았을 때, 하인 중 한 사람인 성공흥(成公興)을 만나게 되었다.

성공흥은 매우 비범해 보였으며, 힘든 일을 해도 전혀 지친 기색이 보이지 않았다. 따라서 구겸지는 그를 자신의 집으로 데려와 하인으로 삼았다. 어느 날 구겸지가 산술 문제를 풀지 못해서 풀이 죽어 있자 성공흥이 그에게 무엇 때문에 그러는지 묻고는 즉시 문제를 풀어 주었다. 이에 구겸지는 성공흥의 제자가 되기를 원했다. 그런데 실제로는 성공흥 자신이 구겸지를 가르치고 있음에도 이상하게 자신이 구겸지의 제자가 되어야 한다고 주장했다. 그리고 나서 성공흥은 구겸지로 하여금 세속에서 벗어나 은둔하게 하였다. 처음에는 섬서 지역에 있는 화산(華山) 서쪽의 신성한 봉우리에 머물다가 후에 하남(河南) 지역의 숭산(嵩山)의 중앙에 있는 신성한 봉우리로 옮겼다. 몇 년 동안 같이 도교 수행을 한 결과, 성공흥은 구겸지가 신선은 될 수 없고 대신 왕사(王師), 즉 왕의 스승이 될 수 있다는 것을 감지하게 되었다. 칠 년 후 성공흥이 죽은 뒤에도, 구겸지는 산속에서 홀로 도술(道術) 연마를 계속하였다.

계속적인 수행의 결과 415년에 신격화된 노자인 태상노군이 구겸지에게 강림하게 되었다고 전해진다. 태상노군은 구겸지에게 첫 번째 천사 장도릉이 죽은 이후에는 천사의 자리가 비어 있다고 말하였다. 따라서 사람들이 도교 신앙을 실천하고 싶어도 스승을 찾을 수 없게 되었는데, 때마침 구겸지의 행동이 도교 교리에 합당하니 천사가 될 자격이 있다는 것이었다. 이리하여 태상노군은 구겸지에게 천사의 직위를 하사했다. 그리고 동시에 그에게 『운중음송신과지계(雲中音誦新科之戒)』라는 이름의 경전을 전해 주었다. 그 일부가 오늘날 『도장』에 들어 있는 『노군음송계경(老君音誦戒經)』이라고 여겨지고 있으며, 이 경전이 구겸지의 교리를 담고 있다고 볼 수 있다. 태상노군은 이와 동시에 일종의 호흡의 비법과 두인(導引), 즉 일종의 체조의 비법을 구겸지에게 전해 주었고, 이후 구겸지는 벽곡(辟穀), 즉 곡식을 끊는 법을 배우게 되었으며 그 결과 몸이 더 가벼워지고, 외모도 젊어져 활기가 넘치게 됨을 느낄 수 있었다. 팔 년 후에 또 다른 선인(仙人)인 이보문(李譜文)이 구겸지에게 강림하게 되는데, 그는 자신을 노자의 현손(玄孫)라고 하였다. 그는 『녹도진경(錄圖眞經)』을 구겸지에게 주었는데, 이 경전은 현행본 『도장』에서는 찾아 볼 수 없다. 이보문은 구겸지에게 명하길, 북위의 황제인 북방태평진군(北方太平眞君)을 도와서 지상과 천계의 일을 모두 다 관리하는 책임을 맡으라고 했다.

도교 공동체를 개혁하고, 황제를 보필하고자 하는 자신의 강렬한 뜻을 실현하기 위해 구겸지는 조정(朝廷)에 지원을 요청하였다. 그는 핵심 각료였던 최호(崔浩)를 만났는데, 최호는 도교를 신봉하는 전통 있는 귀족 가문의 자손이었다. 최호는 황제를 설득해서 구겸지를 지원해 주도록 하였다. 그러나 관리들 가운데 구겸지의 경전 자체에 관심을 두는 이는 거의 없었다. 따라서 구겸지와 관리들 사이에 세속적 권위와 종교적 권위의 동맹이 형성되었다. 즉, 태무제는 구겸지에게 천사(天師)의 호칭을 내려 주었고, 구겸지도 역시 황제에게 '태평진군'이라는 호칭과 더불어 부록(符籙)을 주었다. 이 기간은 중국 정치사에서 유례없이 도교가 우세했던 시기로 알려져 있다.

노군이 지시한 바에 따르면, 구겸지의 임무는 2세기 후반 장도릉이 천사도 교단을 설립하고 난 뒤 나타나기 시작한 삼장(三張, 장도릉과 그의 아들과 손자)의 잘못된 계율과 종교적 관행을 없앰으로써 도교 공동체를 정화하고 재조직하는 것이었다. 장씨들이 중심이 된 종교의 직책들은 노군의 이름을 빌어 장씨 가문 내에서 세습되었는데, 구겸지는 그러한 관례를 비판했다. 그는 종교적 직분을 세습하는 행위는 어리석은 자로 하여금 종교적 힘을 행사할 수 있도록 해 주어 도교의 관행을 오염시킬 수 있으며, 따라서 그 직분은 정직하고 현명한 사람에게만 주어져야 한다고 주장하였다. 장천사 가문의 자손이 아니었던 구겸지는 '정직하고 현명한' 사람이었기 때문에 새로운 천사가 될 수 있었던 것이다.

구겸지는 또한 신앙의 명목으로 부과되는 쌀과 돈의 기부를 금지해야 한다고 주장했는데, 그것이 나라 안에 또 다른 왕조를 세울 여지를 제공할 위험이 있기 때문이라는 것이었다. 이것은 앞서도 말했듯이, 장로에 의해서 건립된 정교일치(政敎一致)적 권력에 대항하기 위한 것이었다. 구겸지는 호교론자(護敎論者)일 뿐만 아니라 세속적인 공권력에 대해서도 옹호하는 입장이었고, 따라서 도교에 강력한 정치색을 부여했다. 구겸지가 특별히 따로 언급은 하지 않았지만 그가 중요시했던 것은 예의와 도덕인데, 이것은 본래 유교에서 강조하는 덕목이다. 구겸지는 약을 복용하고 수련하는 것을 다른 도교인들만큼 중요하게 여기지 않았다. 그의 도교 개혁은 종교가 정치 체계와 사회적 질서를 유지하는 데에 도움을 주어야 하며 더 이상 종교가 반란이나 피난민 집단 거주지로 이용되어서는 안 된다는 점에 그 초점이 맞추어져 있었다. 그는 도교나 노자의 이름으로 행해지는 반란들을 강력하게 비난했다. 그는 반란에 대해 아비로서 자애롭지 못하고 자식으로서 효에 대해 전혀 알지 못하고, 신하로서 충성스럽지 못한 행위라며 호되게 비난했다. 그는 반란을 도모하는 이들이 어리석을 뿐 아니라 범법자이며 죄인이라고 하였다. 이렇듯 과격한 정치적 입장 덕분에 그가 주창한 새로운 도교는 북위 왕조에 의해 수용될 수 있었다.

구겸지는 전통적으로 내려오는 건강과 장수의 비법인 이른바 방중술, 혹은 합기(合氣)라는 성적 수행법을 공격했다. 앞서 언급했듯이 본래 격식대로 한다면 방중술은 성관계를 통해 생명의 기를 구하고 정(精)을 보존하는 것이었지만 때로는 이것이 사람들을 쉽게 타락시키고 육체적 타락이나 나아가 방탕한 성관계에 빠지도록 하는 수단으로 이용되기도 하였다. 구겸지는 일부 도사들이 부부들에게 그런 식의 성행위법을 가르치는 것은 공공 도덕을 위협하는 것이며 따라서 방중술은 금지되어야 한다고 주장했다.

구겸지의 개혁이 도교에 가장 크게 공헌한 바는 계율과 의식의 제도화일 것이다. 그는 이러한 개혁의 과정에서 형식면에서는 불교를, 내용면에서는 유교를 차용하였다. 구겸지의 계율은 충효(忠孝)와 인의(仁義) 등을 포함하고 있으며 이 외에 반역이나 배신, 부모나 주인에 대한 불복종 등에 대한 금지가 포함되어 있다. 구겸지는 또한 도교 의례를 발전시켰는데, 예를 들어 도교 수행자로서 입문하기를 원하는 사람은 도사에게 의례를 개최하도록 요청하여야 한다. 의례를 진행하는 중에 초보 수행자는 『노군음송계경』 앞에 여덟 번 엎드려 절을 한 다음 경전 앞에 경건하게 선다. 그리고 도사와 다른 도교 교우들은 양손에 계율을 들고 특정 음악을 따라 그 계율을 낭송한다. 그런 다음 초보 수행자는 『노군음송계경』 앞에 여덟 번 엎드려 절을 한 후에 땅에 얼굴을 대고 계율을 암송한다.

또한 구겸지는 기도, 장례, 회개, 구마(驅魔) 의식 등을 명확히 규정하였다. 구겸지는 국가의 공식적 지원을 받아 도교의 계율과 의례를 재정비하고 체계화시켰으며, 그 결과 도교는 제도화된 정통 종교가 되기 시작했다. 구겸지에 의하여 성립된 새로운 종교 제도는 역사적으로 북천사도(혹은 신천사도)라고 불렸다.

## 육수정과 중국 남부의 도교 개혁

구겸지가 북조에서 도교를 개혁하고 있을 무렵, 남방(南方)의 유송(劉宋, 420~479년) 왕조에 살던 육수정(陸修靜, 406~477년)도 유사한 개혁에 참여했다. 구겸지와 육수정은 모두 왕들에게 받아들여질 수 있는 새로운 종교를 세우기 원했다.

오늘날의 저장(浙江) 지역에서 귀족 가문의 자제로 태어난 육수정은 어려서부터 도술(道術)에 매료되었다고 전해진다. 그는 부지런히 도교 경전을 공부하고 끊임없이 신비한 불사이론들을 탐구했다. 그는 도교 경전을 공부하기 위해 집을 떠나 산속에 머물고 있었다. 그러던 어느 날 육수정은 약초가 필요해 산을 내려와 이틀 동안 집에 머물게 되었다. 그런데 때마침 예기치 않게 그의 딸이 중병에 걸려 죽어 가고 있었다. 그의 가족들은 간곡하게 그에게 딸을 구해달라고 부탁했지만, 그는 한숨만 지으며 "나는 이미 초탈한 세계를 위해 아내와 자식 그리고 나 자신마저도 버렸다. 오늘 나는 이 집을 여관으로 생각하고 들어온 것이다. 어떻게 내가 다시 육친의 정에 사로잡힐 수 있겠는가?"라고 말했다. 그리고 나서 그는 주저 없이 그곳을 떠났다.

육수정은 높은 경지의 스승을 만나기 위해 곳곳을 돌며 여행을 하는 한편 도교 경전을 수집하고 신선의 자취를 찾기 위해 명산(名山)을 찾아 다녔다. 그러면서 그는 점점 더 유명해져서 유송의 여러 황실과 밀접한 관계를 맺게 되었다. 한 황제는 도법(道法)에 관하여 배우고자 육수정을 초청했는데, 그는 밤에도 쉬지 않고 가르쳐 황제의 모친이 그를 자신의 스승으로 삼기도 했다. 또한 육수정은 또 다른 황제의 요청에 따라 학식 있는 불교인, 유교인들과 함께하는 공개 토론에 참석하였는데, 그는 힘 있는 논지를 통해 극적인 승리를 이루었다. 육수정은 30권 이상의 도교 경전을 저술했는데, 오늘날까지 전해지는 것은 극히 일부이다.

천사도가 된 오두미도에 뒤이어, 또 다른 두 개의 도교 분파가 나타났는데, 이들 두 교파의 명칭은 자신들이 받들던 경전의 이름을 따른 것이다. 이 가운데 한 분파는 『상청경』들을 숭배했는데, 이 경전들은 양희(楊義, 330~?년)와 허밀(許謐, 303~373년)[62]로부터 유래된 것으로 정신의 내적 평화와 개인의 불사를 위한 수행을 강조하였다. 또 다른 분파에서는 『영보경』들을 숭상했는데, 영보경전들은 390년대 후반 갈홍의 종손인 갈소보(葛巢甫)에 의하여 작성되었으며, 구세(救世)와 부록(符籙)의 역할을 강조하는 내용을 담고 있다. 록(籙)은 신들의 명칭과 모습을 담은 기록부이며, 부(符)는 도교적 힘으로 이끌어 주는 비의적인 부적이나 주문이다.[63] 영어로 부와 록은 각각 'talisman'과 'register'로 번역된다.

육수정은 매우 박학한 사람이었으므로, 당대의 중요한 도교 분파 모두에 큰 공헌을 하였다. 그는 천사도를 개혁하는 한편 갈홍의 교의를 이어받고 『삼황문(三皇文)』을 전해 주했다. 『삼황문』은 301년에 포정(鮑靚)에게서 유래한 것으로 추정된다. 육수정은 또한 『상청경』들을 전수받고 이를 가르치기도 해서 상청파의 6대 도사로 추앙되기도 하였다. 그는 또한 영보파를 위해 많은 주요 경전들을 저술하였다. 그는 자신을 '삼동제자

---

62) 초기 도교 경전은 『상청경』, 즉 상청파의 경전들이 위화존(魏華存)에 의해 계시된 것이라고 한다. 위화존은 2세기경에 살았던 인물이다. Michael Saso, *The Teachings of Taoist Master Chuang* (New Heaven and London: Yale University Press, 1978), p. 37.

63) Michael Saso, *The Teachings of Taoist Maste Chuang*, pp. 219, 308, 311.

(三洞弟子)'라고 불렀는데, 이는 자신이 어느 한 분파에만 속한 것이 아니며 자신의 폭넓은 학식이 모든 도교 분파를 아우를 수 있다는 것을 보여주기 위함이었다. 중국어 글자 '洞(동/통)'은 문자적으로는 동굴을 의미하지만 도교의 저술가들에 따르면 여기에서 '洞'은 꿰뚫다 혹은 전체를 다 이해한다는 뜻을 가진 '通'과 그 의미가 통한다.

'삼동'이라는 표현을 그가 처음 제창한 것은 아니지만, 육수정은 도교 경전을 삼동(三洞)으로 분류하는 체계를 정립했다. 471년 그는 『삼동경서목록(三洞經書目錄)』을 완성했는데, 이는 모든 도교 경전의 목록을 모아놓은 최초의 경전 종합 목록으로서 약 1,228권의 경전을 열거하고 있다. 육수정은 당시 등장한 초기 도교 분파들의 다양한 활동을 포괄하여 이들 모두가 공유할 수 있는 통합된 하나의 경전 개념을 처음으로 제시하였다. 삼동은 세 개의 계시 분파를 아우르고 있는데, 동현부(洞玄部)는 『상청경(上淸經)』, 동진부(洞眞部)는 『영보경(靈寶經)』, 동신부(洞神部)는 『삼황경(三皇經)』을 중심으로 형성되어 있다. 5,485권이나 되는 현행본 『도장』에는 삼동 외에 사보(四輔)의 체계가 있는데 사보에는 태현(太玄), 태평(太平), 태청(太淸), 정일(正一)의 네 개의 부(部)가 있다. 『도장』이 완벽하게 체계적으로 조직된 것은 아니지만, 태현부, 태평부, 태청부는 삼동을 각각 보충해주는 부록적(附錄的) 성격의 문헌들이고, 정일부는 삼동 전체를 보충해주는 것으로 간주된다.

천사도를 개혁하기 위하여 육수정은 삼회일(三會日)의 중요성을 강조하며, 2세기 말부터 3세기 초 오두미도가 활동하던 시기에 성립되었던 삼회일 제도를 다시 일으키고 싶어 했다. 삼회일 제도는 모든 도민(道民)에게 매년 1월 7일, 7월 7일, 10월 5일에 교구에서 열리는 세 번의 가장 큰 도교 의례에 참석할 것을 요구하는 제도이다.[64] 그리고 이때에 자신이 행한

과오와 선행(善行)을 보고하고, 도관(道官)으로부터 새로운 계율을 받는 한편, 각 가문마다 인구(人口) 수에 변화가 있을 때에는 보고를 하도록 하였다. 그런데 이러한 제도가 점차 쇠락해가자, 육수정은 이에 대해 다음과 같이 비판했다. "요즘 많은 사람들이 스스로 도사가 되겠다고 주징하지만, 너무 멀다는 이유로 모임에 나오지 않거나, 혹은 담당 도사를 업신여기고 다른 구역으로 가거나, 최악의 경우 음식이나 술을 가지고 신들에게 과시하기도 한다. 따라서 도교의 원리와 규율이 널리 알려지지도 않고, 설명되지도 않으며 종교적 실천과 계율은 점차 무의미해지고 쓸모가 없게 되었다."[65] 육수정은 또한 성직자와 신자 사이의 연대를 강화하기 위하여 삼회일 제도가 엄격하게 실천되기를 원하였다.

육수정이 택록(宅錄), 즉 가구별로 명부에 등록하는 것을 강조한 데에는 다른 이유가 있었다. 오두미도의 조직 체계에 따르면, 도교 신자는 자신의 일가(一家)를 등록해야 하는데, 여기에는 남녀노소가 모두 포함된다. 매해마다 대체로 삼회일에 각 가정마다 누가 태어나거나 사망한 일은 없는지, 혹은 결혼하지는 않았는지를 보고하여 등록된 명부를 갱신해야만 한다. 이렇듯 등록된 명부에 의거해 신자들은 자신에게 해당하는 헌금을 내고, 도교 지도부는 그러한 가정들을 보호하기 위하여 관리들을 파견했다. 그러나 이러한 제도가 쇠퇴하게 되면서, 육수정이 개혁을 시작하였을 당시는 명부가 더 이상 갱신되지 않고 있었다. 그는 명부에 오직 한 사람만 등록된 경우를 가리키면서 그 사람이 이미 여러 손자들까지 거느렸음에도 명부에는 아무런 변동 사항이 없는 것처럼 되어 있다고 말했다. 또한 백발의 노인인데도 아직 등록조차 안 되어 있는 사람도 있고,

---

64) 삼회일(三會日)의 날짜에 대해서는 서로 상이한 기록들이 있다.
65) 「陸先生道門科略」, 『正統道藏』, 제41권 (臺北: 藝文印書館, 1977), p. 33120.

죽어서 이미 뼈까지 다 썩었는데도 여전히 명부에 이름이 남아 있는 사람
도 있다고 하였다. 육수정은 도사들이 각 가구의 명부에서 뺄 것은 빼고
개정할 것은 개정하여 도교 조직을 강화해야 한다고 주장했다. 육수정에
의해 개혁된 도교는 남부 천사도라고 불렸는데, 이 도교는 한동안 발전하
였다가 상청파와 영보파가 점점 더 흥성하게 되자 쇠퇴하고 말았다.

　육수정은 그의 생애 중 많은 시간을 『영보경』들을 작성하고, 그것들
의 진위 여부를 감정하며, 편집하는 데 바쳤다. 그는 도교 의례의 역할을
체계적으로 밝혔는데, 의례는 사람들이 죄를 짓지 못하게 하기 위해서
'몸과 입과 마음의 삼업(三業)'을 제지하는 것이라고 했다. 그는 "몸은 살
인, 절도, 음탕한 행동과 같은 죄를 지을 수 있으므로 의례를 행하는 것
이 필요하다. 입에서는 비방하는 말, 아첨하는 말이 나올 수 있으므로 경
전을 암송하는 것이 필요하다. 마음속에는 탐욕과 화를 품을 수 있으므
로 신에 대한 명상이 필요하다. 합당한 의례와 함께, 이들 세 가지 방편
을 사용하면 우리의 마음과 행위를 정화시킬 수 있다"[66]고 했다. 그는 도
교의 의례가 천지를 감동시키고 신들에게 상달되며, 불사를 실현하고 궁
극적 실재를 보게 해 주고, 대를 이어 내려오는 가문의 죄를 없애 주며,
흉조를 제거해 주고 적의 증오심을 누그러뜨리며, 덕을 닦고 병을 치료하
며, 모든 일을 성사시켜 준다고 믿었다. 육수정에게 있어 도교 의례보다
더 좋은 것은 없었다. 그에게 도교 의례는 도에 접근하는 데 필수적인 것
으로서 이를 제대로 수행만 하면 만사가 형통하게 되는 것으로 보았다.

　대부분의 종교들과 마찬가지로 도교 의례의 목적은 그것이 신에게 상
달되어 행복을 지키고, 재앙을 막고자 하는 것에 있다. 육수정은 유교의
도덕관, 그리고 불교의 관념들을 끌어다가 도교 의례를 재정비하여 새로

---

66) 「洞玄靈寶齋說光燭戒罰燈祝願儀」, 『正統道藏』, 제16권, p. 12717.

운 도교 의례인 '구재십이법(九齋十二法)'을 만들었다. 구재십이법은 천사도, 상청파, 영보파와 같이 상이한 종파들의 의례를 모두 통합하여 크게 확장시킨 것이다. 도교 의례에 대한 그의 저술은 거의 남아 있지 않다. 그렇지만 의례에 관한 다른 문헌들에 의하면 도교 의례는 일반적으로 제단을 세우고, 공양 제물을 놓고, 향을 피우며, 부적을 사용하고, 계율을 선언하고, 경전을 낭송하며, 촛불과 의례 음악에 맞춰 찬양을 하고, 고대의 전설적인 임금인 우(禹)의 걸음걸이를 따라 하는 우보(禹步)를 포함하고 있다. 육수정의 작업은 도교 교단을 더욱 제도화된 종교로 만들었다. 심지어 15세기나 지난 오늘날에도 어떤 중국 도사들은 자신들이 하는 의례가 육수정 때부터 시작된 것이라고 주장한다.


## 도홍경과 한층 더 발전한 초기 도교

도홍경(陶弘景, 456~536년)은 백과사전적 지식을 가진 해박한 도교학자로서 모산파(茅山派)의 창시자이다. 그는 유송(劉宋, 420~479년) 시기에 현재 장쑤성(江蘇省)에 해당하는 지역의 명망 있는 지주 가문에서 태어났으며 제(齊, 497~502년)와 양(梁, 502~557년) 왕조에서 명성이 높았다. 그는 어릴 때부터 학문을 좋아했다고 한다. 10살 때 그는 갈홍이 쓴 『신선전(神仙傳)』 사본을 얻어, 그것을 쉬지 않고 탐독하였으며, 그 결과 장생법을 찾고자 열망하는 마음을 갖게 되었다. 그는 육수정의 제자였던 손유악(孫游岳)과 함께 도교를 공부했고, 10년 넘게 왕자의 시독(侍讀)으로 일하기도 하였다. 490년에 그는 왕실의 고문으로 임명되었지만 이에 만족하지 못하고 2년 후에 사직하였다. 그는 "관직으로 말할 것 같으면, 40세 정도가 되면 장관대신(長官大臣)이나 중요한 현(縣)의 수장은 되어야 하는

데……. 나는 37세인데 고작 고문 정도이다. 힘이 다 빠지고 망신당하는 것을 피하려면 가능한 빨리 떠나야한다"[67]고 말했다. 그리고 그는 모산으로 들어가 은거하며 스스로를 '화양은거(華陽隱居)'라고 불렀다.

도홍경은 오히려 관직에서 물러난 뒤에 훨씬 더 큰 명성을 얻어 심지어는 '산중재상(山中宰相)'이라고까지 불리었는데, 이것은 그가 정치적인 면모뿐 아니라 학문적 역량도 뛰어났기 때문이었다. 그는 당시 상황에 맞추어 시기적절한 도참(圖讖)이나 예언(預言)을 내놓았는가 하면, 양무제(梁武帝)가 정사를 결정하는 데에 있어 주저하는 경우에는 그에게 힘을 주기 위해 격려의 편지를 쓰기도 했다. 또한 무제와 그의 고문관들이 새로운 왕조의 이름을 결정하지 못하고 있을 때, 도홍경은 도참이나 예언을 제시하며 새 왕조의 이름이 '양(梁)'이 되어야 운수가 좋을 것이라고 조언했다. 따라서 그가 관직에 복귀하는 것을 거부했음에도 양무제는 자주 그에게 정사(政事)에 대해 조언을 구하였다. 그는 계속 왕실로부터 호의적인 대우를 받았는데, 심지어 황제가 504년 공식적으로 불교로 개종하고 도교를 금한 이후에도 계속 그에게 호의를 베풀었다. 도홍경이 단약(丹藥)을 제조하기 위한 연금술 실험을 하기 위해 필요한 물질을 구했을 때에도, 황제는 그에게 황금과 주사(朱砂), 계관석 등을 보내주기도 했다.

도홍경은 불사에 관한 도교 이론에 새로운 논점을 명확히 제시했다. 그는 정(精)과 형(形)의 조합이 다름 아닌 정신(神)과 육체(身)의 조합이라고 믿었다. 정신과 육체가 서로 합하게 되면 사람이나 사물이 되고, 그 둘이 분리되면 영혼이나 귀신이 된다는 것이다. 불교에서는 정신과 몸이 조합되지도 않고 분리되지도 않는다고 주장하지만, 도교의 선가(仙家)에서는 이들 양자가 조합되거나 분리되는 것, 모두가 존재 가능하다고 믿는

---

67) 「華陽隱居先生本起錄」, 『正統道藏』, 제38권, p. 30234.

다. 만약 어떤 이가 장수하거나 신선이 되고 싶다면, 그는 도교의 수양법이나 수련을 통하여 정신과 육체를 통일적으로 유지시켜야 한다. 도홍경은 비유를 통해 이를 설명하기를, 반쯤 만들어진 항아리는 흙으로 만들어졌지만 (땅의) 흙과는 다르나. 그것이 이미 건조되있다고 하더라도 굽기 전에 물이 들어간다면 망가지고 말 것이다. 또한 불에 잘 구워지지 않은 항아리는 내구성이 없다. 잘 구워져야 온전히 강해져서 강산이 다 무너지더라도 사라지지 않을 것이다.

이와 마찬가지로 신선이 되고 싶은 사람은 육체를 강하게 만들기 위해 선약(仙藥)과 금단을 복용해야 하고, 정신을 연마하기 위해 자연의 정기를 취하고, 신선한 공기를 마시며 덕행으로써 다툼을 종식시켜야 한다. 이러한 모든 실천 방법은 육체와 정신 양자가 서로 충돌함이 없도록 이롭게 해 줄 것이다. 이러한 방법들을 실천하여 정신과 육체가 합일하여 조화를 이루게 되면 상선(上仙), 즉 신선 중에서도 높은 경지의 신선이 되어 구름 위로 올라가 용을 타고 다닐 수 있게 된다. 그리고 일단 정신이 육체와 분리된 상태를 거치는 신선도 있다. 이러한 신선은 하선(下仙), 곧 낮은 경지의 신선으로서 낡은 형체의 육체를 일단 벗어버린 후 다시 새로운 육체를 얻는다.

도교의 신선 이론들을 종합하고 정리하기 위하여 도홍경은 『양생연명록(養生延命錄)』을 저술하였는데, 이 책은 30여 권 이상 되는 고전을 인용하여 장생법에 관한 이론과 설명을 취합하고 있다. 도홍경은 인간의 생명이 자연이나 하늘에 달려 있다고 믿었던 장자와는 달리, 인간의 운명은 인간 자신에게 달려 있지 하늘에 달려 있는 것이 아니라는 점을 강조하였다. 그는 사람이 요절하는 이유가 운명 때문이 아니라 사람들이 자신의 정신이나 육체를 해치는 방식으로 살기 때문이라고 보았다. 즉 천도

(天道)는 아무런 의도나 의지 없이 그저 만물을 자연스러운 본연의 상태에 맡기는 것이지만, 인도(人道)는 인간 스스로에 의해서 결정된다는 것이다.

도홍경은 또한 정신과 육체를 보존하기 위해서는 욕망과 감정을 잘 조절하는 것이 중요함을 강조하였다. 보통 사람이 욕망을 가지지 않거나 아무것도 하지 않으면서 산다는 것은 불가능하지만, 마음을 중용의 상태에 놓고, 조금 널 염려하고 생각하면서 살 수는 있다. 칠정(七情, 성냄·근심·생각·슬픔·두려움·싫음·놀람[喜·怒·悲·思·憂·恐·驚])과 육욕(六欲, 삶과 죽음에 대한 욕망 그리고 눈, 귀, 입, 코의 욕망[生·死·目·耳·口·鼻])은 모두 정신에 해롭기 때문에 통제해야만 한다는 것이다. 그는 자신에게 적합한 음식과 생활 습관을 선택하는 것 또한 장생을 위해 중요하다고 말했다. 그는 나쁜 식습관에서 오는 해악이 욕망이 가져오는 해로움보다 더 심각하다고 보았다. 왜냐하면 식사는 매일 반복되기 때문이다. 따라서 그는 음식을 섭취할 때 자제가 필요함을 강조했다. 도홍경은 건강을 위해서는 덜 먹는 것이 배불리 먹는 것보다 나으며, 식사 후에는 걷는 것이 누워 있는 것보다 더 좋고, 육체적인 노동을 하는 것이 편히 사는 것보다 더 좋다고 주장했다. 도홍경은 또한 전통적인 몇몇 도교 방술(方術)들, 즉 신체 내에서 호흡에 의해 기를 순환시키는 '행기(行氣)', 일종의 체조술인 '도인(導引)', 방중술(房中術), 그리고 금단(金丹)을 제조하는 연금술 등의 방술이 지닌 중요성을 새롭게 부각시켰다.

도홍경은 『본초[경]집주(本草[經]集注)』와 같은 여러 전통 의학 서적을 수집하고 저술했을 뿐 아니라, 이십 년 동안이나 연금술에 매진하였고, 그에 관한 많은 책을 저술하였다. 불행히도 연금술에 관한 서적들 중 대부분은 유실되었지만, 67개의 무기물에 관한 내용을 담고 있는 『본초집

주』를 통해 우리는 그의 과학적 태도를 엿볼 수 있으며 그가 실천한 연금술 실험에 관한 내용을 알 수 있다. 그는 502년부터 519년까지 양무제에게 장생불사약을 보냈지만, 어느 누구도 단약을 통해 불사에 도달하지 못했다. 오히러 반대로 도홍경의 젊은 제자가 단약을 이용한 자살(al-chemical suicide, 여기서 말하는 자살은 일반적인 의미의 자살이 아니라 이미 신선의 경지에 이른 수행자가 더 이상 육체를 가지고 세상에 머물 필요가 없다고 판단될 때, 육체를 버리고 선계로 떠나기 위해 단약을 복용하여 의도적으로 죽음을 맞이하는 것을 의미한다—옮긴이)을 하여 세상을 떠나게 되었다. 따라서 도교가 전반적으로 발전함에 따라 연금술과 불사약을 통해 불사를 획득할 수 있다는 믿음은 점차 내단(內丹) 이론과 가르침으로 대체되었다. 내단 이론에서는 인간의 육체를 연금술에서 금속을 녹이는 데 사용하는 도가니에 비유한다. 내단 이론에 의하면 인체 안에 있는 정(精)과 기(氣)가 정신의 도움을 받아 성태(聖胎), 즉 신성한 태(胎)를 형성하게 된다. 이러한 내단의 기술과 대비 되어, 앞에서 말한 연금술은 외단(外丹)으로 알려졌다.

　도교의 역사가 오래될수록, 도교의 다신 체계에 신들의 수가 점점 더 늘어났다. 태평도와 오두미도는 다양한 신들을 만들어 내는 한편 중국 전통 신앙에서 숭배하던 여러 신들을 받아들였다. 그리고 상청파와 영보파 또한 더 많은 신들을 만들어 내었다. 도홍경의 시대에는 천신, 지신, 인신, 신선, 옛날에 섬기던 신과 새롭게 등장한 신, 상위의 신과 하위의 신 등 많은 도교신들이 무질서하게 뒤섞여 있었다. 이러한 도교의 신들을 조직적으로 배열하기 위하여 도홍경은 『진령위업도』를 작성하였다. 그는 400명 이상의 도교 신들을 일곱 단계로 배열했는데, 각 단계에 한 명의 주신과 좌우의 신, 그리고 그 외의 여러 신을 배치하였다.

　도홍경에 의하면 가장 높은 신의 계위에서 주신은 원시천존(元始天尊)

이고, 두 번째 계위의 주신은 현황대도군(玄皇大道君), 세 번째는 태극금궁군(太極金宮君), 네 번째는 태상노군(太上老君)이다. 그리고 일곱 번째 계위의 주신은 북음대제(北陰大帝)로서, 귀신과 여러 혼령들을 관장하는 신이다. 『진령위업도』에서 도홍경은 세속적인 위계 질서에 맞추어 도교 신앙을 체계화시키고자 했다. 『진령위업도』에서 맨 앞에 나오는 네 명의 주신(主神)들은 이후에 정식으로 등장하는 삼청(三淸)을 미리 앞서서 예시해 주고 있다. 원시천존, 영보천존(靈寶天尊), 도덕천존(道德天尊)을 예시하는 것이다. 원시천존은 상청파를 대표하는 상징적인 신이고 영보천존은 영보파를 대표하는 상징적인 신이며, 도덕천존은 천사도를 대표한다.

도교 발전에 도홍경이 미친 위대한 영향은 모산파, 즉 상청파의 토대를 확립하고, 이 분파가 성장하는 데 지대한 공헌을 한 것에서 찾아볼 수 있다. 도홍경은 모산파의 창시자로부터 직계의 도통을 전수받은 인물로서, 육수정의 제자로부터 상청 경전들을 전해 받았다. 그는 개인적으로 여러 성산(聖山)과 유명한 스승들을 찾아다니며 양희와 허밀이 직접 쓴 경전을 10권 이상 수집했다. 그는 『진고(眞誥)』를 편찬하였는데, 이 책은 확실한 상청 경전들을 모아놓은 최종적인 경전 모음집이다. 여기서 상청파의 계시와 그것이 경전으로 작성되고 전파되는 과정에 대한 상세한 설명을 제공하고 있다. 도홍경의 학식과 영향력으로 인하여 모산파는 당(唐)대 도교에서 가장 중요한 분파로 성장하게 되었다(당대 이후 상청파의 위치 혹은 존립 여부에 대해 현재 학계에서 논란이 많다. 따라서 이러한 주장은 확실한 역사적 사실이라기보다는 저자 개인의 의견임을 밝혀둔다—옮긴이).

『진고』에서 그는 『상청경』들을 가장 높이 칭송한다. 심지어 그는 상청 경전을 만 번 읽은 사람은 금단을 복용하지 않고도 신선이 될 수 있다고 믿었다. 동시에 도홍경은 삼교(도교, 유교, 불교)가 모두 유익하며 서로 조화를 이루어야 한다고 주장했다. 그는 신앙의 궁극적인 기준은 교파적인 편견이 아니라 선(善)이라고 보았다. 따라서 그는 도교 이론을 설명하기 위하여 유교 경전을 인용하며 임금에 대한 충성과 자식으로서의 도리가 중요함을 강조하였다. 또한 그는 두 교의 교학 체계를 발전시키기 위하여 불교의 교리를 채용하였으며, 불교에서 정식 승려의 지위도 얻었다. 『진고』에 의하면 남조와 북조에서 매우 소수이기는 하지만 몇몇 도사들이 도교와 불교 양쪽에 신도를 모두 두고 있었다. 도홍경 자신도 역시 불교를 공부한 학생을 제자로 두고 있었으며, 그의 영향력은 도교뿐만 아니라 불교에도 전해졌다. 종교에 대한 그의 생각은 새로운 도교 분파들이 발전하는 데 길을 열어 주었다.

## 왕철과 전진교의 설립

남북조 시기 이후 도교는 제도화된 종교로 성숙하게 되었다. 당대(618~907년)에는 많은 귀족 가문들이 도교 후원을 선호했는데, 황제가 노자와 같은 성을 가졌으며 노자를 왕조의 조상으로 숭배했기 때문이었다. 북송과 남송의 몇몇 황제들은 열렬한 도교의 신자였으며 후원자였다. 새로운 학파와 경전들이 생겨났으며 성현영(成玄英, 7세기 중반), 사마승정(司馬承禎, 647~735년), 두광정(杜光庭, 850~933년), 장백단(張白端, 987~1082년)과 같은 몇몇 도교학자들은 7~13세기 도교 문헌 연구에 크게 공헌하였다. 그러나 무엇보다도 후기 도교 역사에서 가장 중요한 분파는 왕철(王喆, 1113~1170년)에 의하여 설립된 전진교이다.

왕철은 도사명(道士名)인 중양자(重陽子)나 왕중양(王重陽)으로도 잘 알려져 있다. 왕철은 섬서(陝西) 지방 함양(咸陽)에 사는 대지주의 아들이었다고 한다. 그가 어렸을 때 송 나라는 중국 북동부에서 온 여진족의 금 (金, 1115~1234년) 왕조와 전쟁 중에 있었다. 그런데 결국 송이 항복함으로써 섬서 지방은 금의 영토가 되었다. 왕철은 중국의 대부분이 오랑캐에 의하여 지배되는 현실을 받아들이기 어려웠다. 그는 과거 시험을 통해 관료가 되고자 노력했으나 겨우 무과의 낮은 직급 시험만 응시할 수 있었다. 게다가 그나마 승진하는 데 실패하여, 결국 47세에 종교적 열망에 뜻을 두어 무관으로서의 직업과 가족 모두를 버리기로 결심하였다. 그리고 그는 자신에게 비의적인 구결(口訣, 구전적인 가르침)을 준 도교의 이인(異人)을 만났다고 했다. 이후 그는 종남산(終南山)에서 은거 생활을 하기 위해 집을 떠났다. 수행을 하기 위하여 2미터 깊이의 구멍을 파고, 그곳을 '살아있는 시체의 무덤(活死人之墓)'이라 불렀으며 거기서 수도 생활을 해나갔다. 그리고 8년 뒤, 그는 자신의 암자를 불태우고 홀로 산둥 지방으로 떠나, 그곳에서 정식으로 전진교(全眞敎)를 세우고 후에 전진교 칠진(七眞)이라고 불리게 된 일곱 제자들을 받아들였다.

왕철이 죽고 난 후에도 그의 일곱 수제자들은 각자 수련을 계속해 나갔으며 섬서, 화북, 산둥, 화남 지방에 전진교를 널리 포교하는 데 성공했다. 그 가운데 가장 어린 제자였던 구처기(丘處機, 1148~1227년) 혹은 구장춘(丘長春)이라고도 불리는 인물은 전진교가 대중적인 인기를 얻게 되는 데에 중요한 역할을 했던 인물이다. 금과 남송이 쇠퇴하자 칭기즈 칸은 몽골 제국을 세우기 위해 많은 전쟁을 벌여 사람들을 살생했다. 1219년, 구장춘의 나이가 71세 되던 해에 금과 남송의 황제가 사절을 보내 초청을 했지만 구장춘은 초청에 응하지 않았다. 그러나 반면 칭기즈 칸의 초청에는 선뜻 응하여 그를 만나기 위해 제자들과 함께 중앙아시아까지 16,000킬로미터 이상 되는 힘든 여행을 불사했다.

칭기즈 칸은 장생의 비결에 관심이 있었으나 구장춘은 그에게 무위(無爲)나 불살생(不殺生)과 같은 도교 철학의 기본 원리를 설하였다. 아마도 정치적인 이유에서 칭기즈 칸은 구장춘을 존경했을 것이다. 그는 구장춘을 구신선(丘神仙)라고 칭하고 그에게 전국의 남녀 수행자를 관리하는 일을 맡겼다. 구장춘과 칭기즈 칸의 만남은 도교 역사에서 매우 중요한 사건이다. 1224년 중국으로 돌아갈 무렵에는 구장춘이 막강한 힘을 가지게 되어, 모든 전진교 도사들에게 부과하는 세금과 부역을 면제시켜 달라고 요청하여 이를 허가 받았다. 이에 따라 전진교는 대중적인 인기를 얻고 전파될 최고의 기회를 가지게 되었다. 구장춘이 죽자 그를 기리기 위해 그가 머물렀던 도관의 명칭을 장춘관(長春觀, 영원한 봄의 사원)으로 바꾸었는데 그것이 현재 베이징의 백운관이다.

출가 제도, 금욕주의, 자기 수양은 전진교의 주된 특징이다. 자신의 생명력을 유지하고 정화하기 위해 독신의 금욕 수행을 하는 수행자들은 그 이전에도 있었지만, 출가하여 도관에서 생활하는 것을 근본 방침으로 삼기 시작한 것은 전진교부터이다. 전진교에서는 부부지간의 사랑은 황금의 족쇄이고 가족은 감옥이라고 말한다. 구처기는 남성에게는 불의 성질이 있고, 여성에게는 물의 성질이 있다고 가르쳤다. 물이 불을 끄는 것처럼 여성성이 남성성을 파괴하기 때문에, 도를 실천하고 싶은 사람은 우선 성욕과 성행위를 금해야 한다고 한다.

초기의 모든 전진교 도사들은 보통 사람들과 다른 삶을 살았다. 한때 왕철은 얼음 위에서 잠을 자기도 하고 또 2년간이나 굴 속에서 명상을 하기도 했으며, 나중에는 작은 암자를 짓고 지냈다고 한다. 『중양입교십오론(重陽入敎十五論)』, 맨 앞에 보면 한 사람만 살 수 있는 암자에서 사는 것의 중요성을 강조하고 있다. 또한 『입교십오론』 다섯 번째 조항에서는

(거처하는 장소가) 몸이 드러나는 것을 막을 수 있는 지붕이 있는 방이면 충분하며, 오히려 넓은 방이 있는 큰 건물은 도교 수행자가 마땅히 살아야만 하는 방식과는 거리가 먼 것이라고 한다. 또한 구처기 역시 동굴에 거하면서, 음식을 구걸하기 위해 필요한 조롱박도 없이, 짚으로 된 도롱이를 쓰고 돌아다니며 살았다고 한다. 왕철의 제자인 마옥(馬鈺, 혹은 마단양이라고 함)은 하루에 음식을 한 사발만 구걸해서 먹고 절대 신발도 신지 않았으며, 여름에 마실 것을 구하거나 겨울에 따뜻한 곳을 찾지 않았다고 한다. 왕철의 또 다른 제자인 학대통(郝大通, 혹은 학태고라고 함)은 6년 동안 말 한마디도 하지 않고 꼼짝도 않은 채로 다리 아래에 앉아서 수행을 했다. 후대에 가서 전진교 도사들은 이러한 금욕주의적 규약과 관행을 수정하였는데, 특히 전진교가 널리 보급되고 크게 대중화된 이후에 더욱 그러하였다. 그러나 비록 규모가 큰 전진교 도관이나 공을 들여 만든 정교한 건물들이 세워졌음에도 전진교의 핵심 정신은 여전히 소박한 생활 방식을 지향하는 데 있었다.

전진교는 마음(心) 안에 있는 '참된 본성(眞性)'의 실현에 초점을 둔 자기 수양(self-cultivation)을 강조하고 있다. 전진교에서는 육체는 땅이나 물, 불, 바람과 같이 거짓되고 무상하며, 오직 성(性)만이 참되고 영원한 것이라고 가르친다. 따라서 그들은 육체적 불사를 추구하는 기존의 이론을 비판한다. 그들은 자신들의 수행법이 '상청(上淸)의 도', 즉 가장 상위(上位)의 도라고 주장하면서 불사를 획득하기 위한 다른 도교적 접근법들은 '연년소술(延年小術)', 즉 장생을 위한 작은 기술에 불과하다며 낮게 취급하였다. 구처기는 "우리 교가 불사를 중요하게 여기지 않는 이유는 우리가 불사에 도달할 수 없기 때문이 아니라 우리가 그것을 넘어서 있기 때문"이라고 말했다.

전진교는 몸과 마음의 분리에 이론적 근거를 두고 있다. 예를 들어서 자기 수행의 한 가지 목적은 '일상 세계를 떠나는 것'인데, 이는 그러나, 육체적 행위를 말하는 것이 아니라 마음의 상태를 말하는 것이다. 왕철에 따르면 "몸은 연의 뿌리와 같고 마음은 연의 꽃과 같다. 뿌리는 진흙 속에 있지만 꽃은 허공에 있다. 도를 얻고자 하는 이는, 비록 육체는 일상 세계에 있지만, 정신은 신선 세계에 있다. 영원히 죽음을 피하고 범속의 세계를 떠나고 싶어 하는 오늘날의 사람들은 도의 원리를 이해하지 못하는 우매한 사람들이다."[68] 따라서 도교의 장생불사에 관한 이론은 이로 인해 수정되었고, 육체적 불사 대신에 정신적 불사가 추구되었다.

자신의 참된 본성을 깨닫기 위해서 인간은 마음을 고요하고 정제된 상태로 유지해야만 한다. 그리고 무엇을 하든 간에 항상 모든 지각, 인식, 감각을 비우려고 노력해야 하며, 그러한 노력에 의해 근심이 사라지게 될 것이다. 왕철은 "만약 마음이 항상 고요하고 움직임도 없으며, 어둡고 조용한 상태에서 아무것도 보지 않고, 무엇이라 할 수 없이 막연하게, 안도 아니고 바깥도 아니며 한 올의 상념의 자취도 없다면, 이를 정심(定心), 즉 안정된 마음이라고 하며 이러한 마음은 이길 수가 없을 것이다. (이와 달리) 만약 마음이 어떤 대상에 흥분하여 자신의 중심을 잃고 뒤죽박죽이 되어 어디가 머리이고 어디가 꼬리인지 찾아 헤매게 되면, 이것은 난심(亂心), 즉 어지러운 마음이니 이러한 마음은 빨리 잘라 내야 한다."[69] 고요함과 정화된 마음에 도달하는 길은 타좌(打坐), 즉 가만히 앉아 있는 것이다. 이것은 단지 육체적으로 눈만 감은 채 가만히 앉아 있는 것을 의

---

68) Thomas Cleary, trans. and ed., *Vitality Energy Spirit: A Taoist Sourcebook* (Boston and London: Shambhala Publication, 1991), p. 135.
69) Cleary, *Vitality Energy Spirit*, p. 133.

미하는 것이 아니다. 진정한 타좌는 네 개의 문인 눈, 귀, 입, 코를 닫아 외부의 대상이 안에 들어오지 못하도록 하는 것을 의미한다. 왕철에 따르면 활동을 하고 있든 쉬고 있든 간에 마음이 마치 산과 같이 늘 동요되지 말아야 한다. 심지어는 움직이거나 정지하는 것에 대해 추호의 생각도 남아있어서는 안 된다.

사실 전진교의 자기 수양 방법은 내단 이론에서 발전한 것이며, 내단 이론은 당 말부터 오대(五代, 907~960년) 시대 사이쯤 살았으리라 추정되는 종리권(鐘離權)과 여동빈(呂洞賓)에 의해 수립되었다고 한다. 내단의 이론과 수행법은 학파와 도사들 개인에 따라서 다양하다. 그러나 대체적으로 말해 내단은 도교 우주관에 근거하고 있다고 할 수 있다. 도는 일을 낳고 일은 이를 낳고 이는 삼을 낳고 삼은 만물을 낳는다고 한다. 그런데 내단 수행에서는 이와 반대로 만물이 삼으로 돌아가고, 삼에서 이로, 이에서 일로, 그리고는 도에 도달하여 도와 더불어 영원한 상태를 실현하게 된다. 인간의 몸 안에 있는 삼으로는 정, 기, 신이 있는데 이것은 불사약을 만들기 위해 선천적으로 주어진 물질이라고 한다. 내단 수행에서 정, 기, 신을 영원히 승화시키고 조화롭게 만들기 위해서는 마음에서 일어나는 사고 과정을 길들이고 승화시켜야 한다.

내단 수행자는 인간의 죽음으로 귀결되는 자연적 과정을, 수행을 통해 거꾸로 돌릴 수 있다고 믿는다. 여기에서 말하는 수행이란 몸 안에 있는 기를 모으고 정화시키는 작업이다. 내단 이론에서 성(性)과 명(命)은 가장 기본이 되는 개념이다. 장백단과 같은 이전의 도사들은 명을 닦는 것이 성을 닦는 것에 앞서야 한다고 주장했다. 그런데 전진교 도사들은 성을 닦는 것이 명을 닦는 것보다 더 중요하다고 주장하였다. 심지어 이들은 성을 닦음으로써 명을 정화시키고 무로 돌아가 바로 불사에 도달할 수 있다고 단언하였다. 왕철은 "진정한 의미에서 타좌를 할 수 있는 사람들은 육체적으로는 물질 세계에 있을지라도 그 이름은 이미 신선의 지위에 올라 있다. 그들은 다른 이들에게 부탁할 필요가 없는데, 왜냐하면 그들의 몸 안에 성인이나 현인이 백 년간 쌓을 만한 공덕이 온전히 마련되어 그들은 탈각등진(脫殼登眞), 즉 육체의 껍데기를 벗고 진(眞)의 경지에 올라, 한 알의 단약이 완성되며 그의 정신이 우주 전체를 유랑할 수 있기 때문이다"라고 말했다.[70]

당대(唐代)에 발전한 선 불교나 송대에 등장한 신유교와 마찬가지로 전진교의 탄생 역시 유, 불, 도, 삼교의 상호 작용과 관계 맺음의 결과였다. 역사적으로 볼 때 중국의 전통 문화에서 이들 삼교는 계속해서 서로 영향을 주고받거나 혹은 충돌했다. 그럼에도 중국의 장구한 역사에서 이들 사이의 관계로 인해 벌어진 종교 전쟁은 한 번도 없었다. 간혹 정치적 권력에 의해 이들 세 전통 사이의 갈등이 때로는 극심해지기도 하고 때로는 해결되기도 했지만, 대부분의 경우는 서로 영향을 받거나 상대방의 것을 흡수하는 관계에 있었다고 보는 것이 타당하다. 전진교뿐만 아니라 선 불교와 신유교도 이렇듯 삼교 사이에 자리하는 근본적인 상호 작용의 결과물이다.

전진교는 삼교의 통합을 주창하였을 뿐만 아니라 삼교의 교의를 결합하여 실천하였으며, 그 삼교합일적 노력은 앞에서 언급한 육수정이나 도홍경과 같은 도사들보다 한 걸음 더 나아간 것이었다. 왕철은 산둥 반도의 북부 해안 지역에서 다섯 개의 도교 단체를 성공적으로 조직하고, 이들 조직의 명칭의 맨 앞에는 삼교라는 단어를 붙였는데, 예들 들면 삼교금련회(三敎金蓮會), 삼교평등회(三敎平等會), 삼교삼광회(三敎三光會)와 같은

---

70) Cleary, *Vitality Energy Spirit*, 133.

것들이다. 왕철은 태상노군이 조(祖), 즉 으뜸 되는 조상이고 석가모니가 종(宗), 즉 그 다음의 선조(先祖) 격이며, 공자는 성(聖), 즉 성인이라고 말하였다. 또한 그는 삼교가 모두 참된 도로부터 나왔으며 각기 다른 것이 아니라 단지 한 나무의 세 가지와 같다고 하였다. 또한 구처기는 삼교의 종교적 선조는 고금을 막론하고 같은 근원에서 나왔다고 하였다. 또 다른 도사는 말하길, 삼교를 끝까지 파고들면 일(一)로 돌아가며, 따라서 궁극적으로는 도교와 선 불교 사이의 차이를 말할 필요가 없다고 하였다.

왕철은 도교로 개종을 원하는 모든 새로운 신자들에게 『도덕경』을 비롯한 여러 도교 경전들과 더불어 유교의 『효경(孝經)』과 불교의 『반야심경(般若心經)』을 읽게 하였다. 왕철은 도교인, 불교인, 유교인의 구분 없이 친분을 맺었다고 한다. 그는 불자들을 만나면 불교에 대하여 이야기하고 유교인을 만나면 유교에 대해 이야기하였으며 도교 신자들을 만나면 도교에 대해 이야기하였다.

도교와 불교의 갈등을 막기 위해서 도교인들이 삼교의 가르침들을 조화시키고 통합시키는 것의 중요성을 강조했다고 할 수 있으나, 전진교는 실제로 자신의 교의나 수행법을 마련함에 불교적 요소를 많이 차용해 왔다. 이러한 요소들 중에는 독신(獨身), 즉 결혼을 하지 않고 수행하는 것, 주암(住庵), 즉 도관에서 생활하는 것, 수심수성(修心修性), 즉 심성을 수련하는 것, 그리고 괘단(掛單), 즉 성직 순회 제도, 불립문자(不立文字), 즉 경전의 어구 자체에 의지하지 않는 것, 그리고 윤회와 업에 대한 관념이 있다. 전진교는 명심견성(明心見性)이라는 교의의 예에서 볼 수 있듯이 불교와 유교에서 용어와 개념 모두를 차용하였다. 확실히 전진교는 세 전통을 통합하려는 경향을 뚜렷이 보여 주고 있는데, 이러한 흐름은 불교가 중국에 소개된 이래로 계속되어 왔던 것이었다. 전진교는 그것이 정신적인 불사에 대한 믿음, 내단의 기술, 도교적 계통과 같이 전통적으로 내려오는 도교적 교리나 실천을 적절하게 변형시킨 것임을 지속적으로 강조하고 있긴 하지만, 어떤 면에서 이 분파는 도교와 불교, 유교의 혼합이다.

새롭게 등징한 또 다른 두 개의 종파로는 대일교(太一敎)와 진대도교(眞大道敎)를 들 수 있는데, 이 분파들은 전진교보다 먼저 성립되었다. 태일교는 신적인 치유 능력으로 인해 한때 금 왕실로부터 지지를 받기도 했다. 그리고 진대도교는 금욕주의와 윤리적 교리를 강조하였다. 두 종파 모두 약 이백 년 동안 계통을 이어 왔으나 원(元, 1279~1368년) 말 이후에는 살아남지 못했다.

장도릉에 의해 설립된 천사도는 장씨 가문의 후손들을 통해 존속해 오고 있다. 35대 천사는 쿠빌라이의 사절에게 쿠빌라이가 20년 안에 중국을 통일할 것이라고 예언했다. 그러므로 원나라 왕조가 수립된 뒤, 쿠빌라이 칸은 이미 죽은 35대 천사 대신에 그의 아들 장종연(張宗演)에게 삼산(三山), 즉 각조산(閣皂山), 용호산(龍虎山), 모산(茅山)의 부록을 담당하는 일을 맡겼다. 이후 1304년 다음 황제가 정일교주(正一敎主)라는 직함을 천사도 38대손인 장여재(張與材)에게 주었고 그에게 부록을 가진 여러 도교 분파를 관리하는 일을 맡겼는데, 이들 분파는 다시 정일도라는 이름 아래 모두 통합되었다. 따라서 정일교과 전진교는 오늘날까지 남아 있는 도교의 두 주요 종파가 되었다.

명(明, 1368~1662년)나라와 청(淸, 1662~1911년)나라 때는 공식 도교가 매우 느리게 발전하다가 차츰 쇠락하게 되었다. 비록 장삼풍(張三豐, 15세기 초)이나 장우초(張宇初, ?~1410년)와 같은 도사들처럼 도교사에서 잘 알려진 도사들도 있긴 하지만 도교 교리를 획기적으로 발전시키거나 도교에 새로운 변화를 일으킨 경우는 거의 없었다. 그러나 중국 사회 전반에 도교가 미치는 영향은 매우 큰 것이어서 민간 전승이나 민간 종교 운동에 이르기까지 폭넓게 스며들었다. 오늘날까지도 도교는 비록 도관 체제가 불교의 승가 제도보다 그 규모는 작지만, 민간 신앙과 사회 관습, 전통 문화의 한 부분으로서 중국 대중에게는 불교보다 더 크고 깊은 영향을 미치고 있다.

# 도교의 업적과 공헌

철학적 도교든 종교적 도교든, 도교는 중국 사회 일반과 개인의 삶, 모두에 지대한 영향을 미쳤다. 만약 『노자』와 『장자』라는 책이 저술되지 않았다면, 중국의 문명과 특성은 완전히 달라졌을 것이다. 영향력 있는 외래 종교인 불교는 물론, 중국 역사와 사상에서 주도적 역할을 한 유교조차도 그 발전 과정에서 도교의 영향을 피해갈 수 없었다. 예를 들어, 불교는 도교에서 영감을 얻어 선 불교를 창립하는 출발점을 도교에서 발견하였다. 또한 신유교는 도교적 양식으로 자신의 우주론을 확립하였다. 도교의 진가를 제대로 알아보지 못하는 한 중국의 철학, 종교, 예술, 정치, 의학을 이해할 수 없을 것이다.[71]

지금까지 우리는 도교의 역사와 형태를 살펴보았는데, 이제 결론적으로 두 가지 점에 대해 이야기하고자 한다. 도교는 어떠한 업적을 남겼으며 일반적인 종교 연구에 도교가 특별히 공헌한 것은 무엇인가 하는 점이다. 우선 우리는 도교 철학이 사회에 미친 공헌을 다룰 것이며, 그 다음으로 종교적 도교의 교리와 실천을 다룰 것이다.

---

71) Wing-tsit Chan, *A Source Book in Chinese Philosophy*, p. 136.

## 도교 철학

　도교 철학은 중국 문화에 깊고 넓게 영향을 미쳤다. 그러나 도교의 근본적인 중요성은 유교와는 다른 삶의 방식과 사고방식, 그리고 가치를 제시한 데 있는 지도 모른다. 유교에서는 각 개인이 사회적 책임과 의무를 가지며 마땅히 그것을 감수해야 한다는 사실을 강조한다. 공자는 자신에 대하여 말하길, 마땅히 해야 할 일이면 그것이 불가능한 일임을 알지라도 실천하려는 사람이라고 했다. 이러한 정신은 좌구명(左丘明)과 사마천의 예에서 잘 드러난다. 좌구명은 실명(失明)을 했음에도 최초의 중국 연대기인 『좌전(左傳)』을 편찬하기로 굳게 결심하였다. 또한 사마천은 황제에게 벌을 받아 거세를 당한 뒤에 최초의 기전체(紀傳體)적 역사 기록인 『사기』를 완성하였다. 또 다른 예는 굴원(屈原)이다. 굴원은 전국 시대 중엽 초(楚)나라의 위대한 시인이다. 그는 간신(奸臣)들로부터 나라를 구하고자 하였으나 결국 왕의 신임과 지지를 얻는 데 실패하자 멱라강(汨羅江)에 몸을 던졌다. 이상의 예들을 통해 유교에서 바라보는 이상적인 중국인의 모습과 행동 양식에 대해 엿볼 수 있다.

　그러나 모든 사람이 다 중대한 사명을 완수하기 위해 굴욕을 참아 내거나 혹은 자신의 이상 실현에 실패했다고 죽음을 선택할 수 있는 것은 아니다. 인간은 사회적·심리적 압박으로부터 벗어나기를 원하며 중국인들은 그 돌파구를 도교 철학에서 발견했다. 도교는 사람들로 하여금 전(全) 우주적 관점에서 사람들 사이의 다툼을 바라보라고 가르친다. 예를 들어, 『장자』에 보면 인간의 지위에 대한 우화가 등장한다. 황하(黃河)의 신인 하백(河伯)은 천하의 근사한 것은 모두 다 자신만의 것이라고 믿게 되었다. 왜냐하면 백 갈래의 냇물이 모두 황하로 모여들어 황하가 매우 넓어져 한쪽 강둑에서 맞은편 강둑을 바라보았을 때, 그곳에 있는 것이 소인지 말인지를 분간할 수가 없을 정도였기 때문이다. 그런데 그가 동쪽으로 여행을 떠나 마침내 북해(北海)에 도착하여 보니 얼마나 굉대한지 그 끝을 가늠힐 수 없었다. 그때야 비로소 하백은 자신이 얼마나 작으며 남의 웃음거리가 될 만했는지를 깨닫게 되었다.[72]

그러나 북해의 신은 그에게 말했다. "천하의 모든 물 가운데 바다만한 것이 없소. (바다는) 황하나 양자강(揚子江)의 흐름보다도 훨씬 대단하기에 그 차이를 양으로 잴 수도 없을 정도지요. 그러나 그렇다고 해서 나는 스스로 많다고 자만해 본 적이 없소. 왜냐하면 나는 마치 큰 산 위에 있는 작은 나무나 돌멩이처럼, 여기, 하늘과 땅 사이에 앉아 있기 때문이요. 사해(四海)를 천지 사이에 있는 모든 영역과 비교해 보시오. 그것은 커다란 늪지에 있는 작은 개미구멍 같지 않소? 또 나라(중국) 전체를 사해 안에 있는 모든 영역과 비교해 보시오. 마치 커다란 곡식 창고 안에 있는 곡식 낟알 같지 않소? 사물의 수를 헤아릴 때 우리는 만(萬)이라는 수를 말하는데 사람은 그 가운데 하나일 뿐이오. 만물(萬物)과 비교하면, 사람은 말의 몸에 있는 단 한 올의 터럭과 같지 않소? 오제(五帝)가 왕위를 물려준 것이나 삼황(三皇)이 서로 왕권을 두고 다툰 일이나 혹은 어진 사람이 (세상을) 근심하는 일이나 책무를 잘할 수 있는 사람이 노고를 하는 것도 이와 같은 것이라오."[73]

바꾸어 말하면, 득과 실, 영예로움과 욕됨, 성공과 실패를 지나치게 구분해서는 안 된다. 무한한 우주와 인간사(人間事)를 견주어 보면, 그 어떤 것도 다투거나 슬퍼할 만한 가치가 없다는 사실이 명백해질 것이다. 분명

---

72) Watson, *The Complete Works of Chuang Tzu*, p. 175에 근거하여 수정 보완했다.
73) Watson, *The Complete Works of Chuang Tzu*, pp. 176~177을 약간 수정했다.

히 도교 철학으로 인해 사람들은 끊임없는 갈등과 분쟁에서 물러설 수 있었고 정신적으로 고통을 당할 때 자신을 안위할 수 있었다.

중국의 많은 지식인들이 '자기기만'이라고 비판했음에도, 이렇게 비교를 통한 자기 안위는 여전히 널리 퍼져 있다. 예를 들어, 문화대혁명 기간에 많은 이들이 상당한 고통을 겪었다. 만약 누군가가 자신은 아무 이유 없이 감옥에 10년간 갇혀 있었다고 불평을 했다면, 또 다른 누군가는 "글쎄요, 당신은 정말 삶에서 많은 것을 잃었지만, 불법적으로 억울하게 투옥된 상태에서 죽음을 맞이한 전(前) 국가주석 류사오치(劉少奇)에 비하면 당신이 겪은 것은 그리 대단하지 않습니다. 당신은 여전히 살아 있고 가족도 있으니 당신이 얼마나 운이 좋은지 생각해 보십시오"라고 대답했을 것이다. 세상 그 어딘가에는 반드시 자신이 처한 운명에 비해 더 좋은 경우도 있고 더 나쁜 경우도 있기 때문에 이와 같은 자기 안위는 유용하다. 도교 철학은 사람들로 하여금 마음을 열고 시각을 넓히도록 이끌어, 그들의 긴장을 완화시키는 데 도움을 줄 수 있다. 그러므로 도교는 건강한 삶을 위해 필요한 육체적, 심리적 조절에 적합한 철학을 제공하고 절제의 가치를 강조함으로써 큰 공헌을 하였다.

도교 철학의 가장 탁월한 공헌은 바로 무위(無爲)의 관념에서 찾아볼 수 있다. 무위의 의미는 무엇인가? 자동차를 생각해보라. 자동차에는 엔진과 더불어 브레이크가 있다. 어느 누구도 브레이크 없는 차를 운전하고 싶지는 않을 것이다. 사실상 모든 운동에는 모종의 제동장치가 존재한다. 그러나 인간의 동기 부여나 사회 운동의 경우는 어떠한가? 인간은 자신이 원하는 바를 무제한으로 추구할 수 있을까? 그것이 비록 인류에게 유익하다고 인정받더라도, 사회 운동은 제약 없이 선택한 목표를 향해 곧장 일을 진행할 수 있을까? 분명 그럴 수 없다. 인간의 동기 부여나 사회 운동에도 역시 브레이크와 같이 작용할 수 있는 무언가가 필요하다. 그러한 장치가 있어야 인간의 행동을 조정하고 제한하여 사회를 지킬수 있다. 인산 사회의 브레이크는 무엇일까? 그럴만한 것 가운데 하나가바로 무위 개념이며, 이는 도교 철학에서 가장 유명한 개념이다.


## 종교적 도교

전진교는 본래 내단 이론에 입각한 자기 수행을 바탕으로 한 교파인데, 내단 이론은 흔하고 평범한 것이 어떻게 귀중하고 비범한 것으로 변할 수 있는지를 설명해 준다. 도교의 종교적 활동에서 가장 극적이고 흥미로운 요소는 정일교의 재초(齋醮) 의례 전통이다. 정일교는 1949년 이전부터 인기가 있었고 오늘날 타이완, 홍콩, 그리고 다른 해외의 화교(華僑) 사회에서 여전히 성행하고 있다. 도사들은 도관의 개관식이나 신들의탄신일, 그리고 도사들의 수계식(授籙式), 즉 서품식과 같은 의례를 대규모로 거행한다. 또한 많은 의례가 재가 신도들을 위해 시행되기도 한다.예를 들면, 장례, 결혼, 구마(驅魔), 치유와 같은 의례들이 개인을 위해거행된다. 또한 추수에 대한 감사나 기원, 공동체 모두의 축복, 액막이를위한 집단 의례가 행해지기도 한다. 사실상, 도교 의례의 목적은 세 가지이다. 도교 수행자들에게 도교 의례는 신비적 합일과 불사를 가져다준다. 또한 촌락의 남녀에게 도교 의례는 축복을 가져다주고 삶을 새롭게해 준다. 마지막으로 도교 의례는 지하 세계에 있는 망자의 혼에게는 구원을 주고 지옥의 형벌로부터 벗어나게 해 준다.[74] 도교는 기본적으로 다양한 의례를 통해 활동해 나가는데, 이러한 의례가 특별한 축복을 가져

---

74) Saso, *The Teachings of Taoist Master Chuang*, p. 193.

다줄 뿐 아니라 공동체의 단결과 활력을 새롭게 북돋아 준다고 믿는다.

도교 의례는 사람들이 일반적으로 생각하는 것보다 훨씬 더 복잡하다. 많은 의례가 이틀, 혹은 일주일, 심지어 60일간 지속되기도 한다. 거의 대부분의 사람들은 도교 의례의 명칭이 얼마나 많은지 상상조차 할 수 없을 것이다. 타이완 남부에 있는 한 도사에 따르면, 도교 의례인 초(醮)의 일종이며 명상 합일(meditative union)을 위한 과의(科儀)는 31개의 항목을 두고 3일간 지속된다고 한다. 예를 들면, 첫째 날에는 도교의 사원인 도관의 등을 밝히는 백신등(百神燈), 초의 목적을 알리는 청원서를 발표하고 태워 하늘로 올리는 발주(發奏), 신들을 불러 모시는 청신(請神), 성스러운 의례가 진행될 제단을 정화하는 과정인 금단(禁壇), 『옥청경』을 낭송하는 독옥청경(讀玉淸經), 정오에 제물을 바치는 오헌(午獻), 죄를 뉘우치는 탄원 기도를 올리는 조천보참(朝天寶懺), 도교의 삼위일체적 최고 신인 삼청(三淸)을 향해 불을 밝히는 분등(分燈), 그리고 '영보오부(靈寶五符)'를 사용하여 오행(五行)을 지배하는 오제(五帝)와 관계를 맺는 의례인 숙계(宿啓) 등의 과정이 진행된다. 둘째 날과 셋째 날에는 소수의 새로운 경전을 독송하는 것 외에 신들을 다시 한 번 불러 모시는 중백(重白), 초롱불을 물 위에 띄워 보내는 방수등(放水燈), 이 의례의 가장 주된 목적과 기원을 담은 주문(奏文)을 낭송하는 등대진표(登臺進表), 제사 지내줄 사람이 없어 굶주린 영혼들에게 음식을 공양하는 보도(普度), 그리고 신들에게 감사하고 그들을 떠나보내는 사신(謝神)과 송신(送神)을 거행한다.[75] 이와 같이 초(醮) 의례는 원칙대로 엄격하게 실천하기에는 너무나 복잡하기 때문에 타이완 북부나 해외의 화교 공동체에서는 더 간소화된 형태로 의례를 행하는 것이 보통이다.

75) Saso, *The Teachings of Taoist Master Chuang*, pp. 208~210.

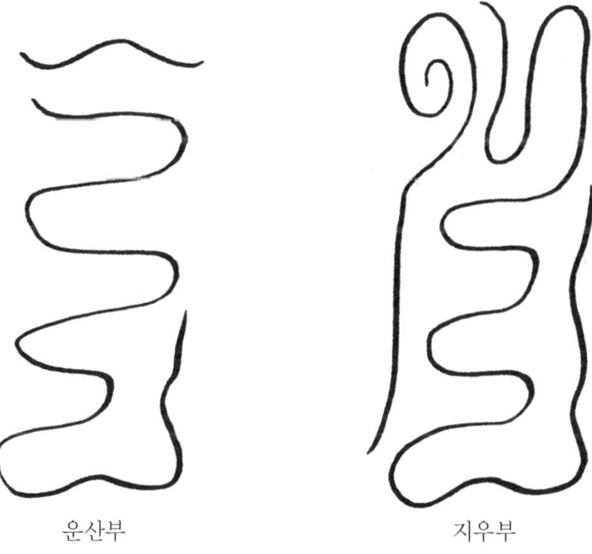

운산부　　　　　　　지우부

　　도교 의례에서 부록(符籙)은 핵심적 역할을 담당한다. 도교의 각 분파별로 특정 목적을 지닌 수천 가지의 도교 부록을 가지고 있다. 예를 들면, 생명을 보호하는 호신부(護身符), 지위와 수입을 지켜주는 부적, 취업을 구하는 구관부(求官符), 악귀로부터 보호해 주는 피사부(避邪符), 집에서 기르는 여섯 종류의 모든 가축을 보호해 주는 보육축평안부(保六畜平安符), 귀신들로부터 보호해 주는 피귀부(避鬼符), 악귀의 영향과 해악한 영혼들을 물리쳐주는 소재거건부(消災去愆符), 산악 지역에서 몸을 보호해 주는 산지호신부(山地護身符), 몸을 정결하게 해 주는 결신부(潔身符), 오장을 건강하게 해 주는 오장건강부(五臟健康符), 기타 혀와 신장, 눈, 뇌, 혈액, 허파를 건강하게 해 주는 부적, 시력을 증진시켜주는 부적, 귀머거리를 낫게 해 주는 부적, 자궁 안에 있는 태아를 편안하게 해 주는 부적, 구름을 흩어지게 하고, 안개를 거두며, 비를 멈추고, 바람과 벼락을 일으키며 우박을 일으키는 부적 등이 있다. 이들 외에 동서남북의 사방주(四方呪)와 수성, 금성, 목성, 화성의 성신주(星辰呪), 땅을 위한 부적, 하늘 사신의 부적 등도 있다.

앞에 나오는 두 부적은 도교 경전에 나오는 간단한 부적들이다. 하나는 구름을 흩어지게 하는 운산부(雲散符)이고 하나는 비를 그치게 하는 지우부(止雨符)이다. 대부분의 부적은 이 두 부적보다 훨씬 복잡하다.

겉보기에는 그리기 매우 쉬워 보여도 사실 부적을 제작하는 것은 굉장히 어렵다. 한 도사에 따르면 부적을 그리기 위해서는 우선 목욕재계와 금식을 하고 마음을 비워 고요하게 해야 한다. 그리고 붓과 벼루, 종이, 그리고 물을 준비한다. 그런 다음 주문을 외우면서 삼청신을 나타내는 점들을 그린 후 해당 신들이 부적 안의 그 점들 속에 들어오기를 청하는 한편, 천장군(天將軍)들이 부적을 보호해 주기를 빈다. 그리고는 부적의 나머지 부분을 다 완성시키고, 다 그린 부적을 세 개비의 향 위로 들어 올리고는 세 바퀴의 원을 돌면서 주문을 외운다. 부적의 효험은 전적으로 도사의 마음에 달려있다. 도사가 부적에 완전히 집중을 하면 효험이 있지만 그렇지 않았다면 효험이 없다.

도교의 가장 남다른 공헌은 육체적 불사에 대한 믿음과 장생에 대한 희구(希求)에 있다. 도교의 두 가지 본질적 관념은 개인의 장생과 불사, 그리고 사회적 조화와 평화이다. 불사에 대한 꿈을 꾸기 시작한 것은 기원전 4세기까지 거슬러 올라가며, 이는 도교(Daoist religion) 성립 이전의 시기이다. 전국 시대 중엽의 몇몇 왕들, 진시황, 그리고 한무제는 여러 방사(方士)들을 보내 불로초를 구해 오라고 했다. 『태평경』에서는 장생이야말로 천지간에 가장 가치 있는 목표이며 누구나 불사를 실현할 수 있다고 주장한다. 갈홍은, 도교에서 존숭하는 최고의 비법 가운데 어느 것도 장생 획득의 방법보다 중요한 것은 없다고 주장하였다. 그리고 그는 신선이 될 수 있는 가능성과 장생법에 관한 저술을 남겼다. 젊은 시기부터 육수정은 불사의 신비적 원리에 대해 탐구했으며 도홍경은『양생연명록』을 저술하고 인명은 하늘이 아니라 사람들 스스로에 의해 결정된다고 서술했다. 전진교 도사들은 육체적 불사의 관념은 포기했음에도 장생과 정신적 불사를 추구한다.

중국 사상의 영역에서 볼 때 도교는 여러 측면에서 독특하다. 이론적으로 불교는 인생살이(human life)로부터 벗어나기를 원하고 도가도 인생살이에 대해 무관심한 반면, 도교는 인간의 삶을 연장시키고자 노력한다. 유교는 사회의 중요성을 강조하는 데, 도교는 개개인의 삶의 가치를 높이 평가한다. 도교의 두 가지 핵심적 주제인 장생과 불사는 인간의 삶에 대한 도교의 낙관주의적 태도를 드러내준다. 이러한 의미에서 도교는 다른 종교 전통보다 인간의 삶에 대해 더 많은 관심을 가지고 있다고 해도 좋을 것이다. 중국의 토착적인 제도 종교로서 도교는 다른 종교와는 구별된다. 도교에서는 인간 존재가 태어날 때부터 죄를 가지고 있다거나 인간 사회가 말로는 다할 수 없는 고통으로 가득 차있다고 주장하기보다는 인간의 삶이야말로 지고의 가치요, 사람들이 영원히 추구해야 할 위대한 목표라고 주장한다. 도교에서는 인간 존재가 신에 의해 구원되기만을 기다리기보다는 자기 수양과 도덕적 행위를 통해 자신의 삶과 생명을 통제할 수 있다고 믿는다. 전진교의 정신적 불사는 플라톤이 말하는 영혼불멸 사상과는 차이가 있다. 왜냐하면 도교에서는 불사를 성취하기 위해서는 인간 존재 스스로가 많은 노력을 해야만 한다고 믿기 때문이다.

도교인들은 그들의 이상을 실현하기 위해 장생 추구를 위한 다양한 길을 개발했다. 즉 내단, 복기(服氣, 호흡수행), 행기(行氣, 기의 순환), 도인(導引, 일종의 맨손 체조 수행), 내관(內觀, 내면을 직관하는 수행), 수정(守靜, 평정한 상태의 유지), 존사(存思, 정신 집중 수행), 태식(胎息, 태아의 호흡 수행), 벽곡(辟穀, 곡식 섭취를 금하는 수행), 복식(服食, 약초와 약물 복용) 등의 다양한 방도를 개발했다. 도교의 장생술은 중국의 전통 의학, 그리고 위생학이나 체육 문화의 원리나 실행 기술과 결합된 것이다. 마음의 평정을 유지하기 위한 새로운 형태의 수행법인 기공(氣功)은 그 안에 다양한 형태의 수행법이 존재한다. 기공은 점점 더 많은 신봉자들을 끌어 모으고 있다. 그리고 소수의 사람들은, 자신들이 과학자들은 인정하기 어렵겠지만 기공 수행을 통해 특별한 능력을 발견하게 되었다고 말한다.

어느 누구도 육체적 불사를 실제로 실현하지는 못했지만, 도교에서는 이천 년이 넘는 기간 동안 장생을 확보하기 위해 기발하고 독창적인 지략(智略)들을 개발해 왔다. 이러한 지략들은 현대 세계에서도 여전히 그 유용성을 드러내고 있으며 많은 추종자들을 불러 모으고 있다. 대부분의 종교는 정신의 불사를 믿고 있으며 그러한 경향이 우세하기는 하지만, 종교 연구에서 도교의 가장 의미 있는 공헌 중 하나는 육체적 건강과 장수에 대해 실제적으로 강조한 것이고 그 결과로 육체적 구원에 대해 재평가하게 만든 점이다.

도교가 현대 세계에 끼친 공헌이 점차 사람들에게 인정받고 있다. 또한 도교의 호소력은 학계를 넘어 서구 대중문화로 확장되고 있다. 도교 사상은 점차 공공화되어 가고 있어서 예를 들면, 많은 독자들을 끌어 모은 『노자는 말한다(*Laozi Speaks*)』와 『장자는 말한다(*Zhuangzi Speaks*)』와 같은 만화책에 그러한 경향이 반영되고 있다. 심지어 『곰돌이 푸우의 도(*The Tao of Pooh*)』나 『피글렛의 덕(*The Te of Piglet*)』과 같이 어린이 만화를 바탕으로 한 서적들이 주요 베스트셀러로서 도교 사상을 대중화하는 매체가 되고 있다. 이렇듯 몇몇 도교적 관념은 비록 희석된 형태이기는 하지

504

만 점점 더 확산되고 있다. 도교적 관념이 확산되는 이유는 도교가 지구 중심적이고 자연 친화적 시각을 끝없이 호소하고 있으며 도교 경전에서도 지연의 중요성에 대해 강조하고 있기 때문이다.

# 추천 도서

Farzeen Baldrian(trans. Charles Le Blanc), John Lagerway, Judith Magee Boltz, and T. H. Barrett, "Taoism" in *The Encyclopedia of Religion*, edited by Mircea Eliade (New York: Macmillan, 1987). 도교의 역사, 교의, 수행법, 문헌, 교단 등 다양한 측면에 대한 간결하면서도 포괄적인 연구.

Wing-tsit Chan, trans., *The Way of Lao Tzu* (Indianapolis: Bobbs-Merrill Company, 1963). 소개의 글, 그리고 주석과 해제를 갖춘 훌륭한 『노자』 영역본(英譯本). 같은 저자가 쓴 *A Source Book in Chinese Philosophy* (Princeton: Princeton Press, 1963)도 참고할 만함.

Chung-yuan Chang, *Creativity and Taoism: A Study of Chinese Philosophy, Art and Poetry* (New York: Julian Press, 1963). 창조적 잠재력, 실재와 현상의 동일성, 자아실현 등의 내용을 포함, 중국인들의 삶에 미친 도교의 영향에 대해 고찰한 책.

A. C. Graham, trans., *Chuang-tzu, The Seven Inner Chapters and Other Writings from the Book Chuang-tzu* (London: George Allen & Unwin, 1981). 심혈을 기울여 번역하고 재편집한 『장자』의 역서로서 전문가들에게 적합함.

Livia Kohn, ed., *Taoist Meditation and Longevity Techniques* (Ann Arbor: Center for Chinese Studies, the University of Michigan, 1989). 비전문가들에게 도교의 장생술에 대해 소개하는 연구서로서 미국, 일본, 유럽의 학자들이 함께 저술함.

D. C. Lau, trans., *Tao Te Ching* (Hong Kong: Chinese University Press, 1982). 대중적인 『노자』 영역본으로서 왕필주(王弼注)와 마왕퇴본(馬王堆本)을 포함하고 있음.

Michael Saso, *The Teachings of Taoist Master Chuang* (New Heaven and London: Yale University Press, 1978). 도교 정일교(正一敎) 35대 천사(天師)가 전하는 도교의 교리 및 역사에 대해 간명(簡明)하게 설명한 저서로 현

재 대만의 정일교에서 실행되고 있는 의례에 대한 논의를 담고 있음.

James R. Ware, trans., *Alchemy, Medicine, Religion in the China of A.D. 320: The Nei P'ien of Ko Hung*(Pao-p'u tzu) (Cambridge, MA: M.I.T. Press, 1966). 갈홍의 작품을 번역한 책으로, 초기 도교의 기본 이론을 남은 서술.

Burton Watson, trans., *The Complete Works of Chuang Tzu* (New York and London: Columbia University Press, 1968). 대중적인『장자』영역본으로, 도교에 처음 입문하는 사람은 Watson이 쓴 *Chuang Tzu, Basic Writings*을 보는 것이 더 좋을 것임.

Holmes Welch, *Taoism, the Parting of the Way* (Boston: Beacon Press, 1966). 약간의 문헌 분석을 포함한, 도교에 대한 학술적 입문서. [윤찬원 옮김,『노자와 도교: 도의 분기』(서광사, 1998)]

H. Welch and A. Seidel, eds., *Facets of Taoism* (New Heaven and London: Yale University Press, 1979). 제2차 국제 도교학회의 논문들로 구성된 저술로서『태평경』, 구겸지(寇謙之), 도홍경(陶弘景), 그리고『도장(道藏)』과 같은 주제들을 망라하고 있음. [윤찬원 옮김,『도교의 세계: 철학, 과학, 그리고 종교』(사회평론, 2001)]

Eva Wong, trans., *Seven Taoist Masters: A Folk Novels of China* (Boston: Shambhala, 1990). 전진교(全眞敎)의 건전한 사상과 활동을 담은 소설로서 역사와 전설을 결합하여 흥미와 교훈을 동시에 전달함.

HINDUISM
BUDDHISM
CONFUCIANISM
TAOISM

# JUDAISM

CHRISTIANITY
ISLAM

# 유다교 정의하기

현재 전 세계에 유다인은 약 1,300만 명 정도가 산다. 북미에만 약 500만 명 이상이 있다. 사실 별로 많지 않은 숫자다. 하지만 현대 종교 가운데 유다교는 꽤 주목받는 종교이고, 유다인들은 언론의 헤드라인에 자주 등장한다. 오늘날 누구나 알 정도로 유명한 유다인이라면 헨리 키신저(Henry Kissinger)나 아인슈타인(Albert Einstein) 등을 들 수 있지만, 이 밖에도 수두룩하게 많다. 미국 주택가 골목길에 흔한 '골드버그(Goldberg) 정육점'의 주인도 필시 유다인일 것이다('골드버그'는 미국 유다인의 가장 흔한 성씨 가운데 하나다).

한편 이스라엘에 500만 명이 조금 못 되는 숫자가 산다. 이들에게 유다인이라는 정체성은 삶의 가장 중요한 요소다. 그들은 유다교에서 삶의 의미를 찾는다. '이스라엘의 유다인들'은 자신들이 유다인이기 때문에 정치적 단결과 민족 국가를 이루어야 한다고 주장한다. 더구나 『히브리 성서』, 곧 '토라(Torah)'는 유다교를 정의할 뿐만 아니라 그리스도교와 이슬람에서도 하느님의 계시로 인정된다. 때문에 유다교는 이 세상에 진리의 빛을 뿌린다는 긍지도 느끼고 있다.

정확히 세계에 유다인이 몇 명이나 되고 그들은 어디에 사는가? 먼저 단순한 통계학적 정보로 시작하자. 1985년 골드샤이더(Calvin Goldscheider) 교수는 전 세계에 사는 유다인을 대략 1,300만 명으로 보았다.[1] 유다인이 가장 많이 사는 나라는 미국으로, 약 570만 명이 산다. 유다인이 다수를 이루는 유일한 나라인 이스라엘에는 약 440만 명이, 구(舊)소련에 약 160만 명이 산다. 세계 전체 유다인의 80퍼센트 이상이 이 세 나라에 산다. 서유럽에 사는 유다인도 100만 명이 넘는다. 프랑스에 53만 명, 영국에 35만 명의 유다인이 있다. 또한 캐나다에 30만 8,000명, 아르헨티나에 23만 3,000명, 남아프리카 공화국에 12만 명, 그리고 브라질에 13만 명의 유다인이 산다. 이상 9개 나라에 전 세계 유다인의 95퍼센트가 산다. 그리고 전 세계 모든 대륙에 소규모 유다인 공동체가 산재한다. 이스라엘 밖의 유다인들은 늘 소수다. 그들은 지역과 도시에 균등하게 퍼져 살지 않는다.[2] 그들은 소수의 공동체를 중심으로 집중되어 산다. 하지만 그들이 참여하는 공동체는 무척 다양하다.

미국을 예로 들면, 대부분의 유다인이 도시에 산다. 그것도 거대 도시에 집중되어 있다. 유다인과 비유다인의 인구 분포를 비교해 보면, 이게 무엇을 의미하는지 알 수 있을 것이다. 미국 북동부에는 유다인의 54퍼센트가 산다. 반면 전체 미국인 가운데에서는 그곳에 약 25퍼센트 정도만이 산다. 그리고 유다인이건 비유다인이건 17퍼센트 정도만 미국 서부에 산다. 반면 남부에 사는 유다인은 매우 적다. 유다인의 17퍼센트, 비유다인의 34퍼센트가 남부에 산다. 중북부에는 유다인의 12퍼센트, 비유다인의 26퍼센트가 산다. 유다인이 10만 명 넘게 사는 주(州)는 열 곳뿐인데, 여기에 미국 유다인의 87퍼센트가 산다. 캐나다 유다인도 마찬가지

---

1) Calvin Goldscheider, *Jewish Continuity and Change*: *Emerging Pattterns in America* (Bloomington: Indiana University Press, 1986), p. 170.
2) 미국에서 유다인이 가장 많이 사는 주를 나열하면 다음과 같다. 각 주에서 유다인들은 거의 대부분 대도시에 집중해서 산다. Goldscheider, *personal letter* (April 15, 1988). : 뉴욕 187만 명. 캘리포니아 79만 명. 플로리다 47만 9,000명. 뉴저지 42만 5,000명. 펜실베니아 40만 8,000명.

다. 토론토와 몬트리올에 집중해서 분포한다. 위니펙(Winnipeg)에도 제법
큰 유다인 공동체가 있다.

## 유다인은 누구인가

도대체 유다인으로 산다는 것은 무엇일까? 종교에 귀의한다는 의미인
가? 아니다. 유다인 무신론자도 있다. 물론 정통 교리를 그대로 믿는 유
다인도 있다. 그리고 이 극단 사이에 무척 다양한 종교적 태도가 존재한
다. 그렇다면 유다인이란 어떤 인종 집단에 속하는 사람일까? 이것도 아
니다. 어떤 유다인이 다른 종교에 귀의한다면, 일반적으로 그는 유다인
집단에서 탈퇴한 것으로 생각될 것이다.

그렇다면 유다인이란 특정한 계명을 지키는 사람을 의미하는가? 곧 유
다교는 유다인 개인에게, 그리고 유다인 전체에 집단적으로 무엇을 지킬
것을 요구하는가? 글쎄, 요구하는 것이 무엇인가에 따라 답이 다르겠다.
만일 음식 규정을 말하는 것이라면, 이를테면 돼지고기나 게나 바닷가재
를 먹지 말라든가, 고기를 유제품과 함께 식탁에 올리지 말라는 금기는
많은 유다인이—아마 90퍼센트 이상이—어기며 산다. 그렇다면 이들은 유
다교인이 아니다. 만일 "네 이웃을 네 몸처럼 아껴라"(「레위기」, 19.18)라는
계명을 의미하는 것이라면, 대부분이 시도하긴 하지만, 이를 제대로 실
천하는 사람은 극소수일 것이다. 그래서 질문에 대한 답은 모호하다. 종
교적 실천이야말로 유다교의 핵심이라고 주장하며, 스스로도 계명에 충
실하게 사는 유다인이 있을 수 있다. 하지만 동시에 다른 유다인은, 역시
유다교에 충실한 삶을 살지라도, 그게 아니라고 주장할 수도 있다.

유다인과 유다교를 정의하는 문제에 왜 이런 모호함과 역설이 존재하

는가? 이 뒤에는 유다교의 근본 문제 두 가지가 놓여 있다. 첫째는 유다교의 인종적 정의와 종교적 정의가 복합적이면서도 때때로 서로 충돌한다는 것이다. 유다교의 모든 분파는 신자를 핏줄에 따라 충원한다. 출생 즉시 유다교인이 되는 것이다. 이를테면 유다교의 정통파와 보수파는 유다인을 유다인 어머니에게서 태어난 사람으로 정의한다. 한편 개혁파는 유다인 어머니 또는 유다인 아버지를 둔 사람으로 정의한다. 그런데 유다인들에게 '이스라엘'이라는 단어는 '유다 민족'을 의미하면서, 동시에 그리스도교의 '교회'와 같은 의미로도 쓰인다. 곧 종교적 기준으로 작용하는 것이다. 하지만 하느님의 부름을 받아 하느님을 섬겨야 하는 초역사적 공동체로서의 이스라엘과, 동질적 문화와 배경을 공유하는 사람들로 이루어진 현세의 사회적 집단이나 국가를 뜻하는 이스라엘의 차이는 분명하다. 이 간극을 메우려는 유다교의 노력은 지난하기만 하다.

둘째는 유다교의 종교적이고 인종적인 정의가 충돌한 부산물이다. 과연 유다교가 무엇인가에 따라 유다인이 누구인가 정의 내리는 문제도 무척 다양하다. 유다인이 된다는 것은 자동적으로 '이스라엘'의 일부가 된다는 것이다. 곧 유다인은—그리스도교에서 교회를 일컫는 '그리스도의 신비체' 개념에 대응하는—'하느님의 거룩한 백성'에 속한 자로서, 유다인 개인의 의견이 권위를 지니기도 하고, 때때로 유다교를 대표하기도 한다. 이것이 바로 유다교에 다양한 분파가 존재하는 이유다. 현재 대표적으로 최소한 네 개의 조직화된 유다교 분파가 있다. 정통파(Orthodox), 개혁파(Reform), 보수파(Conservative), 그리고 재건파(Reconstructionist)이다. 이들 간의 차이는 너무 커서 '네 개의 유다교들'이라고 불러도 될 것이다.

정통파는 문자를 그대로 믿는다. 이들은 하느님께서 쓰여진 『토라』(그리스도교의 『구약 성서』)와 구전된 토라(기원후 70년 이후에 쓰여진 전승으로서, 제2 성전 파괴 이후 사제를 대체하는 랍비들이 주축이 되어 정리했다)를 주셨음을 믿고, 율법은 하느님이 주신 법이라고 믿는다. 개혁파 유다교는 변화를 강조한다. 이들은 '도라'를 영원하신 분께서, 역사적 상황에 임하셔시, 인간의 언어로 말씀해 주신 것으로 믿는다. 따라서 역사적 상황이 바뀌면 새로운 역사적 조건에 올바로 응답하기 위해서 변화가 있을 수 있음을 믿는다. 결국 이들은 더 이상 효력이 없다는 이유를 들어 『토라』 원본의 상당한 부분을 폐기했다. 보수파는 『토라』의 신성을 믿지만, 동시에 변화도 절충하려 한다. 재건파는 유다 시민의 역사적이고 종교적인 맥락에서 믿음을 이해하고 하느님의 정체성을 초자연적으로 보지 않고 자연적으로(naturalist) 본다. 이상에서 볼 수 있듯, 현대의 유다교는 『토라』가 하느님에게서 영감 받은 절대적 책이라는 고전적 개념에서 점차 멀어지고 있다.

그런데 현대 국가인 이스라엘에서는 오직 정통파 유다교만을 인정했다. 그러자 정통파 내부에 분파가 생겨났다. 그 하위 분파도 다양하고 복잡하다. 이제 정통파들은 그들의 고향에서 경쟁하며 살아야 할 운명이다. 이들은 모두 『토라』의 신적 권위를 믿고, 개혁파에 대해 무척 부정적 태도를 취하지만(이게 정통파의 조건이다), 『토라』를 어떻게 해석하느냐에 따라 입장이 갈리고, 심지어—해석의 내용에 별 차이 없이—해석하고 적용하는 자가 누가 되어야 하느냐에 따라서 갈리기도 한다.

그러므로 유다인 개인이 모두 모여 '이스라엘'을 구성하지만, 각자가 어떤 '이스라엘'을 주장하든지, 그들은 모두 똑같은 권위가 있기에, 상황은 매우 복잡해져 버렸다. 그래서 유다교의 신학을 분류하기 위해 우선 관련된 세속적 '사실'을 찬찬히 살펴보는 게 좋겠다. 먼저 인종적 문제다.

## 유다 민족

왜 유다인이 하나의 민족을 구성한다고 생각할까? 그 이유는 유다인은 세계 어디에서 살든 '몸에 밴 특징'이 있기 때문이다. 이런 삶의 특징은 그들이 전 세계의 다양한 '고향'에서 사회적으로 지속성과 일치를 이루고 살고 있음을 알려준다. 훌륭한 사회학자이자 인구학자인 골드샤이더 교수는 자신의 저술을 통해, 유다인이 어디에서든 눈에 띄는 사회적 집단을 이루어 살며, 그들을 구별 짓는 차이는 무척 뚜렷하면서도 잘 발달된 것임을 보여 주었다. 그는 이렇게 썼다. "유다인과 비유다인의 가족, 혼인, 출산, 사회 계층, 거주, 직업, 교육 등을 면밀히 구별해 보면 분명한 결론에 이르게 된다. 곧 유다인은 '구별된다'는 것이다. 그들은 하나의 공동체로서 구별되고, 종교적이고 인종적인 일치 때문에 더욱 구별된다."[3]

골드샤이더 교수는 '유일하다'는 의식이 유다인의 특징이라고 지적한다. 그래서 유다인은 어느 곳에서 살든 자신이 이웃과 구별된다는 의식이 있다고 한다. 그런데 구별점을 만드는 방식은 장소에 따라 다르다. 이 말은 어떤 한곳에서 유다인의 특징이라고 했던 것이 다른 장소에서는 아닐 수 있다는 뜻이다. 이를테면 미국에서 베이글은 유다인의 빵이고 콘드 비프는 유다인의 요리라고 생각한다. 그런데 미국인인 유다인이 미국 밖으로 나가면, 그는 그냥 평범한 미국인처럼 보일 뿐이다. 이와 마찬가지로 모로코와 알제리에서 특정한 종류의 밀은 유다인의 음식을 만드는 데 쓰여 유다적이라고 생각된다. 그러나 미국에서 이 밀은 그냥 밀의 한 종류로서 특별히 유다적이라고는 생각되지 않는다. 이탈리아에서는 특정한 돼지감자 요리를 '유다인의 돼지감자'라고 부르지만, 미국에선 그냥 마

---

3) Goldscheider, *Jewish Continuity and Change*, p. 170.

늘 냄새 많이 나는 이탈리아 요리일 뿐이다.

그러나 앞서 언급했듯, 세계 어느 곳에 가든 그 지역의 유다인들은 몸에 밴 특징 때문에 다른 사람들과 구별된다. 물론 이런 특징이 타지인의 눈에는 전혀 눈에 띄지 않을 수도 있고, 구체적으로 관찰하면 다양한 변종이 눈에 들어온다. 하지만 전 세계에 걸쳐 다양하게 존재하는 이런 유다인적 특징이야말로 유다인의 구별됨을 지탱하는 것이다. 또한 이게 우리가 이제부터 살펴볼 유다교의 중요 관심사를 규정하는 것이다.

그러면 과연 어떤 특징이 유다인을 다양한 정황에서 다른 그룹과 구별 짓게 하는 것일까? 가족, 유다인 공동체의 위계, 그리고 유다 민족의 다양한 특징 때문에 유다 공동체는 어디서든 눈에 띄는 집단으로 구별된다. 골드샤이더 교수는 이렇게 말한 바 있다.

> 미국 유다인들의 삶에서 눈에 띄는 특징은, 곧 유다인들 내부의 결속과 연대다. 이 특징은 또한 공동체적 지속성을 이루는 다양한 근거가 되기도 한다. 이런 결속은 문화적이면서 동시에 구조적이다. 이것을 관찰하면, 가족, 교육, 직업, 그리고 거주의 특징에 매우 단단히 연관되어 있음을 볼 수 있다. 더구나 이런 결속은 종교적이고 인종적–공동체적 행위에 따라 강화되고, 삶의 방식과 가치관을 나누며 더욱 단단해진다.[4]

유다인의 구별점은 사회경제적 특징에 따라 분포한다. 어떤 유다인이 한 사회에서 누리는 혼인, 가족 형태, 거주의 장소, 교통수단의 정도에 따라 달라지는 것이다. 다시 말해, 한 유다인의 직업, 교육, 경제적 지위

---

4) Goldscheider, *Jewish Continuity and Change*, p. 171.

등으로 표현되는 사회 계층과 등록된 공동체, 정체성, 행위 등에서 드러난다. 이런 현상을 관찰하면, 유다인의 삶에는 공통적으로 어떤 특질이 있음을 볼 수 있다. 이를테면 유다인은 모여 살며 유다인 이웃을 만들고, 몇 안 되는 소수의 직업 유형에 종사하고, 유다인 집단 안에서 결혼한다. 그래서 미국인들은 흔히 정신의학자는 유다인의 직업이라고 생각하지만, 프로 미식축구 선수는 그렇지 않다고 생각한다. 그 반대로 이스라엘에서는 유다인이—성서 시대처럼—농부와 전사의 정체성을 지녔다고 생각한다. 노르웨이에서는 이것들 모두 유다인의 직업이 아니다. 하지만 특정한 정황에서 이런 특질은 어떤 개인이 유다인임을 알려준다. 그래서 유다인은 우연히 동일한 대상을 믿게 된, 종교가 같은 개인들이 아니라 하나의 사회적·인종적 집단으로 묘사될 수 있는 것이다.

## 유다교의 지리적 분포

이제 유다 민족의 지리적 통계를 보자. 우리는 세계에 다양한 유다교가 있음을 염두에 두면서, 유다인이 인종적 공동체를 이루고 사는 다양한 장소에서 과연 유다교적 행위란 무엇인지 물으려 한다. 이 문제에 대해 골드샤이더 교수는 이렇게 말했다. "현대 유다교에서 유다인의 종교성과 종교적 헌신의 정도는 너무 넓고 다양해서, 단순한 정의와 분류로는 규정하기 힘들다." 유다인들이 유다교적 정체성을 얼마나 지녔는지, 종교적 실천과 의례를 얼마나 준수하는지, 또는 유다교의 다른 규정들을 얼마나 지키는지 알려 주는 자료는 무척 적다. 물론 유다교 공동체와 시나고그(Synagogue, 유다교 회당), 랍비 조직 등은 매우 잘 조직화·제도화 되어 있지만, 그런 자료는 별로 없는 것이 사실이다.

National America data에 따른 다음의 통계는, 미국의 큰 유다교 공동체에 대한 대강의 결과를 보여 준다. 미국의 성인 유다인 가운데 85퍼센트가 스스로의 정체성을—종교적 준수 징도가 높은 깃에서 닞은 순으로 나열하면—정통파, 보수피, 개혁피 기운데 히나에 속한다고 밝혔다. 이 가운데 정통파가 11퍼센트, 보수파가 42퍼센트, 그리고 개혁파가 33퍼센트다.[5]

나아가 골드샤이더는 유다교적 정체성과 실천의 정도를 가늠할 수 있을 척도로 의례의 참여 정도와 시나고그 방문 횟수를 들었다. 1970~71년의 전미 통계를 보면, 유다인의 30퍼센트가 금식 규정을 지키고, 13퍼센트가 시나고그를 자주 방문하며, 24퍼센트는 둘 이상의 유다교 조직에 가입하였다. 1981년 뉴욕의 조사 결과는 성인 유다인의 90퍼센트 정도가 과월절 예식에, 80퍼센트 정도가 12월의 하누카에 참여하고, 70퍼센트 정도가 경전에 기록된 대로 집 문설주에 액을 막는 메주자(mezuzah)를 붙이고, 67퍼센트가 속죄일을 지키고, 36퍼센트는 코셰르(Kosher, 정결한 또는 적절한) 고기만을 구입하고, 30퍼센트는 『탈무드(Talmud)』에 따라 부엌에서 고기와 유제품 식기를 구별한다(유다교의 대표적 절기와 그 의미는 이 글 말미를 보라—옮긴이). 주일마다 시나고그를 찾는 유다인은 적다(뉴욕 남성 가운데 14퍼센트). 대부분 일 년에 몇 차례 찾는 정도다. 남성 유다인 가운데 30퍼센트는 한 번도 시나고그에 가지 않았다. 다른 미국 공동체 내의 유다인들, 특별히 서부 지역의 유다인들은 의례를 준수하고 시나고그

---

5) 물론 주에 따라 차이가 있다. 1981년의 예를 들면, 전 세계 가장 큰 유다인 공동체가 있는 뉴욕의 경우, 13퍼센트가 정통파, 35퍼센트가 보수파, 29퍼센트가 개혁파였다. 뉴욕 유다인 가운데 대략 4분의 1이 명목상으로 이 세 분파에 속하지 않거나 유다교에 속하지 않은 것이다. 반면 세인트 루이스에서는 보수파가 적고 개혁파가 많았다. 서부에서는 아무데도 속하지 않거나 유다교에 속하지 않다는 사람과 개혁파가 높은 경향을 보였다.

를 찾는 정도가 훨씬 약하다.[6] 하지만 캐나다의 유다인은 미국의 유다인과 비슷한 태도를 보여서, 정통파가 약하고 강한 개혁파와 보수파가 치열하게 경쟁한다. 반대로 영국 등 서유럽, 남미의 대부분, 호주, 남아프리카공화국에서 중앙의 공식 단체는 대부분 정통파의 간판을 내걸고 있지만, 대부분의 유다인은 세속적인 경향을 보인다. 이런 유다교를 '율법을 준수하지 않는 정통파'로 개념화할 수 있다.

이스라엘의 유다인들은 어떨까? 골드샤이더 교수는 이렇게 썼다. "이스라엘 역시 세속화한 사회고, 종교적 준수 정도는 미국과 비슷하다. 그러나 종교적 분파는 정통파, 보수파, 개혁파의 삼분법보다 훨씬 폭넓게 나타난다. 이는 단순히 시나고그에 등록된 것으로는 파악할 수 없다. 이스라엘의 공식 통계를 보면 10~15퍼센트의 유다인들이 스스로를 매우 종교적이라고 밝히고, 대략 절반이 종교적 또는 전통적이라고 생각한다." 다시 말하면, 유다인의 36퍼센트는 스스로가 종교적이지 않다고, 9퍼센트는 완전히 세속적이라고 생각한다. 47퍼센트의 이스라엘 유다인들이 고기 식기와 유제품 식기를 구별하지만, 시나고그를 찾는 숫자는 뉴욕의 유다인과 비슷하다. 약 26퍼센트는 한 번도 시나고그를 찾지 않았고, 일 년에 몇 차례만 찾는다는 대답이 가장 많았다.

지중해 주변, 북아프리카, 중동 출신으로서 현재 이스라엘 유다인의 다수를 이루는 유다인들은 유럽이나 북미 출신의 유다인보다 초창기에는 더 보수적인 태도를 보였지만, 빠른 속도로 세속화되었다. 이렇게 세속화된 유다인의 수는 유다인 성인 가운데 3분의 1 정도로 매우 많지만, 6,000~8,000곳에 이르는 이스라엘 전체 시나고그, 즉 회당의 대부분은

---

6) 더 많은 논의는 졸저를 보라. *Fortress Introduction to American Judaism: What the Books Say, What the People Do* (Minneapolis: Fortress Press, 1993).

정통파의 수중에 있다. 그리고 이스라엘 전체 약 2,000개의 회중(congregation) 가운데 단지 40개만 개혁파나 보수파에 등록했다. 이것이 다양한 정통파 성당들이 연성을 이뤄 여낭을 유시하는 확실한 권력 기반이고, 이스라엘 사회의 징교 연합 구조를 똑똑히 보여 주는 것이다.

구소련 지역에서는 비교적 최근까지도 유다인들이 온갖 역경에도 종교 규율을 지키고 실천하는 삶을 살았다는 흔적이 있다. 구소련 정부는 심지어 헌법도 무시하고—또한 1975년 헬싱키 협약도 준수하지 않고—유다인에게 종교적 자유를 주지 않았다. 그 결과 유다인 공동체는 거의 다 파괴되어 코카서스 지역과 아시아 변방에 겨우 60곳의 시나고그만 살아남았다. 소비에트 연방이 붕괴하자, 유다인들은 자유를 되찾았고 시나고그와 학교를 짓고 문화 조직과 공동체를 재건했다. 그리고 수십만 명이 이스라엘로 이주했다. 서방으로 이주한 숫자도 수만 명에 이른다. 구소련을 계승한 러시아와 다양한 공화국들에서 유다인의 미래는 여전히 불투명한 상태다. 하지만 무신론으로 무장한 억압적인 공산당 치하에 비하면 훨씬 밝은 미래가 다가오고 있음이 분명하다.

하지만 유다인의 종교적 실천, 정치적 상황, 문화적 특징을 규정하는 것은 다름 아닌 다양성이라고 확실히 말할 수 있다. 유다인은 나뉘어 있다. 이를테면 유다인의 국가에 사는 유다인과 그렇지 않은 유다인이 있다. 유다교에서 요구하는 바를 빠짐없이 실천하는 유다인과 전혀 실천하지 않는 유다인이 있다. 그러므로 유다교 연구는 이런 다양성을 다루어야만 한다. 곧 인종적이고 종교적인 다양한 범주의 혼란을 정돈하고, 다양한 유다교를 정리해야 한다. 하지만 그 전에 중요한 문제가 하나 있다. 세속적이든 종교적이든 유다인에 대한 설명에 근본적인 문제를 먼저 다루어야 하는 것이다. 이는 모든 유다교 분파가 연관된 문제다. 문제는 이렇다. 유다인이란 누구이며 그게 왜 중요한가? 이것을 이해하면 모든 유다교 분파의 본질을 쉽게 파악할 수 있고, 복잡한 유다인 공동체를 하나의 사회적 단위로 볼 수 있을 것이다. 인종적이고 종교적인 것이 뒤범벅된 '유다교'에 한 발짝 다가가 보자.

# 유다 민족과 유다교의 관계

## '장로교 국가' 는 없지만 '유다인의 국가' 는 존재한다

미국은 개신교 나라다. 하지만 '개신교 백성'이라는 말은 없다. 그러나 '유다 백성'과 '유다 국가'는 있다. 그 국가는 '이스라엘'이라 한다. 성서와 유다교 전례에서 이스라엘이란 단어는 언제나 '하느님의 백성'과 같은 의미로 쓰이지만, 놀랍게도 현대 국가 '이스라엘'은 무척 세속적인 나라다. 이 이스라엘은 가톨릭 교회의 바티칸과도 다르며, 넓게 봐서 '교회'에 해당하는 말이다. 이렇게 '이스라엘'에는 종교적이고 인종적인 것이 뒤섞여 있다. 이를 이론적으로 구분하긴 쉽지만 실제적으로는 어려운 일이다. 그래서 탁상공론이 되기 쉽다.

이런 문제도 있다. 이스라엘 밖에서 종교적이고 인종적인 정체성의 혼란은 어떻게 이해해야 될까? 그리고 이스라엘 내부에서 종교와 국적의 혼돈은 어떻게 해결해야 할까? 이런 문제는 역사적 성격도 지니지만 현재의 절실한 문제이기도 하다. 우선 이런 경우를 생각해 보자. '케네쎄트(Kenesset)'라 하는 이스라엘 의회는 '귀환법(law of return)'에 따라 이스라엘 시민이 될 수 있는 자격을 논의하고, 이 세상에 존재하는 유다인이면 자격이 된다고 선포했다. 곧 시민권을 획득하려면 유다인에 속하면 되는 것이다. 그런데 누가 이 인종 집단에 속하는가? 이에 대한 대답은 간단하지 않지만, 유다인으로 개종한 사람의 경우를 생각해 보면 도움이 된다. 그들은 유다교 신자가 되면서 동시에 유다인이 되는 것이다. 그들은 종교 집단에 가입할 뿐 아니라 동시에 인종 집단에도 가입하는 것이다.

## 현대 이스라엘에서 국가와 종교의 관계

여기서 결정적 문제는 이스라엘 시민으로 선포되기 위해서 유효한 개종이란 무엇인가 하는 것이다. 누가 그런 유효성을 획득했는가? 즉, 누가 유다인이면서 동시에 유다교인인가? 이스라엘의 정통파 유다교는 '율법에 따라' 개종한 것만을 개종으로 선포하라고 정부에 요구했다. 정통파 유다교의 지도자들의 의도는, 오직 정통파 유다교로 개종한 사람만을 유다인으로 인정하란 것이었다. 다시 말해, 미국에서는 개혁파나 보수파나 재건파의 신앙 정식(formulation)에 따라 개종한 사람도 온전한 유다인이자 유다교인으로 인정받지만, 이스라엘에서는 그것을 유효한 개종으로 인정하지 말아달라는 것이었다. 결국 정통파 유다교는 이스라엘에서 여당으로서의 영향력을 확실히 하고, 의회에서 다수를 차지하여 이 문제에 관련한 법률의 입법권을 통제하려 했다. 이들은 유다 민족을 오직 종교적 기준에 따라 정의하려 한다.

우리는 인종과 종교의 문제를 이론적으로만 접근하면 탁상공론이 되기 쉽다는 점을 보았다. 언제나 다양한 실체가 문제를 복잡하게 만든다. 인종 집단으로서 유다 백성의 삶의 기초는 하느님의 거룩한 백성이라는 신학적 확신에 의해 형성된 것이다. 그래서 인종적으로 유다인이라면 심지어 하느님을 믿지 않더라도 하느님의 선택된 백성이 되는 것이다(농담이 아니라 이게 유다교의 믿음이다). 또한 이스라엘의 정치적 문제이자, 지난 이

백 년간 유다교가 씨름했던 신학적 문제가 있다. 과연 정통파 유다교 외에 다른 유다교가 있을 수 있는가?—또는 '내가 속한 분파'가 정통파처럼 정통성을 인정받을 수 있는가?—그리고 누가 정통파인가도 문제다. 모든 정통피는 개혁피 유다교를 신랄히게 비난한디. 오늘날에는 유다교 분피가 하도 많아서 모든 정통파 유다교를 묶을 수 있는 공통분모는 비정통파의 합법성을 부인한다는 것 정도다.

개신교와 가톨릭의 종교적 삶과 유다교의 종교적 삶은 다르다. 이런 차이 때문에 유다인은 세속적이라고 생각하던 사람도 문제를 다시 바라본다. 비교종교학적 연구 결과에 따라, 결국 우리는 종교성과 경건함에 대한 이해가 종교마다 서로 다르다고 인정해야만 할 것이다. 특히 '누가 유다인인가'의 문제는 현대 이스라엘의 정치적 쟁점이면서도, 가장 종교적인 신앙 정식, 곧 누가 거룩하고 누가 거룩하지 않은가 하는 문제와 매우 깊숙하게 관련되어 있다. '누가 유다인인가'의 문제는 '누가 이스라엘인가'의 문제이고, 여기서 이스라엘은 국가나 인종 집단이 아니라—종교적 범주인—'거룩한 백성'이기 때문이다.


## 유다 민족과 유다교의 전통적 긴장

현대 예루살렘에서 벌어지는 이런 논쟁은 무척 치열하면서도 한편으로 신선한 면이 있다고 할 수 있다. 그런데 사실 이 논쟁은 유다교 역사에서 수천 년 묵은 아주 오래되고 중요한 논쟁을 계승하는 것이다. 바빌론 유배가 지난 후, 시온 산에 귀환하여 『모세 오경』의 형태를 확정 지을 때부터, 유다 세계의 사람들은 과연 '누가 유다인인가', 다시 말해 누가 유다교에 속하고 누가 속하지 않는지의 문제를 제기했다. 기원전 약 450

년경 에즈라 시대 확정된 『모세 오경』에는 아브라함과 이사악과 야곱의 유산이라는 성찰이 기록되어 있다. 사해(死海) 근처 쿰란 동굴에 살았던 에쎄네 공동체는 '여기 있는 우리 모두만이 이스라엘'이라는 배타적 교리를 지녔다. 오직 자신들의 공동체만을 세상에 존재하는 유일한 '이스라엘'로 본 것이다. 바울로 사도는 옛 이스라엘과 새 이스라엘을 구분했다. 또한 『탈무드』를 지은 랍비들은 '모든' 이스라엘의 거룩함과 성화(聖化)를 주장했다. 그러나 누가 이스라엘인가 하는 문제는 여전히 그대로 남아 있다.

유다인의 국가 이름이 바로 '이스라엘'이라는 바로 그 점에서 이미 이스라엘은 종교와 신학의 현세적 형태가 민족과 결합한 것임을 알 수 있다. 이스라엘의 초대 총리를 지낸 다비드 벤 구리온(David Ben Gurion, 1886~1973년)도 이 문제에 깊은 이해를 지니고 있었다. 그래서 1948년 이스라엘 민족이 새 국가를 창설할 때, '이스라엘'이라는 이름을 짓게 된 것이다. (국가적이고 민족적인) 시오니즘 운동과 (종교적인) 유다교는 현대 유다 사상의 중심일 뿐 아니라 현대 유다 신학의 핵심이기도 하다. 또한 현대 이스라엘의 입법 기관에서 누가 유다인인가에 대한 법률의 통과 여부를 결정짓는 정치적 문제이다. 동시에 민족, 국가, 땅, 유배를 정의하는 문제로서 사회적 토론의 중요한 주제이기도 하다. 이런 현대적 토론 안에서 유다인들은 정교한 신학적 토론을 유다교 전승에 완벽히 부합하는 방식으로 수행하고 있다. 이런 신학적 토론이야말로 아주 옛날부터 이어온, 유다인들의 공통되는 존재적 특징이다.

그래서 유다교는 저마다 '유다교'뿐 아니라 '이스라엘'도 정의한다. '이스라엘'은 유다교를 구체화하는 사회적 실재이다. 또한 동시에 유다교에서 이상적이고 거룩한 백성으로 생각하는 것이다. 그래서 이 나라를 '이스라엘'이라고 부르면, 사람들은 누가 이스라엘인지, 무엇이 이스라엘인지, 누가 참된 이스라엘인지 등등의 복잡한 토론으로 빠져버리게 된다. 그건 오랜 세월 동안 유다교 사상가들을 괴롭힌 문제다. 종교적이건 세속적이건 유다인 사상가라면 한번은 씨름해야 하는 난제이다.

이스라엘이 누구이고 유다인이 누구인지 다양한 정의가 있다. 그 가운데 '이스라엘'이란 하느님의 거룩한 백성이고, 아브라함과 이사악과 야곱의 후손이라고 정의하는 것이 유다교 전례에서 보나, 경전의 관점으로 보나 핵심이라 하겠다. 이 정의는 간결하고 핵심적이지만 또한 뚜렷이 종교적인 것이다. 그래서 모든 기도나 공부에, '이스라엘'이 대표하는 모든 것에, '이스라엘'이 가리키는 모든 것에, 전체 유다 백성에, 그들이 사는 모든 땅에 적용된다. "이스라엘을 지키시는 이, 졸지 않고 잠들지도 아니하신다"(「시편」, 121.4)는 말씀은 어디서나 이스라엘을 지켜준다. 물론 이스라엘 땅에 사는 이스라엘도 지켜준다. 그러므로 벤 구리온이 대담하게도 '이스라엘'을 도구화하여 오직 땅을 중심으로 정의하는 생각의 틀을 제시하자, 이는 곧바로 전례와 경전에 도전이 되었다.

이런 주제들은 유다교를 공부하는 것과 관련이 있나? 물론 그렇다. 만일 유다인이란 유다인 어머니에게서 태어났거나 정통파 유다교 권위에 의해 개종한 사람을 의미한다면, 그것은 동시에 유다교에 속하지 않은 사람을 정의하는 것도 된다. 다시 말해 유다인 아버지를 두었지만 유다인 어머니를 두지 못한 사람들, 또는 보수파, 재건파, 개혁파 랍비의 지도로 개종한 사람들은 유다인이 아니라는 것이다. 이는 또한 이스라엘의 법률 체계에서 큰 의미를 지닌다. 곧 이스라엘에서 정통파 유다교 정당을 제외한 모든 유다교 분파의 합법성을 제거하는 일이 된다.

이 사실은 유다인이 누구인가 하는 문제가 단지 협소한 정치적 문제가 아니라, 왜 이스라엘의 상황을 벗어나는 일이 되는지, 다시 말해 왜 미국 유다교 형성에 핵심 문제가 되는지 알려준다. 이미 미국 안에서 이 문제는 무척 중요해져 버렸다. 이스라엘 정통파의 종교적·정치적 정당들은 해외의 모든 비정통파 유다교를 공격하고 망신 주려는 희망으로 똘똘 뭉쳐 있다. 하지만 그들은 해외에 흩어진 유다인들을 설득할 수 없었다. 오히려 그들 자신의 권위가 땅에 떨어져 버렸다. 그래서 북미 정통파의 주류 가운데 다수는 이스라엘의 국법으로 비정통파 유다교를 비합법화하자는 주장을 반대하게 된 것이다.

유다교 세계를 북미인들에게 익숙하게 만들고 이해시키고자 한다면, 모든 종교는 그 자체의 논리로 정의되기도 하지만, 상식적인 '종교'로서 마땅히 갖추어야 할 것이 있음을 기억해야 한다. 그리스도교의 눈으로 보자면 유다교는 종교같이 보이지 않는 구석이 있다. 이를테면 개신교는 특정한 금식이 중요한 종교적 의미를 지닌 것이라고 생각하지 않는다. 한편 유다교에서 돼지고기를 먹지 않는 것은 하느님께 봉사하는 행위다. 그 반대로, 미국 개신교에서 개인적인 기도는 하느님께 말씀을 올리고 개인의 내면으로 대화하는 행위로서 종교 생활의 핵심이다. 그러나—다른 종교도 그렇지만—유다교에서는 미리 정해둔 전례문을 암송하는 것을 훨씬 강조하고, 개인적 기도나 지향을 덜 중시한다. 끝으로 그리스도교 또한 그리스도교 국가라는 신학 이론을 발전시켰지만 유다인들처럼 특정한 장소의 특정한 국가가 그리스도교 국가라고 이해하지 않는다. 하지만 유다교에서는—팔레스티나라고도 불리는—이스라엘 땅에 위치한 이스라엘이 핵심 성지다. 그러므로 유다인들이 종교적이라고 하는 것을 그리스도교인들은 전혀 종교적이라고 인식하지 않는다. 그리스도교인들이 보기에 거룩하고 경건한 삶이 갖추어야 할 것을 갖추지 못한 것이다.

앞에서 보았듯이 유다교 분파 사이에도 이런 인식의 차이가 있다. 개혁파나 정통파, 보수파나 재건파에 속한 유다인도 있지만, 이런 분파에 속하지 않은 유다인은 미국 그리스도교인의 눈으로 보자면 전혀 종교적이지 않다. 그리고 유다교에 속하지 않은 사람들은 대부분 '유다교란 유다 민족의 종교'라고 생각하기 때문에, 유다 민족을 유다교와 동일시하는 경향이 있다. 그래서 유다교에서 특정한 음식을 금지하는 것을 민족적인 금기일 뿐 아니라 종교적 금기로 당연시하기도 한다(여기에 세속적 유다인이면서 돼지고기를 먹지 않는 경우까지 끌어들이면 문제는 더 복잡해진다). 게다가 종교의 대표적 특징은 신—또는 절대적이고 궁극적 실재—의 존재를 긍정하는 것이기 때문에, 세속적 삶의 태도를 지닌 자는 무신론자로 이해되곤 한다. 그래서 전혀 종교적이지 않고 무척 세속적인 유다인이 존재한다는 사실은 '유다교란 유다 민족의 종교'라는, 유다교의 민족적 정의에 문제를 제기한다.

사실 기도와 거룩한 삶의 태도 등의 관점에서 그리스도교인의 교회(church) 활동, 무슬림의 모스크(mosque) 활동 그리고 유다인의 시나고그 활동을 비교해 보면, 유다인의 삶은 시나고그와 훨씬 덜 연결되어 있다. 이런 면에서 과연 유다교가 종교인가 의문을 지닐 수 있다. 하지만 유다교가 과연 그리스도교나 이슬람과 같은 의미의 종교인가라는 의문을 제기할 때, 반드시 염두에 둘 것이 있다. 바로 인종적 의미의 유다 민족과 종교적 의미의 유다교를 분리해야 한다는 것이다. 유다 민족은 당연히 유다인 전부를 아우르는 개념이다. 유다교 특정 분파를 따라 믿거나 그 종교 행위에 참여하는 사람을 일컫는 말이 아니다. 유다인의 관점이란 유다교에 의해 결정된다고 생각하는 사람이 있다. 하지만 이 말은 틀렸다. 왜냐하면 유다교는 종교이고, 모든 유다인이 종교적이지는 않기 때문이다.

그러므로 우리는 인종 집단인 유다인 또는 유다 백성과 유다교를 분리해야 한다. 유다교는 인종 집단으로 구성되는 종교 집단이지만 유다교의 신앙 행위에 참가하는 자, 즉 유다교 신자가 유다인이 될 수도 있다. 그러므로 공정하게 말하려면, (일부) 유다교 신자의 관점이 유다교에 의해 결정된다고 해야 한다. 이 점이 유다교를 정의하는 데 결정적이다. 인종 집단과 종교 집단의 상호 작용은 유다교 연구의 중요한 주제이다. 그리고 다른 종교보다 접근하기 쉬운 면도 있다.

지금까지 제기한 문제를 단순하게 말하자면 이렇다. 만일 누군가 로마 가톨릭 신자로 개종한다고 해서, 자동적으로 특정 국가, 곧 스페인, 이탈리아, 브라질(이들이 로마 가톨릭 3대 국가이다) 국민이 되는 것은 아니다. 성공회 신자로 개종한다고 해서 자동적으로 영국 여권을 취득하거나 영국식 영어를 쓰지 않는다. 하지만 유다교 신자로 개종하면, 자동적으로 유다인, 즉 인종 집단의 구성원이 된다. 앞서 언급했듯, 감리교 백성이라든지 장로교 국가라고 말하는 사람은 없다. 그러나 유다인은 분명 한 백성이고 유다 국가가 있고, 그 백성과 국가는 특정 종교가 자신의 고유한 것이라고 여긴다.

그래서 인종 집단과 종교 집단이 서로 구분됨을 자각하면 모든 유다인이—유다교 신앙 행위에 참가하는—유다교 신자는 아니라는 것을 깨닫게 된다. 또한 보통의 유다인과 신실한 유다교 신자 사이에서 엇갈리고, 때로 모순적으로 보이는 의견에 대해서 다음처럼 정리할 수 있다.

1. 유다교는 종교다(또는 위에서 보았듯, 분파의 연합체다). 그리고 유다인은 인종 집단이다.

2. 유다교 신자 또는 유다교의 신앙 행위에 참가하는 자는 자동적으로 유다인이라는 인종 집단의 구성원이 된다.

3. 아주 오랫동안, 곧 인류의 역사가 쓰여진 이래로 줄곧, 유다
인은 거의 모두 유다교 신자였다.

결론은 간단하다. '유다인이 무엇을 믿는지' 알려면, 이를테면 공개적 설
문 조사를 사용해서—종교적·정치적·문화적 문제에 대해—그들의 의견을
알려고 한다면, 유다교에 대해서 미리 알아야 할 필요는 없다. 그러나 유
다인들 가운데 유다교 신자들이 무엇을 믿는지 알려면 유다교에 대해 알
아야 한다. 그런데 종교와 민족이 명확히 구분되지 않기에 늘 문제가 좀
복잡해진다. 하지만 이런 구분을 염두에 둔다면, 어떤 자료를 놓고 혼동
을 일으키거나 오류를 저지르는 일은 최소한 조금 피할 수 있을 것이다.

# 다양성의 문제와 유다교 정의하기

## 세계 종교에서 유다교의 위치

시나이 산에서 하느님이 모세에게 계시를 주면서 시작된 유다교는 그리스도교와 이슬람처럼 유일신 종교이고, 세 종교는 같은 계시를 믿는다(그리스도교인은 『히브리 성서』를 『구약 성서』라 일컫고, 무슬림은 오경, 곧 『토라』를 『타우라트(Tawrat)』라 한다). 다신교나 비유일신교와는 달리, 이 세 종교는 하느님이 한 분이고 유일하며, 초월적이고, 자연법칙에 종속되지 않고, 완전한 타자(他者)임을 믿는다. 유다교는 『히브리 성서』에 드러난 하느님의 계시를 믿지만 『신약 성서』를 믿지 않는다는 점에서 그리스도교와 다르다. 그리고 예언자 가운데 유일한 자로서 모세를 인정하고, 경전의 기록을 넘어서는 어떤 예언도 없다고 믿는 점에서 이슬람과 다르다.

## 유다교의 다양성

유다교와 그리스도교, 이슬람을 구분하기가 유다교 자체를 정의하기보다 쉽다. '유다교'란 위에서 본 바와 같이, 과거와 현재에 서로 밀접히 연관된 분파들을 지칭하기 때문이다. 이 분파들은 사실 수많은 공통점을 공유한다. 이를테면 그들은 모두—문자적 의미는 '가르침'이라는 뜻이지만 이따금 '율법'으로 오역되는—'토라'를 시나이 산에서 하느님이 모세에게 계시한 것으로 공경한다. 물론 분파에 따라 공경의 정도는 다르다. 그리고 중요한 몇몇 문제에 대한 의견도 다르다. 그래서 유다교를 시작부터 지금까지 하나의 연속하는 역사 안에서 활약했던 단일 종교로, 형식적 통일성을 지닌 종교로 정의하는 것은 아예 불가능하다. 오늘날 세계에는 여러 유다교 분파가 존재하고, 과거의 증언들도 역시 유다교가 다양했음을 말해 준다.

흔히 드는 예는 다음과 같다. 개혁파 유다인은 경전에 있는 율법의 음식 규정을 지키지 않고, 안식일도 엄격하게 지키지 않는다. 성서는 돼지고기를 먹지 말라고 한다. 그러나 그들은 돼지고기를 먹는다. 후대에 경전을 해석한 바에 따르면 안식일(토요일)에는 일을 해서도, 세속적 활동을 해서도 안 된다. 그러나 개혁파 유다인은 골프를 치러 가고, 영화를 보러 가고, 사무실에도 간다. 그 반대로 정통파 유다인들은 금식 규정을 지킨다. 그들은 '코셰르(율법을 따라 준비된 정결한 음식 또는 그런 음식 규정을 의미한다. 비교적 잘 알려진 규정으로는 육류와 유제품을 섞지 않고, 고기는 피를 뺀 것만 먹고, 포도주는 안식년을 지키는 밭에서 수확한 포도로만 빚은 것 등이 있다. 코셰르 엄격함의 정도는 유다교 분파에 따라 다르다—옮긴이)' 음식, 또는 적절한 음식만을 먹는다. 그들은 토요일에는 사무실에 나가지 않는다. 그 대신 쉬거나 경배하거나 『토라』를 공부하거나 놀면서 그날을 봉헌한다.

구체적인 삶의 방식을 보면, 종교적 실천과 믿음에 대해서 개혁파와 정통파 사이에 공통점이란 거의 없다. 정통파 유다인은 돼지고기를 먹지 말고, 안식일에 세속적 일을 멀리하라는 계명은 경전에 쓰인 하느님의 명령이자 하느님이 내게 원하시는 것이라 주장한다. 한편 개혁파 유다인은 하느님께서 내게 원하시는 것은 내 업무와는 아무 관련이 없고, 특정한 축일과도 상관없다고 주장한다. 양쪽 모두 같은 경전을—저마다 다른 측면을 들어—해석하며 주장한다. 이천 년 전이나 지금이나 유다교 분파들은 이렇게 선명히 구별된다. 이런 유다교 분파들을 조화시키려 하기보다는, 그 차이를 분명히 인식하고 주의 깊게 다루는 것이 예나 지금이나 더 낫다.

현대는 유다교 내부의 무척 다양한 해석과 분파가 만개하는 시대다. 우리가 이들을 하나의 단일 종교로 조화롭게 다룰 수 없다는 점은 분명하다. 사람들의 상식 속에는, 종교적 전통이 이어져 내려온다는 생각이 있다. 하나의 종교 전통이 역사 안에서 선형적 연속성을 지니며 발전한 것이라는 인식이다. 그러나 누구나 인정하듯이 그리스도교에도 '다양한 형식'이 실제로 존재한다. 모든 그리스도교인을 단일한 그리스도교의 신자로 주장한다면 다음에 열거할 교회들 사이에 풍부하게 존재하는 믿음과 실천의 차이를 무시하는 것이다. 우선 로마 가톨릭을, 둘째로는 감리교와 침례교를, 셋째로는 콥틱 그리스도교를 생각해 볼 수 있다. 그리고 말일 성도 예수 그리스도 교회 등 현대 사회의 수없이 많은 분파들을 떠올려 볼 수 있다. 그런데 하나의 종교로 이해되는 다양한 종교들—또는 분파들—을 어떻게 다루어야만 할까? 그리스도교 내부의 차이점은 매우 크다. 하지만 이들은 모두, 정당하게 스스로를 그리스도교라고 칭한다. 우리가 차이를 무시하지 않고도 다양성의 의미를 인식할 수 있을까? 유다교의 경우를 보면 답이 나올 것이다.

유다교가 시대를 초월해서 존재했다고 믿는다면, 어느 시대건 하나의 유다교만 있을 것이다. 곧, 한 시대에 오로지 하나의 유다교만 존재하고, 그 유다교는 역사를 초월한 유일한 유다교가 될 것이다. 그런 초역사적이고 유일무이한 유다교를 믿는 이들은 다른 유다교 분파를 인식하지도 않는다. 그들의 주장인 즉, 유다교는 최고 정점을 향해 꾸준하고 끊임없이 발전했다. 그들은 '우리가' '그것을' 알고 있다고 주장한다. 그런데 여기서 '우리'는 누구인가? 그 대답은 언제나 신학적인 것이 되고 만다. 여기서 '우리'는 유다인 집단으로서, '그것'을 (특정한 신학 체계 안에서) '순수하고 단순한 유다교'로 정의하는 자들이다. 그들은 이 정의가 선택의 문제라고 보지 않는다. '우리'는 지금 우리가 다루는 유다교를 일종의 총괄 개념이자 규범으로 간주한다. 그래서 바로 미국의 어떤 개혁파 랍비도, 이스라엘의 브나이 브라크(Bnai Braq)에 있는 하시딕파의 정통파 '렙베(유다교 분파 가운데 정통파 신비주의로 대별할 수 있는 하시딕[Hasidic]파에 속한 랍비를 '렙베[Rebbe]'라 일컫는다. 이 말은 중부 유럽 지방에 살던 유다인들의 언어인 이디쉬[Yddish]어로 '랍비'를 발음한 것이다. 마지막 e를 쉐와로 읽기에 '렙브', 또는 '렙버'처럼 들리기도 한다—옮긴이)'도, 이스라엘의 지역 수석 랍비도, 유럽 유다교(들)을 대표하는 이스라엘 출신의 수석 랍비도, 저마다 모두 자신의 유다교가 참된 종교라 생각한다. 결국 브룩클린의 아시딕 분파의 레보비치(Lebovisch) '렙베'의 추종자들은 그들의 지도자가 메시아라 주장한다. 다른 분파의 유다교에서는 절대 그렇게 생각하지 않는다.

현대 유다교는 무척 다양하다. 이렇게 다양하고 모순되어 보이는 주장이 혼재하는 현상을 보며 다음과 같이 말할 수 있다. (기술적으로 말해서) 다른 분파에 영향 받지 않고, 배타적으로 지배적인, 단일한 유다교는 지금도 그리고 역사상 존재하지 않았다. 실제로는 유다교 분파 저마다 스스로 알아서 시작한 다음, (분명 그 다음 과정에) 물려받은 문서로 돌아가 깊이 탐구하여 자신의 역할을 '유다교'로 확증해 줄 수 있는 구절이나 문헌을 찾아 낸 것이다.

그래서 모든 유다교 분파들은 자신이야말로 '바로 그 유다교 역사'의 중심으로서, 꾸준히 발전하여 도달한 논리적 최종 결과라고 본다. 모든 유다교 분파는 과거로 돌아가 원천을 샅샅이 살펴, 관련된 역사적 사실의 경전이나 거룩한 문서를 들추어, 자신의 주장을 뒷받침해 줄 근거를 찾아 낸다. 그런 근거들로 말미암아 신자들은 자신이 속한 분파가 선험적으로 정당하다고 상상하게 된다. 유다교 분파마다 이런 식의 논리를 기가 막히게 개발해 낸다. 그들의 논리를 들춰 보면, 인류는 천재적 창조력을 지니고 태어났음을 알 수 있다. 희망밖에는 아무것도 남지 않은 곳에서 결국 필요한 것을 만들어 내는 능력에 감탄하게 된다. 이런 의미에서 신적 개입이 일어났다고 볼 수도 있다. 모든 분파는 저마다 자신을 창조하고 자신을 정의한다. 현대의 모든 유다교 분파는 스스로가 자연적인 발전을 이룬, 또는 역사적 정점의 유다교라고 주장한다. 하지만 이런 주장은 언제나 분명한 사실을 부정한다. 유다교 분파는 저마다 고유한 시간과 장소에서 시작했고, 쓸모 있는 과거를 찾아 나선 것이다. 모든 분파는 우리의 상황 안에서 어떤 목적을 이루고, 문제를 해결하기 위해 생겨났다. 누구도 피할 수 없고 무시할 수도 없는 문제에 대해 스스로 분명하고 정당한 교리를 통해서 응답하려는 것이다. 정통파도 개혁파도 똑같이, 신선한 태도를 견지하고, 엄청나게 근본적인 개혁이나 상대적인 개혁을 제시한다. 이런 식으로 발전하는 것이 신학의 본성이다. 필자도 신학자의 한 사람으로서 다른 길은 상상할 수 없다.


## 종교 정의하기

어떤 종교를 정의하려면, 우리가 '종교'라고 할 때, 과연 그것이 무엇을 의미하는지부터 검토해야 좋다. 종교란 절실한 문제에 부닥친 사람이 자명하다고 생각하는 어떤 진리에 호소함으로써 문제를 해결하는 체계라 할 수 있다. 그래서 종교 사상과 그 종교 사상이 자리 잡은 사회적 환경과의 관계를 안다면, 어떤 종교를 더 잘 이해할 수 있다. 유다교의 경우도 그렇다. 유다교에서 배울 수 있는 점은 이렇다. 종교란 단순히 추상적이고 초역사적 문제를 해결하는 믿음 체계가 아니다. 오히려 종교란 사회적 실재를 규정하는 결정적 요소다. 유다교의 (신학적) 내용과 사회적·역사적 맥락에 대해 관심을 가지고 고찰하면, 유다교는 자신을 둘러싼 사회적·역사적 맥락에서 제기되는 질문에 응답한 종교일 뿐 아니라, 동시에 '주변 세계를 형성하기도 했다'는 것을 발견한다. 사실 기성의 유다교 분파는 유다 백성, 곧 '이스라엘'의[7] 정치적 환경이 격변했을 시기에 제기된 새로운 질문에 응답하며 형성되었다. 곧 중요한 정치적 변동과 '상호작용'하며 형성된 것이다.

이렇게 종교는 사람들이 살아가는 사회적 세계를 규정한다. 곧 종교는 자신의 고유한 방식에 따라, 곧 사건과 사실을 고유한 방식으로 선택하고 해석하여 일상의 모습을 늘 새롭게 형성한다. 물론 사람들은 정반대로 생각하곤 한다. 사회적 세계가 종교를 규정한다고 생각하는 사람들이 많다. 상상이나 감정의 실체가 종교의 영향을 받는다고 인정하는 사람은 많지만 종교가 기성의 사회적·경제적·정치적 데이터를 규정한다고 생각하는 사람은 적다. 그런데 유다교의 경우, 유다교가 세상을 만들었다. 어떻게 그럴 수 있었을까?

---

7) 유다인의 나라 이스라엘만 그런 게 아니다. 모든 유다교 분파의 전례와 신학에서 '이스라엘'의 쓰임새는 같다. '이스라엘'은 언제나 거룩한 백성, 아브라함과 이사악과 야곱의 자녀일 뿐만 아니라 유다교로 개종한 사람을 가리킨다. 이게 유다교의 본성적 범주다. 이 글의 나머지 부분에서 과연 누가 유다인인지, 이스라엘이란 무엇인지에 대한 문제로 돌아간다.

유다학의 연구 결과를 요약하면, 결국 단일하고 매우 강력한 체험 때문이다. 이 체험이야말로 유다교의 뿌리요, 유다인들이 정착하는 곳에서 세계를 완전히 달리 규정하고 새롭게 형성할 수 있게 한 동력이다. 이 체험에서 패러다임이 나온다. 그런 의미에서 생성적이고 건설적인 힘을 지닌 체험이다. 이것이 종교가 세계를 규정하는 방식이다. 세계가 종교를 규정하는 방식과는 다르다. 유다교의 경우 세계의 정치, 문화, 사회가 유다교를 만든 게 아니라, 유다인의 종교가 유다인의 세계를 형성하고 그들의 현실의 틀을 잡았다는 것을 알 수 있다. 그리고 이 유다교라는 중요한 단일 사건으로부터 우리는 종교적 힘이란 얼마나 강한지 이해할 수 있다.

지금까지의 논의를 요약하면 다음과 같다.

1. 종교란 다양하고, 그 내부의 분파도 다양하다.
2. 종교란 신자들이 절실한 문제에 부닥쳐 내린 응답으로서, 신자들은 그 응답이 자명하고 유효하다고 믿는다.
3. 종교는 세계를 형성한다.

간단히 말하자면 각 종교는 답을 요구하는 질문의 정체를 밝히고, 신자들이 참되다고 '아는' 답을 제공함으로써 세상을 형성한다. 핵심은 이렇다. 이 답이 참되다고 생각하는 사람, 즉 어떤 반론과 토론도 필요없이 답을 수용하는 사람은, 그 절실한 질문과 그 종교가 설득력 있게 제시한 답을 통해 세계를 본다. 곧, 질문과 답의 한계 안에서 사회적 실체를 형성하고 공동체가 사는 세계를 규정한다. 그렇다면 어떤 종교가 어떤 질문과 답을 하는지 알아야만 한다. 그래야 답을 요구하는 절실한 문제가 어떤 것인지, 누가 그렇다고 생각하는지 알 수 있다. 그리고 난 뒤에야 그 종교를 정의할 수 있을 것이다.

## 유다교 정의하기

여기서 용어를 조금 바꾸면 유다교 내부의 다양한 분파에 대해 훨씬 쉽고, 더 잘 정의할 수 있다. 지금부터 필자는 '종교(religion)'를 '종교적 체계(religious system)'란 용어와 함께 쓰겠다(저자는 '종교[religion]' 대신에 '종교적 체계[religious system]'란 말을 썼지만, 자연스런 번역을 위해 이 둘을 혼용했다—옮긴이). 종교 체계는 다음의 세 요소로 이루어진다.

'세계관'은 사람들이 누구이고, 어디에서 왔고, 무엇을 해야 하는지 설명한다. 일반적으로 유다교에서 '토라(가르침)'라고 부르는 것이 세계관을 포함한다.

'삶의 방식'은 종교 체계의 세계관을 구체적 행위로 표현한다. 그러므로 개인의 삶과 공동체를 연결한다. 유다교 각 분파는 인생에서 반드시 해야 하는 항목들을 나열함으로써 삶의 방식을 설명한다(그러므로 두 개의 '토라'를 지닌 유다교 분파는 '율법'인 '할라카'를 제시한다).

'특정한 사회 집단'은 세계관과 삶의 방식이 언급하는 무리다. 유다교 체계에서 이 집단은 명백히 '이스라엘'이다. 더 구체적으로 말하면, 처음부터 이스라엘을 구성한다고 생각되는 집단이다.

그러므로 유다교 체계 또는—짧게 말해서—유다교는 세계관, 삶의 방식, 홀로 또는 함께 살아가는 유다인 집단으로 구성된다. 그렇다면 이 세 가지를 모두 갖춘 사회적 집단을 유다교라고 말할 수 있을까? 여기서 우리는 하나의 강력하고 구별되는 상징을 생각해 볼 수 있다. 그 상징은 시각적인 것이 되었든, 어떤 말이든, 행동이든, 노래든, 춤이든, 문화적인 급격한 변화든(이를테면 여성 역할의 재규정), 아주 뚜렷해서 모든 것을 한 번에 표현할 수 있고, 유다교의 특별한 메시지, 곧 삶의 방식, 세계관, 이스라엘의 개념을 즉각적으로 선포할 수 있는 것이다. 유다교에서 그런 상징은 시나이 산에서 하느님이 모세에게 계시한 '토라'가 될 것이다. 또는 하느님의 거룩한 백성 '이스라엘'일 것이다. 물론 이런 생성적 상징은 하느님 개념의 구체적 표현에도 있을 것이다.

유다 백성의 역사를 통해서 다양한 유다교 분파가 세계 각지의 유다인 집단의 충성을 얻는 데 성공했고, 이 유다교 체계는 저마다 믿음과 실천에서 절실하다고 생각되는 것들을 구체적으로 정의했다. 그리고 공통적으로 모두 그들이 참되고 권위 있는 유다교, 또는 '토라', 또는 이스라엘을 위한 하느님의 뜻을 대표하고, 그들의 신자들이 곧 이스라엘이라고 주장한다. 그리고 각 유다교 분파는 대개 역사적으로 단일한 전승을 주장한다. 마치 자신들의 족보가 단일한 과거에서 내려온 유일한 것이라고 주장한다는 뜻이다. 다시 말해 유다교는 공통적으로 자연적 성장, 즉 시간의 변화에 따라 자연스레 자라났다. 거의 대부분의 유다교 분파가 이런 역사적 또는 초역사적 기원을 주장한다는 점에서 공통적이다. 그럼 한 분파를 다른 분파에서 어떻게 구별할 수 있을까? 그건 각 유다교 체계의 고유한 주장을 담은 기본적인 상징을 이해할 때 가능할 것이다. 저마다의 절실한 질문들을 밝혀내고, 각 분파가 '자연적'이라고 생각하는 대답을 정의하면 될 것이다.

# 유다교의 형성

## 절실한 문제와 자명한 답

어디를 중심으로 형성되었든, 어떤 문제를 절실하다고 생각하든, 유다인들은 늘 똑같은 사회적 사실과 맞서야 했다. 그건 모든 시대의 유다인이 맞닥뜨려야 하는 문제이다. 유다인은 늘 수적으로 소수였다. 중요한 주제에 대해 그들은 늘 여러 분파로 나뉘었다. 서로 다른 문화권과 정치 체제에 속해 있었음에도, 그들은 하나의 인종 집단을 이루고 있다고 믿었고, 모두에게 일어나는 문제는 각자에게도 중요하다고 확신했다. 이 사실들을 파악했다면, 이제 모든 유다교 분파들이 말하는 절실한 문제를 설명할 준비가 된 것이다. 사실 유다인 집단은 다양했기에 그 집단에 따라 자명하다고 생각되는 응답도 다양했다. 그러나 이런 다양한 응답은 사실 하나의 문제에 대해서 답한 것이고, 응답하는 방식도 근본적으로 동일하다. 그렇기 때문에 유다교 분파들을 하나의 종교로 볼 수 있다. 그들은 상호 밀접히 관련된 종교적 체계들이 모인 가족 같은 것이고, 다른 종교적 체계들이 모여 이룬 가족과 구별된다.

## 『모세 오경』과 유다교(들)

모든 유다교 분파의 공통적 정체성에 대해 묻는다면 우리는 모세의 다섯 책, 곧 『토라』라는 『모세 오경』을 든다.[8] 『토라』는 '맨 처음'에 함께 했고 '모든 것이 시작될 때'를—또는 '그 분파들의 출발점'을—설명한다. 사실 『모세 오경』은 유다교의 모든 문헌 가운데 가장 중요하다. 이보다 더 중요한 문서는 존재하지 않았다. 지금 유다교 분파가 다양하듯, 『모세 오경』에도 다양한 신학이 존재한다. 그러나 다양함 속에서도 『모세 오경』의 저자들마다 절실한 문제로 본 것이 『모세 오경』에 실려 있고, 그것이 핵심 주제를 이룬다. 그렇다면, 시대와 장소를 불문하고 사회적으로 수용할 수 있는 용어로 『모세 오경』의 주제를 번역할 수 있을까? 만일 그렇게 할 수만 있다면, 우리는 '모든' 유다교 분파를 단번에 설명할 수 있을지도 모른다.


## 생성적 사건

유다교는 자신의 기원을 두 역사적 사건에서 찾는다. 두 사건은 순차적으로 발생했고, 크게 보면 단일한 사건이라 할 수 있다.

하나, 기원전 586년 예루살렘 성전이 파괴되었다. 게다가 유다인의 정치적 상위 계층과 경제적 중요성을 갖는 계급, 즉 장인 등 중요한 인물들이 모두 바빌론 제국의 수도로 끌려갔다. 그들은 티그리스 강과 유프라테스 강이 합쳐지는 바빌로니아에 정착했다. 현재의 이라크 지역이다. 제

---

8) 이 내용은 졸저를 보라. *Self-Fulfilling Prophecy: Exile and Return in the History of Judaism* (Boston: Beacon Press, 1987 ; second printing, Atlanta: Scholars Press for South Florida Studies in the History of Judaism, 1990, with a new introduction).

국의 지도부는 다양한 언어를 쓰는 피정복민을 뒤섞으려 했다. 그래서 이스라엘인을 데려 오고, 이스라엘 땅에는 다른 민족들을 끌고 왔다. 유배되지 않고 조국에 남은 이스라엘 사람들은 이방인들과 함께 살며 혼인도 하게 되었다. 이 정책은 효율적이었다. 그 결과 피가 섞인 이질적 백성들이 태어났다. 바빌론 제국은 유다인을 나누었고, 정복했다.

둘, 대략 '3세대가 지나' 기원전 6세기 말이 되자 바빌론 제국은 페르시아에 무너진다. 페르시아 제국의 키루스 황제는 다양한 제국 구성원들에게 충성을 얻으려는 목적으로, 바빌론인들이 끌고 온 백성들을 고향에 귀환시키는 정책을 펼친다. 이 당시에는 매우 소수의 사람들만 고향에 돌아갈 기회를 얻었다. 잠시 시간이 흘러 기원전 5세기 중엽, 곧 기원전 450년경 키루스의 후계자는 유다인들이 예루살렘에 귀환하여 성전을 재건하고 그 일대에 유다인의 정부를 세울 수 있게 하였다. 그는 유다 총독 느헤미야와 학자요 사제였던 에즈라를 후원했다.

이 두 사건이 생성적 사건이다. 이 둘은 '유배와 귀환'으로 하나의 사건이 되고, 역사적 정황에 따라 신비적이고 초월적으로 이해된다. 현대 유다교에서는 '홀로코스트와 구원'이라는 풍부하고도 강렬한 메시지가 되었다. 하지만 이렇게 비교하기 위해서 조금 더 살펴 볼 것이 있다. 기원전 586년과 450년의 역사적 사건은 『모세 오경』이 제시하는 역사관과 이스라엘의 운명에 따라 변형되었다. 그 결과 유배와 귀환이라는 생성적 신화가 되었고, 이는 과거와 현재의 모든 유다교의 공통적 특성이다.


## 사건과 패러다임: 지속의 비밀

『모세 오경』의 핵심, 즉 그 저자가 가장 관심을 둔 주제를 다루기 위해서는, 이 책이 어떻게 형성되었는지 알아야 한다. 모세의 책 다섯 권인 「창세기」, 「출애굽기」, 「레위기」, 「민수기」, 「신명기」는 세상의 창조에 대해 말하고, 하느님이 아브라함과 이사악과 야곱의 후손을—이들이 '이스라엘'이다—하느님의 백성으로 선택하셨음을 전한다. 이 백성은 아브라함과 그 후손에게 주어진 가나안 땅에서 형성되었고, 그 땅은 이스라엘 땅이라 불린다. 『모세 오경』에는 이렇게 땅과 백성이 형성되고 나서 이집트로 내려가는 것으로 묘사된다. 백성은 모세의 지도에 따라 이집트의 종살이에서 해방되었고, 시나이 산에 이르러 하느님에게서 『토라』를 받게 된다. 『토라』는 이스라엘이라는 거룩한 공동체를 다스리고, 미래에 건설될 성전에서 하느님께 드릴 의례를 규정하는 율법의 묶음으로 묘사된다. 『토라』에는 또한 계약 사상이 들어 있다. 곧 하느님과 조상들 사이에 맺었고, 시나이 산에서 받은 십계명으로 요약되는 약속이다. 이스라엘이 이 약속을 잘 지키면 하느님은 이스라엘에 호의를 베푸실 것이지만, 잘 지키지 않으면 하느님은 그들을 벌하실 것이다.

　『토라』를 이렇게 요약하면, 마치 사건 발생 시점에서 생겨난 단일한 이야기가 『모세 오경』에 들어 있는 것 같다. 하지만 『모세 오경』은 서로 다른 다양한 문서의 모음집이다. 문서들은 저마다 고유한 문체와 관점을 지니고 있다. 이를테면 사제, 레위인, 이스라엘인 등 신분제와 성전 의례, 곧 사제의 특별한 역할과 임무와 권리를 말하는 문서는 사제들이 저술한 문서라고 생각된다. 이 사제계 저술가는 「레위기」를 적었다. 「민수기」의 대부분과 「출애굽기」의 계약 궤에 대한 내용 일부가 또한 이들의 작품이다. 「신명기」는 모세가 과거를 회상하며 이스라엘의 형성에 대해 직접 말하는 형식으로 되어 있다. 이 「신명기」는 처음부터 끝까지 완전히 다른 저자가 고유한 관심을 지니고 쓴 책이다. 사제계 본문과 신명기계 본문의 차이 하나를 들라면 다음과 같다. 「레위기」에서 사제계 저자는 적절한 성소라면 어디서든 주님께 희생 제물을 바칠 수 있다고 하는데, 「신명기」의 저자는 하느님이 직접 정하신 곳에서만, 곧 예루살렘 성전에서만 희생 제물을 드릴 수 있다고 주장한다. 이런 큰 차이로 인해 다음과 같이 물을 수 있다. 이런 문서가 언제 어디서 현재의 『모세 오경』의 형태로 묶였는가?

이 질문에 답하는 것은 중요하다. 이유는 이렇다. 만일 『토라』를 단일하고 연속적인 이야기로 읽는다면 이야기 전체의 메시지를 통째로 받아들이게 된다. 하지만 이런 메시지는 최종 저자들 또는 최종 편집자들로 이루어진 '최종' 편집 집단의 작품이다. 그들이 선택한 문학적 구성에 따라, 그들이 정한 이야기의 순서대로, 그들이 의도하는 의미를 받아들이는 것과 같다. 지금 현재 모습의 『모세 오경』은 특정한 시대에 살았던 특정한 최종 저자의 작품이다. 그 최종 저자 이전에, 더 오래된 관점과 메시지가 분명 존재했다. 그런데 현재의 『모세 오경』을 묶은 최종 저자는 선대의 자료를 물려받은 다음, 자신이 살던 사회와 세상에 어떤 말을 하기 위해서 『토라』를 편집했을 것이다. 이렇게 해서 『토라』가 형성되었기에, 『모세 오경』을 이해하려면 역사적 사실을 더 파헤쳐야 한다. 『토라』가 지금 형태로 완성되기 이전 세대에 어떤 일이 일어났고, 『토라』의 저자들에게 닥쳤던 문제는 무엇이었을지 알아야 하는 것이다.

역사적 사실은 단순하다. 고대 이스라엘인들은 그 땅에 기원전 1000년 이전에 정착해서 500년 가량 살았다. 이 시기의 역사, 문화, 종교를 자세히 알 필요는 없다. 왜냐면 이 당시의 역사는 유다교 역사를 정의하는 데 별로 소용이 없기 때문이다. 세계를 뒤흔든 사건, 곧 바빌론 제국이 몰락하고 나서 이 당시의 자세한 역사는 (다른 저자에 의해) '재형성'되어 『토라』

로 묶였다. 이렇게 『토라』에 실린 당시의 재해석된 역사, 곧 땅의 정복에서부터 쓰라린 파괴까지의 역사가—곧 역사적 단절이—유다교에는 중요하다.

이제 유다교 체계에서 『모세 오경』과 관련된 문제로 돌아가자. 유다교 분파는 경전에 기록된 기원전 586년의 성전 파괴와 기원전 5세기 초반의 예루살렘 귀환이라는 패러다임에 따라 응답한다. 이 사건은 원래 죽음과 부활이라는 패러다임에 따라 해석되었다. 성전의 파괴와 뒤이어 일어난 유배는 죽음이다. 반면 유배에서 귀환하여 예루살렘을 재건하고 성전 의례를 다시 거행할 수 있게 된 일은 부활이다. 또한 이 사건은 '누가 이스라엘인가?'에 대한 답을 준다. 이스라엘이 되는 조건을 다음과 같이 정의할 수 있다.

1. 하느님과의 계약으로 이스라엘이 형성된다: 이로써 이스라엘은 거룩하고 다른 민족과 구별된다.
2. 계약의 징표: 땅을 조건적으로 점유한다.

땅은 백성에게 당연히 주어진 게 아니라 선물이다. 백성이 계약에 순응하는 한, 땅은 그들 것이고 그들은 그 땅에서 번성할 것이다. 계약의 조건은 간단하다. '토라(율법)'를 어기면 땅을 잃는 것이다. 이 사상은 「레위기」 26장과 「신명기」 32장에 잘 나와 있다. 그러나 「창세기」의 이야기는 사뭇 다르다. 백성이 형성되어 땅을 얻는 이야기가 「창세기」 전체를 관통하는 주제다. 다른 모든 주제는 부수적이다. 땅에 도착하면 성전을 세워야 한다. 땅에 도착하면 율법을 지켜야 한다. 땅에 도착하면 거룩한 사회를 만들고 『토라』를 지켜야 한다. 그러므로 백성이 된다는 것은 땅에 대한 권리를 확증할 수 있다는 것이다. 땅을 잃을 때, 백성은 『토라』가 규정하는 모든 것을 지키라고 경고를 받는다. 물론 그 뜻은 백성이 다시 땅을 찾을 때 조건적으로 구원된다는 것이다. (의미는 조금 다르지만) 땅은 당연히 주어진 게 아니라 선물이다.

## 다름과 운명: 분노를 촉발시키고 누그러뜨리기

『토라』는 이스라엘을 다스리는 독특한 규칙이 주어졌고, 민족들 가운데 오직 이스라엘만이 독특한 특징을 지녔음을 강조한다. 이런 강조점을 세속적이고 중립적 언어로 옮기기 위해서는 우선 이스라엘을 정의해야 한다. 즉, '누가 이스라엘인가'하는 질문에 답해야 한다. 이스라엘을 정의하는 일은 역사적인 관점을 떠날 수 없다(또한 현대 이스라엘 정치의 언어에 한 발짝 담그는 것이기도 하다). 유다 백성, 곧 이스라엘은 어디서 어떤 방식으로 살든, 이웃과 구별되는 집단으로 스스로를 선포할 수 있는 방법을 찾았다. 이렇게 꾸준하게 구별점을 찾는 이유 가운데 하나는, 유다인들이 세상 어디에서나 늘 소수이고, 훨씬 크고 훨씬 강하고 훨씬 중요한 민족에 둘러싸여 있다는 사실이다. 다양한 환경에 처한 소수 집단이 스스로를 보존하고 싶다면, 타인들과 구별되는 점을 강조할 것이다. 나아가 그런 구별점에 높은 가치를 매기고, 그런 경계를 허물어 다수 집단에 동화하려는 소수 집단 내부의 움직임을 억누를 것이다.

『토라』 이야기 전체를 통해서 이런 강조점을 찾아 볼 수 있다. 선조들이 아내를 가나안에서 찾지 말고 (아브라함의) '고향'으로 가서 찾으라는 「창세기」의 일화에서, 가나안 사람들의 죄 때문에 '땅이 주민들을 토해내었다'는 「레위기」에서, 특정한 집단을 싹 쓸어버리고 다른 민족과 결혼하지 못하게 규정한 「신명기」에서, 이스라엘과 다른 민족 사이의 높은 벽을 쌓으려는 노력을 볼 수 있다. 그러나 소수 집단에서 이웃을 제외시키든, 다수인 이웃들이 그 소수 집단을 제외시키든, 이런 강조점은 고대 이스라엘의 상황과 맞지 않다. 고대 세계는 일반적으로 문화적 경계가 뚜렷하지 않아서 다양한 집단들과 서로 주고받으며 교류하는 일이 비일비재했다.

이렇게 유다 백성은 구별점을 강조하는 태도를 지녔고 스스로의 정체성을 정의하는 일에 몰두했다. 하지만 역사적 사실은 사실상 딴판이었다. 『모세 오경』이 형성될 당시는 사회적·문화적·정치적 삶과 제도가 요동치는 격변기였고, 이런 변화는 이스라엘 백성에게 큰 영향을 끼쳤다. 에즈라와 느헤미야 치하에서 『모세 오경』이 형성되고 150년 지나서(기원전 320년경) 알렉산더 대제가 이끄는 그리스군이 중동 전체를 지배했고, 이스라엘은 국제적인 헬레니즘 문화에 동화되었다. 당연히 스스로의 정체성을 정의하는 문제가 떠올랐다. 그후 마카베오가 이끄는 유다인들의 독립 전쟁이 있었고(기원전 160년) 이스라엘은 짧은 독립기를 누렸다. 이 독립국은 국제적인 정치와 문화의 기준에 따라 정부를 꾸렸다. 즉, 고대 근동의 그저 평범하고 작은 나라였을 뿐이다. 그런데 과연 무엇이 구별되는가? 이스라엘을 그 땅에서, 그리고 국제적 환경에서 구별 짓는 것은 무엇인가? 이렇게 혼란과 변화가 점철된 시간을 거치며 『모세 오경』의 유산은 종결되었다. 하지만 『모세 오경』이 메시지를 전달했던 고대의 상황은 다시 반복되었다. 국가의 존망이라는 절실한 질문에 맞닥뜨려 자명한 대답을 추구한 이 상황이 모든 유다교 분파의 역사가 시작하는 역사적 지점이다. 유다교 역사의 유배와 귀환이다. 이제 기원전 586년 이후에 틀이 잡힌 독서 방법을 통해서 『모세 오경』의 사건과 그 의미를 훑어보자. 이 시각으로 문제를 처음부터 재검토해 보자.

## 종교의 형성: 사건이 종교 체계를 규정하는가? 또는 종교 체계가 사건을 선택하는가?

자, 이제 유다교가 어디에서 시작했는지 알아보자. 이것은 다른 종교 연구에도 중요한 문제다. 과연 종교란 사람들이 특정한 사건을 해석하면서부터 시작된 것인가? 또는 원래 종교 체계가 있었고, 후대에 특정한 사건을 선택하여 해석하면서 자신이 속한 사회 구조를 형성하는 것인가? 유다교의 경우는 사실이 있고 나서 해석된 사건이 생겨났다. 그리고 종교와 사회의 요구 사항에 따라 어떤 기준이 마련되었다. 후대에 사람들은 그 기준에 따라 종교 체계의 기원이 되는 사건의 정체를 다시 규명했다.

유다교는 이스라엘의 고유한 사회적 실재를 매우 높이 평가한다. 그들은 하느님과 계약 관계에 놓인 선택된 백성이다. 『모세 오경』이 모범으로 제시하는 이런 원칙들은 '고유한' 논리를 표현한다. 이런 논리는 사건 자체에 내재하지도 않았고, 선택되고 재해석된 사건에서도 찾아보기 힘든 것이다. 또한 이 원칙들은 '고유한' 전제를 적용하지, 바빌론이나 이스라엘 땅에 살았던 사람들의 일상적 자료를 적용하지 않는다. 이 점은 다음에서 분명해진다. 유다교는 중요하다고 생각되는 사건들을 선택한다. 그뿐 아니라 이스라엘 전체 백성이라는 넓은 시각, 즉 이스라엘에 남았던 유다인이나 바빌론을 떠나지 않은 유다인의 시각에서 보자면, 한 번도 일어나지 않았던 사건을 중요하게 취급하는 것이다.

기원전 586년에 유배 가지 않고 이스라엘 땅에 남았던 유다인을 생각해 보자. 또는 키루스 대제가 시온 산으로 돌아가도 좋다는 칙령을 내린 뒤에 바빌론에 남았던 유다인들을 떠올려 보라. 유배 가지 않았던 사람들, 또는 떠났지만 귀환하지 않은 사람들은 서로 구별되는 세대다. 이들은 오직 하나의 삶의 양식만 안다. 그들은 유배 또는 귀환만 겪었다. '그들에겐 나그네살이도 없고, 따라서 화해도 없다.' 다시 말해 규범적인 것, 곧 '옳고 참된 것'이 어떤 변화로 인해 뒤틀린 상황을 겪지 못했다. 그냥 살던 그대로 살면 되었고, 그렇게 하나의 삶의 방식으로 살았다. 이들에게 이스라엘인으로 산다는 것은, 그냥 자신이 사는 곳에서 다른 민족과 같이 살면 되는 것이었다.

반대로 유배를 겪고 귀환한 사람은 '유배와 귀환'이 규범이 되었다. 이런 이중의 규범(유배+귀환)으로 말미암아 결정적인 신학적 성찰이 태어나게 되었다. 이 새로운 이해는 이스라엘의 삶에 결정적인 것이 되었다. 바로 이스라엘은 특별하고, 선택되었고, 계약과 율법에 복종해야만 하는 민족이라는 것이다.

하지만 사실 이스라엘인의 상당수는 유배를 떠나지 않았고, 일부는 귀환하지도 않았다. 당연히 이런 사람들은 『토라』의 유다교가 제시하는 규범적인 나그네살이를 자명한 것으로 받아들이기 힘들었다. 이를테면 그냥 남았던 사람들은 유배와 귀환이 선택되고 계약 맺은 백성에게 자명한 응답이라고 받아들이기보다는 약간 상대적이라고 생각했음이 분명하다. 유배는 문제가 되지도 않았고, 귀환도 애써 물어야 할 것이 아니었다. 그래서 이런 질문과 응답은 믿을 가치가 없다고 생각했을 것이다.

이렇게 『모세 오경』의 이스라엘에 대한 개념은 시대에 따라 변했고, 종교적 체계가 사회를 형성했다. 앞으로 이런 예를 조금 더 살펴보며, 우리는 일어난 사건의 의미뿐 아니라 사건 그 자체의 세부 사항도 패러다임에 맞춰 변형되어 전해짐을 볼 것이다. 또한 그 전승 과정에서 이스라엘인은 어떤 사람이 되어야 하는지도 제시되었다. 이렇게 경전이 된 문서가 제시한 그대로 이스라엘 사회가 창조되었다(『모세 오경』뿐 아니라 기원전 586년 이후에 쓰여진 모든 문서가 그러하다).

## 유배와 귀환: 유다교 모든 분파의 신학적 구조

기원전 586년 이후에 실제 일어난 사건은 그 사건을 해석한 신학적 틀과 잘 맞지 않는다. 『토라』와 역사서와 예언서 등의 경전에서는 이스라엘이 유배로 고통과 벌을 받았지만 하느님과 다시 화해하여 계약을 갱신했다고—그 징표로 시온 산으로 귀환하여 성전을 세웠다고—전한다. 『토라』의 유다교는 나그네살이와 회복의 경험을 규범으로 만들었다. 하지만 실제로는 '이스라엘'의 소수만이 이런 경험을 했다. 그러므로 『토라』와 예언서에 드러난 유다교는 두 측면이 있다. 첫째는 발생한 사건(유배)을 겪은 매우 소수의 집단을 선택함으로써 불안전하고 불편한 감정, 곧 분노를 촉진시켰다. 둘째는 집을 떠나 나그네살이 한 체험을 해결할 양식(귀환)을 제공함으로써 긴장을 해결하여 분노를 가라앉혔다. 이렇게 유다교는 초창기부터 일어난 사건에 대한 분노를 창조함으로써 고유의 일관된 논리 구조를 확보했을 뿐만 아니라, 그 분노를 해결할 방법까지 제공했다. 문제를 창조하고 해결하는 이 두 가지 측면의 영향력이야말로, 초창기 유다교를 앞으로 다가올 후대 모든 유다교의 기원이자 원초적 모델로, 패러다임으로, 규범으로 만든 동력이었다.

이상의 내용을 간략히 정리하면 다음과 같다.

1. 이런 신학적 틀은 처음부터 패러다임 그 자체로 시작되었다. 실제 사건들이 해석되어 규범적 패러다임이 만들어진 것이 아니다.

2. 이 패러다임에서 도출된 확정적 결론은 실제 사건에 대한 성

찰에서 비롯된 것이 아니라, 오직 그 패러다임의 논리에서 생산된 것이다.

3. 이 동일한 패러다임이 창조한 희망은 현실에서 실현될 수 없었기에 계속해서 분노가 생겨났다. 유배는 분노를 함축적으로 드러낸다. 그러나 패러다임은 동시에 분노를 가라앉힐 조건도 만들었다. 즉, 귀환을 약속함으로써 위기를 해결한 것이다.

4. 이런 자기 생성적이고 자기 갱신적인 패러다임은 자기 충족적인 예언을 형성했다. 모든 유다교 분파가 제공하는 자기 충족적 예언은 생성적 긴장이자 유다교의 상징적 구조다.

역사의 한 시대에 등장해서 유다교에 깊게 각인된 이러한 패러다임은 분명히 그 시대의 사건에 의해 등장한 것이 아니고, 그 시대의 사건이 생성한 것도 아니다. 신학적 체계가 맨 먼저 있었다. 이 체계, 곧 세계관과 생활 방식은 특정한 장소에서 특정인에 의해 만들어진 것이 아니었으며, 그저 우리가 아는 모든 것을 형성했다. 그리고 이 체계는 필연적인 사건을 선택했고, 그 해석의 방식이 유다교 체계로 흡수되었다. 그리고 결국 (특정하기 힘든 세월에 걸쳐서) 셋째 단계에서 경전의 형성과 편집이 이루어졌다. 이 경전이 유다교의 논리적 체계를 설명하고, 그 체계가 선택하거나 고유의 논리를 설명하기 위해 발명한 '사건들'을 전해 준다. 이 신학 체계의 명제 가운데 가장 중요한 것은 무엇일까? 모세의 『토라』에 따르면 그것은 이스라엘의 선택과 계약이다. 그러므로 우리는 논리적으로 이렇게 말할 수 있다. 이스라엘은—곧 『토라』와 기원전 6~기원전 5세기 역사를 전하는 예언서의 이스라엘은—스스로를 선택했다.

유다교의 원초적이고 생성적인 패러다임의 가장 근본적 바탕은 기원전

586년의 사건(이스라엘이 바빌론 유배를 갔을 때)과 기원전 약 450년의 사건(시온 산으로 돌아와 성전을 재건했을 때)에 대한 설명이다. 여기서 우리는 체계적으로 선택된 역사를 볼 수 있다. 이는 묘사된 것이 아니라 분명히 발명된 것이다. 묘사와 발명은 약간의 차이가 있다(믿음이 신화를 만들어 내는 능력이 있음은 잘 알려져 있다). 그런데 묘사되었든 발명되었든 공통점도 하나 있다. 특정한 사건, 즉 유배를 떠났다가 집으로 귀환한 사건이 해석에 귀속된 것으로 생각하면 안 된다. 다시 말해 이 사건이 종교적 논리 체계로 변형되어 사회 집단의 삶의 패러다임으로 변형된 것이라 생각한다면 틀린 것이다. 정확하게 말하자면, 유배와 귀환이라는 특정한 사건은 그 자체가 시작부터 경전의 '저자'의 마음과 상상 안에서 일어난 일이다. 기원전 586년 예루살렘을 떠나지 않은 사람은 450년 귀환하지 않았다.[9] 마찬가지로 『모세 오경』의 이야기는 해석된 체험이 아니라 발명된 체험이다. 그래서 『모세 오경』에 있는 그 방식 그대로 상상하게 되면, 유배와 귀환이라는 동일한 체험의 일상적 모범, 곧 실제 신앙의 모범을 발견하게 된다. 결국 믿음의 교훈 그대로 따라 할 수 있게 되는 것이다.

하지만 귀환한 백성들은 분명히 회복과 재건에 대해 의견의 일치를 보지 못했다. 유배 후기의 예언자들이 제단이 무시당하는 상황을 끊임없이 고발한 모습이 이를 증언한다. 이스라엘의 일부는 유배를 갔지만 일부는 고향에 남아 있었다는 사실을 부정할 수 있는 사람은 없다. 그러나 유배와 귀환이라는 규범적 체험을 겪지 않고 고향에 남아 있던 사람들을 이스라엘에서 배제해야 하는가? 이에 대해 분명히 다양한 의견이 있었다.

---

9) 「에즈라서」 3장 12절을 참고하라. 바빌론이 페르시아 제국에 멸망한 기원전 540~기원전 520년경부터 귀환이 이루어졌다는 것이 학계의 중론이다. 그러므로 기원전 586년 바빌론으로 유배를 갔던 사람들은 실제 40~50년이 지나 귀환했던 것 같다. 그러므로 대규모 인원이 유배 갔다가 귀환했다는 이야기는 사실과 다를 것이다.

왜냐하면 순수한 이스라엘을 위해 고향에 남아 이방인과 결혼하여 이룬
가정을 해체하는 일은 오직 무력으로만 가능했기 때문이다.

유다교의 신학 체계를 구성하는 많은 것들이 다 이렇다. 그것들은 사
실 자명하다고 믿는 사람들에게만 자명하게 주어진 것들이다. 경전이―오
직 경전만이―증언하는 사건은 이스라엘이 죽고 새로 태어난 것, 곧 유배
로 벌을 받고 귀환으로 용서받은 것이다. 따라서 가장 중요한 '이스라엘'
이 되는 것이란―개인은 그렇게 오래 살지 못하기 때문에―유배를 떠났다
가 귀환한 족보를 따르는 것이다. 그런데 기원전 5세기 유다 사회에서, 즉
유배와 귀환이라는 이 규범이 확정된 에즈라와 느헤미야 시대에, 이 체험
과 관련되어 정작 규범적인 논리가 된 것은 죽음과 부활이었다.

이 점에서 놀라운 역설이 등장한다. 백성에게 일어난 사건은, 백성이
듣고 체험한 사건과 일치하지 않았다. 경전의 이야기와 법률이 드러내는
의미를 사건에 주입한 것은 패러다임이었다. 사건이 아니라 패러다임이
의미를 생성한 것이다. 기원전 586년 이후에 바빌론에 남아 있던 대부분
의 사람은 바빌론 거주를 유배라고 불렀다. 매우 소수가 예루살렘으로
이주했고, 그들은 예루살렘에서도 소수자였다. 그들을 둘러싼 다수의 이
웃 이스라엘인들은 종교적으로 부적절한 생활을 했다. 결국 다수는 그들
이 '고향에', 곧 '시온 산'에 귀환했다고 해석하게 되었다. 이런 현상을 어
떻게 부르든 상관없다. 분명한 것은 그 당시 다수인 사람들은 그들의 '고
향'을 스스로 낯설어 했다는 점이다. 왜냐하면 그들은 고향에서 율법을
지키며 살아야 했는데, 정작 그 율법은 자신을 소외시켰기 때문이다. 그
래서 이 종교의 패러다임은 실제 일어난 사건을 일어난 그대로와 다르게
만들어 버렸다. 여전히 '유배 중'인 자들과 '고향에 귀환'한 자들 양편에서
모두 그렇게 느꼈을 것이다.

## 패러다임의 지속: 유다교 모든 분파가 『모세 오경』을 재현하는 이유

그런데 왜 이 종교적 체계가 패러다임으로 지속하는가? 그 정치적 사건은 끝나버려서 이제 완전히 단절되었는데, 그 뒤에도 아주 오랫동안 이 패러다임만이 지속되는 이유는 무엇일까? 『토라』가 이스라엘에서 권위를 유지하는 한—원초적 체험에 심원하고 체계적인 응답을 주는 한—그 체험과 해석이 세대를 거듭하여 반복되기 때문이다. 즉, 종교 체계를 보존하고 묘사하는 원초의 경전을 읽고 권위 있게 해석하여, 이 체험과 해석을 패러다임으로 영속시킨다. 유다인은 반복해서 이런 구절을 읽는다. "똑똑히 알아 두어라. 네 자손이 남의 나라에 가서 그들의 종이 되어 얹혀살며 사백 년 동안 압제를 받을 것이다. 그러나 네 자손을 부리던 민족을 나는 심판하리라. 그런 다음, 네 자손에게 많은 재물을 들려 거기에서 나오게 하리라."(『창세기』, 15.13~14)

이런 경전 독서와 해석은 주로 사제의 몫이다. 장기적 관점에서, 사제가 이끄는 유다교가 자명한 해석으로서 이스라엘의 삶에 지속하는 이유를 두 가지 들 수 있다. 첫째는 앞서 말했듯, 경전 그 자체가 권위를 유지하기 때문이다. 그러나 곧 이런 질문을 할 수 있다. 어떻게 경전은 권위를 유지하는가? 그래서 두 번째 대답이 나온다. 사제 체계 때문이다. 근본적으로 그 자체가 이스라엘의 사회적 삶을 지속시키고 역사적으로 유지시킬 뿐 아니라, 그런 삶을 '창조'하기도 한다.

물론 경전이 제시한 대로 절실한 질문을 하고 경전이 준 해답으로 세계를 인식하는 사람들에게 성서란 절대 선이다. 모든 논점을 뛰어넘는 권위를 지닌 책이다. 성서는 이스라엘에 계시하신 하느님의 뜻을 담은 (자명하고) 높은 지위를 누린다. 사람들은 매우 오랫동안 성서의 눈으로 세계를 인식했다. 그래서 경전은 사회적 환경과는 무관하게 고유한 권위를 얻게 되었고, 사제 체계의 패러다임은 도저히 그 기본 전제를 받아들이기 힘든 환경에도 뿌리를 내린다. 그래서 유다인들은 다양한 삶의 환경에 처해 저마다 다른 질문에 대면할지라도, 더 많은 대답을, 때로는 서로 다른 대답을 추구한다. 왜냐하면 그들은 계속해서 '파괴와 재건' 이후에 창조된 원초적 관점을 통해서 세상을 보기 때문이다. 그것은 세상을 있는 그대로가 아니라 선물로 보는 것이다. 그리고 자신을 특별한 봉헌의 삶을 사는, 그리고 또한 특별한 보상의 삶을 사는 선택된 존재로 보는 것이다.

유럽의 유다인 공동체의 파괴가 유다인의 국가, 곧 이스라엘의 성립을 위한 것이었다고 보는 견해, 곧 '홀로코스트와 구원의 유다교'는 『모세 오경』의 패러다임과 매끈하게 맞아떨어진다. 이건 실제로 유다교의 고전적 특성과 더할 나위 없이 잘 맞는다. 이를테면 가장 야만적인 형태의 유배와 대량 학살을 겪었지만, 이스라엘 땅으로 실제 귀환하여 이스라엘을 재건한 것은 유다 민족 역사상 가장 구체적이고 실질적인 형태의 회복이었다. 그리고 그 결과 20세기에 이 패러다임은 자명한 진리로서의 지위를 누린다. 이전 세대에서 이 패러다임의 능력은 토론의 대상이 될 수 있었지만, 이제 이 패러다임은 의심할 여지가 없어 보인다.

그래서 필자는 사제 체계와 사제적 시각이 영원히 힘을 지닐 것으로 본다. 이유는 두 가지다. 하나는 유다교의 생성적 긴장이다. 이 긴장은 유다인의 삶을 유배와 귀환으로 해석함으로써 촉발되었고, 『모세 오경』에 쓰여 있다. 『모세 오경』의 핵심이 이 긴장이므로 『토라』에서 대답을 찾는 한, 그 절실한 문제들의 원초적 특성과 최초의 정의가 유지된다. 또한 안식일 아침과 월요일과 화요일마다 시나고그에서 『토라』를 읽기에, 그 자명한 대답들도 영향력을 유지한다. 물론 시대의 변화에도 아랑곳없이 반복되는 사제의 권위적 대답은 설득력을 잃기 쉽다. 이를테면, 세대가 변해도 거듭하며 갱신되고 유지되는 문제들, 상실과 회복의 기억이 만들어 낸 똑같은 분노, 지금 여기서 인식히는 미래의 상실에 대한 위험 등은 사제의 권위를 지속하기 힘들게 만든다. 하지만 사람들이 보는 것이 늘 가까이 있는 것은 아니다. 왜냐하면 그들은 『모세 오경』에 의해 인식이 고정되었기 때문이다.

두 번째 이유는 훨씬 중요하다. 왜냐면 유다교 사제 체계가 유다교에서 주장하는 세계관과 생활 방식을 형성하는 장기적 힘을 설명하기 때문이다. 『모세 오경』에서 대답을 찾은 질문들은 민족의 삶에서 계속해서 중심이고, 어느 세대나 절실한 것들이다. 그러므로 『모세 오경』에서 제시하는 대답들은 자명하고 중요하다. 경전은 계속해서 사람들에게 이런 질문을 일깨우고, 경전의 신비적 용어로 묘사한 그대로 세상을 보게 하고, 유배와 귀환이라는 체험에 기반해서 인식하게 한다. 그래서 이 질문들은 분명히 지속된다. 유배와 귀환이라는 질문에 의문을 품는 자들은 이 대답을 다르게 본다. 그들은 역사적 사실을 들어 이스라엘의 집단적 삶이 이 세상을 형성하지 않았고, 오히려 조건과 제도에 맞춰 선물을 받은 것이라고 생각한다. 그들에겐 기존의 대답은 그저 하나의 사실일 뿐이다.

율법은 작은 인간적 행위나 삶의 조건에 큰 의미를 부여한다. 그런데 오늘 점심으로 먹을 음식을 하느님께서 보살펴 주신다든지, 내가 달걀을 삶아 왔기 때문에 하느님께서 보상을 내린다면, 삶의 작은 행위가 큰 의미를 띠게 된다. 매우 적고 특별할 것 없어서 인류라는 거대한 집단의 한낱 점에 불과하지만, 원대한 환영에 사로잡힌 한 민족에게 이런 소식은 매우 강력하고, 다른 모든 의미보다도 훨씬 중요한 것이다. 『토라』가 중요하게 설명하는 이스라엘의 죽음과 부활은, 그 이전의 모든 것을 완전히 다 바꿔버렸다. 이스라엘의 죽음과 부활은 유다 역사의 중심적인 문제다. 그러나 이 문제는 다른 각도에서도 분석해야 한다. 우리는 가장 핵심이 되는 근본 바탕의 구조, 즉 이 문제를 가장 일반적인 차원에서 가장 추상적으로 꿰뚫을 수 있는 가장 밑바닥의 구조가 무엇인지 물어야 한다. 최후의 심판까지 거룩한 삶을 지속하기 위해서 찾은 자명한 해답은, 그러나 최초의 세계와는 동떨어진 환경에서 비롯된 것이었다.

그렇다면 유배와 귀환이라는 이 패러다임은 왜 후대의 모든 유다교의 특징이 되었을까?『모세 오경』에서 제시하고 해결한 문제들은『모세 오경』이 형성된 기원전 7세기부터 에즈라와 느헤미야 시대 최종 편집에 이르기까지 역사적으로 오랜 세월 유지되었다.『토라』가 제시하는 문제는 그 특성상 매우 심원하면서도 근본주의적이다. 경전이 완성된 이후에도 이스라엘인들은 이 문제들과 오랫동안 씨름해야 했다.『토라』가 제시하는 대답의 범주와 구성을 들여다 보면 다음과 같은 사실을 알 수 있다. 곧,『토라』는 계속해서 사람들의 주의를 끌고 깊은 인상을 주도록 유다교 체계를 규정했다는 것이다.

『토라』는 땅과 주권을 상실했지만 회복했던 경험을 규범적이면서도 순환하는 체험으로 요약한다. 이스라엘은 (마음에 간직한) 놀라운 체험 때문에 특별한 자의식을 얻었다. 넘치는 자의식으로 단일한 장소에서 장기간 지속되는 정부를 지닌 이스라엘은 타자를 모두 부정했다(심지어 기원전 586년 이전의 이스라엘도 부정한다). 그 결과 그들은 자기 땅에서 살 수 없는 민족이 되었지만 다시 돌아와 (한때 규범적이었지만 비규범적이 되어버린) 삶의 조건을 지속할 수 있었다. 그런 민족의 눈으로 보면, 이 세상에 그냥 존재하는 것은 없다. 그냥 축복해야 할 것, 최소한 그냥 당연시 되는 것은 아무것도 없다. 유다교는 이스라엘, 곧 유다 백성의 죽음과 부활을 설명하고, 지금 거룩하게 되기 위해 거듭난 삶의 원천을 설명하고, 종말에 구원을 설명하는 종교 체계로서 형성되었다.

하지만 유다교는 고대 이스라엘에서 전성기를 맞았을 때나 지금이나 『모세 오경』에만 기대지 않는다. 문서로 쓰인 것 말고 다른 것이 있다. '쓰여진 토라'라고 일컫는 『모세 오경』, 즉 경전의 책들도 있지만 시나이 산에서 하느님이 계시하신 '구전(口傳) 토라'도 있다. 이것은 쓰이진 않았지만 기억으로 전승된 것이다. 이 두 토라가 합쳐 이룬 단일한 토라 전체가 유다교에서 말하는 '토라'다. 그러므로 유다교의 형성은 『모세 오경』의 형성과 정확히 일치하지 않는다. 앞서 살펴본 바에 기대어 예상하자면, 이번에도 초창기 유다교는 그 기원을 설명하기 위해 중요한 사건들을 선택했을 것이다. 이 사건들을 살펴보자.

# '이중 토라'의 유다교

## 간단한 정의

우선 성서 시대 이후부터 지금까지 유다 역사를 지배한 특정한 유다교를 간단하게 정의하면서 시작해 보자. 유다교는 시나이 산에서 모세에게 두 매체를 통해, 즉 구전 토라와 쓰여진 『토라』—그러므로 '이중 토라'—를 통해 계시가 내렸다는 신화에 기반한다. 이중 토라의 유다교는 기원후 4~5세기에 이스라엘 땅('성지' 또는 '팔레스티나')에 살았던 현인들의 저작에서 그 모습이 온전히 드러난다. 이 유다교는 이전의 모든 유다교와 구분되고, 이후의 유다교와도 다르다. 가장 구별되는 점은, 고대로부터 전해온 전승인 시나이 산에서 계시된 '토라'에 들어 있는, 이스라엘을 향한 하느님의 뜻은 두 가지 매체로 전해졌다는 교리다. 특히 이 유다교는 시나이 산에서 토라를 계시하실 때 하느님이(저자는 하느님을 'She'나 'He'로 쓸 수 없기에 그냥 명사로 'God'이라고 쓴다고 밝혔다. 이를 '하느님'으로 옮겼다—옮긴이) 토라를 문서와 기억을 통해서 전달하셨다고 주장한다. 그래서 분명 두 가지 토라가 있었다는 것이다. 쓰여진 『토라』가 그 하나다. 그리고 구전으로 전해져 위대한 예언자들의 기억으로 전승된 토라가 있다. 이것이 유다교의 현인들에게까지 이어져 특정한 시대에 거룩한 문서에 기록되었다고 한다. 그들의 거룩한 문서는 시나이 산에서 원래 구전으로 전달된 토라를 옮겨 적은 것이란 뜻이다.

이렇게 구전으로 전승된, 또는 기억으로 전승된 토라는 이 유다교 분파 밖에서는 찾아볼 수 없다. 우리는 이렇게 기억된 토라 또는 구전 토라를 상당히 많이 찾을 수 있다. 특히 고대 후기, 200년에서 640년경에 활동한 랍비 문서는, 시나이 산에서 계시되었다고 주장하는 구전 전승을 많이 인용한다. 이런 구전 토라의 최초 문서는 『미쉬나(Mishinah)』로서, 기원후 200년경에 최종 완성된 철학적 법률 문서다. 구전 토라에 속하는 다른 문서를 들면, 『미쉬나』 법률 문서를 보완하는 문서 모음집인 『토세프타(Tosefta)』, 기원후 400년경 이스라엘 땅에서 쓰여진 『미쉬나』의 주석서인 이른바 『이스라엘 탈무드』, 이런 2차 주석서로서 기원후 600년경 바빌론의 유다인들이 쓴 『바빌로니아 탈무드』, 그리고 당대의 현인들이 쓰여진 『토라』에 대해 주석한 작품 등이 있다. 예를 들어 『레위기 시프라(Sifra)』, 『민수기 시프레(Sifré)』, 『신명기 시프레』, 『창세기 랍바(Rabbah)』, 『레위기 랍바』 등이다. 이 문서 가운데 대표격인 『미쉬나』와 두 개의 『탈무드』는 고대 후기, 곧 기원후 1세기에서 6세기에 활약한 현인들의 가르침을 담고 있다. 이상의 모든 문서가 하느님이 시나이 산에서 모세에게 계시하신 구전 토라를 이룬다. 그리고 현재 이 구전 토라는 분명히 문서로서 전해지고 있다.

이 유다교는 (약 100년 넘게 구전으로 전해 내려오다) 기원후 200년경 『미쉬나』에서 최초의 형태를 잡았다. 한편 『미쉬나』와 긴밀한 연관을 맺은 문서로는 『이스라엘 탈무드』, 『창세기 랍바』, 『레위기 랍바』 등으로, 이 문서들은 이 유다교의 원리, 핵심 교리, 상징, 믿음 등을 잘 보여 준다. 『미쉬나』는 그리스도교가 유다교 현인들에게 영향을 끼치기 전에 형성되었으므로 이중 토라 유다교의 전망을 비교적 잘 보여 주는 문서다. 반면 『이스라엘 탈무드』는 이미 로마 제국의 박해를 뚫고 승리하는 그리스도교에 영향 받은 흔적을 보여 준다.[10] 『탈무드』가 형성된 시대는 콘스탄티누스 대제가 그리스도교를 합법화하고, 선호하다가 결국 국교로 선포하는 중요한 시대의 말미다. 그러므로 이중 토라 유다교의 최초 형태가 온전히 들어 있는 문서는 『이스라엘 탈무드』라고 하겠다. 다른 문서는 거의 동시대의 보완적 자료를 담고 있다고 할 수 있다.

　이중 토라의 유다교가 그 당시 위기에 어떻게 대처했는지는 아래에서 볼 것이다. 중요한 점은, 기원후 4세기—문서에 따라 거의 5세기까지—이스라엘 땅에서 형성된 유다교는 그리스도교에 대응하는 논리를 개발해 냈다는 것이다. 그 시대 그 땅에 살던 유다인들에게 그리스도교는 위기였다. 유다인들은 서양이 그리스도교를 믿는 한 이스라엘의 유다인들을 보호하고 번성하게 해야 할 것이라는 논리로 대응했다. 이런 대응 논리는 모든 시대 유다교 체계에 가장 중요한 것으로, 유다교 생존의 핵심 논리였다. 그러면 이제 이 유다교의 시작부터 이야기를 따라가 보자.


## 기원후 70년의 위기와 랍비 유다교의 형성

　하느님께 희생제를 드리던 예루살렘 성전은 『모세 오경』 유다교의 핵심이었다. 유다교 전례력은 희생제를 기준으로 짜았다. 선조들은 다양한 성지를 찾아 반복해서 희생제를 드렸다. 그들의 삶은 이런 희생제의 시간과 삶에 깊게 연관되어 있다. 이런 삶에서 특히 중요한 것은 성전이 있는 예루살렘, 희생제의 세부 조항을 규정한 『토라』의 법, 사제들, 사제 계급

---

10) 졸저를 보라. *Judaism without Christianity: An Introduction to the Religious System of the Mishinah in Historical Context* (Hoboken: Ktav Publishing House, 1991).

의 유지, 그리고 기타 의례이다. 이 시대에 형성된 유다교는 초점을 성전에 맞추었다.

중앙 성전의 의례는 이스라엘인이 아니면 절대 참여할 수 없었다. 유다인과 '타인들'을 가르는 벽은 매우 높았다. 그들은 이런 구별이 원래 존재했던 것이라고 강조했다. 이스라엘을 이스라엘이게끔 하는 것은 중앙의 제단이었다. 이스라엘의 삶은 이 제단으로부터 피어나는 꽃과 같았다. 그러나 기원후 70년 유다인들이 로마 제국에 대항하여 독립 전쟁을 치른 결과, 예루살렘은 함락되었다. 중앙 성전은 파괴되고 성전 건물의 서쪽 벽만 덩그러니 남았다.

그 이후 약 600여 년 동안 다양한 유다교 문서들이 나와 유다교의 신학 체계에 대해 논했다. 그들은 『모세 오경』에 기대면서도 그것으로부터 자율적이고자 했다. 성전 없는 유다교가 시작된 것이다. 이 시대에 등장한 중요한 유다교가 바로 이중 토라의 유다교였다. 쓰여진 『토라』는 『히브리 성서』였고, 구전 토라는 위대한 현인이라 일컫던 대랍비들의 권위에 의지해 전하는 문서였다. 두 문헌에 근거한 새 유다교는 이스라엘의 의례와 정치적 환경이 변했음을 설파했다. 더구나 이 시대에 그리스도교 신학은 『히브리 성서』(그리스도교에서는 그 사이 '구약 성서'라 칭했다)에 근거하면서도 그것에서 자율적인 신학 체계를 형성해 가고 있었다. 새 유다교는 젊은 그리스도교가 제기하는 중요한 문제에 대해서도 응답했다.

이 유다교가 고대 후기부터 오늘날까지 지배적인 유다교로 존속했다. 그들이 존속할 수 있었던 이유는 유다인의 삶의 조건과 관련된 중요한 두 가지 정치적 변화에 성공적으로 적응했기 때문이다. 그것은 유다인은 정부를 잃어버린 반면, 그리스도교는 로마의 국교가 된 상황이다. 정치적 복종, 종교적 실망과 분노가 지속되는 시기는 아주 오래 계속되었다. 이

시대 유다인은 고대 후기에 새로 나온 문서에 의존했다. 아주 오랫동안 그들이 사는 세계의 중심은 그리스도교였다. 그들을 둘러싼 정치적 환경은 20세기 자본주의 시대에 그들이 민족 국가를 세울 수 있을 때까지 별반 변하지 않았다. 그때까지 유다교는 계속해서 절실한 질문과 자명한 대답을 추구했다. 시대가 변할 때마다 새로운 유다교가 나왔다.

## 이중 토라의 유다교가 제시한 절실한 문제와 자명한 해답

기원후 70년 이후 유다교 현인들이 작성했던 구전 토라에서 모세는 '우리 선생님'을 의미하는 '라베누(Rabbenu, 그 이전의 모세에게는 랍비라는 호칭을 붙이지 않고 '예언자'라고 불렀다—옮긴이)'로 불린다. 이런 문서가 제기하는 중심 주제는, 거룩한 장소인 성전이 파괴되고 의례를 더 이상 거행할 수 없는 지금 여기에서 이스라엘을 어떻게 '성화(聖化)'할까 하는 것이다. 이중 토라의 유다교는 두 가지 사상을 발전시켰다. 지금 여기서 일상생활을 성화하는 것이 첫째고, 이런 성화를 잘 이루어서 다가올 세대에 이스라엘을 구원으로 이끄는 것이다. 성전이 존재할 당시에 성화하는 방법은, 성전에서 희생제를 드리는 것이었다. 그런데 과연 성전이 사라진 상황에서 무엇으로 성화를 할 수 있을까? 기원후 70년 이후에 남은 성화의 장소는 단 하나, 바로 거룩한 백성 그 자체다. 백성의 삶이 거룩해져야 한다. 우선은 성지에 사는 백성들의 삶이 그래야 한다. 하지만 후대에 디아스포라 상황에서 유다교가 전 세계로 퍼져 나간 다음에는, 백성이 어디서 살든 그 삶이 거룩해져야 했다. 물론 거룩함이란 일상적인 것에서 단절되고 구분되는 것을 의미했다. 유다인이 누구고 이스라엘이 무엇인지를 묻는 역사적 질문은 단절에서 자명한 대답을 찾았다. 이는 『모세 오경』

이 정의한 것과 결국 같은 것이었다.

이중 토라의 유다교, 즉 성전 이후 현인 또는 랍비들의 유다교는 가정의 거룩함을 강조했다. 그들은 가정이 성전과 같은 곳이라 역설했다. 이런 사제들의 패러다임은 『모세 오경』의 일부를 썼던 사제계 저자들의 시대와 비교할 때 극단적으로 중요해졌다고 할 수 있다. 사제들이 성전에서 원했던 것을 이중 토라의 현인들은 공동체, 곧 이스라엘에서 찾았다고 보면 된다. 쓰여진 『토라』의 핵심 내용을 상기해 보자. 간략히 표현하자면 이런 것이다. 이스라엘이 하느님과의 계약 조건을 잘 지키면, 그들의 삶은 성화되고, 이스라엘은 평안한 땅에서 역사의 유례가 없는 민족 국가의 번영을 누리게 될 것이다. 민족의 파괴와 재탄생, 곧 죽음과 부활이라는 끔찍한 사건은, 유배 이후 『모세 오경』의 편집 과정에서 드러나듯 정신적 외상처럼 남았다. 그래서 다시는 이런 일을 겪지 않도록 호소하는 기도가 늘어났다. 그들이 겪은 사건을 묘사할 때면 위로도 함께 말해야 했다.

결국 백성들은 유다교의 세계를 받아들이고자 했다. 귀환은 이스라엘의 삶에 두 번째 기회를 준 것이다. 이스라엘은 민족의 삶을 지배하는 율법에 기댔다. 그들은 『토라』가 되풀이 하는 핵심 가르침인 '하느님과 이스라엘의 협정 또는 계약에 충실하면―화해와 회복이 이루어지든 말든 어쨌든―유배도 나그네살이도 더 이상 없을 것'이라는 지식에 의존할 수 있었다. 이와 같은 패러다임이 이중 토라 유다교를 지배한다. 단지 변한 것은 구원의 시기가 지금 여기에서 종말의 때로 바뀐 것뿐이다. 성전이 파괴된 기원후 70년 이후의 상황에서 이런 변화는 설득력 있을 뿐 아니라 반드시 필요한 것이기도 했다.

구원의 희망을 지금 여기서 종말로 미룬 이유는 정치적 사건 때문이기도 했다. 이 사건은 기원후 70년 성전 파괴보다 어떤 면에서는 더욱 중요

하다. 사건의 내용은 3세대가 지난 다음 전쟁을 통해 도시를 되찾고 성
전을 재건하려는 시도를 했다가 실패로 돌아간 것이다. 이 전쟁에서 이겼
더라면 기원전 586년에 시작되어 450년에 끝난 사건을 재현할 수 있었을
것이다. 다시 말해 백성을 귀환시키고 정부를 세우고 예루살렘 성전을
재건했을 것이다. 기원후 132년 유다 독립 전쟁이 발발하자 유다인들은
진심으로 회복을 갈망했다. 성전이 첫 번째 무너지고 대략 '70년 뒤' 하느
님이 성전을 다시 세우셨듯이, 기원후 70년 성전 파괴 이후 3세대가 지난
다음 하느님께서 부르셔서 벌을 끝내실 것을 가슴 깊이 열망했던 것이다.
하지만 이런 일은 일어나지 않았다. 이스라엘은 패전으로 다시 한 번 고
통을 받았다. 이는 그 이전의 고통보다 훨씬 크고 깊은 고통이었다. 성전
은 영원히 폐허가 되었다. 유다인은 예루살렘에 들어갈 수 없었다. 그래
서 이스라엘, 곧 유다 백성은 이제부터 패배를 견디는 삶에 익숙해져야
만 했다.

## 『미쉬나』 유다교: 성전 없는 성화

『미쉬나』는 로마 제국에 맞서 기원후 132년에서 135년에 일어난 제2차
유다 독립 전쟁(벤 코시바[Ben Kosiba]의 저항 또는 바르 코흐바[Bar Kokhba]의
저항이라 부른다) 이후에 형성된 유다교의 특징을 드러낸다. 유다교 교리에
따르면 『미쉬나』는 구전 토라로서 시나이 산에서 모세에게 계시한 '토라'
의 일부이며, 쓰여진 『토라』와 동등한 지위를 누린다. 하지만 실제 『미쉬
나』는 성전이 파괴되고 뒤이어 일어난 바르 코흐바의 패배 이후에 제기된
질문에 대해 응답하는 철학적 법률 체계이다. 기원후 70년의 성전 파괴와
더욱 가슴 아픈 135년의 패배 이후 『미쉬나』의 현인들은 성전과 의례가

없는 유다교를 만들어 냈다. 『미쉬나』의 여섯 장 가운데 네 장이 이 단일한 주제를 논한다. 구체적으로는 사제직의 거룩함, 축제 의례들, 성전과 희생제, 레위기적 정결례 등 거룩함을 지키는 방법 등이다.

그들은 패배한 민족이라는 사실을 부정했다. 그리고 상상력을 지나치게 발휘했다. 『미쉬나』 철학 체계를 만든 자들은 이 세계를 편안하고 완벽하고 흠 없는 것으로 기술했다. 세계는 완벽하고 흠 없기 때문에 거룩하다. 『미쉬나』는 신화적 용어를 사용해서 파괴된 현실 세계를 창조까지 거슬러 올라가 뒤집어 해석했다. 그들은 에덴동산의 창조와 타락을 대조해서 해석했다. 마찬가지로 세상 창조의 마지막 날, 곧 안식일이라는 태초의 무시간적 세계와 이스라엘인이 예루살렘에서 쫓겨난 역사의 세계를 대비시켰다. "이리하여 하늘과 땅과 그 가운데 있는 모든 것이 다 이루어졌다. 하느님께서는 엿샛날까지 하시던 일을 다 마치시고, 이렛날에는 모든 일에서 손을 떼고 쉬셨다. 이렇게 하느님께서는 모든 것을 새로 지으시고 이렛날에는 쉬시고 이 날을 거룩한 날로 정하시어 복을 주셨다. 하늘과 땅을 지어내신 순서는 위와 같았다."(「창세기」, 2.1~4)

『미쉬나』의 틀을 잡은 자들은 일곱째 날과 그 날에 하신 하느님의 성화하는 활동이 다시 일어나길 고대하고 있었다. 그분은 세상 창조의 마지막 7일째 완벽한 창조를 마무리 짓고 피조물 위에 거룩한 인장을 찍으셨다. 그 창조에서 훌륭한 질서가 나왔다. 그들은 경제적·사회적 요소도 면밀하게 포함시켰다. 만물이 모두 정당한 이름을 얻었고, 사소한 것부터 위대한 것까지, 다수의 피조물부터 한 분이신 존재까지 적절히 분류되었다. 무엇을 추구하든 더 이상 어떤 행위자나 행위가 필요 없었다. 오직 영원불변한 완전성만이 있을 뿐이다. 오직 이 세계가 어떻게 되어 있는지를 기술하면 된다. 그것도 이미 완성된 진술과 해결된 문제만을 현재 시제로 나열하면 되는 것이다. 이런 진술이 어떻게 가능한지 설명하기만 하면 모든 행위자를 다 설명할 수 있었다. 온전히 모두 표현하면, 즉 더 이상 말할 것이 없을 때면, 더 이상 이루어질 것도 없다. 그러므로 임금이나 서기관이나 사제나 경제 주체나 가정도 필요하지 않았다.

때문에 『미쉬나』의 틀을 잡은 사람들은, 특정한 곳에 존재하지 않고 오직 사람의 머릿속에서만 공상으로 존재하는 유토피아를 고안했다. 예루살렘의 정부와 성전이 무너지고(70년), 3세대가 지나 유다인에게 고통을 준 군사적 패배(132~135년) 이후에 자라난 지식인들은 새로운 신학을 시작했다. 그 이전 수천 년간 지속된 정치 체계는 종말을 고했다. 그것은 유다인이 이전 천년 동안 익숙했던 정치학의 종말이기도 했다. 유다교의 과거 정치 이론은 정치적 제도를 설립하고 각 기관이 어떻게 작동하는지 묘사하는 것이었다. 새로운 지식인들은 권력을 얻기 위해 거쳐야 할 문서화된 절차가 없었고, 다양한 사람들에게 일을 시킬 수도 없었다. 그러나 이들은 이런 조건을 오히려 활용했다. 권력과 관련된 주제를 다시금 세분하여 분류했고, 일일이 규정했다. 또한 그들은 최소한 머릿속으로, 이스라엘 안에서 합법적으로 어떤 일을 강제할 수 있는 방법을 고안했다. 그들은 거룩한 백성이란 단순한 자발적인 모임 이상이라고 생각했다. 물론 의례만을 위한 공동체에 그치는 것도 아니었다.[11]

『미쉬나』가 틀을 잡은 유다교는 일치된 세계관과 포괄적인 삶의 방식으로 이루어져 있다. 그 세계관은 초월에 대해 설명한다. 사물이나 행위의 초자연적 의미에 응답하는 생활 방식, 이스라엘의 성화와 구원에 대

---

11) 실제 존재했던 이방인의 정부, 이를테면 로마의 지배 등은 전혀 고려되지 않았다. 왜냐하면 그것은 절대 정당한 지배가 아니었기 때문이다. 랍비 유다교 역사에서 이방인은 아무런 역할도 하지 못한다.

한 고양되고 심화된 인식 등을 언급한다. 성화는 두 가지를 의미한다. 첫째, 이스라엘은 거룩하기 때문에 모든 차원과 모든 면에서 세상과 구별된다. 둘째, 이스라엘은 거룩하기 때문에 위기의 순간과 맥락에서 안정, 질서, 규칙, 예측 가능성, 신뢰 등을 잃지 않는다. 위기는 불안정, 무질서, 불규칙성, 불확실성, 배신을 의미한다. 유다교 신학 체계는 전체적으로 볼 때 모든 주제가 사회적 존재의 핵심적이고 필수적인 순간 또는 그런 맥락을 정의한다. 각 주제는 무엇이 질서에 어긋나고 위험한 것인지 명확히 분류한다. 『미쉬나』의 중요한 주제들의 세부 항목들이야말로 이 철학 체계가 전체적으로 무엇을 원하는지 아주 잘 설명한다. 다수의 항목들이 서로 연결되어 전체적인 메시지를 주기 때문에, 전체는 세부 항목 없이 존재할 수 없다. 결국 세부 항목을 잘 결합시키고 주의 깊게 체계 잡는 것이 가장 중요하다.

이제부터 『미쉬나』의 여섯 장에 대해 세부적인 설명을 해야겠다. 첫째 장은 경제 생활에서 가장 중요한 것, 즉 농경과 관련된 내용을 2부로 나누어 설명한다. 하나는 하느님의 거룩한 땅을 점유한 이스라엘은 율법을 지켜야 한다. 왜냐하면 하느님이 요구하시는 대로 그 땅을 유지해야 땅과 곡식이 거룩해지기 때문이다. 다른 하나는 산출물이 나와 그 땅이 거룩하게 되는 시간, 곧 익은 곡식이 나오는 시간에는 위험과 거룩함이 뒤섞여 있다. 이스라엘이 애써 얻은 곡식은 그들이 거룩하다는 표지다. 그래서 이스라엘은 의지를 발휘하여 남은 것은 공적으로 쓰여질 수 있게 해야 한다. 인간의 의지는 거룩함을 이루는 과정에서 결정적이다.

둘째 장은 특정한 시기, 정해진 때에 땅이 다른 방식으로 거룩하게 됨을 설명한다. 땅의 중심은 성전이다. 그곳이 성화의 초점이다. 거기서 땅을 창조하고 거룩하게 하신 하느님께 땅의 소출을 되돌려 드리고 하느님은 이를 받아들이신다. 이렇게 범상치 않은 성화의 시간에 땅에 사는 백성은 마을 주민이라는 사회적 존재로서 공간적 거룩함의 상태로 들어간다. 다시 말해 마을이 거룩한 공간의 경계를 이루고, 그 안에서 거룩한 시간 동안 머물러야 한다. 이는 두 가지 방식으로 표현된다. 첫째, 성전은 공간적으로 절기마다 돌아오는 거룩한 시간을 지키고 표현한다. 둘째, 거룩한 땅은 마을과 성전으로 이루어졌다. 따라서 성전과 마을은 서로 보완하며 거룩한 존재를 완성한다. 정해진 절기가 돌아오면, 땅이 지닌 공간적 의미의 질서가 재편되고, 마을과 성전에 공통된 거룩한 공간의 경계가 다시금 드러난다. 그러므로 이렇게 정해진 절기의 순간마다 거룩함이 고양되고, 성화의 기회가 실현된다. 또한 정해진 절기를 기다리는 시기도 거룩한 시간이다. 수확과 순례 축제를 기다리는 시기가 그렇다. 이 시기도 유다교 전체가 추구하는, 이스라엘의 규칙적이고 정기적이며 예측 가능한 거룩함을 표현한다.

셋째 장과 넷째 장은 잠시 건너뛰고 거룩한 것과 정결례를 따지는 다섯째와 여섯째 장을 살펴보겠다. 이 두 장은 일상의 평범함을 다루는데, 특별한 시간과 공간을 다루는 앞의 두 장과 대조된다. 곧 농경과 정해진 절기를 다루는 장과 대조적으로 짝을 이룬다.

다섯째 장은 평범한 날의 성전을 다룬다. 성화의 장소인 성전에서 성물을 다루는 모든 일은 정해진 규칙대로 해야 하며, 신뢰할 수 있는 방법으로 까다롭게 처리해야 한다. 하지만 이런 엄격함을 뒤흔들 수 있는 요소는 인간적 의도와 의지다. 따라서 인간적 실수의 가능성과 그 개선책을 주의 깊게 꼼꼼히 규정하여 엄격함을 유지해야 한다. 그러므로 성물을 다루는 다섯째 장은 의례적 깨끗함을 다루는 정결례의 여섯째 장과 짝을 이룬다. 이 두 장의 관계는 농경과 정해진 절기를 다루는 장의 관계와 같다. 전자는 장소를, 후자는 이상향을 다룬다. 전자는 땅을, 후자는 땅과 제단의 상호 작용을 다룬다.

다시 말해, 다섯째 장에서 성전이라는 하나의 장소를 다루었다면, 여섯째 장은 모든 장소에 유효한 정결을 다룬다. 정결례 체계는 무엇이 불결한 것이고, 어떻게 그렇게 되었는지, 불결하게 되기 쉬운 것은 무엇인지를 다루고, 그런 불결함을 극복하는 방법도 다룬다. 이 정결례 체계는 앞서 말한 인간적 의지, 곧 인간의 의도적 참여로 가장 잘 설명된다. 인간 존재의 열망이나 의지 없이 정결례 체계는 작동하지 않는다. 그것 자체만으로는 아무것도 되지 않는다. 불결함의 원천은 자연적인 것이지 의지적인 것이 아니고, 정결례도 자연적으로 작동하는 것이지 인간의 개입으로 작동하는 것은 아니다. 하지만 인간의 의지로 인해 만물이 불결해지기 쉽다. 즉, 이 정결례는 처음부터 음식, 음료, 침대, 도자기, 의자 등에 초점을 맞추는데, 이런 것들이 거룩한 상태에서 불결한 상태로 이동하는 것은 인간이 의도했거나, 그런 이동을 촉진했을 때 발생한다.

이제 여성과 상해를 다룬 셋째와 넷째 장을 살펴볼 차례다. 전체 『미쉬나』 체계에서 보자면 이 두 장은 보통 사람들의 일상에서 일어나는 종교적 일치를 다룬다. 곧 규칙과 질서의 큰 틀에서 가족과 농장에 대한 관심이 일치를 이루고, 정치와 일상 활동이 조화됨을 보여 준다. 이 두 장이 없다면 『미쉬나』는 그 근본에서 이해와 질서의 영역을 포괄한다고 말할 수 없을 것이다. 주제를 다루는 방식은 다른 장과 핵심이 같다. 여성을 다루는 셋째 장은 무질서에 관심을 둔다. 질서의 상태에 있었지만, 질서를 거스르는 상태가 되어 결국 무질서가 발생하는 상황을 다룬다. 이를 테면 한 여성이 한 남자와 정상적인 상태에 있었지만, 다른 남자를 동등하게 신뢰하는 상태가 되어 무질서가 발생하는 상황에 관심을 둔다. 이런 점에서 『미쉬나』의 고유한 관심, 다시 말하면, 무질서의 순간에 대한 관심이 생겨나게 되었다.

넷째 장의 상해에 대해서는 두 가지 관심이 있다. 하나는 어떤 사람이 질서를 거슬러 흥하는 것을 막고, 다른 사람이 질서를 거슬러 몰락하는 것도 가능한 막으려는 관심이 가장 크다. 바로 영원한 균형의 상태를 유지하려는 것으로서, 거룩한 사회 이스라엘의 경제, 집, 가족의 현 상태를 유지하려는 것이다. 다른 하나는 협력에 관한 관심이다. 사람들 사이의 균형과 안정적인 상태를 보존하려면 법률이 필요한데, 이것을 유지하는 정치적 제도를 제공하기 위해 반드시 협력해야 한다는 것이다.

셋째와 넷째 장은 공통점이 많다. 가족의 성립과 해체, 관계와 교환을 통한 재화의 이전 등 구체적이고 물질적인 사항을 다룬다. 불법 행위나 상거래 등 한 사회에서 재화의 교환이나 가족의 잠재적 일탈을 다루는 것은 모두 지역적이고 이상향적이다. 이 두 장은 사람들이 사는 구체적 장소, 곧 집과 거리와 땅을 다루고, 한 마을에서 벌어지는 성(性)과 재화의 교환을 다룬다. 이는 성지와 다른 땅에 사는 모든 이스라엘인의 삶에 직결된 문제다. 이 두 장과 정해진 절기의 가족사·일상사를 다루는 여섯째 장이야말로 이스라엘의 이상향적인 삶을 다룬다. 이것은 먼 옛날 고대 세계의 유배부터 영원한 미래까지 걸친 이상향이다. 『미쉬나』의 시각에서 보자면 이스라엘을 벗어난 공동체는 유배 상태에 있다. 비록 『미쉬나』가 명확히 언급하진 않지만 이 공동체는 유다교의 영역을 벗어난 것이다. 『미쉬나』는 이 점을 인식하고 설명하려는 경향이 있다. 성지가 아니라 (불결한) 죽음의 땅에 사는 이스라엘인들은 (거룩한) 삶의 영역을 벗어난 것이다. 의례적으로 정결해야 하는 사제들은 그러므로 성지인 이 땅(이스라엘)을 떠나서는 안 된다. 또한 『미쉬나』도 그 땅을 벗어나서는 안 된다.

유다교의 가장 중요한 문서이자 유다교의 사회 교리에 가장 뚜렷하고도 정통한 기준을 제시하는 문서인『미쉬나』의 핵심 메시지는 바로 인간이다.[12] 인간은 창조의 중심이자 모든 피조물의 우두머리이고, 하느님의 모상으로 만들어진 지상의 대표로서 하늘에 게신 하느님에 대응하는 존재다.『미쉬나』가 이 단순하고도 근본적인 명제를 만드는 방법은 바로 인간에게 권능을 부여하는 것이다. 그리하여 인간은 하느님께 대응하는 존재가 되는 과정을 시작하고 주도할 수 있다. 그 과정은 거룩함과 불결함을 규정하는 것으로, 이 둘은『미쉬나』가 실재를 설명하는 데 가장 중요한 것들이다. 여기서 행위로 표현되는 인간의 의지야말로 세계의 능동적 힘이다. 세계는 중립적 영역으로서 거룩해질 수도 있고 더러워지기도 쉽다. 신전, 식탁, 들, 가족, 제단, 벽난로, 여성, 시간, 공간, 물질세계의 교환 행위 등 이 세상의 모든 것이 다 그렇다. 인간의 의지와 행위는 이런 중립적 세계에 작용하는 창조의 능동적 행위자이다. 다른 모든 것은 무력하다. 물건도, 물질도, 교환행위도, 심지어 문단이나 문장까지도 힘이 없다. 하지만 인간의 의지나 행위가 상호 작용하여 그 잠재적 능력을 일깨우면, 이들 모두 거룩하게 된다.

이런 것들은 창조 당시 그대로, 곧 정상적으로 존재할 수도 있다. 하지만 인간의 의지가 무시되고 인간의 행위가 게으르게 되면 부정해진다. 이렇게 거룩함과 불결함을 규정하기 위해서 인간의 개입이 필요하다. 인간의 개입으로 인해 무력했던 것이 부정하게 되기도 하고, 자연적 상태에서 거룩한 본성을 강하게 지녔던 것이 더러워지기도 한다. 다른 실재의 영역도 마찬가지다. 마치 하느님이 천상의 중심이듯이, 인간은 지상에서 중

---

12) 사실『미쉬나』에서 인간은 남성뿐이다. 여성은 이따금 인격적 존재로 다뤄질 뿐, 거의 소유물 같은 존재이다. 자율적 의지를 지닌 존재로는 거의 다뤄지지 않는다.

심이다. 인간은 하느님의 협력자이자 보조자이자 피조물이다. 인간은 하느님처럼 창조물의 지위와 조건에 대해 영향력을 발휘한다. 인간은 의도를 지니고 만물을 저마다 적절한 위치에 놓을 수 있고, 만물에게 적절한 이름을 주어 이미 자신의 의지를 실현했다. 그렇다면 삼라만상의 궁극적 목적은 태초의 완벽한 조건의 창조 상태로 복원하는 것이다. 하느님이 노동을 그치시고 창조를 축복하시며 거룩하게 하신 바로 그 상태다.

『미쉬나』는 200년 동안 연구되고 광범위하게 해석되었다. 그 결과 『미쉬나』에 기원하고 긴밀하게 연관되지만 근본적으로 구별되는 큰 사상 체계가 제시되었다. 그것이—앞서 언급한 대로, 약 400년경에—이스라엘 땅에서 나온 『탈무드』다. 이 방대한 문서를 지배하는 주제는 바로 구원의 문제다. 그것은 『미쉬나』를 더욱 깊게 연구하면서 떠오른 주제이기도 하다. 언제 그리고 무슨 이유로 구원이 올 것인가? 도대체 얼마나 더 기다려야 하는 것인가? 이 주제가 절실해진 이유는 두 개의 역사적 사건 때문이다. 앞서 잠시 언급했듯이, 하나는 312년 콘스탄티누스 황제가 그리스도교를 허용하고 3세대가 지나 국교가 된 것이다. 그리스도교 국가가 된 로마 제국은 이교도를 탄압하는 과정에서 유다교 전례의 합법성을 거부하는 법을 채택했다. 기원전 2세기 마카베오 항전 이후 처음 있는 일이었다. 그러나 잠깐이나마 회생할 수 있는 기회가 있었다. 콘스탄티누스에 이어 황제가 된 율리아누스가 그리스도교를 적대시한 것이다. 그는 361년 그리스도교를 견제할 목적으로 예루살렘에 유다교 성전을 재건할 수 있게 허락했다. 그러나 불행하게도 그는 곧 사망했고 이 계획은 실현되지 않았다. 두 번째 사건인 이 짧은 기회가 그냥 지나가 버리자 유다인들의 트라우마는 증폭되었다.

## 『탈무드』 유다교: 성화와 구원

이제 구원의 문제를 절실하게 성찰하게 된 유다인의 처지가 이해가 될 것이다. 율리아누스 황제 때 잠깐이나마 승리의 기분에 취했지만, 황제의 계획이 실패하자 유다인들은 깊은 실망에 사로잡혔다. 이렇게 그리스도교와 유다교의 정치적 처지가 급격히 변하자, 그리스도교는 이런 변화야말로 그리스도교는 옳고 유다교는 틀렸음을 확인하는 것이라 주장하였다. 특히, 그리스도교는 메시아가 오실 것을 아직도 희망하는 유다인의 교리가 쓸모없다는 점을 강조했다. 그리스도교는 시온 산으로 귀환했을 때(기원전 450년) 유다인의 구원이 이미 달성되었다고 주장했다. 곧 『구약 성서』가 약속한 이스라엘의 구원은 이미 실현되었지만, 예수가 메시아임을 배척한 그 순간부터 인류를 구원할 하느님의 계획에서 유다인의 역할은 없다고 역설했다. 이런 상황에서 구원이란 역사적 해석의 문제로 머무르지 않는다. 유다인들에게 구원이란 절실한 위기였다. 그 위기는 부정적이지만은 않았다. 오히려 긍정적인 면도 있었다. 바로 이스라엘 땅에서 『미쉬나』를 재해석하면서 시작된 어떤 전설 같은 문서를 얻었고, 그 문서로 말미암아 위기를 헤쳐 나가게 된 것이다. 그것이 바로 『탈무드』다.

『탈무드』가 처음 나오고 나서(기원후 약 400년, 『팔레스타인 탈무드』 또는 『예루살렘 탈무드』라 불린다) 약 200년이 지나 제반 문제를 재검토하여 『바빌로니아 탈무드』라고 하는 두 번째 『탈무드』가 더욱 영원하고 권위적인 형태로 나오게 된다(기원후 약 600년). 이때부터 흔히 '탈무드'라고 하면 이 『바빌로니아 탈무드』를 가리킨다. 이 『탈무드』 본문의 주석, 도출된 율법, 그에 기반한 다양한 제도와 권위 등이 『탈무드』와 함께 거의 모든 유다인의 생활과 유다교 체계의 규범을 지배한다. 『탈무드』는 그리스도교인들이나 무슬림들 사이에서 살아야 하는 유다인들에게 유다교의 핵심이 무엇인지 정의 내려주는 데 성공했다. 곧 유다인이란 누구인지, 이스라엘이 된다는 것은 무엇을 의미하는지, 거룩한 백성이 종말에 구원을 얻기 위해서 지금 여기서 어떤 삶을 살아야 하는 것인지에 대해 강력한 설명 체계를 제공했던 것이다. 이런 문제는 당연히 『미쉬나』에서도 다루는 것이기에 『미쉬나』와 『탈무드』는 서로 복잡하게 얽혀 있고, 많은 문제를 공유한다. 『탈무드』가 제시한 구원의 체계는 거룩한 백성을 거룩하게 만드는 구원의 권능에 초점을 맞춘다.

여기서 종교 연구의 기본 방법을 돌아보자. 종교란 어떤 문제에 대답하려는 체계이다. 어떤 종교 체계가 다루는 절실한 문제와 응답을 읽으면, 그 종교의 초석이 형성된 시대와 관련된 의제를 재구성할 수 있다. 『미쉬나』가 강조하는 점과 함께 침묵하는 내용을 주의 깊게 들으면 우리는 단일한 메시지를 분명하게 확인할 수 있다. 『미쉬나』의 유다교가 주는 메시지는, 이스라엘, 백성, 땅, 삶의 방식 등의 거룩함을 오래 지속할 수 있는 방법에 대한 광범위한 질문과 분명한 대답이다. 거룩한 신전과 거룩한 전례가 파괴된 이후에, 거룩한 신분, 사제 계급, 성지(聖地) 등은 어떻게 되는가? 특히 거룩한 백성과 그 삶의 방식은 어떠해야 하는가? 그 대답은 이렇다. 거룩함은 고스란히 지속된다. ‘이스라엘’, 곧 ‘백성’안에, 그 생활 방식 안에, 그 땅 안에, 사제 계급 안에, 음식 안에, 삶을 지탱하는 방식 안에, 아이를 낳아서 민족을 이어나가는 방법 안에 거룩함이 지속된다. 이렇게 거룩함은 계속된다.

『미쉬나』는 거룩하게 되는 구조를 설계했다. 그리고 거룩한 삶을 사는 방식의 세부 사항을 규정했다. 그러나 시간이 지나 새로운 신학 체계가 등장하자 『미쉬나』의 응답들은 새 시대에 흡수되어 갔다. 『미쉬나』가 힘

주어 강조했던 점들도 그렇게 되었다. 『미쉬나』를 계승하면서 동시에 『미쉬나』와 복잡하게 얽혀 있는 이 후대의 체계는 『미쉬나』의 응답을 발전시켜 결국 포괄적인 하나의 가르침을 만들었다. 『탈무드』가 주장하는 유다교의 토라는 '우리의 랍비'인 모세의 토라로서, 크게 보자면 하나의 '토라'이다.

두 『탈무드』가 묘사하는 이중 토라의 유다교는 이제 초점이 달라졌다. 성전과 초자연적 역사를 잠시 뒤로 미루고, 이스라엘 백성과 자연적이고 현세적인 역사에 초점을 둔다. 거룩한 이스라엘이 성전과 초자연적 역사를 대신하게 되었다. 그렇다면 이스라엘 역사는 이제 모든 것의 중심이 된다. 그리고 새로운 인상적인 사건들이 이스라엘 땅에서 나온 『탈무드』의 앞머리를 차지한다. 그 사건들은 이스라엘의 고난에 대한 이야기였다. 한편으론 고난을 기억하는 것이었고, 다른 한편으로는 비극적 사건을 설명하는 것이었다. 이런 이야기는 자명한 진리, 곧 스스로 유효한 진리를 담은 이야기라는 지위를 누렸다. 왜냐면 당시 정치적으로 무력한 처지에 빠진 유다인에게, 그들의 상황을 만족할 만하게 설명할 수 있는 이야기였기 때문이다.

이스라엘의 고난을 역사적으로 설명하는 이 이론의 구성 요소는 다양하다. 가장 중요한 것은, 바로 역사 자체가 윤리 교과서라는 것이다. 이스라엘 땅에서 발생한 『탈무드』는 유다교의 전체적 체계를 설계하면서 역사적 사건으로 목적론을 구성했다. 이스라엘이 율법을 지키지 않고 악행을 저지른 결과로 이스라엘은 고난을 당하게 되었다. 『탈무드』는 이스라엘의 고유한 행위에 따라 역사적 사건이 일어났다고 보았다. 로마의 지배는 마치 아시리아와 바빌론의 지배와 같이 이스라엘이 하느님의 분노를 일으켜서 생긴 일이다. 이 거대 제국은 하느님의 분노를 대신하여 이스라엘을 지배했다. 그러므로 이스라엘은 역사에서 배워야 한다. 곧 하느님이 주신 운명과도 같은 율법을 잘 지켜야 산다.

하지만 자신의 고유한 운명을 결정한다는 개념을 오해하면 안 된다. 이스라엘 땅에서 『탈무드』를 만든 유다인들은, 율법에 순종하여 하느님을 기쁘게 해 드리는 일이 자신의 고유한 운명을 통제하기 위한 것이라고 말하지 않았다. 오히려 그 반대였다. 이스라엘 땅에서 나온 『탈무드』의 역설은 이렇다. 이스라엘은 하느님의 지배에 겸손하게 동의해야만 이민족의 지배에서 해방된다는 것이다. 이런 생각의 배경에는 로마라는 이민족이 한편에 있고, 반대편에 하느님이 계셔서 양쪽이 적대적 균형을 이룬다는 인식이 있다. 이스라엘은 이 가운데에서 선택을 해야 한다. 이스라엘이 하느님과 이민족으로부터 동시에 해방되는, 곧 완전히 자존적이면서도 정치적 독립을 이루는 일 같은 것은 없다. 이것은 주인을 선택하는 문제였다. 땅의 지배자냐 하늘의 주인이냐. 근대까지 모든 유다인이 하늘에 계신 하느님의 지배를 선택했다. 현대에도 상당히 많은 유다인이 이렇게 선택한다.

그리스도교가 세계의 정치와 문화를 규정하는 일은 현대에 이르러서야 중단되었다. 그러자 고전적 유다교는 절실한 문제를 설명하는 일을 멈추게 된다. 그리고 새로운 상징의 조합과 새로운 생각의 체계가 떠오르기 시작했다. 이런 새로운 상징과 생각 가운데는, 분명 고대로부터 물려받은 문서에 이미 들어 있던 것도 있었다. 기원후 400년이 지난 다음에 나오기 시작한 두 번째 『탈무드』의 유다교와 그 이후의 유다교도 마찬가지로 새 세상에서 새로운 질문들을 설정하고, 설득력 있는 응답을 찾아야 했다. 이렇게 시대가 바뀌면서, 새 시대에 걸맞는 질문과 응답을 주는 메시지를 찾아내지 못한 낡은 유다교는 침묵해야 했다. 그러므로 유다교가 주는 응답 자체가 얼마나 분명한지는 요점이 아니다. 오히려 얼마나 그 시대의 상황에 적합한지가 중요하다. 이런 상황은 사람이 조직화되어 공동으로 활동하는 분야, 즉 정치저 조건에서 두 드라졌다.

# 유다교의 역사 개관

## 유다교 역사의 네 시대

아주 단순한 사실을 하나 확인하면서 유다교의 역사를 정리하면 될 것이다. 고대 후기부터 19세기까지 이중 토라의 유다교가 규범적 위치를 누려왔기 때문에, 유다교 내부의 모든 이단과 분파, 사회적 분파 조직은 이중 토라의 유다교에 맞서는 데에서 정체성을 찾았다. 또한 유다교의 이차적 확장, 개선, 발전, 새로운 형태 등은 이 이중 토라 유다교의 신비적 체계나 경전 등을 인용하면서 시작되었다. 결국 고대 후기부터 근대까지 유다교의 역사는 동질적이다. 왜냐하면 19세기까지 모든 유다교의 체계는 이중 토라 유다교의 체계에 수용되면서 또는 그와 맞서면서 형성되기 때문이다. 이런 그림을 가지고 유다교의 역사를 아래처럼 나눌 수 있다.

유다교의 역사는 네 시대로 구분된다. 첫 번째 시대는 '제2 성전의 시대'로서, 이 글의 '유다교의 형성' 장에서 다루었다. 이 시대는 『히브리 성서』의 형성부터(기원전 586~기원전 450년)[13] 제2 성전 파괴(기원후 70년)까지

---

13) 모든 유다교의 기원은 『모세 오경』이다. 이 문서는 기원전 586년에 일어난 성전 파괴 이전의 역사를 다루지만, 사실 이 역사는 그 후 완전히 재해석되어 『모세 오경』에 실렸기 때문에 그 이전의 자료는 유다교와 별 상관이 없다. 아주 먼 고대로부터 『모세 오경』이 형성된 실제 역사는 유다교의 역사와 신학에서는 별 의미가 없는 것이다. 유다교는 『모세 오경』이 완성되면서 시작되었고, 유다교의 역사를 다룬 『히브리 성서』('쓰여진 『토라』', 또는 『구약 성서』)의 해석사와 함께 발전하였다.

걸쳐 있다. 두 번째는 '형성 시대'로서, 앞 장의 '이중 토라의 유다교'에서 다루었다. 이 시대는 70년부터 『바빌로니아 탈무드』가 종결될 때(약 기원후 600년)까지다. 세 번째 시대는 '고전 시대'로서 고대 후기부터 19세기까지다. 이 시내에 유나인들은 세세의 서의 모든 곳에서 유다교의 원천석 성의에 따라 생활했다. 그리고 19세기에 시작되어 지금에 이르는 '현대'가 있다. 이스라엘이 된다는 것은 무슨 의미인지, 유다 백성은 어떤 의미인지 등 종교적 이해에 근본이 되는 질문에 대해, 서로 다른 시각과 상징들이 경쟁하는 시대다.

첫 번째와 두 번째 시대는 앞에서 설명했다. 이제 남은 두 시대를 다룬다.


### 고전 시대(640~1789년)

『바빌로니아 탈무드』가 완성될 즈음, 그리스도교는 광활한 대지를 잃었다. 그 당시(기원후 640년) 이슬람이 중동과 북아프리카를 휩쓴 것이다. 거의 500년간 그리스도교를 믿던 큰 민족들이 이슬람을 받아들였다. 하지만 아주 작은 백성인 유다인들은 가까스로 퇴각하여 숨어 버렸다. 콘스탄티누스 황제의 칼로 승리했던 그리스도교는 무함마드의 칼에 스러졌다. 하지만 유다교는 '지금 여기서' 원만한 복종의 근거를 찾아내어 무슬림과 공존할 수 있었고, 그 결과 이 사건을 설명하면서 유다교를 지속시킬 수 있었다. 수백 년간 그리스도교를 믿던 시리아, 팔레스티나, 이집트, 북아프리카, 스페인에 이르는 영토가 단 수십 년 만에 이슬람화되었다. 반면 유다교는 체계를 공고히 하여 동유럽에서는 19세기까지, 무슬림 국가에서는 20세기 중반까지 지속하였다. 결국 유다교는 번성하였다. 달리 말하자면 절실한 문제에 대한 자명한 대답으로 남아 있었다.

그러므로 이슬람의 융성을 유다교의 규범이 확립된 '형성 시대'가 끝나는 지점이자 '고전 시대'가 시작되는 지점으로 삼는다. 고전 시대는 시나이 산에서 계시된 이중 토라가 드러낸 하나의 가르침에 기반하여 단일한 유다교가 정의되는 시기다. 또한 이 단일한 유다교에 의해 지배 받는 시기다. 고전 시대는 1787년에 끝난다. 이 해에 종교의 자유와 문화적 다양성을 명백하게 옹호하는 위대한 미합중국의 헌법이 유럽과 미국 유다인의 새로운 정치적·문화적 조건을 선포하였던 것이다(유럽 독자들이라면 당연하게도 프랑스 혁명이 일어난 1789년을 선호할 것이다).

이 시대에 중요한 사상과 새롭게 제기된 문제는 모두 '이중 토라의 유다교'의 범주 안에서 해석되었다. 이를테면 다양한 신비적 사상이나 실천이 유다교에 도입되어 『토라』를 통해 동화된 것이다. 그리고 무슬림 철학자들이 아리스토텔레스나 플라톤 등으로 대표되는 그리스 철학을 서방에 전달해 주자, 유다교는 『토라』의 진리를 그리스 철학에 맞춰 다시 저술했다. 신비 전통에서는 위대한 작품인 『조하르(Zohar, 유다교 신비주의인 카발라[Kabbalah]의 경전이다—옮긴이)』가 13세기 말까지 스페인에서 쓰여졌다. 철학 전통에서 가장 위대한 인물은 마이모니데스(Maimonides, 1135~1204년)였다. 그는 유다교 율법과 철학 전체를 체계적이고 심원한 철학적 방법으로 새롭게 진술했다. 이런 사상들은 기존의 경전에서 저마다 풍부한 근거를 발견했고, 다시 새롭고 권위 있는 저술들을 통해 그 경전의 해석에 크게 기여했다. 이렇게 신비 사상과 철학은 '우리의 랍비, 모세의 단일하며 완전한 토라'를 발전시켰다. 첫째로 신적 존재의 참된 본성에 대해 훨씬 영감을 주면서도 심원한 교리를 발전시켰다. 둘째로 토라가 진리라는 언술은 지적으로 풍부해졌고 합리적이 되었다.

이중으로 전승된, 단일하며 완전한 토라는 이렇게 새로운 생각과 삶의 방식을 포함하면서도 본질적으로 새로운 길을 터 줄 수 있었다. 이게 고전 시대 유다교의 특징이다. 토라는 모든 곳에서 절대적인 권능을 지녔다. 결국 신비주의와 철학은 모두 이중 토라 유다교의 제단에 봉헌물을 바친 것이다.

## 근대와 현대(1789년~)

유다교가 생성될 시기의 다양한 특징들이 근대에 들어와 다시 지배적이 되었다.[14] 이중 토라 유다교의 상징 체계와 구조들은 이제 유다교 내부의 다른 유다교 분파들과 경쟁하게 되었다. 또한 유다교 밖에서 기원한 다양한 상징들이나 의미들과도 경쟁한다. 이 유다교는 결국 경쟁을 견뎌 내었고, 현재 작은 백성의 종교로 번성한다.

그런데 이 시기에 이중 토라 유다교는 어떻게 되었는가? 유다 백성, 곧 이스라엘의 삶과 어떤 관련을 맺었는가? (이스라엘은 1948년에 건국되었으므로 이때의 이스라엘은 근대 국가와 동일시되지는 않는다) 1800년에서 1900년에 다른 세계관과 다른 삶의 방식을 '이스라엘'의 것이라 주장하는 분파의 상징들이 유다교에 들어오게 되었다. 이 가운데 근대 유다교의 최초이자 가장 중요한 분파인 개혁파 유다교가 있다. 개혁파는 19세기 전반기에 형성되었다. '개혁'이 일으킨 변화가 처음 나타난 곳은 전례였고, 그 다음은 교리였다. 개혁은 심각한 정치적 변화를 일으켰다. 이 변화는 유다인의 시민권과 조화를 이루었고, 새롭게 시민이 등장하는 나라에서 새로운 관습에 순응할 것을 유다인들에게 요구했다.

수십 년이 지나 19세기 중반기에 이르자 정통파도 유다인들에게 서구

---

14) 이 내용은 졸저를 보라. *Death and Birth of Judaism: The Impact of Christianity, Secularism, and the Holocaust on Jewish Faith* (New York: Basic Books, 1987 ; second printing: Atlanta: Scholars Press for South Florida Studies in the History of Judaism, 1993).

식 법을 지켜서 서방 사회로 편입될 수 있다고 승인했다. 물론 정통파는
『토라』의 독실한 원천에서는 물러서지 않았다. 하지만 이를테면 비유다교
적 세속 교육을 승인하면서, 별도의 『토라』 공부를 추가해야 한다는 조
건을 다는 식으로 선택할 수 있는 신심을 허용했다.

이렇게 이중 토라 유다교는 전반적으로 쇠락해갔고, 유다교 내부에서
경쟁이 시작되었다. 이런 변화는 앞에서 보았듯이 '홀로코스트와 구원'의
유다교에서 정점에 달했다. 이런 유다교들은 이중 토라를 중요하게 다루
지 않는 것 같다. 때로 '토라'를 아예 염두에 두지 않는 것 같기도 하다.
그들은 서로 다르게 서술된 경전과 서로 다른 체험으로부터 형성된 것이
다. 하지만 그들은 여전히 절실한 질문을 하고, 각자의 신자들에게 자명
한 방식으로 대답을 한다. 그들의 추종자는 무척 많고 물론 필자도 포함
된다.


## 이중 토라의 유다교와 경쟁하는 현대 유다교

이제 이 글의 출발점으로 돌아가, 종교 중심의 단일체로서의 유다 민
족, 이 인종과 종교의 연합체가 해체된 과정을 보자. 유다 민족이 종교적
단일체가 아니라 세속적 인종 집단으로서 정체성을 형성한 것은 서구 종
교사에서 발생한 세속화의 영향이다. 서구에서 세속화란 정치적 자유를
새롭게 정의하면서 등장했지만, 점차 광범위한 영향을 끼쳤다. 결국 세속
화는 유럽 문화의 결정적이고 근본적 요소인 그리스도교의 영향력을 상
당히 제거했다. 이 흐름은 처음에는 서유럽 개신교에서 시작되었지만 점
차 중부 유럽과 남유럽의 로마 가톨릭 교회로, 마침내는 동유럽의―그리
스와 러시아를 포함한―정교회까지 도달했다.

19세기에 들어서 인간은 만물의 척도가 되었다. 이제 인간은 하느님 왕국의 시민도 아니요 신의 뜻에 순종하는 존재도 아니다. 또한 이 시기에 민족 국가를 주장하는 정치적 운동이 일어나 정치적 환경이 새롭게 조성되었다. 이 세속화 과정에서 이스라엘, 즉 유다 백성에도 새로운 질문이 제기되었다. 하느님의 창조와 인류 구원 사업에서 이스라엘이 지닌 초자연적 지위는 세속화 과정에서 아무 의미가 없어졌다. 애초에 정치적 변화 속에서 제기되었기에 최초의 질문들도 정치적 색채를 띠었지만, 점차 많은 유다인들에게 종교적으로 절실한 주제가 되었다. 이런 흐름은 서유럽에 사는 유다인들의 전유물이었지만, 점차 동유럽 유다인들에게 퍼졌고, 나중엔 미국으로 건너가 새로운 질문 체계와 자명한 대답을 형성했다. 이 새로운 대답들이 19세기에 새로운 유다교를 만들었다.

새 유다교는 이중 토라의 전승을 이어받기는 했지만, 과거의 체계를 깨뜨려 버렸다. 새로운 유다교는 모든 변화를 정당화하고 저마다 변화를 정의하는 데 일차적인 관심이 있었다. 200년간 새 유다교 분파는 모두, 자신들이 옛 유다교와 어떤 특징이 다른지, 그 방법은 무엇인지를 정의하면서 시작했다. 하지만 그들은 모두 세속화를 받아들였다. 새 유다교 분파들이 공통적으로 맞닥뜨린 당대의 생성적 화두는 유다인의 세속적 지위와 신분이었다. 유다인을 개인으로서, (최소한 이상적으로는) 다른 나라의 시민으로서 본 것이다. 이 결정적 쟁점을 해결하는 시각은 과거에서 전승된 유다교의 상상력을 훨씬 뛰어넘는 것이었다. 다음의 정치적 구호를 보자. "오직 유다 시민뿐이다! 유다 민족이란 없다!" 반면 이스라엘에서는 이에 맞서는 이런 구호도 있었다. "유다인은 집으로! 개인은 나가라!"[15]

---

15) 각 구호의 영문은 "To the Jews as citizens, everything, to the Jews as a nation, nothing"와 "A Jew a home, a man outside"이다. 현대 유다교 체계가 형성될 때 역사적으

입장은 상반되지만 두 구호 모두 이중 토라 유다교에서 통용되던 언어 규칙을 위반했다.

전통적 유다교에서 '유다인 개인'은 존재할 수조차 없다. 오직 거룩한 백성의 일부로 이해되는 '이스라엘인'이 있을 뿐이다. 전통적인 이중 토라 유다교는 유다인이 개인이 될 수 있는 가능성을 다루지 않았고, 다룰 필요도 없었다. 말하자면 거룩한 이스라엘이 아닌 다른 어떤 존재가 될 수 있다는 생각 자체가 없었던 것이다. 유다인이 다른 어떤 존재가 될 수 있는 가능성은 전혀 없었기에, 개인이 되려면 유다인이 되기를 그만 두어야 했다. 『토라』의 유다교는 유다인이 이스라엘이 아닌 어떤 존재, 또는 이스라엘보다 상위의 존재가 되는 것을 상상할 수도 없었다. 그러나 19세기 모든 유다교 분파는 유다인이 '어떤 다른 존재'가 될 수 있고, 되어야 한다고 설명할 수 있는 방법을 찾기 시작했다.

구호에서 보이듯이 전통적인 유다교도 이런 정치적 변화를 받아들일 수밖에 없었다. 새 유다교 분파들은 유다인이 이스라엘이 아닌 다양한 나라의 시민으로 분류될 수 있는 근거를 찾으려 했다. 언제 어떻게 그리고 왜 유다인은 그들 자신의 초자연적 국가이자 거룩한 이스라엘의 구성원이면서 동시에 다른 나라의 시민일 수 있는가? 또는 시민으로서의 정체성을 더 우선할 수 있는가? 유다인이 독일인, 미국인, 영국인 또는 프

---

로 여성의 역할과 지위에 대한 연구는 아직 미진하다. 일반적으로 말해서, 새 유다교는 여성의 지위도 새롭게 정의했다. 개혁파 유다교가 여성 랍비를 맨 처음 서품 한 게 1970년대에 이르렀을 때였다. 이와 대조적으로 유다교 사회주의와 시오니즘은 훨씬 먼저 여성과 남성의 책임과 권리가 동등하다는 이론에 발맞추고 있었다. 그러나 실제로 양성 평등을 위한 실천으로 언급할 만한 것은 많지 않다(이를테면 키부츠 운동 초기에도 여전히 여성은 설거지를 하고 양육을 책임져야 했다). 이 글에서 다루는 것은, 여성학과 유다교 역사를 함께 연구하며 등장하는 수많은 주제 가운데 하나일 뿐이다.

랑스인이 될 수도 있다는 전제를 설명하면서 유다교 분파는 19세기에 자명한 대답을 제공하였다. 맨 먼저 개혁파에서 일어난 이런 흐름은 나중에 정통파로 옮겨졌고, 결국 보수파도 참여하게 된다. 물론 이들은 계속해서 이스라엘의 정체성을 유지하려는 유다인들과 경쟁했다.

세 유다교 분파는 유다교의 가장 중요하고 핵심적인 범주인 '이스라엘'을 새롭게 정의하였다. 더구나 이들은 이중 토라 유다교 경전에 들어 있는 세계관을 혁신하여, 전통의 유다교가 요구하던 생활 방식의 의미도 새롭게 정리했다. 그들은 새 시대에 걸맞는 지적 기준에 따라 『토라』를 새롭게 읽었다. 그리고 유다인은 근대 사회에서 『토라』와 조화를 이루면서 살 수 있다고 이구동성으로 확언하였다. 물론 정통파는 개혁파에 비해 훨씬 덜 타협했지만, 결국 두 분파의 모습은 같았다. 그들은 우선 세속화의 조건을 생각해야 했다. 유다인들이 민족 국가 안에서 설 자리를 찾아야 했다는 말이다. 이는 현실적 문제였다. 세 분파는 모두 이중 토라 유다교에 근거했고, 결국 같은 결론에 이르렀다. 바로 세속화는 종교적인 것과 구별된다는 것이다. 그러므로 이스라엘이 되면서 동시에 어떤 다른 것이 될 수 있는가 하는 질문에 대한 답으로 그들은 다음과 같은 입장을 내놨다. 유다교는 지금까지 늘 종교였다는 것이다.

19세기 유다교에 절실한 질문을 일으켰던 정치적 변화는 사람들이 예상하지 못했던 전혀 다른 화두를 낳았다. 유다인은 유다교적인 존재가 되면서 동시에 다른 어떤 존재가 될 수 있는 길을 찾아야 한다고 생각했다(이는 유다인만 맞닥뜨린 문제는 아니었다). 그러나 그들의 적(敵)은 유다인이란 '존재' 그 자체를 없애려 하였다. 19세기 후반기에 제국주의와 인종주의에서 시작된 이 작업은 지구의 거의 모든 대륙을 휩쓸었다. 이 길고도 참혹한 이야기, 곧 근대의 반셈족주의(Anti-Semitism)는 결국 홀로코스트를 낳았다(이 단어는 아직도 강력한 힘을 지녔다). 그리고 유다교 역사상 한 번도 대답할 필요가 없던 질문을 만들었다. 그리스도교 세계와 이슬람 세계는 유다인들에게 (최소한) 일상적 삶을 보장했다. 역사적으로 돌아보면 이들은 일반적으로 친절했고, 이따금씩 해를 끼칠 뿐이었다. 그런 상황에서 유다인이 대면한 결정적 질문은, 그들의 존엄이나 자존 같은 것이었고, 그들이 책임질 수 있는 것들이었다. 하지만 새로운 상황은 유다인의 존재를 극적으로 바꿔 버렸다. 이것은 기원후 70년 예루살렘 성전이 파괴된 것보다 절대로 덜한 영향력을 끼치지 않았다. 기원후 4세기에 등장한 그리스도교의 정치적 지배도 이보다 더 결정적이지는 않았다.

홀로코스트가 유다교에 끼친 영향은 사실 히틀러가 등장하기 훨씬 이전에 시작되었다. 19세기 후반기에 일어난 경제적 변화는 수 세기 동안 동유럽을 떠받치던 장기적 경제 구조를 해체시켰다. 이런 변화의 한복판에 유다인이 있었다. 유다인은 (정치적이고 종교적인) 변화의 문제가 매우 결정적임을 알고 있었지만 어찌할 수 없었다. 이런 변화는 역사의 물줄기를 완전히 다른 방향으로 바꿔 놓았다. 삶이냐 죽음이냐를 선택해야 하는 상황이 도래했다. 경제적인 의미에서도 그랬고 정치적인 의미에서도 마찬가지였다. 동유럽 인구 가운데 많은 수가 저고용 상태에 직면해서 아사 직전의 상태까지 몰락했다. 유다인도 이런 상황에 내몰렸다. 이는 동유럽 지역의 경제적 근대화 과정에서 발생한 전반적인 변화 때문에 일어난 일이었다. 그런데 당시 이런 불행한 상황의 근원으로서 유다인을 지목하는 반셈족주의 정서가 등장했다.

결국 1897년 유다인들 사회에 두 가지 사상 체계가 등장함으로써, 유다교는 20세기에 새로운 시대를 맞게 된다. 첫째는 시오니즘(Zionism)이다. 이것은 홀로코스트와 이스라엘 건국 이전에는 별로 대중적이지 않았다. 둘째는 유다인 사회주의 조직으로서―유다인 노조로서 독일어로 '분트(Bund)'라고 했다―20세기 전반기에 가장 강력한 유다인 조직이었다. 이들은 공통점이 많다. 모두 세속적이고 정치적 운동이다. 정치적이고 경제적인 변화에 대처하는 강력한 조직 체계를 강조한다. 이들은 유다교 교리 체계를 독특하게 변형했지만, 하나의 유다교 분파로서 요구되는 바를 다 갖추었다. 이를테면 절실한 질문에 대해 대답하는 세계관이 있고, 그 세계관의 세부 사항을 표현하는 삶의 방식이 있으며, 긴밀하게 연관된 이 두 요소를 잘 사용해서 이스라엘을 선명하게 정의한다. 둘 사이의 다른 점은, 시오니즘은 정치적 질문에 대해 (그 추종자들에게) 다음과 같이 명백한 대답을 준다. 즉, 유다인은 하나의 백성을 이루기에 하나의 국가를 세워야 한다는 것이다. 반면 유다인 사회주의는―정치적이기도 하지만―경제적인 질문에 (그 조합원들에게) 당연하고 참된 대답을 준다. 곧, 유다인은 스스로의 노조를 가져야 하며, 전 세계 노동 계급 안에서 유다인의 지분을 확보해야 하고, 결국 서구의 경제적 기초를 개혁하는 데 효과적으로 단결해야 한다는 것이다. 나아가 유다교 사회주의는 이디쉬어(Yiddish)로 자신들의 정체성을 확인했다. 또한 유다인의 인종적 특성으로서 이디쉬어를 가장 중요한 언어로 사용하는 이디쉬즘 이데올로기를 만들었다.

이디쉬즘은 유다교 사회주의와 결합하여, 유다교 사회주의에 걸맞는 삶의 방식으로 새로운 유다교를 만들었다. 결국 이들은 문화적이고 이데올로기적으로 새로운―여기서는 분석적 범주로서 세계관을 의미하는―유다교를 선언하기에 이른다. 유다인의 조직이지만 유다교의 색채는 비교적 옅은 이 두 분파는 저마다 자명한 대답을 내놨다. 시오니즘은 유다인이 다른 조직처럼 정치적 단체가 되어야 한다고 주장했다. 유다인 사회주의는 국제 노동 계급의 일원으로서 고유한 언어를 지닌 인종적 결사체를 결성하여 계급의 이해를 위해 노조를 결성해야 한다고 주장했다.

지금까지 본 유다교의 맥락에 기반하여 20세기 유다교의 발전을 살펴봐야 한다. 20세기도 역시 정치적 질문에 강조점이 있다. 하지만 유다인들은 이번에도 절실한 질문을 스스로 정의하고, 자명하고 구별되는 대답을 내놓는다. 필자는 20세기 유다교를 '홀로코스트와 구원의 유다교'로 부르겠다. 유럽 유다인 대부분이 조직적으로 학살되고 난 다음, 유다인들은 유다인의 존재에 대한 피할 수 없는 질문에 맞닥뜨린다. 그리고 자명한 대답으로 다음과 같은 선언을 내놓는다. 유다 백성의 역사는 이스라엘의 건국을 기준으로 완전히 새로워졌다. 이스라엘이 건국됨으로써 완전히 새로운 체험과 의미가 발생했다는 것이다. 이 유다교의 삶의 방식은 19세기부터 지속된 유다교의 삶의 방식과 공존하며 번성했다. 이들은 이스라엘을 지원하는 활동과 이스라엘인의 관심과 긴밀히 결합된 정치적 활동(이를테면 구소련 유다인의 해방)에 강조점을 두었다. 이들의 세계관은 본질적으로 정치적인 의제에 대해 반응하면서 형성되었으며 그 과정에서 드러난 자명한 진리에 기반한다. 이 세계관에 따르면 유다인은 포위되었고, 선택의 여지가 없으며, 동맹도 없고, 무자비한 적이 득실대는 세계에 산다. 그러나 그들은 정치적 행위를 통해서 자신의 고유한 취향에 따라 이 세계를 변화시킬 수 있다.

# 현대 유다교의 양대 산맥

## 홀로코스트와 구원의 유다교

'홀로코스트와 구원의 유다교'는 독일에서 유럽 유다인을 대부분 학살했던 사건과(1933~1945년), 이스라엘의 건국(1948년)에 초점을 둔다.[16] 이 유다교는 세속적이고 현세적인 사건들을 해석할 때, 신화적 상징을 사용하여 새로운 신화적 명제를 생성했다. 그러므로 이 특정한 유다교는 공동체적이며, 공공 정책과 실천적 행위를 강조하고, 정치적 문제에 관여한다. 이를테면 이스라엘의 정책, 구소련에 거주하는 유다인들의 자유를 위해 미국 정부 차원에서 가능한 지원 정책, 케나다와 미국 유다인의 다양한 지역 정치 등이다. 이중 토라의 유다교는 (성인식, 결혼식, 장례식 등) 특정한 계기에 강점이 있다. 반면 홀로코스트와 구원의 유다교는 영구하고 거의 보편적인 반응을 일으킨다. 현대 유다인들 가운데 수많은 사람들이 이 유다교에서 제공하는 절실한 질문과 자명한 해답에 확신에 찬 반응을 보내는 것이다.

그 이유는 홀로코스트와 구원의 유다교가 질문과 해답에서 과거를 언

---

16) 이 내용은 졸저를 보라. *Stranger at Home: Zionism, "The Holocaust," and American Judaism* (Chicago: University of Chicago Press, 1980 ; paperback edition, 1985. Second printing, 1985. Third printing, 1988).

급하지만, 그 절박성은 지금 여기에서 비롯한 것이기 때문이다. 북미에 사는 유다인들은 정치적·역사적·사회적 영역에서 홀로코스트와 구원의 유다교에 열렬히 반응한다. 그들은 마치 북미가 아닌 다른 시대와 상황에 사는 사람들인 것 같다. 그들은 다른 처지에 놓인 완전히 다른 사람들인 것처럼 생각한다. 그 다른 곳이란 1944년의 폴란드의 아우슈비츠이거나 이스라엘의 수도 예루살렘이다. 분명히 그들은 그들의 일상에서 '홀로코스트'와 '구원'의 시각으로 실재를 정의한다. 그러므로 이 유다교 분파에서 유다인의 조건에 대한 질문은 홀로코스트가 정의하고, 그 대답은 이스라엘 국가가 된다.

정확히 홀로코스트와 구원의 유다교는 어떤 절실한 질문을 던지고, 무엇이 자명한 대답인가? 이 유다교는 배타성과 편협함, 증오와 멸시에 대해 말한다. 유다인들에게 수용소의 가스실에 있다고 상상해 보라고 말한다. 다른 존재와 구별되는 '유다인의 존재'의 논리적 근거가 이것이다. 논리는 이렇다. '다른 어느 누구도' 유다인 자신과 완전히 똑같이 생각할 수 없다. 왜냐하면 유다인이 된다는 것의 정의는 다른 존재가 된다는 것이기 때문이다. 그 다름이 무엇이든, 유다인은 다른 존재이다. 홀로코스트와 구원의 유다교는 유다인들의 공통의 경험에 대해 말한다. 그 경험은 모든 유다인들이 공유하면서도 모든 유다인들에게 접근 가능하다고 정의되는 것이다. 앞으로 간략히 살펴보겠지만, 이중 토라의 유다교는 하느님과 하느님의 겉모습을 닮은 보편적 인류를 말한다는 점에서 이 유다교와 다르다.

홀로코스트와 구원의 유다교가 과연 종교인가? 물론이다. 왜냐하면 '유다인의 존재'를 초월적 양태로 변화시키고 신비적 존재가 되게 할 힘을 갖추었기 때문이다. 이는 다시 말하자면 사물이 있는 그대로 보이지 않고 새로운 의미로 다가옴을 의미한다. 즉, 지금 존재하는 그대로의 '우리'가 아닌, 훨씬 확장된 '우리'임을 자각해야 한다. 구체적으로, 우리는 모든 유다인 학살의 중심지인 아우슈비츠에 있는 것이다. 마찬가지로, 우리가 존재하지는 않지만 존재해야만 하는 저 먼 나라 이스라엘의 일상을 '우리는' 공유하는 것이다. 그러므로 홀로코스트와 구원의 유다교는 모든 것을 있는 그대로가 아니라 뭔가 특별한 것으로 변화시키고 평범한 일상을 특별한 의미를 지닌 것이라 가르친다. 이 유다교는 우리의—가족 등 지금 여기의—일상이 새로운 에덴동산에서 끝나는 것이 아니라 수용소의 가스실에서 끝난다고 가르친다. 하지만 만일 하고자 하는 의지만 있다면 구원은 오늘날에도 존재한다고 가르친다. 물론 지금 여기가 아닌 먼 나라 땅에 있는 것이다. 또한 거룩하게 될 것을 의심하지 말고, 현재의 안락한 상태를 너무 믿지 말라고 가르친다.

홀로코스트와 구원의 유다교는 다른 유다교 분파처럼 생각이 비슷한 개인들을 '이스라엘'이라는 집단으로 묶어 준다. 그리고 이 개인들의 공통 사건을 집단의 축제로 만들며, 공통의 기억을 되새기는 자리도 마련한다. 사건을 정의하고, 모임을 소집하고, 이스라엘의 건국을 선포하는 순간 등이 모두 홀로코스트와 구원의 유다교를 정의한다. 이중 토라의 유다교처럼 이 유다교도 공적 사건의 기억을 지닌다. 이 사건에 대한 기억으로 말미암아 사람들은 개인의 가정에서 집단성을 지닌 공동체의 구성원이 된다. 또한 이런 기억으로 말미암아, 시나고그와 전통적 교리로 이끌리는 사람보다 공적 활동으로 이끌리는 사람들이 훨씬 많다. 따라서 이 공적 사건의 기억은 중요하다. 인종 집단으로서 유다인의 조직화되고 집단적인 삶은 현재 대부분 홀로코스트와 구원의 유다교의 신화와 상징에 기대고 있기에 매우 중요하다.

지금까지 봤듯이, 홀로코스트와 구원의 유다교가 지닌 힘은, '유다인은 어떻게 구별되는가?'라는 절실한 질문에 대답하는 능력에 달려 있다. 이 유다교는 1960년대 후반기에 등장했다. 당시는 흑인, 미국의 소수 토착 인종, 여성, 성적 소수자가 주목 받던 시기였다. 차이를 새롭게 주목한 이런 운동은 역설적이게도 미국의 동화 정책이 완성된 결과였다. 영어를 미국식으로 유창하게 구사하고, 미국 시민에 동화되고, 미국적 규범을 지키면 추가로 다른 문화를 배우는 게 좋다고 생각되던 때였다. 폴란드어나 이디쉬어나 노르웨이어를 익히는 것이 별 문제없는 일이며 오히려 매력적으로 생각되었다. 그래서 흑인 학생들은 자신들의 독특한 음식에 관심을 쏟았고, 유다인들은 코셰르 음식을 원했다. 이런 맥락에서 홀로코스트와 구원의 유다교는 주목 받았다.

특히 공공 정책에 얽힌 질문과 대답도 주목 받았다. 그 절실한 질문을 참여 주체의 관점에서 서술해 보면 이렇다. 우리는 누구인가? 우리는 왜 유다인이 되어야 하는가? 유다인이 된다는 것은 무엇을 의미하는가? 다른 시대 다른 장소의 유다인들과 우리는 어떻게 관련되는가? 국가로서 '이스라엘'은 무엇이고 우리는 그 나라와 무슨 관계인가? 미국 사회에서 현재 우리는 누구인가? 이런 질문들은 홀로코스트와 구원의 유다교를 형성하는 질문에 섞여 들어갔다. 그리고 이 유다교의 자명한 대답은 유다인 문제의 '최종 해결책'인 이스라엘의 존재와 깊게 관련되었다. 세계 어느 곳에 살든 늘 고려해야 하는 장소가 바로 이스라엘이다. 이스라엘이라는 나라의 존재야말로 유다인들이 세계 어디에서 살든 안전(security)에 신경 써야만 하는 이유다.

특정한 절기를 제외하면 시나고그는 대개 소수의 사람들에 의해 운영된다. 그들은 다수의 사람들에게 강한 호소력을 지닌, 홀로코스트와 구원의 유다교를 표방하는 활동가들이다. 그래서 거의 모든 미국 유다인들은 자신을 이스라엘과 동일시한다. 그리고 세속적 부유함보다 이스라엘의 부강함을 생각한다. 이런 생각은 형이상학적 절대성을 지닌 것으로서, 홀로코스트 체험이 결과다. 대부분의 미국 유다인들이 이스라엘을 지원할 뿐만 아니라, 그들 자신의 '유다인 존재성'이 이스라엘에 대한 염원과 끈끈하게 얽혀 있다고 생각한다. 이런 유다인의 일상생활은 유럽 유다인을 완전히 학살했던 공포의 시간들을 다양한 방법으로 기억하게 한다. '그리고 매일 그들은 그 기억과 관련된 어떤 행위를 한다.' 이는 마치 삶을 바쳐 우주적 신화를 사는 것과 같다. 또 속죄와 갱생의 의례를 통해서 정화되고 새롭게 태어나는 목적을 성취하는 것과도 같다. 감정과 체험의 삶이 홀로코스트와 구원의 유다교 내에서 성취되며, 유다인은 자신이 다른 모든 사람과 구별된다는 의식을 획득한다. 그리고 그런 유다인을 공포 속에 홀로 남겨놓지 않기 위해 지켜야 할 삶의 방식 등도 성취된다. 이 유다교는 직접적으로 메시지를 선포하고 공포와 승리의 극단적 감정을 확산시킨다. 이런 끝없는 활동들을 하기 위해서 유다인들은 각자 약간의 시간만 내면 된다. 충실한 유다교인이 되고 싶은 미국 유다인은 불타는 욕구를 통렬한 방법으로 깨달았다. 그러나 그것도 한때였다. 이 유다교는 정치와 공적 영역에서 차분하게 차이를 표현하는 방법을 제공했다. 하지만 일상생활에서 그 차이를 의미 있게 유지하기 위한 비용을 정확히 산출하지는 않았다.


## 사적 유다교와 공적 유다교

우리는 현대 세계에서 종교의 조건에 대해 안다. 사적인 것, 가족적인 것으로 이해되는 유다교와 (표면적으로) 공적이고 정치적인 것으로 이해되는 유다 민족 집단이 공존하는 것이 현대 세계다. 유다교는 사적이고 유다인 집단은 공적이라는 구도는 왜 유지되는 것일까? 그 이유는 이른바 종교의 '사유화(privatization)' 때문이다. 이러한 종교의 정의에 따라 유다인들도 종교란 사적이고 개인적인 것이지, 결코 집단적·공동체적·사회적인 것이 아니라고 생각한다. 앞으로 살펴보겠지만, 대부분의 유다인들은 가정생활에서 통과 의례를 거행한다. 이를테면 아들을 낳으면 할례시키고, 율법에 따라 성인식을 치르며(여자 아이는 바트 미츠바[Bat Mitzvah]라고 하며 12살에 치르고, 남자 아이는 바르 미츠바[Bar Mitzvah]라 부르고 13살에 치른다), 유다교 예절에 따라 결혼하고 장례를 지낸다. 물론 대부분의 유다인은 과월절을 지킨다. 결국 유다인들은 대부분 개인적 신심을 바탕으로 각자의 양심에 따라 주로 새해 첫날 또는 속죄일 등 종교적 절기에 맞추어 시나고그에 가서 예배를 드린다. 동시에 유다인들이 공유하는 정치, 경제, 사회 등 공적 체험은 전혀 다른 방식으로 이루어진다.

사실 이중 토라의 유다교는 사적 영역에서 지배적이고, 홀로코스트와 구원의 유다교는 공적 영역에서 두드러진다. 현대 유다교가 이렇게 된 데는 두 가지 이유가 있다. 첫째, 현대 세계에서는 종교와 그 영역에 대한 지배적인 태도가 존재하기 때문이다. 곧, 종교는 개인적이고 사적인 것이라는 생각이 그것이다. 둘째, 20세기에 일어난 사건에 대한 유다인들의 해석 때문이다. 또는 이 시대에 일어나는 일을 신학적으로 해석하지 않기 때문이기도 하다. 반셈족주의 또는 홀로코스트가 문제로 떠오르면 유다인들은 그것을 정치적 사건으로 보지, 굳이 유다교 신학을 동원해서 해석하려고 하지 않는다. 예를 들어 스킨헤드족이 시나고그를 더럽힌 사건이 있다고 가정해 보자. 이중 토라의 유다교에 따르면 당연히 유다인들은 함께 모여 단식하고 시편을 밤새 읊으며 기도해야 한다. 그러나 현대 유다인들은 경찰서로 가서 정치적 수단을 동원해 문제를 해결한다.

홀로코스트와 구원의 유다교가 제공하는 세계관은 유럽 유다인의 학살이나 이스라엘의 진국 등 최근에 일이닌 역사적 사긴들의 정치적 성격을 무척 강조하고, 이 사건들이 역사에서 유일무이한 사건임을 강조한다. 그리고 사건들 안에서 유다인들이 이스라엘과 함께 살아나갈 궁극적 의미를 발견한다. 이중 토라가 이스라엘이 살아가는 의미를 에덴동산과 시나이 산과 미래의 세상에서 찾았듯이, 홀로코스트와 구원의 유다교는 이스라엘에서 그 의미를 찾는다. 그리고 사회적이고 현세적 국가인 이스라엘은 거룩하고, 그 본질상 다른 모든 국가와 전혀 다르다고 정의한다.


## 프로테스탄트 모델의 유다교

개인적인 것과 가족적인 것은 분리될 수 있을까? 왜 이 둘을 나눌까? 대개 종교적으로 받아들여지는 '이중 토라의 유다교'와, 정치적이고 공적이며 시민적인 '홀로코스트와 구원의 유다교'의 차이를 일반인들이 어떻게 알까? 이 질문에 답하려면 우선 오늘날 세계 종교에 어떤 일이 일어났는지 알아야 한다. 유다교의 경우를 연구하면 세계가 오늘날 어떤 모습인지, 이 시대에 종교는 어떻게 중요한 교리 등을 유지하는지 알 수 있다. 우선 북미 사회에서 허용되는 '차이' 또는 '다름'의 정의는 무엇인지, 그리고 그런 정의 안에서 종교의 위치는 어디인지가 중요하다. 이런 것들은 북미 사회에서는 개신교적 개념으로 정의된다. 종교적 차이는 허용된다. 왜냐하면 종교는 개인적이고 사적인 것이기 때문이다. 이렇게 유다교는 사적이고 가족적인 것으로 체험된다.

　그러므로 유다인 정치 단체는 유다교 단체와 다른 것으로서, 유다인의 공적이고 문화적 생활을 규정한다. 유다인들은 공적 정치에서 이스라엘을 선호하는 정치적 행위를 생산했다. 그들은 구소련의 유다인을 지원하거나 유다인 공동체의 중요한 관심사에 대해 발언하고 행동했다. 사적영역의 유다교는 개인과 가족의 삶에 영향을 줄 뿐, 절대로 정치적 역할을 맡지 않는 것으로 인식된다. 이런 모습은 개신교의 모델과 부합한다. 조금 다른 점이 있다면, 개신교 모델은 종종 교회 조직 그 자체로 국가적 행위에 참여한다는 것이다. 그 대신 공적 정책 전체를 내면의 삶과 구별한다.

　개신교적인 북미에서 사람들은 대개 종교를 개인적이고 사적인 어떤 것으로 본다. 예를 들어 기도는 개인을 위한 것이다. 그 배경에는 종교와 의례란 개인의 내면에 호소하는 것이라는 인식이 있다. 의례로 바뀔 수 있는 것이란 우선적으로 개인적이고 사적인 것이다. 사회적이거나 문화적인 주제는 바뀔 수 없다. 종교와 의례는 정치에 영향을 끼치지도 않고, 공적 이해관계도 없는 것이다. 그러므로 종교에 반응하는 사람들이 할 일은 내면의 세계에 영향을 주는 것이다. 여기서 내면은 공적 담론과 거의 관련이 없다. 일반적인 문제로서, 핵무기에 대해 우리가 할 일은 무엇인가? 유다인들의 문제로서, 유다교 조직을 어떻게 조직하고 미래 계획을 세울 것인가? 종교적 변화는 세상일에 관여하지 않고, 타인의 내면이 투영된 자신의 자아에도 관련되지 않는다. 종교는 주로 타인과 무관한, 지극히 고유한 개인을 바꾼다. 그러므로 사람들은 종교가 공적 역할을 하지 않는다고 생각한다. 종교는 공적 활동과 관련 없고, 사람들의 믿음이나 사적 영역과 관련 있다. 종교는 사람들의 마음을 움직이는 것이다.

## 유다 공동체와 사회적 환경

지금까지의 내용을 정리해 보자. 유다인은 공통의 이해와 체험을 바탕으로 공동체를 이룬다. 이 공동체는 공동의 체험에 기반한 공통의 가치에 호소한다. 다양한 개인과 가족들은 유다교의 시각으로 만물을 일관되게 보는 방법을 얻는다. 그 방법은 대개 단순하고 명료하다. 그러므로 문제는 유다교가 삶의 중심을 차지하느냐의 여부가 아니다. 이미 삶의 중심을 차지한 것이 '어떤' 유다교인지가 중요하다. 결국은 현대의 두 유다교 가운데 어느 것이냐 하는 게 문제다. 특정한 유다교가 언제 어디서 종교의 역할을 하고, 어떤 영역에서 종교라고 할 수 없는지 이해하는 데 결정적인 열쇠는 다음과 같다. 이 두 유다교는 공존한다. 하나는 사적이고 다른 하나는 공적이다. 개신교적 모델에서 이중 토라의 유다교는 가정과 집안과 사적 생활 등을 맡고, 홀로코스트와 구원의 유다교는 시민사회의 영역을 맡아 북미 유다교 공동체의 공적 생활과 정책에 영향을 끼친다. 두 유다교의 관계도 복잡하다. 사적 영역의 유다교는 유다인의 공적 영역에서는 열등한 지위를 지닌다. 사회적 행동이 있는 곳에 공동체의 공적 삶이 있기 때문이다. 현대의 두 유다교를 통해서 과거의 유다교를 돌아보자. 현대의 두 유다교는 서로 구별되지만, 크게 보자면 하나가 되어 유다인의 사적 삶과 공적 삶을 나누어 책임진다. 근대 이전에 유다교는 개인과 집단을, 사적 삶과 공적 삶을 통합했다.

유다교가 단일하고 전체적인 체계를 갖춘다면 어떤 모습일까? 또는 유다교를 하나의 종교로 다루는 게 옳다면, 과거와 현재의 모든 유다교 분파를 특징짓는 것은 무엇일까? 우리는 이제 이렇게 유다교를 정의할 질문을 준비한다. 우리가 다루는 것은 현대 세계가 요구하는 것과는 조금 다른 정의다. 이런 질문에 답하기 전에 우리는 유다교와 유다인을 그들이 살고 반응하는 세계와 떼어 놓을 수 없음을 깨달아야 한다. 유다교가 성장하는 데 양분을 제공했던 사회야말로 배후에서 질문을 제공했다. 그 질문은 당대에는 절실했지만 이제 역사가 되었다. 공동체 밖의 세상에서 일어난 일 때문에 유다교 내부의 질문과 대답이 설득력을 얻기도 했지만, 아예 질문과 대답 자체가 세상에서 비롯된 것도 있었다. 물론 유다교 내부의 다른 한 편에서는 그런 세상의 소리를 전혀 듣지 않으려는 태도도 있었다. 그러나 서방에서 어떤 일이 일어났는지 알지 못하면 왜 서방의 유다교가 오늘날 두 개로 나뉘어 번성하는지 이해할 수 없음은 너무나 분명하다.

그러므로 유다교를 이해하려면, 현대의 유다교이든 천 년 전의 유다교이든, 유다인들이 처한 결정적인 환경을 먼저 알아야 한다. 그들이 절실하게 던진 질문도 그들이 처한 상황에서 비롯되었고, 자명하다고 인정된 대답도 그런 상황이 낳은 것이다. 그러므로 유다교의 핵심이 무엇인지 말하기 전에 그 사회적 맥락을 살펴봐야 한다. 즉, 종교, 문화, 정치, 사회가 긴밀히 결합되어 전체적 체계를 이룬 이 시대를 말하기 전에, 먼저 오늘날 모든 종교가 처한 상황과 사회적 세계를 들여다보자.

# 오늘날의 유다교는 어떠한가

## 유다교의 종교적 세계

지금까지 우리는 유다교가 유다인의 다양한 삶의 질서를 형성했고, 특히 이스라엘을 만들었음을 보았다.[17] 이제 현대 사회에 적응한 유다교 가운데 이중 토라의 유다교가 어떻게 사람들의 삶을 형성했고 변화시켰는지 물어볼 차례다. 어떤 면에서 사람들은 유다인일 뿐 아니라 유다교 신자로 살기를 선택했기 때문이다. 우리는 대답을 찾기 위해, 두 축제(경외의 시기와 과월절)와 하나의 통과 의례(결혼)를 볼 것이다. 이 경우들을 선택한 이유는 이들이 오늘날 유다교 신자들뿐 아니라 유다인들 안에서도 보편적이기 때문이다. 또한 이 경우들이 유다교의 종교 생활에 전형적인 예를 제공하면서도 모든 시대에 행해졌기 때문이다.

경건한 유다교 신자인 유다인에게 과연 유다교란 어떤 의미인가를 물으려면, 앞에서 시작한 두 개의 유다교를 구분하는 단순한 특징으로 돌아가야 한다. 그렇지 않으면 왜 어떤 사람은 전통 의례 가운데 어떤 것은

---

17) 이 내용은 졸저를 보라. *The Enchantments of Judaism*: *Rites of Transformation from Birth through Death* (New York: Basic Books, 1987 ; Judaic Book Club selection, September, 1987. Jewish Book Club selection, October, 1987. Second printing, Atlanta: Scholars Press for University of South Florida Studies in the History of Judaism, 1991. Edition on tape, Princeton, 1992, Recording for the Blind).

행하고 어떤 것은 행하지 않는지 이해할 수 없을 것이다.

잠깐 앞의 논지로 돌아가자. 실제 행해지는 유다교 의례는 개인과 가족에 초점을 맞춘다. 이중 토라 유다교의 의례는 대개 정통파 유다교만이 행한다. 이들은 사회 전체, 문명, 백성, 민족 등을 향해 말한다. 하지만 이런 사회적 영역은 다른 유다교, 곧 홀로코스트와 구원의 유다교가 가져가 버렸다. 이중 토라의 유다교에서 이스라엘이란 각별한 의미를 지닌다. 이스라엘은 통합된 공동체이며 모두 함께 같은 일을 하는 한 몸으로서, 창조와 계시와 구원의 세계에서 일어난 사건들을 경배하고 기뻐하며 함께 기억한다. 안식일과 축제들은 사회적 단위인 이스라엘의 통합된 삶에 초점을 둔다. 하지만 이런 축제에 대해 이들이 주장하는 것은 많은 유다인을 설득하지는 못한다. 이런 축제에 시나고그가 미어터지도록 꽉 차는 적은 없다.

그런데 가족을 축복하는 통과 의례들은 사람을 움직이는 엄청난 힘을 지녔다. 이를테면 할례나 결혼식이 그렇다. 새해 첫날에 시작하여 초막절에 끝나는 경외의 시기도 여기 들어간다. 이집트 탈출을 기념하는 봄의 과월절은 축제의 고향이다. 과월절에 가족이 모여 읽는 말씀에 유다인들은 거의 보편적으로 반응한다. 축제의 상징은 누룩 없는 빵인 '맛차(matzah)'다. 그런데 이 빵은 마법과 같을 때가 있다. 몇 년이나 과월절 단식을 지키지 않은 사람이라도 한 주 동안은 주식을 포기하고 이 맛차만 먹곤 하기 때문이다. 하지만 동시에, 과월절에 시나고그는 자리가 텅텅 빈다. 공적이고 공동체적인 면을 부정하면서 가족의 가치를 중시하지만, 정작 가족들이 집단적으로 외면하는 이 이중 토라의 유다교에서 다음을 확실히 알 수 있다. 사람들이 '우리' 보다는 '나'를 훨씬 선호한다는 것이다. 바로 이 점이 사람들이 무엇을 하고 무엇을 무시하는지를 설명한다.

## 경외의 시기

유다교는 음력(陰曆)을 따른다. 음력은 태양력과의 오차를 줄이기 위해서 춘분과 추분이 지난 다음 보름달이 뜨는 날을 중요하게 계산한다. 그래서 춘분이 지난 다음의 보름달이 뜨는 날을 지닌 니산(Nisan, 태양력의 3~4월) 달과, 추분 다음의 만월(만월)이 속한 티쉬리(Tishiri, 태양력의 9~10월) 달이 중요하다. 니산 달의 보름에 과월절 축제를 지내고 티쉬리 달의 보름에 수콧(Sukkot) 축제, 곧 초막절(Festival of Tabernacle)을 지낸다. 이 두 축제가 유다교에서 가장 중요하다.

티쉬리 달은 유다교의 가장 중요한 달로서, 이슬람의 '라마단(Ramadān)'에 견줄 수 있다. 티쉬리 달의 3주 동안 축제가 열린다. 티쉬리 달의 첫 달이 뜨면 유다교의 새해가 시작되고, 이때부터 속죄일까지 열흘 동안이 참회의 시기, 즉 '경외의 시기'다. 이윽고 보름달이 뜨면 수콧 축제가 시작되어 최고조에 이른다. 수콧 축제는 다시 일주일간 계속되고, 8일째 장엄한 집회가 열리면 3주에 걸친 축제는 막을 내린다.

다시 말하자면, 유다교의 한해살이는 티쉬리 달의 첫 달이 뜨는 9월경부터 시작한다. 새해 첫날을 뜻하는 '로쉬 하샤나(Rosh Hashanah)'가 있고 나서 10일 후에 속죄일을 뜻하는 '욤 키푸르(Yom Kippur)'가 시작된다. 이때 「레위기」 16장에 기록된 전례를 거행하며 하느님의 심판과 인류의 용서를 기도한다. 닷새가 지나 보름달이 뜨면 초막절, 곧 수콧 축제가 시작된다. 축제는 일주일간 지속되고 8일째 '셰미니 아체레트(Shemini Atzeret)'라는 거룩한 집회에서 『토라』를 읽는 기쁨의 의례인 '심하트 토라(Simhat Torah)'로 막을 내린다. 그러므로 티쉬리 달은 거의 한 달 내내 먹고 마시고 기도하고 공부한다. 축제의 주제는 하느님의 주권과 창조와 계시와 구원 등을 기리는 것이다. 이게 이 절기에 그들이 장엄하게 행하는 전례다.

경외의 시기는 속죄일이 되면 정점에 도달한다. 이 시기를 통해 유다인은 어떤 대답을 얻는다. 이 대답을 주의 깊게 들어보면, 대답을 부른 질문이 거대한 역사적·사회적 맥락에서 규정되었음을 알 것이다. 우리는 질문과 대답을 살펴보고 나서, 거대한 맥락 자체가 규정된 지점으로 되돌아갈 것이다.

새해 첫날(로쉬 하샤나)과 속죄일(욤 키푸르)은 가을 축제가 시작될 때 경외의 시기를 규정한다. 유다인은 이 시기에 걸맞는 장엄한 기도를 올린다. 특히 이때의 전례문은 개인의 내면을 되돌아보게 하고 개인적 심판을 내리게 한다. 새해가 시작되는 시기에 과거를 되돌아보게 하는 것이다. 이런 기도는 마치 떨어지는 낙엽처럼 슬프고 쓸쓸하지만, 희망적이기도 하다.

경외의 시기를 통해 얻는 대답은 삶과 죽음에 대한 것이다. 축제 시기에 그 대답은 다음과 같이 신비적 형태로 하느님의 다스리심과 심판을 확언한다. 우선, 말씀이 태초에 세상을 창조했는데, 이제 옛것은 갔고 새것이 막 도착했다. 이를테면 새해 첫날, 곧 로쉬 하샤나에 이렇게 세상 창조를 찬미한다. "오늘 세상이 태어났다." 그런데 새로운 시작 또한 이렇게 끝이 난다. "새해 첫날에 칙령이 반포되었다. 누가 살고 누가 죽을 것인가?" 이 전례문에 따르면, 새해에 누가 살고 누가 죽을지, 모든 인류의 살생부가 이날 하늘의 책에 적힌다. 그리고 속죄일이 되면 이 책이 완성되어 봉인된다. 사람들은 전례문을 듣기 위해 모인다. 이 시기는 찬미로 풍성하고, 새해 첫날 시나고그는 가득 찬다. 진심으로 참회하는 사람들도 있지만, 평소 거의 오지 않다가 명절이 되어 그냥 오는 사람도 물론 많다. 로쉬 하샤나는 모든 피조물의 행위를 기억하고 반추하는 날이다.

이날 말씀은 태초의 창조와 하느님께서 피조물을 다스리심을 기억한다. 계시는 하느님께서 창조한 세상을 '토라'로 주재하심도 기억하는 것이고, 구원은, 곧 세상을 위한 하느님의 궁극적 계획도 기억한다.

이날은 하느님이 만드신 세상의 생일이고, 하느님의 주재하심을 확언하는 날이다. 로쉬 하샤나의 기도를 보자.

> 우리의 하느님이시자 우리 조상들의 하느님, 당신의 영광 안에서 전 세계를 다스리소서 ……. 그리고 당신의 세계에 사는 모든 사람들에게 당신의 영광 안에서 나타나소서, 그리하여 피조물 전체가 당신께서 만드셨음을 알게 되고, 모든 피조물들이 당신이 지으셨음을 깨닫게 하소서. 그리하여 모두 코에서 숨을 내뿜으며 이렇게 말하게 하소서. "주님이신 이스라엘의 하느님은 임금이시고, 그분의 왕국은 모든 것보다 훨씬 위에 있습니다."[18]

이 전례문은 계속해서 하느님의 다스림과 그분이 하신 일을 기억하라고 말한다. 또한 하느님께서 창조와 계시와 구원이라는 주제를 보여 주셨음도 말한다. 예를 들어, 다스림은 세상 창조에 기초하고, 심판은 그분의 율법에 달려있다. 전례문은 계속해서 이렇게 말한다. "태초에 당신은 이것을 만드셨습니다. 당신의 목적은 ……." 곧 사람들은 하느님이 원하시는 것이 무엇인지 들었기 때문에, 심판의 대상이 되는 것이다.

이날에 모든 나라에 심판이 내려지리니, 칼을 맞을지, 평화가

---

18) 영문 번역은 다음을 보라. Jules Harlow, ed., *Mahzor for Rosh Hashanah and Yom Kippur: A Prayerbook for the Days of Awe* (New York: Rabbinical Assembly, 1972), p. 263.

찾아올지, 기근이 들지, 풍년이 들지 결정된다. 오늘 모든 피조물의 생사가 결정된다. 누가 이날 심판되지 않을 것인가? 모든 피조물이 당신 앞에 나와 모든 사람이 그의 행위와 운명을 기억할 것이다. 또한 그의 말과 길과 …….

이런 신비적 언어는 내적 성찰로 인도한다. 이 성찰은 속죄일에 전면에 등장한다. 욤 키푸르, 곧 속죄일은 '안식일의 안식일'로도 불린다. 이날은 경외의 시기 가운데 가장 인격적이고 장엄하며 감동적인 순간이다. 유다인들은 단식하고 기도를 쉬지 않으며 다음의 고백을 바친다.

우리 하느님이시자 우리 조상들의 하느님, 당신 앞에서 기도를 바치게 하소서. 우리 호소를 들으시고 모습을 감추지 마소서. 저희는 이제 교만하지도, 목이 뻣뻣하지도 않습니다. 그전에 저희는 당신께 …… 우리는 정의롭고 죄를 짓지 않았다고 말씀 드린 적이 있습니다. 그러나 이제 고백하오니, 저희는 죄를 지었습니다.

저희에겐 죄가 있고, 저희는 믿음을 버렸나이다. 저희는 도둑질했고 …… 저희는 부정을 저질렀고, 불의를 일으켰으며 건방졌나이다. ……

저희는 악을 키웠고, 반항했고, 신성 모독을 저질렀나이다. …….[19]

이 고백문은 각 문장 첫 단어의 첫 철자가 히브리어 알파벳 순서로 배열된 '알파벳 시편'의 형식을 취하고 있다. 아마 알파벳 순서로 모든 글자

19) Harlow, ed., *Mahzor for Rosh Hashanah and Yom Kippur*, p. 377.

를 말하면, 인간의 비밀을 아시는 하느님께서 그 알파벳을 적절하게 다시 조합하셔서 우리의 죄를 밝히실 것이라 희망했을 것이다. 그러므로 각 알파벳은 하느님 앞에서 우리의 죄를 말하는 증거물이다. 이런 맥락에서, 다음과 같은 내적 반응이 나온다.

> 높은 곳에 좌정하신 당신께 저희가 무슨 말씀을 드리리까? 하늘에 계시는 당신께 저희가 무슨 말씀을 올리리까? 당신은 드러나든 감추어지든 모든 일을 알고 계시지 않습니까? 당신은 생명의 가장 감추어진 신비인 영원의 비밀을 아십니다. 당신은 사람의 느낌과 마음을 시험하시며 내면의 가장 깊숙한 곳을 훑으십니다. 당신께 감추어진 것은 아무것도 없습니다. 당신의 눈이 보지 못하는 것은 없습니다. 그러므로 제발 우리의 죄를 용서하여 주시고, 우리가 부정으로 저지른 죄를 사하여 주시고, 저희가 잘못한 것을 눈감아 주소서.

계속해서 죄의 목록이 알파벳 시편 형식으로 나온다. 그리고 이 기도를 읽는 죄인과 공동체는 모두 죄를 지어 타락했다고 복수형으로 말한다. "우리가 우리 입술로 당신께 죄를 지었습니다. …… 우리가 드러내 놓고 또는 은밀하게 당신 앞에서 죄를 지었나이다. ……." 즉, 사회 또는 동료를 거슬러 죄를 지은 것이다. 그리고 공동체는 공동체 내부에서 저질러진 것에 대해 책임이 있다. 이스라엘은 모두 공동체의 일부이며 한 몸이므로, 모두가 각자의 행위에 대해 책임이 있다. 결국 이 전례문은 이렇게 끝난다.

오 나의 하느님, 당신 앞에서 제 형체가 갖추어졌지만 저는 아무것도 아닙니다. 저는 지금 이렇게 형체가 있지만 마치 형체가 없는 것과도 같습니다. 저는 이 삶에서 먼지일 뿐이며 죽고 나서는 더욱 그러할 것입니다. 보소서. 저는 당신 앞에서 마치 수치와 혼란으로 그득찬 그릇과 같습니다. 제발 당신 뜻대로 …… 제가 더 이상 죄를 짓게 하지 마시고, 제가 이미 지은 죄를 당신의 넘치는 자비로 용서하여 주소서.

전례문은 대부분 '우리'라고 말하지만, 처음부터 끝까지 개인에게 초점을 둔다. 경외의 시기 동안에 개인은 마음으로 심판과 속죄의 이야기를 듣는 것이다. 하느님의 사랑과 연민을 기대할 수 없는 마음으로 유다인 개인이 각자 하느님 앞에 서는 것이다. 지금까지 말한 것이 자명한 대답이라면, 과연 절실한 질문에 대해 의문은 없을까? 필자의 생각으로는 없다. 경외의 시기는 이 기간에 고유한 적절한 주제를 던져줄 뿐이다. 그 주제로 말미암아 일어나는 느낌과 감정에 기반해서 이 시기는 유다인의 삶에서 힘을 갖는다. 그렇다면 이 시기의 고유한 주제는 무엇일까? 그것은 바로 '나에게 지금 무엇이 일어나는가?', '나는 어디로 가는가?'라는 질문이다.

## 과월절

북미에서 가장 많이 참여하는 유다교 축제는 과월절(The Passover Seder)로서, 가족이나 친구와 함께하는 공동의 저녁 식사다. 그런데 저녁 식사와 함께하는 파티는 매우 세속적인 행위인데, 어떻게 이런 행위가 가장 중요하고 심원한 의미를 지닌 축제가 되었을까? 공동 식사 전례에 참가하는 사람들은 이 세상의 존재가 아닌 다른 존재가 된다. 유다인의 장구한 역사에 합류하는 것이다. 식사 전례에 사용되는 상징과 말씀들은 그 가족과 친구들을 이집트에서 구원된 이스라엘 공동체로 탈바꿈시킨다.

유다인 가족은 식탁에 둘러앉아 이집트에서 탈출한 이야기를 듣는다. 누룩 없는 빵을 준비하고 포도주를 축성한 다음 파라오의 압제에서 해방된 노예들을 축복한다. 의례를 통해 그들은 '우리 가족'에서 '우리 이스라엘'이 된다. 그리고 다가오는 봄은 영원무궁한 계절이 된다. 이는 직선적 역사관에서 유일무이하고 단일한 사건을 상징한다. 다음의 전례문 양식은 이날의 전례에서 시간과 공간의 복합체를 잘 표현한다.

> 영원무궁히, 모든 세대에, (모든 이스라엘인은 자신이 이집트에서 나온 존재임을 생각해야 한다)

이것이 바로 유다인에게 그들 자신의 정체성을 생각해 보게끔 만드는 방법이다. '자신이 이집트에 나온 존재임을' 생각하게 만드는 것이다. 이런 요구에 유다인이 응답하는 것은 물론 완전히 다른 문제다. 유다인들은 물론 고유의 방식으로 응답한다. 그 응답을 이해하는 것이 핵심이다.

그전에 우리들이―유다인들이―이 심원한 의미를 인식하기 때문에 일상을 은유로 보고 있다고 생각해 보자. 하나의 사물에 어떤 의미를 덧붙이고, 그 심원한 의미를 인식하는데 성공하면, 그 사물은 분명하고 자명하게 어떤 의미를 갖는 것이 된다. 그리고 어떤 사물이 표면적인 정보를 넘어 심원한 의미를 갖는 것이라고 받아들인다면, 이미 지금 여기를 뛰어넘어 뭔가 완전히 다른 것을 의미한다고 결론 내렸다는 뜻이다. 이것이 은유가 작동하는 방식이다.

유다인의 경우에는 과월절 전례문에서 이런 방식을 볼 수 있다. 이 전례문에는 뚜렷한 주제가 있다. 바로 우리 몸은 비록 '지금 여기' 있지만, 우리는 사실상 '그때 저 멀리에' 존재한다는 것이다. 다음을 보자.

'우리'는 이집트 파라오의 종이었고, 주님이신 하느님께서 힘센 손과 팔을 뻗으시어 그곳에서 우리를 끌어내 주셨다. 마땅히 찬미를 받으실 거룩하신 분께서 만일 우리 조상을 이집트에서 끌어내지 않으셨다면, 우리와 우리 후손들은 아직도 이집트에서 파라오의 종으로 살 것이다. 그러므로, 우리가 비록 지혜와 이해와 슬기로 충만하고 『토라』를 잘 알고 있다고 하더라도, 지금 이집트에서 탈출한 이야기를 되풀이하여 읽어야 마땅하다. 이집트 탈출 이야기를 소중하게 다루는 사람은 모두 찬미 받을 것이다.

이것은 고통의 빵이니, 우리 조상들이 이집트 땅에서 먹었던 것이다. 배고픈 자는 모두 와서 우리와 함께 먹고, 궁핍한 자들은 모두 와서 함께 과월절을 기리자. 이 명절을 올해는 여기서 보내지만 내년에는 이스라엘에서 치를 것이다. 올해는 종살이하며 보내지만 내년에는 자유인으로서 치를 것이다.

이것이 우리 조상이 했던 약속이요 우리가 지금 지키는 약속이다. 첫째 (성전) 파괴도, 둘째 파괴도, 셋째 파괴도 계획되지 않았었다. 그들은 모든 세대에 걸쳐 우리를 거슬러 일어났고, 모든 세대에 걸쳐 하느님은 우리를 건져주셨다. 그들의 손에서 건져내어 자유를 주셨고, 고통에서 건져내어 기쁨을 주셨고, 통곡에서 건져내어 축제를 주셨고, 어둠에서 빛을, 종살이에서 구원을 주셨다.[20]

영원무궁히, 모든 세대에 (모든 이스라엘인은 자신이 이집트에서 나온 존재임을 생각해야 한다) 『토라』에 이렇게 쓰여 있다. "이날 너희는 너회 아들에게 이렇게 말해 주어야 한다. '이 모든 것은 이집트에서 나올 때 하느님이 내게 해 주신 것이다.'" 마땅히 찬미를 받으실 거룩하신 분께서 우리 조상들만 구해 주신 것이 아니다. 그분은 살아 있는 우리도 우리 조상과 함께 구하셨으니, 바로 우리가 『토라』에서 읽은 구절 그대로다. "그리고 그곳에서 우리를 이끌어 내셨다. 우리 조상들에게 맹세하신 땅으로 우리를 데려다가, 그 땅을 우리에게 주시려는 것이었다."[21]

그러므로 이렇게 질문할 수 있다. 이 전례문을 읽으며 '지금 여기'의 어떤 체험이 과연 '그때 그곳'의 체험으로 되었을까? 이를 위해서는 전례문보다는 현실을 살펴봐야 한다. 삶이 은유라면, 그들의 일상은 마치 드라마 같은 것이고, 그들은 배우에 해당될 것이다. 과연 이런 고대의 전례문을 실제에 적용할 수 있을까? 과월절은 가장 많은 사람이 참여하는, 유다교의 가장 대중적인 축제다. 이들 모두를 공통적으로 관통하는 단 하나의 현실이 있을까? 모든 사람이 공감하고 참여하는 보편적이고 절실한 질문은 무엇일까? 필자가 보기에 이 전례문은 홀로코스트를 기억하는 모든 사람의 마음을 꿰뚫는다. 가장 최근에 일어난 대량 학살로서 거의 600만 명이나 되는 유다인이 희생된 사건이다. 이것을 기억하는 유다인들 또한 현재 소수 민족이고 위기 상황이다. 세계 도처에서 실제 그런 위

---

20) Maurice Samuel, trans., *Haggadah of Passover* (New York: Hebrew Publishing Co., 1942), p. 26.
21) Samuel, trans., *Haggadah of Passover*, p. 27.

기 상황에 처해 있거나, 내면적으로 그런 상황을 맞는다.

이 상황은 에즈라 시대나 『모세 오경』의 유다교 때와도 거의 다르지 않다. 유다인은 소수 집단이다. 소수이기 때문에 눈에 잘 띈다. 그들이 '타인들'과 다르기 때문에, 유다인들은 역사적으로 치명적인 사건들을 겪어 왔다. 유다인들 사이에서 이 '타인들'은 다수 집단이라는 환상이 된다. 이런 다수의 타인들은 단지 이민족일 뿐이다. 유다인이 아닌 민족들 전부가 무차별적으로 이 범주에 든다. 다르다는 것은, 그 다름이 무엇이든, 설명을 요구한다. 또는 분노를 촉발시킨다. 긴장을 일으키기에 해소되어야 하고, 고통을 일으키기에 용서되어야 한다. 젊은이들에게 이 다름이란 참을 수 없는 것이다. 중년에게 이 다름이란 설명과 보상을 요구하는 일이다. 이 다름만큼 기회는 줄어든다. 개인은 다른 개인과 다르지 않을 수 있다. 눈에 띄지 않고 살 수도 있다. 하지만 유다인 가족은 반드시 다른 가족과는 다른 표식을 지닌다. 그 다름이야말로 유다인이라는 존재의 가장 핵심적인 본질이다.

이스라엘의 가정은 과월절을 지키고, 과월절은 다시 이스라엘의 가정을 축복한다. 화려한 수사로 자유를 노래하는 전례문은 해방의 노래를 슬픈 단조로 연주한다. 오늘은 '종살이'를 하지만 내년에는 '자유인'이 될 것이다. 오늘은 여기서 보내지만 내년에는 '예루살렘'에서 치를 것이다(물론 지상의 예루살렘이 아니라 천상의 예루살렘이다). 이 현대의 가족은 그들이 존재할 최우선의 자리를 찾았다. 이집트에서 종살이하던 그 자리는 너무나 고통스러워서, 고대에 그들은 분노하고 거부하고 결국엔 그 종말을 축복했었다. 그리고 그들은 다시 한번 종살이를 끝내 달라고 열렬히 요구한다.

과월절이 이렇게 대중화된 이유는, 이방인들이 무슨 짓을 저지를 수 있는지 지금 이 세대가 알고 있기 때문이다. 특히 유럽에서 유다인 학살이 어떻게 일어났는지 생생히 기억하는 세대이기 때문이다. 그래서 오늘날의 과월절은 역사를 말할 뿐 아니라 개인사에 관여되기도 한다. 과월절 안에서 역사와 개인이 결합된다. 나치 시대를 겪은 소수 민족의 개인은 자명하고 긴밀하고 진실되고 절실한 진례를 빌건했다. 그 전례를 동해 유다인들은 일상을 발견하고 지금 여기에 존재한다. 그들이 겪은 공통된 세계는 전례를 통해 참된 이스라엘을 위한 은유가 된다. 그들은 종살이했지만 결국 구원되었다. 필자는 20세기 유다인들이 스스로를 이집트에서 해방된 존재로 보는지는 확실히 알 수 없다. 하지만 그들이 자신을 이집트에서 종살이하던 존재로 느끼고 있다고는 말할 수 있다. 그래서 그들은 과월절로 모이고 개인적 내면의 벽을 넘어서 일상의 의미를 깨닫는 것이다. 개인은 일상의 사물이 저 멀리 심원한 의미를 띠고 있음을 알았다. 저마다 '지금 여기'는 세상의 모든 곳과 모든 시대를 대표함을 깨달았다. "그들은 모든 세대에 걸쳐 우리를 거슬러 일어났다." 그리고 하느님이 그들을 구원하셨음이 드러났다. 이 진리를 기리기 위한 저녁 식사에 누가 과연 기쁘게 참여하지 않을 것인가?


## 통과 의례: 혼인 의식

유다인끼리 결혼할 때, 그들이 시민적 결혼식, 곧 세속적 결혼식만 올리는 경우는 거의 없다. 유다인 여성과 유다인 남성의 결혼은, '모세와 이스라엘의 율법에 따라' 네 기둥 끝에 천을 묶어 하늘을 가리고 사방이 완전히 뚫린 '훕파(huppah)'라고 하는 천막 안에서 거행된다. 혼례는 두 개인 사이의 공적 결합이 영원무궁히 완성됨을 의미하는 것이다. 유다인의 결혼은 지금 여기 존재하는 신랑과 신부를 태초의 에덴동산으로 연결시키고, 동시에 세상 종말 때의 시온 산과 연관 짓는다. 다시 말해 결혼이라는 통과 의례는 공간과 시간과 행위를 변형시키고 신부와 신랑을 공동체로 만든다. 결혼은 창조를 연상시킨다. 새 에덴동산이 만들어지는 것이다. 두 '나'가 하나의 '우리'가 되고, 한 쌍의 공동체는 아담과 이브가 시작한 인류라는 패러다임에 합류한다. 아담은 첫째 남자고 이브는 첫째 여자다. 신랑은 아담을, 신부는 이브를 대표하고, 이 둘이 결합하여 새로운 창조를 시작한다. 결혼식에 사용되는 훕파는 천상을 상징하는 공간이다. 그 공간 안에서 '지금'은 태초의 시간이 된다. 이때에 태초의 시간이 재현된다.

중세의 위대한 성서 해석가, 라시(Rashi, 1040~1105년)에 따르면, 에덴동산에 살던 뱀의 예언이 이런 식으로 현실이 되었다. "그 나무 열매를 따 먹기만 하면 너희의 눈이 밝아져서 하느님처럼 선과 악을 알게 될 줄을 하느님이 아시고 그렇게 말하신 것이다."(「창세기」, 3.5) 라쉬는 이 구절의 의미를 인류가 '세상의 창조자'가 되는 것이라고 주장했다. 그러므로 결혼식에서 신부는 이브가, 신랑은 아담이 된다. 결혼식은 새로운 세계, 즉 가정을 시작하는 것이다. 가정은 사회적 단위이고, 인류다.

결혼식에서 아담과 이브는 '나와 당신'에서 '우리'가 되고, 시공을 초월한 예루살렘에 사는 이스라엘이 된다. 결혼식의 절정은 포도주 한 잔을 놓고 '셰바 베라코트(sheva berakhot)'라는 일곱 가지 축복을 암송하는 것이다. 그 전례문 가운데 다음과 같이 에덴동산을 연상시키는 것이 있다.


찬미 받으소서. 오 주님이신 우리 하느님, 우주의 임금이시여,
당신 영광을 위하여 모든 것을 창조하셨네.
찬미 받으소서. 오 주님이신 우리 하느님, 우주의 임금이시여,

아담을 창조하셨네.

　찬미 받으소서. 오 주님이신 우리 하느님, 우주의 임금이시여, 당신의 모습대로 남자와 여자를 창조하시고, 여성을 남자의 짝으로 시으시고, 그들이 영원토록 함께 살게 하셨네. 찬미 받으소서 오 주님. 사람을 창조하셨네.


　이 세 기도는 완벽히 실현되었다. 세상이 창조될 때 첫 문장이, 인류가 창조될 때 둘째 문장이, 그리고 남자와 여자가 하느님의 모상대로 창조될 때 마지막이 실현된다. 포도주 한 잔을 놓고 드리는 이 말씀들은 은유로서 어떤 세계를 연상시킨다. 신랑과 신부는 이제 아담과 이브로서 다음과 같이 말한다. "우리는 이제 그들처럼 되었다."

　이스라엘의 역사는 창조에서 시작되었고, 그 창조는 하느님의 영광을 위한 것이었다. 맨 처음 포도가 창조되었는데, 이는 자연 세계의 상징이다. 만물은 자연적이고 물질적이다. 동시에 하느님이 만드셨으므로 영적이다. 모든 피조물 위에는 아담이 있다. 위 전례문은 히브리어로 아담을 지으신 분으로 끝난다. '아담'이라는 낱말을 선택함으로써 태초의 낙원이라는 주제가 큰 의미를 지니게 된다. 또한 인류의 창조 신비가 재현된다. 남자와 여자는 각자 완전하고 전체적으로 하느님의 모습대로 만들어졌다. 그 하느님은 생명을 주시는 분, 곧 '생명의 하느님'이시다. 여성은 남성과 함께, 남성에게서 만들어졌으며, 그와 함께 삶을 영속한다. 그러므로 "아담을 지으신 분은 찬미 받으소서"라고 말한다. 지금까지 우리는 자연 세계로부터 낙원의 원형으로 들어왔다. 이제 우리 앞에는 남성과 여성이 있는 게 아니라, 아담과 이브가 서 있다. 그런데 전례문에 갑자기 이런 말이 나온다.

시온은 자녀들이 회복되어 기뻐하니 즐거워하라. 찬미 받으소
서. 오 주님, 시온이 자녀들의 귀환을 즐거워하도록 하셨네.


이렇게 불쑥 들어온 삽입문은 전체적인 문맥에서 볼 때 좀 삐걱거리는
것 같다. 지금까지는 시온을 언급한 적이 없다. 시온은 결혼식 전례문에
어울리지 않는 것 같다. 하지만 시온의 은유는 이미 앞에 있었다. 시온으
로 귀환하는 것은 이스라엘이 유배에서 풀려나는 것을 의미하기도 하지
만, 인간적 고통에서 풀려나는 것을 은유하기도 한다. 그렇다면 여기서
시온이 등장하는 것은 논리적이다.

아담과 이브는 이스라엘이기도 하다. 이들은 다섯 번째 축복에서 어
머니 시온의 자녀로 나온다. 시온은 파괴되었고 자녀들은 뿔뿔이 흩어졌
다. 그러므로 어머니인 예루살렘의 시온을 생각하면 아담과 이브는 함께
기뻐할 수 없다. 자녀들은 언젠가 집으로 돌아올 것이다. 지금은 슬프지
만 미래는 희망적이다. 옛 이스라엘은 늘 슬픔과 기쁨이 교차했다. 그리
고 전례문은 갑자기 행복한 사건을 언급하여 분위기가 너무 슬프게 흐르
지 않게 한다. 이제 새로운 인류의 창조자가 되었으니 "사랑의 공동체에
완벽한 기쁨이 있으라"고 선언한다. 새 아담과 새 이브는 에덴동산이라
는 집에 돌아왔다. 집에 기쁨이 넘친다. "찬미 받으소서 오 주님, 신랑과
신부에게 기쁨을 주셨네."

이 순간의 기쁨을 느낌으로서, 회복과 구원과 귀환의 기쁨을 미리 맛
본다. 그러므로 두 역할은 이제 기쁨 안에서 하나가 된다. 첫째는 신랑과
신부인 아담과 이브이고, 둘째는 훕파, 곧 에덴동산이다.


사랑의 공동체에 완벽한 기쁨이 있으라. 당신은 에덴동산에서

첫째 남자와 첫째 여자에게 그런 기쁨을 주셨네. 찬미 받으소서
오 주님, 신랑과 신부에게 기쁨을 주셨네.

또한 똑같은 기쁨이 다른 상징으로 한 번 더 나온다. 시온은 신부이고
이스라엘은 신랑이라는 은유는 예레미야가 '환상 안에서' 처음 본 것이
다. 이 점은 중요하다. 예레미야 시대의 상황은 비참했다. 모든 것을 잃었
고, 예루살렘은 무너지고 백성은 흩어지기 직전이었다. 그러나 미래의 어
느 날, 학살자와 노예들의 아우성이 아니라, 귀환하는 자들과 구원된 자
들의 기쁨의 소리가 울려 퍼질 것이다. 마지막 축복이 예루살렘을 언급
하는 것은 이 때문이다. 이 시기는 예루살렘의 첫째 파괴라는 비극적 시
간을 일깨운다. 모두가 희망을 포기했고 예루살렘이 파괴되면 종말이 올
것이라 생각했다. 그러나 오직 예레미야는 새로운 희망을 설파했다. 성문
앞에 적군이 들이닥쳤지만, 그는 다가올 기쁨을 노래했다.

나 야훼가 선언한다.
너희는 이곳이 '사람도 짐승도 자취를 감춘 쓸쓸한 곳이 되리라'
고 하였다. 그렇다. 유다 성읍들과 예루살렘 거리들은 사람도 없
고 짐승도 어른거리지 않는 텅 빈 곳이 되리라.
그러나 여기에서 또다시 기쁜 소리, 흥겨운 노래, 신랑 신부의
즐거운 소리가 나리라. 사람들은 감사제물을 들고 내 집에 들어
가, '야훼는 어지신 분, 그 사랑 영원하여라. 만군의 야훼께 감사
하여라'하게 될 것이다.
내가 이렇게 이 나라의 운명을 옛날과 같이 회복시켜 주리라.
이는 내 말이라, 어김이 없다.(「예레미야서」, 33.10~11)

결국 이 기쁨은 두 시대가 아니라 세 시대에 걸쳐 있다. 태초의 에덴동산, 지금의 결혼식, 그리고 다가올 시대의 시온이다.

> 찬미 받으소서. 오 주님이신 우리 하느님, 우주의 임금이시여, 기쁨과 즐거움을 창조하셨네, 신부와 신랑, 환희, 노래, 즐김과 유쾌함, 사랑과 조화, 평화와 우정을 만드셨네. 오 주님 우리 하느님, 유다의 도시와 예루살렘의 길거리마다 기쁨과 즐거움의 소리가 들리게 하소서. 신랑과 신부의 소리가, 이 혼례의 천막 아래에서 결합한 자들이 기쁨에 넘쳐 외치는 소리가, 축제에 참여하여 노래하는 젊은이들의 소리가 들리게 하소서.

이 마지막 축복은 화려한 문학적 수사도 아니고 옛 예언자의 환영을 모방한 것도 아니다. 이는 이미 실현된 신화의 절정을 도취하여 기뻐한다. 지금 여기 우리 앞에 아담과 이브가 서 있다. 지금 여기 이 결혼식에 옛 슬픔이 재현되지만 우리는 다가오는 기쁨의 소리를 듣는다. 이 새 창조의 기쁨은 메시아의 도래를 미리 알리는 것이다. 그분은 바로 이 시간 여기를 위한 희망이시다. 그분이 오시면, 그 기쁨은 우리 앞에 있는 신랑과 신부의 기쁨과 공명할 것이다. 신부 시온과 신랑 이스라엘은 지금 결합했다. 이와 같이 그들은 이 혼례의 천막 아래에서 크나큰 사랑과 동정심으로 먼 미래에 재결합할 것이다.

서방에서 전통적인 이중 토라의 유다교를 전승한 유다인이—인종적 의미에서—유다인으로 살려면 과연 이 '유다인 되기'의 근본 조건이 무엇이냐 하는 것이 중요하다. 이를 세속적 용어로 말하면 이렇다. 유다인 되기는 개인적이고 가족적인 문제이지만, 동시에 사회적 체험에도 참여하는 것이다. 하지만 유다교 공동체 내에서 사는 삶이 무엇인지 전혀 모른 체 참여한다. 여기서 공동체의 체험이란 유럽에서 유다인이 대량 학살 당한 일과 이스라엘의 긴국을 말힌디. 개인적인 치원에서 생각할 때, 이중 도라의 유다교는 시간, 공간, 행위, 공동체의 범주를 정의한다. 동시에 이 유다교는 가정에서 개인의 체험이 더 넓은 사회적 조건 안에서 자극 받을 수 있음을 인상 깊게 알려준다. 한 개인과 가정의 체험이 무엇인지에 따라 인상의 폭과 깊이도 결정된다.

# 유다교의 힘과 성공

　결론으로서 모든 유다교는 분노를 촉발하고 동시에 누그러뜨리는 힘이 있음을 지적하고 싶다. 이 이론은 종교의 본질을 나타내며, 다른 종교에서도 발견할 수 있는 것이다. 유다교는 살아 있고 매우 활기 있는 현대 종교로 분류되어야 한다. 왜냐하면 유다교인들은 그들의 용어로 이 세계를 형성하고, 그들의 정의에 따라 사회 조직을 만들기 때문이다. 왜 이렇게 되는가? 그 이유는 모세의 『토라』 또는 『모세 오경』으로 형성된 생성적 패러다임 때문이다. 이 패러다임은 질문을 던지고 답을 준다. 문제를 창조하고 해결한다. 이 질문과 문제는 사람들이 인식하는 세계에 대응한다. 때때로 사람들은 문제를 인식하는 방법도 배운다.

　즉, 유다인은 자신들의 삶이 불가분하게 주어졌다고 보지 않는다. 오히려 자신들의 삶이 선물이고, 체결된 것이고, 특정한 조건에 따른 것으로 본다. 이런 설정은 근심 또는 분노의 도구를 창조한다. 그리고 소수 집단이 느끼는 다름과 그에 따른 불편함을 영적 용어로 해석한다. 그러나 『토라』는 유다인의 다름이 운명이라고 가르친다. 또한 지금 여기서 거룩함을 지키면 세상 종말에 구원이 올 것이라 가르친다. 그러므로 다름 때문에 생긴 근심이나 불편함은 좋고 희망적인 느낌으로 변한다. 이제 만물이 심원한 의미를 지니게 된다. 유다인인 우리는 미래에도 이렇게 살 것이다.

　'종교는 분노를 재현한다(recapitulate)'는 말을 심리학적 용어로 설명하면 이렇다. 변화의 결정을 체험한 세대, 또는 변화의 합법성을 받아들이거나 인지한 세대는 눈앞의 직접적 조건에 대해 분노를 표현한다. 또한 과거 세대나 부모 세대에 대해서도 분노를 표현하며 뭔가 다른 것을 위해 투신하여 더 나은 미래를 만들자고 제안한다. '종교는 분노를 재현한다'는 말을 정치적 용어로 설명하면 이렇다. 모든 유다교는 그들 스스로 규정한 정치적 문제를 제시하고, 그 문제를 해결하자고 제안한다. 따라서 분노는 사적인 것이든 공공의 것이든, 해결책을 생산한다. 이 둘이 결합되면 하나의 종교 체계를 이룬다. 바로 유다교다.

그러므로 여기서 종교학적 연구의 핵심은 어떻게 종교 사상이 그 종교 사상을 믿는 사람들의 정치적 환경과 연관되느냐 하는 것이다. 사실적이고 실천적인 정치적 삶으로서 종교는 사회를 형성하는 근원적 힘을 지닌다. 또한 사회적 상상력을 만든다. 반면 정치는 종교적 믿음과 실천의 조건에 큰 영향을 끼친다. 그러므로 유다교를 종교학적으로 연구할 때 놓치지 말아야 할 것은 이런 것이다. 종교의 정치적 환경이 예상치 못하게 급변하면, 궁극적 질문을 던지는 종교는 사상적으로 어떤 영향을 받을까? 이 세상에 살지만 저 세상을 갈망하는 존재의 현실과 염원 사이의 상호작용을 이해하고, 인간적 지식의 한계를 받아들이면, 종교에서 무엇을 찾을지 자명하다.

유다인이 처한 조건에서 생성된 그들의 갈망은 유다교의 힘과 선명한 대조를 이룬다. 『모세 오경』이 형성된 기원전 450년부터 지금까지, 유다인은 흩어져 살았고, 소수 집단이었으며, 그들 스스로를 정의하지 못하고 휩쓸렸다. 비록 히브리어가 모든 시나고그에서 공통의 언어로 쓰였지만, 실제로 그들은 모두 다른 언어를 쓰고 살았다. 경전으로 말미암아 공통의 정체성을 지녔지만, 그들은 인종적·사회적·경제적·정치적으로 공통의 생활 조건을 공유하지 못했다. 경전에 쓰여진 공통의 과거와 미래를 성찰했지만, 정작 단일하고 통일된 역사를 지니지 못했다. 그러므로 유다교는 단일한 백성, 단일한 땅, 단일한 언어, 단일한 믿음, 단일한 운명이라는 실재하지 않았던 것을 기술한다. 유다교의 전망과 유다인의 일상 조건은 극명하게 대비된다. 이런 대비점들 사이에서 우리는 유다인을 위해서 유다교가 무엇을 이루었는지 볼 수 있다. 유다교로 말미암아 유다인은 눈앞에 있는 것을 보지 않고, 마땅히 이루어져야 할 것을 본다. 일상에서 체험하는 만물이 믿음의 구조와 일치되어야 하므로 그들은 자신의 시각을 바꾼다. 유다교로 말미암아 유다인은 다른 사람들이 보지 않는 것을 본다. 그러므로 그들이 보는 방식은 오직 유다인만이 자명하다고 생각하는 것이다.

흩어져 사는 다양한 유다인들은 스스로를 '이스라엘'이라 부르고, 그들 자신이 '토라'에서 하느님이 말씀하셨던 그 백성이라 믿었다. 그들은 타인과 다르기 때문에 약했고, 복종했고, 미움 받았다. 때로는 다름 때문에 학대 받았고 학살당하기도 했다. 그들은 자신들의 이런 모습에 기뻐했고, 이런 다름을 유지하길 원했다. 그리하여 이 세계에서 구별되는 중요한 백성이 되려고 했다. 홀로코스트의 경우를 제외하면 그들은 유다인이 될 것인지 말 것인지 선택할 수 있었고, 언제나 이스라엘이 되길 선택했다. 모든 세대에서 이런 결정을 내리지 않았다면, (그리스도교에서 그리스도의 신비체인 교회에 해당하는) 거룩한 백성 이스라엘과 현세의 민족 집단인 유다인은 인류사에서 사라졌을 것이다.

유다인은 오늘날 세계 곳곳에서 여전히 존재하고 거룩한 이스라엘도 마찬가지다. 또한 『토라』의 유다교도 활기찬 종교로서 살아남았다. 이 단순한 사실이 유다교의 놀라운 힘을 보여 준다. 이는 유다교에서 『토라』라

고 부르는 경전의 힘이기도 하다. 『토라』는 비천한 자를 높이고, 약한 자
에 힘을, 낙담한 자에 기쁨을, 상심한 자에 희망을 주며 일상을 거룩하게
성화한다. 사실 다른 백성과 거의 다르지 않은 한 백성에게 『토라』는 중
요하다. 그 백성은 오직 그 믿음 때문에 이만큼 달라졌을 뿐이다. 유다교
의 성공을 정확히 측정하려면 이것을 알아야 한다. 유다교에 관한 한, 유
다인은 진실로 유다교인이 되길 원하며, 다른 것을 원하지 않는다는 것이
다.[22]

22) 이 장의 초고를 네 번이나 교정해 주고 수없이 중요한 첨삭을 해 준 Prof. Caroline
McCracken-Flesher (University of Wyoming)와 다섯 번이나 읽고 비판해 준 Prof. Wil-
liam Scott Green (University of Rochester)에게 특별한 감사를 드린다.

# 추천 도서


Lucy S. Dawidowicz, ed., *A Holocaust Reader* (New York: Behrman House, 1975). 홀로코스트를 잘 알 수 있는 매우 좋은 책.

Edward Flannery, *The Anguish of the Jews* (New York: Macmillan, 1975). 반셈족주의의 그리스도교적 원천과 이교도적 원천을 설명한다.

Malcolm Hay, *Europe and the Jews* (also published as *The Foot of Pride*) (Boston: Beacon, 1960). 유럽의 반셈족주의 역사.

Abraham J. Heshel, *God in Search of Man: A Philosophy of Judaism* (New York: Farrar, Straus and Giroux, 1976).

Raul Hilberg, *The Destruction of the European Jews* (Chicago: Quadrangle, 1961). 홀로코스트의 사실 관계를 가장 잘 설명한다.

James Michener, *The Source* (New York: Random House, 1965). 유다인의 역사를 픽션화하여 서술한다. 정보와 통찰이 풍부하다.

Jacob Neusner, *The Doubleday Anchor Reference Library Introduction to Rabbinic Literature* (New York: Doubleday. 1994).

__________, *The Doubleday Anchor Reference Library, Rabbinic Judaism: A Historical Introduction* (New York: Doubleday, 1994).

Howard M. Sachar, *The Course of Modern Jewish History* (New York: World Publishing Co., 1958). 현대 유다인의 역사를 수려한 문장에 체계적으로 기술한다.

Robert Seltzer, *Jewish People, Jewish Thought: The Jewish Experience in History* (New York: Macmillan and Collier, 1980). 유다인 역사를 체계적으로 설명한다.

Richard Siegel, Michael Strassfeld, and Sharon Strassfeld, *The Jewish Catalog*, 2 vols. (Philadelphia: Jewish Publication Society, 1975). 현대 미국 유다교의 실천에 대해 훌륭하게 소개한다.

Herman Wouk, *This Is My God* (New York: Doubleday, 1959). 필자는 훌륭한 문인이자 실천적 유다교인이다. 유다교인으로 산다는 것이 무엇인지 수려한 문장으로 설명한다.

# CHRISTIANITY

일러두기

이 책에 나오는 성서 구절은 모두, 대한성서공회에서 펴낸 『공동번역 성서』를 인용하였다.

# 그리스도인은 누구인가

## 현대의 그리스도교

오늘날 많은 그리스도 교회에서는 엘살바도르의 대주교 오스카 로메로(Oscar Arnulfo Romero, 1917~1980년)의 생애를 회고하는 연례 추도회를 개최하고 있다. 그는 1980년 한 병원 성당에서 미사를 하던 중 총에 맞아 암살당했다. 로메로가 살해된 것은 자신의 가난한 조국을 고통에 몰아넣었던 살인과 고문에 대해 침묵하기를 거부하고 기꺼이 목숨을 바쳐 항거했기 때문이다. 그의 죽음은 '구세주(the Savior)', 곧 예수 그리스도의 이름을 붙인 나라인 엘살바도르에서 일어났던 많은 아이러니한 죽음들 가운데 하나에 불과하다. 1989년 11월, 전 세계의 신문과 텔레비전 프로그램들은 이 나라에서 여섯 명의 예수회 사제들, 관리인과 그 딸이 암살단에 의해 잔혹하게 살해당했다고 보도했다. 그 전에도 네 명의 여성 신도들과 셀 수 없이 많은 농부, 학생들이 또한 죽음을 당했다.

많은 사람들에게 이러한 살인은 예수의 최후가 재연된 것으로 보였다. 그는 한밤에 체포되어 부당하고 잔혹하게 고문 받은 뒤, 대중 앞에서 처참하게 살해당해 시신이 버려졌다. 사실 많은 수의 그리스도인들이 세계의 여러 곳에서 예수가 약 이천 년 전쯤 죽었던 것과 놀랄 만큼 유사한 환경에서 죽어 가고 있다. 이런 일이 오늘날 그리스도인으로 살아간다는 것을 의미할까?

　반면, 이러한 순교를 기사화한 같은 신문에서 자칭 '그리스도 민병대'라고 부른 사람들의 만행이 보도되었다. 이들은 레바논의 수도 베이루트의 무슬림 지구로 박격포를 쏘고 나서 자신들의 반대파인 그리스도교 일파의 구성원들에게도 총을 쏘았다. 주의 깊은 독자들조차도 혼란스러울 만했다. 몇 주 전에는 미국의 유명한 텔레비전 복음 전도사가 사기 혐의로 장기 복역하게 되었다. 그는 나이 지긋한 신도들의 은퇴 자금 수십만 달러를 갈취했다. 이 사건을 보면서 미국인들은 우리 시대에 그리스도인으로 산다는 게 무엇을 의미하는 지에 대해 당혹스러움을 느꼈을 것이다. 1988년 저명한 그리스도교 목사인 제시 잭슨과 팻 로버트슨이 대통령 선출을 위한 민주당 내 경선 후보가 되었다. 두 사람은 모두 그리스도교의 목사였지만, 그들이 내건 공약은 보수와 진보라는 양극단을 각각 대표했다. 또한 스스로를 '그리스도인'이라고 부르는 사람들이 공립 학교의 기도 시간 폐지와 부활, 낙태, 핵무기 제조와 사용의 도덕성과 같은 문제들에 대해 같은 그리스도인이면서도 서로 정반대의 의견을 취했을 뿐만 아니라 각각 자신의 의견이 참된 그리스도 신앙에서 나온 것이라고 주장했다. '그리스도인'이라는 단어는 진정 무엇을 의미하는가?

　오늘날 화성에서 온 외계인이 미국의 거리를 걸으면서 이 질문에 대한 해답을 찾으려 한다면 그는 아마 굉장히 혼란스러워 할 것 같다. 대부분의 미국 도시에서 그는 '교회'라 불리는 수십 수백 개의 건물을 발견할 것이다. 그곳에서는 자신을 '그리스도교인'이라고 부르는 사람들이 정기적으로 모여서 기도하고, 찬양하고, 각자 준비해 온 음식으로 저녁 식사 모임을 갖고, 결혼식을 올리고, 장례식을 하고, 엄청난 양의 커피를 마시고, 성서라는 책에서 끌어낸 교리를 서로에게 가르치고, 악수하며, 다른 곳에서는 전혀 입지 않는 옷을 입은 사람들이 하는 설교를 듣는다. 십자가와 탑이 있는 건물들에서 사람들은 빵과 과자를 먹거나 와인을 마시기도 하고, 어린이와 아기에게 물을 뿌리거나 어른과 청소년을 물속에 완전히 잠기게 하기도 한다.

몇몇 건물들은 너무 커서, 외계의 방문자조차 그 스테인드글라스의 거대함에 두려움을 느낄지도 모른다. 좀 더 작고 수수한 건물들도 있을 것이고, 한때 정육점이나 생선 가게들이었던 작은 방들도 있을 것이다. 그곳 안에서 사람들은 무릎을 꿇기도 하고, 그림 앞에 엎드려 있기도 하며, 말끔하게 줄지어 앉아 있기도 할 것이다. 그러는 동안 사람들은 교회당의 복도에서 춤을 추거나, 손에 손을 잡고 껑충껑충 뛰면서 기뻐하기도 할 것이다. 어느 곳에서는 거대한 파이프 오르간이 바흐와 슈베르트, 모차르트의 음악으로 공간을 가득 채우고 있을 것이고, 다른 곳에서는 사람들이 찬송가를 부르면서 기타, 드럼, 심벌즈에 맞춰 손뼉을 칠 것이다. 몇몇 건물들에서는 사람들이 어떤 악기도 사용하지 않고, 단지 가끔 이야기만 하면서 완전한 침묵 속에 앉아 있을지도 모른다.

만일 이 은하계의 방문객이 혼란스러워하면서 건물에 모여 있는 사람들에게 그 모든 것에 대해 설명해 달라고 부탁한다면, 그는 즉각 더 깊은 혼란에 빠져들지도 모른다. 미국의 그리스도교만 해도 오백여 개의 독립적이고 개별적인 교단이 있는 것으로 추정된다. 가톨릭과 침례교, 오순절파와 같은 교회들은 대단히 커서 각각 수백만의 신도들이 소속되어 있다. 다소 적은 교회들도 몇십만 신도들을 갖고 있으며, 몇백에서 몇천의 신도들이 있는 작은 교회들은 훨씬 더 많다. 그리고 어떤 교파에도 속하지 않은 지역 교회들도 있다. 우리의 신비로운 방문자가 '그리스도교가 무엇을 의미하는지' 알아보기 위해서 이 교회 저 교회를 방문한다면, 그는 매우 다양한 대답을 들을 것이다. 어떤 사람들은 기도와 찬양을 강조할 것이고, 다른 이들은 예배에 참여하는 것이 그들의 일상생활에 어떤 도움을 주는지에 대해 이야기할 수도 있다. 또 다른 사람들은 화성인을 빤히 쳐다보면서 말로는 설명하기 힘들다고 난색을 표할 수도 있다.

처음에는 전체가 혼란과 모순으로 보일 수도 있다. 그러나 그 기민한 방문자는 점차적으로 스스로를 그리스도인이라고 부르는 사람들이 동의하는 어떤 근본적인 요소들을 종합하기 시작할 것이다. 가장 중요한 점은 그 방문자가 끊임없이 하나의 이름을 듣게 되리라는 사실이다. 외계의 방문자는 사람들이 서로의 커다란 차이에도, 자신의 신앙이 어떤 보잘 것 없는 유다인 선생이자 예언자로부터 비롯하였다고 주장하는 것을 듣게 된다. 그 유다인은 이천여 년 전에 로마 제국에서도 변방의 식민지에서 고작 33년 정도를 살았던 이다. 몇몇 사람들은 이 '나사렛 예수'가 하느님의 아들이거나 혹은 창조주의 육화였고, 지금도 그러하다고 주장한다. 어떤 사람들은 그가 평화와 정의가 넘치는 하느님 나라가 도래한다는 복음을 전한 가장 중요한 인물이라고 믿고 있다. 또 다른 사람들은 예수에게서 현세와 내세의 삶에 대한 하나의 모델이자 하느님이 원하시는 인간의 전형을 본다.

화성인은 계속해서 그리스도인들의 삶과 도덕적인 결단에서, 예수가 적지 않은 혹은 어떤 사람들에게는 가장 큰 의미를 지니고 있음을 발견하게 될 것이다. 그 방문자는 이 어려운 과제를 계속 수행하면서 마침내 어떤 핵심에 다가서게 된다. 그는 비록 모든 그리스도인들이 많은 부분에 있어 서로 의견을 달리하지만, 예수 그리스도가 그리스도교의 중심이며 없어서 안 될 존재라는 점에는 전적으로 동의할 것이다.

그러나 이것이 결정적이고 근본적인 발견이라 해도 문제에 대한 본질적인 답이 되지는 않는다. 그리스도교란 무엇인가? 모든 그리스도인들이 예수 그리스도의 중심적 역할에 동의함은 사실이다. 그러나 예수가 누구였고 누구인지, 그의 삶이 갖는 도덕적 의미가 오늘날 어떤 영향을 끼쳐야 히는지에 대한 의견의 불일치가 광범위하게 존재한다. 어떤 사람들은 예수의 삶의 방식을 제자처럼 따르기를 시도한다. 다른 사람들은 황금률이나 산상 수훈과 같은 그의 주요 가르침에 의지한다. 또 다른 사람들은 예수의 죽음이 하느님께 인간의 잘못을 속죄하는 희생적 공여였으며, 그는 죽은 자들로부터 부활하여 새로운 인간의 삶을 가능하게 한다고 믿는다. 사실 대부분의 그리스도인들은 이 모든 해석들을 혼합해서 믿고 있다. 그러나 모든 그리스도인들은 예수 그리스도가 없다면 그들이 자신을 확인하는 신앙은 존재하지 않으리라는 점에 의견을 같이한다. 모든 예배는 어떤 식으로든 그를 경배하고, 찬양하고, 순종하며, 찬미하고, 모방한다. 그리고 예배는 그리스도교에 관심을 가지고 있으면서도 외견상 끝없는 다양성과 복잡성에 혼란을 느끼는, 모든 사람들에게 핵심적인 열쇠를 제공한다. 따라서 우리는 예수로부터 시작해야 한다.


## 예수는 누구인가

우리는 예수에 대해 어떻게 알고 있는가? 이 간단한 질문에서조차 그리스도인들은 여러 가지 다른 대답들을 내놓을 것이다. 많은 사람들은 그가 누구였고, 그가 의미하는 바가 무엇인지에 대한 유일하고 완전하게 확실한 증거가 『신약 성서』, 즉 편지들의 모음, 해석적 역사들, 예언들, 그리고 예수의 생애에 대한 이야기에서 발견된다고 주장한다. 이 이야기들은 예수 최초의 제자들이 전개한 '예수 운동'에 의해서 예수 사후 1세기 동안 쓰인 수백 개의 유사한 자료들로부터 취합되었다. 최초의 '예수 운동'은 결국 '교회'가 된다.

그러나 다른 사람들은 이러한 초기의 기록들이 필수적이기는 하지만, 예수를 아는 유일하고 진정한 방법은 단순한 그에 대한 지식이 아니라 인격적이고 체험적인 방식으로 예수를 만나는 것이라고 주장한다. 그리스도인들은 살아 있는 예수를 직접적이고 신비로운 방식으로 알게 되는 것이 가능하다고 말한다. 하느님은 죽음이 그에게 임하도록 허락하지 않으셨으며 매년 부활절에 거행되는 행사에서 무덤으로부터 그를 다시 들어 올리신다. 어떤 그리스도인들은 이러한 신념을 약간 다른 방식으로 간직하고 있다. 그들은 예수가 십자가 위에서 죽었을 때 이미 다시 살아났다는 믿음을 가지고 있었고 따라서 하느님은 그를 죽은 자들로부터 일으키셨음에 틀림없다고 말한다. 그리스도교 초기에 있었던 이 결정적인 사건이 어떻게 설명되든지 간에, 살아 있는 그리스도에 대한 체험과 부활에 대한 기쁨에 찬 믿음은 동시에 생겨났다. 죽은 자들로부터 예수가 부활했다는 믿음은, 최초의 제자들이 그들과 함께 먹고 여행하던 예언자이며 스승인 예수에 대한 기억을, 그가 아직도 자신들과 함께 한다는 개인적 확신과 결합하여, 하나의 단일한 현실로 압축했음을 의미한다.

부활 이전의 예수와 부활 이후의 예수 사이에 놓인 차이는 후대에 '역사적 예수'와 '신앙의 그리스도' 사이의 긴장이라고 불리는 것으로, 그 기원은 성 바울로(Paulos, 10?~67?년)까지 거슬러 올라간다. 초기 그리스도교 형성에서 가장 영향력 있는 인물들 가운데 한 사람인 바울로는 예수의 생애 동안에는 그를 만난 적이 없다. 그는 다마스쿠스로 가는 길에서 부활한 예수를 만났다. 그 만남은 너무나도 눈부셔서 한순간 그를 눈멀게 했고 그의 삶 전체를 뒤바꾸어 놓았다. 이후 바울로는 예수의 제자들을 박해하지 않고 오히려 그들의 활동에 동참했으며 나중에 로마 제국 전체에 복음을 전파했다.

예수를 아는 여러 가지 방식들 사이에 놓인 차이를 과장해서는 안 된다. 대부분의 그리스도인들은 이 방식들을 결합할 뿐만 아니라, 다양한 교회들이 예수에 대해 오랫동안 가르쳐 온 내용들을 알고 있다. 따라서 '예수는 누구인가?' 하는 질문에 대한 답변과 예수가 오늘날 우리에게 의미하는 바는 불가피하게 역사적 판단, 즉 종교적이며 문화적인 전통과 개인의 신앙을 혼합할 수밖에 없는 노릇이다.

예수가 고대 팔레스타인에서 가르치고 치유한 이래, 그를 해석하는 방식과 그를 따르고 예배하는 다양한 방식들은 점차 수백 개의 교회와 교파들로 구체화되었다. 그들은 모두 '그리스도교'에 속해 있다. 이들의 관계는 많은 형제들을 가진 가족과 비유할 수 있다. 어떤 형제들은 서로 더 친하게 지낼 것이고, 몇몇은 서로를 불신할지도 모른다. 어떤 이들은 서로 매우 가깝게 느낄 것이고, 어떤 이들은 다른 이들을 골칫거리로 여기고 싶어한다. 때때로 지독한 싸움이 펼쳐지게 된다면 다른 사람에게 그는 우리 가족이 아니라고 말할 수도 있다. 그러나 보통은 가족의 구성원으로서 좋아함과 싫어함의 다양한 정도에 따라 서로를 인정한다. 또한 가족처럼, 그리스도교의 다양한 구성원들은 일상의 기억들을 공유하고 특정한 사건들을 축하한다. 그 가운데 어떤 것은 특별히 예수의 생애에서 중요한 일화들을 가리킨다. 사람들은 다양한 방식들을 통해서 이를 축하한다. 바로 예수의 탄생일인 성탄절이 기억되는 이유이다. 예수가 로마인들에 의해 십자가에 못 박힌 날인 성금요일, 그리스도의 부활을 기리는 부활절은 모든 그리스도인들이 기념한다. 그러나 예수의 어머니인 마리아를 기념하는 수태 축일이나, 종교개혁 기념주일과 같이 16세기 초청교도 교파의 시작을 상기시키는 기념일들은 어떤 교파에서만 지켜지고 다른 교파에서는 따르지 않는다.

더욱 복잡한 문제는, 그리스도인 사이에서 일치하지 않는 의견 가운데 어떤 것은 교파끼리가 아니라 같은 교파에서도 계급, 인종, 성(性)에 따라 그 해석이 일치하지 않는다는 점이다. 대통령 후보로 지명 받으려 했던 제시 잭슨 목사와 팻 로버트슨 목사는 침례교도들이다. 그러나 이 사실도 그들이 공공 정책의 사안들에 대해 일치된 견해를 가지도록 만들진 못했다. 로마에 있는 가톨릭 지도자들과 라틴 아메리카와 북아메리카 신학자들이 날카롭게 대립하는 것도, 같은 전통 안에서 같은 복음을 서로 다른 방식으로 읽는다는 사실을 보여 준다. 그러나 그들은 서로 의견을 달리한다 해도 자신들의 관점을 예수 그리스도에 의거한다는 점에서는 모두 동의한다. 다시 처음으로 돌아가서 그리스도인들이 예수에 대해 어떤 점에서 동의하는지, 그리고 가장 심각한 의견의 불일치는 무엇인지 밝혀 보겠다.


## 복음서와 복음

『신약 성서』에 들어 있는 복음서(「마태오」·「마르코」·「루가」·「요한」)는 예수의 생애를 그리면서 이런 언급을 하고 있다. 예수는 언젠가 제자들에게 사람들이 자신을 누구라고 생각하는지, 또한 사람들은 그가 말하고 행동하는 것을 어떻게 해석하는지 물어보았다. "사람들이 나를 누구라고 하더냐?" 필립보의 가이사리아라고 불리는 곳에서였다.(「마르코복음」, 8.27) 제자들은 몇 가지 대답을 했다. 어떤 사람들은 그가 세상의 종말 직전에 지상으로 돌아오기로 되어 있는 유다 예언자인 엘리야(Elijah)라고, 또 다

636

른 사람들은 그가 다른 어떤 예언자일거라고 생각하였다. 예수가 제자들 가운데 한 명인 베드로에게 그 질문에 대한 그의 답은 무엇이냐고 묻자, 베드로는 '그리스도'라고 대답했다. 당시 그리스도는 모호하게 규정된 인물로시, 유다인들은 그리스도기 곧 니터나 로마 제국 아래서 겪고 있는 식민지 상태와 종교적인 박해로부터 자신들을 해방시키기를 바라고 있었다.

예수는 베드로에게 그가 옳다고 말했다. 그러나 이 이야기의 다음 구절들은 베드로의 답이 예수의 정체가 무엇인가 하는 문제를 해결하기는커녕 오히려 더 복잡하게 만든다는 것을 보여 준다. 왜냐하면 예수는 자신이 식민지 조국의 종교, 정치의 수도인 예루살렘에 곧 가야만 하며, 거기에서 죽음을 맞이할 것이라고 예언했기 때문이다. 이 지점에서 베드로는 그의 스승이자 랍비인 예수에게 동의하지 않았다. 베드로나 그 동시대인들의 대부분은 그리스도의 실패와 죽음을 생각조차 할 수 없었기 때문이다. 그것은 양립할 수 없는 각본이었다. 어떤 사람이 실패하고 죽는다면 분명히 그는 그리스도가 아니고, 승리한다면 그는 오랫동안 기다려왔던 바로 그 사람이다. 그러니 둘의 결합은 이상하게 보일 수밖에 없다.

사실 이후 그리스도인들을 괴롭혀 온 모든 해석의 문제가 이 유명한 단락에 드러나 있다. 예수와 그의 제자들은 모두 유다인이었다. 예수의 가르침과 운동이 예수 이전의 유다교와 무슨 관계가 있는가? 더 절박하게 말하면 예수 이후 이천 년 동안 지속되고 있는 유다교와 무슨 관계가 있는가? 예루살렘의 지도층에 의한 예수의 패배와 죽음은 하느님이 인간 역사에 존재하는 방식에 대해 무엇을 말하는가? '그리스도'라는 단어가 하느님에 의해 보내지거나 기름 부어진 사람을 의미한다면, 하느님이 그를 보내신 목적은 무엇인가? 또한 예수 자신의 목적은 무엇이었는가? 그는 실제로 무엇을 하려고 하였으며, 오늘날 그를 따르겠다고 공언하는 사람들은 무엇을 해야 하는가?

그리스도인들은 이러한 문제들에 대해 다양한 믿음을 가지고 있다. 이러한 믿음 가운데 어떤 것은 조화를 이루지만 어떤 것은 신랄한 비판을 담고 있다. 해답을 찾는 가능한 방법들 가운데 하나는 예수의 삶에서 풍부한 의미를 지닌 사건을 조사하는 것이다. 여기에서 예수는 자신을 누구라고 생각하는지 다른 사람들에게 묻는 대신, 자신의 계획과 인생의 목적을 명확히 보여 준다. 이 이야기는 「루가복음」 4장 14~30절에 기록되어 있다. 예수는 갈릴리의 공적 생애의 초기, 고향인 나사렛 마을로 돌아왔다고 한다. 스승으로서 그가 지닌 웅변의 힘과 치유 재능에 관한 소문이 고향에도 이미 퍼져 있었기 때문에, 사람들은 그에 대해 호기심을 꽤 많이 가지고 있었다. 나사렛에서 예수는 관습에 따라 주일 회당 예배에 참석했다. 전통적인 기도가 끝난 뒤 참석자가 그에게 예언자 이사야의 두루마리를 건네주었다. 그리고 예수는 모인 사람들을 향해 그것을 읽기 시작했다. 이것은 놀랄 만한 일이 아니다. 왜냐하면 예수가 살던 시대의 회당에서는 유명한 손님들이 성서를 읽고 자기 생각을 이야기하는 것이 관습이었기 때문이다.

예수는 직접 그가 읽을 단락을 선택했던 것 같고, 이후 벌어지는 장면이 아주 매력적이다. 여기 전도유망하고, 성서에서 특정한 단락을 어디에서 찾을지 아는 한 시골 젊은이가 있다. 예수가 선택한 단락은 그 자신이 누구인지, 그의 삶의 목적이 무엇인지에 대해 중요한 점을 암시하고 있다. 다음은 그가 읽은 부분이다.

주님의 성령이 나에게 내리셨다.
주께서 나에게 기름을 부으시어

가난한 이들에게 복음을 전하게 하셨다.

주께서 나를 보내시어

묶인 사람들에게는 해방을 알려 주고

눈먼 사람들은 보게 하고,

억눌린 사람들에게는 자유를 주며

주님의 은총의 해를 선포하게 하셨다.

(「루가복음」, 4.18~19)


위의 성서 본문은 청중에게 친숙했다. 이는 바빌론 포로기(기원전 587~기원전 538년)의 위대한 예언자이며 시인이었던 이사야로부터 나온 글이기 때문이다. 여기서는 하느님이 노예들을 속박에서 해방시키기 위해 하신 일뿐만 아니라, 같은 하느님이 노예 해방을 통해 지속적으로 하는 약속에 대해서도 선포하고 있다. 이때 이사야가 말한 하느님 나라의 도래는 아주 먼 미래에 이루어지기에, 오직 기도하면서 기다려야만 하는 것이었다. 그러나 예수는 이 글을 획기적이고 전향적으로 해석했다. 그는 청중들에게 하느님 나라의 도래란 더 이상 고대하면서 기다려야 할 대상이 아니라 지금 여기에서 이루어진다고 말했다.

예수가 「이사야서」를 해석했던 그 시점까지는 아무도 드러내놓고 예수의 활동을 방해한 것 같지 않다는 점에 주목할 필요가 있다. 청중은 권위를 갖고 이야기하는 이 시골 젊은이를 존중하면서 만족해하고 있었다. 그러나 그때 예상치 못한 일이 터지고 말았다. 이를 이해한다면 우리는 예수가 당시의 유다 신앙과 얼마나 일체감을 갖고 있었는지, 그가 어디에서부터 유다 신앙을 확장하고 재해석하기 시작했는지 파악할 수 있게 된다. 예수는 두 가지 예를 들었다. 그것은 유다 경전(구약)에 기록된 것으로 과거에 하느님께서 유다인이 아닌 외국인들에게, 심지어 유다인에게 폐를 끼치면서까지 특별한 호의를 베푸신 사건들이었다. 이야기를 좀 더 생생하게 전달하기 위해 예수는 구체적으로 시돈의 과부 여인과 시리아의 나환자에 대해 말했다. 〈루가복음〉에 따르면 이 일로 말미암아 이전까지는 예수를 칭찬하던 회당 안의 청중들이 굉장히 분노했다고 한다. 그들은 들고 일어나 예수를 마을 바깥으로 내쫓았다. 역사적으로 그렇게 희망적으로 시작해서 그렇게 불행하게 끝난 설교는 별로 없었다. 대체 무슨 일이 일어난 것인가?

문제의 답을 얻기 위해서는 우선 예수가 유다인의 전통적인 신앙을 폐기하기를 원하지 않았다는 사실을 고려해야 한다. 그는 전통을 강화했고 오히려 전통에 현재적 당위성을 부여하고자 하였다. 유다 예언자들은 지속적으로 하느님 나라의 도래를 예언해 왔다. 예수 바로 앞에 왔던 예언자, 세례자 요한 또한 하느님 나라가 곧 들이닥치리라고 내다보았다. 그러나 예수는 한 걸음 더 나아가 하느님 나라는 이미 도래했고, 지금 청중 주위에, 아니 그들 안에 있다고 말했다. 그럼에도, 나사렛의 회중을 당황하게 만든 것은 이 신성한 왕국이 자선조차도 받을 수 없는 사람들, 가난하고 병들고 정결하지 못한 사람들과 이방인들에게도 지금 임한다는 예수의 주장이었다. 예수는 청중이 낯설어하는 완전히 새로운 어떤 것을 창조하지 않았다. 단지 하느님 나라가 이미 현존한다는 사실을 청중이 불편하게 느끼는 방식으로 말했을 뿐이었다. 그 뒤로도 예수의 말씀은 계속 수백만의 사람을 혼란스럽게 하고 있다.

필립보의 가이사리아와 나사렛에서 일어난 사건은 많은 의미를 담고 있다. 왜냐하면 이 두 가지 이야기는 예수의 행적 초기부터 예수가 누구였으며 그가 무엇을 행했는지에 대한 의견의 불일치가 있었음을 보여 주기 때문이다. 이렇듯 예로부터 근본적인 견해 차이는 존재하고 있었다. 우리는 역사적으로 극히 일부분의 사실만을 알 수 있고 때문에 예수가 누구인가라는 질문에는 다양한 대답이 존재하게 된다. 역사적인 사실을 제외한 나머지 부분은 대답하는 사람들이 마음에서 나온다. 그 질문은 역사적이면서 개인적이므로 답 또한 그럴 수밖에 없다.

예수가 누구였으며, 누구인가 하는 질문의 복합성을 고려할 때 우리는 좀 더 근본적인 차원에서 다음과 같은 문제에 직면하게 된다. 우리는 어떻게 그러한 질문들에 답하는가? 우리는 예수의 말을 어떻게 아는가? 그리고 우리에게 말하는 누군가를 우리는 신뢰할 수 있는가? 우리는 성서에 전적으로 집중하는가? 또한 교회의 가르침을 고려하는가? 고고학이나 세속의 역사는 어떠한가? 우리는 자신의 사적인 경험에 얼마나 많은 무게를 두어야 하는가? 이러한 질문들은 이른바 '권위의 문제'를 의미한다. 이제껏 언급해 온 중요한 주제들이 여러 견해들로 분열해 온 것처럼 이 문제는 그리스도인을 분열시켜 왔다.

대부분의 그리스도인들은 어떠한 형태로든 『신약 성서』와 전통적인 유다 경전들(신약에 앞섰다는 의미에서 '구약'이라고 부르는)을 권위 있는 것으로 받아들인다. 성서는 그리스도교의 절대적인 근원이지만 또한 동시에 많은 문제를 일으키기도 한다. 가장 회의적인 역사가들조차도 『신약 성서』의 기록들이 예수의 삶, 예수를 따르던 사람들, 그리고 초기 몇 세대의 그리스도인들에게 어떤 의미였는지 보여 주는 가장 오래되고 신뢰할 만한 증언이라는 점을 의심하지 않는다. 그러나 이 기록들이 어떻게 나타났는지, 최초의 의도는 무엇이었는지 주의 깊게 연구해야 한다.

예를 들어, 최초에 쓰인 신약 작품들은 네 복음서가 아니라 사도 바울로의 편지들이다. 바울로가 몇 편의 편지를 썼는지는 모르지만, 믿을 만한 학문적 연구에 따르면 7~8통이 예수 사후 18년 정도, 즉 기원후 58년 경까지 쓰인 것이라고 한다. 네 복음서는 바울로 서신보다 후대인 기원후 70년에서 100년 사이에 씌어졌을 것이다. 그러나 네 복음서는 확실히 훨씬 더 초기의 구두 전승과 기록 전승에 근거한 것이며, 이 자료들 가운데 일부의 저작 시기는 예수가 살아 있을 때로 거슬러 올라간다. 신약의 다른 자료들, 소위 목회 서신(「디모데 전후서」, 「유다서」 및 「디도서」)이나 「요한 계시록」, 「사도행전」 등은 초기 예수 운동과 초대 교회의 활동을 상세히 기록한다.

이 모든 정황들은, 신약의 자료들이 최초에 다양한 목적으로 사용되었다는 안목을 갖고 읽어야 한다는 점을 시사한다. 현재 형태의 『신약 성서』는 5세기까지 교회에서 수용되지 못했기 때문에, 약 삼백여 년 동안 그리스도인들은 『신약 성서』를 갖지 못했으며 『구약 성서』를 유일한 경전으로 여겼다.

학자들은 『신약 성서』에서 발견되는 다양한 문학 장르들을 분석하고 분류하기 좋아한다. 거기에는 편지, 비유, 기적 이야기와 노래들, 구약으로부터의 광범위한 인용, 권고와 충언, 예수 자신과 그의 사도들에 의한 치유 묘사, 예수의 행동과 가르침에 대한 설명들이 들어 있다. 이 다양한 자료들을 통해서 예수는 누구이며 그가 무엇을 하려고 했는가에 대한 명확한 윤곽이 드러난다. 예수의 삶에서 일어났던 두 가지 사건들, 즉 제자들에게 자신이 누구인지 물은 일과 나사렛에서의 최초의 설교는 이미 언급했으므로, 이제부터는 대다수 학자들이 인정하는 예수 삶의 전체적인 궤도를 살펴보겠다.

## 나사렛에서 예루살렘으로

예수는 갈릴리의 한 목수 집안에서 태어났다. 갈릴리는 로마 식민지였던 팔레스타인의 북쪽 지방으로, 큰 도시인 예루살렘에 가까이 사는 세련된 사람들이 생색을 내며 가끔 이곳의 주민들을 무시하곤 했던 시골이었다. 예수를 임신했다는 사실이 알려졌을 때, 그의 부모는 결혼하지 않은 상태였던 것 같다. 복음서 작가들은 열두 살 때 그에게 일어났던 한 사건을 제외하고는, 예수가 서른 살쯤에 세례자 요한이라 불리는 한 급진적인 사막 예언자의 제자로서 등장했을 때의 이야기를 복음서의 시작으로 선택한다. 세례자 요한은 같은 유다인들에게 회개하라고 외치면서 하느님의 가혹한 벌이 곧 그들에게 내릴 것이라고 선언했다. 요한은 뒤에 헤롯 왕에게 처형당했는데, 헤롯 왕은 요한을 왕국의 정치적 안정을 위협하는 세력으로 간주했다.

예수는 세례자 요한의 운동에 비교적 짧은 시간만 참여했던 것으로 보인다. 곧이어 그는 요한의 경고보다 훨씬 더 급진적인 선언을 하기 시작했다. 예수에 따르면 하느님 나라의 도래는 다가오는 게 아니라 '이미 와' 있다. 사실 이는 예수의 말씀과 행적 속에서 이미 느껴지고 있었다. 그러나 예수가 선포하고 묘사한 하느님 나라의 특징은 대부분의 사람들이 기대했던 것과는 조금 달랐다. 복음서의 설명에 의하면, 그는 당시의 종교 지도자들을 놀랍게 만들고 화나게 했다. 왜냐하면 예수는 다가올―사실 이미 와 있는―하느님 나라의 혜택을 입는 수혜자들은 당시 경멸 받고 권리 없는 사람들, 곧 '죄인들'이라고 주장했기 때문이다. 당대 사람들에 의하면 그들은 하느님의 은혜를 입을 가능성이 거의 없는 사람들이었다. 자신의 주장을 좀 더 확실하게 하기 위해서, 예수는 때때로 가장 소중하게 지켜지던 관습들을 어기기도 하였으며 심지어는 매춘부나 세관원들과 함께 식사도 했다. 이들은 그 사회에서 가장 경멸받던 사람들이었으며 정치적으로도 수상한 사람들이었다. 가르침과 치유를 베풀 때에도 예수는 자신의 중대 사명이 가난한 자들, 죄수들, 정신적이고 육체적으로 병들고 장애를 가진 사람들, 학대받는 사람들을 위한 것이라고 주장했다. 그는 종교와 정치 지도자들이 '약자'들을 불공평하게 다룰 때마다, 그들을 비판하는 데 주저하지 않았다.

예수가 자신의 뜻을 전달하기 위해 평생 사용한 표현 방식은 비유였다. 그는 비유를 자주 사용했으며 매우 효과가 컸기 때문에 오늘날까지도 그의 가르침을 대변하는 것으로 알려져 있다. 비유는 일상의 평범한 사건들에서 시작되지만 청중들의 기대를 무너뜨리는 예기치 않은 새로운 방식과 놀라운 반전을 도입하고, 이어서 그들이 삶을 새롭게 받아들이도록 이끈다. 예수는 수십 가지의 비유를 이야기했는데, 가장 널리 알려진 것은 '선한 사마리아인'과 '돌아온 탕자를 받아들인 아버지'에 대한 비유이다.

'선한 사마리아인' 비유에는 강도가 나온다. 한 여행자가 강도들에게 얻어맞고 도둑질을 당해 심하게 상처 입은 채 쓰러져 있었다. 신부나 변호사와 같이 상류층을 대표하는 품위 있는 사람들이 그와 마주쳤지만 그들은 아무런 도움도 주지 않았다. 대신에 한 사마리아인이 그를 도와주었다. 당시 사마리아인은 많은 사람들이 조롱하는 이방인과 종교적 소수파를 대표하는 사람이었다.

두 번째 비유는 한 뻔뻔스러운 젊은이의 무용담이다. 그는 아버지에게 미리 유산을 요구해 떠났지만 그것을 전부 난잡한 놀음으로 탕진해버린 후 근심을 가득 안은 채 집으로 돌아온다. 하지만 그의 아버지는 아들이 도착하기도 전에 허둥지둥 뛰어나와 반갑게 그를 맞이한다.

다른 이야기에서와 마찬가지로 예수는 이 두 비유를 들면서 놀랄 만한 반전으로 청중의 감수성을 급습했다. 원래 상처 입은 이를 도와야 할 사람은 이방인이 아니라 공동체의 존경받는 어른들이었다. 아버지가 문밖으로 달려 나와서 아들을 포옹하는 대신에 아들은 아버지에게 무릎을 꿇고 기어가 용서를 구해야 했다. 때때로 예수의 비유들은 선문답에 비유되고는 한다. 선문답이란 청중에게 충격을 주어 당황하게 만들고, 당연한 세계를 거꾸로 뒤집는 불교의 이야기들이다. 차이는 선문답이 현실을 전복시킨다면, 예수의 비유들은 사회적이고 종교적인 전통들을 뒤집는다는 데 있다.

예수는 사람들을 가르칠 때 비유를 들어 말했을 뿐만 아니라 종종 행동으로 보여 주기도 했다. 복음서에는 예수가 사회의 특권 계층을 당황하게 만든 행적을 전하는 이야기들이 넘친다. 그의 행동은 통념으로 받아들여지던 사회적 기준들을 파괴했다. 그는 불가촉천민들과 식사했고, 평판이 나쁜 사람들과 대화를 나누었다. 예수의 말씀과 행적은 꽤나 이상하게 맞물려 있었다. 그는 말과 행동, 이 두 가지 모두를 통해 가르침을 베풀었다. 예수의 삶 전체를 확대된 비유로 본다면, 하느님께서 사람들을 이야기 안으로 끌어들인 후 갑자기 좌절을 맛보게 함으로써 세상과 자신들을 완전히 새로운 방식으로 바라보게 만들게 한 것과도 같다. 이는 신적인 뜻을 분명하게 전달하는 한 가지 방식인 것이다.

예수가 선포했고 행동했던 내용은 무엇인가? 그는 "회개하라, 하느님의 나라가 가까이 왔다"는 구절로 자신의 메시지를 요약했다. 현대적인 용어로는 다음과 같이 말할 수 있겠다. "지금은 네가 살아가는 방식을 변화시켜야 할 때다. 왜냐하면 하느님께서 우리를 변화시키려는 행동이 이미 실재하고 있기 때문이다." 예수는 또한 '하느님 나라'의 의미를 명확히 했다. 그것은 가난한 이들과 압제받는 이들이 해방되는 때이고, 버림받은 이들과 무시당하는 이들이 계약 공동체로 들어오는 때이고, 하느님의 평화가 인간과 자연 사이에 조화를 가져오는 때이다. 이는 밖에서 초연하게 관찰할 수 있는 신성한 나라가 아니라, 사람들이 살아가는 방식에서 급진적인 변화를 요구하는 하느님의 나라이다.

종교 권력과 정치 권력의 중심부에서 떨어진 갈릴리에 있는 동안, 예수는 제도권 종교인들 사이에서 급속도로 인기를 잃었음에도 불구하고, 여전히 심각한 위협으로는 여겨지지 않았다. 오히려 새로운 나라에 대한 그의 메시지는 로마 황제를 위해 일하는 사람들과 헤롯 왕 주위에 있는 아첨꾼들에게 위협적으로 들렸다. 그러나 지배 계층이 예수를 그들의 권력에 대한 진정한 위험 요소로 보기 시작한 때는 예수가 자신의 추종자들을 이끌고 예루살렘에 들어오기로 결정한 뒤이다. 그 순간부터 예수는 실제적인 위기에 놓이게 되었다.

팔레스타인은 로마의 식민지였다. 그러나 팔레스타인은 지방 엘리트 조직에 의해 통치되었으며, 로마 군대가 임명한 성직자 가문의 대표자들이 조직을 구성하였다. 이들 지배 세력들은 자신들이 대중적 지지를 받지 못한다는 점을 잘 알고 있었다. 따라서 그들은 당연히 예수의 일과 그의 추종자들이 점점 늘어나고 있는 현상을 염려했다. 예수는 하느님 나라가 지금 다가오고 있다고 선언함으로써 그들 권위의 상징적 기반을 꺾어 놓았다. 또한 그들은 로마인들이 예수의 민중 운동을 제국에 대한 공격으로 해석할까봐 걱정했다. 그들이 염려할 만한 충분한 이유가 있었다. 왜냐하면 이미 몇십 년 전에 한 대중 설교자가 로마에 반대하는 무장봉기를 일으켰기 때문이다. 또한 비록 그들이 정확히 예견할 수는 없었지만, 예수가 죽은 후 40년쯤 지나서 로마와 그들의 하수인에게 대항하는 민중 봉기가 예루살렘에서 일어나 비참한 결과를 가져 온다. 그래서 그들은 예수와 그의 제자들이 예루살렘으로 들어왔을 때 예수 일행을 불편한 마음으로 주시했다. 반면 시민들은 명절에 맞춰 도착한 순례자들과 함께 예수를 구원자로 받들어 환영했다.

긴장감이 팽팽하게 감돌았다. 예수와 제자들이 성전의 바깥뜰에 도착해서 소란이 일으키자 비로소 위기가 가시적으로 다가왔다. 네 복음서들은 서로 조금씩 차이가 나는 입장에서 이 유명한 사건을 기록한다. 최초로 씌어졌으며 역사적으로 비교적 정확한 「마르코복음」에 따르면, 예수와 그의 제자들은 성전의 일부를 점령하고 한동안 사람들이 들어오거나 나가는 것을 금하였다. 다른 복음서들은 환전상들을 내쫓고 상을 뒤엎는 예수의 행동만을 제한적으로 기록했다. 실제로 무슨 일이 일어났든지, 지배 세력은 예수의 이러한 행동을 도전으로 받아들었다.

이제 죽음을 피할 수 없게 되었다. 신경이 곤두선 지역 유지들은 로마의 무서운 탄압을 감수하기보다는 스스로 조치를 취하는 게 낫다고 생각했다. 예수는 체포되었고 로마 당국에 넘겨졌다. 당국은 비록 주저했지만 제국의 질서를 전복하려는 사람들을 처리하는 방식으로 예수를 고문하고 사형시켰다. 예수는 십자가에 못 박혔고 제자들은 흩어졌고 달아났다. 로마의 긴 역사에서 하나의 작은 사건이 이렇게 끝난 것으로 보였다.

그러나 그리스도교의 의미는 이것이 이야기의 끝이 아니라는 믿음에 달려 있다. 복음서들의 설명에 의하면, 예수가 죽은 지 사흘 뒤 그와 가까웠던 몇몇 여인들이 몸에 기름을 부어 주기 위해 무덤으로 갔고 예수가 사라진 것을 발견하였다. 일련의 사건들과 만남을 통해서 여인들과 제자들, 그리고 점점 더 많은 사람들이 예수가 살아 있다는 사실을 확신하였다. 물론 그가 예전과는 완전히 다른 방식으로 세상에 존재하지만 말이다. 그들은 죽음에 대한 예수의 승리를 그와 함께 있을 동안 배우고 그려왔던 이상에 대한 하느님의 입증으로 받아들였다.

이제 풀 죽고 두려움에 떠는 실패자 무리였던 이 작은 추종자 그룹은 열광적이고 활기 넘치는 운동가로 변모했다. '그가 부활했다!' 그들은 이 '기쁜 소식(복음)'을 선포했고, 또 다른 사람들이 선포하도록 부추겼다. 예수 운동은 즉시 복합적으로 되어 갔다. 처음에는 팔레스타인에서, 이후에는 이웃 지방에서, 그러다가 점점 로마 제국의 모든 지역으로 진출했고 결국 전 세계로 퍼져 나가게 되었다. 세월이 많이 흘러 예수 탄생 기념일이 이천 번째가 다 되어갈 때, 통계학자들은 전 세계에 십억 이상의 그리스도인들이 있다고 추정했다. 이제 그리스도교는 전 세계에서 수적으로 가장 큰 종교라 할 수 있다. 그리스도교인들 가운데 절반이 조금 넘는 사람들이 로마 가톨릭에 속해 있다. 나머지 사람들은 개신교, 그리스·러시아·동유럽의 정교회, 성공회, 그리고 오늘날 세계 어디에서든 가장 빠르게 성장하는 그리스도교 운동인 오순절파 운동 등 다양한 교파에 속한다. 한 남성과 열두 제자들로부터 십억 명 이상으로의 성장이 어떻게 가능했을까? 이 질문에 대답하기 위해서 우리는 20세기의 역사를 빠르게 회전하며 통과해야 할 것이다.

# 초기 그리스도교

## 베드로와 바울로

기원후(Anno Domini는 '주님의 해에'라는 의미) 첫 백 년 동안 일어났던 팔레스타인의 '예수 그리스도 운동'이 초대 그리스도 교회로 변천하는 과정은 외부의 시련과 내부의 분열로 점철된 기간이었다. 첫째로, 그리스도교를 위험한 이단이라고 생각한 유다교 지도자들은 예수 그리스도 운동에 참여한 유다인들을 박해했다. 그리고 잠시 동안 예루살렘의 독립을 쟁취한 유다인 독립 운동가들은 로마군이 다시 정벌하는 과정에서 참혹하게 전멸하고 말았다. 전멸당한 이들 중에는 유다교와 신앙적인 갈등이 없었던 일부 그리스도인들도 포함되었을 것이다. 로마인들은 예루살렘을 남김없이 파괴하고 성전을 부수었다. 그리스도인과 도시의 모든 시민들이 달아나야 했지만 이 사건은 다른 지역에서 일어난 새로운 그리스도교 운동의 씨앗이 되었다. 이는 전혀 의도하지 않았던 일이었다.

그리스도교가 유다교 분파에서 세계 종교로 변화하는 과정은 순탄하지 않았다. 초기 그리스도교 운동의 지도자들 간에는 내부적으로 치열한 다툼이 있었다. 2세기 이후에나 논쟁과 분열이 발생했고, 그 전의 교회 역사는 화합과 통합의 시대였다고 굳게 믿는 오늘날의 그리스도인들은 『신약 성서』에 나타난 풍부한 증거를 무시한 것이다. 예를 들면, 네 복음서에 나타난 예수의 삶에 대한 개괄적 내용은 일치하지만 세부 사항에서는 차이가 존재한다. 바울로의 서간들은 근본적인 문제들에서 초기 교회의 스승들과 지도자들의 견해를 반박하고 있다. 예수가 지상에서 활동하던 때부터 그를 알고 있던 제자 베드로와, 살아생전에는 직접 만나지 못했지만 부활 사건 이후에 예수를 만난 바울로 사이에서도 격한 논쟁이 발생했다.

복음을 선포 받은 이방인들이 교회의 일원이 되기 이전에 (종교적으로) 유다인이 되는 과정이 필요한가? 이 문제가 격렬한 싸움의 핵심이었다. 이를테면, 이방인이 그리스도인이 되기 위해서는 반드시 유다교에서 정한 대로 할례를 받아야 하는가? 혹은 그리스도인이 되기 위해 유다인의 음식 규정을 준수해야 하는가? 처음에 베드로는 그들이 먼저 유다인이 되어야 한다고 주장했지만 바울로는 그럴 필요가 없다고 생각했다. 베드로는 하느님이 첫 번째로 선택한 민족을 버린 것이 아니라, 하느님이 예수 그리스도를 통해서 과거에 하느님의 약속을 받지 못한 민족들까지 포용한다고 주장했다. 그러나 바울로에 따르면 하느님은 '새 일'을 완성했고 이방인들은 하느님 가족의 일원으로 환영받는다. 이 논쟁은 상처를 남겼지만 마침내 예루살렘에서 열린 사도 회의에서 바울로가 옳다는 결론으로 일단락되었다. 처음으로 이방인들은 유다인으로 개종하지 않고 그리스도인이 될 수 있게 되었다. 이 회의 내용이 「사도행전」과 「갈리디아서」에 나와 있다.

사도 회의의 결정은 이후의 어떠한 교회 회의의 결정보다 큰 영향력을 발휘했다. 곧 복음의 메시지를 확신하여 새로운 공동체의 일원이 되고 싶은 사람에게 그리스도교 운동의 문이 활짝 열렸음을 의미했다. 수천 명이 그리스도 교회로 모여들었고 중대한 변화가 일어났다. 초기에는 모든 그리스도인들이 유다인이었지만 이후 새로운 신자들 중에서 유다인은 찾기 힘들었다. 소수파 유다계 그리스도인들과 함께 그리스도교 역사에서 엄청나게 큰 시건인 이교도 운동이 시작된 것이다. 이 운동으로부터 시작하여 비록 같은 근원에서 출발했지만 자신만의 독특한 길을 가는 두 종교, 즉 두 가지 신앙 전통인 그리스도교와 유다교를 살펴봐야 한다.

그리스도교 형성기에, 사도 바울로가 이 신생 운동의 기틀을 잡는 데 중요한 역할을 했다는 사실은 의심할 여지가 없다. 그러나 그 영향력에 있어 세 가지 전제 사항을 고려해야 한다. 첫째, 바울로는 그리스도교의 초기 몇십 년 동안 유일한 신학자는 아니었다. 바울로 외에도 다양한 관점에서 그리스도인의 삶과 신앙을 가르치던 지도자들이 있었다. 바울로식의 그리스도인 개념을 따르지 않는 집단 가운데 하나가 오늘날 '뉴에이지' 종교와 유사한 관점을 가진 '영지주의 그리스도인들'이었다. 최근 들어 초기 그리스도교의 풍부한 다양성을 증명해 주는 고대 필사본들의 발견으로 인해 그들의 믿음을 분명하게 설명할 수 있게 되었다.

다른 견해에 따르면 바울로가 혼자 전적으로 그리스도교 운동을 이방 세계에 전파했던 것은 아닐 가능성도 있다고 한다. 오늘날 역사가들은 바울로가 등장하기 전에 이미 많은 이방인들이 로마 제국 전역에 걸쳐 있던 유다교 회당의 예배와 가르침에 참여했다고 지적한다. 하지만 그들 역시 바울로의 확고한 신학적 근거를 통해서 이 새로운 종교 운동이 괄목할 만한 전진, 곧 하느님이 유다인과 맺은 계약 안으로 이방인을 포함시키는 역사를 이루었다는 사실을 인정하고 있다.

바울로는 십자가형에 처해지기 이전의 살아 있던 예수를 만난 적이 없다. 그는 다마스쿠스로 가는 길에 부활한 그리스도를 만나는 엄청난 경험을 했는데 이는 그리스도교의 중요한 특징 중 하나인 '부활 그리스도

와의 인연 맺음'으로 정의내릴 수 있다. 그가 겪은 '다마스쿠스 길의 체험'
은 살아생전의 역사적 예수와의 만남이나 아니면 교회를 통해 전해 내려
온 실력자들의 권위 있는 기록에 의지하지 않는다. 이는 각 세대들이 지
속적으로 예수 그리스도와 개인적이고 신비한 만남이 갖는 실제성을 인
정하게 만든 최초의 사건이다. 바울로 성인이 중요한 선례 한 가지를 만
들어낸 것이다.

모순적인 사실은, 교회의 고위 성직자들이 자주 인용하는 바울로 성인
이 실은 신비주의/경험주의 전통의 원조로 교회의 권위에 심각한 도전을
했던 인물이라는 점이다. 종교 권력의 입장에서 하느님과 만나는 방법을
규격화한 사람들은 종종 신비주의자나 중간자 없이 직접 하느님을 만났
다고 주장하는 사람들 때문에 골머리를 썩는다. 성인 바울로는 바로 그
런 신비주의자였다.

바울로는 종종 예수의 가르침을 왜곡한 사람으로 비난받기도 한다. 실
제로 예수와 바울로 사이에는, 어느 인물(예수)과 그 인물과는 다른 시공
간에 있었던 해석자(바울로)라는 차이가 있다. 바울로가 자신의 편지들이
2,000년 뒤에 교회에서 성서로 사용될 것을 예견해 고린토와 에페소와
로마에 있는 다양하고 작은 그리스도교 공동체에 편지를 썼을 가능성은
없다. 그럼에도 그리스도인들에게는 다른 시공간 안에서 생겨나는 여러
가지 다른 해석의 예로서 「로마서」가 매우 소중하다.

바울로의 편지에서 다루는 핵심 요소들은 오늘날에도 여전히 그리스
도교의 중심 가르침으로 남아 있다. 특히 세 가지 점을 언급할 수 있다.
첫째, 바울로는 부활을 중심으로 하는 확고한 그리스도 해석의 바탕 위
에서, 사랑과 능력 사이에 놓인 분명한 모순과 구태의연한 종교적·도덕
적 문제에 관해 대담하게 언급했다. 그는 이 두 요소가 '하느님의 의로움'

안에서 통합되어 있음을 강조했는데, 이는 지금까지도 힘을 발휘하는 대담한 주장이다. 즉, 예수의 삶에서 예증된 사랑과 선과 연민은 비록 현세에서는 패배하고 실현되지 않을지 모르지만 궁극적으로 승리할 것이다. 예수 당시, 자신들의 이익을 고수하는 집단이 예수를 고문하고 살해했으나 하느님은 예수를 죽음으로부터 부활시킴으로써 그가 했던 일의 정당성을 입증한다. 그로 인해 하느님은 '의로움'을 가능하게 만들었다. 바울로에게 예수는 언제나 사랑과 능력의 궁극적인 통합을 보여 주는 증거였다.

둘째, 바울로는 자신의 저작에서 모든 인간은 참과 거짓을 분별할 능력이 있다고 가정한다. 바울로 이후 종종 '자연 신학'으로 불리는 이 개념은 많은 그리스도교 가르침들의 기본적인 구성 요소로 남아 왔다. 물론 바울로가 자연 신학의 창시자는 아니고 이는 문화적·종교적 유산의 일부분이었다. 그러나 그는 하느님의 계시를 받았다고 자부하는 유다인이나, 그렇지 않은 비유다인이라도 결국은 큰 문제가 되지 않는다고 주장했다. 사실 바울로는 자신을 포함한 모든 인간이, 하느님이 창조한 목적에 맞지 않는 삶을 살고 있다고 주장했다. 따라서 바울로에게 있어 궁극적인 질문은, 어떻게 우리가 선을 아는가라기보다 우리가 이미 알고 있는 선을 어떻게 우리 삶에 적용하는가였다. 이는 탁월한 통찰이자 윤리 신학의 역사로 나아가는 길이었다. 바울로는 인간은 이런 상황, 혹은 저런 상황에서 무엇을 해야 하는가?라는 끊임없는 논쟁에 신경 쓰지 않았다. 그는 인간의 진정한 윤리적 고민은 우리가 선하다고 생각하는 일을 실제로 행할 용기가 있는가에 있다고 보았다. 인간의 윤리적 상황에 대한 바울로의 분석은 역사 속에서 나타나는 윤리의 개념적 인식 이론들의 유용한 이해 수단으로 활용된다.

셋째, 바울로 사상의 근저에 놓인 종교적인 개념은 '은총'이다. 또한 이는 우리가 알고 있는 선을 삶에 어떻게 적용하는가라는 바울로의 윤리적 질문에 대한 답이기도 하다. 모든 신학적인 장치들을 제거한 상태에서 은총이란, 간단히 말해 사랑과 능력을 동시에 가진 하느님이 인간의 힘으로 하지 못하는 일을 할 수 있게 만들어 줌을 의미한다. 은총은 색다른 조건이나 외적인 무엇인가의 개입을 필요로 하지 않는다. 은총은 생명을 주고 정의와 인간 공동체로 나아가는 삶에 하느님이 현존하는 모든 방법을 포함한다. 은총은 사회 안의 모든 인간 삶을 정당하게 만든다. 54~68년 재위했던 네로 황제의 참혹한 그리스도교 박해 과정에서, 바울로는 결국 투옥되었고 순교자로서 생을 마감했다.

## 그리스도교와 로마 황제

1~2세기의 로마는 제국 내에 수많은 종교들이 난립하는 바람에 시끌벅적했다. 고대 로마의 만신전(Pantheon)이 존재했을 뿐만 아니라, '거룩한 어머니 키벨레'를 숭배하며 무아경 상태에서 춤과 노래를 부르는 숭배자들도 있었다. 황소 숭배(Taurobolium)와 엄격한 금욕적인 윤리를 주창했던 미트라교(Mithraism)도 있었다. 미트라교는 로마 군인들 사이에서 큰 인기를 얻었고, 2세기에는 그리스도교보다 널리 번창했지만 제국에서는 이 종교 의식을 엄격히 금지했다. 또한 자연의 여신 이시스를 숭배하는 이시스교와 그녀의 배우자인 오시리스의 죽음과 부활을 기념하는 오시리스교가 있었는데 이는 모두 이집트에서 온 것이다. 그 외에 유다교도 상당한 세력을 갖고 있있다. 그 가운데서도 로마 황제를 반신반인의 존재로 상징하여 로마 시민이 경외하고 숭배해야 했던 '황제 숭배'가 가장 중요했다.

초기 그리스도교 운동이 팔레스타인 유다교의 한 분파를 벗어나 로마 제국의 골치를 아프게 하는 종교들 가운데 하나가 되었을 때, 그 미래를 예견하기란 어려웠다. 그러나 300년도 채 안 되어 그리스도교는 제국에서 절대적인 신앙이 되었을 뿐 아니라 결국 1,000년 이상 유럽이 문화적 골격을 이룬 종교가 되었다. 과연 무슨 일이 일어났던 것일까?

학자들이 이 질문을 놓고 수 세기 동안 논쟁을 벌였으나 실제적인 합의에 이르지는 못했다. 하지만 두 가지는 확실하다. 하나는, 로마의 주요 도시에 퍼져 있던 유다교 회당이 초기 그리스도 신앙을 접할 수 있는 종교적 공간을 제공했다. 처음 복음을 들었던 이들은 분명히 이미 유다교 안에 있던 사람이었지 할례처럼 까다로운 개종의 과정을 겪고 싶어 하던 사람들이 아니었다. 다른 하나는, 그리스도교의 강력한 경쟁 상대는 위에 언급한 신비주의 종교들이 아니라 황제 숭배였다는 점이다. 황제 숭배는 개인이 제국 정부가 허락하는 범위 내에서 신성한 황제에게 적절한 존경을 표시하는 것으로도 충분했다. 로마에서는 그와 동시에 다른 종교도 가질 수 있었는데 유다인을 제외하곤 실제로 많은 이들이 황제 숭배와 더불어 다른 종교를 따랐다. 하지만 그리스도인은 황제를 숭배하지 않았다. 그리스도인들은 예수와 황제 가운데 하나를 선택해야 한다고 주장했으며 로마 황제에게 기도를 바치지 않았다. 그들은 '이 세상의 왕국들'은 하느님이 창조했기에 황제에게 순종할 필요가 없으며 부활한 예수만이 우주의 진정한 통치자이기에 따라서 로마 황제를 포함한 모든 세속적인 왕들은 예수에게 복종해야 한다고 주장했다.

초기 그리스도인의 이러한 비타협적 태도는 엄청난 스캔들과 시련을 가져왔다. 예를 들어 180년 북아프리카의 로마령 스킬리움에서는 일곱 명의 남성과 다섯 명의 여성이 예수를 '왕 중 왕'이라고 말해 황제를 모욕했고, 그 말을 법령을 파괴하는 행위로 간주한 로마 관리는 이들을 처형했다. 그리스도인들의 완고한 태도는 일반적으로 관대한 황제의 관리들을 종종 곤욕스럽게 만들었다. 당시에 로마 관리들 가운데 한 명이 스마르나의 폴리캅이라는 그리스도인에게 "로마 황제는 신이다. 이 말에 오류가 있는가?"라고 물어보았다. 만일 "없다"고 하면 '예수는 주님'이라는 사실을 부인하는 것이자 신앙에 대한 배반을 의미했다. 폴리캅과 수천 명의 그리스도인들은 대답을 거부했고, 결과적으로 그들은 지하 무덤으로 숨어들어가 신앙의 비밀을 계속 지켜 낼 수밖에 없었다. 하지만 그리스도교 신앙이 발각되는 경우에 그들은 황제에 대한 예절로 황제의 제단에 '한 움큼의 향료'를 놓으라는 요구를 받았다. 많은 그리스도인들이 이를 거부했고 잔인하게 사형을 당했다. 그들 가운데 일부는 경기장에서 검투사나 맹수의 희생양이 되어 대중에게 오락거리를 제공했다.

이러한 적대적인 상황 속에서 어떻게 교회는 그토록 빠르게 성장할 수 있었을까? 한 가지 이유로, 비록 수도 로마에서는 지독한 박해가 있었지만 로마와 떨어진 지역에서는 박해가 산발적으로 일어났다는 점을 들 수 있다. 교회의 역사를 살펴보면 '순교자들의 피가 교회의 씨앗'이 된 경우가 종종 발견된다. 그리스도인에 대한 박해를 목격하거나 전해들은 사람들은 그들의 용기에 존경심으로 표하기 위해 스스로 교회를 찾아왔다. 그들의 가르침과 목숨까지 내놓을 정도로 강력한 진리의 메시지는 난립하는 신들로부터 오는 혼란과 회의적인 냉소주의에 빠져 있던 사람들을 자극시켰고 깊은 감동을 주었다. 따라서 그리스도인이 선포한 구원의 메시지와 교회를 통해 삶의 본질에 대한 매력을 알고 만족을 얻은 사람들은 새로운 신앙에 참여하기 위해 지역 교회에 참여하게 되었다.

당시 그리스도인이 된 이들 중 상당수는 도시에 살면서 사회적으로 지위가 낮은 사람들이었다. 여성, 노예, 그리고 평범한 노동자들은 소규모의 그리스도인 공동체에 소속되어, 초기 몇 년 동안 그리스도인 공동체가 추구했던 평등주의 정신에 감동을 받았다. 그들은 일요일이면 규칙적으로 모임을 가졌는데 한 회원의 집에서 기도하고 찬송을 부르고 대화를 나누었으며, 다른 공동체에서 온 편지를 읽고, 가난한 회원을 돕고, 『구약 성서』의 내용을 듣고(당시는 아직 『신약 성서』가 기록되는 중이었다), 단순한 의례의 차원을 넘어서는 공동 식사로서 빵과 포도주를 나누어 먹었다. 예수가 베푼 가르침의 중심 개념인 '사랑'을 그리스어로 사용했기 때문에, 그들을 공동 식사를 '사랑의 식사(愛餐)'라 불렀다. 그리스도인들이 사람들에게 그리스도교 신앙을 열심히 전파한 덕분에 교회 또한 크게 성장했다. 그리스도인들은 교회에서 설교하고 가르치고 간증했다. 그리고 관심을 갖고 있는 사람들에게 길게는 2년 동안 교리 문답 과정을 거치게 했다. 교리 문답 과정을 마치면 통상적으로 부활 주일에 침례를 통해 공동체의 정식 일원이 될 수 있었다.

많은 사람들이 그리스도교를 믿게 된 반면 유다교는 개종자를 만드는 데 큰 노력을 기울이지 않았기 때문에, 오직 두 가지의 종교적인 선택만이 제국 내에 남아 있었다. 다른 종교들까지 포괄하여 혼합주의 안으로 융합시키는 황제 숭배인가, 아니면 부활 승천한 예수에 대한 신앙인가. 그리고 여기에서 아무도 예상하지 못한 방향으로 그리스도교의 미래를 근본적으로 바꾸어 놓은 사건이 일어났다. 4세기 초에 그때까지 그리스도인들이 확고부동하게 숭배를 거부했던 로마 황제 자신이 그리스도인이 된 것이다.

## 콘스탄티누스 대제와 공의회

콘스탄티누스 1세(Constantinus I, 274~337년)의 그리스도교 개종은 불분명한 사건이다. 물론 그가 이교도로 시작해서 그리스도인으로서 삶을 마쳤다는 사실에는 의심의 여지가 없다. 그러나 과연 황제가 얼마나 진리를 간직했으며 성실했는지는 아무도 알지 못한다. 황제는 중요한 전투 전날 밤 꿈에서 군인들의 방패에 그리스도교를 연상시키는 상징을 넣으라는 명령을 들었다고 한다. 뒤에 그의 숭배자 가운데 한 사람인 에우세비우스라는 그리스도교 역사가가 쓴 콘스탄티누스의 화려한 일대기에서 그는 이 상징이 천국을 나타낸다고 말했다. 실제로 어떤 일이 일어났는지는 모르지만, 콘스탄티누스는 그리스도교의 상징을 군인들의 무기에 부착시켰고 전쟁에서 결정적인 승리를 거두었다. 이 일에 감화된 그는 전쟁이 끝난 뒤 로마로 돌아와 "구원의 상징을 통해, 나는 진정한 용기의 시험을 지켰고, 당신들의 도시를 폭군의 압제에서 자유롭게 했고, 원로원과 로마인에게 고대의 명성과 광명을 되찾아 주었다"라는 라틴어 문구를 새긴 자신의 동상을 세웠다. 이것은 그리스도교 역사에서 가장 아찔한 반전 중의 하나였다. 콘스탄티누스 황제로부터 300년 전, 황제 숭배의 권위에 도전했다는 명목으로 십자가형에 처해졌던 맨손의 갈릴리 사람이 이번에는 로마 군대의 보호자가 되었다. 어떻게 그런 일이 일어날 수 있었을까?

콘스탄티누스의 영혼에 일어났던 일을 우리는 짐작조차 하지 못할 것이다. 하지만 그는 스스로를 그리스도인이라 불렀을 뿐 아니라 교회에 관련된 일에 적극적으로, 아니 지나칠 정도로 개입했다. 그가 이룬 성과가 비록 그리스도교 최고의 관심사는 아니라 할지라도 그것은 그리스도교의 전체 역사에서 중요한 흔적을 남겼다. 그리스도인이 된 후 콘스탄티누스가 이룬 가장 중요한 업적은 모든 교회 지도자들의 모임인 '공의회'를 처음으로 소집한 것이다. 종교적·정치적인 이유로 소집한 공의회에서 황제는 그리스도교의 화합을 통해 제국에 위협이 되는 요소를 제거하고, 나아가 다양한 그리스도교 분파들 사이에서 일어나는 내부적 갈등을 해결하려 했다. 공의회는 비티니아 속주에 있는, 승리의 여신 '니케'에서 유래한 니케아라는 이름의 도시에서 열렸다.

당시에 새로 생긴 교회들 사이에는 많은 불화가 있었다. 첫째는, 그리스도교 초기에 지도적인 임무를 수행했던 많은 여성들이 성직에서 제외되었고 때로는 침묵을 지키도록 강요당했다는 것이다. 둘째는, 후에 영지주의자로 분류된 일부 이교적 그리스도인들의 그리스도 해석이 배제되었다는 것이다. 당시 영지주의자들의 문서가 불태워지는 상황이 발생했지만, 일부가 1945년 이집트의 나그 함마디에서 발견되었다. 하지만 대중과 지도자들, '주교'와 '장로'들 사이에서 벌어진 논쟁에서 가창 치열했던 의제는 다음과 같은 질문들이었다. 그리스도인이 승천한 예수를 통해 만날 수 있다고 확신하는 하느님과 세상을 창조한 하느님 사이의 정확한 관계는 무엇인가? 예수는 궁극적인 하느님과 전적으로 같은 분인가? 아니면 예수는 혹시 반신반인 같은 존재인가? 니케아에서 이 문제를 해결하기 위해 벌어졌던 황제와 주교들의 논의는 혼란스러운 국면에 봉착했다.

오늘날과 마찬가지로 당시의 그리스도인들 사이에서도 어떻게 그리스도는 하느님을 상징하는가?라는 질문이 큰 문제가 되었다. 따라서 하느님과 그리스도의 내적 결합의 본질은 무엇인가?에 대한 다양한 견해들이 활발하게 터져 나왔다. 다양한 견해들이 교회 안에 공존했지만 콘스탄티누스와 다수의 주교들은 만장일치, 즉 견해를 하나로 통일하길 원했다. 수없이 많은 적대적인 토론을 거친 후에 공의회는, 결국 예수를 '그의 아버지와 함께 있는 동일 본질'이라고 선언한다. 그 자체가 중요한 신학적 결정이었고, 설혹 오늘날 많은 그리스도인이 다른 견해를 가지고 있더라도, 그리스도교의 공식적인 '정통 가르침'이 되었다. 오늘날에도 많은 교회 예배에서 암송되고 수 세기 동안 많은 공의회에서 승인한 '니케아 신조'가 바로 그것이다.

그 뒤에 열린 공의회들은 비록 전부는 아니지만 그리스도교 교회의 가장 핵심이 되었던 '삼위일체'로서의 하느님 개념을 더욱 정교하게 가다듬었다. 이 교리는 종종 이상한 역설이나 엄청난 난제로 여겨지기도 하지만 이를 처음 결정한 사람들의 의도를 파악하는 일은 그리 어렵지 않다. 그들은 창조주, 이스라엘인에게 소명을 주었던 하느님, 예수 안에서 만난 사랑의 힘, 그들의 삶을 깊게 만들고 지탱해 주고 있는 영적인 존재로서의 하느님 등등, 이미 경험해온 다양한 하느님의 모습을 받아들였다. 그리고 동시에 이런 모든 모습들이 동일한 하느님의 현시라고 주장했다. 그들은 신성의 현현이 다양성에 기초를 두는 하느님의 유일성이 있다는 사실을 그들 자신과 세계가 확신하기를 원했다. 그러므로 하느님은 하나이지만 세 '위격'으로 이루어져 있고, 이는 각각 분리된 위격들이 아니라 세 가지 다른 외적 인격, 즉 페르소나(Persona, 이 라틴어는 극장에서 연극을 할 때 다른 성격의 인물을 연기할 때 배우들이 쓰는 가면을 의미한다)를 가진다는 논리가 성립된다. 다른 말로 하면, 여러 방법을 통해 하느님의 유일성을 경험할 수 있지만 근본적으로 여전히 하느님은 하나인 것이다.

니케아 공의회의 결정들은 미래의 그리스도교에 막대한 영향을 주었다. 그러나 이 결정들보다 더 중요한 사실은 황제가 공의회에 직접 참여했기 때문에 니케아의 합의는 교회의 법을 넘어서는 제국의 법이 되었다는 점이다. 콘스탄티누스는 개인적으로 여러 공의회들을 주재했고 그

때마다 연설을 했다. 니케아 공의회가 끝난 뒤 그는 칙령을 내려 니케아
의 합의에 반대하는 그리스도인을 추방했고 그들의 교회 건물을 몰수했
다. 그 조치는 나쁜 전례를 남겼다. 중요한 종교적 문제들에 대해 광범위
힌 의견을 수용히는 유다교나 이질성과 다양성으로 넘쳐나는 힌두교와
는 달리 공의회를 수용했던 그리스도교 지도자들은 그리스도교 신앙에
있어 하느님은 한 분이며 그분만이 오직 진정한 신이라는 한 가지 교리만
을 도입했다. 교리적 일치에 대한 강요는 '이단'을 낳았고, 오해된 입장이
나 '비전통적인 입장'이라는 역개념을 탄생시켰다. 만일 니케아 공의회에
모인 주교들에게 하나의 합의를 원한 황제의 압력이 없었다면 그리스도
교의 역사는 얼마든지 다르게 표현될 수 있었을 것이다. 예를 들어, 그리
스도인들이 그리스도를 사랑하고 따르기만 한다면 그들이 내면의 하느님
과의 관계에 대한 다양한 견해 가운데 하나를 선택할 수 있다고 주교들
이 선언했다면 말이다. 하지만 결과는 그렇지 않았고, 행위보다는 믿음으
로 그리스도교를 정의하는 전통이 확립되었다. 그리고 이른바 이단으로
불리는 잘못된 신앙에 대한 예리한 감수성은 그리스도교의 역사를 훼손
하고 분열시켰다.

콘스탄티누스 황제는 분기점을 남겼다. 그의 통치가 끝나고 채 몇십 년
이 지나지 않아 신성 모독과 국가 전복이라는 누명을 쓴 희생자로부터
출발한 그리스도교 운동이 종교적 권력과 정치적 권력의 결정적인 결합
에 의해 크게 성장했다. 그리고 이번에는 거꾸로 '이교도들'을 찾아내어
로마 황제의 칼을 이용해 그리스도교의 입장을 이교도들에게 강요하기에
이르렀다.

## 로마와 콘스탄티노플

　지금까지 우리는 그리스도교의 역사를 직선적으로 따라왔다. 그러나 이 지점부터는 그런 작업이 더 이상 가능하지 않다. 다시 말해, 콘스탄티누스 1세가 전환점을 만들어낸 것이다. 황제 이전의 그리스도교는 로마 제국 안에서 박해받던 다양한 분파와 신흥 종교 가운데 하나였다. 비록 분명한 문제점은 있지만 황제 이후로 그리스도교는 점차 제국의 공식 종교가 되었을 뿐 아니라 문화의 통합을 담당하고, 제국의 신성한 통치 이념으로 자리 잡았다. 콘스탄티누스 전에는 점점 커져가던 주교들의 위계적이고 때로는 독단적이기까지 한 역할에 만족하지 않는 집단들이 많이 있었지만, 황제 이후로는 로마를 중심으로 제국의 힘을 휘두르는 그리스도교의 체계와 일정한 거리를 유지하려는 움직임과 계층들이 생겨나게 되었다. 그리스도인이 박해의 대상이었던 이전 시절, 사람들이 이 수상쩍은 운동에 참여하기 위해서는 위험을 감수해야 했고 신중하게 생각해야 했다. 그러나 황제 이후로 개종은 훨씬 수월해졌으며 일부 사람들은 기회를 잡으려고 개종했다. 따라서 우리는 다음과 같은 질문을 해보아야만 한다. 과연 콘스탄티누스 방식의 개혁이 그리스도교에 유익했는가?

　콘스탄티누스는 그 자신이 로마 제국의 역사에서 중요한 변화를 이룩한 사람이었다. 그는 로마의 동쪽으로 약 800킬로미터 떨어진 곳에 '새로운 로마'를 건설했다. 황제는 겸손함이 부족한 사람이었기에 이 도시를 '콘스탄티노플'이라고 이름 붙였다. 어떤 의미에서 이는 동로마와 서로마를 확연히 구별시킨 사건이었다. 즉 그는 종교와 정치가 통합된, 다시 말해 교회와 제국이 제도적으로 통합되는 표준을 가지고서 새로운 수도를 세운 것이었다. 이로써 북유럽으로부터 제국으로 이미 많이 유입되어 있던 '야만인'들에게 제국의 옛 도시들을 던져주는 결과가 발생했다.

콘스탄티누스 사후 수 세기 동안, '로마 가톨릭'과 '콘스탄티노플 정교회'는 로마 가톨릭과 그리스 정교회 분파들의 핵심적인 상징이 되었다. 그러나 서로 분리된 채 성장했기 때문에 그리스도교가 유럽, 아프리카, 아시아 일부, 중동에 퍼져 나가는 과정에서 교황 수위권 문제가 발생했고 결국 교회는 1054년에 공식적으로 분리되었다. 이 점을 고려할 때 직선적인 역사 추적이 '그리스도교란 무엇인가?'라는 질문에 더 이상 유용하지 않다는 사실이 드러난다. 그보다는, 이런 복잡한 역사 안에서 그리스도교를 인격화한 모범적인 개인 신앙인들을 소개함으로써 질문에 대한 답을 찾을 수 있을 것이다. 우리는 사람들에게 실제로 전해진 예수의 영향력을 모범적인 인물들의 삶의 이야기를 통해 알 수 있으며, 이는 우리에게 예수의 실체가 이 세상에서 지속적으로 경험되고 있다는 사실을 상기시킬 것이다.

# 그리스도인의 삶

그리스도교는 육화(肉化, incarnation)의 종교이다. 법전이나 교리 체계도 물론 중요하지만, 그리스도교는 원칙적으로 법전이나 교리 체계보다 실제로 그 종교 안에서 살아가는 사람들의 삶을 통해서 자신의 메시지를 알리는 세계 종교 중 하나이다. 이 점에서 그리스도교는 그렇게 특별하지 않다. 또한 여전히 그리스도교 신앙의 본질은 예수 그리스도라는 인물에게 있으며 예수와 그 내적 의미를 전달하는 모범적인 인물들에 대한 신뢰 사이에는 높은 수준의 일체성이 있다. 이 사람들은 흔히 성인(聖人)이라 불린다. 만일 어떤 외계인이 지구를 방문한다면, 그리스도인들이 종종 성인의 이름을 따라 교회의 이름을 짓는다는 사실에 주목할 것이다. 명백한 그리스도인이면서, 다양한 삶의 모습을 제시해 주는 몇몇 대표적인 성인들의 목록을 작성하는 작업은 그리스도인들에게 매우 유용하다.

우선 각기 다른 시대를 살았던 세 성인의 삶을 묘사해보려고 한다. 이들은 진정으로 모든 그리스도인들에게 존경을 받았으며 또한 거의 모든 그리스도교 교파 안에서 수용되었다. 이어서 우리 시대를 살았던 몇몇 대표적 그리스도인들에 대해서도 언급할 것이다. 이 작업은 '그리스도인이 된다는 사실이 무엇을 의미하는가?'라는 질문에 대한 답을 구할 때, 그리스도인 삶의 다양성을 고갈시키지 않으면서도 여러 가능성을 드라마틱하게 표현할 수 있는 길이다.

## 그리스도의 어머니, 마리아

물론 예수는 남성이었다. 그러나 애초부터 그리스도교에서 비범하고 특별한 역할을 수행했던 사람들은 여인이었다. 예수의 지지자였던 여인들은 부활 첫날에 빈 무덤을 발견하고 예수의 제자들에게 이 사실을 말해 복음의 첫 번째 전파자가 되었다. 여인들은 남성 지도자들이 여성 지도자들의 활동을 제한하고 결국에는 남성 중심적인 배타적 위계질서를 확립하여 그리스도교 교회 안에 가부장적인 환경을 만들어놓을 때까지, 그리스도교 역사의 처음 몇십 년간 설교했고 가르쳤고 치유했다. 그러나 결국 이후의 모든 세기 동안 여성 그리스도인들은 수도원 안에서 교황과 왕의 명령을 따르며 치유하고 가르치는 삶을 살았다. 그들은 또한 가난하고 아픈 이들을 보살피며 죽은 자들의 장례 예식을 묵묵하게 수행해냈다.

그리스도교 역사에서 첫 번째로 주목받는 여성은 예수 이전에도 살았으며 예수가 지냈던 지상에서의 삶을 함께 했던 이로, 어떤 면에서 보면 이후 모든 남녀 그리스도인에게 신앙의 모범으로 남아 있다. 이 유다인 여성은 차가운 마구간에서 예수를 낳았으며 그의 어린 시절을 보살폈다. 그녀는 예수의 험난한 삶을 이해하려 애썼으며 결국에는 눈물로 그의 수난과 최후를 지켜봐야 했다. 우리는 예수에 이어 두 번째로 그리스도교의 내적 의미를 체화한 사람인 이 갈릴리 여인에 대해 과연 얼마나 자세히 알고 있는지 물어보아야 할 것이다.

역사적으로 말해서 진실은 마리아에 대해 우리가 그리 많이 알고 있지 못하다는 것이다. 「루가」와 「마태오」 두 복음서는 마리아가 자신이 처녀로서 요셉과 결혼하기 전에 성령으로 임신하게 되리라는 사실을 알았으며, 그리스도교에서 가르치듯이 하느님께서 인간이 되는 과정에 그녀의 몸을 제공하는 데 동의했다고 진술한다. 모든 그리스도인들이 그리스도의 '동정녀 탄생'을 문자 그대로 믿는 것은 아니지만 하느님이 '인간의 몸이 되었고', 고통과 한계, 죽음 안에서 인간과 함께하셨다는 사실은 모든 그리스도인들의 중심 신관으로 자리 잡고 있다. 마리아는 신의 의지를 받아들임으로써 실제로 그리스도교가 성립하게 되는 사건을 가능하게 만들었다. 신은 인간이 되었고 우리 안에 거주하게 되었다. 마리아의 이 응답이 무엇을 의미하건, 이는 마리아가 신의 사랑에 대해 무조건적으로 신뢰했고, 정상적인 결혼 생활에서 벗어난 아이를 낳는, 사회적인 불명예를 받아들였다는 점을 시사한다. 마리아는 구원 드라마에서 결정적 역할을 수행한 인물이었다.

예수 그리스도가 몇몇 종교적 신화에 나타나는 신적인 특성처럼 하늘에서 직접 내려오지 않았다는 사실을 인식하는 것은 중요하다. 그는 신의 이마(마치 제우스의 머리에서 아테네가 나오듯이)에서 성장하여 나온 사람이 아니었다. 오히려 예수는 우리 모두가 그러하듯 태아로서 생을 시작했고, 피에 흠뻑 젖은 채로 세상에 등장했다. 그리고 마리아야말로 그것을 가능하게 한 이였다. 이 행동을 통해서 그녀는 신이 가장 평범하고 일상적인 생의 과정들 안에서의 현존을 선택했음을 증명했다. 이에 대해 모든 그리스도인들이 감사한다.

반면 이러한 감사와 감동을 넘어서게 되면, 그리스도인들 사이에는 예수에 비해 훨씬 심각하고 많은 마리아에 대한 의견의 불일치가 존재한다. 마리아가 온전히 순결하다는 관념(마리아는 죄 없이 잉태했다는 '무염 시태 교리')이 보여 주는 것처럼 그녀는 과연 어떠한 죄에서도 벗어나 있었는가? 우리는 신과의 중재를 위해서 그녀에게 기도할 수 있을까? 혹은 기도해야만 할까? '성모승천 교리'에서 가르치듯이 나머지 삶 동안에도 그녀는 처녀로 남아 있으면서 기적을 행하고 죽지 않은 채 천국에 들었을까?

까?

기톨릭 신자들은 이 질문들에 대해서 그렇다고 대답하겠지만 대부분이 개신교인들은 아니라고 대답하거나 성서 자체에서는 그러한 주장을 뒷받침할 만한 증거를 찾을 수 없다고 말할 것이다. 그러나 마리아에 대한 교리상의 불일치에도 마리아는 거의 모든 그리스도인들에게 매우 대중적이며 존경받는 인물로 남아 있다. 그녀는 예술가들이 선호하는 주제가 되었으며 대중의 헌신을 받아왔다. 나무, 돌, 플라스틱, 석고로 만들어진 그녀는 평온한 모습으로 아기 예수를 팔에 안고 있거나, 혹은 홀로 자동차 계기판 위에, 벽난로 위에, 정원 안에, 세계 전역의 작은 동굴 속에 서 있다. 어떤 사람들은 그녀가 믿고자 하는 사람들에게 용기를 주거나 지도하고 고무시키기 위해 파티마나 루르드 같은 장소에서 지속적으로 나타난다고 믿는다. 최근에는 보스니아(옛 유고슬라비아)의 메주고리에(Medjugorje)도 그런 장소로 꼽히고 있다. 그리고 예수가 제자들에게 가르쳐준 '주의 기도' 다음으로 그리스도 교회에서 가장 빈번하게 읊어지는 기도는 아마도 '아베 마리아'일 것이다.

이렇게 강렬하고 매력적인 마리아라는 인물이, 그리스도인이 되는 의미에 대해 우리에게 실질적으로 말해 주는 점은 무엇일까? 대답은 복합적이다. 오늘날 어떤 여성들은 마리아가 양립 불가능한 가치, 즉 순결성과 모성을 통합하고 있기 때문에 현실 세계에서는 실제적인 역할을 수행하는 모델이 될 수 없다고 주장한다. 다른 이들은 그녀에게 종종 귀속되는 특징들, 이를테면 겸손이나 포용력 등이 오늘날 여성들이 모방해야 할 덕목은 아니라고 말하기도 한다. 그러나 여전히 우리들은 그녀에게서 예언자적인 목소리를 듣는다. 그리스도교의 본질을 알려 주는 「루가복음」에 실린 마리아의 노래가 바로 그것이며, 이는 또한 예수가 세상에 장차 끼치게 될 파격적인 영향을 예언하는 노래이기도 하다.

이 말을 듣고 마리아는 이렇게 노래를 불렀다.
"내 영혼이 주님을 찬양하며
내 구세주 하느님을 생각하는 기쁨에
이 마음 설렙니다.
주께서 여종의 비천한 신세를 돌보셨습니다.
이제부터는 온 백성이 나를 복되다 하리니
전능하신 분께서 나에게 큰일을 해 주신 덕분입니다.
주님은 거룩하신 분,
주님을 두려워하는 이들에게는
대대로 자비를 베푸십니다.
주님은 전능하신 팔을 펼치시어
마음이 교만한 자들을 흩으셨습니다.
권세 있는 자들을 그 자리에서 내치시고
보잘 것 없는 이들을 높이셨으며
배고픈 사람은 좋은 것으로 배불리시고
부요한 사람은 빈손으로 돌려보내셨습니다.
주님은 약속하신 자비를 기억하시어
당신의 종 이스라엘을 도우셨습니다.
우리 조상들에게 약속하신 대로
그 자비를 아브라함과 그 후손에게 영원토록 베푸실 것입니다."
(「루가복음」, 1.46~55)

‘마리아 찬가(Magnificat)’라고 불리는 이 노래는 순종이나 감수의 가치를 찬양하는 것이 아니다. 여기에서 마리아는 교만한 자들을 흩으시고 권세 있는 자들을 내치시며 가난한 자를 먹이시고 부요한 자를 빈손으로 돌려보내시는 주님을 노래하고 있다. 마리아가 종종 사회적인 봉기 운동을 고무시켜왔다는 사실은 놀랄 만한 게 아니다. 예를 들어 멕시코의 사파타가 이끈 농민 혁명 단체는 과달루페에서 현현한 성모의 그림을 모자의 밴드에 감싼 채 멕시코시티로 진군했다.

마리아에 대한 다른 형태의 이해도 있다. 어떤 이들은 그녀 안에서 그리스도교와 고대 여신 신앙을 유용하게 연결하는 하늘의 여왕으로서의 역할을 발견하기도 한다. 또한 어떤 사람들은 성모가 전적으로 남성으로 나타나는 신의 여성적인 면을 노출시키고 있다고 느낀다. 심리학자 칼 구스타프 융은 1950년, ‘성모 승천 교리’ 선포가 종교개혁 이후 그리스도교 세계의 가장 중요한 사건이라는 글을 쓰기도 했다. 성모 승천 교리가 그리스도교 신성 내에서 여성성의 안전한 기반을 만들어냈기 때문이다.

물론 모든 그리스도인이 융에게 동의하는 것은 아니다. 그러나 마리아에 대해 무엇을 생각하고 느끼건 간에 대중적 영성에서 마리아의 위치는 도전할 수 없을 정도이다. 마리아의 의미를 둘러싼 신학적인 논쟁에도 마리아가 인간의 감성을 어루만지고 그리스도인 됨이 무엇을 의미하는가? 라는 질문에 대해 지속적으로 다양하게 대답해 주고 있다는 사실이 중요하다.

## 아씨씨의 성 프란치스코

종종 예수 그리스도와 가장 비슷한 삶을 살았다고 일컫는 프란치스코 성인은 1182년 이탈리아의 부유한 포목상 가문에서 태어났다. 44년밖에 되지 않는 짧은 생애를 살았던 그는 살아생전 이미 많은 수의 지지자와 예찬자를 얻었을 만큼 매력적인 인물이었다. 사후에 그는 마리아에 이어 가장 사랑받는 그리스도교 성인이 되었다. 프란치스코는 원래 성인이 되고자 했던 인물은 아니었다. 그렇기는커녕 그는 초년 시절, 파티와 환락에 빠져 도박을 일삼던 난봉꾼으로 알려져 있었다. 실로 성 프란치스코는 개인의 삶 안에 이미 부여된 이러한 성향들을 제거했다기보다 격화하고 전향시켜 종교적으로 회심한 삶을 증명한 인물로 보아야 한다. 상황이 좋지 못할 때에도 언제나 하느님을 노래했던 성 프란치스코는 종종 하느님의 음유 시인이라고 알려져 있는데 아마 그도 이런 호칭에 만족할 것같다.

어린 시절 프란치스코는 번창하던 포목 사업을 이어받으리라는 가족들의 기대 속에서 성장했다. 그러나 원래 삶이란 주변의 기대처럼 흘러가지 않는다. 프란치스코는 이미 십대부터 가난한 사람들에게 이끌려 아버지 가게에서 만난 가난한 이들에게 옷이나 망토를 공짜로 나누어 주곤 했다. 프란치스코는 특별히 종교적인 젊은이는 아니었지만 어느 날 교회에서, 예수가 부자 청년에게 자신이 가진 걸 모두 팔아 가난한 사람들에게 나누어 주라고 요구하는 복음을 들은 뒤 마음을 빼앗기게 되었다. 그는 즉시 이것이야말로 정확히 자신이 해야 할 일이라고 다짐했다. 물론 그의 부모는 그의 생각에 찬성하지 않았으며 모든 방법을 동원하여, 심지어는 그를 가두어 두면서까지 만류하고자 했다. 그러나 프란치스코는 자신의 주장을 굽히지 않았다. 그에게는 돈과 좋은 옷과 소유물을 버리는 일이 상실이 아니었으며 오히려 자유였다. 재산의 포기는 그를 둘러싸고 있던 사회적 기대들을 확고히 깨고 마음의 짐을 덜어 버리는 길이었다. 그것은

'헐벗은 그리스도를 헐벗은 채로 따르는' 기회였으며, 스스로를 열고 자신에게 다가올 갖가지 고통과 기쁨을 위해 모든 것을 수용하는 길이었다.

프란치스코는 살아가기 위해 구걸을 하기 시작했으며, 곧 그와 뜻을 같이 하는 젊은이들이 모여들었다. 그들은 낡은 옷을 걸치고 허리에는 비싼 가죽 벨트가 아닌 밧줄을 동여맸다. 프란치스코는 주로 중산층 가족의 젊은 남성들로 모임을 구성했다. 이 모임은 오늘날 '프란치스코회'로 알려진 '작은 형제회'가 되었다. 그가 만든 조직은 당시 논쟁의 대상이었는데, 특히 그 조직의 단순한 삶의 방식이 제도화된 교회의 부와 권력에 대해 거부하는 등, 비판 의식을 내포하고 있었기 때문이었다. 그러나 프란치스코는 신중한 사람이었을 뿐만 아니라 교회를 충실하게 따르는 사람이었기 때문에 로마로 가서 교황에게 이러한 새로운 운동의 헌장을 허가해 줄 것을 간청했다. 그러나 작은 형제회와 교황권과의 관계는 결코 원만하지 않아서 프란치스코 사후 일 세기 동안 어떤 프란치스코 회원들은 교회의 부유함과 세속화된 권력을 비판하다가 이단으로 몰려 화형당하기도 하였다.

예수의 명령을 진지하게 받아들였던 프란치스코는 평화의 조정자였다. 그는 전쟁 중이던 이탈리아 도시 국가들 사이의 협상을 진행시키기 위해서 활동하였다. 또한 그는 제5차 십자군 원정 중 유혈 사태를 종결시키기 위해 터키의 술탄을 설득시키고자 1219년 시리아로 가는 항해에 나섰다. 이 일은 주변 사람들에게 정신 나간 행동으로 받아들여졌다. 원정군의 지도자들은 프란치스코에게 냉소적이었지만 누구도 그를 막을 수는 없었다. 놀랍게도 그는 전선을 넘어서 무슬림 군의 보호를 받으며 술탄의 손님으로 사흘 동안 무슬림 진영에 머물렀다. 우리는 다만 술탄이 평화 조약에 동의하였다는 사실 외에는, 이 검소한 수도자와 그 무슬림 사령관

사이에서 정확히 무슨 일이 일어났는지에 대해서 알 수 없다. 프란치스코는 전선을 넘어 십자군에게 돌아와 협약의 내용을 기쁜 마음으로 알렸지만 그들은 평화를 거부했다. 낙담한 프란치스코는 이탈리아로 돌아와 그의 동료들에게 진정 필요한 일은 이교도의 패배가 아니라 그리스도교인들의 변화라고 말했다.

그에 대한 몇몇 왜곡된 묘사가 있지만, 성 프란치스코는 완고하거나 음울한 사람이 아니었다. 그리스도교 역사상 그만큼 자연을 예찬한 이는 아무도 없을 것이다. 그는 태양과 달을 찬송하고 새들과 늑대까지도 친구로 대했다. 그는 금욕적인 이유에서가 아니라 재산에 의해 방해받지 않고 그리스도를 따르려는 이유로 소유를 거부하였다. 스스로에게 그리고 타인에게 그는 재산이든지, 지식이든지, 권력이든지 소유하고 축적하는 일을 거부하라고 가르쳤다. 심지어 그는 동료들이 책을 소유하는 것조차도 경고하고 나섰다. 프란치스코는 그의 유명한 기도문 '당신이 겪은 수난의 슬픔(the sorrow of your passion)'에서 읊었듯, 할 수 있는 한 완전하게 그리스도의 삶을 따라 살고 싶어 했다. 프란치스코와 관련된 전설을 들어 보면 그의 이러한 소망은 결국 허락되었다고 한다. 어느 날 그리스도의 손과 발을 관통했던 못 자국이 프란치스코의 몸에 나타났던 것이다. 그렇지만 그의 진정한 시련은 동료들을 바라보면서 늘어가는 실망감을 견뎌야 했던 일이었다. 그의 동료들은 교회와 세속 권력과 공모하여 점점 프란치스코가 엄격하게 요구했던 수칙들을 본래 의도와는 너무도 다르게 변질시켰다. 프란치스코는 여전히 내적 진실함을 지닌 채 한편으로는 그가 시작한 운동이 화석화되어가는 모습을 바라보며 실망한 채 쓸쓸하게 죽었다.

성 프란치스코는 다양한 사람들에게 여러 가지 의미를 지닌다. 어떤 사람들은 그를 교회의 세속화된 허식과 특권에 분노하고 하느님과의 직접적 소통에 목말라 한 마틴 루터의 선각자로서 바라본다. 또 어떤 사람들은 특별히 청년 시절의 그를, 숨 막히는 중상주의(重商主義) 사회에서 부르주아적 한계에 대항한 운동사의 첫 영감을 불러일으킨 이로 보기도 한다. 사회적으로 급진적인 그리스도인들은 프란치스코 성인으로부터 가난하고 버림받은 이들 가운데서 하느님의 현존을 찾는 전형적인 인물상을 발견한다. 또한 어떤 이들은 그리스도교에 불교나 힌두교와 같은 아시아의 종교들과의 연결점이 있다고 말하는데 프란치스코로부터 방랑하는 수행자가 지닌 정형화된 사발적 가난과 생활의 단순함을 찾아냈기 때문이다. 어깨에 새들을 앉히고 늑대가 그의 손을 비벼대는 모습을 한 하느님의 음유 시인, 자연과 함께한 아씨씨의 수도자는 수 세기에 걸쳐 계속 매혹적으로 그리스도인이 되는 하나의 강력한 길을 체화시키고 있다.


## 성녀 잔 다르크

1425년경, 로렌의 작은 마을에 살고 있던 신앙심 깊은 젊은 여성이 어느 날 다음과 같은 말을 하자 그녀의 부모는 몹시 놀라고 말았다. 성인들과 천사들이 나타나 샤를 6세가 지배하던 프랑스의 황태자를 만나 프랑스 패잔병을 이끌고 영국군이 포위한 오를레앙을 구하라고 그녀에게 지시했다는 것이었다. 용감한 여성으로서 성공과 실패를 겪고 결국 종교 재판소에서 고문과 처형을 당하는 이 이야기는, 그녀를 그리스도교 역사 안에서 가장 매력적이고 인기 있는 성인들 가운데 한 명으로 만들었다. 여성이 있어야 할 곳이 식당이나 탁아소에 제한되지 않는다고 믿는 사람들은 그녀를 그리스도교 영성의 모범으로 삼았다. 따라서 그들은 그녀의 대담함, 육체적 용기, '내부의 목소리'에 대한 확고한 믿음, 비극적인 죽음, 최후의 신성화 등을 결합했다. 전혀 실제하지 않았을 법한 이 이야기는 어떻게 생겨났을까?

황태자 군대의 지휘관들이 남자 옷을 입은 이상한 시골 처녀와의 만남에 동의했던 것은 프랑스 황제의 자리를 원하는 황태자가 그만큼 절박한 상황에 놓여 있었다는 증거였다. 그녀를 시험하기 위해 황태자는 많은 귀족들 사이에 숨었지만 잔 다르크는 곧 그를 알아보았다. 그녀는 황태자가 랭스의 대성당에서 정당하게 황위를 받을 수 있도록, 프랑스에서 영국을 몰아낼 준비가 되었다고 말하기 위해 곧바로 그에게 다가갔다. 상황이 정말로 심각했으므로, 그녀의 말에 감동을 받은 황태자의 요청으로 미쳐 보이는 그 소녀는 등용되었다. 그러나 그녀에게 주어진 파격적인 제안이 어리석은 일이라고 주장한 성직자들은 그녀를 심문했다.

1429년 4월 말에 프랑스 군대는 오를레앙 근교에 집결했고 일련의 공격들을 감행했다. 몇몇 공격은 잔 다르크가 지휘했고 결국 프랑스군은 영국군을 도시에서 몰아냈다. 그후 잔 다르크는 황태자에게 대관식을 위해 전장을 떠나 랭스로 출발하길 재촉했다. 그러나 황태자의 조언자들은 영국에 대한 더욱 결정적인 승리를 원했기에 잔 다르크는 계속 싸워 승리를 쟁취했다. 결국 황태자 샤를은 랭스로 향했고 1429년 7월 17일 제단 옆에서 깃발을 들고 있던 잔 다르크가 지켜보는 가운데 황제가 되었다. 의식이 끝난 뒤 그녀는 샤를 앞에 무릎을 꿇고 처음으로 그를 황제라고 불렀다. 잔 다르크는 고향으로 돌아가 다시 가축을 기르고 싶다고 랭스의 대주교에게 청원했다.

국가는 그녀에게 많은 재산을 하사했다. 많은 군사들이 잔 다르크를 따랐지만 그녀는 오히려 그들에 의해 상처를 입었다. 그녀는 샤를에게 충성하지 않았던 일부 프랑스 군사들에게 사로잡혔고 보베 주교의 중재로 일만 프랑을 받고 영국에 넘겨졌다. 부브뢰일 성에 수감된 그녀는 곧 종교와 윤리에 관해 재판하는 법정에 섰다. 재판관은 개인적으로 그녀를 위해 힘썼던 보베의 주교와 프랑스 종교 재판소의 부소장인 장 르메트르였다.

1431년 1월에 잔 다르크의 재판이 시작되었다. 몇 달 동안 그녀는 여러 번 심문을 받았고 심문이 없을 때는 쇠사슬에 묶인 채 독방에 감금되었다. 영국군 일부는 감옥 안에서, 나머지는 밖에서 그녀를 밤낮으로 감시했다. 그녀는 미사를 드리고 싶었지만 심문자들은 허용하지 않았다. 잔 다르크를 고발한 사람들은 그녀의 모든 태도와 행위에 '불경스러운 혐의'가 있다고 주장했다. 잔 다르크가 자신이 들은 목소리에 신성한 권위가 있다고 주장한 점, 성인들이 영어가 아닌 프랑스어로 말했다는 점, 미래에 일어날 일을 알고 있었다는 점, 그리고 남성의 옷을 입었다는 점을 걸고 나왔다. 가장 중대한 죄목은 교회의 권위가 가르치는 것을 무시하고 하느님으로부터 직접 명령을 받았다는 그녀의 확신이었다.

잔 다르크는 자신이 교회의 충실한 딸이라고 대답했고 하느님에 대한 의무를 모든 것 중에 최우선으로 놓았다. 권력은 고문으로 그녀를 위협했지만 그녀는 저항했다. 그리고 만일 자신을 죽이기 위해 고문한다면 어떤 대답도 하지 않을 것이라고 말했다. 고문자들은 격분했고 그녀가 오류를 계속 주장하면 세속 법정에서 처형될 것이라고 위협했다. 그러나 그녀는 계속 저항했고 1431년 5월 30일에 화형에 처해졌다. 불길이 그녀를 삼킬 때, 잔 다르크는 옆에 있는 도미니크회 수도사에게 십자가를 그녀의 눈높이까지 들고 그녀가 불타는 소리와 군중들의 고함 소리보다 더 크게 구원의 확신을 들을 수 있도록 큰 목소리로 소리쳐 달라고 부탁했다. 죽음이 다가올 무렵 그녀가 들은 하느님의 목소리는 그녀에게 확신을 주었을 것이다. 채 500년도 지나지 않아서 교황 베네딕트 15세는 그녀를 성인의 반열에 올리고 5월 30일을 그녀의 축일로 제정했다.

성녀 잔 다르크는 시인, 예술가, 영화 제작자, 극작가가 좋아하는 인물이다. 그녀의 짧은 머리, 갑옷, 높이 쳐든 칼과 내면의 목소리를 실행하는 단호한 결단력은 종교 단체의 권위를 넘어 하느님과 직접적으로 만나려는 사람들에게 지속적인 영감을 주고 있다.

조지 버나드 쇼의 연극 '성녀 조앤'은 잔 다르크가 개인적인 확신으로 교회의 권위에 저항했기 때문에 최초의 '프로테스탄트'였으며, 하느님의 뜻과 특정 국가의 자유를 동일시했기 때문에 최초의 '민족주의자'였다는 두 가지의 논쟁거리를 묘사했다. 잔 다르크는 아마 이 두 가지 성격을 다 가지고 있었을 것이다. 거기에 더하여 그녀는 프랑스의 그리스도인들뿐 아니라 위압적인 정치와 교회의 권위 앞에서 고개 숙이기 거부한 용기 있는 젊은 여성을 모범으로 삼는 사람들에게 폭넓은 사랑을 받았다. 유머 감각, 인내력, 용기 등 분명한 그녀의 매력이 지속적으로 기억되고 있다. 그녀는 언제나 위험을 감수하는 용기 있는 저항을 상징한다. 과연 그 저항이 그리스도인에게 어떤 의미를 가지는가?


## 크고 작은 성인들

앞의 세 인물은 서로 다른 지역의 성인들이다. 하지만 이들이 그리스도인의 삶을 풍부하게 만든 인물들의 전부는 아니다. 그 외에도 셀 수 없이 많은 인물들이 존재한다. 이를테면 『신국론』이란 책을 통해 1,500년 동안 지속된 그리스도교 신학의 지성 체계를 만든 힙포의 아우구스티누스(St.

Augustine of Hippo, 354~430년)이 있다. 그의 평생 작업은 그리스도교의 핵심을 사상적·교리적·신학적으로 정리해 두는 것이었다. 그리스도인들은 자신의 마음뿐 아니라 모든 것을 다 바쳐 하느님을 섬겨야 한다고 믿는다. 그럼에도 그리스도교는 또한 감정적이고 감수성이 강하다.

신앙의 이런 측면을 설명하기 위한 가장 좋은 예들 중 하나가 성 아빌라의 테레사(St. Teresa of Avila, 1515~1582년)이다. 그녀는 지난 백 년간 점점 큰 영향력을 발휘하는 스페인의 카르멜회 수녀였다. '예수의 성녀 테레사'로도 알려진 그녀는 수녀원과 수도원을 창립, 교회 개혁 같은 실제적인 삶과 마음 깊은 곳의 영적인 삶으로 들어오는 초자연적인 힘을 결합해냈다. 심오함과 유머와 상식이 드러나 있는 그녀의 저서 『영혼의 성』은 그리스도교의 최고의 신비주의 고전으로 평가받는다.

또 한 명의 신비주의자인 이탈리아 출신 시에나의 성녀 카타리나(St. Catherine of Siena, 1347~1380년)는 심오하고 헌신적인 신앙심이 환자나 빈민을 돕는 열정과 합치될 수 있다는 점을 삶을 통해 증명했다. 그녀는 공적 생활에서도 최선을 다해서 플로렌시아의 교황 특사 직무를 맡아 여러 도시 국가들과 교황청 사이의 평화 조약 협상에 일조했다. 그녀는 비록 글을 쓸 줄 몰랐지만 그녀의 영적 성취를 구술한 수많은 서한을 남겼다. 성 프란치스코처럼 그녀의 몸에도 그리스도의 성흔이 있었던 것으로 알려져 있다. 통합된 삶의 비전 안에서 하느님 사랑과 인간 사랑을 이 비범한 여성보다 더 완벽하게 결합한 사람은 없었다.

공식적으로 인정된 성인들 외에 교회로부터 인정받지 못한 성인들도 있다. 지오토와 레오나르도 다빈치는 하느님에 대한 찬양을 캔버스와 조각된 돌에 표현했다. 그리고 이름 모를 목수, 석공, 유리공들은 정성을 다해 샤르트르 대성당과 솔즈베리 대성당을 만들었다. 토마스 베케트 같은 신부들은 폭정이 막을 내릴 때까지 왕 앞에서 고개를 숙이지 않았고, 토마스 아퀴나스와 보나벤투라 같은 신학자들은 신앙과 인간 이해 사이에 다리를 만들었다. 이냐시오 로욜라가 제도권 교회 안에서 교회를 정화하려 했던 것과 반대로 마틴 루터와 존 칼빈 같은 개혁자들은 그들이 믿었던 태초의 복음을 통해 교회를 재건하려고 했다.

여성이 교회 내 단체를 조직하는 것이 허용되지 않았지만, 드 스타엘 부인은 신학 연구 모임을 조직했다. 프란치스코 사비에르와 아도니람 저드슨 같은 용감한 사도들과 선교사들은 인도와 아시아에 그리스도교 공동체를 전파했고, 서로마 제국의 확장이 토착민을 위협했을 때, 까사의 바르톨로메오는 인도 제국에 살던 토착민의 권리를 옹호했다. 가톨릭 수녀 요안나는 남성 지도자들의 경고를 무시하고 최초로 라틴 아메리카의 진정한 시인의 자리에 올랐다. 앤 허치슨은 여성의 관점에서 성서를 해석하기 위해 보스턴의 청교도 행정관들의 명령을 거역했다. 많은 그리스도인들이 노예 무역을 통해 이윤을 얻는 부끄러운 행동을 했지만, 헨리 바르드 비쳐와 해리어트 비처 스토우 같은 그리스도인들은 그에 반대했다. 또한 소저너 트루스 같은 미국계 흑인 그리스도인은 노예 해방을 도왔고, 냇 터너와 멘마크 베이와 같은 흑인 목사들은 사악한 제도에 대항하기 위해 반란을 일으켰다.

성인들에 대해 일반적으로 알려진 면만 언급한다면 전체 그림을 왜곡하는 것이다. 가정과 일터에서 예수를 성실한 따랐던 그리스도인들과 평소에 하느님과 이웃 사랑을 실천했던 그리스도인이 매일매일 수행했던 일을 모두 합치면 널리 알려진 성인들의 업적을 능가하리라. 그럼에도 그들이 성인 반열에 못 오른 이유는 아마 그들이 속해 있는 그리스도인 공동체가 특정한 개인을 '성인'으로 추대하는 데 대하여 망설였기 때문일 것이다. 하지만 비범한 사람들에게 초점을 맞추든지 그렇지 않든지, 성인들이 비록 주교좌성당(대성당)과 교리, 전례와 성사 중심의 종교(가톨릭, 정교회, 성공회)에서 인정받는 인물이라 하더라도, 그리스도교가 인간의 가슴과 '나를 따르라'는 예수의 말씀을 실천하려 노력하는 사람들의 행동에 근본을 둔다는 사실을 기억해야 한다.

## 현대의 성인들

과거의 성인들이 '우리 시대에 그리스도인이 된다는 것이 무엇을 의미하는가?'라는 질문에 적절한 답을 줄 수 있을까? 긍정적인 답과 부정적인 답이 동시에 나올 것이다. 과거 성인들이 지녔던 특징들인 용기, 단순함, 인내, 내적 기쁨 등은 우리에게 지속적으로 그리스도인의 존재에 대해서 중요한 점들을 말해 주고 있다. 그러나 오늘날 많은 그리스도인들에게는 이러한 고전적인 특징들이 언뜻 낯설어 보이기도 한다. 그들은 오래전에 살았던 인물들이고 따라서 그들의 말과 행동을 급격히 변한 오늘날의 세계와 연결시키기란 어려운 일이다. 옛 성인들의 강점이 무엇이든지, 그들은 신이 전적으로 부재하여 그리스도인으로서의 삶이나 다른 종교적 삶이 거의 불가능하게 되어버린 것 같은 이 세속화된 시대에 대처하지 못하고 있다. 이러한 이유로 '그리스도인이 의미하는 바가 무엇인가?'라는 질문에 대해 동시대에 그리스도인으로서 모범적으로 살았던 몇몇 인물로 주의를 돌려보고자 한다. 다양한 교파와 문화권에서 끌어온 인물들이지만 이 그리스도인들은 모두 우리 시대에 살았고 또 죽었다는 경험을 공유하고 있다.

우리가 주목해 볼 첫 번째 인물은 독일인 목사이자 신학자인 디트리히 본회퍼(Dietrich Bonhoeffer, 1906~1945년)이다. 그는 그리스도인으로서 가장 모범적인 삶을 산 인물이다. 베를린에 있는 유명한 귀족 집안의 고상하고 걸출한 자제였던 본회퍼는 여행가였으며 예술을 사랑하는 사람이었고 와인 감정가였으며 현악 사중주단의 단원이기도 했다. 그는 맞춤복을 입었으며 테니스를 즐겼다. 본회퍼는 비폭력 저항을 주창한 간디의 추종자였지만, 히틀러 암살 모의에 참여함으로써 그의 철학적인 평화주의 원칙을 버렸다. 결국 그는 히틀러의 비밀경찰에게 체포되어 감금당했다가 1945년, 미국 군대가 도착하기 수 시간 전에 플로센부르크에서 처형되었다.

본회퍼는 동시대적인 맥락에서 오늘날 그리스도인의 삶에 좋은 본보기를 제공해 준다. 사실 그는 지난 세월에 대해서 어떠한 미련도 지니지 않았다. 그의 옥중 서신들은 꾸밈없는 주장들을 담고 있지만 구태의연한 형이상학과 불필요하게 우리를 긴장시키는 경건주의의 자취들로부터 마침내 해방된 복음의 꿈을 그리고 있다. 본회퍼는 비록 성공적이지는 않았지만 신이 창조한 세상 안에서 조금씩 성장하며 살아가는 인간의 영성을 발견하기 위해 죽는 날까지 노력했다. 그리스도는 세속적인 삶의 혼잡함 '한 가운데에서' 만날 수 있다. 본회퍼는 마치 신이 존재하지 않은 것처럼 신 앞에서 살 필요가 있는, 우리 같은 사람을 위해 그리스도 신앙의 본보기를 제공한다. 이는 곧 심각한 형태의 무신론들이 마치 우리가 마시는 공기의 일부처럼 되어버린 오늘의 세상에서, 그리스도인이 된다는 것이 무엇을 의미하는지 드러내는 본보기가 된다. '익명의 그리스도교'와 '비밀스러운 수양'에 대한 그의 생각들, 핵심 동료들을 향한 의존, 그리고 인간의 결점과 무지를 보완해 주기 위해 신이 이용되는 것을 거부했던 그의 단호한 태도야말로 오늘날 '그리스도인이 되는 것이 무엇을 의미하는가'라는 신비를 아는 데 필요한 단서들을 제공한다.

현대 성인의 두 번째 예는 신비하고 이해하기 힘든 프랑스 여인 시몬느 베이유(Simone Weil, 1909~1943년)이다. 그녀는 본회퍼와 동시대 사람으로 특권층 집안에서 사라지는 않았으나 좋은 교육을 받으며 성상했다. 본회퍼처럼 그녀 역시 고전들을 탐닉했고 무신론자들 사이에서 신을 섬기는 삶을 열망했다. 베이유가 '신이 없는 세계'에 들어간 것은 본회퍼와는 전혀 다른 입장에서였다. 그녀는 전혀 다른 종류의 구속 상태에 놓여 있었는데 이를테면 소음 가득한 르노 자동차 공장에서 일을 했던 것을 꼽을 수 있다. 하지만 그녀는 테겔 교도소의 독방에서 동료 죄수들에게 배운 것과 마찬가지로 공장 조립 라인에서 동료 작업자들로부터 서로 공유할 수 있는 애정, 용기, 겸손, 그리고 작지만 무한한 가치를 가진 기쁨들에 대해 배웠다. 시몬느 베이유는 교회가 신자와 비신자 사이에 세워 놓은 경계를 싫어했다. 본회퍼는 '진실한 교회'란 신이 점유하고 그리스도가 거주하는 세계 이외의 어떤 것도 아니라고 주장함으로써 그 벽을 해체한 바 있다. 하지만 베이유는 유다인으로 태어나 그리스도인들 사이에서 이교도로 자라났으며 후에는 마르크스주의자가 되었다. 베이유는 실제로 신이 사라진 세상에서 살기 위해 어디에 가야 할 필요가 있는 것은 아니라고 생각했다. 이미 그녀는 그곳에 있었기 때문이다. 그녀가 사랑했던 그리스도가 조롱하는 자들과 죄인들 사이에 있다는 확신을 가진 계기는 역설적으로 교회에서 베푸는 세례에 대한 저항을 통해서였다.

본회퍼와 베이유는 포스트모던 시대에 모든 그리스도교 성인의 본보기이다. 그들은 '성스러움'과 만나기 위해서는 '성스러움'과 멀리 떨어져 있지 않은 '신이 없는' 세계 속으로 깊이 들어가야 한다는 점을 증명해 보인다. 두 사람에게 신의 왕국으로 가는 좁은 길은 지상 도시와 멀리 떨어져 있는 게 아니라 오히려 그곳을 통해서만 도달할 수 있는 길이다. 성서

학자인 아모스 와일더(Amos Wilder)는 '평신도 신비'라고 부르는 한 편의
에세이에서 다음과 같이 말한다.

> 그리스도교가 세속과 인간들 속에서 스스로 새로워지기 위해서
> 는…… 왜곡과 환상 안에 사로잡힌 예수 그리스도를 구원자로 계
> 속 받아들이기 위해서는, 새로운 세례가 필요하지 않을까? 그리스
> 도교 신학과 증거가 오늘날 그 자체의 역동성 안에서 세속과 인간
> 을 고려하지 않는다면, 다시 말해서 탈신성화된 세계 안에서 스스
> 로 증거를 제시하는 평신도의 신비를 고려하지 않는다면 그리스도
> 교는 황폐화될 것이다.

본회퍼와 베이유는 서로 1년을 사이에 두고 죽었기에 와일더의 글을
읽어본 적이 없을 것이다. 이 두 사람은 모두 그들의 선함을 극적으로 보
여 주었다. 둘은 모두 세속 안에서 성스러움으로 주어지는 새로운 세례,
탈신성화된 세계 안에서 스스로를 증거로 삼는 서서히 드러나는 신비에
대한 인식을 갖고 있었다. 하지만 그들이 보여 주는 신비에 이르는 길은
서로 달랐다. 본회퍼의 길은 히틀러 살해 음모와 스파이 활동 그리고 마
침내 교수형에 이르게 되는 어두운 인생이었다. 베이유는 속 좁고 신랄한
프랑스 지성인들의 세계에 속해 있다가 결국에는 영국에서 요절했다. 그
녀의 죽음은 부분적으로 질병에 의한 것이기는 했지만, 실은 점령된 프
랑스 내의 동료들이 먹는 양보다 더 많이 먹기를 거부한 게 원인이었다.
하지만 두 사람은 신이 떠났다고 여겨지는 시대에 삶을 지탱해 주는 그
무엇과도 자신을 나누려 했으며, 그 결심이 그들을 죽음으로 몰고 갔다.
그러면서도 그들은 여전히 성스러움에 대한 갈증을 가지고 있었다. 이는

교회가 제공하는 (형식적인) 성스러움과는 거리가 있는 것이었다. 이를 다른 측면에서 설명하면, 무신론자들에게도 그리스도가 존재한다고 믿었던 세세와 담을 쌓으려고 하는 교회의 시도에 대한 거부라고 볼 수 있다.

다른 동시대 성인들 역시 그들의 삶 안에서 같은 질문에 대한 답을 준다. 과연 '그리스도인이란 무엇인가?' 오늘날 많은 사람들은 가톨릭 노동운동의 창시자인 도로시 데이(Dorothy Day, 1897~1980년)를 성인 명단에 포함시키곤 한다. 평화주의자이면서 무정부주의자였던 도로시는 정치적으로는 급진적인 언론인의 삶을 살았다. 그녀는 언제나 하층민들에게 다가갔고, 토요일 밤이면 의식적으로 뉴욕 시의 창녀들이 사는 동네에서 머물렀다. 나중에 그녀는 노숙자들과 배고픈 실업자들을 위한 은신처와 식당을 만들었다. 그녀는 공습경보 연습 시 은신처에 조용히 숨어들어 가는 것을 거부함으로써 냉전이 한창 중일 때 다시 감옥에 들어갔다. 그녀가 당국과 벌였던 마지막 충돌은 80세가 다 되었을 때였다. 그녀는 캘리포니아에서 멕시코 출신 농장 노동자들과 함께 앉아 시위하며 해산 명령을 거부했다. 오늘날 그리스도교의 모든 교파에서 그녀를 성녀로 인정하는 작업에 착수했든 그렇지 않든, 많은 그리스도인들이 도로시 데이를 20세기 성인이라고 굳건히 믿고 있다.

폭력과 비폭력이라는 스펙트럼의 또 한 가지 측면에서 라틴 아메리카 사람들은 현대의 성인력(성인 축일을 표시한 달력)에 까밀로 토레스 레스트레포 신부(Father Camilo Torres Restrepo, 1929~1966년)를 포함시킨다. 토레스 신부는 1960년대 콜롬비아에서 국민의 정치적 움직임을 민주적으로 통합, 조직하려고 노력했던 성직자이다. 그는 정부에 반대하는 게릴라전을 전개한 지 몇 주 뒤 군대와 충돌하는 과정에서 사망하고 말았다. 당국은 그가 남긴 유품을 사용하는 어떤 식의 예식도 허용하지 않았다. 당국의 처사를 증명하는 듯, 라틴 아메리카의 유명한 저항 가요는 '까밀로 토레스가 쓰러진 곳에서 나무가 아닌 빛의 십자가 하나가 솟아났다'고 노래한다.

오늘날 그리스도교 영성의 모범이 되는 성인들의 목록에 평화주의자인 도로시 데이와 게릴라인 까밀로 토레스가 동시에 포함되는 것이 이상하게 보일지도 모른다. 하지만 같은 성인력에 이미 프란치스코와 잔 다르크가 포함되어 있다. 도로시와 까밀로가 공존하는 이유는 세계가 신성함과 순수함을 보여 주던 고전적인 시험대를 새롭게 인식하기 시작했기 때문이다. 두 사람은 확실히 서로의 방법을 인정하지 않았고, 서로 다른 사회 계층—토레스는 콜롬비아의 귀족 집안 출신이다—출신이었다. 그렇다 할지라도 여전히 그들을 이어 주는 묘한 유사성이 있다. 두 사람은 '빵'을 얻기 위해 강력한 투쟁을 다짐했다. 또한 그들은 경건과 윤리를 동일시하는 고루한 관습으로부터 멀어져 간 인물이다. 그들은 인간의 고결함은 고상한 제단에서 악한 세력과 겨루는 시험을 통해 드러난다고 여겼으며 이 두 가지는 오늘날 힘을 발휘하는 억압적인 세력과의 당당한 대결을 뜻한다. 투쟁으로 얼룩진 그들의 삶은 진실로 우리에게 동시대의 그리스도교가 구체화해야 할 대상이 무엇인지에 대해 통찰력을 제공해 준다.

현대 성인들의 목록에 더 많은 이름을 추가할 수 있을 것이다. 포르투갈의 가톨릭 수녀였던 마더 테레사(Mother Teresa, 1910~1997년)는 인도 베나레스 지역의 병자들과 죽어 가는 사람들 사이에서 일했고 다른 나라에도 몇몇 쉼터와 병원을 설립했다. 그녀는 이 글에 등장하는 사람들 중에서 세계적으로 가장 유명한 그리스도인일지도 모른다. 마틴 루터 킹(Martin Luther King, 1929~1968년) 목사는 많은 사람들에 의해 너무 빨리 우상화되었고, 그의 생일은 미국 대부분의 주에서 법적 공휴일이기까지 하다. 킹 목사의 웅변적인 설교와 불굴의 육체적 용기에 고무되어 거리와 감옥에서 자유롭게 그를 추종했던 사람들에게 그는 완전한 그리스도인의 믿음 직한 예로 추앙된다. 또한 정치적 행동으로 유명한 남아프리카의 투투 주교(Bishops Desmond Mpilo Tutu, 1931년~)와 브라질의 헬더 까마라(Helder Câmara, 1909~1999년)도 떠오른다. 어떤 사람들 사이에서는 킹 목사가 너무 빨리 호평을 잃어버렸지만, 그렇다 해도 백인이든 흑인이든 대부분의 미국인들은 킹 목사를 여전히 가장 친밀하고 큰 신뢰감을 주는 인물로 여긴다. 킹 목사는 39살의 나이에 암살당했고 이 사건은 모든 이들로 하여금 그리스도교의 진정한 사도가 어떤 인물이어야 하는지를 상기시켜 준다.

킹 목사와 베이유, 본회퍼와 도로시 데이, 그리고 여타의 인물들은 '오늘날 그리스도인이 된다는 것은 무엇을 의미하는가?'라는 우리의 질문에 대하여 한 가지 이상의 명쾌한 답을 제시한다. 그들은 단순한 목동, 어부, 또는 글자를 모르는 농부가 아니었다. 그들은 다윈, 프로이트, 마르크스, 피임, 제국주의, 그리고 나태함에 대해 잘 알고 있었다. 그들의 삶은 어떤 이상화된 과거가 아닌 분절된 우리 시대 위에 굳건히 서 있으며 우리와 마찬가지로 믿음에 장애를 주는 요소들을 지니고 있었다. 하지만 그들은 또한 아주 다른 방식으로 빛을 내는 그리스도인이었다. 우리의 질문에 대한 그들의 답변은 명확할 뿐만 아니라 일상적인 삶에 접근해 있는 까닭에 더욱 신뢰할 수 있다.

물론 그들이 삶으로써 보여 준 답들이 완전하거나 완성된 것은 아니다. 또한 무엇인가를 배우기 위해 그들의 삶을 열심히 모방할 필요도 없고 그들의 의견에 항상 동의할 필요도 없다. 예를 들어 본회퍼는 감옥에서조차 자신의 귀족적 거만함을 떨쳐내지 못했다고 한다. 이스라엘 역사에 대한 베이유의 활발한 비판은 종종 반유다주의 색깔을 띠기도 했다. 도로시 데이와 킹 목사는 다양한 실패를 겪었다. 그들은 장엄한 고딕식

성당에 스테인드글라스로 새겨진 성인이 아니라 우리와 똑같은 인간이었다. 그들을 더 신뢰할 수 있게 만드는 요소는 바로 그들이 겪은 실패일지도 모른다. 또한 우리는 오늘날의 이 사도들이 각자의 독자적인 스타일을 가졌음을 기억해야 한다. 그들은 단지 '현대 그리스도교'라는 막연한 집단을 대표하는 사람들이 아니다. 우리는 우리들 각자에게 어떤 의미를 주는가라는 차원에서 그들을 배워나가야 한다. 조심스럽게 그들의 삶과 글을 점검할 때, 그들 사이를 엮어 주는 여러 끈들이 드러난다. 그것을 우리가 논의했던 과거 성인들의 삶에서 찾아낸 비교 가능한 요소들과 더불어 고려할 때, 이 끈들은 '그리스도인이 되는 것이 무엇을 의미하는지' 알아내기 위한 우리의 노력에 도움을 줄 수 있을 것이다.


## 그리스도인 실존의 모습

그리스도인으로서 합당한 삶을 사는 데 양보할 수 없는 필수불가결한 요인이 존재할까? 과거의 성인들을 본보기로 놓고 생각한다면 세 가지 정도의 요인을 발견할 수 있을 것이다. 비록 그 요인들이 다양한 형태를 보여 주며 각 사람들의 삶에 각기 다른 영향을 미쳤다고 할지라도 말이다. 첫째, 성인들은 그리스도교의 핵심 관념들을 접했고 그리스도교 고유의 방식으로 형성된 사람들이다. 둘째, 그들은 그리스도교 공동체, 즉 교회의 한 부분이다. 셋째, 그들은 간접적이거나 중재된 방식이라 하더라도 예수 그리스도라는 인격과 관계를 맺고 있었다. 모든 전통적이고 모범적인 성인들이 이 세 가지 요소 가운데 어느 것에 강조점을 두었는가는 각각 다르지만 공통적으로 이 세 가지 요소를 가진다는 점만은 확실하다. 그렇다면 우리 시대의 본보기도 이와 같아야 할까? 혹은 이 세 가지 전통적인 특징을 반드시 필요로 하지 않은 새로운 그리스도교 영성의 유형을 발전시켜 가는 것일까? 오늘날 그 사실을 뒷받침 할 증거들은 혼재되어 있다. 그것에 기초해 여러 부류의 그리스도인들을 가정할 수 있다.

하나, 일부 그리스도인들은 오늘날 세 가지 요인 가운데 한 가지, 혹은 두 가지 요인이 없이도 잘 지낼 수 있는 것처럼 보인다. 예를 들어, 오직 그리스도교가 가지고 있는 관념에만 만족을 보이는 것 같은 사람들이 있다. 그들은 아우구스티누스나 본회퍼, C. S. 루이스, 그리고 심지어는 성서의 인물들까지도 자신들의 취향에 따라 읽는다. 하지만 그들에게는 그리스도인들의 유대감이나 인간적 기도가 부족해 보인다. 예배는 성탄절이나 부활절, 정기적인 축제나 통과 의례에 한정되어 있다. 그들에게 그리스도교란 개인주의적이며 지성적이다. 그들은 공동체나 전례를 경시하는데, 아마도 이런 부류는 교회 내에서 소수를 형성하고 있을 것이다. 하지만 그들의 기질이 그리스도교의 다른 표현 방법과 조화되지 못하고 있을 뿐이므로 그들을 그리스도교에서 제외시키는 것은 올바른 일이 아니다. 예수는 모든 이의 스승이었고 그리스도교의 관념들은 그런 전통 안에서 지성인들을 만족시켜왔다.

둘, 다수의 그리스도인들은 주로 교회 모임의 연대감이나 전례에 의존하지만 그 중개물들이 전하는 메시지가 무엇인가라는 문제에는 일반적으로 무관심해 보인다. 이런 그리스도인들은 관습적인 그리스도교 표현들을 제외한 그리스도교의 관념을 진심으로 생각하지 않는 경향이 있다. 비록 예배에 자신을 몰입시키고 바흐의 성가나 전통적인 기도문에서 솟구치는 열정을 느끼며 사회적인 구호 사업에도 아낌없이 참여하기는 하지만, 누군가에게 그리스도교의 가르침을 말해 주어야 할 때 그들의 눈은 종종 흐려진다. 그렇다고 해서 그들 역시 그리스도교 공동체에서 적대시해선 안 된다. 모든 종교 역사에는 특히 중요한 시기가 있기 마련이다. 우리 시대 역시 그리스도교의 가르침이 혼돈스럽고 불명료해 보이지만 그 불명료함을 지닌 채, 예배 공동체와 그들의 관계는 여전히 지속되고 있다. 때때로 형식보다 내용을 중요시하는 그리스도인들은 예배나 사랑의 행위에 기반을 둔 신앙심을 경멸한다. 그러나 이런 경멸이 있어서는 안 된다. 특별히 친교가 갈망되어지는 이 시대에 많은 사람들이 풍부한 신학적 내용 없이도 그리스도교적 친교를 지속시키며 살아가고 있다는 사실을 기억해야 한다. 그들 역시 그리스도를 따르는 사람이며 그리스도인이 되는 정당한 길을 제시해 준다.

셋, 신과의 일대일 관계에 전적으로 의지하며 교리나 공동체의 도움 없이 살아가는 그리스도인들이 존재한다. 이러한 유형의 신앙인들은 앞의 두 부류에 비하면 소수로 보이는데 제도권에 포함되어 있지 않아 눈에 덜 띄기 때문이다. 자신을 그리스도인이라 부르는 많은 수의 사람들이 그리스도를 따르려고 애쓰며 살지만 제도 교회와는 상관없이 지내고 있다. 그들은 아마 그리스도교 교리 시험을 통과하지 못할 것이다. 그러나 그들 역시 성인들의 동반자를 구성하는 사람들, 즉 합당하게 그리스도인이라고 불릴 수 있는 사람들의 범위에서 배제되지 않아야 한다.

앞에서 거론한 대로 그리스도인의 정체성을 결정하는 세 가지 고전적인 요소들 가운데 한두 가지 요소만 지니고 있는 그리스도인들에게는 무엇인가가 부족해 보인다. 지금 소개하는 현대적 특징들이 그리스도인다움에 관해 말해 준다면, 그 그리스도인다움은 바로 앞의 세 가지 요소를 통해 신뢰받는 성인들 안에서 발견된다.

우선 그들이 어떻게 그리스도교 공동체와 관계 맺고 있는지를 살펴보자. 도로시 데이가 『가톨릭 노동자(*The Catholic Worker*)』라는 잡지에 연재했던 '순례에 대하여'라는 칼럼을 읽어본 적이 있는 사람은 그 칼럼이 여행 일기나 주소록을 합쳐 놓은 듯이 보인다는 사실을 알아차릴 것이다. 그녀의 다른 저술들에서처럼 그 칼럼에는 온통 살아 있는 이들이나 죽은 이들의 이름, 그리고 이곳저곳의 장소가 저혀 있다. 도로시 데이에게 그리스도라는 신비한 존재는 결코 천상에 있지 않았다. 그녀에게 그리스도는 교회가 아니었고 조직으로서의 '가톨릭 노동자'도 아니었다. 그녀에게 그리스도라는 신비한 존재는 그녀가 만나고 식사하고 여행을 했던, 그리고 그녀가 기도했던 호세와 마티아스 같은 평범한 사람들이었다. 도로시 데이의 영성은 전적으로 그리스도교인 공동체에 의존한다. 공동체가 없다면 그녀의 삶과 증거를 상상하기 힘들 것이다.

본회퍼 역시 공동체에 대해 비슷하게 중요성을 부여했던 인물이다. 히틀러 지배 초기 본회퍼는 나치에 의해 합법적으로 설교하거나 교리를 가르칠 기회를 박탈당했다. 그는 도망자들과 함께 핑케발데에서 지하 신학교를 조직했지만 그 신학교는 일반 신학 대학과는 달리 거의 가족 모임에 가까웠다. 그곳에서 학생들과 교수들은 함께 생활하면서 히틀러의 비밀 경찰이 언제 습격할지 모를 위험까지 포함하여 모든 것을 공유했다. 결국 지하 신학교는 발각되고 폐쇄되었다. 본회퍼는 군대로 징집당한 그의 학생들과 동료들에게 수십 통의 편지를 보내는 데 많은 시간을 보냈다. 그는 매형이었던 한스 폰 도난이 만든 히틀러 암살단에 가입할 때까지 예전 신학교 시절에 가졌던 동지애를 다시 갖지 못했다. 1943년 4월, 본회퍼는 체포되었고 그는 동지들을 다시 떠나야 했다. 놀랍게도 그는 정치범들과 보통 범죄자들 가운데서 새로운 공동체를 발견했고 그들과 함께 우울한 감금 생활의 일상을 공유했다. 핑케발데의 공동체 생활에 기반을 둔 그의 저서 『함께하는 삶(*Life Together*)』에서 본회퍼는 잘 훈련된 협력의 필요성에 대해 분명하게 서술했다.

킹 목사는 아프리카계 미국인 침례교회의 열정적이면서도 따뜻한 분위기 속에서 성장했다. 1960년대 남부 그리스도교 지도자 회의를 주축으로 킹 목사는 많은 지부를 만들었고 공식적 교회들이 종종 피켓을 든 운동원들을 불신의 눈으로 바라보는 동안에도 수백 명의 시민 운동가들을 위한 동료 조직과 전화번호를 제공했다. 심지어 남부 그리스도교 지도자 회의는 마틴 루터 킹 개인을 위한 공동체를 따로 만들어 주었다.

우리의 모범적 인물들 가운데 오직 베이유만 예외인 듯하다. 가톨릭 교회에 대한 강렬한 이끌림에도 그녀는 교회에 참여하기를 거부했다. 사실상 그녀는 어떤 단체의 참여에도 강한 반감을 품은 것처럼 보인다. 조직에 대한 그녀의 의심은 공동체에 대한 거부의 표현이라기보다 그녀가 갈구했던 바에 대한 진심어린 기록이라고 해야 할 것이다. 마리 막달라 데비는 그녀의 저서, 『시몬느 베이유의 신비주의(*The Mysticism of Simone Weil*)』에서 베이유의 영성에 협력적인 자질이 결여된 이유는 그녀가 과도하게 자신을 부정하고 고독을 열광적으로 추구했던 탓이라고 지적했다. 베이유는 의식적으로 그녀가 가장 원했던 것을 스스로에게 용납하지 않았다. 이는 다른 목표를 얻기 위해서가 아니라 가능한 한 인류의 고통을 자신의 영혼과 나누어 갖기 위해서였다. 조직에 대한 그녀의 거부는 자기 단련이었으며 동시에 조직이 제공하는 인위적인 동료애나 나약함에 대한 비판이기도 했다. 데비는 "베이유는 집단성을 격렬하게 거부했다. 이에 대해서 그녀가 오직 비타협적이고 순수하게 신성함을 추구했다고 밖에 설명할 수 없을 것이다"라고 표현했다. 그녀가 희구했던 동지애를 그녀는 자신의 삶 속에서 결코 발견하지 못했다. 그런 의미에서 베이유는 완벽주의자였다.

현대의 성인들은 그리스도교 가르침의 중요성에 대해 무엇을 가르치고 있는가? 가장 중요한 사실은 그들 모두가 교회의 가르침을 상당히 진지하게 여기고 있다는 점이다. 근대화와 포용력에 관한 현대 그리스도교 신학의 동향이라는 측면에서 보면, 그들은 꽤나 구시으로 보이는 신하을 갖고 있었다. 예를 들어 본회퍼는 동료 학자들에게 독불장군으로 여겨지곤 했다. 당대의 선두적인 '신 정통주의' 신학자이자 존경하던 칼 바르트와 노선을 같이 하면서, 본회퍼는 현대 문화에 그리스도교를 접목하려는 대다수 독일 자유주의 신학자들의 노력을 무시하였다. 잘 알려진 그의 서신에서 그는 동료 신학자인 루돌프 불트만을 날카롭게 비판했다. 그 이유는 불트만이 『신약 성서』를 해석하면서 '자유롭게 적용하는 환원주의적 방법론(탈신화화 방법론—옮긴이)'을 사용했기 때문이었다. 본회퍼는 "신화적 개념을 포함한 모든 내용이 보존되어야 한다"고 주장했다. 『신약 성서』는 "보편적 진리의 신화적 포장이 아니다. 이러한 신화(부활, 동정녀 탄생 등)는 사실 그 자체이다. 신화란 개념을 사용해 믿음이라는 전제 조건이 종교를 만들어냈다는 식으로 해석해서는 안 된다……." 본회퍼는 다음과 같이 결론 내렸다. "나의 생각은 그러한 해석에서 벗어날 때에만 자유주의 신학이 극복되리라는 것이다."

본회퍼가 동료 학자들을 모호하다는 이유로 비판하고 있지만 그가 진정 싸우고자 했던 대상은 '전통적인' 그리스도교에 대한 무분별한 거부, 즉 육화라는 관념에 대한 대담한 거부였다. 그의 관점에서, 하느님은 이미 그리스도를 통해 돌이킬 수 없는 방법으로 인간과 결합하였기에, 더 이상 신성의 수용은 필요하지 않다. 말하자면, 궁극적인 수용은 이미 진행되고 있는 것이다. 자유주의 신학에 대한 본회퍼의 비타협은 자유주의 신학자들이 그를 극단주의자로 인식하는 이유가 되었다.

마찬가지 방식으로, 동일한 내용이 도로시 데이와 시몬느 베이유에게
도 소급될 수 있다. 도로시 데이는 제2차 바티칸 공의회의 '현대화' 부분
을 맘에 들어 하지 않았다. 그녀는 여성 사제 논의와 토착화된 미사를 옹
호하지 않았고, 심지어는 교황의 무오류성에 대한 재고도 옹호하지 않았
다. 그녀는 스스로를 '분노한 사람'이라고 표현했지만 한편으로는 교회의
충성스런 딸일 뿐이었다, 그녀는 많은 사람들을 설득하여 사회적으로 급
진적인 위치에 서게 했는데 교회의 수호자라는 면에서는 오히려 그만큼
보수적이었다. 현대주의자가 아니었던 본회퍼와 시몬느 베이유처럼, 도
로시 데이는 핵심 교리를 담고 있는 신학은 전반적으로 즉흥적인 관점이
아니라고 말한다. 대신 그녀는 신학이 어떻게 세속적인 세계에 더 날카롭
고 비판적인 관점을 제공해 줄 수 있는지를 설명한다. 다른 사례들도 동
일한 경우를 보여 준다. 마틴 루터 킹은 그의 몇몇 저작을 통해 알 수 있
듯이 다른 이들과 비교할 때 자유주의 신학자에 좀 더 가까이 다가섰던
이다. 그런 킹 목사조차도 설교나 연설을 할 때면 이스라엘의 예언자와
흑인 침례교회의 성서 전통에 기반을 둔 자신감에 차 있었다.

마지막으로, 우리와 가까이 있는 모든 선구자들은 동료들과 스승을 통
해 직간접적으로 그리스도의 인격적인 현존을 나누어 갖는다는 강한 신
념을 가지고 있었다. 도로시 데이는 자신의 평화주의와 결단이 예수가 보
여 준 모범을 따라서 슬럼 거주자나 빈민들과 그들의 삶을 공유하는 것
이라고 확신했다. 본회퍼는 '인접한 이웃들' 안에서 그리스도를 만나고 그
리스도의 말씀을 경청해야 한다는 사실을 배웠다. 베이유는 엄청난 의혹
이 그녀는 몰아세울 때에도 간절하게 기도했다. 킹 목사는 동료들에게 다
음과 같은 경험을 말했다. 그의 부인과 아이들이 인종 차별주의자들에게
위협받고 그 자신도 퇴출당하기 직전이었던 어느 날 밤, 부엌에서 커피 한

692

잔을 들고 홀로 앉아 낙담하고 있을 때, 그는 그와 함께 싸움을 계속해 나갈 것이며 '결코 홀로 두지 않으리라'는 예수의 음성을 들었다고 한다.

'그리스도교는 무엇인가'라는 질문뿐 아니라 '오늘날 그리스도인이 되는 것은 무엇을 의미하는가'라는 더 구체적인 질문에 답하기 위한 우리의 노력에 현대의 선구자들이 걸었던 삶은 어떤 영향을 끼칠까? 아모스 와일더는 평신도의 신비에 관한 에세이에서, "만일 지금 우리가 초월성을 느껴야 한다면, 그것은 세속 안에서 그리고 세속을 통해서 가능하다……. 만일 우리가 영광을 발견해야 한다면, 하늘 위가 아닌 세상 속에서 그것을 발견해야 한다"고 말했다. 와일더가 옳다. 오늘날의 그리스도인들은 '세상적인' 형태의 영성을 만들어 나가고 있다. 그러나 그 형태는 과거에 존재했던 모든 것을 다양한 방식으로 포함한다. 이는 새로운 형태가 실제 몸과 피를 지닌 사람들의 공동체를 통해 구체화될 것임을 의미한다. 그것은 어떤 특정한 종교 영역에서만 설득력이 있는 가르침이 아니라 일상 속에서, 인격적인 연관을 맺는 모든 이들을 이해시키는 가르침을 만들어 나갈 것이다.

# 그리스도교의 기도와 실천

만일 다른 행성에서 온 외계인 방문자가 일요일 아침에 그리스도 교회를 방문한다면 그는 그곳에서 벌어지는 일에 당황할 것이다. 사람들이 노래하고, 작은 음식 조각과 포도주를 나누고, 헌금을 하고, 눈에 보이지 않는 누군가에게 이야기하는 모습이 그의 눈에 보일 것이다. 어떤 교회에서는 사람들이 기쁨에 넘쳐 소리 지르고 팔을 뻗은 채 도취되어 찬양하고 눈물을 흘리거나, 책이 낭독되는 것을 주의 깊게 듣고 있다. 만약 모임이 끝난 뒤 외계의 방문자가 그들 가운데 한 사람을 따라간다면 그 사람이 혼자서 혹은 다른 사람과 함께 집에서도 비슷한 행동을 하는 모습을 발견할 지도 모른다. 만약 외계 방문자가 그 집에 계속 머물면서 여러 가지 질문을 던져본다면 그는 교회 건물에 모여 있던 사람들이, 굶주린 이를 먹이는 일에서부터 전쟁을 일으키는 일에 이르기까지, 모든 종류의 인간사에 관여하고 있음을 알게 될 것이다. 그 모든 것이 일요일 모임에서 경배했던 하나이신 분에 대한 응답들이다. 그렇다면 우리는 과연 어떻게 외계에서 온 혼란스러운 여행자에게 지금 벌어지는 일을 이해시킬 수 있겠는가?

아마 다음과 같은 설명이 그에게 도움을 줄 수 있을지 모른다. 비록 많은 차이점을 가지고 있다고는 해도 그리스도인들은 스스로를 하느님의 백성으로 생각하고, 인류를 위한 하느님의 역사(役事)에 감사드리고 있다.

그리스도인들은 다양한 방식으로 그러한 감사함을 표현해야 한다. 그 감사의 표현이 바로 하느님을 찬양하고 하느님에게 선물을 드리는 것이다. 거기에 더하여 다른 사람들에게 도움을 주거나 봉사하고, (그들이 믿기에) 하느님이 그들에게 원하는 행동올 하기니, 히느님이 누구이신지 그리고 하느님이 이 세계 안에서 무엇을 하시는지에 대해 세상에 복음을 전파한다. 따라서 그리스도인은 두 가지 교차된 모습 속에서 살아가고 있는 셈이다. 하나는 정기적으로 서로 모여 앞서 말한 바대로 일요일에 관찰되어지는 종류의 행동을 하는 것이며, 다른 하나는 세상으로 흩어져 나가 그리스도가 요구한 대로 세상의 소금이 되기를 원하는 것이다.

이제부터 우리는 이러한 그리스도인의 삶이 갖는 교차적 국면들을 살펴보겠다. 그 결과 우리는 그리스도인들이 어떻게 모이고 헤어지는지, 또 모임과 흩어짐을 통해 어떻게 그들의 관심과 기쁨이 증폭되는지 알게 될 것이다.

## 전례력(교회력)

그리스도인이 신앙인으로서 따르는 절기를 표기해 놓은 전례력을 두고 우리는 '교회력'이라 부른다. 비록 교파마다 어느 정도 다르지만 전체적으로는 공통점이 많이 있다. 교회력과 일반 달력과는 차이가 있는데, 이는 그리스도인들에게 마치 서로 다른 두 개의 시간대와 두 개의 역사가 있다는 사실을 상기시키는 듯하다. 사람들은 계절 주기와 휴일, 자신들의 나라와 문화가 기념하는 특별한 날들을 살아간다. 그런데 그리스도인들은 또 한편으로 비(非)그리스도인들과 구별되는 기념일과 명절을 따라 살아간다. 그렇다면 '교회력'이란 과연 무엇인가?

교회력은 세속의 달력에서 한 해가 끝나는 시기를 다음 해의 시작으로 삼는다. 교회력은 11월 30일과 가까운 '대림절(혹은 강림절)'의 시작을 알리는 일요일에서부터 시작된다. 대림절은 교회력에서 매우 중요한 의미를 지닌다. '대림'이란 '(누군가) 온다'는 뜻으로 모든 그리스도인들의 핵심 신앙, 즉 하느님이 세상에 오시는 것을 뜻한다. 비록 대림이란 좁게 볼 때는 하느님이 나사렛 예수로 세상에 온 것을 말하지만, 실제로는 포괄적인 의미를 담고 있다. 대림이란 하느님께서 창조된 세상으로부터 멀리 있거나, 떨어져서 접근할 수 없는 곳에 있는 것이 아니라 동식물이 숨 쉬는 보통 세상에 있으며 보통 사람들의 고통과 꿈을 함께하기로 선택하셨음을 의미한다. 하느님에게 가장 적합한 명칭은 강림 시기에 천사에 의해 선포된 것처럼 '임마누엘', 즉 '우리와 함께하는 하느님'일 것이다. 실제로 이 시기 그리스도인들이 가장 익숙하게 부르는 노래의 제목은 '임하소서, 임마누엘!'이다. 이처럼 대림절은 기다리고, 준비하고, 오시기를 고대하는 시기이다.

즐거운 잔치와 캐럴, 그리고 만민의 평화와 사랑의 정신이 있는 성탄절은 대림절이 지나면 다가온다. 이때 고대해왔던 분이 온다. 성탄절은 '우리의 주님이자 구원자인 예수 그리스도의 탄생 축제'이다. 성탄절은 가난한 목동들의 경배를 받으며 소와 양에 둘러싸인 마구간에서 초라하게 태어난 예수의 베들레헴 탄생과, 자식을 살리기 위해 잔인한 황제를 피해 고향을 버리고 속세의 괴롭힘에서 도망쳤던 그의 부모를 기억하게 만든다. 이는 그리스도인이든 아니든 모든 사람들이 어떤 방식으로든 알고 있는 감동적인 이야기이다.

성탄절은 원래 초기 그리스도 교회에서는 가장 중요한 축일로 꼽히지 않았다. 하지만 얼마 후에는 중요한 축일이 되었고, 이제는 다른 어느 축일보다도 그리스도인과 비그리스도인이 함께할 수 있는 날이 되었다. 그렇지만 비단 서구 세계뿐 아니라 세속적 문화 속에서도 성탄절의 인기가 높아지면서 성탄절은 복잡한 의미를 갖는 축일이 되었다. 우선 상품을 팔기 위해 그 정신을 이용하고 싶어 하는 사람들의 노력 덕분에 성탄절은 상품화되었다. 이는 그리스도인과 이웃의 비그리스도인에게 심각한 문제를 초래하고 있다. 그래서 이날을 예수의 진정한 탄생일로 축하하려는 사람들은 4세기에 살았던 주교(성 니콜라스)가 산타클로스로 각색되어 성탄절의 주요 상징이 되었다는 사실에 분개한다. 반면 비그리스도인들은 자신들이 인정하지 않는 메시아의 탄생을 외치는 소리와 거리의 스피커에서 시끄럽게 울려대는 캐럴을 들어야만 하는 데에 화가 나곤 한다. 또한 성탄절의 상업화는 예상치 못한 결과를 초래했다. 가난한 이와 함께했고 물질의 유혹을 경고했던 그리스도의 탄생을 기리는 기간이 오히려 물질적 가치들을 선전하고 돈을 벌기 위해 이용되고 있는 것이다.

이 광란의 시기 동안 해마다 얼마나 많은 돈을 벌어들이는지 깨닫게 되면서, 몇몇 업체들은 매년 남들보다 일찍 자신의 가게를 성탄절 장식으로 꾸미고 이를 위해 축제 기간을 연장하려 애쓴다. 성탄절의 그리스도교적인 의미가 이처럼 명백하게 왜곡되고 있는 현실은 그리스도인들을 딜레마에 빠뜨린다. 한편으로 그들은 하느님께서 예수로 세상에 오신 기쁨을 나누고 싶어 하지만 요정과 순록이 넘쳐나며 중요한 메시지가 가려지고 사소해지는 이 상황을 두려워한다.

교회력에서 성탄절 시기는 '공현 축일(Epiphany)'인 1월 6일에 끝난다. '드러남'을 의미하는 이 말은 보통 신성한 힘이 드러나는 것을 의미한다. 예를 들어, 문학 작품에서 '공현'이란 작품의 등장인물 중 하나가 강렬한 계시를 받을 때나 플롯의 어떤 요소가 갑작스럽게 돌출하며 나올 때 사용되는 어휘이다. 대부분의 그리스도인들은 이런 계시 사건(공현)이 전설 속의 세 현자(동방의 삼왕)가 선물을 가지고 예수가 탄생한 마구간에 도착했을 때 처음 일어났다고 생각한다. 실제로 라틴 문학에서 이 날은 종종 '삼왕의 날'이라고 알려져 있다. 이 장면에서는 보통 여러 인종을 대표하는 것으로 알려진 세 사람이 주님(왕)앞에 소중한 선물을 내려놓고 무릎을 꿇는다. 그렇지만 이 익숙한 이야기 속에 가려져 있는 내적 의미는 신의 공현이 일어났다는 것이다. 현자들은 유다인이 아니다. 그들은 온 땅의 민족을 대표한다. 그들의 방문은 깊은 산골 어느 가족에게는 대수롭지 않게 보이는 아기의 탄생이, 실은 의미를 헤아리기 어려울 정도로 전 세계에 중요한 사건임을 상징적으로 보여 준다. 이 '공현' 이야기의 주인공은 물론 아기 예수이다. 그리스도교 세계 방방곡곡에서 12월 25일(동방 정교회 지역은 1월 6일)은 어린이들이 신비스러운 방문자를 연상시키는 선물을 받는 날이다.

전례력에서 공현 축일 이후로 중요한 축일은 예수 그리스도가 죽음에서 부활한 것을 축하하는 '부활절'이다. 그렇지만 부활절에 앞서 '사순절'이라고 불리는 40일 동안의 자기반성과 참회, 준비기가 있다. 이 시기, 그리스도인들에게는 예수의 삶과 죽음을 조명함으로써 스스로의 삶에 대한 진지한 반성이 요구된다. 사순절은 '재의 수요일(Ash Wednesday)'에 시작하는데, 이날 몇몇 그리스도 교회에서는 참회와 인간의 죽음을 상징하는 재를 나누어 주는 것이 관례이며, 신자들은 이 재를 이마에 바른다. 사순절은 절제와 근신의 기간이기 때문에 어떤 지역에서는 40일 동안의 엄숙함과 절식(금식)으로 들어가기 전, 마지막 잔치로 사순절 전날 먹고 마시며 축하하는 관습이 있다. 따라서 재의 수요일 전날인 화요일은 '기름진 화요일(Mardi Gras)'이라고 불리기도 한다. 특히 라틴 문화권에서는 바쿠스 축제와 맞물려 있다.

부활절 바로 전 일요일은 '종려 주일'로 알려져 있다. 이날부터 성주간은 시작되며 십자가에 매달리기 며칠 전 예수의 예루살렘 입성을 기념한다. 복음서의 설명에 의하면 예수는 그날 종려나무 가지를 든 사람들의 환영을 받았다. 때문에 오늘날에도 작은 종려나무 가지를 사람들에게 나누어 주며 사람들은 이것을 간직하거나 집에 가져가곤 한다. 종려 주일은 기쁜 날로 알려져 있지만 약간의 슬픔 감정도 스며 있다. 이 주간이 어떻게 끝날지 알고 있기 때문이다.

'세족 목요일(Maundy Thursday)'은 성주간의 목요일을 가리킨다. 이 말은 라틴어에서 나왔는데 스승 예수가 생의 마지막 목요일 다락방에서 제자들을 만났을 때 그들의 발을 씻어 주었던 사건을 기념한다. 예수는 제자들에게 사람을 다스리려 하지 말고 오히려 스스로 하인이 되어 섬겨야 한다고 충고한다. 그래서 당시에는 하인이 하던 일인 발 씻어 주는 행동을 함으로써 예수는 스스로 제자들에게 모범을 보여 주었다. 세족 목요일은 또한 왕의 만찬, 즉 성만찬이 이루어진 날이라는 의미도 있다. 예수께서 제자들에게 빵을 떼어 주고 포도주를 나누어 마신 일(최후의 만찬)이 바로 그날 밤에 일어났기 때문이다. 예술가들이 선호하는 주제인 이 '최후의 만찬'을 마친 후 예수는 제자 가운데 한 명인 유다에 의해 자신을 제거하고 싶어 하던 사람들에게 팔아넘겨 졌다. 그날 밤 예수는 체포되어 제국의 위험인물로 로마인들에 의해 심문을 받고 십자가형까지 받게 된다.

'성금요일'은 전례력에서 가장 엄숙한 날로 실제 십자가형이 일어난 것을 기념한다. 많은 교회들이 예수가 십자가에 매달렸던 시간 동안 의식을 갖는다. 이들 중 일부는 십자가형을 의례적으로 다시 재현하기도 하고 요한 세바스찬 바흐의 '마태 수난곡'과 같은 수난 주일 성가를 부르거나 때로는 '예수의 마지막 일곱 마디(가상칠언)'에 관한 설교를 듣기도 한다.

부활절 일요일은 성금요일의 슬픔이 지나가고 기쁨이 울려 퍼지는 날이다. 동방 정교회의 예식은 토요일에는 엄숙하고 음울한 분위기로 시작되지만 자정이 되면 전체적인 분위기가 갑자기 바뀐다. 사제는 '그리스도가 깨어났다!'라고 노래를 부르고, 회중은 '참으로 깨어났다!'고 대답한다. 많은 개신교 교회에서는 새벽에 '부활 해돋이 의례'라고 불리는 부활절 의례를 행한다. 로마 가톨릭 교회에서는 부활절 일요일에 영성체를 받는 것이 의무이다. 모든 교회에서 이날은 예수의 부활을 통해 하느님께서 이루시려는 의도의 정당성이 입증된 날일 뿐만 아니라 인간의 가장 오랜 적(敵)인 죽음 그 자체의 패배를 믿는 사람들이 기쁨을 표현하고 잔치를 벌이는 날이다. 그리스도교 사건에서 부활과 관련된 가장 특징적인 한 단어는 바로 '알렐루야(Hallelujah, 주를 찬양하라)'라는 기쁜 외침이다.

부활절 이후 50일째 되는 날은 유다인의 절기로 '오순절(성령 강림절)'인데 그리스도교에서는 큰 축제일이다. 이 날은 예수가 십자가에서 죽은 뒤 낙담했다가 부활하여 나타난 것을 보고 기뻐한 사도들과 예수를 따르는 이들이 기도하기 위해 다락방에 모였다고 「사도행전」이 묘사하는 사건을 기념한다. 성서는 '갑자기'라는 말로 사건에 대한 설명을 시작한다. 거센 바람이 부는 듯한 소리가 들리고 불꽃 모양의 혀가 그들의 머리 위에 나타났다고 한다. 중요한 점은, 그들이 모두 다른 언어로 말했지만 각자가 말하는 뜻을 이해했다는 사실이다. 그리스도인들은 이 사건을 창조주 하느님과 예수와 함께하며, 또한 신적인 존재로 찬양받는 성령이 내려온 표징으로 믿는다. 이날은 또한 '교회의 탄생일'로서 교회가 예수의 몸이며 그 몸을 통해 계속 활동하며 존재하리라는 믿음을 가진 신자들의 모임이 성립된 날이기도 하다. 뒤에서 살펴보겠지만 '성령의 은사'와 성령

안에서 하느님의 직접 경험을 특별히 강조하는 그리스도인들은 자신들을 일컬어 흔히 '오순절교인'이라고 부른다.

오순절이 지나면 가톨릭 용어로 '연중'이라 불리는, 전례력에서 가장 긴 시기가 다가온다. 이 시기 동안에는 성인 축일이나 어떤 국가나 문화, 종파에서 기리는 특별한 종교 기념일, 그리고 (많은 개신교에서는) 루터가 주도한 종교개혁의 시작을 기념하는 날인 '종교개혁주일' 이외에는 다른 특별한 절기가 없다. 그렇지만 연중 시기에 종교적인 의미가 없는 것은 아니다. 이 기간은 그리스도인들에게 우리의 삶은 기념일들로만 이루어져 있거나 그것들을 준비하고 기념하는 것으로만 구성되어 있지 않다는 점을 일깨워 준다. 즉, 이 시기는 비록 단조로워 보이는 일상으로 짜여있지만 하느님은 여전히 존재한다는 것을 알려준다. 연중 시기가 지나고 대림 시기가 오면 전례력에 따른 새로운 한 해가 시작한다.

## 성사 또는 의무

교회력이 시간의 순서에 따라 일 년 중에 이루어지는 그리스도인의 순례 방향을 제공해 준다면, 성사(聖事, 어떤 그리스도 교회에서는 '의무'로 부르기도 한다)는 그 순례 여행을 풍부한 상징들로 장식한다. 그리스도인들은 세상에 오신 예수 하느님을 찬양하는 예배에서 함께 빵을 먹고(만찬례), 포도주를 마시며(성만찬), 아기의 머리에 물을 붓거나(영세), 성인들이 축복한 연못이나 강에 몸을 담그기도 하고(세례), 반지를 교환하며(혼배), 아픈 사람에게 기름을 바르고(병자), 특별히 지명된 사람의 머리에 손을 올려 놓는(신품) 등 다양한 성사에 참여한다. 이러한 의식들은 아무리 무심한 관찰자라도 현상 세계를 넘어서는 무엇인가 신비로운 존재에 대해 생각하게 만든다. 도대체 무슨 일이 일어나고 있는 것일까?

'성사'의 고전적 정의는 '내면의 보이지 않는 실재를 외적으로 볼 수 있게 해 주는 상징'이다. 그리스도인들 사이에서도 몇 종류의 성사가 있는지는 다소 의견 차이가 있다. 로마 가톨릭과 몇몇 종파는 일곱 개의 성사가 있다고 하는 반면 대부분의 개신교 교파들은 두 개만을 인정하는 입장이다. 또한 몇몇 교파는 '의무'라는 용어를 더 선호하는데, 이는 예수 그리스도 자신이 특별히 명령한 행동이라는 뜻이다. 하지만 비록 일곱 성사를 따르지 않는 교파라도 그와 유사한 의식들을 발전시켜왔다는 증거를 발견할 수 있다. 그리스도교의 여러 교파들이 성사를 해석하는 방법에는 차이가 있지만 성사가 개인의 삶이 흘러가는 순서에 따라 표현된다는 사실만은 동일하다(세례→견진→혼배→병자 성사 등등).

우리는 세례 성사로부터 설명을 시작할 텐데, 이 성사가 교회 공동체로의 입문을 상징하기 때문이다. 또한 세례는 왜 성수반(가톨릭, 성공회)이 종종 성당 입구로 들어가는 문 옆에 놓여 있는지를 설명해 준다. 세례라는 말은 그리스어의 물에 잠긴다는 말에서 왔고, 이때의 물은 가시적인 의미로 사용된다. 아기에게 물을 부어 세례를 주는 교파들에서는 물이 정화를 의미한다. 어른에게 세례를 줄 때에는 완전히 물에 들어가게도 하는데(침례교), 이는 일단 죽었다가 새로운 삶으로 깨어난다는 의미를 가진다. 아기에게 세례를 주는 교회들은 아기가 아직 어려 자신의 신앙을 표현하지 못하는 점을 알기 때문에, 보통 부모나 대부, 대모로 불리는 이들에게 아기를 그리스도인으로 교육시킬 의무를 지기로 약속받는다.

그러나 어떤 교회에서는 그러한 중요 결정은 본인이 직접 해야 한다고 여겨서, 스스로 동의할 수 있을 나이(보통 십대 초반)까지 세례를 행하지 않는다. 그러나 이러한 교회에서도 종종 부모들이 아기를 하느님에게 바치고, 사람들 앞에서 아기를 그리스도인으로 양육하겠다고 약속하는 전통이 있다. 예수 자신도 서른 살에 세례자 요한에게 세례를 받았으며, 제자들에게 자신을 따르고 싶으면 세례를 받으라고 말했다는 구절이 성서에 명백하게 나온다. 따라서 여러 가지 다른 해석이 있지만 그리스도인들 사이에서는 실제적으로 세례가 어떤 형태로든지 보편적이라는 사실이 그리 놀라운 것은 아니다.

아기에게 세례를 행하는 교파에서는 견진 성사를 통해 어른이 된 뒤 자신의 신앙 고백을 확인하고 스스로 따르게 해 준다. 어떤 교파에서 견진은 반드시 주교가 젊은 견진 후보자의 머리에 손을 올려놓음으로써 이루어진다. 견진을 받은 사람은 비로소 교회의 온전한 구성원으로 받아들여지고 어떤 전통에서는 그때 처음으로 영성체를 허락한다.

성체 성사 혹은 성만찬으로 불리는 영성체는 모든 그리스도 교회에서 실질적으로 공유하는 성사이다. 이는 예수가 유다 이스가리옷의 배신으로 올리브 산에서 체포되던 밤, 예루살렘에서 제자들과 함께 한 그 유명한 '최후의 만찬'에서 유래한다. 예수가 예루살렘에 입성한 후, 제자들과 식사를 나눈 날은 유다인들이 기념하는 '과월절'이었다. 이 날은 매우 중요한 의미를 담고 있다, 본디 과월절은 하느님이 유다인들을 이집트로부터 탈출시킨 사건을 기념하는 날인데, 예수는 새로운 차원, 즉 인간을 세속의 억압뿐만 아니라 죽음으로부터도 해방시키는 의미를 부여했다. 예수는 빵과 포도주를 제자들과 함께 나누며 그것을 자신의 몸과 피라고 말하고, 제자들에게 자신을 기억하기 위해 같은 방식으로 빵을 떼고 포도주를 마시는 일을 반복하라고 가르쳤다.

대다수의 그리스도인들이 성만찬을 기념하지만 이것은 다른 어떤 성사보다도 가장 논란이 많은 성사이다. 로마 가톨릭은 정식으로 서품 받은 사제의 손에서 영성체의 빵과 포도주가 '실체 변화'로 불리는 과정을 통해 실제로 그리스도의 몸과 피가 된다는 입장을 견지한다. 그에 비해 루터교는 그리스도가 빵과 포도주 '안에, 함께, 아래에' 있다고 가르치며(임재설) 실체 변화라는 개념에 동의하지 않는다. 성공회에서도 또한 그리스도가 영성체 안에 있다고 생각하지만 이것이 일어나는 방식은 영성체를 받는 그리스도인마다 각각 다르다고 보며, 이 점에서 정교회와 유사하다. 대부분의 다른 그리스도 교회들은 빵과 포도주가 그리스도와 그의 희생 죽음을 상징한다는 생각을 갖고 있다.

영성체를 보는 시각은 교회마다 다르고, 또한 같은 교회 내에서도 신자들마다 다르다. 그 시각의 한쪽 끝에, 성탄절 전날 종종 전 세계에 방송하는, 로마에서 교황이 집전하는 '장엄 미사'가 있다. 이 미사는 구경거리가 풍부하고 화려하며 빵과 포도주가 성스럽게 변화되는 의식이 엄숙하고 정교하게 짜여 있다. 실제로 이 장엄 미사의 핵심은 영성체 의식이다. 다른 반대쪽 끝에, 몇 사람이 자유롭게 탁자에 둘러앉아 예수를 기억하면서 거친 빵 한 덩이를 돌려가며 먹고, 큰 컵의 포도주를 한 모금씩 나누어 마시는 장면을 떠올릴 수 있다.

위와 같은 시각의 차이에도, 모든 영성체에서 똑같이 강조되는 바는 명백하다. 그리스도인들이 예수의 삶과 죽음을 기억한다는 것이다. 그리스도인은 하느님이 인간의 삶과 함께하고 계심을 기억한다. 그들은 예수의 삶에 대한 이야기와 그의 죽음이 자신들 몸 안으로 들어왔다는 의미를 받아들인다. 또한 실제로 영성체는 노인과 젊은이, 병자와 건강한 이가 공동 탁자에 둘러 모이는 가족 식사와 동일하게, 참여한 모든 사람들에게 이 땅에서 얻은 소유가 축적되는 것이 아니라 함께 나누어져야 한다는 사실을 일깨워 준다. 영성체는 중요한 성사이므로 거의 모든 종파의 그리스도인들이 엄숙한 규칙을 통해 이 의식을 행한다.

결혼은 어떤 교회에서는 성사에 포함된다. 로마 가톨릭에서는 신부와 신랑이 사제를 증인으로 하여 신서를 한다. 정교회 역시 사제가 남녀를 결혼시킨다. 그러나 대부분의 개신교 교회에서는 결혼을 매우 중시하지만 성사로는 보지 않는다. 결혼은 하느님이 축복하신 진중한 의무이다. 그렇다면 그리스도교의 결혼은 항상 일부일처제여야만 하는가? 이는 과거에는 일반적인 관행이었다. 그렇지만 최근 몇 해 동안, 특히 아프리카에서 한 명 이상의 여자와 이미 결혼한 남자들이 그리스도인이 될 때, 그 결혼 관계를 그대로 유지해도 되는가?라는 문제가 제기되었다. 최근 성공회는 그러한 일부다처 결혼의 유지를 허락하지만, 그 남자(혹은 그 여자)가 그리스도인이 되었을 때는 더 이상의 배우자를 얻을 수 없고 만약 아직 결혼하지 않았다면 한 사람과만 결혼해야 한다는 판결을 내렸다.

결혼식에 참석하는 일은 종교적으로 다원적인 사회에서 사는 사람들이 다른 전통을 맛볼 수 있는 몇 안 되는 기회 중의 하나다. 이제 그리스도교의 결혼식에서 신랑 신부가 주고받는 결혼 서약은 대부분의 사람들에게 어느 정도 익숙한 것이 되었다. 목사나 사제는 먼저 신랑과 신부에게 각자가 진심으로 서로를 남편과 아내로 맞아들일 것인지 묻는다. 만약 그렇다고 대답한다면, 그 다음으로 '죽는 날까지 좋을 때나 나쁠 때나, 부유하거나 가난하거나, 아플 때나 건강할 때나, 사랑하고 소중히 할 것'이라는 말을 통해 신랑과 신부는 서로에게 약속한다. 그리고는 보통 반지를 교환하고, 주례 목사나 사제가 하느님께 그들의 결합을 축복해 줄 것을 요청하고, 그들이 남편과 아내가 되었음을 선언한다. 다음으로 신부와 신랑은 관습적으로 결혼 생활의 첫 번째 행동인 키스를 한다.

서품식은 비록 다 그렇지는 않지만 그리스도 교회와 서품 받는 성직자가 있는 기관에서 중요한 의례이다. 서품 받은 목사나 사제가 되기 위해서는 보통 이러한 특정 형태의 그리스도교 의식에 대한 '부르심(소명)'이 있어야 한다고 믿는다. 그러나 이것이 곧 다른 그리스도인들이 부름을 받지 못했음을 의미하는 것은 아니다. 이러한 부름에는 보통 하느님이 이 사람에게 특별히 사목자의 위치를 부여하신다는 강한 내적 확신이 숨어 있다. 여러 교회들에서 이것이 진짜 부르심인지의 여부를 여러 가지 방식으로 확인하고 있지만, 개인적 재능이나 취향, 교육의 정도가 어떤 사람이 성직에 적합한지 아닌지의 여부를 충족시킬 수는 없다고 한다. 즉, (성직을 향한) 부르심이 가장 중요하다는 뜻이다. 따라서 어떤 교회에서 성직 지원자는 오랜 기간 동안 성서와 그리스도교 역사, 신학, 설교나 조언과 같은 목회 기술, 때로는 윤리학이나 심리학, 종교 철학, 비교종교학 같은 과목들까지 공부해야 한다. 이러한 고된 교육 과정을 끝낸 뒤에야 지원자는 서품을 받을 수 있다. 어떤 교회에서는 설교나 상담, 지도 능력과 같은 개인의 타고난 재능에 더 강조점을 두기도 하며 이를 공식적인 과정이나 학문적 준비보다 훨씬 중요하게 여겨진다. 대부분의 경우, 실제 서품식 자체는 이전에 서품 받은 사람들이 자신의 손을 지원자의 머리에 얹으며, 하느님의 성령이 이 일(부르심)에 대해 그(혹은 그녀)에게 축복하기를 요청하는 순간을 포함한다.

그렇다면 '그(혹은 그녀)'라는 것은 무슨 말인가? 이 말은 그리스도교 여러 교파 간의 설명하기 곤란한 차이를 담고 있다. 어떤 교파에서는 남자와 여자 모두에게 서품을 주고, 또 어떤 교회에서는 남자에게만 서품을 행한다. 로마 가톨릭이나 그리스 정교회는 남자나 여자 모두 하느님의 눈에 똑같이 중요하다고 주장하지만, 여성들에게는 서품을 주지 않는다. 성공회 같은 몇몇 교파에서는 그 문제가 특별히 활발하게 토론되고 있는

706

데, 왜냐하면 성공회 교단 가운데 어떤 교회에서는 여성에게 서품을 주지만 어떤 곳에서는 주지 않기 때문이다. 반면 미국의 여러 개신교 교회에서는 점차적으로 많은 여성들이 목사가 되고 있으며, 그들 중에는 여성이 2000년까지 전체 목시 수의 절반을 치지히게 될 것으로 내다보는 이도 있다(실제로 영국 성공회에서는 21세기 들어 여성 사제가 남성 사제의 숫자보다 많아졌다—옮긴이).

고해 성사는 때때로 참회나 화해의 성사로 알려져 있으며 여러 교회에서 다양한 방식으로 행해지지만 그 안에 담긴 의미는 대부분 비슷하다. 고해 성사는 그리스도인에게 하느님이나 다른 사람들로부터 자신을 멀어지게 만드는 행동이나 태도에 대해 솔직하게 직시할 기회를 제공해 준다. 때때로 이것은 사제와의 개인적 대화를 통해 이루어질 수 있고, 때로는 교인 전체의 공통적인 표현(공고백)으로 이루어지기도 한다. 고백의 행위는 인간의 죄와 약점이 하느님께서 인간을 위해 만들어 주신 사랑의 공동체를 훼손할 수 있지만, 하느님께서는 언제나 우리를 용서하시고 화해시키시며 새로운 시작을 가능하게 해 주신다는 사실을 인식시켜준다.

마지막으로 몇몇 그리스도 교파에는 '병자 성사'로 불리는 성사가 있다. 특별한 기도를 하면서 병자에게 성유를 바르는 이 성사를 로마 가톨릭은 '종부 성사'로 부르기도 한다. 사람이 죽어 가고 있을 때 이 성사가 행해지기 때문이다. 그러나 최근 가톨릭 신학에서는 이 성사를 인간의 육체와 정신의 병 모두를 치유하는 하느님 능력의 가시적 상징으로 보는 경향이 강하다.

종합하자면, 눈에 보이는 사건들과 세상의 인위적 산물들 가운데서 눈에 보이지 않는 하느님의 존재에 반복적으로 주목하는 것이다. 다양한 모든 성사는 인위적으로 보이게 만드는 의식(儀式) 너머에 보이지 않는 신의 존재를 전제한다. 그것이 바로 성사의 세계관이다. 그렇지만 성사는 또 다른 목적을 갖고 있는데, 이를테면 고해 성사는 세상에 살고 있는 모든 이에게 하느님의 섭리가 있다는 점을 그리스도인에게 지속적으로 일깨워 준다. 어떤 교회에서는 사목자가, 교회에서 기도와 찬양을 마친 사람들이 일상에서 자신의 삶을 다시 시작하기 위해 교회를 나서려 할 때, '지금 예배가 시작되고 있다'라고 선언하기도 한다. 교회를 포함한 모든 세상에 오는 하느님의 나라는 주님의 기도뿐 아니라 모든 기도의 궁극적인 목적이다. 그리스도교의 예배는 그 자체에 목적이 있는 것이 아니라 오히려 '하느님의 시간'이라는 궁극적인 목적으로 나아가는 수단에 불과하다.

# 그리스도교의 미래

그리스도교 탄생 이후 세 번째 밀레니엄을 맞으며 다음 천 년 동안 그리스도교의 모습을 보여줄 네 가지 주요한 움직임이 일어나고 있다. 하나는 성령의 직접적인 체험에 기반을 둔 그리스도인의 삶이 세계적으로 부상한다는 점인데, 여기에는 기적적인 치유나 알 수 없는 언어로 하는 기도(방언, 영언)와 같은 '성령의 은사'가 동반한다. 이런 경향을 가진 '오순절 운동'은 예수의 승천 직후 유다교의 절기인 오순절에 일어난 성령 강림 사건에 대해 「사도행전」 2장 1~12절에서 전하는 설명에 따라 이름 붙여졌다. 이 운동은 1900년대 초에 미국에서 시작되었고, 주로 흑인 그리스도인과 가난한 백인 그리스도인의 모임에서 퍼져 나갔다. 이 운동은 사회적으로 혜택 받지 못한 계급 사이에서 빠르게 번진 뒤 다른 나라에까지 전달되었고, 지금은 전 세계 그리스도교 안에서도 가장 빠르게 성장하는 분파가 되었다. 그래서 2030년대에 이르게 되면 이들의 숫자가 모든 개신교인을 합한 수와 맞먹을 수 있을 만큼 성장할 것으로 내다 보기도 한다. 대단한 성장세다.

두 번째 경향은 전체 그리스도교 세계에서 나타나는 현상으로, 사회적 약자에 대한 관심이다. 특히 이 경향은 '해방 신학'에서 두드러진다. 개신교, 가톨릭, 오순절 노선을 초월하여 해방 신학은 가난하고 힘없는 자들과 함께하는 예수의 존재를 강조한다. 해방 신학은 하느님은 결코 중립적이지 않으시고 자유와 존엄성과 부의 균등 분배를 위해 투쟁하는 눌린 자의 편이라고 주장한다. 1960년대 라틴 아메리카에서 시작한 해방 신학은 곧 남아프리카, 한국, 필리핀으로 퍼져 나갔으며, 각지의 그리스도인들은 부당한 사회 구조, 경제적 압박, 인종적 편견에 희생되어 왔던 자신을 발견하게 되었다.

20세기 말부터 그리스도교를 활기 있게 만드는 세 번째 경향은 교회 지도자, 신학, 일반적인 신앙생활에서 전례 없이 부상하는 여성의 역할이다. 물론 여성들은 빈 무덤을 발견하고 예수의 재림을 처음 선포한 여인으로부터 시작하여 그리스도교 교회사에서 항상 중요한 역할을 담당해 왔다. 그렇지만 여성들은 번번이 신학 연구, 성직 서품, 교회 지도자 선출 등에서 배제되어 왔다. 하지만 최근 들어 여성의 역할은 그리스도 교회에서 매우 빠르게 변화하고 있다.

네 번째 경향은 세계 여러 곳에서 그리스도인들과 다른 종교인들 사이에 이루어지는 대화와 상호 작용이 중대한 의미를 가지게 되었다는 점이다.

이제 그리스도교의 네 가지 흐름들이 가지는 함의에 대해 상세히 논하도록 하겠다.


## 오순절 교회

1906년 4월, 그리스도교 세계에서 엄청난 의미를 갖게 될 사건이 로스앤젤레스의 흑인 구역에서 일어났다. 주로 그 지역의 노동자들이 참석하는, 윌리엄 조셉 시무어(William Joseph Seymour, 1870~1922년)라는 이름의 흑인 목사에 의하여 운영되어 온, 작은 선교회에서 사람들이 강렬한 방식으로 하느님의 실재를 경험하고, 외국어처럼 들리는 말로 기도하고 노래하기 시작했다. 이어서 흑인과 백인을 포함한 많은 사람들이 전국에서 이 교회로 몰려오기 시작했다. 삼 년 동안 매일 모임이 계속되었다. 시무어는 그들의 경험이 성서에서 말하는 하느님의 때, 즉 다시 한 번 그리스도인에게 치유의 능력과 방언으로 기도하는 능력을 주시는 '종말'의 시작 혹은 그 비슷한 조짐을 알리고 있다고 믿었다.

> 하느님께서 말씀하신다. 마지막 날에 나는 모든 사람에게 나의
> 성령을 부어 주리니 너희 아들 딸들은 예언을 하고 젊은이들은 계
> 시의 영상을 보며 늙은이들은 꿈을 꾸리라.(「사도행전」, 2.17)

실제로 그리스도교 역사에서 황홀경에 빠져 말을 한 예는 많이 있었기에 로스앤젤레스의 사건도 그리 특별할 바는 없었다. 그렇지만 많은 사람에게 이른바 '아주사 거리 부흥 운동(Azusa Street Revival)'은 시무어의 지도 아래 성장하고 뻗어 나가 전 세계로 전파된 오순절 운동의 시작을 나타내는 것이었다. 1914년 제1차 세계 대전이 발생할 때까지 오순절 교회는 미국 전역으로 전파되었고 그 이후 해외로도 진출했다. 오순절 교회는 자체적으로 여러 차례 분열되기도 했지만 교인들은 계속 늘어나 이제는 전 세계적으로 400만 명에 이른다.

오순절 교회의 탄생과 초기 역사가 지니는 상징성은 두드러진다. 이 교회는 학문의 중심지에서가 아니라 가난하고 주변화 된 사람들 가운데에서 갑자기 활성화되었다. 『오순절 교회』라는 책에서 존 T. 니콜(John T. Nichol)은 시무어에 대하여 다음과 같이 묘사한 바 있다. "그는 유색인으로 매우 소박하고 영적이며, 가난하고…… 한 눈이 멀었다." 비록 이 운동은 중산층까지 퍼져 나갔지만 오순절 교회의 초기 역사는 분명 한쪽 눈

을 실명한 흑인 지도자로부터 비롯되었으며, 이후 이 교회는 여성, 사회적 약자, 장애인으로부터 지속적으로 관심을 끌었다. 오순절 교회 신자들은 감성적으로 노골적이고 때때로 황홀경에 빠진 찬양 모습 때문에 영국 성공회 그리스도인들에 의해 종종 'holy roller(예배 중에 열광하는 종파의 신자를 부르는 속어)'라고 경멸당하고, 비아냥거림을 받는다. 그렇지만 그들의 운동은 계속 살아남고 성장해 갔으며 때로는 사도들이 세운 초대 교회(「사도행전」 2장)나 개신교 교회의 종교개혁에 비교될 정도의 종교적인 혁명으로 간주되곤 한다. 최근 몇 년간 오순절 교회의 성장은 특히 제3세계에서 극적으로 이루어졌다. 어떤 이들은 모든 라틴 아메리카의 국가들에서 2020년까지 오순절 교회가 다수파로 부상할 것으로 예측한다.

이 놀라운 폭발을 어떻게 받아들여야 할까? 인간이 역사의 '종말' 시기를 살고 있으며 하느님께서 병을 치료하고 다른 언어로 말할 수 있는 능력을 주셨다고 말하는 일부 오순절 교회 신도들의 주장을 우리는 어떻게 판단할 수 있을까? 치유에 대해서는, 비록 병이 나았다고 주장하는 사람들 가운데 일부가 곧 이전의 상태로 되돌아갔음에도, 그 가운데 많은 이들에게 실제로 기적이 일어났고 그 효과가 지속되고 있다는 데 의심의 여지가 없다. 이것은 의학 전문가에 의해서도 인정된 바이다. 물론 오순절 교회 내에만 현대 의학의 과학적인 기준을 넘어서는 치유 현상이 있다는 뜻은 아니다. 역사적으로 대부분의 종교는 신앙과 치유를 결합해 왔다. 그리스도교(특히 가톨릭)에서도 퀘벡의 성 안나 성당이나 프랑스의 루르드처럼 사람들이 치유를 위해 기도하러 가는 성지들은 항상 있었다. 그리스도교 과학자들은 치유가 신체적인 문제에 국한된 것이라기보다 주로 영적인 문제라고 주장한다. 사실 모든 그리스도인들은 병자에게 하는 기도에 효험이 있다고 믿는다. 비단 오순절 교회의 치유 현상뿐 아니라 이전에는 의심스럽게 보이던 침술이나 명상과 같은 치유 방식이 요즘 들어 점점 더 널리 받아들여지는 추세이다. 오순절 교회의 치유도 아마 이러한 일반적 힌싱의 하나일지 모르지만 그리스도교 내에서 가장 극적인 변화로 여겨지고 있음에는 틀림없다.

방언(方言), 혹은 영언(靈言)에 대해서는 그것이 실제로 신비한 비밀을 담은 언어라는 주장은 이해하기 어려우며 또한 오늘날 많은 오순절 교회 신자들도 그렇게 주장하지 않는다. 그들은 오히려 하느님의 성령이 그들에게 보통 언어의 제약(따라서 모든 기존 담화들이 가진 제약도 된다)을 넘어서서 하느님과 인간 상호 간의 사랑을 좀 더 직접적이고 방해 없이 표현할 수 있도록 해 준다고 말한다. 이들은 다른 사람들이 '원초적 외침'으로 부르는 의식에 참여하고 있거나 제임스 조이스가 자신의 소설에서 썼듯이 '새로운 언어'의 탄생을 대중적인 차원에서 실천하는 것일지도 모른다. 이 모든 일은 기존의 언어 양식이 가진 한계에 저항하는 방식이다. 어떤 경우에는 분명 '종교적 황홀경에서 말하는, 알아들을 수 없는 말'이 형식적인 엄격함과 관습적인 찬양 방식에서 벗어나 삶을 풍부하게 만드는 즐거운 의사소통 방식을 제공해 주기도 한다.

일부 비판적인 사람들은 오순절 교회가 세상의 실제적 문제에 대한 해결은 찾지 않고 개인적인 황홀경이나 내세 쪽으로 사람들의 종교적 에너지를 이끌어 일종의 사회적 무책임을 부추긴다고 주장한다. 그렇지만 사실 모든 종교에는 현세적 요소와 내세적 요소, 그리고 신비적 차원과 이성적 차원이 섞여있다. 오순절 교회도 예외는 아니다. 게다가 최근 몇 년 동안 오순절 교회는 점차 신앙의 사회 봉사적인 분야에도 참여하고 있다. 이들은 마약이나 부패 등과의 싸움에 집중하는데, 이런 움직임은 해방 신학을 기치로 삼고 있는 라틴 아메리카나 남아프리카에서도 시작되고 있다. 오순절 교회나 해방 신학도 그리스도교의 '과대 영성화'에 대한 중화제로서 기능을 갖고 있다는 뜻이다. 이 둘은 모두 신체적·정신적 건강과 물질적·경제적 축복이 하느님의 은총을 받은 증거가 된다는 점을 강조한다.

오순절 교회에 관한 최종적 관측은 이 현상이 세 번째 밀레니엄을 맞은 그리스도교에서 주목할 만한 현상이라는 사실이다. 오순절 교회는 성령에 주목하고 있고 따라서 그 창시자들이 예상했던 것보다 다른 종교와의 상호 관계에 좀 더 열린 가능성을 지니고 있다. 오순절식 의례는 다른 개신교 교회나, 심지어는 로마 가톨릭 교회에서도 나타나기 시작하였다. 이른바 '성령 운동'이 어느덧 개신교와 가톨릭의 주된 흐름이 된 것이다. 오랫동안 그리스도인들은 성부, 성자, 성령을 믿는다고 주장해왔지만 삼위 중 하나인 성령과의 친교 가능성은 별로 주목받지 못했고 심지어는 예상할 수도 없었다. 인간의 영과 성령이 교신한다고 주장하는 사람들은 외부인에 대한 저항이 거세기로 유명하며, 인간의 영과 성령의 종교적 결합은 제대로 조사된 적도 없다.

어떤 학자들은 제3세계 오순절 교회에서, 특히 남아메리카 부족 사회와 같은 토착민들 사이에서 개방된 형태로 드리는 기도가, 가톨릭과 개신교의 전통적 찬양 방식에서는 배제되어왔던 그리스도교 이전의 유산들을 개발할 수 있게 도와준다고 말한다. 또 다른 학자들은 오순절 교회를 전 세계적으로 변화하는 그리스도교의 대표적인 모습으로 이해하기도 한다. 즉, 종교성이 더 감정적이고 상상을 활용하며 실용적인(즉시 사용할 수 있는) 형태로 이동하고 있다는 사실을 보여 준다는 것이다. 만약 이것이 사실이라면 오순절 교회는 다른 종교와의 관계에서 더욱 새롭고 밀접한 방식으로 대화의 선두에 나설 수 있을 것이다. 물론 오순절 교회를 성서 해석에 있어 근본주의의 변형으로 보는 사람들에게는 어림도 없는 일이겠지만 말이다. 예수처럼 모욕당하고 경멸받던 가난한 흑인들로부터 비롯한 강력한 성령 운동이 어떻게 일어났든지 이는 분명 21세기 그리스도교이 중요 경향 가운데 하나가 될 것이다.

## 해방 신학

유럽이 16세기 제국주의 침략을 시작한 이래, 수 세기 동안 그리스도교 교회는 라틴 아메리카와 에티오피아, 아시아의 여러 나라에 전파되었다. 그러나 20세기가 지나가면서 그리스도교의 세계적 구성에 뚜렷한 변화가 생겼다. 이제 그리스도교의 우위는 더 이상 유럽의 그리스도교 국가나 유럽에서 북미로의 확장이라는 낡은 경계 안에 있는 것이 아니라 지구 남반구의 식민지 국가들이었던 '제3세계'에 있게 되었다. 이러한 변화가 일어나면서 '북반구' 그리스도교에 의해 오랫동안 주변적이었던 이 지역에서 새로운 그리스도교 신학이 떠올랐다. 새로운 신학의 가장 중요한 의미는 단연코 '해방 신학'에서 발견할 수 있다. 해방 신학은 1960년대 말 라틴 아메리카에서 처음 출현했다. 사실 해방 신학은 이전부터 존재하고 있었지만, 그 명칭은 페루의 가톨릭 신부 구스타프 구티에레스(Gustavo Gutiérrez, 1928년~)가 1970년에 쓴 『해방 신학(*The Theology of Liberation*)』이라는 책으로부터 비롯되었다. 이후 30년 동안 이 생기 넘치는 신학은 세계 각지로 퍼져 나갔는데, 유다교나 불교 등 다른 종교에서도 이와 비슷한 흐름들이 일어나고 있다. 그렇다면 해방 신학의 특징은 무엇인가?

1968년 라틴 아메리카의 가톨릭 주교들은 콜롬비아 메델린에 모여, 제

2차 바티칸 공의회가 남미 대륙의 굶주리고 학대받는 사람들을 겨냥한 것임을 확인하는 과정에서 한 가지 기본적인 사안에 동의하였다. 즉, 그리스도 교회는 억압하는 자와 억압받는 자 사이의 중재자 역할에 앞장서야 하며, 절망하고 상처받고 주변화 된 사람들 편에 서야 한다는 것이었다. 이 결정은 가난한 자들이 누려야 할 당연한 특권이며, 사회에서 소외받는 사람들의 관점에서 그리스도의 메시지를 이해하려는 그리스도인들에게 새로운 신학의 구호와 상징이 되었다.

이는 그리스도가 베푼 가르침이 아니라 성서 해석 방법과 해석자들의 부류에서 중대한 변화를 의미했다. 수 세기 동안 성서 해석에 대한 권리는 암묵적으로 지식인 계층의 엘리트들(주로 남성)에게만 배타적으로 허용되어 있었다. 그러나 이제 가난한 사람, 박해받던 인종의 소수자, 여성, 그리고 다른 소외된 사람도 엘리트적 해석을 하던 소수가 필연적으로 양산할 수밖에 없었던 왜곡을 바로잡을 수 있게 되었다. 이를테면 해방 신학은 수 세기 동안 침묵하고 무시당하던 목소리가 터져 나온 것이다. 비록 각기 속한 지역은 다르지만 이러한 신학들은 공통적으로 하나의 기본 요소를 가지고 있다. 그들은 이집트 노예 생활에서부터 이스라엘 백성을 해방해 주었던 『구약 성서』의 하느님이 오늘날에도 여전히 약하고 빼앗긴 자들의 편에 서 있다는 사실을 강조한다. 그리고 만약 억압받던 사람들 가운데 하나였던 예수가 자신이 살던 시대의 가난한 군중, 멸시 당하던 나병 환자, 지배받던 여성, 종교적으로 소외된 사람들에게 '특별한 관심'을 가졌다면, 오늘날에도 같은 입장을 가질 게 분명하다고 주장한다. 불과 수십 년 만에 해방 신학은 그리스도교가 퍼져 있는 세계 어디에서도 활기차고 생기가 넘치며 가장 논쟁적인 신학으로 자리 잡았다.

해방 신학을 이해하는 열쇠는 먼저 기존의 신학 전체를 조망하는 것이다. 해방 신학자들은 그리스도교가 내적이나 인격적인 면에만 제한되지 않고, 개인뿐 아니라 사회, 내세뿐 아니라 현세, 영적인 것뿐 아니라 물질적인 것도 포함한다고 가르친다. 해방 신학은 이전의 신학이 선교를 지향했던 것과는 다르게 자신의 문화를 비그리스도인에게 진파하기보다는 ―구티에레스가 '비인간적'이라고 불렀던―사회에서 소외된 사람들에게 전해야 한다고 주장한다.

비록 교육받은 신학자들이 해방 신학을 이론화하고 멋있게 해석한다 하더라도 이들이 새로운 신학을 만들어 내지 않았다는 사실을 아는 것이 매우 중요하다. 이러한 신학들은 라틴 아메리카와 식민지였던 다른 여러 곳에서 그리스도의 '기초 공동체'로 불리는 소규모 풀뿌리 신앙 공동체를 통해 성장해 나갔다. 소수의 하층민이 모여서 노래하고, 기도하고, 성서를 공부하고, 일상의 경험들을 공유하는 이러한 '기초공동체(CEBs, 포르투갈어 communidades ecclesiales de base에서 나왔는데, 포르투갈어를 사용하는 브라질에서 민중 신학이 가장 먼저 시작되었기 때문이다―옮긴이)는 자신들의 삶에 깊이 스며들어 있는 불평등을 막을 수 있는 방법을 추구한다. 초기에는 많은 CEBs가 훈련된 교회 지도자들에 의하여 조직되었으나 오늘날에는 대부분 평신도에 의해 운영되는데, 그 안에서는 특히 여성이 중요한 위치를 차지한다. CEBs 구성원들은 자신들이 '교회가 이끄는 대로 내버려 두는' 것이 아니라 '스스로 교회가 되는' 새로운 방법을 발견해 왔다고 생각한다. CEBs는 성서학자와 훈련받은 지도자들에 의해 씨 뿌려진 해방 신학이 열매를 맺을 수 있는 땅을 제공한다.

충분히 예상했던 대로 CEBs도, 해방 신학도, 비난과 박해를 피할 수 없었다. 교회 안에 모인 지역의 지도자 그룹 사이에서 이들은 제도권 교회와 사회적 권력에 맞서는 위협을 내포하고 있다며 자주 비판받고 공격

받았다. 해방 신학에 대한 이 같은 반대 움직임은 때론 매우 폭력적이었다. 중미에서 살해당한 대주교 오스카 로메로와 사제, 수녀, 평신도 교회 지도자들 대부분은 해방 신학과 기초 공동체의 지지자들이었다.

기초 공동체와 해방 신학의 미래는 어떻게 될 것인가? 해방 신학은 이미 아시아와 아프리카로 뻗어나갔으며 미국에서는 인종, 성별, 성적인 선호를 이유로 압박받아왔던 사람들과 해방을 목표로 하는 여러 운동에 영향을 주었다. 게다가 그리스도교의 무게 중심이 번영한 '북쪽'에서 가난한 그리스도인들이 살고 있는 지구의 '남쪽'으로 옮겨감에 따라, 몇몇 라틴 아메리카인들이 '신학의 탈북부화'라 부르는 과정은 피할 수 없는 경향이 되었다. 앞에서 말한 외부인과 하층민의 관점에서 나온 그리스도교의 급진적인 변화는 반드시 더 많은 해방적인 신학들을 낳게 될 것이다.

그렇지만 아무리 그 숫자가 증가해도 이러한 신학들은 지금 변화를 겪고 있는 중이다. 한때는 자신들이 처한 상황에서 속히 벗어나고자 하는 희망으로 들떠 있었지만, 이제 CEBs에 있는 사람들은 해방 신학을 더 넓고 장기적인 과정으로 바라보고 있다. 또한 여러 곳에서 그들은 복음을 확고하게 심기 위한 노력으로 자신의 지역 문화와 관습에 보다 진지하게 파고 들어가는 중이다. 게다가 몇몇 CEBs들은 오순절 교회의 강렬하고 감정적인 표현 방식을 지닌 찬양을 채택하기 시작하였다. 실제로 몇몇 사람들은 다음 세기에 들어서게 되면 해방 신학과 오순절 교회의 영성이 어떤 식으로든 창조적으로 통합되어 그리스도 교회에서 우세한 형태로 떠오르게 되리라고 예견하고 있다. 그렇게 된다면 예수 탄생 이천 년 만에 예수의 메시지를 전파할 수 있는 강력하고도 새로운 수단이 만들어질 수 있을 것이다.

## 여성의 새로운 역할

1989년 2월 11일 성공회 사제 바바라 해리스(Barbara Harris)가 메사추세츠 관구에 있는 자신의 교회에서 주교로 임명되었다. 이 다채롭고 즐거운 행사를 위해 수천 명이 보스톤에 모였다. 세 개의 합창단, 길게 꼬리를 문 순행(順行), 각양각색으로 짙게 물든 예복들이 장엄하고 엄숙한 분위기를 더해 주었다. 의식이 진행되면서 바바라 해리스가 주교직의 오랜 상징인 코프(Cope, 망토 모양의 긴 외투)를 입고 주교관을 머리에 쓰는 순간, 회중에서 긴장된 숨소리가 터져 나오는 것 같았다. 그 이유를 알기는 어렵지 않았다. 참석자들의 눈앞에 수백 년 동안 지속되어온 금기를 깨뜨린 자가 서 있었기 때문이다. 성공회는 '가톨릭' 전통 가운데 하나를 대표한다. 가톨릭에서는 장구한 세월 동안 유지되어온 전통을 매우 강조하는데, 오늘날의 주교가 그리스도가 직접 선택한 사도와 연결되어 있다고 믿는 '사도직 계승'이 그런 전통 가운데 하나이다. 그렇지만 그리스도교 이천 년의 역사를 통틀어 수천 명의 주교들 가운데 여성 주교가 하느님 백성의 충실한 양치기가 되기 위해 제단 앞에 서서 맹세한 적은 한 번도 없었다.

이것은 그리스도교 역사에서 중요한 전환점이었다. 이전에도 여성은 지도자 직분을 수행했고, 몇몇 비가톨릭 교파에서는 여성이 여러 해 전부터 성직을 담당해 오기도 했다. 성공회 역시 1974년부터 여성 사제를 임명하기 시작했다. 새로운 그리스도교 운동이 '독립 교회'의 형태로 빠르게 성장해 나가고 있는 아프리카에서 여성들은 지도자로서 중요한 임무를 담당해 왔고, 수천 개의 모임과 교구 단체에서 여성은 수년 동안 설교를 하고 지도자가 될 수 있었다. 그러나 가톨릭 전통 속에 있다고 주장하는 교회에서 사도의 계승자인 주교로 여성을 임명한 것은 처음 있는 일이었다.

최고의 상징적 사건이 된 이 서품식이 끼친 영향은 사실 일차적인 의미에만 머물지 않는다. 이 사건을 통해 인류는 그리스도교에서 일어나고 있는 극적인 변화를 인식하게 되었다. 즉, 여성이 전면에 나서서 그들이 받은 성령의 모든 은혜를 바야흐로 발휘하기 시작했다는 뜻이다. 여성들은 이제 더는 성령의 은혜가 남성에게만 적합하다고 생각하지 않게 되었으며, 또한 수 세기 동안 여성을 그리스도교의 2등 시민으로 취급한 성직 제도에 동등한 위치를 요구하게 된 것이다. 아직 여성의 성직 서품을 허락하지 않는 로마 가톨릭 교회에서도 여성은 신학을 가르치고 책을 쓰고 있으며, (수도회의) 장상직을 수행하고, 그리스도교의 기초 공동체를 이끌며, 여러 각도에서 지도자 위치에 올라 있다.

해리스 주교의 서품은 실제로 그 이상의 차원을 의미한다. 해방 신학에서처럼 한때 그리스도교를 건설하고 해석할 기회에서 배제되었던 이들에게 기회가 주어지기 시작했기 때문이다. 여성은 하느님의 실재를 이해하는 방식을 근본적으로 변화시킨다. 그리스도교 전례 전통의 많은 부분에서 영성체를 축성하는 사제들은 어느 정도까지 하느님을 상징한다. 요한 바울로 2세(Karol Wostyla, 1920~2005년)는 로마 가톨릭 교회에서 여성을 사제로 임명할 가능성을 거부하는 문서에서, 사제는 예수 그리스도와 닮게 타고나야 한다고 선언했다. 그렇지만 어떤 그리스도인들은 이 닮음을 다른 식으로 읽는다. 만약 하느님이 생물학적으로나 사회적으로 성적인 차이를 초월한다면 사제가 반드시 남성이어야 할 필요는 없다. 반대로 오히려 이는 모든 남성 성직자들이 신의 실재를 왜곡하는 셈인 것이다. 즉, 여성 사제와 여성 주교가 제대에서 주례를 시작하면서부터, 수천 명의 신도들에게 이전에는 무척 엄격했던 하느님의 이미지에 이제는 남성과 여성의 특징이 모두 포함되어 있다는 사실이 분명하게 드러나기 시작했다. 따라서 남성과 여성 사제가 공존하는 것이 하느님을 상징하는 데 더욱 적합하다.

많은 여성이 사제와 성직자의 서품을 받으면서, 이와 유사한 진화가 그리스도교 신학계에 진행되고 있다. 성서 연구, 윤리학, 그밖에 다른 여러 분야에서 여성들은 수 세기 동안 남성이 지배해 왔던 영역을 전복시키고, 남성 독점이 만들어낸 왜곡과 잘못 해석된 부분에 대해 날카로운 질문들을 제기하기 시작했다. 여성 학자들은 신·구약 성서의 많은 곳에서 하느님을 어머니이자 아버지로 생각할 수 있다고 지적한다. 하느님을 언급할 때 사용하는 형용사와 대명사는 여성형과 남성형을 넘나드는 '포괄적 어휘'이다. 또한 같은 방식으로 기도와 찬송을 발전시켜온 교회의 모든 노력이 이러한 성서에 견고한 기초를 두고 있다. 초기 그리스도교에 대해 연구한 여성들은 남성의 권위에 의해서 신약에서 배제된 영지주의 복음의 일부가 예수의 추종자 가운데 여성들에 대해서—특히 막달라 마리아에 대해서—많은 내용을 담고 있으며 하느님을 여성으로 생각할 수 있는 특징 또한 많이 가지고 있음을 밝혀냈다. 또한 여성 신학자들은 여성 수도회와 여성이 중요한 역할을 한 그리스도교 운동, 신비주의에 기여한 여성들의 공헌, 그밖에 다양한 방법으로 남성과 함께 교회의 역사를 만들어온 여성의 업적이 후기 그리스도교로 넘어 오면서 평가 절하 되었다는 사실을 발견해냈다.

오늘을 사는 그리스도인의 삶에서 페미니즘 혁명은 오히려 당연한 것으로 여겨지며 더 이상 큰 도전에 직면해 있지도 않다. 그리고 우리가 드리는 기도나 찬송, 예배를 인도하는 이들의 신체적 조건, 신학 서적을 쓰는 사람들의 시각이나 상상력 역시 모두 변화하고 있다. (여성을 포함한) 어떤 사람들은 이러한 변화가 너무 빠르게 일어난다고 말한다. 그러나 (남성을 포함한) 다른 이들에게 이러한 변화는 오랫동안 준비된 것이다. 하느님이 어떠한 분인지, 예수가 인간에게 무엇을 원했는지, 그리고 어떤 존재가 되기를 바랐는지에 대해 완전히 새로운 지평이 열리고 있다.

그리스도교가 자신의 가부장적 껍질을 벗어 버리고, 스스로를 제한하던 남성의 우월성을 제거시킬 수 있을까? 과거 20년간의 뜻밖의 변화를 긍정적인 징후로 본다면, 그리스도교가 성차별의 왜곡을 씻어버리는 날도 그리 멀지 않아 보인다.


## 다른 신앙을 가진 사람들

그리스도인들은 언제나 다른 종교적 믿음을 가진 사람들 속에서 살아 왔다. 예수 자신도 그만의 독특한 자취와 해석을 만들어 내기는 했지만, 깊은 신앙심을 가진 유다인으로서 전 생애 동안 자신의 신념을 실천해 나갔다. 초기 그리스도인들은 유다 문화가 우세한 곳에서 소수자로 살아가야 했다. 뒤에 그리스도교는 로마 제국주의 쇠퇴기에 등장한 여러 '신종교'들 가운데 하나가 되었다. 중세에 그리스도교가 유럽 대부분에서—그렇다고 해서 독점적인 것은 아니었다—중심을 차지하게 되었을 때, 많은 그리스도인은 유다인이나 무슬림 같은 이웃 종교인들이 같은 신앙을 공유하고 있지 않음을 알고 있었다. 수 세기 동안 그리스도교인, 유다인, 무슬림은 이베리아 반도에서 함께 살았는데, 어떤 때는 조화를 이루었고 어떤 때는 싸우기도 했지만 건축 양식이나 영성적 실천에서는 항상 서로의 것을 차용해 왔다. 예를 들어, 스페인의 가톨릭 신비주의자인 십자가의 성 요한은 무슬림 수피에게서 '영혼의 어두운 밤'이라는 자신의 이미지를 가져왔다. 그렇지만 『동방견문록』을 썼던 마르코 폴로와 같이 드문 경우를 제외하고, 유럽인들은 아시아 종교에 대해서 사실상 거의 아는 바가 없었다.

르네상스와 유럽의 대탐험 시대가 도래하면서 모든 것이 바뀌었다. 그리스도인들은 이제 그리스도인도, 유다인도, 무슬림도 아닌 사람으로 가득 찬 나라들이 있다는 사실을 처음으로 알게 되었다. 그리스도인들은 남아시아에서 만난 불교도들이나, 인도의 힌두교도, 남아메리카의 마야인과 아즈텍인들을 어떻게 생각했을까? 예수 그리스도에 대한 신앙을 공유하지 않고, 『구약 성서』나 『꾸르안』을 가지고 있지도 않은 이러한 사람들이 하느님의 전체 섭리에 어떻게 들어맞을 수 있을까?

이 질문에 명백한 해답을 주는 답변은 없다. 어떤 그리스도인은 선교의 목적은 모든 사람이 그리스도의 메시지를 접하게 하여 전 인류가 그리스도인이 되는 것이라고 주장한다. 다음으로, 이보다 훨씬 많은 사람들이 종교의 다원성을 현실로 받아들이며 다른 종교 전통을 가진 사람들을 교회 안으로 끌어들이려는 시도를 하지 않는다. 세 번째 태도는 앞서 말한 그 둘 사이에 위치한다. 아마도 대부분의 사람들이 이런 입장을 갖고 있을 것이다. 이들은 어떤 면에서 예수 그리스도를 통하여 보여 준 하느님의 사랑과 자비는 세상 모든 사람들에게 예외 없이 닿지만, 하느님의 조화라는 복음의 메시지가 꼭 서구인이나 그리스도교 문화에서 나고 자란 사람에게만 존재하는 것은 아니라고 생각한다. 또한 하느님은 다른 종교 전통에도 현존할 수 있으며, 그리스도인은 다른 이의 신앙을 존중해야 할 뿐만 아니라 그들로부터 배워야 하고, 한 분 하느님에 의해 창조된 모든 이와 함께 감사해야 한다는 사실을 확신한다.

그리스도교의 역사가 이천 년을 넘어서면서, 교회 안에서 일어나고 있는 가장 중요한 변화 중 하나는 다른 신앙을 가진 이들을 대하는 그리스도인의 태도이다. 많은 공동체가 여러 종교 전통의 대표들 간의 대화를 위한 종교 간 회의나 만남을 조직했다. 미국 내에서는 그리스도인, 유다인, 무슬림, 힌두인, 그리고 다른 신앙을 대표하는 사람들이 서로 더 잘 이해하고 편견과 불관용의 위험을 최소화하기 위해서 만나고 있다. 국제적인 차원에서는 '세계교회협의회(WCC, World Council of Churches)'라는 것이 있는데, 여기에서는 정통 그리스도교 교단의 대표들이 종교 간 대화라는 분야에서 야심찬 프로그램을 기획해 오고 있다. 바티칸에서는 로마 가톨릭과 타종교를 가진 사람들 간의 대화를 장려하기 위하여 공식 사무국을 개설하였다. 적어도 지구 한쪽에서는 종교적 불신과 증오가 줄어들 것이라는 참된 희망이 싹트고 있다.

그러나 지구 위에는 정반대의 그림을 그리는 곳도 있다. 그리스도교뿐 아니라 다른 종교에서도 종교 간 대화에 대해 격렬한 반대 입장을 가진 소위 '근본주의자'들의 움직임이 있다. 대화에 적대적인 이러한 경향은 일부 그리스도인뿐 아니라, 무슬림, 힌두인, 유다인들 사이에서도 점점 더 강해지고 있다.

두 가지 대립되는 흐름의 결과는 다소 역설적이다. 각 종교 전통 안에서 다른 신앙을 가진 이들과 결실 있는 대화가 열린 상태로 펼쳐지는 동시에, 그러한 대화를 반대하는 움직임도 증가하고 있다. 때로는 그리스도교와 같은 특정 종교 안에서의 대화에 대한 찬성파와 반대파 사이에 놓인 긴장이 그리스도교 내의 여러 교단 사이에 놓인 어떠한 긴장보다 심각할 정도이다.

그리스도인은 다른 종교인을 만나면서 서로를 구별하는 기준을 배워왔다. 예를 들어 그리스도인들은 항상 유다교와 특별한 끈으로 연결되어 있어서, 유다교-그리스도교의 관계는 다른 종교와 그리스도교의 관계와는 다르게 이루어지고 있다. 처음에 그리스도교는 유다교 주변에서 출발했다. 예수와 그의 사도들이 모두 유다인이었다는 말이다. 그리고 그리스도교회는 유다교 경전인 『구약 성서』를 받아들여 정경의 중심으로 삼았다. 세계를 창조하고, 이스라엘 민족을 이집트로부터 탈출시키고, 예언자를 보냈으며, 사람들에게 십계명을 주었던 하느님이 예수 그리스도를 통해 계속적으로 활동하신다는 뜻이다. 하느님의 거룩한 사업은 확장되어 이전에는 제외되었던 사람들, 즉 이방인도 '계약 백성'의 일부가 될 수 있었다. 적어도 그리스도인은 그렇게 확신하고 있다. 동시에 하느님이 유다인과 맺은 처음 계약이 폐기된 것이 아니라, 여전히 건재하고 있다는 사실이 더 많은 그리스도인에 의해 인식되고 있다. 바울로 사도가 로마서 11장 29절에서 "다시 거두어가시지 않습니다"라고 말한 그대로이다.

실제로 최근 몇십 년 동안 그리스도교 신학에서 성서 정경화(대략 4세기 말) 이후의 유다교 연구에 새로운 진전이 있었다. 이는 그리스도인들이 성서의 일부분을 사용해 반유다주의와 그로부터 기인한 아우슈비츠의 유다인 학살을 가능하게 만든 사회적인 분위기에 공헌했다는 생각에서 비롯된 것이다. 사실 오늘날 많은 그리스도인은 유다인을 향한 그리스도교의 선교가 잘못이라는 데 동의한다. 이 두 종교는 같은 어머니에게서 나온 자녀로, 더불어 잘 사는 법을 배우는 길이 양자의 관계에서 적합한 형태인 것 같다.

그리스도교와 이슬람의 관계는 아마 세상의 어떤 종교 간 관계보다 성가신 문젯거리일 것이다. 그렇게 된 데는 물론 많은 이유가 있다. 하나는 기원후 600년경 이슬람이라는 종교가 시작하면서 기존의 많은 그리스도교의 가르침을 자신의 가르침으로 편입시켰기 때문이다. 이슬람은 『구약성서』의 예언자와 나사렛 예수를 공경한다. 이슬람 문학과 많은 이슬람 시에서 예수는 찬미와 찬양을 받는다. 반면 그리스도교는 일반적으로 무함마드에 대하여 매우 부정적인 태도를 고수해 왔다. 단테의 『신곡』 가운데 「지옥」 편의 그 유명한 구절은 이슬람의 예언자이자 창시자인 무함마드가 지옥에서도 가장 깊은 곳에서 고통을 받고 있다고 묘사한다. 그리스도교와 이슬람의 관계는 무슬림들이 유럽의 남동쪽으로 팽창하고, 그리스도인들이 십자군 원정에서 중동의 일부 지역을 차지하려고 시도하면서 더욱 악화되었다. 이러한 고통스러운 충돌이 남긴 상처와 원한은 양쪽 모두에게 집단적인 적대감으로 남았다. 이러한 적대감은 특히 서구의 굴욕적인 식민지 통치 아래 백여 년간 고통당했던 무슬림들에게 더욱 강하다.

지독한 반목의 시대가 지난 후, 최근 그리스도인-무슬림 간의 진지한 대화가 시작되었다는 희망의 표지들이 있다. 이슬람의 성서인 『꾸르안』은 그리스도인과 유다인을 '책의 사람들'이라 부르고, 이에 따라 그들이 무슬림과 특별한 관련을 가지고 있다고 가르친다. 일부 그리스도인도 '세 개의 아브라함 신앙'에 대해 말하기 시작했다. 이는 곧 그리스도교, 유다교, 이슬람을 의미하는데 이들 모두의 기원을 추적해보면 족장 아브라함까지 올라간다. 서구 세계에 사는 디아스포라 무슬림은 무슬림과 그리스도인을 포함한 다른 종교인들과의 관계를 개선시킬 기회를 확대시켜왔다. 물론 이와 동시에 그리스도교 근본주의와 이슬람 근본주의가 강하게 부상하여 대화 분위기를 꺾어 놓기도 한다. 그러나 상황은 계속해서 더 희망적으로 보인다. 앞으로 세 신앙 사이에 더 결실 있는 관계의 토대가 마련되면 당연히 그 위에서 이스라엘 정부와 아랍 주변국 간의 화해가 이뤄질 수 있을 것이다(이 글은 2001년 9·11 사건 이전에 쓰였다—옮긴이).

그리스도교가 유다교와 갖는 식의 '특별한 관계'가 불교나 힌두교처럼 역사적으로 거리가 먼 종교에서는 어떻게 나타날까? 어떤 이들은 그리스도교가 유다교와 공유하는 집요한 유일신 사상과 배타적 감정 때문에 오히려 특별한 관계일수록 폭넓은 대화를 어렵게 만든다고 생각한다. 그러나 반대의 경우도 충분히 있을 법하다. 그리스도인들은 하느님이 유다 민족과 시나이 산에서 특별한 계약을 맺었고 이전의 계약을 폐기하지 않은 채 자신을 예수 그리스도를 통해 드러냈듯이, 같은 하느님이 자신을 불교도, 힌두교도, 그리고 다른 이들에게도 드러냈다고 믿는 데 모순이 없어 보인다. 다만 그리스도인에게는 어느 정도의 겸손함과 하느님의 위대함과 신비에 대한 뚜렷한 인식만이 요구될 뿐이다. 로마서 11장에서 바울로 사도는 옛날 유다 예언자인 이사야의 말을 인용한다.

주님의 생각을 잘 안 사람이 누구였습니까?
주님의 의논 상대가 될 만한 사람이 누구였습니까?
(「로마서」, 11.34)


바울로 사도는 하느님의 능력과 세력이 미치는 범위에 대하여 다음과 같은 감탄의 말을 덧붙였다.

오! 하느님의 풍요와 지혜와 지식은 심오합니다. 누가 그분의 판단을 헤아릴 수 있으며 그분이 하시는 일을 이해할 수 있겠습니까?
(「로마서」, 11.33)

바울로는 유다교의 특징을 치밀하게 설명하고 하느님의 광대한 지혜를 강조했다. 그의 사상은 오늘날 자만심에 가득 차 하느님이 자신을 불교도나 무슬림에게는 드러낼 수도 없고 그렇게 하지도 않았을 거라며 이치에도 맞지 않는 주장을 펴는 그리스도인에게 큰 도전이 된다. 그는 하느님이 무엇을 할 수 있고 무엇을 할 수 없는지를 임의로 판단하려고 하는 그리스도인들의 편협한 사고가 낳는 위험성에 대해 경고한다.

성서에 근거하여 하느님의 무소부재(無所不在)라는 한 가지 기준만 가지고 모든 질문에 답할 수는 없다. 다른 종교 전통에도 보이는 하느님의 '헤아릴 수 없고 불가해한' 실재와 그리스도 부활에 대한 신앙을 어떻게 통합시킬 수 있는가?라는 질문은 그리스도인들에게 여전히 어려운 문제로 남아 있다. 그렇지만 하느님이 지니신 자비의 무한한 영역에 대한 인간의 보잘것없는 인식에서 비롯된 한계가 존재하기에 오히려 그리스도인은 하느님의 역사에 대해 기쁨과 신념을 가질 수 있어야만 한다. 그리스도인에게 이는 하나의 과제이며 그 대답은 이미 상당히 진행 중이다. 그리스도인들은 불교의 신성한 '공(空)' 개념과 하느님의 신비에 대한 감각 사이의 흥미로운 유사점과 차이점을 연구해 왔다. 가톨릭 사제들은 선(禪) 수행을 하고 있으며, 많은 그리스도인들은 할 수 있는 방법을 최대한 동원하여 끈기 있게 듣고 보고, 그들 안으로 들어감으로써 처음에는 신기해 보이던 힌두교의 신앙 수행이 갖는 내적 의미를 헤아리려 노력하고 있다.

어떤 그리스도인들은 이러한 의례를 통해 성서적 믿음에서는 명확하게 발견할 수 없었던 신성의 여성적 에너지와 『구약 성서』에 나타난 성적인 묘사가 갖는 영성적 의미에 대한 암시를 발견할 수 있다고 주장한다. 그와 동등한 대화가 일본의 신도 신자, 시크교도, 미국 인디언 종교와 같은 지역 신 중심의 종교와도 이루어지고 있다. 대화에 참여하고, 기도를 공유하고, 서로를 이해하기 위해 노력했던 대부분의 그리스도인들은 이러한 모험을 통해 그들의 그리스도교 믿음이 약해지는 게 아니라 오히려 성숙하게 되었다고 증언한다. 어떤 이들은 그리스도교의 전통적인 가르침인 삼위일체(三位一體)의 제 삼위(三位)인 성령이 우리기 디른 종교 전통에서 하느님을 찾기를 바라고 있다고 주장한다. 그들은 자신의 주장에 대한 든든한 그리스도교적인 근거가 있다면서, 예수 자신도 말했듯이 "성령이 바람처럼 어디선가 불어오고" 있지만 인간에 불과한 우리는 "어디서 오고 어디로 가는지"를 판단 할 지혜를 갖추지 못했다고 말한다.(「요한복음」, 3.7~8)

그리스도교를 포함한 세계의 종교들은 여러 세기를 거쳐 성장하고 변화해 왔다. 성장하지 않으면 시들어 죽고 만다. 종교는 분리된 영역에서 따로 서 있는 게 아니라 세계의 역사 안에서 존재하고 있다. 현대 세계는 비행기 여행, 전자 통신, 이주, 용이한 이동을 통해 전 세계를 좁게 만들고 있다. 항상 좋은 의미는 아니지만 어쨌든 우리 모두는 이웃이다.

인류 역사 전체에서 처음으로 그리스도교뿐 아니라 모든 종교가 하나의 역사를 공유해 보려는 시도를 하게 된 것은 매우 놀라운 일이다. 이 일에 대해 동의하든지 거부하든지, 열려있든지 부정적이든지, 신앙의 상호 교류는 각 종교의 역사와 활동에서 중요한 부분이 되고 있다. 게다가 전통적인 종교들은 더 이상 지리적으로 고립된 영역에 머물지 않는다. 한때 지역 종교였던 남아시아의 불교, 중동의 이슬람, 인도의 힌두교도 이제는 모든 대륙에서 그 신자들을 찾아볼 수 있다. 그리고 북반구 도시들은 종교적 다원성으로 다채로운 조합이 만들어지고 있다. 한때는 전문가들 사이에서만 이루어졌던 활동인 '종교 간의 대화'는 그리스도인을 포함한 보통 사람들에게도 일반적으로 요구되는 상황이다. 그리스도인들이 살고 있는 세속의 종교적 환경에서 일어난 변화는 더 이상 그리스도교 외적인 역사가 아니게 되었으며 앞으로는 그리스도인 자신의 정체성을 규정하는 내적 이야기이자 중요한 특징의 일부분이 될 것이다. 이 장에서 우리가 물었던 근본적인 질문, 즉 '그리스도인이 된다는 것은 무슨 의미인가?'라는 질문에 대답하기 위해, 우리는 하느님께서 스스로 그리스도인이라고 부르지 않는 이들 가운데에서도 행동하고 말씀한다는 사실에 주의 깊게 귀 기울여야 한다. 만일 그렇지 않다면 더 이상 문제의 해결을 기대하기는 어려울 것이다.

# 마지막 사건

그리스도교 이야기는 과연 어떻게 끝이 날까? 초기 그리스도인들은 세계 역사에 곧 종말이 닥쳐오고 예수가 가르쳤던 하느님 나라가 땅 위에 세워지면서 결말이 나리라고 믿었다. 그러나 거의 이천 년이 지난 오늘의 그리스도인들 중에는 오직 극소수만이 가까운 미래에 대단원의 막이 내려지리라고 믿는다. 앞에서 살펴본 바와 같이 어떤 사람들은 우리가 이미 사실상 '최후의 날'을 살고 있다고 믿는다. 그렇지만 빠르게 성장하는 오순절 교회에서도 그런 믿음을 가진 이들은 소수에 불과하다. 고백적 전통을 가진 가톨릭, 성공회, 루터교의 그리스도인들 역시 예배를 바치는 동안 언젠가는 예수가 '영광 안에 다시 오실 것'을 고백하며(「사도신경」), 대부분의 그리스도인과 유다인과 무슬림은 인간 역사가 다른 종교에서 가르치는 것처럼 무한하거나 순환하지 않고, 날아가는 화살처럼 특정한 방향으로 움직인다고 믿는다. 역사는 목적을 가지고 있으며 종국에는 끝나게 된다는 말이다. 언제, 어떻게 이 최후의 순간이 올까? 그리스도교 신학에서 이른바 '종말론'과 관련된 질문은 아무리 다양한 생각을 가진 그리스도인이라 하더라도 그리 융통성 있게 받아들이지 않는다.

그리스도의 '재림'이 그의 첫 제자들에게 무엇을 의미했던지 간에, 현재 많은 그리스도인은 세계가 존재하는 방식에 극적인 변화가 일어날 것이라고 보지 않는다. 그리스도인에게 예수가 전했던 하느님 나라는 숨겨져 있기는 하지만 이미 움직이고 있다. 신앙의 눈을 가지고 죄와 역사의 비극 안에서 그것을 식별할 수 있는 사람이라면 누구나 지금 이 자리에서 하느님 나라를 받아들일 수 있다. 이를 인식하는 데는 마음의 변화와 새로운 방식의 듣고 봄이 필요하지만, 아무튼 하느님의 나라를 받아들이고 스스로 그 나라를 여는 사람들에게 그것은 엄연한 현실로 다가온다.

어떤 그리스도인들은 지상에서는 하느님 나라에 대해 예견된 암시만 맛볼 수 있고, 죽음 이후에나 완전한 축복을 얻을 수 있다고 생각한다. 이러한 경향은 비록 예수가 어느 날 이 세상을 하느님 나라로 변화시키기 위해 돌아올지라도, 그리스도의 재림은 앞으로 장구한 세월이 흐른 뒤에야 벌어질 것이고, 그 사이에 신앙 안에서 죽은 사람들은 하느님의 사랑이 최고의 상태로 다스리고 있는 하늘에서 축복받은 영생을 누릴 것이라고 생각한다.

또 어떤 그리스도인들은 지난 역사를 돌이켜 볼 때 최후의 날에 대한 징후와 조짐이 지금 발견되고 있으며 종말이 분명 가까이 다가왔다고 주장한다. 그들은 비록 소수지만 때론 그들의 목소리가 아주 크게 들리고는 한다. 『신약 성서』의 「요한 묵시록」에서 하느님의 통치 기간을 상징적으로 보여 주는 '천년'이라는 말의 라틴어 표현에서 이름을 따와 그들을 '천년왕국주의자(Millennialists)'라고 부른다. 그들은 우주의 절정이 매우 가까이 와 있기 때문에, 곧 이루어질 하느님의 심판에 대비해 모든 사람에게 시급한 참회와 준비가 필요하다고 주장한다.

그들의 반대편에는 인간의 역사를 유구한 관점에서 바라보는 그리스도인들이 또한 존재한다. 이들은 하느님은 물리적 시간의 한계에 의해 제한받는 분이 아니라고 말하면서, 종말은 가깝지 않으며 우주의 역사는 이미 수십억 년 이상 진행 중이고 앞으로 수백만 혹은 수십억 년 이상 지속될 것이라고 말한다. 그리고 인간은 그 거대하고 광범위한 진화의 과정에서 겨우 시작에 서 있을 뿐이라고 주장한다. 이 관점을 옹호하는 이들 가운데 일부는 우주의 중심 역할을 하는 인간의 삶과 함께, 전 우주가 결국 거룩해지거나, 혹은 하느님의 십리 안으로 완전히 끌려들어갈 것이라고 믿는다. 20세기 프랑스의 가톨릭 신학자이자 고생물학자인 피에르 테일라르 드 샤르댕(Chardin Pierre Teilhard De, 1881~1955년)은 이러한 종말론적인 비전을 시적인 언어로 묘사했다. 그는 모든 이의 삶과 역사는 '그리스도화'라는 궁극적인 계시를 향해 나아가고 있다고 주장한다. 어떤 독자들은 샤르댕의 도식이 '천년왕국주의자'들의 관점에 비해, 우주의 나이와 크기에 대한 이용 가능한 과학적 데이터와 더 잘 조화된다고 생각한다. 그러나 어떤 이들은 그의 생각이 과학적이기보다는 시(詩)적이라고 생각한다. 하지만 샤르댕의 주장이 현대 물리학, 지질학, 천문학의 관점에서 신앙의 종말론적 양상을 다시금 생각하게 만든 것은 분명하다.

종말에 대한 시각, 혹은 그와 유사한 관점들이 오늘날 그리스도인 사이에서 많이 발견된다. 그리스도인 대부분은 아마 그런 관점들을 어느 정도 혼합된 상태로 받아들이며, 또한 많은 이들은 이 주제에 대해 거의 생각하지 않았을지도 모른다. 그러나 역사가 어딘가를 향해 가고 있다는 그리스도교의 종말론은 여전히 중요한 점 하나를 남겨놓고 있다. 가진 것 없는 수많은 가난한 사람들은 그들이 지금 겪는 고통에 언젠가 끝이 있으며, 그것이 운명은 더더욱 아니라고 생각한다. 오히려 하느님이 복음의 정의를 실현하려는 자신들의 노력을 지지해 준다는 희망을 갖고 있다. 친구나 가족을 잃고 슬퍼하거나 자신의 죽음에 대해서 곰곰이 생각해본 사람들은 예수 그리스도의 죽음과 부활을 통해 하느님이 모든 사람들에게 영생의 문을 열어 주었다는 믿음을 갖고 평안을 얻는다. 자신의 존재가 공허하고 의미 없다고 생각하는 사람들은 성 바울로가 말했듯이 "거울에 비추어보듯이 희미하게" 보는 상태를 지나 뚜렷하게 볼 때를 고대하고 있다.(「고린도전서」, 13.12)

하느님이 인간에게 준비하신 바가 완결된 미래상을, 인간의 언어로 분명히 표현하거나 설명하려는 시도는 진정 사실의 왜곡에 지나지 않을 것이다. 하느님이 하실 궁극적인 통치의 실현은 그리스도 신앙에서 가장 중요한 요소이며 동시에 가장 표현하기 어려운 부분이기도 하다. 아마 시로 표현하는 게 자연스러울지 모르겠다. 시대를 통틀어 가장 위대한 그리스도교 시인이었을 단테 알리기에리는 그 사실을 누구보다 잘 알고 있었다. 단테는 그의 역작인 『신곡』에서 지옥을 지나 연옥을 거쳐 천국으로 천천히 올라가는 과정에 대해 이야기한다. 가장 높은 천상의 영역으로 가까이 갔을 때, 단테의 귀에 이전에는 한 번도 들어본 적 없는 소리가 들렸다고 한다. 그 소리를 듣기 위해 멈춰선 그는 "me sembiana un riso del universo"라고 묘사했다. "세상의 웃음소리처럼"이라는 뜻이다.

천국에서 웃음이라니?

왜 천국에서는 그렇게 흥겹게 떠드는가? 하느님은 마지막을 알고 마침내는 전 우주가 어떻게 될지 아시기에 웃고 계실까? 아마 그럴 것이다. 세상에서도 웃음이란 하느님이 주신 은총의 선물이며 진부함과 절망에서 벗어나게 만드는, 허약한 인간 영혼이 가진 최후의 방어물이다. 그런 뜻에서 아마 광대는 예언자와 마찬가지로 하느님이 보낸 사자(使者)일 것이다. 희극의 정신은 비극을 초월한다. 단테는 진정한 웃음이란 묘하게도 신앙에 가깝다는 사실을 알아냈다. 웃음은 사람들에게 모든 경험을 넘어서서 그럴 것 같은, 혹은 결국에는 그렇게 될 것 같은 바를 잠깐 동안이나마 어렴풋하게 볼 수 있게 만들어 준다.

살아 있는 예수는 그리스도교에서 여전히 시작점이자 마침표이고, 우주의 웃음—종종 울음과 흐느낌에 의하여 지워지기도 하지만—을 틀림없이 들을 수 있는 지점이다. 이 웃음은 때때로 희미해질지 모르나 누군가가 그 웃음소리를 들었을 때, 그는 아무리 희미하더라도 웃음이 거기에 있으며, 또한 항상 거기에 있으리라는 사실을 알게 될 것이다.

# 추천 도서

Sidney Ahlstrom, *Religious History of the American People* (New Haven: Yale University Press, 1972). 미국 내 종교사 연구의 권위서. 특히 그리스도교에 태한 탁월한 해설이 돋보임. 다양한 개념들의 어원과 성격에 대해 사전적인 지식을 제공함.

Saint Augustine, *Confession* (Catholic University Press, 1953). 아우구스티누스 교부는 그리스도교회 역사에 엄청난 영향을 끼친 위대한 사상가이다. 고백록에 담겨 있는 개인적인 묵상과 탁월한 사상은 훗날 모든 그리스도인들의 귀감이 되었다. [김기찬 옮김, 『고백록』(크리스찬 다이제스트, 2000)]

Roland Bainton, *Christianity* (American Heritage, 1986). 그리스도교의 시작에서 오늘날에 이르기까지의 역사를 간결하게 정리한 책. 그리스도교 역사 이해에 많은 도움을 줌.

John Dominic Crossan, *The Historical Jesus* (Harper, 1991). 근래에 이루어진 고고학적인 발견들과 문헌들과 당시의 사회상을 고려해 역사의 예수를 재구성한 책. 역사의 예수 연구에 세계적인 반향을 일으켰음. [김준우 옮김, 『역사적 예수』(한국기독교연구소, 2012)]

Mary Daly, *Beyond God the Father* (Boston: Beacon Press, 1985). 페미니즘 시각에서 본 그리스도교 비판서. 그 예리한 분석으로 인해 세계적으로 널리 알려져 있으며, 여성 신학의 대표적인 참고 문헌. [황혜숙 옮김, 『하나님 아버지를 넘어서』(이화여대출판부, 1996)]

Eldon Epp and George W. MacRae eds., *The new Testament and Its Modern Interpreters* (Minneapolis: Augsburg/Fortress, 1987). 널리 알려진 『신약 성서』 해설서로 『신약 성서』의 역사적인 배경이 잘 설명되어 있음.

Gustavo Gutierrez, *A Theology of Liberation* (Orbis Books, 1988). 남미 해방 신학자인 가톨릭 신부 구티에레스의 대표적인 저술. [성염 옮김, 『해방신학』(분도출판사, 2000)]

Roger Hudleston, ed., *Little Flower of Saint Francis* (Templegate, 1988). 그리스도인들에게 많은 사랑을 받는 성인들의 전해 내려오는 이야기와 영성을 다룬 책.

Paul Knitter, *No Other Name?* (Orbis Books, 1985). 그리스도교와 타종교 전통들이 어떤 관계를 맺어야 적절할지 서술한 책으로, 다양하고 포괄적인 생각들이 담겨 있음. [변선환 옮김, 『오직 예수 이름으로만?』 (한국신학연구소, 1986)]

C. S. Lewis, *Mere Christianity* (Collier/Macmillan, 1986). 탁월한 필력을 가진 복음주의 작가이자 비평가인 C. S. 루이스가 그리스도교에 대한 호교론적인 관점에서 저술한 책. 세계적인 베스트셀러. [장경철 외 옮김, 『순전한 기독교』 (홍성사, 2005)]

Martin Luther, *Christian Liberty* (Minneapolis: Augsburg/Fortress, 1943). 종교개혁의 개척자이자 선구자인 마틴 루터의 날카로운 시각이 담긴 책으로 하느님 앞에서 자유를 부르짖는 그의 목소리를 들을 수 있음. [추인해 옮김, 『그리스도인의 자유』 (동서문화사, 2010)]

Jaroslav Jan Pelikan, *Jesus Through the Centuries* (New Haven: Yale University Press, 1985). 지난 200년 동안 그리스도교 신학과 문학과 예술 분야에서 연구되고 묘사된 예수 그리스도의 표상을 정리한 책.

Saint Teresa, *The Interior Castle*, 2 vols. (American Classical College Press, 1984). 서구 그리스도교의 영성을 다룬 고전 작품. 한 평생을 바쳐 영성의 깊이를 추구한 여성의 노작.

Marina Warner, *Alone of All Her Sex* (New York: Random House, 1983). 어느 누구보다 예수와 가까웠던 성모 마리아의 변치 않는 능력과 현현에 대한 신학적·역사적 연구서.

HINDUISM
BUDDHISM
CONFUCIANISM
TAOISM
JUDAISM
CHRISTIANITY
# ISLAM

# 이슬람

세예드 호세인 나스르

박현도 옮김

**일러두기-옮긴이**
로마자 표기와 '알라'의 번역에 관해

1. 무슬림들은 알라를 하나님으로 번역하기에 이를 따라 이 글에서도 하나님으로 옮겼다.

2. 아랍어 명칭을 우리말로 옮기는 것은 언제나 골칫거리다. 표기된 그대로 읽지 않는 경우가 많기 때문이다. 이는 우리가 신라를 신라로 써놓고 읽을 때는 실라로 발음하는 것과 같은 이치다. 이 글에서 옮긴이는 아랍어 음사를 가능한 한 원음에 맞게 표기하였다. 글쓴이가 특별히 의도한 음사는 존중하여 그대로 따랐다.

3. 아랍어 정관사와 단어는 -로 연결하였다. 정관사가 된소리로 나는 경우에는 한글로 된소리 발음을 넣었다. 예를 들어 al-dīn은 발음상 앗-딘이 맞기에 앗-딘(al-dīn)으로 표기하였다. 앞 단어와 연음이 되는 경우는 가능한 한 줄을 넣지 않았다. 예를 들어 흔히 살라딘으로 알려진 중세 십자군 전쟁 무슬림 영웅의 이름은 Ṣalāḥ al-dīn으로 표기하는데, 이를 살라훗-딘 대신 살라훗딘으로 적었다.

4. 아랍어 발음과 다를 경우 이를 설명하였고, 페르시아어나 터키어는 원음에 가깝게 옮겨 썼다.

# 이슬람이란 무엇인가

## 이슬람 연구의 중요성

서구인들은 최근 곳곳에서 이슬람을 접하고 있다. 아랍인과 유다인이 중동에서 벌이는 해묵은 갈등, 이란 혁명의 여파, 세르비아 정교인과 크로아티아 가톨릭교인의 싸움에 보스니아 무슬림이 휘말려 들어간 형국인 유고슬라비아 내전, 구소련 해체와 더불어 갑작스레 부상한 무슬림 공화국들의 중요성, 또는 미국 언론 매체에 어느 때보다 자주 등장하는 무슬림 이름 등, 이슬람이라는 말과 현실은 오늘날 미국과 유럽에서조차 삶의 중요한 부분을 차지하는 것 같다. 그러나 서구는 세계 여느 종교 전통보다 이슬람을 더 왜곡하면서 연구하였다. 서구인에게 이슬람은 신비한 종교로 보기에는 그리스도교와 비슷하지만, 별다른 큰 어려움 없이 타자로 간주할 수 있을 만큼 그리스도교와 이질적인 신앙 전통으로 지난 천년 이상 존재해왔기 때문이다.

이슬람을 종교로, 중요한 문명을 이끈 지배적 사유 방식 내지 원칙으로 연구하는 것은 중요하다. 이는 단지 이슬람이 파란 눈의 슬라브인, 베르베르(Berber)인, 흑인, 아랍인, 말레이인, 튀르크(Türk)인, 페르시아인, 중국인에 이르기까지 십억 이상의 인구가 공유하는 세계관이기 때문만은 아니다. 이슬람과 이슬람 문명이 일반적으로 우리가 생각하는 것보다 유럽과 미주 문명의 기원과 발전에 훨씬 더 큰 역할을 해 왔기 때문이다. 오늘날 이슬람은 유럽에서 두 번째로 큰 종교 공동체이고 신앙인 수는 미국 내 유다인과 거의 맞먹는다. 그러나 무엇보다도 이슬람 연구의 중요성은 이슬람의 최대 관심사가 유다교와 그리스도교의 근원인 아브라함 신앙 전통에 하나님이 계시한 말씀이라는 데에 있다. 하나님이 이슬람에 내린 계시는 아브라함 유일신 전통에서 세 번째이자 최후의 계시로, 유일신교라는 나무에 달린 중요한 가지다. 따라서 이슬람을 연구하지 않고서는 유다인과 그리스도인이 속한 종교 가족에 대한 지식이 불완전 할 수밖에 없다.

## 최후의 계시이자 근원적 유일신 신앙을 의미하는 이슬람

이슬람은 현 인류사 최후의 완전한 계시로, 역사의 마지막까지, 곧 하나님의 말씀인 『꾸르안(*Qur'ān*, 일반적으로 『코란』이라고 하는 이슬람 경전의 정확한 발음—옮긴이)』 후반부가 생생하게 묘사하는 종말이 도래할 때까지, 더 이상 다른 계시란 있을 수 없다고 믿는다. 이슬람의 예언자 무함마드를 '모든 예언자들의 봉인(封印, khātam al-anbiyā', 카타물 안비야')'이라고 부르는 이유가 바로 여기에 있다. 인류의 시조(abū'l-bashar 아불 바샤르)이자 최초의 예언자인 아담부터 시작한 기나 긴 예언의 고리 가장 끝에 이슬람이 있다. 실로 하늘로부터 오는 모든 계시의 근원인 유일 신성(al-tawḥīd, 앗-타우히드)이라는 종교만 있을 뿐인데, 이슬람은 그 최후의 형태를 취했다고 단언한다.

따라서 이슬람은 하나님을 유일자(唯一者, al-Aḥad, 알-아하드)로 받아들이고 그에게 복종하여(taslīm, 타슬림) 평화를 구하라고 가르친다. 이슬람이라는 말은 아랍어로 알라(Allāh)라고 부르는 하나님 그분의 뜻에 복종하는 것을 의미한다. 무슬림(Muslim, 이슬람인―옮긴이)이 되기 위해서는 두 명의 무슬림 증인 앞에서 "하나님 외에 신은 없고(lā ilāha illa'Llāh, 라 일라하 일랄라) 무함마드는[1] 하나님의 사도다(Muḥammadᵘⁿ rasul Allah, 무함마둔 라술룰라)"라고 말하기만 하면 된다. 이 두 마디 증언(shahādah, 샤하다)은 이슬람 신앙의 알파요 오메가다. 전자는 하나님의 신적 원리(神的原理)의 유일성(唯一性)을 주장하고, 후자는 하나님이 마지막 예언자로 선택한 사람이 가르치는 유일 신성(唯一神性)을 받아들이라고 힘주어 말한다. 『꾸르안』은 하나님의 유일성과 단일성(單一性)을 끊임없이 강조한다. 이슬람의 존재 근거는 하나님의 단일성과 위엄 앞에 그 어느 것도 존재하지 않는다는 것을 최종적으로 명백하게 증언하는 것이다. 『꾸르안』 112장(Sūrat al-tawḥīd, 수라툿 타우히드)은 유일 신성에 대해 다음과 같이 가르친다. "말하라, 그분은 한 분이신 하나님. 영원하신 하나님. 그분은 낳지도, 태어나지도 않으시니. 그분과 같은 것 하나도 없나니."(112.1~4)[2]

『꾸르안』에 나오는 아랍어 알라라는 말은 한 부족이나 인종의 신이 아니라 지극히 높은 신적 원리를 가리킨다. 따라서 신격(神格, Godhead)이라는 의미를 포함하되 특별히 그리스도교의 삼위일체론과 동일시하지만 않는다면 하나님으로 옮길 수 있다. 자비, 자애와 더불어 하나님의 단일함

---

1) 전통적인 이슬람 문헌에서 예언자 무함마드의 이름을 부른 다음에는 항상 '그분께 하나님의 축복과 평화가 깃들길(Ṣalla'Llāhᵘ 'alayhi wa sallam, 살랄라후 알레이히 와 살람)' 이라고 말한다. 다른 예언자들의 경우에는 '그분께 평화가 깃들길 ('alayhi's-salām, 알레이힛 살람)'이라고 한다. 이 글에서 대문자를 써서 'Prophet'라고 할 때는 이슬람의 예언자, 곧 무함마드를 지칭한다. 하나님과 예언자에 대해 전통적으로 쓰는 경배와 존경의 표현은 생략하였다.

2) 『꾸르안』 번역문은 M. Pickthall과 A. J. Arberry 것을 참조하되 필요한 부분은 수정하였다(『꾸르안』 번역은 최영길 선생의 『성꾸르안: 의미의 한국어 번역』을 참조하되 필요한 부분은 다소 수정하였다―옮긴이).

과 전능하심을 거듭해서 강조하는 이슬람은 최후의 종교적 가르침이다. 이슬람에서 인간의 삶은 현존하는 하나님 앞에 놓여 있다. 그래서『꾸르 안』에 따르면 세상을 창조하기 전에 하나님이 인간에게 "내가 너의 주인 이 아니냐?"고 물었고, 남녀 할 것 없이 전 인류가 "예, 진정 저희는 증언 합니다"(7.172)라고 대답했다고 한다. 인류 최후의 종교인 이슬람은 이처럼 영원 이전 하나님의 질문에 하나님이 인간의 주인이라고 한 응답이다. 하 나님이 가르쳐주신 이 신성한 응답이 바로 이슬람이고 인간 존재에 대한 정의다.

이슬람은 유일 신성, 그리고 유일신이 주님임을 인류가 영원 이전부터 인정했다는 것을 강조한다. 또한 원초적 종교로 되돌아감을 뜻하며 스스 로를 그렇게 부른다(dīn al-fiṭrah, 다눌 피뜨라, 사물의 본성에 있는 종교, 또는 dīn al-ḥanīf, 디눌 하니프, 원초적 단일성의 종교). 이슬람의 근본 바탕은 특 정한 역사적 사건, 또는 어느 한 민족이 아니라, 항상 그래왔고 앞으로 도 늘 그러할 보편적, 원초적 진리다. 이슬람은 스스로 모든 역사적 우연 성을 초월한 진리에 귀의한다고 생각한다. 실로『꾸르안』은 이슬람이 출 현하기 이전에 살았던 아브라함을 무슬림(muslim, 소문자 m으로 쓴 이유는 유일신을 믿는 신자를 의미하기 때문이다. 이러한 용법에 따르면 예수, 모세도 무 슬림이 된다-옮긴이), 하니프(ḥanīf, 이 단어의 정확한 의미는 아직 미상이다. 무 함마드가 이슬람 예언자로 계시 받기 전부터 메카에 하니프가 있었다는 기록이 있 다. 아라비아 고유의 유일신론자들인지, 아니면 유다-그리스도교계 신앙인인지 확 실하지 않다. 일반적으로 유일신론자를 의미한다-옮긴이)라고 부른다. 곧 원유 일신(原唯一神) 신앙을 따랐다는 것이다. 무슬림들이 무지(無知)의 시대(al-jāhiliyyah, 알-자힐리야)라고 부르는 이슬람 이전 시대에 대다수 아랍인들 은 다신 숭배에 빠져들었지만 그 가운데 몇몇은 원유일신 신앙을 지켰다.

744

이슬람은 이러한 아브라함의 종교뿐 아니라 아담의 종교로 되돌아가 근원적 유일신교를 확립하되, 이를 유다교처럼 어느 한 민족이나, 그리스도교 신학의 육화론(肉化論)처럼 인류 역사에서 어떤 특정한 사건과 동일시하지 않는다.

예언자 무함마드는 자신이 새로운 것을 가져온 것이 아니라 언제나 존재하던 진리를 재확인하는 것이라고 주장하였다. 이러한 이슬람의 원초적 특성은 그것이 지닌 본질, 보편성, 단순성 및 이전 종교나 지혜로운 가르침에 대한 포용적 태도에서도 잘 드러난다. 이슬람은 아브라함 신앙 전통을 지킨 예언자들 뿐 아니라 아브라함을 거슬러 올라 노아와 아담에 이르기까지 모든 예언자들을 항상 신앙의 선조로 인정한다. 사실 이들은 그리스도교 전통보다는 이슬람 전통에서 매일매일 신앙의 경건함을 북돋는데 한결 더 중요한 역할을 차지하고 있다. 오늘날 서구인들이 전통적인 무슬림 세계를 여행하면서 유다 예언자들과 그리스도가 살았던 세계를 떠올릴 정도로 이슬람은 아브라함 신앙 전통의 분위기를 잘 보존해 왔다.

그러나 스스로를 마지막이자 근원적 종교로 여기는 이슬람이 아브라함의 세계만을 포용하는 것은 아니다. 이슬람은 셈어족에 속하지 않은 페르시아, 인도 등지의 종교들에게도 계시의 보편성이라는 원칙을 적용하였다. 유일 신성의 원칙을 따르거나 긍정하는 한, 고대 세계의 여러 철학과 사상 학파들을 꽤나 쉽게 이슬람의 지적 체계(知的體系) 속으로 융합하였다. 이 경우 외래 사상들을 옛 예언자들의 가르침의 자취로 여겼다. 『꾸르안』 말씀처럼 모든 인류에게 유일신의 말씀을 전한 대가족의 일부로 생각한 것이다. 그 결과 이슬람의 지적 전통이 형성 발전하여 그리스-알렉산드리아 문화권에서 인도에 이르는 고대 세계의 수많은 지혜를 보존하는 역할을 하였다.

모든 진정한 오메가가 알파이듯, 인류 최후의 종교 이슬람은 근원적 종교로 되돌아간다. 하나님의 단일성론을 절대적이면서도 최종적으로 완성하였다는 점에서 볼 수 있듯 이슬람은 아담이 하나님에게서 받은, 그리고 종교의 정의인, 근원적 가르침으로 회귀한다. 이슬람의 보편성은 이렇게 근원적 종교로 되돌아가는 데에서 나온다고 할 수 있고, 이슬람의 특수성은 이슬람이 최후의 가르침이라는 것과 관계있다고 할 수 있다. 이러한 점 때문에 세계의 주요 종교 중 하나인 이슬람은 독특한 모습을 취하게 되었다.

## 이슬람 전통의 단일성과 다양성(순니와 시아)

단일성 덕분에 인류는 다(多)의 세계에서 일(一)의 세계로 갈 수 있지만, 단일성이 그러한 수단으로만 머문 채 다양한 세계에 들어서지 않는다면 스스로를 드러낼 도리가 없다. 따라서 이슬람이 단일성을 거듭 강조했어도 공식적 차원에서 다양성을 막을 수는 없었고, 가르침을 다양하게 해석하지 않고서는 민족적·언어적·문화적 배경이 서로 다른 인류를 포용할 수도 없었을 것이다. 그러나 이슬람의 가르침에 대해 다양한 해석이 있음에도, 해석자들이 가장 넓고 보편적인 의미에서 정통 이슬람 안에 머무는 한, 그들의 해석은 모두 이슬람의 핵심인 단일성으로 귀결된다. 따라서 이슬람에서는 이슬람 계시 원리에 깊게 뿌리박고 서로 일치하는 여러 다양한 학파와 해석이 존재한다.

신학적·법학적·형이상학적인 측면에서 이슬람을 정통적으로 표현하는 여러 학파를 한데 묶는 것은, 다름 아닌 두 마디의 신앙 증언(shahādah, 샤하다)이다. '하나님 외에 신은 없다'라는 첫 번째 샤하다를 통해 모든 무슬림은 신적 원리의 유일성과 함께 만물이 하나님에게 의존하고 있다는 것을 확증한다. '무함마드는 하나님의 사도다'라는 두 번째 샤하다를 통해 무슬림은 무함마드를 예언자로 받아들이면서 무슬림이 된다. 무슬림에게 『꾸르안』은 말 그대로 하나님의 계시다. 『꾸르안』 텍스트와 내용에 대한 이견은 없다. 즉, 계시에 대한 해석은 학파마다 다를 수 있으나 또 다른 『꾸르안』 계시란 있을 수 없다는 말이다. 종말에 대한 『꾸르안』과 하디스(ḥadīth, 예언자의 언행록—옮긴이)의 가르침에 관하여 다양한 형태와 차원의 해석과 의미가 있지만, 무슬림은 사후 세계가 현실이라는 데에 동의한다. 법학파마다 세부 규정이 조금씩 다르지만, 무슬림은 일심동체가 되어 예배, 단식, 순례 등 주요 의례를 행한다.

끝으로 『꾸르안』에서 나오는 영적인 힘과 예언자의 축복(barakah, 바라카)에 대해 말해야겠다. 이 둘의 근거는 순나(Sunnah, 예언자의 관행—옮긴이)다. 둘은 이슬람이 과거 어느 한순간뿐만 아니라 바로 지금 여기에서 하늘로 닿는 통로를 지니고 살아 있는 종교라는 사실을 보여 준다. 뭐라고 딱히 정의하기는 힘들지만 이 둘은 이슬람과 이슬람 세계를 하나로 묶는 강력한 요소다. 전 이슬람 세계에 퍼져 이슬람 세계의 통일을 위해 보이지 않는 강력한 힘을 제공한 수피(Ṣūfī) 전통은 특별히 이를 잘 표현하였다. 『꾸르안』에서 나오는 영적인 힘과 예언자의 축복은 어디에나 있다. 아랍인, 벵골인 할 것 없이 전 세계 무슬림의 영혼을 변화시키는 아랍어 『꾸르안』 낭송, 모로코나 페르시아를 비롯해 어디를 가더라도 볼 수 있는 이슬람 도시 건축과 도시 계획, 전통적 무슬림 의상, 세네갈에서든 말레이시아에서든 무슬림 집에 들어갈 때 신발을 벗는 관습 등 무슬림의 삶 구석구석에서 그 영향력을 찾아 볼 수 있다.

외부인이 느낄 수 있는 이러한 이슬람의 통일성 안에도 해석학, 법학, 신학, 사회, 정치 등 여러 차원의 다양성이 존재한다. 사실 예언자는 "우리 공동체 학자들('ulamā', 울라마)의 의견이 서로 다른 것은 하나님께서 내리신 축복이다"라고 말하였다. 이슬람 역사를 살펴보면 『꾸르안』과 하디스에 관한 다양한 해석, 여러 다른 법학파, 신학적·철학적으로 다양한 해석, 종교적 문헌 해석에 근거한 정치적 주의 주장들이 있었다. 이슬람에만 있는 현상은 아니지만, 서로 다른 해석으로 인해 종종 격렬한 종교적 대립과 전쟁이 발생하기도 하였다. 그러나 이러한 이견들이 결코 이슬람의 종교적, 또는 문명적 통일성을 파괴하지는 못하였다. 예언자 사후 이슬람 공동체가 73개의 학파로 나뉘고 그중 하나만이 진실이라고 한 예언자 말씀은 지나치게 신학적이고 종교적인 논쟁이 지닌 위험을 지적한 것이다. 예언자는 다양한 학파의 출현뿐 아니라 신앙 증언이라는 진리가 지속될 것임을 예견한 것이지 이슬람의 수직적·위계적 면면들이나 여러 차원의 진리 해석에 관해 말한 것은 아니다. 다양성을 상호 반목이나 반대의 의미로 본 것은 아니라는 말이다. 이 부분은 글의 후반부에 다룰 것이다.

모든 무슬림은 순니(Sunnī), 시아(Shī'ah), 카와리즈(Khawārij) 가운데 한 파에 속한다. 카와리즈는 칼리파(khalīfah)직에 대한 알리('Alī ibn Abī Ṭālib, 알리 이븐 아비 딸립)와 무아위야(Mu'āwiyyah) 둘의 주장을 모두 반대한 사람들인데, 나중에 설명하겠다. 카와리즈는 늘 수적으로 소수였고 오늘날에는 오만과 알제리 남부에 존재한다. 이슬람에서 가장 중요한 분파는 순니와 시아다. 약 87~88퍼센트에 이르는 대다수 무슬림은 순니다. 순니라는 말은 아흘룻 순나 왈 자마아(ahl al-sunnah wa'l-jamā'ah), 곧 예언자의 순나와 공동체를 따르는 사람들이라는 뜻이다. 약 12~13퍼센트의 무슬림은 시아인데, 시아라는 말은 시아트 알리(shī'at 'Alī), 즉 알리를 따르는 사람들이라는 뜻이다. 시아는 다시 12 이맘파(Ithnā 'ashariyyah, 이스나 아샤리야, 12명의 이맘을 따르는 사람들—옮긴이), 이스마일파(Ismā'īliyyah, 이스마일리야, 이맘 이스마일을 따르는 사람들—옮긴이), 자이드파(Zaydiyyah, 자이디야, 이맘 자이드를 따르는 사람들—옮긴이)로 나뉜다. 12 이맘파 시아는 약 1억 3,000만 명 정도로 가장 수가 많은데, 오늘날 이란, 이라크, 레바논, 페르시아만, 사우디아라비아 동부, 아프가니스탄, 아제르바이잔, 파키스탄, 인도에 살고 있다. 12 이맘파 시아는 이란, 이라크, 아제르바이잔, 바레인에서 절대 다수이고, 레바논에서는 최대 단일 종파 공동체를 이루고 있다.

이슬람사에서 중요한 역할을 한 이스마일파는 파띠마조(Fāṭimah朝)를 세워 4~5/10~11세기 이집트를 통치하였다.[3] 오늘날에는 주로 파키스탄과 인도에 흩어져 살고 있을 뿐 아니라 아프리카 동부, 시리아, 파미르–힌두쿠시 지역(아프가니스탄·파키스탄·타지키스탄)에도 주요 밀집 공동체를 형성하고 있다. 캐나다에도 아프리카 동부와 인도에서 온 이민자가 주축이 되어 구성한 공동체가 있다. 이스마일파는 두 파로 나뉘는데, 하나는 인도에 있고, 또 다른 하나는 이맘(Imām, 영적이며 현세적인 지도자)으로 추앙받는 아가 칸(Agha Khan)이 이끈다. 이스마일파 무슬림 수를 정확하게 산정하는 것은 어렵지만 모두 합하여 수백만 정도 되리라 추정한다. 자이드파는 신학적으로 순니에 가장 가까운 시아인데, 약 400만 명 정도로 거의 모두가 예멘에 살고 있다.

예언자 사후 지도자 승계 문제가 불거졌을 때 시아와 순니가 갈라졌다.

---

3) 왼편에 있는 연도는 이슬람력이고, 오른편 연도는 서력이다. 이슬람력은 순태음력으로, 서력 622년 예언자 무함마드가 메카에서 메디나로 이주한 때를 원년으로 삼는다.

대다수 무슬림들은 예언자의 덕망 높은 친구 아부 바크르(Abū Bakr)를 첫 번째 칼리파(이 경우 예언자의 대리자를 의미함)로 선택하였지만 소수의 무슬림들은 예언자의 사촌 동생이자 사위인 알리가 칼리파가 되어야 했다고 생각하였다. 그러나 문제는 인물에 관한 논란을 넘어서는 것이었다. 예언자를 이을 사람의 역할과도 관련되었기 때문이다. 순니는 칼리파가 공공 질서를 수호하고 이슬람 세계를 지키면서 신법(神法, al-Sharī'ah, 앗-샤리아)을 보호하고 판관직을 수행하며 공동체를 다스려야 한다고 생각하였다. 시아는 예언자의 대리인이 『꾸르안』과 법을 해석하고 내적 지식을 지녀야 한다고 믿었다. 따라서 그는 공동체가 아니라 하나님과 예언자가 선택해야만 한다. 그러한 사람을 이맘(imām)[4]이라고 불렀다. 비록 그는 예언자 무함마드처럼 예언(nubuwwah, 누부와) 능력은 없지만, 예언자의 내면적이고 영적인 힘(walāyah, 왈라야)을 받았다. 게다가 시아는 알리가 그러한 사람이며 예언자가 죽기 전에 그를 대리자로 선택하였다고 믿었다. 그 결과 시아는 예언자 가족(ahl al-bayt, 아흘룰 바이트)과 밀접한 관계를 갖게 되었는데, 이맘들은 모두 알리와 예언자의 딸 파띠마(Fāṭimah) 사이에서 나온 후손들이다.

---

4) 이맘의 문자적 뜻은 '앞에 서 있는 사람'이지만 여러 의미를 지닌다. 가장 일상적인 뜻은 예배를 이끄는 사람으로, 더 넓게 보면 모스크에서 예배를 이끄는 사람을 가리킨다. 또한 지식이 뛰어난 사람을 의미하여 이맘 아부 하니파, 이맘 가잘리 같이 훌륭한 학자에게 붙이는 칭호로 쓰기도 한다. 고전적인 순니 정치 이론에서는 통치자에게 붙이는 칭호로 쓰는데, 이 경우 칼리파와 같은 뜻이다. 12 이맘파 시아에서는 훨씬 좁은 의미로 쓰여, '예언자의 빛(al-nūr al-muḥammadī, 안-누룰 무함마디)'을 지니고 예언자처럼 잘못이 없는(maʿṣūm, 마으숨) 사람을 가리킨다. 이맘(시아 이맘의 경우 이맘을 영문으로 표기할 때 첫 글자를 대문자 I로 쓴다)의 수는 12 이맘파 시아의 경우 12명이다. 첫 번째 이맘은 알리, 두세 번째는 그의 아들 하산과 후세인, 그리고 마지막은 숨은 이맘 무함마들 마흐디(Muḥammad al-Mahdī)다. 이스마일파 시아는 현재의 이맘이 알리와 파띠마에게 연결된다고 하며, 자이드파 시아는 신법을 수호하고 그에 따라 다스리는 사람이라면 누구나 다 이맘이라고 가르친다.

시아는 또한 이맘을 이슬람 공동체에서 유일하게 합법적인 통치자로 간주하기에, 후대 순니 칼리파뿐 아니라 초기의 세 칼리파도 인정하지 않는다. 따라시 12 이맘파 시아는 암살로 인해 갑작스레 끝나버린 알리의 칼리파직 이후 모든 정치 권력을 거부히였다. 그들은 12번째 이맘이 현재 은닉 상태(ghaybah, 가이바)에 있기에 외적으로 보이지 않을 뿐, 여전히 살아 있다고 믿는다. 모든 합법적인 정치 권력은 그로부터 나와야 한다. 그는 인간 역사를 마무리하는 세상 종말에 정의와 평화를 가져 올 것이다. 시아 법학자들이 이란을 직접 통치하게 된 1979년 혁명 이래 종교와 정부의 관계가 새롭게 해석되기는 했지만, 숨은 이맘, 또는 마흐디의 중요성과 역할은 여전히 변함이 없다(마흐디는 숨은 이맘의 다른 이름. 올바로 인도된 자라는 의미—옮긴이).

시아는 특별히 세 번째 이맘 후세인(Ḥussayn ibn ʿAlī, 후세인 이븐 알리, 알리의 아들 후세인—옮긴이)의 죽음을 계기로 더욱 굳건해졌다. 우마이야조(Umayyah朝) 칼리파 야지드(Yazīd)가 보낸 군대는 후세인을 비롯해서 예언자 직계 가족 대다수를 1/7세기에 이라크 카르발라(Karbalāʾ)에서 살해하였다. 후세인의 시신은 카르발라에 묻혔으나 머리는 카이로로 옮겨져 현재 도심에 있는 모스크에 안치되어 있다. 시아는 정치적 저항 운동을 지속하였으나 사파비조(Ṣafavī朝)가 922/1501년에 페르시아를 점령하여 12 이맘파 시아를 공식 국교로 만들기 전까지는 이슬람 세계 어느 곳에서도 정치 권력을 완전히 누리지 못하였다. 이스마일파는 이슬람사 초기에 정치적으로 성공하였는데, 특별히 이집트에 근거를 두고 297/909년부터 567/1171년까지 튀니지에서 시리아에 이르는 너른 지역을 다스린 파띠마조가 이스마일파다. 자이드파는 1962년 이집트가 침략해 올 때까지 예멘을 다스렸다.

시아를 단순히 정치적 운동으로만 간주해서는 안 된다. 시아는 법학, 신학, 철학 및 『꾸르안』 해석 방법 등 여러 학문을 발전시켰다. 다양한 학문 분야에서 순니와 논쟁을 하며 종종 대립하기도 하였는데, 이러한 일련의 상호 대화는 종교적 학문이 발전하는데 적지 않은 역할을 하였다. 순니와 시아는 정치적으로, 때로는 군사적으로 대립하였고, 12/18세기 아니 그 이전부터 이슬람 세계를 식민지로 만들기 시작한 서구 세력이 둘의 차이점을 잘 이용하기도 하였다. 그럼에도 순니와 시아는 여러 시대 여러 곳에서 평화롭게 공존해 왔다. 특히 근세기에 들어 양측 학자들은 포괄적 이슬람 전통 내에서 서로를 묶는 여러 요소를 바탕으로 일치를 이루고자 노력하여 왔다.

순니와 시아에 비해 다소 중요성이 덜한 여러 분파에 대해서도 이야기 할 필요가 있다. 일례로 종교적 그룹과 학파를 뜻하는 밀랄 완 니할(milal wa'l-niḥal)이라는 말에서 볼 수 있듯 여러 학파 간에는 신학적·철학적 차이점이 있다. 이러한 차이는 이를테면 중세 보나벤투라 학파와 아퀴나스 학파가 보여 준 그리스도교 신학 해석의 차이와 비견할 만하다. 그러나 몇몇은 순니, 시아와는 달리 이른바 실제 독립 분파(sect)로 발전하였다. 순니와 시아는 이슬람 정통주의를 이루고 있기에 분파라고 불러서는 안 된다. 이슬람 세계 내 독립 분파로는 누사이리(Nuṣayrī)라고도 하는 시리아의 알라위('Alawī) 같이 어느 정도 이슬람과 관련된 것들이 있다. 레바논 및 인근 지역의 드루즈(Druze, 원명은 단수로는 darazī, 다라지, 복수로는 durūz, 두루즈—옮긴이), 페르시아에서 시작했으나 지금은 여러 곳으로 전파된 바하이(Bahā'ī) 같은 분파들은 이슬람에서 떨어져 나가 독립된 종교 공동체를 이루었지만 역사적으로 이슬람과 관계가 있다. 여하튼 이들 분파의 성격과 가르침은 여러 면에서 크게 다르지만 이슬람 세계의 한 부분

752

을 이루며 이슬람 사회의 다양성에 일조하고 있다.

## 움마(al-Ummah, 이슬람 신앙 공동체)와 움마 내 인종 문화 그룹

움마는 이슬람의 주요 개념 중 하나로, 이슬람 세계를 구성하는 무슬림 전체를 뜻한다. 이슬람은 역사를 종교적 시각에서 바라보고, 비무슬림도 언어나 인종이 아니라 종교적 정체성을 통해 인식한다. 따라서 이슬람 서적에는 모세의 움마, 예수의 움마라는 표현이 유다교나 그리스도교를 칭할 때 자주 등장한다. 이슬람 움마는 하나님의 유일성과 주권, 그리고 신법을 받아들이라고 가르치는 『꾸르안』 말씀을 따르는 공동체다. "모두 하나님의 동아줄을 붙잡으라. 그리고 분열하지 말라"(3.103)는 하나님의 말씀을 거슬러 무슬림은 계속 서로 싸워 왔음에도 오늘날까지 여전히 강한 형제자매애로 뭉쳐있다. 비록 더 이상 정치적으로 단일하지는 않지만 『꾸르안』과 예언자가 그토록 강조한 형제애로 단일 종교 공동체를 이루고 있는 움마의 현실과 움마 개념의 중요성을 깨닫지 못하고서는 이슬람을 이해할 수 없다.

하지만 움마가 단일한 민족, 인종 혹은 문화 그룹으로 이루어진 것은 아니다. 이슬람은 처음부터 인류 전체를 향한 종교로, 모든 형태의 인종주의, 부족주의를 강하게 거부하였다. 이는 『꾸르안』에 명백히 잘 드러나 있다. "사람들이여 하나님께서 너희를 창조하사 남성과 여성을 두시고 종족과 부족을 두셨으되, 서로가 서로를 알도록 하셨노라. 하나님 앞에서 가장 크게 영광을 받을 자는 가장 의로운 자다."(49.13) 후대 역사는 전 세계적으로 퍼진 이슬람을 잘 보여 준다. 수 세기에 걸쳐 아랍인, 페르시아인, 튀르크인, 인도인, 흑인, 말레이인, 중국인, 그리고 심지어는 티베트인, 몽골인, 슬라브인들마저 움마의 일부가 되었고, 지난 몇십 년 동안 이슬람은 유럽과 아메리카에 퍼졌으며, 호주에도 일부 전파되었다. 오늘 날 세계에는 이슬람 움마에 속한 사람들이 없는 민족이나 인종 집단은 거의 없다. 아브라함이 유일신을 위해 지은 신전이 있는 메카(Makkah, 막 카)로 하나님을 경배하기 위하여 해마다 전 세계 곳곳에서 사람들이 순 례를 떠나는 것을 보면 이를 잘 알 수 있다.

# 이슬람 세계

## 이슬람의 전파와 발전

아라비아에서 계시가 처음 내린 이래 이슬람은 페르시아인, 아프리카 흑인, 튀르크인, 중국인, 인도인 및 그 외 다른 많은 사람들에게 퍼졌다. 이슬람은 파도와 같이 전파되었다. 한 세기가 채 못 되어 이슬람 신앙으로 무장한 아랍군은 인더스 강에서 프랑스에 이르는 지역을 정복하였는데, 서양인들 사이에 널리 퍼진 생각과는 달리 칼로 사람들을 위협하며 이슬람을 강요하지는 않았다. 페르시아 같은 곳은 아랍 군사력이 쇠퇴한 뒤 대다수 사람들이 이슬람에 귀의할 때까지 수 세기가 걸렸다. 중앙아시아 튀르크인에게도 이슬람은 평화로운 방법으로 전파되었고, 결국에는 북부 페르시아를 통해 아나톨리아까지 퍼졌다. 또 수피들은 평화적인 방법으로 5/11세기 이래 인도 대륙, 8/14세기 이래 자바, 수마트라, 말레이 반도 전역에 이슬람을 전하였다. 12/18세기경부터는 아프리카 남쪽과 내륙 양방으로 퍼졌다. 오스만 제국이 발칸 반도를 지배할 당시, 특별히 알바니아, 보스니아 지역에 무슬림 공동체가 생겼는데, 이들 가운데 몇몇은 500년 넘는 역사를 지니고 있다. 오늘날 이슬람은 전 세계에서 가장 빠르게 성장하는 종교다.

이러한 이슬람 전파에 힘입어 인종적·문화적으로 다양한 민족들이 단일 움마로 결집하였다. 그런데 인종적 다양성은 움마의 단일성을 파괴하기보다는 오히려 풍요롭게 만들었다. 단일성이 획일성을 의미하는 것은 아니기 때문이다. 오늘날 이슬람 세계를 보면 주요 인종과 문화 지역 내에 각기 다른 여러 그룹이 이슬람 전통에 속한다는 소속감으로 하나가 되어 이슬람 움마를 이루고 있음을 볼 수 있다.

## 무슬림의 세계 분포와 이슬람 문명권

서구인 대다수는 무슬림을 아랍인과 동일시한다. 그러나 오늘날 아랍인은 전 세계 무슬림 인구의 5분의 1 이하다. 이슬람 세계에서 아랍인들은 역사적 역할, 즉 『꾸르안』의 언어인 아랍어 때문에 움마 내에서 중요한 존재로 남아 있다. 또한 아랍 세계 내 오늘날 사우디아라비아 히자즈(Ḥijāz) 지역의 두 도시 메카와 메디나(Madīnah, 마디나)는 특별히 이슬람의 성지(聖地)로 모든 무슬림에게 중요하다. 오늘날 약 2억 명의 아랍 무슬림들이 모리타니아(Mauritania)에서 이라크에 이르는 지역에 살고 있는데 이들은 인종이 아니라 언어적으로 아랍인이다. 다시 말해 아랍어를 모국어로 쓰는 사람들이다. 비록 레바논, 이집트, 시리아, 팔레스타인 사람들 중에 그리스도인들이 꽤 있긴 하지만 아랍인 대다수는 무슬림이다. 팔레스타인이 분할되기 전에는 문화적으로 상당히 아랍화된 유다 공동체가 대다수 아랍 국가에 존재하였다. 아랍 세계에는 다양한 문화가 있는데 리비아 지역을 중심으로 동서로 나뉜다. 양쪽 모두 이슬람과 아랍 문화가 깊이 녹아들었고, 지역적 문화 색채와 특징을 지녔는데, 문학·건축·음식에서 이를 잘 볼 수 있다.

이슬람 세계에서 두 번째로 유서 깊은 인종·문화권은 페르시아 지역이다. 현대 이란뿐 아니라 이란과 인종·언어적으로 유사한 쿠르드, 아프가니스탄, 타지키스탄, 그리고 우즈베키스탄과 파키스탄 두 나라의 일부 지역이 여기에 포함된다. 모두 합치면 약 1억 명에 달하는 무슬림이 있는 이 지역이 역사적·문화적으로 특별히 중요한 이유는 페르시아인이 아랍인과 함께 고전 이슬람 문명을 이루었을 뿐 아니라, 이슬람 세계에서 가장 중요한 예술과 지성 활동의 중심지가 바로 페르시아였기 때문이다. 더욱이 페르시아어는 아랍어 다음으로 중요한 이슬람 세계의 언어로, 천년 이상 페르시아를 너머 이라크에서 중국에 이르는 지역의 사람들이 사용한 고전어다.

다양한 이란계 사람들 및 페르시아 문화권과 인종적으로 밀접하게 연관될 뿐 아니라 페르시아인과 함께 인도-유럽계에 속하는 사람들은 인도 대륙의 무슬림들이다. 인도, 스리랑카, 네팔의 소수 무슬림과 파키스탄, 방글라데시의 지배적 다수 무슬림을 포함하여 모두 약 3억 5,000명으로 가장 큰 무슬림 공동체를 이룬다. 인도에는 1억 명이 넘는 무슬림이 있는데, 이는 세계에서 가장 큰 소수 민족이라 할 수 있다. 무슬림은 편잡어, 신드어, 구자라트어, 타밀어 등 다양한 언어를 사용하지만, 지배적인 언어는 산스크리트어, 페르시아어와 밀접하게 관련된 우르두(Urdū)어다. 벵갈어 또한 우르두어와 함께 인도 대륙의 중요한 이슬람 언어로 간주해야 한다.

이슬람 문명에 참여한 정도와 이슬람 역사에서 행한 역할을 고려하였을 때 아랍인과 페르시아인 다음으로 중요한 그룹은 발칸 반도에서 동시베리아까지 퍼져 있는 튀르크인이다. 이들은 지난 천년 동안 이슬람 정치사에서 주요한 역할을 하였고 제1차 세계 대전이 발발할 때까지 약 7세기 동안 건재하였던 막강 오스만 제국을 건설하였다. 그러나 튀르크인들은 오스만 제국과 오늘날 터키에 국한되지 않는다. 현대 코카서스 및 중앙아시아 지역의 몇몇 독립 국가들은 비록 문화적으로는 페르시아 세계와 더 가깝긴 해도 인종과 언어적으로는 튀르크에 속한다. 또한 러시아 내에도 튀르크인들이 있다. 약 1억 5,000명에 이르는 사람들이 튀르크족에 속하는데 이들은 언어적으로 아랍어와 같은 셈어족도 아니고, 페르시아어처럼 인도-유럽어족도 아닌 알타이어족에 속한다. 지난 수 세기 동안 이들은 아랍어, 페르시아어 세계와 끊임없이 교류하며 이슬람 문명권에서 독특한 영역을 이루었다.

이슬람은 매우 이른 시기에 아프리카 지역으로 퍼졌고 아프리카 흑인 무슬림들은 이슬람사에서 중요한 역할을 하였다. 예언자의 무앗딘(mu'adhdhin, 예배를 알리는 사람, 흔히 무에진이라고 함—옮긴이)이었던 빌랄(Bilāl)은 흑인이었다. 아프리카 흑인 무슬림이 7/13세기 사하라 이남 지역에 건설한 제국들은 번창하였고, 이슬람은 유럽의 식민 지배를 받던 시기 내내 활기차게 영향력을 행사하였으며 지금도 그러하다. 오늘날 북아프리카의 아랍인 및 베르베르인과 구별되는 1억 명 이상의 아프리카 흑인 무슬림이 이슬람 문명권에서 주목할 만한 권역을 형성하고 있다. 아프리카 흑인들은 풀라니(Fulani), 하우사(Hausa), 스와힐리(Swahili) 등 다양한 언어를 사용하며 다문화(多文化)를 이루고 있다. 그런데 아프리카의 흑인 무슬림 지역은 크게 동서로 나누어 볼 수 있다. 물론 이 두 지역은 서로 강력한 통일 유대감을 지니고 있다. 수피 교단처럼 이슬람의 아프리카 전파에 중요한 역할을 하였고, 또 여전히 대다수 아프리카 흑인 무슬림 지역에서 활동하는 수많은 매체(媒體)들이 이 두 지역을 연결하고 있다.

이슬람은 위에 언급한 곳들보다 뒤늦게 말레이 세계에 전파되었다. 이 지역에는 오늘날 세계에서 무슬림이 가장 많이 사는 인도네시아가 있고,

758

이 외에도 말레이시아, 브루나이, 필리핀 남부, 태국과 캄푸치아, 싱가포르 일부 지역이 포함된 풍부한 이슬람 문화권이 형성되었다. 이곳의 이슬람은 말레이어를 사용하면서 이슬람 문명의 요람인 중동과 매우 다른 자연 문화적 환경에 접목시킨 것이 특징이다. 1억 8,000명이 넘는 무슬림들이 말레이 반도뿐만 아니라 수천 개에 이르는 섬에 널리 퍼져 살고 있다.

중국 무슬림은 전 이슬람 세계에서 가장 잘 알려지지 않은 사람들이다. 300만에서 1억 명에 이를 것으로 추정되는 무슬림이 서부 신장(新疆)을 중심으로 중국 전역에 흩어져 산다. 1/7세기 광동성(廣東省) 지역 무슬림에 대한 기록에서 볼 수 있듯 중국 무슬림 공동체는 오래되었고, 독특한 아랍어 서체를 포함해서 그들만의 고유한 중국 이슬람 문화를 창조하였다. 또한 외부 세계에는 아직 잘 알려지지 않은 중국 이슬람 학술서가 있다. 남아시아 미얀마에서 북유럽 핀란드에 이르는 여러 나라에서처럼 중국에서도 무슬림들은 중요한 소수 공동체를 이루고 있다.

비록 수적으로는 소수지만 유럽과 아메리카 대륙의 움마에 대해 언급하는 것은 꽤나 의미 있는 일이다. 약 1,000만 명에 이르는 무슬림들이 유럽 여러 국가에 살고 있다. 보스니아인들을 포함해서 슬라브족 무슬림이 있고, 알바니아와 코소보(Kosovo)의 알바니아인들은 아주 오랫동안 무슬림 공동체를 유지해 왔다. 또 튀르크인과 불가르(Bulgar)인들 역시 소수 공동체를 형성하였다. 이들을 제외한 무슬림 대부분은 제2차 세계 대전 이래 유럽으로 건너 온 이민자들로, 프랑스는 북아프리카에서, 영국은 인도, 파키스탄, 방글라데시에서, 독일은 터키에서 주로 왔다. 무슬림은 곳곳에서 중요한 공동체를 이루고 있을 뿐 아니라 프랑스를 비롯한 여러 국가에서 문화적·사회적 쟁점을 제기하고 있다.

아프리카에서 미주 대륙으로 끌려 온 많은 노예들이 무슬림이었다는

것은 의심의 여지가 없지만, 그들의 종교는 점차 잊혀졌다. 그러나 1930년
대 이래 이슬람은 아프리카계 미국인들 사이에 전파되었고 오늘날 미국
에서 주목할 만한 영향력을 행사하고 있다. 약 4~500만 명에 이르는 무
슬림들이 북미에 살고 있는데, 이들은 아프리카계 미국인뿐만 아니라 지
난 수십 년 동안 미국으로 이주한 아랍, 페르시아, 터키 및 인도 대륙 출
신 무슬림을 포함한다. 수많은 유럽계 미국인들과 캐나다인들 역시 이슬
람으로 개종하였다. 브라질, 아르헨티나, 트리니다드토바고를 비롯해서
중남미 여러 곳에 무슬림이 살고 있고, 북미에서도 이슬람 공동체는 계
속 성장하고 있다.

이슬람 움마는 매우 다채로운 인종적·언어적·문화적 요소를 지니고
있다. 여기에는 셈어계인 인도-이란계인, 튀르크인, 흑인, 말레이인, 중
국인을 비롯해서 여러 다양한 언어를 쓰는 사람들이 있다. 이들은 셈어
인 아랍어를 비롯해서 인도-유럽어, 알타이어, 아프리카어 등 다양한 언
어를 사용한다. 비록 아시아와 아프리카에 집중되어 있지만, 움마 소속원
들은 전 세계에 걸쳐 살며 여러 지역과 국가에서 중요한 소수 집단을 이
루고 있다. 그들은 그들 나름의 언어와 문화를 지니면서 움마와 이슬람
문명이라는 더 큰 틀에 참여하고 있다. 이슬람은 다양한 지역 문화가 마
치 아라베스크처럼, 신적 원리의 유일성을 담은 커다란 문양으로 잘 짜
인 융단과 같다.

# 이슬람 종교

## 인간 삶에서 종교가 하는 역할을 이슬람식으로 이해하기

'종교'라는 말에 가장 잘 어울리는 아랍어는 딘(al-dīn, 앗-딘)이다. 종교는 묶는다는 뜻을 지닌 라틴어 렐리가레(religare)에서 나온 말로, 인간을 하나님에 연결한다는 의미를 함축하는데, 몇몇 아랍 문법학자와 『꾸르안』 주석가들은 딘이 빚을 뜻하는 다인(al-dayn, 앗-다인)에서 나왔다고 한다. 이에 따르면 딘은 하나님에게 진 빚을 갚는 것으로 우리 삶 전체가 관련된다. 왜냐하면 우리는 하나님에게 이런 저런 선물뿐만 아니라 존재 자체를 빚졌기 때문이다. 무슬림들에게 우리는 아무것도 아니고 하나님이 모든 것이라는 것, 우리는 스스로 그 어떤 것도 가지고 있지 못하다는 것, "하나님은 풍요로우시고(ghaniy, 가니) 너희들은 가난하다(fuqarā', 푸까라)"(47.38)는 『꾸르안』 말씀처럼 모든 것이 하나님에게 속한다는 것은 가장 명백한 사실이요, 가장 확실한 것이다. 우리는 본질적으로 가난하다. 경제적, 사회적, 심지어는 육체적 의미에서뿐만 아니라 존재론적 의미에서도 우리는 가난하다. 우리의 존재와 소유물은 모두 하나님에게 속하는 것으로 우리가 하나님에게 빚지고 있으며 하나님의 선물에 대해 우리는 반드시 감사(shukr, 슈크르) 해야 한다. 그러므로 종교, 또는 딘은 빚이라는 실제적 의미에서 분리할 수 없고, 인생 전체를 포용하며, 삶 자체로부터 따로 떼어 낼 수 없다.

이슬람의 관점에서 종교는 삶의 일부 내지 예술, 사상, 상업, 사회적 가르침, 정치 등과 같은 특별한 형태의 활동이 아니다. 오히려 이러한 것들을 포함해서 다른 모든 인간 활동, 노력, 작품, 사상의 기반이요 세계관이다. 그것은 삶이라는 나무의 액즙이다. 자주 이야기하는 것처럼, 이슬람을 종교라고 할 때 이 말은 세속화한 현대 세계에서 말하는 종교가 아니다. 현대 사회에서 종교는 대다수 사람들의 일상생활 중 일부만을 차지하기 때문이다. 이슬람은 삶 전체를 아우르는 종교다. 이슬람은 심지어 종교적 영역 밖에서는 그 어떤 것도 유효하다고 생각하지 않으며, 성스러운 것과 속된 것, 또는 영적인 것과 속된 것을 구분하지 않는다.

세속적(secular), 범속적(profane)이라는 용어는 이슬람 문화권의 고전어로 정확히 번역할 수 없다. 이슬람 문화권에서 현재 통용되고 있는 이런 종류의 말은 세상적인 것이라는 뜻에서 나온 단어로 만들었는데, 세속적, 범속적이라는 용어와 그 뜻이 잘 맞아떨어지지 않는다. 『꾸르안』은 종종 이 세상(al-dunyā, 앗-둔야)적인 것에 대해 말하는데, 이는 저 세상(al-ākhirah, 알-아키라)의 영구적 현실과 대비된다. 그러나 이러한 이분법을 성속(聖俗)의 구분과 혼동해서는 안 된다. 세속이 종교적 의미를 가질 정도로 철저하게 종교적인 세계에서 우리는 세속적일 수 있다. 그러나 그러한 세계에서, 어떤 특정한 삶의 영역을 종교로부터 독립하지 않는다면, 우리는 결코 세속적일 수 없다. 이슬람은 종교 외에 다른 영역은 없다고 한다. 종교적 원칙들이 인간의 공간과 역사에 적용되고 있고, 그러한 틀을 넘어서 그 어떤 것도 정당하게 존재할 수 없다고 단언한다. 더욱이 이슬람은 이러한 포괄적 의미의 종교를 이슬람뿐만 아니라 종교 그 자체를 위해 주장한다.

그렇다면 종교는 삶의 전부를 포괄해야 한다. 궁극적으로 인간의 모든 생각과 행위는 모든 존재의 원천인 하나님과 관련되어야 한다. 인간세상을 포함한 우주 질서, 그리고 그 안에서 발견되는 모든 것은 하나님으로부터 나오기에, 하나님의 의지, 그리고 하나님의 이름과 특질의 현현으로부터 분리할 수 없다. 잘 잊고 사는 인간들에게 종교는 이러한 형이상학적 실상을 깨우쳐 준다. 실질적 차원에서는 구체적 길잡이가 되어 남녀가 하나님의 뜻대로 살도록 하고, 좀 더 고차원적으로는 다양한 세계와 하나님의 궁극적 관계, 하나님의 유일성에 대한 지식을 얻을 수 있도록 돕는다. 인간이 사물의 본성과 자신의 본성에 충실하고자 한다면, 그가 하는 행동, 생각, 그리고 만드는 것 모두가 반드시 하나님과 관련되어야만 한다. 종교는 인간 세상과 하나님을 연결하는 실재(實在)다. 따라서 이 세상에서 종교의 역할은 중요하다. 이슬람은 가장 우주적, 본질적 의미에서 종교를 삶 그 자체로 여긴다고 할 수 있다.

## 종교의 개인적 측면들

이슬람은 이렇듯 모든 것을 포괄하는 종교 개념을 가지고 있지만 종교적 계율과 가르침을 개인과 공공 영역 두 부분으로 나눈다. 둘은 서로 완전히 다르지 않다. 이슬람은 이것들이 서로 밀접하게 연관되어 있다고 항상 강조한다. 개인적 측면은 주로 하나님과 인간의 내면적 관계와 연관된다. 개인적 기도(al-duʻā, 앗-두아), 예배(al-ṣalāh, 앗-살라), 특별히 수피들이 주로 행하며 최고의 마음 기도로 간주하는 99가지 하나님 이름 기억하기(al-dhikr, 앗-디크르)가 이에 속한다. 나중에 다룰 단식, 순례와 같은 다른 주요 의례들 역시 삶의 개인적 측면에 해당한다. 그러나 이러한 의례들 또한 공동체 예배처럼 공공적 측면을 강하게 지닌다. 물론, 대중들이 참여하는 금요일 공동 예배를 빼고는 항상 개인 예배를 드릴 수 있다.

이슬람은 또한 개인의 생활 영역에 속하는 행위를 관장한다. 첫째, 신법(神法)은 인간이 자신의 몸을 다루는 것을 규제한다. 종교적으로 중요한 정결례, 음식 규정뿐만 아니라 육체와 관련된 종교적 의무, 이를테면 모든 성적 행동에 관한 계율, 이슬람법이 금지하고 대죄로 간주하는 자살을 포함하여 육체에 손상을 입히는 행위에 대한 종교적 금계(禁戒)를 포함한다. 다른 종교에도 이와 같은 규정이 있는데, 이슬람은 이러한 종교들을 예로 들면서 종교가 일상적인 삶으로부터 분리될 수 없다는 입장을 강조하기도 한다.

유다교처럼 이슬람은 음식에 관한 규정을 종교적으로 중요하게 여기고 일상의 삶을 성화하는 수단으로 삼는다. 무슬림은 돼지고기 및 이와 관계된 것을 섭취하지 못하고, 알코올이 들어간 음료를 마시지 못하며 육식 동물과 같이 특정한 형태의 고기를 먹을 수 없다. 그리고 허용된 동물이라도 반드시 하나님의 이름으로 도축한다. 종교적 조건에 맞아야만 동물을 죽일 수 있다. 이러한 동물 희생 규정은 두말할 필요도 없이 인간과 동물의 상호 관계에 깊은 영향을 미친다.

부모, 아내, 자식 및 친척, 친구 관계와 같은 삶의 또 다른 개인적 측면들에도 종교법이 적용된다. 이러한 영역은 법적·도덕적 계율이라는 종교적 특성의 두 측면을 모두 지니고 있다. 예를 들어, 『꾸르안』은 자녀가 부모에게 공손해야 한다고 가르친다. 이는 종교적 권위에 바탕을 둔 도덕적 계율이다. 대체로 개인의 삶에 관한 한 이슬람의 가르침은 이슬람 사회에서 대단히 중요하게 여기는 가족이라는 제도 내의 친밀한 유대 관계뿐 아니라 하나님과 인간의 관계 속에서 인간 자신의 몸과 영혼에 대한 의무를 강조한다.

여기에서 현대 세계에 대단히 널리 퍼진 삶의 태도, 즉 자신의 몸과 삶에 관한 한 자기 마음대로 할 수 있다는 태도가 이슬람에는 없다고 강조해야겠다. 우리의 몸과 삶은 우리의 것이 아니라 하나님의 것이다. 우리는 자신의 몸이나 삶을 스스로 만들지 않았다. 이는 하나님에게 속한다. 『꾸르안』이 계시하고, 예언자가 설명한 대로, 하나님의 계율에 비추어 이러한 진실을 마음에 새기며 의무감과 책임감을 지니고 우리의 몸과 삶을 다루어야 한다. 인간의 책임을 수반하지 않는 인권은 없다. 하나님으로부터 삶을 부여받은 인간은 책임을 지고 있는데, 모든 인권은 그러한 책임을 완수하는 데에서 나온다.

삶의 가장 개인적인 측면은 두말할 것도 없이 자기 영성 수준에 따라 최대한 하나님에게 다가서고자 하는 내적, 영적인 삶이다. 내밀(內密)한 분(al-Bāṭin, 알-바띤)은 『꾸르안』에 나오는 하나님의 이름 가운데 하나다. 이슬람의 계시는 인간 삶의 가장 내적인 측면에 대해 자세히 가르친다. 내면의 길을 걷는 이슬람의 대가들은 이를 지난 수 세기 동안 명확하고 세세하게 밝혔다. 이들 대부분은 수피들이다. 그러나 이처럼 지극히 내적인 차원의 종교에도 공적이고 외적인 면이 있는데, "그분은 처음(al-Awwal, 알-아왈)이자 마지막(al-Ākhir, 알-아키르)이요, 드러나시는 분(al-Bāṭin, 알-바띤)이시자 감추신 분(al-Ẓāhir, 앗-자히르)으로 모든 것을 알고 계시노라"(57.3)는 『꾸르안』 말씀처럼 하나님은 감추는 분일 뿐 아니라 드러내는 분이기 때문이다.

## 종교의 공공적 측면들

인간 삶의 모든 것, 모든 면에서 균형을 강조하는 이슬람은 내면적이고 개인적인 것을 보완하기 위하여 외면적, 공공적인 면을 강조한다. 이슬람에 따르면 종교는 개인적 의식의 문제일 뿐만 아니라 인간의 사회적, 경제적, 심지어는 정치적 삶과 같이 공공의 영역과도 관계를 맺고 있다. 이슬람은 하나님의 나라와 카이사르의 나라를 나누어 보지 않는다. 모든 것은 하나님에게 속하기에 신법에 따라 조절되고, 하나님으로부터 나오는 도덕적 금기율은 본질적으로 종교적이다.

지역 사회 단위에서 움마, 심지어는 인류를 비롯한 모든 피조물의 세계에 이르기까지 공동체의 모든 것은 이슬람의 공공적 측면과 관련된다. 이웃, 마을, 또는 부족과 같이 가장 구체적인 공동체 구성원들 사이의 관계에서부터 시작하여 이슬람의 전통적 용어인 지방, 또는 국가와 같이 더 크고 덜 명확한 단위에 이르기까지, 그리고 이슬람 세계(dār al-Islām, 다룰 이슬람) 그 자체와 비이슬람 지역에 사는 무슬림 소수 공동체에 이르기까지 종교적 중요성을 지니지 않은 인간 관계는 없다. 이슬람 계율은 비무슬림도 포용하는데, 이슬람법은 이들에 대한 처우를 규정한다. 이러한 인간 관계는 사회적 교류를 비롯하여 이웃, 친구, 고아, 가난한 자, 낯선 무슬림, 그리고 비무슬림에 대한 의무와 책임 등 사회적 교류와 상호 교섭을 포함한다. 몇몇 이슬람의 가르침은 일반적인 도덕적 법령들이다. 언제나 모든 사람, 심지어는 하나님의 다른 피조물에게까지 무슬림들이 자비롭고 정의로워야 한다고 가르친다. 또 다른 가르침들은 지난 수 세기 동안 구체적 법률의 형태로 만들어져 이슬람 세계의 사회적 행동을 지배해 왔는데, 여기에는 사적, 공적 영역에 모두 속하는 결혼, 이혼, 상속과 유관한 인법(人法)이 포함된다.

한 가지 중요한 이슬람의 공적 측면은 경제 활동과 관련된다. 초기 역사에서 상업 활동을 경멸하고 구체적 경제 활동에 관한 규율을 성서에 남고 있지 않은 그리스도교와 달리 『꾸르안』과 하디스는 뚜렷하게 경제에 관한 가르침을 포함하고 있고, 이러한 가르침은 오늘날 이슬람 경제학의 근간을 이룬다. 성 토마스 아퀴나스의 경제관은 여러모로 이슬람과 유사하다. 상거래, 부의 축적과 분배, 종교세, 기부(awqāf, 아우까프), 약자에 대한 경제적 배려, 이자 금지, 그리고 수 세기 동안 다양한 이슬람법과 체계 속에서 구조화한 여러 다른 규율들이 존재한다.

시장(市場)은 언제나 이슬람 사회에서 중요한 종교적 역할을 해왔고 지금도 여전히 그러하다. 카페트, 도기 등 물품 제조 및, 지하수로(qanāt, 까나트), 도로 건설 등 공사 수행을 책임진 장인 조합은 언제나 종교적인 면을 지녔고 대개 수피 교단과 연관되었다. 이슬람에는 그 자체로 경제학인 것은 없다고 한다. 오늘날 경제학이라고 하는 것을 이슬람에서는 언제나 윤리와 관련된 것으로 간주하였고, 인간의 욕심, 이기심, 탐욕을 없애거나 최소한이라도 막고 제한하기 위한 계율을 선포하였는데, 이는 이슬람에서 그토록 강조하는 정의감을 인간들이 완전히 파괴하지 못하도록 하기 위해서다.

이슬람의 종교적 공공 측면은 또한 군사, 정치와도 관련된다. 물론 모든 무슬림 통치자나 군사 지도자가 이슬람의 계율을 완전히 따르지는 않았다. 전쟁 포로 및 적을 공평하게 다루는 법, 무고한 살상 금지 등 전쟁 시 지켜야 할 세밀한 행동 양식은 침략이 아니라 이슬람 세계의 수호를 위해 규정된 것이다. 이슬람 문명은 문명사 최초로 위와 관련한 국제법을 조문화하여 발전시켰다고 한다. 정치적 통치에 대한 이슬람의 가르침은 상당히 광범위하다. 사회 경제적 활동의 경우와는 달리『꾸르안』과 하디스는 정부 형태에 대해서는 명확히 말하지 않지만, 좋은 정부나 통치자의 성격에 대해서는 훨씬 더 명백하게 설명한다. 이슬람 정부에 관한 고전적 이론이 발전한 것은 이슬람 역사에서 나중의 일인데, 이는 뒤에 살펴볼 것이다.

## 이슬람은 종교에 대해 무엇을 알려 주는가

이슬람은 종교가 인간의 본성에 있다고 가르친다. 인간됨은 종교와 관련 있다. 인간으로 산다는 것은 초월을 추구하는 것이다. 인간은 영혼에 하나님의 흔적을 담고 있으며, 숨을 쉬지 않을 수 없듯, 종교를 벗어날 수 없다. 종교를 거부하는 사람들이 있고, 하나님이 준 종교에 잠시나마 등을 돌리는 사회가 있지만, 그러한 경우마저 종교적 중요성을 지니고 있다. 예언자의 언행을 기록한 하디스에 따르면 인간은 하나님의 '형상(Ṣūrah, 수라)'으로 창조되었다. 여기에서 형상은 하나님의 이름과 특성을 반영하는 것을 의미한다. 왜냐하면 하나님은 형상이 없기 때문이다. 또한『꾸르안』계시에 따르면 하나님은 인간에게 자신의 영을 불어넣었다. "나는 그를 만들었고 그에게 나의 영을 불어넣었다."(15.29) 인간이 된다는 것은 이러한 영을 자신의 존재 깊숙한 곳에 지닌다는 것을 의미한다. 때문에 인간은 영을 우리들에게 불어넣어 준 모든 종교의 창시자와 관계가 있다.

모든 전통적 가르침과 같이 이슬람은 인간이 저급한 형태에서 올라온 것이 아니라 신적 원형이라는 높은 형태에서 내려왔다고 한다. 따라서 인간은 언제나 인간이었고 항상 종교를 가지고 있었다. 최초의 인간 아담은 최초의 예언자였다. 종교는 역사 속에서 서서히 발전한 것이 아니다. 망각으로 인해 인간이 하나님의 가르침을 저버리고 불순하게 만들고 이를 다시 천상의 말씀이 새롭게 할 때까지, 종교는 하나님의 단일성에 관한 영원한 말씀을 담은 채 다른 형태로 항상 존재해 왔다. 유일신교는 다신교로부터 발전한 것이 아니다. 다신교는 유일신교의 타락한 형태다. 유일신교가 늘 새로운 계시를 필요로 하는 것은 인류사의 특징이다.

인간사에 의미를 줄 수 있는 것은 종교뿐이다. 종교만이 인간 삶의 원천인 하나님으로부터 직접, 그리고 객관적으로 나오기 때문이다. 종교만이 인간 안의 가능성들을 현실화하고 완전하게 할 수 있다. 우리가 하나님의 현존 속에서 영원할 수 있는 것도 오로지 하늘의 도움 덕분이다. 종교는 지성의 최대 목표인 최고의 지식을 제공하고, 지고한 사랑이자 의지의 궁극적 목적인 실재(Reality)의 본성을 드러낸다. 종교는 모든 윤리와 가치의 원천으로, 인간 행동의 값어치에 대한 객관적 기준을 제공한다. 종교는 전통 문명에서 아름다움과 형상에 관한 지식의 바탕이 되는 원리들을 지니고 있을 뿐 아니라 신적 원리와 창조 질서에 대한 진정한 지식의 근원이다.

이슬람은 인간 세상이 종교와 아무런 관련이 없다고 생각하지 않는다. 하나님과 하나님이 보낸 예언자들을 거스른다는 것이 무엇을 의미하는지 충분히 이해하고, 악의 본성, 믿음의 삶이 겪는 시련, 불신의 위험, 그리고 선택의 자유를 지닌 인간이 하나님 앞에서 져야 할 책임 등에 관한 교리를 발전시켰다. 이슬람은 종교를 인간사의 필수적인 것으로 보기 때문에, 종교가 없는 사람, 그리고 하나님과 무관한 세상을 전적으로 거부한다. 실로 인간과 절대자의 관계야말로, 그 관계가 어떠하든 간에, 인간과 상대적인 것의 관계를 규정한다. 개인의 삶에서 종교를 잃는다는 것은 곧 내적, 초월자적 지극한 기쁨으로부터 모두 분리된다는 것을 의미하고, 사회 전체적으로는 그 사회가 인간 공동체로 더 이상 살아남을 수 없다는 확실한 징표다.

# 이슬람의 토대

## 『꾸르안』의 의미와 구조

『꾸르안』은 이슬람의 핵심인 하나님의 현현(theophany), 즉 말 그대로 대천사 가브리엘이 예언자에게 드러낸 하나님의 말씀으로, 예언자는 이를 동료들에게 전했고, 그들은 이를 외워 기록하였다. 나중에 예언자의 가르침에 따라 현재의 순서로 모았고, 예언자가 죽은 지 몇 년 뒤 우스만('Uthmān) 칼리파 때 사본을 여러 개 만들었다. 이슬람의 모든 학파는 오로지 한 가지 판본만 받아들였고, 의미뿐만 아니라 그 형태의 측면에서도 신성한 것으로 간주하였다.

특별히 서구에서 유명하게 된 성스러운 이슬람 경전의 이름은 『꾸란』, 또는 『꾸르안』으로, 이는 '낭송함'을 뜻하는 아랍어 『꾸르안』(al-Qur'ān)에서 나온 말이다. 그런데 이 성스러운 경전이 지닌 여러 측면을 가리키는 이름들이 몇 개 더 있다. 지적, 도덕적 통찰력에 관한 원리를 지니고 있다는 뜻에서 푸르깐(al-Furqān), 곧 식견(識見)이라 부르기도 하고, 모든 지식의 궁극적 원천이요, 지식의 담지자로, 책의 원형이라는 의미에서 움물 키탑(Umm al-kitāb), 즉 '모든 책의 어머니'로 부른다. 인간 삶의 여정을 인도하는 최상의 안내서라는 의미에서 후다(al-Hudā), 곧 인도(引導)라고도 한다. 이슬람의 전통적 언어로는 보통 고귀한 『꾸르안』(al-Qur'ān al-majīd,

알-꾸르아눌 마지드)이라고 부르며 요람에서 무덤까지 무슬림의 삶을 에두르고 규정하는 성스러운 실재로 여기고 지극히 존중한다. 『꾸르안』 구절은 신생아가 처음 듣는 소리요, 죽는 자가 하나님을 만나러 가는 길에 마지막으로 듣는 소리다.

어떤 의미에서 무슬림 영혼은 『꾸르안』 구절과 표현으로 짜여 있다고 할 수 있다. 인샤알라(inshā' Allāh, 하나님께서 원하신다면), 알함둘릴라(al-ḥamdʷ li'Lāh, 하나님께 감사), 비스밀라(bismi'Lāh, 하나님의 이름으로)와 같은 표현들은 아랍과 비아랍 무슬림이 함께 쓰는 표현들인데, 삶을 강조하고 무슬림 영혼의 결을 결정한다. 모든 행위는 비스밀라로 시작해서 알함둘릴라로 끝나고, 만사가 하나님의 뜻에 달려있기 때문에 미래에 대한 태도는 인샤알라를 의식하는 것으로 좌우된다. 이와 더불어 『꾸르안』에 나오는 여러 다른 표현들은 과거, 현재, 미래에 대한 태도를 결정하고, 전 생애에 걸쳐 영향력을 미친다. 사춘기에서 죽을 때까지 무슬림들이 평생 매일 행하는 기도는 『꾸르안』 구절로 이루어져 있고, 이슬람법은 이 신성한 경전에 바탕을 두고 있다. 이처럼 이슬람적이라고 부를 수 있는 모든 형태의 지식이 『꾸르안』에 그 근거를 두고 있다. 『꾸르안』은 지난 수 세기 동안 이슬람의 지적 전통의 근원이요 길라잡이가 되어 왔다.

『꾸르안』은 처음에 음성으로 계시되었고 나중에 책의 형태로 기록되었다. 예언자는 처음 하나님의 말씀을 듣고 이를 동료들에게 말하였다. 그들은 다시 이를 외워 양피지, 낙타 뼈, 가죽에 기록하였다. 이슬람 전통에 따르면 예언자는 문맹(al-ummī, 알-움미)이다. 이는 고차원적 의미에서 그의 영혼이 인간의 지식으로 때 묻지 않아 하나님의 말씀을 받을 만한 가치가 있을 정도로 순결하고 순수하였음을 뜻한다. 대천사 가브리엘이 처음 예언자에게 나타났을 때 『꾸르안』 첫 계시의 소리가 공간을 통해 울렸다. 『꾸르안』이라는 실재의 이러한 측면은 오늘날까지 생생히 살아 있다. 『꾸르안』은 가장 아름다운 서체로 써서 일생 동안 읽는 책일 뿐만 아니라, 이슬람적인 도시와 마을에서 끊임없이 들을 수 있는 성스러운 소리의 세계디. 그 소리는 인간이 움직이는 일상적 삶의 공간에 울리고, 수낳은 사람들은 기록된 계시를 보지도 않고 외워 끊임없이 낭송한다. 예언자 시대까지 거슬러 올라가는 『꾸르안』 낭송은 소리로 된 가장 성스러운 이슬람 예술이다. 아랍인이든 말레이인이든 이를 듣는 무슬림은 감동의 눈물을 흘린다.

『꾸르안』 계시 본문에 대한 무슬림들의 영적인 반응은 서예로 나타난다. 서예는 처음부터 『꾸르안』 본문과 밀접하게 연관되었고, 건축과 함께 조형(造形)상 가장 신성한 이슬람 예술이다. 건축은 신성한 예술이다. 왜냐하면 『꾸르안』이 울리는 공간인 모스크 건축으로로부터 발전하였고, 모스크를 최상으로 표현해 냈기 때문이다.

『꾸르안』 본문은 모두 114장(章, sūrah, 수라)으로 예언자가 메카에 있을 때 내린 메카 계시와 메디나로 이주한 후 내린 메디나 계시로 나뉘어져 있다. 최초의 계시는 96장 응혈(al-'Alaq, 알-알라끄)장으로 다음과 같다.

> 자비로우시고 자애로우신 하나님의 이름으로
> 만물을 창조하신 주님의 이름으로 읽어라.
> 그분은 응혈로 인간을 창조하셨노라.
> 읽어라, 주님은 가장 은혜로우시니
> 연필로 쓰는 것을 가르쳐 주셨으며
> 인간이 알지 못하는 것을 가르쳐 주셨노라.[5]

---

5) M. Lings, *Muhammad: His Life Based on the Earliest Sources* (London: Islamic Text Society,

하지만 『꾸르안』의 첫 장은 수라툴 파티하(sūrat al-fātiḥah), 즉 '개경장
(開經章)'으로, 모두 일곱 절(āyāt, 아야트)이다. 매일 드리는 예배의 핵심으
로 『꾸르안』 전체 말씀의 대의를 담고 있기에 의심할 여지없이 가장 자주
낭송하는 장이다.

> 자비로우시고 자애로우신 하나님의 이름으로
>
> 온 우주의 주님이신 하나님을 찬미하나이다.
>
> 자애로우시고 자비로우시며
>
> 심판의 날을 주관하시는 분.
>
> 저희들은 당신만을 경배하고 당신께만 구원을 비노니
>
> 올바른 길로 인도하여 주소서
>
> 당신께서 축복을 내리신 길로.
>
> 당신의 노여움을 받은 자나
>
> 방황하는 자들의 길이 아닌.[6]

일반적으로 긴 장들이 짧은 장들보다 먼저 온다고 말할 수 있지만, 『꾸
르안』의 장들은 계시의 시간적 순서가 아니라 예언자가 정한 차례에 따
라 배열되었다.

『꾸르안』의 내용은 대단히 다양하고, 윤리에서 형이상학에 이르는 여
러 주제들을 다루고 있다. 『꾸르안』은 먼저 행동, 지적 사유, 깊은 명상에
속하는 지식의 뿌리 내지 원칙을 담고 있다고 할 수 있다. 『꾸르안』에는
하나님의 본성에 관한 형이상학적 가르침, 창조의 본질에 관한 우주론적

---

Allen & Unwin, 1988), p. 44.

6) Lings, *Muhammad*, p. 69.

가르침, 인간 영혼에 관한 심리학적 가르침뿐만 아니라, 윤리적·법적 가르침이 있다. 또한 내적·정신적 삶과 더불어 개인뿐 아니라 인류와 우주 역사의 종말에 관한 종말론적 실상을 가르치고 있다. 『꾸르안』에는 성서에서 따오지는 않았지만 성서와 많은 부분을 공유하는 성스러운 역사가 담겨 있다. 『꾸르안』에 있는 성스러운 역사는 과거의 예언자에 관해 말한다기보다는 선과 악, 지식과 무지의 전쟁터에 내몰린 인간 영혼의 실상을 생생하게 보여 주기 위한 것이다. 『꾸르안』에는 영적인 것, 즉 감지할 수 없는 성스러운 실재가 있어 영혼을 변화시키고, 마치 다양한 세계에 쳐진 신적인 그물처럼 우리들을 다시 단일의 세계로 인도한다.

무슬림은 하나님이 당신의 말씀을 표현하기 위해 선택한 아랍어 소리, 아랍어 문자, 그리고 심지어는 성스러운 본문이 담긴 양피지와 종이에 이르기까지 『꾸르안』에 관한 모든 것을 다 신성하게 여긴다. 무슬림은 『꾸르안』의 성스러움을 늘 인식하면서 『꾸르안』을 지니고 다니고, 깨끗이 씻은 뒤나 의례적으로 정결할 때에만 『꾸르안』을 만진다. 여행을 떠날 때에는 『꾸르안』에 입 맞추고 그 아래를 지나며, 조그마한 크기의 『꾸르안』을 보호의 징표로 항상 지니고 다닌다. 『꾸르안』이야말로 무슬림 삶의 모든 면을 결정하는 가장 중심적인 성스러움의 현현이요, 이슬람적이라고 부를 수 있는 모든 것의 원천이요 근원이다.


## 『꾸르안』에 관한 학문과 주석

전통 학문 다수는 『꾸르안』과 관련이 있다. 먼저 『꾸르안』 낭송에 관한 방법과 학문은 수 세기에 걸쳐 보존 전승한 전통 자료에 그 바탕을 두고 있다. 마음대로 『꾸르안』을 낭송할 수는 없는 법이다. 낭송할 때 어디서 쉬고 어떤 음조를 취할지는 예언자에게까지 거슬러 올라가는 전통에 따른다. 또한 본문의 뜻을 좀 더 잘 이해하기 위하여 특정한 계시가 내린 상황(sha'n al-nuzūl, 샤으눈 누줄)에 대해 공부하는 학문이 있다. 『꾸르안』의 언어에 관한 언어학이 있는데 이는 지난 1400여 년간 고전 아랍어의 특징을 결정했을 정도로 중요하다. 고전 아랍어는 서구의 여러 대학에서 흔히 『꾸르안』 아랍어라는 과목명으로 가르치는데, 이는 아주 적절한 용어다. 아랍어와 문법을 진지하게 공부하려면 역사적으로 아랍어 문법을 성문화하고 체계화하는데 근간이 된 『꾸르안』을 반드시 언어학적으로 공부해야 한다.

『꾸르안』에 관한 학문 중에서 중요한 것은 그 뜻을 해독하는 일일 것이다. 이를 전통적으로 타프시르(tafsīr)와 타으윌(ta'wīl)이라 부르는데, 전자는 『꾸르안』 본문의 외적인 뜻 해석, 후자는 그 내적 의미 해석을 각각 지칭한다. 『꾸르안』 주석학은 오늘날까지 전통적인 이슬람 학교에서 가르치는 가장 중요한 종교 교과목 가운데 하나다. 『꾸르안』 주석은 앗-자마크샤리(al-Zamakhsharī)의 작품과 같이 『꾸르안』의 언어와 문법에 관한 것으로부터 앗-따바리(al-Ṭabarī)의 타프시르와 같이 주로 신성한 역사에 관한 것, 또 파크룻딘 아르-라지(Fakhr al-Dīn al-Rāzī)의 광범위한 타프시르에 이르기까지 두루 포함한다. 실제로 이븐 시나(Ibn Sīnā)와 몰라 사드라(Mullā Ṣadrā, 원명은 Ṣadr al-Dīn Shīrāzī, 사드룻딘 시라지) 같은 유명한 철학자들을 포함해서 여러 무슬림 지식인들이 『꾸르안』 주석서를 집필하였다. 더욱이 이러한 전통은 현대까지 이어져 아자드(Mawlānā Abū'l-Kalām Āzād), 마우두디(Mawlānā Mawdūdī), 사이드 꾸뜨브(Sayyid Quṭb), 타바타바이('Allāmah Ṭabāṭabā'ī) 등이 『꾸르안』 주석서를 집필하였다. 이들 주석서는 전통적인 문제뿐만 아니라 현대 사회가 제기하는 난제들을 『꾸르안』의 가르침에 비추어 다루고 있다.

타으윌은 『꾸르안』의 내적, 또는 비의적(秘義的) 뜻을 다루는 『꾸르안』 주석 전통이다. 이러한 주석들은 대부분 수피와 시아 무슬림들이 썼는데, 수피 선동의 주요한 한 축이자 6번째 시아 이맘인 자으파룻 사디끄(Ja'far al-Ṣādiq)가 쓴 주석까지 거슬러 올라간다. 여러 세기 동안 수많은 수피 무슬림들은 4/10세기 앗-투스타리(al-Tustarī)로부터 7/13세기 무히윳딘 이븐 아라비(Muḥyī al-Dīn ibn 'Arabī), 그리고 오늘날 미보디(Mībudī)의 광범위한 주석과 같이 페르시아어로 된 것을 포함해서 다량의 주석서들을 내어놓았다. 루미(Rūmī)의 『마스나비(Mathnawi)』같이 유명한 수피 전통의 작품은 저자 자신의 말마따나 사실상 『꾸르안』에 대한 비의적 주석이다. 이 주석서들은 계시 구절의 뜻뿐 아니라 심지어는 『꾸르안』의 문자에 관해서도 논의하는데, 그 자체가 상징적 뜻을 지니고 있으며, 이슬람적 형이상학과 우주론 발전에 중요한 역할을 하였다. 시아의 주석은 하나님의 말씀의 내적 측면에 대한 최상의 해석자 역할을 하는 이맘과 관련하여 『꾸르안』의 내적인 뜻을 다루고 있다. 시아에서 앗-타바르시(al-Ṭabarsī)의 주석과 같이 몇몇 가장 중요한 주석들은 울라마, 즉 종교학자들이 썼지만, 그 밖의 다른 많은 주석서들은 철학자와 신지학자들이 집필하였는데, 몰라 사드라의 광범위한 주석서들은 그 대표적인 예다.

『꾸르안』을 번역하기란 불가능하지만, 영어 및 다른 서구어, 그리고 비서구어로 종종 옮겨졌다. 몇몇 번역서들은 원어인 아랍어가 지닌 시적인 힘을 전달하는 데에 성공하였고, 또 다른 몇몇 번역서들은 『꾸르안』의 외적인 뜻을 잘 전달하였다. 그러나 어떠한 번역서도 여러 차원의 해석과 함께 아랍어 단어의 소리와 구조, 그리고 종종 아랍어 문자 형태와 관련된 상징적 의미를 지니고 있는 『꾸르안』 본문의 완전한 의미와 그 생생함을 온전하게 전달하지는 못했고, 앞으로도 그러할 것이다. 주석서들은 겉으로 드러나지 않는 상징적인 표현들을 부분적으로나마 이해하는데 도움을 주지만, 아직까지는 소수만이 영어나 다른 유럽어로 번역되었다.

## 예언자 무함마드의 중요성, 생애, 그리고 언행

이슬람 전통에서 예언자 무함마드는 그리스도가 그리스도교에서 하는 역할을 하지 않는다. 그는 육화한 하나님, 또는 신인(神人)이 아니다. 『꾸르안』이 명백히 밝히고 있듯 그는 인간(al-bashar, 알-바샤르)이지만 보통 사람은 아니다. 왜냐하면 가장 완벽한 성품을 지니고 있기 때문이다. 유명한 아랍시의 표현대로 예언자는 돌 틈에 있는 보석이다. 무슬림들이 보기에 예언자는 하나님의 피조물 중에서 가장 완벽하고, 완전한 인간( al-insān al-kāmil, 알-인사눌 카밀)이며, 하나님이 사랑하는 자(ḥabīb Allāh, 하비불라)로, 『꾸르안』 표현대로 모방하여 따라야 할 모범(uswah ḥasanah, 우스와 하사나)이다. 그는 하나님에게 완전히 복종할 뿐 아니라 하나님과 가까운(qurb, 꾸르브) 자여서 하나님의 말씀을 충실히 전하고 이를 또 가장 잘 해석한다. 하나님은 그에게 가장 완벽한 성격을 주었고 그의 영혼을 겸손, 관용, 또는 고매함, 그리고 지극히 정직함 등의 미덕으로 아름답게 만들었다. 이러한 미덕은 지난 수 세기 동안 남녀 무슬림들의 영혼에 구현된 모든 이슬람적 영성의 특징이다.

이슬람은 예언자가 아니라 절대자 하나님에 그 바탕을 둔다. 그러나 예언자에 대한 사랑은 이슬람적 경건의 중심이다. 왜냐하면 하나님이 인간을 사랑해야만 인간은 하나님을 사랑할 수 있고, 하나님은 그의 예언자를 사랑하는 인간만을 사랑하기 때문이다. 『꾸르안』은 예언자를 존경하라고 명령한다. "보라, 하나님과 그분의 천사들이 예언자에게 축복을 내리신다. 믿는 자들이여, 그분께 축복이 내리길 빌고 정중한 예를 드려라."(33.56) 이는 인간이 유일하게 하나님과 천사들과 함께할 수 있는 행동이다. 전통직으로 무슬림들은 신성한 지세로 예언자를 존경하고 늘 그에게 축복(ṣalāh, 살라)과 평화(salām, 살람)가 깃들길 기원한다. 무슬림들 눈에 예언자에 대한 사랑과 존경은 하나님의 말씀인 『꾸르안』에 대한 사랑, 그리고 궁극적으로는 하나님에 대한 사랑과 뗄래야 뗄 수 없이 밀접하게 관련되어 있다. 『꾸르안』에는 예언자의 영혼이 있다. 죽기 전에 예언자는 그의 신앙 공동체에 두 가지, 곧 『꾸르안』과 그의 가족을 남기고 간다는 유명한 말을 남겼다. 이 둘은 이슬람 공동체에 예언자가 계속 존재하고 있음을 보여 준다.

수피 전통과 이슬람의 여러 철학파들은 예언자의 내적 실재, 곧 "무함마드 실재(al-Ḥaqīqat al-muḥammadiyyah, 알-하끼까툴 무함마디야)"를 하나님의 최초 창조물인 로고스와 동일시하였는데, 이는 모든 예언의 원형일 뿐 아니라 창조의 존재론적 원칙이다. 수피들은 예언자가 외적, 역사적으로는 예언자 전통 마지막에 와서 최후의 예언자가 되지만, 내적으로는 예언자 계보의 시초라고 주장한다. 예언자가 "나는 아담이 물과 진흙 사이에 있을 때 예언자였다"라고 한 말은 바로 이러한 내적 실재를 두고 한 말이다.

예언자에 대한 사랑은 샤리아를 준수하는 사람들과, 예언자가 그 창시자요 안내자가 되는 영적인 길, 곧 따리까(Ṭarīqah)를 걷는 사람들 모두에게 영향을 미치면서 이슬람의 모든 측면을 다 포용한다. 이러한 사랑의 힘을 통해 무슬림은 『꾸르안』과 더불어 이슬람법의 근간이 되는 예언자의 언행을 본받고자 애쓰고, 모든 세대의 모범인 예언자 인격의 덕성과 무결점을 보고 이를 통해 자신들의 영혼을 아름답게 가꾸고자 전력을 다한다(jihād, 지하드).

무함마드(Muḥammad), 아흐마드(Aḥmad), 무스따파(Muṣṭafā), 아불 까심(Abū'l-Qāsim)[7] 등 여러 이름과 칭호를 지닌 예언자는 570년경 아라비아 메카의 유력한 꾸라이시 부족 가운데 하심 가문(Banū Hāshim, 바누 하심)에서 태어났다. 메카는 당시 주요 도시이자 동시에 아라비아의 종교 중심지였다. 유일신을 받들고자 아브라함이 세운 카으바(Ka'bah) 성전에 우상 숭배에 빠진 여러 아랍 부족들이 그들의 우상을 안치해 놓았는데, 이 성전이 있는 곳이 바로 메카였다. 아라비아는 당시 '무지(無知)의 시대'로, 메카를 방문하였고, 아들 이스마일을 통해 아랍인들의 아버지가 된 유일신 신앙의 선조 아브라함이 전한 하나님의 유일성에 대한 가르침을 잊어버렸다. 그러나 이 근본적 유일신론을 보존하고 있던 신앙인들이 생존하였는데, 『꾸르안』은 이들을 후나파(ḥunafāʾ, 단수는 ḥanīf, 하니프)라고 부른다. 무함마드는 젊었을 때 결코 우상 숭배를 하지 않았고, 예언자로 선택될 때까지 유일신 신앙에 충실하였다.

그는 어린 나이에 양친을 잃고 할아버지 압둘 뭇딸립('Abd al-Muṭṭalib)과 알리의 아버지인 삼촌 아부 딸립(Abū Ṭālib)의 손에 자랐다. 또한 메카의 도시적 환경에서 벗어나 사막에서 베드윈족들 틈에서 성장하기도 했다. 뛰어난 신용 덕분에 그는 사람들에게 존경을 받았고, 믿음직스러운 사람(al-Amīn, 알-아민)으로 알려졌다. 그는 자신을 믿고 시리아 대상 행

---

7) 이는 예언자가 지닌 수많은 유명한 이름들 중 일부로, 그의 본성, 기능, 지위 등에 걸맞는 이름들이다. 무함마드(Muḥammad)는 칭찬을 뜻하는 어원 ḥmd 에서 나왔는데, 칭송받는 자라는 뜻이다. 아흐마드(Aḥmad)는 더 내면적인 면을 의미하는 예언자의 이름으로 무함마드와 같은 어근에서 나왔다. 무스타파(Muṣṭafā)는 '선택받은 자'를 뜻한다. 예언자 이름을 부르는 것은 경건한 신앙 행위에서 중요한 역할을 차지하는데, 특히 수피 전통에서 그러하다.

렬 책임자로 임명한 약 15세 연상의 부유한 미망인 카디자(Khadijah)와 25세에 결혼하였다. 무함마드와 그의 첫 번째 아내 카디자는 몇 명의 자식을 낳았는데, 훗날 알리와 결혼하여 예언자 후손들의 어머니가 되는 파티마도 이 두 사람의 딸이다. 예언자는 카디자와 행복한 가정생활을 누렸고, 그녀가 살아 있는 동안에는 그 어떤 여인과도 결혼하지 않았다. 그녀는 특히 예언자가 하나님의 소명을 받은 후 그의 부족원들을 비롯한 메카 사람들이 심하게 박대하며 적의를 표할 때 무함마드를 적극적으로 위로하고 후원하였다.

40세에 예언자에게 계시가 내려왔다. 그는 항상 깊은 생각에 잠겨 있었고, 종종 단식과 기도를 하고자 사막에 가곤 했다. 메카 바깥에 있는 히라(al-Ḥirā') 동굴에 머물 때 대천사 가브리엘이 나타나, 예언자가 죽을 때까지 약 23년간 그의 인생을 크게 바꾸어 놓은 계시를 전해 주었다.

『꾸르안』 계시는 예언자가 죽기 바로 전 완전히 그칠 때까지 각기 다른 시각, 다른 상황에 그에게 내려왔다. 처음에 예언자는 자신이 겪는 계시에 대해 의문을 품었으나 곧 계시의 진실성이 명백해졌다. 아내 카디자, 친구 아부 바크르, 그리고 사촌인 젊은 알리가 최초의 개종자들이었다. 점차 따르는 사람이 늘어나 삼촌 함자(Ḥamzah) 및 우마르('Umar ibn al-Khaṭṭāb, 우마르 이브닐 캇탑)와 같은 메카의 유력 인사들이 합류했다. 이러한 성공에 자극을 받은 꾸라이시 부족은 그에게 압력을 가하기 시작하였다. 예언자의 가르침이 꾸라이시 부족의 권력 기반인 우상과 우상 숭배를 거부하는 등 부족이 오랫동안 고수해 온 삶의 방식을 완전히 바꿔야 한다는 뜻을 내포하고 있었기 때문이다. 마침내 그들은 예언자를 살해하기로 마음먹었으나 하나님의 계획은 이와 달랐다. 북쪽에 있는 야스립(Yathrib)이라는 곳에서 온 일단의 사람들이 예언자에게 그들의 도시로 이주(al-hijrah, 알-히즈라)해서 지도자가 되어달라고 요청하였다. 예언자는 그들의 청을 받아들여 622년 6월 그곳을 향해 떠났다. 메디나 이주는 대단히 중요한 사건으로 이슬람력의 기원이 되었다. 마디나툰 나비(Madinat al-nabī), 곧 '예언자의 도시', 혹은 간단히 줄여 마디나(메디나)로 불리게 된 바로 이 도시에서 이슬람이 처음으로 사회 정치적인 질서를 이루어 훗날 전 세계 주요 문명의 하나로 확장되었기 때문이다.

메디나에서 예언자는 하나님의 예언자일 뿐만 아니라 정치가, 판관, 군사령관으로 공동체의 지도자가 되었다. 메카인들은 이 새로운 공동체를 여러 번 공격하며 위협하였다. 바드르, 우후드, 칸다끄, 카이바르 등에서 벌인 주요 전투에서 무슬림들은 숫적으로 열세임에도 불구하고 모두 승리(우후드의 경우 메카인들은 자신들이 이겼다고 생각하고 철수하였다)하여, 새로운 공동체의 생존이 확실해졌다. 한편 모든 아라비아 반도의 부족들이 점차 예언자와 동맹 관계를 맺어 새로운 종교를 받아들였고, 결국 메카인들도 더 이상 저항할 수 없게 되었다. 예언자는 8/630년에 메카에 승리자로 입성하여 그의 모든 적들을 용서하는 뛰어난 품성과 관대함을 보여주었다. 불구대천의 적들이 이슬람을 받아들였을 때 그의 삶은 정점을 이루었다. 『꾸르안』은 이에 대해 110장에서 다음과 같이 말한다.

> 인자하시고 자애로우신 하나님의 이름으로
> 하나님의 도움을 받고 승리하였을 때
> 너는 사람들이 무리 지어 하나님의 종교로 들어가는 것을 보리니.
> 너의 주님을 찬미하고 그분께 용서를 구하라.
> 그분은 용서하시니라.

예언자는 메디나로 돌아와서 아라비아 북부 지역을 이슬람화했다. 메디나로 옮겨온 지 10년 만에 그는 다시 메카로 가서 이슬람식 순례를 행함으로써 오늘날까지 지속되는 순례 의식을 확립하였다. 이 순례는 그의 마지막 순례가 되었다. 메디나로 돌아오자마자 병석에 누웠고 3일 만인 10/632년 라비울 아왈(Rabi' al-Awwal) 달 13일에 세상을 떠났다. 그의 시신은 아내 가운데 한 명으로 깊이 사랑했던 아이샤('Ā'ishah)의 거처에 묻혔다. 이슬람 최초의 모스크 바로 옆이다. 오늘날까지 그의 무덤은 넓은 '예언자 모스크'의 중심부를 차지하고 있고, 메디나는 메카에 이어 두 번째로 성스러운 이슬람 도시로 남아 있다.

23년 동안 예언자는 이슬람의 깃발아래 아라비아 반도를 통일하였을 뿐만 아니라 전 세계적 신앙 공동체를 이루는 데도 성공하였다. 이 신앙 공동체에게 그는 언제나 인간적 행동과 행위의 전형적 모범이요, 그의 전기(al-Sīrah, 앗-시라)는 수 세기를 거치는 동안 무슬림들에게 영적, 종교적 지침으로 남아 있다. 그의 비범한 일생은 가능한 모든 인간적 경험을 담고 있는데, 그는 이러한 경험을 이슬람적으로 성화하고 완성하였다. 그는 권력, 지배, 가난, 박해, 잔혹함을 경험하였다. 유일한 아들의 죽음이라는 비극과 함께 위대한 사랑을 맛보았다. 소박하게 살았으나 전 우주적 영역을 다스렸다. 50살이 되기 전까지 연상의 아내와 살았고, 늙은 나이에 여러 번 결혼하였다는 사실은 그의 다혼(多婚)이 육체적 열정과 무관함을 여실히 증명해 준다. 실상 대다수의 결혼은 여러 부족을 통합하기 위해 전략적으로 한 것이다. 또한 이러한 예언자의 결혼은 성을 원죄와 연결시키는 종교 전통과는 달리 성을 성스럽게 여기는 이슬람의 시각을 잘 보여 준다.

예언자가 겪은 최상의 내적 체험은 미으라즈(Mi'rāj)라고 하는 천상 여행으로, 메카에서 어느 날 밤 대천사 가브리엘이 기적적으로 예언자를 예루살렘으로 데려가 그곳에서 천상으로 인도한 것이다. 『꾸르안』이 언급하는 이 체험은 매일 드리는 예배의 내적 실상이며 이슬람의 모든 영적 체험의 전형이다. 예언자의 삶을 종합적으로 고려할 때 그를 인간 공동체의 지도자나 한 가정의 아버지, 가장, 아내를 여럿 두고 이슬람을 지키기 위해 전투에 참가하거나 사회 정치적 결단을 내린 사람으로만 생각해서는 곤란하다. 예배, 기도, 단식, 특별히 천상 여행과 같은 그의 내적인 삶 또한 깊이 고려해야 한다. 예언자와 이슬람은 안과 밖, 육체와 영혼의 균형을 이루고, 인생의 목표인 하나님의 단일성, 곧 유일 신성을 실현할 수 있는 근간인 마음의 평정을 이루고자 세상에 나왔기 때문이다.

이러한 단일성을 실현하는데 예언자는 기본적인 역할을 한다. 아랍어로 앗-순나(al-Sunnah)라고 하는 그의 행동과 관습이 이슬람의 중심이 되는 이유가 바로 여기에 있다. 그가 입고 먹는 법, 가족과 이웃을 대하는 법, 법률적·정치적 성격을 띤 그의 행동, 심지어는 동식물을 대하는 법 등이 모두 『꾸르안』 다음으로 이슬람에서 가장 중요한 자료인 그의 순나를 이루고 있다. 순나는 수 세기 동안 구전 및 기록으로 전해졌고, 헤아릴 수 없이 많은 무슬림들이 이에 따라 살고자 노력해 왔다. 이러한 순나를 가장 직접적으로 표현한 것이 예언자의 말씀을 모아 놓은 하디스(Ḥadīth)로, 실제 인간 삶과 생각의 모든 면을 총망라하고 있다.


## 하디스의 집대성

하디스는 이슬람의 주요 기둥이다. 최초 하디스 본문은 예언자가 직접 구술한 포고문, 편지, 논술문에서 찾아 볼 수 있고, 예언자의 초창기 동료들, 그리고 추종자나 타비운(tābi‘ūn)으로 알려진 다음 세대 사람들의 '글(ṣaḥīfah, 사히파)' 속에도 예언자의 말씀이 기록되었다. 이러한 장르를 뒤따라 아부 다우드 앗-타얄리시(Abū Dā’ūd al-Tayālisī)와 같은 학자들의 『문서(al-Musnad, 알-부스나드)』라는 텍스트가 나왔으나 가장 유명한 것은 2/8세기에 태어나 4대 순니 법학파 가운데 하나를 세운 이맘 아흐마드 이븐 한발(Imām Aḥmad ibn Ḥanbal)과 관련된 것이다. 또 다른 순니 법학파의 설립자로 그보다 조금 후대 사람인 이맘 말리크 이븐 아나스(Imām Mālik ibn Anas)의 유명한 『알-무왓따(al-Muwaṭṭā’)』를 언급할 필요가 있다. 비록 법률학과 이와 관련된 하디스를 다루고 있지만 많은 사람들은 이 작품을 최초의 중요한 하디스 모음집으로 간주한다.

여러 범주의 많은 문서들과 더불어 이 모든 작품들은 하디스 모음집에 실려 3/9세기 순니 세계에 등장하였다. 보통 '6개의 올바른 책(al-Ṣiḥāḥ al-sittah, 앗-시하흣 싯타)'으로 불리며 순니 세계에서 정통을 이루는 이 위대한 하디스 집성서들은 다음과 같다. ① 아부 압둘라 알-부카리(Abū ‘Abd Allāh al-Bukhārī)의 『자미웃 사히흐(Jāmi‘ al-Ṣaḥīḥ)』. ② 아불 후세인 이븐 무슬림 안-나이샤부리(Abū’l-Ḥusayn ibn Muslim al-Nayshābūrī)의 『사히흐(Ṣaḥīḥ)』. ③ 아부 다우드 앗-시지스타니(Abū Dā’ūd al-Sijistānī)의 『수난(Sunan)』. ④ 아부 이사 앗-티르미디(Abū ‘Īsā al-Timirdhī)의 『자미(Jāmi‘)』. ⑤ 아부 무함마드 앗-다리미(Abū Muḥammad al-Dārimī)의 『수난(Sunan)』. ⑥ 아부 압둘라 이븐 마자(Abū ‘Abd Allāh ibn Mājah)의 『수난(Sunan)』. 이 책들 외에도 다른 중요한 모음집들이 있지만 그들은 결코 이 여섯 작품이 누리는 권위를 얻지 못하였다.

참된 하디스와 거짓 하디스를 구별하기 위해 하디스 학자들은 조심스럽게 전승(isnād) 및 여러 다른 종교적 방법을 연구하였다. 부카리는 여러 도시를 여행하며 천 명이 넘는 하디스 전승자들의 조력을 받았다고 한다. 무슬림 학자들은 하디스의 신빙성을 부정한 서양의 오리엔탈리스트들보다 천 년이나 앞서 하디스의 진위를 구분하는 세세한 방법을 고안하였다. 하디스의 권위를 무시한다는 것은 곧 이슬람 전통의 구조를 파괴하는 것이다. 두말할 것도 없이 전통 무슬림 학자들은 서양 학자들의 역사 비평적 방법론을 받아들이지 않았는데, 서양 학자들의 비판적 논증들의 상당수가 나중에 발견된 역사적 증거물들에 의해 설 땅을 잃었기 때문이다. 서양 학자들의 학문적 입장은 은연중 이슬람 계시가 역사적 사실이라는 것을 부정하고 있다.

시아 하디스는 순니 하디스와 대부분 같지만, 시아는 순니보다 한 세기 뒤에 하디스를 모아 분류하였고, 예언자 가족을 중심으로 한 시아 고유의 하디스 전승에 그 근거를 두었다. 시아의 정통 하디스는 '네 권의 책(al-Kutub al-arba'ah 알-쿠투불 아르바아)'으로 구성되어 있다. ① 무함마드 이븐 야으꿉 알-쿨라이니(Muḥammad ibn Ya'qūb al-Kulaynī)의 『우술룰 카피(Uṣūl al-Kāfī)』. ② 무함마드 이븐 바부야 알-꿈니(Muḥammad ibn Bābūyah al-Qummī)의 『만 라 야흐두루훌 파끼흐(Man lā yaḥḍuruhu' l-faqīh)』. ③무함마드 앗-투시(Muḥammad al-Tūsī)의 두 권의 책, 『키타불 이스팁사르(Kitāb al-istibṣār)』. 그리고 ④『키타붓 타흐디브(Kitāb al-tahdhīb)』. 순니 세계에서 하디스는 전적으로 예언자의 말씀, 그리고 그 말씀을 모아 놓은 책 하디스를 지칭하지만, 시아 세계에서는 예언자의 말씀(al-ḥadīth al-nabawī, 알-하디순 나바위)과 이맘의 말씀(al-ḥadīth al-walawī, 알-하디술 왈라위)을 구분한다. 이맘의 말씀 역시 하디스라 부르고 예언자 하디스가 확장된 것으로 받아들이며 대단히 중시한다.

하디스는 세세한 법 조항에서부터 가장 훌륭한 도덕적·영적 가르침에 이르기까지 거의 모든 질문을 다룬다. "하나님은 아름다우시고, 아름다움을 사랑하신다"라는 하디스가 있는가 하면 "동물에게 친절한 행동을 하면 진정 하늘의 보상이 있을진저"라는 하디스도 있다. "남 몰래 하는 자선 행위는 하나님의 분노를 누그러뜨린다." "하나님은 만족하는 사람들을 사랑하신다"라며 영적 덕목과 도덕적 태도를 다루는 하디스들이 있는가 하면, "가장 훌륭한 지하드(흔히들 '성전'으로 번역하지만 문자적인 뜻은 '노력'이다)는 자기 자신을 정복하는 것이다." 또는 "분노를 참고 억누르는 사람에게 하나님께서는 큰 상을 내리신다"와 같이 많은 하디스들이 자기 절제에 대해 말한다. 또한 다른 사람들에 대한 의무를 가르치는 하디스들도 많다. "네 곁으로 상여가 지나가면, 죽은 자가 유다인이든 그리스도인이든 무슬림이든 간에 일어나라." "사람을 괴롭히지 말라. 만일 누군가가 너를 못살게 굴며 너의 나쁜 점을 드러낸다 하더라도 너는 그렇게 하지 말라."[8]

하디스는 이슬람 세계에 속하는 존재가 지닌 내외적 측면, 곧 행동과 사유, 다시 말해 인간 삶의 모든 것과 사유의 모든 면에 대한 말을 모아 놓은 것이다. 하디스는 예언자의 위대한 영혼과 하나님의 말씀을 가장 완벽하게 해석하고, 모든 무슬림에게 최상의 모범이 되는 예언자의 모습을 여실히 보여 준다. 하디스는 무슬림 영혼이 지닌 태도와 성향을 알 수 있는 실마리이자 『꾸르안』에 담긴 하나님의 말씀을 이해하는데 반드시 필요한 길라잡이다.

수천에 달하는 하디스 가운데 '신성한 하디스(al-aḥādith al-qudsiyyah 알-아하디술 꾸드시야)'라고 부르는 하디스가 있다. 이 하디스에서 하나님

---

8) 이 모든 인용문은 Allamah Sir Abdullah al-Ma'mun al-Suhrawardy, *The Sayings of Muhammad* (New York: Carol Publishing Group, 1990)에서 따왔고, 일부 수정하였다.

은 1인칭 화자로 예언자를 통해 말씀하시는데, 『꾸르안』에는 포함되지 않았다. 이 하디스들은 전적으로 내적인 삶을 가리키고, 수피 전통의 중요한 근간을 이룬다. 이렇게 신성한 말씀 가운데 가장 유명한 것 하나는 내면적 덕(iḥsān, 이흐산)의 완성이 수피의 임무라는 말씀이다. "마치 하나님을 뵌 것처럼 하나님을 숭배하라. 만일 하나님을 뵙지 못했다 하더라도 하나님께서는 그대를 보신다. 이것이 이흐산(iḥsān)이다." 이러한 말들은 영적인 삶의 가장 내면적이고 친밀한 측면에 대해 이야기하기에 지난 수 세기 동안 수피들은 이들 말씀에 대해 명상하였다. 또 이를 해석하여 수많은 글을 남겼는데, 이를 통해 신성한 하디스는 끊임없이 반복되었다. 신성한 하디스는 하나님으로부터 직접 나와 이슬람의 내면적 가르침을 보여 준다. 수피 전통은 이슬람의 내면적 차원의 결정체인데, 이것의 필수적인 원천이 바로 신성한 하디스다.

# 교의와 신조

## 하나님

이슬람의 중심 교의는 하나님의 이름, 특성과 함께 하나님 그 자체에 관한 것이다. 절대자, 무한자, 완전한 선(善)인 하나님의 본성에 관한 교의는 이슬람의 핵심이다. 궁극 실재, 또는 알라는 하나님이요, 존재요, 초인격적 실재다. 하나님은 순수 존재일 뿐만 아니라 무한성, 절대적 본질을 제한하지 않고서는 한마디도 그에 대해 말할 수 없는 그런 초월적 존재로, 모든 한계를 뛰어넘는다. 하나님의 본성에 관한 이슬람 교의를 담고 있는 신앙 증언 라 일라하 일랄라(Lā ilāha illa'Llāh)가 부정의 뜻을 나타내는 라(lā)로 시작하는 것도 이런 이유다. 궁극적 실재의 신적 본질, 또는 하나님에 대해 조금이라도 말하려 한다면 그런 말로 신적 본질이나 하나님을 제한해야 하기 때문이다. 그래서 『꾸르안』은 이렇게 말한다. "그분에 비할 것 아무것도 없도다."(42.12)

하나님은 완전히 초월적이고 모든 한계와 경계, 개념과 관념을 넘어서는 절대자, 일자(一者)다. 그러면서도 하나님은 『꾸르안』 말씀처럼 내재(內在)한다. "그분은 태초에도 계셨고 마지막에도 계시며 현존해 계시되 나타나지 아니하시나 모든 것을 알고 계시니라."(57.3) 하나님은 최초의 존재(al-Awwal, 알-아왈)다. 왜냐하면 그가 만물의 알파, 곧 시초이기 때문이다. 그는 마지막에 있는 존재(al-Ākhir, 알-아키르)다. 왜냐하면 인간 영혼뿐 아니라 우주 전체, 곧 만물이 그에게 다시 돌아가기 때문이다. 그는 겉으로 드러나시는 분이다. 왜냐하면 드러남이란 '무(無)'의 탁자 위에 그의 이름과 특성이 신적으로 드러나는 것이고, 모든 존재는 궁극적으로 그의 존재의 빛이기 때문이다. 그러나 그는 또한 은밀한 분이다. 만물에 내재하기 때문이다. 현명한 사람만이 하나님이 은밀한 존재라는 말의 뜻을 온전히 이해하고 알며 다음 『꾸르안』 구절의 의미를 파악할 수 있다. "동쪽과 서쪽이 하나님께 있나니 너희가 어느 방향에 있든 간에 하나님 앞에 있노라. 진실로 하나님께서는 모든 것을 알고 계심이라."(2.115) 더욱이 신적 초월성(ta'ālī, 타알리)을 깨달아야만 이를 이해할 수 있다. 하나님은 먼저 초월자로 알려지고 경험되어야만 내재자로 자신을 드러내기 때문이다.

수피들은 검은 빛에 대해 말해 왔다. 너무 강렬한 빛으로 인한 어둠을 검은 빛이라 한다. 이 어둠처럼 하나님은 모든 규범과 정의를 뛰어 넘는 본질(al-Dhāt, 앗-다트)을 지닌다. 비록 모든 이중성(二重性)과 성별을 초월하지만 신적 본질을 종종 여성형으로 말하는데, 앗-다트는 아랍어에서 여성이다. 형이상학적으로 말하자면, 무한성이라는 측면에서 신적 본질은 여성성의 최상 원칙으로, 창조자라는 신성의 측면을 넘어선다. 그러나 본질은 우주를 드러나게 하는 원리들을 구성하고, 대우주적이나 소우주적으로 존재하는 모든 것의 궁극적 원형인 하나님의 이름과 특성 안에서 자신을 드러낸다. 『꾸르안』은 말한다. "가장 아름다운 이름이 하나님께 있으니 그것들로 그분을 부르라."(7.180) 하나님의 이름에 관한 학문은 이슬람의 지적, 종교적 학문 분과의 핵심으로 형이상학, 우주론, 신학, 윤리학에서 중심적 역할을 한다. 물론 하나님의 이름을 부르고 낭송하는 실천적 측면은 더 말할 것도 없다. 수피 전통은 이를 특별히 중요하게 여긴다.

이슬람에서 하나님은 스스로 『꾸르안』을 통해 이름을 드러내고 성스럽게 하였다. 그리하여 하나님의 이름은 인간이 자신의 창조주 하나님으로 되돌아가는데 도움을 주는 능력을 갖게 된다. 최상의 이름은 알라(Allāh)로 신적 본질과 신적 특성 모두를 가리키며, 다른 모든 이름을 포함한다. 전통적으로 99개의 이름이 있고, 이에 따라 무슬림들이 쓰는 염주의 구슬도 99개다. 하나님이 스스로를 이슬람에 드러낸 것처럼 하나님은 이러한 이름들을 아랍어로 쓴다. 무슬림은 『꾸르안』과 하디스를 통해 이러한 이름들을 알게 된다. 이름은 장엄한 이름(asmā' al-jalāl, 아스마울 잘랄)과 자비의 이름(asmā' al-jamāl, 아스마울 자말)으로 나뉘는데, 이는 우주 질서에 드러난 남녀의 원리를 나타낸다. 하나님은 자비롭고 정의롭다. 하나님은 자비로운 분(al-Raḥmān, 아르-라흐만), 자애로운 분(al-Raḥīm, 아르-라힘), 관대한 분(al-Karīm, 알-카림), 용서하는 분(al-Ghafūr, 알-가푸르)이다. 그는 또한 승리자(al-Qahhār, 알-까하르), 정의로운 분(al-'Ādil, 알-아딜), 인간에게 죽음을 주는 분(al-Mumīt, 알-무미트)이다. 앞에서 말한 것처럼 하나님의 이름은 이슬람 사상과 신앙에서 핵심적 역할을 하고, 온 우주와 하나님 안에 있는 모든 것을 드러내고 반영한다. 하나님의 이름은 곧 하나님의 본성에 관한 가장 완벽한 교리 가운데 하나를 보여 준다. 이름을 통해 아브라함의 유일신이 마침내 그 모습을 온전히 드러냈다고 할 수 있을 것이다.

## 예언과 계시

　예언(nubuwwah, 누부와)은 이슬람에서 하나님의 유일성, 또는 하나님의 본성에 관한 교의 다음으로 가장 중요하다. 이슬람에 따르면 하나님은 아담으로부터 시작하여 『꾸르안』 계시로 끝난 예언을 인간 역사의 중심적 실재로 삼았다. 모든 민족에게 도합 12만 4,000명의 예언자가 보내졌고, "각 민족에 선지자가 보내어졌으니"(10.48)라는 『꾸르안』 말씀대로 하나님은 계시를 모든 민족에게 내렸다.

　하나님만이 예언자를 선택한다. 하나님으로부터 받은 말씀을 전해 주는 예언자(nabī, 나비), 주요한 가르침을 전하는 사도(rasūl, 라술), 그리고 모세, 예수, 무함마드처럼 새로운 종교 전통을 세운 결단력 있는 사람(ūlu'l-ʿazm, 울룰 아즘) 등 여러 종류의 예언자가 있다. 어떤 경우든지 간에 예언자는 하나님으로부터 말씀을 받는다. 예언자의 말과 행동은 그 자신이 만들거나 다른 이들로부터 받은 역사적 영향의 결과물이 아니다. 예언자는 그 누구의 영향도 받지 않는다. 예언자가 수동적으로 받아 전하는 말씀은 다름 아닌 하나님으로부터 오기에 신선하고 진실로 독특한 향기가 난다.

　이슬람에서 계시(al-waḥy, 알-와히)는 예언자가 천사를 통해 받은 하나님의 말씀으로, 그 어떠한 인간적 조작도 있을 수 없다. 하나님은 직접 예언자를 선택하여 세상을 위한 말씀을 내려주시기에, 하나님의 말씀은 이러한 조건에 맞는 형식을 취하고 있다. 이 의미를 잘 이해한다면 계시가 영감(al-ilhām, 알-일함)과 분명히 다르다는 것을 알 수 있다. 영감은 인간이라면 누구나 경험할 수 있는 것으로, 정신적 수련을 통해 마음과 영혼을 단련하여 준비가 된 사람들은 영감을 얻을 수 있다. 물론 "영은 가고 싶은 대로 가고",(요한서 3장 8절을 인용한 듯함—옮긴이) 외부적 환경만 봐서는 이해하기 어려운 경우에도 다양한 수준의 영감이 생길 수 있다.

## 천사의 세계

『꾸르안』은 항상 천사들(al-malā'ikah, 알-말라이카)에 대해 이야기하는데, 천사의 존재는 신앙(al-īmān, 알-이만)의 한 부분이다. 천사들은 계시를 전해 주는 가브리엘(Jibra'il, 지브라일)이나 인간이 죽는 순간 영혼을 거두어가는 이스라일(Isrā'īl)처럼 이슬람 세계에서 주요 역할을 맡고 있다. 하나님의 옥좌(al-'arsh, 알-아르시) 주변을 둘러싸고 있는 이들로부터 자연 세계에서 하나님의 계시를 수행하는 이들에 이르기까지 천사들에게는 위계질서가 있다. 물론 이들은 빛나고, 선(善)을 행하며, 하나님이 드러내는 아름다움에 완전히 젖어 있고, 하나님의 뜻에 순종한다. 그러나 원래 천사였던 악마 이블리스(al-Iblīs)는 아담 앞에 엎드리는 것을 거부하여 하나님의 은총을 잃고 악의 화신(化身)이 되었다.

천사들은 이슬람 철학과 우주론에서 기본적인 역할을 한다. 몇몇 천사는 지식과 빛의 도구로 나온다. 또한 천사들은 일상의 종교적 삶에서도 중요한 역할을 하여 무슬림들은 천사를 세상의 일부로 여긴다. 17세기 이래 천사가 사라진 서양 그리스도교와는 달리 오늘날 무슬림들의 종교적 우주에서 천사는 여전히 존재한다고 할 수 있다. 그런데 천사는 정령(jinn, 진)과 반드시 구분해야 한다. 『꾸르안』에도 나오는 정령은 이슬람의 우주에 존재하고 일정한 역할을 하고 있지만 영적(spiritual)이라기보다는 심리적(psychic) 존재다.

## 인간의 상태

이슬람에서 인간은 하나님 앞에 서 있는 존재로, 하나님의 종(al-ʻabd, 알-압드)이자 지상 대리자(al-khalīfah, 알-칼리파)다. 하나님은 진흙으로 최초의 인간 아담을 만들어 영(Spirit)을 불어 넣었다. 하나님은 아담에게 만물의 이름을 가르쳤고 모든 천사들로 하여금 그 앞에 엎드리라고 명령하였다. 『꾸르안』은 다음과 같이 말한다. "하나님께서 천사들에게 명령하시어 아담에게 엎드려 절하라 하시니 모두가 엎드려 절을 하나 이블리스만 거절하며 거만을 부렸으니 그는 불신자들 중에 있었노라."(2.34) 하나님은 아담에서 이브를 만들어 그의 짝이 되게 하였고, 이 둘은 천국에서 살다가 하나님의 명령을 어기고 금지된 나무의 열매를 먹었다. 그리하여 그들은 천상의 완벽함을 잃고 타락한 인간의 특징인 망각(al-ghaflah, 알-가플라)으로 오염되었다. 그러나 그들이 그리스도교에서 말하는 원죄를 지은 것은 아니다. 원죄설은 인간 본성을 근본적으로 왜곡하는 것이다. 더욱이 타락의 책임은 아담을 유혹하여 금지된 열매를 먹게 한 이브에게만 있는 것이 아니라 아담과 이브 둘 모두에게 있다.

이슬람적 시각에서 보면 인간은 영혼 깊숙한 곳에 하나님의 유일성을 증거하는 원초적 본성(al-fiṭrah, 알-피뜨라)을 지니고 있다. 이슬람에서 인간은 지성(知性)인데, 지성은 그 본성상 하나님의 유일 신성을 확증한다. 그리고 지성에 의지가 더해지는데, 이 의지는 계시가 인도한다. 종교의 기능은 지성의 올바른 작용을 방해하는 감정이라는 장막을 걷어 내는 것이다. 종교는 본질적으로 인간 스스로 자신이 누군지 생각하고 자신 안에 있는 내적 원초적 본성으로 되돌아가도록 만드는 수단이다.

인간은 하나님의 종 혹은 노예(ʻabd Allāh, 압둘라)로 반드시 하늘에 대해서는 완벽하게 수동적이고, 하나님의 지상 대리자로 인간 주변에 있는 것들에 대해서는 능동적이어야 한다. 진정한 의미에서 온전한 인간이 된다는 것은 천지를 창조한 하나님에게 완전히 순종하고, 창조 질서의 은총이 피조물들에게 미치도록 매개체가 되는 것을 의미한다. 르네상스 이후 서구에는 하늘에 대해 항거하는 프로메테우스와 티탄과 같은 인간상이 만연한데, 이슬람은 이를 철저히 거부한다. 이슬람적 관점에서 인간의 위대성은 인간 그 자체가 아니라 하나님에 대한 순종에 있고, 인간은 하나님과 하나님의 뜻에 얼마나 잘 따랐는지 늘 평가 받는다. 사물을 알고 지배하도록 인간이 받은 힘 역시 "하나님께서는 당신의 형상으로 인간을 만드셨다"는 하디스처럼 인간이 자신의 신적 본성을 기억하며, 인간 존재의 원리이자 되돌아갈 궁극적 목적인 눈부신 신적 실재에 끊임없이 순종해야만 정당하게 쓸 수 있다. 인간의 모든 위대함이라는 말을 통해 무슬림은 알라후 아크바르(Allāh akbar), 곧 "하나님은 위대하시다"라는 것과 모든 위대함이 궁극적으로 하나님에게 속한다는 것을 깨닫는다.

이슬람은 다른 피조물들이 하나님의 이름을 일부만 반영하는데 반해 인간 본성은 하나님 앞에 서서 마치 거울처럼 하나님의 이름과 특성을 비추고 있다고 본다. 아담은 우리가 알고 있는 형태의 지금 인간의 모습으로 진화하지 않았다. 인간은 항상 인간으로 존재했고 앞으로도 그럴 것이다. 인간의 진화는 불가능하다. 인간은 지상 존재 집단의 중심이다. 집단의 중심인 이상, 중심으로 진화하거나 이동할 수는 없는 법이다. 인류 역사에서 신적 진리는 빛나기도 하고 여러 번 그 빛을 감추기도 했지만, 인간은 변함없이 인간으로 존재하였다. 하나님은 『꾸르안』에서 인간에게 직접 말을 건네며, 남녀 할 것 없이 모든 무슬림을 하나님 앞에 바로 서게 하여 누구의 도움도 없이 하나님과 직접 소통하는 사제와 같은 존재로 만들었다.

## 남자와 여자

『꾸르안』은 여러 곳에서 남녀를 명백히 구별하여 언급하거나 인간 전체에 대해 이야기한다. 이슬람 율법은 남녀 모두에게 적용되는 것으로, 남녀 모두 영원히 죽지 않는 영혼을 가지고 있어, 이 세상에서는 자신이 행한 일들에 대해 책임을 지고 사후에는 그에 따른 심판을 받는다. 속죄의 단계와 함께 천국과 지옥의 문은 남녀 모두에게 열려 있고, 종교적 율법 역시 남녀 모두에게 적용된다.

사회 경제적 측면에서 이슬람은 남녀의 역할을 경쟁적이 아니라 상호 보충적인 것으로 본다. 여성은 남성보다 가족 보존과 육아를, 남성은 여성보다 가족에 대한 경제적 지원을 각각 더 하는 역할을 맡는다. 그러나 남녀 모두 이슬람법에 따라 완전히 경제적 독립을 누리고, 여성은 남편의 뜻에 얽매이지 않고 원하는 대로 재산을 관리할 수 있다. 이슬람법은 이혼을 허락하지만, 가정의 역할을 핵심적인 것으로 특별히 강조하는데, 오늘날에도 여전히 그러하다. 예언자의 말씀에 따르면 하나님이 허락한 모든 것 중에서 하나님이 가장 싫어하는 것은 이혼이다.

이슬람은 성(性)을 그 자체로 어길 수 없는 약속이라고 여긴다. 따라서 결혼은 성사(聖事)라기보다는 두 남녀가 맺은 계약이다. 일부다처는 관계 당사자가 모두 동의하고 남편이 아내들을 공평하게 대한다는 조건하에서 가능하다. 간통의 경우 4명의 증인이 있어야만 처벌할 수 있지만 모든 불미스러운 성행위는 엄격히 금하고 이슬람법에 따라 처벌한다. 이슬람 세계에서 대다수 가정은 일부일처를 따르고 있고, 일부다처제는 보통 경제적 이유로 행해지고 있으며, 모든 사회 구성원을 한 가족으로 묶고자 하는 이슬람의 의도도 이에 한 몫 한다. 몇몇 현대 비평가들이 주장하듯 이슬람의 가르침에 따른 일부다처제는 합법적 음행이 아니다. 오히려 남성에게 아내와 자녀에 대한 모든 사회 경제적 책임을 지우는 것이다.

사회생활에서 남녀를 분리하는 것과 베일(veil)을 착용하는 것은 남녀가 서로 도와 역할을 보충하고 성(性)이 성스러운 것이라는 이슬람적 개념을 드러낸다. 베일을 쓰는 것은 이슬람에만 독특한 것은 아니다. 동방에 살던 유다인과 그리스도인들 또한 천년 넘게 해 온 일이다. 그러나 이슬람이 이를 강조하였기에 서구인들은 베일 착용을 이슬람 고유의 것으로 간주해 왔다. 이슬람은 여성에게 옷을 바르게 입어 머리나 몸을 낯선 사람에게 노출하지 말라고 가르친다. 얼굴을 가리는 것은 동방의 정착사회에서 행하던 아주 오래된 관습으로 무슬림들이 이를 받아들였는데, 유목민 여성이나 조그마한 농촌 마을 여성들은 오늘날까지도 이를 따르지 않는다. 여성이 몸을 가리는 것은 남성과는 다른 여성의 내적인 면과 직접적인 관계가 있다. 남녀 두 성에 관한 이슬람의 가르침을 종합적으로 고려해본다면, 이 두 성의 관계가 평등하다는 것을 알 수 있다. 여성에 대한 남성의 우월성과 남성에 대한 여성의 우월성은 두 성의 관계와 이원성의 초우주적, 우주적인 면을 고려하느냐, 아니면 인간적 측면들을 고려하느냐에 따라 달려있다. 이 관계는 하나님의 이름이 지닌 상호 보완성, 심지어는 이를 뛰어넘어 절대적이며 무한한 하나님의 본성에 그 근거를 두고 있다.

## 우주

『꾸르안』은 인간 세계뿐 아니라 자연계에 대해서도 끊임없이 말한다. 하늘, 산, 나무, 동물은 우주와 자연 질서의 성스러움을 거듭 확언하는 이슬람 계시의 일부다. 『꾸르안』은 자연 현상을 아야트(āyāt, 징조, 또는 예증)라고 하는데, 이 말은 『꾸르안』 구절을 가리킬 때도 쓰는 말이다. "하나님께서 그들에게 당신의 예증(아야트)을 대지 안에서 그리고 그들의 영혼 속에서 보여 주시리니 이것이 진리임을 그들이 알 때까지라"(41.53)라는 『꾸르안』 구절에 잘 드러나는 것처럼 인간 영혼에 나타나는 징조를 의미하기도 한다. 자연 현상은 단지 오늘날 우리가 이해하는 자연 현상만은 아니다. 현상을 넘어서는 뜻을 드러내는 징조다. 자연은 책과 같아서 그 아야트를 『꾸르안』의 아야트처럼 읽을 수 있고, 실제로도 『꾸르안』 덕분에 그렇게 읽는 것이 가능하다. 계시만이 우주라는 본문의 내적 의미를 밝힐 수 있기 때문이다. 몇몇 무슬림 사상가들은 우주를 '창조의 『꾸르안』, 또는 우주적 『꾸르안』(al-Qur'ān al-takwīnī, 알-꾸르아눗 타크위니)'이라고 불렀고, 매일 무슬림들이 읽는 『꾸르안』은 '기록된 『꾸르안』(al-Qur'ān al-tadwīnī, 알-꾸르아눗 타드위니)'라고 하였다. 우주는 원초적 계시다. 계시의 말씀이 모든 산과 나뭇잎에 적혀 있고, 해, 달, 별에서 나오는 빛은 계시의 말씀을 반영하고 있다. 무슬림들은 『꾸르안』 덕분에 이 말씀을 읽을 수 있다.

이러한 관점에서 보면 이슬람은 자연과 초자연을 명백하게 구분하지 않는다. 하나님의 은총 혹은 바라카는 성스러운 의식에서 흘러나와 우주의 동맥으로 들어가고, 자연은 무슬림의 종교적 삶에서 중요한 역할을 차지한다. 무슬림 의례에는 천문적, 우주적 차원이 있다. 매일 예배 시간은 단식의 처음과 끝을 정할 때처럼 실제 태양의 움직임에 따라 결정한다. 지구 그 자체는 원초적 모스크이고 인간이 만든 모스크라는 공간은 그 자체가 순수한 자연의 공간을 모방하고 재현한 것이다. 무슬림들은 전통적으로 늘 자연과 조화롭게 균형을 이루며 살아 왔다. 이러힌 모습은 전통적 이슬람 도시 설계에서 잘 볼 수 있다. 인간은 언제나 하나님의 창조물에 대해 책임감을 지고 있다는 것을 깨달은 상태에서만 하나님의 대리자로 자연을 지배할 수 있다.

일본 여러 지역에서 나타나는 심각한 오염이 자연에 대한 선 불교(禪佛敎)나 신도(神道)의 가르침과 관련이 없는 것처럼 이슬람의 가르침이 오늘날 이슬람 세계 여러 곳에서 볼 수 있는 생태 환경 재앙의 원인이라고 생각해서는 안 된다. 우주와 자연 질서에 관한 이슬람 전통 사상은 자연 재앙을 불러일으키지 않았다. 오히려 지난 천년 이상 자연과 평화롭게 살아 온 문명을 창조하였다. 또한 이슬람은 자연에 관한 광범위한 형이상학과 신학, 그리고 전통 예술을 발전시켰다. 하나님의 피조물로 하나님의 지혜와 권능을 반영하는 자연은 이 전통 예술이 우리가 일반적으로 생각하는 단순한 사실주의적 예술이 되지 않도록 하는데 중요한 역할을 하였다. 이와 관련해서 이슬람에서 가르치는 천국에는 수정만이 아니라 동·식물들도 있다는 것을 알아야 한다. 이들 동·식물들은 바로 여기 지상에서 천국의 자태를 드러내고 있다.


## 종말론

『꾸르안』 및 예언자의 하디스는 여러 곳에서 소우주와 대우주의 종말론적 실상에 대해 이야기한다. 이슬람은 헤아릴 수 없는 차원에서 하나님의 자비가 항상 펼쳐지지만, 사람은 사후에 살아생전 지닌 신앙과 행동에 맞는 상태에 처한다고 가르친다. 『꾸르안』과 하디스는 천국과 지옥을 생생하게 묘사하며, 전통적인 주석서가 더 자세히 설명하는 일시적 정죄 단계, 또는 중간 단계에 대해서도 말한다. 이러한 가르침들은, 특히 『꾸르안』에서 생생하고 구체적이지만, 상징적이기에 문자 그대로 이해해서는 안 된다. 인간 상상력의 한계를 뛰어 넘는 사후 상태와 종말의 실상에 대한 묘사는 상징적으로밖에 표현할 수 없는 법이다. 이븐 아라비(Ibn 'Arabi)와 사드룻딘 시라지(Ṣadr al-Dīn Shīrāzī)와 같은 인물들의 영감 어린 주석서나 지혜로운 작품에서 이러한 말의 진정한 뜻을 찾아야 한다.

이슬람은 대우주적 차원의 종말 사건에 대해 상세하게 가르친다. 이슬람은 인류와 우주의 역사에 시작과 끝이 있다고 본다. 인간 역사의 종말 시기에 마흐디(Mahdī)라고 부르는 사람이 등장하여 신앙의 적을 무찌르고 이 땅에 평화와 정의를 곧추 세울 것이다. 순니들은 마흐디가 예언자가 속했던 부족 출신으로 그 이름이 무함마드라고 믿는다. 반면 시아들은 그가 열두 번째 이맘인 무함마둘 마흐디(Imām Muḥammad al-Mahdī)라고 한다. 아무튼 두 전통은 모두 마흐디가 통치한 이후 하나님만이 아는 어느 정도의 시간이 지나서 그리스도가 예루살렘에 재림할 것이라고 믿는다. 그리스도의 재림으로 인류의 역사는 끝을 맞이하고 최후의 심판일이 온다. 그리스도는 그리스도인들만의 그리스도가 아니다. 그리스도는 아브라함으로부터 시작하는 예언자 전통의 주요 인물로 이슬람 종말론에서 중심적 역할을 차지한다. 마흐디 출현에 대한 믿음은 실로 대단하다. 이슬람 역사를 통틀어 특별히 압제와 혼란의 시기에 다양한 천년 왕국 운동이 일어났고, 수 세기 동안 카리스마가 강한 지도자들이 여럿 등장해 마흐디로 자처하였다. 그들 중 몇몇은 13/19세기 수단의 마흐디처럼 이슬람 세계 여러 곳에서 중요한 흔적을 남겼다. 여하튼 마흐디 출현에 대한 믿음은 이슬람 세계 전역에 강하게 남아 있다. 최후의 심판일과 관련된 종말의 실상을 믿는 것은 이슬람 신앙의 본질적인 부분이다. 이러한 믿음은 다음 세상에서 하나님을 만나기 위해 준비하며 현세를 살아가는 무슬림 삶의 현실이다.

# 이슬람의 여러 차원들

## 신법의 내용 및 체계와 법학파

샤리아, 혹은 이슬람 신법(神法, al-Sharī'ah, 앗-샤리아)은 종교의 핵심일 뿐 아니라 의례적·법적·사회적 측면에서 이슬람 자체를 구성한다. 무슬림은 샤리아가 하나님의 뜻을 구체적으로 표현한다고 생각한다. 현세의 행복과 내세의 지극한 기쁨을 위해 무슬림들이 따라야 하는 것이 샤리아인데, 이는 하나님이 원하는 것이다. 샤리아를 제대로 따르지 못한다하더라도 무슬림은 여전히 무슬림이다. 그러나 샤리아를 인정하지 않는다면 더 이상 무슬림이 아니다. 샤리아는 요람에서 무덤까지 무슬림의 삶을 다스리고 일상의 모든 면을 성화하고 인간 사회의 균형을 이루며, 사람들이 살아가는 동안 올바르게 하나님의 피조물로 그의 뜻에 순종하며 그의 법에 맞게 맡은 바 직분을 다할 수 있는 방법을 제시한다.

무슬림은 겉으로 드러난 샤리아의 의미를 넘어서서 길, 즉 따리까(Tarīqah)를 통해 법의 신성한 형태 및 그 안에 있는 진리인 하끼까(Haqīqah)에 도달할 수 있다. 그러나 이를 위해서는 반드시 먼저 샤리아에서 출발하여, 전심전력으로 샤리아를 준수해야 한다. 샤리아가 원주(圓周)라면, 그 선 위 여러 점은 무슬림이다. 원주 위의 점을 원 중심으로 연결하는 반지름은 따리까를 상징하고, 원 중심은 하끼까라 할 수 있다. 원

중심, 원주, 반지름 등을 포함한 원 전체는 이슬람 전통 전체를 나타낸다. 그러나 원주라는 선 위에 서 있어야만 원 중심에 이르는 반지름 길을 걸을 수 있다는 것을 기억해야만 한다. 이는 곧 샤리아 없이는 어떠한 영적인 여행도 불가능하고, 종교 그 자체도 행할 수 없다는 말로, 샤리아의 중요성을 잘 보여 준다.

샤리아는 아랍어 어근 shr'에서 나온 말로 길을 뜻한다. 샤리아는 인간이 이 세상을 살아가는 동안 걸어야 할 길이기 때문이다. 이슬람은 삶의 완전한 길이기에 샤리아는 예배 의식에서 경제 행위에 이르기까지 삶의 모든 면을 포괄한다. 그러나 보통 명확성을 기하고 계율을 쉽게 배우도록 하기 위하여 샤리아를 이바다트('ibādāt, 하나님을 경배하는데 관련된 것)와 무아말라트(mu'āmalāt, 인간 상호 관계에 대한 것)로 나눈다. 이바다트는 이슬람 의례와 관계된 모든 것들을 포함하는데, 예배와 단식 같이 의무 사항 및 여러 권장 사항 등은 모두 이에 속한다. 무아말라트는 사회적이든 경제적이든 정치적이든 간에 할 것 없이 모든 거래를 포함하여 이웃이나 사회 전체의 인간 관계를 다룬다.

샤리아는 모든 행위를 의무(wājib, 와집), 권유(mandūb, 만둡), 허용(mubāḥ, 무바흐), 비난(makrūh, 마크루), 금기(ḥarām, 하람) 등 모두 다섯 가지로 구분한다. 예를 들자면, 의무는 매일 행하는 예배(ṣalāh, 살라), 권유는 가난한 자에게 돈을 주는 행위, 허용은 야채의 종류나 운동처럼 법과 무관하여 해도 좋고 안 해도 좋은 행위, 비난은 이혼, 금기는 살인, 간통, 도둑질, 돼지고기, 돼지와 관계된 음식, 술 등이다. 샤리아는 인간 행동의 값어치를 알려 주고, 무슬림은 이에 맞게 행동하며 살아간다. 그렇다고 해서 무슬림에게 자유가 없다는 것은 아니다. 이슬람에서 자유는 단순히 모든 권위에 도전하는 개인적 항거가 아니라 바로 그러한 자유에 참여하는 자체로 규정하기 때문이다. 그리고 이 자유라는 것은 온전한 의미에서 오로지 하나님의 것이다. 신법을 따르면서 무슬림은 구속감을 느끼는 것이 아니라 오히려 자유로움을 얻는다. 무슬림이라는 존재는 신법에 순응함으로써 더욱 더 넓어지기 때문이다. 무슬림은 하나님의 뜻에 순종함으로써 개인적 자아와 욕정에서 벗어날 수 있다.

샤리아의 근거는 『꾸르안』이고, 궁극적 입법자(al-Shāri', 앗-샤리)는 하나님이다. 하디스와 순나는 샤리아의 두 번째 주요 근원으로 『꾸르안』을 보완한다. 예언자가 하나님의 말씀의 의미를 가장 잘 해석하기 때문이다. 메디나 공동체에서 샤리아는 예언자와 공동체가 행한 실제 행동에 입각하여 만들어지기 시작했고, 예언자는 새로 생긴 이슬람 사회의 재판관으로 법률적 판단을 내렸다. 이러한 초기 관습, 그리고 『꾸르안』과 순나 및 이즈마(ijmā', 공동체의 합의), 끼야스(qiyās, 유추)와 같은 원칙에 따라 후대 무슬림들은 법을 적용하고 체계화하였다. 오늘날까지 이어지고 있는 법학파(al-madhāhib, 알-마다힙)를 세운 사람들이 등장한 시기는 2/8세기다. 순니 세계 법학파 원조는 이맘 말리크 이븐 아나스(Imām Mālik ibn Anas), 이맘 아흐마드 이븐 한발(Imām Aḥmad ibn Ḥanbal), 이맘 아부 하니파(Imām Abū Ḥanīfah), 이맘 무함마드 앗-샤피이(Imām Muḥammad al-Shāfi'ī)인데, 이들로부터 말리키(Mālikī), 한발리(Ḥanbalī), 하나피(Ḥanafī), 샤피이(Shāfi'ī) 학파가 형성되었다. 이들 가운데 이맘 샤피이는 『꾸르안』, 순나, 이즈마, 끼야스라는 4대 법원(法源) 법리론을 고안하였기에 특별히 많은 이들이 기억하지만, 모든 법학파가 이러한 원칙을 다 받아들이지는 않는다.

오늘날 순니 대다수는 이들 네 학파를 따른다. 북아프리카는 거의 다 말리키 학파요, 이집트, 말레이, 인도네시아는 샤피이 학파요, 터키와 인도-파키스탄 지역은 하나피 학파요, 사우디와 시리아 지역은 한발리 학파가 주축이다. 12 이맘파 시아는 자으파리(Ja'farī) 법학파를 따른다. 이 학파는 6번째 시아 이맘이자 이맘 아부 하니파의 스승이었던 이맘 자으파룻 사디끄(Ja'far al-Ṣādiq)의 이름을 따라 지은 것이다. 이들 다섯 학파는 샤리아의 주요 법학파다. 그러나 이외에도 자이디(Zaydī), 이스마일리(Isma'īlī), 그리고 오만과 알제리 남부의 이바디('Ibādī)와 같은 소수 법학파도 존재한다. 또한 점차 사라져 지금은 더 이상 따르는 사람이 없는 순니 법학파도 있었다.

샤리아 학파들은 각기 기본적인 법원을 근거로 서로 다른 법 해석을 내놓았지만, 그 차이는 그다지 크지 않다. 심지어는 4대 순니 법학파와 자으파리 학파 사이의 법학적 견해도 큰 차이가 없다. 자으파리 학파가 순니 학파들이 금하는 임시 결혼을 허락하고, 죽은 이의 형제보다는 후손들에게 상속 권한이 더 있다고 강조하는 것이 눈에 띄게 다를 뿐이다. 기본적 의례에 관한 순니와 시아의 차이도 순니 학파 사이의 다름 이상을 넘어서지 못한다.

법학파를 체계화시킨 위대한 법률가들(fuqahā', 푸까하[faqīh, 파끼흐의 복수])은 기본 법원에 근거를 둔 법 해석을 하였다. 이를 이즈티하드(ijtihād)라고 한다. 순니 세계에서 이즈티하드의 문은 4/10세기에 닫혔고, 19세기 말이래 여러 법학자들이 이를 다시 열고자 노력하고 있다. 시아 세계에서 이즈티하드의 문은 항상 열려있었고, 매 세대마다 이즈티하드를 할 자격이 있는 사람, 곧 무즈타히드(mujtahīd)라고 불리는 사람이 『꾸르안』, 순나, 하디스(시아들은 이맘들의 말씀도 하디스라 부른다)로 돌아가 새롭게 법을 재구성하는 것을 중요하게 여긴다.

샤리아는 불변의 원칙들을 가지고 있을 뿐 아니라, 무슬림들이 직면하는 모든 상황에 맞도록 발전 적용될 수도 있다. 그러나 반드시 알아야 할 것은 이슬람의 관점에서 법은 특정한 사회 상황에 맞도록 편리함을 염두에 두고 인간이 고안해 내는 것이 아니라는 것이다. 법은 하나님으로부터 나온 것으로 그에 맞게 사회를 만들어야지 사회의 변화에 따라 법이 바뀌어서는 안 된다. 인간은 법에 대해 수동적인 모습을 보여야 한다. 현대 서구의 이슬람 비평가들은 이슬람법이 시대에 맞춰 따라 가야 한다고 주장하지만, 도대체 무엇이 시대를 변화시키는가? 이슬람은 샤리아가 시대를 변화시키고 인간 사회를 조정한다고 믿는다. 인간은 샤리아에 구체적으로 드러난 하나님의 뜻에 따라 살아야 한다. 사회는 덧없는 인간성에 바탕을 두었기에 늘 변화한다. 그러한 변화에 따라 신법을 고치려 해서는 결코 안 된다.

## 영적인 길: 수피 교단 및 수피의 교리적·실천적 가르침

이슬람의 내적, 또는 비의적(秘意的, al-bāṭin, 알-바띤) 특성은 시아 이슬람에서도 찾을 수 있지만 대부분 수피 전통에서 구체화되었다. 앗-타사우프(al-taṣawwuf)라는 말에서 나온 수피 전통은 하나님에 이르는 길(al-ṭarīqah ilal'Lāh, 앗-따리까 일랄라)에 관련된 가르침과 실천일 뿐이다. 하디스에 따르면 하나님에 이르는 길은 아담 자손의 수만큼이나 많다. 그렇다고 셀 수 없이 무한하게 많은 길이 생기진 않았지만, 오랜 시간 동안 여러 뚜루끄(turuq[ṭarīqah, 따리까의 복수])가 발전하여 영적으로, 심적으로 서로 다른 사람들의 요구에 부응하였다. 보통 수피 교단으로 불리는 이러한 길들은 오늘날까지 이슬람의 비의적 가르침을 보호하고 선포해왔으며 여전히 이슬람 사회를 구성하는 중요한 부분이다.

수피 전통은 이슬람이라는 몸의 마음과 같아서 밖에서는 보이지 않지만, 몸의 전 조직에 영양분을 제공한다. 종교의 외적 형태를 안으로 들이켜 바깥 세계에서 내적 천국에 도달하도록 만들 수 있는 것은 다름 아닌 내면의 영이다. 이 천국을 우리는 마음속 존재의 중심에 항상 지니고 있으나, 굳은 마음 때문에 서의 눈치 채지 못한다. 이슬람에서 이 굳은 마음은 망각(al-ghaflah, 알-가플라)의 죄와 관련되어 있다. 수피 전통은 하나님에게 간구(al-dhikr, 앗-디크르)함으로써 이러한 병을 치유한다. 이러한 간구는 곧 하나님을 기억하고 부르며, 하나님에게 기원하는 것으로, 이슬람에서 자비로운 분의 옥좌(‘arsh al-raḥmān, 아르슈르 라흐만)라고 부르는 마음과 하나가 되는 진정한 예배다. 수피 전통은 두 가지에 그 바탕을 둔다. 하나는 명상의 수단인 디크르 수행이다. 또 다른 하나는 실재에 대한 지식의 표현이다. 실재에 대한 지식을 찾아 인간은 하나님을 향한 여행을, 정신과 영혼은 디크르를 향한 여행을 떠나고, 이러한 여행에서 명백한 지식(al-ma‘rifah, 알-마으리파, 또는 ‘irfān, 이르판)이라는 열매를 얻는다. 하나님을 향한 길을 갈 때 “지혜의 시작은 하나님에 대한 두려움이다”라는 하디스처럼 인간은 먼저 하나님에 대해 경외감을 갖는다. 그런 뒤 하나님에 대한 사랑(al-maḥabbah, 알-마합바)으로 이끌리는데, 이에 대해『꾸르안』은 “하나님이 그들을 사랑하시고 그들은 그분을 사랑하며”(5.54)라고 말한다. 수피 전통에서 사랑과 불가분의 관계인 빛나는 지식, 또는 영지(靈智, al-ma‘rifah, 알-마으리파)가 그 길을 덮고 있다.

수피 삶의 전형은 예언자의 삶이다. 이슬람 역사에서 수피들만큼 그토록 강렬히 예언자를 사랑하고 그토록 정열적으로 그의 언행을 본받으려한 사람들은 없었다. 이미 언급한대로 예언자는 모든 영적 여행의 원형이라 할 수 있는 천상 여행을 보여 주었는데, 그의 덕성을 수피들은 높이 칭송하고 그것으로 자신들의 영혼을 아름답게 꾸미길 원한다. 이슬람의 비의적 가르침은 예언자 이후 그를 따르던 사람들에게 전해졌다. 그들 중에서 가장 뛰어난 사람은 알리다. 수피 교단은 예언자 영성의 전승 계보(al-silsilah, 앗-실실라)를 가지고 있고, 수피들은 세대를 거치고 거쳐 모두 예언자와 연결되어 있는데, 예언자와 거의 모든 수피 교단을 잇는 고리 역할을 하는 사람이 바로 알리다. 아부 바크르 및 이슬람을 받아들인 최초의 페르시아인 살마눌 파르시(Salmān al-Fārsī)와 같은 사람들 역시 2/8세기에 타사우프라고 불리기 시작한 비의적 가르침의 초기 역사에서 중요한 역할을 하였다. 이들 초기 세대 이후 2/8세기 수피와 관련된 가장 중요한 인물은 바스라의 유력 인사 하사눌 바스리(Ḥasān al-Baṣrī)였다. 그는 유명한 여성 수피 성인이자 시인인 예루살렘 출신 라비아(Rābiʿah al-ʿAdawiyyah, 라비아 알-아다위야)를 비롯해서 많은 제자를 두었다.

하산 이후 메소포타미아 금욕주의자 수피 시기를 지나 점차 두 수피 계파가 발전하였다. 이 수피 그룹은 각각 바그다드와 호라산(Khorasan)에 기반을 두었고, 각기 유명한 수피들을 여러 배출하였는데, 전자는 '깨어 있음'으로, 후자는 '취함'으로 더 많이 알려졌다. 이때 수피들은 개인적 스승을 중심으로 모였는데, 그들의 조직은 꽤나 느슨했고 비공식적이었다. 3/9세기 가장 유명했던 모임은 바그다드의 주나이드가 이끌던 것으로, 그는 수많은 제자를 두었다. 그들 가운데 한 명이 그 유명한 할라즈(Manṣūr al-Ḥallāj, 만수룰 할라즈)인데, 그는 정치적 음모에 말려 처형되었지만, 구체적 죄명은 종교적 이단죄였다. 하나님 이름 가운데 하나로 진리를 뜻하는 알-하끄(al-Ḥaqq)라는 단어를 써서 '나는 진리다(anaʾl Ḥaqq, 아날 하끄)'라고 외쳤기 때문이다. 호라산 또한 오늘날까지 명성이 자자한 바스따미(Bāyazīd al-Basṭāmī, 바야지둘 바스따미)를 비롯하여 수많은 수피 대가들을 배출하였다. 법학자들, 겉으로 드러나는 하나님의 뜻을 탐구하는 현교적(顯敎的) 학자들, 그리고 신학자들로부터 수피 전통을 지적으로 수호하고자 하였던 5/11세기 저명한 페르시아 신학자이자 수피인 가잘리 (Abū Ḥāmid Muḥammad al-Ghazzālī, 아부 하미드 무함마드 알-가잘리)도 바로 이곳 출신이다. 또한 아시아 지역 대부분의 영적·종교적 지형을 바꾼 페르시아 수피 문학 역시 이곳에서 일어나 7/13세기 루미(Jalāl al-Dīn Rūmī, 잘랄룻딘 루미) 때 정점에 달하였다.

5/11세기부터 수피 전통은 더 조직화되어 오늘날 우리가 알고 있는 수피 교단, 또는 뚜루끄가 등장하기 시작하였다. 까디리야(Qādiriyyah)와 리파이야(Rifāʻiyyah)는 최초 교단들로 여전히 살아 있다. 창시자는 하나님이 부여한 권위에 근거하여 규율과 수행법을 갖춘 교단을 만들 수 있는데, 교단은 보통 창시자를 따라 이름을 짓는다. 6/13세기와 7/14세기에 만들어진 루미의 마울라위야(Mawlawiyyah), 셰이크 아불 하산 앗-샤딜리 (Shaykh Abu'l Ḥasan al-Shādhilī)의 샤딜리야(Shādhiliyyah), 셰이크 바하웃딘 나끄시반드(Shaykh Bahā'al-Dīn Naqshband)의 나끄시반디야(Naqshbandiyyah) 같은 수피 교단들은 지역적으로 아주 널리 퍼졌다. 이집트의 아흐마디야 (Aḥmadiyyah)나 페르시아의 네으마톨라히(Niʻmatullahī) 같은 교단은 비록 추종자가 많다고는 하나 적어도 최근까지 특정 지역에 한정되었다.

수피 교단은 위계질서가 있는데, 그 수장은 통상 셰이크(shaykh), 또는 피르(pīr, 페르시아어 및 무슬림들이 쓰는 여러 언어에서 나오는 단어)로 알려진 영적 스승이다. 그 밑에는 교단의 일을 맡고 있는 여러 직위의 대리인들이 있는데, 그들은 경우에 따라 영적 가르침을 주며, 사람들이 교단에 가입할 때 이를 허가하는 권한을 갖기도 한다. 다음으로는 제자들이 있는데, 이들은 보통 무리드(murīd, 영적인 길을 걷고자 하는 의지가 있는 사람), 파끼르(faqīr, 문자적 의미는 가난한 사람. 자신은 빈곤하고, 모든 부유함은 하나님에게 속한다는 것을 깨달은 사람을 의미), 또는 다르비시(darwīsh, 페르시아어로 비천하다는 뜻)라고 부른다. 대개 수피들은 아랍어나 페르시아어로 스스로를 수피라고 부르지 않는다. 수피라는 말은 수행의 길 끝에 도달한 사람을 뜻하기 때문이다. 수피가 되려고 하는 사람은 셰이크나 셰이크가 인정한 대리자의 인도 아래 예언자에게까지 거슬러 올라가는 전통 있는 의례를 거쳐 교단에 들어온다. 이제 그는 하나님에게 이르려는 목적을 지니고 인도자의 지시에 따라 영적인 길을 걷는다. 하나님의 무한한 실재 속에서 자기 자신을 소멸(al-fanā', 알-파나)하고 하나님 안에서 머문다(al-baqā', 알-바까).

수피의 길은 다음 3가지로 구성되어 있다. ① 실재의 본성에 관한 교의. ② 실재에 이르는 방법. ③ 영혼을 덕으로 아름답게 하고 그로부터 모든 불완전함, 또는 영과 하나가 되는 것을 막는 장애물을 제거하는 법을 다루는 영혼의 과학 내지 연금술. 이를 다시 수피 상징을 써서 말하자면, '마음의 눈('ayn al-qalb, 아이눌 깔브, 또는 페르시아어로 chism-i dil, 체시메 델)'이 하나님을 보고, 만물을 하나님의 현현으로 볼 수 있도록 장막을 걷어 낸다는 뜻이다. 후대 이슬람사에서, 특별히 7/13세기 이슬람 영지의 대가 이븐 아라비의 손에서 거대한 형이상학 체계로 발전하였지만, 수피 전통의 교의는 궁극적으로 항상 두 가지 신앙 증언에 관한 해설이다. 수 세기 동안 수피들은 이슬람 전통에 대단히 심오한 형이상학, 우주론, 천사론, 심리학, 종말론을 제공하였다. 이렇게 교의를 펼쳐나가면서 그들은 때때로 신플라톤주의, 헤르메스 신비주의(Hermeticism), 고대 이란 전통, 그리고 몇몇 경우 인도 전통 등을 참고하고 원용하였지만, 교의의 핵심은 언제나 하나님의 유일성과 『꾸르안』이었다. 수피들은 여러 책에서 『꾸르안』 가르침의 내적 의미에 대해 설명하였다.

실재에 이르는 핵심적 수행 방법은 디크르다. 각 교단에는 영적 지도자가 수행자에 알맞게 고안한 명상법과 기도법이 있다. 모든 수피 교단은 영성 공부와 덕성 배양을 강조하는데, 좀 더 대중적인 측면에서 본다면 수피 전통이란 영적인 덕성 수행이다. 이런 면에서는 형이상학적 지식과 방법이 하나님에게 속한다고 할 수도 있다. 수행자가 할 일은 수행법과 '무함마드의 은혜(al-barakat al-muḥammadiyyah, 알-바라카툴 무함마디야)'의 도움으로 영혼의 납이 금으로 변하고, 그냥 내버려두면 바위처럼 가라앉고 말 현세적 영혼이라는 무거운 존재가 천상의 태양을 향해 날아가는 독수리로 변할 때까지 덕을 닦고, 영혼이 부정적·욕정적 성향을 지니지 않도록 의지를 가지고 끊임없이 싸우는 것이다.

수피 전통은 이슬람 전통에서 핵심적인 역할을 해왔다. 지적으로 주요 역할을 맡아 지난 수 세기 동안 신학, 철학과 여러 방식으로 서로 영향을 주고받았다. 또한 수피 전통은 예술의 근원으로, 수피들이 위대한 예술 작품들을 다수 창출하였는데, 특히 음악과 시에서 그러하였다. 사회생활에서도 그 역할이 두드러져, 수 세기 동안 윤리적 삶을 되살렸을 뿐만 아니라 뚜루끄는 여러 장인 조합(匠人組合, aṣnāf, 아스나프, futuwwāt, 푸투와트)과의 관계를 통해 경제생활에서 직접적인 역할을 하였다. 또한 정치적 역할도 상당하여, 페르시아의 사파비조, 리비아의 이드리스조와 같은 왕국을 건설하기도 하였다. 끝으로 수피 전통이 아랍과 페르시아 외의 지역에 이슬람을 전파하는데 주역이었다는 점을 잊어서는 안 된다.


## 이슬람, 이만, 이흐산

이슬람 전통의 위계구조를 더 잘 이해하려면 이슬람(Islām), 이만

(Īmān), 이흐산(Iḥsān)을 알아야 한다. 이 셋은 모두 『꾸르안』에 나온다. 이슬람은 순종, 이만은 신앙, 이흐산은 덕, 또는 아름다움을 뜻한다. 『꾸르안』 계시를 받아들이는 사람은 모두 무슬림으로 이들에게는 이슬람이 있다. 하나님과 내세에 대해 깊은 신앙을 지닌 사람들을 『꾸르안』은 무으민(mu'min)이라고 부르는데, 이들에게는 신앙, 또는 이만이 있다. 모든 무슬림이 무으민은 아니다. 오늘날까지도 이슬람 세계에서 이러한 구분은 명백히 살아 있다. 『꾸르안』이 무흐신(muḥsin) 이라고 부르는 사람들이 있는데, 이들에게는 이흐산이 있다. 이미 말한대로 이흐산은 높은 차원의 영적 완전함을 의미한다. 이를 통해 인간은 하나님과 함께 함을 항상 깨달으며 살아간다. 이흐산은 수피 전통에서 보존, 전승, 선포해 온 영적인 가르침이다.

가브리엘 하디스로 알려진 유명한 하디스는 이슬람, 이만, 이흐산을 정의하는데, 우마르가 전하는 그 내용은 다음과 같다. "어느 날 우리가 하나님의 사도와 함께 앉아 있을 때 어떤 남자가 나타났다. 그는 순백의 옷을 입고 아주 짙은 검은 색 머리를 지녔는데, 여행자처럼 보이지는 않았다. 아무도 그가 누구인지 몰랐다. 그는 예언자와 무릎과 무릎을 대고 마주 앉아 예언자의 허벅지에 두 손바닥을 대고 말하였다. '오, 무함마드여, 순종(이슬람)이 무엇인지 말해보시오.' 하나님의 사도는 이렇게 답하였다. '순종이란 하나님 외에 다른 신은 없고 무함마드가 하나님의 사도임을 증거하고, 예배, 희사, 라마단 단식을 하며, 할 수 있다면 성스러운 사원을 순례 하는 것이오.' 그 남자는 말하였다. '당신의 말은 틀림없소.' 우리는 사도의 말을 그가 재확인하는 것을 보고 놀랐다. 그러고 나서 그는 다시 말하였다. '신앙(이만)에 대해 말해보시오.' 하나님의 사도는 대답하였다. '하나님과 그분의 천사들, 경전들, 사도들, 종말의 날, 그리고 하나님의 섭리가 아니고서는 어떠한 선도 악도 없다는 것을 믿는 것이오.' 그러자 그는 '당신의 말은 틀림없소'라고 말하더니 다시 물었다. '미덕(이흐산)이란 무엇이오?' 하나님의 사도는 대답하였다. '그대는 하나님을 뵙지 못하시만 하나님께서는 그내를 보시므로, 마치 하나님을 뵙는 것처럼 경배하는 것이오.' 그러자 그는 '당신의 말은 틀림 없소'라고 말하더니 다시 물었다. '종말의 시간에 대해 말해보시오.' 하나님의 사도는 대답하였다. '질문을 하는 사람이나 받는 사람이나 모르긴 매 한가지요.' 그러자 그는 말하였다. '그럼 그날이 오는 징조에 대해 말해보시오.' 하나님의 사도는 대답하였다. '계집종이 여주인을 낳고, 맨발에 옷을 입지 않은 곤궁한 목동이 높은 건물을 지을 것이오.' 그러자 그 낯선 사람은 가버렸고, 그런 후 나는 잠시 가만히 있었는데, 예언자께서 내게 물으셨다. '오, 우마르, 질문한 사람이 누군지 알겠소?' 나는 대답하였다. '하나님과 그분의 사도께서 가장 잘 아십니다.' 예언자는 말씀하셨다. '가브리엘이셨네. 그대에게 그대의 종교를 가르치려고 오셨다네."[9]

이슬람 종교 전통을 가리킬 때 영어로 이슬람이라고 하는데, 이럴 때 우리는 이슬람뿐만 아니라 이만과 이흐산도 함께 생각해야 한다. 이슬람의 가르침에는 여러 차원의 의미가 있다. 전 인류의 종교가 되기 위해서는 가장 순박한 농부와 가장 영민한 철학자, 전사와 연인, 법학자와 신비주의자 모두의 영적, 지적 요구에 부응하는 여러 단계의 가르침을 지녀야 한다. 종교적 가르침을 가장 외적인 것으로부터 가장 내적인 것에 이르기까지 다양한 차원에서 접근할 수 있도록 함으로써 이슬람은 그러한 목표를 달성하였다. 이슬람 공동체의 모든 구성원이 신법과 '신앙 증언'으로 요약할 수 있는 핵심 교의인 유일 신성을 따를 것을 강조함으로써 이

9) Lings, *Muhammad*, pp. 330~331.

슬람은 단일성을 지켰다. 단일성의 뜻을 어느 정도 파악했는가는 신앙의 깊이와 영혼의 아름다움에 달려 있다. 하나님에게 순종(이슬람)하면서 모든 무슬림은 형제애와 친교로 뭉친 단일 공동체를 이루어 모두 함께 같은 태도로 하나님 앞에 섰고 지금도 서 있다. 역설적으로 들릴지 모르지만, 종교의 내적 차원이 깊으면 이러한 단일성은 깨지지 않고 오히려 더 강해진다. 내적으로 깊게 종교 생활을 할수록 하나님에게 더 가까이 갈수 있고, 겉으로 드러나는 무슬림들의 삶의 모습에서마저 단일성은 강해지기 때문이다. 무슬림마다 이슬람을 이해하고 실천하는 정도에 차이가 있음에도 말이다.

# 실천과 제도

## 기둥: 예배, 단식, 순례, 희사, 지하드

예언자가 계시를 받고 만든 이슬람의 기본적 의례들은 이슬람의 모든 실천적 체계를 이루기에 때때로 아르칸(arkān), 또는 종교의 기둥이라 부른다. 예배(아랍어로 ṣalāh, 살라, 페르시아어로 namāz, 나마즈), 단식(ṣawm, 사움), 순례(ḥajj, 핫즈), 희사, 또는 종교세(zakāh, 자카)가 여기에 속한다. 이러한 기둥에 일반적으로 지하드(jihād)를 더하는데, 흔히 성전(聖戰)으로 번역하지만, 사실 문자적인 뜻은 하나님의 길을 걷고자 하는 노력이다. 이러한 행위, 또는 의례는 따로 떼어놓고 볼 것이 아니라 삶 전체, 특히 경배 의례와 행위의 한 부분으로 보아야 한다.

예배는 이슬람에서 가장 중심이 되는 의례다. 무슬림이라면 남녀 가릴 것 없이 사춘기 때부터 죽을 때까지 누구나 모두 행해야 한다. 무슬림은 일상생활을 잠시 멈추고 예배를 드리는데, 예배 중에는 그 누구의 조력도 없이 하나님과 직접 대면한다. 예배는 새벽 동트기 전·정오·오후·일몰·밤, 이렇게 하루에 다섯 번 반드시 메카에 있는 카으바 신전을 향해 드려야 한다. 예배를 드리기 전에 예배 시간을 알리는 음성이 울리고(adhān, 아단), 정결례(wuḍūʾ, 우두)를 행한다. 정결례는 무슬림 예법에 어긋나지 않게 깨끗한 곳이면 그 장소의 소유주 허락을 받아 실내와 실외 어

느 곳에서나 행할 수 있다. 일련의 의미 있는 예배 동작을 라크아(rak'ah)
라고 하는데 예배 시 라크아의 횟수는 경우에 따라 달라, 아침에는 2번,
정오에는 4번, 오후에는 4번, 저녁에는 3번, 밤에는 4번이다. 모든 동작,
자세, 말은 예언자가 정한대로 따른다. 무슬림은 전 피조물의 이름으로,
하나님의 지상 대리자 자격으로 하나님께 예배를 드린다. 이때 예배자의
전 존재는 하나님께 완전히 순종한다. "예배는 믿는 자들이 영적으로 상
승하는 것"이라는 말처럼 이만과 이흐산을 지닌 사람들에게 예배는 하나
님의 옥좌를 향해 올라갈 수 있는 방법이다. 이러한 상승은 예언자의 천
상 여행, 즉 미으라즈를 가리킨다.

　매일 드리는 예배는 종종 집이나 야외에서 행한다. 물론 모스크에서도
드린다(모스크라는 말은 엎드리는 곳이라는 뜻을 지닌 아랍어 마스지드(masjid)에
서 나왔다. 예배 시 가장 중요한 것은 엎드리는 것인데, 하나님께 순종함을 의미한
다). 금요일에는 합동 예배를 드린다. 이 예배는 대부분 항상 모스크에서
드리지만, 모스크가 없을 때에는 너른 공터나 사막에서도 한다. 전 공동
체가 다 모이기에 금요일 예배는 순수한 종교적 차원뿐 아니라 사회, 경
제, 심지어는 정치적으로도 중요하다. 금요일 예배 때는 예배 인도자(이
맘)가 설교를 한다. 이슬람 역사를 보면 설교 때 언급하는 통치자의 이름
을 통해 그 정권의 합법성 여부를 판단 할 수 있었다. 그러나 설교의 대
부분은 윤리와 도덕에 관한 것이다. 예배가 끝난 후에는 보통 가난한 사
람들에게 돈을 나누어 준다. 라마단과 순례가 끝날 때 드리는 특별한 예
배도 있다. 또한 커다란 두려움에 처했을 때, 또는 하나님의 도움이 간절
히 필요할 때 드리는 예배도 있다.

　예배 외에 개인적 기도(du'a, 두아)를 예배 뒤에, 또는 하루 중 예배 시
간 외에 행하기도 한다. 몇몇 기도는 훌륭한 성인들이나 과거 종교적으로

권위 있던 사람들이 만든 기도문을 반복하는 격식을 취한다. 그 밖의 다른 기도는 자신의 모국어로 하는 개인적 기도다. 그러나 예배는 항상 아랍어로 행한다. 왜냐하면 예배는 신성한 의례로 그 형태가 성스럽고, 개인적 차원을 초월하며, 폭풍 같은 삶에 위축되고 유한한 시간 속에서 삶의 덧없음을 느끼는 인간에게 안도감을 주기 때문이다.

이슬람에서 의무적인 단식은 성스러운 라마단(Ramaḍān) 한 달 동안 해가 뜰 때부터 질 때까지 음식을 일체 먹거나 마시지 않는 것이다. 또한 샤리아가 규정한대로 모든 성행위와 불법적인 행동도 금한다. 사악한 생각이나 말을 하지 않고, 곤궁한 사람들을 특별히 보살펴야 한다. 단식은 남녀 할 것 없이 사춘기 나이 때부터 단식할 수 있는 힘이 있는 나이 때까지 해야 하는, 말 그대로 모든 무슬림의 의무다. 아프거나 여행 중일 때는 단식을 하지 않아도 되지만, 단식 기간이 끝나고 할 수 있을 때 미처 단식 하지 못한 날을 채워야 한다. 달거리 중인 여성은 예배를 하지 않는 것과 마찬가지로 단식을 하지 않으며, 아이에게 젖을 먹일 때 역시 하지 않는다. 『꾸르안』은 라마단 달 '권능의 밤(laylat al-qadr 라일라툴 까드르)'이라고 부르는 밤에 처음으로 예언자의 영혼에 내려왔다. 따라서 라마단은 매우 축복받은 달로 대부분의 시간을 기도와 『꾸르안』 낭송에 바친다. 라마단 단식이 끝나면 바로 대다수 국가가 며칠 동안 가장 큰 종교 축제인 이둘 피뜨르('īd al-fiṭr)를 지낸다. 라마단 단식은 이드('īd) 합동 예배와 함께 공식적으로 끝난다. 예배가 끝나면 한 달 동안 자기 자신과 가족들이 식사를 하지 않음으로써 아낀 비용에 상당하는 돈을 가난한 사람들에게 준다.

핫즈(ḥajj)는 이슬람에서 행하는 순례의 최고 형태로, 메카에 있는 하나님의 거처를 순례하는 것이다. 아브라함이 세우고 이슬람의 예언자가 다시 살린 이 의례는 카으바 주위 돌기 및 몇 가지 행위들, 그리고 예배, 메카와 인근 지역에서 행하는 동물 희생제 등으로 이루어지는데, 이 모든 것은 예언자가 세운 규정에 따라 행한다. 핫즈는 공간적으로는 이슬람 세계의 중심지로, 시간적으로는 인류의 시원지로 되돌아가는 것을 의미한다. 헌신적으로 신실하게 핫즈를 행하면 하나님이 죄를 용서한다고 무슬림들은 믿는다. 핫즈는 이슬람력으로 둘-힛자(Dhu'l-ḥijjah) 달에 행하는데 경제적 능력이 있는 모든 무슬림은 반드시 해야 한다. 지난 몇 년간 필리핀에서 모로코, 러시아, 남아프리카에 이르기까지, 미주와 유럽의 무슬림을 포함하여 약 200만 명에 달하는 무슬림들이 핫즈를 행하며 의례에 참가하였는데, 순례 규모의 웅장함은 여느 종교의 의례가 따라 오기 힘들 정도로 독보적이다.

핫즈 외에도 연중 어느 때나 메카로 소(小)순례, 즉 핫줄 우므라(ḥajj al-'umrah)를 갈 수 있다. 또한 메디나, 그리고 가능하다면 예루살렘으로도 순례를 갈 수 있다. 무슬림들이 사는 거의 모든 지역 곳곳에 순례지가 있다. 모로코의 물레이 이드리스, 이집트의 라으술 후세인(Ra's al-Ḥusayn), 이맘 후세인의 유적이 있는 카르발라, 마시하드(Mashhad)에 있는 이맘 리다(Riḍā, 페르시아어로는 레자)의 묘소, 라호르에 있는 다다 간즈바크시(Dādā Ganjbakhsh)의 묘소, 아즈메르에 있는 셰이크 무이눗딘 치시티(Shaykh Mu'īn al-Dīn Chishtī)의 묘소 등이 그 좋은 예다. 이러한 곳에는 해마다 수십만에 달하는 순례객들이 몰린다. 오늘날까지 순례는 무슬림 신앙생활의 중요한 부분을 차지하고 있다.

아랍어 자카(zakāh)는 순수라는 단어와 관련 있다. 자카는 샤리아가 규정한 종교세인데, 충분한 수입을 올리는 무슬림은 반드시 내야 한다. 그렇게 함으로써 스스로 벌어들이는 돈이 깨끗해지고 하나님이 보시기에 정당(ḥalāl, 할랄)하게 되는 것이다. 이렇게 거둔 세금은 '공공금고(bayt al-māl, 바이툴 말)'에 보관하여 곤궁한 사람들에게 음식을 제공하는 등 공공 빛 종교 관련 일에 사용한다. 또한 부를 좀 더 정의롭게 나누고, 한 개인이나 집단에게 부가 집중되는 것을 막기 위하여 여러 다른 종교세를 만들었다.

십자군 전쟁은 무슬림 통치자나 종교 지도자가 아니라 클뤼니 수도원 수도승들과 교황이 일으켰는데도 서구는 자주 이슬람과 성전(聖戰)을 연관시켜 생각한다. 십자군 전쟁 당시로 거슬러 올라가는 이슬람에 대한 뿌리 깊은 왜곡으로 인하여 아랍어 지하드가 성전으로 번역되었다. 그러나 사실 이 말은 하나님의 길에 헌신한다는 뜻이다. 물론 그것이 지닌 뜻 중 하나는 이슬람과 무슬림 영토를 보호한다는 것이지만, 이 단어에는 그보다 더 광범위한 용법과 뜻이 있다.

먼저 평생 동안 매일 하는 예배나 뜨거운 기후에서 14시간씩이나 하는 단식과 같이 모든 종교적 행위는 지하드를 요구한다. 사실 인생 자체가 우리 안에 있는 육체적이고 감정적인 면과 영원 불사라는 영혼의 요구가 맞부딪치는 끝없는 지하드라 할 수 있다. 이렇게 깊은 뜻을 지닌 지하드를 두고 예언자께서는 초기 이슬람 공동체의 사활이 걸렸던 중요한 전투를 마친 후 무슬림들에게 다음과 같이 말하였다. "진실로 여러분은 작은 지하드에서 더 큰 지하드로 돌아왔습니다." 그들 가운데 하나가 큰 지하드가 무엇이냐 묻자, "정욕적인 자아(nafs, 나프스)와 싸우는 것"이라고 대답하였다. 하나님의 뜻을 따라 이슬람 공동체와 세상의 질서와 조화를 보존하고 재확립할 뿐 아니라, 우리를 하나님으로부터 멀게 만드는 모든 것을 경계하며 하나님의 뜻을 우리 안에 이루려고 노력하는 것, 이것이 바로 이슬람에서 말하는 지하드다.

## 시아의 실천적 행위

지금까지 모든 무슬림들이 행하는 의례에 대해 설명하였다. 그런데 이 외에도 시아 고유의 종교적 의례와 실천 행위가 있다. 먼저 우마이야조 칼리파 야지드 군대가 이라크 카르발라에서 살해한 예언자의 손자 후세인 이븐 알리와 관련한 추모 의식이 있다. 61/680년 무하르람(Muharram) 달에 일어난 이 살인 사건을 시아들은 이슬람력으로 새해 첫날이기도 한 그달 초하루부터 40일간 애도한다. 무하르람 달 내내 대규모 종교적 행진이 거행된다. 애통함의 표현으로 가슴을 치고(sinah-zani, 시네자니), 카르발라 비극을 재현하는 모임(rawdah-khani, 로우제하니)을 갖고, 이슬람 세계 유일의 종교적 연극이라 할 수 있는 카르발라 비극 재현극(ta'ziyah, 타으지예)을 행한다. 이들 가운데 몇몇은 이란, 이라크, 레바논, 파키스탄, 인도에서 엄청난 규모로 열리는데, 이슬람 세계에서 가장 감동적인 종교 행사들이다.

시아들은 메카, 메디나, 예루살렘 외에도 이맘들의 묘소 참배를 중요하게 여긴다. 알리의 묘가 있는 나자프(Najaf), 그의 아들 후세인의 묘가 있는 카르발라, 7대와 9대 이맘이 묻힌 카지마인(Kāẓimayn), 10대와 11대 이맘의 무덤이 있는 사마르라(Samarra'), 8대 이맘이 묻힌 마시하드, 이맘 레자의 여자 형제 묘가 있는 곰(Qumm)의 무덤 사원 같은 이맘 후손들의 묘소 등은 모두 시아의 종교 생활에서 대단히 중요하다. 시아는 순니처럼 『꾸르안』을 정기적으로 낭송하는 것 외에 이맘들로부터 전해 내려오는 여러 기도문을 특별히 라마단 달과 무하르람 달에 읽는다.

# 윤리

이슬람은 비윤리적인 것은 그것이 사회, 정치, 경제 어느 영역에 속하든 간에 일체 받아들이지 않는다. 이렇듯 윤리는 무슬림 삶의 모든 면을 지배한다. 모든 이슬람 윤리 원칙은 무슬림들에게 선을 행하고 악을 피하라고 가르치는 『꾸르안』과 하디스에서 담겨 있다. 하나님이 인간에게 준 지성이라는 선물이 선악 구분에 어떤 역할을 하는지에 대해 지난 수 세기 동안 여러 신학파가 논쟁을 벌이긴 했지만, 궁극적으로 선악을 구분하는 기준은 계시에 있다. 하나님이 인간에게 준 아끌('aql, 지성과 이성 둘 다 뜻함)을 가지고 선과 악을 구분할 수 있다고 주장하는 사람들이 있다. 아끌이 모든 선의 근원인 하나님께서 주신 선물이기에 그럴 수 있다는 것이다. 또 하나님이 선이라 한 것은 무엇이든지 선이고, 악이라 한 것은 무조건 악일 뿐, 아끌은 선악을 구분할 능력이 없다고 주장하는 사람들도 있다. 신학적 견해가 어떠하든 간에 하나님과 독립적으로 인간이 선악을 알고, 윤리적으로 행동하도록 이끌 수 있다는 인간중심주의 윤리를 이슬람은 멀리한다. 심지어 이슬람 철학자들의 이성적 윤리학은 선이 하나님으로부터 나오고, 신성과 관계된 존재론적 실재라는 현실에 근거를 두고 있다.

윤리에 관한 신학적·철학적 논의는 허다하다. 특별히 이슬람 사상에서 선과 악의 문제가 그러하다. 지난 수 세기 동안 서양 학자들이 이 분야에서 다룬 주요한 문제들 역시 이슬람에서 거의 다 다루었다. 그러나 이슬람 사상은 결코 윤리와 종교를 분리해서 보지 않는다. 이는 어디까지나 서구에서 중세 이후 인본주의가 발전하면서 나온 결과다. 선한 하나님이 어떻게 악이 존재하는 세상을 창조하였는가를 다룬 신정론(神正論) 때문에 지난 5백여 년 동안 서구는 신앙의 세계로부터 멀어졌으나 이슬람 세계는 그러하지 않았다.

신학적·철학적 윤리학 논의를 벗어나 이슬람 사회가 실제로 겪고 실천하는 윤리학의 실제적 모습을 강조하는 것이 중요하다. 실천적 차원에서 윤리학은 샤리아에서 구체화되고 있는데, 신법인 샤리아는 모든 법적 문제를 윤리적 관점에서 바라본다. 직장 윤리든, 사회 윤리든, 개인적 행동에 관한 윤리든 간에 샤리아는 무슬림 행동 지침이다. 이슬람 역사를 통틀어 수피들이 샤리아의 윤리적 가르침을 내적으로 구현하고, 윤리라는 단어가 지닌 최상의 뜻에 맞게 도덕적으로 살며, 내면적 차원에서 볼 수 있는 윤리적 규범대로 살도록 타인을 이끎으로써 이슬람 윤리학에 새로운 기운을 불어 넣으려고 노력했다는 것을 알아야 한다. 지난 세기 동안 이슬람 윤리학에 관한 가장 영향력 있는 작품들은 수피들이 쓴 것이고, 영향력을 고려하였을 때 가장 중요한 작품은 5/11세기 위대한 수피요 신학자였던 가잘리의 『종교학의 재생(*Iḥyā' 'ulūm al-dīn*, 이흐야 울루밋딘)』이다. 그는 이 기념비적인 작품을 아랍어로 썼고 다시 『행복의 연금술(*Kīmiyā-yi sa'ādat*, 키미야예 사아다트)』에 페르시아어로 요약해놓았다.

## 가족

이슬람이 바라고, 또 이슬람 윤리 규범이 지배하는 사회는 모든 구성 단위들이 서로 밀접하게 얽힌 유기적 통일체다. 국가로부터 조그마한 모임에 이르기까지 모든 집단 중에서 가장 중요한 것은 가족이다. 이슬람은 가족 관계를 무척이나 강조한다. 『꾸르안』은 부모를 공경하라고 가르치고, 하디스는 가족 관계를 잘 유지하는 것, 특히 부모를 공경하고 존중하는 것이 하나님께서 보시기에 얼마나 즐거운 일인지 여러 번 강조한다. 이슬람 사회에서 가족의 힘은 매우 강하여, 지난 세기 동안 이슬람 세계에 많은 변화가 불었지만, 가속은 이슬람의 모든 사회적 제노 중에서 유일하게 손상뇌지 않는 상태로 살아남았다.

무슬림 가정은 현대 서구의 도시 사회처럼 부모와 자식만으로 구성된 핵가족 제도로 이뤄지지 않는다. 대다수 무슬림 가정은 여전히 대가족으로 부모 자식뿐 아니라 조부모, 삼촌, 고모, 이모, 사촌, 사돈으로 이루어진다. 아버지는 가족의 이맘과 같아서 종교적 권위를 지니고 가족 구성원의 경제와 종교 생활을 책임진다. 그러나 종교 교육은 보통 어머니에게 달려있는데, 특히 자녀들이 어릴 때 그러하다. 무슬림 여성은 자녀 교육과 함께 생활 전반을 이끈다.

무슬림 남성은 집 밖의 사회 경제적 활동을 주도하지만 가정 내 실질적 힘은 여성에게 있기에 남성은 가정에서 손님과 같은 처지다. 아내는 가정 생활의 중심으로, 구성원들은 그녀를 통해 유대감을 강하게 느낀다. 여성들은 가족을 통하여 가부장제 사회연구 결과에 나온 여성의 영향력보다 훨씬 더 큰 영향력을 사회 전체에 행사한다. 하나님, 예언자, 그리고 어떤 의미에서는 예언자를 잇는 영적 종교적 인물들 다음으로 가족은 무슬림 삶에서 가장 중요하다. 여성은 가족 내 유기적 관계를 유지하는 가장 중요한 사람으로, 이들은 아내, 어머니, 시어머니, 장모로서 전 가족 구성원에게 보통 막강한 힘과 영향력을 행사한다.

남편과 아내, 부모와 자식, 또는 다른 가족 구성원 간의 관계 등 모든 가족 관계는 종교적 가르침이 좌우한다. 무슬림에게 가족은 생물학적, 사회적 단위일 뿐 아니라 먹여 주고, 기르고, 교육하는 등 수없이 다양한 방식으로 개개인을 보호하는 종교적 단위다. 가족은 최초의 종교 교육을 제공하는 가장 일차적인 사회요, 종교적 율법을 항상 적용하고 실천하는 '세계'다. 무슬림은 움마, 즉 전 이슬람 공동체와 가족이라는 두 가지 강력한 사회에서 산다. 움마는 쉽게 머리에 와 닿는 개념은 아니지만 무슬림은 이상적으로 자기 자신을 움마의 일원이라 생각한다. 가족은 무슬림 개인에게 가장 현실적인 부분이다. 경제적이든 정치적이든 간에 다른 모든 구성단위는 제 아무리 중요하다고 할지라도 가족에 비하면 이차적일 뿐이다. 가족은 이슬람 사회에서 가장 일차적이고 기본적인 단위다.

## 유목과 정착 생활

가족 간의 유대 관계를 강조하지만, 이슬람은 처음부터 부족의 강한 결속력을 해체하기 위해 노력하였다. 이슬람 문명사에서 부족 사회 구조에 바탕을 둔 유목민 생활 양식은 정착민 생활 방식과 서로 갈등하기도 하고 보완하기도 하였다. 예언자 시대의 아라비아는 다양한 부족들이 지배하였고, 부족에 대한 충성은 아랍인들의 삶에 가장 중요한 것이었다. 이슬람은 모든 무슬림을 하나의 움마 안에 결합시키기 위하여 부족을 중심으로 결속하는 당시 관습을 깨려고 시도하였다. 이러한 노력은 크게 성공하여 이슬람 공동체를 만들었지만, 부족 중심의 결속력은 어느 정도 계속 살아남았다. 특별히 유목 생활 양식을 고수해온 사람들이 이러한 관습을 지키고 있는데, 대단히 많은 유목민들이 생활 양식을 바꿔 정착민이 되었음에도 불구하고 여전히 유목민은 사라지지 않은 채 남아 있다.

아랍인 외에도 이슬람 동부 지역을 침략한 튀르크인과 몽골인 역시 유목민이었고, 페르시아에서 모로코에 이르는 지역에 분포한 여러 나라에도 지난 수 세기 동안 유목과 정착 생활이 공존하며 상호 영향을 주고 받아왔고 지금 현재도 어느 정도 계속 그러하다. 유목민들은 정착민들에게 단순한 삶과 습속, 규율, 강한 종교심과 열정을 보여 주었다. 정착민들은 뛰어난 지식과 예술 솜씨를 보여 주었지만, 이들의 문화는 지나치게 사치스럽고 도덕적으로 타락하여 유목민들이 종종 새롭게 해야 할 필요성을 느끼기도 하였다. 그 결과 이슬람 사회를 구성하는 이 두 가지 요소 사이에 리듬이 발생하였는데, 이 리듬을 알아야 이슬람 문명의 역동성을 더 잘 이해할 수 있다. 8/14세기 튀니지의 위대한 역사가 이븐 칼둔(Ibn Khaldūn)은 그의 책 『역사서설(*Muqaddimah*, 무깟디마)』에서 이 리듬을 훌륭하게 분석하여 지난 수백 년 동안 부족들과 다양한 민족들을 결합시킨 기운과 그 의의를 밝혔다. 이슬람 초기 유목 생활로부터 이어받은 부족 결속력은 오늘날 이슬람 사회 곳곳에서 여전히 매우 중요하고, 대가족의 결속력 및 구조와 여러 면에서 서로 밀접하게 얽혀있다.

## 경제 활동과 장인 조합

현대에 들어서야 비로소 경제학이 독립된 분과를 이루었지만, 경제적 활동은 두말할 것도 없이 모든 인류 문화의 필수적 구성 요소다. 이슬람 또한 오늘날 우리가 경제학이라고 부르는 모든 것을 단일한 종교적 관점에서 보려고 노력하였다. 『꾸르안』과 하디스에는 이자(*ribā'*, 리바) 놀이와 한 개인이 부(富)를 지나치게 독점하는 것을 금지하는 가르침처럼 경제적 생활과 직접적으로 관련된 것이 많다. 이슬람은 종교적 가르침에 어긋나지 않는 한 개인의 재산을 존중하는 한편, 숲이나 수원지 같은 형태의 재산은 공공 소유로 지정한다. 모든 재산은 궁극적으로 하나님의 것이다. 그러나 하나님은 인간에게 사유 재산권을 주었다. 하나님이 맡겨

놓은 것이라는 사실을 깨닫고 있는 사람들에게 말이다. 이것이 이슬람의 관점이다. 따라서 인간은 의무적으로 종교세를 내야하고, 정당한 방법으로 부를 쌓아야 하며, 능력껏 가난한 사람을 도와야 한다. 전통 이슬람 사회와 역사에서 경제 활동과 종교적 가르침은 강건한 관계를 형성하였는데, 오늘날까지도 상인과 종교학자('ulamā', 울라마)는 서로 밀접한 관계를 맺고 있다. 오늘날 이슬람 문화권 도시의 시장은 전통적 경제 활동 장소이자 동시에 열정적인 종교 활동의 중심지 역할을 하고 있다. 전통적으로 상인들은 이슬람 사회에서 가장 경건한 사람들에 속한다.

이슬람 사회에서 종교적 가치와 태도가 드러난 가장 중요한 경제 제도 가운데 하나는 장인 조합으로, 이슬람 세계 일부 지역에 여전히 남아 있다. 푸투와(futuwwah, 푸투와트의 단수형. 페르시아어로는 jawānmardī, 자반마르디)는 영적(靈的) 기사도라고 할 수 있는데, 그들은 본래 장인 조합과 상인들보다는 군인들과 더 관계가 깊었다가 압바스조 말기인 7/13세기에 수공품과 밀접하게 연관되기 시작하여 지난 700여 년 동안 쭉 그렇게 유지되었다. 용기, 고귀함, 이타(利他)의 덕성을 뜻하는 푸투와는 이슬람 역사 초기부터 푸투와의 스승이며 상공인 조합의 '수호성인'으로 간주하는 알리와 관련이 있다. 그러나 어떤 사람들은 자신이 속한 장인 조합을 인류 역사 초창기부터 아담의 아들 셋이 세웠다고 주장하기도 한다. 장인 조합은 점차 푸투와와 관련된 것들을 흡수하였고, 종종 수피 교단과 관계를 맺기도 하였다. 또 종교적 영적인 삶 속에서 옷부터 건물에 이르기까지 모든 물건을 만드는 기술을 발전시켰다.

조합의 지도자는 스승(ustādh, 우스타드)인데, 제자들에게 기술뿐 아니라 도덕적이고 영적인 가르침을 전수한다. 시장에서 팔리는 물건이 만들어지는 과정에 종교적이고 영적인 훈련이 포함되어 있는 것이다. 서예, 건축부터 양탄자, 옷, 살림 도구 등과 같은 일상 용품에 이르기까지 우리가 볼 수 있는 이슬람 예술의 깊은 종교성은 지난 수백 년 동안 이슬람 예술품의 대부분을 생산한 이 장인 조합의 성격 및 조직 구조와 관계가 있다. 이슬람은 예술을 사치가 아니라 삶 그 자체라 여기고, 모든 것은 특별한 예술성(fann, 판)을 지니기에 올바르게 제작될 수 있다고 생각한다. 조합을 통해 이슬람은 미술 공예에 깊은 종교적 가치를 부여하고 무슬림의 전통적 생활 환경을 완전히 이슬람화 할 수 있었다. 의심할 여지없이 장인 조합은 가장 중요한 이슬람 경제 제도 중 하나로 이슬람 정신을 가장 깊게 반영한 물품을 생산하였다. 만일 이슬람 예술이 이슬람의 정수를 반영한다면, 그것은 바로 이슬람 전통의 내면에서 예술이 나오고, 물건을 만드는 과정 및 기술이 최고의 예술이라고 생각하는 사람들이 이를 행했기 때문이다. 그들이 생각한 최고의 예술은 곧 영혼을 완전하게 다듬어 하나님에게 가까이 다가가는 것이었고, 이는 바로 이슬람의 핵심 목표였다.

## 종교 재단 기금

과거부터 현재까지 여전히 중요한 사회 경제적 역할을 하는 또 다른 제도는 와끄프(waqf), 즉 종교 재단 기금이다. 이 아랍어는 돈이나 재산을 '묶어 둔다'는 문자적 뜻을 가지고 있다. 개인이 일정한 목적을 지니고 기금을 내서 관리하는 것이다. 학교를 세우는 것으로부터 식수대를 만드는 것에 이르기까지 그 목적은 샤리아에 맞는 것이면 된다. 이슬람 역사에서 부유한 사람들은 돈, 땅, 또는 다른 형태의 재산으로 와끄프를 만들었다. 이러한 기금으로 모스크, 수피 센터, 병원, 양로원, 요양소, 도로, 다리, 우물, 식수대, 순례자 거처, 그리고 그 밖의 공공시설을 만들고 유지하였다.

모스크나 이와 유사한 건물을 짓고 유지하는 등 순수한 종교적 기능 다음으로 가장 중요한 것은 교육적 기능이었다. 이슬람 문명에서 교육은 정부가 책임지지 않고 늘 개인이 담당하였다. 서구 그리스도교 사회에서는 교회가 교육을 주도하였지만, 이슬람에는 교회란 것 자체가 없다. 오늘날 정부가 주도하는 교육 기관이 전통적인 학교들을 보완하고, 일부 지역에서는 대체하고 있지만, 모스크 소재『꾸르안』학교부터 중세 서구 대학의 모체가 된 마드라사(madrasah)에 이르는 다양한 교육 기관이 주로 개인의 기부와 종교세, 그리고 기금에 의해 유지되었고, 현재도 그런 형국이다. 전통 이슬람 문명에서 왕이나 재상과 같은 권력자가 학교를 세울 때에도, 이는 어디까지나 개인 자격으로 한 일로, 정부와는 아무런 관계가 없는 것이었다. 대표적인 예로 니자미야(Niẓāmiyyah)로 불린 유명한 대학 체계를 들 수 있다. 이는 6/12세기 셀축조(Selçuk朝, 흔히 셀죽이라고 하나 터키어 발음은 셀축임—옮긴이)의 페르시아 총리 니자물 물크(Khwājah Niẓām al-Mulk)가 바그다드, 니샤푸르 등에 만든 학교다. 이들 교육 기관은 니자물 물크 자신이 세운 기금으로 유지되었을 뿐, 총리라는 그의 직능과는 아무런 관련이 없었다. 오늘날 대다수 이슬람 국가에서 와끄프 재산은 아우까프(awqāf, 와끄프의 복수)라는 이름을 지닌 정부 부처에서 관할하고 있다. 그럼에도 종교 재단 기금은 종교와 자선이라는 대의를 더 깊게 하는 중요한 종교적 제도로 남아 있고, 부유한 무슬림들은 이슬람 역사에서 늘 그래왔던 것처럼 새로운 와끄프를 계속해서 만들고 있다.

828

## 정치 제도

하나님의 왕국과 카이사르의 왕국을 나누는 것처럼 이슬람은 결코 종교와 정치를 분리하지 않는다. 예언자가 메디나에서 이슬람 공동체의 종교와 정치 지도자가 된 이래 이슬람사에서 종교(오늘날 사람들이 이해하는 그런 의미)와 정치는 줄곧 서로 영향을 주고받았다. 그런데 『꾸르안』과 하디스는 어떤 정치적 제도, 또는 전형을 세워야 하는가에 대해 명확한 입장을 표명하지 않는다. 하나님은 이슬람 사회의 궁극적 통치자로 그분에게서 모든 권력과 정통성이 나오고, 그분의 법이 모든 이슬람 사회의 법이라는 원칙만을 알려 줄 뿐이다. 따라서 엄밀히 말하자면 이슬람은 사제나 교회가 다스리는 것으로 흔히 이해하는 신정주의(神政主義)가 아니라 신법이 통치하는 법치주의라 해야 한다.

예언자 사후, 이슬람 정치 제도에서 가장 중요한 킬라파(khilāfah, 칼리파는 계승자, 킬라파는 계승 제도를 말함—옮긴이)가 발전하여 다양한 시아 그룹의 도전에도 이런 저런 형태로 7/13세기까지 살아남았다. 칼리파는 예언자의 대리자로 이슬람 세계(dār al-Islām, 다룰 이슬람)의 내적 질서와 영토를 수호하고, 샤리아 법정을 이끌 판관을 임명하는 역할을 수행하였다. 칼리파는 신법의 내적 의미에 관한 지식을 소유하거나, 시아들이 주장하듯 (무즈타히드와 같이) 법의 권위자일 필요는 없었다. 그렇기에 시아들은 협의에 의해 칼리파를 선출하는 것에 대해 반대하였다. 시아 무슬림은 칼리파를 합법적인 전임자(시아들에게는 이맘)가 임명함으로써 종국적으로는 예언자에게까지 거슬러 올라가는 계보를 이루고, 또 신적 명령이 이를 확증해 주어야 한다고 주장한다.

칼리파의 군사력은 점차 쇠약해졌고, 지역의 왕들은 명목상으로만 칼리파의 권위를 인정하면서 실질적인 군사적·정치적 힘을 발휘하였다. 이러한 상황에서 순니 법률학자들(푸까하)은 칼리파가 이슬람 공동체의 통일성과 샤리아의 통치를 상징하는 존재이지만, 실질적 권력은 공공질서를 유지하고 이슬람 세계를 보호하는 왕, 또는 술탄(sultān)이 지닌다는 새로운 종교 이론을 전개하였다. 5/11세기 마와르디(al-Māwardī)와 가잘리가 가장 잘 다듬어 유명하게 된 이 이론은 오스만 킬라파(엄밀히 말해 술탄제이지 진정한 킬라파가 아니라고 여기는 사람들이 많다)가 몰락한 근대에까지 지속되었다고 말할 수 있는데, 여전히 순니 무슬림들 중에는 이를 따르는 사람들이 있다. 역사적으로 시아들은 순니의 킬라파를 거부하였고, 12 이맘파 시아의 경우 마흐디의 출현을 기다리는데, 시아들은 이처럼 이맘이 직접적으로 보이지 않는 불완전한 상황에서는 왕정을 가장 적합한 정치 제도로 받아들인다. 1979년 이란 혁명과 함께 아야톨라 호메이니(Ayatollah Khomeini)는 이러한 전통적인 견해에 이의를 제기하고 거부하며 왕정을 '법률학자의 통치(wilāyat-i faqīh, 벨라야테 파끼흐)'로 바꾸었다.

전통적 울라마, 혹은 다양한 이슬람적 정치 실천과 이론에 정통한 학자들의 역할을 이해해야 한다. 그들은 샤리아를 해석하고 수호하는 사람들로 이슬람 세계에서 정치적으로 대단한 힘을 행사해 왔는데, 1979년 이란 혁명 전까지는 그 어느 곳에서도 직접적으로 정권을 잡은 적이 없었다. 이런 점에서 시아 울라마가 순니 울라마보다 더 긴밀한 조직을 갖추고, 정치 경제적으로 더 강력한 힘을 발휘했다고 강조해야겠다.

이슬람과 정치의 관계는 매우 복잡하다. 역사적으로 보면, 이슬람은 킬라파와 술탄제 같은 정치 제도를 만들었지만, 근대화와 서구 식민주의의 도전을 받았다. 서구의 경우 여러 차례의 혁명을 겪으면서 정치 권력에 대한 전통적 사유에 균열이 이미 발생한 상태였다. 특히 프랑스 혁명은 이슬람 세계에 막대한 충격을 가져다주었다. 당시 이슬람 세계를 휩쓸던 정치적 혼란은 전통적인 이슬람 정치 제도의 약화, 또는 붕괴를 초래하였다. 그러나 어느 특정한 상황과 관련된 위기나 동력이 무엇이었든 간에 이슬람과 정치의 상호 연관성은 손상되지 않고 여전히 남아 있다. 만일 무슬림이 정치와 종교의 분리를 원칙적으로 받아들인다면(르네상스 시대 이후 서구처럼 급격히 세속화될 것이다), 이슬람 가르침의 핵심인 단일성을 포기해야 할 것이다. 예언자의 순나와 지난 1,400년 동안 역사적으로 전개되어 온 이슬람 전통을 거슬러 행동해야 할 것이다.

# 이슬람 역사

## 예언자와 4대 정통 칼리파 시대

　이슬람 역사는 이슬람의 초역사적 실체들이 드러난 이슬람 사회, 제도, 문명의 역사와 분리할 수 없다. 비록 이 실체들이 온전히 역사에 기원을 두고 있진 않지만 말이다. 이슬람 사상의 다양한 양태와 학파의 부침(浮沈)이 왕조의 정치적 변이에 따른 이슬람 역사의 시대 구분과 딱 맞아떨어지지는 않지만, 이슬람 역사는 이슬람 종교의 역사를 다룰 수 있는 시간적 틀을 제공한다.

　예언자가 메디나로 이주하여 최초의 이슬람 사회를 세운 때부터 그가 죽은 뒤 4대 칼리파에 이르는 시기(1/622~40/661년)는 이슬람 역사에서 대단히 중요하다. 그리스도교의 사도 시대에 비견할 수 있는 이 시대를 무슬림들은 훗날 역사의 길잡이로 삼았다. 이미 말한 대로 아부 바크르는 예언자를 뒤이어 11/632년부터 13/634년까지 이슬람 공동체를 이끌었다. 순니 무슬림은 네 명의 칼리파가 올바르게 인도되었다고, 즉 정통 칼리파(al-khulafā' al-rāshidūn, 알-쿨라파우르 라시둔)라고 여기며, 이들이 간혹 정치적 판단을 잘못하는 실수를 범하기는 했지만 고결하고 경건하며, 깊은 종교심으로 공동체를 이끌었다고 생각한다. 아부 바크르는 첫 번째 칼리파다. 그는 불과 2년이라는 짧은 기간 동안 지도자 역할을 하였는데, 칼리파가 되자마자 예언자가 이룩한 아랍 사회의 정치적 통일을 깨부수려던 부족주의 세력과 맞서야 했다. 아부 바크르의 최대 공적은 이러한 반란을 진압하고 메디나를 수도로 한 통일 공동체를 수호한 것이다.

두 번째 칼리파인 우마르(13/634~23/64년 재임)는 아부 바크르가 이뤄 놓은 기반 위에서 팽창해가는 이슬람 국가의 통일성을 지키는 노력을 계속 하였다. 그의 재임 기간 동안 무슬림은 예루살렘을 정복하였고, 그곳에서 우마르는 유다인과 그리스도인들의 종교 행위를 깊이 존중하는 모습을 보여 주었다. 또 우마르 재임 시에 이슬람은 시리아, 페르시아, 북아프리카로 퍼져 나갔다. 우마르는 대단히 소박하고 금욕적으로 살았고, 아부 바크르처럼 경건한 신앙인의 본보기였다. 대다수의 순니는 4대 정통 칼리파 시대 가운데 후대 이슬람 사회가 계승한 여러 가지 행정 관습이나 제도를 만든 그의 통치 기간을 실질적으로 가장 성공적인 시기로 평가한다.

우마르 뒤를 이어 우스만이 칼리파가 되었다. 그는 다른 모든 정통 칼리파처럼 공동체 연장자들의 합의로 선출되었다. 23/644년부터 35/656년에 이르는 그의 재임 기간 동안 메디나와 아라비아 지역은 정복지에서 들어오는 전리품으로 부유해졌지만, 부족들의 반란으로 인한 긴장감도 높았다. 우스만은 특별히 그의 가족인 무아위야를 시리아 총독으로 임명하는 등 자신의 친족을 우선시하는 족벌주의 때문에 많은 비난을 받았다. 결국 아부 바크르 아들이 주도한 반란이 일어났고, 우스만은 살해되었다. 그의 죽음은 후대 이슬람사에 매우 중요한 결과를 낳았다. 무아위야가 그의 삼촌 우스만의 죽음에 복수하고자 우스만의 후계자 알리를 겨냥함으로써 오늘날까지 이어지는 정치적 분열을 초래하였기 때문이다.

알리는 35/656년부터 40/661년까지 칼리파 자리에 있으면서 그를 따르는 사람들(시아)과 일부 꾸라이시 사람들이 벌인 싸움, 그가 모두 이긴 두 번의 전투, 즉 예언자의 동료들이었던 탈하 및 주바이르와 벌인 싸움, 그리고 예언자의 아내 아이샤와 벌인 낙타 전투 등 내전과 전쟁을 여러 번 치러야 했다. 지지자들이 이라크에 있었기에 그는 수도를 쿠파로 옮겨 충성 맹세를 거부한 무아위야의 시리아 군대와 대치하였다. 양측은 36/657년 싯핀(Siffin)에서 결정적인 전투를 벌였는데, 알리의 승리가 확실해지는 순간 무아위야 군대가 『꾸르안』을 창에 걸고 중재를 요구하였다. 성스러운 책이 훼손되는 것을 막기 위하여 알리는 중재를 받아들였지만 무아위야 측의 영리한 중재인 때문에 많은 것을 잃어야만 했다. 알리는 쿠파로 돌아왔지만, 원칙적으로 중재를 반대했고, 알리와 무아위야 양측 모두 이슬람의 초기 규범을 위배했다고 여긴 일단의 무리가 40/661년 알리를 살해함으로써 정통 칼리파 시대는 막을 내렸다. 싯핀 전투로부터 순니, 시아, 그리고 카와리즈(문자적인 뜻은 밖에 서 있는 사람들)의 구분이 생겼다고 할 수 있다. 나중에 알리의 아들 후세인이 카르발라에서 죽임을 당함으로써 이러한 분열은 더욱 깊어졌다. 알리가 수도를 쿠파로 옮김에 따라 이슬람 세계의 정치 문화적 중심지는 아라비아 반도를 벗어났지만, 종교적 중심지는 예나 지금이나 여전히 히자즈 지역에 남아 있다.


## 고전 칼리파 시대: 우마이야조

알리가 죽은 뒤 몇 달 동안 그의 아들 하산이 메디나에서 저항하였지만, 결국 무아위야가 이슬람 세계의 칼리파가 되었다. 유능하고 타산적이었던 무아위야는 다마스쿠스를 수도로 한 거대한 제국을 건설할 수 있었지만, 정통 칼리파 제도를 지킬 수 없어 부자 세습의 술탄 제도로 바꿔야만 했다. 우마이야조(40/661~132/750년)는 중앙아시아에서 스페인, 프랑스에 이르는 지역을 지배하였고, 이후 수 세기 동안 지속된 통신 및 행정 체제, 법과 군사 제도를 확립하였다. 그들은 시아를 비롯하여 메카의 귀속 정지를 복원하려는 세력, 중앙 권력으로부터 벗어나려는 베드윈 등의 도전에 직면해야만 했다. 또한 압둘 말리크('Abd al-Malik, 65/685~86/705년 재임)가 통일 제국을 유지하는 데 성공하였지만, 경건한 신앙인들은 종교적 원칙이 세속적 목적 때문에 그 어느 때보다도 더 심하게 무너지고 있다고 생각하였다. 비록 경제 제도에 대한 개혁을 추구한 우마르 이븐 압딜 아지즈('Umar ibn 'Abd al-'Azīz)와 같은 칼리파는 신앙인의 모범으로 순니뿐만 아니라 시아로부터도 존경받았지만 말이다. 그는 시아를 우호적으로 대했다.

우마이야조는 제국의 행정, 군사적 기반을 튼튼히 하였고 동전과 관직을 아랍화하였다. 초기 정복을 마무리하였고 이슬람 문화를 중앙아시아 옥수스(Oxus, 페르시아어로 아무 다르야[Amū Daryā]—옮긴이) 강부터 유럽의 피레네 산맥에 이르는 지역까지 전파하였다. 그러나 그들은 무슬림들의 지지를 잃음에 따라 정권의 '정통성'을 상실하기 시작하였다. 이슬람 통치자라기보다는 아랍 통치자로 보인 그들에 대한 반감이 높아져 갔다. 특히 비아랍인으로 이슬람을 받아들인 마왈리(mawāli)의 반감이 컸다. 이들은 대부분 페르시아 출신이었다. 정권에 대한 항거는 대개 시아 깃발 아래 이라크 지역에서 일어났고 특별히 야지드 칼리파가 후세인 이븐 알리를 죽인 후 더욱 그러하였다. 강력한 총독들이 반란을 진압하였으나 저항의 기운은 점차 동쪽으로 퍼졌고, 호라산에서 페르시아 출신 장군 아부 무슬림의 카리스마적 지휘 아래 칼리파직의 종교성을 되찾아 예언자 가족에게 되돌리자는 투쟁이 시작되었다. 이 봉기는 성공하였고 예언자 삼촌의 후손들인 압바스 가문 사람들이 페르시아 사람들의 도움으로 다마스쿠스를 함락하여 우마이야조를 멸망시켰다. 유일하게 스페인 지역만 정복하지 못하였는데, 그곳은 다마스쿠스를 탈출한 우마이야조 사람이 통치자가 되어 무슬림 황금 시대를 열었다.

## 고전 칼리파 시대: 압바스조

압바스조 통치 시기(132/750~656/1258년)에 이른바 '고전 이슬람 문명'이 정점을 이루었다. 초기 압바스조는 우마이야조를 따라 이슬람 제국을 강건히 하고, 통일성을 유지하며, 다양한 제도를 이슬람화하고 제국의 언어인 아랍어를 더 널리 전파하였다. 페르시아어가 발전하여 이슬람 세계에서 제2의 언어가 된 것도 이 시기다. 칼리파직의 신성한 특징을 거듭 강조하면서도 압바스조는 페르시아의 통치 및 행정 모형을 깊이 모방하였다. 수도는 동쪽 페르시아 지역에 있는 바그다드로 옮겼다. 바그다드는 145/762년 칼리파 만수르(al-Manṣūr)가 페르시아 세계의 중심부인 고대 사산조 수도 크테시폰(Ctesiphon) 인근에 세운 도시다. 페르시아 사람들은 고위 관리가 되어 제국의 일에 더 능동적으로 참여하였다.

바그다드는 3/9~4/10세기에 이슬람 세계(어쩌면 전 세계) 최고의 문화 중심지가 되었다. 하룬 아르-라시드(Hārūn al-Rashīd)와 마으문(al-Ma'mūn) 같이 유명한 압바스조 칼리파는 예술과 과학을 적극적으로 후원하였고, 이슬람 철학과 과학이 꽃피기 시작하였다. 또한 압바스조 초기에 우마이야조 때 시작한 샤리아의 체계화가 완결되고 전통적인 법학파가 형성되어 오늘날까지 명맥을 유지하고 있다. 이 시기에 무엇보다도 중요한 일은 부카리와 그 밖의 사람들이 하디스를 수집하여 편찬한 것인데, 정통 칼리파 시대부터 시작하여 우마이야조를 거쳐 압바스조 때 완결된, 실로 대단히 중요한 종교적 업적이다. 또 이 시기에 바그다드와 호라산에서 고전적인 수피 전통이 시작되었다.

그러나 압바스조는 점차 쇠락하였디. 아랍인과 페르시아아인의 경쟁 속에서 칼리파들은 튀르크 출신 용사들을 고용하였고, 이로써 아랍인, 페르시아아인 외에 제3의 인종 그룹이 이슬람 세계의 중심으로 들어와 칼리파가 통치하는 중심 지역의 정치적·사회적 삶에서 막강한 역할을 하기 시작하였다. 얼마 되지 않아 칼리파들은 자신들이 고용한 튀르크 장군들의 볼모가 되고 말았다. 압바스조는 농경민과 도시민의 갈등, 군사와 일반 행정, 토지와 세금, 인종 간 경쟁심 등 여러 난제에 봉착하여 결국 광대한 이슬람 제국을 유지할 능력을 상실하고 말았다. 지방 권력자들의 세력이 점차 커지면서, 334/945년에 페르시아 지역에서 발흥한 부와이흐(Buwayh)조가 이라크를 점령, 칼리파를 자신들의 정권 정당성 유지의 수단으로 만들어 버렸다. 이후 지방을 다스리는 왕조가 실질적 정치 권력을 행사하고, 칼리파는 페르시아, 아랍 지역을 다스리는 왕이나 술탄의 합법성을 인정하고, 자신은 통일된 이슬람 세계와 샤리아 통치를 상징하는 존재로 전락하고 말았다.


## 몽골 침략 이전의 지방 왕조

### 페르시아, 중앙아시아, 트랜스옥시아나

이미 3/9세기에 페르시아 동부 지역 지방 총독들이 바그다드에 있는 칼리파 중앙 정부로부터 독립하기 시작하였고, 곧 사파비(Ṣaffāvī)조, 사만(Sāmān)조 등 독립된 페르시아 왕조를 세웠다. 4/10세기까지 호라산과 중앙아시아를 다스린 사만조는 문화적으로 특별히 중요하다. 왜냐하면 적극적으로 페르시아어를 후원하여 페르시아인이 아랍인에 대해 문화적 정치적 독립을 주장할 수 있는 기반을 마련하였기 때문이다. 부분적으로 독립한 왕조들 역시 페르시아 북부와 서부 지역에 등장하였고, 이는 결국 4/10세기에 페르시아뿐 아니라 이라크 지역까지 정복하고 통치한, 강력한 페르시아 민족 감정을 지닌 시아 부와이흐 왕조의 출현으로 이어졌다.

튀르크 부족의 출현은 사만조가 다스리던 지역의 정치적, 인종적 지형까지 바꾸어 놓았다. 특별히 중앙아시아가 그러하였다. 튀르크족 출신인 가즈나비(Gaznavi)조는 사만조를 무찌르고 페르시아 동부 지역에 강력한 왕국을 세웠고, 신드와 펀잡 지역까지 확장해 나갔다. 이들은 뒤이어 중앙아시아와 페르시아뿐 아니라 아랍과 아나톨리아 지역까지 지배하기 시작한 수많은 튀르크족 왕조 출현의 바탕이 되었다.

### 셀축조

가장 중요한 튀르크 왕조는 426/1035년에서 656/1258년까지 약 2세기 이상 생존한 셀축이다. 셀축은 447/1055년 토그릴 벡(Toghril Beg)이 바그다드를 점령한 것을 비롯하여 서아시아의 거의 모든 지역을 정복하였다. 열렬한 순니였던 이들은 서아시아를 재통일하고, 순니 통치의 상징으로 압바스조 칼리파를 보호하였다. 지방 시아 정권을 반대하면서 시아를 심하게 박해하였다. 또한 이들은 튀르크족의 아나톨리아 정복의 서막을 열었고, 결국 이는 훗날 오스만 튀르크 제국의 성립으로 결실을 맺는다. 셀축은 철학자들의 도전에 직면한 신학(Kalām, 칼람)을 지원하였고 유명한 재상 니자물 물크와 연관된 전통적 대학(madrasah, 마드라사) 제도를 세워 순니 정통주의를 강화하였다. 튀르크족이었지만 이들은 페르시아 문화의 후원자였다. 이들의 통치 기간 동안 페르시아 산문 문학은 정점에 도달하였고 페르시아 시의 대가들도 나왔다.

## 이집트와 시리아

이집트와 시리아의 운명은, 팔레스타인처럼 두 지역의 중간에 있는 곳과 함께, 이슬람 역사 시기에 종종 서로 밀접하게 얽혀있었다. 3/9세기에 이미 압바스조의 이집트 총독 이븐 뚤룬(Ibn Ṭūlūn)은 여전히 그의 이름을 지닌 웅장한 모스크를 카이로에 건립하였고, 독자적 권력을 유지하며 세력을 시리아까지 확대하였다. 4/10세기에 이스마일 시아 파띠마조는 이프리끼야(al-Ifrīqiyyah, 오늘날 튀니지)로부터 거의 전 북아프리카 지역 공략을 시작하였고, 358/969년에는 이집트를 정복하고 자신들의 이맘 이름을 딴 킬라파 성립을 선포하였다. 그들은 카이로를 건설하여 수도로 삼았다. 예루살렘, 메카, 메디나, 다마스쿠스까지 세력을 넓히고, 함단(Ḥamdān)조를 물리치고 바그다드까지 위협하였다. 파띠마조는 압바스조의 라이벌이었다. 이들은 예술과 과학이 번영하는 시대를 열었는데, 특히 카이로가 그런 도시였다. 셀축과 십자군의 위협으로 인해 세력이 약해졌고, 결국 십자군을 예루살렘에서 축출한 살라훗딘 알-아이유비(Ṣalāḥ al-Dīn al-Ayyubī)에게 583/1187년 패하고 말았다.

살라훗딘은 쿠르드족 출신 장군으로 아이윱(Ayyub)조를 세워 이집트, 팔레스타인, 시리아를 순니 지배하에 통합하였고, 오랜 십자군 전쟁 이후 이 지역의 경제를 재건하였다. 아이윱조의 노예 용병을 맘루크(Mamlūk)라고 하는데, 이들은 아이윱조를 대체하여 맘루크조를 세웠고, 658/1260년 남 팔레스타인에서 몽골군을 무찔러 몽골의 맹공에 종지부를 찍었다.

## 북아프리카와 스페인

압바스조는 이슬람 세계 서부 지역을 장악하지 못하였다. 모로코에서는 예언자 손자 하산의 후손들이 오늘날까지 북아프리카 이슬람의 중심지인 페즈(Fez)를 수도로 하여 베르베르(Berber)족을 지배하는 정권을 세웠다. 알제리에서는 압두르 라흐만 이븐 루스탐('Abd al-Raḥmān ibn Rustam)이 카와리즈 사상을 이어받은 이바디 학파를 근간으로 루스탐(Rustam)조라는 베르베르 왕국을 만들었다. 튀니지는 원칙적으로는 칼리파의 권위를 인정하였지만, 실제로는 독립적이었던 아글랍(Aghlāb)조가 다스렸다.

무슬림들이 안달루스라 불렀던 스페인 지역에서 우마이야조의 왕자였던 압두르 라흐만 1세가 138/756년 스페인 우마이야조를 건설하였다. 수도 코르도바는 유럽에서 가장 크고 국제적인 도시가 되었다. 2세기 반 동안 스페인은 거의 모든 분야에 걸쳐 믿을 수 없을 정도로 대단한 문화적 업적을 이루었고, 무슬림, 유다인, 그리스도인들이 인류사에서 찾아보기 힘들 정도로 평화롭고 조화롭게 살아가는 사회적 환경을 조성하였다. 이슬람 문화뿐 아니라 유다 문화도 꽃을 피웠다. 마이모니데스(Maimonides)를 비롯해서 많은 유다 사상가들이 아랍어로 쓴 수많은 작품에서 볼 수 있듯 유다 문화는 이슬람 문화와 밀접한 관계를 유지하였다. 스페인은 또한 이슬람 과학, 철학, 예술 등을 서구 그리스도교 세계로 전하여 훗날 유럽사에 심대한 영향을 끼친 핵심 지역인데, 특별히 톨레도가 이러한 지식 전수에 중심 역할을 하였다.

5/11세기에 우마이야조의 힘은 쇠약해졌다. 스페인은 지역의 왕자들(mulūk al-ṭawā'if, 물루쿳 타와이프)이 다스리는 여러 조그만 공국으로 분열되어 북아프리카 베르베르인들의 손쉬운 먹잇감이 되었다. 금욕주의적인 무와히둔(al-Muwaḥḥidūn)조와 무라비뚠(al-Murābiṭūn)조가 5/11세기와

6/12세기에 각각 스페인 대부분 지역을 점령하였다. 그러나 이는 오래가지 못하였다. 무슬림 세력이 약해짐에 따라 그리스도인들의 재정복이 시작되었고 무슬림들은 608/1212년 라스 나바스 네 돌로사(Las Navas de To-losa) 전투에서 치명적인 패배를 당하였디. 무슬림들은 남쪽 산악 지역에서만 살아남았다. 이 지역에 자리한 나스르(Naṣr)조는 7/13세기 그라나다(Granada)에 이슬람 예술사에서 가장 뛰어난 건물 가운데 하나를 세웠다. 무슬림들의 이베리아 반도 경영은 그리스도인 통치자 이사벨라와 페르디난도가 897/1492년 그라나다를 점령함으로써 막을 내렸다. 이 사건 이후 남아 있던 무슬림들은 모리스코스(Moriscos)라는 경멸적인 이름으로 불리며 박해를 받았고, 비록 이슬람과 그 문화의 영향이 오늘날 스페인에 여전히 남아 있지만, 무슬림들은 11/17세기에 외적으로 완전히 사라졌다.

북아프리카에서 파띠마조 통치 이후 파띠마조에 충성을 맹세한 부족들과 압바스조를 따르는 부족들 사이의 대결이 지속되었다. 5/11세기에 모리타니아에서 세네갈 강에 이르는 지역에 이슬람을 전파한 산하자(San-haja) 베르베르 부족이 연합하여 마르라케시(Marrakesh)를 수도로 북아프리카와 스페인 대다수 지역을 통합한 무라비뚠조를 세웠다. 이들에 이어 페르시아 신학자이며 수피였던 가잘리의 제자가 무와히둔조를 세웠다. 이러한 금욕주의적 운동은 동쪽으로 트리폴리타니아까지 퍼졌고 7/13세기까지 계속되었다.

무와히둔조가 약해지면서 모로코의 마린조, 알제리와 튀니지의 하프스조 같은 지방 왕조들이 다시금 발흥하기 시작하였다. 10/16세기에 모로코를 제외한 북아프리카는 오스만 제국 손에 떨어졌다. 모로코는 10/16세기 샤리프(sharif)들, 곧 예언자의 후손들이 알라위(‘Alawi) 왕조를 세워 현재까지 통치하고 있다. 마그리브, 곧 아랍 세계의 서쪽 땅은 모두

13/19세기에 프랑스 지배 아래 들어가, 1950, 60년대에야 비로소 독립하였다.

## 몽골 침략

이슬람 세계 서쪽 땅은 몽골 침략의 영향을 받지 않았으나, 동쪽은 징기스칸 후예들의 침략으로 초토화되었다. 몽골은 중앙아시아, 페르시아, 이라크, 시리아, 팔레스타인을 차례로 정복하였고, 이슬람 세계 동부 지역 대부분을 파괴한 후에야 비로소 맘루크조에 저지당해 정복 행진을 멈추었다. 몽골은 압바스조를 멸망시켜 이슬람 세계의 정치 지형에 큰 변화를 불러일으켰다. 656/1258년 바그다드 함락과 마지막 칼리파의 죽음으로 인해 이슬람 세계는 새로운 단계의 역사로 들어섰다. 격동의 시기가 지난 뒤 몇몇 새로운 제국이 등장하여 이슬람 세계를 지배하였고, 마침내 서구 식민주의 세력이 거의 모든 이슬람 국가를 정복하기에 이르렀다.

## 몽골 침략의 영향

### 오스만, 사파비, 무갈

이슬람 세계 동부 지역은 몽골 침략으로 인해 정치적·경제적 혼란이 발생하였다. 정복자 휠라귀(Hülagü)의 후예들은 처음부터 몽골의 법과 관습을 공포하며 통치하기 시작하였다. 그러나 얼마 되지 않아 일한(Il-khan)조 통치자들은 이슬람으로 개종하였는데, 특히 월제이튀(Öljeitü)는 이슬람을 받아들이고 술탄 무함마드 호다반데(Sulatan Muḥammad Khudābandah)이 되었다. 그가 12 이맘파 시아 이슬람으로 개종한 것은 흥미롭다. 이 시기, 곧 7/13세기에서 8/14세기에, 페르시아 지역에서 시아가 퍼져 훗날 사파비조 시아 정권이 들어 설 기반을 마련하였다.

지방 권력자들이 각축을 벌였던 일한조는 8/14세기 말 티무르의 침공으로 멸망하였다. 티무르는 페르시아, 이라크, 시리아, 아나톨리아, 남부 러시아, 중잉아시아를 정복하였고, 페르시이 예술의 중심지가 된 사마르칸트를 수도로 삼았다. 807/1405년 중국으로 향하던 도중 티무르가 죽음으로써 그의 제국은 와해되었지만, 그의 후손들이 계승한 티무르 왕조는 페르시아와 중앙아시아를 10/16세기까지 다스리면서, 시라즈, 타브리즈, 헤라트 등 페르시아 세밀화와 서예가 발전한 문화 예술 도시를 건설하였다. 또한 아프가니스탄으로부터 인도로 들어와 무갈 제국을 세운 사람도 바로 티무르의 후예 바바르(Bābar)였다.

한편 몽골 침략을 저지한 이집트에서는 맘루크조가 팔레스타인과 시리아 지역까지 포함하여 강력하고 안정된 정권을 계속 유지하였다. 이 왕조는 648/1250년부터 923/1517년까지 2세기 이상 존속하다가 오스만 제국에 흡수되었다. 맘루크조는 순니 무슬림으로 순니를 옹호하였다. 예술을 적극적으로 후원하여 이슬람 세계 최고의『꾸르안』서예 대작, 그리고 오늘날 카이로를 아름답게 장식하는 뛰어난 이슬람 건축물이 이 시기에 나왔다. 오늘날 카이로에서 예술에 미친 영향력을 여전히 느낄 수 있을 정도로 맘루크조는 이집트에 지울 수 없는 자취를 남겼다.

## 오스만 제국

중앙아시아에서 페르시아를 거쳐 서쪽으로 이주한 튀르크족은 아나톨리아에 근세기 가장 강력했던 이슬람 국가를 세웠다. 튀르크족이 이전에 세운 셀축 왕조는 몽골에 패배하였으나, 얼마 지나지 않아 남 아나톨리아와 좀 더 서쪽 지역 주변 작은 도시들을 지배하면서 다시 힘을 길렀다. ‘우스만(‘Uthmān)의 아들들’, 곧 오스만리(Osmanli)들은 726/1326년 아나톨리아 대부분을 점령하고 부르사(Bursa)를 수도로 삼았다. 오스만이라고 알려진 이들은 758/1357년 발칸 반도를 점령하였고, 792/1390~1391년 바예지드 일디림(Bāyezid Yildirim)은 소도시들을 점령하면서 아나톨리아 전역을 지배하였다.

비록 티무르에게 패하긴 했지만, 오스만은 곧 전열을 재정비하고 857/1453년 메흐메트(Mehmet) 2세의 지휘아래, 나중에 이스탄불로 이름이 바뀐 콘스탄티노플을 점령하고, 비잔틴 제국을 무너뜨렸다. 923/1517년 술탄 셀림(Selim)은 시리아와 이집트를 병합하였고, 유명한 통치자 술레이만(Sulayman) 대제(大帝)는 932/1526년에 헝가리를 침범하여 발칸 전 지역을 오스만 제국의 영토로 만들었다. 알제리에서 북아프리카, 아랍 근동, 아나톨리아, 발칸에 이르는 광대한 영토를 다스렸던 오스만 제국은 수 세기 동안 지속하였고, 13/19세기 유럽 열강의 공격에도 건재하였다. 그러나 제1차 세계 대전 때 영국과 프랑스가 아랍 지역을 분할하여 나눠가졌고, 발칸 지역은 독립하였으며, 제국의 심장부는 오늘날 터키가 되었다.

오스만 권력자들은 스스로를 우마이야조와 압바스조를 계승한 칼리파라고 주장하였지만, 엄밀히 말해 그들은 칼리파가 아니라 술탄이었다. 그러나 그들은 여러 면에서 다른 킬라파와 같은 정치 체제를 이루었다. 철저한 순니였던 오스만 제국은 튀르크 시와 그림에서 볼 수 있듯 문화적으로는 페르시아의 영향을 크게 받았다. 수피들을 후원하여 수피 전통이 번창하였고, 마울라위야(Mawlawiyyah, 터키어로 Mevleviye, 메블레비에ㅡ옮긴이)와 바크타시야(Baktāshiyyah, 터키어로 Bektashiye, 베크타시예ㅡ옮긴이) 같은 교단은 제국 내에서, 특히 터키에서, 영적, 정치적으로 중요한 역할을 하였다. 오스만 사람들은 뛰어난 건축가로 오늘날 이스탄불을 비롯한 여러 곳에서 볼 수 있는 훌륭한 건축물을 많이 만들었다. 그들이 세운 이슬람 역사상 최후의 막강 제국은 현 세기까지 서구와 맞섰고, 서구 세력이 인도와 극동으로 가는 육로를 차단하기도 하였다. 터키와 아랍 근동 지역은 약 6세기에 걸쳐 건재한 오스만 제국 통치의 산물이고, 알바니아, 보스니아-헤르체고비나와 같은 발칸 지역의 소수 무슬림들 역시 그러하다.

## 사파비 제국과 후대 페르시아 왕조들

몽골 침략 이후 페르시아는 정치적으로 분열되었는데, 사파비 수피 교단과 12 이맘파 시아의 깃발아래 강력한 종교적·정치적 운동이 페르시아 서쪽 지역에서 일어났다. 튀르크어를 쓰는 부족들의 도움에 힘입어 사파비는 905/1499년 타브리즈를 점령한 후 이윽고 전 페르시아를 지배하였다. 오늘날의 이란뿐만 아니라 코카시아 대부분 지역, 발루치스탄 전역, 아프가니스탄, 그리고 중앙아시아 대부분 지역에 이른다. 오스만 제국 동쪽에 강력한 제국을 건설하고, 순니를 지지한 오스만과는 달리, 시아를 국교로 삼아 오스만 제국의 위협으로부터 스스로를 보호하였던 사파비는 약 9세기 만에 페르시아 민족 국가를 세워 현대 이란의 초석을 다졌다.

이들은 에스파한(Isfahan)을 수도로 삼아 이슬람 세계에서 가장 아름다운 도시를 만들었다. 건축, 타일, 양탄자, 세밀화 등 이들의 예술적 창조물들은 이슬람 예술의 정수를 보여 준다. 또한 많은 페르시아 순니 학자들과 사상가들이 인도로 이주하였음에도 사파비 시대에 이슬람 철학이 다시 살아났다. 사파비는 원래 수피 교단에서 시작한 왕조였지만 수피 전통에 등을 돌렸고, 시아 울라마와 수피 간에 충돌이 발생하였다. 내적 경쟁과 불화, 그리고 외적 압력으로 인해 약해진 사파비조는 결국

1135/1722년 아프간의 침략을 받고 패망하였다.

오스만 제국과 남진하는 러시아는 페르시아를 한동안 위협하였다. 그러나 1142/1729년 사파비 출신 나데르(Nādir) 장군이 아프간과 오스만을 페르시아에서 몰아내고 그루지아, 시르반(Shirwan)과 아르메니아를 수복하였다. 그는 아프샤르(Afshār) 왕조를 세우고 오리엔트 최후의 정복자가 되어 1150/1738년 델리를 점령, 북부 인도를 장악하였다. 그러나 측근에게 살해되면서 그의 통치는 끝났다. 그가 죽은 후 잔드(Zand) 왕조가 남페르시아를 지배하였다. 한편 아흐마드 샤 도르라니(Aḥmad Shah Durrānī)는 아프가니스탄에서 자치를 선언하였는데, 이는 결국 13/19세기 중엽 아프가니스탄과 페르시아가 공식적으로 분리되는 결과를 낳았다.

1193/1779년 튀르크 지도자 아가 모함마드 한 가자르(Āqā Muḥammad Khān Qājār)는 테헤란과 나머지 페르시아 지역을 점령하여 1343/1924년까지 존속한 가자르 왕조를 세웠다. 북쪽은 러시아, 남쪽은 영국의 위협을 받은 가자르는 명목상으로나마 페르시아의 주권을 보존하려고 노력하였다. 적어도 공식적인 독립을 유지하긴 했으나, 대다수의 영토는 러시아와 영국에 빼앗겼다. 중앙 정부가 쇠약하였기에 외국의 간섭과 음모는 걷잡을 수 없었다. 몇 차례에 걸쳐 시도한 개혁은 실패로 돌아갔지만 1323/1906년 헌법 혁명은 적어도 공식적으로는 성공하여 입헌왕정을 세우고 이슬람 세계 최초로 선출 의회를 만들었다. 그러나 샤와 종교 지도자 사이의 권력 투쟁은 이런 저런 방식으로 계속되었고, 결국 레자(Reza) 샤가 등장하여 파흘라비(Pahlavi) 왕조를 세웠다. 이제 페르시아는 새로운 삶의 단계, 즉 근대화와 결부된 국가주의 시대를 시작하였다. 그러나 국가 권력과 시아 울라마 사이의 해묵은 갈등은 사라지지 않은 채 새로운 형태로 발전하여 결국 1979년 이슬람 혁명으로 이어졌다.

## 무갈 제국

이슬람은 6/12~7/13세기부터 치시티야(Chishtiyyah) 같은 수피 교단을 통해 인도 중심부로 퍼지기 시작하였다. 특히 델리(Delhi) 술탄조 시대에 무슬림들이 지방 정권을 점차 장악하였다. 또한 데카(Decca)와 같은 남부 지방과 더불어 카슈미르, 벵갈 지역의 주요 도시들을 무슬림들이 지배하였다. 10/16세기에 바바르가 이끄는 군대가 북인도를 점령하여 무갈(Mughal) 제국을 세우고 932/1526년부터 1274/1858년까지 지배하였다. 아크바르(Akbar), 후마윤(Humāyūn), 자한기르(Jahāngīr), 샤 자한(Shah Jahān) 같은 초기의 위대한 황제들은 무갈 제국을 세계에서 가장 문화적이고 부유한 제국 가운데 하나로 만들었다.

처음에는 페르시아 행정체제와 언어, 예술이 지배적이었지만, 이슬람과 인도 지역 문화의 창조적인 상호 교섭으로 아그라(Agra)의 타즈마할(Taj Mahal)과 같은 섬세한 건축물이 만들어지고 수피 음악, 페르시아어와 지역 토착어로 된 수피 시가 유행하였다. 우르두(Urdū)어 역시 무갈 제국 시대 산물로, 인도에서 이슬람 사상과 종교 감정을 표현하는 주요한 수단으로 12/18~13/19세기에 만들어졌고, 오늘날 주요 이슬람 언어 가운데 하나다.

아우랑제브(Aurangzeb) 이후 무갈 제국은 아프샤르조 나데르 샤와 도르라니조 아흐마드 샤의 침략과 지역 힌두 정권의 부흥으로 약화되었는데, 무엇보다도 영국과 대치하면서 쇠락의 길을 걸었다. 영국은 1118/1707년 아우랑제브 사망 이후 전 인도를 병합하여 대영 제국의 일부로 만들었다. 1273/1857년 무슬림 봉기 이후에는 무갈 제국의 명목적 통치마저 종말을 고했고 1947년 인도 독립과 분할이 이뤄질 때까지 무슬림과 힌두의 인도 모두 완전히 영국 식민지가 되었다.

# 다른 지역의 이슬람

## 검은 아프리카

검은 아프리카의 이슬람 역사는 예언자 생존 시 초기 신앙인들이 아비시니아로 망명한 때부터 시작하였다. 이슬람은 동쪽 해안으로 매우 빠르게 퍼졌지만 해안 지역을 벗어나지 못하다가, 13/19세기에 들어 바다와 가까운 정글 지역과 소통이 원활해지면서 대륙 내부로 전파되는 것이 가능해졌다. 아프리카 서쪽에서 이슬람은 베르베르족과 아랍인들이 사는 사하라 사막과 흑인들이 거주하는 정글 지역을 가르고 있는 사반나(Savannah) 내륙 지역으로 퍼졌다. 이미 5/11세기에 무슬림 역사가들은 가나의 수도 내 무슬림 지역에 대해 설명하고 있다. 이곳은 훗날 무라비뚠조가 정복하였고, 그 뒤로는 지방 왕조들이 다스렸다. 6/12세기경 가나의 거의 대부분 지역에서 이슬람이 받아들여졌다.

왕이 이슬람으로 개종한 말리(Mali)에 살던 무슬림에 대한 기록도 있다. 아랍인들이 타크루르(Takrūr)라고 부른 이곳은 사실상 말리의 일부에 불과한데, 무슬림들은 이슬람 문화가 번창하는 왕국을 건설하였고, 북아프리카 무슬림 중심지와 밀접한 관계를 유지하였다. 팀북투(Timbuktu) 같은 도시는 이슬람 학문의 중심지가 되었고, 오늘날 말리의 여러 도서관은 값진 아랍어 필사본을 다수 소장하고 있다. 말리의 가장 위대한 통치자는 만사 무사(Mansa Mūsā)다. 그는 7/13세기 사람으로, 팀북투와 니제르 중부 송하이(Songhay)를 점령하였다. 이 지역은 9/15세기경에 이르러 말리를 능가하는 무슬림 왕국이 되었다. 유명한 왕 아스키야 무함마드(Askiya Muḥammad)는 서아프리카의 이슬람 지도자들처럼 메카 순례를 하였다. 그곳에서 만난 베르베르족 출신으로 영향력이 컸던 학자 무함마둘 마길리(Muhammad al-Maghili)는 순수 이슬람을 설교하며, 이슬람이 아프리카 토속 문화와 혼합되는 것을 반대하고, 마흐디주의(Mahdism)로 알려진 메시아사상과 관련되어 오늘날까지 아프리카 이슬람에서 중요한 역할을 하는 개념인 무잣디드(mujaddid, 매 세기 초 능장하여 이슬람을 성화하는 사람)를 강조하였다.

8/14세기 들어 그동안 고립된 생활을 하던 하우사(Hausa)족 사람들이 점차 이슬람으로 개종하였다. 처음에는 카노(Kano)와 카치나(Katsina) 왕들을 개종시킨 만딩고족 이민자들을 통해서 신앙을 받아들였으나, 나중에는 풀라니(Fulani)족 울라마가 이슬람 교육을 실시하여 이슬람의 영향력이 상당히 확대되었다. 10/16세기에 이슬람은 바기르미, 와다이로 퍼져 나갔고, 이 과정에서도 풀라니족 울라마가 중요한 역할을 하였다. 또한 이때 사하라 소금 광산에 눈독을 들이던 모로코 왕국은 몇 번의 전투를 벌여 송하이를 비롯한 대부분을 장악하였으나 곧 관심을 잃어 철수하였고, 이들이 떠난 뒤 여러 군벌들이 도시들을 지배하였다. 밤바라어를 쓰던 사람들은 이슬람으로부터 별다른 영향을 받지 않은 채 잠시 융성하였으나, 같은 만데(Mande)어군에 속한 다른 언어를 쓰는 사람들은 무슬림이 되어 대서양 서쪽과 남쪽으로 퍼져 지금의 기니아와 아이보리 코스트에 이슬람을 전파하였다.

유럽이 아프리카를 식민지화하기 바로 직전인 12/18세기에 중요한 종교적 운동이 일어나 서아프리카를 휩쓸었고, 종종 자신을 마흐디라고 주장하는 카리스마를 지닌 권위적 지도자가 중심이 되어 이슬람 국가를 세웠다. 이들 중 가장 유명한 사람은 우스만 단 파디오('Uthman dan Fadio)다. 1167/1754년 고비르(Gobir)에서 태어난 그는 종교 지도자요 통치자로 서아프리카 대다수 지역을 정복하였다. 분열된 부족들을 통합하여 정치 체제를 세웠고, 그 영향력은 오늘날까지 지속되고 있다. 또 다른 지도자는 13/19세기 초 인물인 알-핫즈 우마르(al-Ḥājj ʿUmar)다. 푸투 토로(Futu Toro) 출생인 그는 젊어서 메카, 메디나, 예루살렘을 두루 여행했고 티자니(Tijāniyyah) 수피 교단에 들어갔다. 푸타 잘론 (Futa Jallon)에서 그가 이끄는 종교 군사적 조직은 크게 성장하였고, 1268/1852년 딘기라이(Dinguiray)에서 지하드를 선포하였다. 그는 밤바라, 프랑스와 많은 전투를 벌였고, 무슬림들에게 유럽의 식민 지배지를 벗어나 이주할 것을 독려하였다. 우마르는 대단히 활동적인 삶 속에서도 오랫동안 홀로 영적인 수행을 하였고, 따르는 사람들은 그가 비상한 능력을 지녔다고 했다. 1281/1864년 전사하였지만, 그가 남긴 종교적, 정치적 유산은 오늘날 여전히 남아있다.

북아프리카 베르베르인과 아랍인이 사는 곳 남부 지역을 아랍어로 빌라둣 수단(Bilād al-sūdān), 곧 흑인의 땅이라고 부르는데, 이 지역 동쪽에 지금의 수단이 자리 잡고 있다. 나일 강 지역 수단으로 알려진 이곳은 서부나 중부 아프리카보다 더 늦게 이슬람을 받아들였다. 이 지역 북쪽, 현대 이집트의 남쪽에 있던 누비아는 고대 문명이 꽃피우던 곳으로 그리스도교를 받아들였고, 이집트로부터 이슬람이 들어오는 것을 수 세기 동안 막았다. 그러나 아랍 부족들이 점차 남쪽으로 이동함에 따라 누비아의 무슬림 인구가 늘더니, 8/14세기에는 완전히 이슬람화되어 역사적으로 이집트와 밀접한 관계를 맺게 되었다. 그 밖의 수단 지역은 아랍 유목민들이 나일 강 지역 수단의 초원으로 밀고 들어온 10/16세기 이래 남부 지방을 제외하고 급격히 아랍화 되었다. 동시에 비아랍 세력인 푼즈(Funj)족은 북쪽으로 올라가 이슬람으로 개종함으로써 누비아와 북수단을 완전히 이슬람화하였다. 푼즈는 수피에 대단히 헌신적이어서, 그들의 전성기 때 수피 교단의 위세가 대단하였고, 이러한 현상은 오늘날까지 계속 여러 지역에서 볼 수 있다.

10/16세기부터 오스만 제국은 지금의 수단 일부 지역에 영향력을 행사하였다. 푼즈의 권세는 12/18세기에 쇠락하였고 13/19세기에 이집트는 이곳을 지배하고자 군대를 보냈다. 13/19세기말 영국은 튀르크-이집트를 대체해서 이 지역을 지배하기 시작하였다. 그러나 저항이 만만치 않았다. 이슬람 종교 부흥 운동이 사방에서 고개를 들기 시작하였다. 1298/1881년 무함마드 아흐마드라는 카리스마적 인물이 스스로를 마흐디로 선포, 수단과 전 이슬람 세계를 통일하려 하였다. 그는 일부 계층 사이에서 꿈틀대던 서구화 분위기를 못마땅하게 여겨 이에 저항하였다. 또한 부족들을 통일하고 영국의 도움을 받는 이집트 주둔군을 상대로 싸웠다. 1302/1885년 아흐마드는 고든(Gordon) 장군이 지휘하는 군대를 무찌르고 카르툼(Khartoum)을 정복, 새로운 이슬람 국가를 건설하였는데, 당시 그가 만든 종교 조직은 여전히 이 지역에서 중요한 위치를 차지하고 있다.

아프리카 대륙 북동부 지역은 3/9세기에 동쪽 해안을 따라 무슬림이 살았다는 기록이 있다. 점차 무슬림 왕국들이 생겼고, 이들 왕국은 그리스도교를 신봉하는 이디오피아 황제에게 조공을 바치기도 했지만, 자일라(Zaylaʿ), 모가디슈(Mogadishu) 같은 도시는 이보다 앞서 수 세기전에 이미 상당히 깊게 아랍화 되었다. 이 지역은 스와힐리 문화와 언어를 지니고 있었지만, 아랍, 페르시아 세계와 긴밀히 접촉하였다. 일찍 이슬람을 받아들여 이 지역에 전파한 소말리 사람들은 스스로 아랍 후손이라고 주장하였다. 10/16세기 오스만 제국과 포르투갈은 이곳에서 세력을 넓혔고, 포르투갈은 자일라를 불태웠다. 이러한 상황에서 이 지역 최초의 종교개혁가인 아흐마드 그라뉴(Aḥmad Grāñ)는 이슬람이 다스리는 사회를 주창하고 나섰지만 전사(戰死)하였고, 지역 무슬림 세력은 쇠락하였다. 해안가를 따라 스와힐리 문화는 아랍 해를 건너 온 오스만과 오만('Umān, 우만) 세력의 융성에 힘입어 번창하였다. 독일, 영국, 그리고 후발 주자 이탈리아 등 유럽 식민주의 세력은 제2차 세계 대전 뒤 이 지역이 독립할 때까지 이곳 이슬람 정치 세력을 파괴하였다. 비록 식민 통치하에서 정치적 힘이 줄어들긴 했지만, 이슬람 신앙은 대단히 빠르게 서진하여 아프리카 심장부로 퍼져갔기에 해안 지역 무슬림의 종교적 위세는 내륙에서 강하게 지속되었다. 갈수록 많은 아프리카 사람들이 해안 지역에서 발생한 스와힐리 문화적 이슬람에 매료되었고, 이러한 현상은 오늘날까지 계속되고 있다. 반면 서부와 중부 아프리카는 베르베르인, 아랍인처럼 외부에서 이주해 온 무슬림들이 이슬람 신앙을 전파하였다.

## 동남아시아

7/13세기부터 이슬람은 수피 스승, 신심 깊은 상인, 예언자 가문 후손, 말레이 왕실과 결혼한 하드라마우트(Hadramaut) 왕조, 페르시아 만 지역 지배층 등을 통해 말레이 세계로 퍼졌다. 그러나 무엇보다도 인도 대륙과 아랍에서 온 수피의 역할이 가장 컸다. 수피들은 수피 고전 문학을 아랍어와 페르시아어에서 말레이어로 번역하여 말레이어를 주요 이슬람 언어 가운데 하나로 만드는데 큰 공헌을 했으며, 11/17세기 함자 판수리(Ḥamzah Fansūrī)의 저술에서 볼 수 있듯 말레이어로 이슬람에 대해 썼다.

마르코 폴로는 691/1292년 중국에서 페르시아로 돌아가던 중 수마트라에 있는 이슬람 왕국을 이미 발견한 바 있고, 중국 기록에도 681/1282년 황제를 알현하러 사무드라(Samudra)에서 무슬림 사신이 왔다고 언급하고 있다. 사무드라는 파사이(Pasai)라는 강력한 무슬림 왕국으로 발전하여

852

927/1521년 포르투갈에 복속될 때까지 건재하였다. 힌두교와 불교를 믿는 곳이 말레이 세계에 한동안 계속 존재하긴 했지만, 이슬람은 점차 북 수마트라에서 말라카(Malacca)로 전파되었고, 그곳의 군주 무함마드 이스 칸다르 샤(Muḥammad Iskandar Shah)는 명성이 자자하였다. 술탄 무잣파르 샤(Sultan Muẓaffar Shah) 치세 때인 855/1450년경 말라카는 완전히 이슬람화 되었다. 그곳으로부터 신앙은 트렝가누(Trengganu), 케다(Kedah), 파항(Pahang), 그리고 동부 수마트라 등 말레이 전역으로 전파되었다. 917/1511년 포르투갈의 말라카 점령과 함께 이슬람 정치 권력은 종말을 고했지만, 이슬람은 변함없이 계속 퍼져 나갔다.

이윽고 아체(Acheh)가 무슬림 세력의 중심지가 되었다. 930/1524년 알리 무가야트 샤(‘Alī Mughayat Shah)는 포르투갈로부터 파사이를 빼앗아 아체 왕국 발전의 기반을 다졌다. 아체 왕국은 11/17세기까지 존속하였고, 1015/1606년부터 1046/1637년까지 통치한 술탄 이스칸다르 무다(Sultan Iskandar Mūdā) 때 전성기를 맞았다. 그의 사후 왕국은 쇠락하였고, 17세기 말경 와해되었지만, 이슬람은 수마트라 지역에 그 어느 때보다도 강건하게 뿌리내렸다.

10/16세기에 말라카에서 필리핀으로 온 아랍 상인과 신심 깊은 사람들이 이슬람을 브루나이, 술루 군도, 민다나오에 전하였다. 포르투갈과 스페인 사람들이 이곳에 왔을 때 이미 무슬림 술탄국들이 있었다. 오늘날 이 지역 이슬람 공동체는 그렇게 번영했던 이슬람 왕국들의 유산이다. 스페인 통치자들은 특히 필리핀 무슬림을 모로(Moro)라고 부르며 억압했는데, 이들을 비롯해서 번영했던 이슬람 왕국 사람들은 도래한 외부 세력의 압제에도 살아남았다. 9/15세기 자바에도 무슬림이 있었다는 기록이 있다. 이들은 원주민이 아니라 중국인으로 동 자바에 깊은 영향을

끼쳤다. 페르시아 출신의 신심 깊은 상인이 확실해 보이는 말리크 이브라힘(Malik Ibrāhīm)이라는 무슬림 설교가의 무덤도 자바에 있다. 무덤에 사망 연도가 822/1419년으로 기록되어 있어, 당시 이슬람이 이곳에 전해졌음을 증명한다. 마하파히트(Mahapahit) 힌두 왕국의 힘이 점차 약해지면서 더 많은 사람들이 이슬람에 귀의하였다. 이러한 개종 현상은 자바에 이슬람을 퍼뜨리는 데 큰 역할을 한 수피 이슬람 설교가들이 인도로부터 다수 도착하면서 더욱 속도가 빨라졌다. 강해진 무슬림들은 말라카에서 포르투갈을 쫓아내고자 했으나 패배하고 말았다. 그러자 그들은 그때가지 아직 이슬람을 받아들이지 않고 있던 서부 자바로 관심을 돌렸고, 여러 번 전투를 치렀다. 중부 자바의 남쪽 지역은 키게데 판단-아랑(Kigede Pandan-Arang) 같은 인물들의 도움으로 이슬람이 평화롭게 전파되었다. 이들의 삶은 기적과 초자연적 사건으로 가득할 뿐 아니라, 묘소 역시 오늘날까지 순례지로 남아 있다.

이슬람화 과정은 9/15세기에도 계속되었다. 동쪽으로 말루쿠(Maluku) 제도(諸島)도 예외가 아니었는데, 이 지역 최초의 무슬림 통치자 자이눌 아비딘(Zayn al-'Ābidīn, 891/1486~905/1500년)은 특히 유명하다. 포르투갈은 이곳 무슬림들을 그리스도교로 개종시키려고 노력하였지만 (프란치스꼬 하비에르도 이곳을 방문하였다) 성공하지 못하였다. 남 보르네오, 술라웨시(Sulawesi)에도 이슬람이 전파되어 11/17세기경에는 마카사르(Makasar)가 이슬람 중심지가 되었고, 한동안 네덜란드의 침략적 야욕에 저항하였다.

11/17세기 들어 네덜란드는 오늘날 인도네시아 지역을 장악하기 시작하였다. 지방 군소 왕국들을 정복한 마타람(Mataram) 제국이 지배하던 자바에서도 네덜란드와 영국의 영향력이 점증하고 있었다. 또한 이슬람에 대한 생각이 서로 달랐던 무슬림끼리 벌이는 전투도 계속되었다. 13/19

세기에 말레이어를 쓰는 전 지역이 네덜란드, 영국, 스페인 지배하에 들어갔고, 캄보디아, 태국에 있던 소수의 말레이인들은 그 지역 통치자들의 지배를 받았다.

오늘날 말레이인들은 인도네시아, 말레이시아, 브루나이, 필리핀 남부를 장악하고 있고, 이곳과 이웃한 지역에도 소수의 말레이 사람들이 살고 있는데, 이들이 믿는 이슬람은 힌두교와 불교(이 두 종교는 4,5/10,11세기 이래 쇠퇴하기 시작하였다), 그리고 각 지역의 신비주의적 신앙 체계들을 대체하였다. 아랍어, 페르시아어뿐 아니라 이전 힌두교, 불교의 문학, 종교 전통의 영향으로 풍요롭게 된 말레이어는 지배적인 이슬람 언어가 되었다. 말레이 사람들은 이슬람 신앙이 깊고, 메카 순례를 대단히 중요하게 여기지만, 그들이 전부터 지녀 온 종교 생활 양식을 이슬람 문화와 조화시켰다. 터키 대중 예술에까지 전해진 『라마야나(Rāmāyaṇa)』, 『마하바라타(Mahābhārata)』 같은 힌두교 서사시 주제 인형극은 그 좋은 예다. 오늘날 외딴 섬 지역에서도 여전히 이루어지고 있는 이슬람화의 초기 과정부터 수피 전통은 중요한 역할을 하였다. 말레이어가 이슬람 세계의 주요 언어 가운데 하나로 된 과정을 이해하려면 바로 수피 전통을 살펴보아야 한다.

### 중국 이슬람

중국 이슬람사는 이슬람 역사만큼 오래되었다. 이슬람 이전 시대 아랍인들처럼 우마이야조 때 무슬림들이 바닷길을 이용해 중국 해안에 닿았기 때문이다. 무슬림 공동체가 해안을 따라 형성되었고, 육지로는 비단길을 통해 페르시아인들이 상품뿐 아니라 종교 사상을 중국에 전하면서 이슬람을 소개하였다. 4/10세기 초까지 건재한 당나라에는 이슬람 공동체가 여러 곳에 있었다. 몽골 침략으로 인해 페르시아와 중국의 상호 접촉은 더 빈번해졌고, 그 과정에서 이슬람 천문학과 수학이 중국에 전래되었다. 중국을 정복한 쿠빌라이 칸(Khubilai Khan)은 군사와 행정직에 페르시아인을 등용하였다. 이들 가운데 소수가 훗날 윈난(雲南)에 정착하여 이슬람 공동체를 형성하였다. 재상을 비롯해서 조정 내 중요한 인물들이 무슬림이었다. 이슬람은 점차 중국 전역으로 퍼졌고, 중국 문화의 특징을 수용한 독특성이 두드러지는 고유한 예술, 문학 양식을 띤 중국 이슬람 문화가 발전하였다. 황제의 명을 받고 인도양을 탐험한 명조의 유명한 장군 정화(鄭和)를 보면 무슬림들이 중국 사회에 어느 정도 참여하였는지 알 수 있다. 명조는 무슬림들에 대해 대체로 관용적인 태도를 취했고, 두 명의 황제는 이슬람에 동정적이기까지 했다. 중앙아시아 무슬림 지역을 유린하며 반무슬림 정책을 견지한 것은 11/17세기 청나라 때부터다. 11/17세기 왕다이위(王岱興)가 유가 용어를 빌어 이슬람 해설서를 발표할 때까지 중국 무슬림들이 한문으로 이슬람에 대해 쓰지 않았다는 것은 흥미롭다. 12/18세기에 왕다이위를 이어 리우즈(劉智)는 이슬람과 유학을 조화시키려고 노력한 것으로 유명하다. 같은 시기에 나끄시반디 교단의 수피인 마밍신(馬明心)은 청조와 유학 모두를 거부하였다.

13/19세기에 중국 전역에서 무슬림 주도하에 반란이 몇 차례 일어나 많은 무슬림들이 죽임을 당하고 간쑤(甘肅), 칭하이(青海), 윈난 등에 있던 여러 이슬람 공동체가 완전히 파괴되었다. 1294/1877년 중국은 동튀르키스탄(Türkistan)을 침략, 신장(新疆)이라는 새로운 이름을 붙였다. 오늘날 이 지역의 무슬림 인구는 대다수가 위구르와 튀르크 후손들로 이곳은 중국 내 가장 큰 무슬림 지역이다. 공산주의 시기 종교 박해에도 카슈가르(Kashghar)와 같이 계속 번창한 이슬람 문명의 고도(古都)들 역시 이 지역에 있다.

## 현대 이슬람 세계

13/19세기 이슬람 세계 지도를 보면 노쇠한 오스만 제국, 쇠약한 페르시아, 무법천지 아프가니스탄, 그리고 아랍 반도의 중심부를 제외한 광대한 이슬람 세계 모든 지역이 이런 저런 형태로 서구 열강의 식민지로 전락했고, 동튀르키스탄의 경우에는 중국의 식민지가 되었다. 프랑스는 북아프리카, 서부와 중부 아프리카 일부, 그리고 제1차 세계 대전 뒤 오스만 제국이 붕괴된 다음에는 시리아와 레바논을 통치하였다. 영국은 아프리카 무슬림 지역의 대부분, 이집트, 인도 무슬림 지역, 대다수 말레이어 지역, 그리고 제1차 세계 대전 뒤에는 이라크, 팔레스타인, 요르단, 아덴, 페르시아 만 연안의 여러 제후국(아랍어 Imārāt, 영어 Emirates) 등을 지배하였다. 네덜란드는 자바, 수마트라, 두 지역 외에도 오늘날 인도네시아에 속하는 거의 모든 지역을 철권통치하였다. 러시아는 코카시아 저지대, 중앙아시아, 그리고 오늘날 러시아의 일부로 간주하는 다게스탄(Daghestan) 등 무슬림 지역으로 점차 세력을 확장하였다. 스페인은 남부 필리핀의 무슬림을 억누르고, 북아프리카 일부 지역을 장악하였다. 포르투갈은 전에 누렸던 인도양 지역에 대한 지배권을 상실하고 소수의 무슬림들이 있는 곳을 식민지로 삼아 통치하였다. 이러한 역사적 맥락에서 13/19세기말 이슬람 신앙과 민족주의를 촉매제로 시작된 이슬람 국가들의 독립 운동은 전 이슬람 세계로 전례 없이 빠르게 확산되었고, 20세기에 더욱 강력해졌다.

제1차 세계 대전 말 오스만 제국이 붕괴함에 따라 독립 국가가 된 오늘날 터키는 이슬람 세계에서 세속주의를 국가 이념으로 채택한 최초이자 유일한 국가다. 오스만 제국이 지배하던 유럽 지역은 모두 독립하였고, 아랍 지역은 앞서 말한 대로 프랑스와 영국의 식민지가 되었다. 아랍

반도에서는 종교적으로 나즈드(Najd)의 와합(Wahhāb)파 학자들과 연계한 사우디 가문이 나즈드와 히자즈(Hijāz) 지방을 1926년 통합하여 오늘날의 사우디아라비아 왕국을 세웠다. 아랍해에서 페르시아 만 남부 해안에 이르는 지역은 지방 유력자들(shaykh, 셰이크)과 제후들(amīr, 아미르)의 도움으로 영국이 지배하였다. 이집트는 영국의 영향력 아래 있긴 했지만 주권을 수호하였다.

제2차 세계 대전 말 전 세계를 휩쓴 반식민주의 물결을 타고 이슬람 세계에 독립 운동이 일어나기 시작하였다. 전쟁 직후 인도는 무슬림의 파키스탄과 힌두교인의 인도로 분할되었다. 전자는 당시 최대의 무슬림 국가였고, 후자에는 상당히 많은 무슬림들이 계속 살고 있었다. 파키스탄은 1971년 파키스탄과 방글라데시로 나뉘었다. 인도네시아는 피비린내나는 전투를 치르고 나서야 네덜란드로부터 독립하였고, 말레이시아가 그 뒤를 따랐다. 아프리카에서는 북아프리카 국가들이 프랑스 식민주의에 항거하여 1950년대에 독립을 쟁취하였다. 알제리는 이와는 달리 백만 알제리인의 목숨을 앗아간 전투를 치르고 난 뒤 1964년에야 비로소 독립을 쟁취하였다. 검은 아프리카 대륙의 이슬람 국가들은 영국과 프랑스로부터 차례차례 독립하였지만, 식민 지배를 한 영국과 프랑스의 경제적 영향력은 오늘날에도 여전히 지속되고 있다.

1970년대에 전 이슬람 세계는 소련 제국 내에 있는 지역과 동튀르키스탄을 제외하고는 적어도 명목상으로는 자유를 얻었다. 1989년 소련이 붕괴함에 따라 코카시아와 중앙아시아 무슬림 지역이 독립하였다. 러시아가 13/19세기에 빼앗아 여전히 자국의 일부로 간주하는 무슬림 지역은, 중국과 필리핀 내 무슬림 지역과 마찬가지로, 독립하지 못한 채 러시아의 정치적 지배하에 놓여 있다.

현대 이슬람 국가들의 독립이 문화적·경제적·사회적 독립을 의미하는 것은 아니다. 정치적으로 독립한 후에도 이슬람 세계의 여러 지역은 문화적으로는 이전보다 더 종속된 상태다. 특히 서구가 이슬람 세계에 강제한 민족 국가라는 개념은 이슬람 사회에 무척이나 낯선 것이요, 여러 지역에서 발생한 수많은 내적 갈등의 근본 원인이다. 이슬람 세계는 과거에는 나름 명확한 기준으로, 현대에는 잘못된 발상에 따라 인위적으로 쪼개졌다. 무슬림들은 이러한 이슬람 세계의 분열을 반대하며 통일된 이슬람 공동체를 열망한다. 또한 서구 문명의 맹공 앞에서 이슬람 세계의 정체성과 특성을 지키길 강하게 열망한다. 서구의 가치가 변함없이 지속적으로 유입되고 있기 때문이다. 전통과 현대 둘 사이의 이런 저런 긴장관계가 이슬람 현대사의 특징인데, 이는 곧 이슬람과 이슬람 문명이 여전히 살아 있다는 증거이기도 하다. 종종 격변과 혼란으로 이어지지만 이러한 긴장이야말로, 지난 19~20세기 동안 내외적 원인으로 인해 이슬람 문명이 허약해졌음에도, 이슬람 세계가 종교적·문화적 가치를 여전히 지니고 있음을 잘 드러내준다. 동서로 뻗쳐 있는 땅에 살고 있는 10억 이상의 무슬림에게 이슬람 세계는 여전히 생생하게 살아 움직이는 현실이다.

# 이슬람 사상의 학파와 역사

샤리아와 법학(uṣūl al-fiqh, 우술룰 피끄흐), 즉 성스러운 법과 밀접하게 관련된 법사상 외에, 이슬람 종교 사상은 칼람(kalām, 보통 신학으로 번역함), 형이상학과 영지(maʻrifah, 마으리파, 또는 ʻirfān, 이르판), 철학(falsafah, 팔사파)과 신지학(神智學, ḥikmah, 히크마) 이렇게 세 분야로 발전하였다. 법사상은 여전히 대단히 중요하지만 앞서 샤리아에 대해 설명하였으므로 일단 제쳐두고, 이슬람 역사에서 여러 방식으로 서로 대립하고 교섭해 온 세 분야에 관해 논의하고자 한다.

## 칼람

칼람의 문자적 의미는 '말'로, '하나님의 말씀(kalām Allāh, 칼라물라)'인 『꾸르안』에서 나온다고들 한다. 칼람의 창시자는 전통적으로 알리 이븐 아비 딸립(ʻAlī ibn Abī Ṭālib)이라고 하는데, 칼람의 기능은 이슬람 신앙을 수호하기 위해 이성적으로 논증하는 것이다. 그러나 전체적으로 보아 칼람은, 신학이 그리스도교에서 하듯이, 이슬람에서 중심적 역할을 하지 않는다. 여러 무슬림 종교 사상가들은 칼람이 이슬람 사상에서 고유의 학파를 형성하는 것을 반대하였다. 칼람은 이슬람에서 신학적이라고 부를 수 있는 모든 것을 포괄하지도 않고, 신학자라 부를 수 있는 무슬림 지성인이 무타칼리문(mutakallimūn), 즉 칼람 학자인 것도 아니다.

다른 종교 전통과 마찬가지로 초기 이슬람 공동체 역시 인간이 신앙으로 구원받는지, 아니면 행위로 구원받는지 여부, 자유의지인지 정명인지 여부, 하나님의 말씀인 성스러운 경전의 본성에 관한 논의 등 여러 난제를 두고 논쟁에 휩싸였다. 2/8세기에서야 비로소 하사눌 바스리(Ḥasan al-Baṣrī, 110/728년 죽음)의 가르침에 반대하였던 무으타질라(Mu'tazilah) 학파 사상가들이 최초의 칼람 학파를 이루었다. 수 세기 동안 논의를 주도하며 아부 이스하끄 안-낫잠(Abū Isḥāq al-Naẓẓam, 231/845년 죽음), 아불 후다일 알-알라프(Abū'l-Hudhayl al-'Allāf, 226/840년 죽음) 등 유명한 학자들을 배출한 이 학파는 종교적 가르침의 분석에 항상 이성을 써야 한다고 강조하였다. 이런 연유로 이들을 이성적이라고 부르지만, 이 말은 어디까지나 무으타질라 학파가 활동했던 시대를 고려해서 받아들여야 옳다.

무으타질라 학파는 다음 5가지 원칙을 채택하였다. 유일성(al-tawḥīd, 앗-타우히드), 정의(al-'adl, 알-아들), 약속과 위협(al-wa'd wa'l-wa'īd, 알-와으드 왈 와이드), 죄 지은 무슬림은 중간 상태에 있다는 것(al-manzil bayn al-manzilatayn, 알-만질 바이날 만질라타인), 권선금악(勸善禁惡, al-amr bi'l-ma'rūf wa'l-nahy 'an al-munkar, 알-아므르 빌 마으루프 완 나히 아닐 문카르). 처음 둘은 하나님에 관한 것인데 무으타질라 학파는 하나님의 속성인 유일과 정의를 무엇보다도 강조하였다. 세 번째 것은 선행과 악행의 관계와 내세에서 이 두 가지 행위에 내려질 보상과 벌에 대한 약속을 뜻한다. 네 번째는 죄 지은 무슬림은 지옥에 갈 뿐만 아니라 더 이상 이슬람 공동체의 일원이 아니라고 주장하는 사람들과 죄를 지었다고 하더라도 믿음이 있으면 여전히 공동체의 일원이라고 주장하는 사람들 사이에서 무으타질라 학파가 중간 입장을 취했다는 것을 의미한다. 마지막 다섯 번째는 여러 다른 학파들이 강조하는 것처럼, 무슬림은 종교적 가르침을 충실히 따를 뿐 아니라, 다른 사람들이 선행을 하고 죄를 짓지 않도록 이끌어야 한다는 것이다.

무으타질라 학파는 하나님의 초월성을 이성적인 방법으로 지키려고 노력했는데, 그 일환으로 그들은 신인동형론(神人同形論)에 빠질까봐 속성(屬性)을 부정하였고, 이로 인해 하나님은 신적 속성을 잃어버린 추상적 유일신으로 전락해버리고 말았다. 예를 들자면, 『꾸르안』은 하나님이 듣고 본다고 하였는데, 무으타질라 학파는 여기서 듣고 본다는 것은 우리가 평소 이해하는 방식의 듣고 보는 것과 관계가 없다고 한다. 그렇지 않다면 하나님은 인간과 다를 바 없기 때문이다. 하나님의 속성이 본질로부터 독립되었다는 것을 부정하고, 무으타질라 학파는 하나님의 이름과 속성으로부터 분리할 수 없는 하나님의 말씀 『꾸르안』이 영원할 수 없다고 주장하였다. 또한 이들은 이성적인 방법을 자연 철학에 적용하여 이슬람 칼람의 대명사가 된 원자론에 대해 독특한 이론을 발전시켰고 '이성적 윤리학'으로도 유명하다.

법학자들과 하디스 학자들이 강력히 반대하였던 무으타질라 학파는 초기 압바스조 칼리파들의 후원을 받았으나, 3/9세기 말에 이르러서는 칼리파들의 지지마저 잃었다. 비록 5/11세기 페르시아 학자 까디 압둘 잡바르(Qāḍī ʿAbd al-Jabbār)가 쓴 기념비적인 백과사전 『만족(al-Mughni, 알-무그니)』이 시사하듯 한 두 세기 더 존속하긴 했지만 바그다드에서는 4/10세기경 사실상 사라졌다. 『만족』은 무으타질라 학파의 은퇴작과도 같았다. 무으타질라 학파는 예멘을 제외한 모든 곳에서 사라졌다. 예멘에서는 자이드파가 무으타질라 학파의 견해를 받아들여 오늘날까지 이어가고 있다.

무으타질라 학파를 배경으로 두 번째 주요 순니 칼람 학파로 원래 무으타질라 학파의 일원이었던 창시자 아불 하산 알-아샤리(Abū'l-Hasan al-Ash'arī, 330/941년 죽음)의 이름을 딴 아샤리 학파가 나왔다. 아샤리는 예언자를 꿈에서 본 후 무으타질라 학파에 등을 돌리고 신앙에 관한 논의에서 이성을 사용하는 것을 억제하였다. 그러나 그는 이맘 아흐마드 이븐 한발 및 한발리 학파와는 달리 이성 사용을 완전히 반대하지 않았다. 한발리 학파는 오늘날까지 칼람을 반대한다. 아샤리는 이성에 관한 한 극단적인 입장을 취한 한발리 학파와 무으타질라 학파 사이에서 중도적 입장을 취하였다. 하나님의 속성을 주장하되 그것이 인간의 속성과 같지 않다고 하였다. 또 『꾸르안』은 창조되지 않았고 영원하지만, 『꾸르안』을 쓰는데 사용한 잉크, 종이, 문자, 단어는 창조되었다고 하였다. 또한 인간의 죄를 하나님이 용서한다는 것과 하나님의 허락아래 예언자 무함마드가 내세에서 죄인을 위해 중재할 수 있다고 강조하였다. 요컨대 그는 초월(tanzīh, 탄지흐)과 내재(tashbīh, 타시비흐), 하나님의 정의 내지 엄격함과 자비 사이에 새로운 길을 열고자 힘썼다.

아샤리는 주요한 저작물을 많이 남겼다. 칼람에 관한 한 가장 유명한 것은 『빛의 책(*Kitāb al-luma*', 키타불 루마)』와 『종교 원칙에 관한 설명(*al-Ibānah 'an uṣūl al-diyānah*, 알-이바나 안 우술릿 디야나)』다. 그의 사상은 빠르게 받아들여졌고, 아부 바크르 알-바낄라니(Abū Bakr al-Bāqillānī)와 같은 제자들 덕에 바그다드에서 유명하게 되었다. 얼마 되지 않아 압바스조와 셀축조의 후원을 받았고, 이슬람 세계 전역으로 퍼져 나갔다. 6/12세기에는 좀 더 철학적인 후기 아샤리 학파가 호라산에서 일어났는데, 그 대표적 인물은 『길잡이 책(*Kitāb al-irshād*, 키타불 이르샤드)』의 저자 알-주와이니(Imām al-Ḥaramayn al-Juwaynī)와 그의 제자이자 가장 유명한 아샤리

학파 학자로 신학, 윤리, 수피 전통에 관한 많은 유명한 작품을 남긴 가잘리다. 7/13~8/14세기에 파크룻딘 아르-라지, 미르 사이드 샤리풀 주르자니(Mir Sayyid Sharīf al-Jurjānī), 아두둣딘 알-이지(ʿAdud al-Dīn al-Ījī), 사으둣딘 앗-타프타자니(Saʿd al-Dīn al-Taftāzānī) 등은 아샤리 학파의 주요 작품을 남겼는데, 이들의 책은 후대 교정본, 요약집과 함께 오늘날에도 여전히 순니 마드라사(일반적으로 신학교를 지칭)에서 가르치고 있다. 19세기 이래, 이집트의 무함마드 압두와 같은 사람이 칼람을 새롭게 하려는 노력을 기울여 왔고, 이성을 강조하며 논의를 전개했던 무으타질라 학파에 대한 관심이 다시금 주목을 끌고 있다.

시아 칼람은 언제나 팔사파(falsafah, 철학)와 가까웠고, 이성 사용을 강조하였다. 이스마일파의 칼람은 12 이맘파 시아 칼람보다 더 일찍 발전하였고, 우리가 곧 다룰 초기 이스마일파의 위대한 사상가들은 신학자이자 철학자였다. 12 이맘파 시아 칼람은 나시룻딘 앗-뚜시(Khwājah Nasīr al-Dīn al-Ṭūsī, 672/1273년 죽음)가 선구자인데, 그의 『교의정화서(教義淨化書, *Kitāb tajrid al-iʿtiqād*, 키탑 타즈리드 알-이으티까드)』는 시아 칼람 최초이자 가장 중요한 책이다. 알라마 자말룻딘 알-힐리(ʿAllāmah Jamāl al-Dīn al-Ḥillī)를 비롯한 후대 시아 칼람 대가들은 이 책에 대한 주석서를 썼다. 이 학파는 사파비조까지 계속 이어졌고, 오늘날 페르시아, 이라크, 파키스탄, 인도 및 기타 지역에 있는 시아 마드라사에서 여전히 계속 가르치고 있다.


## 형이상학과 영지학파

아랍어로 마으리파, 페르시아어로 에르판이라고 알려진 형이상학과 영지(al-Maʿrifah, 마으리파)는 중요하고도 중심적인 이슬람 종교 사상으로, 형식적·외형적 종교의 측면을 초월하는 것이다. 형이상학이라는 말은 여기에서 현대 서양 철학에서 사용하는 그러한 뜻이 아니라 실재에 관한 최상의 학문(al-ʿilm al-aʿlā, 알-일물 아을라)을 의미한다. 영지는 그리스도교에서 영지주의로 알려진 종파 운동과 혼동해서는 안 된다. 인간을 비추고 모든 유한한 구속에서 해방시키는 지식으로, 이슬람에서 이는 하나님에 대한 사랑(al-maḥabbah, 알-마합바)으로 완성되고, 하나님에 대한 두려움(al-makhāfah, 알-마카파)에 그 기반을 둔다. 이슬람 계시의 내적 차원과 관계된 이 지식은 그 기원이 『꾸르안』과 예언자 무함마드의 내밀한 가르침에 있으며, 궁극적으로는 앞서 말한 대로 하끼까, 곧 진리 그 자체다. 이슬람 초기 시대에는 대부분 구전으로 전해지고 시아 이맘과 그 밖의 다른 권위자 및 수피들의 말에 은밀히 암시되었지만, 점차 좀 더 공개적이고 조직적으로 표현되고 체계화되었다. 7/13세기부터는 이슬람 세계에서 독특한 지적 전통을 이루었다.

교의에 관한 글을 써서 형이상학과 영지를 좀 더 정치(精緻)한 형태로 표현한 최초의 수피는 가잘리와 아이눌 꾸다트 하마다니(ʿAyn al-Quḍāt Hamadānī)인데, 둘 다 11/15세기 인물이다. 『빛의 벽감(*Mishkāt al-anwār*, 미슈카툴 안와르)』같은 후기 작품에서 가잘리는 수피 형이상학 논문의 기초를 놓았다. 아이눌 꾸다트의 『의향(*Tamhīdāt*, 탐히다트)』과 『최상의 진리(*Zubdat al-ḥaqāʾiq*, 주브다툴 하까이끄)』는 형이상학과 소위 '신비주의 철학'의 대표 작품으로, 훗날 이슬람 영지와 형이상학의 거장 이븐 아라비가 등장하는 토대가 되었다.

가장 위대한 스승(al-Shaykh al-akbar, 앗-셰이쿨 아크바르)이라고 불리는 이븐 아라비는 무르시아(Murcia) 출신이지만 인생 후반부는 다마스쿠스에서 보내다가 638/1240년에 세상을 떠났다. 그의 영적인 영향력은 모로코에서 말레이시아까지 전 이슬람 세계에서 찾아 볼 수 있지만, 이론적 수피 전통에 관한 그의 영향력은 주로 이슬람 동부 세계에서 수 세기 동안 지속되었다. 이븐 아라비는 가장 많은 작품을 남긴 수피로 유명한데, 800여 권이 넘는 책을 썼다. 가장 기념비적인 작품인 『메카 계시(*al-Futūḥāt al-makkiyyah*, 알-푸투하툴 막키야)』는 560개장으로 구성되어 내밀한 지식과 의례의 내적 의미를 다룬다. 그러나 이슬람 형이상학과 영지의 성서라 할 수 있는 책은 바로 다름 아닌 『지혜의 보석 사면[斜面](*Fuṣūṣ al-ḥikam*, 푸수술 히캄)』이다. 총 27개장으로 구성된 이 책은 각 장이 예언자, 또는 우주적 로고스의 측면을 다루고 있는데, 지은이의 주장과 마찬가지로 수피들은 이 책이 예언자 무함마드로부터 영감을 받아 쓰였다고 생각한다. 지난 수 세기 동안 이 책이 지닌 다차원적 의미를 설명하는 주석서가 120편 이상 나왔다.

이슬람 세계 동쪽 지역에서 이븐 아라비의 영향은 실로 대단하여 그의 사상을 해석하는 다양한 시도가 있었는데, 가장 대표적인 해설자는 그의 양아들 사드룻딘 알-꾸나위(Ṣadr al-Dīn al-Qūnawī)로, 『지혜의 보석 사면』에 대한 최초의 주석서를 썼다. 7/13~12/18세기 무아이듯딘 알-잔디(Muʾayyid al-Dīn al-Jandī), 압두르 랏자끄 카샤니(ʿAbd al-Razzāq Kāshānī), 다우둘 까이사리(Dāʾūd al-Qayṣarī), 압두르 라흐만 자미(ʿAbd al-Raḥmān Jāmī), 이스마일 학끼(Ismāʿīl Ḥaqqī), 압둣 살람 안-나불루시(ʿAbd al-Salām al-Nabulusī) 등은 이슬람 영지에 관한 유명한 주석서를 남긴 후대 권위자다. 이러한 전통은 여전히 계속 이어지고 있다. 또한 11/17세기 페르시아의 몰라 사드라, 몰라 모흐센 페이즈 카샤니(Mullā Muḥsin Fayḍ Kāshānī), 10/16세기 인도의 셰이크 아흐마드 시르힌디(Shaykh Aḥmad Sirhindī), 샤 왈리 울라(Shah Walī Allāh) 등 수피 철학자들은 모두 이슬람 영지에 관한 작품을 남겼다. 비록 이들 모두가 이븐 아라비를 추종하지는 않았고, 시르힌디와 같은 사람은 이븐 아라비 학파의 논설에 대해 비판하는 글을 쓰기도 했시반 말이다.

그럼에도 이븐 아라비는 여전히 이슬람 형이상학과 영지에 관한 지적, 이론적 학설에서 중심적인 위치를 차지한다. 이러한 전통은 지난 수 세기 동안, 특별히 이슬람 역사 후반기에 중요한 분야로 떠올랐는데, 무슬림 인도와 말레이 세계와 같은 곳에서는 지배적인 흐름으로 자리 잡았다. 이 지역의 가장 위대한 수피 사상가인 함자 판수리(Ḥamzah Fanṣūrī)는 이븐 아라비 사상을 계승하였다. 오늘날에도 이슬람 형이상학과 영지는 여전히 이슬람 지적 전통의 중요한 일부로 계속 자리 잡고 있지만 서양 학계에서는 최근에야 비로소 이에 합당한 관심을 보이기 시작하였다.

형이상학, 우주론, 심리학, 그리고 이른바 전통적 인류학은 이 전통이 다루는 주요한 분야다. 앞에 말한 작가들의 작품을 비롯해서 수많은 저작물은 유일하다고 여긴 실재의 본성을 주로 다뤘다. 그들 대부분은 '존재의 초월적 단일성(waḥdat al-wujūd, 와흐다툴 우주드)'학파에 속한다. "존재의 초월적 단일성'이란, 다양하게 보이는 이 세계는 궁극적으로 하나의 존재, 하나의 실재일 뿐으로, 세상의 다양성은 하나의 실재를 반영한 수많은 '무존재의 거울들'임을 뜻한다. 그러나 알라웃 다울라 심나니('Alā' al-Dawlah Simnānī)와 시르힌디를 비롯하여 수많은 수피 형이상학자는 이러한 논리를 받아들이지 않았고, 창조주와 피조물을 명백히 구별한 '의식의 단일성(waḥdat al-shuhūd, 와흐다툿 슈후드)'에 대해 말하였다. 영지학파는 또한 하나님이 스스로를 드러내는 곳인 우주, 인간 의식의 여러 단계, 영(靈)과 관련이 있는 정신의 구조 등에 대해 광범위하게 논의하였다. 또한 인간을 우주적·초우주적 실체, 또는 본연의 완벽한 존재(al-insān al-kāmil, 알-인사눌 카밀)로 생각하였는데, 8/14세기 수피 압둘 카림 알-질리('Abd al-Karīm al-Jīlī)는 그의 유명한 책 『알-인사눌 카밀』에서 이를 잘 설명하였다. 사물의 본성, 그리고 무엇보다도 모든 존재의 처음이자 끝인 실재의 본성에 관한 최고의 지식을 제공한 이슬람 형이상학과 영지 전통이 다른 형태의 이슬람 사상, 예컨대 신학, 철학과 같은 전통과 여러 차원에서 교섭하였다는 것은 주지의 사실이다.


## 이슬람 철학과 신지학(神智學, Theosophy)

헬라 세계의 철학, 그리고 인도와 이슬람 이전 페르시아의 철학적 전통에 대해 『꾸르안』 계시가 우위를 차지하고 있던 지적인 풍토 속에서 명상을 하던 사람들이 이슬람 철학(al-falsafah, 알-팔사파)을 일으켰다. 5/11~6/12세기 그리스 철학을 서구에 전해 주는 중요한 역할을 하긴 했지만, 이슬람 철학은 단지 그런 통로 역할에 그치지 않았고, 아리스토텔레스를 아랍어로 공부하는 것에 불과한 것도 아니었다. 이슬람 철학은 본질적으로 '예언 철학', 곧 계시가 지식과 확실성을 드러내는 생생한 현실이고, 지식과 확실성의 원천, 또는 최상의 근원이라는 세계관에 바탕을 두고 있는 철학이다. 아브라함 유일신교와 그리스 철학을 종합한 철학으로, 여기에서 발생한 철학적 사상은 유다교, 그리스도교 세계에 강력한 영향력을 행사하였다. 칼람 학자들은 반대하였지만 이슬람 철학은 주요 이슬람 종교 사상 가운데 하나로 간주해야 하며, 마이모니데스와 성 토마스 아퀴나스가 유다교와 그리스도교에 각각 미친 영향을 무시할 수 없는 것처럼 이슬람 철학이 이슬람 사상에서 차지하는 중요성을 부정할 수 없다. 이슬람 철학을 연구하는 많은 서양 학자들의 생각과는 달리 이슬람 철학은 이슬람 지성계에 필수적인 것으로, 이슬람 철학 없이 이슬람 지성계를 결코 이해할 수 없다.

아리스토텔레스 학파의 작품과 이를 주식한 신플라톤주의 학자들의 작품 등을 비롯해서 그리스, 시리아 철학서들이 아랍어로 번역됨에 따라 3/9세기 바그다드에서 이슬람 철학이 태동하였다. 철학서 번역의 결과 아랍어는 주요한 철학적 언어 가운데 하나요, 그리스-알렉산드리아의 고대 철학과 과학 지식의 창고가 되었다. 최초의 뛰어난 철학자 아부 야꿉 알-킨디(Abu Ya'qub al-Kindi, 260/873년 죽음)는 이슬람의 가르침을 아리스토텔레스, 신플라톤주의 철학과 종합하려고 노력하였고, 맛샤이(mashsha'i), 곧 이슬람 소요학파의 기초를 놓았다. 그러나 이름이 의미하는 것처럼 반드시 아리스토텔레스적이라고 볼 수는 없다.

이 학파의 두 번째 인물인 호라산 출신 아부 나스르 알-파라비(Abū Naṣr al-Fārābī, 339/950년 죽음)는 킨디가 이루려고 했던 이슬람과 철학의 종합을 완성하였다. 파라비는 아리스토텔레스와 포르피리오스(Porphyrios)의 논리서에 주석을 달았을 뿐만 아니라 플라톤의 정치사상을 이슬람의 정치사상과 종합하고 플라톤과 아리스토텔레스의 견해를 조화시키려고 애썼다. 그런데 무슬림들에게 아리스토텔레스는 플로티노스를 포함한다. 왜냐하면 무슬림들은 플로티노스가 쓴 『엔네아드(*Ennead*)』를 아리스토텔레스의 작품으로 생각하여 '아리스토텔레스의 신학'이라고 이름 지었기 때문이다. 무슬림들은 아리스토텔레스를 제1의 스승, 파라비를 제2의 스승으로 불렀고, 파라비를 이슬람 정치 철학 뿐 아니라 이슬람 철학의 창시자로 여긴다.

그러나 이슬람 세계에서 가장 영향력이 큰 철학자는 맛샤이 학파를 완성한 이븐 시나(Ibn Sina, 428/1037년 죽음)였다. 그의 대작 『치유의 책(*Kitāb al-shifā*', 키타붓 시파)』는 철학, 자연 과학, 수학을 총망라한 기념비적 백과사전으로, 이슬람 세계뿐 아니라 유다교와 그리스도교 세계의 사상가들에게도 큰 영향을 끼쳤다. 이 책과 그의 다른 소품들에서 이븐 시나는 철학의 근간인 존재론을 발전시켰고, 일부 현대 학자들은 그를 중세 철학에 지울 수 없는 흔적을 남긴 '존재 철학자(philosopher of being)'로 부른다. 하나님을 필연유(必然有), 모든 피조물을 우연유(偶然有)로 보면서 이 둘의 차이에 대해 최초로 체계적인 설명을 한 사람이 바로 이븐 시나다. 그는 신앙과 이성, 창조와 유출, 영혼의 부활과 육신의 부활, 이성적 지식과 계시된 지식 등의 상호 관계 및 셈족 유일신교와 그리스 철학 전통이 지닌 서로 다른 두 세계관의 충돌로 인해 생기는 수많은 종교 철학적 주제를 다루었다. 그의 저작은 칼람을 비롯하여 종교 사상을 다루는 여러 학문 전통에 대단한 영향을 끼쳤다. 칼람의 대표적 인물인 가잘리와 파크룻딘 아르-라지는 맛샤이 철학을 비판하면서 이븐 시나에게 맹공을 퍼부었다.

생애 말기에 이븐 시나는 대중을 위한 맛샤이 철학과는 달리 지성인을 위해 『오리엔트 철학(*al-ḥikmat al-mashriqiyyah*, 알-히크마툴 마시리끼야)』을 썼다. 부분적으로만 남아 있는 이 작품은 추론보다는 사유를 바탕으로 한 것인데, 철학을 이성적으로 만족스럽도록 사물의 체계를 세우는 것이 아닌 인간의 한계를 넘어서는 수단으로 본다. 그의 이러한 철학은 2세기 뒤 조명학파(ishrāq, 이시라끄) 설립자로 후대 이슬람 철학사에 지대한 영향을 끼친 수흐라와르디(Suhrawardī)가 계속 추구하였다.

이슬람 소요학파 철학 태동과 더불어 이스마일파 시아와 연관된, 좀 더 '밀의적' 철학파가 점차 성장 발전하였다. 이스마일 철학은 이슬람 이

전에 존재하였던 다양한 철학파 중에서 아리스토텔레스 철학보다는 헤르메스 신비주의, 피타고라스주의, 고대 이란의 철학과 우주론에 더 많은 관심을 보였다. 이해하기 어려운 익명의 서술 『모든 책의 어머니(*Umm al-Kitāb*, 움물 기탑)』를 시작으로 이스마일 철학은 3/9~4/10세기에 급격히 발전하였다. 아부 하탐 아르-라지(Abū Ḥātam al-Rāzī), 하미둣딘 알-키르마니(Ḥāmid al-Dīn al-Kirmānī), 순결한 형제단이 등장하였고, 5/11세기 시인이자 사상가인 나세레 흐로스로(Nāsir-i Khrusraw)는 아마도 가장 위대한 이스마일 철학자일 것이다. 이 학파는 계속 이어지다 페르시아 지역에서는 몽골 침략 때 지하로 숨어 들어갔지만, 예멘에서는 번창하였고, 수 세기 동안 인도 대륙에서 융성하였다.

특별히 고대 사상의 비의적 가르침에 매료된 이스마일 철학은 타으윌(ta'wīl), 즉 영적 해석을 기반으로, 진정한 철학은 이맘이 전하는 계시된 종교의 내적 가르침과 같다고 본다. 철학적 추론을 가장 잘 받아들이는 학파 가운데 하나로, 12 이맘파 시아와 순니로부터 논박을 당하긴 했지만, 초기 이슬람사에서 특별히 파띠마조 시기에 지적으로 중요한 역할을 하였다.

한편 이슬람 동쪽 지역에서는 셀축 지배 시기에 칼람 학자들이 팔사파, 특별히 소요학파에 대한 공격의 수위를 높였다. 앗-샤흐리스타니(al-Shahristānī), 가잘리, 파크룻딘 아르-라지 등이 맛샤이 철학을 비판했던 유명한 사건 역시 이 시기에 일어났다. 이븐 시나의 『명령과 권고(*al-Ishārāt wa'l-tanbīhāt*, 알-이샤라트 왓 탄비하트)』에 대한 파크룻딘 아르-라지의 비난이 후대 페르시아와 이슬람 동부 지역 이슬람 철학에 더 큰 영향을 미치긴 했어도, 모든 비판 중에서 가장 유명한 것은 가잘리가 『철학자들의 모순(*Tahāfut al-falāsifah*, 타하푸툴 팔라시파)』를 비롯한 그의 여러 책에서 이븐 시나를 비판한 것이다. 가잘리는 소요학파의 여러 주장을 논박하였다. 특히 창조, 개별 존재에 대한 하나님의 지식, 육체의 부활 등을 부정하는 점을 공격하였다. 그의 붓의 힘은 한 세기 반 동안 이슬람 동부 지역에서 팔사파를 침묵시켰을 정도로 대단히 강력하였다. 그러나 같은 시기 스페인 지역에서는 이슬람 철학이 융성하였다.

4/10~6/12세기는 스페인 이슬람 철학의 황금기인데, 수수께끼 같은 철학자 이븐 마사르라(Ibn Masarrah, 319/931년 죽음)는 그 최초의 주요 인물로 철학과 수피 전통 모두에 관심을 가졌다. 철학과 신비주의 결합은 다음과 같은 스페인 출신의 여러 인물에게서 볼 수 있는 특징이다. 신학자이자 철학자였던 위대한 지식인 이븐 하즘(Ibn Ḥazm, 454/1063년 죽음), 피타고라스 수 상징주의에 관심을 가졌던 바다호스(Badajoz)의 이브눗 시드(Ibn al-Sīd, 521/1127년 죽음), 스페인 최초의 맛샤이 철학자로 겉으로 보기에는 정치 철학이지만 속을 들여다보면 영혼의 완전함에 대한 논문이라 할 수 있는 책『고독한 자의 통치(Tadbīr al-mutawaḥḥid, 타드비룰 무타와히드)』를 쓴 이븐 밧자(Ibn Bājjah, 533/1138년 죽음), 서구에는『스스로 가르치는 철학자(Philosophus autodidactus)』로 널리 알려진, 내적 지성이 궁극적 지식을 얻을 수 있는지에 대해 다룬 유명한 책『깨어 있는 자의 아들, 산 자(Ḥayy ibn Yaqẓān, 하이 이븐 야끄잔)』의 저자 이븐 뚜파일(Ibn Tufayl, 580/1185년 죽음).

그러나 가장 유명하고 영향력이 컸던 스페인 무슬림 철학자는 서구에는 아베로에스(Averroes)로 알려졌고, 이슬람보다 서구 지성에 더 반향이 컸던 아불 왈리드 이븐 루시드(Abu'l-Walīd ibn Rushd, 595/1198년 죽음)다. 이슬람법의 권위자로 코르도바 판관(qāḍī, 까디)이며 존경받는 의사였던 그는 아리스토텔레스를 충실히 따랐다는 점에서 무슬림 소요학파의 진정한 일원이었다고 할 수 있다. 아리스토텔레스 작품에 대해 많은 주석서를 썼기에 서구에서는 '주석가'로 알려져 단테가 그의 『신곡』에서 언급할 정도였다. 또한 이슬람 정치 철학, 그리고 신앙과 이성의 관계에 대한 글을 썼고, 가잘리의 철학 비판에 답하여 『모순의 모순(*Tahāfut al-Tahāfut*, 타하푸틀 타하푸트)』를 저술하였다.

서구 지성계는 아랍어 원문을 달리 해석하면서 이븐 루시드의 사상을 받아들이고 큰 자극을 받았지만, 정작 무슬림 세계에서는 루시드를 따르는 사람이 많지 않았다. 이슬람 서쪽 지역의 급격한 정치 변동으로 인해 이슬람 철학은 쇠락하기 시작하였고 칼람이나 마으리파에 흡수되어 루시드 사후 신비주의 철학가 이븐 사브인(Ibn Sabʿīn), 위대한 역사철학자 이븐 칼둔(Ibn Khaldūn) 등 몇몇 유명한 철학자만이 마그립(Maghrib), 즉 이슬람 서부 지역에서 등장하였을 뿐이다. 동쪽 지역은 수흐라와르디, 뚜시 및 그 밖의 철학자들이 더 합리적이자 아리스토텔레스적이었던 루시드보다는 이븐 시나의 가르침을 근간으로 철학을 계속 발전시켰다.

이븐 루시드가 활동하던 시기에 페르시아에서 지적으로 아주 뛰어난 시하붓딘 수흐라와르디(Shihāb al-Dīn Suhrawardī, 587/1191년 죽음)라는 인물이 등장하였다. 젊은 나이에 알렙포(Aleppo)에서 이단 죄목으로 처형당하였지만—실제로는 당시 시리아의 정치 종교적 암투로 인해 죽임을 당하였다—죽기 전에 이시라끄(al-ishrāq), 즉 조명(照明)이라는 새로운 철학파를 세웠다. 추리와 조명, 또는 지적인 시각에 바탕을 둔 이 학파는 고대 페르시아, 그리스의 지혜를 이슬람의 영지 안에서 초기 이븐 시나 철학에 입각하여 통합하려고 하였다. 수흐라와르디는 이븐 시나의 철학이 정신 훈련에 필요하지만 충분하지는 않다고 보았다. 진정한 철학은 빛을 받을 수 있도록 정신과 마음의 정화를 요구하기 때문이다. 그의 철학은 오리엔트 문명에서 늘 말해왔던 그런 철학이다. 즉, 덕과 삶의 태도와 밀접하게 관련된 지혜다. 이시라끄 학파의 성서와 같은 그의 거작 『조명 신지학(Ḥikmat al-ishrāq, 히크마툴 이시라크)』은 조명과 오리엔트에서 나오는 빛을 의미하는데, 여기서 오리엔트는 지리적 개념이 아니라 수흐라와르디식 상징적 오리엔트로, 존재 세계의 기원을 의미한다. 수흐라와르디는 철학을 신비적 시각, 지적인 직관과 결합하여 페르시아와 인도 대륙의 후기 이슬람 사상 및 유다교와 그리스도교 일부 학파에까지 영향을 끼친 알-히크마툴 일라히야(al-Ḥikmat al-ilāhiyyah, 문자 그대로 신지학)를 일궈냈다. 오늘날 이시라끄 학파는 이슬람 철학과 신지학이 살아 번창하는 곳 어디에나 현존하고, 지난 몇십 년간 새로운 부흥기를 맞고 있다.

7/13세기 나시룻딘 앗-뚜시(Naṣīr al-Dīn Ṭūsī, 672/1273년 죽음)는 파크룻딘 아르-라지의 공격에 맞서 이븐 시나의 철학을 다시 살려냈다. 맛샤이 철학, 이슈라끄 신지학, 칼람, 이븐 아라비 형이상학, 이렇게 네 학파는 몇 세기 동안 서로 다양한 방식으로 교섭하였고, 이들 학파의 논지를 종합하려고 시도한 학자들이 등장하였다. 이러한 움직임 아래 10/16세기 페르시아에서 미르 다마드(Mīr Dāmād)가 에스파한 학파를 설립하였다. 그의 학생이었던 몰라 사드라(1050/1640년 죽음)는 이 학파를 전성기로 이끌었고 '초월 신지학(al-ḥikmat al-mutaʿāliyah, 알-히크마툴 무타알리야)'이라는 새로운 지적 사고방식을 창출하였다. 그는 기념비적인 저작 『네 가지 여행(al-Asfār al-arbaʿah, 알-아스파룰 아르바아)』을 비롯한 여러 작품에서 네 학파를 융합하였다. 또한 몰라 사드라는 지식을 얻으려는 인간에게는 계시, 조명, 추론이라는 세 가지 길이 있고, 이들 모두는 궁극적으로 같은 목적지에 도달한다고 강조하며 이 3가지 방법을 바탕으로 한 종합적인 체계를 만들었다. 그는 이슬람 철학 사상 전통에서 신앙과 이성의 관

874

계에 대한 질문에 대해 가장 만족스럽게 대답한 듯하다. 또 그의 『꾸르안』 주석은 철학자들 주석 중에서 가장 중요하다.

몰라 사드라는 페르시아와 인도에서 유명하다. 그의 고향에서 그의 가르침은 13/19세기 몰라 알리 누리(Mullā 'Alī Nūrī)와 핫지 몰라 하디 사브제바리(Ḥājjī Mullā Hādī Sabziwārī)와 같은 철학자가 되살렸고, 페르시아와 이라크 지역에서는 여전히 건재하다. 인도 대륙에서는 12/18세기 그리고 13/19세기에 델리의 샤 왈리 울라, 마울라나 마흐무드 자운푸리(Mawlānā Maḥmūd Jawnpūrī) 등 여러 학자가 그의 영향을 받았다. 사드라는 여전히 무슬림 철학에 영향을 주며 생생히 살아 있다. 이슬람 동부 지역에서 이슬람 철학이 계속되고, 아랍 일부 지역에서 다시 살아나고 있기 때문이다. 이집트는 19세기에 알-아프가니(al-Afghānī)로 더 알려진 자말룻딘 아스트라바디(Jamāl al-Dīn Astrābādī)가 이슬람 철학을 부흥시켰다. 페르시아에서 오스만 제국으로 이주하기 전 그는 몰라 사드라 학파를 따랐다.

이슬람 종교를 공부할 때는 다양한 학파의 역사, 그들이 지닌 서로 다른 관점, 그리고 오늘날까지 지속하는 이들의 역동성을 기억해야 한다. 비록 일부는 지역과 시기에 따라 사라졌을지도 모르나, 이들 다양한 학파는 서구에서 중세라고 부르는 시기에도 소멸하지 않고 살아남아 오늘날까지 전통을 이어가고 있다. 이슬람 종교의 총체적 현실 및 이슬람과 현대 사회의 상호 작용을 이해하려면, 천년 동안 지속하면서 신과 세계, 그리고 인간이 반드시 찾아야 하는 우주 내 인간 실존에 대해 가장 깊게 명상해 온, 값지고 풍요로우며 종교적 특성을 지닌 이슬람의 지적 전통을 알아야 한다.

# 현대 세계의 이슬람

## 현대의 전통 이슬람

현대 사회의 이슬람적 전통 사고방식과 관습에 대한 공격에도 불구하고 대다수의 무슬림은 여전히 전통적인 방식으로 살아가고 있지만, 오늘날 이슬람 연구는 근대주의(modernism), 또는 부흥 운동(revivalism)에 초점을 맞추고 있다. 현대 이슬람을 이해하려면 먼저 종교의 역사가 모두 같은 길을 걷지 않는다는 사실을 깨달아야 한다. 그리스도교는 16세기에 개신교 종교개혁, 1960년대에 가톨릭 교회 현대화(aggiornamento)를 겪었다. 유다교의 경우, 적어도 서구에서만큼은 개혁파와 보수파가 성립하였다. 그러나 이슬람은 법적으로, 또는 신학적으로 이와 같은 변혁을 겪지 않았고, 또 겪을 것 같지도 않다. 종교적 삶과 생각이 주로 정통과 전통의 틀 안에 머물기 때문이다. 근대주의, 그리고 몇몇 이슬람 사회와 지역에서 보이는 이른바 근본주의(fundamentalism)는 전통적인 삶을 약하게 만들었지만 기존의 오랜 전통에 맞설 만한 신학적 세계관을 창출하지는 못하였다.

대다수 무슬림들은 여전히 앞에서 설명한 전통적 의례를 행하고, 삶의 박자는 이슬람과 관련된 여러 행사에 맞춰져 있다. 더욱이 『꾸르안』 주석, 하디스, 법학 등 이슬람의 전통적 학문은 전통적 교육 체계(madrasah,

마드라사)가 여러 곳에서 붕괴되었음에도 수 세기 동안 그래왔듯 여전히 계속되고 있다. 울라마(ulamā), 즉 종교학자는 여전히 종교 분야에서 그 권위를 행사하고 있으며, 어떤 곳에서는 정치적 영역까지 영향력을 뻗치고 있다. 이와 마찬가지로 수피 교단은 일부 지역에서는 철저히 금지되고 있지만 여전히 이슬람 세계 여러 곳에서 강세를 보이고 있다. 이슬람 사회에서 근대주의의 중요성이 강조되었던 13/19세기에 근대화를 강력히 반대했던 사람들이 바로 수피들이었다. 지난 반세기 동안 일어난 일들은 현대 세계의 본성에 관한 수피들의 생각이 옳았음을 보여 준다. 현재 수피들은 20세기 초보다 강해졌는데, 이집트를 비롯한 여러 곳의 지식층 사이에서 특별히 더 그렇다.

몇십 년 전까지 무슬림들은 법, 신학, 철학, 예술, 문학, 수피 전통 등 이슬람을 전통적인 방식으로 표현하였고, 그 결과 이슬람 세계나 서구에서 서구식 교육을 받은 무슬림들은 갈수록 이를 이해하는 데 어려움을 겪게 되었다. 서구 학계는 현대의 전통 이슬람 사유 방식을 거의 철저히 무시한 채, 이른 바 개혁가와 근대주의자들에만 관심을 기울였다. 그러나 최근 들어 이러한 흐름에 변화가 일고 있다. 무슬림들이 아랍어, 페르시아어, 터키어 및 기타 무슬림 언어뿐 아니라, 파키스탄, 방글라데시, 북아프리카 등 서구 식민 지배를 오래 겪었던 곳에 사는 무슬림들의 지적 대화의 주요 매개어가 된 영어, 불어와 같은 서구 언어를 사용하여 전통 이슬람을 표현하고 있다. 서구인들이 '이슬람 근본주의'라고 부르는 것을 전통 이슬람과 혼동하는 경향은 여전히 서구 사회에 강하게 남아 있지만, 서구 학자들 역시 전통 이슬람에 좀 더 많은 관심을 보이기 시작하였다.

전통 이슬람은 풍화, 퇴적 등 다양한 지질 현상이 일어나는 산과 같다. 바로 이러한 지질 현상이야말로 근대주의, 근본주의 등으로 비유할 수 있다. 학자들은 이러한 지질 현상을 공부하면서도 정작 그 변화가 발생하는 거대하고 항구한 산은 망각한다. 현대 사회의 이슬람을 충분히 이해하려면 먼저 전통 이슬람의 생동감 있는 본성을 이해하고, 무슬림의 영혼과 마음을 사로잡고 있는 『꾸르안』의 강력한 힘을 깊이 고려하며, 무슬림 대다수가 하나님의 말씀인 『꾸르안』의 불변성, 평생의 본보기인 예언자의 완벽성, 샤리아의 정당성을 믿는다는 것, 그리고 내면의 길을 따르는 사람들이 영원하고 늘 새로운 따리까(Tariqah), 곧 수피 전통의 가르침이 유효하다고 믿는다는 것을 알아야 한다.

전 이슬람 세계를 통하여 무슬림들은 법에서 자연 과학에 이르기까지, 추상적인 철학과 신학적 사유에서 예술, 건축에 이르기까지 많은 부분에서 전통적 가르침을 살리고, 외국의 예를 따르기보다는 좀 더 이슬람적으로 충실히 살고 생각하기 위해 노력하고 있다. 이러한 깊은 열망은 사회 정치적 차원에서 구체화되어 전통 이슬람이 신앙 부흥 운동과 소위 근본주의와 연계되는 결과를 낳게 되었다. 그러나 전통 이슬람은 외래 이데올로기를 사용하여 목적을 달성하거나 종교 신앙을 이데올로기 차원으로 변형시키는 것을 결코 묵과하지 않는다. 전통 이슬람은 이슬람 세계에서 핵심적인 종교 현실로, 근대주의와 싸울 뿐 아니라, 이슬람이라는 이름을 내걸고 완전히 비이슬람적 범주에 속하는 사상과 행동을 채택하고 명백하게 비이슬람적 수단을 써서 그들만의 이슬람적인 목적을 달성하려고 하는 신앙 부흥 운동과 전투를 벌이고 있다.


## 천년왕국운동

천년왕국운동(Millennialism) 원리는 전통 이슬람에 속하지만, 마흐디 운동이라는 구체적 형태로 역사에 모습을 드러낸 것은 전통 이슬람을 거스르는 일이었다. 나중에 그 영향력은 대부분 전통의 틀 안에서 재조정되었다. 나폴레옹의 이집트 침략을 뒤이어 13/19세기 초 서구가 이슬람 세계의 중심부에서 위세를 떨칠 때, 서 아프리카에서 인도에 이르는 무슬림 지역에서 수많은 천년왕국운동이 발생하였다. 서아프리카의 이스마일 단 파디오(Ismāʿīl dan Fadio), 북아프리카 아틀라스 산맥의 압둘 카림(ʿAbd al-Karīm), 퀴레나이카의 사누시(Sanūsī) 등 카리스마를 지닌 유명한 지도자들은 천년왕국 색채를 띤 종교적·정치적 운동을 벌였고, 앞서 언급한 수단의 마흐디는 단도직입적으로 하나님이 약속한 마흐디로 자처하였다. 정통 이슬람과 결별한 사이드 무함마드(Sayyid Muḥammad), 페르시아의 바하울라(Bahāʾ Allāh), 오늘날 파키스탄의 굴람 아흐마드(Ghulām Aḥmad) 등의 종교 운동 역시 모두 마흐디 운동에 그 뿌리를 둔다.

13/19세기말에 이러한 파장은 점차 사라졌으나, 정치적으로는 독립했지만 문화적으로는 그러하지 못한 무슬림 국가들 사이에서 지난 20여 년간 다시금 고개를 들기 시작하였다. 정치적 독립은 많은 사람들에게 희망을 가져다주었지만, 이슬람이 여전히 억제되어 있었기에 하나님이 인간 역사에 직접적으로 개입하길 바라는 분위기가 고조되었다. 이러한 종말론적 분위기는 이슬람 천년왕국운동, 곧 마흐디 운동의 특징인데, 1979년 이란 혁명 때 잘 드러났다. 일단의 사우디아라비아 사람들이 마흐디로 자처한 지도자를 따라 1979년 메카 대성원을 점령한 결정적 이유도 역시 이러한 종말론적 분위기 때문이다. 나이지리아 북부의 강력한 마흐디 운동 역시 그러하다. 마흐디 도래와 연관된 종말론적 사건을 기대하는 분위기는 사라지지 않았다. 북미의 여러 민속 종교는 말할 것도 없고, 유다교, 그리스도교, 힌두교에서와 마찬가지로, 이러한 종말론적 분위기

는 현대 이슬람의 현실을 드러내 주는 중요한 단면 가운데 하나다.

## 신앙 부흥 운동과 '근본주의'

지난 몇 년간 1979년 이란 혁명처럼 이슬람이 정치적으로 발흥하는 듯한 모습을 볼 수 있었다. 레바논과 팔레스타인의 이슬람 행동주의, 이집트와 알제리에서 강해지는 신앙 부흥 운동(Revivalism), 파키스탄, 말레이시아, 인도네시아에서 영향력을 넓히는 이슬람 정당, 터키와 같이 세속주의를 표방한 나라에서조차 점차 강해지는 이슬람 세력 등 이러한 일련의 운동을 서구에서는 한데 뭉뚱그려 근본주의(Fundamentalism)라고 부른다. 원래 미국 개신교 역사에서 나온 말을 이슬람, 더 나아가서는 다른 종교에까지 적용한 것이다.

이슬람에는 매우 다양한 형태의 종교 운동이 있고, 이들은 서로 다른 성격을 지니고 있는데, 불행히도 이들이 '근본주의'라는 이름 아래 한통속으로 묶여 버린 꼴이다. 내가 이 말을 쓰는 이유는 현재 너무 대중화되었기 때문일 뿐이다. 이슬람 세계에 사는 무슬림 대다수는 종교 문화적 정체성을 보존하고, 식민지 시대에 유럽의 법체계가 밀어 낸 신법을 다시 적용하고, 전 이슬람 세계와 이슬람 민족을 함께 묶으며, 이슬람의 지적, 예술적 전통을 다시 되살리길 강력히 바라고 있다. 이러한 갈망과 바라는 바를 적극적으로 수행하려는 마음을 단순하게 '근본주의'라고 보아서는 안 된다. 이러한 이상을 품고 있는 사람들은 오히려 대부분 전통주의자이기 때문이다.

후대 무슬림이 잃어버린 이슬람사 초기의 순수 이슬람을 기치로 내걸고 서구의 침략과 이슬람의 지적, 예술적, 신비주의적 전통을 반대하고,

샤리아를 엄격하게 실행하려고 한 다소 해묵은 정화주의적이며 종종 합리주의적 개혁 운동, 아니 일련의 운동들이 있다. 이러한 범주에 속하는 것이 사우디 가문과 손을 잡고 아라비아를 점령하여 오늘날까지 다스리고 있는 와하비(Wahhābiyyah) 운동이나. 시리아와 이집트의 살라피(Salafiyyah), 인도네시아의 무함마디(Muḥammadiyyah) 같은 운동은 그 관점이 와하비 운동과 밀접하게 연관되었다고 언급할 필요가 있다. 이러한 형태의 근본주의에 하사눌 반나(Ḥasan al-Bannā')가 1920년대 이집트에 세운 뒤 이집트와 수단을 비롯한 여러 무슬림 국가에서 강한 세력을 유지하는 무슬림 형제단(Ikhwān al-muslimīn, 이크와눌 무슬리민), 또 인도가 분할된 후 마울라나 마우두디(Mawlānā Mawdūdī)가 세운 파키스탄의 자마아테 이슬라미(Jamā'at-i islāmī)도 포함할 수 있다. 자마아테 이슬라미는 파키스탄뿐 아니라 방글라데시, 그리고 인도 내 무슬림들 사이에서도 종교적·정치적 세력으로 자리 잡고 있다. 이 모든 운동은 그들이 살고 있는 사회를 다시 이슬람화하여 샤리아를 적용하려는 강한 의욕을 지니고 있지만, 나즈드 지역에서 사우디 가문과 손을 잡고 정권을 잡은 와하비 운동을 제외하고는 평화로운 방법으로 목적을 달성하려고 노력해 왔다.

매우 다른 성격을 지닌 또 다른 형태의 근본주의가 지난 세기, 특별히 1979년 이란 혁명 이래 전면에 등장하였는데 와하비 운동 같은 형태보다 더 적극적이고 혁명적이며 급진적이다. 이러한 형태의 혁명 운동은 서구인들이 지니고 있는 근본주의와 개념적으로 매우 가까우며, 아야톨라 호메이니의 지도 아래 혁명으로 정권을 잡은 이란뿐 아니라 레바논과 팔레스타인의 이슬람 그룹, 이집트와 수단의 급진 세력, 그리고 기타 여러 이슬람 국가 내 소수 그룹에서도 볼 수 있다. 서구를 강력히 거부하지만, 이러한 형태의 근본주의는 혁명이라는 개념 그 자체를 비롯해서 19~20

세기 유럽 정치사상을 수용하였다. 전통적인 의미에서 이슬람을 정치화할 뿐 아니라 어떤 의미에서 이러한 형태의 근본주의는 이슬람 역사상 혁신(혁신은 이슬람 역사에서 부정적인 의미—옮긴이)이라고 할 수 있다.

더 혁명적인 이 '근본주의'는 서구 문화와 기술까지 거부했던 이전 근본주의와 달리 서구 과학 기술을 받아들이는데 거리낌이 없고, 어떤 수단을 써서라도 정권을 잡으려고 애쓴다. 정치적 독립에도 불구하고 이슬람 세계의 경제와 문화면에서 계속되고 있는 서구의 영향력에 대한 반감으로 이러한 형태의 '근본주의'는 이슬람적 규범과 관습으로 돌아감으로써 현 이슬람 사회의 제반 문제를 풀 수 있다는 해결책을 제시하고자 한다. 그러나 이를 위해 종종 그들이 그토록 못마땅하게 여기는 서구의 논제와 가치 판단을 받아들이고 있다. 이슬람 세계에서 영향력을 행사하고는 있지만, 이슬람의 원칙과 가르침을 유지하거나 그로 되돌아가려는 노력을 모두 한데 묶어 혁명적이고 폭력적인 '근본주의'라고 보는 서구 언론 보도와는 달리 그들의 힘은 그렇게 강하지는 않다.


## 근대주의적 경향

이슬람 세계에서 지난 한 세기 반 동안 근대적 특성을 지니고 일어난 거의 모든 운동은 지금 여기에서 다루고자 하는 근대주의적 경향(Modernist Tendencies)과 관계가 있다. 이 근대주의적 경향은 서구의 민족주의 도입으로부터 서구 기술 수용, 서구식 교육 수용에 이르기까지 두루 걸쳐있다. 여기에서 이러한 주제들을 모두 다루는 것은 불가능하지만 이들이 지닌 종교적 의미는 기억할 필요가 있다. 이슬람 종교와 직접적으로 관련되는 근대주의적 경향에 대해 몇 마디만 해보자.

이슬람 세계 핵심부에서 유럽이 위세를 떨치기 시작한 13/19세기에 이미 이슬람의 부흥은 근대화에 달려 있다고 믿는 사람들이 등장하였다. 오스만 제국은 이슬람법을 근대화하는 법령을 통과시켰고, 페르시아, 그리고 유럽 식민 지배하에 있던 지역에서노 비슷한 조치를 취하였다. 이집트와 같이 중요한 지역에서는 무함마드 압두(Muḥammad 'Abduh)를 위시하여 많은 사상가들이 이성을 더욱 활발히 사용하며 이슬람 신학을 근대화하려고 노력하였다. 반면 압두의 스승인 자말룻딘 아스트라바디(아프가니로 알려짐)는 이슬람 세계를 통일하기 위해 전통적 이슬람 정치 체제에 대해 항거하였다. 인도에서는 사이드 아흐마드 칸(Sayyid Aḥmad Khān)이 이슬람 교육 근대화 프로그램을 시작하였고, 페르시아에서는 유럽 정치 사상을 바탕으로 1323/1906년 헌법 혁명이 일어나 이슬람 세계 최초로 의회가 설립되었는데, 이 의회는 적어도 원칙적으로는 종교 지도자, 곧 울라마의 동의를 얻어 법을 통과시키는 권력을 지녔다.

금세기 들어서도 근대주의적 경향은 13/19세기 발전상을 따라 지속되었다. 터키에서는 1922년 오스만 제국을 해체한 아타튀르크(Atatürk, 케말 파샤의 다른 이름)의 세속주의를 지아 괴칼프(Zia Gökalp)가 지적(知的)으로 수호하는 데 앞장섰다. 인도에서는 이른바 이슬람 개혁가 가운데 가장 천재적이라 할 수 있는 무함마드 이끄발(Muḥammad Iqbāl)이 이슬람 조국 건설을 주장하며 파키스탄 건국의 기초를 닦았을 뿐만 아니라, 주로 페르시아어로 썼지만 우르두어로도 쓴 감동적인 시를 통해 이슬람 신앙 부흥 운동의 대의를 지지하였다. 그러나 시와는 달리 그의 산문 작품은 그가 서구 철학, 특히 19세기 독일 사상의 영향을 깊이 받았음을 보여 준다.

제2차 세계 대전 뒤 이슬람 세계, 특히 페르시아와 아랍 세계의 많은 근대주의자들이 마르크스주의를 따랐다. 이슬람과 아랍 사회주의가 유행처럼 번져 소련이 해체될 때까지 지속되었다. 또한 서구에서 공부한 많은 무슬림 학자들이 서구 오리엔탈리즘(Orientalism)에 물들어『꾸르안』, 하디스, 샤리아 및 기타 기본적인 이슬람 학문 분과에 대한 전통적 연구 방법을 비판하기 시작하였다. 파키스탄에서는 하디스의 진실성을 거부하는 움직임이 일어났고, 수단에서는 예언자 무함마드가 메카에서 받은 계시만을 따라 이슬람을 재해석해야 한다는 주장도 나왔다. 무슬림 근대주의자들은 또한 구조주의, 실존주의, 그리고 그 밖의 유력한 서구 사상을 기준으로 전통적 이슬람 사상을 비판하였다. 또 이슬람과 마르크스주의를 '종합'하려고도 했다.

이러한 근대주의적 경향은 지난 몇 년간 잠시 시들해지긴 했지만 여전히 강하게 지속되고 있다. 그러나 아직까지 근대주의적 경향이 이슬람 종교 사상에 상당한 영향력을 행사하지는 못하였고, 서구 학자들이 예측하고 바랐던 것처럼 이슬람 내에서 '개신교적(改新敎的, protestant)'인 운동을 일으키지도 못하였다. 근대 교육, 영화 등 수없이 다양한 방식으로 침투한 근대식 생활과 사고방식을 통해서 근대주의는 이슬람 사회에 영향을 끼쳤다.

사상과 글에서 근대주의자들보다 지적으로 더 세련된 모습을 보여 주지 못하는 이른바 근본주의자들은 지난 수십 년 동안 근대주의적 경향을 공격하였고, 근대주의자들만큼 근대적 세계를 잘 아는 사람들이 주도하는 전통 이슬람 사상 부흥 운동 역시 그러하다. 따라서 현대 이슬람은 이슬람 세계 안과 밖 모두에 건재한, 물질적으로 더 강력한 세속과 맞서서 여전히 생생한 지적·영적 전통을 지니며 살아 있는 굳건한 신앙의 모습을 보여 준다고 할 수 있다. 획일적이지는 않지만 서구보다는 훨씬 더 계시와 종교적 가르침이 여러 학파와 다양한 경향들을 좌지우지하는 생생한 현실 속에서 다양한 힘들이 작용하고 있다. 오늘날 이슬람은 복합적인 문제와 도전에 직면하고 있지만, 1400여 년 전 『꾸르안』이 계시된 이래 그 운명의 길라잡이가 되어 온 이슬람 전통과 진리에 깊이 뿌리 내려 흔들리지 않고 살아 있다.

# 이슬람과 다른 종교들

## 이슬람과 다른 종교들의 역사적 만남

이슬람은 근대 이전에 거의 모든 종교와 역사적으로 직접 접촉한 유일한 종교다. 아라비아에서 태동하여 지중해 서부에서 동남아시아까지 전 세계 중간 지역을 장악한 이슬람은 신앙이 싹튼 곳에서 유다교와 그리스도교를 만났고, 이들 아브라함 종교 일원과 역사 내내 지속적으로 접촉하였다. 오늘날까지 남부 이라크와 페르시아에 생존하는 사비아(al-Ṣābi'a, Sabians)교, 또는 만다이(Mandaiyyah, Mandaeans)교와 같이 셈족 세계에 속하는 소규모 종교들과도 직접 대면하였다. 마찬가지로 고대 바빌로니아 종교를 그리스의 비의적 요소, 헤르메스 신비주의, 영지주의와 섞은 하르란(Ḥarrān)교 같은 혼합 종교와도 직접 만났다.

페르시아로 퍼져 가면서 이슬람은 조로아스터교, 마니교부터 주르반교(Zurvanism), 마즈다크교(Mazdakism), 미트라교(Mithraism)에 이르는 모든 이란 종교를 만났다. 초기 이슬람 서적은 이러한 종교들에 관한 글을 번역해서 실었기에, 오늘날까지 아랍어는 사산 왕조 시기의 종교 연구에 중요한 언어로 남아 있다. 페르시아가 이슬람화 된 뒤에도 조로아스터교, 마니교, 그리고 심지어는 마즈다크교도 수 세기 동안 살아남았기 때문에 이들 종교의 영향을 받아 다양한 형태의 이슬람 종교 운동이 발생하였

다. 반면 또 한편으로는 성 아우구스티누스 같은 초기 그리스도교 신학
자들이 그러했듯, 수 세기 동안 무슬림 신학자들은 마니교를 논박하기
위해 애썼다.

　이슬람은 또한 페르시아, 신드(Sindh)와 인도의 여러 다른 지방에 존재
했던 종교들과도 만났다. 사산 제국 동부 지역에는 불자들이 많았는데,
불교가 이 지역을 통해 중국에 전래되었고 오늘날까지 불교와 관련된 주
요 유적지가 아프가니스탄에 있는 것을 보면 이러한 사실을 쉽게 확인할
수 있다. 몇몇 역사가들은 압바스조 재상을 배출한 페르시아 출신의 유
명한 바르마크 가문(Barmakīyān)이 조로아스터교인이 아니라 불자였다고
주장하기도 한다. 힌두교의 가르침은 남 페르시아에 있는 오늘날 후제스
탄(Khuzestan)의 군데샤푸르(Gundeshapur)에서 발견할 수 있다. 무슬림들은
신드 지역으로 이주해 가면서 자연스럽게 힌두교인들을 만났다. 4/10세
기 비루니(al-Bīrūnī)는 『파탄잘리 요가(*Patañjali Yoga*)』를 인도어에서 아랍
어로 번역하여 중세 힌두교에 관한 중요한 기록을 남겼는데, 힌두교와 불
교에서 나온 이야기들이 무슬림들 사이에서도 인기를 얻었다. 사실『꾸르
안』을 주석한 많은 무슬림들은『꾸르안』에 나오는 둘 키플(Dhu'l-kifl)이라
는 예언자가 부처라고 한다.

　인도의 동물 우화 모음집 『판차탄트라(*Pañcatantra*)』는 아랍어로 『알-칼
릴라 왓 딤나(*al-Kalīlah wa'l-Dimmnah*)』로 알려졌고, 페르시아로도 번역되
는 등 무슬림들 사이에서 대단한 인기를 누렸다. 아랍어판은 사실『판차
탄트라』의 파흘라비어판을 7/13세기에 번역한 것이다. 7/13세기 이래 많
은 인도 고전들이 페르시아어로 번역되었다는 사실은 주목할 만한 일이
다. 서구 세계는 뒤페롱(A. Anquetil Dupérron)의 라틴어 번역을 통해『우파
니샤드』를 처음 알게 되었는데, 이 라틴어 역은 산스크리트어 원문이 아

니라 페르시아어 번역본을 중역한 것이었다는 사실 또한 눈여겨볼 만하다.

　이슬람은 북쪽 경계 지역에서 튀르크와 몽골의 샤만 전통, 그리고 중국 내뿐만 아니라 비단길을 통한 문물 전파에 따라 이슬람 동부 지역에서 중국 종교 전통과 접촉하였다. 물론 페르시아 지역에서 중국에 대한 지식이 급격히 늘어난 것은 몽골 침략 이후다. 극동 주요 지역에서 일본과 한국만이 근대에 들어설 때까지 무슬림들에게 무지의 땅(terra incognita)으로 남아 있었다. 중국 무슬림들은 이 두 지역을 잘 알았지만, 이러한 지식이 이슬람 중심부에 별다른 영향을 끼치지는 못했다.

　끝으로 무슬림들은 사하라 남쪽 아프리카의 토속 종교, 자바와 수마트라의 종교 및 이슬람이 전파될 때 존재하던 종교들과도 접촉하였다. 그들은 각 종교의 가르침을 지적·신학적으로 대하진 않았지만, 셈족, 이란, 또는 인도 종교의 경우에서 볼 수 있듯, 이들 종교의 사상이나 관념은 여행기, 민간 설화, 이야기 등을 통해 무슬림 의식 속으로 파고들었다.

　미주 대륙과 호주 원주민들의 종교를 제외하고 이슬람이 유라시아 대륙과 아프리카에서 만나보지 않은 종교는 거의 없다고 할 수 있다. 다양한 특징과 형태를 지닌 수많은 종교가 있는 세상에서 존재한다는 생각은 이슬람의 고전적인 세계관의 핵심이 되었다. 서구 그리스도교와는 달리 이슬람은 근대주의가 출현하기 전에 이미 다양한 국가와 민족이 지닌 믿을 수 없을 만큼 다채로운 종교적 삶과 생각을 이해하고 있었다.


## 종교적 다양성과 타종교에 대한 형이상학적·신학적 견해

　『꾸르안』에서 종교는 항상 보편적인 의미를 지닌다. 이슬람이라는 말도 하나님에 대한 일반적 순종, 그리고 『꾸르안』이라는 역사적 계시뿐 아니라, 하나님의 유일성을 받아들이는 것을 뜻한다. 『꾸르안』이 아브라함을 무슬림이라고 하는 이유도 바로 여기에 있다. 이슬람은 하나님, 천사들, 예언자들과 경전들—예언자와 경전이 아니라—을 믿는데, 예언자들과 계시된 경전들이라는 말은 이슬람이 종교적 다양성을 인정한다는 것을 보여 준다. 『꾸르안』 계시는 여러 번 이러한 현실에 대해 언급한다. "인류는 하나의 공동체였으며 이에 하나님께서 예언자들을 복음의 전달자이자 경고자로서 (그들에게) 보내셨도다."(2.213) 하디스는 12만 4,000명의 예언자가 있고, 이슬람의 예언자가 최후의 예언자라고 한다. 한편, 앞서 말한 대로 『꾸르안』은 "각 민족마다 선지자가 보내어져"(10.48)라고 한다. 최초의 예언자는 최초의 인간 아담이다. 『꾸르안』의 관점에서 종교란 항상 보편적 현실로, 단순히 이슬람으로만 제한되지 않는다.

그러나 모든 무슬림 사상가와 학파가 계시의 보편성에 관한 『꾸르안』의 가르침이 지닌 중요성을 완전히 고려하지 않았고, 신학자들과 법학자들은 다른 모든 종교들, 또는 대다수의 다른 종교들을 논박하는 책을 썼다. 계시의 보편성 교의와 함께 형상의 세계를 넘어선 종교들의 가르침이 내적으로 서로 일치한다는 교의의 중요성을 깨달은 사람들은 수피와 형이상학자들이었다. 이븐 아라비, 루미와 같은 수피 대가들의 시는 이러한 교의에 대한 표현으로 가득하다. 내적인 종교적 영성 상태를 표현한 루미의 다음 시는 이를 잘 보여 준다.

> 동쪽에도 서쪽에도, 하늘에도 땅에도
> 자연에도 돌아가는 천체에도,
> 인도에도 중국에도, 불가리아에도 타브리즈에도
> 이라크에도 호라산에도 나는 속하지 아니하네.

흔적도 없고 있는 곳도 없으며

몸도 영혼도 아니라네.

내가 영혼들의 영혼이니.

모든 이중성을 버리고

하나인 세계를 본다네.

하나를 보고 하나를 구하고 하나를 알고 하나에 청하노니.[10]

현대에 들어 전통적인 학자들이 이러한 교의를 더 명백하고 체계적으로 서술하였고, 이는 슈온(F. Schuon)의 유명한 책 제목을 따라 '종교의 초월적 단일성(transcendent unity of religions)'으로 알려지게 되었다.

신학자들(mutakallimūn, 무타칼리문)은 또한 『알-밀랄 완 니할(al-Milal wa'l-niḥal)』을 비롯한 여러 책에서 다른 종교들을 연구하였다. 이 책은 비루니의 『인도』와 함께 비교 종교에 관한 최초의 책이다. 스페인 안달루스의 신학자 이븐 하즘은 가장 광범위한 비교 종교 연구서 가운데 하나를 썼고 최초의 비교종교학자로도 불린다. 비루니를 최초의 비교종교학자로 보는 사람도 있다. 이러한 책들은 이슬람 사상학파들과 함께 유다교, 그리스도교, 조로아스터교 사상학파들에 대해 설명하고 있다. 종종 마니교, 싸비아교 및 다른 종교에 대한 서술도 나온다. 비이슬람 사상 학파나 저자와 다른 생각을 지닌 이슬람 사상 학파에 대한 신학적 평가와 비판이 담긴 책도 있다.

다른 종교에 대한 설명은 신학자들의 글뿐만 아니라 이슬람 철학자와 역사가들의 작품에도 나온다. 이 모든 저서들을 함께 고려하면, 고전 이슬람 사상학파에서는 다른 종교에 대한 여러 정보를 확보하여 이에 대한

---

10) Jalāl al-Dīn Rūmī, *Dīwān-i-kabīr*, as trans. S. H. Nasr.

논의를 확대했을 뿐 아니라, 순수 형이상학에서 철학, 신학, 심지어는 인류학적 논의에 이르는 비교 종교 이론으로 발전시켰다. 물론 법학적 논의는 말할 것도 없다. 왜냐하면 이는 이슬람 세계에 사는 소수 종교인들의 삶에 실질적으로 관계된 매우 중요한 논의였기 때문이다.

## 비이슬람 종교와 종교적 소수자에 대한 법학적 견해

이슬람법에 따르면 '경전의 백성(ahl al-kitāb, 아흘룰 키탑)' 모두는 이슬람 사회가 보호해야 하고 이슬람 공동체는 그들의 법을 존중해야 한다. 비록 역사적으로 비이슬람 종교 공동체는 이런저런 통치자나 사람들의 박해를 받았지만, 어떤 다른 문명보다 이슬람 문명은 소수 종교인들을 잘 대하였다. 오늘날까지 정교회 수좌는 이스탄불에 있고, 이라크와 페르시아에서는 아람어로 드리는 가장 정통적인 미사를 볼 수 있다. 스페인 유다 사상가들은 라틴어가 아닌 아랍어로 글을 썼고, 무슬림 세력이 멸망함에 따라 1492년 스페인에서 쫓겨날 때 다수가 이슬람 세계로 망명하여 오늘날까지 그들의 종교 유산을 보존하고 있다. 유다인과 아랍인의 팔레스타인 영토 분쟁 때문에 서구인들은 스페인, 터키, 이집트, 페르시아 및 기타 다른 지역에서 무슬림과 유다 공동체가 조화롭게 살아 온 사실을 잘 모른다. 아브라함 세계 밖에 있는 인도의 경우를 예로 들어보면 종교의 의미에 대해 서로 다른 해석을 견지했음에도 무슬림과 힌두교인은 평화롭게 공존해 왔다.

이슬람 세계의 '경전의 백성'은 딤미(dhimmi)라 불리고 종교세를 내야 한다. 그 대가로 무슬림 당국은 이들을 외부의 공격으로부터 보호하고, 다른 형태의 이슬람 세금을 내는 공동체 내 다른 사람들과 이들을 위해 공공질서를 유지한다. 칼리파든 술탄이든 누구든 간에 무슬림 통치자는 법이 '경전의 백성'으로 인정한 소수 종교인의 생명과 재산을 책임진다.

누가 '경전의 백성'인가에 대해 『꾸르안』은 구체적으로 그리스도교인, 유다인, 사비아교인(Sabaeans)이라고 말한다. 그러나 이슬람이 아라비아 밖으로 전파됨에 따라 여러 법학자들은 조로아스터교인을 시작으로 나중에는 불자, 힌두교인까지 모두 법적인 경전의 백성으로 간주하였다. 무슬림들은 이들과 상거래 및 결혼을 할 수 있었다. 단, 무슬림 남성이 경전의 백성인 여성을 아내로 맞을 수는 있었으나, 그런 남성과 무슬림 여성의 결혼은 불가능하였다. 다수 무슬림과 소수 비무슬림의 상호 관계는 여러 역사적 원인과 요인으로 인해 복잡하다. 그리고 모든 경우마다 이슬람의 가르침이 엄격하게 적용된 것은 아니었다. 그럼에도 대체로 타 종교인은 이슬람 사회에서 보호를 받았다. 수 세기 동안 그들의 가장 정통적인 종교와 예술 전통이 살아 있다는 사실은 이를 여실히 증명한다. 또한 비록 무슬림과 똑같이 정치적·군사적 권력을 행사할 수는 없었지만, 그들이 누린 경제적 위상 역시 이슬람 사회가 그들을 보호했다는 사실을 잘 보여 준다.


## 현대 세계 이슬람과 타종교의 만남

오늘날 이슬람은 여전히 무슬림이 다수를 차지하는 곳이나 소수로 사는 곳 모두에서 타종교와의 만남을 지속하고 있다. 이슬람 세계를 보면, 아랍, 페르시아, 터키, 동남아시아, 아프리카 이슬람 지역에서 무슬림은 그리스도인들을 만나고 있다. 이집트, 시리아, 페르시아, 이라크에서 볼 수 있듯, 오랜 세월에 걸쳐 그리스도인과 사회 문화적 교류를 하던 곳에서는 우호적인 만남이 이루어졌다. 인도네시아나 나이지리아 등은 서구 그리스도교 선교 활동이 활발하여 그리스도교에 대한 무슬림의 반감이 높다. 그리스도교를 이슬람과 성생하는 종교로만 보는 것이 아니라, 그리스도교가 성서뿐 아니라 식량 원조, 병원 건설, 낙농 전문가 영입 등을 통해 서구 문명을 확장하려 한다고 생각하기 때문이다. 사실 정교, 앗시리아 교회, 아르메니아 교회 등 동방 그리스도교에 대한 무슬림의 태도를 식민주의 시기부터 유럽과 미국 선교사가 전파해 온 서구 그리스도교에 대한 무슬림의 태도와 구분해야 한다. 전자에 대한 태도가 대체로 우호적이라면, 후자에 대해서는 적대적이다. 이슬람 사회 조직을 위협하기 때문이다.

정치적·경제적 이유로 인해 무슬림과 그리스도인의 관계가 전면 충돌로 번진 곳도 있다. 내전으로 폐허가 된 레바논이 그렇다. 무슬림들이 문화적·종교적 독립을 위해 계속 전투를 벌이고 있는 필리핀도 마찬가지다. 소련 해체와 함께 이와 유사한 일들이 구소련 연방 및 동유럽에서 증가하였다. 주권을 회복하고자 애쓰는 러시아 내 무슬림 민족들은 말할 것도 없고, 보스니아-헤르체고비나 내전, 아제르바이잔과 아르메니아의 해묵은 경쟁 재현 등은 비극적인 사건이다.

유다교의 경우, 이스라엘 건국 전까지 무슬림과 동방 거주 유다인의 관계는 오랫동안 안정된 상태였다. 그러나 이스라엘 건국 뒤 둘 사이의 관계는 그 어느 때보다 더 팽팽한 긴장 상태로 들어갔다. 처음에는 유다인과 무슬림이 아니라 이스라엘인과 아랍인 구도로 전투가 벌어졌다. 비록 여전히 아랍인 중심이고, 팔레스타인 무슬림과 그리스도인들 모두 이스라엘이 팔레스타인을 점령하는 것에 대해 반감을 표시하고 있지만, 다툼이 지속됨에 따라 비아랍계 무슬림들이 점차 개입하게 되었다. 지난 20

여 년 동안 벌인 치열한 다툼에 이슬람적인 색채가 더해지고 이슬람 세력이 더 개입하긴 했지만, 이스라엘 내외에서 무슬림과 유다인의 대화도 시작되었다. 그러나 이슬람과 유다교 간의 모든 종교적 대화는 팔레스타인과 이스라엘이라는 엄청난 난제의 영향권에서 벗어나지 못할 것임에 틀림없다.

힌두교의 경우, 인도 대륙의 무슬림은 1947년 인도 분할에 대해 두 가지 다른 길을 택했다. 파키스탄을 만들기 위해 인도에서 떠난 사람들은 힌두교를 반대하고 적대시하는 태도를 취했다. 인도에 남은 사람들은 조화와 상생의 길을 택했다. 이 두 공동체는 힌두교 문헌을 페르시아어로 번역한 다라 슈쿠흐(Dārā Shukūh), 후에 황제가 되어 이슬람과 힌두교의 차이점을 강조한 아우랑제브(Aurangzeb), 이 두 몽골 왕자의 운명을 따른 것 같다. 최근 힌두 라즈(Raj)와 이른 바 '힌두 근본주의'의 발흥으로 인해 인도 내에서조차 힌두-무슬림 관계가 정치적으로 어려운 국면에 처하게 되었다. 그러나 인간적인 면에서 힌두교인과 무슬림은 종파주의가 전통적 삶의 방식을 파괴하지 않은 곳에서는 어디에서나 서로 우호적으로 더불어 살아가고 있다.

무슬림이 불교와 직접적인 관계를 맺고 있는 곳은 말레이시아를 비롯해서 무슬림이 소수인 지역, 예를 들면 스리랑카, 태국, 인도차이나 지역, 미얀마 등이다. 공산 정권이 통치하는 중국은 예외로 두자. 경제적 문제가 종교적 정체성과 맞물려 종종 공동체 간 충돌을 야기하기도 하지만, 말레이시아 무슬림과 불자(佛子)들의 관계는 대체적으로 우호적이다. 스리랑카에서 무슬림은 힌두교인, 불자와 함께 수년 동안 고통을 겪고 있는 중이다. 현재 진행 중인 갈등 이전 무슬림과 타종교인의 관계는 화목하였다. 인도차이나 무슬림 공동체는 전쟁으로 인해 다수 파괴되었고, 현재 복원 중이다. 태국에서 무슬림은 불자와 평화롭게 공존하고 있으나, 이웃 미얀마에서는 정부와 관계가 악화된 상태로, 정부의 박해를 피해 태국으로 노피하고 있나. 이는 이슬람과 불교 간 갈등이 아니라 세속적인 정부가 국경 근처에 사는 부족들을 자신의 통치 아래 두고자 하기에 일어나는 충돌일 뿐이다.

무슬림들은 또한 유럽과 미주 대륙에 소수로 살아가며, 유다인, 그리스도인 및 다른 종교인들과 점차 더 많은 대화를 하고 있다. 언론 보도 및 특정한 목적을 이루고자 하는 사람들로 인해 1970년대 말부터 반이슬람 물결이 일었지만, 무슬림과 그리스도인, 무슬림과 서구 유다인, 특히 미국 유다인 사이에는 대체적으로 종교적 평화가 지배적이다. 물론 프랑스와 같은 중부 유럽 국가에서는 이주 노동자에 반대하는 과격 정치 운동이, 현란한 수사로 근거도 없이 이슬람 '근본주의'가 도처에 퍼졌다고 불평하면서, 무슬림 노동자를 공격하는 사례가 있다. 그러나 바티칸 교황청과 세계교회협의회(WCC) 같은 그리스도교회 주요 기구는 무슬림을 더 잘 이해하기 위한 프로그램을 꾸준히 추진하고 있다. 많은 무슬림들은 서구 문화의 침공을 두려워하지만, 이슬람과 타종교 간 대화 및 상호 이해 증진에도 관심을 기울이고 있다. 다만 무슬림들은 그러한 대화가 모든 종교를 하나의 최소 공통분모로 환원시키고, 평화라는 미명 아래 하나님이 만든 여러 종교 제도와 교리를 희생하는 세속적 인본주의 지향의 초교파주의(ecumenism)로 흘러서는 안 된다고 생각한다. 세속적 인본주의로는 "감히 생각할 수도 없는(「필립비서」, 4.7—옮긴이)" 평화에 결코 이를 수 없기 때문이다.

## 현대 종교학에서 이슬람 연구가 지닌 중요성

이슬람을 진지하게 연구하면 서구 종교학 방법론과 이론이 내놓은 여러 가정들에 대해 의문을 가지게 될 것이다. 이런 연유로 비교종교학, 종교사학, 종교학이라고 부르는 학문이 이슬람학에 크게 공헌하지 못하였다. 이슬람 종교는 존재 자체만으로 종교에 대한 '진화론적' 개념의 정당성에 의문을 제기한다. 19세기 이래 대다수 서구 학자들은 종교가 더 높은 차원으로 진화하여 그리스도교에서 정점을 이룬다고 보았다. 이러한 관점에서 보면 이슬람이라는 존재는 아주 당혹스러울 수밖에 없다. 역사주의에 반하여 신화와 상징에 특별히 관심이 많은 현상학적 방법론이 발전하였지만, 신법과 대부분 비신화적 형태로 표현된 형이상학을 강조하는 이슬람과 같은 종교는 현상학적 방법론에 잘 들어맞지 않는다. 그 결과 엘리아데를 위시한 종교 현상학자들은 이슬람 연구에 이렇다 할 공헌을 하지 못하였다.

이슬람의 존재와 지적 전통은 또한 백과사전학파와 헤겔 이래 과거의 신학과 종교 사상을 유럽 사상의 발전 단계 중 일부로 간주하는 유럽 중심적 지성사에 문제를 제기한다. 이슬람은 서구처럼 아브라함 전통에 뿌리를 두고 고대 지중해 세계의 철학 전통을 받아들였지만, 서구와는 다르게 발전한 종교와 문명이기 때문이다. 이슬람 연구는 서구 학계와 지성계에 팽배한 지성과 종교 역사에 대한 유럽 중심적 견해의 절대성에 의문을 제기한다. 이 모든 것들은 이슬람 연구가 오늘날 서구의 종교학계에 숙고해야 할 중요한 과제를 던져주고 있음을 시사해 주고 있다.

서구 종교학자와 신학자는 세속화된 현대 사회에서 종교 다양성의 문제를 논의하고 있지만, 이슬람은 아브라함 종교의 일원으로, 세속화된 현대 사회가 제공하는 틀 밖에서 수 세기 동안 같은 문제에 대해 숙고해 왔다. 이점에서 이슬람 연구는 종교학에 중요하다. 종교를 철학, 역사, 또는 인류학으로 간주하지 않고 종교 자체로 심각하게 여기며 아브라함 종교 세계와 인도 사이의 높은 장벽을 처음으로 넘은 종교도 이슬람이다. '종교의 초월적 단일성(transcendent unity of religions)'이라는 교의 및 이와 관련한 영원 철학(永遠哲學, Perennial philosophy)의 체계화가 이슬람 전통에서 나왔거나 이슬람과 밀접한 관계가 있다는 사실 또한 종교학에 중요한 시사점을 제공한다. 이슬람 연구는 서구 종교학에 대한 도전이자 동시에 서구 종교학을 풍부하게 만들 수 있는 원천이다. 종교학은 이슬람 연구를 통해 학문의 지평을 넓히고, 종교의 핵심인 성스러움의 의미를 상실한 현대 사회의 지배적인 환원주의로부터 벗어나 종교를 종교 그 자체로 공부해야 할 필요성을 깨달을 수 있기 때문이다.

# 현대 사회에서 이슬람이 지닌 영적·종교적 중요성

현대 사회에 이슬람이 존재한다는 것은 모든 것을 다 포괄하는 성격을 지닌 종교가 살아 있다는 증거다. 이슬람 세계 어디를 가더라도 무슬림의 믿음은 여전히 강하다. 무슬림 대다수는 하루에 다섯 번 메카를 향해 예배를 드리고, 라마단 단식을 하며, 일생에 적어도 한번은 순례를 하고자 애쓴다. 종교가 일요일 아침에만 참석하는 주례 행사로 전락하지 않았고, 실천 행위 역시 느슨한 기색조차 보이지 않는다. 이슬람에서 종교란 경제, 사회, 윤리, 예술, 사상, 개인적 양심 등 삶의 모든 면과 관계가 있다. 이슬람이 사회 내에서 차지하는 역할이 무척 강하기 때문에 여러 정치 세력이 자신들의 목적을 달성하기 위해 이슬람을 이용할 수 있고, 또 그렇게 해왔지만, 이슬람은 어디에나 있기 때문에 현대 사회에서 예술, 사상, 사회, 자연계가 세속화되고 종교가 소외되는 현상을 막고 있다.

또한 현대 인류 사회에서 이슬람이 지닌 중요성은 오늘날까지 셈족이라는 인종과 언어의 세계를 넘어 아브라함과 신앙 선조들의 영성을 보존해 왔다는 데에 있다. 왜냐하면 예언자 무함마드는 아브라함 유일신 신앙을 이은 마지막 주자로, 이슬람이 다른 유일신교, 특히 유다교와 공유하는 하나님의 유일성과 신법에 대한 순종에 바탕을 둔 보편적 가르침을 가져왔기 때문이다. 근대주의가 무슬림의 전통적인 삶을 파괴했음에도 불구하고, 이슬람은 오늘날까지 수많은 문화적·인종적 경계를 넘어 초월이 매일의 삶에서 생생히 살아 있는 세계, 신법이 인간의 삶을 다스리고 처음부터 끝까지 이끄는 세계를 지켜왔다. 더욱이 무슬림 각 개인이 사제이자 이맘이기에 신법은 어떤 분위기나 사회 환경에서도 따를 수 있고, 이슬람 공동체의 모든 구성원은 모스크에서든 다른 곳에서든 간에 자신의 종교적 의무를 행할 수 있다.

현대 인류 사회에서 이슬람이 지닌 중요성은 또한 오늘날까지 이슬람이 영성 및 지혜의 차원, 내적 기도와 명상법, 하나님에 이르는 영성의 길을 따를 수 있는 가능성을 보존해 왔다는 데에 있다. 서구 세계와는 달리 이슬람의 내적, 지혜의 차원은 쇠락하거나 소외되지 않았다. 오히려 그 반대로 영성적이고 비의적인 가르침은 여전히 존재하고 있으며, 사랑과 함께 지혜롭고 조명적(照明的)인 지식, 또는 영지(靈智)에 가까이 가는 것도 가능하게 한다. 영적인 관점에서 보았을 때 인간 존재의 궁극적 목표인 길을 향해서 말이다.

이슬람의 지적 전통은 신앙과 이성, 혹은 종교와 과학의 분리로 인해 고통 받는 현대 인류에게 대단히 중요하다. 이슬람 지적 전통은 서구와 동일한 종교적·철학적 원천에서 나왔지만, 이성과 지성이 합리적 사유, 신비적 직관, 계시와 갖는 연관성을 항상 잘 보존하는 방식으로 발전하였다. 지적인 측면에서 이 전통은 서구 사상이 태어나고 자란 지중해와 힌두교, (어떤 의미에서는) 불교가 지배한 갠지스 강변 두 지역 사이의 중간 지대를 차지한다. 이슬람의 종교적·지적 전통은 나가르주나(Nāgārjuna)와 상카라(Śaṅcara) 세계와 유사하고, 성 토마스 아퀴나스와 마이모니데스의 사상을 흡수한 세계와도 비슷하다. 그러나 이슬람 지적 전통은 '중세적'이지 않고, 지금까지 생생히 살아 있다.

오늘날 인류는 자신의 절대적 권리를 내세우며 자연을 훼손하고 있고,

일부 학자들은 이러한 자연 파괴를 유다-그리스도교 전통 탓으로 돌리고 있다. 자연이 파괴되고 있는 현대 사회에 이슬람은 아브라함 가문의 세 번째 구성원으로 인간과 자연계의 관계에 대해 매우 뜻깊은 가르침을 전한다. 모든 자연 현상은 하나님의 예증(āyāt, 아야트)이고, 자연은『꾸르안』계시를 공유하며, 인간은 하나님의 지상 대리자(칼리파)로 자신뿐 아니라 접촉하는 모든 피조물에 대한 책임을 하나님 앞에 진다고 이슬람은 강조한다.

사실 이슬람은 일반적으로 권리보다 책임을 강조한다. 인간이 하나님과 하나님의 창조물에 대해 책임을 지고 있다는 사실을 받아들이는 데에서 인권이 나온다. 이슬람은 하나님 앞에 모든 창조물은 평등하다고 가르치지만, 인간을 모든 존재의 중심에 놓고 지상적인 신인동형론(神人同形論, anthropomorphism)을 주창하는 무신론적 인본주의(無神論的 人本主義)를 결코 허락하지 않는다. 인간은 하나님의 자리를 차지하려고 하였는데 이러한 노력이 오히려 인간의 삶을 위협하는 것이 현실이다. 인간과 자연계의 삶의 중심에 하나님을 두는 하나님 중심적 시각을 강조하면서, 지상 인간들의 권리보다 하나님의 권리를 강조하면서, 인간 삶의 궁극적 의미와 구원을 가능하게 하는 신법을 따르도록 하면서, 지고선이자 무한한 아름다움인 궁극적 진리에 이르는 영성의 길을 걸을 수 있도록 하면서, 이슬람은 10억 명이 넘는 무슬림뿐만 아니라 어떤 형태를 취했든 간에 진정한 종교가 보여 주는 진리와 실상에 깊이 감화된 남녀 모두에게 이슬람이 지닌 영적·종교적 의미를 펼쳐 보인다.

# 추천 도서

A. J. Arberry, *The Koran Interpreted: A Translation* (New York: Macmillan, 1955). 여타 다른 영역본보다 아랍어 원문의 끝없는 아름다움을 부분적으로 잘 드러낸 격조 높은 『꾸르안』 번역본.

T. Burckhardt, *An Introduction to Sufism* (Wellingborough: Aquarian Press/Crucible, 1990). 수피 입장에서 수피 전통의 기본적 교의에 대해 짧고 정확하게 쓴 입문서.

V. Danner, *The Islamic Tradition: An Introduction* (New York: Amity House, 1988). 이슬람의 시작에서 현재에 이르기까지 이슬람 종교와 지적 전통을 전통적 입장에서 설명한 책.

G. Eaton, *Islam and the Destiny of Man* (Albany: State University of New York Press, 1985). 이슬람에 대한 올바른 설명의 필요성을 절감할 뿐 아니라 서구 청중이 무엇을 요구하는지 잘 알고 있는 영국 무슬림이 이슬람의 다양한 모습을 알기 쉽게 풀이한 책.

J. Esposito, *Islam, the Straight Path* (New York: Oxford University Press, 1988). 이슬람에 대해 우호적 입장을 지닌 서구 학자가 쓴 책. 이슬람 전통에 대해 설명하고 현대 세계에서 이슬람이 어떻게 발전하는지 다루고 있다.

M. Lings, *Muhammad: His Life Based on the Earliest Sources* (London: Islamic Text Society, Allen & Unwin, 1988). 무슬림 전통 자료에 근거하여 무슬림이 보는 예언자의 일생을 처음으로 영어권 독자에게 설명한 훌륭한 책.

S. Murata, *The Tao of Islam* (Albany: State University of New York Press, 1992). 남녀 양성 조화에 관한 이슬람 자료와 동양 사상을 바탕으로 이슬람의 양성 관계에 대해 영어로 쓴 가장 심오한 연구서.

S. H. Nasr, *Ideals and Realities of Islam* (London: Allen & Unwin, 1966). 전통적 이슬람 관점에서 『꾸르안』, 예언자, 순니와 시아 관계 등 이슬람에

대한 기본적 사항들을 다룬 책.

__________, ed., *Islamic Spirituality*, 2 vols. (London: Routledge & Kegan Paul, 1987, 1991). 무슬림 학자들이 이슬람에 우호적인 서구 학자들과 함께 쓴 책으로, 이슬람 영성의 근본, 역사적·지역적 발전 등 이슬람 영성과 관련한 거의 모든 분야를 다루고 있다.

F. Schuon, *Understanding Islam*, trans. D. M. Matheson (London: Allen & Unwin, 1963). 유럽인이 쓴 가장 심오한 이슬람 소개서. 이슬람을 그리스도교, 힌두교 등 다른 종교 전통과 비교하면서 주로 종교의 내면적 차원을 다루고 있다.

이 책을 편집하면서 저는 제가 읽고 있는 바로 그 종교 전통으로 개종하고 싶은 마음이 들기도 했습니다. 몇몇 전통은 덜 했지만, 그 역시 여전히 매력적이었습니다. 여러분도 각 글의 말미에서 그런 마음이 들었다 하더라도 놀라지는 마십시오. 인간이기에 인간의 종교 심성을 표현한 글을 읽으며 이따금 강렬한 매력을 느끼는 것은 놀랄 만한 일이 아닙니다. 특히 신앙인이 자신의 종교를 표현할 때 그 종교 전통은 독특한 매력을 발산하기 마련입니다.

우리가 우리와 친근한 우주에 살고 있다는 확신을 주는 힌두교, 지혜와 자비가 함께 섞여 있어 역동적인 해방감을 주는 불교, 예의가 신성과 하나를 이루지는 않더라도 함께할 수는 있음을 상기시켜 주는 유교, 자연과 일체가 된 삶을 아름답게 평가하며 편하고 긴 이야기를 해주는 도교, 오랜 박해에서 살아남아 다시 살아가는 감동적인 본보기가 되는 유다교, '완전한 인간이자 신'인 창시자를 본받기 위해 영광스러운 노력을 기울이는 그리스도교, 하나님의 절대적 최고성에 대해 모스크처럼 장엄하면서도 수수한 믿음을 지닌 이슬람교.

책을 읽는 여러분들이 이렇게 짧게 요약한 문구들을 수수께끼로 여기지 않는다면, 글쓴이들이 바라던 바가 이루어졌다고 하겠습니다. 만일 여러분들께서 이 책을 읽은 뒤 종교적 다원성이 놀랍기보다는 매혹적이라고 생각한다면 말입니다.

엮은이 아르빈드 샤르마

## 힌두교

### 아르빈드 샤르마 | Arvind Sharma, 1940~

인도 바라나시에서 출생하였으며, 1958년 알라하바드(Allahabad) 대학에서 역사, 경제, 산스크리트어의 학사학위를 받았다. 1970년에 시라쿠스(Syracuse) 대학에서 경제학으로 석사학위를, 1974년에 비교종교학으로 M.T.S 학위를 받았고, 그후 1978년에 미국 하바드 대학에서 산스크리트어와 인도학으로 박사학위를 받았다. 현재 캐나다 맥길(McGill) 대학교의 비교종교학 교수이며, 세계 종교와 관련한 50여권의 책과 500여 편의 논문을 저술했다. 아르빈드 샤르마는 또한 2006년 몬트레올에서 개최된 세계종교의회를 주관한 의장이기도 했고, 최근에는 세계 종교에 입각한 인권 운동의 지구적 선언과 관련된 업무에 치중하고 있다.

그가 쓴 대표작으로는 *The Hindu Gita: Ancient and Classical Interpretations of the Bhagavadgita*(1986), *The Experiential Dimension of Advaita Vedanta*(1993) 등이 있다. 또한 그가 편집한 최근의 대표적인 저서로서 본서 *Our Religions*과 *The World's Religions: A Contemporary Reader*(2010)가 있다.

### 이명권

연세대학교 신학과, 감리교 신학대학 대학원을 졸업하고 동국대 대학원 인도철학과에서 석사학위를, 중국 길림사범대학교에서 중국문학 석사학위를 받았다. 서강대 대학원 종교학과에서 박사학위를 취득했다. 미국 「크리스천 헤럴드」편집장으로 활동하였다. 현재 종교 간의 대화를 위한 비움과 나눔의 영성 수련 공동체인 '코리안아쉬람(www.koreanashram.com)' 대표이면서 중국 길림사범대학교 교수, 동아연구소 소장으로 재직 중이다. 2011년에 중국 길림성 정부에서 수여한 '우수 외국인 전문가 상'을 받기도 했다.

논문으로는 「기독교의 자유론과 인도철학의 해탈론 비교연구」, 「마가 이적 설화의 정치적 해석」, 「종교 간의 대화와 협력을 위한 영성」, 「암베드카르와 현대 인도불교」(박사학위 논문) 등이 있다. 저서로는『비움과 나눔의 영성』,『예수, 노자를 만나다』,『예수, 석가를 만나다』,『오늘 우리에게 구원과 해탈은 무엇인가』(공저),『사람의 종교, 종교의 사람』(공저),『무함마드와 예수 그리고 이슬람』,『공자와 예수에게 길을 묻다』,『우파니샤드』 등이 있고, 역서로는『종교 간의 대화와 영성』,『간디명상록』,『마틴 루터킹』,『간디와 비교종교』,『암베드카르』,『위대한 그리스도교 사상가들』 등이 있다.

## 불교

### 아베 마사오 | 阿部 正雄, 1915~2006년

일본 출신의 비교종교학자이자 불교철학자이다. 1944년에 교토(京都) 대학 철학과를 졸업하고, 나라(奈良) 교육대학 등의 교수를 역임하였다. 교토 학파의 영향을 받으며, 불교와 그리스도교의 만남에 관심을 가져왔다. D. T. 스즈키 사후 유럽과 북미에서 선 불교의 주요 대변자로 일컫는다.

『텅 빈 충만: 공의 하느님』과『선과 현대철학: 선의 철학적 자리매김은 가능한가?』 등이 우리말로 번역되어 있다.

### 류제동

비교종교학자이자 불교학자이다. 2004년 서강대학교 종교학과에서 박사학위를 받았고, 한국번역가협회 정회원이다. 서강대학교와 가톨릭대학교 등에서 강사를 하면서, 번역과 저술 활동을 하고 있다.

『하느님과 일심』,『종교 간의 대화: 불교와 그리스도교의 만남』(공저), 그리고『인간본성에 관한 철학이야기』(공저) 등의 저서와『텅 빈 충만: 공의 하느님』(공역) 등의 역서가 있다.

## 유교

### 뚜웨이밍 | 杜維明, 1940~

미국 하버드 대학교에서 철학박사 학위를 취득한 후, 프린스톤 대학과 버클리 대학에서 학생들을 가르쳤다. 1981년부터는 하버드 대학에서 중국 철학과 역사를 가르쳤으며 하버드 옌칭 연구소 소장을 역임하였다. 현재, 중국 베이징 대학교 고등인문연구원 원장을 맡고 있다.

주요 저서로는 *Neo-Confucian Thought in Action: Wang Yangming's Youth, Centrality and Commonality, Humanity and Self-Cultivation, Confucian Thought: Selfhood as Creative Transformation* 등이 있다. 우리말로 된 번역서로는 『한 젊은 유학자의 초상』, 『뚜웨이밍의 유학 강의』, 『유학 제3기 발전에 관한 전망』 등이 있다.

## 이윤미

서강대학교 종교학과를 졸업하고 같은 대학원에서 순자에 관한 논문으로 석사학위를, 뚜웨이밍에 관한 논문으로 박사학위를 받았다.

## 도교

### 리우샤오간 | 劉笑敢, 1947~

중국에서 출생하였고 북경대학교에서 석사와 박사학위를 받은 뒤 강사를 거쳐 부교수를 역임하였다. 이후 미국의 미시건 대학교, 하버드 대학교, 프린스턴 대학교 등에서 강의하였다. 현재 싱가포르 국립대학 중문과에 재직하고 있으며, 노장 철학과 근대 사상의 문제에 관해 연구하고 있다.

주요 저서로는 『장자철학』, 『노자철학』, 『중국의 지혜』, *Classifying the Zhuangzi Chapters* 등이 있다.

### 최수빈

서강대 종교학과를 졸업하고 같은 대학원에서 종교학 박사 학위를 받았다. 일본 와세다 대학교 인문학부 동양철학과에서 연구원을 지냈다. 현재 서강대, 광운대 등에서 강의를 하고 있다. 주 전공 분야는 중국 중세 도교 및 내단 도교, 그리고 여성과 도교 등이다.

지은 책으로 『생태주의와 에코페미니즘』(공저), 『사람의 종교, 종교의 사람』(공저) 등이 있고 번역서로는 『십이지 이야기』가 있으며, 그 외 다수의 논문이 있다.

## 유다교

### 제이콥 뉴스너 | Jacob Neusner, 1932~

하버드와 옥스포드 등에서 공부한 유다학자이자 랍비로서, 유다학에 관한 영향력 있는 저서를 가장 많이 저술한 대표적 학자다. 특히 『미쉬나』와 『탈무드』 연구에서 역사비평적 방법론을 도입하였고, 다양한 유다교 분파와 사상을 효과적으로 드러내었다. 미국 대학에서 유다학을 교과로 편성하는 일에도 열심이었고, 히브리어나 아람어에 익숙하지 않은 현대 유다인들을 위해 거의 모든 랍비 문서를 영어로 옮겼다. 미국 유다학을 대표하는 인물 가운데 하나로서, 특히 랍비 유다교에 대한 그의 저술은 교과서처럼 통용된다.

### 주원준

서강대학교 경영학과를 졸업하고 종교학과 대학원에서 종교학과 신학을 공부했다. 우리신학연구소 연구원을 거쳐 독일 뷔르츠부르크 대학에서 구약학과 고대 근동 언어로 박사학위를 받았다. 현재 한님성서연구소 수석연구원(고대근동/유다이즘 분과)이며 서강대에서 구약 성서개론, 히브리어, 고대근동 종교, 유다교 등을 강의하고 있다.

저서로 Decrescendo in Crescendo–The Quantitative-structual Analysis of the Verbal Clause in the Biblical Hebrew (St. Ottilien, 2009), 『구약성경의 신'들'–고대 이스라엘의 탈신화와 재신화』가 있다. 역서로는 『마테오 리치–기억의 궁전』, 『How to read–성경』이 있으며, 개역서로 『우가릿어 문법』, 『우가릿어 사전』 등이 있다.

## 그리스도교

### 하비 콕스 | Harvey Cox, 1929~

미국 하버드 대학교에서 사회윤리 교수를 역임한 신학자이다. 예일 대학교에서 신학을 공부했고 하버드 대학교에서 박사학위를 받았다. 흑인 신학과 해방 신학의 전문가이자 민권 운동가로 저명한 세계적인 학자다.

저서로는 『예수, 하버드에 오다』와 『세속도시』 등이 있으며, 우리나라에도 다수의 번역서가 출간되었다.

## 박태식

박태식 성공회 신부는 서강대에서 영문학과 종교학을 공부했고 독일 괴팅엔 대학에서 신약 성서학 전공으로 박사학위를 받았다.

『나자렛 예수』, 『다르소의 바오로』, 『예수의 논쟁사화』 등의 저서가 있다.


## 이슬람

### 세예드 호세인 나스르 | Seyyed Hossein Nasr, 1933~

이란의 수도 테헤란에서 태어났다. 1958년 하바드 대학교에서 이슬람 과학 및 철학사로 박사학위를 받은 뒤 이슬람혁명이 일어난 1979년 까지 테헤란 대학교에서 철학 교수로 재직하였다. 혁명 후 미국으로 건너와 필라델피아에 있는 템플 대학교에서 가르쳤다. 1984년 죠지워싱턴 대학교로 옮겨 현재 종교학과에서 이슬람학 담당 교수로 재직 중이다. 무슬림으로는 최초로 1981년 기포드 강연(Gifford Lectures)을 하는 영예를 누렸는데, 강연 내용은 『지식과 성스러움(*Knowledge and the Sacred*)』이라는 제목의 책으로 출판되었다.

나스르는 전통 형이상학, 환경, 수피, 이슬람 철학 등 다양한 방면에서 50여 권 이상의 책과 500여개에 이르는 논문을 발표한 다작 학자다. 2000년에는 세계적으로 뛰어난 철학자에게 헌정하는 Library of Living Philosophers라는 시리즈의 주인공으로 선정되어 현존하는 철학자들이 그의 사상을 기리는 책을 2001년 『세예드 호세인의 철학(*The Philosophy of Seyyed Hossein Nasr*)』이라는 제목으로 출간하였다. 대표작으로는 『이슬람의 이상과 현실(*Ideals and Relaities of Islam*)』, 『현대 사회의 전통 이슬람(*Traditional Islam in the Modern World*)』 등이 있다.


## 박현도

서강대학교에서 종교학을, 캐나다 맥길(McGill) 대학교에서 이슬람학을 전공했다. 현재 명지대 중동문제연구소 책임연구원, 종교문화연구원 연구위원, 종교평화국제사업단 영문계간지 *Religion & Peace* 편집장으로 일하고 있다. 공저로 『사람의 종교, 종교의 사람』, 『실크로드의 역사와 문화』 등이 있고, 「월간조선」, 「시사IN」 등에 중동·이슬람 관련 글을 기고했으며, 2004년부터 격월간지 「공동선」에 '이슬람 영성의 세계' 칼럼을 고정 집필 중이다.

돈오 243

『동방견문록』 318, 723

동중서 291, 294~296, 301, 396

두광정 485

두르가 푸자 81

드라비다 86, 106

드하라카리 92

『디비야프라반담』 78, 80

디아스포라 110, 564, 726

디크르 807, 811

디파발리 81

딤미 891 →경전의 백성


## [ㄹ]

라다크리쉬난 79, 135

라마 21~23, 71, 72, 75, 82, 91, 93, 110, 118

라마나 마하르시 42, 43, 45, 48, 50, 55, 57, 97

라마누자 91

라마단 603, 812, 816, 817, 820, 898

『라마야나』 71~73, 79, 82, 113, 855

라마크리쉬나 42, 44, 45, 48, 50, 55, 57, 96

라마크리쉬나 선교회 31, 117

라바나 188

라베누 564 →모세

라시 614

라지푸트 90

라훌라 196

라훌라, 왈폴라 152

락시미나라야나 81

람다스 92

랍비 62, 110, 515, 518, 526, 527, 535, 562, 564,


565, 577, 582

량수밍 388

러시아, 동유럽의 정교회 648

레스트레포 683

『레위기 랍바』 561

『레위기 시프라』 561

렙베 535

로마 제국 562, 563, 566, 574, 632, 635, 637,
648, 651, 654, 662, 678, 722

로메로, 오스카 629, 718

로쉬 하샤나 603~605

로욜라, 이냐시오 678

로이, 람모훈 79, 96

루미 777, 809, 889

루이스, C. S. 687

루터, 마틴 673, 678, 701, 737

루터교 704, 731

룸비니 198, 213

『리그베다』 66, 80, 87, 89, 93, 95, 106, 107,
131, 238

리학 312, 324


## [ㅁ]

마가다 169 →비하르

『마나바다르마사스트라』 69

『마누 법전』 69

마니교 886, 887, 890

마드라사 828, 838, 864, 877

마드흐바 91

마라 74, 197

마르가 41, 55, 57, 61 →요가

『마르칸데야 푸라나』 74

마르크스, 칼 387, 396, 685

마르크스주의 31, 117, 386, 408, 681, 883, 884

마르파 242

마리아 635, 665~670, 737

마명 191, 196

『마스나비』 777

마스페로, 앙리 416

마오쩌둥 165, 386, 387, 408, 409

마옥 488

마와르디 830

마으리파 860, 864, 865, 873 →영지

마이모니데스 582, 840, 868, 899

『마하바라타』 71~74, 80, 855

마흐디 751, 800, 801, 830, 849, 851, 878, 879

마흐디, 무함마둘 750, 751, 800

마힌다 168

만달라 76

만물제동 439

만트라 66, 77

말룬키야풋타 170

맘루크조 839, 842, 843

맛차 602

맹자 257, 281~291, 293, 300, 310, 313, 315, 316, 320, 324, 325, 335~340, 341, 344, 346~349, 374, 375, 380, 384, 396, 399, 437

『맹자』 257, 273, 281, 283~288, 312, 315, 335~337, 339, 342, 343, 345

『맹자자의소증』 326

머우쫑산 388

메디나 749, 756, 773, 782, 783, 804, 818, 820, 829, 832~834, 839, 850

메주자 519

메카 744, 749, 754, 756, 773, 780~784, 815, 817, 818, 820, 835, 839, 848, 850, 855, 879, 884, 898

『명유학안』 323

모든 예언자들의 봉인 742

모세 84, 370, 532, 533, 540, 542, 544, 552, 560, 561, 564, 566, 577, 582, 613, 620, 744, 753, 792 →라베누

『모세 오경』 525, 526, 542, 543, 544, 545, 546, 548, 549, 550, 553, 555, 556, 557, 558, 559, 562, 563, 564, 565, 580, 612, 620, 621 →『구약 성서』, →『토라』, →『히브리 성서』

모스크 51, 118, 119, 529, 750, 751, 773, 783, 799, 816, 827, 828, 839, 899

목샤 59, 62, 69

몰라 사드라 777, 866, 874, 875

『묘법연화경』 187, 188

무갈 제국 843, 847

무군파 419, 429, 439

『무량수경』 189

『무문관』 193

무상 177, 179, 213, 235, 488

무슬림 형제단 881

무신론 77, 164, 166, 513, 521, 529, 680, 681, 683, 900

무아(無我) 151~153, 235, 244, 245

무아위야 748, 833, 834

무앗딘 758
무위(無爲) 291, 306, 416, 419, 423~426,
    442~445, 486, 498, 499
무으타질라 학파 861~864
무즈타히드 805, 829
무함마드 126, 145, 148, 198, 581, 742~745,
    747, 749, 750, 778~781, 792, 812, 863, 865,
    866, 884, 898
묵자 282, 284, 375
문왕 331, 365
문화대혁명 411, 498
뮐러, 막스 95
미라바이 91
미륵 149, 191, 201
미망사 77
미보디 777
『미쉬나』 561, 566~569, 571~577
미으라즈 783, 816 →천상 여행
미트라교 654, 886
『민수기 시프레』 561
밀라레파 242
밀랄 완 니할 752, 890
『밀린다팡하』 198

## [ㅂ]

『바가바드기타』 38, 44, 53, 54, 72, 78~80
    113, 136
『바가바타 푸라나』 74
바가브하드라 108
바그다드 808, 828, 836, 837, 838, 839, 842,
    862, 863, 869

바라밀 199, 202
바라제목차 171, 208
바라카리 92
바루나 87
바르나 62~64, 88, 92
바르톨로메오 678
바바르 118, 843, 847
『바빌로니아 탈무드』 561, 575, 581
바빌론 542, 543, 545, 549, 553, 554, 577
바빌론 포로기 639
바수반두 180
바울로 188, 526, 634, 641, 649~654, 725,
    727, 728, 734
바이샬리 172
바이세시가 77
바이쉬나바 76
『바이쉬나바 탄트라』 76
바카르 이드 94
바칼리 197
바하이 752
박티(요가) 41, 42, 45, 49, 55, 57, 61, 78, 80, 91,
    92, 99, 104, 105
반셈족주의 587, 588, 596, 624
『반야경』 182, 219, 221
『반야바라밀다경』 188
『반야심경』 188, 193, 492
밧타가마니 183
『방광대장엄경』 196
방글라데시 27, 28, 111, 116, 757, 759, 858,
    877, 881
방등경 187 →9부법

『브라흐마수트라』 78

브야사 73

비베카난다 33, 44, 71, 95, 97, 134

비슈누 59, 72, 74~76, 78, 81, 82, 89, 91, 93,
　　　 108, 109, 125, 136

비자야나가르 제국 91~93, 96, 111

비하르 169 →마가다

뿌루샤아르타 62


## [ㅅ]

『사고전서』 327

사구나 브라만 60 →이쉬바라

『사기』 280, 405, 420, 428, 441, 448, 496

사단 286, 287, 324

사단칠정 324

4대 순니 법학파 785, 805

사라스와티, 스와이 79, 83, 96

사르나트 150, 213

사마광 303, 313

『사마베다』 66, 80, 131

사마승정 485

사마천 294, 353, 405, 420, 428, 441, 496

사바르카르 52~54

사방승가 241 →승가

사서(四書) 313, 318, 326

사성제 150, 151, 169, 170, 205

사순절 698

사야나 93, 96

사이바 76, 78

사트 137

사파비조 751, 811, 842, 843, 845, 864

삭타 76

『삭타 아가마』 76

삭티 59, 75

산스크리트 78, 89, 111, 112, 137, 144, 147,
　　　 149, 169, 182, 193, 198, 204, 757, 887

산야신 63, 90

살라그라마 81

살라홋딘 839

삼강 345~349, 374~377, 379, 380, 383, 386

삼관수서 456

삼교(三敎) 249, 405, 484, 491, 492

삼귀의 148, 170, 195, 202, 204, 212, 217

『삼동경서목록』 476

삼보 148, 161

삼사라 61

삼신설 200

삼위일체 226, 227, 660, 729, 743

삼장 183, 184, 186, 208

삼재 266, 305

삼청 417, 484, 500

『삼황경』 476

『삼황문』 475

삼회일 476, 477

상제 272

상주론 207

『상청경』 475, 476, 484

상청파 475, 478, 479, 483, 484

상카라 91

상카라데바 92

『상키야』 77

『상히타』 66, 99

# [ ㅇ ]

『아가마』 75, 76, 80

아가 칸 749

아그니 87

아난다 137, 172, 184, 216, 239

아담 614~616, 618, 742, 745, 746, 768, 779, 792~795, 806, 826, 889

아드바이타 베단타 25, 42, 92

『아디 그랜트』 93

『아라냐카』 67, 88, 99

아라한 171~175, 179, 184, 203, 242

아르칸 815

아르타 62

아리스토텔레스 582, 868, 869, 871~873

아리스토텔레스 학파 869

아리안 족 86, 87, 106~108, 125

아리야 사마즈 96

아미타불 187, 189, 202, 204, 215, 225, 244

아부 바크르 750, 781, 808, 832, 833

아브라함 84, 526, 527, 537, 544, 547, 668, 726, 742, 744, 745, 754, 780, 791, 800, 817, 868, 886, 889, 891, 896~898, 900

『아브항가』 79

『아비달마구사론』 180

아비달마 철학 221

아빌라의 테레사 677, 684

아상가 173, 180

아샤리 학파 863, 864

아소카 108, 159, 168, 213, 214

아쉬라마 62, 63, 88

아야트 774, 798, 900

아요디아 51, 72, 119

아우구스티누스 676, 687, 887

아우랑제브 847, 894

아우슈비츠 592, 593, 725

아이샤 783, 834

야주사 거리 부흥 운동 711

아퀴나스, 토마스 678, 767, 868, 899

『아타르바베다』 66, 68, 80, 130, 131

아타튀르크 883 →케말 파샤

야트만 38, 368

『아파스탐바 다르마수트라』 71

안식일 533, 556, 567, 602, 606

안티알키다스 108

안회 281, 334

알라 743, 789, 791

알라위 752

알리, 이븐 아비 딸립 748~751, 780, 781, 808, 820, 833, 834, 860

알비루니 22, 24, 89, 94, 110, 138

『알비루니의 인도』 22, 138

압바스조 826, 836~842, 844, 862, 863, 887

야마자키 안사이 325

야쇼다라 196 →고파

『야주르베다』 66, 80, 131

야지드 751, 820, 835

야트라 81

얀트라 77

『양생연명록』 481, 503

양웅 296

양주 282, 284

양희 475, 484

이사 290

이사야 638, 639, 727

『이샤 우파니샤드』 97

이쉬바라 60  →사구나 브라만

이스라엘 28, 103, 511, 512, 514, 515, 518, 520,
521, 523~528, 535, 537, 539, 540, 543,
544, 546~566, 568~570, 572, 574~578,
581, 583, 585~595, 597, 598, 601, 602,
605, 607, 609, 610, 612~618, 622, 668,
685, 692, 716, 725, 726, 893, 894

『이스라엘 탈무드』 561, 562

이스마일파 749~751, 864, 870

이슬람 법 764, 766, 767, 772, 779, 796, 806,
872, 883, 891

이슬람 철학 793, 836, 845, 868, 869,
871~875

이시라끄 870, 873, 874

이율곡 324

이제설 232, 234

이중 토라 560~565, 577, 580~587, 591~593,
596, 597, 599, 601, 602, 618, 619

이즈티하드 805

이지(李贄) 322

이퇴계 324, 325

『이티하사』 71, 80

이흐산 788, 811~813, 816

인(仁) 284, 288, 290, 295, 306, 311, 313~315,
332, 343, 372

인더스 30, 52, 86, 106, 130, 755

인드라 87, 106, 144

인설 314

일한조 842, 843

임재설 704

임제종 193

『입교십오론』 487


[ ㅈ ]

자간나트 82

자공 281, 366

자마아테 이슬라미 881

자사 283

자성 179, 219, 220, 221, 230, 232

자연 신학 653

자으파리 법학파 805

자이나교 23, 35, 85, 88, 96, 105, 125, 149, 237

자이드파 749~751, 862

자카 815, 818

자티스 64

자하 281

잔 다르크 673~676, 684

장각 450, 454

장도릉(장릉) 407, 455, 456, 457, 470, 471, 493

장로(張魯) 456, 457, 458, 470, 472

『장로게』 181, 185

『장로니게』 185

장백단 485, 490

장삼풍 493』

장엄 미사 704

장여재 493

장우초 493

장자 404, 405, 417, 418, 428~439, 441~443,
451, 481

『장자』 416, 418, 429, 430, 432, 433, 435, 437,
    439~441, 495, 496, 506, 507
장재 304, 307, 308, 310, 313, 317
장종연 493
장쥔마이 388
재건파(유다교) 514, 515, 524, 527, 529
재너, R. C. 165
재림 710, 731, 732, 800
재의 수요일 698
재초 499
전례력 562, 695, 698, 699, 701 →교회력
전법륜 150
전진교 407, 409, 485~493, 499, 503, 507
정결례 567, 570, 571
『정관정요』 300
정교회 584, 648, 663, 679, 698, 700, 704~
    706, 891
정명 285, 352
정이 304, 310~313
정일교 407, 415, 493, 499, 506, 507
정토 189, 204, 225
정토진종 215, 238
정통 칼리파 832~834
정통파(유다교) 514, 515, 519, 520, 521, 524,
    525, 527~529, 533, 536, 583, 584, 587, 602
정호 304, 310~313
제2 성전 파괴 515, 580
제2차 바티칸 공의회 692, 716
제자백가 269
조동종 193
조로아스터교 35, 886, 887, 890, 892

『조명 신지학』 874
조선(朝鮮) 268, 323, 324, 326
조조 457, 458
『조하르』 582
존사 504
존재의 초월적 단일성 867
종교 간의 대화 249, 729
종교개혁주일 701
종교의 초월적 단일성 897
『종교학의 재생』 822
종려 주일 699
종말론 731, 733, 775, 799, 800, 810, 879
좌망 417, 431
주(周) 269, 271~274, 276, 282, 349, 352
주공 272, 461
주돈이 304, 305, 307, 310, 313
『주역』 294, 296, 299, 304, 307, 351』
주희 304, 310, 312~315, 318~320, 324, 325,
    396, 398
중관 191, 223, 230~232, 235
『중국의 종교』 293
중도 207, 208, 209, 215, 230, 240
『중론』 191, 219, 221, 223, 228, 230, 231, 232
『중양입교십오론』 487
『중용』 264, 266, 299, 312, 365, 366
즈나나(요가) 41, 42, 45, 49, 55, 57, 61, 80, 99,
    104, 105
즈나네쉬바라 92
『증일아함경』 145, 150
증자 281, 332, 341, 342, 344
지(智) 295, 306